教育硕士考研精品教程

333教育综合真题汇编

徐影 • 主编

第6版

试题册

北京理工大学出版社
BEIJING INSTITUTE OF TECHNOLOGY PRESS

图书在版编目（CIP）数据

333教育综合真题汇编/徐影主编. —北京:北京理工大学出版社,2020.5
ISBN 978-7-5682-8449-3

Ⅰ. ①3… Ⅱ. ①徐… Ⅲ. ①教育学-研究生-入学考试-习题集 Ⅳ. ①G40-44

中国版本图书馆CIP数据核字(2020)第080649号

出版发行/北京理工大学出版社有限责任公司
社　　址/北京市海淀区中关村南大街5号
邮　　编/100081
电　　话/（010）68914775（总编室）
　　　　（010）82562903（教材售后服务热线）
　　　　（010）68948351（其他图书服务热线）
网　　址/http://www.bitpress.com.cn
经　　销/全国各地新华书店
印　　刷/天津市蓟县宏图印务有限公司
开　　本/787毫米×1092毫米　1/16
印　　张/48.25
字　　数/1339千字
版　　次/2020年5月第1版　2020年5月第1次印刷
定　　价/119.80元（共两册）

责任编辑/高　芳
文案编辑/胡　莹
责任校对/刘亚男
责任印制/李志强

前言
Preface

亲爱的考研朋友们：

各院校的历年真题对备考有着十分重要的作用。本书旨在通过各个院校的真题练习及专门的真题课程讲解来使大家熟练掌握答题技巧和方法，帮助考生从根本上分析真题的出题特点，带着大家深化知识体系，巩固重要考点。希望考生能够认真学习，掌握其中的精华。

本书分为试题册和解析册两册：

试题册基本是2010—2020年34所院校教育学基础综合真题。

解析册基本是2010—2020年34所院校教育学基础综合真题详细解析。由于非统考院校的真题没有标准答案，所以我们提供的只是一些易于得高分的答题思路，在实际的答题过程中，还需要考生融入自己的理解。希望大家通过这些真题整理出自己的答题思路，真正学会答题。

今年的真题汇编与往年的真题汇编相比，有以下几方面的变化：

1. 收纳了更多的院校真题，比往年多总结了18所院校的真题，堪称市面上对333院校总结最全的真题汇编。

2. 每所学校的真题都是从该校出现这一考试科目起到2020年真题，真题内容基本齐全、完整。

3. 几乎对每道题的答案都做了修改，使语句更凝练、简洁。

4. 对答案指向进行了修改，后面出现的真题答案统一指向最先出现的地方。

另外，请考生注意，没有报考的院校真题同样具有参考价值，如果时间和精力允许，考生可多做一些其他院校的真题。建议大家将这本书与凯程国庆班的真题课程配合使用，凯程会在真题课堂上讲解不同院校真题的出题风格，开放性地分析真题的答题方法，提供名词解释、简答题、论述题的答题模板、技巧和思路，凯程不是每道题都讲，但是听了这样的课程，更能清楚教育学学科的答题思维，阅卷老师喜欢什么样的卷子。老师的讲解比文本资料解析更直观、深刻，大家要着重学习老师的解题思路，学会用自己的语言阐述答案，灵活运用所学知识点。

特别提醒：做各校的历年真题不代表不用再背诵《333 教育综合应试解析》，二者应同步进行。考生切记不可忽略对知识的整体性复习。建议大家以专题的形式记忆知识要点，在头脑中搭建知识框架，牢固地掌握知识，在总结中思考、在记忆中体会，学懂、学透教育学。

如果有考生能搜集到其他院校的真题，非常欢迎大家帮助我们扩充题库，完善这本书。考研的路上希望我们可以共同进步！我们的邮箱是 kaichengschool@126.com。此外，徐影老师还特意开通了微信公众号（徐影老师）。徐老师将在这里与大家互动交流，诚邀大家加入。如需购课请联系凯程企业 QQ：800016820。这里会有客服老师为大家耐心解答问题。

由于 333 教育综合科目涉及的院校众多，一本真题汇编很难编入所有学校的真题。如果真题汇编没有编入你报考院校的真题，可以到凯程公众号找客服老师，凯程还可以提供更多院校的单独全套真题。

请大家记住：考研，我们要一战成名！凯程与你一同前行！

凯程教育 徐影

目录

Contents

西南大学

南京师范大学

湖南师范大学

华南师范大学

首都师范大学

上海师范大学

浙江师范大学

杭州师范大学

山东师范大学

西北师范大学

天津师范大学

曲阜师范大学

安徽师范大学

福建师范大学

河南师范大学

重庆师范大学

云南师范大学

山西师范大学

北京师范大学

2010年北京师范大学333教育综合真题

一、名词解释

1. 有教无类　2. 壬戌学制　3. 做中学　4. 教学形式阶段论
5. 横向迁移　6. 先行组织者

二、简答题

1. 简述教育的社会流动功能及其当代意义。
2. 简述活动课程的内涵及特点。
3. 如何处理教师主导作用与学生主体性的关系？
4. 简述德育中教育影响一致性和连贯性原则的内涵及基本要求。

三、论述题

1. 试论述科举制度与学校教育的关系。
2. 试论述个人本位论与社会本位论教育目的的分歧和调和原则。
3. 试论述维果茨基的社会文化历史发展理论及其对教育教学的启示。
4. “这种教育，我们或是受之于自然，或是受之于人，或是受之于事物。我们的才能和器官的内在发展，是自然的教育；别人教我们如何利用这种发展，是人为的教育；我们从影响我们的事物获得良好的经验，是事物的教育。”

这段话出自卢梭的《爱弥儿》，请你根据卢梭的教育思想，结合自己的理解，谈谈你对教育的认识。

2011年北京师范大学333教育综合真题

一、名词解释

1. 鸿都门学　2. 中体西用　3. 最近发展区　4. 元认知策略
5. 苏格拉底法　6. 道尔顿制

二、简答题

1. 试评“环境决定论”。
2. 学校教育中，怎样培养学生的创造力？
3. 简述德育的疏导原则。
4. 教育为什么要“以人为本”？

三、论述题

1. 论述蔡元培的“思想自由，兼容并包”原则及其对北大的改革。
2. 论述教学原则中的科学性和思想性统一原则。
3. 论述诊断性评价、形成性评价和终结性评价的内涵。
4. 论述杜威的教育思想。

2012 年北京师范大学 333 教育综合真题

一、名词解释

1. 京师同文馆　2. 生活教育　3. 贝尔－兰卡斯特制　4. 知识表征
5. 自我提高内驱力　6. 恩物

二、简答题

1. 简述教育的政治功能。
2. 简述我国教育目的的基本精神。
3. 简述课程多样化的内涵。
4. 简述启发性教学原则的基本要求。

三、论述题

1. 试评述孔子的教育实践与思想。
2. 论述德育过程是提高学生自我教育能力的过程。
3. 评述韦纳的动机理论。
4. 材料：

“我们要提醒自己，教育本身并无目的。只是人，即家长和老师等才有目的；教育这个抽象概念并无目的。所以，他们的目的有无穷的变异，随着不同的儿童而不同，随着儿童的生长和教育者经验的增长而变化，即使能以文字表达的最正确的目的，如果我们没有认识到他们并不是目的，而是给教育者的建议，在他们解放和指导他们所遇到的具体环境的各种力量时，建议他们怎样观察，怎样展望未来和怎样选择，那么这种目的，作为文字，将是有害无益的。……牢记以上这些条件，我们将进而提出一切良好的教育目的所应具备的几个特征：①一个教育目的必须根据受教育者的特定个人的固有活动和需要。……②一个教育目的必须能转化为与受教育者的活动进行合作的方法，必须提出一种解放和组织他们的能力所需要的环境。……③教育者必须警惕所谓一般的和终极的目的。……”

——摘录自《民主主义与教育》第八章“教育的目的”第 118 至 122 页

（1）该材料作者及其基本情况。
（2）该材料所包含的基本观点及其意义。
（3）该作者其他主要的教育观念。

2013 年北京师范大学 333 教育综合真题

一、名词解释

1. 京师大学堂　2. 三舍法
3. 美国《国家处在危险之中：教育改革势在必行》的报告
4. 洛克的“白板说”　5. 心理健康　6. 学习动机

二、简答题

1. 简述现代教育的主要特点。
2. 简述学校教育的主要价值。
3. 简述个人本位论教育目的的观点。
4. 简述教学的任务。

三、论述题

1. 试论述蔡元培的基本思想。

2. “生长的目的是获得更多和更好的生长，教育的目的就是获得更多和更好的教育。教育并不在其本身之外附加什么目的，使教育成为这种外在目的的附属物。”

“传统教育里儿童坐在固定的座位上，静聆讲解和记诵课本，全然处于消极被动地位，单凭教师去吸取与生活无干的教条，绝谈不到掌握知识，谈不到积极、自觉和爱好、兴趣，更不能自由探索和启发智慧，其结果是抑制儿童的活力和滞塞儿童的创造才能。”

“教学法的因素和思维的因素是相同的。在理想的教学过程中，教师应鼓舞儿童在活动时开动大脑，运用观察和推测、实验和分析、比较和判断，使他们手、足、耳、目和头脑等身体器官，成为智慧的源泉。”

上述名言皆出自哪位教育家？试根据材料分析他的教育思想。

3. 试论述德育原则中理论与实际相结合的原则。

4. 试分析有意义学习的实质与条件。

2014 年北京师范大学 333 教育综合真题

一、名词解释

1. 教育　2. 苏湖教法　3. 进步主义教育　4. 赫尔巴特的教育目的论
5. 最近发展区　6. 奥苏伯尔的有意义接受学习

二、简答题

1. 简述德育的基本途径。
2. 简述活动课程的主要特征。
3. 简述教师专业素质的主要内容。
4. 简述社会规范学习的心理过程。

三、论述题

1. 试分析陶行知“生活教育”的主要内容。
2. 试论述夸美纽斯关于班级授课制的基本观点。
3. 试分析促进知识迁移的措施。
4. 试论述教育的社会功能。

2015 年北京师范大学 333 教育综合真题

一、名词解释

1. 教育目的　2. 学校管理　3. 教学评价　4. 课程标准
5. 社会性发展　6. 学习策略

二、简答题

1. 简述教育的基本要素及各要素之间的相互关系。
2. 简述影响人的身心发展的基本要素。

3. 简述孟子的教育思想。
4. 简述赫尔巴特的教育思想。

三、论述题

1. 论述德育是培养知、情、意、行的过程。
2. 论述陈鹤琴的“活教育”思想。
3. 论述终身教育思想。
4. 举例论述影响知识理解的因素。

2016 年北京师范大学 333 教育综合真题

一、名词解释

1. 教育　2. 班级授课制　3. 榜样法　4. 校长负责制
5. 接受学习　6. 心智技能

二、简答题

1. 简述教育的文化功能。
2. 简述课程设计的基本任务。
3. 简述蔡元培的教育独立思想。
4. 简述杜威的教育目的论。

三、论述题

1. 教育过程中智力活动与非智力活动的关系。
2. 王守仁的教育思想。
3. 苏霍姆林斯基的和谐教育思想。
4. 举例论述社会规范学习的心理过程。

2017 年北京师范大学 333 教育综合真题

一、名词解释

1. 操作性条件反射　2. 艾宾浩斯遗忘曲线　3. 班级授课制　4. 双轨学制

二、简答题

1. 影响学习迁移的因素。
2. 赞科夫的发展性教学原则。
3. 简述癸卯学制。
4. 简述我国的基本学制。

三、论述题

1. 材料：小迪本来自信、开朗，成绩优异。母亲去世后，他的学习成绩开始变得很差。汤老师一开始不喜欢他，批改作业时在他的作业本上写了一个很大的“差”字。后来了解情况后，汤老师开始鼓励他、关心他，后来小迪考上博士并邀请汤老师参加他的婚礼。在婚礼上，他向老师表达了谢意。

用自我效能感分析材料，回答如下问题：根据材料你想到了什么？小迪的学习变化最主要受什么影响？

2. 辨析教育教学是要遵循儿童的身心发展规律还是要尊重儿童的需要和兴趣？怎么协调二者冲突？

3. 评述我国中小学教育存在的问题，选两个问题分析原因并给出解决的思路和方法。

2018 年北京师范大学 333 教育综合真题

一、名词解释

1. 有教无类　　2. 全纳教育　　3. 隐性课程　　4. 终身教育思潮

二、简答题

1. 简述斯宾塞生活准备说。
2. 简述韩愈对教师问题的见解。
3. 简述我国中小学教学方法的内涵和基本类型。
4. 我国中小学教师职业道德包含哪些内容？

三、论述题

1. 有个校长说："如果没有升学压力，我真想好好做德育。"请从学校教学和德育的关系分析这一看法。

2. 材料：一位老师学习了现代教学方法之后，决定运用于课堂中。于是她决定使用"成功教育"的方法，让每一个孩子带着成功坐下。答不对的同学，先站着，等下一个问题答对再坐下，但举手的同学越来越少了。（材料不全）

（1）试通过强化理论分析这位教师运用的方法问题在哪里。

（2）你如何帮她改进？请给出建议。

2019 年北京师范大学 333 教育综合真题

一、名词解释

1. 课程　　2. 学制　　3.《颜氏家训》　　4. 观察学习

二、简答题

1. 简述 19 世纪末 20 世纪初实验教育学的主要观点及评价。
2. 简述王安石的教育改革。
3. 简述德育过程的定义并说明其规律。
4. 简述教师的基本素养，并说明它们之间的关系。

三、论述题

1. 材料：有学生向教师提问："我家租房收多少钱我都心里有数，那些钱够我吃三辈子了，我为什么还要上学？我只要会收房租就行了。"

分析这位学生的想法，并说明教师应如何引导。

2. 材料：小明这次期中考试的语文成绩不理想，在分析原因时他对小英说："我真倒霉，我们都在猜老师会让我们默写哪篇课文，你猜中了，我却没猜中。"可见，学生在成功或失败之后都会寻找借口。

韦纳提出了成败归因理论，请说明成败归因理论的基本观点及其教育实践启示。

2020 年北京师范大学 333 教育综合真题

一、名词解释

1. 劳动教育　　2. 稷下学宫　　3. 美国进步主义教育运动　　4. 教育现代化

二、简答题

1. 简述科学性与思想性相统一的教学原则。
2. 简述《中庸》的基本教育思想。
3. 简述埃里克森社会发展理论的主要观点。
4. 简述奥苏伯尔提出的影响有意义接受学习的三大要素。

三、论述题

1. 论述班级授课制的时代局限性和变革趋势。
2. 材料概览："…… 教育目标是什么，其关键是什么 …… 调和看似矛盾的地方，觅得教育的真谛。"

——洛克著，熊春文译，《教育片论》，上海人民出版社，2005 年，第 124 至 125 页

材料细节回忆：

教育的目标就是要克制儿童的欲望，发展儿童的理智，关键在于用理智和原则规范儿童的行为。

有时候，我们需要用严厉的方法约束儿童，要求儿童完成他应该完成的事情，制约儿童是一种有效的教育方法，但是，我们也不想看到儿童失去个性，没有自由，因为儿童受到管制就会变得怯懦、不自信。这样的儿童在未来也同样没有成就。当然，那些挥霍青春的儿童，如果能得到规范的管理和要求，一旦走向正途，前途不可限量。谁要是能调和这两种矛盾，他就可以觅得教育的真谛。

（1）洛克认为教育目标是什么？关键是什么？

（2）看似矛盾的地方是什么？为什么洛克说调和了看似矛盾的地方能觅得教育的真谛？

（3）谈谈你如何看待这对矛盾。

华东师范大学

2010 年华东师范大学 333 教育综合真题

一、名词解释

1. 教育目的　　2. 双轨制　　3. 京师同文馆　　4. 活教育
5. 骑士教育　　6.《莫雷尔法案》

二、简答题

1. 举例说明螺旋式课程内容组织及其依据和适用性。
2. 何谓发展性教学原则？在教学中遵循发展性教学原则有哪些基本要求？

3. 举例说明学校实施德育的途径。
4. 简述埃里克森人格发展理论的教育意义。

三、论述题

1. 试分析学校转型变革背景下教师的基本素养。
2. 阅读以下材料，分析和评论其中的教育思想。

虽有嘉肴，弗食，不知其旨也；虽有至道，弗学，不知其善也。是故学然后知不足，教然后知困。知不足，然后能自反也；知困，然后能自强也。故曰：教学相长也。《兑命》曰："学学半。"其此之谓乎？

3. 试述永恒主义教育理论及其对当代世界教育实践的影响。
4. 结合学习实例，论述问题解决过程中各阶段的主要策略。

2011 年华东师范大学 333 教育综合真题

一、名词解释

1. 教育先行　2. 教育目的的社会本位论　3. 终身教育
4. 教师专业性发展　5. 最近发展区　6. 先行组织者

二、简答题

1. 活动课程的特点。
2. 集体教育原则的基本要求。
3. 陶行知"生活教育"的基本内容。
4. 人文主义教育的基本特征。

三、论述题

1. 针对班级授课制的优缺点探讨教学组织形式的改革方向。
2. 评述韩愈《师说》中的教师观。
3. 评述赫尔巴特的课程理论。
4. 论述精细加工策略及其教学要求。

2012 年华东师范大学 333 教育综合真题

一、名词解释

1. 教育制度　2. 综合课程　3. 产婆术　4. 绅士教育
5. "六艺"教育　6. 1922 年"新学制"

二、简答题

1. 教学模式的结构。
2. 举例说明道德教育的社会学习模式。
3. 教师的专业素养。
4. 奥苏伯尔的先行组织者策略。

三、论述题

1. 评述课程编制的泰勒原理。
2. 评述卢梭自然主义教育思想及其影响。
3. 试论“五四”期间新文化思想对教育改革的影响。
4. 试论学习动机的培养和激发。

2013年华东师范大学333教育综合真题

一、名词解释

1. 分支型学制　2. 教育目的　3. 课程方案　4. 教学评价
5. 人文主义教育　6. 道尔顿制

二、简答题

1. 简述教育的社会流动功能。
2. 简述蔡元培的高等教育实践对我国现代大学发展的意义。
3. 简述建构主义学习观。

三、论述题

1. 评述结构主义教育。
2. 论述社会变迁对教师角色及教师专业发展的具体影响。
3. 试以白鹿洞书院为例，分析我国书院的宗旨、特点与意义。
4. 论述科尔伯格的道德发展阶段理论。

2014年华东师范大学333教育综合真题

一、名词解释

1. 贝尔－兰卡斯特制　2. 城市学校　3. 自我效能感　4. 现代教育制度
5. 德育过程　6. 有意义学习

二、简答题

1. 简述白鹿洞书院的教育宗旨。
2. 简述文艺复兴时期弗吉里奥的教育贡献。
3. 简述美国的《国防教育法》。
4. 简述班集体的发展阶段及培养方法。

三、论述题

1. 试以张之洞的《劝学篇》为例，评述“中体西用”的教育思想。
2. 试论述元认知策略及其教学应用。
3. 试分析课程内容的组织对学生学习的影响。
4. 针对教师专业发展的不同阶段，应该怎样帮助教师成长？

2015 年华东师范大学 333 教育综合真题

一、名词解释

1.《师说》 2. 三舍法 3. 生计教育 4. 设计教学法
5. 有意义学习 6. 自我效能感

二、简答题

1. 陈鹤琴的“活教育”。
2. 班主任的素质要求。
3.《学记》中“善喻”的教育意义。
4. 简述德育过程中教师指导下的学生能动作用。

三、论述题

1. 评述布鲁纳的结构主义教育。
2. 比较博比特的“活动分析法”和泰勒的“目标模式”。
3. 根据创造性的心理结构分析，说明学生创造力的培养措施。
4. 试分析教师素养及社会变迁中教师角色的发展趋势。

2016 年华东师范大学 333 教育综合真题

一、名词解释

1. 苏湖教法 2. 班级授课制 3. 中体西用 4.“自由七艺”
5. 绅士教育 6. 双轨制

二、简答题

1. 朱子读书法及其现代价值。
2. 校长负责制的内涵及需要注意的问题。
3. 蔡元培的“五育”并举。
4. 社会建构主义理论对学习的作用。

三、论述题

1. 评述要素主义。
2. 评述课程内容设计对学生学习的影响。
3. 评述班集体培养。
4. 试从元认知视角分析提升学生学习效能的教学策略。

2017 年华东师范大学 333 教育综合真题

一、名词解释

1. 致良知 2. 以吏为师 3. 实科中学 4. 学科课程
5. 发现学习 6. 要素主义

二、简答题

1. 简述朱子读书法及其当代价值。
2. 简述形成性评价在教育中的作用。
3. 简述颜元的实学教育内容及“六斋”。
4. 简述安德森的心理技能形成的三阶段。

三、论述题

1. 论述《朗之万－瓦隆教育改革法》的内容及对教育民主化的影响。
2. 论述班主任工作对班集体发展和学生品德发展的影响。
3. 论述课程内容组织中“纵向组织”和“横向组织”的关系。
4. 论述奥苏伯尔的有意义学习的实质与条件。

2018年华东师范大学333教育综合真题

一、名词解释

1. 学校教育制度　2. 课程标准　3. 道尔顿制　4. 苏格拉底法
5. 学习策略　6. 程序性知识

二、简答题

1. 中世纪西欧世俗教育的主要形式。
2. 颜元的学校改革主张。
3. 简述德育中的严格要求与尊重学生相结合的原则。
4. 简述裴斯泰洛齐的要素教育。

三、论述题

1. 结合实际，谈谈如何在教学中有效地应用讨论法。
2. 评析陈鹤琴的“活教育”探索。
3. 有人强调依法治校，有人主张以德治校，你怎么看？
4. 如何培养和激发学习动机？

2019年华东师范大学333教育综合真题

一、名词解释

1. 欧洲新教育运动　2. 教育目的　3. 学科课程　4. 观察学习
5. 学习风格　6. 学校即社会

二、简答题

1. 欧洲乡村寄宿学校的主要特征。
2. 教育的经济功能。
3. 孟子的教育思想。
4. 欧洲中世纪大学享有的特权。

三、论述题

1. 加德纳多元智力理论对教育工作的启示。
2. 陶行知生活教育的实践探索和理论创新。
3. 结合实际谈谈因材施教。
4. 结合班主任的工作论述如何培养班集体。

2020 年华东师范大学 333 教育综合真题

一、名词解释

1. 课程标准　2. 走班制　3. 教育即生活　4. 中体西用
5. 平民教育运动　6. 形式训练说

二、简答题

1. 简述教育的生态功能。
2. 简述夸美纽斯的班级授课制。
3. 简述陈鹤琴的“活教育”思想。
4. 简述教学工作的基本环节。

三、论述题

1. 结合实际，谈谈中小学德育过程的基本特点。
2. 结合现实，试述中小学生的创造性及其培养。
3. 试述教师素养的构成及对教师成长的启示。
4. 试述学校管理的趋势及实践启示。

东北师范大学

2010 年东北师范大学 333 教育综合真题

一、名词解释

1. 美育　2. 因材施教　3.《论语》　4. 蔡元培
5.《理想国》　6. 终身教育

二、简答题

1. 简述全面发展教育的组成部分及其各自的地位作用。
2. 简述影响人身心发展的因素及其各自的地位作用。

3. 简述教育的本体功能。
4. 简要介绍几种主要的动机理论。

三、论述题

1. 什么是创造性？如何对学生的创造性进行培养？
2. 评述 20 世纪 60 年代美国的课程改革。
3. 试分析论述陶行知的生活教育思想及其当代价值。
4. 结合我国近年来对应试教育和素质教育的讨论，谈谈你对素质教育的认识和理解。

2011 年东北师范大学 333 教育综合真题

一、名词解释

1. 有教无类　2. “五育”并举的教育方针　3. 苏格拉底法
4.《初等教育法》　5. 概括化理论　6. 努力管理策略

二、简答题

1. 简要回答教学过程中应处理好的几种关系。
2. 简要回答我国教育目的的基本精神。
3. 影响人身心发展的因素及其各自作用。
4. 列出两例我国基础教育中存在的主要问题，并就其中一例做深入分析。
5. 简述奥苏伯尔的有意义接受说。
6. 简述成败归因理论。

三、论述题

1. 试论《学记》在教育管理和教学论上的贡献。
2. 试论 20 世纪 60 年代美国中小学的课程改革。

2012 年东北师范大学 333 教育综合真题

一、名词解释

1. 课程标准　2. 义务教育　3. 学而优则仕　4. 苏格拉底法
5. 生活教育　6.《学制令》　7. 流体智力　8. 先行组织者

二、简答题

1. 中小学研究性学习的目标。
2. 皮亚杰认知发展阶段论的主要内容。
3. 归因理论的基本观点。

三、论述题

1. 在全面发展教育中如何认识和处理各育的关系？
2. 教学中掌握知识与发展智力的关系。
3. 评述终身教育思潮。
4. 孔子的德育论及其当代价值。

2013 年东北师范大学 333 教育综合真题

一、名词解释

1. 义务教育　2. 活动课程　3. 班级授课制　4. 直观性教学原则
5.《学记》　6. 中华职业教育社

二、简答题

1. 简述我国教育目的在《教育法》中的体现及其体现的精神实质。
2. 简述教学与智育的关系。
3. 简述苏格拉底法的基本内容。
4. 简述科尔伯格的道德发展理论。

三、论述题

1. 有人说“一两遗传胜过一吨黄金”，这种说法对吗？说明你的道理。
2. 试论述杜威的课程与教材论的相关内容及其现实意义。
3. 某地某学校根据学生入学前的智商高低来分快慢班，谈谈你的想法，并用心理学的相关知识进行评价。
4. 论述孔子的教学方法及其现实意义。

2014 年东北师范大学 333 教育综合真题

一、名词解释

1. 美育　2. 因材施教　3. 最近发展区　4. 学习策略

二、简答题

1.《学记》在教育教学方面的启示。
2. 英国《1988 年教育改革法》的内容。
3. 简述我国当前教育方针的最新表述及其精神实质，就我国当前教育实践在教育方针贯彻执行中所存在的问题谈谈你的看法。

三、论述题

1. 论述基础教育的独立价值和意义。
2. 论述研究性学习。
3. 论述 1922 年“壬戌学制”。
4. 论述杜威的教学论。
5. 如何培养学生的学习动机？

2015 年东北师范大学 333 教育综合真题

一、名词解释

1. 狭义的教育　2. 隐性课程　3. 榜样示范法　4. 教学评价

5. 骑士教育　6.《教育诗篇》　7. 朱子读书法　8. 京师同文馆
9. 发现学习　10. 自我效能感

二、简答题

1. 简述教学工作的基本环节及各自的意义。
2. 简述教师劳动的特点。

三、论述题

1. 试从政治、经济、文化三个方面联系实际论述教育的社会功能。
2. 试分析比较赫尔巴特与杜威的课程理论的异同。
3. 论述孔子的道德教育思想及对当代德育的启示。
4. 结合实际谈谈面对一个对考试失败无能为力、自暴自弃的学生，教师应该怎么做。

2016 年东北师范大学 333 教育综合真题

一、名词解释

1. 学制　2. 培养目标　3. 道德教育　4. 教师
5. 精细加工策略　6. 同化

二、简答题

1. 简述教学与教育、智育的关系。
2. 简述班级授课制的优缺点。
3. 简述蒙学教材及其特点。
4. 简述《国防教育法》的基本内容。

三、论述题

1. 试述学校教育对人的身心发展的重要作用。
2. 试论蔡元培的“五育”并举教育方针。
3. 论述观察学习的过程及其在教育中的作用。
4. 试论卢梭的自然教育思想及其现实意义。

2017 年东北师范大学 333 教育综合真题

一、名词解释

1. 教育目的　2. 外铄论（环境决定论）　3. 说服法　4. 学校管理
5.《学记》　6. 书院　7.《莫雷尔法案》　8. 英国公学

二、简答题

1. 教师的专业素养。
2. 简述我国新一轮课程改革的目的。
3. 陈鹤琴的“活教育”思想及其现代价值。
4. 韩愈《师说》中的教师观及其现实价值。

5. 赫尔巴特的四步教学法。

6. 裴斯泰洛齐的要素教育。

三、论述题

1. 教学中应处理好的几对关系是什么?

2. 一位数学老师没有直接告诉学生答案，而是通过一步一步地设计问题，诱导学生通过自己的探究最后得到答案。请问这位老师的做法是否符合维果茨基和布鲁纳的教学理论？要达到教学目的应注意哪些问题?

3. 论述学生的自我效能感受哪些因素的影响。

2018 年东北师范大学 333 教育综合真题

一、名词解释

1. 癸卯学制　　2. 智者学派

二、简答题

1. 简述教育的基本形态及每种形态的基本特征。

2. 简述教师的主要角色地位。

三、论述题

1. 论述教育与生产劳动相结合的现实意义。

2. 论述教学过程中的教学原则有哪些，并说明每个原则的要求。

3. 论述韦纳的成败归因理论并举例说明。

4. 学习策略的各种类型及意义。

5.《学记》的教育思想。

6. 杜威的教育本质观。

2019 年东北师范大学 333 教育综合真题

一、简答题

1. 美国 1958 年《国防教育法》的背景和主要内容。

2. 学习者的个体差异。

3. 教学中掌握知识与发展智力的关系。

二、论述题

1. 比较雅典和斯巴达的教育体制。

2. 如何理解教育公平是社会公平的基础?

3. 介绍三种学习迁移理论。

4. 介绍奥苏伯尔的有意义学习理论及其在教学中的运用。

5. 陶行知生活教育理论的主要内容及其现实启示。

6. 一个合格教师的专业素养由哪几方面构成？如何培养教师的专业素养?

2020 年东北师范大学 333 教育综合真题

教育学原理

一、简答题

教学评价 CIPP 模式。

二、论述题

1. 中小学主要教学组织形式。
2. 教育是什么？选一种观点论述。

中外教育史

一、简答题

简述稷下学宫。

二、论述题

1. 试论蔡元培的教育思想及对北大的改革。
2. 试论裴斯泰洛齐的教育思想。

教育心理学

一、简答题

简述建构主义的学习理论。

二、论述题

1. 结合布卢姆的教育目标分类学，就中小学任何一门课程谈谈怎样出高质量的测试题。
2. 教师如何帮助学生进行学习迁移？

华中师范大学

2010 年华中师范大学 333 教育综合真题

一、名词解释

1. 学校教育　2. 教育目的　3. 讲授法　4.《学记》
5. 道尔顿制　6. 元认知

二、简答题

1. 教育的相对独立性。
2. 简述上好一堂课的要求。

3. 教师劳动的特点。
4. 影响学习动机的因素。

三、论述题

1. 人的发展的规律性及其教育学意义。
2. 朱子读书法及其当代意义。
3. 评述苏霍姆林斯基的个性全面和谐发展教育思想。
4. 联系实际论述问题解决能力的培养。

2011 年华中师范大学 333 教育综合真题

一、名词解释

1. 学校教育制度　2. 课程标准　3. 智育　4. 分组教学
5. 陶冶　6. 技能

二、简答题

1. 我国教育目的的基本精神。
2. 上好一堂课的要求。
3. 教师的素养。
4. 培养集体的方法。

三、论述题

1. 人的发展的规律性及其教育学意义。
2. 陶行知的“生活教育”理论。
3. 赞科夫的发展性教学理论。
4. 联系实际，谈谈创造性的培养措施。

2012 年华中师范大学 333 教育综合真题

一、名词解释

1. 学校教育　2. 教育目的　3. 分组教学　4. 讲授法
5. 陶冶　6. 技能

二、简答题

1. 上好一堂课的要求。
2. 培养集体的方法。
3. 教师劳动的特点。
4. 影响学习动机的因素。

三、论述题

1. 人的发展的特点及其教育学意义。
2. 陶行知的“生活教育”理论。

3. 赞科夫的发展性教学理论。
4. 联系实际论述问题解决能力的培养。

2013年华中师范大学333教育综合真题

一、选择题

1. 教育学的研究任务是（　）
A. 研究教育现象　B. 解决教育问题　C. 揭示教育规律　D. 总结教育经验
2. “实验教育学”的代表人物是（　）
A. 涂尔干　B. 克伯屈　C. 杜威　D. 梅伊曼
3. “孟母三迁”的故事说明了影响人发展的重要因素是（　）
A. 遗传　B. 教育　C. 环境　D. 人的主观能动性
4. 学生运用知识的主要目的在于（　）
A. 引起求知欲　B. 理解知识　C. 巩固知识　D. 形成技能技巧
5. “一把钥匙开一把锁”运用在教育中是强调（　）
A. 因材施教　B. 教育影响的一致性和连贯性
C. 理论联系实际　D. 在集体中教育
6. 唐代“六学二馆”是指（　）
A. 地方官学　B. 图书馆　C. 中央官学　D. 私学
7. 中国儒家经典“四书”是指（　）
A.《大学》《中庸》《孝经》《论语》　B.《论语》《孟子》《诗经》《尚书》
C.《大学》《中庸》《论语》《春秋》　D.《大学》《中庸》《孟子》《论语》
8. 由维新派创立的学校是（　）
A. 京师同文馆　B. 万木草堂　C. 爱国学社　D. 南洋公学
9. 提出教育的最终目标是培养哲学王的教育家是（　）
A. 苏格拉底　B. 亚里士多德　C. 柏拉图　D. 夸美纽斯
10. 近代欧洲自然主义教育思想的代表人物是（　）
A. 卢梭　B. 洛克　C. 赫尔巴特　D. 斯宾塞
11. 个体利用已有的认知结构将新的刺激整合进自己的认知结构的过程是（　）
A. 同化　B. 顺应　C. 平衡　D. 整合
12. 根据弗洛伊德的个性发展理论，男孩出现恋母情结的阶段是（　）
A. 肛门期　B. 器官期　C. 潜伏期　D. 生殖期
13. 最早提出中间变量的概念，将S—R变成S—O—R的心理学家是（　）
A. 华生　B. 斯金纳　C. 苛勒　D. 托尔曼
14. 观察者因看到榜样受到强化而间接受到的强化称为（　）
A. 一级强化　B. 自我强化　C. 部分强化　D. 替代强化
15. “教育应该走在儿童现有发展水平的前面，从而带动儿童的发展”这一观点的理论基础是（　）
A. 维果茨基的“最近发展区”理论　B. 列昂节夫的学习活动理论
C. 皮亚杰的认知发展阶段理论　D. 埃里克森的个性发展阶段理论

二、名词解释

1. 体育　2. 程序性知识　3. 形成性评价　4. 白板说

三、简答题

1. 简述朱子读书法。
2. 简述教育的文化功能。
3. 简述人格发展的一般规律。
4. 简述教师的基本素质。

四、论述题

1. 陈鹤琴的“活教育”思想体系。
2. 举例说明启发性原则在教学中的要求。
3. 加德纳的多元智力理论及其教学意义。

2014 年华中师范大学 333 教育综合真题

一、选择题

1. 教育学的研究对象是（　）

A. 教育经验　B. 教育事实　C. 教育问题　D. 教育规律

2. 制约教育事业发展规模和速度的是（　）

A. 政治制度　B. 生产力　C. 科学技术　D. 文化

3. 现代意义上活动课程的首倡者是（　）

A. 卢梭　B. 赫尔巴特　C. 杜威　D. 布鲁纳

4. 学校的工作中心是（　）

A. 德育　B. 智育　C. 管理　D. 教学

5. 教师提高教学质量的关键是（　）

A. 备好课　B. 上好课　C. 做好课后的教导工作　D. 搞好教学评价

6. 被称为中国“平民教育家”的是（　）

A. 胡适　B. 蔡元培　C. 晏阳初　D. 梁启超

7. 美国心理学家布卢姆将教育目标分为认知、情感和（　）三大领域

A. 动作技能　B. 社会性　C. 品德　D. 行为习惯

8. 1958 年美国政府颁布的《国防教育法》的主要内容是（　）

A. 减少对普通教育的投入，增加对军事院校的拨款
B. 实行全民军事教育
C. 加强普通学校的自然科学、数学和现代外语的教学
D. 把私立教育作为发展的重点

9. “自我效能感”概念的提出者是（　）

A. 赞科夫　B. 维果茨基　C. 布卢姆　D. 班杜拉

10. “以社会契约为准则”的阶段属于科尔伯格品德发展理论所述的（　）

A. 前习俗水平　B. 习俗水平　C. 后习俗水平　D. 以上都不是

二、名词解释

1. 学校教育　2. 教育制度　3. 苏格拉底方法　4. 元认知

三、简答题

1. 教育的生态功能。
2. 德育途径。

3. 蔡元培的教育思想。
4. 心理健康的标准。

四、论述题

1. 直接经验和间接经验的关系。
2. 卢梭的自然主义教育思想。
3. 试述接受学习与发现学习的异同。

2015 年华中师范大学 333 教育综合真题

一、名词解释

1. 教育　2. 修养　3. 学园　4. 活动课程
5. 心理发展

二、简答题

1. 教育的相对独立性及其表现。
2. 直观性教学原则的含义及特点。
3. 教师劳动的特点。
4. 梁启超的教育思想。
5. 青少年心理健康培养的途径。

三、论述题

1. 论述掌握知识和发展智力的关系。
2. 论述德育过程中教师引导下学生能动的道德活动课程。
3. 论述创造性的培养措施。
4. 评述实验教育学。

2016 年华中师范大学 333 教育综合真题

一、填空题

1. 被称作“现代教育学之父”的教育家是（　　）。
2. 20 世纪 70 年代兴起，在当代西方教育理论界占主导地位的教育思潮是（　　）。
3. “师者，所以传道授业解惑也”这句话出自（　　）。
4. 我国现阶段的主要教学组织形式是（　　）。
5. 在《劝学篇》中，首先使用“中体西用”的教育家是（　　）。
6. 清政府正式颁布并实施的中国近代第一个学制是（　　）。
7.18 世纪德国“泛爱学校”学校的创始人是（　　）。
8. 教育名著《爱弥儿》的作者是（　　）。
9. 美国心理学家布卢姆将教育目标分为三大领域，即认知、情感和（　　）。
10. 对信息加工过程进行监督和调节的学习策略，被称为（　　）。

二、名词解释

1. 教育目的　　2. 讲授法　　3. 道尔顿制　　4. 先行组织者

三、简答题

1. 教育学的任务。
2. 培养班集体的方法。
3. 恽代英的教育思想。
4. 学习动机的强化理论。

四、论述题

1. 德育过程是培养学生知、情、意、行的过程。
2. 陶行知生活教育理论及其当代价值。
3. 心智技能的培养方法。

2017 年华中师范大学 333 教育综合真题

一、填空题

1. 最早把“教”与“育”联系起来的人是（　）。
2. 对人的发展起决定作用的是（　）。
3. “不愤不启，不悱不发”中的“愤”是指（　）。
4. 在我国被称为“人民教育家”的是（　）。
5. 教学的中心环节是（　）。
6. 形式教育论认为学校教育的作用是（　）。
7. 做好班主任工作，首先应该（　）。
8. 教育心理学化的提出者是（　）。
9. 道德认知理论的提出者是（　）。
10. 成就动机理论的提出者是（　）。

二、名词解释

1. 美育　　2. 谈话法　　3. 学在官府　　4. 发现学习

三、简答题

1. 现代教育对经济发展的影响。
2. 简述启发性原则及其要求。
3. 简述蒙台梭利的教育思想。
4. 品德不良的含义和类型。

四、论述题

1. 联系实际谈谈主观能动性对人的身心发展的作用。
2. 我国书院的发展过程及特点。
3. 人本主义理论及其现实意义。

2018 年华中师范大学 333 教育综合真题

一、名词解释

1. 学制　2. 修养　3. 产婆术　4. 稷下学宫
5. “五育”并举　6. 学习策略

二、简答题

1. 简述教育的政治功能。
2. 孔子认为教师应该具备的基本特点。
3. 文艺复兴时期人文主义教育的主要特征。
4. 简述赫尔巴特教学形式阶段论的内容。

三、论述题

1. 论述文化知识的育人价值。
2. 论述黄炎培的职业教育思想。
3. 举例论证教学过程中的直观性原则及要求。
4. 论述创造性的内涵及培养途径。

2019 年华中师范大学 333 教育综合真题

一、选择题

1. 标志着教育学的发展进入独立形态阶段的是（　）
A.《教育学》　B.《普通教育学》　C.《实验教育学》　D.《大教学论》
2. 提出“教育自得”的是（　）
A. 孔子　B. 孟子　C. 荀子　D. 墨子
3. 提出“教育即回忆”的是（　）
A. 柏拉图　B. 亚里士多德　C. 夸美纽斯　D. 昆体良
4. 提出“收回教育权”的是（　）
A. 蔡元培　B. 余家菊　C. 陶行知　D. 胡适
5. 确定英国国民教育制度的教育法是（　）
A. 1870 年《福斯特法案》　B.《费舍教育法》
C. 1944 年《巴勒特教育法》　D.《1988 年教育改革法》
6. 提出美国教育“新三艺”的是（　）（选项缺失）
7～10 题目缺失

二、名词解释

1. 个体发展（狭义）　2. 发展性原则　3. 教育适应自然　4. 终身教育
5. 负强化　6.《大学》

三、简答题

1. 新文化运动反对传统教育对改变教育观念的主要表现。
2. 文艺复兴中人文主义的特征及影响与贡献。

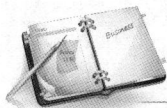

3. 简述元认知策略的类型。
4. 教育价值观中个人本位论的观点及评价。

四、论述题

1. 科举制的演变、影响及对高考改革的启示。
2. 社会建构主义学习理论及教学启示。
3. 教师素养的品德要求。
4. 教育对人的作用及实现条件。

2020 年华中师范大学 333 教育综合真题

一、名词解释

1. 教育目的　　2. 学校课程　　3. 有教无类　　4. 社学
5. 产婆术　　6. 现代人文主义教育思潮

二、简答题

1. 教育相对独立性的内涵及其主要表现。
2. 革命根据地和解放区教育的基本经验。
3. 赫尔巴特的课程论。
4. 不同的归因对学生有什么影响？如何指导学生正确归因？

三、论述题

1. 结合教育实际，论述德育过程是培养学生知、情、意、行发展的过程。
2. 结合教育实际，论述启发性原则的内涵及要求。
3. 论述新文化教育思潮。（任意写五个）
4. 分析论述信息加工学习理论及其对教学的启示。

陕西师范大学

2010 年陕西师范大学 333 教育综合真题

一、名词解释

1. 教学评价　　2. 创新教育　　3. 校本课程　　4. 成就动机
5. 稷下学宫　　6. 定势　　7. 实科中学　　8. 泛智论

二、填空题

1. 提出教育性教学原则的教育家是（　），他是（　）教育学派的代表。

2. 我国的教育方针是“教育必须为（　）服务，必须与（　）相结合，培养德、智、体等方面全面发展的社会主义事业的建设者和接班人”。

3. 学田制度首创于我国（　）代。

4. 宋朝历史上曾前后出现了三次著名的兴学运动，第一次兴学运动是由（　）主持发起的，史称（　）。

5.（　）是18世纪末时，英国教育家贝尔和兰卡斯特提出的一种旨在解决师资问题的教学制度。

6. 学习动机是由（　）和（　）两个基本因素构成的。

三、简答题

1. 建立学制的依据有哪些？

2. 简述马卡连柯集体教育理论的主要内容。

3. 简述中世纪大学兴起的原因及对当时文化教育和社会发展的作用。

4. 简述德育过程的基本特点。

5. 比较陈述性知识和程序性知识学习的异同。

6. 简述董仲舒三大文教政策。

四、论述题

1. 评述教育与生产力的关系。

2. 评述陶行知“生活教育”理论的基本内容及其现实启示。

3. 试从教育发展的历史角度论述美国近现代教育发展的原因。

4. 论述加德纳多元智能理论并分析对教学实践的启发。

5. 试分析论证教学、教育及德育的关系。

2011年陕西师范大学333教育综合真题

一、名词解释

1. 教育学　　2. 课程　　3. 贝尔－兰卡斯特制　　4. 苏湖教法

5. 有意义学习　　6. 学习策略

二、填空题

1. 教育的基本环节包括：备课、上课、（　）和（　）。

2. 孔子的教学内容，包括《诗》《书》《礼》（　）《易》《春秋》。

3. 宋朝胡瑗在主持湖州州学时创立的一种新的教学制度是（　）。

4. 欧洲封建社会中的骑士教育的主要内容是：吟诗、（　）、下棋、骑马、游泳、枪剑、角力。

5.（　）被评为“美国公立学校之父”。

6. 赫尔巴特明确提出三种教学方法：（　）（　）和（　）。

7. 皮亚杰把人的认知发展划分为四个阶段：（　）、（　）、（　）、（　）。

8. 陈述性知识的表征形式是（　）。

9.（　）编成了《海国图志》一书，并在此书中提出了“师夷长技以制夷”的观点。

三、简答题

1. 学生的智力活动形成包括哪几个阶段？

2. 教师应该如何进行概念学习?
3. 朱熹的道德教育方法有哪些?
4. 1958 年美国颁布实施的《国防教育法》的主要措施有哪些?
5. 遗传在人的发展中具有什么作用?
6. 教学评价的原则有哪些?

四、论述题

1. 谈谈你对教育的相对独立性的认识。
2. 联系教学实践，谈谈如何激发学生的学习动机。

2012 年陕西师范大学 333 教育综合真题

一、名词解释

1. 最近发展区　2. 自我提高驱动力　3. 学制　4. 研究性学习
5. 教育适应生活说　6. 建构主义教学理论

二、填空题

1. 皮亚杰针对儿童认知发展提出的四个概念是:(　)、同化、(　)、平衡。
2. 我国学校教育制度的结构包括：学前教育、(　)、(　) 和 (　)。
3. 赫尔巴特明确提出了三种教学方法:(　)、(　) 和综合教学。
4. 我国近代的最成熟的学制是 (　)。
5. 课程标准的三维目标是:(　)、(　)、(　)。

三、简答题

1. 班主任的素质要求。
2. 课程设计的依据。
3. 我国的教育方针。

四、论述题

1. 论述启发性原则及其在教学中的运用。
2. 你认为教师最重要的素质是什么?

2013 年陕西师范大学 333 教育综合真题

一、选择题

1. 建构主义学习观认为：学习具有主动建构性、社会互动性和 (　)
A. 能动性　B. 主体性　C. 可迁移性　D. 情境性
2. 奥苏伯尔将学习分为机械学习和 (　)
A. 有意义学习　B. 策略学习　C. 概念学习　D. 技能学习
3. 在西方古代教育史上，提出教育目的在于实现个人的“灵魂转向”，主张“寓学习于游戏”“学习即回忆”的教育家是 (　)
A. 苏格拉底　B. 柏拉图　C. 亚里士多德　D. 奥古斯丁

4. 我国最早规定义务教育阶段的学制是（　）

A. 壬寅学制　B. 癸卯学制　C. 壬子癸丑学制　D. 壬戌学制

5. 颜元主持的漳南书院性质上属于（　）

A. 理学书院　B. 实学书院　C. 制艺学院　D. 考据学院

6. 在西方近代教育中，依据教育心理学化的理念提出初等教育应该从最简单的要素开始，循序渐进地促进人的和谐发展的教育家是（　）

A. 洛克　B. 卢梭　C. 夸美纽斯　D. 裴斯泰洛齐

7. “不愤不启，不悱不发”主要阐述的教育原则是（　）

A. 启发性原则　B. 科学性原则　C. 理论联系实际原则　D. 巩固性原则

8. 综合实践活动的基本特征是：综合性、实践性、开放性、自主性和（　）

A. 服务性　B. 目的性　C. 生成性　D. 社会性

9. 我国最早的教学理论著作是（　）

A.《大学》　B.《论演说家的教育》　C.《论语》　D.《学记》

10. 我国中小学最常用的基本教学方法是（　）

A. 讲授法　B. 演示法　C. 参观法　D. 练习法

二、名词解释

1. 学习　2. 苏湖教学法　3. 自然主义教育（卢梭）

4. 教学　5. 教育目的

三、判断题

1. 前科学概念就是错误概念。（　）

2. 人的创造力与知识水平成正比。（　）

3. 蔡元培改革北京大学的主导思想是“尚自然，展个性”。（　）

4. 我国最早的蒙学教材是《三字经》。（　）

5. 多媒体教学是直观教学的一种形式。（　）

6. “教学准备生活说”“科学知识最有价值”等著名论断是赫尔巴特提出来的。（　）

7. 教学是学校的首要工作。（　）

8.《我的教育信条》最集中、最系统地表达了杜威的教育理论。（　）

9. 教育主要通过培养出来的人间接影响社会的发展。（　）

10. 德育的功能就是育德。（　）

四、简答题

1. 知识整合与升华的方法与策略有哪些？

2. 简述陈鹤琴的“活教育”思想。

3. 简述赫尔巴特的教育心理学化思想。

4. 如何理解教学过程？

5. 简述品德发展的一般规律。

五、论述题

1. 结合杜威对教育本质的“三大主张”谈谈教育与生活的关系。

2. 什么是启发性教学原则？结合自己任教学科谈谈如何在课堂教学中贯彻启发性原则。

3. 结合班级管理实际谈谈班集体的发展阶段及其培养方法。

六、材料题

材料一：人才效能进一步提高。人力资本投资占国内生产总值比例达到12.0%，比2008年增长1.3个百分点，人才对经济增长的贡献率达到26.6%（据2008年不完全统计，1978—2008年的平均值为 18.9%），人才对我国经济增长的促进作用进一步提升。

——《人民日报》（2012 年 5 月 15 日第 4 版）

材料二：“百年大计，教育为本。”教育是民族振兴、社会进步的基石，是提高国民素质、促进人的全面发展的根本途径，寄托着亿万家庭对美好生活的期盼。强国必先强教。优先发展教育、提高教育现代化水平，对实现全面建设小康社会奋斗目标，建设富强、民主、文明、和谐的社会主义现代化国家具有决定性意义。

——《国家中长期教育改革和发展规划纲要（2010—2020 年）》序言

结合上述材料谈谈现代化教育具有哪些经济功能，并据此分析我国当前教育如何更好地发展这些经济功能。

2014 年陕西师范大学 333 教育综合真题

一、名词解释

1. 教育的劳动起源论　2. 学制　3. 校本课程　4. 班级授课制
5. 教育先行　6. 发现学习

二、填空题

1. 1806 年出版的《普通教育学》的作者是（　）。
2. 皮亚杰的认知发展阶段分为：感知运动阶段、（　）、具体运算阶段、形式运算阶段。
3. “博学之，审问之，慎思之，明辨之，笃行之”出自（　）。
4. 1903 年，我国颁布并实施的第一个近代学制是（　）。
5. 影响人发展的因素有：遗传、教育、环境、（　）。
6. 学生的品德由认知、情感、意志和（　）组成。
7. 研究性学习的程序的第一步是（　）。
8. 在西方教育史上，最早提出要按年龄划分教育阶段的思想教育家是（　）。
9. 学习管理策略包括：（　）、制订学习计划、进行自我评价、监控学习过程。
10. 夸美纽斯的教学原则之一是（　）原则。

三、简答题

1. 简述教师职业的特点。
2. 在教学中如何激发学生的学习动机？
3. 中小学教学中最常用的、具有我国特色的、影响较大的教学模式有哪些？
4. 如何才能有效地运用讲授法？
5. 简述百日维新的教育改革措施。

四、论述题

1. 评述《基础教育改革纲要》中的教育改革目标。

2.《国家中长期教育改革与发展规划纲要（2010—2020 年）》提出“科教兴国，人才强国”。中国未来发展，中华民族伟大复兴，关键靠人才，基础在教育。试论述教育如何实现其社会发展功能。

2015 年陕西师范大学 333 教育综合真题

一、名词解释

1. 卢梭的自然主义教育 2. 成就动机 3. 稷下学宫 4. 教学
5. 学习

二、选择题

1. 提出“灵魂转向”“学习即回忆”的哲学家是（ ）
A. 苏格拉底 B. 柏拉图 C. 亚里士多德 D. 奥苏伯尔
2. 提出和机械学习相对应的学习是（ ）
A. 智慧学习 B. 有意义学习 C. 上位学习 D . 下位学习
3. 奥苏伯尔所提出的学习有上位学习、下位学习和（ ）
A. 意义学习 B. 智慧学习 C. 机械学习 D. 并列结合学习
4. 我国第一部论述教育的著作是（ ）
A.《论语》 B.《学记》 C.《大学》 D.《中庸》
5. 提出教育心理学化思想，将教育与生产劳动相结合的观念付诸实践，并据此提出要素教育，推动了初等学校教学法的程序化改革的教育家是（ ）
A. 赫尔巴特 B. 杜威 C. 福禄培尔 D. 裴斯泰洛齐
6. 国子学产生于下列哪个朝代（ ）
A. 西晋 B. 东晋 C. 南朝 D. 北朝
7. 我国首次提出义务教育的学制是（ ）
A. 壬寅学制 B. 癸卯学制 C. 壬子癸丑学制 D. 壬戌学制
8. 提出最近发展区的教育家是（ ）
A. 杜威 B. 维果茨基 C. 卢梭 D. 赫尔巴特

三、简答题

1. 简述孔子给我国教育带来的影响。
2. 简述董仲舒的三大文教政策。
3. 学制确立的依据。
4. 简述赫尔巴特的教育心理学的思想。
5. 简述陈述性知识学习和程序性知识学习的区别。

四、论述题

1. 试论述活动课程和学科课程的分歧。
2. 根据 1922 年“新学制”的观点和标准谈谈我国现行学制的改革。

2016 年陕西师范大学 333 教育综合真题

一、名词解释

1. 学制 2. 教育 3. 最近发展区 4. 三舍法
5. 学习动机

二、简答题

1. 班级授课制的局限性。
2. 德育途径。
3. 如何促进知识的迁移?
4. 简述《国防教育法》。
5. 创造性的培养。
6. “三纲领八条目”的内容。

三、论述题

1. 张之洞“中体西用”的历史意义和局限性。
2. 杜威和赫尔巴特的教学过程理论的比较。
3. 新基础课程改革的六大目标。
4. 论述启发性教学原则。

2017年陕西师范大学333教育综合真题

一、名词解释

1. 教育　2. 讲授法　3. 朱子读书法　4. 接受学习
5. 学习兴趣　6. 课程标准　7. 最新发展区　8. 要素教育（裴斯泰洛齐）

二、简答题

1. 教学过程的性质是什么?
2. 培养班集体的方法。
3. 建构主义的学习观。
4. 影响问题解决的因素。
5. 人文主义教育的特点。
6. 革命根据地教育的基本经验。

三、论述题

1. 结合实际论述核心素养对教育改革的影响。
2. 根据陶行知的生活教育思想，谈谈学校教育与学生生活的理想关系。
3. 您认为赫尔巴特的教学理论和课程理论对今天的教育还有没有作用?

四、材料分析题

主题是“无师课堂”。结合材料中河南汝阳县声讨学校无师课堂案例，用教师的主导作用与学生的主体地位的理论分析此教学现象。（材料缺失）

2018年陕西师范大学333教育综合真题

一、判断题

1. 我国最早的蒙学教材是《三字经》。(　)
2. 生活准备说是赫尔巴特的思想。(　)

3. 教科书是课程的唯一体现。(　)
4. 一两遗传胜过一吨黄金。(　)
5. 授人以鱼不如授人以渔。(　)
6. 动机越强，学习效率越高。(　)
7. 教师只有积极作用，没有负面影响。(　)

二、名词解释

1. 产婆术　2. 启发式教学　3. 最近发展区　4. 苏湖教学法
5. 学校教育

三、简答题

1. 简述教育的基本要素及其相互间的关系。
2. 简述教师主导作用与学生主体作用相统一的关系。
3. 简述《中庸》中的学习过程。
4. 简述赫尔巴特的教育心理学化思想。
5. 简述活动课程的基本特点。

四、论述题

1.《学记》的贡献和地位。
2. 杜威与赫尔巴特的教学理论比较和对我国不同阶段的教育实践和教育思想的影响。

五、材料分析题

材料："西班牙狼孩的故事"

狼孩儿从小与狼为伍，所以其保持着狼的生活习性。狼孩儿被牧羊人收养后，学会了基本的觅食技能。但牧羊人去世之后，狼孩儿重新回到狼群中与狼群过着和狼相同的生活。当他后来又一次被人发现，带入人类社会生活时，人们却发现狼孩儿无法很好地适应人类生活。

（1）根据影响人身心发展的因素及关键期分析狼孩儿的故事。
（2）请提出一些措施帮助他。

2019年陕西师范大学333教育综合真题

一、名词解释

1. 教育制度　2. 探究性学习　3. 成就动机　4. 道尔顿制
5. 综合课程

二、填空题

1. 西周国学和乡学的"六艺"是（　）、（　）、（　）、（　）、（　）和（　）。
2. 马斯洛需要层次理论包括（　）、（　）、（　）、（　）、（　）、（　）和（　）。
3. 我国把（　）列入学制系统，是教育向终身教育制度发展的重要标志。
4.《教育法》是最近（　）年修订的。
5. 依据人在知觉时是否受环境信息的影响所做的分类是（　）。
6. 在北京师范大学确立公布的三个核心素养是（　）、（　）和（　）。
7. 1902年，中国颁布的第一个全国性学制是（　）。
8. 三级课程管理是（　）、（　）和（　）。
9. 终身教育的含义是（　）。

三、判断题

1. 稷下学宫是一所由官家主持、私家操办的特殊形式的学校。（ ）
2. 旧知识对新知识的影响叫倒摄反应。（ ）
3. 有效教育活动是科学性和艺术性的结合。（ ）
4. 学习迁移只发生在知识和技能领域。（ ）
5. 八股文产生于清初。（ ）
6. 批判理学，提出真学、实学的人是颜元。（ ）
7. 德国梅伊曼是实验教育学的代表。（ ）
8. 教育即生活，教育即生长，教育即经验的改造是赫尔巴特提出的。（ ）
9. 终结性评价是对教学过程中学生表现的评价。（ ）

四、简答题

1. 泰勒原理。
2. 科尔伯格的道德认知理论——三水平六阶段。
3. 创造性思维。
4. 要素教育。
5. 建立良好师生关系的策略。

五、论述题

1. 朱子读书法的内容和要点是什么？当代社会快餐文化与朱子读书法二者之间有何关系？
2. 学校可利用移动设备上课。请谈谈其利弊。

六、综合题

按照教育目的的层级结构进行分类，并简述各自的含义、区别、联系。

2020年陕西师范大学333教育综合真题

一、选择题（10个）（缺失）

二、名词解释

1. 学制　　2. 进步教育运动　　3. 学习动机　　4.《学记》
5. 教育目的

三、简答题

1. 简述教学原则。
2. 简述德育方法。
3. 赞科夫的发展理论的五个原则。
4. 赫尔巴特的教学阶段论。
5. 教育的个体功能表现为哪两个方面？

四、论述题

1. 教师的专业素养有哪些？如何培养教师的专业素养？
2. 陶行知的生活教育理论及历史影响。
3. 创造性发展的影响因素是什么？如何培养学生的创造性？

西南大学

2010年西南大学333教育综合真题

一、名词解释

1. 教育学　2. 中体西用　3. 苏格拉底法　4. 发现学习

二、简答题

1. 我国当前教育目的的基本精神是什么？
2. 中国古代书院教育的重要特点是什么？
3. 近代人文主义教育的基本精神主张有哪些？

三、论述题

1. 指出教学过程中存在的基本关系，并以其中一种关系为例进行简要论述。
2. 影响问题解决的主要因素有哪些？试举例加以说明。

四、综合题

1. 材料：

有人说："没有教不好的学生，只有教不好的先生。"

试从学生观、教师观、师生关系观等角度加以阐述。

2. 终身教育思潮的基本观点是什么？联系我国实际加以举例阐述。

2011年西南大学333教育综合真题

一、名词解释

1. 教育目的　2. 学制　3. 榜样法　4. 课程
5. 朱子读书法　6. 道尔顿制

二、简答题

1. 当前学校管理呈现哪些发展趋势？
2. 建构主义学习理论的基本观点有哪些？
3. 书院产生的条件有哪些？它有什么特点？
4. 人文主义教育的特征有哪些？

三、论述题

1. 试论述教育与人的发展关系。
2. 试论述教学过程的本质。
3. 举例说明影响问题解决的主要因素。
4. 分析卢梭的自然主义教育理论。

2012 年西南大学 333 教育综合真题

一、名词解释

1. 狭义的教育　2. 学校管理　3. 朱子读书法　4. 苏格拉底法
5. 学习策略　6. 心理发展

二、简答题

1. 简述教学过程中应该处理好的几种关系。
2. 简述班主任工作的基本内容。
3. 简述陶行知的生活教育理论。
4. 学校进行心理健康教育的主要途径有哪些?

三、论述题

1. 试论述教育的社会功能。
2. 试论述如何提高教师素养。
3. 评述夸美纽斯的教育适应自然原则。
4. 评述建构主义学习理论。

2013 年西南大学 333 教育综合真题

一、名词解释

1. 课程　2. 教学　3. 苏格拉底教学法　4. 中世纪大学
5. 道尔顿制　6. 恩物

二、简答题

1. 教师劳动的特点。
2. 洋务学堂的特点。
3. 赫尔巴特的教育心理学。
4. 需要层次理论。

三、论述题

1. 试论教学评价的 CIPP 模式。
2. 试论教育与人的发展关系。
3. 陶行知的生活教育思想及对我国当前的教育启示。
4. 论述创造性培养的措施。

2014 年西南大学 333 教育综合真题

一、名词解释

1. 学校教育　2.《学记》　3. 课程标准　4. 班级授课制
5. 教育目的　6. 教育评价

二、简答题

1. 原始社会的教育有哪些特点？
2. 教师的劳动有哪些特点？
3. 我国全面发展教育的组成部分及其关系。
4. 教育有哪些社会功能？
5. 教育科学研究的基本步骤是什么？
6. 简述学校管理的发展趋势。

三、论述题

1. 试论述教育对人的发展的重大作用。
2. 论述如何处理教师的主导作用和学生主体性二者之间的关系。
3. 联系实际论述如何处理教书与育人的关系。

2015年西南大学333教育综合真题

一、填空题

1. 教育学发展的科学化阶段的重要特点有______、______和教育学研究的细化。

2. 杜威关于教育本质的思想可以概括为______、______和教育即经验的不断改造。

3. 古代教育有与其特定历史条件相应的特点，如培养目标比较狭窄，用孔子的学生子夏的话来说就是“______”，又如教育内容的视野也比较狭窄，主要偏重于______。

4. 纵观中国教育目的理论的发展，如教育的根本出发点是坚持教育的______，人才培养目标的根本定位是培养______。

5. 师生关系是教师与学生在教育工作中所发生的交往和联系。师生关系的根本内容是______；其本质是______在师生之间的反映。

6. 赞科夫的发展性教学思想包括一系列原则，其中最为重要是______、______、______、______和理论知识起主导作用的原则等。

7. 教育测验的类型划分比较多。其中，如果按照测验的评价标准来划分，则可以划分为______和______。

8. 校本管理是以______的管理，即学校管理目标和任务是根据学校自身特点和需求来确定的，而不是______。

二、名词解释

1. 终身教育　　2. 社会本位论　　3. 教育实验法　　4. 活动课程

三、简答题

1. 学生身心发展的普遍特征及其教育要求。
2. 教师职业发展专业化的内涵及要求。
3. 简述写一篇学术论文的基本结构。

四、论述题

1. 论述基础教育课程改革的基本动向。
2. 分析“传授—接受”教学和“引导—发现”教学的区别。
3. 分析“素质教育倡而不兴，应试教育批而不立”的原因。

2016年西南大学333教育综合真题

一、名词解释

1. 教育功能　　2. 美育　　3. 活动课程　　4. 教学评价
5. 科举制度

二、简答题

1. 我国教育目的的基本精神。
2. 帮助后进生的方法。
3. 夸美纽斯的教育思想。
4. 皮亚杰的认知理论。
5. 简述教师在教学活动中的职业角色。
6. 学校管理的发展趋势。

三、判断说理题

1. 教育对人的影响不是主要影响。
2. 恩物是福禄培尔为儿童设计的玩具，其体现了自然教育原则。
3. 学生的学习动机完全依赖于外界的物质奖励。
4. 教学过程就是教师教授知识的过程。

四、论述题

1. 为什么说班级授课制是主要的教学形式？
2. 论述孔子的教育对象、教育内容、教育方法。
3. 论述掌握知识和发展智力的关系。

2017年西南大学333教育综合真题

一、名词解释

1.《论语》　　2. 师生关系　　3. 教育评价　　4. 教育研究

二、简答题

1. 现代教育的基本特征是什么？
2. 我国教育目的的精神实质是什么？
3. 学校管理的概念及内容是什么？

三、论述题

1. 论述学校教育影响人发展的机理。
2. 论述教师专业发展的内涵及其要求。
3. 综合课程的含义、优势与不足。
4. 举例说明如何组织和培养学生班集体。
5. 如何实施中小学校园文化建设？

四、材料分析题

材料大意是“虎妈”对自己的两个女儿采取高压管理措施。大女儿被耶鲁大学录取。二女儿从

2岁开始拉琴。米爸把二女儿拉琴的照片传到了网上，引起了大家讨论。网友A：孩子有这方面的天赋特长，可以从小培养。网友B：孩子心智不成熟，会给孩子带来生理上的压力。网友C：有痛苦的童年才有成功的成年，加油！

用教育学原理分析“虎妈米爸”的教育方式及网友关于教育的观点。

2018年西南大学333教育综合真题

一、理论阐述

描述未来教育的基本特征，分析未来教育的产生背景及其启发。

二、分析应用

概括全面发展教育内容之间的关系并联系实际探讨该关系理论的实践指导意义。

三、课程教学

阐述综合课程的内涵及特点并联系中小学教学的实际分析综合课程的利与弊。

四、名著研讨

概括、评价杜威的著作《民主主义与教育》的基本思想。

五、实践探讨

评析当前我国中小学教师专业发展的现状，概括影响教师专业发展的因素，提出改善教师专业发展的建议。

六、管理研究

假如你是一位中小学的校长，为了本校的发展，请阐述你将如何开展“校本教研”的活动。

2019年西南大学333教育综合真题

一、理论阐述

教育当中学生身心发展主要的共性特征是什么？这些共性特征对学校的教育教学工作提出的要求是什么？

二、分析综合

何谓立德树人？学校当前在立德树人方面有哪些偏差？你认为应该如何进一步提高学校立德树人工作的成效？

三、评价应用

何谓教育现代化？如何判断一所学校的现代化水平？如何推进一所学校的现代化建设工作？

四、课程教学

何谓创新型教学？比较创新型教学与传统型教学的异同。开展创新型教学时需要注意哪些事项？

五、学校管理

何谓校本管理？你认为当前中小学校本管理存在哪些问题？如何改进校本管理？

六、教育研究

何谓教育研究？阐述教育研究所包括的各个基本步骤的工作要领。

2020年西南大学333教育综合真题

一、名词解释

1. 教育原则　2. 教育作品法　3. 劳动技术教育　4. 课程标准

二、辨析题

1. 学校教育中学生是主、客体的合一。

2. 学校体育任务就是增强学生体质。

3. 根据课程设计和课程目标的来源，一般可把课程资源分为校内课程资源、校外课程资源和信息化课程资源。

4. 网络教育因其信息借助于网络传播突破了时间与空间的限制，展现出开放性、全球性和交互性等特点。

三、简答题

1. 简述教育价值的基本类型。

2. 简述教育的社会性表现。

3. 简述义务教育的基本特点。

4. 简述现代教师的角色转换。

四、论述题

1. 试述教育评价的环节以及存在的问题。

2. 试述现代学生观的内涵。

五、材料分析题

对某年级六个班的成绩进行前测，发现六个班的成绩水平大致相当，无显著差异。现在使用简单随机抽样方法把这六个班分为两组，三个班为实验组，三个班为对照组。现在需要去研究数字化教材（此前这六个班均未使用过数字化教材）对学生成绩的影响。回答以下问题：

1. 说出该实验中的自变量和因变量。

2. 尝试说出该实验的具体名称和设计方案。

3. 列举该实验设计的优点。

4. 什么是简单随机抽样？简述其操作步骤。

南京师范大学

2010年南京师范大学333教育综合真题

一、名词解释

1. 课程　2. 最近发展区　3. 自我提高驱动力　4. 终身教育
5. 自我效能　6. 苏格拉底法　7. 赫尔巴特的四段教学法

二、简答题

1. 简述《学记》在教学思想上的贡献。
2. 道德教育如何与生活相联系？
3. 简述班级授课制及其改革。
4. 简述校本课程开发的特征、优势、不足及思考。

三、论述题

1. 结合你自己的教育教学实践，谈谈教育与人身心发展的关系。
2. 皮亚杰的认知发展阶段理论及其对学校教育的启示。
3. 试论述唐代科举制度的作用及其影响。
4. 评述杜威的实用主义教育理论。

2011年南京师范大学333教育综合真题

一、名词解释

1. 中体西用　2. 教育　3. 班级授课制　4. 道尔顿制
5. 问题解决　6. 学习动机

二、简答题

1. 论述当代学制改革的趋势。
2. 简述“六艺”教育及其对当代教育改革的意义。
3. 试述卢梭的自然主义教育及其意义。

三、论述题

1. 评述19世纪末20世纪初欧美新教育和进步主义教育思潮的共同特征、意义及其局限。
2. 评述陶行知的生活教育理论。
3. 论述师生关系的历史转变，并结合自己的经验谈谈你对这一问题的认识。
4. 结合中学生的时代特点谈谈你对当前基础教育的理解。

2012 年南京师范大学 333 教育综合真题

一、名词解释

1. 教学目标　　2. 学校教育　　3. "六艺"教育　　4. 苏格拉底法
5. 道德情感

二、简答题

1. 简述德育的途径。
2. 蔡元培的"五育"并举。
3. 人文主义教育的特征。
4. 布鲁纳发现学习的步骤。

三、论述题

1. 论述教育的社会功能。
2. 试论述陈鹤琴的"活教育"。
3. 杜威的教育思想。
4. 结合实际，论述激发学生学习动机的方法。

2013 年南京师范大学 333 教育综合真题

一、名词解释

1. 活动课程　　2. 教学　　3. 化性起伪　　4. 道尔顿制
5. 最近发展区　　6. 信度与效度

二、辨析题

1. "教育先行"是 20 世纪现代社会的新现象，它意味着教育发展必须先于社会的物质发展。
2. 在学习方式上，课程改革反对接受学习，主张以自主、合作、探究的方式取代接受学习。
3. 卢梭认为事物的教育和自然的教育都要服从于人为的教育。

三、简答题

1. 简述个人本位论。
2. 简述价值澄清模式。
3. 简述我国新课程改革的基本理念。
4. 简述要素主义教育思想的基本观点。

四、论述题

1. 品德及其构成要素是什么？如何根据品德的要素进行道德教育？

2. 有人说，过去要求教育"嫁"给政治是错误的，现在要求教育"嫁"给经济也是片面的。教育首先要"嫁"给人，人是教育的原点，教育是人的教育，不是社会的教育。有人则认为，人不是抽象的，教育是一种社会现象。这种提法否定了教育的社会性，教育也不可能发展成抽象的人。有人说，教育要以育人为中心。但也有人说，我国社会主义现代化建设的中心只有一个，那就是经济建设，不允许搞多中心。对此，你有何评论？

请自拟题目，写一篇 800 字左右的短评，阐述自己的观点，并对上述观点进行评论。

2014 年南京师范大学 333 教育综合真题

一、名词解释

1. 赫尔巴特的《普通教育学》　2. 社会本位论　3. 最近发展区
4. 有效教学　5. 行动研究

二、填空题

1. 马克思认为，教育起源于______。
2. 决定教育权和受教育权的主要因素是______。
3. 我国教育目的的理论基础是______。
4. 以解决社会生活问题为核心而组织的课程是______。
5. 课改文件的名称是______。
6. 收集学生学习过程中的一些信息，反映学生成长变化的评价方法是______。
7. 学生品德构成的基本因素是______。
8. 学制发展的方向是______。
9. 学校教学的基本组织形式是______。
10. 罗杰斯的非指导性教育属于______理论。

三、辨析题

1. 义务教育的特点是强制性、免费性和普及性。
2. 教育影响都是积极正向的。
3. 师生关系就是知识的传授关系。
4. 教学是用教材教，而不是教教材。
5. 班级是一个“准自治组织”。

四、简答题

1. 试述人的身心发展特点及其对教育的要求。
2. 我国教育目的的基本精神是什么？
3. 试述课程编制（开发）的基本程序或步骤。
4. 试述杜威的教育思想及其现实意义。

五、材料分析题

一位教师在给学生讲人教版第七册“钓鳟鱼”的课文时，老师提问：“仔细阅读课文，看看父亲是一位怎样的人？”

生 1：“为什么还没有到时间父亲就允许我钓鱼，而钓到鱼又让我放走？”老师脸带怒色地说：“你没有听清楚老师的问题，坐下。”生 1 很害羞地坐了下去，这一堂课就再也没有举手了。

生 2：“我觉得这位父亲对自己的孩子很严格。”老师：“仅仅是严格吗？”生 2 也坐了下去，再也没有发言。老师说：“在没有人的情况下，父亲严格要求自己遵守规则，是一个品德高尚的人。”

下课后老师向同事抱怨：“我给了他们机会，可是他们不珍惜，只好我自己报了答案，我也没有办法。”

（1）这位教师的行为是否合适？为什么？

（2）如果换作是你，你会怎么做？

2015年南京师范大学333教育综合真题

一、选择题

1. 下列属于我国古代“四书”的是（　）

A.《诗经》《春秋》《礼记》《尚书》　B.《学记》《大学》《论语》《中庸》
C.《大学》《中庸》《论语》《孟子》　D.《大学》《春秋》《孟子》《周易》

2. 在西方教育中，现代教育思潮的代表人物是（　）

A. 卢梭　B. 赫尔巴特　C. 杜威　D. 裴斯泰洛齐

3. 新课改的三维教学目标是（　）

A. 识记、理解、应用　B. 认知技能、操作技能、情感目标
C. 生成目标、获得目标、转化目标　D. 知识与技能、过程与方法、情感态度与价值观

4. 教育为政治服务的最基本的途径是（　）

A. 建设社会政治制度　B. 开展思想宣传活动
C. 开设思想政治课程　D. 培养现代政治公民

5. 由学生自己选择最好的或最喜欢的作品来展示学生的学习成果，这种评价方式是（　）

A. 形成性评价　B. 总结性评价　C. 档案袋评价　D. 表现性评价

6. 教师按一定的教学要求向学生提出问题让学生回答，通过问答的形式来引导学生思考、探究，从而获取、巩固知识，促进智能发展的教学方法是（　）

A. 讲授法　B. 谈话法　C. 实验法　D. 演示法

7. 近代采用美国式的“六三三”分段法的，适合儿童的身心发展规律的新学制是（　）

A. 壬寅学制　B. 癸卯学制　C. 壬子癸丑学制　D. 壬戌学制

8. 下列哪种思想不是中国近代五四运动时期资产阶级改革中所提倡的教育思想（　）

A. 复古主义思想　B. 工读主义教育思想　C. 平民教育思想　D. 实用主义教育思想

9. 在古代欧洲教育中，重视发展学生的全面教育的是（　）

A. 斯巴达教育　B. 雅典教育　C. 教会教育　D. 骑士教育

10. 重视观察学习和榜样模仿的学习观点，属于（　）

A. 操作性反射理论　B. 人本主义学习理论
C. 社会认知理论　D. 认知派学习理论

二、名词解释

1. 学制　2. 课程标准　3. 书院　4. 美国进步教育运动

三、辨析题

1. 教育为社会所制约，具有社会制约性。因而，教育是社会的附属品，没有独立性。
2. 教学就是教师传授知识的活动。
3. 品德教育就是要晓之以理、动之以情、持之以恒、导之以行。

四、简答题

1. 当代学制改革的趋势。
2. 试比较学科课程与活动课程的优缺点。
3. 简述陶行知的生活教育思想。
4. 简述建构主义的知识观、学习观、学生观和教学观。

五、论述题

1. 试述教学过程的性质。

2. 阅读下列案例，回答问题：

材料大概讲一名初中女生喜欢上了化妆，于是班主任把她叫到办公室，告诉她不化妆比较自然更好看诸如此类。于是女孩听了觉得很有道理，就再也没有在学校化过妆。

（1）该班主任运用了什么样的德育方法？

（2）试述运用该德育方法的基本要求。

2016 年南京师范大学 333 教育综合真题

一、填空题（选项遗失，改为填空）

1. 中国古代学校教育内容中的“六艺”指的是______。
2. 西方教育史上，被认为是传统教育代表人物的教育家是______。
3. 教育活动与其他社会活动的根本区别在于______。
4. 把造就“完全人格”即发展个性和群性作为其民主教育思想的核心的教育家是______。
5. “什么知识最有价值？”这是第一个进入人的视野的真正课程问题。它的提出者是______。
6. 有一种活动，它能够有效促进学生社会化与个性化、成人与成才，是进行全面发展教育的基本途径。这种活动是______。
7. 主张把“全面发展”“和谐发展”“个性发展”三者融合成一个统一的整体而培养全面和谐发展的人的教育家是______。
8. 《学记》中的“藏息相辅”教学原则指的是______。
9. 提出“大丈夫”的理想人格，并把这种理想人格描绘为“富贵不能淫，贫贱不能移，威武不能屈”的中国古代思想家是______。
10. 社会学习理论强调观察式学习，强调符号强化和自我强化对人的行为的影响。这一理论的代表人物是______。

二、名词解释

1. 终身教育　　2. 道德情感　　3. “中体西用”　　4. 最近发展区

三、辨析题

1. 人既是社会历史的“剧中人”，又是社会历史的“剧作者”。
2. 在我国新课程改革中，小学的“品德与生活（社会）”“艺术”“科学”，初中的“社会”“科学”等课程都属于综合课程。
3. 在政府倡导“全民阅读”的背景下，读书指导法具有重要的时代意义。读书指导法是指学生在教师的指导下通过独立的探索，创造性地解决问题，获取知识和发展能力的方法。

四、简答题

1. 请简述人的发展的特点和规律性。
2. 请简述布鲁纳的教育思想。
3. 请简述循序渐进教学原则的含义和要求。
4. 请简述有意义接受学习的内涵和条件。

五、论述题

1. 试析学生在不同教学模式下掌握知识的基本阶段。（注：这里的“不同教学模式”是指以师生授受知识为特征的教学模式和以学生主动探索知识为特征的教学模式。）
2. 试论德育过程及其规律。

2017年南京师范大学333教育综合真题

一、名词解释

1. 班级文化　　2. 泰勒原理　　3. 白板说　　4. 测验效度

二、辨析题

1. 班级主体是老师，有引导监督作用。
2. 非指导性教学的核心是学生自主学习。
3. 不良行为者不良行为抑制，强化静止越长效果越好。

三、简答题

1. 简述德育理念。
2. 简述交往谈话的新型师生关系的特征。
3. 简述校本课程开发的优劣。

2018年南京师范大学333教育综合真题

一、名词解释

1. 教师专业发展　　2. 京师同文馆　　3. 要素教育　　4. 认知结构

二、辨析题

1. 教育传承文化，但是教育不能创造文化，不能产生新文化。
2. 17—18世纪，德国中等教育的主要类型是实科中学。
3. 德国教育家康德提出教育性教学原则，他认为教育目的就是要让学生尽可能地获得知识和技能。

三、简答题

1. 教育与教学的关系。
2. 中华民国临时政府教育部的教育改革内容。
3. 什么是程序性知识？如何进行程序性知识的教学？
4. 西欧中世纪大学的特征与意义。

四、论述题

1. 教育与经济、政治的关系。
2. 论述师生关系的模式和理想的师生关系。
3. 论述奥苏伯尔提出的机械学习和有意义学习。

2019年南京师范大学333教育综合真题

一、选择题

1. “建国君民，教学为先”这句话出自（　）

A.《论语》　　B.《学记》　　C.《孟子》　　D.《大教学论》

2. 教育史上两大对立学派——传统学派与现代学派的主要代表人物分别是（　）

A. 凯洛夫和布鲁纳　B. 洛克和卢梭　C. 赫尔巴特和杜威　D. 柏拉图和夸美纽斯

3. 对教育起决定作用的是（　）

A. 政治制度　B. 经济制度　C. 生产力　D. 领导权

4. 西周教育的特征和标志是（　）

A. 奴隶主贵族教育　B. 官师合一　C. 军事教育　D. “六艺”

5. 在中国历史上首次提出“性相近，习相远”，指出人的天赋素质相近的是（　）

A. 孔子　B. 孟子　C. 荀子　D. 墨子

6. 朱熹一生编撰了多种书籍，其中成为广大士人和各类学校必读的教科书，影响中国封建社会后期的文化教育长达百年之久的是（　）

A.《近思录》　B.《白鹿洞书院揭示》　C.《四书章句集注》　D.《朱子语类》

7. 提出谨慎选择教材的问题，强调教育内容应具有教育性，开创了西方后世“教育性教学”的先河的是（　）

A. 柏拉图　B. 亚里士多德　C. 昆体良　D. 苏格拉底

8. 在教育的文化适应性原则中，第一次明确提出了教育必然受到诸多客观的社会条件制约的是（　）

A. 洪堡　B. 费希特　C. 第斯多惠　D. 康德

9. 耶克斯－多德森定律表明，动机强度与学习效率之间的关系是（　）

A. 动机越低，学习效率越高　B. 动机越高，学习效率越高

C. 任务强度不同，其最佳动机强度不同　D. 任务强度不同，其最佳动机强度相同

10. 方雨认为社会法制应符合社会大众的权益，当它不符合时就应该修改。根据科尔伯格的理论，他处于道德发展的（　）阶段

A. 服从与惩罚　B. 社会契约　C. 维护权威或秩序　D. 普遍伦理

二、名词解释

1. 班级授课制　2. 稷下学宫　3. 福建船政学堂　4. 遗忘原因的同化说

三、辨析题

1. “教师专业化”就是通过专业化提高教师的社会地位。
2. 恩物是福禄培尔创制的一套供儿童使用的教学用品。
3. 昆体良认为教学是一种双边活动。

四、简答题

1. 在中小学教学过程中，选择和运用教学方法的依据有哪些？
2. 请简述当代世界学校教育制度改革与发展的主要趋势。
3. 简述北宋“三次兴学”的主要内容。
4. 简述杜威关于教育制度的基本主张。

五、论述题

1. 根据十九大报告，结合实际谈谈你对“公平而有质量的教育”的看法。
2. 结合当前实际，谈谈如何激发学生的学习动机。

2020 年南京师范大学 333 教育综合真题

一、选择题（题目不全）

1. 哪本书是科学化教育学的标志
2. 个人本位论的代表人物
3. 认为教育源于本能的起源论是什么
4. 题干是教学大纲的定义
5. 强调学科结构的人是谁
6. 先行组织者的定义
7. 古埃及教人基础知识的学校是哪种学校

二、名词解释

1. 终身教育　2. 生活即教育　3.《儿童的世纪》　4. 人本主义学习理论

三、辨析题

1. 学生在教学过程中既是认识的客体，又是认识的主体。
2. 骑士教育是一种特殊形式的家庭教育。
3. 公学是英国的一种公立学校。

四、简答题

1. 简述培养良好师生关系的基本策略。
2. 简述影响课程改革的主要因素。
3. 简述 1922 年“新学制”中对中等教育的改革举措。
4. 简述文艺复兴时期人文主义教育实践的基本特征。

五、论述题

1. 论述在教学过程中应当处理好的几对关系。
2. 试述建构主义理论的基本观点并做出评价。

湖南师范大学

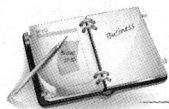

2010 年湖南师范大学 333 教育综合真题

一、名词解释

1. 学习定势　2. 替代强化　3. 文纳特卡计划　4.《国防教育法》
5. 有教无类　6. 苏湖教法

二、简答题

1. 简述影响人发展的基本要素。

2. 简述现代教师的基本素养。
3. 简述教育目的的层次结构和内容结构。
4. 中小学德育工作中存在哪五个方面的问题？

三、分析论述题

1. 联系实际，谈谈“动机与学习的关系”对教育的启示。
2. 卢梭的自然主义教育理论及其影响。
3. 简要论述我国学校教育发展的历史过程与值得借鉴的经验教训。
4. 阅读下面的材料，根据你所看到的中小学的教学实际情况，结合所学的教学理论，概括出教学实践活动中存在的一个主要问题，分析其中两个方面的主要原因，并提出解决这一问题的思路和对策。

总之，把丰富复杂、变动不居的课堂教学过程简括为特殊的认识活动，把它从整体的生命活动中抽象、隔离出来，是传统课堂教学观的最根本缺陷。它既忽视了作为独立个体，处于不同状态的教师与学生，在课堂教学过程中的多种需要与潜在能力，又忽视了作为共同活动体的师生群体，在课堂教学活动中多边多重、多种形式的交互作用和创造能力。这是忽视课堂教学过程中人的因素之突出表现。它使课堂教学变得机械、沉闷和程式化，缺乏生气与乐趣，缺乏对智慧的挑战和对好奇心的刺激，使师生的生命力在课堂中得不到充分发挥，进而使教学本身也成为导致学生厌学、教师厌教的因素，连传统课堂教学视为最主要的认识性任务也不可能得到完全和有效的实现。（摘自叶澜的《让课堂焕发出生命活力》一文）

2011 年湖南师范大学 333 教育综合真题

一、名词解释

1. 学习迁移　2. 元认知　3. 道尔顿制　4. 四段教学法
5. 监生历事制　6. 六艺

二、简答题

1. 简述现代教师的基本素养。
2. 教学过程中应当处理好哪些基本关系？

三、分析论述题

1. 试析奥苏伯尔的有意义学习及其对课堂教学的启示。
2. 论述夸美纽斯在教育史上的地位。
3. 简要比较儒墨两家教育思想的异同。
4. 有人说，现在的青年是垮掉的一代；有人则说，不！现在的青年是生气勃勃、大有希望的一代。

请说说你的看法，并论述当前德育应该坚持什么样的原则。

5. 2007 年，领到毕业证书的比尔·盖茨在母校毕业典礼上的讲话中这样说道：“人类最伟大的进步并不来自这些发现，而是来自那些有助于减少人类不平等的发现。不管通过何种手段，民主制度、健全的公共教育体系、高质量的医疗保健，还是广泛的经济机会，减少不平等始终是人类最大的成就。”

请针对以上内容，结合当今的社会特点，论述教育所应培养的人才的基本要求。

2012年湖南师范大学333教育综合真题

一、名词解释

1. 科举　2. 苏湖教法　3. 导生制（贝尔－兰卡斯特制）
4. 算法式策略　5. 成就动机

二、简答题

1. 简述学校教育在人的发展中的重要作用。
2. 简述教学过程的基本性质。

三、分析论述题

1. 简要评述陈鹤琴"活教育"的目的论。
2. 夸美纽斯的自然适应性原则。
3. 试析品德学习的过程及其条件。
4. 试论为什么要树立以人为本的教育观。
5. 有人主张教育回归生活，也有人认为实际生活中鱼龙混杂，教育不应回归生活。结合这些看法，谈谈你对教育与生活问题的看法。

2013年湖南师范大学333教育综合真题

一、名词解释

1.《论语》　2. 中华职业教育社　3. 替代强化　4. 终身教育思潮
5. 道尔顿制

二、简答题

1. 简述学生掌握知识的基本阶段。
2. 试述现代教育的基本特点。

三、分析论述题

1. 教学过程中的性质决定教学特点，请论述教学的特点。
2. 运用教育心理学的相关理论知识，谈谈在现实学生教育中应该如何对待奖励。
3. 材料：讲一位出色的科学家放弃现有的工作，成为一名教师，他的导师对此感到可惜。请从教师专业的角度谈谈对这一案例的看法。
4. 试述19世纪末20世纪初期欧美教育运动的异同点。
5. 谈谈洋务运动中的教育革新。

2014年湖南师范大学333教育综合真题

一、名词解释

1. 中学为体，西学为用　2. 附属驱动力　3. 顺向迁移　4.《理想国》
5. 三舍法　6. 终身教育

二、简答题

1. 学校教育产生的条件。

2. 普通教育学的任务分为理论建设和实践应用两部分。试说明理论建设的任务（原则和要求）。

三、分析论述题

1. 职业教育的“三大要旨”及对当今职业教育的借鉴意义。

2. 要素主义流派的主要观点。

3. 教学过程的特点及学生掌握知识的基本阶段。

四、案例分析题

1. 材料大意：某学生模仿动画片《喜羊羊与灰太狼》中的片段，做“绑架烤羊”游戏，结果烤羊烧伤玩伴。这属于班杜拉的观察学习。

请问从班杜拉的学习理论出发，怎样消除以上案例中的不良影响？

2. 材料大意：某研究生为了摆脱父母的控制，去超市偷东西并留下了地址，在无人来找后自己主动去警察局自首，被罚款两千和拘留十五天。

试用有关学生成长的教育理论对此案例进行分析。

2015 年湖南师范大学 333 教育综合真题

一、名词解释

1. 分斋教学　2. 生活教育　3. 品德　4. 美德即知识

5. 教学　6. 功能固着

二、简答题

1. 在现代和学校教育、家庭教育一样，社会教育也发展了起来，社会教育迅速发展起来的原因有哪些？

2. 简述文化对教育的作用。

三、分析论述题

1. 论述儒家和墨家教育思想的异同。

2. 论述卢梭的自然主义教育理论。

3. 制定德育目标的主要依据是什么？我国中小学德育目标的要求主要体现在哪些方面？

四、材料题

1. 有人认为，高智商会有高创造力，有高创造力的一定是智商高的人。试从创造力和智商的关系来分析此观点。

2. 材料大意：国家文件中规定，在县区内学校间实行校长和教师的轮岗制度。

结合材料，谈谈教师轮岗制度对教师成长和教育质量提高的影响。

2016 年湖南师范大学 333 教育综合真题

一、名词解释

1. 自我效能感　2. 上位学习　3. “从做中学”　4.《教育漫话》

5. “活教育”　6.《大学》

二、简答题

1. 黄炎培职业教育的主要思想及其对现代教育的启示。

2. 简述墨家教育思想及其借鉴意义。

3. 谈谈你对苏格拉底“知识即美德”的理解。

4. 简述裴斯泰洛齐“教育心理学化”理论的主要内容及影响。

三、分析论述题

1. 试分析错误的观念及其对教学的启示。

2. 教育学理论建设的任务不是逻辑推理和思辨的科学，应该是怎么样的？如何根据教育学研究原则构建教育学逻辑体系？

3. 论述学校教育在人的身心发展中的特殊作用。根据教育改革，如何发挥学校教育的特殊作用？

4. 材料：BBC 纪录片《我们的孩子足够坚强吗》。

（1）中国和英国的基础教育都应该注意什么？

（2）这场教学比赛是一般的教学竞赛吗？请评价教学竞赛。

（3）中英教育应如何互相学习？

2017 年湖南师范大学 333 教育综合真题

一、名词解释

1. 庶、富、教　2.《理想国》　3. 元认知　4. 顺向迁移

5. “五育”并举　6. 道尔顿制

二、简答题

1. 简述朱子读书法。

2. 人文主义教育的特征。

3. 按教育机构划分，教育分为哪几种？

4. 根据教育研究对象和任务，为什么必须对教育问题进行研究？

三、分析论述题

1. 结合实际论述教师职业的本质和特点。

2. 晏阳初的“四大教育”和“三大方式”。

3. 试述夸美纽斯对历史的贡献。

4. 试述学习动机对学习效果的影响。

四、材料题

材料：班集体中做游戏，有红花和绿叶两个角色，一个孩子演绿叶，爸爸无所谓，姥姥却想让孩子演红花，孩子也不愿演红花。

1. 根据材料，你怎么看待红花和绿叶？

2. 教师应该如何解决红花和绿叶这个问题？

3. 如何与家长沟通？

2018 年湖南师范大学 333 教育综合真题

一、名词解释

1. 恩物　2. 实科中学　3. 教学做合一　4. 学在官府
5. 功能固着　6. 概念同化

二、简答题

1.《中庸》的学习过程和学习内容。
2. 裴斯泰洛齐的要素教育思想。
3. 梁漱溟的乡农学校教学原则和教学内容。
4. 1870 年美国《初等教育法》的基本内容。

三、分析论述题

维果茨基的“最近发展区”在教学中应该如何发挥作用？

四、案例分析题

1. 材料：教师在家长群发布消息，请学生家长代办打印材料或者打扫教室，有些家长争着抢着做，而有些家长觉得这是学校的事。

家庭教育的含义是什么？家庭教育应如何配合学校教育？

2. 班主任权威是什么？班主任应该如何对待告密的学生？（材料缺失）

3. 材料：人大附中教授、某中学教师、某师范大学教授、某教师四人就公平教育展开讨论。人大附中教授认为教育公平就是给孩子施加过多丰富的教育；某中学教师认为给孩子施加过多教育本身就是不公平；某师范大学教授认为公平教育是要每个孩子个性发展；某教师也认为要发展学生的个性。

同样是教育公平的问题，人大附中教授与师范大学教授争论的原因是什么？你认为什么是教育公平？

4. 北京市政府发布不允许在幼儿园里教儿童拼音和汉字，也不允许教儿童 20 以上的加减乘除。请你评价其做法。

2019 年湖南师范大学 333 教育综合真题

一、名词解释

1. 监生历事制度　2. 中世纪大学　3. 化农民和农民化　4. 绅士教育
5. 上位学习　6. 成就动机

二、简答题

1.《学记》的教学原则。
2. 杜威的教育目的观。
3. 斯宾塞的生活准备说。
4. 蔡元培改革北大的内容。

三、分析论述题

1. 班集体是什么？如何培养班集体？

2. 试述人的发展的规律，并就此论述如何进行教育。

3. 材料：一个学生打架，原因是见义勇为。老师弄清楚是其他人欺负弱小的原因后，肯定了他的关爱之心。同时告诫他通过打架解决问题是不对的，希望这个学生可以将正义和爱心以合理的方式呈现，并与自己的学习联系起来。

（1）该材料中老师贯彻了什么德育原则？

（2）试述该德育原则的实施要求。

4. 学习策略教学过程中，应遵循的要求与原则有哪些？

2020 年湖南师范大学 333 教育综合真题

一、名词解释

1.《劝学篇》　2. 六艺　3. 苏格拉底法

4.《国家处在危险之中：教育改革势在必行》　5. 资源管理策略　6. 错误概念

二、简答题

1. 孔子的教学原则。

2. 我国二十世纪二三十年代的教育思潮。

3. 夸美纽斯的泛智理论。

4.《1944 年教育法》。

三、分析论述题

1. 试论述人的发展的特点及其对教育的启示。

2. 试论述直接经验和间接经验的关系。

3. 教师和人工智能的关系。

4. 材料大意：实验结果为一组有奖励，不继续学习，一组无奖励，继续学习。

（1）试分析其原因。

（2）谈谈在教学中如何运用奖励。

华南师范大学

2011 年华南师范大学 333 教育综合真题

一、名词解释

1. 广义的教育　2. 教学　3. 经典条件反射　4. 多元智力理论

5. 教育制度　6. 校长负责制　7. 教育的社会流动功能

二、简答题

1. 我国教育目的的基本精神。
2. 孔子“有教无类”思想的价值。
3. 教学过程中有哪些原则？
4. 斯巴达教育的特点。

三、论述题

1. 教育的社会流动功能及其意义。
2. “中体西用”的历史意义和局限性。
3. 杜威教育思想的影响。
4. 如何培养和激发学习动机？

2012 年华南师范大学 333 教育综合真题

一、名词解释

1. 学校管理　2. 学校教育　3. 心理发展　4. 人的发展
5. 课程　6. 学习动机

二、简答题

1. 教师劳动的特点。
2. 简述教育的社会制约性。
3. 简述人文主义教育的特征 。
4. 简述科举制度的影响。

三、论述题

1. 中国古代书院的特点。
2. 赫尔巴特的道德教育理论。
3. 学生品德不良的成因分析。
4. 如何推进“依法治校”的工作？

2013 年华南师范大学 333 教育综合真题

一、名词解释

1. 受教育者　2. 教学方法　3. 道德教育　4. 学习策略
5. 心理健康　6. 教育目的

二、简答题

1. 简述现代教育的特点。
2. 简述长善救失原则及其要求。
3. 简述蔡元培的教育独立思想。
4. 简述基督教教育的特点。

三、论述题

1. 论述我国基础教育课程改革的目标。
2. 论述陶行知的“生活教育”理论体系。
3. 论述《国家处在危险之中：教育改革势在必行》的改革建议。
4. 论述人格和行为的性别差异。

2014年华南师范大学333教育综合真题

一、名词解释

1. 设计教学法　2. 人的全面发展　3. 教育制度　4. 贝尔－兰卡斯特制
5. 心理健康　6. 社会规范学习

二、简答题

1. 简述德育的教育影响一致性和连贯性原则及要求。
2. 简述“朱子读书法”的主要内容。
3. 简述奥苏伯尔关于有意义学习的实质和条件的主要观点。
4. 简述创造性的心理结构。

三、论述题

1. 试述教育的相对独立性原理的基本内容，并在此基础上对“教育的发展应先于经济的发展”（“教育先行”）的观点进行分析。
2. 试述学校教育的特征及其在人的身心发展中的作用。
3. 试比较杜威与赫尔巴特的教学过程理论。
4. 试述科举制的影响。

2015年华南师范大学333教育综合真题

一、名词解释

1. 广义的教育　2. 德育　3. 教育目的　4. 学校管理
5. 心理发展　6. 品德不良

二、简答题

1. 简述教育在我国社会主义建设中的地位和作用。
2. 简述教学工作的基本环节。
3. 孔子教育思想的历史影响。
4. 简述卢梭的自然教育理论。

三、论述题

1. 培养和提高教师素养的主要途径。
2. 张之洞“中体西用”思想的历史作用和局限性。
3. 基督教教育的特点。
4. 影响学习动机的因素。

2016 年华南师范大学 333 教育综合真题

一、名词解释

1. 广义的教育　2. 学习动机　3. 德育　4. 教学
5. 教育目的　6. 知识

二、简答题

1. 现代教育的特点。
2. 科举制的影响。
3. 班主任的素质要求。
4. 洛克的白板说。

三、论述题

1. 教学过程中要处理的几种关系。
2. 杜威思想的影响。
3. 陶行知的生活教育体系。
4. 心理健康教育的目标与内容。

2017 年华南师范大学 333 教育综合真题

一、名词解释

1. 狭义的教育　2. 知识　3. 教科书　4. 学习动机
5. 教育目的　6. 德育

二、简答题

1. 影响人的发展的基本因素。
2. 孔子的教学方法。
3. 卢梭的自然教育理论。
4. 教师劳动的特点。

三、论述题

1. 马克思和恩格斯的教育思想。
2. 品德不良的成因和纠正。
3. 教学工作的基本环节。
4. 蔡元培的教育实践和教育思想。

2018 年华南师范大学 333 教育综合真题

一、名词解释

1. 广义的教育　2. 教学　3. 德育　4. 学校管理
5. 心理发展　6. 品德不良

二、简答题

1. 简述生产力对教育的制约。
2. 简述教师的义务。
3. 简述科举制度的影响。
4. 简述苏格拉底的教育思想。

三、论述题

1. 论述班主任工作的主要内容。
2. 论述中体西用思想的历史作用和局限性。
3. 论述杜威的教育思想。
4. 论述影响学习动机的因素。

2019 年华南师范大学 333 教育综合真题

一、名词解释

1. 学校教育制度　2. 课程　3. 教学评价　4. 校长负责制
5. 创造性　6. 自我效能感

二、简答题

1. 简述我国教育目的的精神。
2. 简述教师的素养。
3. 简述法家的教育思想。
4. 简述明治维新教育改革。

三、论述题

1. 论述教育的社会流动功能及重要意义。
2. 论述梁漱溟的乡村教育建设理论。
3. 论述现代人文主义教育思潮。
4. 论述社会规范学习的心理过程。

2020 年华南师范大学 333 教育综合真题

一、名词解释

1. 教育者　2. 科教兴国　3. 活动课程　4. 班级授课制
5. 有意义学习　6. 记忆

二、简答题

1. “五育”之间的相互关系。
2. 教师主导作用和学生主动性的关系。
3. 梁启超的教育思想。
4.《国防教育法》。

三、论述题

1. 培养和提高教师素养的主要途径。
2. 朱子读书法的内容和意义。
3. 苏格拉底法的内容和意义。
4. 科尔伯格的道德发展阶段理论。

首都师范大学

2010 年首都师范大学 333 教育综合真题

一、名词解释

1. 教育　2. 苏格拉底方法　3. 心理发展　4. 1922 年“新学制”
5.《1944 年教育法》

二、简答题

1. 试述创造性的心理结构及培养途径。
2. 试述教学的任务和过程。
3. 试述新课程改革的基本内容与特点。
4. 试述德育的内容与过程。

三、论述题

1. 试论述教师素养的构成、教师专业发展的过程及途径。
2. 试评述孔子的教育实践与思想。
3. 试评述建构主义学习理论。
4. 试评述杜威的教育实践与思想。

2011 年首都师范大学 333 教育综合真题

一、名词解释

1. 义务教育　2. 国家课程　3. 最近发展区　4. 学习策略
5. 真实验设计　6. 测验

二、简答题

1. 简述赫尔巴特在世界教育学史上的学术贡献。
2. 简述教育研究范式的发展历程。

3. 如何理解教育行动研究？
4. 简述教师个体专业发展的基本内涵。

三、论述题

1. 试论学生评价的类型及其教育作用。
2. 试论我国现代学制的演变。
3. 试论科尔伯格的道德发展阶段理论及其教育应用。
4. 试论确立教育目的的价值取向时需要考虑的主要问题。

2012 年首都师范大学 333 教育综合真题

一、名词解释

1. 教师期待效应　　2. 社会规范学习

二、简答题

1. 简述教学设计的基本内容与方法。
2. 奥苏伯尔关于学习性质与特点分类的基本观点。
3. 教育研究的基本过程。
4. 当代教师素养的构成。

三、论述题

1. 学习动机的培养与激发。
2. 教育行动研究的特点与意义。
3. 学生评价理论与实践的当代走向。
4. 教育的个人功能与社会功能的关系。

2013 年首都师范大学 333 教育综合真题

一、名词解释

1. 实验教育学　　2. 课程标准　　3. 诊断性评价　　4. 有意义学习
5. 标准参照测验　　6. 终身教育

二、简答题

1. 简述教学设计的基本特征。
2. 简述班级组织的特点。
3. 简述实验研究的特点。
4. 简述当代建构主义的学习观。

三、论述题

1. 论述质性研究对教育的实践意义与影响。
2. 论述中学生的学校生活对其成长的作用。
3. 论述皮亚杰的道德认知发展理论对学前教育与课程的启示。
4. 试论教师的专业及教师专业发展的现实。

2014年首都师范大学333教育综合真题

一、名词解释

1. 学校教育制度　2. 隐性教育功能　3. 国家课程　4. 教学
5. 学习动机　6. 常模参照测验

二、简答题

1. 简述杜威实用主义教育学的基本观点。
2. 简述教师个体专业性发展的基本内容。
3. 简述元认知与学习策略的关系。
4. 简述教育行动研究的基本特征。

三、论述题

1. 试论学校教育对学生人文精神的培养。
2. 试论移情的内涵及作用。
3. 试论访谈法的适用情形。
4. 试论教师的职业形象及其实现。

2015年首都师范大学333教育综合真题

一、名词解释

1. 教育　2. 价值性教育目的　3. 智育　4. 班级组织
5. 隐性知识　6. 操作定义

二、简答题

1. 实验教育学的基本观点。
2. 学生评价的功能。
3. 创造性思维的特点。
4. 质性研究中的情境分析。

三、论述题

1. 试论校本课程的开发。
2. 奥苏伯尔接受学习的特点和性质。
3. 问卷形成中测验题目的设计原则。
4. 教育的个体谋生和享用功能。

2016年首都师范大学333教育综合真题

一、名词解释

1. 制度化教育　2. 测验　3. 学习动机　4. 教学设计
5. 师生关系　6. 显性教育功能

二、简答题

1. 教师职业的基本特征。
2. 访谈法的基本特征。
3. 皮亚杰的道德认知发展理论。

三、论述题

1. 论述解释型教育实验研究。
2. 论述教育学的价值。
3. 书本知识的学习对学生生活经验的意义。

四、材料分析题

材料：教育部《中小学生守则（2015 年修订版）》

一、爱党爱国爱人民。了解党史国情，珍视国家荣誉，热爱祖国，热爱人民，热爱中国共产党。

二、好学多问肯钻研。上课专心听讲，积极发表见解，乐于科学探索，养成阅读习惯。

三、勤劳笃行乐奉献。自己事自己做，主动分担家务，参与劳动实践，热心志愿服务。

四、明礼守法讲美德。遵守国法校纪，自觉礼让排队，保持公共卫生，爱护公共财物。

五、孝亲尊师善待人。孝父母敬师长，爱集体助同学，虚心接受批评，学会合作共处。

六、诚实守信有担当。保持言行一致，不说谎不作弊，借东西及时还，做到知错就改。

七、自强自律健身心。坚持锻炼身体，乐观开朗向上，不吸烟不喝酒，文明绿色上网。

八、珍爱生命保安全。红灯停绿灯行，防溺水不玩火，会自护懂求救，坚决远离毒品。

九、勤俭节约护家园。不比吃喝穿戴，爱惜花草树木，节粮节水节电，低碳环保生活。

1. 对《守则》内容进行总结与评价并分析其意义。
2. 对其中一条做深刻分析，谈谈若你是一名中学老师，该如何引导学生做到这一条。

2017 年首都师范大学 333 教育综合真题

一、名词解释

1. 教育目的　　2. 义务教育　　3. 教学策略　　4. 教师的专业素质
5. 测量　　6. 品德

二、简答题

1. 简述教学设计的依据。
2. 简述在文献索引中研读文献的基本思路。
3. 简述创造性思维的特点。

三、论述题

1. 结合实际谈谈日常教育经验的局限，并举例说明如何超越其局限。
2. 请结合一个具体案例说明主题班会的教育价值。

四、材料分析题

据光明日报教育周刊报道，2015 年中国从事在线教育的企业数有 2400～2500 家，拥有数十万门在线教育课程，用户达近亿人次，在人们感到互联网巨大力量的同时，每一个教育当事人都意识到，如何与互联网相处正成为教育不得不直面的现实问题，已有的学校、教育机构和管理部门如何应对互联网也成为决定其自身未来状态的关键。

请仔细阅读上述材料，并回答以下问题。

1. 在“互联网+教育”的思维下，国内近些年出现了大量的互联网教育课程，试分析这类课程对未成年人的影响。

2. 置身于互联网时代，谈谈自己作为未来教师的应对之策。

2018 年首都师范大学 333 教育综合真题

一、名词解释

1. 学习　　2. 教育要素　　3. 无关变量

二、简答题

1. 简述皮亚杰的认知阶段论。

2. 简述观察法的特征。

三、论述题

1. 结合一个具体案例，论述良好的师生关系有助于提升学生学习兴趣与学习成绩。

2. 论述同辈群体生活对学生成长的影响。

3. 根据当代中学生发展的特征，论述如果你是一名教师，你将如何教育现在的中学生。

四、材料分析题

人工智能的研究近年来一直迅猛发展，不久前柯洁与谷歌 AlphaGo 的世纪围棋大战余温未散，现在就有机器人开始做高考题啦。据媒体报道，2017 年 6 月 7 日，高考数学散场后，北京的人工智能机器人 Aidam 就对 2017 年北京高考数学试卷发起了挑战。并且 Aidam 不是独自战斗，它有对手，它的对手是往年的 6 名理科高考状元。Aidam 最终以 9 分 47 秒取得了 134 分的成绩，只比 6 名状元的平均分少一分。

对于高考人机大战的结果，该人工智能的研究者表示，Aidam 输赢的结果其实并不重要。“我只是希望通过这样的 PK，让教育界了解到人工智能在教育领域的应用已经发展到了什么程度。人工智能已经可以像人一样思考知识点，一步一步输出过程和答案。”

请结合上述材料，回答以下两个问题：

1. 在人工智能兴起的背景下，有网友提出这样的质疑：既然人工智能都能做高考数学题，不仅速度快，而且准确率高，那么其实我们就没必要再让中小学生学习语文、英语、数学等其他各门学科了。针对网友这一观点，请做出你的评价和分析。

2. 还有网友指出：随着人工智能时代的到来，教师的工作将会被取代。针对网友这一观点，请做出你的评价与分析。

2019 年首都师范大学 333 教育综合真题

一、名词解释

1. 教材　　2. 程序性知识　　3. 发现学习　　4. 实验研究

5. 访谈　　6. 校本课程

二、简答题

1. 请结合实际，阐述学习动机的内涵及其与学习效果的关系。

2. 论述信息技术及其教育特征。

3. 阐述教育行动研究的程序。

三、论述题

1. 论述现代教学观的转变。

2. 请结合马克思主义关于人的全面发展学说，谈谈我国教育目的中各育的关系。

3. 如何培养我国学生的良好品德?

四、材料分析题

材料:《人民教育》2017 年第 7 期以“家校共育的 3.0 版”为题，报道了临沂九中的教育探索经验，指出：

1.0 版家长会：家长集合，校长讲话，班主任训话，家长回家想吵架……

2.0 版家长会：家长集合，优秀家长谈一谈，专家台上传经验，学校表格征求家长意见……

这是很多学校目前的家庭教育指导模式。然而，1.0 版家长会模式下的家长学校，更多是单向度的，家校似乎“有联系，无关系”。2.0 版与传统的家长会相比，增加了专家讲座和表格反馈。但各说各话，没有对等的话语体系，家校之间“有关系，少温度”。

临沂九中着眼于家校共育的源头问题。探索出了家校共育的 3.0 版本。在 3.0 版家长课程中，孩子一入校，家长即入学，家长、教师互为资源。孩子军训，家长开始必修“第一课”，孩子通过自主活动完成“入学手册”的注册。家长知晓孩子班级的基本情况。入学 3 周教师完成对学生和家长的“十个知晓”，家长成长则从“三个维度”实现：修习学校家长课程，提升自己；参与育人主题活动，深切亲子体验；卓越家长进课堂，反哺课堂。

结合上述材料，回答以下问题：

1. 请对当前我国中小学家校合作中存在的问题及其原因进行分析。

2. 如何改进家校共育模式，提升中小学德育的实效性?

2020 年首都师范大学 333 教育综合真题

一、名词解释

1. 活动课程　　2. 混合研究　　3. 建构主义

二、简答题

1. 为什么说教师是专业性职业?

2. 访谈法的提问环节应当使用什么样的技巧和策略?

3. 熟练的技能和习惯有什么样的相同点和不同点?

三、论述题

1. 试论述标准化测验的优点和缺点。

2. 请举例说明教育的正向社会功能表现在哪些方面。

3. 结合你的研究经历，说明教育研究有哪些步骤。

四、材料分析题

材料主要内容：富春七中重视劳动教育。

结合材料回答问题：

1. 在新时代，我国劳动教育面临着什么样的危机和问题？
2. 应当采取什么样的措施，使社会、学校和家庭形成合力促进劳动教育的发展？

上海师范大学

2011 年上海师范大学 333 教育综合真题

一、名词解释

1. 稷下学宫　2. 最近发展区　3. 苏格拉底法　4. 教育目的
5. 智力多元理论

二、简答题

1. 人文主义教育特征和历史影响。
2. 影响个体发展的因素有哪些？
3. 简述教学过程中直接经验和间接经验的关系。
4. 教师专业发展的内涵。
5. 斯巴达教育的特点。

三、论述题

1. 简述成败归因理论。
2. 论述杜威的教育思想。

2012 年上海师范大学 333 教育综合真题

一、名词解释

1. 教育目的　2. 教学　3. 京师大学堂　4. 苏格拉底方法
5. “五育”方针　6. 德育过程

二、简答题

1. 教学评价的原则。
2. 董仲舒的三大文教政策。
3. 洛克的绅士教育思想。
4. 问题的性质及问题的分类。

三、论述题

1. 结合课程改革探讨教师专业素养的问题。
2. 评述陶行知的生活教育思想体系。
3. 论述赫尔巴特的教育思想，分析其优点和局限性。
4. 结合韦纳的三个维度，对考试成功和考试失败进行归因分析。

2013 年上海师范大学 333 教育综合真题

一、名词解释

1. 元认知　　2. 苏格拉底法　　3. 教育制度　　4. 教育性教学
5. 德育过程

二、简答题

1. 简述教师劳动的特点。
2. 简述自然主义。
3. 简述《学记》的主要内容。
4. 问题的种类和举例。

三、论述题

1. 赫尔巴特的教育思想。
2. 试论述蔡元培的“五育”并举的教育方针。
3. 比较分析陈述性知识和程序性知识的异同。

2014 年上海师范大学 333 教育综合真题

一、名词解释

1. 课程标准　　2. 教育目的　　3. 学校管理　　4. 多元智力理论
5. 骑士教育　　6. 京师同文馆

二、简答题

1. 科尔伯格的道德发展理论。
2. 教育怎样体现社会流动功能？
3. 教师的专业素养。
4. 百日维新的改革。

三、论述题

1. 卢梭的自然教育理论。
2. 科举制及其影响。
3. 陈述性知识和程序性知识的比较。
4. 举例说明“理论联系实际”的教育原则。

2015 年上海师范大学 333 教育综合真题

一、名词解释

1. 学校管理目标　2. 教育评价　3. 课程方案　4. 德育
5. 稷下学宫　6. “三艺”

二、简答题

1. 掌握知识与发展智力的关系。
2. 教育如何体现其文化功能？
3. 卢梭的自然教育思想理论。
4. 维果茨基“最近发展区”的概念。

三、论述题

1. 结合实际分析教师角色冲突及其解决办法。
2. 张之洞“中体西用”教育思想的历史作用与局限性。
3. 赫尔巴特教学思想的教育贡献及其局限性。
4. 分析比较流体智力与晶体智力及其对教育的启示。

2016 年上海师范大学 333 教育综合真题

一、名词解释

1. 负强化　2. 学校教育制度　3. 稷下学宫　4. 课程设计
5. 苏格拉底法　6. 德育过程

二、简答题

1. 简述卢梭的主要教育思想。
2. 教师的劳动有哪些价值？
3. 简述教育的生态功能。
4. 简述“最近发展区”的教育意义。

三、论述题

1. 评述杜威实用主义教育的主要思想。
2. 评述蔡元培的“五育”并举教育思想。
3. 结合实例论述传递—接受学习的主要过程。
4. 评述建构主义。

2017 年上海师范大学 333 教育综合真题

一、名词解释

1. 课程标准　2. 教学方法　3. 苏格拉底法　4. 学校管理目标
5. 稷下学宫　6. 教育制度

二、简答题

1. 举例说明教师主导性与学生主体性的关系。
2. 简述教师的专业素养。
3. 列举中国古代最著名的五大书院。
4. 简述教育影响的一致性与连贯性原则。

三、论述题

1. 论述先行组织者及其在学习中的运用。
2. 论述赫尔巴特的教育思想及其历史作用与局限性。
3. 论述建构主义中的教学观、学生观及知识观。
4. 论述张之洞"中体西用"的教育思想及其历史局限。

2018 年上海师范大学 333 教育综合真题

一、名词解释

1. 教学过程　2. 德育过程　3. 教育制度　4. 苏格拉底教学法
5. 京师同文馆　6. 卢梭自然主义

二、简答题

1. 简述学校心理健康教育的途径。
2. 简述班级授课制的优缺点。
3. 简述遗传素质在人的发展中的作用。
4. 简述卢梭的自然教育理论。

三、论述题

1. 评述蔡元培"五育"并举的教育思想。
2. 结合实例说明和评价班主任工作的内容和方法。
3. 结合实例说明学习动机的实质及其在学生学习中的重要作用。
4. 评述赫尔巴特的教学理论。

2019 年上海师范大学 333 教育综合真题

一、名词解释

1. 教育制度　2. 学校管理　3. 教学资源　4. 京师同文馆
5. 骑士教育　6.《爱弥儿》

二、简答题

1. 简述环境在教学中的作用。
2. 社会心理化的过程。
3. 蔡元培"五育"并举的思想。
4. 卢梭的自然教育。

三、论述题

1. 教师主导与学生主体的关系。
2. 如何培养一个班集体？
3. 举例并解释上位学习、下位学习和并列学习。
4. 赫尔巴特的教学思想、意义及局限性。

2020年上海师范大学333教育综合真题

一、名词解释

1. 课程标准
2. 教育的社会流动功能
3. 元认知
4. 苏格拉底法
5. 绅士教育

二、简答题

1. 请简述教师劳动的特点。
2. 简述学生学习的特点。
3. 简述陈鹤琴“活教育”的思想。
4. 简述裴斯泰洛齐要素教育的基本主张。

三、论述题

1. 结合现实举例阐述榜样教育的含义、选择及运用要求。
2. 结合实例说明直观性教学原则的含义与实施要求。
3. 举例说明如何在教学中为迁移而教，促进知识的正迁移。
4. 论述蔡元培“五育”并举的内容及历史影响。

浙江师范大学

2010年浙江师范大学333教育综合真题

一、名词解释

1. 个人本位论
2. 教学策略
3. 监生历事制度
4. 中体西用
5. 苏格拉底法
6. 骑士教育

二、简答题

1. 教育的要素及相互关系。
2. 在人的发展中，哪四个方面的因素是最重要的？每个方面的基本内容是什么？

3. 什么是学校教育制度？有哪些类型？

4. 自我效能论。

三、论述题

1. 根据学科课程的课程性质和课程特点，谈谈中小学设置学科课程的合理性。

2. 论述孔子的教育实践与教育思想。

3. 评述杜威的教育思想。

4. 建构主义关于学习的基本观点。

2011 年浙江师范大学 333 教育综合真题

一、名词解释

1. 城市学校　　2. 知识　　3. 苏格拉底教学法　　4. 监生历事制度

5. 有教无类　　6. 学习动机

二、简答题

1. 简述独尊儒术。

2. 简述我国的教育目的。

3. 简述陶行知的生活教育理论对现行教育体系的意义。

4. 简述你对学校管理的认识。

三、论述题

1. 请结合实际，谈谈你对教师师德的认识。

2. 请结合实际，针对课堂教学改革中存在的某一个问题谈谈你的建议。

3. 请谈谈你对学生创造性的培养的认识。

4. 请论述对我国教育改革具有启示意义的相关外国教育思想。（列举三个以上相关思想内容，可以结合卢梭、杜威、苏霍姆林斯基等人的思想进行论述）

2012 年浙江师范大学 333 教育综合真题

一、名词解释

1. 社会性发展　　2. 学习的实质　　3. 学习策略　　4. 社会规范学习

5. 科举制度　　6. 公学

二、简答题

1. 教育的基本要素有哪些？它们在教育活动中发挥怎样的作用？

2. 教育的文化功能。

3. 夸美纽斯教育思想的主要观点。

4. 列举五种现代欧美教育思潮。

三、论述题

1. 结合实际，谈谈在教育过程中如何处理直接经验和间接经验的关系。

2. 请你针对我国当前学校道德教育中存在的某个问题，谈谈你的看法。

3. 加德纳的多元智力理论及其教育含义。
4. 论述洋务教育改革。

2013 年浙江师范大学 333 教育综合真题

一、名词解释

1. 学在官府　2. 监生历事制度　3. 观察学习　4. 苏格拉底方法
5. 知识　6. 城市学校

二、简答题

1. 汉初三大文教政策。
2. 新文化运动时期的教育思潮和运动。
3. 现代教育发展的基本趋势。
4. 教育目的的基本精神。

三、论述题

1. 论述杜威的思想。
2. 联系实际谈谈创造性的培养。
3. 结合实际，谈谈在教学过程中如何处理好直接经验和间接经验的关系。
4. 谈谈人的发展规律及教育如何适应人的发展规律。

2014 年浙江师范大学 333 教育综合真题

一、名词解释

1. 先行组织者　2. 自我效能感　3. “六艺”教育　4.《颜氏家训》
5. 智者派　6. 公立学校运动

二、简答题

1. 朱子读书法的含义。
2. 简述蔡元培“五育”并举的思想。
3. 现代教育的发展趋势。
4. 教师劳动的特点。

三、论述题

1. 裴斯泰洛齐的教育思想。
2. 结合教学实际论述如何培养学生解决问题的能力。
3. 论述教育在人的发展中的作用。
4. 论述教学过程的性质。

2015年浙江师范大学333教育综合真题

一、名词解释

1. 元认知策略　2. 中体西用　3. 学在官府　4. 创造力
5. 苏格拉底教学法　6. 泛爱学校

二、简答题

1. “独尊儒术”的文教政策。
2. 蔡元培教育实践的具体内容及教育思想。
3. 学校管理的主要方面。
4. 教学的不同组织形式及内涵。

三、论述题

1. 杜威的思想及其对我国学校教育改革的启示。
2. 学习动机的培养和激发策略。
3. 教育的社会功能。
4. 教师劳动的特点和价值。

2016年浙江师范大学333教育综合真题

一、名词解释

1. 学习动机　2. 流体智力　3. 经学教育　4. 苏湖教法
5. 实科中学　6. 初级学院运动

二、简答题

1.《学记》的教学思想。
2. “五育”并举的方针。
3. 教师劳动的特点。
4. 我国教育目的的精神 。

三、论述题

1. 夸美纽斯的教学思想及其对后世理论的影响。
2. 皮亚杰的认知发展阶段理论及影响认知发展的因素。
3. 论述教师的素养。
4. 论述教学过程的性质。

2017年浙江师范大学333教育综合真题

一、名词解释

1. 自我效能感　2. 陈述性知识　3. 苏格拉底法　4. 学在官府
5. 监生历事制度　6. 进步主义教育运动

二、简答题

1. 简述《学记》的教学思想。
2. 简述世界各国课程改革的趋势。
3. 教学的任务。
4. 简述中体西用的历史作用和缺陷。

三、论述题

1. 论述杜威的教育思想，并且思考其能否作为我国的课程改革的理论基础。
2. 学生品德不良的纠正机制。
3. 联系实际，论述教师的素养。
4. 联系实际，论述人的发展的规律性以及如何实现人的发展。

2018 年浙江师范大学 333 教育综合真题

一、名词解释

1. "三纲领八条目"　2. 全人生指导　3. 昆西教学法　4. 泛爱学校
5. 问题解决　6. 学校心理素质教育

二、简答题

1. 简述班级授课制的优点。
2. 简述世界各国的课程改革趋势。
3. 简述孟轲的性善论对教育的作用。
4. 简述严复的"体用一致"的文化教育观。

三、论述题

1. 联系实际，试述教师的素养。
2. 试述教育在人的发展过程中的重要作用。
3. 试述苏霍姆林斯基的个性全面和谐发展教育观。
4. 结合态度形成与改变的条件，试述形成与改变态度的方法。

2019 年浙江师范大学 333 教育综合真题

一、名词解释

1. "尊德性"与"道问学"　2. 小先生制　3. 快乐之家
4. 贝尔－兰卡斯特制　5. 内隐学习　6. 成就动机

二、简答题

1. 简述宋朝书院的教育特点。
2. 简述革命根据地教育的基本经验。
3. 简述我国教育目的的理论基础。
4. 简述教师劳动的价值。

三、论述题

1. 论述卢梭的自然教育理论及其影响。
2. 结合实际，谈谈教育的社会功能。
3. 结合实际，谈谈对德育过程的认识。
4. 结合儿童友谊发展的五阶段理论，论述同伴关系的发展及其配演策略。

2020 年浙江师范大学 333 教育综合真题

一、简答题

1. 人的发展的规律。
2. 隋唐学校教育制度的特点。
3. 美国《国防教育法》的内容。
4. 亲社会行为习得的途径。

二、论述题

1. 赫尔巴特的课程与教学论。
2. 蔡元培的教育实践与教育思想。
3. 学习策略的教学训练因素及途径。
4. 论述教学过程的环节。

三、材料分析题

结合班主任的工作方法和原理，谈谈你的看法。

杭州师范大学

2010 年杭州师范大学 333 教育综合真题

一、名词解释

1. 班级授课制
2. 学制
3. 教育目的
4. 学科课程
5. 德育
6. 高原现象

二、简答题

1. 简述我国科举制度的主要特点及其对教育的影响。
2. 简述文艺复兴时期人文主义教育的主要特征及其对教育的贡献。
3. 简述启发性教学原则的含义及贯彻这一原则的基本要求。
4. 简述马斯洛的需要层次理论。

三、论述题

1. 试述陶行知的生活教育理论。
2. 评述杜威的儿童中心论的主要观点。
3. 结合实际，谈谈如何利用注意的规律组织课堂教学。
4. 请联系实际谈谈在教师专业化要求的背景下，教师应具备怎样的职业素质。

2011年杭州师范大学333教育综合真题

一、名词解释

1. 学校教育　2. 社会本位论　3. 苏格拉底法　4. 贝尔－兰卡斯特制
5. 教学做合一　6.《学记》

二、简答题

1. 简述教育的相对独立性。
2. 影响问题解决的主要因素有哪些？
3. 简述书院教育的特点。
4. 简要评述孔子的道德教育思想。

三、论述题

1. 如何正确理解掌握知识与发展智力的关系？
2. 自古而来，对教师的角色有许多隐喻，如“教师是蜡烛，燃烧自己、照亮别人”“教师是人类灵魂的工程师，塑造着学生的精神世界”等。请从“蜡烛论”和“工程师论”中任选一种教师角色的隐喻分析其蕴含的意义。
3. 试述建构主义学习理论的基本观点。
4. 论述赫尔巴特的教育性教学理论。

2012年杭州师范大学333教育综合真题

一、名词解释

1. 教学　2. 学校管理　3. 有教无类　4.“五育”并举
5.《大教学论》　6. 终身教育

二、简答题

1. 简述教师劳动的特点。
2. 简述加德纳的多元智力理论。
3. 简述陶行知生活教育理论中的“社会即学校”思想。
4. 简述新文化运动影响下的教育思潮。

三、论述题

1. 试论述教育与社会生产力、社会经济发展的相互关系。
2. 如何理解德育过程是培养学生知、情、意、行的过程？

3. 人本主义教育心理学的理论和实践具有什么贡献与局限性?
4. 试论述卢梭的自然主义教育观。

2013年杭州师范大学333教育综合真题

一、名词解释

1.《学记》　2. 学校教育制度　3. 复式教学　4. 情感陶冶法
5. 教学评价　6. 教师专业发展

二、简答题

1. 简要评述教育的社会流动功能。
2. 简述教师期望效应（皮革马利翁效应）及其对教育的启示。
3. 简述孔子的人性观及其教育意义。
4. 简述20世纪60—70年代的现代人文主义教育思想。

三、论述题

1. 学科课程、活动课程、综合课程各有哪些特点？谈谈当前我国教育实践中学科课程、活动课程、综合课程方面的现状。
2. 评述布鲁纳的认知—发现学习理论。
3. 试论述斯宾塞的教育科学化思想。
4. 试分析我国1922年“新学制”的标准、特点、意义以及对当前教育改革的启示。

2014年杭州师范大学333教育综合真题

一、名词解释

1. 产婆术　2. 教育目的　3. 课程标准　4. 学校教育制度
5. 教学模式　6. 教育机智

二、简答题

1. 简述知、情、意、行的相互关系。
2. 当前中小学开展心理健康教育的基本途径有哪些?
3. 简述美国1958年的《国防教育法》并给予简要评价。
4. 简要评述我国革命根据地教育的基本经验。

三、论述题

1. 有人说，“讲授法就是注入式教学，发现法就是启发式教学”。请运用教学的有关原理评析这一观点。
2. 试述建构主义学习理论的基本观点以及对教学的启示。
3. 试述杜威和赫尔巴特的教学思想，并比较二者的异同。
4. 试述中国古代教育家的道德修养方法，并谈谈对今天德育改革的启示。

2015 年杭州师范大学 333 教育综合真题

一、名词解释

1. 学校教育 2. 教育目的的个人本位论 3. 德育
4. 校本课程 5. 最近发展区 6. 教学评价

二、简答题

1. 如何理解教育的相对独立性？认识教育的相对独立性有何意义？
2. 简述班杜拉的观察学习理论及其教育应用。
3. 简析颜元的“习行”教学法。
4. 简析帕克赫斯特的道尔顿制。

三、论述题

1. 如何理解教师职业是一种需要人文精神的专业性职业？其专业性表现在哪里？其人文精神又表现在哪里？
2. 接受学习和发现学习各有何特点？应当怎样处理二者的关系？
3. 试述蔡元培关于“养成共和国民健全之人格”的思想，分析它对民国初年的教育方针制定及对学制改革的影响。
4. 试论述夸美纽斯在西方教育史上的贡献。

2016 年杭州师范大学 333 教育综合真题

一、名词解释

1.《民主主义与教育》 2. 班级授课制 3. 美育 4. 隐性课程
5. 教师专业发展 6. 思维定势

二、简答题

1. 宋元时期蒙学教材的种类、特点与影响。
2. 简述德育过程中的“平行教育影响原则”思想。
3. 简述英国的《1944 年教育法》。
4. 斯腾伯格成功智力理论。

三、论述题

1. 在欧美教育思想“六三三”制的影响下，分析我国教育制度改革的经验与不足，说说其对我国现在教育改革的启示。
2. 马克思恩格斯关于人的全面发展学说以及劳动与教育相结合的意义。
3. 在新课程改革下，教师应该树立什么样的课程观？
4. 元认知是什么？举例说明元认知的运用对学习策略的促进作用。

2017年杭州师范大学333教育综合真题

一、名词解释

1. 班级授课制　2.《爱弥儿》　3. 综合课程　4. 教育目的
5. 学习定势　6. 形式教育论与实质教育论

二、简答题

1. 如何正确看待学校教育中的惩罚问题？
2. 简述启发性教学原则。
3. 简述古希腊雅典教育的特点。
4. 简要分析《白鹿洞书院揭示》以及书院教育宗旨。

三、论述题

1. 教师劳动的特殊性表现在哪些方面？教师劳动的特殊性会对教师提出什么样的要求？
2. 创造性与智力并非简单的线性关系，阐述二者的种种关系，并结合实际谈谈如何培养学生的创造性。
3. 试论述赫尔巴特教育学思想的心理学基础。
4. 试论述陈鹤琴的儿童教育思想。

2018年杭州师范大学333教育综合真题

一、名词解释

1.《论语》　2. 义务教育　3. 教学方法　4. 特朗普制
5. 学制　6. 教育行动研究

二、简答题

1. 简述你对校园欺凌的看法。
2. 美国恢复基础教育运动。
3. 陶行知的儿童创造教育思想。
4. 维果茨基的“最近发展区”带给我们的教育启示。

三、论述题

1. 中国古代教育家的教师观及其“尊师重道”的思想。
2. 卢梭的儿童教育观。
3. 科尔伯格道德发展阶段论。
4. 论述课程和教师的关系，以及开发校本课程需要教师具有怎样的教师素养。

2019年杭州师范大学333教育综合真题

一、名词解释

1. 终身教育　2. 认知风格　3. 全面发展教育　4. 儿童中心论
5. 课程资源　6. 教育现代化

二、简答题

1. 信息技术对教育的影响。
2. 尝试错误学习理论对教学的启示。
3. 孔子的“学而优则仕”思想及其历史影响。
4. 简述要素主义教育思想的主要观点。

三、论述题

1. 从教育词源分析入手谈中西教育的差异。
2. 联系实际谈谈促进迁移的有效教学策略。
3. 论述蔡元培对近代中国教育发展的贡献。
4. 评述洛克的绅士教育思想。

2020 年杭州师范大学 333 教育综合真题

一、名词解释

1. 产婆术　2. 虚拟教学　3. 教师专业发展　4. 教育方针
5. 练习的高原时期　6. 学校教育制度

二、简答题

1. 简述《费里法案》。
2. 晏阳初的乡村教育思想。
3. 态度与品德的关系。
4. 基础性课程与拓展性课程的关系。

三、论述题

1. 论述新课程中“自主、合作、探究”的学习方式。
2. 分析论述“讲授法会造成机械性学习”的观点。
3. 论述赫尔巴特的道德教育理论。
4. 论述 1922 年“新学制”。

山东师范大学

2010 年山东师范大学 333 教育综合真题

一、名词解释

1. 教育目的　2. 教学　3. 教育制度　4. 学校管理
5. 最近发展区　6. 精细加工策略

二、简答题

1. 简要回答《大学》中“三纲领”“八条目”的内容及其含义。
2. 简述人文主义教育的主要特征。
3. 简述问题解决的过程。
4. 简要分析罗杰斯的学习理论。

三、论述题

1. 有人认为“近墨者黑”，有人认为“近墨者未必黑”。请联系相关理论和个体实践谈谈你对这一问题的看法。

2. 中国当前的教育不公平主要表现在哪几个方面？请你选择某一方面并分析其产生的原因，尝试提出解决的对策。

3. 试论述陶行知“生活教育”理论的主要内容。

4. 试论述杜威的教育本质论。

2011 年山东师范大学 333 教育综合真题

一、名词解释

1. 教育目的　　2. 教育的社会变迁功能　　3. 学校管理
4. 教学　　5.《理想国》

二、简答题

1. 简述先秦时期的私学兴起及意义。
2. 简述杜威关于教育本质的认识。
3. 简述夸美纽斯在教育史上的贡献。
4. 简述清末的四次留学。
5. 简述教育的经济功能
6. 简述晏阳初关于“四大教育”的思想。

三、论述题

1. 依据你所掌握的教育理论和自身的教育实践，谈谈我们新一轮基础教育改革对教师提出了哪些新的要求。

2. 论述影响问题解决的因素，以及教学实际中问题解决能力的培养。

2012 年山东师范大学 333 教育综合真题

一、名词解释

1. 课程　　2.“二纲领八条目”　　3. 苏格拉底方法　　4. 修道院学校
5. 德育

二、简答题

1. 简要叙述稷下学宫的性质与特点。
2. 简述教育的政治功能。

3. 简述裴斯泰洛齐的“教育心理学化”理论。
4. 简要分析影响自我效能感形成的因素。
5. 简述陶行知生活教育的主要内容。
6. 简述皮亚杰认知发展阶段理论。

三、论述题

1. 中国当前的教育不公平主要表现在哪几个方面？请您选择某一方面并分析其产生的原因，尝试提出解决的对策。
2. 什么是教育的社会制约性和相对独立性？怎样协调二者的关系？

2013 年山东师范大学 333 教育综合真题

一、名词解释

1. 中体西用　　2. 朱子读书法　　3. 京师同文馆　　4. 导生制
5. 学习风格

二、简答题

1. 北宋的三次兴学及其结果。
2. 学生的学习特点。
3. 人文主义教育的主要特征。
4. 要素主义教育学派的理论。
5. 教学过程的性质。
6. 问题解决的含义及心理过程。

三、论述题

1. 结合实际谈谈教师应具备哪些素质。应该怎样培养？
2. 评价教育目的价值取向中的个人本位论和社会本位论。

2014 年山东师范大学 333 教育综合真题

一、名词解释

1. 综合实践活动　　2. 学园　　3. 骑士教育　　4. 潜伏学习

二、辨析题

1. 人的身心发展的不平衡要求教育要循序渐进。
2. 学习可以引起个体的行为发生变化，因此，一个人行为发生了变化可以判定发生了学习。
3. 促进学生的全面发展与培养学生的个性发展是相对立的。
4. 卡特尔认为，流体智力是在实践中获得的，因此人的一生流体智力都是在生长的。

三、简答题

1. 政治经济制度对教育的影响。
2. 教师劳动的特点。
3. 清朝末期的教育改革。

4.《国防教育法》的主要内容及意义。
5. 改造主义流派的主要观点。
6. 维果茨基的理论中，低级心理机能向高级心理机能的转化主要表现在哪几个方面？

四、论述题

1. 在教学过程中，如何正确处理直接经验和间接经验的关系？
2. 孟子和荀子的教育思想的异同。

2015 年山东师范大学 333 教育综合真题

一、名词解释

1. 个人本位论　　2. 三舍法　　3. 学在官府　　4. 智者

二、辨析题

1. “近朱者赤，近墨者黑”，所以说明环境在人的身心发展中起决定作用。
2. 教师劳动具有专业性。
3. 法家的绝对“性恶论”否定了教育的价值。
4. 经典性条件反射和操作性条件反射没有实质性的区别。

三、简答题

1. 现代教育的特征。
2. 学科课程的特点。
3. 汉代“独尊儒术”的文教政策。
4.《巴特勒教育法》。
5. 奥苏伯尔的认知同化理论。
6. 简述规范学习的心理过程。

四、论述题

1. 如何理解教学中的掌握知识与发展智力的关系？
2. 对卢梭的自然主义教育进行述评。

2016 年山东师范大学 333 教育综合真题

一、名词解释

1. 活动课程　　2. 致良知　　3. 大学区制　　4. 自我效能感

二、辨析题

1. 教育目的是人制定的，所以是主观的。
2. 教师在教学过程中担任多种角色。
3. 新教育运动是 19 世纪末 20 世纪初兴起于美国的教育革新运动。
4. 场独立型的人适合学习人文知识，场依存型的人适合学习数理知识。

三、简答题

1. 教育的政治功能。
2. 教学的任务。
3. 九品中正制。
4. 基督教教育的特点。
5. 严复的“三育论”。
6. 明治维新的教育改革。

四、论述题

1. 论述教师主导与学生主动性的关系。
2. 联系实际说明促进学习迁移的措施。

2017 年山东师范大学 333 教育综合真题

一、名词解释

1. 教学评价　2. 上位学习　3. 成就动机　4. 教育准备说
5. 苏湖教法　6. 平民教育思潮

二、辨析题

1. 课程内容即教育内容。
2. 智力水平高的人创造力也高。
3. 蔡元培在改革北大时提出的指导思想“思想自由，兼容并包”指所有的思想无所不包。

三、简答题

1. 教师角色冲突的主要表现。
2. 文化对教育的制约与影响。
3. 课程目标有哪几种基本表述方式？
4. 有意义学习的条件。
5. 简述夸美纽斯的教育内容。

四、论述题

1. 根据下面的材料，说明教育对人的发展作用。

材料大体是：北大哲学系博士肖清在他的博士论文《放牛娃和博士》中，写了关于他从一个放牛娃到博士的历程。

2. 苏格拉底法述评。

2018 年山东师范大学 333 教育综合真题

一、名词解释

1. 教育中介系统　2. 正迁移　3. 庚款兴学　4. 课程内容
5. 认知风格　6. 社会本位论

二、辨析题

1. 在学习中发展的速度不总是直线的说明人有阶段性。
2. 法国教育体系是中央集权。
3. 负迁移就是惩罚。

三、简答题

1. 直接经验与间接经验的关系。
2. 中世纪大学的意义。
3. 影响问题解决的因素。
4. 永恒主义教育的原则。
5. 察举制与九品中正制的异同。
6. 理论联系实际的原则。

四、论述题

1. 教师的素质。
2. 王守仁的儿童教育思想。

2019 年山东师范大学 333 教育综合真题

一、名词解释

1. 教育规律　2. 教学策略　3. 六艺　4. 鸿都门学
5. 品德不良　6. 智者派

二、辨析题

1. 所有接受学习都是机械的。
2. 教师专业性最突出的特征是教师资格证。
3. 朱熹关于小学教育的目的是培养“圣贤坯璞”。

三、简答题

1. 孔子的德育内容及方法。
2. 简述《费里教育法》。
3. 学习知识与发展智力的关系。
4. 简述加里培林关于智力技能的发展阶段。
5. 启发式教学原则的要求。
6. 环境对人的发展的作用。

四、论述题

1. 试论述个别教学、班级授课制、分组教学的优缺点。
2. 论述洪堡的教育改革。

2020 年山东师范大学 333 教育综合真题

一、名词解释

1. 双轨制　2. 先行组织者　3.《大学》　4.《爱弥儿》
5. 进步教育主义理论　6. 逆向迁移

二、辨析题

1. 学校管理没有育人功能。
2. 组织策略和计划策略同属于认知策略。
3. 公学就是公立学校。

三、简答题

1. 教育目的的社会本位论。
2. 直观性原则。
3. 孔子的教学方法。
4. 要素主义理论。
5. 简述归因理论及对学习动力培养的作用。
6. 教师角色。

四、论述题

1. 试述德育原则中的理论与实际相结合的原则。
2. 试述蔡元培改造北京大学的实践。

西北师范大学

2010 年西北师范大学 333 教育综合真题

一、名词解释

1. 班级　2. 研究法　3. 勤工俭学运动　4. 学习策略
5. 监生历事制度　6.《国防教育法》

二、简答题

1. 教育对生产力发展的作用表现在哪些方面？
2. 环境在人身心发展中的作用是什么？
3. 百日维新中教育改革的主要措施是什么？

三、论述题

1. 为什么教育在人的身心发展中起着重要作用？
2. 论述黄炎培的职业教育理论。
3. 试论述杜威的“从做中学”。
4. 试论述马斯洛的需要层次理论。

2011 年西北师范大学 333 教育综合真题

一、名词解释

1. 教育学　2. 课程标准　3. 研究教学法　4. 德育
5. “六艺”教育　6. “七艺”教育

二、简答题

1. 简述我国教育目的的基本要求（精神）。
2. 简述教学过程中直接经验与间接经验的关系。
3. 简述“百日维新”中的教育改革措施。
4. 行为主义的教育理论。

三、论述题

1. 论述教师应具备的素养。
2. 论述《学记》中的主要教学原则。
3. 结构主义教育的代表人物及主要思想。
4. 试论述自我效能感理论及其对学习活动的意义。

2012 年西北师范大学 333 教育综合真题

一、名词解释

1. 教育目的　2. 发现法　3. 课程　4. 骑士教育
5. 教师专业发展　6. 朱子读书法

二、简答题

1. 简述马斯洛的需要层次理论。
2. 简述教育的文化功能。
3. 简述学校教育制度确立的依据。
4. 简述“百日维新”中的教育改革措施。

三、论述题

1. 有研究根据教师的领导方式将教师分为强制专断型、仁慈专断型、放任自流型和民主型。假如你是一名教师，你会选择哪种领导方式对待学生，为什么？
2. 论述贺拉斯·曼的教育思想。
3.《学记》中的主要教学原则有哪些？试对其进行简述。
4. 说明建构主义的基本观点及其对教育改革的意义。

2013年西北师范大学333教育综合真题

一、名词解释

1. 学校教育制度　2. 谈话教学法　3. 课程标准　4. 教师专业发展
5.《白鹿洞书院揭示》　6. “六艺”教育　7. 骑士教育

二、简答题

1. 简述教师劳动的特点。
2. 简述全面发展教育各组成部分的关系。
3. 简述观察学习理论并评论。
4. 隋唐时产生的科举制度的积极意义是什么？
5. 举例说明洋务学堂的类型。

三、论述题

1. 有人认为教学的目标是传授知识，有人认为教学的目标是发展学生的智力，谈谈你关于这一问题的看法。
2. 影响道德品质的因素有哪些？学校应该采取哪些方式培养学生的道德品质？
3. 论述贺拉斯·曼的教育思想。

2014年西北师范大学333教育综合真题

一、名词解释

1. 学校教育制度　2. 课程标准　3. 有效教学　4. 隐性教学
5. 学习策略　6. 泛智教育　7. 要素教育　8. 创造性

二、简答题

1. 列举教育学独立时期的10位代表人物及其著作。
2. 学校教育在个体发展中有什么特殊的价值？实现这些价值需要什么条件？
3. 百日维新中教育改革的主要措施。
4. 美国《国防教育法》的主要内容。
5. 简述《中小学心理健康教育指导纲要（2012年修订）》规定的心理健康教育的总目标。
6. 教育与认知发展的关系。

三、论述题

1. 十八大政策提到“单独生二胎”，请谈谈人口和教育的关系是什么。
2. 蔡元培北大改革的措施及评价。
3. 日本明治维新时期的教育改革措施。

2015 年西北师范大学 333 教育综合真题

一、名词解释

1. 课程标准　2. 德育　3. 分斋教学法　4. 生活教育理论
5.（贝尔－兰卡斯特制）导生制　6. 恩物　7. 元认知
8. 品德

二、简答题

1. 中小学常用的教学方法有哪些？
2. 学校管理的发展趋势是什么？
3.《学记》中的教育教学原则及其含义。
4. 简要陈述颜元学校改革的思想。
5. 文艺复兴时期人文主义教育的基本特点。
6. 简述夸美纽斯在教育史上的贡献和地位。
7. 联系实际，谈谈教师如何激发学生的学习动机。
8. 简述“中小学心理健康指导纲要（2012 修订）”提出的学校开展心理健康教育的途径。

三、论述题

1. 依据以下资料说说一名合格教师应该具备什么样的专业素养。

2014 年 9 月 10 日，依兰县高级中学高（17）班的学生没有给科任老师赠送礼物，班主任老师对此极为不满，上课时公然向学生索要教师节礼物，对学生进行辱骂。随后班长组织同学集资花费 296 元，购买了六箱牛奶，分别送给了冯群超等 6 名授课老师。

2. 请论述教育对人的发展起什么作用，为什么？

2016 年西北师范大学 333 教育综合真题

一、名词解释

1. 素丝说　2. 班级授课制　3. 最近发展区　4. 自我效能感
5. 快乐之家　6. 六等黜陟法　7. 义务教育　8. 公学

二、简答题

1. 简述洛克的体育教育思想。
2. 简述斯宾塞的科学教育思想。
3. 简述 1922 年“新学制”的特点。
4. 资源管理策略。
5. 简述现代教育的发展趋势。
6. 简述“熙宁兴学”。
7. 影响知识理解的因素。

三、论述题

1. 论述中小学班主任工作的主要内容及班集体建设。
2. 为什么要坚持教师的主导作用和学生的积极性相结合？

2017 年西北师范大学 333 教育综合真题

一、名词解释

1. 教育目的　2. 公学　3. 分支型学制　4. 要素教育
5. 罗森塔尔效应

二、简答题

1. 教师劳动的特点。
2. 德育的途径。
3. 晏阳初的农村教育实验。
4. 国民政府时期的教育方针。
5. 教育对人的主导作用。
6. 促进知识迁移的措施。
7. 简述学习动机和学习效率的关系。

三、论述题

1. 材料大意：印度虽然有许多劳动力，但没有解决吃饭问题，但印度却有很多高等学校，并且极为重视教育。

（1）论述教育对经济的影响。

（2）论述经济对教育的影响。

2. 比较斯巴达教育和雅典教育的特点。

2018 年西北师范大学 333 教育综合真题

一、名词解释

1. 综合实践活动　2. 学校教育制度　3. 学校德育　4. 五段教学法
5. 普雷马克原理　6. 稷下学宫

二、简答题

1. 影响知识理解的因素。
2. 简述学科课程与活动课程的关系。
3. 王阳明的“致良知”及其意义。
4. 简述支架式教学与最近发展区的关系。
5. 简述乌申斯基的民族性教育及对中国的意义。

三、论述题

材料：王老师是一名班主任，平时对学生十分严格，不许学生乱扔垃圾。但自己在课堂上时不时说脏话，烟头也随手扔到讲桌底下。他经常教训学生要改掉那些坏习惯，可是学生一点也没有改变，王老师很是无奈。

（1）结合材料分析王老师所教的班级为什么会出现这种现象。试分析其原因。

（2）作为班主任，如何才能达到好的教育效果？

2019 年西北师范大学 333 教育综合真题

一、名词解释

1. 终身教育　2. 教学策略　3. "三舍法"　4. 八股文
5. 乌托邦　6. 客体永恒性　7. 学习迁移

二、简答题

1. 教育的独立性主要体现在哪些方面?
2. 简述教育的启发性原则及其要求。
3. 简述教学过程中常见的教学评价种类。
4. 裴斯泰洛齐的要素教育思想。
5. 卢梭"自然教育"思想。
6. 动机归因的方式有哪些?教师如何教育学生进行正确归因?
7. 简述奥苏伯尔的有意义学习及其条件。
8. 简述稷下学宫的性质与影响。

三、论述题

1. 试述教学过程中掌握知识与发展智力的关系。
2. 试述王守仁的儿童教育思想的内容及其意义。

2020 年西北师范大学 333 教育综合真题

一、名词解释

1. 终身教育　2.《巴特勒教育法》　3. "三纲领八条目"　4. 程序性知识
5. 校本培训　6. 发现学习　7. 长善救失原则　8. 深造自得

二、简答题

1. 简述《国防教育法》。
2. 前运算阶段儿童思维发展的特点。
3. 韩愈《师说》中的教育思想。
4. 杜威的"教育即生长"与斯宾塞的"教育是为未来生活做准备"存在不同,你认为哪个正确?你认为教育与生活的关系是怎样的?
5. 简述教学过程的性质。
6. 自我效能感及其影响因素。
7.《学记》的教育教学原则。

三、材料分析题

材料大意:有个学生叫包梦辰,有段时间家里出事了,所以上课也不认真,老睡觉,整天迷迷糊糊的。老师就当全班的面嘲笑她,说:"上课天天睡觉,怪不得你叫梦辰呢!"

(1)材料中老师的做法对吗?你认为应该怎么做?

(2)教育教学过程中,教师应该怎样和学生交往?

四、论述题

述评赫尔巴特的教育思想。

天津师范大学

2010年天津师范大学333教育综合真题

一、名词解释

1. 教育目的　2. 课程　3. 守恒　4. 成就动机
5. 苏格拉底方法　6.《1988年教育改革法》

二、简答题

1. 简述人的身心发展的一般规律。
2. 简述人文主义教育的特征。
3. 简述美国公立学校运动的主要内容。
4. 简述宋朝历史上三次著名的兴学运动。

三、论述题

1. 试论述掌握知识与发展智力的关系。
2. 联系实际分析学校管理的发展趋势。
3. 分析论述蔡元培的大学教育思想和对北大的改革。
4. 举例说明加里培林的智慧技能按阶段形成的理论。

2011年天津师范大学333教育综合真题

一、名词解释

1. 京师同文馆　2. 朱子读书法　3. 道尔顿制　4. 教育心理学化
5. 最近发展区　6. 成功智力理论

二、简答题

1. 掌握知识与发展智力的关系。
2. 课程内容设计怎样进行德育？
3. 教师应具备的素养。

三、论述题

1. 教育与政治制度的关系。
2. 赫尔巴特的课程理论。
3. 陶行知的生活教育理论。
4. 如何培养和激发学生的学习动机？

2012年天津师范大学333教育综合真题

一、名词解释

1. 范例教学模式　2. 因材施教原则　3. 自我效能感　4. 学习策略
5. 科举制度　6. 苏格拉底

二、简答题

1. 浅析课程实施的概念及其运行结构。
2. 简述陶行知的“生活教育”思想。
3. 简述赫尔巴特的教学阶段论。
4. 简述杜威教学方法的五个阶段。

三、论述题

1. 如何看待普通中小学的性质与任务?
2. 如何理解教师专业发展的内涵及发展途径?
3. 说明班杜拉的观察学习过程及其对教学工作的启示。
4. 论述蔡元培“五育”并举的教育方针。

2013年天津师范大学333教育综合真题

一、名词解释

1. 教学模式　2. 课程标准　3. 元认知策略　4. 技能
5.《学记》　6. 教育性教学原则

二、简答题

1. 简述教育与文化的关系。
2. 简述建立良好师生关系的途径与方法。
3. 简述书院教育的特点。
4. 简述美国“八年研究”主要涉及的问题。

三、论述题

1. 如何看待班级授课制?
2. 论述陈鹤琴“活教育”思想体系。
3. 评述结构主义教育及其影响。
4. 如何提高学生解决问题的能力?

2014年天津师范大学333教育综合真题

一、名词解释

1. 京师同文馆　2. 朱子读书法　3. 道尔顿制　4. 教育心理学化
5. 最近发展区　6. 成功智力理论

二、简答题

1. 简述教育与政治制度的关系。
2. 简述课程内容的设计。
3. 简述掌握知识和发展智力的关系。
4. 德育的途径与方法。

三、论述题

1. 论述教师应具备的基本素养。
2. 论述陶行知“生活教育”的理论体系。
3. 评述赫尔巴特的课程理论。
4. 论述学习动机的培养与激发。

2015年天津师范大学333教育综合真题

一、名词解释

1.《颜氏家训》　2. 绅士教育　3. 学习策略　4. 有意义学习
5. 学校教育制度　6. 德育过程

二、简答题

1. 简述孔子的教学思想。
2. 简述泰勒的课程原理理论。
3. 简述教学过程的实质。
4. 简述教师的权利和义务。

三、论述题

1. 论述蔡元培教育思想与实践。
2. 论述环境、教育、遗传在人的身心发展中的作用。
3. 论述创造性及培养措施。
4. 杜威有关教育本质的教育理论。

2016年天津师范大学333教育综合真题

一、名词解释

1. 互联网+教育　2. 恩物　3. 昆西教学法　4. 孔子“六经”
5. 课程设计　6. 苏湖教学法

二、简答题

1. 简述认知发展与教学的辩证关系。
2. 简述德育过程的特点。
3. 简述卢梭的自然教育理论。
4. 简述教学的基本环节。
5. 简述教师劳动的特点。

三、论述题

1. 教育的社会变迁功能。
2. 促进知识应用与迁移的措施。
3. 比较陶行知和杜威的教育思想理论。

2017 年天津师范大学 333 教育综合真题

一、名词解释

1. 学校教育　2. 产婆术　3. 活动课程　4. 程序教学
5. 稷下学宫　6. 观察学习

二、简答题

1. 简述“三纲领八条目”。
2. 德育的基本原则。
3. 杜威的五步教学法。
4. 文艺复兴时期人文主义教育的特征。

三、论述题

1. 赞科夫的发展性教学原则。
2. 如何提高学生的问题解决能力？
3. 教师角色冲突及解决方法。
4. 教育如何适应个体身心发展？

2018 年天津师范大学 333 教育综合真题

一、名词解释

1. 课程标准　2. 德育原则　3. 结构主义教育　4. 学习策略
5. 多元智能理论　6. 创造性　7. 智力多因素论

二、简答题

1. 教育的生态功能。
2. 我国教育目的的基本精神。
3. 王守仁的儿童教育思想。
4. 新时代教师的基本素养。

三、论述题

1. 选择教育方法的依据。
2. 孔子的教育内容和教学方法。
3. 赫尔巴特的教育思想。
4. 皮亚杰的认知发展阶段理论及其对教育的启示。

2019 年天津师范大学 333 教育综合真题

一、名词解释

1. 课程　2. 教育目的　3. 产婆术　4. 心智技能
5. 循序渐进原则　6. 学习动机

二、简答题

1. 教学方法选择的依据。
2. 科尔伯格的道德理论。
3. 中小学德育的培养途径。
4.《学记》中的教育教学原则。

三、论述题

1. 教师的职业道德素养。
2. 建构主义学习理论。
3. 杜威的教育本质论与教育目的论。
4. 个体能动性在人身心发展中的作用。

2020 年天津师范大学 333 教育综合真题

一、名词解释（今年未考名词解释）

二、简答题

1. 简述教育的质的规定性。
2. 简述班主任的基本素养。
3. 简述裴斯泰洛齐的教育心理学化。
4. 简述蒙学教材的分类及特点。
5. 简述创造性的含义及培养。

三、论述题

1. 分析论述学生学习知识的两种方式。
2. 论述德育的过程。
3. 论述苏霍姆林斯基的教育理论。
4. 论述陶行知的生活教育理论。
5. 论述激发和培养学生的学习动机。

曲阜师范大学

2010 年曲阜师范大学 333 教育综合真题

一、简答题

1. 为什么说学校教育在人的身心发展中起主导作用?
2. 简述文化对教育的影响和制约作用。
3. 简述教师专业化的内涵。
4. 1958 年美国《国防教育法》的基本内容和意义是什么?
5. 简述裴斯泰洛齐的要素教育论。

二、论述题

1. 试论述教育的优先发展战略。
2. 评述陶行知的“生活教育”理论。
3. 有人说:“现在是建构主义学习时代了，结构主义学习理论落后了。”试评析此观点。

2011 年曲阜师范大学 333 教育综合真题

一、名词解释

1. 教育　2. 教育目的　3. 学校教育制度　4. 监生历事制度
5. 设计教学法　6. 学习策略

二、简答题

1. 影响人发展的基本因素是什么?
2. 简述教师劳动的特点。
3. 简述苏格拉底方法。
4. 简述建构主义的理论取向。

三、论述题

1. 论述世界各国课程改革发展的趋势。
2. 论述科举制的历史影响。
3. 论述结构主义教育思想的主要内容。
4. 结合实际，谈谈学生创造性的培养措施有哪些。

2012 年曲阜师范大学 333 教育综合真题

论述题

1. 试述教育与文化的关系。

2. 试述教育研究中定量研究与定性研究的特点。
3. 试述全纳教育的观念与主要议题。
4. 论述要素主义的核心内容及其在当代的意义。

2013 年曲阜师范大学 333 教育综合真题

一、名词解释

1. 教育制度　2. 说服教育　3. 元认知　4. 学习策略
5. 学科课程

二、简答题

1. 马克思主义全面发展教育的主要内容。
2. 简述创造性的基本结构。
3. 简述赫尔巴特的教学阶段理论。
4. 简述人本主义的教学意义。

三、论述题

1. 论述孔子的教学方法及现代意义。
2. 论述班级授课制。
3. 论述杜威实用主义教育思想的主要内容。

2014 年曲阜师范大学 333 教育综合真题

一、名词解释

1. 教育　2. 课程　3. “四书五经”　4.1922 年“新学制”
5. 学习动机　6. 学习策略

二、简答题

1. 教师的素养有哪些？
2. 简述学校心理健康教育的基本途径。
3. 简述福禄培尔的教育思想的主要内容。
4. 简述建构主义学习理论的主要内容。

三、论述题

1. 论述教育对人的发展的重要作用。
2. 论述教学过程的性质。
3. 论述孟子的教育思想。
4. 论述夸美纽斯的教育思想。

2015 年曲阜师范大学 333 教育综合真题

一、名词解释

1. 教育目的　2. 教学方法　3. 学习动机　4. 学习策略
5. 知识　6. 技能

二、简答题

1. 简述教育学的研究对象和研究任务。
2. 简述福禄培尔的教育思想的主要内容。
3. 影响问题解决的因素有哪些?
4. 简述蔡元培的教育思想的主要内容。

三、论述题

1. 论述教育对人的发展的重大作用。
2. 论述教师劳动的特点。
3. 论述孔子的教育思想。
4. 论述夸美纽斯的教育思想。

2016 年曲阜师范大学 333 教育综合真题

一、名词解释

1. 教育目的　2. 教育制度　3. 自我效能感　4. 短时记忆
5. 书院　6. 自然后果法

二、简答题

1. 简述教育的相对独立性。
2. 简述奥苏伯尔有意义学习的实质和条件。
3. 简述皮亚杰认知发展的实质及阶段。
4. 简述孔子“性相近，习相远”的教育思想。

三、论述题

1. 论述人的未完成性与教育的关系。
2. 论述教师的基本素养。
3. 论述“新学制”的特点与评价。
4. 评述赫尔巴特的教育性教学原则。

2017 年曲阜师范大学 333 教育综合真题

一、名词解释

1. 个体发展　2. 学校教育制度　3. 元认知　4. 道尔顿制
5. 学习　6. 赫尔巴特的教育性教学原则

二、简答题

1. 孔子“有教无类”的主张。
2. 杜威的教育本质思想。
3. 心理健康的标准。
4. 教学中应该处理的几对关系。

三、论述题

1. 现代教师应具备怎样的专业素养？
2. 影响我国课程改革的主要因素有哪些？
3. 评述陶行知的生活教育理论。
4. 论述教育中如何培养学生的问题解决能力。

2018年曲阜师范大学333教育综合真题

一、名词解释

1. 教育　　2. 品德　　3. 教学　　4. 学习动机
5. 学习策略　　6. 学习

二、简答题

1. 简述夸美纽斯的教育思想。
2. 简述影响问题解决的因素。
3. 简述蔡元培的教育思想和教育实践。
4. 简述教师劳动的特点。

三、论述题

1. 试述德育过程的规律。
2. 试述教育对人的作用。
3. 试述孔子的教育思想。
4. 试述杜威的教育思想。

2019年曲阜师范大学333教育综合真题

一、名词解释

1. 地方课程　　2. 苏格拉底法　　3. 先行组织者　　4. 精细加工策略
5. 设计教学法　　6. 教学评价

二、简答题

1. 癸卯学制的内容及意义。
2. 环境对人的发展的作用。
3. 个人本位教育目的论。
4. 中小学德育的途径。

三、论述题

1. 教师的责任与义务。
2. 评析卢梭的教育思想。
3. 评析《学记》的教育管理教育原则。
4. 皮亚杰的认知发展阶段理论。

2020 年曲阜师范大学 333 教育综合真题

一、名词解释

1. 陶冶法　　2. 活教育　　3. 白板说

二、简答题

1. 马克思关于人的全面发展学说。
2. 影响学习动机的因素。
3. 教师的基本素养。
4. 我国现代教育制度的发展趋势。

三、论述题

1. 赫尔巴特的教学阶段论。
2. 朱子读书法的内容和对现代的意义。
3. 攻击行为产生的原因和解决办法。

辽宁师范大学

2010 年辽宁师范大学 333 教育综合真题

一、名词解释

1. 课程标准　　2. 班级授课制　　3. 苏格拉底法　　4. 导生制
5. 创造性　　6. 图式

二、简答题

1. 什么是教育目的？我国教育目的的基本精神是什么？
2. 简述《学记》关于教育教学原则的思想。
3. 简述培养和激发学习动机的措施。
4. 如何矫正品德不良的学生？

三、论述题

1. 举例说明学生的身心发展规律有哪些？教育应怎样适应？

2. 评论蔡元培的大学教育思想和对北京大学的改革。

3. 苏霍姆林斯基在《给教师建议》中说，“我深信只有能够激发学生去进行自我教育的教育才是真正的教育”。

这段话体现了德育过程的哪一规律？并进行分析。

4. “我认为我们由于给儿童太突然地提供了许多与这种社会生活无关的专门科目，如读、写和地理等，而违背了儿童的天性，并且使最好的伦理效果变得难于实现了，因此我认为学校科目相互联系的真正中心，不是科学，不是文学，不是历史，不是地理，而是儿童本身的社会活动。”

这是《学校与社会·明日之学校》中的话，试以这段话为例评述杜威的课程与教学思想。

2011年辽宁师范大学333教育综合真题

一、名词解释

1. 价值澄清法　2. 多元文化教育　3. 有教无类　4. 癸卯学制

5.《国防教育法》　6. 教育性教学

二、简答题

1. 什么是个性？教育促进人的个性发展主要表现在哪些方面？

2. 简述朱子读书法。

3. 陶行知“生活教育理论”的基本内涵，并分析其历史价值和现实意义。

4. 影响问题解决的因素有哪些？如何培养学生解决问题的能力？

三、论述题

1. 现代教育有哪些基本特征？在这些特征中，你能看出当前中国教育有哪些亟待改革和发展的方面？试提出解决的对策。

2. 什么是教学评价？教学评价有哪些类型？分析我国目前教学评价中存在的问题。

3. 法国教育家卢梭曾写道：“问题不在于教他各种学问，而在于培养他有爱好学问的兴趣，而且在这种兴趣爱好充分增长起来的时候，教他以研究学问的方法，毫无疑问，这是所有一切良好的教育的一个基本原则。”

请结合这段话评述卢梭的自然教育理论，并谈谈对目前教育改革的启示。

4. 人们通常不会把学生在写字时能熟练控制自己的手部运动，称为动作技能的学习。

（1）请你对何时才会出现动作技能的学习做出确认。

（2）并就动作技能获得的阶段及其影响因素逐一做描述。

2012年辽宁师范大学333教育综合真题

一、名词解释

1. 学校教育制度　2. 启发性原则　3. 壬戌学制　4. 苏湖教法

5. 发现学习　6. 学习策略

二、简答题

1. 简述教育的社会功能。
2. 简述教学模式的基本特点。
3. 简述我国基础教育课程改革的六大具体目标。
4. 简述斯宾塞的课程论思想。

三、论述题

1. 论述德育过程的基本规律。
2. 论述孔子的道德教育思想观点，并举出反映其思想的四条至理名言。
3. 阐述夸美纽斯教育思想体系的构成，并分析其历史贡献。
4. 论述建构主义的知识观、教学观、学生观，并谈谈对教育的影响。

2013 年辽宁师范大学 333 教育综合真题

一、名词解释

1. 教育制度　2. 教学评价　3. 贝尔－兰卡斯特制　4. 白板说
5. 学习动机　6. 元认知策略

二、简答题

1. 现代教育有哪些基本特征？
2. 简述隋唐时期科举制对社会和教育发展的影响。
3. 何谓创造力？其培养模式有哪些？
4. 简述自我效能感理论。

三、论述题

1. 论述德育过程的知、情、意、行统一规律 。
2. 评述陶行知生活教育理论的基本内容及现实启示。
3. 论述杜威的教育思想及现实意义。
4. 就以下案例谈谈你对教师教学观与学生观的看法。

案例 1：一位老师下课后很沮丧地对办公室的老师说：“这些学生真是没法教了，我反复讲了几遍就是不会，笨死了。”

案例 2：一位刚入学的小学生，每天放学回家都高兴地跟妈妈说，“我今天上课又发言了”，妈妈担心地说，“你不怕说错吗？”“不怕，老师说了，教室就是出错的地方。”

2014 年辽宁师范大学 333 教育综合真题

一、名词解释

1. 课程标准　2. 学校管理人性化　3. 稷下学宫　4.《学记》
5.《莫雷尔法案》

二、简答题

1. 简述孔子的“有教无类”及其现实意义。

2. 简述北宋的三次兴学。
3. 简述建构主义学习理论。
4. 简述严格要求与尊重学生相结合的原则。

三、论述题

1. 有的教师没有学过教育学，却培养了一代又一代的学生。孔子没有学过教育学，却为万世师表。用教育学原理分析以上观点。
2. 重视发展智力的重要性以及掌握知识与发展智力的关系。
3. 卢梭自然教育理论及其现实意义。
4. 有的学生努力学习却往往事倍功半，用教育心理学分析此观点。

2015 年辽宁师范大学 333 教育综合真题

一、名词解释

1. 教育的社会流动功能 2. 教育制度 3. 课程设计 4. 学校德育
5. 自我效能感 6. 最近发展区

二、简答题

1. 教学评价的原则和方法。
2. 教师职业常见的角色冲突及其解决方法。
3. 夸美纽斯关于班级授课制的设想。
4. 晏阳初的“四大教育”和“三大方式”。

三、论述题

1. 现代学校管理的发展趋势。
2. 朱子读书法及其现实意义。
3. 创造性人格特质及创造性的培养措施。

2016 年辽宁师范大学 333 教育综合真题

一、名词解释

1. 教育制度 2. 学校管理 3. 最近发展区 4. 发现学习
5. 朱子读书法 6. 癸卯学制

二、简答题

1. 科学性与思想性统一的选择。
2. 学习动力的强化理论。
3. 赫尔巴特的教育性教学原则。
4. 问题解决能力的培养。

三、论述题

1. 孔子的教育思想。
2. 结合实例谈谈教师劳动的价值。

3.“出自造物主之手的东西，都是好的，而一到了人的手里，就全变坏了。”
评述卢梭的自然教育理论，谈谈对现代教育改革趋势的影响。
4. 德育过程是提高自我教育能力的过程。

2017 年辽宁师范大学 333 教育综合真题

一、名词解释

1. 课程设计　2. 最近发展区　3. 学校管理　4. 教学评价
5. 教育制度　6. 社会规范内化

二、简答题

1. 中世纪大学的特点。
2. 清末新政中的教育措施。
3. 活动课程的特点。
4. 学校德育的基本原则。

三、论述题

1. 书院的特点及现实意义。
2. 卢梭的自然教育思想及影响。
3. 影响问题解决的因素和培养方法。
4. 教育的社会流动功能及对人的影响。

2018 年辽宁师范大学 333 教育综合真题

一、名词解释

1. 学校管理体制　2. 相对性评价　3. 昆西教学法　4.《莫雷尔法案》
5. 创造性思维　6. 资源管理策略

二、简答题

1. 教育的社会流动功能和现实意义。
2. 教育目的的结构层次。
3. 自我教育能力的内容和作用。
4. 请简述唐代学校管理制度。

三、论述题

1. 请论述教育对人的重大作用。
2. 述评杨贤江的马克思主义教育理论。
3. 昆体良的教育思想。
4. 根据中外学者的研究阐述人的品德发展的实质。

2019 年辽宁师范大学 333 教育综合真题

一、名词解释

1. 教育目的　2. 课程标准　3. 学校管理　4. 教学评价
5. 发现学习　6. 创造性思维

二、简答题

1. 简述教育的政治功能。
2. 简述直接经验和间接经验的关系。
3. 简述朱子读书法。
4. 简述卢梭的自然教育思想。

三、论述题

1. 论述德育为什么能够培养学生的知、情、意、行。
2. 论述陶行知的生活理论教育的基本内涵，并分析其历史价值和现实意义。
3. 论述夸美纽斯的教育思想体系，并分析其历史贡献。
4. 谈一谈建构主义的知识观、学习观、学生观，并分析其对教育的影响。

2020 年辽宁师范大学 333 教育综合真题

一、名词解释

1. 课程设计　2. 学校管理体制　3. 相对性评价　4. 启发性原则
5. 角色扮演法　6. 学习策略

二、简答题

1. 学生品德不良行为的矫正。
2. 如何培养问题解决能力？
3. 杜威的教育思维和教学理论。
4. 孔子的教学原则及影响。

三、论述题

1. 结合实际论述学校德育如何促进学生知、情、意、行的发展。
2. 试论述 1922 年“新学制”的产生背景、内容及对现代教育的影响。
3. 什么是人的发展？有什么规律？教育对人的发展有什么作用？
4. 赫尔巴特的教学理论及对当代教育的影响。

哈尔滨师范大学

2010年哈尔滨师范大学333教育综合真题

一、名词解释

1. 教育目的　2. 义务教育　3. 教育制度　4. 学校管理
5. 课程目标　6. 新教育运动

二、简答题

1. 简述教育的功能。
2. 简述问题解决的过程。
3. 简要分析罗杰斯的学习理论。
4. 简述教师专业化的内涵。

三、论述题

1. 有人认为“近墨者黑”，有人认为“近墨者未必黑”。请联系相关理论和个体实践谈谈你对这个问题的看法。
2. 中国当前的教育不公平主要表现在哪几个方面？请你选择某一方面并分析其产生的原因，尝试提出解决的对策。
3. 试述陶行知“生活教育”理论的主要内容。
4. 试述评杜威的教育本质论。

2011年哈尔滨师范大学333教育综合真题

一、名词解释

1. 学校教育　2. 美育　3. 遗传素质　4. 因材施教
5. 课的结构　6. 实习作业法

二、简答题

1. 建构主义理论的基本观点。
2. 教师如何上好一堂课？
3. 百日维新中教育改革的内容。
4. 智者派的教育实践与教育改革的主张。

三、论述题

1. 试论述促进知识迁移的措施。
2. 结合实际谈谈德育在工作中如何实施严格要求与学生相结合的原则。
3.《学记》中“豫、时、孙、摩”的教学原则。
4. 近代科学革命兴起的根源。

2012年哈尔滨师范大学333教育综合真题

一、名词解释

1. 教育学　2. 教学　3. 课程　4. 德育
5. 教育目的　6. 学校教育制度

二、简答题

1. 简述教学过程中应当处理好的几种关系。
2. 简述孔子的道德教育思想。
3. 简述古希腊教育的传播对古罗马教育的影响。
4. 简述学习策略教学的条件。

三、论述题

1. 联系实际论述教育应如何适应年轻一代身心发展的客观规律。
2. 试论卢梭的自然主义教育观。
3. 试述蔡元培的完全人格教育思想。
4. 试述皮亚杰认知发展阶段理论及其对教学的启示。

2013年哈尔滨师范大学333教育综合真题

一、名词解释

1. 教育　2. 教学方法　3. 陶冶　4. 课程标准
5. 体育　6. 教学原则

二、简答题

1. 教师劳动的特点。
2.《颜氏家训》的家庭教育思想。
3. 斯巴达的教育特点。
4. 创造性的影响因素和培养措施。

三、论述题

1. 举例论述榜样法。
2. 黄炎培的职业教育思想。
3. 班杜拉的社会学习理论。
4. 斯宾塞的教育科学化。

2014年哈尔滨师范大学333教育综合真题

一、名词解释

1. 狭义的教育　2. 课程　3. 德育　4. 教科书
5. 教学手段　6. 讨论法

二、简答题

1. 学校教育对人的身心发展的作用。
2. 布鲁纳的发现学习理论。
3. 卢梭的自然主义教育。
4. 抗战时期国民政府“战时须作平时看”的政策说明什么？

三、论述题

1. 教师应具备的基本素养。
2. 皮亚杰的儿童认知发展理论。
3. 论述第斯多惠的教育观。
4. 论述张之洞“中学为体，西学为用”的教育思想及其对制定“癸卯学制”的影响。

2015 年哈尔滨师范大学 333 教育综合真题

一、名词解释

1. 广义的教育　2. 课程　3. 智育　4. 班级授课制
5. 教学模式　6. 谈话法

二、简答题

1. 人的身心发展的重要特点及对教育的制约作用。
2. 简述学生学习的特点。
3. 我国古代的教学组织形式及古代东方古国的教育方法和教育原则。
4. 简述稷下学宫在中国教育史上的影响。

三、论述题

1. 教育和各种社会现象的关系。
2. 如何培养学生的创造性？
3. 论述苏格拉底的教学方法及对当代教育的启示。
4. 清末书院的改革。

2016 年哈尔滨师范大学 333 教育综合真题

一、名词解释

1. 广义的教育　2. 教育目的　3. 教师　4. 课程标准
5. 学生　6. 演示法

二、简答题

1. 简述班级授课制的主要特征。
2. 简述学习的复述策略。
3. 简述文艺复兴时期的人文主义特征。
4. 简述书院讲学、研究及组织结构特点。

三、论述题

1. 影响人的发展诸因素及其作用。

2. 阅读材料并结合实际论述如何进一步激发学生的学习动机。（材料缺失）

3. 论述夸美纽斯的教育思想及对当今教育实践的作用。

4. 论述蔡元培“思想自由，兼容并包”的大学办学思想及其实践。

2017 年哈尔滨师范大学 333 教育综合真题

一、名词解释

1. 教育学　2. 教育　3. 教育手段　4. 学校管理
5. 教学组织形式　6. 说服法

二、简答题

1. 柏拉图的教育思想。

2. 教学工作的基本环节。

3. 维果茨基的心理发展标志。

4.《国防教育法》。

三、论述题

1. 问题解决措施。

2. 孔子的教师观。

3. 荀子关于教师作用与地位的思想。

4. 用德育过程的规律分析我国德育的现状。

2018 年哈尔滨师范大学 333 教育综合真题

一、名词解释

1. 教育学　2. 教育目的　3. 学制　4. 德育
5. 教师　6. 锻炼法

二、简答题

1. 德育途径。

2. 儿童友谊发展的阶段。

3. 进步主义教育运动的特征。

4. 宋代书院的特点。

三、论述题

1. 教育的社会制约性。

2. 材料大概是关于异分母分数加减法运算，一个老师总结了一个填空题，让学生通过填空来掌握这个运算方法，并且认为学会了这个填空题就能学会如何做这类运算。（材料具体内容缺失）

结合程序性知识的获得和迁移理论进行分析。

3. 古罗马的百科全书派教学活动的特点。
4. 唐代教育制度的特点。

2019 年哈尔滨师范大学 333 教育综合真题

一、名词解释

1. 教育学　2. 课程　3. 教育内容　4. 班级授课制
5. 榜样法　6. 教学方法

二、简答题

1. 古代教育的特点。
2. 皮亚杰的认知发展因素。
3. 德国的实科中学。
4. 稷下学宫的办学特点。

三、论述题

1. 教育的社会变迁功能及启示。
2. 建构主义。
3. 马丁·路德的义务教育思潮。
4. 孔子教育内容的特点。

2020 年哈尔滨师范大学 333 教育综合真题

一、名词解释

1. 教育学　2. 课程　3. 德育　4. 班级授课制
5. 教学手段　6. 陶冶法

二、简答题

1. 教师的素养。
2. 科尔伯格的道德发展阶段理论。
3. 昆体良的教育思想。
4. 陈鹤琴的教育日的论。

三、论述题

1. 结合中小学实际，论述启发性教学原则 。
2. 蔡元培的教育方针的内涵及影响。
3. 教育心理学化运动。
4. 加德纳的多元智力理论。

江苏师范大学

2010年江苏师范大学333教育综合真题

一、名词解释

1. 教育学　2. 教学评价　3. 有教无类　4. 学在官府
5. 骑士教育　6. 加德纳的多元智能理论

二、简答题

1. 简析班级授课制的优势与局限。
2. 简析《学记》中的“道而弗牵，强而弗抑，开而弗达”的思想。
3. 简述孔子学思结合的教育思想。
4. 简述建构主义学习理论的基本观点。

三、论述题

1. 怎样认识义务教育的先导性、全局性、基础性地位？
2. 分析间接经验与直接经验的关系。
3. 试论杜威的教育本质观。
4. 学生品德不良的成因分析及其矫正策略。

2011年江苏师范大学333教育综合真题

一、名词解释

1. 教育制度　2. 教育策略　3.《学记》　4. 中学为体，西学为用
5. 苏格拉底教学法　6. 洛克的绅士教育

二、简答题

1. 简析教育是一种社会现象。
2. 简析荀况的教师观。
3. 简述科举考试制度对学校教育的影响。
4. 简述人本主义学习理论的基本观点。

三、论述题

1. 试论教学过程的性质。
2. 联系实际，分析教育影响的一致性和连贯性原则的意义及实施要求。
3. 论述终身教育思想及其对当今学习型社会建设的意义。
4. 影响创造力发展的主要因素分析与开发培养策略设计。

2012年江苏师范大学333教育综合真题

一、名词解释

1. 教育目的　　2. 教学原则　　3. 稷下学宫　　4. 学而优则仕
5. 夸美纽斯　　6. 美国的《国防教育法》

二、简答题

1. 简析教师劳动的特点。
2. 简析荀况的"闻见知行"的学习观。
3. 简述陶行知的生活教育思想。
4. 简述加涅的信息加工学习理论。

三、论述题

1. 试论教育与人的发展的关系。
2. 推进教育公平是《国家中长期教育改革与发展规划纲要（2010—2020年）》提出的重大任务之一。谈谈你对教育公平的理解和实施策略的构想。
3. 试论卢梭的自然主义教育思想。
4. 试论影响问题解决的因素与问题解决能力的培养。

2013年江苏师范大学333教育综合真题

一、名词解释

1. 德育原则　　2. 学校管理　　3. 性相近，习相远
4. 陶行知的"教学做合一"　　5. 认知策略　　6. 社会建构主义

二、简答题

1. 简析综合实践活动课程的基本特征。
2. 简析王守仁的道德教育观。
3. 简析蔡元培的教育独立思想。
4. 简析斯宾塞的教育科学化思想。

三、论述题

1. 试论知识的价值。
2. 试述怎样才能有效发挥学校教育在个体发展中的作用。
3. 试述1957年"人造卫星事件"与西方教育改革的关系。
4. 分析导致中小学生品德不良的原因及其矫正策略。

2014年江苏师范大学333教育综合真题

一、名词解释

1. 疏导原则　　2. 相对性评价　　3. 有教无类
4. 陶行知的"教学做合一"　　5. 最近发展区　　6. 流体智力

二、简答题

1. 简述苏格拉底的教育作用观。
2. 简述文艺复兴时期人文主义的“全人”理想。
3. 简述杜威的五步探究教学法。
4. 简析直接经验和间接经验的关系。

三、论述题

1. 个人本位论。
2.《国家中长期教育改革和发展规划纲要（2010—2020年）》提出“倡导教育家办学”。请运用教育学原理，阐述你对该政策的理解。
3. 试述问题解决的基本过程。
4. 论述科举考试制度对学校教育的影响。

2015年江苏师范大学333教育综合真题

一、名词解释

1. 启发性原则　2. 人的发展的整体性　3. 素丝说　4. 实验教育学
5. 夸美纽斯　6. 同化

二、简答题

1. 简述洋务学堂。
2. 简述朱子读书法及其意义。
3. 简述泰勒原理。
4. 皮亚杰的认知发展阶段论及其对教育的启示。

三、论述题

1. 分析论述我国中小学生课业负担过重的表现和原因。
2. 分析论述教师劳动的特点及其对教师素质的要求。
3. 杜威的教育本质论和教育目的论以及对我国的教育启示。
4. 论述韦纳的成败归因理论以及教师如何对获得成功的学生进行归因。

2016年江苏师范大学333教育综合真题

一、名词解释

1. 课程计划　2. 学校教育　3. 最近发展区　4. 元认知
5. 学校制度　6. 学习动机

二、简答题

1. 布鲁纳的发现学习的步骤。
2. 简述遗传素质的含义及其在个体身心发展中的作用。
3. 简述人文主义教育的特征。
4. 简述科举制度的影响。

三、论述题

1. 试述私学产生的原因及其对教育发展的贡献。
2. 论述杜威对教育本质的认识，并解析其儿童观。
3. 论述启发性教学原则及其在教学中运用的基本要求。
4. 论述教学过程的特点。

2017 年江苏师范大学 333 教育综合真题

一、名词解释

1. 教师劳动的复杂性　2. 教育目的的层次结构　3. 美德即知识　4. 自然后果律
5. 心理过程　6. 观察学习

二、简答题

1. 教育的政治功能。
2. 与儒家相比较，墨家教育方法的特点有哪些？
3. 终身教育思想。
4. 需要层次理论。

三、论述题

1. 结合事例，论述严格要求与尊重信任相结合的原则。
2. 论述多元智力理论及其现实启示。
3. 孔子对教师素质的要求及其当代意义。
4. 我国基础课程改革对教学过程的要求。

2018 年江苏师范大学 333 教育综合真题

一、名词解释

1. 探究教学　2. 陶冶　3. 有意义学习　4. 学习动机
5. 六等黜陟法　6. 绅士教育

二、简答题

1. 如何上好一堂课？
2. 简述孔了“有教无类”的思想。
3. 简述杜威的教育无目的论。
4. 朱子读书法。

三、论述题

1. 自古以来，对教师的角色有许多隐喻，如“教师是蜡烛，燃烧自己、照亮别人”“教师是人类灵魂的工程师，塑造着学生的精神世界”等。请从“蜡烛论”和“工程师论”中任选一种教师角色的隐喻分析其蕴含的意义。

2. 我国新基础教育课程改革中的“六大目标”是什么？如何在课堂中落实？

3. 论述赫尔巴特的“教育性教学”在实际教育中的应用。

4. 怎样提高学生解决问题的能力？

2019 年江苏师范大学 333 教育综合真题

一、名词解释

1. 鸿都门学　2. 壬戌学制　3. 自然主义教育思想　4. 顿悟说
5. 文纳特卡制　6. 课程方案

二、简答题

1. 简述德育过程的疏导原则及其要求。
2. 简述陶行知的生活教育思想。
3. 自然主义教育思想。
4. 科尔伯格的道德认知理论。

三、论述题

1. 新时期教育的生态功能。
2. 我国古代著名教育家墨子认为："染于苍则苍，染于黄则黄，所入者变，其色亦变。"请指出这种思想所代表的教育观念，并进行评述。
3. 杜威的教育无目的论。
4. 论述课程和教学的辩证关系。

2020 年江苏师范大学 333 教育综合真题

一、名词解释

1. 教育的社会流动功能　2. 读书指导法　3. 小先生制　4. 致良知
5. 自我效能感　6. 社会规范学习

二、简答题

1. 简述个体能动性对个体发展的作用。
2. 简述书院教育的特点。
3. 简述陈鹤琴的活教育"目的论"。
4. 简述杜威的教育本质论。

三、论述题

1. 简述分科课程和综合课程的关系以及基础教育课程改革的趋势。
2. 有人说："教学有法，教无定法。"谈谈你的理解。
3. 简述清朝洋务运动和日本明治维新实践指导思想和具体实施的差别。
4. 材料：学生张海学习不好，老师了解到他自幼父母离异，一直跟着奶奶生活，基础薄弱，学习习惯不好，好高骛远，不做基础题，专挑附加题做，这样就有"不会做题"的借口而不做作业。
（1）用学习动机的理论分析材料。
（2）如何培养学习动机？

江西师范大学

2010 年江西师范大学 333 教育综合真题

一、名词解释

1. 教育目的　　2. 学校教育制度　　3. 课程标准　　4. 教学评价
5. 心理健康　　6. 创造力

二、简答题

1. 教师应当具备怎样的素养？
2. 如何认识教学过程中教师的主导作用与学生的主动性的关系？
3. 简述中国古代科举制度的影响。
4. 文艺复兴时期人文主义教育有哪些特征？

三、论述题

1. 结合实际论述班主任培养班集体的方法。
2. 阐述陶行知的“生活教育”。
3. 论述自然主义教育理论及其影响。
4. 论述问题解决能力的培养措施。

2011 年江西师范大学 333 教育综合真题

一、名词解释

1. 教育（狭义）　　2. 教育目的　　3. 班级授课制　　4. 教学
5. 京师同文馆　　6. 昆体良

二、简答题

1. 教育学的产生与发展分为哪几个阶段？
2. 教师劳动有哪些特点？
3. 简述加德纳的多元智力理论。
4. 简述《学记》中的教育思想。

三、论述题

1. 论述影响人的发展的基本因素。
2. 论述陶行知的生活教育思想体系。
3. 评述赫尔巴特的教育理论。

2012 年江西师范大学 333 教育综合真题

一、名词解释

1. 学校教育　2. 教育目的　3. 课程　4. 人的发展
5. 学习动机　6. 学习策略

二、简答题

1. 简述我国教育目的的精神。
2. 试比较社会本位论和个人本位论两种不同的教育价值取向。
3. 简述陶行知“生活教育”的主要观点。
4. 简述斯宾塞的主要教育思想。

三、论述题

1. 运用“人的发展的基本影响因素”原理分析现实生活中的“坏学生”是如何被制造的。
2. 结合教学实际，评述奥苏伯尔“有意义接受说”。
3. 评价杜威的教育观。
4. 论述孟轲和荀况的人性论和教育观，分别说明其对现实教育的影响。

2013 年江西师范大学 333 教育综合真题

一、名词解释

1. 德育（广义）　2. 教学　3. 学科中心课程论　4. 元认知
5. 学制　6. 多元智能理论

二、简答题

1. 请说明教学过程中应处理好的几种关系。
2. 结合当前课程改革实际，谈谈课程实施的主要影响因素。
3. 简述蔡元培的教育思想与实践。
4. 试析柏拉图的教育思想。

三、论述题

1. 教育寓言分析：一只乌鸦口渴了，到处找水喝。乌鸦看见一个瓶子里有水。可是瓶子很高，瓶口又小，里面的水不多，它喝不到，怎么办呢?

假设你是乌鸦的老师，请设想你可以运用哪些教学方法可以让乌鸦喝到水。

2. 结合当前中国的教育现实评析卢梭的自然教育观。
3. 评述建构主义学习理论的基本观点。
4. 简要评述孔子的教育实践与教育思想。

2014 年江西师范大学 333 教育综合真题

一、名词解释

1. 教学　2. 社会本位论　3. 潜在课程　4. 班级管理
5.《学记》　6. 稷下学宫

二、简答题

1. 影响知识理解的因素。
2. 素质教育的含义。
3. 当代教师应具备什么样的职业道德素养？
4. 进步教育运动的发展过程。

三、论述题

1. 结合实际，阐明启发性教学原则的含义和贯彻要求。
2. 评析陶行知的生活教育理论。
3. 试述建构主义的学习理论。
4. 论述蒙台梭利的幼儿教育思想及其对当前学前教育的指导意义。

2015 年江西师范大学 333 教育综合真题

一、名词解释

1. 道尔顿制　　2. 班级授课制　　3. 活动课程　　4. 学校教育制度
5. 朱子读书法　　6. 教育目的

二、简答题

1. 陶行知的生活教育理论。
2. 教育行动研究的一般过程。
3. 如何培养学生的问题解决能力？
4. 德育过程的规律。
5. 联系实际谈谈对教师专业技能和素养的认识。

三、论述题

1. 影响人发展的因素及对人的具体作用。
2. 论述学习动机的培养和激发。
3. 论述杜威的教育思想。

2016 年江西师范大学 333 教育综合真题

一、名词解释

1. 教育目的　　2. 教育行动研究　　3. 认知发展阶段　　4. 班级授课制

二、简答题

1. 建构主义观点。
2. 活教育观点。
3. 简述教育心理学化。
4. 列举五种提高教育实验效度的方法。

三、论述题

阅读材料，按要求作答。

“小学三年级语文老师卢红梅执教的两个班，90% 的学生是外来务工人员子女。在日常教学中，卢老师发现，这些孩子大多握笔姿势不正确、不善于与人交流、知识面窄。为了进一步了解外来务工人员子女在学习上面临的困难及其原因，卢老师对部分学生进行了家访，并就相关问题询问了本年级其他科任教师。结果显示：与本市居民子女相比，外来务工人员子女在学习上存在一定差距，其中英语学习差距最大，语文学习次之，数学学习差别不大。为了探索提高这些外来务工人员子女语文学习成绩的有效策略，卢老师打算在这两个班进行以“扩展课外阅读”为自变量的实验研究。但是，学校科研顾问认为采取行动研究方式更为适当。卢老师陷入困惑，不能确定采用何种方式展开研究。

（1）案例中卢老师在发现和确定研究问题的过程中使用了哪些研究方法？

（2）针对卢老师的困惑，请为她选择一种研究方式，并从研究目的、研究过程、研究主体三个方面阐述作出这种选择的理由。

2017 年江西师范大学 333 教育综合真题

一、名词解释

1. 学校教育　2. 稷下学宫　3. 活动课程　4. 骑士教育
5. 学习迁移　6. 学习动机

二、简答题

1. 教育的相对独立性。
2. 学校管理的基本环节及其联系。
3. 王守仁的儿童教育思想及其意义。
4. 夸美纽斯的泛智思想及其现实意义。

三、论述题

1. 论述德育过程是教师引导下学生能动的活动过程。
2. 分析杜威关于教育本质的思想及其现实意义。
3. 运用记忆的规律分析教学实际中出现的“错一罚十”现象。
4. 材料：卡耐基小时候被认为是坏孩子，他的父亲说他是附近最坏的孩子。但继母相信他很聪明，有潜力，在继母的引导下，他获得了巨大成功。

你如何理解“好孩子”和“坏孩子”？这个材料对你有什么启示？

2018 年江西师范大学 333 教育综合真题

一、名词解释

1. 师生关系　2. 教师专业化　3. 有意义学习　4. 发现学习
5. 班级授课制　6. 支架式教学

二、简答题

1. 教育现代化的基本内涵。
2. 昆西教学法。
3. 教学中应处理好的几种关系。
4. 朱子读书法。

三、论述题

1. 马克思关于人的全面发展说。
2. 结合教学实例谈谈如何激发学生的内部动机。
3. 试评述中国教育史上两位教育家的教育思想。
4. 试述马卡连柯的教育思想。

2019 年江西师范大学 333 教育综合真题

一、名词解释

1. 课程　　2. 学制　　3. 苏格拉底法　　4. 学习策略
5. “六艺”教育　　6. 上位学习

二、简答题

1. 简述班集体的培养措施。
2. 简述综合实践活动的性质。
3. 简述孟子的教育思想及影响。
4. 简述影响人身心发展的基本因素。

三、论述题

1. 论述卢梭的自然主义教育思想及影响。
2. 论述陶行知的生活教育思想及当代价值。
3. 论述创造性的培养措施，并结合教学实践举例。
4. 新课改主张启发式教学。有的老师认为讲授法是注入式教学，应尽量减少讲授法在课堂中的使用。请评述这种观点。

2020 年江西师范大学 333 教育综合真题

一、名词解释

1. 学在官府　　2. 德育过程　　3. 教学　　4. 宫廷学校
5. 元认知　　6. 最近发展区

二、简答题

1. 蔡元培的教育独立思想。
2. 班级授课制的优点。
3. 学校管理的发展趋势。
4. 教师劳动的特点。

三、论述题

1. 赫尔巴特的教育思想及影响。
2. 问题解决措施并结合实例进行分析。
3. 陈鹤琴的活教育思想。
4. 培养班主任的素质。

广西师范大学

2010 年广西师范大学 333 教育综合真题

一、名词解释

1. 教育活动的基本要素　2. 教育目的的价值取向　3. 特朗普制
4. 动机　5. 气质

二、简答题

1. 怎样理解教学过程是一种特殊的认识过程?
2. 简述学科课程论的基本观点。
3. 说明学生掌握知识的基本阶段。
4. 教师如何激发学生的内在学习动机?

三、论述题

1. 简述人本主义学习观及其对教学改革的意义。
2. 联系实际谈谈如何培养学生问题解决的能力。

2011 年广西师范大学 333 教育综合真题

一、名词解释

1. 教学过程　2. 课程标准　3. 苏格拉底法　4. 发现学习
5. 心智技能　6.《学记》

二、简答题

1. 简述教师的基本素养。
2. 简述陶行知的生活教育思想。
3. 简述卢梭的自然教育理论。
4. 简述马斯洛的需要层次理论。

三、论述题

1. 试述教育的社会流动功能及其意义。
2. 试述文艺复兴时期人文主义教育的特征。
3. 试述加德纳的多元智力理论及其启示。
4. 试述掌握知识与发展智力的关系。

2012 年广西师范大学 333 教育综合真题

一、名词解释

1. 教育的负向功能　2. 培养目标　3. 教学设计　4. 课程内容
5. 有意义学习　6. 陈述性知识

二、简答题

1. 在信息时代，如何认识学校教育的主导作用?
2. 如何理解发展智力与掌握知识的关系?
3. 加德纳的多元智力发展理论。
4. 建构主义理论的核心观点。

三、论述题

1. 论述分科课程与综合课程的关系及其对我国基础教育课程改革的启示。
2. 论述创造性思维的培养方法。

2013 年广西师范大学 333 教育综合真题

一、名词解释

1. 教学目标　2. 教学模式　3. 课程标准　4. 发展思维
5. 高原现象

二、简答题

1. 简述教学过程的基本环节。
2. 简述教育的文化功能。
3. 说明智力因素和非智力因素的关系。
4. 简述反馈的作用。

三、论述题

1. 论述我国基础教育课程改革的目标。
2. 分析影响能力形成的原因和条件。

2014 年广西师范大学 333 教育综合真题

一、简答题

1. 简述人本主义教学理论。
2. 简述皮亚杰的认知发展阶段理论。
3. 简述多元智力理论的教育意义。
4. 简述生活教育理论的基本内容。

二、论述题

1. 分析基础教育课程改革面临的瓶颈及其对策。
2. 评述杜威的教育本质观。

2015 年广西师范大学 333 教育综合真题

一、简答题

1. 教育的生态功能。
2. 教育目的的“个人本位论”。
3. 陶行知的生活教育理论。
4. 苏格拉底的“产婆术”。
5. 奥苏伯尔的有意义学习理论。

二、论述题

1. 联系实际教学，阐述学生学习动机的培养。
2. 联系实际教学，论述问题解决能力的培养。

2016 年广西师范大学 333 教育综合真题

一、名词解释

1. 教育的社会流动功能　　2. “六艺”　　3. 遗传

二、简答题

1. 智力因素与非智力因素的关系。
2. 夸美纽斯的教育思想。
3. 布鲁纳的认知—发现说。
4. 建构主义。

三、论述题

1. 个人本位轮。
2. 人格差异与教育。
3. 陈鹤琴的活教育。

2017 年广西师范大学 333 教育综合真题

一、简答题

1. 夸美纽斯的教育思想。
2. 黄炎培的职业教育。
3. 文化对教育的影响。
4. 教育的生态功能。

5. 影响知识理解的因素。

二、论述题

1. 论述教育的本质特点。
2. 认知方式的差异及其教育含义。

2018年广西师范大学333教育综合真题

一、名词解释

1. 微课　　2. 教学效能感　　3. 讲授法

二、简答题

1. 简述影响学生发展的因素。
2. 简述朱子读书法。
3. 简述斯宾塞的科学教育思想。
4. 简述教师权威的构成和来源。

三、论述题

1. 根据记忆遗忘规律论述促进记忆和保持知识的方法。
2. 根据法律法规和教育理论，分析未成年人保护应遵循的原则。

2019年广西师范大学333教育综合真题

一、名词解释

1. 德育　　2. 教师期待效应　　3. “三纲领八条目”

二、简答题

1. 我国中小学的教学原则。
2. 孔子的教学思想。
3. 皮亚杰的认知发展理论。
4. 赫尔巴特的教学思想。
5. 陶行知教学思想和杜威教学思想的比较。

三、论述题

1. 教育学的产生和发展。
2. 蔡元培的教育思想和实践对中国近代教育的贡献和影响。

2020年广西师范大学333教育综合真题

一、名词解释

1. 有教无类　　2. 教学环境　　3. 同化　　4. 图式

二、简答题

1. 宋代书院在教学和管理方面的特点。
2. 自然主义教育理论。
3. 教育起源的几种理论。
4. 美国《国防教育法》的主要内容。
5. 心智技能与运动技能的关系。

三、论述题

1. 结合实际论述教育的社会功能。
2. 教育心理学化运动的形成、发展与影响。

四川师范大学

2010 年四川师范大学 333 教育综合真题

一、名词解释

1. 人的发展　2. 学校教育制度　3. 课程　4. 骑士教育
5. 三舍法　6. 耶克斯－多德森定律

二、简答题

1. 简述斯宾塞的知识价值论。
2. 简述晏阳初的“四大教育”与“三大方式”。
3. 简述罗杰斯的自由学习原则。
4. 简述韦纳的归因理论及其在教学中的应用。

三、论述题

1. 论述教育的社会制约性。
2. 在教学过程中应当处理好哪些关系？并联系实际加以论述。
3. 试述道家、墨家、法家教育作用观的异同。
4. 述评杜威的实用主义教育思想。

2011 年四川师范大学 333 教育综合真题

一、名词解释

1. 儿童中心论　2. 形成性评价　3. 学习动机　4. 知识

5. 监生历事制度　　　6. 分斋教学法

二、简答题

1. 简述柏拉图的教育思想。
2. 中世纪早期世俗教育的主要形式。
3. 评析美国公立学校运动的产生及其历史意义。
4. 简述现代学校教育制度的发展趋势。

三、论述题

1. 试论教育的文化功能。
2. 试述教育对人类地位提升的促进作用。
3. 试论述品德培养的主要策略。
4. “虽有嘉肴，弗食，不知其旨也；虽有至道，弗学，不知其善也。是故学然后知不足，教然后知困。知不足，然后能自反也；知困，然后能自强也。故曰：教学相长也。”

请问此段话出自哪位教育家？并分析其教育主张。

2012 年四川师范大学 333 教育综合真题

一、名词解释

1. 三舍法　　2. 苏格拉底法　　3. 白板说　　4. 心理发展
5. 原型启发　　6. 自我效能感

二、简答题

1. 简述墨家的教育实践与教育思想。
2. 简述梁漱溟的乡村建设理论。
3. 简述维果茨基的文化历史发展理论。
4. 简述影响知识理解的因素。

三、论述题

1. 试论文化对教育的影响和制约。
2. 试论杜威的教育思想。
3. 结合实际论述现代德育过程的特点。
4. 结合实际论述教学过程中应当处理好的几种关系。

2013 年四川师范大学 333 教育综合真题

一、名词解释

1. 教育　　2. 合作学习　　3. 教学相长　　4. 苏格拉底法
5. 多元智力　　6. 学习动机

二、简答题

1. 简述孔丘的教学思想。

2. 简述历史上关于教育起源的代表性观点。
3. 简述影响创造性的主要因素。
4. 简述建构主义学习理论的基本观点。

三、论述题

1. 试述教育的社会制约性。
2. 试述当前我国基础教育课程改革的具体目标。
3. 在教学过程中应当处理好哪些关系？并联系实际加以论述。
4. 试述陶行知生活教育理论的基本内容及其与杜威的理论的关系。

2014年四川师范大学333教育综合真题

一、名词解释

1. 课程　2. 班级授课制　3. 苏格拉底法　4. 有教无类
5. 最近发展区　6. 知识

二、简答题

1. 简述陶行知的“生活教育”理论。
2. 简述皮亚杰的认知发展阶段理论。
3. 简述桑代克的学习定律。
4. 简述卢梭的自然教育理论及其影响。

三、论述题

1. 为什么教育对人的发展有重大作用?
2. 试述现代教育制度改革的趋势。
3. 结合实际试述基本教学组织形式以及辅助组织形式。
4. 试述西方教学理论在中国的传播。

2015年四川师范大学333教育综合真题

一、名词解释

1. 知识　2. 苏格拉底法　3. 学习策略　4. 教学相长
5. 班级授课制　6. 中体西用

二、简答题

1. 终身教育思潮。
2. 维果茨基的最近发展区理论。
3. 建构主义的观点。
4. 教育对人发展的重要作用。

三、论述题

1. 孔子的教学方法。
2. 政治经济制度对教育的制约。

3. 教学的基本组织形式和辅助组织形式。
4. 陶行知和杜威在教育观和学校观上的比较。

2016 年四川师范大学 333 教育综合真题

一、名词解释

1. 教育　2. 教学　3. "六艺"　4. 白板说
5. 学习动机　6. 问题解决

二、简答题

1. 孔子的教学思想。
2. 陶行知的教育体系。
3. 建构主义教学理论的基本观点。
4. 简述科尔伯格的道德发展阶段理论。

三、论述题

1. 教育的社会制约性。
2. 杜威的教育思想。
3. 培养和提高教师素养的主要途径。
4. 教学过程应该处理好哪几种关系?

2017 年四川师范大学 333 教育综合真题

一、名词解释

1. 教育目的的价值取向　2. 现代学校教育制度　3.《大教学论》　4. "三纲领八条目"
5. 元认知　6. 发现学习

二、简答题

1. 教育的相对独立性的表现。
2. 埃里克森的心理社会发展理论。
3. 简述德育过程的特点以及在现实中如何提高学生的德育素质。
4. 学习动机和学习效果的关系。

三、论述题

1. 蔡元培的"循思想自由原则，取兼容并包主义"的办学方针。
2. 教师素养的要求。
3. 比较孔子和苏格拉底的启发式教学。
4. 论述杜威的教育本质观，并对其进行评价。

2018年四川师范大学333教育综合真题

一、名词解释

1.《学记》 2. 苏湖教学法 3. 教育目的 4. 心理发展
5. 教学评价 6. 骑士教育

二、简答题

1. 教育的社会流动性功能及意义。
2. 影响问题解决的因素。
3. 学校管理的趋势。
4. 人文教育的基本特征。

三、论述题

1. 教学原则并选择其中一个举例论述。
2. “中体西用”的局限和作用。
3. 赫尔巴特和杜威的教学阶段。
4. 学习动机的激发与培养。

2019年四川师范大学333教育综合真题

一、名词解释

1. 教育制度 2. 课程标准 3. 苏格拉底法 4. 三舍法
5.《国防教育法》 6. 有教无类

二、简答题

1. 我国教育目的的基本精神。
2. 品德形成的因素。
3. 陈鹤琴的活教育。
4. 科举制的影响。

三、论述题

1. 文化对教育的制约和影响。
2. 卢梭的自然教育理论及影响。
3. 建构主义的学习理论的观点及启示。

2020年四川师范大学333教育综合真题

一、名词解释

1. 义务教育 2. 活动课程 3. 九品中正制 4. 要素教育论
5. 设计教学法 6. 京师同文馆

二、简答题

1. 简述教育的政治功能。
2. 简述问题解决能力的培养措施。
3. 简述陶行知生活教育的主要内容。
4. 简述书院教育的特点。

三、论述题

1. 试论述需要层次理论以及对中小学教师工作的启示。
2. 试论述教学过程的性质特点。
3. 试论述西方教育史上教育与生产劳动相结合的主张。
4. 试论述教师劳动的特点和价值。

安徽师范大学

2010 年安徽师范大学 333 教育综合真题

一、名词解释

1. 实验教育学　2. 学校教育　3. 媒介素养　4. 教育目的
5. 学生非正式群体

二、简答题

1. 现代型学校的特质主要表现在哪些方面?
2. 当代学生观的更新体现在哪些方面?
3. 简述教学与信息技术的关系。
4. 如何创建富有生命气息的班级文化?
5. 怎样发挥学校对家庭教育的指导与促进作用?
6. 新型教师的基础性素养主要包括哪些方面?

三、论述题

1. 结合自身实际，谈谈学习教育对教师专业成长的价值。
2. 试述当代中国学校教育价值取向更新的基本走向。
3. 结合教学实际，论述你对教学评价改革的看法。

四、案例分析题

试用相关教育理论评析案例中“无人监考”活动的教育思想、教学方法及其育人效果。（案例缺失）

2011 年安徽师范大学 333 教育综合真题

一、名词解释

1.《大教学论》 2. 内发论 3. 高等教育大众化 4. 癸卯学制
5. 个人本位论 6. 义务教育

二、简答题

1. 简述学校教育在人的身心发展中的作用。
2. 简述“六艺”教育的内容和特征。
3. 试比较欧洲的新教育运动和美国的进步教育运动。
4. 学生品德不良产生的原因及其矫正措施。

三、论述题

1. 论述教师专业发展的内涵及途径。
2. 评述赫尔巴特的教学阶段理论。
3. 评述陶行知的生活教育理论。
4. 结合我国基础教育课程改革，谈谈建构主义学习理论的知识观、学生观、学习观对教学实践的作用。

2012 年安徽师范大学 333 教育综合真题

一、名词解释

1. 教育 2. 教育目的 3. 学校教育制度 4. 教学组织形式
5. 道尔顿制 6. 学习策略

二、简答题

1. 简述掌握知识与发展智力的关系。
2. 在对学生进行思想品德教育时，如何贯彻“严格要求与尊重学生相结合”的原则？
3. 当代学校管理的发展趋势是什么？
4. 杜威关于教育的本质与目的的基本观点是什么？
5. 我国古代书院教育的特点是什么？
6. 简述终身教育思潮的基本观点。

三、论述题

1. 联系社会实际论述教育社会流动功能的含义及其在当代的教育意义。
2. 论述陶行知的“生活教育”思想体系。
3. 联系教学实际论述学习动机的培养与激发。

2013 年安徽师范大学 333 教育综合真题

一、名词解释

1. 美育 2. 学校管理目标 3. 要素主义 4. 课程标准
5. 教学模式 6. 最近发展区

二、简答题

1. 简述杜威关于教育本质与目的的理论。
2. 共产党领导下的革命根据地教育的基本经验包括哪些方面？
3. 简述卢梭的自然教育理论及其影响。
4. 为什么说德育过程是培养学生知、情、意、行的过程？
5. 世界各国课程改革的趋势是什么？
6. 简述社会规范学习的心理过程。

三、论述题

1. 论述黄炎培的职业教育思想及其当代教育价值。
2. 论述在基础教育改革中如何体现“以人为本”这一理念。
3. 论述班杜拉的观察学习理论及其教育应用。

2014 年安徽师范大学 333 教育综合真题

一、名词解释

1. 课程目标　2. 陶冶教育　3. 永恒主义　4. 工读主义教育思潮
5. 骑士教育　6. 道尔顿制

二、简答题

1. 简要说明解决问题分哪几个阶段。
2. 简述教育的生态功能。
3. 我国教师必须承担的责任和义务是什么？
4. 孔子关于道德教育理论的基本观点是什么？
5. 简述新民主主义教育方针的形成过程及其内涵。
6. 如何贯彻启发性教学原则？

三、论述题

1. 论述杜威教育思想的主要观点及其影响。
2. 联系教学实际论述认知建构主义学习理论与应用。
3. 党的十八届三中全会通过的《中共中央关于全面深化改革若干重大问题的决定》提出：全面贯彻党的教育方针，坚持立德树人，加强社会主义核心价值体系教育，完善中华优秀传统文化教育，形成爱学习、爱劳动、爱祖国活动的有效形式和长效机制，增强学生社会责任感、创新精神、实践能力。

结合基础教育实际论述加强社会主义核心价值体系教育的意义及其举措。

2015 年安徽师范大学 333 教育综合真题

一、名词解释

1. 教育目的（狭义）　2. 长善救失原则　3. 活动课程　4. 生活教育
5. 癸卯学制　6. 教学模式

二、简答题

1. 简述蔡元培关于教育方针的基本理论。
2. 问题解决能力的培养措施有哪些？

3. 为什么要把教育摆在优先发展的战略地位？
4. 简述朱熹的“朱子读书法”。
5. 洛克的道德教育方法主要包括哪些内容？
6. 简述教师角色的冲突及其解决措施。

三、论述题

1. 试述夸美纽斯的学校改革思想及其对近代教育的影响。
2. 联系教育实际论述人格发展理论及其教育含义。
3. 结合我国目前教育发展与改革实际，论述依法治教的意义及其途径。

2016 年安徽师范大学 333 教育综合真题

一、名词解释

1. 实验教育学　2. 潜在课程　3. 有意义学习　4. 元认知策略
5. 苏格拉底法　6. 生活准备说

二、简答题

1. 教学活动中如何处理智力活动和非智力活动的关系？
2. 简述德育与其他各育的关系。
3. 学校管理过程包括哪些基本环节？
4. 卢梭自然教育理论的基本观点是什么？有何积极意义？
5. 简述我国隋唐时期教育制度的特点。
6. 简述张之洞的“中体西用”教育思想。

三、论述题

1. 美国教育家杜威提出“做中学”的教育信条，我国教育家陶行知倡导“教学做合一”的主张。请你在分析两种观点的基础上，结合实际论述它们对我国基础教育改革的理论价值和实际意义。
2. 运用多元智力理论论述学习方式的多样性。
3. 运用教育社会功能理论论述教育在我国全面建成小康社会进程中的作用。

2017 年安徽师范大学 333 教育综合真题

一、名词解释

1. 教育制度　2. 校本管理　3. 程序性知识　4. 观察学习
5. 自然教育　6. 公学

二、简答题

1. 教育应如何适应学生的身心发展规律？
2. 在教学评价中，如何处理好教师评价与学生自评的关系？
3. 简述学校美育过程中应遵循的基本原则。
4. 韩愈的《师说》提出了哪些主要的教育观点？

三、论述题

1. 试述终身教育思想的提出对学习型社会的意义。

2. 结合实际论述自我效能感及其培养途径。
3. 试论革命根据地教育经验的现代价值。

四、案例分析题

在苏联著名教育家苏霍姆林斯基当校长时，曾发生过这样一个感人的故事：校园里开出了几朵很大的玫瑰花，每天都吸引了很多学生来看。一天早晨，苏霍姆林斯基看见一个小女孩摘下了一朵玫瑰花，他便问小女孩是什么原因让她摘花，小女孩羞愧地告诉他，奶奶病得很重，她不相信校园里有这么大的玫瑰花，摘下来是想让奶奶看看自己说的没错。听了小女孩的回答，苏霍姆林斯基立即摘下了两朵玫瑰花对小女孩说："这一朵是奖给你的，因为你是一个懂得爱的孩子；这一朵是送给你奶奶的，感谢她养育了你这样好的孩子。"

在案例中苏霍姆林斯基面对这位摘花的小女孩不但没有粗暴地批评，而且另摘了两朵花送给她，为什么？如果是你，你会怎么做？请运用有关教育理论进行分析。

2018 年安徽师范大学 333 教育综合真题

一、名词解释

1. 课程标准　　2. 发现法　　3. 最近发展区　　4. 先行组织者
5. "七艺"　　6. 要素主义教育

二、简答题

1. 简述教学是德育的基本途径。
2. 陈述性知识和程序性知识的区别和联系。
3. 王守仁的儿童教育思想的主张有哪些？
4. 斯宾塞的智育论。

三、论述题

1. 我国教育目的的基本精神。
2. 社会规范学习心理过程的三个阶段。
3. 五四新文化运动对国人教育观念转变的影响。

四、案例分析题

1972 年，联合国教科文组织教育发展委员会主席埃德加·富尔在《学会生存——教育世界的今天和明天》的报告中指出："多少世纪以来，特别在发动产业革命的欧洲国家，教育的发展一般是在经济增长之后发生的。现在，教育在全世界的发展正倾向先于经济的发展，这在人类历史上大概还是第一次。"有人因此而提出疑问，在现代社会里，社会物质生产与教育的关系是不是已经颠倒过来？即由教育决定社会物质生产，而不是由社会物质生产决定教育？

请回答你对这个问题有什么看法，用教育学的理论进行分析。

2019 年安徽师范大学 333 教育综合真题

一、名词解释

1. 双轨制　　2. 锻炼法　　3. 下位学习　　4. 藏息相辅的教学原则
5. 精细加工策略　　6. 教育无目的

二、简答题

1. 简述教学过程的几种关系。
2. 简述颜之推的儿童教育思想。
3. 影响知识理解的因素。
4. 简述永恒主义教育思潮。

三、论述题

1. 马克思主义关于人的全面发展学说的主要内容及现实意义。
2. 加涅的学习过程阶段以及信息加工理论对课堂教学的启示。
3. 陈鹤琴教育思想的启示及其现实价值。

四、案例分析题

随着全球化、信息化时代与知识社会的来临，各国综合国力竞争开始加剧，以经济发展为核心，致力于公民素养的提升，已成为世界各国发展的共同主题。那么，现代公民应该具备哪些最基本、最重要的知识、能力与情感态度，才能更好地促进个人自我实现与成功地生活，继而更好地推动社会的良好运转与健康发展等问题已转化为当下世界各国基础教育课程改革中无法规避的核心问题。21世纪培养的学生应该具备哪些最基本、最重要的知识、能力与情感态度？怎样才能更有效地培养学生使其具备这些知识、能力和情感态度？针对这一问题，21世纪以来，世界各国包括一些重要的国际组织都纷纷启动了学生“核心素养”的研究，并在此基础上开启了新一轮基础教育课程改革。

结合材料与现实，谈谈你对当前世界基础教育课程改革发展新趋势的认识。

2020年安徽师范大学333教育综合真题

一、名词解释

1. 特殊迁移　2. 认知内驱力　3. 形成性评价　4. 掌握学习
5. 长善救失原则　6. 教育的相对独立性

二、简答题

1. 情境陶冶法的内涵及要求。
2. 存在主义教育思想的主要观点。
3. 蔡元培的“五育”并举。
4. 促进迁移的教学原则。

三、论述题

1. 论述教育的社会功能及其有效发挥的条件。
2. 试论述马卡连柯的劳动教育思想及其当代意义。
3. 试论述颜元的“实学”“真学”和“习行”的内容及启示。

四、材料分析题

材料：关于“研学旅游”的文件颁布等信息。（材料具体内容缺失）

谈谈你对研学旅行的认识和理解。（可从内涵、类型、价值和实施等方面来论述）

福建师范大学

2010年福建师范大学333教育综合真题

一、名词解释

1. 教育制度　2. 学校德育　3.“五育”并举　4. 教学做合一
5. 角色扮演法　6. 形式训练说

二、简答题

1. 简述教育的社会流动功能的含义及其在当代的意义。
2. 实施教学评价应该遵循哪些基本原则？
3. 简述产婆术。
4. 在现代社会变迁中，教师角色体现出哪些发展趋势？

三、论述题

1. 试述新一轮基础教育课程改革的具体要求，并说明课程改革的发展趋势。
2. 评述北宋的三次兴学。
3. 评述赫尔巴特的课程理论。
4. 试述马斯洛需要层次理论的主要内容，并分析其教育的启示意义。

2011年福建师范大学333教育综合真题

一、名词解释

1. 教育的社会流动功能　2. 课程标准　3. 贝尔－兰卡斯特制　4. 昆西教学法
5.《颜氏家训》　6. 中体西用

二、简答题

1. 简析现代教育的发展趋势和特点。
2. 简析自我教育能力的构成要素及其在德育过程中的作用。
3. 什么是课程内容？课程内容的组织应处理好哪些逻辑组织形式的关系？
4. 简述奥苏伯尔有意义学习的实质与条件。

三、论述题

1. 请结合你的教育经历，试从一个教师的劳动特点，谈谈做一名班主任的素质要求。
2. 试析裴斯泰洛齐的“教育心理学化”思想。
3. 评述1922年“新学制”（壬戌学制）。
4. 评述在教育实践中如何培养学生的创造性。

2012 年福建师范大学 333 教育综合真题

一、名词解释

1. 学习策略　2. 角色扮演法　3. 智者派　4. 壬戌学制
5. 性善论　6. 要素教育论

二、简答题

1. 简述人的身心发展的规律及意义。
2. 课程内容的逻辑规定及课程内容组织编排时要处理好的逻辑组织形式关系。
3. 现代学校教育的发展特点。
4. 教学中的讨论法及其应用要求。

三、论述题

1. 联系我国的中小学教育现状，论述现代中小学教育制度改革的要求。
2. 阐述教学中培养学生问题解决能力的方法。
3. 论述中世纪大学的特征及意义。
4. 福建船政学堂及其意义。

2013 年福建师范大学 333 教育综合真题

一、名词解释

1. 朱子读书法　2. 全人生指导　3. 先行组织者　4. 形式训练说
5. 助产术（产婆术）　6. 导生制

二、简答题

1. 人的身心发展的规律。
2. 学生管理的内容和要求。
3. 简述学校教育制度的概念及我国现行学校教育制度改革的方向。
4. 教学评价的种类。

三、论述题

1. 论述学校德育的特征，举例说明教师如何运用“奖惩”这一德育方法。
2. 中世纪大学的特点和意义。
3. 论述清末新政时期的“庚款兴学”。
4. 论述需要层次理论及对教育的意义。

2014 年福建师范大学 333 教育综合真题

一、名词解释

1. “三纲领八条目”　2. 苏湖教法　3. 骑士教育　4.《巴尔福法案》
5. 自我效能感　6. 移情

二、简答题

1. 班级授课制的优缺点。
2. 学生在教学中接受学习的基本阶段。
3. 简述知识对人的发展的价值。
4. 长善救失德育原则的内涵和要求。

三、论述题

1. 论述现代教师角色发展的趋势。
2. 论述五四运动中的平民教育思潮和科学教育思潮。
3. 论述杜威的“做中学”理论。
4. 分析影响问题解决的主要因素。

2015 年福建师范大学 333 教育综合真题

一、名词解释

1. 遗传素质　2. 教育的社会流动功能　3. 课程方案　4. 发展性原则
5. 学校德育　6. 校本管理

二、简答题

1. 简述教学评价的原则。
2. 简述严复教育救国的“三育论”。
3. 自我效能感的定义及其影响因素。
4. 卢梭的自然教育论及其影响。

三、论述题

1. 论述教学的意义和任务。
2. 论述唐代官学的教育管理制度。
3. 结合教学实践谈谈如何培养学生的创造性。
4. 进步主义教育运动的产生、发展及影响。

2016 年福建师范大学 333 教育综合真题

一、名词解释

1. 狭义的教育　2. 教育的社会流动功能　3. 综合实践活动　4. 学校教育制度
5. 课程标准　6. 形成性评价

二、简答题

1. 简述启发性教学原则的内容及要求。
2. 简述东林书院的讲会制度。
3. 人文主义情感取向的道德理论。
4. 简述美国 1958 年《国防教育法》的主要内容。

三、论述题

1. 试述我国中小学班主任的素质要求。
2. 评述民国初年的教育方针及其历史意义。
3. 试述马斯洛需要层次理论的主要内容及其教育启示。
4. 试述欧洲文艺复兴人文主义教育的特征和影响。

2017 年福建师范大学 333 教育综合真题

一、名词解释

1. “六艺”教育　2. 大学院　3. 新教育运动　4. 自我效能感
5. 角色扮演法　6.《国防教育法》

二、简答题

1. 环境对人的发展的作用。
2. 教育的政治作用。
3. 教育制度的特点。
4. 教师劳动的示范性。

三、论述题

1. 教学原则中循序渐进的含义及基本要求。
2. 夸美纽斯的教育适应自然原则及对我国基础教育的启示。
3. 影响问题解决的因素。
4. 论述幼童留美的历史影响。

2018 年福建师范大学 333 教育综合真题

一、名词解释

1. 素丝说　2. 熙宁兴学　3.《国防教育法》　4. 昆西教学法
5. 自我效能感　6. 最近发展区

二、简答题

1. 评述现代教育的特点。
2. 我国教育目的的基本精神。
3. 长善救失原则及基本要求。
4. 教学目标设计的基本方式。

三、论述题

1. 结合实际评述我国教师劳动的价值。
2. 评述裴斯泰洛齐的要素教育论。
3. 新文化运动影响下的科学教育发展。
4. 结合实际分析影响解决问题的主要因素。

2019 年福建师范大学 333 教育综合真题

一、名词解释

1. 个体发展　2. 绝对性评价　3. 以吏为师　4. “五育”并举
5.《理想国》　6. 五步探究教学法

二、简答题

1. 元认知策略的种类。
2. 知识对人的发展的价值。
3. 教学评价的意义。
4. 疏导原则及要求。

三、论述题

1. 唐朝私学的演变。
2. 班级授课制的优缺点。
3. 加德纳多元智力理论及教育启示。
4. 评述现代人文主义教育思想。

2020 年福建师范大学 333 教育综合真题

一、名词解释

1. 课程方案　2. 诊断性评价　3. 性恶论　4. 稷下学宫
5. 导生制　6.《莫雷尔法案》

二、简答题

1. 奥苏伯尔有意义学习的实质和条件。
2. 个人本位论及其主要观点。
3. 智者学派的观点。
4. 斯宾塞的课程论。

三、论述题

1. 教育的社会流动功能和当代意义。
2. 德育过程是提高自我教育能力的过程。
3. 五四新文化运动时期西方教学理论在中国的传播。
4. 学生不良行为的原因和如何矫正。

河南师范大学

2010年河南师范大学333教育综合真题

一、名词解释

1. 学校教育　2. 活动课程　3. 学在官府　4. 小先生制
5. 苏格拉底方法　6. 新教育运动

二、简答题

1. 教育的经济功能有哪些？
2. 简述孔子对教育所做的主要贡献。
3. 简述蔡元培“思想自由，兼容并包”的办学方针。
4. 学生学习的特点有哪些？

三、论述题

1. 结合实际，阐述教师劳动的特点。
2. 试述教学过程的性质。
3. 试论裴斯泰洛齐的“教育心理学化”思想及其现实意义。
4. 试述创造性的培养措施。

2011年河南师范大学333教育综合真题

一、名词解释

1. 受教育者　2. 学校教育制度　3. 有教无类　4. 苏湖教法
5. 五步探究教学法

二、简答题

1. 教育的功能有哪些？
2. 赫尔巴特的教育心理学化思想有哪些？
3. 综合中学运动的特征有哪些？
4. 加里培林的心智技能形成阶段有哪些？

三、论述题

1. 结合实际，阐述教师主导作用与学生主动性的关系。
2. 试论述班集体的教育功能。
3. 试论陶行知的生活教育理论及其现实意义。
4. 试述影响问题解决的因素。

2012 年河南师范大学 333 教育综合真题

一、名词解释

1. 德育　2. 学校教育制度　3. 鸿都门学　4. 癸卯学制
5. 文雅教育　6. 新教育运动

二、简答题

1. 我国教育目的的基本精神是什么?
2. 简述夸美纽斯在教育史上的主要贡献。
3. 杜威的“五步探究教学法”。
4. 影响自我效能感的因素有哪些?

三、论述题

1. 试述现代教育的特点。
2. 试述教育的生态功能。
3. 论述蔡元培的大学教育思想及现实意义。
4. 试述品德不良纠正和教育的措施。

2013 年河南师范大学 333 教育综合真题

一、名词解释

1. 教育的社会流动功能　2. 长善救失原则　3. 稷下学宫　4. “新学制”的标准
5. 智者　6.《国防教育法》

二、简答题

1. 社会本位论的主要观点有哪些?
2. 简述孔子关于教师的主张。
3. 简述陈鹤琴的活教育体系。
4. 认知发展的一般规律有哪些?

三、论述题

1. 结合实际论述生产力对教育的制约作用。
2. 班级授课制的优点有哪些?
3. 试论斯宾塞的主要教育思想及其影响。
4. 试述学业求助策略教学的措施。

2014 年河南师范大学 333 教育综合真题

一、名词解释

1. 课程　2. 德育过程　3.《大学》　4. 科举制
5. 学习化社会　6. 设计教学法

二、简答题

1. 个体发展的规律性表现在哪些方面？
2. 斯宾塞的“教育预备说”。
3. 杜威的教育本质观。
4. 人格发展的一般规律有哪些？

三、论述题

1. 结合实际说明教学的意义。
2. 结合实际说明班主任应该具备哪些素质。
3. 蔡元培的主要教育主张。
4. 试述心智技能的培养方法。

2015 年河南师范大学 333 教育综合真题

一、名词解释

1. 终身教育　2. 教学组织形式　3.“三纲领八条目”　4. 东林书院
5.《费里教育法》　6. 结构主义教育

二、简答题

1. 简述古代教育的特点。
2. 简述孔子的教学思想。
3. 简述黄炎培的职业教育思想。
4. 自我效能感的功能有哪些？

三、论述题

1. 结合实际说明社会变迁中教师角色发展的趋势。
2. 结合实际说明教育对人的发展的作用。
3. 试论卢梭的年龄分期及其教育。
4. 试述有效问题解决者的特征。

2016 年河南师范大学 333 教育综合真题

一、名词解释

1. 教育学　2. 教育目的　3.1912 年的教育方针　4.《学记》
5. 自然后果律　6. 教育基本法

二、简答题

1. 教育的经济功能。
2. 晏阳初的“四大教育”和“三大方式”。
3. 古代书院教育的特点。
4. 有意义学习的条件。

三、论述题

1. 问题解决能力的培养措施。
2. 结合实际，谈谈德育过程就是教师指导下学生能动的学习过程。
3. 杜威的课程论及意义。
4. 列举从古代到现代对教育的三种不同的解释及对教育本质的论述。

2017 年河南师范大学 333 教育综合真题

一、名词解释

1. 教育制度　2. 班级授课制　3. 有教无类　4.《劝学篇》
5. 骑士教育　6. 昆西教学法

二、简答题

1. 教育学的产生和发展经历了哪几个阶段？并列举出每阶段的一本代表性著作。
2. 简述裴斯泰洛齐的教育心理学化理论的具体内容。
3. 简述要素主义的主要教育观点。
4. 影响问题解决的因素有哪些？

三、论述题

1. 结合实际说明德育过程是提高学生自我教育能力的过程。
2. 结合实际论述班集体有什么教育功能。
3. 试析壬戌学制的特点及意义。
4. 如何针对认知方式的差异进行教育？

2018 年河南师范大学 333 教育综合真题

一、名词解释

1. 学制　2. 教学评价　3. “四书五经”　4. 癸卯学制
5. “七艺”　6. 恩物

二、简答题

1. 简述教育的生态功能。
2. 简述孔子的教育思想。
3. 蔡元培的大学教育主张。
4. 青少年心理健康教育的途径。

三、论述题

1. 结合实际论述我国教育目的的基本精神。
2. 结合十九大精神谈谈如何建设师德师风。
3. 论述赫尔巴特的教学形式阶段理论，并对其做简要评价。
4. 论述学习动力的需要层次理论及对教育的启示和意义。

2019 年河南师范大学 333 教育综合真题

一、名词解释

1. 教育目的　2. 教学　3. 京师同文馆　4. 苏湖教法
5.《爱弥儿》　6.《国防教育法》

二、简答题

1. 简述教育的文化功能。
2. 简述杜威的五步教学法。
3. 简述进步教育运动及其实验。
4. 简述加里培林的心智技能形成阶段。

三、论述题

1. 列举古今中外三种对教育的不同解释及其对教育本质的论述。
2. 结合国务院关于加强教师队伍建设的意见，谈谈如何加强师德师风建设。
3. 论述陈鹤琴的活教育思想。
4. 论述个体认知发展规律及如何运用这些规律进行教学。

2020 年河南师范大学 333 教育综合真题

一、名词解释

1. 终身教育　2.《福斯特法案》　3. 四段教学法
4. 中国人民抗日军事政治大学　5. 活动课程　6. 稷下学宫

二、简答题

1. 简述孔子关于教师的思想。
2. 简述陶行知的生活教育体系。
3. 简述学习动机的内部影响因素。
4. 简述如何培养班集体。

三、论述题

1. 试论述教育的政治功能。
2. 试论述品德不良的内部因素。
3. 试论述如何上好一节好课。
4. 夸美纽斯的教育原则并结合实际论述其在中小学课堂教学中的影响。

重庆师范大学

2010年重庆师范大学333教育综合真题

一、名词解释

1. 教育目的　　2. 教学策略　　3. 班级组织　　4. 学习动机

二、判断正误

1. 教育的基本要素包括教育者、学习者和教育影响。(　)
2. 教育起源于人的心理模仿。(　)
3.《学记》是我国古代最早也是世界最早的成体系的古代教育学作品。(　)
4. 夸美纽斯的《大教学论》是第一本现代教育学著作。(　)
5. 马克思主义关于人的全面发展的学说是我国教育目的的理论基础。(　)
6. 教学工作是学校教育的中心工作。(　)
7. 学校生活是教育者依据一定的教育方针，有目的、有计划和有组织地对受教育者进行培养的一种专门化的社会生活。(　)
8. 班主任是班级的组织者、教育者和指导者。(　)
9. 根据评价标准的不同，可将学生评价分为诊断性评价、形成性评价和总结性评价。(　)
10. 教师即研究者。(　)
11. 国外学者研究表明，教学的效果与教师的智力有明显相关。(　)
12. 教师的成长就是由教学新手成为教学专家的过程。(　)
13. 根据学习者是否理解学习的材料，可将学习分为有意义学习和机械学习。(　)
14. 反馈是影响动作技能学习的唯一因素。(　)
15. 20世纪50年代前，学习心理学研究对象主要是动物的学习。(　)
16. 教学目标在教学和教学设计中的作用主要有导教、导学和导测评三种功能。(　)
17. 任务分析作为教学设计的一个环节，其最初的理论基础是行为主义心理学。(　)
18. 根据广义的知识分类，课的类型可分为以陈述性知识为主要目标的课、以程序性知识为主要目标的课和以策略性知识为主要目标的课三种类型。(　)
19. 效度指的是所测量的属性和特征前后一致性的程度。(　)
20. 一般认为我国的课堂教学始于1862年清政府在北京设立的京师同文馆。(　)

三、简答题

1. 简述教育的社会功能。
2. 简述我国现行学制的改革趋势。
3. 简述特殊儿童的主要类型及特征。
4. 简述言语信息学习的过程和条件。
5. 简述培养学生良好态度与品德的方法。

四、论述题

1. 试述理想师生关系的基本特征及其构建策略。
2. 试述社会改造主义课程论流派的观点，并做简要述评。
3. 试述加涅的学生素质观及其教育意义。

2011 年重庆师范大学 333 教育综合真题

一、名词解释

1. 教学　2. 结构主义教育　3.《学记》　4. 要素教育
5. 学习策略　6. 问题解决

二、简答题

1. 简述世界各国课程改革发展的趋势。
2. 简述杜威的教育本质观和教育目的论思想。
3. 简述晏阳初平民教育思想及乡村教育实验。
4. 简述人文主义教育的特征和贡献。

三、论述题

1. 试析黄炎培的职业教育思想及启示。
2. 试析罗杰斯的人本主义学习理论及对教学的启示。
3. 依据德育过程包含的基本规律，分析我国中小学德育中存在的主要问题及相应的工作要求。
4. 联系实际分析教育活动中一个优秀教师应具备的职业素质和扮演的多元角色。

2012 年重庆师范大学 333 教育综合真题

一、单项选择题

1. 西方最早的教育著作是（　）
A.《理想国》　B.《论演说家的教育》　C.《爱弥儿》　D.《大教学论》
2. 现代教育派的代表人物是（　）
A. 卢梭　B. 杜威　C. 赫尔巴特　D. 夸美纽斯
3. 狭义的教育主要指（　）
A. 家庭教育　B. 社会教育　C. 学校教育　D. 职业教育
4.《学记》中“古之王者，建国君民，教学为先”说明了教育具有（　）
A. 经济功能　B. 政治功能　C. 文化功能　D. 科技功能
5. 教育现代化主要包括物质层面的现代化、观念层面的现代化和（　）
A. 管理层面的现代化　B. 人员层面的现代化
C. 制度层面的现代化　D. 教育组织形式层面的现代化
6. 学校教育对人的影响具有（　）
A. 自发性　B. 随意性　C. 偶然性　D. 全面性
7. 影响课程实施最关键的因素是（　）
A. 学校　B. 教师　C. 教材　D. 学生
8. 蔡元培提出的“五育”并举中，处于现象世界与实体世界之间的是（　）
A. 公民道德教育　B. 实利主义教育　C. 军国民教育　D. 美感教育
9. 智者派创立的“三艺”是修辞学、辩证法和（　）
A. 音乐　B. 天文　C. 文法　D. 几何
10. 主张“把一切事物教给一切人”的教育家是（　）
A. 夸美纽斯　B. 卢梭　C. 洛克　D. 维多里诺

11. 人文主义教育与中世纪教育的根本区别是（　）

A. 古典主义　B. 人本主义　C. 贵族性　D. 世俗性

12. 科学教育心理学的创始人是（　）

A. 裴斯泰洛齐　B. 桑代克　C. 詹姆斯　D. 赫尔巴特

13. 科尔伯格研究道德发展的主要方法是（　）

A. 自然观察法　B. 实验室实验法　C. 两难故事法　D. 对偶故事法

14. 皮亚杰提出个体的认知发展的结果是形成（　）

A. 认知结构　B. 图式　C. 认知地图　D. 格式塔

15. “最近发展区”意味着（　）

A. 教学促进发展　B. 教学适应发展　C. 教学跟随发展　C. 教学与发展相互作用

16. 加涅认为利用符号与环境相互作用的能力称为（　）

A. 言语信息　B. 认知策略　C. 智慧技能　D. 运动技能

17. 布鲁纳提出的发现学习不具有的优点是（　）

A. 激发内部学习动机　B. 培养创造性思维　C. 促进迁移学习　D. 节省教学时间

18. 马卡连柯教育思想体系的核心是（　）

A. 集体主义教育　B. 社会主义教育　C. 爱国主义教育　D. 自然主义教育

19. 分析教育哲学的主要代表人物是（　）

A. 罗杰斯　B. 朗格朗　C. 布卢姆　D. 索尔蒂斯

20. 中国近代的师范教育始于（　）

A. 京师同文馆　B. 南洋公学　C. 京师大学堂　D. 南通师范学堂

二、名词解释

1. 后现代主义课程论　2. 图式　3. 顺向迁移　4. 新托马斯主义教育

5. 昆体良

三、简答题

1. 简述学生的权利。

2. 简述课程评价的功能。

3. 简述合作学习的基本观点。

4. 简述人文主义教育的一般特征。

5. 简述陶行知的生活教育理论。

四、材料分析题

1. 试用有关教育理论分析以下现象。

1996年中国青少年研究中心“中国城市独生子女人格发展现状与教育”大型调查发现，在10～14岁，相当多的独生子女不做家务或者很少干家务。在调查所列的5项劳动技能中，只有15.5%的孩子经常购物；11.6%的孩子经常打扫卫生、整理房间等；8%的孩子经常洗碗、洗菜等；6.6%的孩子经常洗衣服；3.9%的孩子经常做饭。另外，有69.7%的孩子明确表示从没有做过或很少做饭；63.2%的孩子表示从没有洗过或很少洗过衣服；48.1%的孩子表示从没有做过或很少做过洗碗、洗菜等简单家务劳动；38.6%的孩子从没有买过或很少买东西；31%的孩子从没有做过或很少打扫卫生、整理房间。

2. 阅读下述材料，指出做此表述的教育家是谁？阐明的核心观点是什么？并对案例中反映出的观点进行评析。

“教育的过程，在它自身以外没有目的，它就是它自己的目的。”

“我们探讨教育目的时，并不要到教育过程以外去寻找一个目的，使教育服从这个目的。我们整个教育观点不允许这样做。”

“因为生长是生活的特征，所以教育就是不断生长；在它自身以外，没有别的目的。”

五、论述题

1. 试述维果茨基的认知发展理论及其对教育教学工作的启示。
2. 试析孔子的教师思想及启示。

2013年重庆师范大学333教育综合真题

一、名词解释

1. 课程标准　2. 班级授课制　3. “四书五经”　4. 要素主义教育
5. 自我效能感　6. 内驱力

二、简答题

1. 简述我国教育目的的基本精神。
2. 简述教师的权利和义务。
3. 简述《大学》中的“三纲领八条目”。
4. 简述学习动机的培养。

三、材料分析题

1. 请分析西方古希腊教育思想与中国孔子教育思想的主要分歧，以及对各自社会和教育发展的历史影响。

2. 阅读以下材料，指出做此表述的思想家是谁？阐明的核心观点是什么？并论述此教育家对西方教育发展的历史影响。

“出自造物主之手的东西，都是好的，而一到了人的手里，就全变坏了。”

“大自然希望儿童在成人以前就像儿童的样子。”

“要按照你的学生的年龄去对待他。”

四、论述题

1. 试述建构主义学习理论及其对现实教育发展的影响。
2. 试论述我国第八次新课改的具体目标和基本理念。

2014年重庆师范大学333教育综合真题

一、单项选择题

1. 我国《教师法》规定，教师是履行教育教学职责的（　）

A. 半专业人员　B. 专业人员　C. 准专业人员　D. 非专业人员

2. “其身正，不令而行；其身不正，虽令而不从。”孔子的这句名言体现的德育方法是（　）

A. 实践锻炼教育法　B. 榜样示范教育法　C. 陶冶教育法　D. 品德评价教育法

3. 我国古代教育家孔子指出“温故而知新”“学而时习之”，这体现的教学原则是（　）

A. 直观性原则　B. 启发性原则　C. 巩固性原则　D. 因材施教原则

4. 被公认为世界上最早的一部教育专著是（　）

A.《学记》　B.《论语》　C.《大学》　D.《中庸》

5. 俗话说：“十年树木，百年树人。”这说明现代教育具有（　）

A. 民族性　B. 长期性　C. 世界性　D. 永恒性

6. 学习者中心课程理论主张（　）
A. 使学生有系统、有计划地学习各门学科
B. 以学习者的兴趣和生活经验为中心组织课程
C. 以广泛的社会问题作为课程内容
D. 培养学生的批判精神和改造社会现实的功能
7. 现代教育制度的核心是（　）
A. 社会教育制度　B. 家庭教育制度　C. 学业证书制度　D. 学校教育制度
8. 倡导社会本位教育目的论的教育家是（　）
A. 凯兴斯泰纳　B. 卢梭　C. 杜威　D. 蒙台梭利
9. 根据《基础教育课程改革与发展纲要》，教材编写、教学、评估和考试命题的依据是（　）
A. 课程大纲　B. 教学大纲　C. 课程标准　D. 教学参考书
10. 双轨制最早产生并大量实行于（　）
A. 西欧　B. 苏联　C. 美国　D. 中国
11. 提出“兼爱、非攻”主张的是（　）
A. 孔子　B. 墨子　C. 孟子　D. 老子
12. 我国最早的官办新式学校是（　）
A. 京师同文馆　B. 京师大学堂　C. 广州同文馆　D. 福建船政学堂
13.20 世纪的“活教育”实验，是由哪位教育家主持的（　）
A. 黄炎培　B. 陈鹤琴　C. 晏阳初　D. 梁漱溟
14. 被称为“美国公立学校之父”的是（　）
A. 杜威　B. 杰斐逊　C. 富兰克林　D. 贺拉斯·曼
15. 在古代斯巴达，城邦为 18 岁的公民子弟接受正规军事教育训练而设立的教育机构是（　）
A. 角力学校　B. 埃弗比　C. 体操学校　D. 体育馆
16. 19 世纪德国教育家洪堡推动新大学运动，创建了柏林大学办学模式，为大学增添了（　）
A. 人才培养功能　B. 科学研究功能　C. 社会服务功能　D. 文化传承功能
17. 根据科尔伯格的理论，儿童道德发展的“好孩子定向”阶段属于（　）
A. 前习俗水平　B. 中习俗水平　C. 习俗水平　D. 后习俗水平
18. 在教育实践中倡导“有意义的自由学习”的教育心理家是（　）
A. 布鲁纳　B. 奥苏伯尔　C. 罗杰斯　D. 桑代克
19. 马斯洛需要层次理论中，属于最高层次的需要是（　）
A. 自我实现的需要　B. 安全的需要　C. 归属的需要　D. 生理需要
20. 学习单词 basket（篮子）有助于学习 basketball（篮球）。这里所产生的迁移是（　）
A. 顺应性迁移　B. 低路迁移　C. 水平迁移　D. 特殊迁移

二、辨析题

1. 教师的基本权利只有教育教学权。
2. 蔡元培倡导的“教育独立”思想，指的是教育经费的独立。
3. 操作性条件反射和经典性条件反射的建立过程根本不同。
4. 稷下学宫与之前的官学和同时代的私学相比都显得独具特色。

三、简答题

1. 简述人的身心发展特点及其对教育的制约作用。
2. 班级授课制的特点有哪些？
3. 简述张之洞“中学为体，西学为用”的教育思想。
4. 简述赫尔巴特的教学形式阶段论所包含的四个阶段及基本含义。

四、论述题

1. 结合近年教育部颁布的《教师专业标准》和实际，论述作为教师应该具备的基本素质。
2. 试阐释四种学习动机理论，并结合实际分析如何在该理论的指导下激发学生的学习动机。

2015年重庆师范大学333教育综合真题

一、名词解释

1. 学校教育制度
2. 综合课程
3. 生活教育理论
4. 赞科夫的发展性教学理论
5. 规范学习
6. 问题解决

二、简答题

1. 人的全面发展与“五育”并举。
2. 发现学习是有意义的学习，接受学习是机械学习。（辨析题）
3. 科举制度与中国学校教育的关系。
4. 在基础教育中，思维与能力的训练优于基础知识和基本技能的学习。（辨析题）
5. 进步主义教育与新教育运动的不同。

三、论述题

1. 从教师专业发展的角度，结合自身教育经历，分析教师职业道德的重要性及其养成途径。
2. 结合中小学（或幼儿）相关学习（或学科）领域，分析学生创造性的培养。
3. 结合我国社会发展需要，试论述基础教育对终身教育发展趋势的应对与变革。

2016年重庆师范大学333教育综合真题

一、填空题（选项缺失，改为填空）

1. 我国教育目的的理论基础是_______。
2. “把一切事物教给一切人”的提出者是_______。
3. “美国公立学校之父”是_______。
4. 古埃及没有设立的学校类型是_______。
5. 世界上最早的教育学著作是_______。
6. 活教育是谁提出的？_______。
7. 教育学正式产生的标志是_______。
8. “以法为教，以吏为师”是谁的思想？_______。
9. 近代第一个实行的学制是_______。

二、辨析题

1. 动物界也存在教育。
2. 美国的《国防教育法》遵循了儿童的身心发展特点。
3. 建构主义的核心教学模式是程序教学。
4. 稷下学宫具有同时代私学与官学不具有的特点。

三、简答题

1. 良好师生关系的构建策略。
2. 奥苏伯尔有意义学习的条件和实质。
3. 陶行知的生活教育。
4. 简述校本课程、隐性课程、综合课程和活动课程的含义。

四、论述题

1. 论述教师专业发展的内涵以及如何发展。
2. 如何激发学生的学习动机?

2017 年重庆师范大学 333 教育综合真题

一、名词解释

1. “五育”并举的教育方针
2. 自我效能感
3. 教学目的
4. 教学设计
5. 新教育运动
6. 课程标准

二、简答题

1. 人文主义教育。
2. 进步主义教育。
3. 1922 年“新学制”。
4. 当代教学观念发展的趋势。
5. 学习策略的教学条件。
6. 影响教师威信形成的主观条件。

三、论述题

1. 构建良好师生关系的基本策略。
2. 影响创造力培养的因素。
3. 黄炎培职业教育理论的观点及启示。

2018 年重庆师范大学 333 教育综合真题

一、简答题

1. 理想师生关系的基本特征。
2. 科举考试制度对学校教育的影响。
3. 陶行知的生活教育理论。
4. 进步主义教育理论的基本特征。
5. 保罗·朗格朗的终身教育思想。
6. 影响创造力发展的主要因素。

二、辨析题（题目不全，故仅解释考查的相关知识点）

1. 教育目的选择的个人本位价值和社会本位价值。
2. 个性培养和全面发展。

3. 认知策略和智慧技能。

4. 心理发展中的遗传和环境。

三、论述题

培养学生的核心素养的必要性和可行性。

2019年重庆师范大学333教育综合真题

一、名词解释

1. 生物起源论　　2. 教育目的的个人本位论　　3. 自我效能感

4. 卢梭的自然主义教育　　5. 最近发展区

二、辨析题

1. 蔡元培的教育独立就是教育独立于政治经济。

2. 要素主义注重阅读经典著作。

3. 隐性课程就是校本课程，校本课程就是隐性课程。

三、简答题

1. 陶行知的生活教育理论。

2. 稷下学宫的性质和特点。

3. 教师的专业发展途径。

4. 美国的《国防教育法》。

四、材料分析题

1. 材料：一次作文考试完试卷发下来后，小林说："我这次考得不好，我不会写作文，特别是老师要求的那种作文。"小杨说："我考得不好，我早知道我考不好，我该早点努力的。"小张说："我运气太好了，我不会写作文，老师给我了A，估计是他没认真看吧。"下课后，小张马上出去打篮球，而小杨则认真在座位上分析自己的试卷。

用归因理论分析材料中同学们的行为表现，并且对如何提升小张的动力水平提出建议。

2. 材料：关于《雷雨》的教学安排，第一堂课，教师让学生自读，并且以最深刻的一点写100字左右的短评。第二堂课，学生分组，然后讨论自己要表演的具体情况，老师指导。第三、四堂课，小组表演，结束后大家一起讨论，教师适当点评，评出最佳演员等奖项，最后教师让学生写一个体会。

用建构主义的知识观、学习观、教学观来分析材料中教师的教学安排。

2020年重庆师范大学333教育综合真题

一、名词解释

1. 教育目的　　2. 行动研究　　3. 自我效能感　　4. 稷下学宫

二、辨析题

1. 动物也有教育。

2. 陶行知开展"活教育"实验，提出"生活教育理论"。

3. 课程是指学校开设的学科的总称。

三、简答题

1. 美国进步主义教育。
2. 教育目的的精神实质。
3. 简述孔子行之有效的教学方法。
4. 简述品德培育的方法及其建构。

四、论述题

1. 良好师生关系的特点和建构策略。
2. 知识的价值。
3. 人们对知识的认识。
4. 根据建构主义谈谈随着时代的发展人们应该如何对待知识以及在教学时应怎样做。

云南师范大学

2010 年云南师范大学 333 教育综合真题

教育学原理

一、名词解释

1. 个人本位论　　2. 非正式群体

二、简答题

1. 简要分析教师专业发展。
2. 简述我国基础教育公平中的主要问题。

三、论述题

试论信息化时代的学校教育改革。

中外教育史

一、名词解释

1.《理想国》　　2. 泛智教育　　3. 癸卯学制　　4. 晏阳初

二、简答题

1. 人文主义教育的主要特征。
2. 张之洞“中体西用”教育思想的影响。

三、论述题

论述杜威实用主义的教育思想及其影响。

教育心理学

一、简答题

简述麦基奇等提出的学习策略分类。

二、论述题

结合实际分析影响问题解决的主要因素，并谈谈如何培养学生问题解决的能力。

2011年云南师范大学333教育综合真题

一、名词解释

1. 察举制　2. 朱子读书法　3. 昆体良　4.《爱弥儿》
5. 形成性评价　6. 价值澄清模式

二、简答题

1. 简要分析知识对人的发展的多方面价值。
2. 简要评述活动课程。
3. 唐代学校教育制度的特点。
4. 陶行知生活教育的思想。
5. 举例说明什么是下位学习（类属学习）。
6. 举例说明常用的精细加工策略。

三、论述题

1. 论述多元文化与当代教育变革的关系。
2. 论述终身教育思想及其意义。

2012年云南师范大学333教育综合真题

一、名词解释

1. 社会本位　2. 双轨制　3. 学园　4.《爱弥儿》
5. 有教无类　6. 京师同文馆

二、简答题

1. 简要分析人的发展及其基本特征。
2. 简要评论布鲁纳的教学过程思想。
3. 简述文艺复兴时期人文主义教育思想的主要特征及其对后世的影响。
4. 简述福勒和布朗提出的教师成长阶段的主要内容。

三、论述题

1. 结合课堂教学案例，说明掌握知识与发展智力的关系。

2. 试论布鲁纳结构课程观及其对我国基础教育课程改革的启示。
3. 试述科尔伯格的道德发展阶段理论。
4. 试评述陈鹤琴教育思想的特点及奉献。

2013 年云南师范大学 333 教育综合真题

一、名词解释

1. 教育的内在价值　2. 直线式课程　3.《教育漫话》　4. 习明纳（seminar）
5. “六艺”　6. 科学教育思潮

二、简答题

1. 简要分析信息时代对中小学生素质的要求。
2. 简述教育的相对独立性。
3. 简述夸美纽斯的教学原则及其意义。
4. 简述杨贤江“全人生指导”的教育思想。
5. 举例说明什么是概念学习。

三、论述题

1. 结合实际论述在课堂教学中如何运用理论联系实际的原则。
2. 环境教育的内涵是什么？试论在我国中小学生开展环境教育的意义。
3. 结合实际分析华莱士提出的创建过程的“四阶段论”。

2014 年云南师范大学 333 教育综合真题

一、名词解释

1. 环境的给定性　2.《四书集注》　3. 双轨制　4. 人力资本

二、简答题

1. 简析教学的三种水平。
2. 简要述评泰勒的课程观。
3. 简述洋务学堂的特点。
4. 简述斯宾塞科学教育思想的主要观点及其影响。
5. 举例说明什么是表征学习（符号学习）。

三、论述题

1. 结合案例论述如何有效地运用榜样的方法培养学生品德。
2. 论述蔡元培的大学教育思想及在中国近现代教育史上的地位。
3. 论述儿童研究运动的实质及其对我国基础教育改革的启示。
4. 举例说明问题解决策略中的启发式策略。

2015 年云南师范大学 333 教育综合真题

一、名词解释

1. 螺旋式课程　2. 学校教育制度　3. 癸卯学制　4. 全人生指导

二、简答题

1. 简要述评杜威的教学过程思想。
2. 简述个体能动性在人的发展中的作用。
3. 简述梁漱溟乡村建设与乡村教育理论。
4. 简述蔡元培“五育”并举的教育方针。
5. 举例说明什么是诱因。

三、论述题

1. 论述卢梭的教育思想及其影响。
2. 结合案例，论述在课堂教学中如何合理地运用发展性原则。
3. 试论加涅提出的九大教学事件。

2016 年云南师范大学 333 教育综合真题

一、名词解释

1. 学校德育　2. 学校管理　3. 马礼逊学校　4. 经世致用
5. 欧洲新教育运动　6.《爱弥儿》

二、简答题

1. 简要述评夸美纽斯的教学过程思想。
2. 简要分析教育的政治功能。
3. 简析教育目的的层次结构及其相互关系。
4. 简述中国古代选士和取士制度的沿革。
5. 简要分析新文化运动影响下国家主义教育思潮的主要内涵。
6. 举例说明什么是定势。

三、论述题

1. 结合案例，论述如何在美育教育实践中有效运用活动性原则。
2. 论述杜威实用主义教育思想的主要观点。
3. 结合实际分析学习策略中的精细加工策略。

2017 年云南师范大学 333 教育综合真题

一、名词解释

1. 晓庄师范　2. 学习动机　3. 课程内容　4. 教育制度
5. 不悱不发　6. 性恶论

二、简答题

1. 品德发展的一般规律。
2. 陈鹤琴活教育的主要观点。
3. 荀子性恶论的观点。
4. 教育性教学。
5. 下位学习。

三、论述题

1. 结合实例，如何理解“教学有法，教无定法”?
2. 马卡连柯的集体主义教育思想的主要观点和现实意义。
3. 结合实例论述组织策略。

2018 年云南师范大学 333 教育综合真题

一、名词解释

1. 稷下学宫　2. 课程设计　3. 泛智教育　4. 迁移
5. 情境陶冶法　6. 正强化

二、简答题

1. 举例说明在教学中如何更好地发挥启发式教学原则。
2. 陶行知的生活教育思想。
3. 近代人文主义思想的观点。

三、论述题

1. 保罗·朗格朗终身教育的思想和观点以及引发的教育改革。
2. 皮亚杰的认知四阶段理论。
3. 教师如何扮演好多种职业角色?

2019 年云南师范大学 333 教育综合真题

一、名词解释

1. 教学原则　2. 西周“六艺”　3. 学园　4. 小先生制
5. 监控策略

二、简答题

1. 新人文主义教育的特征。
2. 朱子读书法的基本内容。
3. 校本管理的内涵及工作要点。
4. 简述活动课程的基本特征。
5. 举例说明什么是变化速率强化程序。

三、论述题

1. 论述博比特《课程》中的核心观点以及对西方课程理论的影响。
2. 论述要素主义教育思潮的主要观点及其贡献和价值。
3. 论述罗杰斯的自由学习的原则。

2020 年云南师范大学 333 教育综合真题

一、名词解释

1. 校本培训　　2. 学科课程　　3. 博雅教育　　4. 最近发展区
5. 化性起伪

二、简答题

1. 班主任的工作任务。
2. 简述蔡元培“五育”并举的思想。
3. 简述教学质量管理的内容及要求。
4. 加涅信息加工的八阶段。
5. 进步主义教育运动的特征。

三、论述题

1. 论述探究性教学的基本过程需要注意的问题，并举出例子。
2. 苏格拉底“助产术”的内涵及在实践中的应用。
3. 联系实际分析什么是学习动机以及激发学习动机的方法。

山西师范大学

2010 年山西师范大学 333 教育综合真题

一、名词解释

1. 学制　　2. 课程标准　　3. 课程设计　　4. 教学组织形式
5. 教学策略　　6. 教学评价

二、简答题

1. 简述新一轮基础教育课程改革的具体目标。
2. 我国各级学校课程设置的特点。
3. 简述陶行知的生活教育思想。

4. 简述夸美纽斯的“泛智教育”思想。
5. 简述建构主义学习理论的基本观点。

三、论述题

1. 管仲说：“仓廪实而知礼节，衣食足而知荣辱。”试用马斯洛的需要层次理论加以分析。
2. 谈谈你对教学过程中几种基本关系的理解。
3. 评析赫尔巴特的教学形式阶段理论。

2011 年山西师范大学 333 教育综合真题

一、名词解释

1. 教学监控能力　2. 学习策略　3. 行动研究方法　4. 白板说
5. 设计教学法　6. 教育目的

二、简答题

1. 简述陶行知的“生活教育”思想。
2. 简述韩愈在其《师说》中所论述的师道观。
3. 促进学习迁移的教学原则有哪些？
4. 简述荀子关于教学的思想。
5. 简述矫正学生不良品德的措施及其心理学依据。

三、论述题

1. 利用班杜拉的观察学习理论，阐述在课堂中应如何应用观察学习。
2. 请评述裴斯泰洛齐的教育心理学化思想。
3. 以下是美国教育家杜威关于“教育”的论述，请你做出分析。

一切教育都是通过个人参与人类的社会意识而进行的。这个过程几乎是在出生时就在无意识中开始了。它不断地发展个人的能力，熏染他的意识，形成他的习惯，锻炼他的思想，并激发他的感情和情绪。由于这种不知不觉的教育，个人便渐渐分享人类曾经积累起来的智慧和道德的财富。他就成为一个有固有文化的继承者。世界上最形式的、最专门的教育确实不能离开这个普遍的过程。教育只能按照某种特定的方向，把这个过程组织起来或者区分出来。

4. 联系实际论述德育过程是提高学生自我教育能力的过程。

2012 年山西师范大学 333 教育综合真题

一、名词解释

1. 教育制度　2. 教育内容　3. 教育目的　4. 教学监控能力
5. 亲社会行为　6. 学习动机　7. 德育原则　8. 班主任工作的基本任务

二、简答题

1. 简述教学物理环境心理学的主要内容。
2. 简述学习策略的结构。
3. 简述赞科夫的教育思想。

4. 简述陈鹤琴的“活教育”思想。

三、论述题

1. 试论述教育与人的发展的关系。
2. 结合实际论述教师应如何完善自我。

2013 年山西师范大学 333 教育综合真题

一、名词解释

1. 教育理论　2. 学制　3. 教育目的　4. 学习策略
5. 道尔顿制　6. 课程方案

二、简答题

1. 简述教育的社会功能。
2. 简述教育的独立性。
3. 简述多元智力理论。
4. 简述活教育思想。

三、论述题

1. 赫尔巴特的阶段教学论。
2. 分析教师的职业特点、角色以及职业素养。
3. 马斯洛的需要层次理论。

2014 年山西师范大学 333 教育综合真题

一、名词解释

1. 美育　2. 形成性评价　3. 教育结构　4. 教学监控能力
5. 反思　6. 自我效能感

二、简答题

1. 简述我国课程编制的原则。
2. 教师劳动创造性的含义及表现。
3. 简述荀子关于教学的思想。
4. 简述促进学习迁移的教学原则。
5. 简述维果茨基的教育思想对当前学科教学的影响。
6. 简述当代教育心理学的研究趋势。

三、论述题

1. 分析论述保罗·朗格朗的终身教育思想。
2. 请运用知识和发展智力的关系原理，谈谈在实际课堂教学过程中应如何进行知识教学。
3. 你认为在现实社会、家庭环境和学校教育中，要培养学生的创造性应创造哪些必要的条件？

2015 年山西师范大学 333 教育综合真题

一、名词解释

1. 修养　　2. 精细加工策略

二、简答题

1. 简述教学过程中的教学原则。
2. 简述教学评价的基本要求。

三、论述题

1. 论述孟子教学思想及对现代教育改革的影响。
2. 论述人本主义与认知派有意义学习的思想。
3. 论述建构主义学习理论的核心思想及其在教学中的应用。
4. 论述如何在教学中培养学生问题解决的能力。

2016 年山西师范大学 333 教育综合真题

一、名词解释

1. 问题发现学习法　　2. 德育　　3. 新教育运动　　4. 酝酿效应
5. 心理发展的年龄特征　　6. 行动研究主义

二、简答题

1. 简述教师语言表达能力的特征。
2. 简述课程设计的原则。
3. 简述新文化运动前后的实用主义。
4. 简述影响知识理解的因素。

三、论述题

1. 分析论述教师指导与学生主动性的关系。
2. 结合实例说明教师应如何培养学生独立思考与逻辑思维能力。
3. 分析论述皮亚杰的认知理论。
4. 论述教师成长与发展的途径。

2017 年山西师范大学 333 教育综合真题

一、名词解释

1. 精细加工策略　　2. 认知结构　　3. 教育目的的价值取向　　4. 教学设计
5. 教师专业发展

二、简答题

1. 简述《学记》。

2. 简述教师发展和培养的途径。
3. 班主任为什么要进行个别教育？
4. 要素主义教育思想的基本观点。

三、论述题

1. 试述维果茨基的认知发展理论及其对教学的影响。
2. 试述人文主义教育的主要特征。
3. 试述如何激发学生的学习动机。
4. 对比分析桑代克和巴甫洛夫的观点。

四、分析题

1. 文艺复兴与大学变革的关系。
2. 终身教育思潮对教育改革的影响。

2018 年山西师范大学 333 教育综合真题

一、名词解释

1. 教育　　2. 课程　　3. 苏格拉底法　　4. 中体西用
5. 学习策略　　6. 自我效能感

二、简答题

1. 教师的基本素养。
2. 教育的社会功能。
3. 班杜拉的观察学习法。
4. 蔡元培的教育思想及教育实践。
5. 陶行知的生活教育理论。
6. 卢梭的自然主义教育。

三、论述题

1. 十九大强调要优先发展教育，论述为什么要把教育放在优先发展的地位。
2. 论述奥苏伯尔的有意义学习。
3. 皮亚杰的认知理论及对教育的启示。

2019 年山西师范大学 333 教育综合真题

一、名词解释

1. 讲授法　　2. 教育制度　　3. 理论联系实际　　4.《学记》
5. 要素主义　　6. 苏霍姆林斯基　　7. 认知内驱力

二、简答题

1. 教师的主导性与学生的主体性的关系。
2. 维果茨基的心理理论。

3. 杜威的教育目的论。
4. 培养学生问题解决的能力。

三、论述题

1. 根据当前的教育现象，分析教育该如何回归生活。
2. 陈鹤琴的教育理论及其影响。
3. 人本主义理论及其贡献。

2020 年山西师范大学 333 教育综合真题

一、名词解释

1. 癸卯学制　2. 赫尔巴特　3. 教学设计　4. 人的全面发展
5. 辐合思维　6. 共同要素说　7. 功能固着　8. 教师职业形象

二、简答题

1. 宋元时期蒙学教育的基本经验。
2. 黄炎培的职业教育思想。
3. 卢梭的自然主义教育理论。
4. 激进建构主义教育思潮的基本观点。
5. 注意的品质。
6. 布鲁纳的认知发现学说。
7. 韦纳的成败归因理论，并结合实际分析。

三、论述题

1. 运用教育和生活的关系，论述目前学校教育实践中存在的缺陷。
2. 结合实际分析学生品德的一般发展过程。
3. 皮亚杰的认知发展阶段理论及认知发展机制。

内蒙古师范大学

2010 年内蒙古师范大学 333 教育综合真题

一、名词解释

1. 教育目的　2. 学校教育制度　3. 教学　4. 榜样示范法
5. 苏格拉底法　6.《大教学论》

二、简答题

1. 我国基础教育课程改革的三维目标。
2. 教师劳动的特点。
3. 简要分析学生学习的特点。
4. 简要回答陶行知的生活教育理论。

三、论述题

1. 试述创造性的培养措施。
2. 联系实际论述德育过程是培养学生知、情、意、行的过程。
3. 试论述孔子和韩愈的教师观。
4. 试论述杜威教育本质论的主要内容及影响。

2011 年内蒙古师范大学 333 教育综合真题

一、名词解释

1. 教育学　2. 课程标准　3. 教学评价　4. 德育过程
5.《大教学论》　6. 绅士教育

二、简答题

1. 全面发展教育的组成部分。
2. 教学过程应处理好的几种关系。
3. 迈克卡等人关于学习策略和内容的基本主张。
4. 蔡元培“五育”并举的教育方针。

三、论述题

1. 试分析影响问题解决的主要因素。
2. 试述新一轮基础教育课程改革的具体目标。
3. 论述《学记》教育教学的原则和方法。
4. 试述《国防教育法》的内容及影响。

2012 年内蒙古师范大学 333 教育综合真题

一、名词解释

1. 课程标准　2. 教学　3. 教育目的　4. 性善论
5. 道德教育　6. 知识表征　7. 道尔顿制　8. 自我效能感
9. 精细加工策略

二、简答题

1. 制定教育目的的依据。
2. 教育、教学、智育之间的关系。
3. 简述社会本位论与个体本位论。
4. 埃里克森的心理社会发展理论及其对教育的启示。

5. 简述认知结构迁移理论的基本观点。
6. 影响学习动机的因素。

三、论述题

1. 德育过程是培养学生知、情、意、行的过程。
2. 如何培养创造性思维?

2013 年内蒙古师范大学 333 教育综合真题

一、名词解释

1. 教育制度	2. 教学目的	3. 教学原则	4. “六艺”
5. 陶行知	6. 产婆术	7. 导生制	8.《国防教育法》

二、简答题

1. 文化对教育的影响与制约。
2. 教育的政治功能。
3. 贯彻因材施教德育原则的基本要求。
4. 有意义学习及其条件。
5. 教学与发展的关系及理论基础。
6. 培养学生创造性的原则。

三、论述题

1. 美育对教育的价值。
2. 举例说明结构不良问题的解决过程。

2014 年内蒙古师范大学 333 教育综合真题

一、名词解释

1. 课程	2. 学制	3. 课外活动	4. 电化教学
5. 教育目的	6.《教育漫话》	7.《三字经》	8. 有教无类
9.《民主主义与教育》	10. 程序性知识	11. 创造力	12. 迁移
13. 上位学习			

二、简答题

1. 教育的基本要素。
2. 德育的实现途径。
3. 问题发现教学。
4. 孔子的教学思想。
5. 卢梭的自然主义教育思想。
6. 简述自我调节理论。
7. 简述如何加强学习策略的应用。
8. 简述科尔伯格的道德发展观。

三、论述题

1. 影响人的发展的诸要素及其作用。
2. 唐朝科举制度对学校教育制度的影响。
3. 试述科学心理观。
4. 联系实际论述科学发展观。

2015 年内蒙古师范大学 333 教育综合真题

一、名词解释

1. 教育制度　　2. 教学策略　　3. 课程设计　　4.《学记》
5.《大教学论》　　6.《爱弥儿》

二、简答题

1. 简述教学的任务。
2. 教师劳动的特点。
3. 孔子关于德育的原则与方法。
4. 杜威的教育本质观。

三、论述题

1. 如何正确认识教育的相对独立性？
2. 分析书院产生的原因及宋朝书院的特点。
3. 简述建构主义学习理论的基本观点及其主要内容。
4. 阐述自我效能感理论的主要内容。
5. 阐述问题解决的基本过程。
6. 什么是创造性思维？其主要特征有哪些？
7. 请阐述科尔伯格道德发展阶段理论的主要内容。

2016 年内蒙古师范大学 333 教育综合真题

一、名词解释

1. 教育目的　　2. 学制　　3. 教育原则　　4. 美育
5. 道尔顿制　　6.《新教育大纲》

二、简答题

1. 教育的基本要素。
2. 人的主观能动性对教育的作用。
3. 孟子的德育原则。
4. 陶行知的生活教育理论。
5. 心理发展的一般规律。
6. 加德纳的多元智力理论。
7. 有意义学习的内容及条件。
8. 学习动机的作用。

三、论述题

1. 如何把握好教师的主导作用和学生的主动性的关系?
2. 卢梭的自然主义教育的评述。
3. 皮亚杰的认知发展阶段理论的内容和特点。

2017年内蒙古师范大学333教育综合真题

一、名词解释

1. 外铄论　2. 教育　3. 价值澄清模式　4. 文化教育学
5. 元认知策略　6. CIPP模式

二、简答题

1. 建构主义教育理论。
2. 品德不良的纠正与教育策略。
3. 颜之推的家庭教育思想。
4. 教学设计的方法。
5. 赫尔巴特的道德教育理论。
6. 实验教育学。
7. 人格差异的教育策略。
8. 德可乐利学校及教学思想。
9. 赞科夫的发展性教学。

三、论述题

1. 当前国外课程改革的趋势。
2. 陶行知的生活教育理论。

2018年内蒙古师范大学333教育综合真题

一、名词解释

1. 课程方案　2. 骑士教育　3. 形成性评价　4. 设计教学法
5. 观察学习理论　6. 最近发展区

二、简答题

1. 简述教育的社会流动功能和意义。
2. 环境在人的发展中的作用。
3. 癸卯学制的内容及意义。
4. 如何贯彻教育影响的一致性和连续性原则?

三、论述题

1. 论述教师的权利和义务。
2. 论述杜威的实用主义理论。
3. 论述皮亚杰的认知发展阶段理论。
4. 论述《学记》的教育制度和教育管理。

2019 年内蒙古师范大学 333 教育综合真题

一、名词解释

1. 教育制度　2. 教育原则　3.《学记》　4. 道德情感
5. 学习动机　6. 自我效能感　7. 陈述性知识学习　8. 认知策略
9. 专家型教师

二、简答题

1. 我国基础教育教学的主要任务是什么？
2. 学校德育的主要途径。
3. 董仲舒的三大文教政策。
4. 文艺复兴时期人文主义教育的主要特征。
5. 夸美纽斯制定的学年制和班级授课制的内容。
6. 分析实验法在教育心理学的有效性。
7. 心理发展观中主动发展观的内容。
8. 认知策略的促进条件。

三、论述题

1. 在教学过程中如何处理教师的主导作用和学生的主动性的关系？
2. 孔子教育论思想的主要内容。

2020 年内蒙古师范大学 333 教育综合真题

教育学原理与中外教育史

一、名词解释

1. 课程实施　2. 美育　3. 教育目的

二、简答题

1. 教育的文化功能。
2. 智育的基本任务。
3. 隋唐时期的文教政策与汉代的三大文教政策。
4. 卢梭的教育适应自然的内涵。
5. 夸美纽斯的班级授课制的主要内容。

三、论述题

1. 论述现代教师应具备的专业素养。
2. 陶行知“生活即教育”的内涵。

教育心理学

一、简答题

1. 有意义学习及其条件。
2. 建构主义关于学习的基本观点。
3. 如何激发学生的学习动机？

二、论述题

论述加涅的学习理论。

贵州师范大学

2013年贵州师范大学333教育综合真题

一、名词解释

1. 学制　　2. 学校管理　　3. 导生制　　4.《学记》
5. 技能　　6. 教育心理学

二、简答题

1. 简述中国古代书院的特点。
2. 简述王守仁有关儿童教育的思想。
3. 古风时代斯巴达教育与雅典教育的不同之处。
4. 列举杜威的教育思想。

三、论述题

1. 请结合教育知识，分别分析下面三个片段的肯定之处与不足之处，以及体现了什么样的教育原理。并结合教师的作用分析教师应如何教学，与学生保持什么样的关系。

（1）有人说教师是人类灵魂的工程师，教师是路标，教师是梯子……
（2）有人说教师是辛勤的园丁，教师是孺子牛，教师是蜡烛……
（3）有人说给学生一碗水，教师要有一桶水，教师是水，不断更新，长流不断。

2. 结合相关知识谈谈你对教学及教学过程的认识。

3. 结合成败归因理论和自我效能感来分析学生形成品德不良行为的原因，以及如何纠正学生的不良行为。

4. 请论述建构主义学习理论的相关观点。

2014年贵州师范大学333教育综合真题

一、名词解释

1. 教学　　2. 学校管理　　3. 学习动机　　4. 稷下学宫
5. 白板说　　6. 苏格拉底法

二、简答题

1. 简述影响人的发展的基本因素。
2. 简述陈鹤琴和王守仁的儿童教育思想。
3. 简述北宋的三次兴学。
4. 简述科尔伯格的道德发展阶段理论。

三、论述题

1. 结合教育知识，分析判断下面这两段话正确与否，并给予理由。

材料一：教师以民主而不是专制的方式管理学生，鼓励学生表达不同的意见，允许学生在自行探索中发现知识，那么这种教育方式有利于学生创造性的培养。

材料二：汉语拼音的学习产生的影响属于负迁移现象。

2. 教师怎么样才能上好一堂课？如何对教师授课的质量进行评价？
3. 论述赫尔巴特的教育思想。
4. 请结合师生关系的作用以及新型师生关系的特点对材料加以分析。

新入职的张老师对学生的要求十分严格。有一次小明迟到一分钟，张老师不问原因，也不准小明回座位，就让他站在教室后听课一上午。平时学生向张老师礼貌问好，张老师也让学生感觉到不理不睬的，慢慢地，越来越多的学生对张老师敬而远之。有一天，学校组织学生与老师说心里话的活动。小明对张老师说了自己与同学们的感受，张老师进行了深刻的反思，也调整了自己的做法，渐渐地张老师发现学生们发生了许多变化，笑容多了，上课也认真了，连最不爱说话的学生也对张老师有话说了，张老师对自己说“我也进步了”。

2015 年贵州师范大学 333 教育综合真题

一、名词解释

1. 学校教育制度　2. 教学　3. 德育原则　4.《大学》中的“三纲领”
5. 苏格拉底教学法　6. 反思

二、简答题

1.《学记》中的教育原则有哪些？
2. 请简述陶行知“生活即教育”的教育理念。
3. 请简述《国防教育法》的相关立法执行情况。
4. 请简述杜威“做中学”的教育理念。

三、论述题

1. 材料：一名学生在日记里写道：我今天特别高兴，因为老师终于给了我回答问题的机会，这可是我进入这个班级获得的第一次机会啊！虽然这是老师不经意的一次提问，但我心里有说不出的喜悦。就在这一次，老师终于注意到我的存在，我有了发表意见的机会。

请结合材料谈谈课堂提问应该如何把握正确方向。

2. 材料：最近一项调查结果显示：98.6% 的学生见到老师能主动问好或打招呼，而只有不到 9% 的老师主动跟学生问好或打招呼。

请结合材料谈一谈如何构建和谐的师生关系。

3. 材料：李南是一位刚走上教育岗位的年轻教师。上岗之前，他踌躇满志，想象着教师的那些工作——备课、上课、批改作业等是那样的简单。而且作为物理教师，自己教学生掌握应该学到的物理知识，不用操心思想工作之类，可省去许多麻烦。总之对于自己这个大学毕业的高材生来说，要驾驭教师工作是轻而易举的事。然而，上岗两个月后，李南没有了往日的潇洒，他沮丧到了极点。走进教室，他发现学生比想象中的差多了，有的简直不像学生，对老师没有礼貌，时不时抓住机会向他挑衅。且不说教学内容他们不想听，即使讲轶闻趣事，有些学生也在另搞一套。课堂上还经常出现互骂打架的事情，真叫李南烦不胜烦。李南并不认为是他自己无能，而是学生太差。他觉得，与其把时间花在这难见成效的工作上，还不如早点改行。他想辞职去做生意，但是仔细想想，就此离开教育工作，他多少又心有不甘。但如果继续干下去，出路又何在？

（1）李南这名新教师出现这样的问题原因是什么？并加以分析。

（2）请向李南提出在教学和课堂管理方面的建议和方法。

4. 请论述中小学教学的原则。

2016年贵州师范大学333教育综合真题

一、名词解释

1. 学在官府　2. 最近发展区　3. 学习动机　4. 宫廷教育　5. 班级授课制　6. 教育目的

二、简答题

1. 教育与文化的关系。
2. 科举制度对古代封建制度的影响。
3. 蔡元培的“五育”教育。
4. 赫尔巴特的四段教学法。

三、论述题

1. 方仲永五岁能作诗，但十二三岁时不如以前，二十岁和众人一样，用相关教育理论进行评论。

2. 一位教师用一条活鱼来引导《鱼》一课，播放关于解剖鱼的相关视频使学生了解鱼的知识。该教师用了什么教学原则？该如何运用此原则？

3. 如何看待教师“错一罚十、漏一补十”的做法？运用相关记忆规律分析此做法。

4. 一群学生在围观蚂蚁，一位教师怒问：“你们在干什么？”学生答：“我们在听蚂蚁唱歌。”教师大声斥责：“胡说，蚂蚁怎么会唱歌？”

用现代学生观分析该教师的行为。

2017年贵州师范大学333教育综合真题

一、名词解释

1. 学校教育　2. 教育目的　3. “六艺”教育　4. 骑士教育　5. 学习策略　6. 最近发展区

二、简答题

1. 教育的相对独立性。
2. 孔子教育思想的贡献。
3. 现代教育对教师素养的要求。
4. 夸美纽斯的泛智教育思想。

三、论述题

1. 杜威关于教育本质论及其现实的意义。

2. 新一轮的课程改革对教师的要求。

3. 老师提问砖头的作用，小方回答“造房子，造博物馆，铺路”，小明回答“造房子，铺路，打狗，敲钉”。

分析二者的回答，你更喜欢谁的回答？用思维的原理进行分析。

4. 新班主任周老师刚进班的第一天，就看见教室的黑板上写着“你也下课吧”五个大字，原来这个班在周老师来之前已经换过两个班主任了，因为该班的学生在学习成绩、班级卫生、学校纪律方面表现极差，导致该班班主任评分被扣而取消当班主任的资格。

如果你是周老师，你会怎么做？

2018年贵州师范大学333教育综合真题

一、名词解释

1. 教育　　2. 课程　　3. 有教无类　　4. 认知策略
5. 产婆术　　6. 问题解决

二、简答题

1. 简述杜威的教育思想。

2. 简述启发性教学原则的基本要求。

3. 简述马克思主义关于人的全面发展的学说。

4. 简述马斯洛的需要层次理论。

三、论述题

1. 材料：一位中学教师在谈教育体会时说：“现在的中学生太不懂事了，有时候甚至不打他，他就不听话。”这位教师的学生说：“我们知道老师是对我们好才严格要求我们，不过他总是把我们当犯人一样看待，从来不相信我们，弄得我们平时只好躲着他。有时明知他是对的，也故意与他作对。”

上述材料体现了什么德育原则？怎样处理？

2. 材料：为了丰富班级每周的班会活动，李老师选了一篇课文改成了剧本。李老师把她的计划和大家说了说，全班同学都很高兴，这时李老师听到小松和同桌小声议论：“老师怎么选这篇课文，又长又不好演。”“你管呢，让你演什么你就演什么呗。”“我可不想演。”听到这儿，李老师的心里咯噔一下。下课后，李老师把小松请到办公室，请他谈谈对演课本剧的想法。小松说：“老师，我觉得您选的课文不好，而且您每次都是写好了剧本让我们演，您应该让我们自己来试一试。”小松的话让李老师突然意识到他们并不希望老师什么都“包办代替”，他们长大了。于是，李老师把导演的任务交给了小松同学，他高兴地接受了任务，开始和同学商量演哪一课，然后找李老师做参谋，请李老师帮忙做道具。在班会活动上课本剧表演得非常成功，李老师和孩子们一同品尝了成功的喜悦。

上述材料中老师在班级管理上体现了什么样的管理观念？有什么启示？

3. 论述陶行知教育思想及其对当前学校教育的启示。

4. 班杜拉观察学习理论及其现实意义。

2019年贵州师范大学333教育综合真题

一、名词解释

1. 教育目的　2. 课程　3. 壬寅学制　4. 绅士教育
5. 元认知策略　6. 因材施教

二、简答题

1. "五育"并举。
2. 颜之推的教育思想。
3. 夸美纽斯的教育思想。
4. 学校教育在人的发展中的作用。

三、论述题

1. 建设师德师风的重要性。
2. 卢梭的自然主义教育。
3. 如何培养学生的学习动机？
4. 启发式教学及其要求。

2020年贵州师范大学333教育综合真题

一、名词解释

1. 稷下学宫　2. 学习动力　3. 产婆术　4. 班级授课制

二、简答题

1. 教育对政治的影响。
2. 影响遗忘的因素。
3. 夸美纽斯的教育思想。

三、论述题

1. 科举制的利弊及对高考的启示。
2. 教育惩戒的意义。
3. 材料：根据2019年11月颁布的《中小学教师实施教育惩戒规定（征求意见稿）》，教师可采取不超过一堂课教学时间的教室内站立或面壁思过的惩罚方式。

（1）请说说如何界定教育惩戒。

（2）中小学教师如何进行教育惩戒？

沈阳师范大学

2010 年沈阳师范大学 333 教育综合真题

一、名词解释

1. 教育目的　2. 学校教育制度　3. 教学　4. 榜样示范法
5. 苏格拉底法　6.《大教学论》

二、简答题

1. 我国基础教育新课程改革的三维目标。
2. 简述教师劳动的特点。
3. 阐述陶行知的“生活教育”理论。

三、论述题

1. 试论创造性的培养措施。
2. 联系实际论述德育过程是培养学生知、情、意、行的过程。
3. 试论述孔子和韩愈的教师观。
4. 试论述杜威教育本质论的主要内容及影响。

2011 年沈阳师范大学 333 教育综合真题

一、名词解释

1. 教育学　2. 课程标准　3. 教学评价　4. 德育过程
5.《大教学论》　6. 绅士教育

二、简答题

1. 简述全面发展教育的组成部分。
2. 简述教学过程中应处理好的几种关系。
3. 简述迈克卡等人关于学习策略的结构和内容的基本主张。
4. 简述蔡元培“五育”并举的教育方针。

三、论述题

1. 试分析影响问题解决的主要因素。
2. 试述新一轮基础教育课程改革的具体目标。
3. 论述《学记》教育教学的原则和方法。
4. 论述《国防教育法》的内容及影响。

2012 年沈阳师范大学 333 教育综合真题

一、名词解释

1. 德育原则　2. 生活准备说　3. 学习　4. 建构主义学习观

5. 全面发展教育　　6. 学校管理

二、简答题

1. 简述“朱子读书法”。
2. 简述人的身心发展规律对教育的要求。
3. 简述课程目标设计的基本方式。
4. 简述中小学德育的基本途径。

三、论述题

1. 试论陈鹤琴“活教育”的思想体系。
2. 述评科尔伯格的道德发展阶段理论。
3. 论述夸美纽斯建立统一学制系统的内容及影响。
4. 试论班主任应具备的素质要求。

2013 年沈阳师范大学 333 教育综合真题

一、名词解释

1. 学校教育制度　　2. 课程设计　　3. 教学原则　　4. 学校管理
5.《理想国》　　6. 绅士教育

二、简答题

1. 简述教学工作的基本环节。
2. 简述德育的主要方法。
3. 当代教育心理学研究的基本趋势是什么？
4. 简述孔子的教学方法论。

三、论述题

1. 论述教育的社会变迁功能。
2. 评述加里培林的心智技能按阶段形成理论。
3. 论述赫尔巴特的教学形式阶段理论。
4. 试论陶行知的“生活教育”理论体系。

2014 年沈阳师范大学 333 教育综合真题

一、名词解释

1. 个体发展　　2. 中学为体，西学为用　　3. 教育中介系统
4. 有教无类　　5. 教育目的的价值取向　　6. 课程标准

二、简答题

1. 简述人格发展的一般规律。
2. 简述人文主义教育的主要特征。
3. 简述学校管理的发展趋势。
4. 简述启发性教学原则。

三、论述题

1. 论述马斯洛学习动机的需要层次理论。
2. 论述杜威关于教育本质的主要观点。
3. 论述蔡元培“五育”并举的教育方针。
4. 联系实际论述德育过程是培养学生知、情、意、行的过程。

2015年沈阳师范大学333教育综合真题

一、名词解释

1. 教育学
2. 教育目的的个人本位论
3. 教学评价
4. 德育过程
5. “六艺”教育
6. “教学做合一”

二、简答题

1. 简述社会经济政治制度对教育的制约。
2. 简述循序渐进的原则。
3. 简述《理想国》的教育思想。
4. 简述观察学习的含义。

三、论述题

1. 联系实际论述教学过程中的掌握知识和发展智力的关系。
2. 试论《学记》的教育教学原则与方法。
3. 试论赫尔巴特的教学阶段理论和意义。
4. 举例说明迁移及其分类。

2016年沈阳师范大学333教育综合真题

一、名词解释

1. 教育者
2. 分科课程
3.《国防教育法》
4. 苏格拉底法
5. 教学方案
6. 教育的社会变迁功能

二、简答题

1. 试述人的发展规律。
2. 简述陶行知的生活教育思想。
3. 简述学习动机需要层次理论。
4. 简述集体教育原则。

三、论述题

1. 结合实际论述教师指导学生的德育过程。
2. 论述杜威的教育思维和教学方法。
3. 试论孔子的道德教育论。
4. 试论影响问题解决的因素。

2017 年沈阳师范大学 333 教育综合真题

一、名词解释

1. 启发性教学原则　2. 科举制　3. 学校教育　4. 白板说
5. 自我效能感　6. 校本教育

二、简答题

1. 简述教育的基本要素和相互关系。
2. 简述《师说》的内容。
3. 简述昆体良的教育思想。
4. 简述促进知识迁移的措施。

三、论述题

1. 论述人的身心发展的规律性，结合实际说说在教学中的运用。
2. 杜威的教育本质并联系实际说明对今天的影响。
3. 论述孔子的教学思想并进行评价。
4. 试述培养创造者的措施。

2018 年沈阳师范大学 333 教育综合真题

一、名词解释

1. 教育　2. 课程　3. 长善救失　4. 因材施教
5. 卢梭的自然教育原则　6. 有意义的学习

二、简答题

1. 简述教育的要素及其相互关系。
2. 简述荀子的性恶论。
3. 简述班级授课制及其优缺点。
4. 简述学习动机如何影响学习效果。

三、论述题

1. 人的发展规律性表现在哪些方面？结合实际，谈谈学校教育工作如何按规律进行。
2. 试述孔子“性相近，习相远”的教育思想。
3. 苏霍姆林斯基关于个性的全面和谐发展教育观的主要内容是什么？有何现实意义？
4. 分析人本主义教学观的基本观点，根据这些教学观提出的教学模式是什么？阐述这种教学模式的特征。

2019 年沈阳师范大学 333 教育综合真题

一、名词解释

1. 学校教育制度　2. 课程标准　3. 学校管理的过程　4. 孟轲的性善论
5.《莫雷尔法案》　6. 创造性

二、简答题

1. 如何处理教学过程中的几对关系？
2. 简述建构主义的学生观。
3. 杜威的从做中学的思想和课程论。
4. 孔子的学思行教学原则。

三、论述题

1. 在社会变迁的过程中教师角色转变的趋势有哪些方面？这意味着什么？联系实际生活，教师要如何面对这种趋势？
2. 谈谈马克思、恩格斯关于人的全面发展与实际相结合的教育思想。
3. 陶行知的生活教育理念。
4. 科温顿的自我价值理论，结合实际，谈谈对我们的教育活动有什么启示。

2020年沈阳师范大学333教育综合真题

一、名词解释

1. 教育规律　2. 学科课程　3. 班级授课制
4. 孔子的“有教无类”　5. 亚里士多德的自由教育　6. 问题解决

二、简答题

1. 人的发展有何特点？
2. 书院的教育特点。
3. 美国的“返回基础”教育运动的内容。
4. 影响学生学习动机的外部条件。

三、论述题

1. 论述社会变迁中教师角色发展的趋势。
2. 蔡元培“五育”并举的教育方针。
3. 结合实际论述裴斯泰洛齐的“教育与生产劳动相结合”的内容及现实意义。
4. 什么是生成性学习模式？根据这种观点谈谈教师如何促进学生的学习。

中央民族大学

2011年中央民族大学333教育综合真题

一、名词解释

1. 课程标准　2. 最近发展区　3. “六艺”　4. 恩物
5. 因材施教原则

二、简答题

1. 简述学校教育在人的发展中的作用。
2. 教师专业化的内涵。
3. 简述问题解决的基本过程。

三、论述题

1. 论述教育的社会功能。
2. 论述《师说》的教师观。
3. 论述杜威的教育思想。
4. 结合中国的教育改革，谈谈当今很多教育不公平的事件，举例说明它们出现的原因和解决措施。

2012 年中央民族大学 333 教育综合真题

一、名词解释

1. “五育”并举　　2. 学校教育　　3. “六艺”教育　　4. 产婆术
5. 学习动机

二、简答题

1. 简述德育途径。
2. 简述蔡元培的“五育”并举。
3. 简述裴斯泰洛齐的教育思想。

三、论述题

1. 论述教育的社会功能。
2. 论述《学记》的贡献。
3. 论述加里培林的阶段形成理论。
4. 结合实际论述激发学习动机的方法。
5. 论述教育的社会制约性和独立性以及二者的关系。

2013 年中央民族大学 333 教育综合真题

一、名词解释

1. 学校教育　　2. 教育目的　　3. 分组教学　　4. 讲授法
5. 最近发展区

二、简答题

1. 奥苏伯尔的关于学习的性质和分类。
2. 教育研究的一般过程。
3. 列举五种欧美现代教育思潮。

三、论述题

1. 人的发展特点及其教育学意义。
2. 陶行知的生活教育理论。
3. 赞科夫的发展性教学理论。

4. 联系实际论述问题解决能力的培养。
5. 论述杜威的教育思想。

2014年中央民族大学333教育综合真题

一、名词解释

1. 学校教育　2. 心理发展　3. 人的发展　4. 教师资格证制度
5. 产婆术　6. 学习的高原现象

二、简答题

1. 简述教育的社会制约性。
2. 简述蔡元培的教育思想。
3. 简述科举制度的影响。

三、论述题

1. 孔子的教育思想。
2. 赫尔巴特的道德教育理论。
3. 学生品德不良成因的分析。
4. 论述陈鹤琴的活教育思想。
5. 如何推进依法治校？

2015年中央民族大学333教育综合真题

一、名词解释

1. 德育　2. 活动课程　3. 元认知　4. “六艺”
5.《国防教育法》　6. 先行组织者

二、简答题

1. 简述建构主义教学观。
2. 简述1922年“新学制”。
3. 苏霍姆林斯基的教育理论。
4. 掌握知识与发展智力的关系。

三、论述题

1. 教学过程中的教育方法有哪些？
2. 论述科举制的历史发展和影响。
3. 创造性的培养。
4. 张之洞“中体西用”思想的历史性及局限性。

2016年中央民族大学333教育综合真题

一、名词解释

1. 学习的迁移　2. 有教无类　3. 公学　4. “五育”并举
5. 京师同文馆　6. 义务教育

二、简答题

1. 简述疏导原则。
2. 简述书院的特点。
3. 简述奥苏伯尔的认知同化理论。
4. 列举五种欧美现代教育思潮。

三、论述题

1. 论述 1922 年“新学制”。
2. 论述赞科夫的发展性教学。
3. 如何提高学生的学习积极能动性?
4. 教师的素养及角色发展趋势。

2017 年中央民族大学 333 教育综合真题

一、名词解释

1. 常模参照测验　2.“六艺”　3.《学记》　4. 智者
5. 多元智力理论　6. 同化

二、简答题

1. 简述班主任工作的内容。
2. 简述中小学常用的教学方法。
3. 评述夸美纽斯的班级授课制。
4. 简述布鲁纳的认知发现说。

三、论述题

1. 有人说“近墨者黑”,也有人说“近墨者未必黑”。请运用相关理论并结合个体经历谈谈你的看法。
2. 乡村教育的实施。
3. 论述苏霍姆林斯基的教育思想。
4. 论述激发学习动机的途径与方法。

2018 年中央民族大学 333 教育综合真题

一、名词解释

1. 榜样法　2. 分组教学　3. 修辞学校　4. 生计教育
5. 自我效能感　6. 程序性知识

二、简答题

1. 简述教育的相对独立性及其主要表现。
2. 简述学制制定的依据。
3. 简述教师专业发展的主要内容。
4. 简述洋务学堂的特点。

三、论述题

1. 加德纳的多元智能理论及其意义。
2. 试述永恒主义教育理论及其对当代世界教育实践的影响。
3. 论述颜之推的家庭教育思想。
4. 分析分科课程、活动课程、综合课程的特点，以及我国基础教育课程设置的现状。

2019 年中央民族大学 333 教育综合真题

一、名词解释

1. 诊断性评价　2. 教师专业化　3.《学记》　4. 三舍法
5. 鸿都门学　6. 要素教育

二、简答题

1. 简述教育的社会功能。
2. 简述活动课程的特点。
3. 简述师生关系的特征。
4. 简述罗杰斯的学生观和教学观。

三、论述题

1. 论述教育评价的 CIPP 模式。
2. 试述终身主义教育思潮。
3. 论述归因理论及其教育价值。
4. 论述洋务运动的教育改革。

2020 年中央民族大学 333 教育综合真题

一、名词解释

1. 有教无类　2. 活动课程　3.《颜氏家训》　4. 洛克的“白板说”
5. 思维定势　6. 贝尔－兰卡斯特制

二、简答题

1. 奥苏伯尔有意义学习的实质和条件。
2. 昆体良的教育思想。
3. 西周教育的特点。
4. 简述教师素养。

三、论述题

1. 杜威和赫尔巴特教学过程的比较。
2. 学习动机的影响因素。
3. 唐代科举制的作用和影响。
4. 德育过程中知、情、意、行的关系。

苏州大学

2010 年苏州大学 333 教育综合真题

一、名词解释

1. 人的发展　　2. 教育的社会流动功能　　3. 终身教育　　4. 元认知
5. 骑士教育　　6. 有教无类

二、简答题

1. 教师角色的冲突有哪些？如何解决？
2. 比较孟子与荀子的人性观及他们对教育作用的认识。
3. 学生认知的差异有哪些表现？为此，教学应注意哪些方面？
4. 简述卢梭的自然教育思想。

三、论述题

1. 教育的相对独立性表现在哪些方面？并就此谈谈你对教育与社会发展的关系的认识。
2. 试论隋唐科举制与学校教育的关系，并分析其在历史上的影响。
3. 论述皮亚杰的道德认知发展理论，并联系实际加以评价。
4. 论述文艺复兴时期人文主义教育的主要特征、影响及其贡献。

2011 年苏州大学 333 教育综合真题

一、名词解释

1. 狭义的课程　　2. 终身教育　　3. 鸿都门学　　4. 元认知
5. 白板说　　6. 教育的社会流动功能

二、简答题

1. 教师个体专业性发展的内涵包括哪些方面？
2. 简述梁启超“新民”的教育目的观。
3. 简述杜威的道德教育思想。
4. 简述建构主义的学习观。

三、论述题

1. 结合现实分析全面发展教育各组成部分的相互关系。
2. 论述陶行知“生活即教育”的思想内涵，并联系实际分析其现实意义。
3. 在外国近现代教育史上，你喜欢哪一位教育家？并就此阐释喜欢的原因。
4. 联系当前实际，阐述学生品德不良的成因及其教育策略。

2012年苏州大学333教育综合真题

一、名词解释

1. 教育　2. 教学　3. 学制　4. 太学
5. 恩物　6. 学习策略

二、简答题

1. 教育目的与教育方针的主要区别。
2. 学校管理校本化的基本含义和意义。
3.《学记》中“道而弗牵，强而弗抑，开而弗达”的基本含义。

三、论述题

1. 评述孔子“有教无类”的思想。
2. 试述永恒主义教育思想的基本内容及其对现代教育的启示。
3. 试述教师专业发展的内涵、意义及主要途径。
4. 举例说明你是如何激发学生的学习动机的。

2013年苏州大学333教育综合真题

一、名词解释

1. 教育家　2. 双轨制　3. 稷下学宫　4.《爱弥儿》
5. 恩物　6. 倒摄抑制　7. 心智技能　8. 皮格马利翁效应

二、简答题

1. 简述欧洲文艺复兴时期人文主义教育的基本特征。
2. 简述德育过程的基本特征。
3. 简述夸美纽斯的教育思想的基本主张。
4. 简述建构主义学习理论的基本观点。
5. 简述创造性的心理结构及其培养措施。

三、论述题

1. 论述教学过程的性质，并结合实际，论述进行教学应处理的一些关系。
2. 根据教育对社会的发展作用，论述孔子“庶、富、教”的思想。

2014年苏州大学333教育综合真题

一、名词解释

1.《颜氏家训》　2.“七艺”　3.《莫雷尔法案》　4. 教育目的
5. 学习策略　6. 校长负责制

二、简答题

1. 简述朱熹的道德教育方法。

2. 简述永恒主义教育思想。
3. 简述建构主义学习观的基本观点。
4. 简述德育过程的性质。

三、论述题

1. 试述蔡元培在北京大学的改革措施及其影响。
2. 论述马克思关于人的全面发展的教育思想。
3. 评述我国新课程改革的基本理念。
4. 结合实际谈谈如何维护教师的心理健康。

2015 年苏州大学 333 教育综合真题

一、名词解释

1. 班级授课制　2. 学制　3. 课程　4. 中世纪大学
5. 教学模式　6. 癸卯学制

二、简答题

1. 简述教育对人的发展的作用。
2. 罗杰斯的人本主义教学观。
3. 简述英国《1944 年教育法》。
4. 简述教学过程的性质。

三、论述题

1. 论述洋务学堂的特点、兴起的背景及在近代教育中的作用。
2. 论述卢梭自然主义教育思想的内容及影响。
3. 结合教育的社会流动功能，试分析现阶段我国教育的公平问题。
4. 结合自身实际，谈谈如何培养和发展学生的创造性思维能力。

2016 年苏州大学 333 教育综合真题

一、名词解释

1. 义务教育　2. 庚款兴学　3. 最近发展区　4. 终结性评价
5. 发现学习　6. 要素主义教育

二、简答题

1. 简述教师劳动的特点。
2. 简述欧洲人文主义教育的特征和贡献。
3. 简述黄炎培的职业教育思想。
4. 简述精细加工策略的主要内容。

三、论述题

1. 论述柏拉图的教育思想。
2. 论述董仲舒的教育思想。

3. 论述学科结构课程的主要观点。
4. 论述学校管理的发展趋势。

2017 年苏州大学 333 教育综合真题

一、名词解释

1. 稷下学宫　2. 学习动机　3. 学制　4. 绅士教育
5. 进步主义教育　6.《国防教育法》

二、简答题

1.19 世纪末 20 世纪初期的教育思潮和教育实验。
2. 简述埃里克森的心理社会发展理论。
3. 简述《大学》的“三纲领八条目”。
4. 简述科尔伯格的道德发展阶段理论。

三、论述题

1. 请结合实际论述教育对社会的功能。
2. 为什么教育对人的发展起主导作用？试分析教育起主导作用的条件。
3. 试述《学记》的教育思想。
4. 试述并评价主要的学习理论。

2018 年苏州大学 333 教育综合真题

一、名词解释

1. 学习动机　2. 教学模式　3. 朱子读书法　4. 发现学习
5. 义务教育　6. 进步主义教育

二、简答题

1. 简述教育起源的主要观点。
2. 简述经验主义课程论的代表人物和主要观点。
3. 简述社会本位论的主要观点。
4. 简述影响人的身心发展的主要因素。
5. 简述布鲁纳认知结构教学论的基本原则。

三、论述题

1. 教学中应该遵循哪些原则？选择一个你喜欢的进行举例论证。
2. 结合人的全面发展的思想，论述中国学生核心素质的构成要素。

四、材料分析题

1. 教师不管后进生，轻视后进生，而后某后进生十分努力，最后排名班级第一。英语老师怀疑他，在全班同学面前去质疑他。（材料具体内容缺失）

自选角度结合教育原理进行分析。

2. 问儿童：

（1）雪融化了变成什么呢？孩子说春天，教师说正确答案是水。

（2）树梢有5只鸟，开一枪还有几只？儿童说3只，儿童的理由是鸟爸爸死了，鸟妈妈难受地飞走了，就剩3个鸟宝宝了。

根据材料谈谈你对教学回归儿童生活世界的理解。

2019年苏州大学333教育综合真题

一、填空题

1. 被誉为“教育心理学之父”的是（ ）。
2. 皮亚杰针对儿童的认知发展提出了四个概念：图示、（ ）、（ ）、平衡。
3. “六艺”的教育内容有礼、乐、射、御、（ ）、（ ）。
4. 俄国教育心理学家（ ）提出了经典性操作性条件反射。
5. 我国近代首次颁布的学制是（ ）年的（ ）学制。
6. 我国古代第一本专门论述教育问题的著作是（ ）。
7. （ ）时期学校教育的基本内容是“六艺”教育。
8. 新课改的三目标是知识与技能、（ ）、（ ）。
9. 生物起源论的代表人物有（ ）、（ ）。
10. 教育无目的论的代表人物是（ ）。

二、名词解释

1. 道尔顿制　　2. 三舍法　　3. 先行组织者　　4. “五育”并举

三、简答题

1. 夸美纽斯的教学原则。
2. 孔子的教师观。
3. 科尔伯格的道德发展阶段论。
4. 人的身心发展的特点。
5. 教育生物源说的观点。

四、论述题

1. 赫尔巴特的教学形式四阶段理论。
2. 教育的个体功能和社会功能的关系。

五、材料分析题

材料：在教室的教学结果评价中，十几个学习成绩不好的学生给一位平时对学生严格要求的年轻教师打了低分，而那些对学生管束松散，上完课就走的老师，却打了高分。这位语文老师负气，带着情绪上课，就这样闹了两个星期，全班学生的成绩都受到了影响。

用教育理论评述材料，并对良好师生关系的建立提出建议。

2020年苏州大学333教育综合真题

一、填空题

1. 梅伊曼和拉伊是（　）教育学的代表人物。
2.（　）撰写了《教育史ABC》。
3. 多元智能理论是由美国心理学家（　）提出的。
4. 柏拉图认为教育的最高目标是培养（　）。
5. 孟子的教育目的是（　）。
6. 古希腊"七艺"的"前三艺"是（　）、修辞学和辩证法。
7. 在皮亚杰的认知发展理论中，7～11岁是（　）阶段。
8. 桑代克的学习律分为准备律、练习律和（　）。
9. 安德森根据信息加工程度将知识分为陈述性知识和（　）。
10. 布卢姆将教育目标分为认知目标、情感目标和（　）。

二、名词解释

1. 教师的期望效应　2. 中体西用　3. 活动课程　4. 教育功能
5. 元认知　6. 同化

三、简答题

1. 简述现阶段教育体制的发展趋势。
2. 简述1958年美国《国防教育法》的主要内容。
3. 列举《学记》中的教学原则。
4. 列举几个有代表性的德育模式。（至少4个）
5. 简述"泰勒原理"的四个基本内容。

四、论述题

1. 试论述陶行知的生活教育理论。
2. 试论述卢梭的自然教育阶段及任务。

五、材料分析题

1. 小明中考失利，高中不想辜负父母努力学习，成绩一直保持中上。后来期末考试没考好，寒假发奋学习，仍然不理想，小明因此觉得自己很笨。父母也多次批评，教师多次谈话，但没有效果。

利用教育学和心理学知识给予建议。

2. 案例1：宋朝有个神童，名叫方仲永。据说五岁的时候，就能"指物为诗"。同乡的人对此感到惊奇，渐渐请他父亲去做客，有的人还花钱求仲永题诗。父亲把这种情况看作有利可图，每天拉着仲永四处拜访同乡的人，不让他读书。他到十二三岁时，让他写诗，他写出来的诗已经不能与从前的名声相称。又过了七年，已经和普通人没有什么两样了。王安石深感惋惜，为此写了一篇文章，叫《伤仲永》。

案例2：达尔文从小喜欢调皮捣蛋，除了打猎、玩狗、抓老鼠，别的什么都不管，父亲和老师都很头疼。后来达尔文遇到了一位教授，教授带着他探索自然……达尔文最终写出了《物种起源》。

结合事例，说明影响人的身心发展的因素。

凯程 教育硕士考研精品教程

云图 YUN TU

333教育综合真题汇编

徐影 • 主编

第6版

解析册

北京理工大学出版社
BEIJING INSTITUTE OF TECHNOLOGY PRESS

目录

Contents

西南大学

南京师范大学

湖南师范大学

华南师范大学

首都师范大学

上海师范大学

浙江师范大学

福建师范大学

河南师范大学

重庆师范大学

云南师范大学

山西师范大学

内蒙古师范大学

北京师范大学

2010年北京师范大学333教育综合真题·凯程详解

一、名词解释

1.有教无类

【答】孔子对于教育对象的基本主张是“有教无类”。本意是人人都可以入学受教育。孔子“有教无类”的提出是针对奴隶主阶级垄断学校教育而言的，打破了“礼不下庶人”的等级制度，把受教育的对象扩大到平民，满足了平民入学受教育的愿望，扩大了教育对象。这有利于促进文化下移，推动百家争鸣。

2.壬戌学制

【答】1922年9月教育部公布了《学校系统改革案》，即1922年“新学制”，或称“壬戌学制”。由于该学制采用的是美国式的“六三三”分段法，又称“六三三”学制。①从学制的七项标准看，强调了教育要适应社会进化需要、谋个性之发展、注意生活教育，与陶行知的思想具有一致性。②从学制内容看，采用美国的“六三三”学制，基本上是依据我国青少年的身心发展特点来划分的，这在中国近代学制发展史上是第一次。

3.做中学

【答】杜威要求从做中学，从经验中学，要求以活动性、经验性的主动作业来取代传统书本式教材的统治地位。这种活动性、经验性课程的范围很广，包括园艺、烹饪、缝纫、印刷、纺织、油漆、绘画、唱歌、演剧、讲故事、阅读、书写等形式。在杜威看来，这些活动既能满足儿童的心理需要，又能满足社会性的需要，还能使儿童对事物的认识具有统一性和完整性。

4.教学形式阶段论

【答】赫尔巴特认为兴趣可以分为四个阶段：注意、期待、要求、行动。在此基础上，他提出了教学阶段论：教师应采取符合学生心理活动规律的教学程序，有计划、有步骤地进行教学。他把教学过程分成四个连续的阶段：明了、联想、系统、方法。

5.横向迁移

【答】迁移是一种学习对另一种学习的影响，指已经获得的知识、技能，甚至方法和态度对新知识、新技能的影响。这种影响可能是积极的，也可能是消极的。从迁移内容的抽象和概括水平来看，可分为横向迁移（水平迁移）和垂直迁移。横向迁移指的是同一抽象和概括水平的经验之间的相互影响，如直角、锐角、钝角等都是并列的概念。

6.先行组织者

【答】奥苏伯尔提出了“先行组织者”教学策略，即先于学习任务本身呈现的一种引导性材料。它的抽象、概括和综合水平高于学习任务，并且与认知结构中原有的观念和新的学习任务相关联。其目的在于为新的学习任务和旧知识之间搭建一座桥梁，为新的学习任务提供观念上的固着点。先行组织者主要包括陈述性组织者和比较性组织者两种。

二、简答题

1.简述教育的社会流动功能及其当代意义。

【答】（1）教育的社会流动功能指社会成员通过教育的培养、筛选与提高，能够在不同的社会区域、社会层次、职业岗位、科层组织之间转换、调整与变动，以充分发挥其个性特长，展现其智慧才能，实现其人生抱负。教育的社会流动功能按其流向可分为横向流动功能和纵向流动功能。

（2）教育的社会流动功能的意义：

①教育已成为现代社会中个人社会流动的基础。

②教育是社会流动的主要通道。

③教育的社会流动功能关乎人的发展权利的教育资源分配问题。

2. 简述活动课程的内涵及特点。

【答】（1）活动课程以杜威为代表，他反对以书本、教师、教室为中心的传统教育，主张以儿童的兴趣或需要为基础，根据心理逻辑编排课程。

（2）活动课程的特点是生活性、实用性、开放性等。各种形式的活动作业居于课程中心地位，通过活动将学生校内外的生活联系在一起。活动课程可以是课堂教学的一部分，也可以是课堂教学的一种补充。活动课程种类繁多，如探索学习、实地考察、社会实践、社会服务、户外教育、消费教育、健康教育等。目前，我国新课改中也开始了对活动课程的探索。但是，活动课程夸大了儿童个人的经验，而忽视了知识本身的逻辑顺序，影响了系统知识的学习，导致教育质量低下。

3. 如何处理教师主导作用与学生主体性的关系？

【答】（1）发挥教师的主导作用是保证学生主体性的必要条件。只有教师主导，教学的高效性才能充分发挥，才能使学生更好地完成认识主体的作用，使学生的主体性不断提高，从而有效地学习知识，发展能力。

（2）保证学生的主体性是教师有效教学的重要保障。只有认识到学生是学习的主体，充分发挥学生的主观能动性，才能真正发挥教育应有的功能。

（3）防止忽视学生主体性和忽视教师主导作用的偏向。以赫尔巴特为代表的“传统教育”和以杜威为代表的“现代教育”是这两种偏向的典型代表。以教师为主导，学生为主体可谓是教学中师生关系的规律性联系，是各种各样师生关系理论的抽象概括，任何强调一方而忽视另一方的做法都是不合适的，应予以纠正。

4. 简述德育中教育影响一致性和连贯性原则的内涵及基本要求。

【答】（1）德育中教育影响一致性和连贯性原则的内涵是：进行德育应当有目的、有计划地把来自各方面对学生的教育影响加以组织、调节，使其互相配合、协调一致、前后连贯地进行，以保障学生的品德能按教育目的的要求发展。

（2）贯彻教育影响一致性和连贯性的原则的基本要求：①组建教师集体，使校内教育影响一致；②发挥学校教育的主导作用，使学校、家庭和社会对学生的教育影响互相配合；③做好衔接工作，促使对学生的教育工作前后连贯和一致。

三、论述题

1. 试论述科举制度与学校教育的关系。

【答】（1）科举制度是选拔人才的制度，学校教育制度是培养人才的制度。在科举制度产生以前，选士制度和育士制度基本上是脱节的，而科举制度的产生使二者紧密结合在一起。

（2）科举制度与学校教育的关系：

①相互促进：科举制度促进学校教育的发展。学校根据科举考试的要求来组织教学活动，参加学校教育成为科举考试的前提，科举又是学生做官的必由之路。科举制度刺激了人们学习的积极性，促进了学校教育的发展。学校教育也促进了科举制度的发展，学校培育人才参加科举选拔。

②相互制约：科举制度与学校教育也相互制约彼此的发展。学校教育的兴衰直接影响科举取士的质量和数量；科举取士的标准和方法指导着学校教育的内容和方法。学校教育是科举制度的基础，科举制度是学校教育发展的指挥棒。

③当统治者偏重科举制度时，也用科举制度来操纵学校教育的发展，使学校成为科举制度的附庸。

（3）需要说明的是，决定封建学校教育发展的终极因素是封建社会的政治、经济、文化，而科举制度只是一个辅助因素，并非科举制度的产生导致学校教育衰落。相反，如果统治者将二者并重，则二者相互促进，共同巩固封建统治。

2. 试论述个人本位论与社会本位论教育目的的分歧和调和原则。

【答】教育目的的价值取向是指教育目的的提出者或从事教育活动的主体依据自身的需要对教育价值做出选择时所持有的一种倾向。教育目的的选择上有两种典型的价值取向，即个人本位论和社会本位论。

（1）个人本位论与社会本位论。

①个人本位论，代表人物有卢梭、裴斯泰洛齐、洛克等，主张教育目的的制定应该依据个人需要。主要观点：a. 教育目的的制定应当由受教育者的需要、潜能和个性决定；b. 个人价值高于社会价值；c. 教育的目的在于帮助人们充分地实现他们的自然潜能；d. 教育的效果以人的个性自由发展的程度来衡量。

②社会本位论，也称国家本位论，主要代表人物有柏拉图、凯兴斯泰纳、涂尔干、赫尔巴特、孔德等，主张教育目的要根据社会需要来确定。主要观点：a. 教育目的的制定应该由社会的需要来决定；b. 社会价值高于个人价值；c. 教育的最高目的在于使个人成为国家的合格公民；d. 教育的效果以社会功能的发挥程度来衡量。

（2）个人本位论与社会本位论的分歧原则。

个人本位论在教育上和社会上都有一种革命的作用，有助于新兴资产阶级伸张自己在教育和社会政治层面上的权利，倡导人的自由与个性，提升人的价值与地位，是对人性的一种解放。社会本位论将对教育目的的考察角度从宗教神学转移到国家和社会事业上来，这是一个很大的进步。这种视角转换在近代有助于教育与教会的分离，在当代有助于动员国家和社会资源来发展教育事业。在一定意义上，个人本位论一般是针对社会现实损害了个人发展而强调人自身的发展需要；社会本位论是针对个人发展脱离或违背了社会规范而强调社会的发展需要。

（3）个人本位论与社会本位论的调和原则。

个人本位论将“自然性”与“社会性”及“个性”与“共性”对立起来，将个人的利益凌驾于社会利益和国家利益之上，最终毁坏教育的社会基础或前提。社会本位论忽视了个体的价值，否认了个体在社会和国家生活中的积极能动作用，完全将受教育者当成等待被加工的“原料”，违背了教育的人道主义原则。要认识到社会需要与个人发展的辩证关系，从而把两种理论辩证地统一起来，二者的统一在价值取向上最终要落在人的发展上。

3. 试论述维果茨基的社会文化历史发展理论及其对教育教学的启示。

【答】（1）基本内容。

①文化历史发展观。维果茨基区分了两种心理机能：一种是作为动物进化结果的低级心理机能；另一种则是作为历史发展结果的高级心理机能。正是高级心理机能使得人类心理在本质上区别于动物。高级心理机能的实质是以心理工具为中介，受到社会历史发展规律的制约。

②心理发展观。心理发展是个体心理自出生到成年，在环境与教育的影响下，以低级心理机能为基础逐渐向高级心理机能转化的过程。

③内化学说。内化是个体将外部实践活动转化为内部心理活动的过程。内化过程可以通过教学、日常的生活、游戏和劳动来实现。在儿童认知发展的内化过程中，语言直接促进了高级心理机能的发展。

④最近发展区。在论述教学与发展的关系时，维果茨基提出一个重要的概念——最近发展区，即实际的发展水平和潜在的发展水平之间的差距。最近发展区主张教学走在发展的前面。

（2）对教育教学的启示。

①从“最近发展区”的角度。最近发展区的提出说明了儿童发展的可能性。教学不等同于发展，也不可能立竿见影地决定发展，但如果从教学内容和方法上弄清楚儿童发展的两种水平，则更加有利于学生的发展。

②从“教学应当走在发展的前面”的角度。教学可以定义为“人为的发展”。首先，教学主导着儿童智力的发展，这种主导作用既表现在智力发展的内容、水平和智力活动的特点上，也表现在智力发展的速度上；其次，教学“创造”着最近发展区。

③从“学习最佳期限”的角度。学习任何内容都有一个最佳年龄。如果不考虑学习的最佳年龄，从发展的角度来看是不利的。因此，在开始某一种教学时，除必须以儿童的成熟和发育为前提之外，还必须将教学建立在正在开始但尚未形成的心理机能的基础上，即教学应该走在心理机能形成的前面。

在维果茨基的理论基础上，后人提出了支架式教学、合作学习、情境教学等教学模式。

4. 这段话出自卢梭的《爱弥儿》，请你根据卢梭的教育思想，结合自己的理解，谈谈你对教育的认识。

【答】(1) 卢梭的自然教育思想。

在卢梭看来，人所受的教育，也就是自然的教育、人为的教育和事物的教育。自然教育理论是卢梭教育思想的主体，核心是“归于自然”，即教育必须遵循自然，顺应人的自然本性。我们应该以自然的教育为中心，使事物的教育和人为的教育服从于自然的教育，使这三方面教育相互配合并趋于自然的目标，才能使儿童享受到良好的教育。在他看来，如果以成人的偏见加以干涉，结果只会破坏自然的法则，从根本上毁坏儿童。教师的作用只是要防范不良环境的影响，是消极的，不是积极的，因而他常提及“消极教育”。

(2) 对卢梭教育思想的认识。

卢梭教育思想的基本内容是高度尊重儿童的天性，倡导的是自然主义和儿童本位主义的教育观，是现代教育思想的重要来源。他系统地论述了自然主义的教育思路，提倡性善论，反对封建社会对人性的压制，具有历史进步意义。在教育目的上，他主张培养身心和谐发展的“自然人”，反映了对人的发展的合理要求。

(3) 对卢梭教育思想的评价。

a. 积极：卢梭的教育学说包含着相当激进的思想，充满了新兴资产阶级自由、平等和博爱的精神，在法国大革命的前夜，具有解放人们思想的重要意义。有人称卢梭在教育界发动了一场哥白尼式的大革命，他把儿童放在教育过程的中心，认为儿童有一种潜在的发展可能，而教育就是为儿童提供一个优良的环境，使其充分地实现这种可能性。同时卢梭奠定了实用主义哲学和进步教育的理论基础，对欧美教育产生了深远影响。

b. 消极：虽然卢梭为教育的发展做出了突出贡献，但是他本身也是一位备受争议的教育家。其教育思想也有不足之处，如对儿童的天性认识过于理想化，过分强调儿童在活动中的自然成长，忽视社会的影响和人类文化传统的教育作用，过高估计儿童的直接经验，忽视学习系统的书本知识。

2011年北京师范大学333教育综合真题·凯程详解

一、名词解释

1. 鸿都门学

【答】(1) 鸿都门学是东汉汉灵帝在洛阳办的官学，在性质上属于一种研究文学艺术的专门学校，是东汉宦官集团为了与太学生支持的官僚集团做斗争，利用教育培养拥护自己的知识分子而建立的。

(2) 意义：a. 鸿都门学打破了儒家独尊的教育传统，以诗、赋、书画作为教育内容，促进了学校的多样化，是教育史上的一大变革；b. 它是一种专门学校，作为一种新的办学形式，为后来专门学校的发展提供了经验；c. 它是世界上最早研究文学艺术的专门学校。

2. 中体西用

【答】中体西用是“中学为体，西学为用”的缩略语，“体”，即根本的意思，“用”，即具体的措施。“中体西用”思想给僵化的封建文化打开了缺口，使西学在中国的发展成为可能，启动了中国近代教育改革的步伐，促进了新式教育的产生，打破了儒学一统天下的传统教育格局。但是其根本目的是维护封建统治，是在没有克服中、西学之间固有的内在矛盾情况下的直接嫁接，必然会引起二者之间的排异性反应。

3. 最近发展区

【答】最近发展区即实际的发展水平和潜在的发展水平之间的差距。前者指学生现有的身心成熟程度，后者指在成人的指导下或与更有能力的同伴合作时，能够获得的新的解决问题的能力。最近发展区为学生提供了发展的可能性，教和学的相互作用刺激了人的发展，社会和教育对人的发展起到主导作用。

4. 元认知策略

【答】元认知策略是指学生对自己学习过程的有效监控。它使学生警觉自己在注意和理解方面可能出现的问题，以便找出来加以修改。主要有自我计划策略、自我监控策略、自我调节策略、自我评价策略和自我指导策略等。

5. 苏格拉底法

【答】苏格拉底法，又称“问答法”“产婆术”。苏格拉底在哲学研究和讲学中，形成了由讥讽、助产术、归纳和定义四个步骤组成的独特方法。该方法最大的优点是不将现成的结论影响灌输或强加给对方。局限：受教育者必须有追求真理的愿望和热情；受教育者必须积累了一定的知识；这种方法不能机械地搬用于幼年儿童。

6. 道尔顿制

【答】道尔顿制是美国进步主义教育家帕克赫斯特所创立的个别教学制度。主张：（1）在学校里废除课堂教学，废除课程表和年级制，代之以“公约”或“合同式”的学习。（2）将各教室改为各科作业室或实验室。（3）用“表格法”来了解学生的学习进度。道尔顿制的两个重要原则是自由与合作。道尔顿制存在的主要问题是过于强调个别差异，对教师要求过高，以及在实施时易导致放任自流。另外，将教室完全改为实验室也不太实际。

二、简答题

1. 试评“环境决定论”。

【答】（1）“环境决定论”指的是环境决定人的发展，这个观点是错误的。

“环境决定论”夸大了环境作用，忽视了其他因素的作用。没有全面地认识到影响人发展的因素还有遗传、教育与人的主观能动性。遗传是人的发展的前提条件，环境为人的发展提供外界条件，教育对人的发展起主导作用，人的主观能动性是人的发展的动力因素。这四个因素共同促进人的发展。

（2）环境对人身心发展的作用。

环境在儿童身心发展中起重要作用，但不起决定作用。环境特别是社会环境是影响人的身心发展的最为根本的因素，它提供人的发展所需的物质条件和社会条件，形成人的发展的巨大动力，影响人的发展的价值方向和人的发展内容，对人的发展具有一种广义的教育作用。不过由于环境具有复杂性，其影响是自发的、分散的和偶然的，因此环境的影响是有限的。主要表现在：

①环境因素的影响是广泛的，但常常是偶然的、片断的、分散的，没有既定目标，也不能持续、系统地产生影响。

②环境因素对儿童的影响是自发的、盲目的，既有有利的、积极的影响，也有不利的、消极的影响。

③随着儿童个体主观能动性的发挥，其接受环境的影响不是被动的、消极的，而常常是积极的、能动的过程。

2. 学校教育中，怎样培养学生的创造力?

【答】创造力，即创造性，是个体利用一定的内外条件，产生新颖、独特、有社会或个人价值的产品的能力与相应的人格特征的心理品质。培养创造性的方法：

（1）营造鼓励创造的环境。包括社会环境、学校教育教学环境和家庭环境。

（2）培养创造型的教师队伍。包括转变教师的教育教学观念；教给教师必要的创造技法和思维策略；教师应不断学习关于创造性的心理学知识并指导实践。

（3）发展和培养创造性思维。创造性思维是创造性的核心，应做到：①加大思维的“前进跨度”，培养思维的跳跃能力。②加大思维的“联想跨度”，使学生敢于联系与移植。③加大思维的“转换跨度”，转换固有的思路；④给学生大胆探索与推测的机会。

（4）开设创造课程，教授创造技法。教学是培养学生创造性的重要途径，促进创造性发展的主要方法有头脑风暴法、系统探求法、联想类比法、转换思考法等。

（5）塑造创造性人格。创造性人格是创造性的重要组成部分，是培养创造性的重要内容。塑造创造性人格应：①保护好奇心；②解除对错误的恐惧心理；③鼓励独创性与多样性。

3. 简述德育的疏导原则。

【答】（1）疏导原则的含义：指进行德育要循循善诱、以理服人，从提高学生认识入手，调动学生的主动性，使他们积极向上。疏导原则也称为循循善诱原则。

（2）贯彻疏导原则的基本要求：

①讲明道理、疏通思想。对于学生的思想认识问题，只能疏导，不宜压制。压制往往会带来反抗，不利于学生的进步，而疏导才能使学生心悦诚服，自觉改进。

②因势利导、循循善诱。学生活泼爱动、精力旺盛，这是学生身体和心理健康的表现，是很自然的事。教师要善于把学生的积极性和志趣引导到正确方向上来。

③以表扬、激励为主，坚持正面教育。教师要给学生以启示、指点，在他们的成长过程中，要坚持正面教育，对他们表现出的积极性和微小的进步，要肯定，多加赞许、表扬和激励，以培养他们的优良品德。

4. 教育为什么要“以人为本”?

【答】教育是有目的地培养人的社会活动，教育的对象是人。确立教育要“以人为本”的主要原因有以下两点：

（1）树立“以人为本”的教育观，意味着肯定教育的根本主旨在于促进人的全面发展，在生产力发展的基础上尽可能地满足大多数人的文化需要，尽可能地让每个人有公平的受教育机会，尽可能地开发每个人的发展潜能，启发每个人的自主性、能动性、创造性，引导每个人保持个人与他人、个人与自然和个人自身的和谐，成为社会的主人、国家的公民，自觉地为人民服务，为社会主义现代化建功立业。

（2）树立“以人为本”的教育观，还意味着肯定人是自我教育、自我发展的主体。教育对人的个性素质的发展无疑起着巨大的作用，但教育还不能决定人的发展、人的个性素质。教育对人的发展不论有多大作用，毕竟还只是人发展的外因，教育必须经过人发展的内因，经过人的自我教育，才能转化为人的个性素质。教育的艺术和教育的实效，在很大程度上也取决于启发、培养、引导、激励和发挥人的自我教育、自我发展的能动性。因此，教育必须尊重人在自我教育、自我发展中的主体地位。

三、论述题

1. 论述蔡元培的“思想自由，兼容并包”原则及其对北大的改革。

【答】蔡元培是中国新文化运动的代表人物，是中国民主革命家和教育家。在五四运动时期，他接管了当时学风低下、自由散漫的北京大学，对北京大学进行改革，采取了一系列行之有效的方法和措施，使得北京大学的面貌焕然一新。

（1）“思想自由，兼容并包”的办学理念。

“思想自由，兼容并包”指的是在北京大学内，蔡元培允许各种学派自由发展，采取“学诣”第一的原则，只要这些思想言之有理，尚未达到自然淘汰的命运，就应该让这些思想自由发展。这其实是为新思想、新文化争取地位。这一办学理念反映了蔡元培的资产阶级民主主义思想，在当时具有冲破封建专制思想的作用，是积极的、进步的。在这个原则下，他对北京大学进行了改造。

（2）改革北大的具体措施。

①抱定宗旨，改变校风。第一，改变学生观念。第二，整顿教师队伍，延聘积学热心的教员。第三，发展研究所，广积图书，引导师生研究兴趣。第四，砥砺德行，培养正当兴趣。

②教授治校，民主管理。为贯彻这一原则，蔡元培在北大建立了全校最高立法和权力机构、全校最高行政和执行机构、全校教务传导机构等，还把治理大学的任务交给了教育家。

③学科与教学体制改革。蔡元培采取了以下措施：a. 扩充文理，改变"轻学而重术"的思想；b. 沟通文理，废科设系；c. 改年级制为选科制（学分制）。

（3）蔡元培改革北大的教育启示。

①大学应当把研究学问作为第一要义。大学不是灌输知识的场所，教师与学生都应当热爱学问，培养自己的学者风范。

②大学应以引领社会、服务社会为职责，担起带领社会风气的责任。

③大学教育的目的是育人而非制器。大学教育要以养成学生的健全人格为宗旨。大学教育要帮助学生发展能力、完善人格，同时也兼顾学生的技能和道德的教育。

④大学的管理者、办学者，应当好好审视大学的意义、角色，做好正确的定位，只有把握好大学应有的特点、应做的事，才能真正把教育办好，把学校办活。

2. 论述教学原则中的科学性和思想性统一原则。

【答】（1）定义：教学原则是根据一定的教学目的和任务，遵循教学过程的规律而制定的对教学的基本要求。其中科学性和思想性统一的原则是指教学要以马克思主义为指导，授予学生科学知识，并结合知识教学对学生进行社会主义品德和正确人生观、科学世界观教育。

（2）科学性和思想性统一原则的基本要求。

①确保教学的科学性，结合教学内容的特点进行思想品德教育，要通过各个环节对学生进行思想品德教育，不断提高自己的业务能力和思想水平。如基本知识要准确无误；适当地引入错误知识作为反例来辨别知识；有争议的问题也要引入教学，开阔学生眼界；用生动的故事引出含有人文性的知识。

②发掘教材的思想性，注意在教学中对学生进行品德教育。教师应掌握马克思主义的思想观点，对学生进行辩证唯物主义世界观、人生观、价值观的教育。如发掘人文性的知识，提高思想修养；品德教育贯穿在一切教学中；永不说教。

③在教学过程中应讲求教学艺术，重视补充有价值的资料、事例或录像。如隐性的知识最有效；重视对知识的领悟；精选故事，触动学生的心灵。

④教师要不断提高自己的专业水平和思想修养，跟上科学发展的潮流。如教师对知识理解的深度决定讲解知识的方式和深度；言传身教，充分认识到自己的一言一行对学生的潜移默化作用。

（3）科学性和思想性相统一的教学原则是教学规律的反映，关系到教学的方向。首先，它是我国教育目的的基本要求，我们要培养德、智、体、美、劳全面发展，具有独立个性的社会主义事业的建设者和接班人。其次，该原则也是教学具有教育性的反映。最后，科学性和思想性相统一原则还体现了物质与精神相平衡的时代需要，有助于科技与人文的结合，具有时代意义。

3. 论述诊断性评价、形成性评价和终结性评价的内涵。

【答】布卢姆根据评价在教学过程中的作用不同，将教学评价分为诊断性评价、形成性评价和终结性评价。

（1）诊断性评价。

①诊断性评价是在一个学期开始或一个单元教学开始时，为了解学生的学习准备状况及影响学习的因素而进行的评价。主要方法有：摸底考试、问卷调查、小组座谈、个别访谈等。

②其目的是：a. 确定学生的学习准备情况，明确学生发展的起点水平，为教学活动提供设计依据；b. 识别学生的发展差异，适当安置学生；c. 诊断个别学生发展上的特殊障碍，以作为采取补救措施的依据，在诊断性评价的基础上进行形成性评价。

（2）形成性评价。

①形成性评价是在教学过程中对学生的知识掌握和能力发展的比较经常而及时的测评与反馈。它包括在一节课或一个课题教学当中，对学生的口头提问、课堂作业与评议以及书面测验等。

②其目的是：a. 对学生进行过程性激励，及时让学生了解自己的反馈信息，更好地促进下一个阶段的学习；b. 及时了解学生对知识的掌握情况，有利于改善教学进程，从而更好地促进学生的学习与发展；c. 对于整个评价进程来说，形成性评价体现了发展性、过程性的评价理念，有利于促进评价方式的多元化发展。

（3）终结性评价。

①终结性评价是在一个学习阶段、一个学期或者一门课程结束时，对学生学习结果的评价，也称总结性评价。主要方法有：期中测试、期末测试等量的评价方式。

②其目的是：a. 考查学生群体或每个同学整体的发展水平，为各种评优、选拔提供参考依据；b. 总体把握知识、技能的程度和能力水平，为教师和学生确定后续教学起点提供依据。

（4）学生评价的意义：①准确诊断学生的学业完成情况；②促进学生发展；③对学生的发展起导向作用；④方便学生的管理。

4. 论述杜威的教育思想。

【答】（1）简介。

杜威是美国著名的哲学家、教育学家、心理学家和社会学家。他的思想对美国乃至世界教育的发展产生了深远的影响。其中以他的实用主义思想最具代表性。

（2）杜威的教育思想的内容。

①教育的本质。教育即生长，教育即生活，教育即经验的持续不断地改造。教育应该与学生的实际生活相联系，学校应与社会相联系，促进儿童的生长，因此他又提出了“学校即社会”，并提出了“从做中学”的原则。

评价：杜威的这些观点有利于使教育融入生活，对传统教育形成冲击，但是把获得主观经验作为教学的唯一目的，忽视了系统知识的传授。

②教育的目的。杜威提出，教育是一种过程，教育没有外在目的。由儿童的本能、冲动、兴趣所决定的具体教育过程，即“生长”，就是教育的目的。

评价：杜威反对那种普遍性的终极目的，而强调教育过程中教育者与受教育者心中的具体目的，但他却很难把教育的内在目的与教育的社会性目的统一起来。

③课程与教材。杜威批判传统课程，认为智育方面的课程极度贫乏，教材中充斥着呆板而枯燥无味的东西，于是提出了教材心理学化，并提出让儿童从做中学。

评价：教材心理学化使我们的课程编写更有科学依据，做中学对于传统的静坐学习也是有启发和进步意义的，但是他只强调直接经验，忽视了间接经验的学习。

④思维与教学方法。在思维方法上他提倡反省思维，提出思维五步法：a. 疑难的情境；b. 确定疑难所在；c. 提出解决问题的假设；d. 推断哪个假设能够解决这个疑难；e. 验证假设。

评价：杜威非常重视学校对学生优良思维习惯的培养，他认为学校所做的一切都是为了培养学生的思维能力。但是，把整个教学过程完全建立在学生带有盲目摸索性的“做”的基础上，这是不科学的。

（3）综上所述，杜威的教育思想始终是围绕着“儿童中心”，以“做中学”的方式开展的，提倡教育的实用性，强调教育的实行，这些固然有很大的积极意义，然而，以上分析中关于杜威思想的一些不足和矛盾也是值得我们深思的。

2012年北京师范大学333教育综合真题·凯程详解

一、名词解释

1. 京师同文馆

【答】京师同文馆是清末洋务运动时期由洋务派创办的第一所官办外语专门学校，后来并入京师大学堂。创办初期以培养外语翻译、洋务人才为目的，是近代中国被动开放的产物。课程设置上，重“西学”与“西艺”；教学方法上，注重理论与实际的结合。京师同文馆既有封建性，又有殖民性，是清政府在教育方面和外国资本主义结合的产物。它既是洋务学堂的开端，也是中国近代新教育的开端。

2. 生活教育

【答】“生活教育”是陶行知教育思想的核心，陶行知在晓庄学校开展了“生活教育”理论的实践。生活教育理论包含三个意思：首先，生活即教育，指生活含有教育的意义，实际生活是教育的中心。生活决定教育，教育改造生活。其次，社会即学校，指“社会含有学校的意味”和“学校含有社会的意味”。最后，教学做合一，要求“有教先学”和“有学有教”。

3. 贝尔－兰卡斯特制

【答】贝尔－兰卡斯特制又称导生制，由英国传教士贝尔和兰卡斯特所创。其目的是解决英国近代教育大发展背景下师资匮乏的问题。其基本方法是教师在学生中选择一些年龄较大、学习成绩好的学生充任导生，教师先对导生进行教学，然后由他们去教其他学生。采用这种教学方式，导生的数量可大大增加，在一定程度上缓解了教师奇缺的压力。但采用这种方法不可避免地造成教育质量下降，因此，它最终被人们抛弃。

4. 知识表征

【答】知识表征指知识在头脑中的表示形式和组织结构。知识是个体通过与信息甚至某个情境相互作用而获得的，个体一旦获得知识，就会在头脑中用某种形式和方式来代表其意义，把它储存起来。陈述性知识往往以概念、命题、命题网络、表象或图式表征，而程序性知识主要以产生式表征，有时也可能以图式表征。例如：我们说到小鸟，我们头脑中就会浮现出鸟的形象，知道鸟有翅膀、能飞行、有羽毛，甚至意识到鸟的叫声。这就是表征。

5. 自我提高内驱力

【答】根据学习动机影响学生学业成就的不同，奥苏伯尔将学习动机分为认知内驱力、自我提高内驱力和附属内驱力。其中，自我提高内驱力是个体因自己的学业成就而赢得相应地位的需要，即把学业看成赢得地位和自尊的根源，属于一种外部动机。

6. 恩物

【答】恩物是福禄培尔幼儿教育课程体系中的重要教学用具。其中真正的恩物应当满足三个条件：（1）既能使儿童理解周围世界，又能表达他对客观世界的认识；（2）每种恩物既应包含前面的恩物，又应预示后继的恩物；（3）每种恩物本身表现为完整的、有秩序的、统一的观念，即整体由部分组成，部分可形成有序的整体。

二、简答题

1. 简述教育的政治功能。

【答】（1）教育通过培养人才为社会政治服务。

（2）教育可以促进政治民主化。首先，教育通过宣传科学文化思想，提高人的民主观念，使公众具有民主意识。其次，教育不仅能提高国民的政治素质，而且能提高他们参与政治的热情和能力，它是使政治走向民主化的助推器。最后，教育民主化本身就是政治民主化的重要组成部分。

（3）教育通过宣传统治阶级的思想意识，创造一定的社会舆论来为政治服务。教育能够利用社会上的一切宣传机构和媒体，宣传统治阶级的思想，造成一定的社会舆论，对社会公民产生影响，以达到维护社会稳定的目的。

（4）教育通过传播一定的社会政治意识形态，完成年轻一代的政治社会化。政治社会化是指引导人们接受一定社会的政治意识形态，形成适应于一定社会政治制度的政治态度和政治认同感，以及积极参与政治、监督政治的政治习惯与能力的过程。这一过程对年轻一代尤为重要，也是确保把他们培养成国家公民的过程。政治社会化主要通过教育进行。

2. 简述我国教育目的的基本精神。

【答】（1）我国教育目的在《中华人民共和国教育法》中的表述为“教育必须为社会主义现代化建设服务，必须与生产劳动相结合，培养德、智、体等方面全面发展的社会主义事业的建设者和接班人”。

（2）我国教育目的体现的精神实质是：

①培养“劳动者”或“社会主义建设人才”，明确了我国教育的社会主义方向，也指明了我国教育培养出来的人的社会地位和社会价值。

②坚持全面发展，可以从分类和分层两个角度来理解。从分类的角度来看，包括生理和心理两个方面的发展；从分层的角度来看，包括了三个层面的发展，即发展人处理与自然关系的能力，发展人处理与社会关系的能力和发展人与自我关系的能力。

③培养独立个性，培养独立个性更多的是强调培养学生在社会生活中的创造精神和超越精神。

3. 简述课程多样化的内涵。

【答】（1）内涵。

课程的多样性主要是指课程应当广泛反映不同地区的不同经济社会发展的要求；反映不同民族、阶级、阶层、群体的不同文化、利益与需求；反映不同学生个人的个性发展的选择与诉求。

（2）课程多样化的作用。

①有助于实事求是、以人为本，尊重不同地区、群体与个人的差异、特色及其对教育与课程的追求；②有助于肯定各方面的独特价值，调动每个人的积极性，增进社会的民主、公平，促使社会与个人都能更加丰富多彩、生动活泼地得到发展。

但是，我们不能盲目追求多样化，一味照顾各方面的局部利益。这样不仅会造成课程的繁杂，加重学生的课业负担，而且会削弱教育的正确政治方向，严重影响教学的质量。所以，我们必须要适当地处理好课程的一元化和多样化的矛盾。

4. 简述启发性教学原则的基本要求。

【答】（1）内涵。

启发性教学原则反映了学生的认识规律。教师要对学生进行启发，而不是告诉学生现成的答案，注意调动学生的主动性，促使学生在教师的引导下积极思考，自觉地掌握科学知识，提高学生分析问题和解决问题的能力。

（2）基本要求。

①调动学生学习的主动性。教师要发挥个人的创造性，善于运用发人深思的提问，充分显示教学内容的吸引力，以便激起学生的求知欲和积极性，全神贯注地投入学习。

②善于提问激疑，引导教学步步深入。在启发的过程中，教师要有耐心，给学生一定的思考时间；要有重点，问题不能多，也不能启而不发，要善于与学生探讨。

③让学生动手，培养学生独立解决问题的能力。在学生的学习过程中，教师要根据学生的情况，有针对性地指点和启发，再组织交流或讨论。这样学生不仅能掌握解决问题的方法，还能提高兴趣。

④引导学生反思学习过程，让学生从学习中学会学习。

⑤发扬教学民主。要创造宽松、和谐、民主、平等、活跃的课堂教学氛围。

三、论述题

1. 试评述孔子的教育实践与思想。

【答】（1）孔子在文化教育方面的贡献。

一是编订“六经”:《诗》《书》《礼》《乐》《易》《春秋》，整理和保存了我国古代文化典籍；二是开创私人讲学之风。

（2）孔子教育思想的内容。

①孔子理论体系的思想基础是“仁”和“礼”。孔子把“仁”视作最高的道德规范，其要义就是“爱人”，并要求统治者提倡礼教。

②教育作用包括对社会和对个人两方面。a.对社会的作用:“庶、富、教”；b.对个人的作用:“性相近也，习相远也”。

③教育对象方面主张“有教无类”，人人都可以入学。打破了“礼不下庶人”的传统，扩大了教育对象，顺应了历史潮流。

④教育目的:“仕而优则学，学而优则仕”。培养的是治国安民的贤能之士。

⑤教学思想：在教育内容上，孔子承袭了西周的传统“六艺”教育，传授的教材为“六经”；在教学方法上，提出了因材施教、启发诱导、学思行并重、由博返约等方法。

⑥道德教育思想。孔子以“仁”与“礼”作为其道德教育的主要内容。德育原则为立志、克己、力行、中庸、内省、改过。

⑦关于教师的论述。他认为身为教师应该做到学而不厌，诲人不倦。强调教师要尽职尽责、爱护学生，还要以身作则、教学相长。

（3）评价。

积极影响：①孔子以自己一生的教育经验积累了丰富的教育思想，为后人留下了宝贵的精神财富，他对教育的社会作用和个人作用的肯定，提高了人们对教育的重视程度；②“有教无类”的教育对象观，打破了贵族子弟对受教育权的垄断，顺应了历史的潮流；③在教育目的和教育内容上的独到见解，为后人留下了许多启示，同时还给人们总结出了许多行之有效的教学方法和原则，成为教育史上的一笔巨大的财富。

消极影响：①由于受历史时代的局限，孔子的教育思想无法超出封建思想的界限，其根本目的是为封建统治阶级服务的，不可能具有完全的民主性；②从其教育内容中看出，其思想中明显地透露出对生产劳动知识和技能的鄙视。

2.论述德育过程是提高学生自我教育能力的过程。

【答】（1）自我教育能力培养的意义。

①自我教育能力是德育的一个重要条件，只有注重培养和提高学生的这种能力，德育才能进行得更顺利、更有效。

②学生的自我教育能力的形成，又是学生思想道德发展过程的一个重要标志。德育的任务就在于把学生逐步培养成具有自我教育能力的、能独立自主地进行思想道德实践的主体。

③只有能够激发学生进行自我教育的教育，才是真正发挥了学生自主性、能动性和创造性的教育，这在学生的成长过程中意义重大。

（2）自我教育能力的构成因素。

①自我期望能力，是个体设定自我发展愿景的能力，它是自我教育的内在目的和动力。

②自我评价能力，是个体对自我发展现状与趋势的评判能力，是进行自我教育的认识基础。

③自我调控能力，是在自我评价的基础上建立起来的自觉调节、控制自己思想和行为的能力，它是进行自我教育的重要机制。

（3）学生自我教育能力的发展。

学生自我教育能力的发展是有规律的，大致是从自我中心发展到他律，又从他律发展到自律。教师应该依据这一规律，在实际中因势利导，有目的地培养学生的自我期望、自我评价和自我调控能力，以形成他们的自我教育能力。

3.评述韦纳的动机理论。

【答】韦纳在前人的基础上，对行为结果的归因进行了系统探讨，发现人们倾向于将活动成败的原因归结于六个因素：能力高低、努力程度、任务难易、运气好坏、身心状态、外界环境。他把这六个因素归为三个维度，即内部归因和外部归因、稳定归因和非稳定归因、可控归因和不可控归因。依据这三个维度，把成就行为归因于能力、努力、任务难度、运气四个有代表性的原因。

在这四个有代表性的原因中，能力是稳定的内部因素，努力是不稳定的内部因素，任务难度是稳定的外部因素，运气是不稳定的外部因素。人们往往把自己的成功与失败归结为上述四个原因中的一个或几个，归结为不同的原因会带来相应的心理变化，表现为对下一次成就结果的期待与情感的变化，进而影响其以后的成就行为。

4.（1）该材料作者及其基本情况。

（2）该材料所包含的基本观点及其意义。

（3）该作者其他主要的教育观念。

【答】（1）这一思想是杜威提出的。

①杜威是美国著名的哲学家、教育学家、心理学家和社会学家。其教育学著作《民主主义与教育》，被西方教育家视为与柏拉图的《理想国》和卢梭的《爱弥儿》有同等地位的教育著作，其他代表作有《我的教育信条》《学校与社会》等。

②杜威系哲学出身，后在多所大学从事哲学、教育学、心理学教学研究，并创办芝加哥实验学校进行教育实践。

③杜威教学研究的特点表现为：一是不限于教育理论的研究，二是关注社会问题。

④杜威的教育中心思想可以概括为：教育即生活、学校即社会、教育即经验、教育即生长、从做中学、以学生为中心。杜威的主要观点包括教育的本质与目的、课程与教材论、思维与教学论和道德教育理论。

（2）这个材料的观点是教育的无目的论，也就是教育即生长的观点。

①教育的无目的论。

杜威认为由儿童的本能、冲动、兴趣所决定的具体教育过程，即“生长”，就是教育的目的，而由社会、政治需要所决定的教育目的则是“教育过程以外”的目的。杜威指责这是一种外在的、虚伪的目的。

②教育的社会性目的。

杜威认为教育为社会进步服务，为民主制度的完善服务，过程以内的目的并不否定教育的社会作用和社会目的。相反，杜威认为教育是社会进步和社会改革的基本方法，学校是社会进步和改革的最基本、最有效的工具。而教育的社会目的就是改造社会、完善民主。民主不仅是教育的目的，也是教育的要求。

③评价：杜威不是一般的教育无目的论者。他反对那种普遍性的终极目的，而强调教育过程中教育者与受教育者心中的具体目的。然而，他只强调教育过程而抛开社会影响来讲教育目的，很难把教育的内在目的与教育的社会性目的统一起来，是片面的。

（3）杜威其他主要的教育观念。（见2011年北京师范大学真题）

2013年北京师范大学333教育综合真题·凯程详解

一、名词解释

1. 京师大学堂

【答】京师大学堂是中国教育史上非常重要的高等学府。清末维新变法时期，维新派首次设立全国最高教育行政机构兼最高学府，即京师大学堂。在课程设置上，京师大学堂遵照“中学为体，西学为用”这一宗旨，分为溥通学和专门学两大类。京师大学堂所招收的学生全都是五品到八品的官员和举人，封建等级非常浓厚。戊戌政变后，恢复八股取士，京师大学堂被学生当成了准备科举的场所。1912年，京师大学堂更名为北京大学。

2. 三舍法

【答】(1)“三舍法”是北宋王安石在“熙宁兴学”期间创立的一种学校管理制度，是对太学的一种改革，是在太学内部建立起来的严格的升舍考试制度。

(2)具体内容：将太学生员分为外舍、内舍、上舍三个等级，生员依学业程度，通过考核，依次升舍。初入学为外舍生，相当于预科生或旁听生。外舍升内舍，内舍升上舍。

(3)历史意义：对学生的考察与选拔力求做到将平时行艺与考试成绩相结合，有利于调动学生学习的积极性，提高太学教学质量。同时上舍考试与科举结合，融养士与取士于太学，提高了太学的地位。总之，“三舍法”是中国古代大学管理制度上的一项创新，对后来元、明、清的教育都有深远影响。

3. 美国《国家处在危险之中：教育改革势在必行》的报告

【答】(1)背景：20世纪80年代初，美国为进一步提高中小学的教育质量而提出。

(2)报告的内容：①建议加强中学五门“新基础课”的教学，中学必须开设数学、英语、自然科学、社会科学、计算机课程；②提高教育标准和要求；③通过加强课堂管理等措施，有效利用在校的学习时间；④改进教师的培养，提高教师的专业训练标准、地位和待遇；⑤各级政府加强对教育改革的领导和实施。

(3)影响：①恢复和确立了学术性学科在中学课程结构中的主体地位；②加强了课程结构的统一性；③增强了公众对教育的信心。但是因过分强调标准化的测试成绩，导致忽视学生个性的培养。

4. 洛克的“白板说”

【答】洛克反对天赋观念论，提出了“白板说”和经验主义的观念论。他认为人出生后心灵如同“一块白板”，一切知识都是建立在由外部而来的感官经验之上的。“白板说”是其教育思想的主要理论基础。

5. 心理健康

【答】心理健康是一种良好而持续的心理状态和过程，表现为个人具有生命的活力、积极的内心体验、良好的社会适应，并能有效地发挥个人的身心潜能和积极的社会功能。

6. 学习动机

【答】动机是一个人做某件事的动力倾向。学习动机是激发个体进行学习活动，维持已引起的学习活动，并使个体的学习活动朝向一定学习目标的一种动力倾向。它与学习活动可以互相激发、互相加强。学习动机一旦形成，就会自始至终，贯穿某一学习活动的全过程。

二、简答题

1. 简述现代教育的主要特点。

【答】(1)学校教育逐步普及。19世纪中叶以后，各先进资本主义国家通过了有关普及义务教育的法律，这些法律大都具有强制性。

(2)教育的公共性日益突出。教育逐渐成为社会的公共事业，成为社会的公共话题，也成为政治家们优先考虑的社会问题。

(3)教育的生产性不断增强。在现代社会，随着机器大工业生产的发展和科学技术的进步，从事生产的劳动者就需要有一定的科学知识和技术。学校教育日益与生产劳动相结合。

(4)教育制度逐步完善。教育系统的形成，教育事业的普及，推动了教育制度化的进程；教育研究和教育改革的进展，教育经验的积累，使制度化教育趋于成熟。

2. 简述学校教育的主要价值。

【答】(1)学校教育是一种有目的地培养人的活动，它规定着人的发展方向。

(2)教育，特别是学校教育给人的影响比较全面、系统和深刻。

(3)学校有专门负责教育工作的老师，他们对学生的思想、学业、身体是全面关心的，他们有明确的教育目的，熟悉教育内容，懂得教育这个转化活动的规律和方法，能自觉地促进学生按照一定的方向发展。

（4）学校教育是制度化、规范化、规律化、专门化的教育，它可以让青少年迅速而有效地掌握各个方面的专业技能，与家庭教育、自学、社会教育相比，具有无可比拟的优越性。

（5）现代社会的竞争是知识的竞争，而学校是传播和创造知识的主要场所，学校教育有利于青少年掌握必要的理论知识，它是一个人踏上社会所必不可少的。

（6）当今的劳动和社会分工，无不是以一个人的能力、技能来分配的，而学校就是专门提供这种人才的场所。因而年轻一代接受学校教育，也是他们优化职业选择的必由之路。

3. 简述个人本位论教育目的的观点。

【答】（1）个人本位论的代表人物有卢梭、裴斯泰洛齐等，个人本位论者主张教育目的的制定应该依据个人需要。

（2）主要观点：①教育目的应从受教育者的本性出发，要充分发展受教育者的个性，提高受教育者的个人价值；②重视人的价值、个性发展和需要；③教育的目的在于帮助人们充分地实现他们的自然潜能，以便在此基础上建立理想的社会和国家；④人的本性在于“自然性”，个人价值高于社会价值。

（3）优点：倡导人的自由与个性，提升人的价值与地位，解放人性。

（4）局限性：将个人的利益凌驾于社会和国家利益之上，最终会毁坏教育的社会基础或前提。

4. 简述教学的任务。

【答】（1）引导学生掌握科学文化基础知识和基本技能。

（2）发展学生的智力、体力和创造才能。

（3）培养学生的社会主义品德和审美情趣，奠定学生的科学世界观基础，培养学生良好的个性心理品质。

三、论述题

1. 试论述蔡元培的基本思想。

【答】（1）简介。

蔡元培是我国著名的教育思想家，他担任过民国第一任教育总长，做过北京大学的校长，为中国的教育事业做出了重大贡献。

（2）基本思想。

①“五育”并举的思想。从“养成共和国民健全之人格”的观点出发，提出了“五育”并举的教育思想。“五育”包括军国民教育、实利主义教育、公民道德教育、世界观教育和美感教育。以公民道德教育为根本。

②对北大进行改革，提出了“思想自由，兼容并包”的教育思想。

a. 改革措施有：抱定宗旨，改变校风；教授治校，民主管理；学科与教学体制改革，扩充文理，改变“轻学而重术”的思想，沟通文理，废科设系，改年级制为选科制。

b. 评价。贯彻“思想自由，兼容并包”的办学原则，各种学问能够在大学自由地研究和讲授，这也是各国大学的共同准则，这样大学才能对学术的发展起促进作用。

③提出教育独立思想。要求教育经费独立、教育学术和内容独立、教育行政独立和教育脱离宗教而独立。这是对当时政治状况的无奈反抗，是一种历史唯心主义观点，教育不可能脱离政治而存在。

④大学院和大学区制。蔡元培主张学术领导行政，使教育行政学术化，摆脱腐败的官僚支配，但理想过高，最终导致学术机关官僚化，效率低下。这是一次失败的改革。

（3）意义。

蔡元培教育思想的现实意义凸显在“五育”并举的思想和北大改革上。“五育”并举旨在“养成共和国民健全之人格”。北大改革不仅是改革自身，而且是我国高等教育近代化发展中的一个里程碑。“兼容并包”包容不同学术学派，摒弃封建专制思想，包容无产阶级和资产阶级新思想、新文化和新人物。北大也因此成为新文化运动的主要阵地、马克思主义的传播中心和五四运动的策源地，影响远超教育领域。

2. 上述名言皆出自哪位教育家？试根据材料分析他的教育思想。

【答】(1) 上述皆是杜威的名言。(2) 杜威的教育思想。(见 2011 年北京师范大学真题)

3. 试论述德育原则中理论与实际相结合的原则。

【答】(1) 理论与实际相结合原则的含义：指进行德育要注重引导学生把思想政治观念和社会道德规范的学习同参与生活实践结合起来，把提高道德认识与养成良好道德行为结合起来，做到心口如一，言行一致。

(2) 贯彻这一原则的基本要求是：

①理论学习要结合学生生活实际，切实提高学生的思想。

道德源于生活，品德养成于生活，德育的理论教育与学习只有同学生的实际生活对话、互动，让学生感兴趣，为学生所需要、理解、体验、内化，这样，学生所学到的思想品德理论才会真正介入、渗透到学生的实际生活中去，提高学生评价生活、选择生活、更新生活的能力。

学生的生活既是个人的，又是社会的；既有特殊性，又蕴含普遍性。所以，德育的理论教育或学习只能是对话而不是灌输，只能是思想情感上的交流与沟通，而不是生硬说教或强迫命令。

②注重实践，培养道德行为习惯。

德育要以生活为基础，要引导学生的实践活动与交往。德育要以生活为基础，组织学生适当地参加集体生活、公益劳动、社会服务、政治活动等，让学生在实践中锻炼成长，深化思想认识和情感体验，养成好的行为习惯。如见师长就问好、认真听讲、先举手后发言、积极打扫教室等，只有日常的社会活动和道德实践才能激发他们遵守道德规范的积极性，才能使他们获得的道德知识转化为道德信念，形成高尚的道德。

4. 试论述有意义学习的实质与条件。

【答】(1) 有意义学习的实质：就是将符号所代表的新知识和学生认知结构中已有的适当观念建立起非人为的和实质性的联系。非人为的联系指这种联系不是任意的或人为强加的，而是新知识和原有的认知结构中的有关观念建立的某种合理的或逻辑基础上的联系；实质性联系指新旧知识之间的联系是非字面的，是建立在具有逻辑关系基础上的联系，是一种内在的联系。

(2) 有意义学习的条件。

①从客观条件看，有意义学习的材料本身必须能够与学生认知结构中的有关知识建立起非人为的和实质性的联系。

②从主观条件看，有意义学习主要包括三点：a. 学习者要有有意义学习的心向或倾向性；b. 学习者认知结构中必须具有适当的知识基础；c. 学习者必须积极主动地使具有潜在意义的新知识与认知结构中有关的旧知识发生相互作用，从而加强对新知识的理解，使认知结构或旧知识得到改善，新知识获得实际意义。

2014 年北京师范大学 333 教育综合真题 · 凯程详解

一、名词解释

1. 教育

【答】从广义上说，凡是增进人们的知识和技能，影响人们思想品德的活动都是教育。狭义的教育是指专门的、有组织的教育，主要指学校教育，其含义是教育者根据一定社会或阶级的要求，有目的、有计划、有组织地对受教育者身心施加影响，把他们培养成为一定社会或阶级所需要的人的活动。

2. 苏湖教法

【答】苏湖教法也叫“分斋教学”，是北宋胡瑗在主持苏州、湖州州学时创立的一种新的教学制度，在“庆历兴学”时被用于太学的教学。胡瑗在苏湖两州学任教期间，一反当时盛行的重视诗赋声律的学风，提倡经世致用的实学，主张“明体达用”，其内容是在学校内设立经义斋和治事斋，创行“分斋教学”制度。在胡瑗的苏湖教法中，学生可以主治一科，兼学其他科，创立分科教学和学科的必修、选修制度，这在世界教育史上也是最早的。

3. 进步主义教育

【答】19世纪末，进步教育运动崛起。以帕克的“昆西教学法”为起点，到20世纪50年代衰落。进步主义教育运动反思了传统教育，主张教育要以儿童为中心，尊重儿童的兴趣与需要、个性与自由，对美国乃至世界的教育产生了深远的影响，衰落的主要原因是过于强调儿童自由、忽视社会。1957年，《进步教育》杂志停办，标志着美国教育史上一个时代的结束。

4. 赫尔巴特的教育目的论

【答】在赫尔巴特的教育理论中，道德是教育的最高目的。赫尔巴特认为，教育所要达到的基本目的可分为两种，即“可能的目的”和“必要的目的”。“可能的目的”是指与儿童未来所从事的与职业有关的目的，这个目的是要发展多方面的兴趣，使人的各种潜力得到和谐发展。“必要的目的”是指教育所要达到的最高和最为基本的目的，即道德，这个目的就是要养成内心自由、完善、仁慈、正义和公平五种道德观念。

5. 最近发展区（见2011年北京师范大学真题）

6. 奥苏伯尔的有意义接受学习

【答】所谓有意义学习，就是将符号所代表的新知识和学生认知结构中已有的适当观念建立起非人为的和实质性的联系。非人为的联系指这种联系不是任意的或人为强加的，而是新知识和原有的认知结构中的有关观念建立的某种合理的或逻辑基础上的联系；实质性联系指新旧知识之间的联系是非字面的，是建立在具有逻辑关系基础上的联系，是一种内在的联系。

二、简答题

1. 简述德育的基本途径。

【答】德育的途径有直接的和间接的两种。

（1）直接的德育是开设专门的德育课程，系统地向学生传授道德知识和道德理论。

（2）间接的德育是在学科教学、学校与课程管理、辅助性服务工作和学校集体生活各个层面对学生进行道德渗透。①学科教学中唯一可行的道德渗透是德育；②道德学习的核心是价值观或态度的学习；③教材对学生品德的影响也很重要。

2. 简述活动课程的主要特征。（见2010年北京师范大学真题）

3. 简述教师专业素质的主要内容。

【答】（1）高尚的师德。①教师要热爱教育事业，富有献身精神和人文精神。②热爱学生，诲人不倦。③热爱集体，团结协作。④严于律己，为人师表。

（2）宽厚的文化素养。要对自己所教的专业知识融会贯通，能从整体上系统把握教学内容，这样才能达到运用自如的境界。同时，教师还应有比较深厚的文化修养。

（3）专门的教育素养。主要包括教育理论素养、教育能力素养和教育研究素养。

（4）健康的心理素质。教师的心理健康会影响教育工作的成败和学生的心理健康，教师应具备良好的心理素质。主要指教师要有轻松愉快的心境，昂扬、振奋的精神，乐观、幽默的情绪，以及坚忍不拔的毅力等。

4. 简述社会规范学习的心理过程。

【答】（1）社会规范学习的含义：个体接受社会规范，内化社会价值，将规范所确定的外在于主体的行为要求转化为主体内在的行为需要，从而建构主体内部的社会行为调节机制的过程，即社会规范的内化过程。

（2）社会规范学习的心理过程包括：

①社会规范的遵从。一般指行为主体在对别人或团体提出的某种行为要求的依据或必要性缺乏认识，甚至有抵触的认识和情绪时，既不违背，也不反抗，仍然遵照执行的一种现象。遵从是规范

内化的初级阶段，也是进一步内化的基础，具有一定的盲目性、被动性、工具性和情境性。影响社会规范遵从的因素有：群体特征、外界压力和个性特征。

②社会规范的认同。社会规范的认同作为社会规范的一种接受水平，一般指行为主体在认识、情感与行为上对规范趋于一致，从而自愿接受社会规范的现象。影响社会规范认同的因素有：榜样的特点、规范本身的特性和强化方式。

③社会规范的内化。社会规范的内化是规范的一种高级接受水平或高度遵从的态度，是品德形成的最高阶段。社会规范的内化表现为主体规范行为的动机是以规范本身的价值信念为基础的，其规范行为是由社会规范的价值信念所驱动的。影响社会规范内化的因素有：对规范价值的认知和对规范价值的情感体验。

三、论述题

1. 试分析陶行知“生活教育”的主要内容。

【答】（1）“生活教育”是陶行知教育思想的核心。深受实用主义教育思想和进步教育运动的影响的他回国后针对中国的现实，提出了生活教育理论。

（2）生活教育理论的内涵：生活即教育、社会即学校、教学做合一。

①生活即教育是生活教育理论的核心。第一，生活含有教育的意义；第二，实际生活是教育的中心；第三，生活决定教育，教育改造生活。

②社会即学校是“生活即教育”在学校与社会关系问题上的具体化。第一，指“社会含有学校的意味”或者说“以社会为学校”；第二，指“学校含有社会的意味”。

③教学做合一是“生活即教育”在教学方法问题上的具体化。第一，要求“在劳力上劳心”；第二，“行是知之始”；第三，要求“有教先学”和“有学有教”；第四，是对注入式教学法的否定，即教育要与实践相结合。

（3）启示。

①陶行知的生活教育理论以“生活”为中心、为基础，以生活和教育的辩证关系为基本矛盾展开。这种教育要培养的是实际动手能力强、自觉追求真理、喜欢探索的人。“生活教育”提醒我们将教育与实践相结合，将书本知识与社会活动相结合，提高学生的行动能力。

②要有民主平等的师生观。学生和教师之间以“做”为中介，达到教与学合一，师与生合一。在教育教学活动中，教师与学生的关系不是固定不变的，而是随活动的展开而发生转换的，这种师生观念、教学观念在今天仍有重要的借鉴意义。

③生活中随处存在可学习的东西，要拓宽我们的课程资源。教科书不应是唯一的课程资源，不能只会死读书本上的知识，而不把握生活中的学习机会。

④教学要给学生充分的自主空间和活动空间。在教育教学活动中，要尊重学生的主体地位，让学生做学习与活动的主人，探索个性的学习方法。

2. 试论述夸美纽斯关于班级授课制的基本观点。

【答】（1）班级授课制的含义：为了克服当时学校教育中家庭教育式的个别教学的弊端，以及为普及教育服务，夸美纽斯大力提倡班级授课制。他所说的班级授课，就是把不同年龄、不同知识水平的儿童，分成不同班级，通过班级进行教学。

（2）班级授课制的具体设想包括：①根据儿童年龄及知识水平分成不同班级，每个班级一个教室，由一个教师对一个班的学生同时授课；②把全班学生分成若干小组，每组十人，委托一个优秀学生为组长，协助教师管理学生，考查学业；③为每个班级制订统一的教学计划，编写统一的教材，规定统一的作息时间，使每年、每月、每日、每时的教学都有计划地进行。

（3）评价。

优点：①扩大了教育对象，有利于普及教育；②教师面对众多的学生，工作兴趣大增，工作热情高涨，从而能够提高学生学习的积极性；③在学生方面，学习的伙伴在一起，可以互相激励、互相帮助。

缺点：无法照顾到每个学生的发展。

3. 试分析促进知识迁移的措施。

【答】（1）迁移是指一种学习对另一种学习的影响，是指已经获得的知识、技能，甚至方法和态度对新知识、新技能的影响。

（2）促进知识迁移的措施主要有：

①整合学科内容。教师要注意把各个独立的教学内容整合起来，注意各门学科之间的横向联系，要鼓励学生把在某一门学科中学到的知识运用于其他学科中。这就是加涅所说的横向迁移。

②加强知识联系。教师要重视简单的知识技能和复杂的知识技能之间、新旧知识技能之间的联系，要促使学生把已学过的内容迁移到新知识上去，注意可以通过提问、提示等方式，使学生利用已有知识来理解新知识。这就是所谓的纵向迁移。

③重视学习策略。教师要有意识地教学生学会如何学习，帮助他们掌握概括化的认知策略和元认知策略。认知策略和元认知策略是可教的，教授学习策略就会促进学习迁移。

④强调概括总结。教师要有意识地启发学生对所学内容进行概括总结。一方面，教师可以引导学生自己总结出概括化的原理，培养和提高概括总结的能力，充分利用原理、原则的迁移。另一方面，在讲解原理、原则时要尽可能用丰富的案例，帮助学生尽可能把原理、原则运用到其他情境或实践中。

⑤培养迁移意识。教师通过反馈和归因控制等方式使学生形成关于学习的积极态度，鼓励学生大胆进行知识迁移，灵活应用知识。

4. 试论述教育的社会功能。

【答】教育受社会发展的制约的同时表现出对社会的影响，教育主要通过育人功能来实现其社会功能，教育的社会功能分为教育的社会变迁功能和教育的社会流动功能。

（1）教育的社会变迁功能。

①定义：指教育通过开发人的潜能，提高人的素质，促进人的社会化，引导人的社会实践，使人不仅能适应社会的发展，而且能够推动社会的改革与发展。

②主要表现在以下几方面：

a. 教育的经济功能。教育是使可能的劳动力转化为现实的劳动力的基本途径；教育是提高劳动者素质和生产率的重要因素；教育是科学知识再生产的重要手段，能生产新的科学知识。

b. 教育的政治功能。培养人才为社会政治服务；促进政治民主化；宣传统治阶级的思想意识，创造舆论为政治服务；传播一定的社会政治意识形态，完成年轻一代的政治社会化。

c. 教育的文化功能。传递、保存文化的功能；传播、交流与丰富文化的功能；选择、提升文化的功能；创造、更新文化的功能。

d. 教育的生态功能。树立建设生态文明的理念；普及生态文明知识，提高民族素质；引导建设生态文明的社会活动。

（2）教育的社会流动功能。

①定义：指社会成员通过教育的培养、筛选与提高，能在不同的社会区域、社会层次、职业岗位、科层组织之间转换、调整与变动，以充分发挥其个性特长，展现其智慧才能，实现其人生价值。

②教育的社会流动功能的意义：a. 教育已成为现代社会中个人社会流动的基础；b. 教育是社会流动的主要通道；c. 教育的社会流动功能关乎人的发展权利的教育资源分配问题。

（3）教育的社会变迁功能与社会流动功能既有严格区别，又有内在联系，相辅相成。

教育的社会变迁功能为社会流动功能的产生奠定了客观基础，并为其实现开拓了可能的空间；而教育的社会流动功能的实现程度，是衡量社会变迁的价值尺度，是推进社会变迁的动力。二者的互动是社会发展和进步的必要条件，体现了教育对增进社会发展利益的能动作用。

总之，我们要从总体上认识和把握教育的社会功能，让教育的社会功能对社会各个方面都产生积极的、正向的作用。

2015年北京师范大学333教育综合真题·凯程详解

一、名词解释

1. 教育目的

【答】教育目的的概念有广义与狭义之分。广义的教育目的是指人们对受教育者的期望，即人们希望受教育者通过教育在身心诸方面发生什么样的变化，或者产生怎样的结果。狭义的教育目的是指国家或社会对教育所要造就的人才的总要求。我国的教育目的是教育必须为社会主义现代化建设服务，必须与生产劳动相结合，培养德、智、体等方面全面发展的社会主义事业的建设者和接班人。教育目的的内容、结构包含"为谁培养人"和"培养什么样的人"的问题。教育目的的层次结构是国家的教育总目的，是各类学校的培养目标、课程目标和教学目标。

2. 学校管理

【答】学校管理是学校管理者在一定的社会历史条件下，通过一定的组织机构和制度，采用一定的方法和手段，带领和引导师生员工，充分发挥校内人、财、物、时间、空间和信息等资源的最佳整体功能，卓有成效地实现学校工作目标的组织活动。简言之，学校管理是管理者通过一定的组织形式和工作方式以实现学校教育目标的活动。它具有教育性、服务性、文化性与创造性等显著特性。

3. 教学评价

【答】教学评价是对教学工作质量所做的测量、分析和评定。它是以参与教学活动的因素如教师、学生、教学目标、内容、方法、教学设备、时间、场地等有机结合的过程和结果为评价对象，是对教学活动的整体功能所做的评价。教学评价是教学活动的反馈机制，有助于提高和改进教学活动。

4. 课程标准

【答】课程标准是依照课程计划的要求，每门学科以纲要的形式编定的、有关学科教学内容的指导性文件。它规定着每门学科的性质与地位，是教材编写、教学、评估与考试命题的依据，是国家管理与评价课程的基础。编写课程标准是课程开发的重要步骤。课程标准的结构包括说明部分、课程目标部分、内容标准部分、课程实施建议部分。

5. 社会性发展

【答】个体在发展过程中获得自身的个性和社会性。人的社会性指个体在特定的社会文化环境中，学习和掌握知识、技能、语言、规范、价值观等社会文化行为方式和人格特征，以便适应社会，或者说适应群体生活的特性。所谓社会性发展即个体在社会生活中不断地社会化的过程，个体能更好地适应社会，并积极作用于社会，创造新文化的过程，个体从而更好地习得社会中的标准、规范、价值和所期望的行为。个体的社会性发展是一个持续终身的过程。

6. 学习策略

【答】学习策略是指学习者为了提高学习的效果和效率，有目的、有计划地制定的有关学习过程的复杂方案。它是学习过程中信息加工的方式方法和调控技能的综合。麦基奇把学习策略分为认知策略、元认知策略和资源管理策略。

二、简答题

1. 简述教育的基本要素及各要素之间的相互关系。

【答】教育活动的基本要素是教育者、受教育者和教育中介系统。

（1）教育者。对受教育者在知识、技能、思想、品德等方面起到教育影响作用的人，都可称为教育者。学校教育产生后，教育者主要是学校教师和其他教育工作人员。教育者是教育活动的实施者、学生的主要影响者和引导者，教育者是构成教育活动的一个基本要素。

（2）受教育者。受教育者是教育的对象、学习的主体，也是构成教育活动的基本要素。既包括学校中学习的儿童、青少年，也包括各种形式教育中的成人学生。

（3）教育中介系统。为了实现教育目的所采取的办法，包括教育内容和教育活动方式。

教育活动的三个基本要素相互联系。教育者是教育活动的组织者和领导者，通过掌握教育目的，采用适当的教育内容和手段，创设必要的教育环境，调控着受教育者和整个教育过程，从而使受教育者的身心发生预期的变化，实现教育目的，所以说教育者是主导性的因素。

2. 简述影响人的身心发展的基本要素。

【答】影响人身心发展的因素有遗传素质、环境、教育和个体的主观能动性。

（1）遗传素质是人的身心发展的物质基础和前提条件。其成熟程度制约着人的身心发展过程及其阶段；遗传素质的差异性对人的身心发展有一定影响作用；遗传素质具有可塑性；遗传素质在个体发展的不同阶段，作用大小不同，遗传素质作用随着个体的发展而日益减弱。

（2）环境是人发展的外部条件，蕴含着人的多种多样的发展可能性。人具有主观能动性，环境对人发展的作用离不开人对环境的能动活动，不能过分地夸大环境的作用。

（3）教育对人的身心发展起主导作用，教育是一种有目的地培养人的社会活动。教育主要通过文化知识的传递来培养人，知识具有认识价值、能力价值、陶冶价值和实践价值。学生通过学习获取知识，认识事物特性，也就有了通过社会实践改造事物的可能性。

（4）个体的主观能动性是决定人发展的一个重要因素。个体的主观能动性是在人的活动中产生和表现出来的，是人发展的内在动力。它影响人的自我设计和自我奋斗。

总之，只有遗传素质、环境、教育和个体的主观能动性四者相互作用才能充分促进人的身心发展。并且，教育对人身心发展的作用越来越大。

3. 简述孟子的教育思想。

【答】孟子是儒家代表人物之一，孟子关于教育的主张有：

（1）"性善论"与教育作用。孟子从社会和个人两个角度论述了教育的作用。

①"性善论"。人生来就拥有"善端"，且提出"人人皆可为尧舜"，体现了人性本质上的平等性。孟子从人性论上肯定了每个人发展的可能性。

②教育对个人的作用是扩充"善性"。"善"的习得依靠教育，教育的作用有两方面：一是"存心养性"；二是"求放心"，寻求失落、放任的心灵，恢复善良本性，找回丧失的"善端"。

③教育对社会的作用是经过教育来扩充人性的，进而达到国泰民安。

（2）"明人伦"与教育目的。教育的目的在于"明人伦"，"人伦"即"父子有亲，君臣有义，夫妇有别，长幼有序，朋友有信"，并以"孝"与"悌"为中心建立了一个道德规范体系——"仁、义、礼、智、信"。以伦理道德为基本教育内容。

（3）理想人格与修养学说。孟子对中国传统文化的重要贡献还在于他提出"大丈夫"的理想人格，丰富了中国人的精神境界。

①对"大丈夫"的理想人格的描绘："富贵不能淫，贫贱不能移，威武不能屈"。

②培养"大丈夫"的理想人格的途径：持志养气、动心忍性、存心养性、反求诸己。

（4）"深造自得"的教学思想。孟子认为知识的学习必须经过自己主动、自觉地学习和钻研，有自己的收获和见解，才能形成稳固而深刻的智慧。孟子强调理性思维的重要性。

4. 简述赫尔巴特的教育思想。

【答】（1）赫尔巴特的《普通教育学》标志着独立形态教育学的形成，它将教育学发展成一门独立学科，并提出了完整的教育理论体系。

（2）赫尔巴特的教育思想。

①赫尔巴特提出教育学的两大基础，即伦理学基础和心理学基础。

②赫尔巴特的目的论。"可能的目的"是与儿童未来所从事的职业有关的目的，这个目的是要发展多方面的兴趣，使人的各种潜力得到和谐发展。"必要的目的"是指教育所要达到的最高和最为基本的目的，即道德。

③提出教育性教学原则，这一原则成为德育存在于一切教学之中的理论基础。

④赫尔巴特的课程理论强调儿童的兴趣、经验、统觉和儿童的发展都影响到课程的编制。课程设置重视与儿童的经验、兴趣相吻合，要求课程中包含统觉的成分，体现儿童的发展过程。

⑤赫尔巴特的教学进程理论和形式阶段理论都对教学理论和实践的发展做出了贡献。至今，各国在教学中依然沿用形式阶段理论，虽然较为机械，但具有很强的操作性，使教师容易教学。他的教学理论容易保证教育质量，在教育实践中具有合理性。

（3）评价。赫尔巴特作为传统教育的代表人物，他强调课堂、书本、教师三中心，其教育理论反映了资本主义确立时期教育理论发展的水平。19世纪70年代后，赫尔巴特和赫尔巴特学派的教育思想曾在一个相当长的时期里，对世界许多国家的学校教育改革起支配作用。

三、论述题

1. 论述德育是培养知、情、意、行的过程。

【答】学生的品德由知、情、意、行四个因素组成，所以德育过程就是培养学生知、情、意、行的过程。

（1）知、情、意、行的关系。道德认识是思想品德形成的基础，同时也是道德情感、道德意志的基础。道德情感是道德认识转化为道德行为的内在动力，是加深道德认识、形成道德信念、坚定道德意志和巩固道德行为习惯的催化剂。道德意志既是一种自我控制、自我约束的能力，又是品德形成过程中的动力条件。道德行为是道德认识、道德情感、道德意志的集中体现，是思想面貌和道德品质的外在标志。四者相互联系、相互制约、相互促进，共同推动品德的发展。

（2）德育要注意发挥知、情、意、行的整体功能，既要全面培养，又要有针对性。品德发展中的知、情、意、行往往发展不平衡，导致各因素间的不协调或者严重脱节，如“言行不一”，所以教师要有的放矢，抓薄弱环节，有效地调节品德的结构。

（3）德育具有多开端性，要具体问题具体分析。每个学生品德发展的具体情况存在个别差异，表现出来的品德面貌或品德问题不尽相同。这就要求针对品德结构中诸多因素发展不平衡的状况，灵活处理、有的放矢、因材施教。

2. 论述陈鹤琴的“活教育”思想。

【答】（1）陈鹤琴是我国著名的教育家，他提出了“活教育”思想，由“活教育”的目的论、课程论和教学论构成。

（2）陈鹤琴的“活教育”思想。

①目的论。

“活教育”的目的是“做人，做中国人，做现代中国人”。做一个人，要热爱人类，热爱真理；做一个中国人，要爱自己的国家与同胞，团结国民，为国家兴旺而努力。

对于“做现代中国人”，陈鹤琴则赋予它五个方面的要求：a. 要有健全的身体；b. 要有建设的能力；c. 要有创造的能力；d. 要能够合作；e. 要服务。

“活教育”的目的论从抽象的人到具体的现代中国人，表达了陈鹤琴对人的发展、教育与社会变革的追求。

②课程论。

陈鹤琴反对传统的将书本看作唯一教育资料的做法，明确提出“大自然、大社会都是活教材”。所谓“活教材”就是指取自大自然、大社会的“直接的书”，即让儿童在与自然、社会的直接接触中，在亲身观察中获取经验和知识。但他并非绝对强调经验，决然否定书本。

“活教育”课程论追求完整的儿童生活，教学组织形式打破惯常的学科中心体系，采取符合儿童身心发展和生活特点的活动中心和活动单元体系——“五指活动”，即儿童健康活动、儿童社会活动、儿童科学活动、儿童文学活动、儿童艺术活动。

③教学论。

“做中教，做中学，做中求进步”是“活教育”教学方法的基本原则。“做”是学生学习的基础，也是“活教育”的出发点。它强调的是儿童在学习过程中的主体地位和在活动中直接经验的获取。

特点是：a.强调以“做”为基础，确立学生在教学活动中的主体性；b.儿童的“做”带有盲目性，需要教师积极正确的引导。

陈鹤琴还归纳出“活教育”教学的四个步骤：实验观察、阅读思考、创作发表、批评研讨。

（3）意义。“活教育”思想是一种有吸收、有改造、有创新的教育思想，在吸取杜威的实用主义思想时，也考虑到中国的时代背景和国情，对中国的现代教育产生了重要的影响。

3.论述终身教育思想。

【答】（1）终身教育思想的主要代表人物是保罗·朗格朗，著有《终身教育引论》。终身教育是“人们在一生中所受到的各种教育的总和”，包括人发展的各个阶段及各个方面的教育活动，既包括纵向的一个人从婴儿到老年期在各个不同发展阶段所受到的各级各类教育，也包括横向的从学校、家庭、社会各个不同领域受到的教育。其最终目的在于“维持和改善个人社会生活的质量”。

（2）终身教育思想的主要观点：①终身教育是现代社会的需要，基本特点是连续性和整体性。随着知识社会和终身教育时代的来临，我国终身教育的对象已经从青少年扩大到成人乃至所有社会公民，家庭教育、学校教育与社会教育无缝衔接。②终身教育没有固定的内容和方法，任务是学会学习。我国的终身教育既包括正规教育，也包括非正规教育和非正式教育。如我国有国家开放大学，也有一些校外的培训机构等，这些教育机构共同促进了我国终身教育的发展。③终身教育是未来教育发展的战略，对实现教育机会均等和构建学习型社会有积极意义。如我国建立了成人高考、成人自考等制度，极大地促进了教育机会均等，只要考生愿意学习，愿意提升学历，有多种途径去提升自我，从而构建学习型社会。

（3）终身教育的意义。

①终身教育给予教育全新的诠释，主张教育应该贯穿人的一生，彻底改变了过去将人的一生截然划分为学习期和工作期两个阶段的观念。

②终身教育促进了教育社会化和学习型社会的建立。它改变了将学校视为唯一教育机构的陈旧思想，使教育超越了学校教育的局限，从而扩展到人类社会生活的整个空间。

③终身教育引发了教育内容和师生关系的革新。教育不是单纯的知识传递，而应贯彻人的全面发展精神，学习者不仅要学习已有的文化，更要培养个人对环境变化的主动适应性。传统的师生关系也将发生根本变化，代之以一种新型的、民主的、开放的关系。

④终身教育的多元化价值标准为学习者指出了一条自我发展、自我完善的崭新之路。

⑤终身教育的发展是必将实现的教育平等的制度基础。

4.举例论述影响知识理解的因素。

【答】（1）知识理解的定义：一般所说的知识理解主要指学生运用已有的经验、知识去认识事物的种种关系，直至认识其本质、规律的一种逐步深入的思维活动。它是学生掌握知识过程的中心环节。

（2）影响因素。

①客观因素。

a.感性材料。对于知识的理解，在丰富的、典型的、正确的感性材料和相关经验的基础上才能更好地进行比较、分析、综合、抽象、概括，从而理解事物的本质与规律。

b.学习材料的内容。学习材料的意义、具体程度、相对复杂性等都会影响学习者对知识的理解。

c.学习材料的形式。在表达形式上的直观性。如是否采用实物、模型等会影响学习者对知识的理解。

d.新旧知识的联系。理解是以旧知识、旧经验为基础的。学生在学习中往往从已有的知识出发，去认识和理解新事物。新旧知识之间的有机联系，能帮助学生理解新知识。

e.概念形成过程中的变式和比较。通过同类事物的比较，有利于帮助学生发现各种变式中同类事物的共同本质和特点，有助于帮助学生区别不同类事物之间的本质差异。

f. 知识的系统化。知识的系统化就是理解各部分知识之间的关系，它有利于以完整的知识体系去理解新知识。

②主观因素。

a. 学习者的相关经验。一般来说，学习者经验的丰富程度，以及经验与知识的关系会影响学习者对知识的理解。

b. 学习者学习的积极主动性以及主动理解的意识与方法。这是理解知识的重要前提，会对知识的理解起重要的作用。

c. 学习者的认知结构特征。如认知结构中有没有适当的、起固着作用的观念，以及起固着作用的观念的稳定性和清晰性。

2016 年北京师范大学 333 教育综合真题 · 凯程详解

一、名词解释

1. 教育（见 2014 年北京师范大学真题）

2. 班级授课制

【答】班级授课制是一种集体教学形式，它把一定数量的学生按年龄与知识程度编成固定的班级，根据周课表和作息时间表，安排教师有计划地向全班学生集体上课。同一班级的学生学习内容和进度必须一致。班级授课制最大的优点是教学效率高，有利于教育的普及。但是最大的缺点是很难顾及班级内的个性化差异。

3. 榜样法

【答】榜样法是德育的方法之一，是以他人的高尚思想、模范行为和卓越成就来影响学生品德的方法。运用榜样法的要求有：选好学习的榜样，激起学生对榜样的敬慕之情，引导学生用榜样来调节行为、提高自身修养。

4. 校长负责制

【答】校长负责制是指校长受上级政府主管部门的委托，在党支部和教职工代表大会的监督下，对学校进行全面领导和负责的制度。在这一领导体制中，校长是学校行政系统的最高决策者和指挥者，是学校的法人代表。他对外代表学校，对内全面领导和管理学校的教育、教学、科研和行政工作。在校长负责制中，要明确校长的权力与责任；发挥党组织的保证监督作用；建立以教师为主体的教职工代表大会制度，加强民主管理和监督。

5. 接受学习

【答】接受学习是课堂学习的主要方式，是教师将知识作为定论，以系统组织的形式讲解给学生的一种学习方式。学习的内容大多是现成的、已有定论的、科学的基础知识，包括一些抽象的概念、命题、规则等。在奥苏伯尔看来，任何学习都有可能是机械的，也都有可能是有意义的。如果教师讲授恰当，并不一定会导致学生机械地接受学习。

6. 心智技能

【答】心智技能指人脑借助内部语言，以简缩的形式对事物的主观表征进行加工、改造的过程，包括感知、记忆、想象和思维等认知因素，其中抽象思维因素占据着最主要的地位，即通过学习而形成的合乎法则的心智活动方式。它具有三个特点：动作对象的观念性、动作执行的内潜性和动作结构的简缩性。

二、简答题

1. 简述教育的文化功能。

【答】（1）传递、保存文化的功能（教育的文化传承功能）。教育将人类的精神文化财富内化为个体的精神财富，教育也就有了保存文化的功能。

（2）传播、交流与丰富文化的功能（教育的文化交流和融合功能）。教育作为传播、交流文化的重要手段和途径，是最积极、最有效的，也就有了丰富文化的功能。

（3）选择、提升文化的功能（教育的文化选择功能）。教育对文化的选择意味着价值的取舍与认知意向的转变，并且是为了文化自身的发展与进步。学校教育在本质上就是一种文化价值的引导工作。

（4）创造、更新文化的功能（教育的文化创新功能）。教育通过创造新的思想与观念，发展社会科学技术，以及培养有创新精神的人，对社会文化进行创造与更新。

2. 简述课程设计的基本任务。

【答】（1）目标设计。在目标的选定上应确立综合发展的要求，自觉坚持教学目标多元化、具体化。

（2）起点设计。学习者分析通常包含两方面的内容：学习者当前的状态和学习者的特征。学习者的当前状态与目标状态的差异构成了学习需要。

（3）内容设计。设计者要依据课程标准和教科书来选择、组织教学内容。

（4）方法和媒体设计。在教学方法上，既要考虑如何教给学习者已经概括了的社会基本经验，又要考虑能够使学习者有效地获得这些经验的方法。在选择教学媒介时，设计者需要考虑学习情境的特征、媒体的物质属性等因素。

（5）评价设计。教学评价应该贯穿教学活动的全过程。学习者通过教学评价来审视自己，对后续的学习活动做出相应的调整。

（6）结构设计。设计者在对教学结构进行决策时应体现科学性、整体性、协调性的理念。

上述各程序并不是直线式的，而是相互联系、相互制约的，共同组成一个有机的教学系统。

3. 简述蔡元培的教育独立思想。（见2013年北京师范大学真题）

4. 简述杜威的教育目的论。

【答】杜威认为教育的目的就是儿童的生长，也叫作教育无目的论。

（1）杜威认为由儿童的本能、冲动、兴趣所决定的具体教育过程，即“生长”，就是教育的目的。他反对那种普遍性的终极目的，而强调教育过程中教育者与受教育者心中的具体目的。当然，只强调教育过程而抛开社会影响来讲教育目的，这是片面的。

（2）教育的社会性目的是民主，为社会进步服务，为民主制度完善服务。杜威认为，过程以内的目的并不否定教育的社会作用和社会目的。杜威认为教育是社会进步和社会改革的基本方法，学校是社会进步和改革的最基本、最有效的工具。而教育的社会目的就是改造社会、完善民主。民主既是教育的目的，也是教育的要求。

三、论述题

1. 教育过程中智力活动与非智力活动的关系。

【答】智力因素主要指感知觉、记忆、思维、想象等认知心理因素。非智力因素主要指兴趣、动机、需要、情感、意志和性格等个性心理特征方面的因素。二者是密切联系的。

（1）智力因素和非智力因素相互依存、相互作用。智力因素是非智力因素的基础，非智力活动依赖于智力活动，并积极作用于智力活动。学生的兴趣、动机等非智力因素是在认识事物、掌握知识的过程中产生和发展的，离开掌握知识的智力活动，非智力活动很难发展。反之，学生是有主观能动性的人，学习动机的强弱、意志品质的持久等非智力因素，直接影响学生的学习效果。从某种意义上说，智力水平大致相同的学生，在知识和能力上存在差异的原因就在于非智力因素的不同。

（2）按教学需要调节学生的非智力活动，才能有效地进行智力活动，完成教学任务。在教学中，一方面通过改进教学本身，使教学内容和过程富有趣味性、启发性、知识性，适合学生年龄特征，以便引起学生的求知欲；另一方面，要提高学生的自我教育能力，使其能自觉地按教学要求调节自己的非智力因素，积极地进行智力活动，以提高学习效率。

（3）防止忽视智力活动或忽视非智力活动的偏向。

2. 王守仁的教育思想。

【答】(1)“致良知”与教育作用。

王守仁认为“心即理”。教育的作用在于除掉物欲对“良知”的昏蔽，以求“明其心”。这就是说教育是“致良知”或者是“学以去其昏蔽”的过程。王守仁认为人人都有良知的思想，说明人人都有受教育的天赋条件，强调人的主观能动性，人要自觉去恶为善。

(2)“随人分限所及”的教育原则。

“分限”是指人的认知发展水平和限度。“随人分限所及”包含两层意思：第一，对于不同的人来说，要因材施教，起到“益精其能”的效果；第二，对于每个人而言，要循序渐进，教学应照顾到学生的实际接受能力和基础，在“分限”内恰到好处地施教。这一原则承认人的差异，承认教育的作用，把教学和受教育者的心理特征结合了起来。

(3)论教学。

①教育内容：王守仁认为凡是有助于“求其心”者均可作为教学内容，“‘六经’皆史”，读书不能迷信书本，他认为读经的目的是要通过经书的理，来启发自己的良知。

②教学方法：在修养方法方面，强调“事上磨炼”，这里的“事”指“人事”。

(4)论儿童教育。

①揭露和批判传统儿童教育不顾及儿童的身心特点，压抑儿童的个性发展。

②主张儿童教育应顺应儿童的性情。

③教育方法：采用“诱”“导”“讽”的“栽培涵养之方”。

④教育内容：发挥各门课程多方面的作用，加以综合地运用。

⑤教育程序：主张动静搭配、体脑并用，精心安排课程，使儿童既得到道德熏陶，又能学到知识，锻炼身体。

⑥教育原则：“随人分限所及”，教学应量力而行，盈科而进，因材施教。

尽管王守仁进行儿童教育的目的是灌输封建伦理道德，但是他开始主张顺应儿童的性情，依据儿童的接受能力，使儿童在德、智、体、美方面都得到发展。这反映了他教育思想的自然主义倾向。

3. 苏霍姆林斯基的和谐教育思想。

【答】(1)个性全面和谐发展的含义。

个性全面和谐发展意味着人在品行上以及同他人相互关系上的道德纯洁，意味着体魄的完美、审美需求和趣味的丰富及社会和个人兴趣的多样。一个个性全面和谐发展的人，应当表现为：①是社会物质生产领域和精神生活领域中的创造者；②是物质和精神财富的享用者；③是有道德和有文化素养的人，是人类文化财富的鉴赏者和细心的保护者；④是积极的社会活动者、公民；⑤是树立于崇高道德基础之上的新家庭的建立者。

(2)个性全面和谐发展教育的途径。

和谐教育就是将人们认识和理解客观世界的活动与自我实现的活动相结合。实施和谐教育主张教育与创造性劳动结合，课堂教学与课外、校外教育结合，教育与自我教育结合。

(3)个性全面和谐发展教育的内容。

个性全面和谐发展的教育由体育、德育、智育、劳动教育和美育组成。

①体育。苏霍姆林斯基十分重视身体健康发展在个性全面和谐发展中的作用，把体育看作健康的重要因素，生命活力的源泉。

②德育。个性全面和谐发展的核心是高尚的道德，在个性全面和谐发展教育中，德育应当居于首位。道德教育应当及早开始，以利于培养青少年良好的道德习惯。

③智育。智育包括获取知识，形成科学世界观，发展认识和创造能力，养成脑力劳动的技能，培养对脑力劳动的兴趣和要求，以及对不断充实科学知识和运用科学知识于实践的兴趣和要求。

④劳动教育。他认为，劳动教育的任务就是要让劳动渗入学生的精神生活中去，使学生在少年时期和青少年早期就对劳动产生兴趣并热爱它。

⑤美育。美育的第一步是要培养学生感知美、领会美的能力，在感知美的基础上还要培养学生创造美的能力。

4. 举例论述社会规范学习的心理过程。

【答】社会规范学习指个体接受社会规范，内化社会价值，将规范所确定的外在于主体的行为要求转化为主体内在的行为需要，从而建构主体内部的社会行为调节机制的过程，即社会规范的内化过程。其过程包括：

（1）社会规范的遵从。

①定义：一般指行为主体在对别人或团体提出的某种行为要求的依据或必要性缺乏认识，甚至有抵触的认识和情绪时，既不违背，也不反抗，仍然遵照执行的一种现象。遵从是规范内化的初级阶段，也是进一步内化的基础，具有一定的盲目性、被动性、工具性和情境性。

②影响因素：群体特征、外界压力和个性特征。如一些纪律习惯不好的学生，在他们感受到严肃的集体氛围或者遇到严厉的教师时，会被迫遵守纪律。

（2）社会规范的认同。

①定义：社会规范的认同作为社会规范的一种接受水平，一般指行为主体在认识、情感与行为上对规范趋于一致，从而自愿接受社会规范的现象。

②影响因素：榜样的特点、规范本身的特性和强化方式。如一些学习成绩不好的学生，看到学习好的学生认真学习，以他们为榜样，也努力学习。

（3）社会规范的内化。

①定义：社会规范的内化是规范的一种高级接受水平或高度遵从的态度，是品德形成的最高阶段。社会规范的内化表现为主体规范行为的动机是以规范本身的价值信念为基础的，其规范行为是由社会规范的价值信念所驱动的。

②影响因素：对规范价值的认知和对规范价值的情感体验。如学生从内心认为学生的任务就是好好学习，因此严格要求自己认真学习。

2017年北京师范大学333教育综合真题·凯程详解

一、名词解释

1. 操作性条件反射

【答】操作性条件反射是行为主义学习流派的代表人物之一——斯金纳在白鼠打开斯金纳箱实验中提出的概念。操作性行为最初是由有机体自发做出的，经过强化后成为特定情境下有目的的操作。斯金纳的操作性条件作用说认为学习的实质是刺激与反应的联结，其关键在于联结的频率，强化是增强反应频率的手段。

2. 艾宾浩斯遗忘曲线

【答】德国心理学家艾宾浩斯对遗忘发展的过程进行了系统的研究，后人将其实验结果绘制成曲线图，即艾宾浩斯遗忘曲线。该曲线显示遗忘在学习之后立即开始，而且遗忘的过程最初进展得很快，以后逐渐减慢，过了相当长的时间，几乎不会再遗忘。该研究表明遗忘的发展是不均衡的，其规律是先快后慢，呈负加速型。

3. 班级授课制（见2016年北京师范大学真题）

4. 双轨学制

【答】17—19世纪的西欧国家因为有特权传统而形成了欧洲现代教育的双轨学制，简称双轨制。一轨自上而下，其结构是大学（后来也包括其他高等学校）、中学（包括中学预备班）；另一轨自下而上，其结构是小学（后来是小学和初中）及其后的职业学校（先是与小学相连的初等职业教育，后发展为和初中相连的中等职业教育）。双轨制是一种不平等的学制，如今双轨制在向单轨制或者分支型学制转变。

二、简答题

1. 影响学习迁移的因素。

【答】(1) 相似性。①学习材料的相似性。这属于客观因素的相似性，会影响学习迁移。②学习目标与学习过程的相似性。这属于主观因素的相似性，也会影响学习的迁移。

(2) 原有认知结构。①原有经验的水平。随着练习量的增加，原有经验水平提高，会促进正迁移。②原有经验的组织性。合理组织的信息易于提取，也易于迁移。③原有经验的可利用性。要产生迁移，原有的经验结构必须能够有效地被激活、提取。

(3) 学习的定势。定势对迁移的影响是否积极，取决于许多因素，但关键要使学习者首先能意识到定势的双重性。

除这些基本因素外，年龄、智力、学习者的态度、教学指导、外界的提示和帮助等，都在不同程度上影响着迁移的产生。

2. 赞科夫的发展性教学原则。

【答】(1) 发展性教学原则的定义：教学的内容、方法和进度要适合学生的发展水平，但又有一定难度，需要学生经过努力才能掌握，以便有效地促进学生的身心发展。

(2) 发展性教学原则的内容。

①以高难度进行教学的原则。以高难度进行教学，旨在引起学生的思考，促进学生特殊的心理活动过程，并不是在于无限度的难。"难度的分寸"限于"最近发展区"。

②以高速度进行教学的原则。高速度绝不意味着"越快越好"，也有一个掌握分寸的问题，即根据能否促进学生的一般发展来决定速度。

③理论知识起主导作用的原则。要求高难度必须体现在提高理论知识的比重上，而不是追求一般抽象的难度标准。

④使学生理解学习过程的原则。要求学生理解的对象是学习过程、掌握知识的过程，即让学生通过自己的智力活动去探索获得知识的方法和途径，掌握学习过程的特点和规律。

⑤使班上全体学生都得到一般发展的原则。这条原则是前面四条原则的总结，是大面积提高教学质量的有力保证。

(3) 贯彻发展性教学原则的基本要求：①了解学生的发展水平，从实际出发进行教学；②考虑学生认识发展的时代特点。

3. 简述癸卯学制。

【答】(1) 癸卯学制是中国近代第一个比较完整、正式颁布施行的全国性法定学制系统。

(2) 学制内容。

该学制纵向地把整个学程分为三段七级：第一阶段为初等教育，包括蒙养院、初等小学堂和高等小学堂，其中将幼儿教育机构蒙养院纳入学制系统，标志着我国学前幼儿教育已进入国家发展规划的新阶段。初等小学堂为五年强迫教育阶段，儿童7岁一律入学。第二阶段为中等教育。第三阶段为高等教育，从小学堂到大学堂学制年限达20～21年。横向方面：除普通学堂外，另有师范教育和实业教育两个系统。

(3) 学制性质。

①具有半资本主义性质，是传统性和近代性的综合产物，也是学习西方教育的系统性成果，在近代中国教育发展中具有标志性意义。a. 仿照西方流行的三级学制系统模式，反映了教育的普及性和平等性要求；b. 学制各阶段，尤其是初等教育阶段，确立"德、智、体"协调发展的三育发展模式；c. 设置实业学堂，推动近代资本主义工商业发展；d. 重视师范教育，加强教师职业训练；e. 将分年课程规划、班级授课制作为基本的教学管理和教学组织形式；f. 尊重儿童个性，禁止体罚；g. 课程比重上，"西学"占主导地位。

②具有浓厚的封建性：a. 指导思想是"中体西用"，首要任务是培养学生效忠封建王朝；b. 读经、讲经课比重过大，所以导致学制年限偏长；c. 大学堂在入学条件上仍有限制，以维护教育的封建等级

性；d. 广大妇女被排斥在学校教育之外；e. 对教职员和学生的许多规定旨在维护封建统治秩序，显示了较强的封建性；f. 根据学生的表现和学业程度奖励相应的科举功名，没有割断与旧教育的瓜葛。

4. 简述我国的基本学制。

【答】我国的基本学制属于分支型学制。其结构是前段单轨、后段分叉。即小学和初中是单轨，高中后一部分学生去了职业学校，另一部分学生升入大学。后段双轨制的优点是上通高等学校，下达初等学校，并且使普通中等学校和中等职业技术学校左右畅通。

目前，我国学制的发展趋势是向单轨制方向发展，义务教育实行到哪里，双轨学制就并轨到哪里，综合中学是实现并轨的一种理想形式。

三、论述题

1. 用自我效能感分析材料，回答如下问题：根据材料你想到了什么？小迪的学习变化最主要受什么影响？

【答】（1）自我效能感理论由班杜拉提出。自我效能感是个体对自己能否成功地进行某一成就行为的主观判断。自我效能感对个体的影响包括：①决定个体对某项活动的坚持和选择；②影响个体面对困难的态度；③影响个体新行为的获得和已获得行为的表现；④影响个体在获得中的情绪状态。

母亲去世，小迪的身心受到巨大打击，成绩开始变差，汤老师在不了解他的情况下，给了他“差”的反馈。这个反馈使得小迪的自我效能感降低，让他认为自己不具有获得优异成绩的能力。这就使小迪在之后的学习中依然表现不佳，因为自我效能感会影响小迪对学习活动的坚持以及面对学习困难的态度和影响小迪的情绪状态。当汤老师了解实情后，开始鼓励、关心小迪，小迪的学习开始好转并考上博士。老师的鼓励和关心使得小迪的自我效能感增强，因为言语劝说、情绪唤醒和身心状况都是影响个体自我效能感的因素。

（2）老师的鼓励和关心是小迪学习变好的最主要因素。影响自我效能感的因素主要有：①直接经验和归因方式；②间接经验；③言语劝说；④情绪唤醒；⑤身心状况。

老师的鼓励和关心对小迪自我效能感的影响主要体现在后三个因素。母亲去世对小迪的影响是巨大的，它影响了小迪的情绪，老师的鼓励和关心就是一种言语劝说，将小迪的奋斗的情绪唤醒，使得小迪的身心状况好转，成绩逐渐提高。也就是说，老师的关怀和小迪的奋斗使得小迪的自我效能感增强，这是小迪学习变化的最主要因素。

2. 辨析教育教学是要遵循儿童的身心发展规律还是要尊重儿童的需要和兴趣？怎么协调二者冲突？

【答】教育教学既要遵循儿童身心发展规律，又要尊重儿童的需要和兴趣。

（1）儿童身心发展具有规律性。身心发展的顺序性和阶段性要求教学要循序渐进；身心发展的差异性要求教学要因材施教；身心发展的阶段性与不平衡性要求教学要抓关键期。

（2）儿童的需要和兴趣。著名教育家赫尔巴特认为，只有符合儿童兴趣和需要的知识才会引起儿童的注意，并据此设置了兴趣课程体系。

（3）当二者发生冲突时，应以儿童身心发展的共性规律为基础展开教学，同时尽量尊重每个儿童的个性需要和兴趣，因材施教。但是，我们尊重儿童并不意味着要放纵儿童的需要和兴趣，必要时要加以抑制。

3. 评述我国中小学教育存在的问题，选两个问题分析原因并给出解决的思路和方法。

【答】我国中小学教育存在诸多问题，如教育与生活相脱离、德育贯彻不彻底、城乡教育质量差距大、教师地位不高等。下面就教育与生活相脱离和德育贯彻不彻底来谈谈看法。

（1）教育与生活相脱离。

①原因：a. 课程目标上，过于注重知识传授；b. 课程结构上，过于注重学科本位，科目过多和缺乏整合；c. 课程内容上，表现为“繁、难、偏、旧”，过于注重书本知识；d. 课程实施上，强调接受学习、死记硬背和机械训练；e. 课程评价上，过于强调甄别与选拔的功能；f. 课程管理上，课程管理权限过于集中，多为国家统一课程。

②解决方法：a. 课程目标上，培养德、智、体、美全面发展的人，在生活中培育道德、发展智力、锻炼体能、培养鉴赏美的能力；b. 课程结构上，优化课程结构，增加与生活实际相关的体验性课程的比重；c. 课程内容上，加强课程内容与学生生活、现代社会和现代技术发展的联系，关注学生的学习兴趣和经验，精选终身学习必备的基础知识和技能；d. 课程实施上，倡导学生主动参与、勤于动手，培养学生在生活中收集和处理信息的能力、获取新知识的能力、分析和解决问题的能力及交流与合作的能力；e. 课程评价上，促进评价指标多元化，把与生活相关的能力或知识列入评价指标，课程评价要从终结性评价转变为与发展性评价、形成性评价相结合；f. 课程管理上，实行国家、地方和学校三级管理，增强课程对地方、学校及学生的适应性，地方课程、校本课程更有利于联系生活实际。

（2）德育贯彻不彻底。

①原因：a. 德育观念上，不够重视，认为智育的重要程度远胜于德育；b. 德育原则上，遵循不到位，只了解传统的原则；c. 德育方法上，以说服教育为主，不灵活；d. 德育途径上，较单一，没有贯彻到教学的方方面面；e. 德育内容上，较枯燥，多为老生常谈，学生没有兴趣。

②解决方法：a. 德育观念上，要重视德育，国家要培养的是德、智、体等方面发展的社会主义建设者和接班人；b. 德育原则上，遵循多样化的德育原则，如集体教育与个别教育相结合、知行统一原则、严格要求与尊重信任相结合等；c. 德育方法上，灵活运用多种德育方法，如情感陶冶、榜样示范、自我教育等；d. 德育途径上，通过多种间接途径开展德育，如课外活动、学科教学、心理咨询等，使德育渗透到一切教学活动之中；e. 德育内容上，编排精致的德育内容，可与我国优秀传统文化相结合，并辅之以生动活泼的德育方法。

2018 年北京师范大学 333 教育综合真题・凯程详解

一、名词解释

1. 有教无类（见 2010 年北京师范大学真题）

2. 全纳教育

【答】全纳教育是 20 世纪 90 年代兴起的一种教育思潮，是在国际教育民主化浪潮中，尤其是在国际组织的大力推动下兴起和发展的。全纳教育是通过增加学习、文化与社区参与，减少教育系统内外的排斥，关注并满足所有学习者多样化需求的过程。全纳教育作为一种教育思潮，它容纳所有学生，反对歧视和排斥，促进积极参与，注重集体合作，满足不同需求，是一种没有排斥、没有歧视、没有分类的教育。

3. 隐性课程

【答】隐性课程又叫潜在课程。它是以内隐的、间接的方式呈现的课程，是学生在显性课程以外所获得的所有学校教育的经验。如学校的校风、办学理念、师生关系、班级管理、校园环境等。隐性课程是学生思想意识形成的重要诱因，是进行道德教育的重要手段。若隐性课程被人意识到，并有意识地加以挖掘和利用，就会变为显性课程。

4. 终身教育思潮

【答】终身教育思想始于 20 世纪 20 年代，流行于 20 世纪 60 年代。“学习化社会”“回归教育”思潮与实践，正是在这种指导思想的影响下产生的。终身教育的含义是人在一生各阶段中所受到的各种教育的总和，是人所受到的不同类型教育的统一综合。它包括教育体系的各个阶段和各种方式，既有学校教育，又有社会教育；既有正规教育，也有非正规教育。终身教育主要强调自主学习和自学能力。终身教育是世界各个国家重视并努力实践的重要理念。

二、简答题

1. 简述斯宾塞生活准备说。

【答】斯宾塞提出了“什么知识最有价值”这一问题，并将评价知识价值的标准定义为对生活、生产和个人发展的作用，知识对生活的作用越大，则价值越大。根据这个标准，斯宾塞确定了教育的目的是“为完满生活做准备”，从而反对古典主义不实用的知识和教育。斯宾塞根据上述划定知识的价值高低的理论来选择课程，从而形成其独特的课程理论。

为此，他把人类生活的几种主要活动加以分类，并提出与之对应的课程。（1）直接有助于自我保全的活动：生理学和解剖学。（2）从获得生活必需品而间接有助于自我保全的活动：逻辑学、数学、力学、化学、天文学、地质学、生物学和社会科学。（3）目的在抚养和教育子女的活动：生理学、心理学和教育学。（4）与维持正常的社会和政治关系有关的活动：历史。（5）生活中闲暇的时间可用于满足爱好和各种感情的活动：文学、艺术学等。以上这些知识是有比较价值的，是教育中应该教给学生的知识。

2. 简述韩愈对教师问题的见解。

【答】（1）韩愈的教育思想主要体现在他的《师说》中，在该文中，他提倡尊师重道。

（2）韩愈对教师问题的见解。

①尊师原因：a. 教师闻道在先，在教学活动中起主导作用；b.“天地君亲师”，师道体现君道，能尊敬师长，就能效忠皇帝，这是提倡师道的深层原因；c. 社会原因，安史之乱后，儒学失去宣传阵地，佛、道宗教势力膨胀，韩愈提出用“尊师重道”来维护儒家的道统，重振儒道，抵制佛教和道教的思想。总之，尊师即卫道，“道”是封建道德的最高境界。

②教师的任务：传道、授业、解惑。即传授儒家仁义之道，讲授儒家“六艺”经传和古文，解答学生的疑问。传道是首要任务，授业和解惑是过程与手段。

③以“道”为求师的标准：“道之所存，师之所存。”韩愈提出的学无常师、唯道是求的观点促进了思想文化的交流，有积极意义。

④建立合理的师生关系：“是故弟子不必不如师，师不必贤于弟子。闻道有先后，术业有专攻，如是而已。”韩愈强调师生关系在“道”和“业”面前是一种平等关系，师生关系可以互相转化，这是对维护教师绝对权威的师道尊严思想的一种否定。这种含有辩证法和民主平等的师生观，极大地丰富了我国古代的教育理论，具有重要的历史意义。

（3）评价。

韩愈的《师说》是我国古代第一篇集中论述教师问题的文章，既肯定教师的主导作用，又强调师生相互尊重与学习，提倡建立平等的师生观，这是韩愈教育思想的独特之处。

3. 简述我国中小学教学方法的内涵和基本类型。

【答】（1）教学方法的定义：为完成教学任务而采用的方法。它包括教师教的方法和学生学的方法，是教师引导学生掌握知识技能、获得身心发展而共同活动的方法。

（2）中小学常用的教学方法。

①讲授法：指教师通过语言系统连贯地向学生传授知识的方法。

②谈话法：指教师根据学生已有知识和经验，通过师生间问答、对话而使学生获得知识、发展智力的教学方法。

③读书指导法：指教师指导学生通过阅读教科书、参考书以获取知识或巩固知识的方法。

④练习法：指学生在教师指导下运用知识反复完成一定的操作以形成技能、技巧的方法。

⑤演示法：指教师向学生展示各种直观教具、实物，让学生观察教师的示范试验，让学生观看幻灯片、电影、录像等，从而使学生获得关于事物现象的感性认识的方法。

⑥实验法：指学生在教师指导下，运用一定的仪器设备进行独立实验作业，以获得知识或验证知识，培养操作能力的方法。

⑦实习作业法：指学生在教师的指导下进行一定的实际活动以培养学生实际操作能力的方法。

⑧讨论法：指学生在教师指导下为解决特定问题而进行探讨、辨明是非以获取知识的方法。

⑨研究法：指学生在教师的指导下通过独立地探索，创造性地解决问题，获取知识和发展能力的方法。

4. 我国中小学教师职业道德包含哪些内容？

【答】教师职业道德是在一般社会道德的基础上形成的。加强教师职业道德修养首先要有良好的一般社会道德，而且在学生品德教育中要求教师给学生做榜样的内容，也是社会道德的基本规范。所以，对教师的道德规范要求，首先是基本的社会道德，也就是说对学生提出的所有道德要求，教师均应先做到。虽然这些要求并不属于教师职业道德的具体内容，但它是形成高尚师德的基础。

教师职业道德的具体内容，综合起来有以下四个方面：对事业，无私奉献；对学生，真诚热爱；对同事，团结协作；对自己，严格要求，以身作则。

三、论述题

1. 有个校长说："如果没有升学压力，我真想好好做德育。"请从学校教学和德育的关系分析这一看法。

【答】德育是教学过程中必不可少的教学目标。学校教学绝不能因为升学压力过大而仅以知识为重，忽视德育的重要性，在教学中要德智并重。因此材料中校长的说法是不可取的。

（1）现状。

受传统教育教学思想的影响，目前家长、学校和社会仍然只抓升学率，唯分数论，忽视对学生思想品德的教育。如今，家长更看重学生的成绩和班级排名，相比于普通学校，有能力的家庭更倾向于让孩子上升学率高的学校，国家和政府也会给办学优良的学校提供资金和政策上的支持，这样给学校施加了不少压力，将教学中心放在提高升学率上，而忽视了对学生道德的培养。

（2）学校应德智并重。

国家大力提倡素质教育，要求思想道德素质、文化素质、科学素质和身体心理素质四方面辩证统一、协调发展，核心就是人的全面发展。虽然升学压力巨大，但是学校仍然要顶着升学压力搞德育，培养德、智、体、美、劳全面发展的学生，德育和智育两手都要抓，两手都要硬。要让家长和学生形成正确的价值观念，不能单纯地认为升学率是衡量一个学校好坏的唯一标准，高分数也不能成为衡量学生个人素质高低的唯一准绳。

（3）学校教学与德育的关系。

学校教学与德育并不矛盾，而是相辅相成、相互促进的关系，二者在学校管理中缺一不可。教学过程中既要重视知识的传授，又要重视智力的发展；学校德育搞得越好，教学质量也会越来越高。所以在学校建设管理过程中，要防止单纯传授知识、忽视思想教育的偏向。

（4）德育措施。

环境育人，德育应当普遍存在于一切教学之中。所以，学校应为学生创建一个校风良好的校园环境：一方面应开设专门的道德课，如思想品德课和时事政治课，系统地向学生传授道德知识和道德理论；另一方面要在学科教学、学校与课程管理和学校集体生活等各个层面对学生进行道德渗透的教育，如课外活动、校外活动、共青团与少先队活动、劳动与社会实践等。

2.（1）试通过强化理论分析这位教师运用的方法问题在哪里。

（2）你如何帮她改进？请给出建议。

【答】（1）虽然这位教师的初衷是好的，但是由于用错了方法，最后导致举手的同学越来越少。材料中的教师运用的教学方法是惩罚。惩罚的目的是减少事情发生的概率，这与教师的初衷相悖。"答错站着，答对坐下"这一方法不仅不会"让每一个孩子带着成功坐下"，反而会使学生的自尊心受挫，学习的兴趣和积极性降低。

（2）建议：①教师在教学过程中要慎用惩罚。只有学生在屡教不改或有道德认知方面的错误时方可运用惩罚，而且惩罚方式还要考虑学生的身心发展阶段、年龄、时机和场合等因素。②可以将惩罚改成正强化，通过给学生呈现一个愉快刺激使学生某种行为发生的频率增强。如对回答正确的同学采取口头表扬、张贴光荣榜或给予适当的物质奖励等方式，进而提高学生的学习积极性，激发学生的学习兴趣，从而使学生正确地回答更多的问题，事半功倍。

2019年北京师范大学333教育综合真题·凯程详解

一、名词解释

1. 课程

【答】学术界对课程没有统一的定论，说法较多。有人认为课程是教学科目；有人认为课程即学习经验；有人认为课程即文化再生产；还有人认为课程即社会改造的过程。总的来说，课程是由一定的育人目标、特定的知识经验和预期的学习活动方式构成的一种动态存在。从育人目标上讲，课程是培养人的蓝图；从课程内容上讲，课程是一种适合学生身心发展规律的、连接学生直接经验和间接经验的、引导学生个性全面发展的知识体系及其获取途径。

2. 学制

【答】学校教育制度简称学制，是指一个国家各级各类学校的系统及其管理规则的总称。它规定着各级各类学校的性质、任务、入学条件、修业年限，以及它们之间的关系。学制是教育制度的核心内容。目前，学制主要有双轨学制、单轨学制和分支型学制三种类型。当代双轨学制逐渐向单轨学制方向发展，综合中学是实现并轨的一个好方法。

3.《颜氏家训》

【答】《颜氏家训》是我国南朝梁时期的教育家颜之推根据自己的经历和体验，写出的我国封建社会第一部系统、完整的家庭教科书，用以训诫其子孙。这部著作是我们了解颜之推教育思想的主要依据。它不仅有助于我们研究颜之推在儿童教育、学习方法等方面的某些真知灼见，而且也向我们展示了一幅封建士族教育腐败的画面。这本书的主要内容是儿童教育，比如提出了及早施教、严慈相济、均爱原则、重视语言教育、重视品德教育等教育思想。

4. 观察学习

【答】班杜拉认为人们可以通过观察他人的行为及行为后果而间接地产生学习，班杜拉称这种学习为观察学习。他认为人类的大多数行为都是通过观察习得的，这个学习过程受注意、保持、动作再现和动机四个子过程的影响。班杜拉完善了行为主义关于学习的刺激—反应链条。

二、简答题

1. 简述19世纪末20世纪初实验教育学的主要观点及评价。

【答】（1）实验教育学是19世纪末20世纪初兴起的用自然科学的实验法研究儿童发展及其与教育关系的理论。主要代表人物有德国教育学家和心理学家梅伊曼、拉伊等。

（2）实验教育学的主要观点。

①认为以赫尔巴特为代表的用思辨的方法建立起来的旧教育学缺乏科学性，与实际严重脱节，不能很好地解决教育实践中的问题。

②强调实验教育学是以实验的方法为基础的新的独立科学，教育实验与心理实验是有差别的，心理实验是在实验室进行的，教育实验则是在教学实践和学校环境中进行的。

③认为实验教育学必须借助相关学科，采用实验、统计、比较的方法探索研究。

（3）评价。

实验教育学强调的定量研究成为20世纪教育学研究的一个基本范式，近百年来得到广泛的应用和发展，极大地推动了教育科学的发展。但实验教育学也有一定的局限性，比如其片面强调儿童的生物性，因而过分考虑教育的自然科学化，忽视了社会因素；把实验方法推崇到极端，并将其视为教育研究的唯一方法，忽视了社会科学与自然科学之间的差异，以致简单地照搬自然科学的方法。

2. 简述王安石的教育改革。

【答】（1）王安石在宋神宗熙宁年间主持了“熙宁兴学”，是他主要的教育改革。

（2）改革措施。

①改革太学，创立“三舍法”。三舍法是将太学分为外舍、内舍和上舍，学生依据成绩依次升舍

的制度。

②恢复和发展州县地方学校。a. 设置学官全权负责管理当地教育，地方当局不得随意干预学校事务；b. 朝廷为地方学校拨充学田，从而在物质条件上为州县学校的维持提供了保障。

③恢复与创立武学、律学、医学等专门学校，以培养具有一技之长的人才。

④编撰《三经新义》，作为统一教材。为了统一经学，熙宁六年设经义局，王安石亲自修撰《诗经》《尚书》《周礼》三经义，由朝廷正式颁行，成为官方考试、讲经所依据的标准教材。

（3）结果："熙宁兴学"因为王安石被逐出朝廷而半途夭折，但是它将北宋教育事业推进了一大步，并对后来的兴学运动产生了深刻影响。

3. 简述德育过程的定义并说明其规律。

【答】（1）定义：德育过程即依据德育目标，在教师有目的、有计划的教导下，通过学生积极主动地进行道德认知和道德实践，将经过选择的德育内容内化为学生个体的品德素质结构，并使之发生所期望的整体性变化的过程。

（2）规律。

①德育过程是学生在教师引导下的个体品德的自主建构过程。a. 学生对环境影响的主动吸收；b. 教师对学生的积极教导；c. 外部活动与内部活动相互促进。

②德育过程是培养学生知、情、意、行整体和谐的发展过程。a. 思想道德发展具有整体性；b. 德育过程具有多开端性；c. 德育实践具有针对性。

③德育过程是提高学生自我教育能力的过程。自我教育能力主要由自我期望、自我调控、自我评价构成。培养自我教育能力的意义有：a. 自我教育能力是德育的一个重要条件。b. 学生的自我教育能力又是学生思想道德发展过程的一个重要标志。c. 只有能够激发学生进行自我教育的教育，才是真正发挥了学生自主性、能动性和创造性的教育。

4. 简述教师的基本素养，并说明它们之间的关系。

【答】（1）教师的基本素养。

①专业知识素养。

教师的专业知识素养包括：a. 学科内容知识；b. 教育学与心理学等知识，现代教师必须系统地学习掌握教育学、心理学、学科教学法等教育理论知识，遵循教育教学规律；c. 广博的知识文化修养，不断满足学生的求知欲望；d. 关于教育研究的知识。

②专业技能素养。

教师的专业技能素养包括：a. 教学认知能力，指教师对所教学科的基本概念和原理等的概括水平，以及对所教学生的身心特点和自己所采用的教学策略的理解水平；b. 教学操作能力；c. 教学监控能力；d. 教育教学研究能力。

③专业情意（情感素养）。

教师的专业情意是教师在教育教学工作中形成的关于教育的世界观和方法论，是教师专业行为的理性支点和精神内核，是一个教师成为"好"教师的精神动力。

④身心素养。

教师不仅要身体健康，更要心理健康。教师的心理健康不仅会直接影响教育工作的优劣成败，而且会影响学生的心理健康水平。教师要注重提高自己的身心素养。

（2）关系：这四个方面相辅相成，互相影响，缺一不可，是作为教育者所必不可少的素养，拥有这些素养才能更好地为新时代中国培养社会主义建设者和接班人服务。

二、论述题

1. 分析这位学生的想法，并说明教师应如何引导。

【答】（1）该学生没有意识到上学的价值，把物质的满足等同于人活着的意义，是错误的。

（2）教师应进行言语说服。

①每个人都是有用之才，发现自己的才能是什么，是对自己负责任。教育提供了发现自己才能

的机会。如果不上学，在家依靠收房租度过一生，就不能发现自己潜在的才能，更不能对自己的人生负责，而作为年轻人，人生才刚刚开始。

②不管做什么，都需要相应的教育，而在当今社会，最基本的途径是通过上学获得教育。这世界上不存在凭空就能得到好工作的美梦，任何工作都需要学习与付出，哪怕理想是收房租，也要学会识字和算术，也要上学接受教育。

③上学不仅对自己的人生大有裨益，对国家乃至世界的未来也会产生重要影响。对自己而言，上学接受了教育才有可能逐渐领悟到人活着不仅仅是追求物质的满足，不是依靠收房租来获取人生的意义；对国家和世界而言，上学学到的内容，在将来都有可能帮助我们的国家和世界变得更加美好和公平。

2. 韦纳提出了成败归因理论，请说明成败归因理论的基本观点及其教育实践启示。

【答】（1）学生小明在考试不理想后把原因归结于“没有猜中考试题目”，这是一种把失败原因归结于运气的表现。小明和小英一同依靠猜题复习迎考，这也是投机取巧，不能进行正确归因的体现。

（2）基本观点：韦纳的成败归因理论把人们活动的成败分成三个维度，分别是内部归因和外部归因，稳定归因和非稳定归因，可控归因和不可控归因。一个人解释自己的行为结果，将自己的成败归于不同因素，会反过来激发他的动机。按照这种理论，小明把失败的原因归结于运气不好，自己真倒霉，这属于外部的、不稳定的和不可控的归因，因此会产生气愤，从而会降低其学习的积极性。

（3）启示：教师要学会指导学生在成功或失败后正确地归因，引导学生找出成功或失败的真正原因，因材施教，对不同的学生进行不同的归因训练，促使学生继续努力，而不是在考试之前像小明和小英两位学生一样依靠猜题去复习准备。

2020年北京师范大学333教育综合真题·凯程详解

一、名词解释

1. 劳动教育

【答】劳动教育是引导学生掌握现代劳动的知识和技能，养成良好的劳动习惯和正确的劳动态度，培养学生科学的劳动价值观的教育。它是全面发展教育的有机组成部分。

2. 稷下学宫

【答】稷下学宫是战国时期齐国的一所著名学府，是战国时期百家争鸣的中心与缩影。稷下学宫的性质：（1）稷下学宫是一所由官家操办而由私家主持的特殊形式的学校。（2）稷下学宫是一所集讲学、著述、育才活动为一体并兼有资政议政作用的高等学府，其突出特点是学术自由、尊师重道、待遇优厚、不治而议论，并且在管理规范上有了我国第一个学术守则——《弟子职》。稷下学宫是我国古代出色的教育典范。

3. 美国进步主义教育运动（见2014年北京师范大学真题）

4. 教育现代化

【答】教育现代化是一个国家教育适应现代社会发展要求所达到的一种较高水平状态，是传统教育在现代社会中的转化，是包括教育思想、教育制度、教育内容、教育方法在内的教育整体转换运动。其核心是人的现代化。

二、简答题

1. 简述科学性与思想性相统一的教学原则。（见2011年北京师范大学真题）

2. 简述《中庸》的基本教育思想。

【答】（1）《中庸》是《礼记》中的一篇，为“四书”之一，是儒家思孟学派的作品。它主要阐述了先秦儒家的人生哲学和修养问题，提出了“中庸之道”。

（2）教育思想。

①性与教。《中庸》开篇就指出："天命之谓性，率性之谓道，修道之谓教。"所以人性的保存与发展需要教育。

②中庸。孔子提出"中庸"思想，认为中庸是最高的道德准则。中庸即"两端执其中"和"中和"，就是说在政治和道德实践中，杜绝一切过激行为，以恰到好处为处事原则。这也体现出具有保守性和缺乏锐气的弊端。中庸对中国人的民族性格影响巨大。

③"自诚明"与"自明诚"，"尊德性"与"道问学"。人们可以从两条途径得到自身的完善：一是发掘人的内在天性，进而达到对外部世界的体认，这就是"自诚明，谓之性"，或者"尊德性"；二是通过向外部世界的求知，以达到人的内在本性的发扬，这就是"自明诚，谓之教"，或者"道问学"。人无非是通过向外求知以完善本性和向内省察以助于求知来完善自身的。

④"博学之，审问之，慎思之，明辨之，笃行之。"《中庸》把学习过程具体概括为学、问、思、辨、行五个先后相续的步骤，这一表述概括了知识获得过程的基本环节和顺序。

3. 简述埃里克森社会发展理论的主要观点。

【答】（1）埃里克森把发展看作一个经过一系列阶段的过程，根据每个阶段不同的危机和冲突，把人的心理发展分为8个阶段：

①信任对怀疑（0～1.5岁）。如果婴儿得到较好的抚养并与父母建立了良好的亲子关系，婴儿将对周围世界产生信任感，否则将产生怀疑和不安。

②自主对羞怯（1.5～3岁）。儿童开始表现出自我控制的需要与倾向，也开始认识到自我照料的责任感。

③主动感对内疚感（3～6、7岁）。本阶段的危机就在于儿童既要保持对活动的热情，又要避免那些会造成危害或可能会被禁止的活动。

④勤奋感对自卑感（6、7～12岁）。本阶段的儿童开始进入学校学习，对学业产生勤奋感，并对集体生活感到愉快，而面对学业困难时则会导致自卑感。

⑤角色同一性对角色混乱（12～18岁）。少年期和青春初期，此时个体开始体会到自我概念问题的困扰，体验着角色同一与角色混乱的冲突。

⑥亲密感对孤独感（18～30岁）。青年晚期，个体如果能在人际交往中建立正常的友好关系，可形成一种亲密感。如果害怕被他人占有并不愿与人分享便会陷入孤独之中。

⑦繁殖感对停滞感（30～60岁）。中年期和壮年期，发展顺利的个体表现为家庭美满且富有创造力；反之，则陷入自我专注，对他人及后代感情冷漠以至于颓废消极。

⑧完美无憾对悲观绝望（60岁以后）。老年期，如果个体在前几个阶段发展顺利，则在这一时期完全接受自我；相反，没有获得完满感的个体将陷入绝望，并害怕死亡。

（2）埃里克森社会发展理论对教育的启示。

①人格发展理论揭示了人格发展的连续性和阶段性。埃里克森是从个体心理发展的各个层面和相互关系中考察人的社会性发展与道德的形成和发展，而不是孤立地看待它们的发展。

②适当的教育能培养学生解决发展危机的能力，促进个体的发展；不适当的教育会导致危机发生，阻碍个体的发展。埃里克森的理论指出了人生每个阶段的发展任务和所需要的支持帮助，有助于通过教育来改变各阶段所面临的冲突，采取措施，因势利导，对症下药。

4. 简述奥苏伯尔提出的影响有意义接受学习的三大要素。

【答】奥苏伯尔认为，当学生把教学内容与自己的认知结构联系起来时，有意义学习也就发生了。影响有意义接受学习的三大要素：

（1）学习材料的逻辑意义。这种逻辑意义指的是材料本身在人类学习能力范围内的与有关观念可以建立非任意的和实质性的联系。如无意义音节的学习只可能是机械学习。

（2）学习者必须具有有意义学习的心向。学习者必须积极主动地把符号所代表的新知识与学习者认知结构中原有的适当知识加以联系。

（3）学习者认知结构中必须具有适当的知识，以便与新知识进行联系。如果缺乏适当的知识则无法进行有意义的学习，因为在原有的认知结构中缺乏适当的旧知识，无法与新知识挂钩。

三、论述题

1. 论述班级授课制的时代局限性和变革趋势。

【答】（1）班级授课制的定义：是一种集体教学形式，它把一定数量的学生按年龄与已有知识水平编成固定的班级，根据周课表和作息时间表，安排教师有计划地向全班学生集体上课。班级授课制是教学的基本组织形式。

（2）班级授课制的评价。

优点：①把相同或相近年龄和水平的学生组织在一起，教师可同时教授许多学生，具有高效、经济、规范等优点，有利于学生在集体中的相互切磋与启发，有助于学生社会性的健全发展。②教学按规定的课时安排，有利于预定的教学目标和教学任务的顺利完成。③分科教学有利于教师发挥主导作用，教师可以系统地讲授规定的学科内容，学生也可借此获得系统的知识、技能。④按照国家规定的课程标准确定教学内容，可以保证所有公民的基础学历的发展。

局限性：①学生主体地位受限，自主创造性不易充分发挥。以书本为中心，忽视学生的实践能力。②坚持统一的教学进度，难以照顾学生的个体差异，容易走向“一刀切”。③班级授课制在某种意义上是应现代工业之科技文明提高效率的需要，所以，容易走向“效率驱动”。

（3）班级授课制的变革趋势。

①综合运用多种教学组织形式。如班级授课与个别辅导、分组教学相结合，课堂教学与课外教学相结合，传统的教学形式与现代教育技术相结合。

②坚持把班级授课制作为学校教学的基本组织形式。它具有其他教学组织形式无法取代的优点，在提高教学质量和效率方面发挥着重要的作用。

③改进班级授课制，探索教学组织形式的新模式。当代社会，单一的班级授课制已经不能满足培养新型人才的需要。因此，可以使整个教学过程个别化，用自学辅导以及借助现代教学技术的程序教学或计算机辅助教学等新的教学组织形式来代替班级授课制。

④利用新型的教学组织形式，如慕课、翻转课堂等方式来弥补班级授课制的缺陷。

2.（1）洛克认为教育目标是什么？关键是什么？

（2）看似矛盾的地方是什么？为什么洛克说调和了看似矛盾的地方能觅得教育的真谛？

（3）谈谈你如何看待这对矛盾。

【答】（1）洛克认为教育目标就是发展人的理智，关键是用理智和原则来规范儿童的行为。

（2）看似矛盾的地方是在儿童的约束和放任之间，很难找到平衡点，即发展学生的个性和约束儿童的行为之间的矛盾。发展学生的个性和约束儿童的行为相结合能够促进儿童全面自由地向更好的方向发展，因此洛克说调和了看似矛盾的地方能觅得教育的真谛。

（3）发展儿童的个性与约束儿童的行为是辩证统一的关系。

①教育要尊重儿童的个性。儿童是一个正在发展的个体，儿童期不只是为成人期做准备，儿童具有自身存在的价值，儿童不能只是为将来而活着，他们也为现在而生活，他们应当充分享受儿童期的生活，拥有快乐的童年。

②儿童的发展离不开行为的约束。儿童尚处于发展之中，他们在许多方面还不够成熟，如果过分强调个性化，一味强调无条件地尊重个体及其发展，那么人作为社会成员的意义将不能体现。

③尊重儿童的个性发展要与约束儿童的行为相结合。教师不仅要尊重儿童的个性，遵循儿童发展的规律，同时更要注重儿童的活动，树立一个既尊重儿童个性又不偏废人的社会性的儿童观。儿童既是“自然的人”，也是“社会的人”，教育既要尊重儿童的个性，也要约束儿童的行为，符合一定的社会规则。

华东师范大学

2010 年华东师范大学 333 教育综合真题·凯程详解

一、名词解释

1. 教育目的（见 2015 年北京师范大学真题）

2. 双轨制（见 2017 年北京师范大学真题）

3. 京师同文馆（见 2012 年北京师范大学真题）

4. 活教育

【答】著名教育家、儿童心理学家陈鹤琴提出教师如何“教活书、活教书、教书活”与学生如何“读活书、活读书、读书活”的问题，并在总结自己以往教育实践和思想的基础上，明确提出“活教育”的理论。“做人，做中国人，做现代中国人”是陈鹤琴“活教育”的目的论；主张“大自然、大社会都是活教材”的课程理论；教学论的基本原则就是“做中教，做中学，做中求进步”。

5. 骑士教育

【答】骑士教育是西欧中世纪封建社会等级制度的产物，是一种特殊的家庭教育形式，是中世纪世俗教育的一种主要形式，主要目标是培养英勇善战、忠君敬主的骑士精神和技能。骑士教育重在灌输服从与效忠统治阶级的思想，训练勇猛作战的本领，培养封建统治阶级的忠实保卫者，不重视文化知识。这种状况是由当时社会生产、生活水平的低下和西欧封建社会的阶级关系的特点所决定的。

6.《莫雷尔法案》

【答】1862 年，林肯总统批准了议员莫雷尔提议的《莫雷尔法案》。该法案规定，联邦政府按各州在国会的议员人数，拨给每位议员三万英亩土地，各州应将赠地收入用于开办或资助农业和机械工艺学院，又称赠地学院。赠地学院的诞生及发展确立了农业与工艺学科及与之相关的应用科学研究在美国高等学校中的地位，促进了美国高等教育的民主化和大众化，打破了美国联邦政府不过问教育的传统，使高等学校与联邦政府的关系进入了一个新时期。

二、简答题

1. 举例说明螺旋式课程内容组织及其依据和适用性。

【答】（1）螺旋式课程的内涵。

布鲁纳在《教育过程》中提出了螺旋式课程。所谓螺旋式课程就是把与儿童思维方式相符的形式学科结构置于课程的中心地位，随着年级的提升，不断拓展、加深学科的基本结构，使之在课程中呈螺旋式上升的态势。如某门学科在基础教育阶段不只安排一次，但几次安排均依照基本结构进行，层层提升并层层深化，形成螺旋式发展格局。

（2）螺旋式课程的内容组织。

①学科的基本原理及概念的螺旋式组织；②学习与探究态度的螺旋式组织。

（3）螺旋式课程的依据。

①关于“学习准备”的理念；②现代课程重视学科结构的价值。

（4）螺旋式课程的适用性。

螺旋式课程的理论性较强，对于学生不易理解、掌握的内容，尤其对低年级的学生来说，螺旋式课程比较适合。其实，即使在同一课程的内容体系中，直线式和螺旋式都是必不可少的。

2. 何谓发展性教学原则？在教学中遵循发展性教学原则有哪些基本要求？（见2017年北京师范大学真题）

3. 举例说明学校实施德育的途径。（见2014年北京师范大学真题）

4. 简述埃里克森人格发展理论的教育意义。

【答】（1）埃里克森人格发展理论揭示了人格发展的连续性和阶段性。埃里克森从个体心理发展的各个层面和相互关系中考察人的社会性发展与道德的形成和发展，而不是孤立地看待它们的发展。

（2）适当的教育能培养学生解决发展危机的能力，促进个体的发展，不适当的教育会导致危机发生，阻碍个体的发展。埃里克森人格发展理论指出了人生每个阶段的发展任务和所需要的支持帮助，有助于通过教育来改变各阶段所面临的冲突，采取措施，因势利导，对症下药。

三、论述题

1. 试分析学校转型变革背景下教师的基本素养。（见2014年北京师范大学真题）

2. 阅读以下材料，分析和评论其中的教育思想。

【答】（1）这段话出自《学记》。《学记》是我国战国后期重要的儒学著作，而且是世界上最早的论述教育教学问题的专著，第一次从理论上进行了较为全面系统的总结，被称为“教育学的雏形”。相传作者是乐正克，材料中的这段话体现的教育思想是“教学相长”。

（2）“教学相长”的内涵。

原意是教师以教为学，促进教师的发展。后来引申为教师与学生的相互促进。这段话着重阐述了学生只有学习了，才会知道自己的不足，知道了不足才会完善学习。教师只有在教学的过程中，才会发现自己的困惑，有了困惑，才会进一步想办法解决困惑。教学过程是教师和学生相互促进、共同发展的过程。“教学相长”是一个重要的教学原则，也是良好师生关系的体现。

（3）“教学相长”教学原则的意义和作用。

①能有效地促进教师教学水平的提高；②学生可以在教师的帮助下，获得学业进步；③很好地体现了现代提倡的新型的师生观，通过教学相长，有助于建立平等、民主、和谐的师生关系；④是实践终身教育的重要方法；⑤包含着教师要乐教、乐思，学生要乐学、乐思，师生民主的交流与对话的思想。

3. 试述永恒主义教育理论及其对当代世界教育实践的影响。

【答】（1）在现代欧美教育思潮中，永恒主义教育是一种提倡复古的教育思想。它形成于20世纪30年代。其代表人物是美国教育家赫钦斯和阿德勒、英国教育家利文斯通、法国教育家阿兰等。

（2）永恒主义教育的主要观点。

①教育的性质永恒不变。每个时代和每个地方的教育，本质上都是建立在永恒不变的人性基础上并表现和发展这种人性的教育。

②教育的目的就是理性的培养。教育应该以发展人的理性和智慧为目标，通过了解人类文化遗产中的精华，使学生成为有理性精神的公民。

③永恒的古典学科应该在学校课程中占有中心地位。所谓的“永恒学科”就是指历史上伟大思想家的著作，尤其是经历许多世纪的古典名著。学生应该从由“永恒学科”组成的“永恒课程”中汲取那些永恒的东西。

④提倡学习和钻研古典名著。学生应该背熟许多重要段落，深刻理解其内容和精神，并在各方面模仿伟大的思想家。

（3）评价。

①对当代世界教育实践的影响：一是重视古典学科的教育内容；二是重视教师教学的重要性；三是重视人性本身。在教育实践中，提倡人性化的教育，最终达到人性的自我实现、人的进步和完善。

②局限性：作为一种教育哲学思想的永恒主义教育在教育理论上有一定影响，但是由于永恒主义教育的复古态度遭到了许多人的批判，其在教育实践中的影响范围不大，主要局限于大学和上层知识界中的少数人。

4. 结合学习实例，论述问题解决过程中各阶段的主要策略。

【答】（1）基克等人认为一般性问题解决的策略包括四个阶段，他们提出了一种问题解决过程的模式。

（2）四个阶段的内容。

①理解和表征问题阶段。将问题的情境转化为内部的心理结构。解决问题的第一步是确定问题到底是什么，也就是要识别与问题相关的信息。这一阶段包括：识别有效信息、理解信息含义、整体表征和问题归类。

②寻求解答阶段。在问题表征阶段，个体有可能凭借与之熟悉的问题直接提取相应的策略来解决现有的问题。若无这种经验，个体便不得不制订计划，如建立解决问题的子目标层级，或选择相应的解决策略。在寻求解答时，可能存在这样两种一般的途径：算法式和启发式。

a. 算法式。就是为了达到某一个目标或解决某一个问题而采取的一步一步的程序。

b. 启发式。就是使用一般的策略试图去解决问题。这种一般的策略可能会得出正确的答案。常用的启发式方法有：手段 — 目的分析法、逆向反推法、爬山法、类比思维法等。

③执行计划或尝试某种解答阶段。在对问题做出表征并选择某种解决方案后，个体要执行这一计划，尝试解答。

④评价结果阶段。在选择并运用某种解题策略之后，个体应对这一策略运用的结果做出评价，这一过程包括检查与答案相一致或相矛盾的地方。

2011 年华东师范大学 333 教育综合真题 · 凯程详解

一、名词解释

1. 教育先行

【答】教育先行是一种发展战略，即教育发展先于其他行业或者经济发展的现有状态而发展。主要是因为人的素质在社会主义现代化建设中的基础性作用，而教育又在培养人。教育的发展对社会主义现代化建设具有引领作用。同时，教育的发展关乎社会主义现代化建设的方方面面，具有全局性的影响。因此，很多国家采取了教育先行的发展模式。但是这里的发展不是教育过度的超前发展，也不是教育的盲目发展，而是一种适度发展。

2. 教育目的的社会本位论

【答】教育目的的社会本位论也称国家本位论，其主要代表人物有柏拉图、凯兴斯泰纳、涂尔干等。主要观点是：教育目的的制定应该从社会需要出发，根据社会需要来确定；教育的最高目的在于使个人成为国家的合格公民；社会价值高于个人价值，相对于个体而言，国家或社会是绝对的和优先的价值实体。社会本位论在当代有助于动员国家和社会资源来发展教育事业，但是它忽视了个体的价值，否认了个体在社会和国家生活中的积极能动作用，完全将受教育者当成等待被加工的“原料”，违背了教育的人道主义原则。

3. 终身教育

【答】终身教育包括教育的各个方面、各项内容，从一个人出生的那一刻起一直到生命终结时为止的不间断的发展，也包括了在教育发展过程中的各个阶段之间紧密而有机的内在联系。终身教育没有固定的内容和方法，任务是学会学习，目标是培养新人和实现教育民主化。终身教育是未来教育发展的战略，它对实现教育机会均等和建立学习型社会有积极意义。

4. 教师专业性发展

【答】教师专业性发展指的是教师以自身专业素质包括知识、技能和情意等方面的提高与完善为基础的专业成长、专业成熟过程，是由非专业人员转向专业人员的过程。教师专业性发展既有教师队伍的专业发展，也包括教师个体的专业发展。

5. 最近发展区（见 2011 年北京师范大学真题）

6. 先行组织者（见 2010 年北京师范大学真题）

二、简答题

1. 活动课程的特点。（见 2010 年北京师范大学真题）

2. 集体教育原则的基本要求。

【答】（1）集体教育原则是指进行德育要注意依靠学生集体、通过集体进行教育，以便充分发挥学生集体在教育中的巨大作用。

（2）贯彻集体教育原则的基本要求。

①引导学生关心、热爱集体，为建设良好的集体而努力。

②通过集体教育学生个人，通过学生个人的转变影响集体。

③把教师的主导作用与集体的教育力量结合起来进行教育。

3. 陶行知“生活教育”的基本内容。（见 2014 年北京师范大学真题）

4. 人文主义教育的基本特征。

【答】（1）文艺复兴运动是欧洲新兴资产阶级在意识形态领域向封建主义和基督教神学体系发动的一场伟大的文化革命运动，人文主义是这场运动的旗帜。

（2）人文主义教育的特征。

①人本主义。在培养目标上注重个性发展，在教学方法上反对禁欲主义，尊重儿童天性，坚信通过教育力量，可以重塑个人、改造社会和自然，人的力量、人的价值被充分肯定。

②古典主义。人文主义教育思想吸收了许多古人的见解，人文主义教育实践尤其是课程设置已具有古典性质，但非纯粹复古，而是古为今用，这在当时是一种进步。

③世俗性。不论从教育目的还是从课程设置等方面看，人文主义教育都充溢着浓厚的世俗精神，关注人道而非神道，教育更关注今生而非来世，与中世纪教育有巨大的区别。

④宗教性。人文主义教育家虽抨击教会的弊端，但不反对宗教，更不打算消灭宗教，希望以世俗和人文精神改造中世纪陈腐专横的宗教性，以造就更富世俗和人性色彩的宗教性。

⑤贵族性。这是由文艺复兴运动的性质决定的。人文主义教育对象主要是上层子弟；教育形式多为宫廷教育和家庭教育；教育的目的主要是培养上层人物，如君主、侍臣、绅士等。

三、论述题

1. 针对班级授课制的优缺点探讨教学组织形式的改革方向。（见 2020 年北京师范大学真题）

2. 评述韩愈《师说》中的教师观。（见 2018 年北京师范大学真题）

3. 评述赫尔巴特的课程理论。

【答】赫尔巴特的课程理论主要包括三个方面的主张：

（1）课程内容的选择必须与儿童的经验和兴趣相一致。

①经验：儿童在日常生活中获得的经验是教学活动赖以进行的基础，但儿童早期的经验并不是完美无缺的（分散、杂乱），需要通过教学加以补充和整理，反映在教材中则为直观教材。

②兴趣：兴趣存在于经验之中。因此，只有与儿童经验相联系的内容，才能引起儿童浓厚的兴趣。它能使儿童保持意识的警觉状态，从而更好地接受教材。

③兴趣课程体系。赫尔巴特把多种多样的兴趣分为两大类——经验的兴趣和同情的兴趣。其中经验的兴趣包括经验的、思辨的、审美的兴趣；同情的兴趣包括同情的、社会的和宗教的兴趣。各种经验、兴趣有对应开设的课程，如对应经验的兴趣，应该开设自然、物理、化学、地理等课程。

（2）第二个基本主张是根据统觉的研究得出的。

新的观念和知识总是在原有的理智背景中形成的，是以原有观念和知识为基础产生的。课程的安排应当使儿童能够不断地从熟悉的材料逐步过渡到密切相关但还不熟悉的材料。据此，赫尔巴特提出了“相关”与“集中”的课程设计原则。

（3）课程应与儿童的发展相呼应。

文化纪元理论是课程设计和选择课程的基础。文化纪元理论认为，在人类历史早期，感觉在人的认识中起主导地位。在这之后，想象逐渐发展起来，人类的想象力在诗与神话中得到了完美的体现。最后，当理性发展起来时，人类就进入到成年。不同时代的文化成果集中反映了人类认识的不同发展水平。儿童个性和认识的发展重复了种族发展的过程，需要把儿童发展和课程联系起来。

4. 论述精细加工策略及其教学要求。

【答】（1）所谓精细加工策略，主要指对学习材料进行深入细致的分析加工，理解其内在的深层意义，促进记忆的学习策略，即通过联系新学的知识与已有知识，增加新信息的意义。也就是说，我们运用已有的图式和已有的知识使信息合理化。通常精细加工策略就是我们所说的记忆方法。

（2）精细加工策略的内容。

①简单知识的精细加工策略。

对于简单的知识，精细加工策略是非常有效的。记忆术是一种常用的有效策略。比较流行的精细加工策略主要有位置记忆法、首字联词法、限定词法、关键词法等。

②复杂知识的精细加工策略。

对复杂知识进行精细加工，主要有以下几个方法：a. 做笔记。从信息加工的角度来看，做笔记有助于对材料进行编码，同时还具有外部存储的功能，主要包括做笔记摘抄、评注、加标题、写段落概括语以及写结构提纲等活动。b. 联系生活实际。在学习过程中，教师不仅要帮助学生理解所学知识的意义，更要让学生感受到这些知识的价值，教会学生如何利用这些所学的知识，并将知识迁移到课堂之外的环境中去。c. 利用背景知识。在对复杂信息进行加工时，背景知识有助于把新旧知识联系起来，从而加深对新知识的理解，因此它具有非常重要的作用。d. 提问策略。

（3）在我们的教学中，对精细加工策略的教学要求有以下四点：

①作为教师要善于运用精细加工策略，这可以提高教师的个体专业化水平。同时，教师要把自己精细加工的知识告诉学生。

②教师所教授的知识应经过各种精细加工，再呈现给学生，帮助学生理解和记忆知识。这样可以提高教学效率，更好地帮助学生同化和顺应知识。

③教师还应该把精细加工策略教给学生，让学生可以自己对知识进行精细加工。

④教师应该主动地创设一些问题情境，这些问题情境可以帮助学生对知识进行精细加工。

2012年华东师范大学333教育综合真题·凯程详解

一、名词解释

1. 教育制度

【答】教育制度是一个国家各级各类教育机构与组织的体系及其管理规则。它包括两个基本方面：一是教育的施教机构系统；二是教育的管理机构系统，以及这些教育机构赖以存在和运行的一整套规则。教育制度具有客观性、规范性、历史性和强制性的特点。

2. 综合课程

【答】所谓综合课程，也叫“广域课程”“统合课程”或“合成课程”，是打破传统的学科课程的知识领域，组合相邻领域的学科构成一门学科的课程，其根本目的是克服学科课程分科过细的特点。

3. 产婆术（见2011年北京师范大学真题）

4. 绅士教育

【答】洛克所倡导的绅士教育是一种资产阶级贵族化的教育。该教育主张把贵族子弟培养成身体强健，举止优雅，有德行、智慧和才干的绅士。这种教育只能通过家庭教育来进行。在教育内容上，主张对贵族子弟实行体育、德育、智育的教育内容。洛克的绅士教育思想以其世俗化、功利性为显著特点。

5.“六艺”教育

【答】“六艺”具体指礼、乐、射、御、书、数，是西周时期主要的教育内容。礼，即道德规范和礼仪；乐，即艺术教育，包括诗歌、音乐等；射，即射箭的技术训练；御，即驾驭马拉战车的技术训练；书，即文字书写；数，即算法。其中礼、乐教育是“六艺”教育的中心。“六艺”教育体现了文武兼备、诸育兼顾的特点。此外，西汉后，将孔子编订的“六经”（《诗》《书》《礼》《易》《乐》《春秋》）也称为“六艺”。

6. 1922年“新学制”（见2010年北京师范大学真题）

二、简答题

1. 教学模式的结构。

【答】教学模式是指在某一教学思想和教学原理的指导下，围绕某一主题，为实现教学目标而形成的相对稳定的规范化教学程序和操作体系。教学模式包括五个因素，这五个因素之间有规律的联系就是教学模式的结构，分别是:（1）理论依据。（2）教学目标。教学目标在教学模式的结构中处于核心地位。（3）操作程序或步骤。（4）实现条件。（5）教学评价。

2. 举例说明道德教育的社会学习模式。

【答】（1）德育的社会学习模式由班杜拉提出，社会学习模式强调人类行为是个体和环境交互作用的产物。人通过观察和模仿他人行为而获得知识、技能和行为习惯，即儿童通过替代强化而获得道德行为。所谓替代强化就是儿童通过对他人的行为强化（包括正强化和负强化）进行模仿，从而改变自己的行为。

（2）评价。这一模式的优点是强调成人与环境对儿童道德行为形成的作用，这符合教育规律的理论认识。同时，特别强调动机的激发以及动机对维持某特定行为的作用，这也是值得我们借鉴的。但是该模式忽略了儿童身心发展的“成熟性”和“阶段性”。

（3）举例。学生观察到没有做完作业的学生被老师批评了，其他学生很大程度上都会好好完成作业，争取自己不被批评。学生观察到有学生认真完成作业，就会获得老师的表扬和奖励，他们也会积极完成作业，希望自己像替代强化榜样那样，获得表扬和奖励。

3. 教师的专业素养。（见2014年北京师范大学真题）

4. 奥苏伯尔的先行组织者策略。

【答】奥苏伯尔提出了“先行组织者”教学策略，即先于学习任务本身呈现的一种引导性材料，它的抽象、概括和综合水平高于学习任务，并且与认知结构中原有的观念和新的学习任务相关联。其目的是在新的学习任务和旧知识之间搭建一座桥梁，为新的学习任务提供观念上的固着点，增加新旧知识之间的可辨别性，以促进学习的迁移。先行组织者主要包括陈述性组织者和比较性组织者两种。

三、论述题

1. 评述课程编制的泰勒原理。

【答】（1）泰勒指出开发任何课程和教学计划都必须回答四个基本问题：学校应该试图达到哪些教育目标（确定教育目标）；提供什么样的教育经验最有可能达到这些目标（选择经验）；怎样有效组织这些教育经验（组织经验）；如何确定这些目标正在得以实现（评价教育计划）。这四个基本问题构成著名的“泰勒原理”。

（2）四个问题的关系。

确定教育目标是课程开发的出发点，也是课程开发的归宿；选择经验和组织经验是主体环节，指向教育目标的实现；评价教育计划是整个系统运行的基本保证。目标因素构成课程开发的核心。

（3）泰勒原理的贡献与局限。

贡献：①泰勒原理一直被作为课程开发的基本框架，它确定了课程开发与研究的基本思路和范围，综合了当时有影响的教育学流派和思想，囊括了课程开发的诸多重要因素，形成了一个系统的模式，简洁明了。②泰勒原理为我们提供了一个课程分析的可行思路，具有逻辑严密的课程编制程序，具有引导性和调控性，各程序层次分明，具有较强的系统性。

局限：泰勒原理是课程开发的一个非常理性的框架，它不可避免地带有那个时代“科学至上”的印记；预先确定严格的行为目标与手段，也不利于发挥教师与学生的主动性与积极性。

2. 评述卢梭自然主义教育思想及其影响。

【答】（1）自然主义教育的基本含义。

卢梭的“自然教育”就是服从自然的法则，顺应儿童天性的发展进程，促进儿童身心自然发展的教育。如果以成人的偏见加以干涉，结果只会破坏自然的法则，从根本上毁坏儿童。教师的作用只是要防范不良环境的影响，是消极的，因而他常提及“消极教育”。

（2）自然主义教育的培养目标。

自然主义教育的目的是培养“自然人”，即完全自由成长、身心和谐发展、能自食其力、不受传统束缚、能够适应社会生活的一代新人。

（3）自然主义教育的方法原则。

①正确看待儿童。这是自然教育的一个必要前提。

②给儿童以充分的自由。遵循儿童的自然天性，成人不干预、不灌输、不压制，让儿童遵循自然率性发展。

（4）自然主义教育的实施。

卢梭认为人的发展应该分为四个阶段：婴儿期（0～2岁），主要进行体育；儿童期（2～12岁），又称“理智睡眠期”，进行感官训练并继续发展身体；青年期（12～15岁），进行智育和劳动教育；青春期（15～20岁），进行道德教育。

（5）对自然主义教育的评价。

①积极意义：卢梭教育思想的基本内容是高度尊重儿童的天性，倡导的是自然主义和儿童本位主义的教育观，是现代教育思想的重要来源。他系统地论述了自然主义的教育思路，提倡性善论，反对封建社会对人性的压制，具有历史进步意义。

②消极意义：对儿童的天性认识过于理想化，过分强调儿童在活动中的自然成长，忽视社会的影响和人类文化传统的教育作用；过高估计儿童的直接经验，忽视学习系统的书本知识。

3. 试论“五四”期间新文化思想对教育改革的影响。

【答】（1）新文化运动对封建传统教育进行了猛烈的抨击，对我国教育改革产生了巨大的影响。

（2）主要表现。

①促使我国教育观念发生很大的变革。

a. 教育的个性化。人人都享有平等、自由的教育机会；要求教育尊重个人，以儿童为中心；使每个受教育者各尽其性，发挥最优本能为社会做贡献；学生应该主动求学，加强自我管理。

b. 教育的平民化。平民教育思想发展为一场思潮。要求通过教育解决民众之苦，挖掘民众的无限智能，帮助民众改善其生存能力，让大众都能享受到教育。

c. 教育的实用化。教育对培养学生的生存能力，发展社会生产力有重要作用；全面改革学校，强调学生主动、创造地学习和培养其操作能力，培养对社会有用的人才。

d. 教育的科学化。促进教育内容、方法等科学化，用科学知识培养人才，加强科学知识的普及和教育；主张用科学方法研究教育，用科学手段管理教育，让教育活动更有理论指导性和研究推广性。

②促使我国教育实践领域发生很大的变革。

a. 恢复民国初年教育宗旨。主张“养成共和国民健全之人格”，体现时代性，在教育内容上反对学习古文，主张废除读经课，要求恢复民国初年“五育”并举的教育方针，更突出资产阶级的发展要求。

b. 有利于促进我国教育普及。在民主教育思潮的推动下，义务教育得到大力发展，中等教育规模扩大，明确提出中学教育要兼顾就业与升学的重任。

c. 改革我国的教育内容，推行白话文和国语教育。首先，学校教育中逐渐使用白话文，一些优秀的文学作品成为理想的国语教材和课外读物，为推广国语和普及义务教育创造了条件；其次，中等教育专注科学与实用。

d. 大力改革师范教育和大学。提出普遍建立师范学校，培养优秀师资力量。建立了一批重点师范院校。蔡元培改革北大，提出了“思想自由，兼容并包”的办学原则，引领了中国新式大学的发展方式和民主气息。

（3）影响。

总之，正是在教育个性化、科学化、实用化、平民化以及各种教育实践的推动下，我国在20世纪20年代出现了多元化的教育思潮，如平民教育思潮、工读主义教育思潮、职业教育思潮、乡村教育思潮、科学教育思潮和教育救国思潮等，都把教育和祖国命运连接在一起，呼唤一个新时代的到来。

4. 试论学习动机的培养和激发。

【答】（1）创设问题情境，实施启发式教学。根据成就动机理论，问题的难度系数为50%时，挑战性与胜任力同在，最容易激发学生的学习动机。

（2）根据作业难度，恰当控制动机水平。学习动机与学习效果并不是总成正比的，根据耶克斯－多德森定律，最佳的动机水平与作业难度密切相关。对于简单、容易的任务，尽量让学生集中注意力、紧张一些；对于复杂、困难的任务，则要尽量创造轻松自由的气氛。

（3）充分利用反馈信息，给予恰当的评价。一方面可以调整学习活动，另一方面可以增强学习动机。不恰当的评定会有消极的作用，如使学生过分关注结果，抑制内在动机等。因此，在评价时应该注意用评价表示进步的快慢，根据学生的个别差异加上恰当的评语。

（4）妥善进行奖惩，维护内部学习动机。此步骤涉及的三条原理为：奖励能激发动机，惩罚则不能；滥用外部奖励会破坏内部动机，奖惩影响成就目标的形成；表扬应该针对学生的具体行为，而不是整个人，态度要真诚，要强调学生的努力。

（5）合理设置课堂环境，妥善处理竞争与合作。

（6）坚持以内部动机作用为主，外部动机作用为辅。

（7）适当地进行归因训练，促使学生继续努力。指导学生进行积极的成败归因，有时候，积极比正确更重要，尤其是差生，要引导其将失败归因于不够努力，而不是能力不足。

（8）注意学生的个别差异，因材施教。

（9）注意内外部动机的相互补充，相辅相成。

（10）加强自我效能感。引起和增强学生的自我效能感，有利于培养学生的学习动机，为此我们要做好以下三个方面：直接经验训练；间接经验训练；说服教育。

2013年华东师范大学333教育综合真题·凯程详解

一、名词解释

1. 分支型学制

【答】分支型学制是在苏联发展起来的，它既有单轨学制的特点又有双轨学制的特点。它一开始并不分轨，而且职业学校的毕业生也有权进入对口的高等学校学习。苏联的分支型学制的前段（小学、初中阶段）是单轨，后段分叉，是介于双轨学制和单轨学制之间的分支型学制。苏联的分支型学制的中学，上通（高等学校）下达（初等学校），左（中等专业学校）右（中等职业技术学校）畅通，这是苏联型学制的优点和特点。

2. 教育目的（见 2015 年北京师范大学真题）

3. 课程方案

【答】课程方案也称课程计划，是指教育机构或学校为了实现教育目的而制定的有关课程设置的文件。普通小学与中学的课程方案，是指在国家教育目的与方针的指导下，为实现各级基础教育的目标，由国家教育主管部门制定的有关课程设置、顺序、学时分配以及课程管理等方面的政策性文件。

4. 教学评价（见 2015 年北京师范大学真题）

5. 人文主义教育

【答】人文主义是文艺复兴时期最重要的文化标志，表现在教育方面就是人文主义教育。其内涵是：歌颂、赞扬人的价值和尊严；宣扬人的思想解放与个性自由；肯定现世生活的价值和尘世的享乐；提倡学术，尊崇理性。经历了早期意大利和北欧人文主义的发展，到后期以法国为阵地，以人文主义、古典主义、世俗性、贵族性和宗教性为特征。人文主义教育复兴了古典的培养身心全面和谐发展的完人的教育理想，要求培养具有资产阶级绅士的品质。

6. 道尔顿制（见 2011 年北京师范大学真题）

二、简答题

1. 简述教育的社会流动功能。（见 2010 年北京师范大学真题）

2. 简述蔡元培的高等教育实践对我国现代大学发展的意义。

【答】（1）大学应当以研究学问为第一要义。大学不是灌输知识的场所，教师和学生都应当热爱学问，培养自己的学者风范。

（2）大学以引领社会、服务社会为职责，应当担起带领社会风气的责任。作为高级知识分子聚集的地方，大学代表着一个社会最高层次群体的精神面貌，也是一个国家精神面貌的标志，应当有强烈的责任心来维持这种良好的精神状态。

（3）大学教育的目的是育人而非制器。教育要以养成学生的健全人格为宗旨。教育要帮助学生发展能力、完善人格，在人类文化上尽一份责任的同时也兼顾学生的技能和道德教育。

（4）大学的管理者、办学者，应当好好审视大学的意义、角色，做好正确的定位，只有把握好大学应有的特点、应做的事，才能真正把教育办好，把学校办活。

3. 简述建构主义学习观。

【答】（1）知识观。知识它并不是问题的最终答案。学生对知识的“接受”只能靠他自己的建构来完成，以他们自己的经验、信念为背景来分析知识的合理性。学生的学习不仅是对新知识的理解，而且是对新知识的分析、检验和批判。

（2）学习观。学习不是由教师向学生传递知识的过程，而是学生建构自己的知识的过程。学生不是被动的信息接收者，而是有意识的主动建构者，这种建构不可能由其他人代替。学习者的知识建构过程具有三个重要特征：

①学习的主动建构性：面对新信息和新命题，学生都以原有的知识经验为基础建构自己的理解。学习是个体建构自己的知识的过程，即学习要对外部信息做主动的选择和加工。

②学习的社会互动性：学习任务是通过各成员在学习过程中的沟通交流、共同分享学习资源完成的。

③学习的情境性：知识并不是脱离活动情境而抽象地存在，知识只有通过实际情境中的应用活动才能真正被人理解。学习应该与情境化的社会实践活动结合起来

（3）学生观。学生并不是空着脑袋走进教室的。在教学过程中，要把儿童现有的知识经验作为

新知识的生长点，避免将教学看成知识的传递，而要将其视为知识处理和转换的过程。

（4）教学观。建构主义强调帮助学生从现有的知识经验出发，在真实情境中，通过操作、对话、协作等进行意义建构。所以，建构主义提倡让学生通过问题解决来学习，要激发学生学习的积极性和探索精神，培养学生的问题解决能力和创造性。

三、论述题

1. 评述结构主义教育。

【答】（1）结构主义学习理论的主要代表人物是布鲁纳，他反对以强化为主的程序教学，倡导发现学习，强调学科结构在学生认知结构形成中的重要作用。

（2）布鲁纳的教育思想内容。

①学习观。结构主义学习观的内容有：a. 学习的实质在于主动地形成认知结构，学习者不是被动地接受知识，而是主动地获取知识；b. 学习包括获得、转化和评价三个过程；c. 学习任何一门学科的最终目的都是建构学生良好的认知结构。

②结构教学观。在教学的观点中，布鲁纳主张教学的最终目标是促进对学科结构的一般理解。因此，布鲁纳很重视学科结构的教学，把学科的基本结构放在设计课程和编写教材的中心地位，成为教学的中心。可见，布鲁纳把教师定位为学生学习的指导者和设计者。

③发现学习法。发现法就是用自己的头脑亲自获得知识的一切形式，是学生在学习情境中通过自己的探索来寻找、获得问题答案的学习方式。

（3）评价。

优点：结构主义弥补了建构主义的不足，以发现学习为教学法则，教师在教学中充当学习的设计者和指导者，为学生提供完整、丰富的材料。这样就确保学生学到系统的知识，不用走前人的老路去寻找已有的真理。

局限性：结构主义在注重学生先前经验，以及发挥和提倡学生主导性方面做得较差。虽然它提倡学生主动学习，但学习内容是外界既定的“真理”，常常给学生套上固定的解释和领会，不允许有个性化的想法，设定标准答案等。这些都是结构教学存在的弊端。

2. 论述社会变迁对教师角色及教师专业发展的具体影响。

【答】随着社会的变迁，教师角色和教师专业发展都发生了重大的变化。

（1）教师角色的变化。

教师不再仅仅是知识的传授者，还兼具了其他角色。主要包括：①“家长代理人”和“朋友、知己者”的角色；②“传道、授业、解惑者”的角色；③“管理者”的角色；④“心理调节者”的角色；⑤“研究者”的角色。

（2）教师专业发展。

教师专业发展不再仅仅是指发展自身的专业知识、技能，而是教师以自身专业素质包括知识、技能和情意等方面的提高与完善为基础的专业成长、专业成熟的过程，是由非专业人员转向专业人员的过程。教师专业发展既包括教师队伍的专业发展，也包括教师个体的专业发展。

3. 试以白鹿洞书院为例，分析我国书院的宗旨、特点与意义。

【答】（1）书院教育的宗旨。

①“父子有亲，君臣有义，夫妇有别，长幼有序，朋友有信”为教育目的。

②“博学之，审问之，慎思之，明辨之，笃行之”为治学顺序。

③“言忠信，行笃敬，惩忿窒欲，迁善改过”为修身之要。

④“正其义不谋其利，明其道不计其功”为处事之要。

⑤“己所不欲，勿施于人，行有不得，反求诸己”为接物之要。

（2）书院教育的特点。

①书院精神：“自由讲学”是书院教学的基本精神。

②书院功能：书院重视藏书，重视培养人才，要求学生读儒家经典，强调道德和学问并进。

③书院组织：有私办、公办和私办公助等多种形式，书院主持者叫“山长”或“洞主”。

④书院教学：讲学活动是书院的主要内容，也是书院作为教育机构的主要标志。

⑤学生学习：书院强调学生读书自学，重视对学生自修的指导。

⑥书院制度：最著名的是《白鹿洞书院揭示》，使学规成为书院教学的总方针。此外在经费制度、管理方面都做了规定，南宋后期书院已经制度化。

⑦师生关系：中国教育尊师爱生的优良传统，在书院中尤为突出。

⑧书院发展倾向：自南宋起书院已经出现了官学化的倾向，到了明清时期，政府加强对书院的控制，官学化日益严重，逐渐成为科举考试的附庸。

（3）书院产生的历史意义。

书院丰富了中国古代学校教育的类型，起到了弥补官学不足的作用。书院提倡自由讲学，注重讨论，学术风气浓厚，开辟了新的学风，成为推动教育和学术发展的重要动力。书院在办学和管理领域也实施了许多行之有效的经验措施，成为中国封建社会中后期一种重要的教育组织形式。

4. 论述科尔伯格的道德发展阶段理论。

【答】（1）科尔伯格通过用道德两难故事来培养学生的道德判断能力，将人的道德发展分为“三水平六阶段”。

（2）“三水平六阶段”的内涵。

①前习俗水平（0～9岁）。

第一阶段：惩罚和服从的道德定向阶段。这一阶段的儿童根据行为的后果来判断行为是好是坏及严重程度。他们服从权威或规则只是为了避免处罚。

第二阶段：工具性的相对主义定向阶段。儿童为了获得奖赏或满足个人需要而遵从准则，偶尔也包括满足他人需要的行动，认为如果行为者最终得益，那么为别人效劳就是对的。

②习俗水平（9～15岁）。

第三阶段：人际和谐的定向阶段，又称为“好孩子”定向阶段。这一阶段的儿童尊重大多数人的意见和惯常的角色行为，避免非议以赢得赞赏，重视顺从和做好孩子。

第四阶段：权威和维持社会现有秩序的定向阶段。这个阶段的儿童注意的中心是维护社会秩序，认为判断行为的好坏，看他是否符合维护社会秩序的准则。

③后习俗水平（15岁以后）。

第五阶段：社会契约和法律的定向阶段。这一阶段道德推理具有灵活性，认为法律可通过共同协商和民主程序加以改变，反映大多数人意愿或最大社会福利的行为就是道德行为。

第六阶段：普遍的道德原则和良心定向阶段。道德原则已被内化为人的自觉追求，规则已经不再是外在的判定标准，他做决定的标准来自自身的良心。

（3）科尔伯格道德发展阶段理论的教学意义。

①教学应该首先了解儿童的道德发展水平，只有这样，道德教育才更有针对性和实效性。

②儿童道德发展的顺序是一定的，不可颠倒，这与儿童的思维发展有关。但具体到每个人，时间有早有迟，这与文化背景、交往等有关。

③要促进儿童道德发展，必须让他不断地接触道德环境和道德两难问题，以便于讨论和展开道德推理练习，进而提高儿童的道德敏感度和道德推理能力。

（4）评价。

该理论发现了人类道德发展的两大规律——由他律到自律和循序渐进，并且提出道德教育必须配合儿童心理的发展。理论不足之处在于强调的是道德认知，而不是道德行为，因而不能作为学校实施道德教育的根据。

2014年华东师范大学333教育综合真题·凯程详解

一、名词解释

1. 贝尔－兰卡斯特制（见2012年北京师范大学真题）

2. 城市学校

【答】城市学校是应新兴市民阶层的需要而产生的，它不是一所学校的名称，而是新兴市民子弟开办的学校的总称，其种类有行会学校、商会学校（也称基尔特学校）。在领导权上，城市学校大多属于行会和商会。后期，城市学校逐渐由市政当局接管。在教学内容上，以读、写、算及与商业、手工业相关的世俗知识为主。在培养目标上，主要是培养从事手工业、商业的职业人才。在学校性质上，多为世俗性质的初等学校，但也具有一定的职业训练的性质。所以，城市学校属于世俗性质学校。城市学校的兴起和发展对处于萌芽阶段的资本主义生产方式的成长起了促进作用。

3. 自我效能感

【答】自我效能感指人们在进行某一活动之前，对自己是否能够成功地进行某一成就行为的主观判断。这一概念是由班杜拉最早提出的。自我效能感主要受到以下四个因素的影响：（1）直接经验；（2）替代性经验；（3）言语说服；（4）情绪的唤起。在教学中要培养学生积极的自我效能感。

4. 现代教育制度

【答】现代教育制度是一个国家各级各类教育机构与组织的体系及其管理规则。它包括教育的施教机构系统方面和教育的管理系统方面，以及这些教育机构成立以来已存在和运行的一整套规则。教育制度有客观性、规范性、历史性和强制性的特点。现代教育制度的核心是学制，它规定着各级各类学校的性质、任务、入学条件、修业年限，以及它们之间的关系。现代教育制度主要包括双轨学制、分支型学制和单轨学制。

5. 德育过程

【答】德育过程即在德育目标的指导下，将经过选择的德育内容内化为学生个体的品德素质结构，并使之发生所期望的整体性变化的过程。从教育者的角度来说，德育过程是德育目标的实施和实现的过程；从受教育者的角度来说，它是个体的素质结构不断形成和改善的过程。德育过程是在一系列的矛盾中展开的，是一系列的矛盾运动和变化的过程。

6. 有意义学习

【答】美国教育心理学家奥苏伯尔和罗杰斯均提出过有意义学习的概念，但二者意义不同。奥苏伯尔的有意义学习主要指将符号所代表的新知识与学习者认知结构中已有的适当观念建立非人为的和实质性的联系。罗杰斯的有意义学习是一种全人参与的学习，是人的情感和认知因素共同参与的有意义学习。

二、简答题

1. 简述白鹿洞书院的教育宗旨。（见2013年华东师范大学真题）

2. 简述文艺复兴时期弗吉里奥的教育贡献。

【答】弗吉里奥是率先表达文艺复兴教育思想的人。他曾在多地从事教育活动，并对昆体良的《雄辩术原理》一书进行注释，引发了人们对昆体良教育经验的极大关注。同时他发表《论绅士风度与自由学科》的论文，全面概括了人文主义教育的目的和方法。另外他对“七艺”做了较大的修改，提升了“四艺”的学科地位。他主张对青年实施通才教育以培养身心全面发展的人。在教育方法上，他认为必须使所学的科目适合学生的个人爱好和年龄。在教育内容方面，他推崇的三门科目是历史、伦理学（道德哲学）和雄辩术，并认为这三门学科最能体现人文主义精神。

3. 简述美国的《国防教育法》。

【答】（1）背景：进入20世纪50年代以后，随着国际形势的发展，教育质量差成为美国教育被批评的焦点。1957年苏联卫星上天后，美国开始反思自身的教育问题，并将教育提高到国防高度。为适应与苏联进行国际竞争的需要，改革教育的呼声更为强烈，1958 年美国国会颁布《国防教育法》。

（2）主要内容有：①加强普通学校的自然科学、数学和现代外语（即“新三艺”）的教学；②加强职业技术教育；③强调“天才教育”；④增拨大量教育经费，作为对各级学校的财政援助。

（3）评价：《国防教育法》旨在改变美国教育水平的落后状况，使美国教育能够适应现代科学技术的发展并满足国际竞争的需要。它的颁布有利于美国教育的发展，有利于教育质量的提高，有利于培养科技人才。

4. 简述班集体的发展阶段及培养方法。

【答】（1）一个班的几十个学生，从刚组建的群体发展为坚强的集体，要经历一个发展过程。这个过程可分三个阶段：

①组建阶段。班主任须对学生提出明确的集体目标和应当遵守的制度与要求，引导学生积极开展活动，促进集体的发展。

②核心初步形成阶段。同学间有了一定了解，学生中积极分子不断涌现并团结在班主任周围，班级组织与功能较健全，集体核心初步形成，班主任与集体共同领导集体并履行教育职能。

③自主活动阶段。这时，班集体已形成，它已成为教育的主体，能主动地根据学校和班主任的要求以及班上的情况，自觉地向集体成员提出任务与要求，自主地开展集体活动。

（2）班集体的培养方法：

①确定集体的目标。目标是集体的发展方向和动力。培养集体首先要使集体明确奋斗的目标。

②健全组织、培养干部以形成集体核心。培养集体必须注意健全集体的组织与功能，使它能正常开展工作，发挥应有的作用。关键是要做好班干部的选拔与培养工作。

③有计划地开展集体活动。使每个学生都能在活动中得到锻炼与提高，为形成集体奠定情感基础，逐渐形成集体的核心，激发学生的工作责任感和集体主义精神。

④培养正确的舆论和良好的班风。班主任要善于抓住时机，通过积极的思想斗争，分清是非，以推动正确舆论的形成。

三、论述题

1. 试以张之洞的《劝学篇》为例，评述“中体西用”的教育思想。

【答】（1）张之洞在《劝学篇》中集中阐述了“中体西用”的教育思想。

（2）张之洞《劝学篇》的内容。

《劝学篇》分内篇和外篇，“内篇务本，以正人心，外篇务通，以开风气”。通篇主旨归于“中学为体，西学为用”。“旧学为体，新学为用，不使偏废。”“中学”着重的是人品行的修养，具有德育的功能，“中学”治身心，“西学”应世事。如此一来，“西学”是“中学”的补充。

（3）评价。

积极影响：“中学为体，西学为用”的思想，对教育的影响是深远的，涉及教育领域的各个方面。

①从整体上看：“中学为体，西学为用”的思想，给僵化的封建文化打开了一个缺口，使“西学”在中国的发展成为可能，为中国近代的变革注入了新的物质力量和精神力量，加速了封建制度的解体，推动了近代化的发展。

②在教育方面：“中体西用”作为洋务教育的指导纲领，对中国近代教育的影响是双重的。

a. 启动了中国近代教育改革的步伐，促进新式教育的产生。兴办新式学堂，增加自然科学知识，开展留美教育等，打破了儒学一统天下的传统教育格局。

b. 引进西方近代科学、课程及制度，对清末教育改革有思想层面的启发和实践层面的推动。

c. 极大地冲击了传统教育的价值观，为进一步推广新式教育扫清了障碍。

消极影响：①根本目的是维护封建统治，新式教育一直受到“忠君、尊孔”的封建信条的支配，阻碍了新式教育的发展进程。尤其是阻碍了维新思想更为广泛地传播，不利于近代刚刚开始的思想启蒙运动。②“中体西用”作为中、西文化接触后的初期结合方式，有其历史合理性。但作为文化的整合方案和教育宗旨又是粗糙的，是在没有克服中、西学之间固有的内在矛盾的情况下的直接嫁接，必然会引起二者之间的排异性反应。

2. 试论述元认知策略及其教学应用。

【答】（1）元认知策略。元认知策略是指学生对自己学习过程进行有效监控的策略。大致可以分为以下几种：

①自我计划策略。自我计划策略指根据认知活动的特定目标，在一项认知活动之前计划各种活动，预计结果，选择策略，想出各种解决问题的方法，并预估其有效性。

②自我监控策略。自我监控策略是在认知活动的实际过程中，根据认知目标及时评价、反馈自己认知活动的结果与不足，正确估计自己达到认知目标的程度和水平。

③自我调节策略。自我调节策略是对认知策略效果的检查，发现问题则采取相应的补救措施，根据对认知策略效果的检查，及时修正、调整认知策略，以保证学习有效、顺利地进行。自我调节策略与自我监控策略有关。

④自我评价策略。自我评价策略指个体按照一定的标准和规范来判断自己的行为。

⑤自我指导策略。自我指导策略就是学习者采用口头或者书面的方式，把学习步骤或者方法呈现出来，用来引导和监督自己的学习。

（2）元认知策略的教学应用。

①利用计划策略促进教学。教师要帮助学生给学习做计划，学会预测完成作业的时间，预测获得相关信息的途径，确定考试前的复习材料，预计是否有必要组织学习小组，以及计划和使用各种办法促进教学。

②利用监控策略促进教学，表现为领会监控和集中注意力两个策略。领会监控的教学方法有变化阅读的速度、中止判断、猜测、重读较难的段落等。集中注意力的教学方法有提前注意学习目标、标示重点、增加材料的情绪性、使用独特的刺激、告知重要性等。

③利用调节策略促进教学。a. 元认知策略总是和认知策略一同起作用。元认知过程帮助我们估计学习的程度和决定如何学习；认知策略帮助我们将新信息与已知信息整合在一起，且存储在长时记忆中。所以，认知策略是学习内容必不可少的工具，元认知策略是监控和指导认知策略的运用。b. 学生应学会使用各种不同的策略。如果没有元认知策略来帮助他们决定在某种情况下使用哪种策略或改变策略，他们就不是成功的学习者。

3. 试分析课程内容的组织对学生学习的影响。

【答】（1）课程内容采取何种逻辑形式编排和组织，直接影响课程内容结构的性质和形式，制约着课程实施中的学习活动方式。

（2）要想组织好课程内容，我们应着手处理好以下几种关系。

①直线式与螺旋式。

直线式是指把课程内容组织成一条在逻辑上前后联系的“直线”，前后内容基本不重复。螺旋式是指在不同单元或阶段乃至不同课程门类中，使课程内容重复出现，逐渐扩大知识面，加深知识难度。

直线式和螺旋式各有利弊，分别适用于不同性质的学科、不同年级的学生。对理论性较强、学生不易理解和掌握的内容，尤其对低年级的学生来说，螺旋式较适合；对一些理论性相对较低的学科知识、操作性较强的内容，则直线式较适合。其实，即使在同一课程的内容体系中，直线式和螺旋式都是必不可少的。

②纵向组织与横向组织。

纵向组织是指按照知识的逻辑序列，从已知到未知、从具体到抽象等先后顺序组织编排课程内容。横向组织是指打破学科的知识界限和传统的知识体系，按照学生发展的阶段，以其需要探索的、社会和个人最关心的问题为依据来组织课程内容，构成一个个相对独立的专题。

纵向组织注重课程内容的独立体系和知识的深度，而横向组织强调课程内容的综合性和知识的广度。这是两种适合于不同性质知识经验的课程内容组织形式，同直线式与螺旋式的关系一样，都是不可偏废的。

③逻辑顺序与心理顺序。

逻辑顺序是指根据学科本身的体系和知识的内在联系来组织课程内容。心理顺序是指按照学生心理发展的特点来组织课程内容。

课程内容的组织要把逻辑顺序和心理顺序结合起来。逻辑顺序与心理顺序的统一，在课程观上，体现为把学生与课程统一起来，在学生观方面，体现为把学生的“未来生活世界”与“现实生活世界”统一起来。

4. 针对教师专业发展的不同阶段，应该怎样帮助教师成长?

【答】(1) 入职前:

①教师自身要有专业发展的观念和意识，寻求自我专业发展的途径。

②参加职前培训（师范教育）与在职培训。学习教师专业发展的一般理论，建立专业责任感。教师专业发展的培训模式有: a. 教师发展学校。这是以中小学为基地，大学和中小学合作建设，旨在通过合作研究，实现教师专业发展，同时也促进学生发展的学校。b. 校本培训。这是中外教育专家和学校所崇尚的有效在职培训方法，这种培训是由学校发起并组织实施，旨在提高教师的教育教学能力，使教师得到专业发展的一种方式。简而言之，校本培训就是“为了学校、在学校中、基于学校”的培训。

(2) 刚入职时:

①制订自我生涯发展规划。a. 认识自我及所处的时间与空间环境; b. 审视发展机会，确定发展目标; c. 制定行动策略并按目标逐步执行; d. 评价发展计划。

②新教师的入职辅导。入职辅导就是学校为新教师适应环境安排了一个有序的计划，主要由有经验的导师进行现场指导。

(3) 入职一段时间后:

①进行教育研究。这是提高教师自身素质，促进教师专业发展的一条有效途径。

②进行经常化、系统化的教学反思。反思是教师专业发展的重要方式。

③在参与课程改革和课程开发中获得专业发展。

2015 年华东师范大学 333 教育综合真题・凯程详解

一、名词解释

1.《师说》

【答】《师说》是韩愈一篇专门论述教师问题的文章。在这篇文章里他系统阐述了他的教师观，提倡社会要尊师重道。主要包括教师的作用与地位、教师的任务与建立合理的师生关系。《师说》是我国古代第一篇集中论述教师问题的文章，它既肯定教师的主导作用，又强调教师要尊重学生，对构建和谐的师生关系具有启发意义。

2. 三舍法（见 2013 年北京师范大学真题）

3. 生计教育

【答】生计教育是美国教育总署署长马兰于 1971 年开始倡导的一种教育。生计教育的实质是以职业教育和劳动教育为核心的适应瞬息万变的社会教育。这种教育要求以职业教育为中心重新建立教育制度。生计教育是在美国社会失业率较高的背景下，人们对自己的就业问题表现出忧心忡忡的心态在教育制度上的反映。这种教育不可能消除社会制度固有的弊端，只能是一种安慰人们适应社会现实的改革措施，并不鼓励人们奋起改造社会。

4. 设计教学法

【答】美国进步主义教育家克伯屈提出设计教学法。强调有目的的活动是设计教学法的核心，儿童自动的、自发的、有目的的学习是设计教学法的本质。设计教学法主张放弃固定的课程体制，取消分科教学，取消现有的教科书，将设计教学法分成生产者的设计、消费者的设计、问题的设计和练习的设计四种模式。

5. 有意义学习（见 2014 年华东师范大学真题）

6. 自我效能感（见 2014 年华东师范大学真题）

二、简答题

1. 陈鹤琴的“活教育”。（见 2015 年北京师范大学真题）

2. 班主任的素质要求。

【答】（1）高尚的思想品德。班主任是学生的教育者、引路人，是他们的学习榜样。班主任应有崇高的品德、饱满的工作热情、坚持不懈的进取精神，并且言行一致、表里如一、为人师表。

（2）坚定的教育信念。班主任只有确信教育的力量，树立坚定的教育信念，才能在工作中不畏困难，顽强而耐心地工作，收获教育的硕果。

（3）家长的心肠。班主任对待学生要像家长对待孩子一样，集严父与慈母二者于一身。

（4）较强的组织能力。善于组织学生开展活动是教育学生的重要条件，班主任必须善于根据情况的变化迅速做出决定、采取措施、进行调整。

（5）多方面的兴趣与才能。一般来说，性格活泼开朗、兴趣广泛、多才多艺的班主任，与学生有较多的共同语言，容易打成一片，便于开展工作。

（6）善于待人接物。只有那些善于交往、能把学生团结起来的教师，才能更好地协调各方面的教育力量，把班主任工作做好。

3.《学记》中“善喻”的教育意义。

【答】《学记》中“善喻”就是要求我们在教学中要重视启发性教学原则的作用。

启发性原则的基本要求：①调动学生学习的主动性；②善于提问激疑，引导教学步步深入；③注重在解决实际问题中启发学生获取知识；④发扬教学民主。

启发性原则反映了学生的认识规律。教师对学生进行启发，而不是告诉学生现成的答案，有利于调动学生的主动性，促使学生在教师的引导下积极思考，自觉地掌握科学知识，提高分析问题和解决问题的能力。

4. 简述德育过程中教师指导下的学生能动作用。

【答】（1）学生品德的发展是在活动和交往中能动地实现的。学生不仅是被影响的对象，也是能动地吸收环境和教育影响的主体，外界的影响只有通过学生内部的思想情感活动，才能被他们理解、选择和吸取。

（2）道德活动是促进外界的德育影响转化为学生自身品德的基础。外界的影响必须通过学生主动的选择，才能内化为学生的品德，单纯的说教很难使这种内化实现，教师必须设计各种活动，引导学生实现这样的品德内化。

（3）进行德育要善于组织、指导学生的活动和交往。教师既要引导学生参与各种教育活动，还要引导学生积极思考，内化道德修养，才能引起学生品德能动的发展。

三、论述题

1. 评述布鲁纳的结构主义教育。（见 2013 年华东师范大学真题）

2. 比较博比特的“活动分析法”和泰勒的“目标模式”。

【答】（1）博比特的“活动分析法”。

1918 年，博比特出版了《课程》一书，主张将社会生活活动分为 10 大类作为教育的主要目标，并据此来确定教育应当将儿童获得的知识、技能、能力、态度与品行等方面的要求作为课程的基础，这种方法叫“活动分析法”，为后来盛行的课程目标的确定提供了方法论基础。注重适应社会生活发展的需要，有其积极意义，但过于烦琐、具体，既忽视与排斥了社会教育总的价值取向与教育目的，也未突出儿童身心发展的特点及需求。

（2）泰勒的“目标模式”。

1949年，泰勒认为课程原理是围绕四个基本问题组成和运作的：学校应该达到哪些教育目标？提供哪些教育经验才能实现这些目标？怎样才能有效地组织这些教育经验？我们怎样才能确定这些目标正在得到实现？确定目标是主要的、基础的一环。因此他的理论也被称为“目标模式”，对课程理论的发展有很大影响，至今仍在西方课程领域中占有主要的地位。

（3）二者的异同点。

相同点：二者都提出了课程编制的相关理论，且二者的课程编制都包括确定目标、选择经验和组织经验三个基本步骤。

不同点：

①目标来源：博比特认为目标来源于社会生活活动；泰勒认为目标来源于学生的兴趣和需要、社会活动、学科专家。

②目标的表述：博比特将目标的表述分为观念和活动两个维度，且目标要依据必要性排列；泰勒将目标分为行为和内容两个维度。

③经验的选择：博比特主张筛除在校外生活就可以实现得很好的目标，没有足够的条件去实现的目标和存在分歧的目标；泰勒主张选择学习经验的一般性原则，旨在使教师在遵从这些原则的基础上，根据所教的学科及学生的特点，构建多种教学情境，促进学生对知识的有意义建构。

④经验的组织：博比特主张按照儿童的身心发展顺序组织经验；泰勒认为学习经验的组织原则有连续性、顺序性和整合性。

⑤课程目标的评价：博比特没有对课程目标进行评价；泰勒提出了在课程实施后对课程目标进行评价，从而不断完善目标。

3. 根据创造性的心理结构分析，说明学生创造力的培养措施。

【答】（1）创造性的心理结构包括创造意识、创造人格、创造思维和创造方法。

①创造意识会影响创造动机的强弱和创造能力；②创造人格包括强烈的创造动机、浓厚的创造兴趣、积极的创造情绪和坚强的创造意志；③创造思维包括思维的流畅性、变通性、独特性和辩证性训练等；④创造方法指人们在创造过程中运用的具体思维方法和创造技能，创造方法的训练可以激发个体潜在的创造性。

（2）创造性的培养措施。

①营造鼓励创造的环境。a. 学校：改革考试制度，为学生创造轻松的学习环境；增加学生自主选择课程的机会。b. 家庭：家长善于发现孩子的创造性，鼓励创造性的发展。c. 社会：为学生提供创造性人物榜样。

②培养创造性的教师队伍。a. 转变教师教育教学观念；b. 教给教师必要的创造技法和思维策略；c. 不断学习关于创造性的心理学知识。

（3）发展和培养创造性思维。a. 加大思维的“前进跨度”；b. 加大思维的“联想跨度”；c. 加大思维的“转换跨度”，d. 给学生大胆探索与推测的机会。

（4）塑造学生的创造人格。a. 保护好奇心；b. 消除学生对错误的恐惧心理；c. 鼓励独创与多样性。

（5）开设创造课程，教授创造方法。创造技法有：头脑风暴法、系统探求法、联想类比法、组合创新法等。

4. 试分析教师素养及社会变迁中教师角色的发展趋势。

【答】（1）教师素养的构成。（见2019年北京师范大学真题）

（2）教师角色的发展。

①随着新课程改革的启动、深化，教师为了要适应新的课程环境，其角色也要发生相应的转变。

②教师应该由课程的执行者向课程的决策者转变；由教师的权威意识向教学平等参与者意识转变；由学科的个体化向学科的合作化转变；由教师教学生学向师生交往、积极互动转变等，让教师成为真正的课程决策者、平等参与者、学科合作者，成为合格的人民教师。

③教师角色的转变，对当今的教育改革和教育事业的发展都具有十分重要的现实意义和深远的历史意义。

2016年华东师范大学333教育综合真题·凯程详解

一、名词解释

1. 苏湖教法（见2014年北京师范大学真题）

2. 班级授课制（见2016年北京师范大学真题）

3. 中体西用（见2011年北京师范大学真题）

4. “自由七艺”

【答】“自由七艺”指自由人应该具有的学识和应该学习的七门学科，是相对于专业的、职业的和技术性的课程而言的，即七种人文学科：文法、修辞学、辩证法（合称“三艺”），算术、几何、天文和音乐（合称“四艺”）。现代西方大学的文科设置都受“自由七艺”的影响。文学、语言、哲学、历史、数学、科学等学科被普遍认为是普通教育和文科教育的基础。

5. 绅士教育（见2012年华东师范大学真题）

6. 双轨制（见2017年北京师范大学真题）

二、简答题

1. 朱子读书法及其现代价值。

【答】（1）朱子读书法的内容。

①循序渐进。a. 读书要按照首尾篇章的顺序，不要颠倒；b. 要根据自己的实际情况和能力，量力而行，安排读书计划，切实遵守；c. 强调扎扎实实，一步一步前进，不可囫囵吞枣，急于求成。

②熟读精思。读书必须反复阅读，不仅要能够背熟，而且对书中的内容要了如指掌，熟读是精思的基础，在此基础上，进一步深刻理解文章的精义及其思想真谛。

③虚心涵泳。“虚心”指读书要虚怀若谷，精心思虑，体会书中的意思，来不得半点主观臆断或随意发挥。“涵泳”指读书时要反复咀嚼，细心玩味。

④切己体察。读书不能仅仅停留在书本上，要见之于具体行动。

⑤着紧用力。读书学习一定要抓紧时间、废寝忘食，必须精神抖擞、勇猛奋发、绝不放松，反对松松垮垮。

⑥居敬持志。读书的关键还在于学者的志向及良好的心态。“敬”指读书时要端正态度，精神专注。“持志”即有坚定的志向，并用顽强的毅力坚持下去。

（2）朱子读书法的现代价值。

“朱子读书法”是古代最有影响的读书方法论。六条内容均反映了读书学习的基本规律和要求，在今天仍具有一定的参考价值。但是它所提倡读的书是宣扬封建伦理道德的圣贤之书，读书法主要强调怎样读书，不重视书本与实际知识的结合，具有一定的历史局限性。

2. 校长负责制的内涵及需要注意的问题。

【答】（1）校长负责制的内涵：校长负责制是指校长受上级政府主管部门的委托，在党支部和教代会的监督下，对学校进行全面领导和负责的制度。在这一领导体制中，校长是学校行政系统的最高决策者和指挥者，是学校的法人代表，他对外代表学校，对内全面领导和管理学校的教育、教学、科研和行政工作。

（2）需要注意的问题：①明确校长的权力与责任；②发挥党组织的监督保障作用；③建立以教师为主体的教职工代表大会制度，加强民主管理和监督。

3. 蔡元培的“五育”并举

【答】（1）“五育”并举的内容。

①军国民教育，即体育。主张将军事教育引入到学校和社会教育之中，在学校教育中，强调学生生活的军事化，特别是体育的军事化，希望改变重文轻武的教育传统，强体强兵。

②实利主义教育，即智育。“以人民生计为普通教育之中坚”，密切加强教育与国民经济生活的关系，加强职业技能培训，使教育发挥提高国家经济能力和改善人民生活水平的作用。

③公民道德教育，即德育。基本内容是自由、平等、博爱。主张尊重与继承中国传统文化，汲取有利于资产阶级道德建设的养分，将二者结合起来，培养国民的道德感。

④世界观教育。即培养人们立足于现象世界，但又能超脱现象世界而贴近实体世界的观念和精神境界。

⑤美感教育。与世界观教育紧密联系。要引导人们具有实体世界的观念，最有效的方式就是通过美感教育，美感可超越利害关系、人我分界，陶冶、净化人的心灵。

（2）“五育”的关系。

“五育”不可偏废其一，尽管各自目的不同，但都是“养成共和国民健全之人格”所必需的，是统一整体中不可分割的有机部分。应以公民道德教育为根本，美感教育辅助德育，世界观教育将德育、智育、体育三育合而为一，是教育的最高境界。

（3）评价。

蔡元培“五育”并举的思想，是以公民道德教育为中心的德、智、体、美诸育和谐发展的思想。这在中国近代教育史上是首创的，是对中国的半殖民地半封建教育宗旨的否定。它顺应了当时中国社会的变革，以及世界发展的潮流。

4. 社会建构主义理论对学习的作用。

【答】（1）社会建构主义是以维果茨基的理论为基础的建构主义，以鲍尔斯菲尔德和库伯为代表。他们认为，世界是客观存在的，对于每个认识世界的个体来说是共通的。知识是在人类社会范围里建构起来的，它不断地被改造，尽可能地与世界本来面目保持一致，但永远达不到一致。另外，他们也认为学习是个体建构自己的知识和理解的过程。学习者在自己的日常生活、交往和游戏等活动中，形成了大量的个体经验，这叫“自下而上的知识”。而在个体的学习中，在人类的社会实践活动中形成的公共文化知识，首先以语言符号的形式出现，由概括向具体经验领域发展，所以也可称为“自上而下的知识”。

（2）儿童在与成人或比其更为成熟的社会成员的交往活动中，获得他们的帮助，解决自己还不能独立解决的问题，即“自上而下的知识”，并以自己已有的知识为基础，使之获得意义，从而把“最近发展区”变成现实的发展，这是儿童知识经验发展的基本途径。

三、论述题

1. 评述要素主义。

【答】（1）20世纪30年代，要素主义教育作为实用主义教育和进步主义教育的对立思想而出现，主要代表人物是美国教育家巴格莱、科南特和里科弗。

（2）要素主义教育思想的基本观点。

①把人类文化的共同要素作为学校教育的核心。在人类的文化遗产中存在着永恒不变的、共同的、超时空的要素，它们是种族文化和民族文化的基础。

②教学过程是一个训练智慧的过程。在教学上，强调传统的心智训练，传授整个人生的知识。

③强调学生在学习上必须努力和专心。在教育教学过程中，不能把学生的自由当作手段，而应将其看作过程的目的与结果。

④强调教师在教育和教学中的核心地位。在系统的学习过程中，要树立教师的权威，加强教师的控制。教师必须具有一流的头脑和渊博的知识，精通所教的科目，了解学生在学习过程中的心理，具有较强的传授知识的能力，并能全身心投入于自己的工作中。

⑤强调“新三艺”（数学、自然科学和外语）的教学，并按逻辑系统编写教材。

（3）评价。

由于忽视学生的兴趣、身心特点以及能力水平，片面强调系统的、学术性的基本知识学习，加上所编教材脱离学校教育实际，要素主义教育从20世纪70年代起逐渐失去优势地位。

2. 评述课程内容设计对学生学习的影响。

【答】（1）课程内容是根据课程目标从人类的经验体系中选择出来的，并按照一定的逻辑序列组织编排而成的知识体系和经验体系。课程内容的设计是课程设计的核心。

（2）课程内容的选择和组织。

①课程内容的选择：课程内容包含间接经验和直接经验两种性质的知识内容。因此，对不同性质和形态的知识内容的选择，其规则也不同。

②课程内容的组织：泰勒明确提出了课程内容编排和组织的三条逻辑规则，即连续性、顺序性、整合性。课程内容组织除这些逻辑规则外，还应处理好直线式与螺旋式、纵向组织与横向组织以及逻辑顺序与心理顺序这三对逻辑组织形式的关系。

（3）课程内容设计对学生学习的影响。

①课程内容设计是否突出学生的主体性。课程内容设计要体现“以人为本”、以学生为主的思想，能够突出学生的主体性才有助于学生的学习和发展。

②课程内容的设计是否联系学生的生活实际。有些课程内容严重脱离学生生活，造成理论知识和生活实际脱节，造成学生学习困难，因此在对其进行设计时要注重联系学生生活，便于学生学习。

③课程内容的设计是否建立在学生的已有认知基础之上和是否符合学生的认知发展规律。按照皮亚杰的认知发展阶段理论，处于不同阶段的儿童具有不同的认知能力。在对课程进行设计时，要认真考虑学生的认知基础和认知规律，遵循规律，促进学生的发展。

④课程内容设计是否能够帮助学生对世界进行整体认识和整体把握。课程内容设计要注意整合性和促进学生对知识的横向和纵向联系，能让学生对整个世界和生活进行宏观认识、整体把控。

3. 评述班集体培养。（见2014年华东师范大学真题）

4. 试从元认知视角分析提升学生学习效能的教学策略。

【答】（1）学习的信息加工系统存在着一个对信息流动的执行控制的过程，它监视和指导认知活动的进行，它负责评估学习中的问题，确定用什么学习策略来解决问题，评价所选策略的效果，并且改变策略以提高学习效果。这种执行控制功能的基础就是元认知。元认知策略是与认知策略共同起作用的，认知策略是学习必不可少的工具，元认知策略则监控认知的运用。

（2）元认知策略包括计划策略、监控策略和调节策略。

①计划策略：包括设置学习目标、浏览阅读材料、产生待回答的问题以及分析如何完成学习任务。做学习计划就好比是足球教练在比赛前针对对方球队的特点与出场情况提出对策。不论是完成作业，还是为了应付测验，学生在每一节课都应当有一个一般的“对策”。

②监控策略：包括阅读时对注意加以跟踪、对材料进行自我提问、考试时监视自己的速度和时间。它包括领会监控和集中注意两个方面。领会监控主要指的是学习者在头脑里有一个领会目标。随着这一策略的执行，如果找出了这个重要细节，会因达到目标而体验到一种满意感。但是，如果没有找到这个细节，则会产生一种挫折感，从而采取措施。

③调节策略：与监控策略有关。例如，当学习者意识到他们不理解课的某一部分时，他们就会退回去读困难的段落；在阅读困难或不熟的材料时放慢速度；复习他们不懂的课程材料；测验时跳过某个难题，先做简单的题目等。调节策略能帮助学生矫正他们的学习行为，使他们弥补理解上的不足。

2017年华东师范大学333教育综合真题·凯程详解

一、名词解释

1. 致良知

【答】"致良知"是明朝教育家王守仁的重要观点，是其教育思想的基础。王守仁继承了孟子的"良知"学说，认为"良知即是天理"。"良知"的三大特点是：（1）与生俱来，不学自能，不教自会；（2）人人所具有，不分圣愚；（3）不会泯灭。王守仁认为教育的作用就是"学以去其昏蔽"，进而激发本心所具有的"良知"，这个过程就叫作"致良知"。

2. 以吏为师

【答】春秋战国时期，商鞅最早提出"以吏为师"的思想并付诸实施。法家代表人物韩非发展了商鞅设置吏师的实践，并明确表述为"以吏为师"。法家主张选择知法的官吏担任法令的解释者和宣传者，从中央到地方设置官吏，负责对全体人民进行法治教育。

3. 实科中学

【答】实科中学是以实用学科教学为重点的一种不完全普通中学。18世纪末到19世纪中叶，以实科教学为主的学校纷纷建立起来。这类学校通常修业6年，主要培养工业、农业、商业方面的管理和技术人才，学生多为市民阶层子弟。但学校名称不一，有的除实科教学外，还增授拉丁语，称为文实中学；有的将修业年限延长为9年，称为实科中学。

4. 学科课程

【答】学科课程也叫分科课程，是根据各级各类学校培养目标和学生发展水平，从各学科中选择适合一定年龄阶段学生发展水平的知识，组成各种不同的科目的课程。各科目都有特定的内容、一定的学习时数、一定的学习期限和各自的逻辑系统。学科课程是一种基本的课程形式，具有结构性、系统性、简约性等优点，有助于学生学习和巩固基础知识，也易于教师教授。学科课程的缺点是不重视学科之间的相互联系，与学生的生活实际相脱离，忽视学生的兴趣和需要等。

5. 发现学习

【答】布鲁纳认为"发现是教育儿童的主要手段"，学生掌握学科的基本结构的最好方法是发现法。发现学习主张创设问题情境，提出和明确使学生感兴趣的问题，以此激发探究的欲望，提供解决问题的各种假设，引导学生运用分析思维去验证结论，最终使问题得到解决。这个过程中，教师要提供资料，让学生亲自发现结论或规律。发现学习有利于激发学生的好奇心及探索未知事物的兴趣，有利于调动学生的内部动机和学习的积极性，但是，发现学习比较浪费时间，不能保证学习的效率。

6. 要素主义

【答】作为实用主义教育和进步主义教育对立面的要素主义教育，最初形成于20世纪30年代末，其形成标志是1938年在美国成立的"要素主义促进美国教育委员会"。代表人物是美国教育家科南特和里科弗。主要观点是：（1）把人类文化的"共同要素"作为学校教育的核心；（2）教学过程必须是一种训练智慧的过程；（3）学生在学习上必须努力和专心；（4）强调教师在教育和教学中的核心地位。

二、简答题

1. 简述朱子读书法及其当代价值。（见2016年华东师范大学真题）

2. 简述形成性评价在教育中的作用。

【答】（1）布卢姆根据评价在教学过程中作用的不同，将评价划分为诊断性评价、形成性评价和总结性评价。其中形成性评价是在教学过程中对学生的知识掌握和能力发展的比较经常而及时的测评与反馈。它包括在一节课或一个课题教学当中，对学生的口头提问、课堂作业与评议以及书面测验等。

（2）形成性评价在教学过程中的作用。

①对于学生来说，可以对学生进行过程性激励，及时让学生了解自己的反馈信息，更好地促进

下一个阶段的学习。

②对于教师来说，可以及时了解学生对知识的掌握情况，有利于改善教学进程，从而更好地促进学生的学习与发展。

③对于整个评价进程来说，形成性评价体现了发展性、过程性的评价理念，有利于促进评价方式的多元化发展。

3. 简述颜元的实学教育内容及“六斋”。

【答】（1）实学教育内容。

为了培养“实才实德之士”，颜元提出了“真学、实学”的教育内容。他把以“六艺”为中心的“三事”“六府”“三物”作为教育内容。其特点是：反对重文轻武，提倡文武兼备；反对不劳而获，提倡劳动教育。

（2）“六斋”教学内容。

①文事斋：课礼、乐、书、数、天文、地理等科；②武备斋：课黄帝、太公及孙、吴五子兵法，并攻守、营阵、陆水诸战法，射御、技击等科；③经史斋：课《十三经》、历代史、诰制、章奏、诗文等科；④艺能斋：课水学、火学、工学、象数等科；⑤理学斋：课静坐、编著、程、朱、陆、王之学；⑥帖括斋：课八股举业。

“六斋”教学把诸多自然科技知识、各种军事知识和技能正式纳入教学内容，并且进行分科设教，蕴含着近代课程设置的萌芽，影响深远。

4. 简述安德森的心理技能形成的三阶段。

【答】（1）著名认知心理学家安德森认为心智技能的形成需经过三个阶段，即认知阶段、联结阶段和自动化阶段。

（2）三阶段的具体内容。

①认知阶段。要了解问题的结构，即问题的起始状态、要达到的目标状态、从起始状态到目标状态所需要的步骤。对于复杂的问题而言，要了解问题的各个子目标及其达到子目标所需要的步骤。

②联结阶段。学习者应用具体的方法来解决问题。主要表现在把某一领域的描述性知识转化为程序性知识，这种转化即程序化的过程。随着对某一技能的不断练习，学习者对解决问题的法则的言语复述逐渐减少，直至能够直接再认出某一法则。在该阶段，个体逐渐产生一些新的产生式法则，以解决具体的问题。

③自动化阶段。此阶段个体获得了大量的法则并完善这些法则，操作某一技能所需的认知投入较小，且不易受到干扰。安德森认为，复杂技能的学习可以分解为对一些个别成分的法则的学习。但这些个别成分并不是分散、孤立的，而是可以组织成一个大的技能学习过程。

三、论述题

1. 论述《朗之万－瓦隆教育改革法》的内容及对教育民主化的影响。

【答】（1）具体内容。

①提出了法国战后教育改革的六项基本原则：社会公正原则；社会上的一切工作价值平等；人人有接受完备教育的权利；加强专门教育的同时，适当注意普通教育；各级教育实行免费；加强师资培养，提高教师地位。

②实施6～18岁的免费义务教育，主要通过基础教育阶段、方向指导阶段和决定阶段进行。

③对义务教育后的高等教育改革提出了设想。

④对教育中注意学生的特点、采取小组教学、鼓励学生的创造性和责任感等提出了要求。

（2）影响。该法案虽没有实施，但是为法国战后教育改革提供了重要依据，对法国教育的发展产生了重要影响。

①促进了教育权利的民主化，使人人可以接受完备教育的观念深入人心。

②促进了义务教育的普及化。其后颁布的1959年《教育改革法》将义务教育年龄延长至16岁，就是受其影响。

③促进了高等教育民主化。该法案也涉及高等教育改革。

④促进了教育对象民主化。教育对象即学生的特点，学生的身心发展规律及其创造性都得到了重视。

2. 论述班主任工作对班集体发展和学生品德发展的影响。

【答】(1) 班主任工作对班集体发展的影响。

①班主任工作有利于创造性地规划班级发展目标。班级发展目标的确定与实施是班级管理的基本要素。既要注重提高班级整体发展水平，又要为班级中的各成员规划其个性发展目标。

②班主任工作有利于合理地确定学生在班级中的角色位置。班主任在工作中可以科学地诊断班级人际关系的现状，丰富班级管理角色，并正确对待班级中的非正式群体。

③班主任工作有利于协调好班内外各种关系。包括班级内各种成员和组织的关系；班级与各任课老师及学校其他部门、其他班级的关系；班级与社会、家庭的关系；班级内各种活动和事务。

④班主任工作有利于构建“开放、多维、有序”的班级活动体系。班主任在工作中可以开展多种多样的班级活动，包括日常活动和主题活动，它们都蕴藏着丰富的教育资源。

⑤班主任工作有利于营造健康向上、丰富活跃的班级文化环境。具体包括文化性物质环境、社会化环境、良好的人际环境、正确的舆论与班风，以及健康的心理环境。

(2) 班主任工作对学生品德发展的影响。

①在道德认知上，班主任在工作中可以向学生渗透正确的道德认知，为他们的品德发展打下良好的基础。

②在道德情感上，班主任在工作中可以培养学生善于调控自己的情绪，并通过陶冶等方法进行道德情感渗透，为学生的品德发展增强内在动力。

③在道德意志上，班主任在工作中可以培养和锻炼学生顽强的道德意志，进而使学生形成坚定的道德信念。

④在道德行为上，班主任在工作中要以身作则，重视自己的行为对学生的感化和榜样作用，从而发展学生良好的道德行为。

3. 论述课程内容组织中“纵向组织”和“横向组织”的关系。

【答】(1) 含义。①纵向组织是指按照知识的逻辑序列——从已知到未知、从具体到抽象等先后顺序组织编排课程内容。②横向组织是指打破学科的知识界限和传统的知识体系，按照学生发展的阶段，以学生发展阶段需要探索的问题、社会和个人最关心的问题为依据，组织课程内容，构成一个个相对独立的专题。

(2) 关系。①纵向组织注重课程内容的独立体系和知识的深度。②横向组织强调课程内容的综合性和知识的广度。③这是两种适合于不同性质知识经验的课程内容组织形式，二者不可偏废。在具体的课程组织实践中，要根据实际情况相互结合使用。

4. 论述奥苏伯尔的有意义学习的实质与条件。(见 2013 年北京师范大学真题)

2018 年华东师范大学 333 教育综合真题·凯程详解

一、名词解释

1. 学校教育制度(见 2019 年北京师范大学真题)

2. 课程标准(见 2015 年北京师范大学真题)

3. 道尔顿制(见 2011 年北京师范大学真题)

4. 苏格拉底法(见 2011 年北京师范大学真题)

5. 学习策略(见 2015 年北京师范大学真题)

6. 程序性知识

【答】根据知识的不同状态和表述形式，知识分为陈述性知识与程序性知识。其中，程序性知识主要反映活动的具体过程和操作步骤，说明做什么和怎么做，是一种实践性知识，主要用于实践操作，因此，也称作操作性知识、策略性知识和方法性知识。例如，如何驾驶一辆汽车。程序性知识的表征方式是产生式结构。

二、简答题

1. 中世纪西欧世俗教育的主要形式。

【答】（1）城市学校。城市学校是应新兴市民阶层需要而产生的，为新兴市民子弟开办的学校的总称，其种类有行会学校、商会学校（也称基尔特学校）。

（2）中世纪大学。最初的中世纪大学是一种自治的教授和学习中心；教育目的是进行职业训练，培养社会所需要的专业人才；按领导体制可分为“学生大学”与“先生大学”；已有学位制度；教学方法主要为讲演和辩论。

（3）骑士教育。骑士教育是中世纪西欧封建社会特殊的家庭教育形式，教育内容是“骑士七技”。骑士教育是一种典型的武夫教育，重在灌输服从与效忠的思想观念，使其成为封建统治阶级的保卫者。

（4）宫廷学校。宫廷学校是一种设在国王或贵族宫廷中，主要培养王公贵族后代的教育机构。宫廷学校的教学内容主要为“七艺”、拉丁语、希腊语，具有浓厚的宗教色彩；教学方法主要采用问答法；教育目的是培养封建统治阶级所需要的官吏。

2. 颜元的学校改革主张。

【答】（1）明末清初著名的教育家颜元创办了漳南书院，在漳南书院实践了自己的实学教育思想。

（2）学校改革主张。

①“实才实德”的教育目标：他主张学校应培养“实才实德之士”。此目标具有鲜明的经世致用的特性，反映了要求发展生产的新兴市民阶层对人才的新要求。

②“习行”的教学方法：是颜元关于教学方法的一个最基本、最主要的主张。他认为，要获得真正有用的知识必须“躬行而实践之”，强调在教学过程中要联系实际，坚持躬亲实践。

③“实学”与“六斋”的教育内容：以“六艺”为中心。颜元在漳南书院陈设六斋，实行“分斋教学”，并规定了各斋的具体教育内容，六斋分别是文事斋、武备斋、经史斋、艺能斋、理学斋、帖括斋。

（3）评价。

颜元“真学”“实学”的教育内容，不仅同理学教育有着本质的区别，而且无论是在广度和深度上，都大大超越了“六艺”教育。除了教授经、史、礼、乐等知识外，还把诸多门类的自然科技知识，各种军事知识和技能正式列进教学内容，并分科设教，这在当时确实是别开生面的。它蕴含着近代课程设置的萌芽，并将中国古代关于教育内容的理论推到一个崭新的发展阶段，这是颜元对中国古代教育理论的重要贡献，值得人们重视。

3. 简述德育中的严格要求与尊重学生相结合的原则。

【答】（1）严格要求与尊重学生相结合是中小学常用的德育原则，它是指进行德育要把对学生的思想和行为的严格要求与对他们个人的尊重和信任结合起来，使教育者对学生的要求易于转化为学生的品德。

（2）贯彻这一原则的基本要求是：①爱护、尊重和信任学生；②严格要求学生。

4. 简述裴斯泰洛齐的要素教育。

【答】（1）瑞士著名教育家裴斯泰洛齐提出了“教育心理学化”，认为教育科学应该以人的心理活动为基础。任何事物都是由最基本的要素构成，教育应从最基本、最简单的要素开始，由易到难，循序渐进地进行，适合儿童的接受能力。并且系统论述了智育、德育、体育中的要素问题。

（2）要素教育的内容。

①智育。智育是整个要素教育的核心。儿童智力的最初萌芽是对事物的感觉和观察能力，与事

物的最基本的外部特征相统一，即事物的数目、形状、名称。

②德育。德育最基本的要素是爱，而儿童的爱最初表现为对母亲的爱，然后由爱母亲扩展到爱父亲、爱家人、爱周围的人，乃至爱全人类。

③体育。体育的萌芽在于儿童身体各关节的活动，因而关节活动是体育最基本的要素；体育教学必须依据儿童日常生活中的各种最简单的动作进行。

（3）评价。

裴斯泰洛齐用自己毕生的实践总结出了要素主义的教学思想，对后来的教育产生了深远的影响，尤其是在语言教学上，至今人们都还延续着从词开始的这种要素教育的做法。虽然裴斯泰洛齐对各种教育领域要素的确定未必绝对准确，但这种思想为我们指出一种有效的、便捷的教育途径，可以说是教育史上的一大贡献。

三、论述题

1. 结合实际，谈谈如何在教学中有效地应用讨论法。

【答】（1）讨论法是中小学常用的教学方法，是学生在教师指导下通过独立地探索，创造性地解决问题、获取知识和发展能力的方法。

（2）教学当中使用讨论法应注意以下几点：

①正确选用研究课题：依据教学目标、教学内容和学生已有的发展水平，在教师的指导下选择合适的研究课题。

②提供必要的条件：如实验所用器材、书籍、材料等。必要时，还要对研究过程进行一定的引导性提示。

③让学生独立思考与探索：探索过程应以学生为主体，让学生在合作中通过讨论得出结论，教师不应直接告诉学生现成的答案。

④循序渐进、因材施教：对于不同水平的学生，应该采取不同的指导策略。

2. 评析陈鹤琴的“活教育”探索。（见 2015 年北京师范大学真题）

3. 有人强调依法治校，有人主张以德治校，你怎么看？

【答】我认为现代学校管理既要法治化，又要人性化，即依法治校和以德治校并重。

（1）学校管理法治化。

①依法治校就是把学校管理纳入法治轨道，依法对学校进行管理。依法治校可以分为两个方面：一方面是政府及教育主管部门依法管理和规范学校行为；另一方面是学校管理者依法管理学校的各项内部事务。

②推进依法治校工作，学校管理者应采取的措施有：a. 转变行政管理职能，切实依法行政；b. 加强制度建设，依法加强管理；c. 推进民主建设，完善民主监督；d. 加强法制教育，提高法律素质；e. 严格教师管理，维护教师权益；f. 完善学校保护机制，依法保护学生权益。

（2）学校管理人性化。

①人性化管理是指学校管理工作要关注人的情感、满足人的需要、崇尚人的价值、开发人的潜能、尊重人的主体地位和人格。

②实行人性化管理，应做到：a. 要考虑人的因素，一切从人的实际出发；b. 在分配工作任务时，要考虑人的个体差异；c. 要强调人的内在价值，把满足需要作为工作的起点，通过激励的方式来提高工作效率；d. 要努力构建一种充满尊重、理解和信任的人际环境，增强教职工和学生的集体归属感；e. 加强校园文化建设，充分发挥校园文化的管理和育人功能；f. 转变管理观念，改变管理方式，贯彻“管理即育人、管理即服务”的思想。

4. 如何培养和激发学习动机？（见 2012 年华东师范大学真题）

2019年华东师范大学333教育综合真题·凯程详解

一、名词解释

1. 欧洲新教育运动

【答】欧洲新教育运动是指19世纪末20世纪初在欧洲兴起的教育改革运动，又称为新学校运动。主要内容是在教育目的、内容、方法和道德教育上建立与传统学校完全不同的新学校，作为新教育的“实验室”。代表人物有英国的雷迪、德国的利茨和法国的德莫林等。

2. 教育目的（见2015年北京师范大学真题）

3. 学科课程（见2017年华东师范大学真题）

4. 观察学习（见2019年北京师范大学真题）

5. 学习风格

【答】学习风格指学生在加工信息时所习惯采用的不同方式，即个体在认知活动中所显示出来的独特而稳定的认知风格，是个体所偏爱的信息加工方式。主要分为场依存型与场独立型、沉思型与冲动型、辐合型与发散型、抽象型与具体型。

6. 学校即社会

【答】根据“教育即生活”，杜威又提出了一个基本的教育原则——“学校即社会”，即学习不仅要教人成才，也要教人成人，使学校成为社会的雏形的同时，也让学校变成改造社会的有效工具。该教育原则是杜威实用主义教育学的体现，是美国文化精神的反映，对以赫尔巴特为代表的传统教育理念进行了深刻批判，推动了教育学的发展。但它在一定程度上忽略了系统知识的学习，忽视了教师的主导作用，忽视了教育的相对独立性，因此不断遭到批判。

二、简答题

1. 欧洲乡村寄宿学校的主要特征。

【答】（1）欧洲新学校大多设在乡村或大城市的郊区，周围环境幽静，风景优美，设备优良，采用家庭式教育管理方式。

（2）新学校重视体育、手工、园艺活动，以此培养学生的自由精神、观察能力、审美能力和独创精神。

（3）在教学内容上，重视现代人文科学与自然科学课程。

（4）在教学方法上，反对体罚，重视儿童兴趣与思维能力的发展。

（5）在道德教育上，向儿童灌输资产阶级民主、合作的观念，培养儿童的责任心和进取心。

2. 教育的经济功能。

【答】（1）教育是使可能的劳动力转化为现实的劳动力的基本途径。

普通教育传授一般的文化知识，提高受教育者的文化素质，为经济发展提供良好的人力资源；职业教育传授专门的知识与技能，提高人的劳动能力，在生产中直接运用高科技，并且创新技术。

（2）现代教育是使知识形态的生产力转化为直接的生产力的一种重要途径。

要实现将知识形态的生产力转化为现实的生产力，除了通过艰巨而复杂的科学研究、发明创造或革新实践外，其技术成果的推广、经验的总结与提升都需要通过教育与教学的紧密配合。

（3）教育是提高劳动者素质和生产率的重要因素。

教育能提高生产者对生产过程的理解程度和劳动技能的熟练程度，从而提高工作效率；教育也能帮助人合理地操作、使用工具和机器，注意对工具的保养和维护，减少工具的损坏率；教育还能提高人的创新意识和创造力。

3. 孟子的教育思想。（见2015年北京师范大学真题）

4. 欧洲中世纪大学享有的特权。

【答】（1）中世纪大学是12世纪左右兴起的自治的教授和学习中心，一般由一名（或数名）在某一领域有声望的学者和他的追随者自行组织起来，形成类似于行会的团体进行教学和知识交易。

（2）中世纪大学的特权。①设立法庭，内部自治。②大学生可免除赋税及服兵役的义务。③颁发特许证。凡领到特许证者即有执业或教所修专业的资格，可到处开业或教学而不被阻拦。④大学有罢教和迁校自由。

（3）历史意义。

①在权利上，它打破了教会对教育的垄断，促进了教育的普及，大学也成了一些著名学者的舞台及育才基地。②在思想上，动摇了人们盲目的宗教信仰，讲求实效和理解力，对传统的死记硬背等教学法有了突破。③在制度上，现代意义上的大学基本上都直接来源于欧洲中世纪大学，现代大学的一系列组织结构和制度建设都与欧洲中世纪大学有着直接的历史渊源。④在局限性上，宗教色彩浓厚，大学教学受经院哲学的影响很深。

三、论述题

1. 加德纳多元智力理论对教育工作的启示。

【答】（1）多元智力理论的内容。

①加德纳认为人类的心理能力中，至少包括八种不同的智力，即言语智力、数理智力、空间智力、音乐智力、体能智力、社交智力、自知智力和自然智力。这八种智力在人体身上的不同组合使每个人的智力都有独特的表现方式和特点，因此，很难找到适用于任何人的统一评价标准来评价一个人的聪明程度和智力水平的高低。

②加德纳并不否认历史文化的作用。他认为智力形成的前提是在特定社会文化情境中，不同的文化和历史时代重视不同的智力类型。加德纳智力理论的创新在于突破了传统的智力范畴，提出了多元智力的理念，并相应引发了人们对教育、人才、智力开发、教育评价的思考。该理论既注重神经生理学证据，又不忽视社会文化作用，这使得其理论更具说服力。

（2）多元智力理论对教育工作的启示。

①重新看待学生。第一，承认每个学生都是具有不同智力组合的个体。智力没有高低之分，更不可以测量，个体之间的智力差异表现为不同智力相互组合的结果。第二，针对不同学生和不同智力特点进行相应的教育教学。第三，对学生的评价应该是多渠道的、多维度的。

②致力于学生多种智力的整体发展。传统教育独断地将焦点放在语文与逻辑数学能力的培养上，并且只重视与这两种能力有关的学科，致使学生在其他领域的智力难以获得充分发展。因此，教育工作应致力于学生多种智力的整体发展。

③关注学生特殊能力的发展。每一个体都有相对而言的优势智力领域，有的人会显露出过人的“音乐天才”，有的人则会表现出超常的“语言天赋”。所以教师要有目的、有计划地发展每个学生的优势智力领域，使其得到充分的发展。

④提供多元的课程。教学的目的是开发学生的多元智力，因此，在课程设计的时候，要求使不同智力领域得到全面发展的同时，通过调动不同智力活动在教育教学工作中的不同作用，使用多样化的教学手段，极大地提高课堂教学的实际效果。

⑤培养创造力。教学不能仅仅定位在培养学生的书面能力和逻辑抽象能力上，我们应该从培养学生的实践能力着手，培养他们解决实际问题的能力。

2. 陶行知生活教育的实践探索和理论创新。（见 2014 年北京师范大学真题）

3. 结合实际谈谈因材施教。

【答】（1）因材施教最早是孔子提出的，是指教师从学生的实际情况和个别差异出发，有的放矢地进行有差别的教学，使每个学生都能扬长避短，获得最佳发展。

（2）因材施教的基本要求。

①针对学生的特点进行有区别的教学。例如，学生的性格各异，特长有别，教师在课堂提问时可以给活泼大胆的同学展示的机会，在课外竞赛时可以多给沉稳内敛的学生发挥的机会。

②采取有效措施使学生的才能得到充分的发展。教师要创新教学形式，例如，利用合作学习的

方式让每个小组成员在团队中发挥自己的才能，提高人际交往的能力。

（3）教师在进行教学时，不仅要根据“学生”来组织教育，还要考虑到教材的因素、学习过程中的情况和教师的自身条件。实施因材施教时应做到：

①分组划分层次。由于学生的禀赋、知识基础等不可能完全相同，教师应了解同学的兴趣爱好、知识基础、智力因素和非智力因素等状况，把班上学生分层，并制订授课计划。在分层教学中，教师既要注重学生的共性，也要注意学生的个性，做到共性与个性相结合。要把集体教学、分组讨论与个别指导有机结合起来，最大限度地调动每个学生学习的积极主动性，逐步使他们达到教学要求，使每个学生的知识、能力都不断提高，充分体现学生在学习中的主体性，从而大面积地提高教育教学质量。

②教师主导，学生主动。首先要改变教育思想，改革课堂教学方法，明确“学生探索，教师引路”的教与学的关系，多让学生动脑、动手、动口去获得知识。比如在教授“三角形分类”这一知识点时，可以先让学生回顾之前所学习的角的知识，接着再想想三角形又有哪些特征，教师再加以点拨，让同桌之间互相讨论、探究。这样的教学方式既发挥了教师的主导作用，又激发了学生学习的积极性。

③要精心设计教案，满足不同层次学生的要求。在设计教案时，教学内容的选择、教学要求的提出和教学过程的安排，除了要考虑班上大多数学生是否能够接受之外，还要综合考虑班级里较少数的差生和优等生，平等对待每一位学生，使所有人都得到最大程度的发展。

4. 结合班主任的工作论述如何培养班集体。（见2014年华东师范大学真题）

2020年华东师范大学333教育综合真题·凯程详解

一、名词解释

1. 课程标准（见2015年北京师范大学真题）

2. 走班制

【答】走班制是指学科教室和教师固定，学生根据自己的能力水平和兴趣愿望选择适合自身发展的层次班级上课，不同层次的班级，其教学内容和程度要求不同，作业和考试的难度也不同的教学方法。

3. 教育即生活

【答】教育即生活是杜威提出的观点。在杜威看来，一切事物的存在都是由人与环境相互作用而产生的，人不能脱离环境，学校也不能脱离眼前的生活。因此，教育即生活本身，而不是为未来的生活做准备。

4. 中体西用（见2011年北京师范大学真题）

5. 平民教育运动

【答】平民教育运动的主要内容是破除千百年来封建统治者独占教育的局面，使普通平民百姓享有受教育的权利，获得知识文化，改变生存状况。一部分以陈独秀、李大钊、邓中夏为代表，主张向平民普及教育，提倡教育平等。实践活动如工人夜校、长辛店劳动补习学校的创办等。另一部分以资产阶级和小资产阶级知识分子为代表，在杜威民主主义教育思想的影响下，把平民教育视为救国和改良社会的主要手段，肯定劳动人民受教育的权利，并且希望通过平民教育来实现平民（民主）政治。

6. 形式训练说

【答】形式训练说以官能心理学为基础，认为人的心智是由各种官能（如注意力、记忆力、推理力等）组成的，这些官能可以像肌肉一样通过训练而得到发展和加强。如果一种官能在某种学习情境中得到改造，就可以在与该官能有关的所有情境中自动地起作用，从而表现出迁移的效应。

二、简答题

1. 简述教育的生态功能。

【答】（1）树立建设生态文明的理念。

学校和社会要加强生态文明的教育与宣传，让学生从小具有爱护自然、爱护生命、节约资源、保护生态环境的思想情感，从而逐步在全社会牢固树立建设生态文明的理念。

（2）普及生态文明知识，提高民族素质。

造成自然灾害与生态失衡的原因大多与人的素质不高相关，应当有计划地普及生态文明知识，引导学生保护生态环境。

（3）引导建设生态文明的社会活动。

学校的生态文明教育不应仅局限于校内，还要组织学生参加社区的生态文明建设，让学生在社会实践中加深、提高认识，经受熏陶与锻炼，培养生态文明建设的兴趣与信念。

2. 简述夸美纽斯的班级授课制。（见 2014 年北京师范大学真题）

3. 简述陈鹤琴的“活教育”思想。（见 2015 年北京师范大学真题）

4. 简述教学工作的基本环节。

【答】从教师“教”的方面分析，备课、上课、课后辅导工作和教学评价构成教学工作的基本环节。

①备课。备课是上好课的先决条件。教师既要备好课又必须做好以下工作：a. 认真钻研教材；b. 深入了解学生；c. 合理选择教法。

②上课。上课是教学的中心环节，提高教学质量的关键是上好课。一节好课的标准是：目的明确、内容正确、方法恰当、组织有效、积极性高、表达清晰。

③课后辅导工作。它是因材施教的一个重要措施，有个别辅导和集体辅导两种形式。主要有两方面的工作：a. 做好学生的思想教育工作；b. 做好对学生学习的辅导和帮助工作。

④教学评价。可通过书面考试（开卷与闭卷）、口试、实验操作考试等多种形式来实施。考试是对学生水平的检测，主要用于评定学生的学业成绩。

三、论述题

1. 结合实际，谈谈中小学德育过程的基本特点。（见 2019 年北京师范大学真题）

2. 结合现实，试述中小学生的创造性及其培养。（见 2015 年华东师范大学真题）

3. 试述教师素养的构成及对教师成长的启示。

【答】（1）教师的专业素养是教师作为专业人员应该具备的多方面的专业要求，是顺利进行教育活动的前提，也是教师胜任工作的基本条件。教师的专业素养不仅具有多样性、时代性特征，而且具有结构性特征。

（2）教师素养的构成。（见 2015 年华东师范大学真题）

（3）对教师成长的启示。教师要不断地学习、进步。关于促进教师成长可以从教师队伍和教师个体两个角度进行。

①教师队伍专业化的主要途径：a. 国家有教师资格的准入制度和在职教师的管理制度。b. 国家有专门的教师教育机构、内容和措施，促进教师教育专业化。c. 国家完善了教师教育制度，提供各种教师培训是师资队伍建设的基本途径与手段。d. 形成了公认的教师专业团体。

②教师个体专业化的主要途径：a. 教师自身要有专业发展的观念和意识，寻求自我专业发展的途径。b. 职前培训（师范教育）与在职培训。c. 制订自我生涯发展规划。d. 进行教育研究。这是提高教师自身素质、促进教师专业发展的一条有效途径。e. 进行经常化、系统化的教学反思。反思是教师专业发展的重要方式。f. 新教师的入职辅导。g. 在参与课程改革和课程开发中获得专业发展。

4. 试述学校管理的趋势及实践启示。

【答】（1）学校管理的趋势。

①学校管理法治化。依法治校有两个方面：一方面是政府及教育主管部门依法管理和规范学校

行为；另一方面是学校管理者依法管理学校的各项内部事务。

②学校管理人性化。考虑人的因素，分配工作时考虑个体差异，强调人的内在差异，通过激励方式来提高工作效率，构建充满尊重、理解和信任的人际环境，贯彻管理即育人、管理即服务的思想。

③学校管理校本化。教育部门简政放权；倡导集体参与、共同决策；开展校本研究，提高学校管理者的决策能力。

④学校管理信息化。一是开发和使用信息技术，将现代技术应用于管理，以提高管理的实效；二是学校管理方式和内容由“人一人”管理、“人一物”管理转变为“人一机”管理，注重对有关信息资源的管理。

（2）实践启示。

①学校要加强硬件投入与软件开发，为学校管理信息化提供物质基础。例如，教师和学生间的互动交流方式多样，可以通过线上论坛讨论答疑，也可以利用移动终端的便捷，建立课程QQ群或微信群进行交流。

②改进培训内容和方式，提高学校教职员工的信息管理素养。

③完善学校信息化管理的政策和规章制度。

东北师范大学

2010年东北师范大学333教育综合真题·凯程详解

一、名词解释

1. 美育

【答】美育是全面发展教育的重要组成部分，是培养学生健康的审美观，发展他们感受美、鉴赏美、表现美、创造美的能力，培养他们的高尚情操和文明素质的教育。美育有形象性和情感性等特点。美育也是我们实施智育、德育、体育的重要途径，是全面发展教育不可忽视和缺少的部分。

2. 因材施教

【答】因材施教最早是由孔子提出的，是指教师从学生的实际情况和个别差异出发，有的放矢地进行有差别的教学，使每个学生都能扬长避短，获得最佳发展。

3.《论语》

【答】《论语》是专门记录孔子及其弟子言行的书。《论语》是教育学萌芽时期的著作。《论语》中零散地保存了很多具有教育价值的语录，供后人研究。其中着重记录了孔子的教育思想，如“学而不思则罔，思而不学则殆”“知之为知之，不知为不知”“学而不厌，诲人不倦”等。

4. 蔡元培

【答】蔡元培是中国近代著名的资产阶级革命家和民主主义教育家，是民国第一任教育总长。他坚决清除教育中的封建专制主义因素，苦心规划民国教育的未来。1917年任北大校长后，他以自由、民主的原则改革北大，为中国高等教育开辟了一片天地。他提出了“五育”并举的教育方针和教育独立的思想，并进行了一系列改革北大的教育实践。

5.《理想国》

【答】柏拉图的《理想国》是一部讨论政治和教育的著作，被认为是西方教育史上最为重要和伟大的教育著作之一。在《理想国》中，柏拉图精心设计了一个他心目中理想的国家，并为这个理想国家的实现，提出了完整的教育计划。其中的内容有：教育目的、教育作用、教育内容、教育阶段和论男女平等的教育等。

6. 终身教育（见 2011 年华东师范大学真题）

二、简答题

1. 简述全面发展教育的组成部分及其各自的地位作用。

【答】（1）全面发展教育是指教育者根据社会需要和人的发展规律，有目的、有计划、有组织地对受教育者实施旨在促进人的素质结构全面、和谐、充分发展的系统教育。

（2）全面发展教育由德育、智育、体育、美育、综合实践活动组成。

①德育：向学生传授一定的社会思想准则、行为规范，并使其养成相应思想品德的教育活动。

②智育：教授学生系统的文化知识与技能，发展智力与非智力因素。

③体育：授予学生健康的知识和技能，发展体力、增强体质、培养意志力，使其养成良好的卫生、保健习惯。增强学生的体质是学校体育的根本任务。

④美育：培养学生健康的审美观，发展他们感受美、鉴赏美、表现美、创造美的能力，培养他们的高尚情操和文明素质。

⑤综合实践活动：在教师引导下，联系生活和社会实际，让学生自主进行综合实践活动，包括研究性学习、社区服务等，积累解决实际问题的经验，提高实践能力。

（3）各组成部分的地位和作用。

德育对其他各育起着保证方向和保证动力的作用，智育为其他各育提供了认识基础，体育是实施其他各育的基础保证，美育与综合实践活动是德、智、体的具体运用与实施。要坚持“五育”并举，发挥教育的整体功能。防止片面性，坚持全面发展的教育质量观。

2. 简述影响人身心发展的因素及其各自的地位作用。（见 2015 年北京师范大学真题）

3. 简述教育的本体功能。

【答】教育的个体发展功能也称为教育的本体功能，是在教育系统内部发生的。简而言之，教育的个体发展功能表现为教育的个体个性化功能、个体社会化功能、谋生功能和享用功能。

4. 简要介绍几种主要的动机理论。

【答】（1）学习动机的强化理论：核心是刺激与反应之间的联结，不断强化可以巩固联结。在引导学生开展学习活动时，要有效增加正强化，合理利用负强化，激发学生的学习动机。

（2）学习动机的人本理论。

马斯洛的需要层次理论和罗杰斯的自由学习理论是人本理论的典型代表。

①需要层次理论。马斯洛认为，有七种基本需要，即生理的需要、安全的需要、归属与爱的需要、尊重的需要、求知与理解的需要、审美的需要和自我实现的需要。前四种属于缺失性需要，一旦缺失性需要得到满足，其强度就会降；后三种属于成长性需要，其特点在于永不满足。

②自由学习理论。主要内容有：a. 每个学生都有天生的、潜在的学习能力；b. 只有当教材有意义且符合学生的学习目的时，学生才会学习；c. 教师要努力营造减少学生压力的学习氛围；d. 主动、自发、全身心投入的学习才会有良好效果；e. 自我评价可以培养学生的独立思维和创造力；f. 要重视学生对生活能力的学习；g. 涉及学习者整个人的学习才是深刻的学习。

（3）学习动机的认知理论。

①期望—价值理论。阿特金森认为个体趋向成就的动机由成就需要、期望水平和诱因价值共同决定，即动机强度（T）=f（需要 × 期望 × 诱因）。人在追求成就时存在两种倾向，力求成功的倾向和避免失败的倾向。根据动机强度，可将个体分为力求成功者和避免失败者。

②成败归因理论。由海德最早提出，韦纳进行系统探讨并发现人们倾向于将活动成败的原因归

结为六个因素：能力高低、努力程度、任务难度、运气好坏、身心状态、外界环境等。他把这六个因素归为三个维度，即内部归因和外部归因；稳定归因和非稳定归因；可控归因和不可控归因。

③自我效能感理论。由班杜拉提出，自我效能感指人们对自己是否能够成功地进行某一成就行为的主观判断。班杜拉把强化分为直接强化、替代性强化和自我强化三种。影响自我效能感的因素有：a. 直接经验；b. 替代性经验；c. 言语说服；d. 情绪唤醒。

④自我价值理论。代表人物是科温顿。该理论认为，人天生就有维护自尊和自我价值感的需要。基本观点有：a. 自我价值感是个人追求成功的内在动力；b. 个人把成功看作能力的展现，而不是努力的结果；c. 成功难以追求，则以逃避失败来维持自我价值；d. 学生对能力与努力的归因随年龄而改变，将学生划分为四种类型，即高驱低避型、低驱高避型、高驱高避型和低驱低避型。（根据掌握的熟练程度列举几个即可）

三、论述题

1. 什么是创造性？如何对学生的创造性进行培养？（见2011年北京师范大学真题）

2. 评述20世纪60年代美国的课程改革。

【答】美国20世纪60年代的教育改革主要在三个方面进行：一是中小学的课程改革；二是继续解决教育机会不平等的问题；三是发展高等教育，提高高等教育的质量。

在中小学课程改革方面，心理学家布鲁纳发表了《教育过程》并引领了20世纪60年代的结构主义课程改革。其主要观点有：a. 重视早期教育；b. 逐级下放科学技术课程；c. 以结构主义教育思想指导编制课程结构；d. 鼓励学生采用发现式方法进行学习；e. 强调教育和教学应重视学生的智能发展；f. 注重教授各门学科的基本结构；g. 教师是结构教学中的主要辅助者。

优点：课程改革把认知发展与教育统一起来，为心理学研究和教育研究的互相协作提供了一个范例，并提出了一些值得研究的问题，对西方课程论影响很大。结构主义还成为美国20世纪60年代课程改革的指导思想。

局限性：由于教材有知识深度，难度比较大，过分强调课程理论化、抽象化，引起人们的争议。缺乏教学经验，教师不能使用好发现法教学，学生不感兴趣，引起大多数师生的反对，导致改革没有达到预期效果。

3. 试分析论述陶行知的生活教育思想及其当代价值。（见2014年北京师范大学真题）

4. 结合我国近年来对应试教育和素质教育的讨论，谈谈你对素质教育的认识和理解。

【答】（1）素质教育是指以提高全民族素质为宗旨的教育，是以面向全体学生、全面提高学生的基本素质为根本目的，以注重开发受教育者的潜能，促进受教育者德、智、体诸方面生动活泼地发展为基本特征的教育。

（2）应试教育和素质教育的联系与区别。

①实施素质教育正是为了克服应试教育的弊端，准确地贯彻全面发展的教育方针。同时，素质教育既体现一种教育思想，又表现为一种实践模式。

②素质教育不是不考试，而是旨在通过素质教育纠正那种把考试作为目的的错误教育思想，把考试作为提高教学质量的一种手段，把作为具体方法的考试和作为指导思想的应试教育区别开来。

③素质教育强调面向全体学生，绝不是否定个体的差异，恰恰相反，素质教育追求的是“一般发展”与“特殊发展”的统一，注重因材施教，面向有差异的每一个个体，根据不同学生的不同实际，促进学生的全面发展。

（3）实施素质教育的要求。

①充分认识到课程、教材、教学方面的改革是推进素质教育的核心，应当作重点来抓；②从应试教育向全面素质教育的转变根本取决于是否有一定适应素质教育要求的教师队伍，要求教师不仅要有崇高职业道德和奉献精神，而且要有过硬的教学本领和现代化的教学思想；③通过改革升学、考试以及评估制度，逐步淡化学校教师以及学生的升学意识和分数观念，建立多元化的评定标准，减轻学校和学生的压力，为全面实施素质教育创造良好的人文环境。（可结合具体案例作答）

2011年东北师范大学333教育综合真题·凯程详解

一、名词解释

1. 有教无类（见2010年北京师范大学真题）

2. “五育”并举的教育方针

【答】蔡元培在1912年发表的《对于教育方针之意见》中，从“养成共和国民健全之人格”的观点出发，提出了“五育”并举的教育思想。“五育”包括军国民教育、实利主义教育、公民道德教育、世界观教育和美感教育。蔡元培强调“五育”不可偏废。“五育”尽管各自的作用不同，但都是“养成共和国民健全之人格”所必需的，是统一整体中不可分割的有机部分。“五育”中也有重点，即必须以公民道德教育为根本。

3. 苏格拉底法（见2011年北京师范大学真题）

4.《初等教育法》

【答】19世纪下半期，随着英国工业革命的完成，普及义务教育的问题成为社会关注的主要问题。1870年，英国政府颁布了《初等教育法》。法案的主要内容有：（1）国家对教育有补助权和监督权；（2）将全国划分为若干个学区，设学校委员会管理地方教育；（3）对5～12岁儿童实施强迫初等教育；（4）在没有学校的地方，允许私人在一年内设校，过期由地方委员会设立公立学校；（5）学校中世俗科目与宗教科目分离。该法案的颁布，标志着英国国民初等教育制度的正式形成。从此，英国出现了公、私立学校并存的双轨制局面。

5. 概括化理论

【答】概括化理论是早期的知识迁移理论。贾德认为共同成分只是产生迁移的必要条件，而迁移产生的关键在于学习者能够概括出两组活动之间的共同原理。学习者的概括水平越高，迁移的可能性就越大。

6. 努力管理策略

【答】努力管理策略是指学习者将成功归因于努力，通过调整心境、自我谈话、坚持不懈、自我强化等方式，激发学习积极性的策略。其目的是使学习者能够更有效地将精力用于学习上。具体来讲，主要包括情绪管理、动机控制、环境管理以及自我强化等策略。系统性的学习大都是需要意志努力的。为了使学生维持自己的意志努力，需要不断地鼓励学生进行自我激励。如激发内在动机、树立为了掌握而学习的信念、自我奖励等。

二、简答题

1. 简要回答教学过程中应处理好的几种关系。

【答】（1）间接经验与直接经验的关系。①学生认识的主要任务是学习间接经验；②学习间接经验必须以学生个人的直接经验为基础；③防止忽视系统知识的传授或直接经验积累的偏向。

（2）掌握知识与发展智力的关系。①智力的发展与知识的掌握二者相互依存、相互促进，学生对知识的掌握依赖于他们智力的发展；②生动活泼地理解和创造性地运用知识才能有效地发展智力；③防止单纯抓知识教学或只注重智力发展的片面性。

（3）智力因素与非智力因素的关系。①智力因素是非智力因素的基础，非智力活动依赖于智力活动，并积极作用于智力活动；②按教学需要调节学生的非智力活动才能有效地进行智力活动，完成教学任务；③防止忽视智力因素或忽视非智力因素的偏向。

（4）教师主导作用与学生主体作用的关系。①发挥教师的主导作用是学生简捷有效地学习知识、发展身心的必要条件；②学生在教学过程中具有主体地位，调动学生的学习主动性是教师有效教学的一个主要因素；③防止忽视学生积极性和忽视教师主导作用的偏向。

（5）掌握知识与培养思想品德的关系。①学生思想的提高以知识为基础；②引导学生对所学知识产生积极的态度，才能使他们的思想得到提高；③学生思想的提高又推动他们积极地学习知识；

④防止单纯地传授知识、忽视思想教育，或脱离知识的传授而另搞一套思想教育的偏向。

2. 简要回答我国教育目的的基本精神。（见2012年北京师范大学真题）

3. 影响人身心发展的因素及其各自作用。（见2015年北京师范大学真题）

4. 列出两例我国基础教育中存在的主要问题，并就其中一例做深入分析。

【**答**】（1）两个教育问题：一方面，我国目前的道德教育流于形式，说理枯燥，不能真正打动学生，效果不佳；另一方面，教师队伍的素养普遍偏低，经济差距大的地区，教师队伍的教学水平差距也大，造成了教育的两极分化，势必会出现教育公平问题。

（2）提高教师队伍的整体素质，是我国当前新课程改革中的重要任务之一。因为教师的水平直接制约着新课程改革，也影响着教育质量，不同经济发展水平地区的教师水平的差异，也直接造成了教育的不平等。

（3）要提高教师队伍的素养，要做到：①国家要为教师提供各种在职培训的机会，尤其要重在向教师讲解新课程的教育观念和教学方法，提高教师的理论素养。②不同经济条件的地区，要加强联系，实行互帮互助政策。如北京市某重点中学与青海某贫困县的小学结成互助关系，实现资源共享；发动优秀教师去贫困地区支教，传播先进的教育方法和理念。③加强教师与专家之间的合作。④改变教师观念，教师行业不再是铁饭碗，教师需要在教育岗位上不断提升自己的教学水平。⑤学校应该开办一些讲课比赛活动，重视老教师带新教师，一些竞赛活动可以调动教师改进讲课的积极性。⑥国家还要不断地完善教师从业制度和管理制度等。

5. 简述奥苏伯尔的有意义接受说。

【**答**】（1）有意义学习的实质与条件。（见2013年北京师范大学真题）

（2）接受学习是教师直接呈现要传授的知识及其意义，学生通过新、旧知识之间的相互作用来获得新知识。学生的学习主要表现为接受学习，是通过教师的传授来接受事物意义的过程，它是一种有意义的接受，而且完全可以是有意义的学习。

（3）有意义的接受学习：在接受学习中，教师所呈现的新知识大多数都是现成的，包括一些抽象的概念、命题、规则等，学生主要通过利用和这些新知识有关的、认知结构中已经具有的旧知识去同化理解新知识的意义。

在奥苏伯尔看来，无论是接受学习还是发现学习，都有可能是机械的，也都有可能是有意义的，那种认为接受学习必然是机械的，发现学习必然是有意义的观点是毫无根据的。如果教师教法得当，并不一定会导致机械的接受学习。任何学习，只要符合有意义学习的条件，就是有意义学习。

6. 简述成败归因理论。

【**答**】（1）韦纳在前人的基础上，对行为结果的归因进行了系统探讨，发现人们倾向于将活动成败的原因归结于六个因素：能力高低、努力程度、任务难易、运气好坏、身心状态、外界环境等。他把这六个因素归为三个维度，即内部归因和外部归因，稳定归因和非稳定归因，可控归因和不可控归因。依据这三个维度，他把成就行为归因于能力、努力、任务难度、运气四个有代表性的原因。

（2）在这四个有代表性的原因中，能力是稳定的内部因素，努力是不稳定的内部因素，任务难度是稳定的外部因素，运气是不稳定的外部因素。人们往往把自己的成功与失败归结为上述四个原因中的一个或几个，归结为不同的原因会带来相应的心理变化，表现为对下一次成就结果的期待与情感的变化，进而影响以后的成就行为。

三、论述题

1. 试论《学记》在教育管理和教学论上的贡献。

【**答**】《学记》是《礼记》中的一篇，是世界上最早的论述专门教育、教学问题的论著，被认为是“教育学的雏形”。其作者一般被认为是思孟学派的东正克，其内容主要包括教育制度与学校管理，教育、教学的原则与方法，论教师等几部分。

（1）教育制度与学校管理。

①学制与学年。

在学制上，以托古改制的方法提出建立从中央到地方的学制系统，“古之教者，家有塾，党有庠，术有序，国有学”，这种按行政建制设学的思想对后世兴学影响很大。在学年上，《学记》把大学教育定为两段、五级、九年。第一、三、五、七学年毕，共四级，为第一段，七年完成，谓之“小成”；第九学年毕为第二段，考试合格后，谓之“大成”。这是古代年级制的萌芽。

②视学与考试。

在视学上，《学记》十分重视大学开学和入学教育，认为这是教育管理的重要环节。开学之日，天子率百官，祭祀“先圣先师”，还定期视察学宫，新生入学要重视训诫仪式，明确为从政而学习。

在考试上，考查学业成绩和道德品行，不同年级要求不同。第一、三、五、七、九年，都有考试，分别是：“视离经辨志”“视敬业乐群”“视博习亲师”“视论学取友”（“小成”）；“知类通达，强立而不反”（“大成”）。整个考试制度体现了循序渐进、德智并重的特点。

（2）教育教学的原则。

①预防性原则：要求事先预计到学生可能会出现的种种不良倾向，预先采取防治措施。

②及时施教原则：教育应该按照学生的年龄特征和心理状况安排适当的教学内容。

③循序渐进原则：学习内容要有先后顺序，要求教师根据知识难易程度和逻辑结构来施教。

④学习观摩原则：同学之间要相互切磋研究，共同提高，既要专心学习，又要融入集体。

⑤长善救失原则：教师应了解不同学生的不同心理倾向，帮助他们发扬优点，克服缺点。

⑥启发诱导原则：“道而弗牵，强而弗抑，开而弗达。”

⑦藏息相辅原则：既要有有计划的正课学习，又要有课外活动和自习，有张有弛，劳逸结合。

⑧教学相长原则：本意并非教与学的相互促进，仅指以教为学，后人引申为在教学过程中教师与学生双方相互促进，共同提高。

（3）教育教学方法。

①讲解法：“约而达”“微而臧”“罕譬而喻”。

②问答法：教师的提问应先易后难，答问则应有针对性，恰如其分，适可而止。

③练习法：根据学习的内容，来安排必要的练习，练习需要有规范，并且应逐步地进行。

（4）论教师。

《学记》强调尊师，要求形成社会普遍的尊师风气。首先，社会上每个人，从君到民都是由教师教出来的，“师严然后道尊，道尊然后民知敬学”。其次，“为师、为长、为君”是一个逻辑过程，“为师”实际上成为“为君”的一种素质、一项使命。

《学记》为中国教育理论的发展树立了典范，其历史意义和理论价值十分显著，它的出现意味着中国古代教育思维专门化的形成，是中国教育理论发展的良好开端。

2. 试论20世纪60年代美国中小学的课程改革。（见2010年东北师范大学真题）

2012年东北师范大学333教育综合真题·凯程详解

一、名词解释

1. 课程标准（见2015年北京师范大学真题）

2. 义务教育

【答】义务教育又称强迫教育和免费义务教育，是根据法律规定，适龄儿童和青少年都必须接受，国家、社会、家庭必须予以保证的国民教育。其实质是国家依照法律规定对适龄儿童和青少年实施的一定年限的强迫教育的制度。义务教育具有强制性、免费性、普及性的特点。目前，世界义务教育的发展趋势是向两端延长。我国义务教育法规定的义务教育年限为九年，这一规定是符合我国国情的。

3. 学而优则仕

【答】“学而优则仕”是儒家孔子的观点，其基本含义是将做官与学习紧密联系起来，有官职的人应该是受过教育并继续学习的人，受过教育的人应该得到一定的官职，教育就是要培养能治国安民的贤能之士。

进步意义：①反对不学而仕的世袭制，为平民开拓了从政的道路；②把学优与仕优联系起来，以学优保证仕优，有利于推行贤人治邦，改良社会政治。

消极影响：①强化了中国“官本位”的传统观念；②使中国知识分子从一入学读书开始，就产生了严重的功名意识。

4. 苏格拉底法（见 2011 年北京师范大学真题）

5. 生活教育（见 2012 年北京师范大学真题）

6.《学制令》

【答】《学制令》是日本明治维新之后由文部省颁布的一项规定学制的法令，在确立教育领导体制的基础上，建立全国的学校教育体制。规定全国实行中央集权式的大学区制，全国分为 8 个大学区，各设一所大学，每个大学区分为 32 个中学区，各设一所中学，每个中学区分为 210 个小学学区，各设一所小学。《学制令》加强了日本中央集权式的教育领导体制。

7. 流体智力

【答】流体智力是由美国心理学家卡特尔等人提出的，根据智力的不同功能，将智力划分为两种：流体智力和晶体智力。流体智力是指人不依赖于文化和知识背景而学习新事物的能力，如注意力、知识整合力、思维的敏捷性等。从时间上看，流体智力在人的成年期达到高峰后，就随着年龄的增大而逐步衰退。

8. 先行组织者（见 2010 年北京师范大学真题）

二、简答题

1. 中小学研究性学习的目标。

【答】（1）研究性学习是指学习者以问题解决为主要内容，以发展研究能力为主要目的的一种新型学习方式。

（2）中小学研究性学习的目标。

①获得参与探索的经验。关注的重点是学生的学习过程。因而要激发其观察生活、发现和探究问题的兴趣，通过思考与操作实践，获得自己探究问题的喜悦及解决问题的经验。

②提高发现问题、探索问题和解决问题的能力。

③形成合作和分享的意识。立足于个性化基础之上兼顾群体合作与交往，培养团队精神。

④培养科学态度和道德品质。良好的道德品质、求实的态度是研究性学习的根本要求。

⑤培养对社会和自然的责任感。

⑥培养搜集、分析、处理信息和综合运用知识的能力。具有研究可能、有价值的问题都可以研究。

2. 皮亚杰认知发展阶段论的主要内容。

【答】皮亚杰认为，在个体从出生到成熟的发展过程中人的发展分为四个阶段：

（1）感知运动阶段（0～2 岁）。通过探索感知觉与运动之间的关系来获得动作经验，主要特点有：①从对事物的被动反应发展到主动的探究；②认识事物的顺序是从认识自己的身体到探究外界事物；③儿童获得了客体永恒性，不能用语言和抽象符号来命名事物。

（2）前运算阶段（2～7 岁）。运算是内部化的智力或操作。儿童的特点是：①泛灵论；②以自我为中心；③认知活动具有相对具体性，思维具有不可逆性和刻板性；④尚未获得物体守恒的概念。

（3）具体运算阶段（7～11 岁）。这一阶段儿童的认知结构已发生了重组和改善，思维具有可逆性，儿童已经获得了守恒概念。但思维仍需要具体事物的支持，还不能进行抽象思维。

（4）形式运算阶段（11～16 岁）。这一阶段儿童的思维是以命题形式进行的，并能发现命题之间的关系；能够根据逻辑推理、归纳或演绎的方式来解决问题；能理解符号的意义，其思维发展水平已接近成人。

3. 归因理论的基本观点。（见2011年东北师范大学真题）

三、论述题

1. 在全面发展教育中如何认识和处理各育的关系？（见2010年东北师范大学真题）

2. 教学中掌握知识与发展智力的关系。

【答】（1）掌握知识与发展智力互为基础、互为条件，相互依存、相互促进。

掌握知识是提高能力的基础。对学生来说，掌握、运用知识及其反思、改进的过程，也就是他们发展智力的过程。同时知识的掌握又依赖于学生的智力发展，智力发展好的学生接受能力强、学习效率高，而智力发展较差的学生在学习中则有较大的困难。随着时代的快速发展，教学内容迅速增多，难度不断加大，只有在教学中关注学生的学习方法，提高学生的智力和创造才能，才能使他们有效地掌握现代科学知识。

（2）生动活泼地理解和创造性地应用知识才能使其有效地转化为智力。

知识不等于能力，学生掌握知识的多少并不完全代表其能力水平的高低。学生的智力是在掌握和运用知识、认识和改造世界过程中的智慧活动与行动的内化，是在主客体相互作用的过程中发展起来的一种能力。所以，在教学中，不仅要教给学生知识，而且要引导学生通过生动活泼的教学活动，了解获取知识的过程与方法，学会独立思考、创造性地解决实际问题，这样才能使学生的智力获得高水平的发展。

（3）防止重知轻能或轻知重能的倾向。

教学过程中既要重视知识的传授，又要重视智力的发展，并将二者辩证地统一于教学活动中。因此，教育者要探索二者相互转化的过程与条件，以引导学生在掌握知识的同时，有效地发展他们的智力和能力。

3. 评述终身教育思潮。（见2015年北京师范大学真题）

4. 孔子的德育论及其当代价值。

【答】（1）孔子的德育论。

孔子认为，成为君子的主要标准是道德品质修养。“仁”与“礼”是孔子道德教育的主要内容，“礼”为道德规范，是人必须接受的外在社会行为规范。“仁”是最高道德准则，是对生命及其价值的珍视和关爱，即“仁者，爱人也”。

孔子道德教育的原则和方法有立志、克己、力行、中庸、内省、改过、学思行并重。

（2）孔子德育论的当代价值。

①孔子的德育论是以“君子”为目标的理想信念教育。孔子主张培养“修身”“齐家”“治国”“平天下”的“圣人”和“君子”，他为整个中华民族定格了人格理想。现代德育中德才兼备、以德为重的培养目标是与孔子的思想一脉相承的。当前，我国教育应该通过创造人人所景仰的人格典范，引导人们追求崇高的道德境界，激励个人完善自我。

②孔子的德育论是以“仁”为核心内容的和谐精神教育。“仁”是君子的核心精神表现。“仁”是人际交往的重要前提。如今，“仁”与“礼”依然是处理人际关系的重要核心思想，“仁”的精神将会被传承，以符合当今时代“礼”的形式予以表达。

③孔子的德育论是以“德性优先”为原则的道德自律思想。孔子主张身体力行、学思行并重、立志、自省等德育原则和方法。人的道德教育的本质是个体积极主动的建构过程。面对多元文化社会的时代背景，我们应认识到孔子思想中培养道德主体人格的重要性，树立现代德育观，尊重主体，由灌输走向对话，由限制个性走向发展个性。

④孔子的德育论是以“下学而上达”“学思行并重”为方法的德育活动。孔子尤其注意“下学”“能下学，自然上达”。现代德育学术气氛浓厚，德育形式化，今天的道德教育应进行改革，不仅要学习书本的知识，而且要走与实践相结合的道路，使受教育者得到全面的锻炼和发展，做到言行一致、多做实事，从而将德育落到实处。

2013年东北师范大学333教育综合真题·凯程详解

一、名词解释

1. 义务教育（见2012年东北师范大学真题）

2. 活动课程

【答】开展活动课程的代表人物是杜威。活动课程是以儿童的兴趣或需要为基础，根据心理逻辑而编排的课程。其具有生活性、实用性、开放性等特点。各种形式的活动作业是居于课程中心地位的，通过活动，把学生校内外的生活联系在一起。活动课程可以是课堂教学的一部分，也可以是课堂教学的一种补充。活动课程种类繁多、灵活多样，但是活动课程夸大了儿童个人的经验，忽视了知识本身的逻辑顺序，影响了系统的知识学习，导致教育质量低下。

3. 班级授课制（见2016年北京师范大学真题）

4. 直观性教学原则

【答】直观性教学原则是指在教学中通过学生观察所学事物或教师语言的形象描述，引导学生形成对所学事物及过程的清晰表象，丰富他们的感性认识，从而使他们能够理解书本知识并发展认识能力。

5.《学记》

【答】《学记》是《礼记》中的一篇，是中国教育史和世界教育史上一部最早的、最完整的专门论述教育教学问题的论著。其由战国末期思孟学派所著，对先秦的教育理论和教育实践做了相当全面的总结和概况。主要包括教育作用与教育目的，教育制度与学校管理教育，教学原则与方法等。总之,《学记》对教育学基本问题均有论述，被认为是“教育学的雏形”。

6. 中华职业教育社

【答】20世纪20年代为宣传职业教育思潮，黄炎培发起并组织中国近代第一个研究、倡导和推选职业教育的专门机构，并在理论上探讨，在实践中推进，使职业教育思潮达到顶峰。之后中华职业教育社在上海创办中华职业学校，通过学校教育的形式开展职业教育。它充分体现了黄炎培的“大职业教育”思想。认为职业教育的作用是：谋个性之发展、为个人谋生之准备、为个人服务社会之准备、为国家及世界增进生产力之准备。

二、简答题

1. 简述我国教育目的在《教育法》中的体现及其体现的精神实质。（见2012年北京师范大学真题）

2. 简述教学与智育的关系。

【答】（1）教学是由教师的“教”和学生的“学”所组成的双边活动过程。通过教学，学生在教师有计划、有步骤地引导下，积极主动地掌握系统的科学文化知识和技能，发展智力、体力，陶冶品德，养成全面发展的个性。

（2）智育是全面发展教育的组成部分，是教授学生系统的文化知识和技能，发展他们的智力与非智力因素的教育，是全面发展教育的基础。

（3）教学与智育既有联系，又有区别。智育主要是发展学生的智力，向学生传授系统的科学文化知识和技能。智育主要是通过教学来完成的，是教育的重要组成部分，但教学不等于智育，教学也是进行德育、美育、体育、综合实践活动教育的途径。同时，智育也需要通过课外活动等途径才能全面实现。

3. 简述苏格拉底法的基本内容。

【答】（1）“苏格拉底法”，又称“问答法”“产婆术”。苏格拉底在哲学研究和讲学中，形成了由讥讽、助产术、归纳和定义四个步骤组成的独特的方法，称为“苏格拉底方法”。

（2）“苏格拉底法”的基本内容。

①讥讽：就对方的发言不断追问，迫使对方自陷矛盾、无词以对，最终承认自己的无知。

②助产术：帮助对方依靠自己得到问题的答案。

③归纳：从各种具体事物中找到事物的共性、本质，通过对具体事物的比较寻求“一般”。

④定义：把个别事物归入一般的概念，得到关于事物的普遍概念。

（3）评价。

优点：该方法不是将现成的结论硬性灌输或强加给对方，而是通过探讨和提问的方式，诱导对方认识并承认自己的错误，自然而然地得出正确的结论。

局限：①受教育者必须有追求真理的愿望和热情；②受教育者必须就所讨论的问题积累了一定的知识；③谈话的对象是已经有了一定知识基础和推理能力的成年人，这种方法不能机械地套用于幼年儿童。

4. 简述科尔伯格的道德发展理论。（见 2013 年华东师范大学真题）

三、论述题

1. 有人说“一两遗传胜过一吨黄金”，这种说法对吗？说明你的道理。

【答】（1）这种说法是错误的，这是遗传决定论的观点。

（2）“遗传决定论”认为人的身心发展完全取决于人先天良好的禀赋，即遗传素质，否认其他因素在人的发展中的作用，如教育和个人的主观能动性的作用。但是，人的身心发展是多种因素交互作用的结果，它受到人的遗传素质、环境、教育和人的主观能动性共同的影响。其中遗传素质是人身心发展的前提条件和物质基础；环境提供人发展所需要的物质和社会条件；学校教育在人的发展中起到主导作用；个人的主观能动性起决定性的作用。

（3）因此，遗传素质是人发展的物质基础，它能为人提供便利条件，加速人的发展，但遗传素质也只是为人的发展提供了一种可能，离开了环境的影响、良好的教育和个人的主观能动作用，这种可能就无法转变为现实。

2. 试论述杜威的课程与教材论的相关内容及其现实意义。

【答】（1）相关内容。

①批判传统课程。杜威强烈反对传统教育所使用的以既有知识为中心的课程和教材，他认为传统课程在智育方面极度贫乏，教材中充斥着许多呆板而枯燥无味的东西。杜威指出，把那些“早已准备好了的教材”强加给儿童，是“违反儿童天性”的。多种多样的学科课程只会将儿童统一而完整的生活经验加以割裂和肢解，从而阻碍儿童的生长。

②教材心理化。他认为教材应该和儿童充满活力的经验相联系。根据这些原则，他提出“教材心理化”，儿童获取的知识应当符合儿童的心理水平，在课程中占中心地位的应是各种形式的活动作业，让儿童从做中学。

③从做中学。对于教学和课程，杜威的基本原则是“从做中学”，他把这一原则贯穿教学过程、教学方法、课程、教学组织形式等各个方面。杜威认为，应为学生提供“设备相当的环境，使学生‘由做事而学习’”，在“做”中习得经验，从而掌握知识，发展思维能力。

（2）现实意义。

①杜威认识到传统课程的缺点，主张重视儿童直接经验的积累，教材的编写更是要注重学生心理水平，教材心理化进一步将教育和心理学相结合，使我们的课程编写更具有科学依据。同时，杜威强调的“从做中学”对于传统的静坐学习也是有启发和进步意义的，这与我们新课改中所提倡的“综合实践活动”和“小组合作学习”的思想具有一致性。

②但是，杜威将传统的学科课程一概否定，仅仅满足于活动课程和个人的经验，这是不科学的。这种做法最终导致了美国教育质量的落后。因此，我们在实际的课程编制的过程中，应该将教材的知识逻辑和心理逻辑相结合。在实际的教学活动中，应该以学科课程为主，保证学生可以学到系统的、科学的文化知识，提高教学的效率，同时以活动课程为辅助，培养学生的创造能力和实践能力。

3. 某地某学校根据学生入学前的智商高低来分快慢班，谈谈你的想法，并用心理学的相关知识进行评价。

【答】（1）这种做法是不正确的。

根据学生入学前的智商高低来分快慢班，尽管对于学校来说有利于集中优势教育资源提高升学率和学校的知名度，但是这种做法不但难以落实因材施教，还会导致慢班的学生厌学、老师厌教。这一举动不仅不利于推行素质教育，不利于培养德、智、体、美、劳全面发展的高素质人才；还会打乱教学秩序，不利于教育公平和学生的均衡发展。总之是弊大于利，是不可取的。

（2）加德纳提出的多元智力理论，认为人类的心理能力至少包括八种不同的智力。这八种智力在人体身上的不同组合使每个人的智力都有独特的表现方式和特点，因此，智力没有高低之分，更不可以测量，个体之间的智力差异表现为不同智力相互组合的结果。而“智商”测验只包括了对数学和语言两种能力的测验，这种测验会使其他方面优秀的孩子得不到重视，不利于学校教学和学生发展。

（3）根据学生入学前的智商高低来分快慢班对学生造成的影响。

①从慢班学生心理反应来说，主要存在三个问题：a. 学生很难客观地正视自己，这会伤害学生的自尊心降低他们的学习积极性，阻碍其智力发展；b. 不利于班级正常管理，慢班学生心理受到伤害后，容易产生特别强的逆反心理，难以形成良好的班风和学风；c. 加速学生流失，使他们过早地步入社会，不利于青少年健康成长。

②从快班学生心理状况来说，情况也不容乐观：a. 学生易产生骄傲自满的心理，不利于学生健全心理的发展；b. 学生会偏重学习，而不重视其他方面素质的培养与提高，导致高分低能，不利于学生日后发展。

（4）综上所述，学校应公平理性地对待每一位学生，承认每个学生都是具有不同智力组合的个体，因材施教。针对不同学生的不同智力特点进行相应的教育教学，对学生的评价也应该多渠道、多维度，致力于学生多种智力的整体发展。还应关注学生特殊能力的发展。每一个个体都有相对而言的优势智力领域，如有的人会显露出过人的音乐天赋，有的人则会表现出超常的语言天赋。所以教师要有目的、有计划地发展每个学生的优势智力领域，使其得到充分的发展。

（此题属于开放性问题，答案仅供参考。）

4. 论述孔子的教学方法及其现实意义。

【答】孔子认识到教学过程不仅是教师教的过程，更重要的是学生学的过程，他提出了一系列的教学方法：

（1）因材施教。因材施教是根据学生的个性特点和个别差异采取不同的教学方法，主要解决教学中统一要求与个别差异的矛盾。孔子是我国历史上首位倡导因材施教的教育家。他认为只有了解学生，才能对他们做出准确的评价，并且根据具体情况，有针对性地进行教育。

（2）启发诱导。孔子是世界上最早提出启发式教学的教育家，孔子认为无论是培养道德还是学习知识，都要建立在学生自觉需要的基础上，充分发挥学生的积极主动性，反对机械学习，提倡启发式教学。

（3）学、思、行并重。“学而知之”是孔子进行教学的主导思想，学是求知的途径，也是唯一的手段。孔子还强调学习知识要“学以致用”，学是手段不是目的，行才是终极目的，行比学更重要。由学而思进而行，是孔子探索的学习过程，也就是教育过程，基本符合人的一般认识过程。

（4）训练学生的思考方法。①“由博返约”：意思是博学以获得较多的具体知识，“返约”是在对具体事物分析的基础上进行综合、归纳，形成基本的原理、原则和方法。②“叩其两端”：从事物的正反两方面思考问题，进而解决问题。这种方法注意到事物的对立面，合乎辩证法。

（“现实意义”可结合目前教学的实际情况进行论述，言之有理即可。）

2014年东北师范大学333教育综合真题·凯程详解

一、名词解释

1. 美育（见2010年东北师范大学真题）

2. 因材施教（见2010年东北师范大学真题）

3. 最近发展区（见2011年北京师范大学真题）

4. 学习策略（见2015年北京师范大学真题）

二、简答题

1.《学记》在教育教学方面的启示。

【答】(1)《学记》是《礼记》中的一篇，是世界上最早的论述专门教育、教学问题的论著，被认为是“教育学的雏形”。

(2)《学记》在教育教学方面的思想。(见2011年东北师范大学真题)

(3)启示。

《学记》中的有些教育制度被沿用至今，例如，其考试制度一直具有借鉴意义，并且在一定程度上对选拔人才发挥了至关重要的作用；教育教学原则成为当今教学过程中的准则，是教师和学生都要遵循的基本原则和基本方法；教学方法也给现代教学方法的创新提供了基础和依据，有利于新方法的探索和旧方法的改进。

2.英国《1988年教育改革法》的内容。

【答】《1988年教育改革法》被看作自《巴特勒教育法》以来，英国教育史上又一次里程碑式的教育改革法案，强化了中央集权式的教育管理体制。其内容包括：(1)法案主张实施全国统一课程，确定在5～16岁的义务教育阶段开设三类课程（核心课程、基础课程和附加课程）；(2)建立与课程相联系的考试制度，规定在义务教育阶段，学生要参加四次全国性考试（7岁、11岁、14岁、16岁时各参加一次）；(3)改革学校管理体制，实施“摆脱选择”政策；(4)规定建立一种新型的城市技术学校；(5)加强对高等教育的控制等。

3.简述我国当前教育方针的最新表述及其精神实质，就我国当前教育实践在教育方针贯彻执行中所存在的问题谈谈你的看法。

【答】(1)我国现行的教育方针是：教育必须为社会主义现代化建设服务，必须与生产劳动相结合，培养德、智、体、美等方面全面发展的社会主义事业的建设者和接班人。

(2)我国中小学的精神实质是：一贯坚持教育为社会主义事业服务的方向；坚持德、智、体、美全面发展的质量规格和标准；坚持为社会培养劳动者；坚持教育与生产劳动相结合的育人道路。

（我国当前教育实践在教育方针贯彻执行中所存在的问题可开放性作答，言之有理即可。）

三、论述题

1.论述基础教育的独立价值和意义。

【答】(1)基础教育的内涵。

基础教育就是人们在成长中为了获取更多学问而在前期要接受的掌握基本知识的教育。就如同盖房子先要打地基一样，要想学好一门语言就要从认字开始。基础教育，作为造就人才和提高国民素质的奠基工程，在世界各国面向21世纪的教育改革中占有重要地位。中国的基础教育包括幼儿教育、小学教育、普通中等教育。

(2)基础教育的独立价值。

基础教育在整个教育系统内部，具有它自己独立的、不依附于其他类型和层次教育的价值。确立关于基础教育的这样一种价值观，是促进基础教育由“应试教育”向“素质教育”转变的非常重要的观念基础。目前，“应试教育”的现象之所以如此顽固地存在于学校之中，重要原因之一便是没有充分认识到基础教育的独立价值，而是以能否为高一级教育或学校提供更多更好的生源作为衡量其价值的标准，实际上也就是放弃了基础教育的独立价值，也就否定了基础教育最根本的意义。

（3）基础教育独立的价值观与基础教育的效益观相联系。

基础教育的对象是全体人民，目标是提高整个民族的素质。可以形成两个基本认识：第一，平等地接受基础教育是每个人都具有的基本权利。第二，这种权利必须是通过政府的行为来实现的。这也正是基础教育中教育机会均等原则的特点，这种权利的实现是保证每一个人在社会中发挥其积极性的重要前提。这是基础教育的效益观的基本特点，从这个角度说，强调基础教育的机会均等，其社会效益与经济效益并不是矛盾的。

（4）目前基础教育改革，以及从“应试教育”向“素质教育”转变过程中存在的一些问题，在一定程度上与这种对基础教育价值认识的误区有关。在深化基础教育改革的过程中，充分认识基础教育的这种独立价值，是深化基础教育改革的先导。

2. 论述研究性学习。

【答】（1）研究性学习是指学生基于自身兴趣，在教师的指导下，从学习生活、社会生活和自然中选择和确定研究专题，用类似科学研究的方式，主动地获取知识并应用知识去解决问题的学习活动。研究性学习是指学习者以问题解决为主要内容，以发展研究能力为主要目的的一种新型学习方式。依据研究对象和内容的不同，研究性学习从形式上可以分为两类，即课题研究类和项目（活动）设计类。

（2）研究性学习的目标。

①获得参与探索的经验。②提高发现问题、探索问题和解决问题的能力。③形成合作和分享的意识。④培养科学态度和道德品质。⑤培养对社会和自然的责任感。这是更高层次的目标。⑥培养搜集、分析、处理信息和综合运用知识的能力。

（3）研究性学习的过程。

①澄清或识别问题。②针对问题提出假设，或者提出解决问题的想法或思路。③围绕问题的解决，制订一个初步的研究计划。④按计划采取行动，获取解决问题所需要的资料信息。⑤对搜集到的资料信息进行组织和加工处理，得出结论。

（4）研究性学习的要求。

①在研究性学习中“学什么”要由学生自己选择。②在研究性学习中“怎么学”要由学生自己设计。③在研究性学习中“学到什么程度”要由学生自己做出预测和规定。

（5）研究性学习的作用和意义。

①研究性学习是一种实践性较强的教育教学活动。和现有的学科教学不同，研究性学习不再局限于对学生进行纯粹的书本知识的传授，而是让学生参加实践活动，在实践中学会学习和获得各种能力。

②研究性学习强调知识的联系和运用。学生通过研究性学习，不但知道如何运用学过的知识，还会很自然地在已经学过的知识之间建立一定的联系，而且，为了解决问题学生还会主动地去学习新的知识。

③研究性学习能充分调动学生学习兴趣和积极性。“研究”这个词本身就具有挑战性，而学生选的课题往往是平时自己最感兴趣的，这样就能充分调动学生的学习积极性。

3. 论述1922年“壬戌学制”。

【答】（1）受新文化运动的影响以及社会发展的需要，1922年9月，北洋政府教育部顺应形势，召开全国学制会议，公布了《学校系统改革案》，即“壬戌学制”，又称1922年“新学制”。它是中国近代史上实施时间最长、影响最大的学制。

（2）“新学制”的七项标准。

①适应社会进化之需要；②发扬平民教育精神；③谋个性之发展；④注意国民经济实力；⑤注意生活教育；⑥使教育易于普及；⑦多留各地伸缩余地。

（3）“新学制”的学制体系。

采用美国“六三三”分段法，从纵向看，小学六年，初小和高小采用4—2分段；中学六年，初中和高中采用3—3分段；大学4～6年。小学之下有幼儿园，大学之上有大学院。从横向看，与中等学校平行的有职业学校和师范学校。

（4）“新学制”的特点。

①根据儿童的身心发展规律划分教育阶段。采用美国的“六三三”制。

②初等教育阶段趋于合理，更加务实。缩短小学年限，有利于初等教育的普及。幼稚园纳入初等教育阶段，使幼小教育得以衔接，确立了幼儿教育在中国教育史上的地位。

③中等教育是改制的核心，是“新学制”中的精粹：a. 延长中学年限；b. 中学分为初、高中，增加地方办学收缩余地和学生的选择余地；c. 中学实行分科制和选科制，适应学生发展需要。

④高等教育缩短年限，取消大学预科，有利于大学进行专门教育和科学研究。

⑤建立比较完善的职业教育系统，兼顾升学与就业。

⑥改革师范教育制度，设师范大学，并在大学设教育科。突破了师范教育自成系统的框架，使师范教育种类增多、程度提高、设置灵活。

（5）“新学制”的评价。

①优点：体现在上述“特点”中。

②缺点：在移植美国综合中学学制上脱离了中国当时的实际。

③比起前两部学制，有很大进步。表现在：a. 指导思想上，注重教育和社会的联系，强调发展儿童个性，有民主气息和科学精神；b. 整体结构上缩短了小学年限，延长了中学年限，中学分为两段，有利于普及初等教育，提高中等教育水平，兼顾学生升学和就业两种准备；c. 注重学制的弹性和多样性，以适应国情需要。

（6）历史意义。

① 1922 年“新学制”在学年分段形式、各阶段年限、中等教育模式等方面采用了美国当时还处于探索试验中的“六三三”学制，是中国近代学制改革由日本向美国寻求借鉴的标志。

②虽然说还带有一定程度的模仿痕迹，但考虑到了我国民族工业的发展对教育的要求，适应了学生的个性发展，也考虑到了学龄儿童的身心发展特点和年龄分期问题。

③“新学制”的颁布和实施，标志着中国资产阶级新教育制度的确立，标志着中国近代以来的学制体系建设的基本完成。

④“六三三”学制的产生是一种历史的进步，是中国教育现代化发展到一个重要阶段的标志，是中国教育学制史上的里程碑。

4. 论述杜威的教学论。

【答】（1）杜威的教学论思想。

①杜威认为，“从做中学”能使学校里知识的获得与生活过程中的活动联系起来。儿童能从那些真正有教育意义和有兴趣的活动中学习，有助于儿童的成长和发展。

②“从经验中学”，就是在我们对事物有所作为和我们所享有的快乐或所受的痛苦这一结果之间，建立前前后后的联结。在这种情况下，行动就变成尝试，变成一次寻找世界真相的实验，而承受的结果就变成教训——发现事物之间的联结。

③杜威把教学过程看成“做的过程”。知识经验均是在主客体的相互作用，即生活过程中得到的，强调儿童应从实际活动中学习，主张学校应成为雏形社会，让学生从事他们所感兴趣的活动。在活动中，为解决实际问题，搜集有关资料，确定问题所在，并提出各种假设。这种过程能使学生丰富自己的经验。

④杜威提出“教学五步法”，即创设情境、明确问题、提出假设、解决问题、检验假设。

⑤在思维方法上，他提倡反省思维，意思是对某个经验情境中的问题进行反复的、严肃的、持续不断的思考，其功能在于求得一个新情境，把困难解决、疑虑排除。

（2）评价。

①积极：有利于培养学生观察、分析、解决问题的能力和独立工作的能力，注重教学内容和教

学方法的选择，重视学习兴趣的作用。

②消极：杜威的“从做中学”所强调的“做”主要是个人亲自尝试的工作和活动，仅是获得和改组个人的经验，以使儿童自己的兴趣和需要得到满足；而且，这种“做”完全是建立在尝试错误之上的盲目的和个人摸索的活动，从理论上看，这无疑是片面的。

5. 如何培养学生的学习动机？（见2012年华东师范大学真题）

2015年东北师范大学333教育综合真题·凯程详解

一、名词解释

1. 狭义的教育（见2014年北京师范大学真题）

2. 隐性课程（见2018年北京师范大学真题）

3. 榜样示范法（见2016年北京师范大学真题）

4. 教学评价（见2015年北京师范大学真题）

5. 骑士教育（见2010年华东师范大学真题）

6.《教育诗篇》

【答】《教育诗篇》是苏联教育家马卡连柯的著作。《教育诗篇》的教育思想包括：尊重、信任儿童，以正面教育的方法情真意切地去感染儿童；教师要以身作则并倾注自己的心血去塑造儿童的灵魂；对儿童进行集体主义教育和劳动教育；注重提高儿童的科学文化水平。《教育诗篇》是一部很有意义的作品，达到了崇高理想性和高度艺术性的完美统一，在苏联甚至全世界都产生了深远的影响。

7. 朱子读书法

【答】朱熹将有关读书的经验和见解整理归纳成为“朱子读书法”六条，在教育史上具有重要影响。包括循序渐进、熟读精思、虚心涵泳、切己体察、着紧用力和居敬持志。朱子读书法是朱熹自己长期的读书经验以及对前人读书经验的概括和总结，比较集中地反映了我国古代对读书方法的研究成果。

8. 京师同文馆（见2012年北京师范大学真题）

9. 发现学习（见2017年华东师范大学真题）

10. 自我效能感（见2014年华东师范大学真题）

二、简答题

1. 简述教学工作的基本环节及各自的意义。（见2020年华东师范大学真题）

2. 简述教师劳动的特点。

【答】（1）复杂性。首先，教师的劳动不是一个单向灌输的过程，而是一个双向运动的过程。其次，教师的劳动是一种以知识信息的传递和转化为主要形式的过程，这是一个复杂的脑力劳动过程。最后，教师的劳动任务是多方面的。

（2）创造性。教师劳动的这种独特的创造性，是由教育对象的特殊性和复杂性决定的。

（3）示范性。“教育是培养人的活动”这一本质特点决定了教师的劳动必须带有强烈的示范性。教师的劳动之所以具有示范性，还在于模仿是青少年学生的一个重要学习方式。

（4）专业性。教师劳动的专业性突出表现在教师对育人的崇高敬业精神和道德修养上，以及对教育教学专门化知识和技能的掌握和教育活动的自主权上。而这一点在我国现阶段并未得到完全的贯彻落实。

三、论述题

1. 试从政治、经济、文化三个方面联系实际论述教育的社会功能。（见2014年北京师范大学真题）

2. 试分析比较赫尔巴特与杜威的课程理论的异同。

【答】(1)在教育理论界，赫尔巴特与杜威被视为传统教育派与现代教育派的代表人物，对课程也分别有自己的观点。

(2)赫尔巴特的课程理论主要包括：①课程内容的选择必须与儿童的经验和兴趣相一致；②根据统觉的研究提出了“相关”与“集中”的课程设计原则；③课程应与儿童的发展相呼应。

(3)杜威的课程理论主要包括：①“以儿童为中心”是建立课程的基础；②“以活动为中心”是建立课程的手段；③“以经验为中心”是实现课程的目的；④批判传统课程，提出教材心理学化与做中学。

(4)不同点：

①课程目标不同。

赫尔巴特认为，教育所要达到的基本目的可分为“可能的目的”和“必要的目的”。“可能的目的”是指与儿童未来所从事的职业有关的目的，这个目的是要发展多方面的兴趣，使人的各种潜力得到和谐发展。“必要的目的”是指教育所要达到的最高和最为基本的目的，即道德，这个目的就是要促进学生内心的自由、完善、仁慈、正义和公平五种道德观念的形成。

杜威认为“教育过程在它自身以外无目的，它就是它自己的目的”。这就是杜威最著名的教育无目的论。

②课程内容不同。

在赫尔巴特的教育思想中，兴趣占有重要的地位。他根据“多方面兴趣”的理论，建立了一个广泛的学科课程体系。兴趣分为两大类：经验的兴趣和同情的兴趣。各种经验、兴趣有对应开设的课程，如对应经验的兴趣，应该开设自然、物理、化学、地理等课程。

杜威的课程内容以经验和环境为主，他倡导从直接经验中获取知识，强调直接经验和环境的重要性，儿童在学校学习的知识与将来的社会密切相关。

③课程实施不同。

赫尔巴特认为在课程实施过程中，教师应采取符合学生心理活动规律的教学程序，他把教学过程分为四个连续的阶段：明了、联想、系统、方法。

杜威提倡在教育中用“从做中学”把“知”和“行”统一起来。“从做中学”的教育原则要求学生亲自接触具体事物，用感官去感受事物，再通过所获取的感性认识去思维，最后达到亲自动手解决问题的目的。

(5)相同点：都强调课程的组织要符合儿童的兴趣和经验。

3. 论述孔子的道德教育思想及对当代德育的启示。(见2012年东北师范大学真题)

4. 结合实际谈谈面对一个对考试失败无能为力、自暴自弃的学生，教师应该怎么做。

【答】提示：结合2012年华东师范大学真题“试论学习动机的培养和激发”的解析作答。

2016年东北师范大学333教育综合真题·凯程详解

一、名词解释

1. 学制(见2019年北京师范大学真题)

2. 培养目标

【答】培养目标是根据教育目的制定的某一级、某一类或某一专业人才培养的具体要求，是国家的教育目的在不同阶段、不同类型学校、不同专业的具体化。教育目的与培养目标是一般与个别的关系。

3. 道德教育

【答】德育的概念有广义和狭义的区分。广义的德育包括“政治教育”“思想教育”“道德教育”“法律教育”等。狭义的德育专指“道德教育”，即教育者根据一定历史时期社会的道德要求和个体的品德心理发展规律，有目的、有计划、有组织地在受教育者身上培养所期望的道德素质，使他们具有正确的道德观念、丰富的道德情感、坚强的道德意志、热切的道德信念和较高的道德实践能力，不断提升他们的道德境界的教育过程。

4. 教师

【答】教师一词有两重含义，既指一种社会角色，又指这一角色的承担者。广义的教师泛指传授知识、经验的人；狭义的教师是指受过专门教育和训练并在教育（学校）中担任教育、教学工作的人。

5. 精细加工策略

【答】所谓精细加工策略，主要指对学习材料进行深入细致的分析加工，理解其内在的深层意义，促进记忆的学习策略，即通过把新学的信息和已有的知识联系起来，来增加新信息的意义。也就是说我们运用已有的图式和已有的知识使信息合理化。通常精细加工策略就是我们所说的记忆方法。

6. 同化

【答】同化是指个体利用已有的图式把新的刺激纳入已有的认知结构中去的认知过程。同化是图式发生量变的过程，它不能引起图式的质变，但影响图式的生长。如将“苹果树”的概念纳入已经学习过的“树”的概念中。皮亚杰用图式、同化、顺应、平衡四个概念来解释复杂的认知发展过程。

二、简答题

1. 简述教学与教育、智育的关系。

【答】（1）教学是由教师的教和学生的学所组成的双边活动过程。通过教学，学生在教师有计划、有步骤地引导下，积极主动地掌握系统的科学文化知识和技能，发展智力、体力，陶冶品德，养成全面发展的个性。

（2）教学与教育的关系。

教学是学校教育工作的中心，但是除了教学外，还有课外活动等方式也可以对学生进行教育。

（3）教学与教育、智育的关系。

①智育是全面发展教育的组成部分，是教授学生系统的文化知识和技能，发展他们的智力与非智力因素的教育，是全面发展教育的基础。

②教学与智育既有联系，又有区别。智育主要是发展学生的智力，向学生传授系统的科学文化知识和技能。智育主要是通过教学来完成的，是教育的重要组成部分，但教学不等于智育，教学也是进行德育、美育、体育、综合实践活动教育的途径。同时，智育也需要通过课外活动等方式才能全面实现。

2. 简述班级授课制的优缺点。（见 2020 年北京师范大学真题）

3. 简述蒙学教材及其特点。

【答】（1）宋元时期蒙学教材的种类有：

第一类：识字教学类。如《三字经》《百家姓》《千字文》等。

第二类：伦理道德类。如朱熹的《小学》《童蒙须知》等，主要传授伦理道德知识以及为人处事、待人接物的准则。

第三类：历史教材类。如《十七史蒙求》，既传授历史知识，又进行思想教育。

第四类：诗歌类。如《千家诗》《唐诗三百首》，主要进行文辞和美感教育。

第五类：名物制度和自然常识类。如《名物蒙求》等。

（2）蒙学教材的特点：

①宋元时期的蒙学教材开始出现按专题分类编写的现象，在内容和形式上呈现多样化；②注重儿童的心理特点，将识字教育、基本知识教育和伦理道德教育有机地结合起来；③一些学者亲自编写教材，提高了蒙学教材的质量；④注意与日常生活的联系；⑤重视汉字的特点，文字浅显通俗，字句讲究韵律，内容生动丰富，包含多种教育功能，儿童易读、易诵、易记。

4. 简述《国防教育法》的基本内容。（见 2014 年华东师范大学真题）

三、论述题

1. 试述学校教育对人的身心发展的重要作用。

【答】（1）教育是一种有目的地培养人的活动，它规定着人的发展方向。

（2）教育，特别是学校教育对人的影响比较全面、系统和深刻。

（3）学校有专门负责教育工作的老师，他们对学生的思想、学业、身体是全面关心的，而且有明确的教育目的，熟悉教育内容，懂得教育这个转化活动的规律和方法，能自觉地促进学生按照一定的方向去发展。

（4）学校教育是制度化、规范化、规律化、专门化的教育，它可以让青少年迅速而有效地掌握各方面专业的技能，比起家庭教育、自学、社会教育的诸多局限性来说，具有无可比拟的优越性。

（5）现代社会的竞争是知识的竞争，而学校是传播和创造知识的主要场所。学校教育有利于青少年掌握必要的理论知识，这些知识是一个人踏上社会所必不可少的。

（6）当今的劳动和社会分工，无不是以一个人的能力、技能来分配的，而学校就是专门提供这种人才的场所。因而年轻一代接受学校教育，也是他们优化职业选择的必由之路。

2. 试论蔡元培的“五育”并举教育方针。（见 2016 年华东师范大学真题）

3. 论述观察学习的过程及其在教育中的作用。

【答】（1）班杜拉认为人们可以通过观察他人的行为及行为后果而间接地学习，班杜拉称这种学习为观察学习。

（2）班杜拉的实验结论。人类大多数的行为都是通过观察习得的，这个学习过程受注意、保持、动作再现和动机四个子过程的影响。

①注意过程：调节着观察者对示范活动的探索与知觉；②保持过程：使得学习者把瞬间的经验转变为符号概念，形成内部表征，这一过程有赖于表象系统、语言系统，有时还有动作演练系统；③动作再现过程：以内部表征为指导，做出反应；④动机过程：决定所习得的行为中哪一种将被表现出来。

（3）班杜拉将习得与行为表现相区分，动机过程包括外部强化、替代强化和自我强化。

①外部强化。如果按照榜样行动会导致有价值的结果，而不会导致无奖励或惩罚的后果，人们倾向于展现这一行为。

②替代强化。观察到榜样行为的后果，与自己直接体验到的后果，是以同样的方式影响观察者的行为表现的，即学习者的行为表现是受替代强化影响的。

③自我强化。自我强化是指人们能够自发地预测自己行为的结果，并依靠信息反馈进行自我评价和调节。

（4）理论在教育上的作用。

该理论在实际德育工作中有很多启发性意义。例如：教师应该注意为学生提供良好的学习资源和借鉴的榜样，引导学生学习和保持榜样行为，并为学生创造再现榜样行为的机会，对良好的行为给予及时的表扬和鼓励，对错误的行为则给予批评和教育，适时强化。

观察学习理论较多地应用于品德与规范的学习，在实施过程中应该注意以下问题：①选择适当的榜样行为并反复示范榜样行为。②给学生提供再现行为的机会，并促使学生不断进行自我调整。③及时表扬良好行为，还要促进自我强化。此外，要重视榜样的作用，消除社会环境中不良榜样行为。

4. 试论卢梭的自然教育思想及其现实意义。（见 2012 年华东师范大学真题）

2017年东北师范大学333教育综合真题·凯程详解

一、名词解释

1. 教育目的（见2015年北京师范大学真题）

2. 外铄论（环境决定论）

【答】外铄论者都强调外部力量的意义，一般看重教育的价值，但外铄论为认识外界因素对人的发展作用，以及外部作用如何才能被作用对象接受并内化为人的发展等方面提供了认识材料。

3. 说服法

【答】说服法是重要的德育方法之一。说服法是通过摆事实、讲道理，使学生提高认识，形成正确观点的方法。包括讲解、谈话、报告、讨论、参观等。其基本要求包括：具有明确的目的性；富有知识趣味性；注意时机；以诚待人。在具体的德育过程中，要将说服法与其他德育方法相结合，以促进学生的品德发展。

4. 学校管理（见2015年北京师范大学真题）

5.《学记》（见2013年东北师范大学真题）

6. 书院

【答】书院是中国封建社会自唐末以后的一种重要的高级私学的教育组织形式。它以私人创办和组织为主，将图书的收藏、校对与教学、研究合为一体，是相对独立于官学之外的民间性学术研究和教育机构。南宋时期，白鹿洞书院的《白鹿洞书院揭示》标志着书院发展逐渐制度化，各朝各代都有典型的书院，如明代的东林书院、清代的诂精经舍和学海堂等。书院最大的特点是学术自由。

7.《莫雷尔法案》（见2010年华东师范大学真题）

8. 英国公学

【答】公学是17—18世纪在英国发展起来的一种私立教学机构。它是相对于私人延聘家庭教师的教学而言，由公众团体集资兴办的，教学目的是培养一般公职人员，学生在公开场所接受教育。它比一般的文法学校师资及设施设备条件更好、收费更高，是典型的贵族学校。曾为英国培养了不少政治、经济领袖人才，被称为“英国绅士的摇篮”。公学的修业年限通常为5年，以升学为教育宗旨，注重古典语言的学习，同时为适应上层社会交往的需求，也注重体育和军事训练，以养成绅士风度。

二、简答题

1. 教师的专业素养。（见2014年北京师范大学真题）

2. 简述我国新一轮课程改革的目的。

【答】新课程改革的核心理念是“以人为本”和“以学生发展为本”。新课程改革的目的包括：

（1）在课程目标上，改变传统的过于注重知识传授的倾向，强调形成积极主动的学习态度，使学生获得基础知识和基本技能的过程同时成为学会学习和形成正确价值观的过程。

（2）在课程结构上，改变传统的过于注重学科本位、科目过多和缺乏整合的状况，体现课程的均衡性、综合性和选择性。

（3）在课程内容上，改变传统课程内容“繁、难、偏、旧”和注重书本知识的现状，加强课程内容与学生生活、现代社会和现代技术发展的联系，关注学生的学习兴趣和经验，精选终身学习必备的基础知识和技能。

（4）在课程实施上，改变传统教学强调接受学习、死记硬背和机械训练的状况，倡导学生主动参与、勤于动手，培养学生收集和处理信息的能力、获取新知识的能力、分析和解决问题的能力及交流与合作的能力。

（5）在课程评价上，改变传统课程评价过于强调甄别与选拔的功能，发挥课程评价促进学生发展、教师发展和改进教学实践的功能。课程评价要从终结性评价转变为与发展性评价、形成性评价相结合。

（6）在课程管理上，改变传统课程管理权限过于集中的弊端，实行国家、地方和学校三级管理，增强课程对地方、学校及学生的适应性。

3. 陈鹤琴的“活教育”思想及其现代价值。

【答】（1）“活教育”思想。（见 2015 年北京师范大学真题）

（2）“活教育”思想的现实意义。

①“做人，做中国人，做现代中国人”：我们的教育道路应该是在指导思想上坚持有中国特色的社会主义的理论，教育改革坚持适合中国国情、国力。

②“大自然，大社会都是活教材”：活教育课程论对于批判书本主义教育观念有十分重要的意义。他把学生从狭隘的课堂引向广阔的生活大舞台，引向充满乐趣的大自然和大社会，这对于激发学生的学习欲望和创造精神具有积极意义。

③“做中教，做中学，做中求进步”：我们应该遵循“活教育”注重以“做”为核心的方法论思想，在当今课程改革中借鉴这一思想，并用于指导实践，在教学中注重直观性和感性经验。

（3）评价。

陈鹤琴“活教育”的理论促进了当时的教育改革，尤其是幼稚教育思想向科学化、合理化、系统化方向的转变。现在，重新研究陈鹤琴先生的“活教育”思想，可发现其深刻的现实意义。“活教育”是我国现代教育史上影响深远的教育理论，它是我国近代以来教育新旧变革中的教育理论和实践工作者进行艰苦探索的代表性成果。“活教育”理论的许多原则和方法在不同条件和程度上符合教育的客观规律，从不同角度启迪着我们今天的教育实践。它在向传统教育挑战中所提倡的理论和实践结合、调动儿童学习的自觉性和兴趣、发展儿童的自动研究和创造精神，无疑符合了现代教育发展的时代潮流。

4. 韩愈《师说》中的教师观及其现实价值。（见 2018 年北京师范大学真题）

5. 赫尔巴特的四步教学法。

【答】（1）赫尔巴特认为教师应采取符合学生心理活动规律的教学程序，有计划、有步骤地进行教学，因此，他把教学过程分成四个连续的阶段：明了、联想、系统和方法。

（2）四步教学法的内容。

①明了。指教师讲解新教材，把教材分解为许多部分，提示给学生，便于学生领悟和掌握。这时，学生的心理处于“静止的专心”状态，其兴趣阶段是注意，教师适合用叙述的方法传授知识。

②联想。指通过师生谈话把新旧观念结合起来。教学的任务是把前一阶段教师所提示的新观念和学生意识中原有的旧观念结合起来。这时，学生的心理表现为“动态的专心”。其兴趣阶段发展到“期待”新的知识，教师的任务是与学生交流，自由交谈是联想的最好方法。

③系统。指在教师指导下寻找结论和规则，使观念系统化，形成概念。这时，学生的心理处于“静止的审思”状态，兴趣活动处于要求阶段，教师要运用综合的方法，使知识系统化。

④方法。指通过练习把所学知识应用于实际，以检查学生对新知识的理解是否正确。这时学生的心理表现为“动态的审思”。其兴趣点在于进行学习行动，教学方法主要是让学生做作业、写文章与修改等，对知识进行运用。

6. 裴斯泰洛齐的要素教育。（见 2018 年华东师范大学真题）

三、论述题

1. 教学中应处理好的几对关系是什么？（见 2011 年东北师范大学真题）

2. 一位数学老师没有直接告诉学生答案，而是通过一步一步地设计问题，诱导学生通过自己的探究最后得到答案。请问这位老师的做法是否符合维果茨基和布鲁纳的教学理论？要达到教学目的应注意哪些问题？

【答】材料中老师的做法符合维果茨基的最近发展区和内化说理论以及布鲁纳的发现学习理论。

（1）维果茨基强调教学要走在发展的前面，提出了最近发展区。最近发展区是儿童现有水平和将要达到的发展水平之间的差异，即儿童在有指导的情况下，借助成人帮助所能达到的解决问题的水平与独自解决问题所达到的水平之间的差异。维果茨基的内化说理论提出，要实现知识的内化，不仅要依靠教师的传授，还需要学生自己主动思考，才能实现知识真正的转化。材料中老师并没有直接为同学解答，而是循循善诱，在学生探究过程中给予支持，鼓励学生主动思考，使知识内化为自己的经验，通过自己的努力最终寻求答案。这更有利于学生的发展。

（2）布鲁纳的发现学习理论要求教师要把重点放在如何组织课堂以促进学生“发现”知识的问题上，强调学生学习的主动性和学习的认知过程，重视认知结构的形成，注重学习者的知识结构、内在动机、独立性与积极性在学习中的作用。材料中老师一步一步地设计问题，循序渐进，让学生自己发现问题并且解决问题的做法符合布鲁纳的认知结构理论和发现学习理论。

教师要达到教学目的应注意：①教师教学要引起学生学习的意向或兴趣；②教师教学要指明学生所要达到的目标高于学生已有水平而又通过努力可以达到；③教师教学要提示或展示学生所需要学习的内容；④教师教学要采用便于学生理解的、最能调动学生积极性和主动性的方式。

3. 论述学生的自我效能感受哪些因素的影响。

【答】（1）自我效能感指人们在进行某一活动之前，对自己是否能够成功地进行某一成就行为的主观判断。这一概念最早由班杜拉提出。

（2）人除了结果期望外，还有一种效能期望。

①结果期望指的是人对自己某种行为会导致某一结果的推测。如果人预测到某一特定行为将会导致特定的结果，那么这一行为就可能被激活和被选择。例如，儿童感到上课注意听讲就会获得他所希望取得的好成绩，他就有可能认真听课。

②效能期望指的是人对自己能否进行某种行为的实施能力的推测或判断，即人对自己行为能力的推测。它意味着人是否确信自己能够成功地进行某一结果的行为。当人确信自己有能力进行某一活动，他就会产生高度的“自我效能感”，并会去进行那一活动。例如，学生不仅知道注意听课可以带来理想的成绩，而且还感到自己有能力听懂教师所讲的内容时，才会认真听课。

（3）自我效能感的影响因素。

①直接经验。学习者的亲身经验对自我效能感的影响最大，成功的经验会增强自我效能感，反之，多次失败的经验会削弱自我效能感。②替代性经验。学习者观察别人的成败，会间接影响自我效能感。③言语说服。这种方法效果不持久。④情绪的唤起。情绪和生理状态也影响自我效能感，高度的情绪唤起、紧张的生理状态会妨碍行为操作，降低对成功的预期水准。

（4）评价。自我效能感理论克服了传统心理学重行轻欲、重知轻情的倾向，把人的需要、认知、情感结合起来研究人的动机，具有极大的科学价值，但仍然没有形成一个比较完整的、统一的理论框架。

2018年东北师范大学333教育综合真题·凯程详解

一、名词解释

1. 癸卯学制

【答】癸卯学制由清政府于1904年正式颁布，是我国第一个正式实施的学制。该学制把整个学程分为三段七级，分别为初等教育、中等教育、高等教育，长达20～21年之久。横向方面除直系各学堂外，还有师范教育及实业教育两个系统。它具有半资本主义、半封建性，是传统性和近代性的综合产物，也是学习西方教育的系统性成果，在中国教育近代化发展中有标志性意义。

2. 智者学派

【答】“智者”专门用来指以收费授徒为职业的巡回教师，他们有共同的思想特征，即相对主义、个人主义、感觉主义和怀疑主义。作为西方最早的职业教师，他们对希腊教育实践和教育理想的发展做出了卓越的贡献:（1）智者云游讲学，推动文化传播，促进社会流动;（2）扩大了教育内容，首先确定“七艺”中的“前三艺”（文法、修辞学、辩证法）;（3）提供了一种新型的教育，即政治家或者统治者的教育。

二、简答题

1. 简述教育的基本形态及每种形态的基本特征。

【答】教育的基本形态有学校教育、家庭教育和社会教育。

（1）学校教育：是指通过专门的教育机构对受教育者所进行的一种有目的、有计划、有组织、系统地传授知识、技能，培养思想品德，发展智力和体力的教育活动。学校教育在一个国家的整个教育体系中是一种主导的教育形态。

（2）家庭教育：是指在家庭内由父母或其他年长者对新生一代和其他家庭成员所进行的有目的、有意识的教育。广义的家庭教育主要是指一个人在一生中接受来自家庭其他成员的有目的、有意识的影响。狭义的家庭教育则是指一个人从出生到成年之前，由父母或其他家庭长者对其所施加的有意识的教育。

（3）社会教育：广义的社会教育和我们所说的广义的教育在含义上几乎无异，是指有意识地培养人、有益于人的身心发展的各种社会活动。狭义的社会教育是指学校和家庭以外的社会文化机构以及有关的社会团体或组织，对社会成员所进行的教育。

2. 简述教师的主要角色地位。

【答】（1）教师角色丛是指与教师特定的社会职业和地位相关的所有角色的集合。

（2）教师的主要角色。

①“家长代理人”和“朋友、知己”的角色。教师是儿童继父母之后遇到的另一个社会权威——家长的代理人。有的同学视教师为分享快乐与幸福、分担痛苦与忧愁的朋友、知己。

②“传道、授业、解惑者”的角色。教师通过自身的言论、行动潜移默化地引导学生，并启发他们的智慧，解除他们的困惑，促使他们全面发展。

③“管理者”的角色。教师要管理班集体，制定和贯彻规章制度，维持班级纪律，组织班级活动，调节人际关系等。

④“心理调节者”的角色。教师应适应社会的要求，提高自身的心理健康水平，掌握心理、卫生常识，帮助学生解决心理问题。

⑤“研究者”的角色。教师要积极参与教学研究，提高教学质量。

三、论述题

1. 论述教育与生产劳动相结合的现实意义。

【答】（1）教育与生产劳动相结合不仅是提高社会生产的一种方法，而且是造就全面发展的人的唯一方法，是改造现代社会强有力的手段之一。

（2）由于大工业的本性需要尽可能多方面发展的工人，于是，客观上一方面要求将生产劳动与教育结合起来，使工人尽可能受到适应劳动职能变更的教育；另一方面要求将教育与生产劳动相结合，以培养能多方面发展的劳动者。

（3）由于机器大工业生产是建立在现代科学技术基础上的，这就为通过科学这一中介，将教育与生产劳动有机地结合起来提供了基础。

（4）综合技术教育使儿童和少年了解生产各个过程的基本原理，同时使他们获得运用各种生产的最简单的工具技能的现代教育内容，为教育与生产劳动相结合提供了重要的“纽带”。

（5）教育与生产劳动相结合尽管是现代社会发展的客观要求，但在资本主义社会，这种“结合”不能不受资本主义基本经济规律的制约。因此，只有彻底变革旧的生产方式，在合理的社会制度下，才能实现生产劳动与教育的结合，实现人的全面发展。

2. 论述教学过程中的教学原则有哪些，并说明每个原则的要求。

【答】（1）教学原则是根据一定的教学目的和任务，遵循教学过程的规律而制定的对教学的基本要求，既指导教师的教，也指导学生的学，应贯穿于教学过程的各个方面和始终。

（2）我国中小学的教学原则。

①直观性原则运用于教学中就是指在教学中要通过学生观察所学事物或教师语言的形象描述，引导学生形成对所学事物、过程的清晰表象，丰富他们的感性认识，从而使他们能够正确理解书本知识并发展认识能力。基本要求是：正确选择直观教具和现代化教学手段；直观要与讲解相结合；重视运用语言直观；防止直观的不当和滥用。

②启发性原则反映了学生的认识规律。教师要对学生进行启发，而不是告诉学生现成的答案，这样有利于调动学生的主动性，促使学生在教师的引导下积极思考，自觉地掌握科学知识，提高分析问题和解决问题的能力。基本要求是：调动学生学习的主动性；启发学生独立思考或者提问激疑，引导教学步步深入；让学生动手，培养学生独立解决问题的能力；引导学生反思学习过程；发扬教学民主。

③系统性原则是指教学依据所传授的学科知识的内在逻辑结构、学生能力发展水平和掌握知识的顺序，循序渐进地进行，又称循序渐进原则。基本要求是：按教材的系统性进行教学；抓主要矛盾，解决好重点和难点；由浅入深，由易到难，由简到繁；将系统连贯性与灵活多样性结合起来。

④巩固性原则是指教学要引导学生在理解的基础上牢固地掌握知识和技能，长久地将知识保持在记忆中，并能根据需要迅速再现出来，卓有成效地运用。基本要求是：在理解的基础上巩固；重视组织各种复习；在扩充、改组和运用知识中积极巩固；把握巩固的度，如区分知识的清晰度、布置作业要适度等。

⑤量力性原则是指教学的内容、方法和进度要适合学生的身心发展水平，是他们能够接受的，但又要有一定的难度，需要学生经过努力才能掌握，以促进学生的身心发展。基本要求是：了解学生的发展水平，从实际出发进行教学；考虑学生认识发展的时代特点。

⑥思想性和科学性统一的原则是指教学要以马克思主义为指导，教授学生科学知识，并结合知识教学对学生进行社会主义品德和正确人生观、科学世界观的教育。基本要求是：确保教学的科学性；发掘教材的思想性，注意在教学中对学生进行品德教育；要重视补充有价值的资料、事例和录像；教师要不断提高自己的专业水平和思想修养。

⑦理论联系实际原则是指教学要以学习基础知识为主导，从理论与实际的联系上理解知识，注意学以致用，发展动手能力，领悟知识的价值。基本要求是：书本知识的教学要注重联系实际；重视引导学生运用知识；初步培养并使学生形成综合运用知识的能力；面向生活现实，培养学生解决实际问题的能力。

⑧因材施教原则指教师要从学生的实际情况和个别差异出发，有的放矢地进行有差别的教学，使每个学生都能扬长避短、长善救失，获得最佳发展。基本要求是：针对学生的特点进行有区别的教学；采取灵活多样的有效措施，使有才能的学生得到充分的发展。

3. 论述韦纳的成败归因理论并举例说明。（见2011年东北师范大学真题）

4. 学习策略的各种类型及意义。

【答】（1）学习策略是指学习者为了提高学习的效果和效率，有目的、有计划地制定的有关学习过程的复杂方案，它是学习过程中信息加工的方式方法和调控技能的综合。麦基奇等把学习策略分为认知策略、元认知策略和资源管理策略。

（2）学习策略的类型。

①认知策略。认知策略是学习者信息加工的方法和技术。其基本功能有两个：一是对信息进行有效的加工和整理；二是对信息进行分门别类的系统储存。包括注意策略、复述策略、精细加工策略和编码组织策略。

②元认知策略。元认知策略是指学生对自己学习过程的有效监控，包括计划策略、监视策略、调节策略。元认知策略教学应该注意提高学生元认知学习的意识；给学生创设和谐、民主的反馈条

件；注意引导学生对非智力因素的调控等。

③资源管理策略。资源管理策略是辅助学生管理可用环境和资源的策略。它有助于学生适应环境和调节环境以适应自己的需要，对学生的学习动机具有重要作用。主要包括时间管理策略、努力管理策略和学业求助策略等。

（3）意义：学习策略的目的就是帮助学生控制学习的信息加工系统，以便更好地存储和提取信息。通过有效应用学习策略不仅可以改进学生的学习，提高学生的学习质量和效率，还能更有效地促进教师的教，从而使学生更好地适应与发展。

5.《学记》的教育思想。（见 2011 年东北师范大学真题）

6. 杜威的教育本质观。

【答】（1）在杜威看来教育的本质就是：教育即生长；教育即生活；教育即经验的持续不断地改造。

①教育即生长。儿童的心理发展基本上是以本能为核心的情绪、冲动、智慧等天生机能不断开展、生长的过程。教育的目的就是促进这种本能的生长。杜威批评传统教育无视儿童内部的本能与倾向，只是从外部强迫他们学习成人的经验，教育成为一种“外来的压力”，他明确提出了以儿童为中心的教育主张。

②教育即生活。在杜威看来，一切事物的存在都是由人与环境相互作用而产生的，人不能脱离环境，学校也不能脱离眼前的生活。因此，教育即生活本身，而不是为未来的生活做准备。根据“教育即生活”，杜威又提出了一个基本教育原则——“学校即社会”，明确提出应把学校创造成一个小型的社会，从而培养能够适应现实生活的人。

③教育即经验的持续不断地改造。经验是杜威实用主义哲学和实用主义教育体系中的核心概念。他把教育视为从已知经验到未知经验的连续过程，这种过程不是教给儿童既有的科学知识，而是让他们在活动中不断增加经验。经验的获得离不开儿童的亲身活动，由此杜威又提出了另一个基本教育原则——“从做中学”，他认为这是教学的中心原则。

（2）评价：杜威的这些观点在当时教育严重脱离社会生活的情况下，对于促进受教育者参与生活是有积极意义的。在当时对传统教育（只教死知识的书本教学）形成了有力的冲击，但是把获得主观经验作为教学的唯一目的，忽视系统知识的传授，这是错误的。

2019 年东北师范大学 333 教育综合真题·凯程详解

一、简答题

1. 美国 1958 年《国防教育法》的背景和主要内容。（见 2014 年华东师范大学真题）

2. 学习者的个体差异。

【答】（1）智能差异与教育。①智力类型上的差异，指人在观察力、记忆力、思维能力等方面的类型差异；②智力发展水平上的差异，就是智力高低的不同；③智力的差异也表现为有些人早熟，有些人晚成；④智力由于性别差异也有所不同，但无高低之分。

（2）人格差异与教育。①针对性格差异：a. 心理活动倾向差异分为内向和外向；b. 理智、情绪、意志在性格结构中的优势差异分为理智型、情绪型和意志型；c. 个人独立程度差异可以分为独立型和顺从型。②针对气质差异，分为胆汁质、多血质、黏液质和抑郁质。

（3）认知方式差异与教育：认知方式是心理层面上的学习风格成分，是个体所偏爱的信息加工方式。差异主要有：①场独立型与场依存型；②沉思型（慎思型）与冲动型；③辐合型和发散型；④抽象型和具体型。

3. 教学中掌握知识与发展智力的关系。（见 2012 年东北师范大学真题）

二、论述题

1. 比较雅典和斯巴达的教育体制。

【答】雅典和斯巴达都是古希腊的著名城邦，二者的教育体制有相同之处，也有各自的特色。

（1）二者的共同点表现在：①政治上都是奴隶制城邦，教育为奴隶主阶级服务；②因时代要求，二者的教育都重视体育，斯巴达是为了征服和奴役土著居民，雅典是为了强大自己；③二者的教育体制都有年龄分期，且比较完善。

（2）虽然二者存在以上这些共同的地方，但是由于经济、政治条件的影响，二者的教育体制也表现出很大的差异，具体体现在以下几个方面。

①因地理环境不同造成经济、政治的差异。

a. 斯巴达是平原，与外界交通不便，自给自足的农业经济发达。这种经济基础导致斯巴达在政治上是保守的军事贵族寡头统治，教育具有较强的专制性。

b. 雅典三面环海，工商业发达，是地中海和黑海地区的贸易中心。在此基础上雅典建立起奴隶制民主政体，教育体制也具有浓厚的民主色彩。

②不同的政治体制决定不同的培养目标、内容和方法。

a. 斯巴达的政治是军事贵族专制，其教育目标是培养英勇、果敢的保家卫国的战士，相应地其内容只重视军事体育，教育方法是野蛮训练和鞭笞。

b. 雅典在政治上是奴隶制民主政体，其目标是培养身心和谐发展的国家公民。教育内容上德、智、体和谐发展，设置了文法、修辞、体操、音乐等各种类型的学校，方法上也比较重视启发诱导。

2. 如何理解教育公平是社会公平的基础?

【答】（1）教育是民族振兴的基石，教育公平是社会公平的基础，是实现社会公平最重要的手段，通过教育可以改变那些处于不利地位的人群的生存状态。发展教育也是把我国巨大人口压力转化为人力资源优势的根本途径。教育具有社会流动功能，社会成员通过教育的培养、筛选与提高，能够在不同的社会区域、社会层次、职业岗位、科层组织之间转换、调整与变动，以充分发挥其个性特长，展现其智慧才能，实现其人生抱负。教育已成为现代社会中个人社会流动的基础，教育是社会流动的主要通道，教育的社会流动功能关乎人的发展权利的教育资源分配问题。教育直接影响社会流动，教育公平影响社会公平。

（2）党的十七大把坚持优先发展教育，促进教育公平作为国家基本教育政策。因此，必须坚持把教育放在优先发展的战略位置，促进教育公平，使人民满意。教育具有滞后性，即教育对经济、政治、文化、科技等的作用要经过一个较长的时期才能体现出它的功效。这种功效作用强大，所以各国看重教育，要求优先发展教育。教育在我国社会主义现代化建设中具有基础性、先导性、全局性意义。落实科学发展观，实现科教兴国战略和人才强国战略，就必然要求把教育摆在优先发展的战略地位。

（3）所以，教育这种促进社会平等的功能，决定了教育公平不但是一种美好的社会理想，也必须成为现代教育的基本理念。

3. 介绍三种学习迁移理论。

【答】（1）形式训练说。以官能心理学为基础，认为人的心智是由各种官能，如注意力、记忆力、推理力等组成的，这些官能可以像肌肉一样通过训练而得到发展和加强。如果一种官能在某种学习情境中得到改造，就可以在与该官能有关的所有情境中自动地起作用，从而表现出迁移的效应。

（2）共同要素说。该理论认为一种学习情境到另一种学习情境的迁移，只是由于这两种学习情境存在相同的成分，即桑代克和伍德沃斯的“共同元素”，其实质就是两次学习在刺激一反应联结上具备共同成分。

（3）概括化理论。贾德认为共同成分只是产生迁移的必要条件，而迁移产生的关键在于学习者能够概括出两组活动之间的共同原理。学习者的概括水平越高，迁移的可能性就越大。

4. 介绍奥苏伯尔的有意义学习理论及其在教学中的运用。

【答】（1）奥苏伯尔的有意义学习理论。

①理论内涵：指在学习知识的过程中，将符号所代表的新知识与学习者认知结构中已有的适当观念建立实质性和非人为的联系的过程。

②有意义学习的客观条件：a. 材料必须具有逻辑意义；b. 材料应该在学生学习能力范围之内，符合学生的心理年龄特征和知识水平。

③有意义学习的主观条件：a. 学习者要有有意义学习的心向或倾向性；b. 学习者认知结构中必须具有适当的知识基础；c. 学习者必须积极主动地使新旧知识发生相互作用。

（2）有意义学习理论在教学中的作用。

①注重发挥学生的自主性。教学中注重发挥学生学习的自主性，正是与奥苏伯尔提出的学习者具有主观能动性这一课堂学习的首要特点相吻合的教学行为。

②合理利用先行组织者策略。有意义学习的重点在某种意义上就是寻找学习者头脑中的固着点。先行组织者实际上就是学习者认知结构中“原有观念”的具体体现。

③以“接受学习”为主，力求学习方式多样化。在学习方式的改革中，我们要坚持以有意义接受学习为主，积极与自主学习、探究性学习（发现学习）、合作学习等学习方式相结合。

④促进认知结构的完善。有意义学习的心理机制是同化，而同化是新旧知识相互作用的过程，也就是学生逐渐实现知识结构转化为认知结构的过程。

5. 陶行知生活教育理论的主要内容及其现实启示。（见 2014 年北京师范大学真题）

6. 一个合格教师的专业素养由哪几方面构成？如何培养教师的专业素养？

【答】（1）教师专业素养的构成。（见 2014 年北京师范大学真题）

（2）培养教师专业素养的主要途径：

①教师自身要有专业发展的观念和意识，寻求自我专业发展的途径。

②职前培训（师范教育）与在职培训。如教师发展学校、校本培训等。

③制订生涯发展规划，包括自我认知、确定目标、制订定并执行计划和评价计划。

④进行教育研究。这是提高教师自身素质、促进教师专业发展的一条有效途径。

⑤进行经常化、系统化的教学反思。反思是教师专业发展的重要方式。

⑥新教师的入职辅导。入职辅导就是学校为新教师适应环境安排了一个有序的计划，主要由有经验的老师进行现场指导。

⑦在参与课程改革和课程开发中获得专业发展。如开拓校本培训和教师教育网络联盟。

2020 年东北师范大学 333 教育综合真题·凯程详解

教育学原理

一、简答题

教学评价 CIPP 模式。

【答】（1）CIPP 模式由美国现代著名教育评价专家斯塔夫比姆提出，又被称为决策导向评价模式。斯塔夫比姆认为：教育评价就是“为判断各种备择的决策方案而进行的描述，获取和提供有用信息的过程”。此模式包括四个评价阶段，即背景评价、输入评价、过程评价和结果评价。CIPP 模式主要围绕着为决策者提供信息进行评价。这种评价可以使研究者用一种比较客观的眼光来看待评价对象，尽可能地全面描述、分析研究对象的特征，从而为教育决策者提供更有效的信息。

（2）优点：突出形成性评价和综合性评价的功能，突出为教育决策而服务。

（3）缺点：缺乏价值判断，评价人员的作用受到限制。

二、论述题

1. 中小学主要教学组织形式。

【答】（1）班级授课制。班级授课制是一种集体教学形式，它把一定数量的学生按年龄与知识程度编成固定的班级，根据周课表和作息时间表，安排教师有计划地向全班学生集体上课。同一班级的学生学习内容和进度必须一致。班级授课制最大的优点是教学效率高，有利于教育的普及。但是最大的缺点是很难顾及班级内的个性化差异。

（2）个别辅导。个别辅导指一位辅导老师对单个学生进行的针对性辅导。

（3）个别化教学。个别化教学是一种适应学生个别差异的教学。它指为了适应个别学生的需要、兴趣、能力和学习进度而设计的教学方法。教师须在教学过程中特别设计不同的教学计划。

（4）分组教学。分组教学指在班级授课制的前提下，将学生按能力或学习成绩分成不同的组分别进行教学的一种教学组织形式。分组教学最显著的优点在于它比班级授课制更切合学生个人的水平和特点，便于因材施教，有利于人才的培养，便于学生的交流与合作。但很难科学地鉴别学生的能力和水平，有时往往使快班学生容易骄傲，使普通班、慢班学生的学习积极性普遍降低。

（5）小组合作学习。小组合作学习指在班级授课制背景下的一种教学方式，即在承认以课堂教学为基本教学组织形式的前提下，教师以学生学习小组为重要的教学组织形式，通过指导小组成员展开合作，形成“组内成员合作，组间成员竞争”的学习模式，发挥群体的积极功能，提高个体的学习动力和能力，达到完成特定的教学任务的目的。它强调学生要有合作意识和责任感。

（6）分层教学。教师根据学生现有的知识、能力水平和潜力倾向把学生科学地分成水平相近的群体并区别对待，教师根据不同班组的实际水平进行教学。实质是尊重学生个别差异，使学生个性特长得到充分发挥。

（7）走班制。走班制又称“跑班制”，是指学科教室和教师固定，学生根据自己的能力水平和兴趣愿望选择适合自身发展的班级上课，不同的班级，其教学内容和程度要求不同，作业和考试的难度也不同，没有固定的教室。它以学生个别差异为出发点，让学生的各个方面都得到充分的发展。与美国的走班制相似的有芬兰的“无班级授课制”。

（列举常见的几种即可，合理安排作答时间。）

2. 教育是什么？选一种观点论述。

【答】（1）教育是促进个体个性化与社会化的过程。这种观点认为，教育的产生是由社会的发展和人的发展的需要共同决定的，同时，又是由社会要求和个体心理水平之间的矛盾所决定的。教育的过程就是生物学意义上的个体转化为社会中的个体的过程。所以，这个观点的本质就是，教育既要促进个体社会化，也要促使个体个性化，社会化与个性化同步存在并相互交织。

（2）教育的个体个性化功能。

所谓个性化，是指个体在社会活动中形成自主性和独特性的过程。教育作为促进个体个性发展的重要途径，其功能主要体现在对个体自主性和独特性的培养上。

①教育能促进主体意识的发展，培养个体合理的自主性。个体的主体意识是人对自我的主观能动性的认识。由于教育的影响，个体在道德、智力、能力等方面都得到了较好的发展。相应地，个体对自我的认识水平也大大提高。

②教育能促进个体特征的发展，培养个体的独特性。教育培养个体独特性的功能主要是通过发展个体特征来实现的，这里侧重指个体的心理发展特征，诸如个人兴趣、爱好、智能结构、性格、气质等方面的特征。

③教育开发人的创造性和促进人的个体价值的实现。教育可以让人认识到生命的存在与意义，并努力去追求人生的价值。

（3）教育的个体社会化功能。

所谓社会化，是指个体接受文化规范，学习其所处社会的行为模式，由一个自然的人转化为社会的人的过程。教育的个体社会化功能主要体现在以下三个方面：

①教育促进人的观念社会化。教育在促进个体社会化的过程中，首要的任务就是使个体获得一定的文化价值和社会规范。其实现途径多种多样。

②教育促进人的行为和能力社会化。人的行为和能力的发展都离不开教育，教育的主要功能就是指导、规范并加速人的行为和能力的社会化。

③教育促进人的职业、身份和角色社会化。在现代社会中，个体所从事的职业与个体在社会中的地位，在很大程度上与其所接受的教育息息相关。在现代社会，教育促进人的职业、身份和角色社会化的功能越来越明显。

（其他观点有："上层建筑说""生产力说"；教育具有上层建筑和生产力的双重属性；教育是一种综合性的社会实践活动；教育是培养人的社会活动。）

中外教育史

一、简答题

简述稷下学宫。

【答】稷下学宫是战国时期齐桓公在都城临淄的稷门附近地区创办的一所著名学府。它是战国百家争鸣的中心与缩影，也是东方文化教育和学术的中心。

（1）性质。

①稷下学宫是一所由官家操办而由私家主持的特殊形式的学校。从主办者和办学目的来看，它是官学；同时，稷下学宫的教学与学术活动，由各家各派自主，官方不多加干预，这又体现了私学的性质。

②稷下学宫是一所集讲学、著述、育才活动为一体并兼有咨政议政作用的高等学府。

（2）特点。

①学术自由。a. 来者不拒、包容百家是稷下学宫的办学方针。b. 各家各派学术地位平等。c. 自由还体现在欢迎游学，教师来去自由，学生自由择师，且学无常师。d. 相互争鸣与吸取是学术自由的又一大表现，促进了学术的繁荣。

②尊师重道，待遇优厚。齐王不仅在精神上尊重教师，而且在物质待遇上对教师也很优厚。

③不治而议论。稷下先生不担任具体职务，不加入官僚系统，却可以对国事发表批评性言论，他们在地位上与君主不是君臣关系，而是师友关系。学者们既拥有更多的自由和独立性，又体现了君主给予学者们极高的政治待遇。

④在管理规范上出现了我国第一个学生守则——《弟子职》。

二、论述题

1. 试论蔡元培的教育思想及对北大的改革。（见 2013 年北京师范大学真题 +2011 年北京师范大学真题）

2. 试论裴斯泰洛齐的教育思想。

【答】（1）论教育目的。

裴斯泰洛齐认为教育的首要功能是促进人的发展，尤其是人的能力的发展。教育问题不在于传授专门的知识或技能，而在于发展人类的基本能力。该观点带有浓厚的人道主义和理想主义。

（2）论教育心理学化。

裴斯泰洛齐是西方教育史上第一个明确提出"教育心理学化"口号的教育家。认为教育科学应该建立在人的心理活动规律基础上。教育心理学化包括教育目的的心理学化、教学内容的心理学化、教学原则和教学方法的心理学化。

（3）论要素教育。

裴斯泰洛齐认为，任何事物都是由最基本的要素构成的，教育也应从最基本的要素开始，并且系统论述了智育、德育、体育中的要素问题。智育是整个要素教育的核心；德育最基本的要素是爱；

关节活动是体育最基本的要素，体育教学必须依据儿童日常生活中的各种最简单的动作进行。

裴斯泰洛齐的要素教育论为初等学校各科教学法打下了基础。如初等学校各科教学法、语言教学法、测量教学法和算术教学法。

（4）教育与生产劳动相结合。

①裴斯泰洛齐不是第一个提出教育与生产劳动相结合思想的人，但却是西方教育史上第一个将这一思想付诸实践的教育家，并在自己的实践活动中推动和发展了这一思想。初期进行了新庄“贫儿之家”实验，把无内在联系的教育与劳动生产机械地结合起来，后期进行了斯坦兹孤儿院实验，以学习为主，劳动为辅，深信教育与生产劳动相结合对培养人的重大教育意义，并认为这是基于教育心理学化的教育途径。

②评价。a. 反映了资本主义工场手工业时代对教育与生产劳动之间的关系的新要求。b. 在一定程度上看到了教育与生产劳动相结合对人的和谐发展和社会改造的重要意义。c. 他把教育与生产劳动相结合思想付诸实践，在理论上加以发展，在教育史上具有重要影响。d. 由于时代限制，未能真正找到教育与生产劳动相结合的内在联系，未能做出全面历史分析。

教育心理学

一、简答题

简述建构主义的学习理论。（见 2013 年华东师范大学真题）

二、论述题

1. 结合布卢姆的教育目标分类学，就中小学任何一门课程谈谈怎样出高质量的测试题。

【答】布卢姆将教育目标分为认知领域、情感领域和动作技能领域。教学目标是有层次结构的，每一领域的目标由低级向高级分为若干层次，从而形成了目标的层次结构。同时，以外显行为作为教育目标分类的对象，因为只有外显行为是可观察、可测量的。有效的测试题必须依据科学而明确的教学目标。高质量的评价，在结构上，应该包含认知领域、情感领域和动作技能领域。

（1）测试题应考查学生是否达到认知领域的教育目标。认知领域的教育目标按照从简单到复杂的顺序分为六个层次：知识、领会、应用、分析、综合、评价。后五个层次属于理智能力和理智技能。语文测试题一般分为三个部分：基础知识、阅读与写作。教师在考查的过程中要考查这六个层次的目标是否达到。知识层次的题目一般为记住所学的材料，如默写《春晓》；领会就是领悟，如概括出《老人与海》的故事情节；应用就是将所学理论运用到新的情境中，如使用词语造句；分析代表了比运用更高的智能水平，如让学生将《荷塘月色》的结构分解出来；综合需要产生新的模式或结构，如根据材料，让学生写一篇作文；评价是对材料进行判断，如评价孔乙己的价值观。

（2）测试题应考查学生是否达到情感领域的教育目标。按照价值内化的程度分为五个具体类别：接受、反应、形成价值观念、组织价值观念、价值体系个性化。接受是对环境中正在发生的事情的低水平知觉，如让学生能够对父母、教师、亲人的付出做轻微的反应；反应是由经验引起的新的行为反应，由学生主动参与；形成价值观念是学生能够将特殊的对象、现象或行为与一定的价值标准相联系，如欣赏文学作品；组织价值观念是纳入新的价值观，形成自己的价值观；价值体系个性化是表现出与新价值观一致的行为，学生愿意利用课余时间去准备考试。

（3）测试题应考查学生是否达到动作技能领域的教育目标。按照从简单到复杂的顺序分为七个层次：知觉、定势、模仿、操作、准确、连贯和习惯化。学生对知识的理解与掌握最终都要落实到考卷上，做试卷的过程其实就是对所学的知识加以利用以适应考试这个具体情境，在这个过程中还需要有所创新，才可以取得更好的成绩。

2. 教师如何帮助学生进行学习迁移？（见 2014 年北京师范大学真题）

华中师范大学

2010年华中师范大学333教育综合真题·凯程详解

一、名词解释

1. 学校教育

【答】学校教育是一种狭义的教学，指有组织、有计划、有目的、有专业人员、有固定场所进行的培养人的教育活动。学校教育最大的特点就是用知识来陶冶人。学校教育如今在各个国家非常发达，有完整的教育体系和制度，各国都普及了义务教育。要求教育充分发挥培养人的主导作用，对个体社会化和个体个性化产生作用。

2. 教育目的（见2015年北京师范大学真题）

3. 讲授法

【答】讲授法是常用的一种教学方法，指教师通过语言系统连贯地向学生传授知识的方法，它又可分为讲述、讲解、讲演三种。运用讲授法的要求是:（1）讲授的内容要有高度的科学性、思想性和系统性;（2）讲授要条理清楚、层次分明;（3）注意启发性;（4）讲授语言要准确、简练、生动、形象，有艺术性。

4.《学记》（见2013年东北师范大学真题）

5. 道尔顿制（见2011年北京师范大学真题）

6. 元认知

【答】元认知是对认知的认知，具体地说，是关于个人自己认知过程的知识以及调节这些过程的能力。在学习的信息加工系统中，存在着一个对信息流动的执行控制过程，它监视和指导认知活动的进行，负责评估学习中的问题，确定用什么学习策略来解决问题，评价所选策略的效果，并改变策略以提高学习效果。这种执行控制功能的基础就是元认知。

二、简答题

1. 教育的相对独立性。

【答】（1）教育的相对独立性是指作为社会一个子系统的教育，它对社会的能动作用具有自身的特点：规律性、连续性和继承性。一方面，教育对社会具有依存性；另一方面，教育又是一种主体性的实践活动，能动地反作用于社会发展的过程中。

（2）教育的相对独立性的主要表现：①教育是培养人的活动，主要通过所培养的人作用于社会；②教育具有自身的活动特点、规律与原理；③教育具有自身发展的传统与连续性。

（3）教育一经产生、发展便将形成和强化其相对独立性，包括形成由教育者、受教育者、教育中介系统组成的特定教育结构；逐步建立形式化、班级化、制度化、系统化的教育组织形式；逐步构建按专业、系、院、校运行的学科规则与专业规范等方面整合的教育系统。这是教育发展积累的珍贵智慧、资源和财富。

2. 简述上好一堂课的要求。

【答】（1）上课是教学工作的中心环节，提高教学质量的关键是上好课。

（2）教师上好课的基本要求：①明确教学目的；②保证教学的科学性与思想性；③调动学生的学习积极性；④注重解惑纠错，解决学生的疑难；⑤组织好教学活动，教学效果要好；⑥布置好课外作业。

（3）一节好课的标准是：目的明确、内容正确、方法恰当、组织有效、积极性高、表达清晰。

3. 教师劳动的特点。（见2015年东北师范大学真题）

4. 影响学习动机的因素。

【答】（1）内部条件。

①学生的自身需要与目标结构。②成熟和年龄特点。③学生的性格特征和个别差异。它们都影响着学习动机的形成。④学生的志向水平和价值观。学生的人生观、世界观、价值观所直接反映的理想情况或志向水平影响着学习动机和目标结构的形成。⑤学生的焦虑程度。它不仅影响动机，而且影响成绩。

（2）外部条件。

①家庭环境和社会舆论。社会要求通过家庭对学生的学习动机起着重要的作用；家庭的文化背景、精神面貌也起着极其重要的作用。②教师的榜样作用。教师本人是学生学习动机的榜样；教师的期望会对学生的动机和行为产生影响；教师是沟通社会、学校要求与学生成长的纽带。教师要善于把各种外部因素和学生的内部因素结合起来。

三、论述题

1. 人的发展的规律性及其教育学意义。

【答】（1）人的身心发展的规律性主要表现为顺序性、阶段性、差异性、不平衡性和整体性。

①顺序性。整个身心发展表现出一定的顺序性，身心发展的个别过程也是如此。例如，人的认知的发展总是从无意注意到有意注意，从具体形象思维到抽象逻辑思维。

②阶段性。不同年龄阶段表现出不同特征，前后相邻的阶段有规律地更替着，每一发展阶段需要一定的时间。各阶段心理的发展都表现出一般的、典型的、本质的特征。

③差异性。主要表现在两个方面：一是不同个体身心发展的速度不同；二是不同个体身心发展的质量可能不同，比如有的早慧，有的大器晚成。

④不平衡性。表现在两个方面：一方面，在不同的年龄阶段，其身心发展是不均衡的；另一方面，在同一时期，青少年身心不同方面的发展也是不均衡的。

⑤整体性。教育面对的是一个个活生生的、整体的人。要求教育把学生看作整体，促进学生在德、智、体、美等方面全面和谐地发展，把学生培养成完整、完善的人。

（2）人的身心发展规律对教育教学的意义。

①顺序性和阶段性要求我们的教育必须遵循由具体到抽象、由浅入深、由简到繁、由低级到高级的教育规律，遵循量力性原则，循序渐进地促进青少年的发展。

②依据发展的阶段性，对不同年龄阶段的学生，在教育内容和方法上应有所不同。

③人的身心发展的差异性要求教育必须从实际出发，充分考虑受教育者在不同年龄阶段的不同发展特征，做到因材施教、有的放矢。

④青少年身心发展的阶段性与不平衡性要求教育工作者必须重视研究不同时期个体的成熟状况及其特征，了解成熟期，抓住关键期，不失时机地采取有效的教育措施，积极促进青少年身心迅速健康地发展。

2. 朱子读书法及其当代意义。（见2016年华东师范大学真题）

3. 评述苏霍姆林斯基的个性全面和谐发展教育思想。（见2016年北京师范大学真题）

4. 联系实际论述问题解决能力的培养。

【答】（1）充分利用已有经验，形成知识结构的体系。

（2）分析问题的构成，把握问题解决的规律。问题解决需要一个过程，掌握问题解决的基本程序有利于问题解决。在教学中教给学生一些通用的问题解决的方法和思维策略，会有效提高他们解决问题的能力。

（3）开展研究性学习，发挥学生的主动性。在教学活动中，教师应注意训练学生发现问题的能力，引导学生进行研究性学习，对问题展开全面分析，使学生的积极主动性在问题解决中得以发挥。

（4）教授问题解决策略，灵活变换问题。帮助学生习得多种解决问题的策略，是培养学生问题解决能力的有效方式，其中启发式策略最能有效地提高解决问题的效率。

（5）允许学生大胆猜想，鼓励实践验证。教师应让学生打开思路，从多种角度提出问题解决的策略，并鼓励学生进行积极的尝试和实验，在实践中验证自己的猜想。例如：①当我们想写字，手中又没有笔，我们可以变换思路，用口红写字。②我们想记住一段文字，又苦于太多记不住，我们可以尽量编成顺口溜来帮助记忆。

2011年华中师范大学333教育综合真题·凯程详解

一、名词解释

1. 学校教育制度（见2019年北京师范大学真题）

2. 课程标准（见2015年北京师范大学真题）

3. 智育

【答】智育是全面发展教育的重要组成部分和基础。智育是传授给学生系统的科学文化知识和技能，发展他们的智力与非智力因素的教育。智育为其他各育提供了认识基础。在教学中，我们要处理好智育与其他各育的关系，既不放松智育，也不能只局限于智育。

4. 分组教学

【答】分组教学是指按学生的能力或学习成绩把他们分为水平不同的组进行教学。分组教学的类型主要有能力分组和作业分组。能力分组，是根据学生的能力发展水平来分组教学的，各组课程相同，学习年限各不相同。作业分组，是根据学生的特点和意愿来分组教学的，各组学习年限相同，课程则各有不同。分组教学也可以分为内部分组与外部分组两种形式。

5. 陶冶

【答】陶冶是通过创设良好的情境，对学生进行潜移默化的熏陶和感染，使其在耳濡目染中受到感化的方法，包括人格感化、环境陶冶和艺术陶冶。运用陶冶法要注意以下几点要求：（1）创设良好的情境；（2）与启发引导相结合；（3）引导学生参与情境的创设。

6. 技能

【答】技能就是通过练习而获得的动作方式和动作系统。技能也是一种个体经验，但主要表现为动作执行的经验。技能首先表现为一种活动方式，其次表现出规则性。技能作为活动的方式，有时表现为一种操作活动方式，有时表现为一种心智活动（智力活动）方式。

二、简答题

1. 我国教育目的的基本精神。（见2012年北京师范大学真题）

2. 上好一堂课的要求。（见2010年华中师范大学真题）

3. 教师的素养。（见2014年北京师范大学真题）

4. 培养集体的方法。（见2014年华东师范大学真题）

三、论述题

1. 人的发展的规律性及其教育学意义。（见2010年华中师范大学真题）

2. 陶行知的“生活教育”理论。（见2014年北京师范大学真题）

3. 赞科夫的发展性教学理论。

【答】（1）赞科夫是苏联著名的心理学家和教育家。其教学理论主要处理的是教育与人的发展关系问题。

（2）理论内容。

①强调教学要着眼于使学生获得一般发展。所谓一般发展，既不同于特殊发展，也不同于智力发展，一般发展主要是儿童个性的发展。

②对一般发展的界定突出了一般发展与智力发展的区别，扩大了发展的内涵。

③深刻地揭示了发展的内部源泉和外部源泉（内因和外因）之间的辩证关系。

④以系统论为理论基础，强调教育的整体性、综合性和全面性。

⑤从整体性的观念出发，提出把观察活动、思维活动和实际操作作为研究儿童发展进程的三条线索。

⑥强调了揭示和研究学生精神需要各种表现的必要性。

（3）教学原则。（见 2017 年北京师范大学真题）

（4）评价。

这五条原则相互联系，不可分割。以这五条原则为重要标志的实验教学论体系，是赞科夫首创的苏联发展性教学的完整体系。这一体系以辩证唯物主义的认识论为指导，以整体性观点为方法论基础，揭示了教学的结构与学生的发展进程之间的因果联系，提出了在教学实践中促进儿童一般发展的原则和具体途径。但赞科夫把新体系与“传统教学论和教学法”对立，以革新派自居，这是欠妥的。

4. 联系实际，谈谈创造性的培养措施。（见 2011 年北京师范大学真题）

2012 年华中师范大学 333 教育综合真题 · 凯程详解

一、名词解释

1. 学校教育（见 2010 年华中师范大学真题）

2. 教育目的（见 2015 年北京师范大学真题）

3. 分组教学（见 2011 年华中师范大学真题）

4. 讲授法（见 2010 年华中师范大学真题）

5. 陶冶（见 2011 年华中师范大学真题）

6. 技能（见 2011 年华中师范大学真题）

二、简答题

1. 上好一堂课的要求。（见 2010 年华中师范大学真题）

2. 培养集体的方法。（见 2014 年华东师范大学真题）

3. 教师劳动的特点。（见 2015 年东北师范大学真题）

4. 影响学习动机的因素。（见 2010 年华中师范大学真题）

三、论述题

1. 人的发展的特点及其教育学意义。（见 2010 年华中师范大学真题）

2. 陶行知的“生活教育”理论。（见 2014 年北京师范大学真题）

3. 赞科夫的发展性教学理论。（见 2011 年华中师范大学真题）

4. 联系实际论述问题解决能力的培养。（见 2010 年华中师范大学真题）

2013 年华中师范大学 333 教育综合真题 · 凯程详解

一、选择题

1～5. CDCDA　　6～10. CDBCA　　11～15. ABDDA

二、名词解释

1. 体育

【答】体育是授予学生健康的知识和技能，发展他们的体力，增强他们的体质，培养他们的意志力，使其养成良好的卫生保健习惯的教育。增强学生的体质是学校体育的根本任务。

2. 程序性知识（见2018年华东师范大学真题）

3. 形成性评价

【答】根据评价在教学过程中的作用不同，布卢姆将评价分为诊断性评价、形成性评价和总结性评价。形成性评价是指在教学过程中为了改进和完善教学活动而进行的对学生学习过程及其结果的评价，是在教学过程中对学生的知识掌握和能力发展的较为经常而及时的测评与反馈。它使教师与学生都能及时获得反馈信息，能更好地促进学生的学习和发展，改进教学过程，提高质量，而不强调成绩的评定。

4. 白板说（见2013年北京师范大学真题）

三、简答题

1. 简述朱子读书法。（见2016年华东师范大学真题）

2. 简述教育的文化功能。（见2016年北京师范大学真题）

3. 简述人格发展的一般规律。

【答】（1）在心理学上，人格指的是构成一个人的思想、情感及行为的特有统合模式。这个独特的模式包括了一个人区别于他人的稳定而统一的心理品质。

（2）人格发展的一般规律。

①连续性和阶段性并存。从人的一生来看，个体人格的发展是连续不断的，但是具体到每个阶段，又有各自的规定性，体现出阶段性的特点。

②定向性和顺序性。在正常的发展条件下，个体人格的发展总是指向一定的方向，并遵循一定的先后顺序，而且这种顺序是不可逆的，也是不可逾越的。

③不平衡性。人格发展的不平衡性主要表现在发展的不同阶段、不同方面，在发展的速度、到达某一水平的时间以及最终达到的高度等方面，它们都表现出多样化的发展模式。

④共同性和个别性差异。一般来说，个体的人格发展总要经历一定的共同发展阶段，但每一个个体的发展又都是不一样的。

4. 简述教师的基本素质。（见2014年北京师范大学真题）

四、论述题

1. 陈鹤琴的“活教育”思想体系。（见2015年北京师范大学真题）

2. 举例说明启发性原则在教学中的要求。（见2012年北京师范大学真题）

3. 加德纳的多元智力理论及其教学意义。（见2019年华东师范大学真题）

2014年华中师范大学333教育综合真题·凯程详解

一、选择题

1～5. CBCDB　　6～10. CACDC

二、名词解释

1. 学校教育（见2010年华中师范大学真题）

2. 教育制度（见2012年华东师范大学真题）

3. 苏格拉底方法（见2011年北京师范大学真题）

4. 元认知（见 2010 年华中师范大学真题）

三、简答题

1. 教育的生态功能。（见 2020 年华东师范大学真题）

2. 德育途径。（见 2014 年北京师范大学真题）

3. 蔡元培的教育思想。（见 2013 年北京师范大学真题）

4. 心理健康的标准。

【答】（1）心理健康是一种良好的、持续的心理状态与过程，表现为个人具有生命的活力、积极的内心体验、良好的社会适应性，能够有效地发挥个人的身心潜能以及作为社会一员的积极的社会功能。

（2）六条标准是：①对现实的有效知觉；②自知、自尊与自我接纳；③自我调控能力；④与人建立亲密关系的能力；⑤人格结构的稳定与协调；⑥生活热情与工作高效率。

四、论述题

1. 直接经验和间接经验的关系。

【答】（1）学生认识的主要任务是学习间接经验。

在教学过程中，坚持学生以掌握间接经验为主，可以减少认识过程的盲目性，节省时间和精力，有效地避免人类历史上的偶然性和曲折，从而大大提高认识效率；使学生尽快获得大量的科学文化知识，在此基础上为更加深入、广泛地认识世界和改造世界创造有利条件。

（2）学习间接经验必须以学生个人的直接经验为基础。

间接经验和书本知识是学生没有亲身实践的，在学习的过程中如果没有个人的直接经验参与和帮助，是很难对间接经验和书本知识进行接受、理解、消化和巩固的。直接经验在学生的学习过程中有着不可替代的特殊价值。所以，教学必须利用学生已有的感性经验，才能保证教学顺利进行。

（3）防止忽视系统知识传授或直接经验积累的偏向。

在传统教学中，我们只重视书本知识，在实用主义教育观的影响下，我们又只偏向于学生的个人经验，这都是违反教学规律的。

2. 卢梭的自然主义教育思想。（见 2012 年华东师范大学真题）

3. 试述接受学习与发现学习的异同。

【答】（1）布鲁纳的发现学习。

①发现学习的四项原则：a. 教师要将学习情境和教材性质向学生解释清楚；b. 要结合学生的经验适当组织教材；c. 要根据学生的心理发展水平，适当安排教材的难度与逻辑顺序；d. 确保材料的难度适中，以维持学生的内部学习动机。

②发现学习的实施步骤：a. 创设问题情境，提出使学生感兴趣的问题；b. 激发学生探究的欲望，提供解决问题的各种假设；c. 从理论上和实践上检验自己的假设；d. 引导学生运用分析思维去验证结论，最终使问题得到解决。

（2）奥苏伯尔的有意义接受学习。

①奥苏伯尔将学习划分为有意义学习和机械学习。有意义学习是指学习者将符号所代表的新知识与其原有认知结构中的适当观念建立起非人为的、实质性联系的过程。

②奥苏伯尔根据学习进行的方式将学习划分为接受学习和发现学习，认为学习的主要方式是接受而不是发现。接受学习是将教学内容以定论的形式呈现，在心理学上称为内化，就是将教学内容结合进自己的认知结构，以便将来能够再现或派作他用。

（3）两种观点的比较。

①相同点。a. 他们都属于认知学派。b. 他们都强调学生原有认知结构的重要性。布鲁纳的发现法强调学生用自己的头脑去亲自获得新知识，奥苏伯尔的接受学习强调充分利用学生原有认知结构的同化作用。事实上，学生发现新知识不是建立在空中楼阁的基础上，而是以认知结构中原有的、适

当的知识为基础。c.强调学生是在主动地学习。

②不同点。a.强调的学习方式不同。布鲁纳强调发现学习；而奥苏伯尔强调接受学习。b.学习过程不同。布鲁纳主张从特殊发现到一般发现；而奥苏伯尔强调从一般的理解到特殊的理解。

2015年华中师范大学333教育综合真题·凯程详解

一、名词解释

1.教育（见2014年北京师范大学真题）

2.修养

【答】修养是在教师引导下，学生经过自觉学习、自我反思和自我行为调节，使自身品德不断完善的一种重要方法。修养包括立志、学习、反思、箴言、慎独等。运用修养要注意以下几点：(1)培养学生自我修养的兴趣与自觉性；(2)指导学生掌握修养的标准；(3)引导学生积极参加社会实践。

3.学园

【答】学园是柏拉图创立的西方最早的高等教育机构，存在了九百多年，影响深远，也成为后世学术机构的统称。学园开设哲学、数学、音乐、天文学等学科，并实行教学和探索思辨相结合、讲授与自由讨论相结合的教育模式，培养了大量人才，成为希腊的哲学和科学中心。

4.活动课程（见2013年东北师范大学真题）

5.心理发展

【答】心理发展是指个体从胚胎期经由出生、成熟、衰老一直到死亡的整个生命过程中所发生的持续而稳定的内在心理变化过程。心理发展反映的是个体心理随年龄增长而出现的持续稳定的一系列变化过程，主要包括认知发展和人格发展两大方面。

二、简答题

1.教育的相对独立性及其表现。（见2010年华中师范大学真题）

2.直观性教学原则的含义及特点。

【答】(1)直观性教学原则是指在教学中通过引导学生观察所学事物或者图像，聆听教师用语言对所学对象的形象描绘，形成有关事物具体而清晰的表象，以便理解所学知识。

(2)基本要求：①正确选择直观教具和现代化教学手段；②直观要与讲解相结合；③重视运用形象生动的直观语言；④防止直观的不当和滥用。

3.教师劳动的特点。（见2015年东北师范大学真题）

4.梁启超的教育思想。

【答】(1)教育的作用是"开民智""伸民权"。

(2)教育的目的是培养"新民"。

(3)论学制：根据学生身心发展的阶段性特征来确定学制的不同阶段和年限是近代西方教育心理研究的成果，梁启超是中国近代最早系统介绍和倡导这一理论的人。

(4)师范教育：《变法通议·论师范》首次以专文论述师范教育，最早提出设立师范学校。

(5)女子教育：《变法通议·论女学》系统论述了女子教育问题。梁启超积极参加中国第一所女学——经正女学的筹办。

(6)儿童教育：《变法通议·论幼学》比较中西幼儿教育特点，建议中国应从编写儿童教学用书入手对儿童教育进行改革。

5.青少年心理健康培养的途径。

【答】开展心理健康教育的途径和方法多种多样，各学校应该根据自身的实际情况来灵活选择、使用，注意发挥各种方式和途径的综合作用，增强心理健康教育的效果。

（1）专题训练。一般由判断鉴别、训练策略、反思体验三个基本环节构成。

（2）咨询与辅导。指在一种新型的建设性的人际关系中，辅导教师运用专业知识和技能，给学生提供心理上需要的协助与服务，帮助学生处理问题，发展潜能，使其获得自助能力与意愿，克服困难，增强与维持自身的心理健康，以便在学习工作等各个方面做出良好适应。

（3）学科渗透。指教师在进行常规的学科教学时，自觉地、有意识地运用心理学的理论、方法和技术，让学生在掌握知识、形成能力的同时，完善各种心理品质。在学科教学、各项教育活动、班主任工作中，都应注重对学生心理健康的教育，这是心理健康教育的主要途径。

三、论述题

1. 论述掌握知识和发展智力的关系。（见 2012 年东北师范大学真题）

2. 论述德育过程中教师引导下学生能动的道德活动课程。

【答】（1）学生对环境影响的主动吸收。

学生在积极吸收社会和教育影响的活动中，不完全是被动的教育客体，能能动地选择、吸收环境，是教育影响的主体。外界的影响，只有通过自己的理解、选择、吸取与践行，才能内化成为他们自己的观点立场，成长为他们的品德习性。

（2）教师对学生的积极教导。

教师的教导是学生品德健全发展的一个必不可少的指针和动力，教师有目的地组织引导学生积极参与丰富多彩的各种群体活动，是德育最有效的方式。

（3）外部活动与内部活动相互促进。

学生思想道德的形成，包含两种活动，一是学生的学习、研讨、劳动等外显的实践活动；二是学生在思想认识、情感、意志上展开的内隐心理活动。外显活动是可以直接观察的，内隐活动却不易察觉。而这两种活动是相互连接、相互促进的。所以，在德育过程中，我们一方面要组织好各种外显活动，来引导和激发学生的内隐心理活动；另一方面，当学生的内隐心理活动，一旦发动起来，又会表现出巨大的能动力量，将进一步推动学生思想品德的发展与提升。

3. 论述创造性的培养措施。（见 2015 年华东师范大学真题）

4. 评述实验教育学。（见 2019 年北京师范大学真题）

2016 年华中师范大学 333 教育综合真题 · 凯程详解

一、填空题

1. 赫尔巴特	2. 批判教育学	3.《师说》	4. 班级授课制
5. 张之洞	6. 癸卯学制	7. 巴西多	8. 卢梭
9. 动作技能	10. 元认知策略		

二、名词解释

1. 教育目的（见 2015 年北京师范大学真题）

2. 讲授法（见 2010 年华中师范大学真题）

3. 道尔顿制（见 2011 年北京师范大学真题）

4. 先行组织者（见 2010 年北京师范大学真题）

三、简答题

1. 教育学的任务。

【答】（1）教育学就是研究教育现象和教育问题，揭示教育规律的科学。

（2）教育学的任务：

①揭示教育的规律。即揭示教育内部诸因素之间、教育与外部诸事物之间的本质性联系，以及教育发展变化的必然趋势，阐明教育的各种规律。

②科学地解释教育问题。即对纷繁复杂的教育问题提供超越日常习俗认识和传统理论认识的新解释，促进教育知识的增长。

③沟通教育理论与实践。即通过对教育规律的揭示和教育问题的解释，为教育工作者提供理论和方法上的依据，进而成为沟通教育理论和教育实践的桥梁。

2. 培养班集体的方法。（见 2014 年华东师范大学真题）

3. 恽代英的教育思想。

【答】（1）恽代英是中国共产党早期出色的活动家和理论家，杰出的青年运动领导人，同时也是一位教育理论的探索者和教育改革的实践者。

（2）恽代英教育思想的内容。

①恽代英论述了教育与社会改造的关系，肯定了教育是改造社会的有力工具，但要发挥这一作用，关键在于以社会改造的目的和需要来办教育。同时，他批判了“教育救国论”，主张把教育放在社会中，把改造教育与改造社会结合起来。

②在对教育的改造问题上，恽代英以社会改造为其教育改造的根本目的和依据，提出新教育的构想。他主张实行儿童公育，认为中等教育首先应该明确其教育目的，这样才能培养出符合社会发展的人才，并提出中等教育的课程、教科书和教学方法的改造思想。

4. 学习动机的强化理论。

【答】（1）学习动机的强化理论是由联结主义学习理论家提出来的，他们不仅用强化来解释学习的发生，而且用它来解释动机的产生。

（2）联结主义心理学家用 S—R 的公式来解释人的行为，认为动机是由外部刺激引起的一种对行为的冲动力量，并特别重视用强化来说明动机的产生与作用。在他们看来，人的某种学习行为倾向完全取决于先前的这种学习行为与刺激因强化而建立起来的稳固联系，强化可以使人在学习过程中增加某种反应重复出现的可能性。与此相应，联结学习理论的中心是刺激与反应之间的联结，而不断地强化则可以使这种联结得到巩固和加强。按照这种观点，任何学习行为都是为了某种报偿。因此，在学习活动中，采取各种外部手段如奖赏、评分、竞赛等，都可以激发学生的学习动机，引起相应的学习行为。

四、论述题

1. 德育过程是培养学生知、情、意、行的过程。（见 2015 年北京师范大学真题）

2. 陶行知生活教育理论及其当代价值。（见 2014 年北京师范大学真题）

3. 心智技能的培养方法。

【答】（1）心智技能指人脑借助内部语言，以简缩的形式对事物的主观表征进行加工、改造的过程，包括感知、记忆、想象和思维等认知因素，其中抽象思维因素占据着最主要的地位。心智技能即通过学习而形成的合乎法则的心智活动方式。

（2）心智技能的培养方法：

①形成条件化知识。即在头脑中储存大量的“如果……那么……”的产生式。在学习知识的同时，要把握该知识在什么情况下适用。

②促进产生式知识的自动化。认知心理学的研究表明，产生式知识必须通过练习达到十分熟练的程度，甚至达到自动化的程度，才能变成一种心智技能。

③加强学生的言语表达训练。言语活动有利于避免学生思维的盲目性，帮助学生寻找到新的最佳思路，能引发执行的控制加工过程，使学生的注意力集中在问题的突出方面或关键因素上，提高问题解决的成功率。

④要科学地进行练习。练习是促进陈述性知识向程序性知识转化的必要条件，心智技能要通过练习才能形成，但是练习的效率受很多因素和条件制约。

2017年华中师范大学333教育综合真题·凯程详解

一、填空题

1. 孟子　2. 教育　3. 心里想求通而又未通　4. 陶行知
5. 上课　6. 发展学生的各种官能或能力　7. 了解和研究学生　8. 裴斯泰洛齐
9. 皮亚杰　10. 阿特金森

二、名词解释

1. 美育（见2010年东北师范大学真题）

2. 谈话法

【答】谈话法是中小学常用的教学方法之一。谈话法又称问答法，是教师根据自己已有的知识和经验，通过师生间的问答、对话使学生获得知识、发展智力的教学方法。在教学的实际过程中应该将谈话法与其他方法结合起来使用，共同促进教学质量的提高。

其要求包括：①谈话法的关键在于精心设问；②提问要有启发性；③提问方式方法的灵活性；④做好归纳与小结。

3. 学在官府

【答】学在官府是对西周教育制度的高度概括，也是我国奴隶社会教育制度的重要特征，主要体现在：礼不下庶人；官师不分；政教合一。“学在官府”产生的根本原因是生产力发展水平以及西周的社会制度，产生的客观原因是：①惟官有书，而民无书；②惟官有器，而民无器；③惟官有学，而民无学。

4. 发现学习（见2017年华东师范大学真题）

三、简答题

1. 现代教育对经济发展的影响。

【答】（1）经济对现代教育具有制约性。①生产力的发展水平制约着人才培养的规格和教育结构。②社会生产力的发展水平制约着教育事业发展的速度和规模。③社会生产力的发展水平制约着课程的设置和教育内容的沿革。④生产力的发展制约着教学组织形式、教育教学手段和方法的沿革。

（2）现代教育具有一定的经济功能。①教育是使可能的劳动力转化为现实的劳动力的基本途径。②现代教育是使知识形态的生产力转化为直接生产力的一种重要途径。③教育是提高劳动者素质和生产率的重要因素。④教育是科学知识再生产的重要手段。⑤教育是生产新的科学知识的重要手段。

2. 简述启发性原则及其要求。（见2012年北京师范大学真题）

3. 简述蒙台梭利的教育思想。

【答】（1）蒙台梭利是20世纪杰出的幼儿教育家，创办了“儿童之家”。

（2）蒙台梭利的教育思想。

①她认为儿童的心理发展存在四个有着内在联系的显著特点：具有独特的心理胚胎期；心理具有吸收力；发展具有敏感期；发展具有阶段性。

②幼儿教育的内容：感官教育；知识教育，即初步读、写、算的练习；实际生活练习。

③阐述了环境、自由、纪律、工作及其相互关系。

a. 环境：要提供有准备的环境，使成人的世界适应儿童的发展。有准备的环境是一个符合儿童需要的真实环境，是一个提供儿童身心发展所需活动、练习的环境，是一个充满自由、爱、营养、快乐与便利的环境。

b. 自由：真正科学的教育学的基本原则是给学生以自由，允许儿童按其本性个别地、自发地表现。

c. 纪律：真正的纪律对于儿童来说必须是主动的，只能建立在自由活动的基础之上。自由活动是指一种手脑结合、身心协调的作业，即“工作”。

d. 工作：起到中介作用，把自由与纪律有机地联系在一起。

4. 品德不良的含义和类型。

【答】(1) 品德不良指经常发生的违反道德准则的行为或为了达到个人目的而违背道德规范，有较严重的道德过错，甚至处于违法犯罪边缘的行为。青少年品德不良表现在与其息息相关的学习、生活等各个领域。

(2) 青少年较为普遍的几种品德不良类型有：作弊行为、诚信及文明礼仪缺失、责任意识淡薄等。

四、论述题

1. 联系实际谈谈主观能动性对人的身心发展的作用。

【答】(1) 个体的主观能动性主要指个体在后天生活中形成的人生态度、价值理想、道德品质、知识结构、身体素质、个性特征等，其核心是人生态度和价值理想。

(2) 个体的主观能动性在人的身心发展中的作用主要表现在：

①起着最终的决定作用。

个体的主观能动性是在人的发展的活动中产生和表现出来的。学校、环境和遗传素质只是为个体提供了发展条件，这些条件能否发挥作用以及能在多大程度上发挥作用，最终完全取决于个体自己。

②制约着环境影响的内化与主体的自我建构。

在与环境的相互作用中，人改造着环境，也在改造环境的过程中提升了个人的能力与素质，这是主体的自我建构过程。在这个过程中，不同主体对同一环境的内化是不同的，如同一个班、同一个老师的学生，有的学生上课认真，有的学生学习困难，有的学生完全对教学环境视而不见、充耳不闻。可见，每个学生发展的特点和成就，主要取决于他的态度和能动性的发挥状况。

③个体通过能动的活动选择，建构着自我的发展。

人在发展中，自我意识和自我控制能力也发展起来，个体就能够逐步地、有目的地、自觉地影响自己的发展。它意味着人不仅能把握自己与外部世界的关系，而且能把自身的发展当作自己认识的对象和自觉实践的对象，进行自我设计和自我奋斗。孔子在总结自己的人生经验时指出：“吾十有五而志于学，三十而立，四十而不惑，五十而知天命，六十而耳顺，七十而从心所欲，不逾矩。”其实，这就是一个具有自我意识的人通过学习奋进最终达到自觉、自由境界的发展过程的自我概括。

2. 我国书院的发展过程及特点。

【答】(1) 书院的发展过程。

①书院最早起源于唐末时期，如集贤殿书院和丽正修书院。

②宋元朝书院获得了极大的发展，白鹿洞书院标志着书院发展制度化。

③明清书院逐渐失去自身独立性，成为科举的附庸，但还有一些书院很有特色，如明朝东林书院是政治与学术的中心，清朝的诂经精舍和学海堂是学术圣地。

(2) 书院的特点。

①书院精神：自由讲学是书院教学的基本精神。书院提倡自由讲学，注重讨论，学术风气浓厚，开辟了新的学风，成为推动教育和学术发展的重要力量。

②书院功能：书院重视藏书，重视培养人才，要求学生读儒家经典，强调道德和学问并进。

③书院组织：有私办、公办和私办公助等多种形式。书院主持者，叫“山长”或“洞主”，也是主讲者，对管理工作与教学工作一概负责，不另设管理人员和机构。

④书院教学：讲学活动是书院的主要内容，也是书院作为教育机构的主要标志，其特点包括四个方面。首先，教学与研究相结合。其次，教学形式多样，有学生自学、教师讲授、师生质疑问难、学友相互切磋等形式。再次，教学上实行门户开放，允许不同书院、不同学派的师生互相讲学、互相听课，在一定程度上体现了“百家争鸣”的精神。最后，一些书院的教学注重讲明义理，躬亲实践，采用问难论辩式教学，启发学生思维，重视学生兴趣等。

⑤学生学习：书院强调学生读书自学，重视对学生自修的指导。

⑥书院制度：书院作为一种教育制度得以确立，在教育目标、教学方法、教学顺序等方面用学规的形式加以阐明，最著名的是《白鹿洞书院揭示》。此外在经费制度、管理方面各有规定，说明南宋后书院已经制度化。

⑦师生关系：中国教育尊师爱生的优良传统，在书院中尤为突出。师生关系融洽，以道相交，感情深厚。

⑧书院发展倾向：自南宋起书院已经出现了官学化的倾向，到了明清，政府加强对书院的控制，官学化日益严重，成为科举考试的附庸。

3. 人本主义理论及其现实意义。

【答】人本主义理论以罗杰斯为代表，是学习理论的重要流派之一。

（1）人本主义理论的内容。

①知情统一的教学目标观。人本主义认为教学的目标是培养全人，既用情感的方式也用认知的方式行事的知情合一的人。

②有意义的自由学习观。

a. 人本主义提出认知学习是无意义学习，而经验学习是有意义学习。所谓有意义学习，不仅是一种增长知识的学习，而且是一种与每个人各部分经验都融合在一起的学习，是一种使个体的行为、态度、个性以及在未来选择行动方针时发生重大变化的学习。

b. 人本主义提出有意义学习的四个要素：全神贯注、自动自发、全面发展、自我评价。

③学生中心的教学观。人本主义认为促进学生学习的关键在于特定的心理气氛因素，包括真诚一致、无条件的积极关注、移情性理解（同理心）。

（2）人本主义理论的现实意义。

①在教学目标上，要培养德、智、体、美、劳全面发展的人，既要注重发展学生的智力因素，也要发展学生的非智力因素，包括情感因素。

②在学习观上，要调动学生的已有经验，激发学生的情感和兴趣，使学生不仅要掌握书本知识，而且能灵活运用知识引导行动和实践。

③在教学观上，要尊重学生的主体地位，建立民主平等的师生关系，经常进行移情性理解，站在学生的角度思考问题。

2018年华中师范大学333教育综合真题·凯程详解

一、名词解释

1. 学制（见2019年北京师范大学真题）

2. 修养（见2015年华中师范大学真题）

3. 产婆术（见2011年北京师范大学真题）

4. 稷下学宫（见2020年北京师范大学真题）

5. “五育”并举（见2011年东北师范大学真题）

6. 学习策略（见2015年北京师范大学真题）

二、简答题

1. 简述教育的政治功能。（见 2012 年北京师范大学真题）

2. 孔子认为教师应该具备的基本特点。

【答】（1）学而不厌：教师应该重视自身的学习修养，掌握丰富的知识，具备高尚的道德品质。

（2）诲人不倦：教师要以教为乐，要用耐心去说服教育学生，给予学生高度的爱和责任。

（3）温故知新：教师既要掌握过去的政治、历史知识，又要借鉴有益的历史经验来认识当代的社会实际问题，知道解决问题的办法。

（4）以身作则：强调言传身教，认为身教比言传更重要，身教对学生有重大的感化作用。

（5）爱护学生：提倡客观公正地对待学生，爱护学生，更要尊重学生，才会得到学生的爱戴。

（6）教学相长：教学过程中教师对学生不是单方面的知识传授，经常进行学问切磋，不但教育了学生，也提高了自己。

3. 文艺复兴时期人文主义教育的主要特征。（见 2011 年华东师范大学真题）

4. 简述赫尔巴特教学形式阶段论的内容。（见 2017 年东北师范大学真题）

三、论述题

1. 论述文化知识的育人价值。

【答】（1）教育主要通过文化知识的传递来培养人。文化知识之所以对人的发展至关重要，主要是因为文化知识蕴含着有利于人发展的多方面价值。

（2）文化知识的育人价值。

①知识的认识价值。学生掌握知识，意味着他对知识所指的事物的认识，即弄清事物是什么，把握事物的特性；意味着掌握认识的资料和资源。学生认识的发展依赖于对知识资料、资源的思维加工。

②知识的能力价值。知识是心理操作与行为操作的认识结晶。学生学习知识的过程，要经历知识的展开过程和知识的发现过程，对知识进行心理操作和行为操作。这种操作方式的定型和积淀过程，也就是学生心理的认识能力和行为操作技能的形成过程。

③知识的陶冶价值。知识蕴含着科学精神和人文精神，是构成人生智慧的基本要素。科学精神引导人不唯上，不唯书，不迷信，不盲从，不妄言，不作伪，不搞假、大、空。人文精神引导人追求人的价值、尊严、自由、权益和社会平等。学生经历科学精神和人文精神的陶冶，才能真正形成人生智慧，成为具有人生理想的人，才能担当起社会责任、人类责任。

④知识的实践价值。知识具有社会实践的有用性或有效性。学生通过学习获取知识，认识事物特性，可获得通过社会实践改造事物的可能性。可以依据事物的特性、新需要或生活中面临的问题重组知识，在观念上形成实践的目标和程序，并付诸实施以改变事物或生活的现状，创造出新的事物或新的生活情境。对学生来讲，大体上是一种将外在知识转化为内在素质，又将其外显为社会实践的过程，人们常说的学习目的在于运用，其实在很大程度上就是强调知识的实践价值。

（3）启示。

鉴于知识的多方面价值，教育必须引导学生尊重知识、热爱知识，主动学习、探究真知，创造性地理解和运用知识，在这个过程中使儿童的智能、品德、个性和人格都获得发展。在教学过程中，要抵制忽视和贬低知识、降低教育教学质量的倾向，也要克服教育脱离生活的弊端。

2. 论述黄炎培的职业教育思想。

【答】在长期教育教学实践中，黄炎培逐步形成了完整的职业教育思想体系，其要点包括职业教育的地位、目的、方针、教学原则和职业道德教育的基本规范等。

（1）职业教育的作用和地位。

①职业教育的作用就理论价值而言：谋个性之发展；为个人谋生之准备；为个人服务社会之准备；为国家及世界增进生产力之准备。职业教育有助于解决中国最大、最急需解决的生计问题。

②职业教育在整个教育体制中的地位：一贯的、整个的、正统的。

（2）职业教育的目的：使无业者有业，使有业者乐业。帮助社会解决生计问题和失业问题，引导人们热爱所职，从而解决社会问题。

（3）职业教育的方针。

①社会化：强调职业教育必须适应社会需要，必须与社会沟通。他的职业教育社会化内涵丰富，要求办学宗旨、培养目标、办学组织、办学方式等都要社会化。

②科学化：指用科学来解决职业教育问题，包括物质方面的工作和人事方面的工作，均需遵循科学原则。前者强调事前调查与实验、事后总结、逐步推广的原则；后者强调把科学管理方法引入职业教育管理的原则。另外，应专门设立科学管理的研究机构。

（4）职业教育的教学原则：①手脑并用；②做学合一；③理论与实际并行；④知识与技能并重。

（5）职业道德教育：敬业乐群。“敬业”指热爱所业，尽职所业，有为所从事的职业和社会做出贡献的追求；“乐群”指高尚的情操和群体合作的精神。黄炎培认为离开职业道德的培养，职业教育就失去了方向，职业教育的第一要义是“为群众服务”。

（6）评价：作为中国近现代职业教育的先行者，黄炎培的教育思想不仅开创和推动了中国的职业教育事业，更具有平民化、实用化、科学化和社会化的特征，丰富了中国的教育理论，对中国20世纪20—30年代的教育产生了巨大影响，对当今的职业教育也有重大借鉴意义。

3. 举例论证教学过程中的直观性原则及要求。

【答】直观性原则指在教学中通过学生观察所学事物或教师语言的形象描述，引导学生形成对所学事物及过程的清晰表象，丰富他们的感性认识，从而使他们能够理解书本知识并发展认识能力。直观性教学的基本要求有：

（1）正确选择直观教具和现代化教学手段。直观教具一般分为实物直观、模象直观和多媒体教学。但是，不论选用哪种直观方式，都要注意其典型性、代表性、科学性和思想性，以适合儿童发展的特点，符合教学的要求，使学生能形成所学事物的清晰表象，掌握抽象的文字概念。因此，直观教具或多媒体课件的制作和运用，要注重使它与教学的需要相契合；要放大所学部分，用色彩显示所要观察的部分；要动态地揭示、呈现所学事物的运动、变化和发展。

（2）直观要与讲解相结合。教学中的直观不是让学生自发地看，而是要在教师的指导下有目的地观察，或配合讲解边听边看。教师要通过提出问题，引导学生去把握事物的特征，发现事物之间的联系；应鼓励学生提问，解答学生在观察中的疑惑，以便更深刻地掌握理性知识。

（3）防止直观的不当与滥用。一节课是否运用直观，以什么方式、怎样进行直观，都应当根据教学的需要来决定。不管教学是否需要，一味追求直观和多媒体的生动形象刺激与时尚，必然导致直观过多或直观不当。这样不仅无助于教学，而且将影响学生抽象思维、创造性想象能力的发展。

（4）重视运用直观语言。教师用语言做生动的讲解、形象的描述、通俗的比喻，都能够起直观的作用。

4. 论述创造性的内涵及培养途径。（见2015年华东师范大学真题）

2019年华中师范大学333教育综合真题·凯程详解

一、选择题

1～5. BBABC　　6.《国防教育法》　　7～10题目缺失

二、名词解释

1. 个体发展（狭义）

【答】“人的发展”在教育心理学上，主要讨论的是个体发展问题。广义的个体发展是指个人从胚胎到死亡的变化过程，其发展持续于人的一生。狭义的个体发展则是指个人从出生到成人的变化过程，主要是指儿童的发展。人的发展是整体性的发展，大体上可以分为三个方面：生理发展、心理发展和社会性发展。人的发展的特点是未完成性和能动性，并呈现出自身的一些规律，如顺序性、阶段性、差异性和不平衡性。

2. 发展性原则

【答】发展性原则也叫可接受性原则或量力性原则，是指教学的内容、方法和进度要适合学生的发展水平，既是学生能够接受的，但又有一定的难度，需要他们经过努力才能掌握，以便有效地促进学生的身心发展。

基本要求：（1）了解学生的发展水平，从实际出发进行教学；（2）考虑学生认识发展的时代特点。

3. 教育适应自然

【答】自然主义教育思潮形成于18世纪，其主要代表人物有亚里士多德、夸美纽斯、卢梭、裴斯泰洛齐等。主要观点包括：教育目的要以人的自然本性为基础，促进人的全面发展；把儿童分为婴儿期、儿童期、青年期和青春期四个发展阶段，不同的年龄阶段有不同的教育目标；提出凡是增进人的能力的知识都属于泛智课程和一系列教学原则与方法。自然主义教育思想丰富了教育理论的发展，为西方近代教育理论的科学化奠定了必要基础。但是它的核心概念“自然”不甚清晰，缺乏严谨性，导致可行性差，易给学生过度自由。

4. 终身教育（见2011年华东师范大学真题）

5. 负强化

【答】当某种刺激在有机体环境中消失或减少时，反应概率增加，这种刺激便是负强化，即消极强化。比如，当学生表现不好，受到学校或教师的处罚，一旦处罚解除，这时对学生也会产生一种刺激，这种刺激就是消极强化。负强化包括两种形式：逃避条件作用和回避条件作用。

6.《大学》

【答】《大学》是《礼记》中的一篇，“四书”之首，是儒家学者论述大学教育的一篇论文，着重阐明“大学之道”，主要内容是“三纲领”“八条目”。“三纲领”是“大学之道，在明明德，在亲民，在止于至善”，这是儒家对大学教育目的和为学做人目标的纲领性表述；“八条目”即“格物、致知、诚意、正心、修身、齐家、治国、平天下”，这是实现“三纲领”的具体步骤。

三、简答题

1. 新文化运动反对传统教育对改变教育观念的主要表现。

【答】（1）教育的个性化。强调人们对个人价值的肯定，对个性教育的倡导。

（2）教育的平民化。打破阶级教育，令平民大众都能享有教育。

（3）教育的实用化。解决“教育与生计关系”，强调从社会生活和学生生活实际出发进行教育。

（4）教育的科学化。用科学的精神分析中国教育的现状，让科学内容和方法渗入社会各项事业，改变人的态度和观念。

2. 文艺复兴中人文主义的特征及影响与贡献。

【答】（1）文艺复兴运动是14—17世纪欧洲新兴资产阶级在意识形态领域向封建主义和基督教神学体系发动的一场伟大的文化革命运动，人文主义是这场运动的旗帜。

（2）人文主义的特征。

①人本主义。在目标上注重个性发展，在教学方法上反对禁欲主义，尊重儿童天性，坚信通过教育，可以重塑个人、改造社会和自然，人的力量、人的价值被充分肯定。②古典主义。人文主义教育实践尤其是课程设置具有古典性质，但非纯粹复古，而是古为今用，这在当时是一种进步。③世俗性。从教育目的及课程设置等方面看，关注人道而非神道，教育更关注今生。④宗教性。人文主义教育家虽然抨击天主教会的弊端，但不反对宗教，更不打算消灭宗教。⑤贵族性。由文艺复兴运动性质决定，教育的对象是上层子弟，目的是培养上层人物。

（3）人文主义的影响和贡献。

①教育内容发生变化。对古希腊罗马的热情使其知识和学科成为教学的主要内容，引起了美育和体育复兴并关注自然知识的学习。②教育职能发生变化。从束缚自己服从上帝到使人更好地欣赏和履行上帝赋予人的职责。③教育价值观发生变化。重新发现人，确立了人的地位，复兴了古希腊的个人主义价值观。④复兴了古典的教育理想。形成了全面和谐发展的完人的教育观念，从中世纪培养教士的目标转向文艺复兴培养绅士的目标。⑤复兴了自由教育的传统。教育推崇理性，复兴古希腊的自由教育。⑥兴起了自然主义教育思想。按照人的需求和本性来设置课程，尊重受教育者的兴趣、爱好、欲望和天性，出现了直观、游戏、野外活动等教育新方法。⑦出现了新道德教育观。人道主义等新的道德观在人文主义的学校中开始取代天主教会的以原罪论为中心的道德观。尊重儿童，反对体罚，已成为某些教育家的强烈要求。⑧提出教育与劳动相结合及共产主义的教育思想。⑨建立了新型的人文主义教育机构。⑩促进了大学的改造和发展。⑪使教育理论不断丰富。⑫推动了教育世俗化的历史进程。

3. 简述元认知策略的类型。（见 2016 年华东师范大学真题）

4. 教育价值观中个人本位论的观点及评价。（见 2013 年北京师范大学真题）

四、论述题

1. 科举制的演变、影响及对高考改革的启示。

【答】（1）科举制度的演变。

①隋唐时期，创办科举，科举制在唐朝得到了进一步的发展；②宋朝科举制基本沿袭了唐制，但是也根据实际情况做了改革，如科举地位提高，考试规模扩大，考试内容改革；③元代的科举制：考试进入中落时期，但开创了以“四书”试士的先例；④明代的科举制：进入鼎盛时期，确立八股取士，也标志着封建社会开始走向衰落；⑤清代的科举制：与明代基本相同，沿用八股取士，科举制的弊病日益显现，徇私舞弊现象严重，科举考试日益僵化、衰落；⑥清末新政时期，废除了科举制。

（2）影响。

①积极作用。

a. 有利于加强中央集权制。扩大统治基础，笼络人心，提升官员质量，中央控制科举。

b. 使选士与育士紧密结合。统一思想，使社会形成良好的学习风气，刺激学校发展，有利于教育普及，种类繁多的考试科目扭转人们重文轻武的现象。

c. 使选拔人才较为公正客观。重视人的知识才能而非门第。我国首创科举取士。

②消极作用。

从整个发展历程看，科举制从隋唐到宋朝，积极作用大于消极作用；到了明清时期，消极作用日趋明显，最终被社会淘汰。

a. 国家只重科举取士，忽略了学校教育，学校成为科举制的附庸。

b. 科举制具有欺骗性。评分主观，考官受贿，考试作弊现象严重，使知识分子为追求功名利禄而学习。

c. 科举制束缚思想，败坏学风。形成教条主义学习风气，影响知识分子性格，缺少创新精神，形成功利主义的读书观。

（3）对高考改革的启示。

①理论上：a. 要坚持公开、公平、公正的原则。高考在注重考试公平的同时也要注意人才选拔的区域上的公平。b. 高考内容与形式应走向多样和开放，单一内容和形式选拔出的人才不符合社会需要和发展。c. 高考改革的根本是为了求才和求发展，是为了广大学生的根本利益。

②实践上：a. 增加考试次数，可以实行地方考试、国家考试、高校考试的三级考试模式，借鉴了科举制的乡试、省试和殿试。b. 拓宽招生渠道，为特长生、专才、偏才开通“绿色通道”，但为了避免投机取巧，考试的难度和选拔标准要高。

2. 社会建构主义学习理论及教学启示。

【答】(1) 社会建构主义学习理论的内容。

社会建构主义是认知建构主义的进一步发展，是以维果茨基的思想为基础发展起来的，它主要关注学习和知识建构的社会文化机制。

①虽然知识是个体主动建构的，但这种建构也不是随意的建构，而是需要与他人磋商后调整和修正，且要受到当时社会文化因素的影响。

②学习是一个文化参与的过程，学习者只有借助一定的文化支持来参与某一学习共同体的实践活动，才能内化有关的知识。

③学习共同体，就是由学习者及其助学者（包括专家、教师、辅导者）共同构成的团体，成员之间相互影响，形成了一定的规范和文化。

④知识建构的过程，不仅需要个体与物理环境的相互作用，更需要通过学习共同体的合作互动来完成。

(2) 社会建构主义学习理论的教学启示。

社会建构主义学习理论启示后人在教学中要重视情境的作用，并以“情境”为核心推出很多教学模式，对教学应用有很大帮助。

①情境性教学：强调与实际情境相类似的教学，强调以事例、问题为基础，要求教学过程中要使学生的学习与具体情境结合起来，完成真实的任务，加深学生对知识的理解和应用。

②支架式教学：起初助学者为学习者提供某种外部支持，随着活动的进行，逐步减少外部支持，直到最后完全由学生独立完成任务为止。

③抛锚式教学：将学习活动与某种有意义的情境挂钩，让学生在真实的情境中进行学习。

④合作学习：这是一种教学策略，同一小组的学生通过合作共事，共同完成小组的学习目标。

3. 教师素养的品德要求。

【答】(1) 教师素养的品德要求即教师职业道德，又称“教师道德”或“师德”，是教师在从事教育劳动中所遵循的行为准则和必备的道德品质。它是社会职业道德的有机组成部分，是教师行业特殊的道德要求。它从道义上规定了教师在教育劳动过程中以什么样的思想、感情、态度和作风去待人接物，处理问题，做好工作，为社会尽职尽责。它是教师行业的特殊道德要求，是调整教师与教师、教师与学生、教师与学校领导、教师与学生家长以及教师与社会其他方面关系的行为准则，是一般社会道德在教师职业中的特殊体现。

(2) 爱与责任是师德的核心与灵魂。当前教师职业道德的时代特征主要有爱国守法、爱岗敬业、教书育人、关爱学生、为人师表、终身学习。

4. 教育对人的作用及实现条件。

【答】(1) 人的身心发展受多种因素的影响和制约，其中学校教育起着主导作用。

①学校教育是一种有目的、有计划、有组织、系统地培养人的活动，它规定着人的发展方向；②学校教育给人的影响比较全面、系统和深刻；③学校有专门负责教育工作的教师和管理人员；④学校教育通过知识培养人，知识具有认识价值、实践价值、思想价值、陶冶价值；⑤学校教育对提高人的现代性有显著作用，学校教育不仅培养人具有现代化的知识，更培养了现代人的价值、态度和行为方式。

(2) 学校教育主导作用有效发挥的条件。

从学校教育的内部来讲：①学校教育要尊重受教育者的主观能动性与身心发展规律。②学校教育的办学水平。这些条件包括：教育的物质条件、教师的素质、教育管理水平及其课程设置的合理性等。

从学校教育的外部来讲：①家庭教育与学校教育的积极配合程度。②社会发展的稳定性以及社会教育与学校教育的配合程度。③科技、信息对学校教育的改造程度。

2020年华中师范大学333教育综合真题·凯程详解

一、名词解释

1. 教育目的（见2015年北京师范大学真题）

2. 学校课程

【答】学校课程是指学校学生所应学习的学科总和及其进程与安排。广义的课程是指学校为实现培养目标而选择的教育内容及其进程的总和，它包括学校所教的各门学科和有目的、有计划的教育活动。狭义的课程是指某一门学科。

3. 有教无类（见2010年北京师范大学真题）

4. 社学

【答】社学创办于元朝，是设在乡镇地区、利用农闲空隙时间、以8至15岁的农家子弟为对象的初等教育形式，并带有某种强制性。明代继承发展了社学，社学制度更趋完善，普遍设立，成为对民间儿童进行初步文化知识和伦理道德教育的重要形式。直至清代，各省的州县都设立社学，普及面更广。社学对农村地区文化教育事业的发展具有一定的意义。这是元朝在教育组织形式上的一种创新，对后世产生深远影响。

5. 产婆术（见2011年北京师范大学真题）

6. 现代人文主义教育思潮

【答】（1）现代人文主义教育思潮是20世纪60—70年代美国盛行的一种建立在人文主义的哲学和心理学基础上的教育思潮。代表人物是马斯洛、罗杰斯。

（2）主要观点：强调教育的目标是培养完整的人；主张课程人本化，学生的自我实现是课程的核心；强调学校应该创造自由的心理气氛，有利于学生“自我实现”。

（3）影响：带来了教育观念上的革新，提出教育不仅能塑造人的行为，而且能发展人的价值、理想、真善美等高级心理品质。它影响了美国的各级各类教育，并成为一些国家在教育改革的重要理论基础。但其强调个体潜能的实现，而忽视社会环境和学校教育对个人发展的影响。

二、简答题

1. 教育相对独立性的内涵及其主要表现。（见2010年华中师范大学真题）

2. 革命根据地和解放区教育的基本经验。

【答】（1）教育为政治服务。坚持教育为革命战争和阶级斗争服务。以武装斗争为手段夺取革命胜利，动员群众投入和支援革命战争，提高人民军队干部战士的觉悟，是中心任务。

（2）新型的教育体制。新型的教育体制包括干部教育、群众教育、儿童教育三部分。群众教育重于儿童教育，干部教育又重于群众教育。

（3）教育与生产劳动、社会政治活动紧密联系。

（4）多种形式的办学途径，依靠群众办学。

（5）教学制度和方式的改革。①缩短学制；②教学紧密联系实际；③注重实效的教学方法；④提倡小先生制。

3. 赫尔巴特的课程论。（见2011年华东师范大学真题）

4. 不同的归因对学生有什么影响？如何指导学生正确归因？

【答】（1）归因是人们对自己或他人活动及其结果的原因所做的解释和评价。在学习和工作过程中人们会把成功归结为不同的原因，并产生相应的心理变化，从而影响今后的行为。

（2）不同的归因方式对学生学习的影响。

①对成功与失败的情感反应。只有将成功归因于内部因素时，个体才会感到自豪；相反，将失败归因于内部因素则会感到自卑自责或内疚，归因于外部因素则会感到生气或愤怒。

②对成功或者失败的期望。学生将成败归因于稳定因素时，对未来结果的期待是与目前的结果

一致的；相反，若归因于不稳定因素，则对以后成败的预期影响较小。

③所投入的努力。若学生认为失败是由于不够努力造成的，则他们在以后有可能更加努力，遇到困难也能坚持；若将失败归因于缺少能力，则他们很容易放弃。

④自我概念。随着学生年龄增长，越来越坚信能力是一个相对稳定的、不可控制的心理特征。如果不断成功，则他们的自我概念中就会包含较高的自我效能感，否则自我效能感就会较低。

（3）引导学生进行积极归因的方法。

①教师应该引导学生进行客观归因，尽量将学习上的成功归因于努力和自己的能力，而将学习上的失败归因于内部的不稳定因素，只有这样才能使学生产生更高的学习动机。

②教师应该帮助学生建立积极的自我概念。这是激发学生的学习动机，形成良好的归因模式的一个重要因素。

三、论述题

1. 结合教育实际，论述德育过程是培养学生知、情、意、行发展的过程。（见 2015 年北京师范大学真题）

2. 结合教育实际，论述启发性原则的内涵及要求。（见 2012 年北京师范大学真题）

3. 论述新文化教育思潮。（任意写五个）

【答】（1）平民教育思潮。

①一部分以陈独秀、李大钊、邓中夏等初步具有共产主义思想的知识分子为代表；另一部分以资产阶级和小资产阶级知识分子为代表。

②意义：使平民受到了一定程度的文化知识教育，扩大了教育对象，在一定范围内普及了教育。

（2）职业教育思潮。

①由实利主义和实用主义教育思想发展演变而来。包括“授人一技之长”和“促进实业发展”两方面。代表人物是黄炎培。

②意义：产生了系统的、有中国特色的职业教育理论，且促进了中国职业教育事业的发展。对1922 年“新学制”影响甚大，20 世纪 30 年代中期，趋于消沉。

（3）实用主义教育思潮。

①实用主义教育信条有教育即生活、教育即生长、学校即社会、从做中学等。其中，教育即生活、学校即社会、儿童中心符合教育救国和改革传统教育的需要。

②意义：实用主义教育思潮的兴起，说明了中国教育观念的转变，其在教育理论和教育实践中都有十分显著的反映。

（4）科学教育思潮。

①以任鸿隽为代表的中国科学社和《科学》杂志，主张将科学内容与方法渗透到各项社会事业中。“五四”后的科学教育运动表现为两个方面：科学的教育化和教育的科学化。

②意义：以科学的方法研究教育蔚然成风，各种新教学方法的试验广泛开展，高校中开始设置培养教育学科专门人才的学科和专业。

（5）国家主义教育思潮。

①国家主义教育思潮是一种具有强烈资产阶级民族主义色彩的社会思潮，于 20 世纪 20 年代初在中国兴起，其内涵为：以教育为国家的工具，教育是国家的任务，国家对教育不能采取放任态度。

②意义：促成了国家收回教育权运动，促进学校中军国民教育和爱国教育的加强，也促成了中华教育改进社年会一度以国家主义为教育宗旨。目的是培养具有爱国精神和国家意识的好国民。本质上是一种教育救国论，与教育民主观念相抵触，一井始就受到马克思主义者的批判。随着北伐战争的胜利，国家主义思想就此消沉。

4. 分析论述信息加工学习理论及其对教学的启示。

【答】（1）加涅根据现代信息加工理论提出了学习过程的基本模式。这一模式表示，学习者环境中的刺激作用于他的感受器，通过感觉登记器进入神经系统。当信息进入短时记忆后被再次编码，并以语义的形式储存下来，经过复述、精细加工和组织等编码，信息转移到长时记忆中，以备日后回忆。

（2）依据学习的信息加工模式，加涅把学生的学习过程划分为八个阶段：

①动机阶段，加涅把动机分成诱因动机、操作动机和成就动机三种。

②领会阶段，即学生对学习材料的注意和觉察过程。

③习得阶段，即学生把感知到的材料在短时记忆系统中进行编码的过程。

④保持阶段，即把习得的信息以语文编码的形式进入长时记忆的储存阶段。

⑤回忆阶段，即学生把已经在长时记忆系统中保持的信息给予重视的过程。

⑥概括阶段，即学生把已获得的知识推广到更广泛的领域中去的过程，也就是学习的迁移过程。

⑦作业阶段，一个完整的学习过程只有通过作业才能反映学生是否已习得所需内容。

⑧反馈阶段，即对操作的效果进行评价的过程。教学过程中教师应及时给予反馈。

（3）信息加工学习理论对实际教学的启示。

①吸引学生的注意在教学中非常重要。在呈现重要的教学内容之前，教师应该让学生停止手头上的活动，把注意力转移过来。

②要让学生带着问题去学习。比如，在进行物理实验之前，教师可以让学生预测实验的结果，不同学生的预测可能不同。为了解决争议，学生设计和进行实验，并收集和分析数据，把实验同自己的问题结合起来，这样可以把学生的注意力集中到与学习有关的活动上，而不只是动手和图热闹。

③教师应该突出教学的重点，在重要的地方做强调，以便于学生对信息的选择编码。

④教师应该引导学生复述学习内容，并用原有的知识来理解和解释这些内容，比如用自己的话说出来，通过举例或用自己的经验来解释某种知识，这样可以增强学生对知识的记忆。

陕西师范大学

2010年陕西师范大学333教育综合真题·凯程详解

一、名词解释

1. 教学评价（见2015年北京师范大学真题）

2. 创新教育

【答】创新教育也称创造教育。广义的创新教育，指对人的创造力的开发，也可指创造技法和创造性思维的训练。狭义的创新教育指在学校教育中，对学生的创新品质、创新性思维和创新能力的培养。通过创新教育使学生在德、智、体、美、劳等方面全面发展的同时，在认知结构和人格结构中，培养构成创造力所需要的一些特质。

3. 校本课程

【答】校本课程是课程的类型之一，是以学校为课程编制的主体，自主开发与实施的课程。校本课程的主要目的是凸显本校的办学理念。校本课程开发难度大，对教师的要求较高，且缺乏系统长远的规划。要想开发校本课程，学校首先要保证教师队伍成员的多样化，其次，要加强学校之间的交流；再次，鼓励本校教师积极参与到课程改革中去，拓宽视野；最后，校本课程的开发要遵循儿童的身心发展水平，结合儿童的生活需要，从而更好地促进儿童的个性全面发展。

4. 成就动机

【答】阿特金森提出成就动机理论。他认为个体的成就动机强度由成就需要、期望水平和诱因价值三者共同决定。人在追求成就时存在两种倾向：一种是力求成功的倾向；另一种是避免失败的倾向。成功概率为50%的任务是力求成功者最有可能选择的，避免失败者在选择任务时则倾向于选择非常容易或者非常难的任务。

5. 稷下学宫（见2020年北京师范大学真题）

6. 定势

【答】定势也称心向，指由先前的活动所形成的并影响后继活动趋势的一种心理准备状态，即个体经由学习而积累起来的习惯性倾向。定势在问题解决中有积极作用，也有消极作用。当问题情境不变时，定势对问题的解决有积极的作用，有利于问题的解决；当问题情境发生变化时，定势对问题的解决有消极影响，阻碍主体用新方法来解决问题，不利于问题的解决。

7. 实科中学（见2017年华东师范大学真题）

8. 泛智论

【答】泛智论是夸美纽斯教育体系的指导原则之一，也是其教育理论的核心，是他从事教育实践和研究教育理论的出发点和归宿点。所谓泛智，就是“把一切事物教给人类”。它包括两个方面的内容：一是教育内容泛智化；二是教育对象普及化，一切青年男女都可进学校。在泛智学校，实行班级授课制、学年制，编写统一的教材。

二、填空题

1. 赫尔巴特；传统　　2. 社会主义现代化建设；生产劳动　　3. 宋
4. 范仲淹；“庆历兴学”　　5. 导生制　　6. 主观；客观

三、简答题

1. 建立学制的依据有哪些?

【答】（1）社会依据：①学制的确立受生产力发展水平与科技发展状况的制约。②学制的确立受社会政治经济制度和国家教育方针政策的制约。③文化传统也制约着学制的确立。任何教育活动都是在一定的社会文化背景下进行的。④学制的确立必须考虑人口状况。

（2）人的依据：学制的确立受学生身心发展规律和年龄特征的制约。青少年的身心发展具有一定的规律。每一阶段，各有其年龄特征。在确立学制时必须适应这种特征。

（3）学制本身的因素：学制的确立既受国内学制的历史发展的影响，也要合理地参照国外学制的合理经验。任何一个国家的学制，都有它建立和发展的过程，既不能脱离本国学制发展的历史，也不能忽视外国学制中的有益经验。

2. 简述马卡连柯集体教育理论的主要内容。

【答】（1）集体教育是马卡连柯教育理论的重要组成部分。他的集体教育理论可以概括为“在集体中、通过集体、为了集体”的教育体系。

（2）具体内容。

①尊重与要求相结合原则。②平行教育影响原则。教育个人与教育集体的活动应同时进行，每一项针对集体开展的教育活动应收到既教育集体又教育个人的效果。③前景教育原则。马卡连柯要求教师不断地向集体提出新的奋斗目标来刺激集体的活力。这种新的目标就是前景，是人们对美好前途的希望。④优良的作风和传统。

3. 简述中世纪大学兴起的原因及对当时文化教育和社会发展的作用。

【答】（1）中世纪的大学一般由一名在某一领域有声望的学者和他的追随者自行组织起来，形成类似于行会、商会的团体进行教学和知识交易。

（2）产生的原因：政治上是受东方文化的影响，经济上是因为城市的发展需要，出现的大学主要有波隆那大学、萨莱诺大学。

（3）特点：进行职业训练培养社会所需人才；领导体制是“学生”大学和“先生”大学；学位制度是学士、硕士和博士；有文、法、神、医四科；教学方法是辩论和演讲。

（4）意义：打破了教会对教育的垄断，促进了教育的普及，思想和教育方法上都有了突破，权力上提高了教育的独立性、自制性，制度上与欧洲教育有直接影响。其局限性是受经院哲学的影响深刻。

4. 简述德育过程的基本特点。（见2019年北京师范大学真题）

5. 比较陈述性知识和程序性知识学习的异同。

【答】（1）陈述性知识关心“是什么”的问题，它是对事件的一种描述，如教育学是关于什么的学问。程序性知识主要关心的是“怎么样”“如何去做”，如如何驾驶一辆汽车。陈述性知识与程序性知识是根据表述形式的不同对知识进行的分类。

（2）二者的差异：

①陈述性知识是一种静态的知识，它只是对事件的一种描述；程序性知识是一种动态的知识，如“如何驾驶一辆汽车”就包含着许多的过程。

②陈述性知识比较容易获得，但是也很容易遗忘；程序性知识比较复杂，获得的过程比较难，但是一旦获得，巩固性比较好，不容易遗忘。

（3）二者的相同点：

虽然二者在人们长时记忆中的表征特征方面完全不同，但它们都对贮存在人脑中的知识和经验做了同样的表征。并且，这种知识在有限的工作记忆的容量中能够被灵活地使用。例如，在陈述性知识当中，当以命题的形式保留了客观世界在意义上的联系后，有可能使人在工作记忆中以当时想到的为数有限的命题（观念）为线索，不时地从自己的长时记忆网络中提取出与此相关的命题或观念，因此人们由此及彼的联想应当归之于这种观念网络化的形成。同样，对于程序性知识而言，它通过自身的目的流来流畅地控制人的一连串举动，以减轻人的工作记忆的负担。

6. 简述董仲舒三大文教政策。

【答】（1）罢黜百家，独尊儒术。

汉武帝在董仲舒的建议下，下令国家政策和文化教育皆以儒术为本，儒学成为统一的指导思想。以儒家经典为教育内容，用严格的师法代替自由讲学，书本知识在教学中占主要地位，长句古训代替现实问题的探讨。这些便是“独尊儒术”政策对教育的重大影响。

（2）兴办太学。

兴太学以养士，这是落实“独尊儒术”教育政策的重要步骤。汉武帝下令为五经博士设弟子，标志着太学的正式成立，以经学教育为内容的中国封建教育制度正式确立。

（3）建立察举制度。

①察举制度在汉武帝时期得以确立，是先经考察举荐，再经考试，据考试成绩优劣选人任官的制度，是对太学养士选才的补充。其实也保障了读书做官、以儒术取士的选官方式，称为科举制度的先导。

②汉武帝先后实行的具体措施有：设立五经博士；开设太学；察举制的完全确立。

四、论述题

1. 评述教育与生产力的关系。

【答】（1）生产力发展水平决定着教育发展水平的高低，教育的发展水平是生产力发展水平的反映。

①生产力的发展水平制约着人才培养的规格。

②生产力的发展水平制约着教育事业发展的速度、规模和教育结构。

③生产力的发展水平制约着课程的设置和教育内容的沿革。

④生产力的发展促进了教学组织形式、教育教学手段和方法的沿革。

（2）教育具有经济功能，促进经济的发展。

①教育是使可能的劳动力转化为现实的劳动力的基本途径。

②现代教育是使知识形态的生产力转化为直接的生产力的一种重要途径。

③教育是提高劳动者素质和生产率的重要因素。

2. 评述陶行知“生活教育”理论的基本内容及其现实启示。（见2014年北京师范大学真题）

3. 试从教育发展的历史角度论述美国近现代教育发展的原因。

【答】（1）纵观美国近现代教育，在教育民主化和教育科学化的道路上，都是快步向前的。形成这一状况的原因是多方面的，如：政治和经济发展的需要；政府的重视和支持；善于向欧洲学习；充分调动社会各方面的力量来办学等。

（2）原因：①面对现实建设需要而锐意创新；②视教育为立国之本，政治革新、社会进步的必由之路；③政府重视支持，移民踊跃参与；④善于吸取别国的先进经验，以别国之长来补美国教育之短；⑤重视教育科学研究。

4. 论述加德纳多元智能理论并分析对教学实践的启发。（见2019年华东师范大学真题）

5. 试分析论证教学、教育及德育的关系。

【答】（1）德育。

德育是政治、思想、道德和心理品质教育。它把学生培养成爱国的、具有社会公德和文明习惯的、遵纪守法的好公民，引导他们逐步确立科学的人生观、世界观，并不断提高社会主义觉悟，为使他们中的优秀分子将来能够成为坚定的共产主义者奠定基础。

（2）教育。

教育是一种影响，一种积极的影响，一种对人类认识和改造客观世界及自身的积极的影响。教育的最终目的是不教，即教会其自我反思、自我管理的生存和发展的能力。教学是教师的教和学生的学所组成的一种人类特有的人才培养活动。通过这种活动，教师有目的、有计划、有组织地引导学生积极自觉地学习和加速掌握文化科学基础知识和基本技能，促进学生多方面素质的全面提高，使他们成为社会所需要的人。

（3）教学。

广义的教学就是一定时间、地点、场合下的传授经验的活动，即教的人指导学的人进行学习的活动；狭义的教学是在学校中传授经验的活动，即在学校教育活动中，以教师传授知识、技能和学生获得知识、技能为基础，教师的教和学生的学相互联系、相互作用的统一活动。教学引导学生掌握科学文化基础知识和基本技能，从德、智、体、美、劳诸方面促进学生身心的发展，所以教学是学生全面发展的有效途径，也是促进社会发展的有力手段。

（4）教学、教育及德育的关系。

①教学与德育的关系：教学与德育是一个整体的两个方面，它们是相互依存、相互促进、相辅相成的关系。没有良好的德育工作基础，学生学习就没有动力，不知道为什么而学习，也就不可能真正提高学习质量。只有德育工作抓好了，学生才可能增强自律意识，这样教学工作也就有了一个良好的环境，教学质量也就会随着提高。反之，没有坚实的教学工作，学生学习质量上不去，德育也会失去根基。换一句话说，没有学习质量做保证的德育是空的德育，应该说是没有意义的。对学生成长而言，切不能只重智育抓教学，也不可只重德育抓活动。

②教育与教学的关系：教育包含教学，无论是在生活中还是在学校里，教育都无处不在，而教学通常指学校的教育和教学，有了空间的限制，教育的施教者可以是一切对受教育者在身心、知识、品德等方面有影响的人，教学的施教者就指学校的教师。

③教育与德育的关系：教育也包含德育，德育是教育内容的一个方面。

2011年陕西师范大学333教育综合真题·凯程详解

一、名词解释

1. 教育学

【答】教育学，是指通过对教育现象和教育问题的研究，揭示教育规律的一门科学。教育学的研究对象是教育问题和教育现象，只有那些有价值的，能够引起社会普遍关注的教育问题和教育现象才能构成教育学的研究对象。教育学的研究任务是揭示教育规律，探讨教育价值观念和教育艺术，指导教育实践。

2. 课程（见2019年北京师范大学真题）

3. 贝尔－兰卡斯特制（见2012年北京师范大学真题）

4. 苏湖教法（见2014年北京师范大学真题）

5. 有意义学习（见2014年华东师范大学真题）

6. 学习策略（见2015年北京师范大学真题）

二、填空题

1. 课后的教导工作；教学评价
2. 《乐》
3. 分斋教学
4. 音乐
5. 贺拉斯·曼
6. 单纯的提示教学；分析教学；综合教学
7. 感知运动阶段；前运算阶段；具体运算阶段；形式运算阶段
8. 命题和命题网络、表象系统和图式
9. 魏源

三、简答题

1. 学生的智力活动形成包括哪几个阶段？

【答】（1）加里培林的阶段形成理论。

加里培林将心智动作的形成分成五个阶段：①活动定向阶段；②物质活动或物质化活动阶段；③有声的言语活动阶段；④无声的外部言语活动阶段；⑤内部言语活动阶段。

（2）冯忠良的三阶段理论。

我国心理学家冯忠良根据有关研究并结合教学实际，将上述五个阶段进行了简化和改进，提出了心智技能形成的三阶段说，即原型定向阶段、原型操作阶段、原型内化阶段。

（3）安德森的三阶段理论。

①认知阶段：了解问题的结构，即问题的起始状态、要达到的目标状态、从起始状态到目标状态所需要的步骤，从而形成最初的问题表征。

②联结阶段：学习者把某一领域的描述性知识“编辑”为程序性知识。

③自动化阶段：个体对特定的程序化的知识进一步进行深入加工和协调。此时，个体操作某一技能所需的有意识的认知投入较小，且不易受到干扰。

2. 教师应该如何进行概念学习？

【答】（1）根据概念学习的两种形式，可以相应地把概念教学划分成两种方式：①先向学生呈现某个概念的正例和反例，然后要求学生进行比较、归纳，最后概括出一个定义。②先给学生一个明确的定义，紧接着呈现几个正例和反例，要求学生根据定义识别正例和反例，然后进一步分析这些例子是如何表现这一定义的。

（2）这两种概念教学方式是目前课堂教学中常常使用的，尤其是后一种教学方式。无论采用哪种教学方式，都必须涉及概念的四个方面：名称、定义、本质和非本质特征、正例和反例。

（3）为了帮助学生有效地掌握概念，在教学中要注意以下几点：①以准确的语言明确揭示概念的本质；②突出本质特征，控制非本质特征；③恰当使用正例和反例；④多用变式和比较；⑤在实践中运用概念。

3. 朱熹的道德教育方法有哪些？

【答】（1）朱熹道德教育思想的主要内容有：道德教育的根本任务是“存天理，灭人欲”，道德教育必须进行以“三纲五常”为核心的封建伦理道德教育。

（2）关于道德教育的方法。

①立志：要求学者首先应该树立远大的志向，人有了远大志向就有了前进的目标。

②居敬：指专心致志，谨慎认真的意思。

③存养：朱熹认为每个人都有与生俱来的善性，但同时会有外物之蔽，需要用存养的方法来发扬善性。

④省察：即反省检查，朱熹认为一个人要搞好自身道德修养，就应当无时不省察。

⑤力行：将学到的伦理道德知识用于自己的实际行动，转化为道德行动。

4.1958 年美国颁布实施的《国防教育法》的主要措施有哪些？（见 2014 年华东师范大学真题）

5. 遗传在人的发展中具有什么作用？

【答】（1）遗传素质是人的身心发展的物质基础和前提条件，为人的身心发展提供了可能性。但遗传素质只是人的发展在生理方面的可能性，它不能决定人的发展。

（2）遗传素质的成熟程度制约着人的身心发展过程及其阶段。人的身心发展的阶段性，正是人遗传素质成熟的表现。

（3）遗传素质的差异性对人的身心发展有一定的影响作用。先天的差异性使人的后天发展具有自己的独特特点。

（4）遗传素质具有可塑性。随着环境、教育和人的实践活动的改变，遗传素质也会发生变化，如一个在遗传素质上不平衡、不灵活的人，在良好的教育影响下，也会变得很有涵养，很守纪律。

（5）遗传素质在个体发展的不同阶段作用的大小不同，并随着个体的发展作用不断减弱。

总之，遗传素质对人的发展有重要作用，但也不能因为遗传素质为人的发展提供物质基础和可能性，就夸大遗传素质的作用。

6. 教学评价的原则有哪些？

【答】（1）教学评价是对教学工作质量所做的测量、分析和评定。

（2）教学评价的原则有：

①客观性原则：教学评价要客观公正、科学合理，不能主观臆断、掺杂个人情感，防止评价不符合实际的情况。

②发展性原则：教学评价应着眼于学生的学习进步、动态发展，着眼于教师的教学改进和能力提高，以调动师生的积极性，提高教学质量。

③指导性原则：教学评价应在指出学生的长处与不足的基础上提出建设性意见，使被评价者发扬优点、克服缺点，不断前进。

④计划性原则：教学评价必须紧密配合教学工作有计划地进行，科学地控制各科教学评价的次数及总量并做出合理的安排，避免评价太多或过于集中，使学生和教师负担过重。

四、论述题

1. 谈谈你对教育的相对独立性的认识。（见 2010 年华中师范大学真题）

2. 联系教学实践，谈谈如何激发学生的学习动机。（见 2012 年华东师范大学真题）

2012 年陕西师范大学 333 教育综合真题 · 凯程详解

一、名词解释

1. 最近发展区（见 2011 年北京师范大学真题）

2. 自我提高驱动力（见 2012 年北京师范大学真题）

3. 学制（见 2019 年北京师范大学真题）

4. 研究性学习

【答】（1）研究性学习是指学习者以问题解决为主要内容，以发展研究能力为主要目的的一种新型学习方式。它有三种组织形式：个人独立研究、小组合作研究和个人研究与集体讨论相结合。学习程序是：①问题情境阶段；②实践体验阶段；③表达、交流阶段。

（2）研究性学习有帮助学生获得参与和探索的经验，帮助学生培养发现、探索和解决问题的能力，培养学生搜集、处理信息和综合运用知识的能力等作用。

5. 教育适应生活说

【答】教育适应生活说就是教育即生活，杜威主张教育应当是生活本身的一个过程而不是未来生活的准备，要求学校把教育和儿童眼前的生活联系在一起，教会儿童适应眼前的生活环境。杜威提出这个思想是为了改变传统教育过分重视前人知识的传授，忽视让儿童参加社会实践的弊端，认为学校作为专门培养人的场所，必须着重培养适应现实生活的能力。

6. 建构主义教学理论

【答】建构主义者提出了自己的一套教学理论，该理论的主张如下：

①知识观。知识是人对客观现实的一种解释，并不是问题的最终答案。

②学习观。学习是学生主动建构意义的过程，而不是直接接受现成结论的过程。

③学生观。学生是学习的主体。

④教学观。提倡让学生通过问题解决来学习，提倡在情境当中来学习，提倡师生之间、学生与学生之间进行丰富而多样的交流与讨论，如交互教学、合作学习等。

总之，建构主义提倡激发学生学习的积极性和探索精神，培养学生的问题解决能力和创造性。

二、填空题

1. 图式；顺应
2. 初等教育；中等教育；高等教育
3. 单纯的提示教学；分析教学
4. 1922 年“新学制”
5. 知识与技能；过程与方法；情感态度与价值观

三、简答题

1. 班主任的素质要求。（见 2015 年华东师范大学真题）

2. 课程设计的依据。

【答】（1）社会因素：经济、政治和文化的发展程度。

（2）人的因素：人的身心发展规律和特点。

（3）教育内部因素：课程理论和课程类型，教育目的、培养目标和课程目标，以前的课程设计的经验、学制、课程内容与学科知识，组织课程内容的原则等。

3. 我国的教育方针。（见 2014 年东北师范大学真题）

四、论述题

1. 论述启发性原则及其在教学中的运用。（见 2012 年北京师范大学真题）

2. 你认为教师最重要的素质是什么？

【答】（1）教师的素养主要是高尚的师德、深厚的文化素养、专门的教育素养和健康的心理素质。我认为教师最重要的素养是高尚的师德。

（2）当前在众多的教育事件中，很多都与师德有关。

例如，某位教师因为学生完不成作业，就实行小刀划破手指的惩罚制度，把一个班的小学生吓得哭声一片。某位教师收取家长的钱财，安排该家长的孩子做班长。某位教师不喜欢某个学生，就对他不断批评，恶语伤人，并经常罚跪。这样的事情频繁在网上爆出，不得不引人深思。而所有的问题都源于教师没有在教学过程中表现出良好的德行，没有关爱学生，没有重视学生的发展，没有让自己在教育事业中保持清纯，保持热爱。

（3）对教师的要求。

①热爱教育事业，富有献身精神和人文精神。热爱教育事业，是搞好教育工作的基本前提。许多优秀教师之所以能在教育工作中做出卓越的成绩，首先是因为他们热爱教育事业，愿意为下一代的成长贡献自己的毕生精力。另外，教师还应具备基本的人文精神，要关怀学生的生存和发展、人

生价值的实现，要关怀民族、人类的现实生存境遇和未来发展前景。

②热爱学生，诲人不倦。热爱教育事业具体体现在热爱学生上。爱学生是教师的天职，是教育好学生的重要条件。教师只有热爱学生，才能教育好学生，才能使教育最大限度地发挥作用，才能真正成为杜威所谓的“天国引路人”。

③热爱集体，团结协作。教师的劳动既具有个体性，又具有集体性。教师与教师之间，教师与其他为教育服务的工作人员之间应该相互尊重、团结协作，热爱、尊重并依靠教师集体，最大效度地发挥集体的教育力量。

④严于律己，为人师表。教师劳动具有示范性，因此教师必须以身作则，严于律己，凡是要求学生做到的，教师都要首先做到；凡是要求学生不能做的，教师首先要自律。

2013 年陕西师范大学 333 教育综合真题 · 凯程详解

一、选择题

1～5. DABAB　　6～10. DACDA

二、名词解释

1. 学习

【答】学习是由经验引起的能力或倾向相对持久的变化。学习有广义和狭义之分。广义的学习指人和动物在生活中获得经验，并由经验引起较为持久的适应性变化。狭义的学习是专指学生在学校里的学习，是学习的一种特殊形式，即学生在教师的指导下，有目的、有计划、有组织和有步骤地获得知识、形成技能、培养才智的过程。

2. 苏湖教学法（见 2014 年北京师范大学真题）

3. 自然主义教育（卢梭）

【答】（1）卢梭强调自然教育的核心是“归于自然”，即教育要遵循自然，顺应人的自然本性，人要接受三种教育：自然的教育、人为的教育、事物的教育。（2）自然教育的培养目标是“自然人”，即自由成长，不受传统束缚，身心协调发展，能适应新社会的新人。（3）方法原则是正确看待儿童，给儿童充分的自由，遵循天性，不压制、不灌输，教育的内容符合儿童各个阶段的年龄特征。

4. 教学

【答】教学有广义和狭义之分。广义的教学就是一定时间、地点、场合下的传授经验的活动，指教的人指导学的人进行学习的活动；狭义的教学是在学校中传授经验的活动，指在学校教育活动中，以教师传授知识、技能和学生获得知识、技能为基础，教师的教和学生的学相互联系、相互作用的统一活动。

5. 教育目的（见 2015 年北京师范大学真题）

三、判断题

1.**【答】**错误。前科学概念不一定都是错误概念，而且“前科学概念”的特定指向是科学，错误概念的范围不局限于科学。

2.**【答】**错误。影响人的创造力的因素不仅有知识水平，还有创造性人格品质、创造性适应品质等。

3.**【答】**错误。“尚自由，展个性”是蔡元培的教学思想，改革北京大学的主导思想是“思想自由，兼容并包”。

4.**【答】**错误。我国最早的蒙学教材是《史籀篇》，相传是周宣王时太史所作。

5.**【答】**正确。我们在教学中可以利用多媒体展示很多直观的教育内容，方便学生理解和运用知识，所以说多媒体教学是直观教学的一种形式。

6.【答】错误。“教育准备生活说”“科学知识最有价值”都是由斯宾塞提出来的。

7.【答】正确。学校管理主要有教学管理、教务管理、学生管理、老师管理。这四项管理中教学管理是学校的核心工作和任务，其余的教务管理、学生管理和老师管理都是服务于教学管理的，都是为教学的顺利进行而开展的。

8.【答】错误。《民主主义与教育》最集中、最系统地表达了杜威的教育理论。

9.【答】正确。①培养人是教育的本体功能；②教育通过培养人产生了教育的衍生释放功能，即教育促进社会发展的功能。

10.【答】错误。德育包含育德的意思，除此之外，德育还包括法制教育、政治教育和思想教育。

四、简答题

1. 知识整合与升华的方法与策略有哪些？

【答】知识的整合与深化实际上是运用记忆规律促进知识保持的过程。其措施有：①提高加工水平；②多重编码；③联系记忆法；④过度学习与试图回忆相结合；⑤合理复习，包括及时复习和分散复习等。

2. 简述陈鹤琴的“活教育”思想。（见 2015 年北京师范大学真题）

3. 简述赫尔巴特的教育心理学化思想。

【答】（1）赫尔巴特是西方历史上第一位把心理学作为独立科学进行研究的教育家。他指出教育学必须以心理学为基础。他系统研究了统觉、兴趣、注意力等心理学问题，建立了自己的观念心理学。

（2）赫尔巴特统觉理论的基本含义是：当新的刺激发生作用时，表象就通过感官的大门进入意识阈。如果它有足够的强度能唤起意识阈下已有的相似观念的活动，并与之结合，那么由此获得的力量就将驱逐此前在意识中占统治地位的观念，成为意识的中心，新的感觉表象与已有观念的结合，形成统觉团（即认识活动的结果）。如果与新的表象相似的观念已经在意识阈上，那么，二者的联合就更加巩固其地位。他还指出统觉的条件是兴趣。

4. 如何理解教学过程？

【答】（1）教学过程是一种特殊的认识过程。师生为传承知识而相互作用的认识活动是教学活动区别于其他活动的最突出、最基本的特点。其特殊性在于间接性、引导性、简捷性。

（2）教学过程必须以交往为背景和手段。教学中应当注意师生之间的平等对话、坦诚沟通，以便激起认识与情感上的共鸣，从而在学生的个性发展上培养和形成教育者所期望的品质。

（3）教学过程也是一个促进学生身心发展、追寻与实现价值目标的过程。引导学生掌握知识，是教学的基本活动；而促进学生身心发展及其价值目标的实现则是在这个认识及交往活动过程中所要完成的教学任务。

5. 简述品德发展的一般规律。（见 2019 年北京师范大学真题）

五、论述题

1. 结合杜威对教育本质的“三大主张”谈谈教育与生活的关系。

【答】（1）在杜威看来，教育的本质就是：教育即生长；教育即生活；教育即经验的持续不断地改造。在“教育即生活”这一命题上，杜威认为儿童心理活动的基本内容就是以本能活动为核心的心理机能不断发展和生长的过程，教育就是起促进本能生长的作用。

（2）教育与生活。

杜威认为理想的学校生活首先应该能与儿童自己的生活相契合，满足儿童的需要和兴趣，让儿童在校园当中得到快乐。其次，学校生活应该与学校以外的社会生活相契合，这就要求教育应适应现代社会的不断变化，使儿童通过各种形式积极参与到形形色色的社会生活中，在社会中获得更多生活的真谛和价值。

（3）教育即生活。

杜威还强调教育要从现实出发，而不是为未来的某种生活做准备。杜威认为教育不仅仅是单纯地传授知识，而是一种生活，是一种发展，学校生活、家庭生活和社会生活应该是相互联系着的，彼此之间不能脱节而孤立地发展。

（4）启示。

从杜威的“教育即生活”的思想中我们可以看到他所重视的学校教育是与生活紧密相连的。他反对以教师、书本和课堂为中心的传统教育，主张以生活化的活动教学代替传统的课堂讲授，以儿童的亲身经验代替书本知识，以学生的主动活动代替教师主导。这些思想给我们当今学校教学以很大的启示。怎样将生活化的活动融入教学，怎样恰如其分地把学生的直接经验运用到教学中等一系列问题，值得我们深思。因此我们必须从另一个高度出发，去寻找适合学生自身的道路，让学校教学因融入生活而愈显生动完美。

2. 什么是启发性教学原则？结合自己任教学科谈谈如何在课堂教学中贯彻启发性原则。（见2012年北京师范大学真题）

3. 结合班级管理实际谈谈班集体的发展阶段及其培养方法。（见2014年华东师范大学真题）

六、材料题

结合上述材料谈谈现代化教育具有哪些经济功能，并据此分析我国当前教育如何更好地发展这些经济功能。

【答】（1）材料中体现的教育的经济功能有：

①教育把可能的劳动力转化为现实的劳动力，实现劳动力的再生产。

②教育通过提高劳动者素质来促进经济发展。教育提高生产者对生产过程的理解程度和劳动技能的熟练程度，从而提高工作效率，也能帮助人们合理操作、使用工具和机器，注意对工具的保养和维修，减少工具的损坏率，并且教育能提高人的创新意识和创造力。

（2）要更好地发展这些经济功能，就要贯彻教育优先发展战略。

①教育先行是一种发展战略，即教育发展先于其他行业或者先于经济发展的现有状态而超前发展。教育优先发展的原因是教育在我国社会主义现代化建设中具有基础性、先导性、全局性意义。落实科学发展观，实现科教兴国战略和人才兴国战略，必然要求把教育摆在优先发展的战略地位。

a. 教育的基础性，指人的素质在社会主义现代化建设中的基础性作用。

b. 教育的先导性，指教育的发展对社会主义现代化建设具有引领作用。

c. 教育的全局性，指教育的发展关乎社会主义现代化建设的方方面面，具有全局性的影响。

②教育优先发展不是教育过度地超前发展，也不是教育的盲目发展，而是一种适度发展，要依据一个国家的经济发展水平来确定教育投资。所以，我国采用教育适度优先发展战略，这一战略能更好地保证人才兴国和科教兴国。

a. 要进行职业教育，使人经过教育和训练，掌握一定生产部门的劳动知识、技能和技巧，并参与生产某种使用价值。

b. 要推进科学研究、发明创造或者革新实践，经验的总结与提升都需要通过教育与教学的紧密配合。

c. 要依靠科学技术，提高劳动者受教育的程度和质量，扩大脑力劳动者的比重，发挥劳动者在生产和改革中的创造性。

d. 教育要优化自身结构，分流培养层次、各类型劳动者和专门人才，使可能的生产力转变为现实的劳生产力，提高劳动生产率，获得巨大的经济效益。

2014年陕西师范大学333教育综合真题·凯程详解

一、名词解释

1. 教育的劳动起源论

【答】教育劳动起源说是由苏联教育学家麦丁斯基，以及我国的教育史学家和教育学家等提出的观点，符合马克思主义的历史唯物论与辩证法，为科学、合理地揭示教育起源问题奠定了基础。主要观点是：①人类教育起源于劳动和劳动过程中所产生的需要；②教育是人类特有的一种社会活动；③教育以人类语言和意识的发展为条件；④教育职能就是传递劳动过程中形成的社会生产和生活经验；⑤教育范畴是历史性与阶级性的统一。

2. 学制（见2019年北京师范大学真题）

3. 校本课程（见2010年陕西师范大学真题）

4. 班级授课制（见2016年北京师范大学真题）

5. 教育先行（见2011年华东师范大学真题）

6. 发现学习（见2017年华东师范大学真题）

二、填空题

1. 赫尔巴特　2. 前运算阶段　3.《中庸》　4. 癸卯学制

5. 人的主观能动性　6. 行动　7. 确定研究课题　8. 亚里士多德

9. 确定学习目标

10. 直观性原则/激发学生求知欲原则/巩固性原则/系统性原则/量力性原则

三、简答题

1. 简述教师职业的特点。

【答】（1）教师职业角色的多样化：①“传道、授业、解惑者”的角色；②管理者的角色；③心理调节者的角色；④朋友、知己的角色；⑤研究者的角色等。

（2）教师职业的特点：

①任务的全面性和艰巨性。教师要使自己的受教育对象获得全面、充分、和谐的发展。

②工作方式的个体性和独立性。教师当然也需要合作和相互学习，但更多的是独立地开展工作。

③工作对象的主体性、多样性和发展性。教师面对的是活生生的、成长中的人。

④工作的长期性和复杂性。正如俗话所说：“十年树木，百年树人。”

⑤工作价值的迟效性和间接性。教师的工作价值要转化为学生身心全面、健康、和谐地发展，以及学生将来对社会所做出的贡献。

⑥工作成果的集成性和社会性。任何一个学生的成长和成功都是教师集体以及各种教育因素共同作用的结果。

2. 在教学中如何激发学生的学习动机？（见2012年华东师范大学真题）

3. 中小学教学中最常用的、具有我国特色的、影响较大的教学模式有哪些？

【答】（1）传递—接受模式：我国中小学在教学实践中长期以来普遍采用的、广为人知的一种教学模式。教学基本程序：①引起求知欲；②感知教材；③理解教材；④巩固运用；⑤检查评价。

（2）自学—辅导模式：在教师指导下学生自己独立进行学习的模式。这种教学模式是我国教育界根据培养学生独立思考能力、教会学生学习的教学指导思想，在实践实验的基础上形成的。

（3）情境陶冶模式：指在教学活动中，创设一种情感和认知相互促进的教学环境，让学生在轻松愉快的教学气氛中有效地获得知识，同时陶冶情感的一种教学模式。

（4）示范模仿模式：通过教师讲解、示范，学生进行参与性的练习而获得知识技能的一种教学模式。教师应该注重行为技能的原理、程序及关键环节的说明和演示。

（5）尝试教学模式：教授新课时，先让学生进行尝试练习，然后教师再讲解，即“先练后讲”。教学基本程序：①出示尝试题；②自学课本；③尝试练习；④学生讨论；⑤教师讲解。

（6）目标教学模式：指以明确教学目标为导向，以教学评价为动力，以矫正、强化为活动中心，让绝大多数学生掌握教学内容的教学模式。教师是目标的提供者和学生达标的组织者。

（7）引导发现模式：以解决问题为中心，注重学生的独立活动，着眼于思维力和意志力培养的教学模式。

（8）概念获得模式：该模式的目标是使学习者通过体验所学概念原理的形成来发展学生的归纳、推理等思维能力，掌握探究思维的方法。

4. 如何才能有效地运用讲授法？

【答】（1）讲授法是教师通过语言系统连贯地向学生传授知识，促进学生智能和品德发展的方法，它又可分为讲读、讲述、讲解、讲演。

（2）运用讲授法的要求。

①精炼讲授内容。教师要避免语言冗长烦琐，尽量言简意赅，同时还要注意教学内容要有科学性、思想性、启发性、趣味性和系统性。

②注意讲授的策略与方式。对不同阶段的学生实施不同的讲授策略与方式，照顾到他们的年龄特点和接受水平。

③注意启发性。启发性不仅是一条重要的教学原则，也是常用的教学方法，在运用讲授法进行教学时要配合启发性以达到更好的教学效果。

④讲究语言艺术。教师的语言艺术是教学艺术的体现，是有效教学的催化剂，是教师个人魅力的体现。

5. 简述百日维新的教育改革措施。

【答】（1）创办京师大学堂。

1898 年光绪在《明定国是诏》中宣布设立京师大学堂，各省大学堂均属大学堂管辖。《京师大学堂章程》的主要内容有：①京师大学堂不仅是全国最高学府，也是全国最高教育行政机关。②办学宗旨是“中学为体，西学为用”。③在课程设置方面，西学比重高于中学。④封建等级性非常浓厚。

（2）书院改办学堂。

维新派主张各地大小书院一律改为兼习中学、西学的新式学堂，还计划设立实业学堂，广派人员出国游学，设立译书局与编译学堂，奖励开设报馆，开放言论，书籍、报纸实行免税等。

（3）改革科举制度。

1898 年 6 月，光绪皇帝下诏废除八股，催立经济特科，并宣布以后的取士以“实学实政”为主。这一措施的实施，为思想的解放创造了条件。

四、论述题

1. 评述《基础教育改革纲要》中的教育改革目标。

【答】（1）为了应对时代挑战，全面推进素质教育，优化人才培养模式，教育部颁布了《基础教育改革纲要》。教育课程改革的总体目标是面向现代化、面向世界、面向未来，实质是要面向人的发展，确立以人为本的科学发展观。

（2）课程改革的具体目标。

①在具体课程目标上，改变传统课程过于注重知识传授的倾向，强调形成积极主动的学习态度，在获得基础知识和基本技能的同时形成正确的价值观。

②在课程结构方面，改变传统课程过于注重学科本位、科目过多和缺乏整合的状况，体现课程的均衡性、综合性和选择性。

③在课程内容选择方面，改变传统课程内容“繁、难、偏、旧”和注重书本知识的现状，加强课程内容与学生生活、现代社会和现代技术发展的联系，关注学生的学习兴趣和经验。

④在课程实施方面，改变传统教学强调接受学习、死记硬背的状况，倡导学生主动参与、勤于动手，培养学生收集和处理信息、获取新知识、交流与合作等能力。

⑤在课程评价方面，改变过于强调甄别与选拔的功能，发挥课程评价促进学生发展、教师发展和改进教学实践的功能。课程评价要从终结性评价转变为与发展性评价、形成性评价相结合。

⑥在课程管理方面，改变传统课程管理权限过于集中的弊端，实行国家、地方和学校三级管理，增强课程对地方、学校及学生的适应性。

（3）启示。

由上可见，新课程不再是单一的、理论化的、体系化的书本知识，而是向学生呈现人类群体的生活经验，并把它们纳入学生生活世界中加以组织。所以，课程内容也不再只是死记硬背一些对实际生活毫无助益的抽象知识，而是着重培养学生日常生活中所必须具备的基本能力和正确的生活态度，这正成为课程生活化之要旨。

2.《国家中长期教育改革与发展规划纲要（2010—2020年）》提出“科教兴国，人才强国”。中国未来发展，中华民族伟大复兴，关键靠人才，基础在教育。试论述教育如何实现其社会发展功能。（见2014年北京师范大学真题）

2015年陕西师范大学333教育综合真题·凯程详解

一、名词解释

1. 卢梭的自然主义教育（见2013陕西师范大学真题）

2. 成就动机（见2010陕西师范大学真题）

3. 稷下学宫（见2020年北京师范大学真题）

4. 教学（见2013年陕西师范大学真题）

5. 学习（见2013年陕西师范大学真题）

二、选择题

1～5. BBDBD　　6～8. AAB

三、简答题

1. 简述孔子给我国教育带来的影响。

【答】（1）积极影响：①孔子编纂的“六经”成为我国古代教育的主要内容；②孔子道德教育中“仁”和“礼”的思想奠定了我国古代的礼教制度，有利于政治稳定；③孔子对教育作用的论述强调了教育的重要作用，提高了教育的地位；④孔子“有教无类”的教育思想扩大了教育对象，有利于教育的普及；⑤孔子的教育目的是培养治国安民的贤能之士；⑥孔子有关教师的论述对教师教育提供了要求和典范。

（2）消极影响：由于时代局限，孔子的教育思想不能超出封建思想的界限，根本目的是维护封建统治，不具备完全的民主性，并且其思想透露出对生产劳动知识技能的鄙视，我们应当扬长避短，辩证对待。

2. 简述董仲舒的三大文教政策。（见2010年陕西师范大学真题）

3. 学制确立的依据。（见2010年陕西师范大学真题）

4. 简述赫尔巴特的教育心理学的思想。（见2013年陕西师范大学真题）

5. 简述陈述性知识学习和程序性知识学习的区别。（见2010年陕西师范大学真题）

四、论述题

1. 试论述活动课程和学科课程的分歧。

【答】（1）学科课程。

①学科课程是从各门学科中选取最基本的内容，组成各种不同的学科，分学科安排教学顺序、学习时数和期限的课程。

②优点：a. 从内容看，以学科作为教学活动的单位，方便编订教材，教学内容的选择、结构、顺序就是学科知识的选择、结构、顺序。课程目标以学科知识的掌握为目标。b. 从教学看，以科学文化知识为主体的学科课程便于教学。c. 从学习的角度看，便于让学生学到系统的科学文化知识，便于管理、便于评价。

③缺点：学科各自独立，割裂各学科间的联系。只重视系统学科知识的学习，不利于培养学生能力。知识与能力培养相脱离，轻学科间的联系，难以培养出现代化建设所需要的人才。

（2）活动课程。

①活动课程即以儿童活动为中心来组织教学过程。课程应是一系列儿童自己组织的活动，儿童通过活动获得经验，从中培养学习兴趣，学会独立解决问题，锻炼能力。

②优点：以儿童为中心，从儿童需要和个性出发设计课程，课程的组织是综合性的；课程顺序强调心理结构；课程进度无严格规定；重视学生的主动性和发展学生的个性；注意学生的动机和兴趣，强调经验的获得。

③局限：过分地夸大了儿童个人经验，忽视了间接知识的系统学习，降低教学质量；不顾及这些经验本身的逻辑顺序，降低了学生的系统知识水平；对于教师而言，活动课程的组织较困难。

（3）分歧。

①补充说。认为活动课程是学科课程的补充，在我国课程结构中，应以学科课程为主，活动课程为辅，二者相辅相成，共同发挥育人功能。

②对立说。认为活动课程和学科课程有着本质的不同，是根本对立的两种课程形态。

③发展说。活动课程是对学科课程的超越，活动课程实质上包含了学科课程，活动课程可以说是学科课程的一种整合形态，以活动作为特殊形式把学科课程有机地结合起来。

总之，我们主张当下的课程改革要将活动课程和学科课程结合起来，要互为补充，才能促进学生的全面发展。

2. 根据 1922 年“新学制”的观点和标准谈谈我国现行学制的改革。

【答】（1）1922 年 9 月教育部公布了《学校系统改革案》，这就是 1922 年的“新学制”，或称“壬戌学制”。由于该学制采用的是美国式的“六三三”分段法，又称“六三三”学制。

（2）学制内容。

①“新学制”的七项标准。受实用主义思想的影响，“新学制”不定教育宗旨，而以七项标准作为指导。“新学制”的标准为：a. 适应社会进化之需要；b. 发扬平民教育精神；c. 谋个性之发展；d. 注意国民经济力；e. 注重生活教育；f. 使教育易于普及；g. 多留各地伸缩余地。

②学制体系。“新学制”以儿童身心发展规律为依据，采用“六三三”分段标准，将学制划分为三段。纵向看，小学 6 年，其中初级小学 4 年（义务教育阶段）、高级小学 2 年，中学分为初、高中各 3 年，大学 4～6 年，小学之下有幼稚园，大学之上有大学院。横向看，与中学平行的有师范学校和职业学校。

（3）我国现行学制。

我国现行学制是“六三三”学制，并且是分支型学制，与普通教育并行的还有职业教育、技术教育等多种类型。发展趋势是：①义务教育年限的延长；②普通教育与职业教育的综合化；③高等教育的大众化；④终身教育体系的建构。

（4）1922 年“新学制”对我国现行学制的启示。

①加强实用主义和学生生活化倾向，体现科学与民主的精神。学生所学就是学生所用的知识，

即为了学生的未来生活，又为了学生的当下生活。②坚持“六三三”制，并努力把我国的分支型学制改革为单轨制；③注意国家经济实力，依据国家经济水平的不断提升，快速实现义务教育的全面普及；④依据儿童身心发展的规律来制定学制，在教育阶段的划分和衔接上，要让学习内容能够适应学生的发展和需要。

2016年陕西师范大学333教育综合真题·凯程详解

一、名词解释

1. 学制（见2019年北京师范大学真题）
2. 教育（见2014年北京师范大学真题）
3. 最近发展区（见2011年北京师范大学真题）
4. 三舍法（见2013年北京师范大学真题）
5. 学习动机（见2013年北京师范大学真题）

二、简答题

1. 班级授课制的局限性。（见2020年北京师范大学真题）
2. 德育途径。（见2014年北京师范大学真题）
3. 如何促进知识的迁移?（见2014年北京师范大学真题）
4. 简述《国防教育法》。（见2014年华东师范大学真题）
5. 创造性的培养。（见2015年华东师范大学真题）
6. “三纲领八条目”的内容。

【答】（1）《大学》是我国战国时期论述大学之道的文章，其中提出了“三纲领”和“八条目”。《大学》开篇就说：“大学之道，在明明德，在亲民，在止于至善。”这是《大学》提出的教育纲领和培养目标。

（2）《大学》中的格物、致知、诚意、正心、修身、齐家、治国、平天下，即后世所称的《大学》的“八条目”，这是实现“三纲领”的具体步骤。“格物”“致知”是“八条目”的基础。

三、论述题

1. 张之洞“中体西用”的历史意义和局限性。（见2014年华东师范大学真题）
2. 杜威和赫尔巴特的教学过程理论的比较。

【答】（1）赫尔巴特的教学过程理论。

赫尔巴特认为教学是在教师的引导下，学生的观念积极活动的过程。他把教学活动分为“明了、联想、系统、方法”四个主要阶段，称之为“四步教学法”：

①明了，指教师讲解新教材时，把教材分解为若干个部分，提示给学生，以便学生领悟和掌握。

②联想，指通过师生谈话把新旧观念结合起来，但又没出现最后的结果。

③系统，指在教师指导下寻找结论和规则，使观念系统化，形成概念。

④方法，指通过练习把所学的新知识应用于实际，以检查学生对新知识的理解是否正确。

（2）杜威的教学过程理论。

杜威认为教学是儿童通过亲身实践、探究而获取经验的过程，同时也是儿童思维发展的过程。依据思维发展的阶段，杜威把教学过程划分为五个阶段，称之为“五步教学法”。这五个阶段分别为：①要有一个真实的经验的情境；②产生一个真实的问题；③提出解决问题的种种假设；④推断哪个假设能解决这个困难；⑤验证这个假设。

（3）两种教学过程理论的异同

不同点：①杜威更加强调思维的培养。赫尔巴特更加强调知识的习得。②杜威更加强调情境性教学、活动教学和做中学。赫尔巴特更加强调教师中心的授课方式，学习系统的知识，其中讲授法是主要的学习方法。

相同点：①他们都将教学过程分为了不同阶段，杜威是反省思维五步法，赫尔巴特是教学四步法，并且都提出了具体落实的教学模式。②他们都重视兴趣的作用，高度重视学生学习动机的启迪。③这两种教学模式在当今教学中都有运用，赫尔巴特的教学模式更适合学习系统知识，而杜威的教学模式更适合探究式的教学任务。

3. 新基础课程改革的六大目标。（见 2014 年陕西师范大学真题）

4. 论述启发性教学原则。（见 2012 年北京师范大学真题）

2017 年陕西师范大学 333 教育综合真题·凯程详解

一、名词解释

1. 教育（见 2014 年北京师范大学真题）

2. 讲授法（见 2010 年华中师范大学真题）

3. 朱子读书法（见 2015 年东北师范大学真题）

4. 接受学习（见 2016 年北京师范大学真题）

5. 学习兴趣

【答】学习兴趣是一个人倾向于认识、研究获得某种知识的心理特征，是可以推动人们求知的一种内在力量。学生对某一学科感兴趣，就会持续地、专心致志地钻研它，从而提高学习效果。学习兴趣可以划分为直接兴趣与间接兴趣、个体兴趣与情境兴趣。发生、发展的过程一般是有趣、兴趣和志趣。教育必须要引起学生的兴趣才是有意义的教育。

6. 课程标准（见 2015 年北京师范大学真题）

7. 最近发展区（见 2011 年北京师范大学真题）

8. 要素教育（裴斯泰洛齐）

【答】按照裴斯泰洛齐的观点，任何事物都是由最基本的要素构成的，儿童掌握了这些要素就能够很到位地学习。教育也应从最基本、最简单的要素开始，由易到难，循序渐进，适应儿童的接受能力。裴斯泰洛齐详细论述了各育的基础要素，如智育的要素是直线和音词；德育的基本要素是母爱；体育的基本要素是关节活动。

二、简答题

1. 教学过程的性质是什么?（见 2013 年陕西师范大学真题）

2. 培养班集体的方法。（见 2014 年华东师范大学真题）

3. 建构主义的学习观。（见 2013 年华东师范大学真题）

4. 影响问题解决的因素。

【答】（1）有关的知识经验。如果个体有与问题相关的背景知识，则可以促进问题的表征和解答。例如，学习完乘法之后再学习除法会变得比较容易。

（2）个体的智能与动机。智力的成分影响问题的分析，动机水平则影响问题解决的进程。例如，逻辑—数学智能比较好的学生能够更好地解决数学问题，中等强度的动机最有利于问题解决。

（3）问题情境与表征方式。问题情境是指呈现问题的客观情境，情境中事物的空间排列、包含事物的多少以及与个人知识结构的相似度都会影响问题解决。如果不能恰当地进行问题表征，就会导致问题解决的失败。

（4）思维定势与功能固着。①思维定势。思维定势表现为以一种易于以习惯的方式解决问题的倾向。例如，看两张照片，一张照片上的人英俊、文雅；另一张照片上的人丑陋、粗俗。这两个人中有一个是全国通缉的罪犯，多数人会认为后者是通缉犯。②功能固着。功能固着是指个体往往只看到某种事物的通常功能。例如，假设一个螺丝松了，人们通常都会找螺丝刀，很难想到小刀也可以。

（5）原型启发与酝酿效应。①原型启发。原型启发是指在其他事物或现象中获得的信息对解决当前问题的启发。例如，鲁班受到两边长着锋利的齿的叶子的启发，发明了锯子。②酝酿效应。酝酿效应是指当一个人长期致力于某问题而不得其解的时候，暂停后可能会忽然想到解决办法。例如，有人在反复探索一个问题的解答而毫无结果时，如果把问题暂时搁置几小时、几天或几周，然后再回过头来解决，这时常常就可以很快找到解决方法。

5. 人文主义教育的特点。（见2011年华东师范大学真题）

6. 革命根据地教育的基本经验。（见2020年华中师范大学真题）

三、论述题

1. 结合实际论述核心素养对教育改革的影响。

【答】（1）"核心素养"指学生应具备的适应终身发展和社会发展需要的必备品格和关键能力，突出强调个人修养、社会关爱、家国情怀，更加注重自主发展、合作参与、创新实践。核心素养的构成包括三大方面、六大要素、十八个基本点，具体如下：

①文化基础。

人文底蕴：人文积淀、人文情怀、审美情趣。

科学精神：理性思维、批判质疑、勇于探究。

②自主发展。

学会学习：乐学善学、勤于反思、信息意识。

健康生活：珍爱生命、健全人格、自我管理。

③社会参与。

责任担当：社会责任、国家认同、国际理解。

实践创新：劳动意识、问题解决、技术运用。

（2）核心素养的提出，将会进一步落实立德树人的根本目标，改变教育领域内依然大量存在的"唯分数论"的状况。明确核心素养，一方面可通过引领和促进教师的专业发展，改变当前存在的"知识本位"现象；另一方面可帮助学生明确未来的发展方向，激励学生朝这一目标不断努力。另外，核心素养的提出，还可以在教育方针和具体的教育实践之间搭建桥梁，使广大教师在教育教学过程中，能够时刻将自己的教育教学与核心素养相对照，使得教育评价始终在一个科学、理性的轨道中推进。

2. 根据陶行知的生活教育思想，谈谈学校教育与学生生活的理想关系。

【答】（1）陶行知的生活教育理论。（见2014年北京师范大学真题）

（2）学校教育与学生生活的理想关系。

①学校教育应该充分体现学生的生活内容，让教育内容充满生活性，让教育方法生活化，教育目的不要远离学生的生活需要；②学校教育既要体现学生的当下生活，还要引领未来生活的发展方向和满足未来生活的需要；③学校教育应该突出教、学、做合一，重视做与学的联系、做与教的联系，让学生活学活用、手脑并用。

3. 您认为赫尔巴特的教学理论和课程理论对今天的教育还有没有作用？

【答】（1）赫尔巴特的教学理论。

他认为教师应采取符合学生心理活动规律的教学程序，有计划、有步骤地进行教学。他把教学过程分成四个连续的阶段：①明了，指教师讲解新教材时，把教材分解为许多部分，提示给学生，便于学生领悟和掌握；②联想，指通过师生谈话把新旧观念结合起来，但又没出现最后的结果；③系统，指在教师指导下寻找结论和规则，使观念系统化，形成概念；④方法，指通过练习把所学知识应用于实际，以检查学生对新知识的理解是否正确。

（2）赫尔巴特的课程理论主要包括三个方面的主张：

①课程内容的选择必须与儿童的经验和兴趣一致。经验是教学活动赖以进行的基础。经验需要教学加以补充和整理，如直观教材。兴趣存在于经验之中，因此，只有与儿童经验相联系的内容，才能引起儿童浓厚的兴趣，从而更好地接受教材。

②新的观念和知识是以原有观念和知识为基础产生的。课程的安排应当从儿童熟悉的材料逐步过渡到密切相关但还不熟悉的材料。赫尔巴特提出了“相关”与“集中”的课程设计原则。

③课程应与儿童的发展相呼应。文化纪元理论是儿童与课程维度设计和选择课程的基础。文化纪元理论认为不同时代的文化成果集中反映了人类认识的不同发展水平。儿童个性和认识的发展重复了种族发展的过程。

（3）评价。

①依据人的身心发展规律，提出兴趣是课程设置和教学的基础和前提。

②为学生学习提供了心理学基础，重视已有知识和经验对学习新知识的重要性。

③赫尔巴特的四段教学法后来被他的学生发展为五段教学法。他的分段教学，可以极大程度地提高整个教师队伍的教学水平。

综上所述，赫尔巴特的教学论与课程理论有很大的适用性。但是，由于时代局限，赫尔巴特的思想带有一定的机械性和浓厚的思辨色彩，在今天的教学实践中应该取其精华、去其糟粕，而不能完全照搬。

四、材料分析题

主题是“无师课堂”。结合材料中河南汝阳县声讨学校无师课堂案例，用教师的主导作用与学生的主体地位的理论分析此教学现象。（材料缺失）

【答】（1）教学活动应该以学生为主体。教学在本质上是特殊认识过程，是教师教学生认识的过程。教学作为学生的个体认识过程，学生是主体，发挥着主体性。没有学生主体，教学活动既无存在的意义，也不可能现实存在。

（2）教学活动也需要以教师为主导。教学作为一种社会现象，体现一定的社会价值，存在着复杂的规律性联系，而学生作为培养对象，既不可能自觉实现社会要求，又难以按教学的规律去自主活动。因此，教学活动必须由专门的教师来设计和组织。教学必须由教师来领导，教师决定教学的方向、方法、内容、形式等。

（3）教师主导和学生主体是不可分割的。①教师主导是对学生主体活动的领导，或者说，教师设计、组织的恰恰是学生认识教学内容这一活动。②学生主体是教师主导下的主体，或者说，学生是在教师设计、组织的教学认识过程中充当主体，学生成为主体正是教师主导的体现和结果。

综上所述，在师生的社会关系基础上教师为教学活动的主导、学生为教学认识的主体。

2018 年陕西师范大学 333 教育综合真题·凯程详解

一、判断题

1.【答】错误。我国最早的蒙学教材是《史籀篇》。

2.【答】错误。斯宾塞最先提出生活准备说。

3.【答】错误。课程包括课程目标、课程内容、课程实施、课程评价等。教科书只是课程的一种实施文本。

4.【答】错误。（见 2013 年东北师范大学真题）

5.【答】错误。授人以鱼指的是学生学到的知识与技能，授人以渔指的是学生学习掌握知识的方法与过程。我们在学习中既要重视学到的知识与技能，也要重视学会如何学习。所以知识和能力并重，二者不存在优劣之分。

6.【答】错误。动机强度的最佳水平会随学习活动的难易程度不同而有所变化。从事比较容易的学习活动，动机强度的最佳水平会高些；而从事比较困难的学习活动，动机强度的最佳水平会低些。

7.【答】错误。教师的不良言行、本身的素质欠缺会对学生的道德发展产生不良示范作用，有些教师教学无方，大量占用学生时间，会影响学生的身体健康。

二、名词解释

1. 产婆术（见 2011 年北京师范大学真题）

2. 启发式教学

【答】启发式教学是指教师在教学过程中，根据教学任务和学习的客观规律，从学生的实际出发，采用多种方式，以启发学生的思维为核心，调动学生学习的主动性和积极性，促使学生生动活泼地学习的一种教学指导思想。

3. 最近发展区（见 2011 年北京师范大学真题）

4. 苏湖教学法（见 2014 年北京师范大学真题）

5. 学校教育（见 2010 年华中师范大学真题）

三、简答题

1. 简述教育的基本要素及其相互间的关系。（见 2015 年北京师范大学真题）

2. 简述教师主导作用与学生主体作用相统一的关系。（见 2010 年北京师范大学真题）

3. 简述《中庸》中的学习过程。

【答】《中庸》将教学过程表述为："博学之，审问之，慎思之，明辨之，笃行之。"这是对求知学习过程的阐述，把学习过程具体概括为学、问、思、辨、行五个先后相续的步骤，这一表述概括了知识获得过程的基本环节和顺序，它是对从孔子到荀子学习过程的发展。

4. 简述赫尔巴特的教育心理学化思想。（见 2013 年陕西师范大学真题）

5. 简述活动课程的基本特点。（见 2010 年北京师范大学真题）

四、论述题

1.《学记》的贡献和地位。（见 2011 年东北师范大学真题）

2. 杜威与赫尔巴特的教学理论比较和对我国不同阶段的教育实践和教育思想的影响。

【答】（1）不同点。

①教育目的不同。赫尔巴特认为教育作用有"可能的目的"和"必要的目的"。"可能的目的"是指与儿童未来从事职业相关的目的。"必要的目的"是指教育所要达到的最高和最为基本的目的，即道德。杜威提出教育无目的论，反对外在强加的目的，认为教育本身之外无目的。

②教师与学生地位不同。赫尔巴特强调以教师为中心，学生处于被动地位。杜威提出儿童中心论，整个教育过程中要以儿童为中心，要求尊重儿童的天性。

③课程方面不同。赫尔巴特强调以系统知识为中心，重视学科学习。杜威提出了从"做中学"和从经验中学的课程理论，主张以儿童的直接经验为教育的起点。

④教学方法不同。赫尔巴特强调教师的讲授。杜威推崇从做中学或从经验中学的教学方法，强调教学必须考虑儿童本性发展的特点，必须考虑儿童的接受能力和个别差异，

⑤教学重点不同。赫尔巴特强调学生对知识的掌握。杜威非常关注对学生思维能力的培养和训练，他要求学生必须掌握科学的思维方法。

⑥教学过程不同。在教学过程上，赫尔巴特试图根据心理学来阐述教学过程，提出了明了、联想、系统、方法四个阶段，发挥教师在教学中的领导作用，使上课规范化，教学质量得到提高。杜威提出"五步教学法"，它被简明地概括为：困难、问题、假设、验证、结论

（2）相同点。①强调教育培养的人为社会发展服务；②都重视学生的道德教育；③强调教学阶段。

（3）对我国的影响。

①作为传统教育的代表人物，赫尔巴特强调课堂、书本、教师三中心，其教育理论反映了资本主义确立时期教育理论发展的水平。我国很长时间以来都在以赫尔巴特的三中心论作为教育的基本理论依据，重视书本知识的学习和学科课程的教学，奠定了我国教育的基调。

②杜威认识到传统课程的弱点，主张重视儿童的直接经验积累，教材的编写更要注重学生的心理水平。同时，杜威强调的“做中学”对于传统的静坐学习也有启发性和进步意义，这与我们新课改中所提倡的“综合实践活动”和“小组合作学习”的思想具有一致性。但他将传统的学科课程一概否定，仅仅满足于活动课程和个人的经验，这是不科学的。因此我们在实际的课程编制上，应该将教材的知识逻辑和心理逻辑相结合。

（4）启示：赫尔巴特的课堂中心理论和杜威的活动中心理论，对教学来说都具有不可或缺的价值，只有将二者结合起来，才能促进学生的全面发展。

五、材料分析题

（1）根据影响人身心发展的因素及关键期分析狼孩儿的故事。

（2）请提出一些措施帮助他。

【答】（1）影响人身心发展的因素有遗传素质、环境、教育和个体的主观能动性。

①遗传素质是人的身心发展的物质基础和前提条件。遗传素质的成熟程度制约着人的身心发展过程及其阶段；遗传素质的差异性对人的身心发展有一定的影响作用；遗传素质具有可塑性；遗传素质在个体发展的不同阶段作用的大小不同，随着个体不断地发展，遗传素质的作用日益减弱。

②环境是人的发展的外部条件，表现为环境的给定性与主体的选择性。人具有能动性，可以去选择环境、适应环境，还可以去创造环境。环境对人的发展作用离不开人对环境的能动活动。一个人发展到什么程度，都与他所处的环境有关，“近朱者赤，近墨者黑”就是这个道理。环境的作用可能是积极的，也可能是消极的，但是我们不能过分夸大环境的作用。

③教育是一种有目的地培养人的社会活动，对人的发展起主导作用。教育主要通过文化知识的传递来培养人，因为知识有认识价值、能力价值、陶冶价值和实践价值。学生通过学习获取知识，认识事物特性，也就获得了通过社会实践改造事物的可能性。

④主观能动性是决定人的发展的一个因素。个体的主观能动性是在人的活动中产生和表现出来的。个体的主观能动性是人的发展的内在动力。个体的主观能动性影响人的自我设计和自我奋斗。

对于狼孩来说，环境和教育对其影响巨大，使其遗传素质和主观能动性都几乎没有显现。狼孩因为在狼的环境中成长，接受狼群的教育，所以才成了“狼孩”。

（2）措施。①教授最基础的知识，循序渐进。②不主张一定要让狼孩达到正常的水平。③在日常生活中教育，使其不断适应环境。

2019年陕西师范大学333教育综合真题·凯程详解

一、名词解释

1. 教育制度（见2012年华东师范大学真题）

2. 探究性学习

【答】探究性学习，即学习者通过发现问题和解决问题而建构知识的过程。研究表明，以问题为中心的探究性学习有利于帮助学生提高灵活应用知识的能力，形成有效的问题解决和推理策略，发展他们的自主学习能力。探究性学习被广泛采用的一个具体模式是项目式学习，基本步骤是针对课程内容设计出一个个学习单元——项目，每个项目围绕着一个发现的问题而展开，学习者以合作的方式来分析问题、搜集资料、确定方案，直到解决问题。其基本环节是提出驱动性问题，形成具体的探究问题和探究计划，实施探究过程，形成和交流探究结果，反思评价。

3. 成就动机（见2010年陕西师范大学真题）

4. 道尔顿制（见2011年北京师范大学真题）

5. 综合课程（见2012年华东师范大学真题）

二、填空题

1. 礼；乐；射；御；书；数

2. 生理的需要；安全的需要；归属与爱的需要；尊重的需要；求知的需要；审美的需要；自我实现的需要

3. 幼儿教育　　4. 2015　　5. 场依存型和场独立型

6. 文化基础；自主发展；社会参与　　7. 壬寅学制　　8. 国家课程；地方课程；校本课程

9. 人们在一生中所受到的各种教育的总和

三、判断题

1.【答】错误。官家主持、私家操办写反了，稷下学宫是一所由官家操办、私家主持的一种特殊形式的学校。

2.【答】错误。旧知识对新知识的影响是顺向迁移，倒摄反应即倒摄抑制，是指后学习材料对识记和回忆前学习材料的干扰。

3.【答】正确。有效教育活动是智力因素和非智力因素的综合过程，即科学因素和人文因素的综合过程。

4.【答】错误。学习迁移广泛存在于各种知识、技能与社会规范的学习中。

5.【答】错误。八股文确立于明代，是明清科举考试的主要文体。

6.【答】正确。颜元的思想体系就是实学思想体系（也叫真学），主张培养实学人才，即"实德实才之士"，并为此建立实学的六斋教学体系，重视实践的教育方法。

7.【答】正确。实验教育学的代表人物是梅伊曼和拉伊。19世纪末20世纪初，实验教育学在欧美兴起，它是用自然科学的实验法研究儿童发展及其与教育关系的理论。1901年，德国教育家梅伊曼出版了他的代表著作《实验教育学纲要》。1907年，教育家拉伊出版了《实验教育学》一书，系统阐述了实验教育的思想。

8.【答】错误。题干中的观点是教育家杜威提出的。在杜威看来，教育的本质就是教育即生活、教育即生长、教育即经验的改造。

9.【答】错误。根据评价在教学过程中的作用不同，可分为诊断性评价、形成性评价、终结性评价。诊断性评价一般是在教育教学实施前期开展的评价，旨在对学生已经形成的知识能力、情感等发展情况做出合理的评价。形成性评价是在教学过程中为了改进和完善教学活动而进行的对学生学习过程的评价，通过及时的反馈信息来调控教学过程，激励学生学习。终结性评价是在一个大的学习阶段、一个学期或者一门课程结束时对学生学习结果的评价。

四、简答题

1. 泰勒原理。（见2012年华东师范大学真题）

2. 科尔伯格的道德认知理论——三水平六阶段。（见2013年华东师范大学真题）

3. 创造性思维。

【答】创造性思维是指用超常规方法，重新组织已有的知识经验，产生新方案和新成果的心理过程，是创造性认知品质的核心。其主要特征有流畅性、变通性、独特性、综合性、突发性。现在多数研究者认为，创造性思维是一个复合体，它是由多种思维有机组成、协同作用的。首先，创造性思维是发散思维与聚合思维的统一；其次，创造性思维是逻辑思维与非逻辑思维的统一。

4. 要素教育。（见2017年陕西师范大学真题）

5. 建立良好师生关系的策略。

【答】（1）师生关系是教师和学生在教育过程中为完成一定的教育任务，以“教”和“学”为中介而形成的一种特殊的社会关系，是学校中最基本的人际关系。

（2）建立良好师生关系的策略。

①转变观念（转变传统的角色心理）。这是创建新型师生关系的前提，其主要表现在：a. 教师要有正确的学生观；b. 教师要有平等的师生观；c. 教师要有正确的人才观。

②尊重与理解是创建新型师生关系的关键。教师要做到如下几点：a. 充分了解和信任学生，让学生做课堂的主人，做教育教学的主人；b. 主动接近学生、研究学生；c. 民主公正地对待学生；d. 尊重和理解学生，主动与学生沟通，教师要能做到“移情体验”；e. 以自身的形象影响学生。

③努力提高自我修养，健全人格。教师的素质是影响师生关系的核心因素。教师的师德修养、知识能力、教育态度、个性品质都将对学生产生深刻的影响。

五、论述题

1. 朱子读书法的内容和要点是什么？当代社会快餐文化与朱子读书法二者之间有何关系？

【答】（1）朱子读书法的内容。

①循序渐进。a. 读书顺序不要颠倒；b. 量力而行，安排读书计划；c. 扎扎实实、一步一步前进，不可急于求成。

②熟读精思。读书必须反复阅读，不仅要能够背熟，而且要对书中的内容了如指掌。

③虚心涵泳。读书必须以虚心的态度去体会圣贤的用心和寓意，来不得半点主观臆断或随意发挥。

④切己体察。读书不仅是要获得知识、寻求义理，更重要的是落实到自身修养的提高上，这是儒家提倡“求诸己”、讲究自律的思想体现。

⑤着紧用力。读书学习一定要抓紧，要努力，一旦进入学习阶段，就绝不能放松，要按部就班地完成任务。

⑥居敬持志。读书的关键还在学者的志向及良好的心态。“敬”就是端正态度，“持志”即有坚定志向。

（2）快餐文化是只求速度不求内涵的一种现象。

比如看名著只看精简版，想学东西只想报速成班。它是人们生活节奏加快的产物，是人们对名利过多追逐的产物，是人们只求其名不求其实的表现。快餐文化只能填饱肚子，但没有太多营养，吃多了反而会坏了身子。食之无味，弃之不惜。读书若只是浮光掠影地泛读，不但无法提升文学素养，反而可能因知识的杂乱和浅薄而适得其反。

至于读书学习，还是应该踏踏实实。朱子读书法在当今快餐文化盛行的潮流下是一种经典文化的式微，是我们更应该找回，更应该认真奉行的读书学习的方法和道理。

2. 学校可利用移动设备上课。请谈谈其利弊。

【答】当下，科技迅速发展，移动设备逐渐普及，移动设备与教育的结合成为大势所趋，移动设备进课堂也存在着诸多利与弊。

（1）利：

①激发学生的学习兴趣和学习的积极性，让学生能够“游戏化学习”。将移动设备应用于课堂实践，有助于进一步推进现代化课堂教学改革。

②丰富课堂交互方式，提高学生对知识的理解和应用能力。借用移动设备，提高学生信息加工处理、问题解决和表达交流的能力。

③移动设备有利于取得好的小组协作效果，培养合作学习精神，获得即时反馈和利用设备进行质性评价，使课堂讨论过程和结果效度最大化。

④无限拓展课堂外的学习空间，实现自主性、个性化的学习方式。它满足了不同的学习习惯和学习喜好，必然会对师生产生一定的辐射作用和积极影响。

（2）弊：

①公平问题。不是每一个学生都拥有或买得起移动设备，如何避免由此产生的教育均衡问题。或许可以依靠学校提供，但需耗费大量财力。

②需要不断增强网络基础设施，在人手一台移动设备同时上网的情况下，对网络宽带尤其是无线网提出了更高的要求，还可能会造成一系列的网络安全问题。

③学校鼓励学生自带移动设备进课堂，需要有丰富的教学资源作基础。在海量的互联网资源中，教师选择合适的资源和学生找到适合的应用都是不轻松的。

④学生缺乏自制力，无法抗拒上网玩游戏、聊天的诱惑，会分散学习精力。从教育角度来说，如何在移动互联网时代培养学生良好的学习习惯，是学校和教师过去从未遇到的问题。

六、综合题

按照教育目的的层级结构进行分类，并简述各自的含义、区别、联系。

【答】（1）分类。

①教育目的：教育目的是把受教育者培养成为一定的社会所需要的人的总要求，是学校教育所要培养人的质量规格。

②课程目标：课程方案设置的各个教学科目所规定的教学应达到的要求或标准。

③教学目标：教师在实施课程计划过程中，在完成某一阶段（如一节课、一个教学单元或一个学期）的教学工作时所期望受教育者达到的要求或产生变化的结果。

④培养目标：各级各类学校的培养人才的具体要求，即在总目的的指导下，依据学校的层次、性质、人才培养的具体质量规格的不同，形成不同学校的不同培养目标。

⑤核心素养：学生应具备的适应终身发展和社会发展需要的必备品格和关键能力，突出强调个人修养、社会关爱、家国情怀，更加注重自主发展、合作参与、创新实践。

⑥教育方针：国家或政党根据一定的政治、经济发展总路线、总任务规定的教育工作的发展思路和发展方向，是教育工作的总方针和根本指针，是教育政策的总概括。

⑦德育目标：一定社会对教育所要造就的社会个体在品德方面的质量和规格的总的设想或规定。也就是说，在进行德育之前，人们对于要把受教育者培养成具有何种品德的人，在观念中所具有的某种预期的结果或理想形象。

（2）区别与联系。①教育方针包含教育目的。②国家教育目的有层次结构，从宏观到微观为：教育目的 — 培养目的 — 课程目标 — 教学目标。③由于教学是进行全面发展教育的过程，教学目标可以细化为德、智、体等各育的目标，所以，教学目标包含德育目标。④核心素养是课程目标和教学目标的深化。

2020年陕西师范大学333教育综合真题·凯程详解

一、选择题（10个）（缺失）

二、名词解释

1. 学制（见2019年北京师范大学真题）

2. 进步教育运动（见2014年北京师范大学真题）

3. 学习动机（见2013年北京师范大学真题）

4.《学记》（见 2013 年东北师范大学真题）

5. 教育目的（见 2015 年北京师范大学真题）

三、简答题

1. 简述教学原则。（见 2018 年东北师范大学真题）

2. 简述德育方法。

【答】德育方法是指为达到德育目的而在德育活动中所采用的教育者与受教育者相互作用的活动方式的总和，包括教育者的施教传道方式和受教育者受教修养方式。德育的方法包括说服、榜样、锻炼、修养、陶冶和奖惩。

（1）说服，是通过引导学生摆事实、讲道理，经过思想情感上的沟通与互动，让他们认识道理的真谛，自觉践行的方法。

（2）榜样，以他人的高尚思想、模范行为和卓越成就来影响学生品德的方法。

（3）锻炼，有目的地组织学生进行一定的实践活动以培养他们的良好品德的方法，包括练习、执行、委托任务和组织活动等。

（4）修养，在教师引导下学生经过自觉学习、自我反思和自我改进，使自身品德不断完善的一种重要方法，包括立志、学习、反思、箴言、慎独等。其中，慎独是自我修养的最高境界。

（5）陶冶，通过创设良好的情境，对学生进行潜移默化的熏陶和感染，使其在耳濡目染中受到感化的方法，包括人格感化、环境陶冶和艺术陶冶。

（6）奖惩，是对学生的思想和行为做出评价，包括表扬、奖励和批评、处分两个方面。

3. 赞科夫的发展理论的五个原则。（见 2017 年北京师范大学真题）

4. 赫尔巴特的教学阶段论。（见 2017 年东北师范大学真题）

5. 教育的个体功能表现为哪两个方面？

【答】教育的个体功能指教育促进个体发展的功能，它是一个包含着两个矛盾方向的变化，而又重新系统化的过程。教育的个体功能表现为个体的个性化和个体的社会化。

（1）教育促进个体的个性化，即促进个体在社会活动中形成自主性和独特性。①教育能促进主体意识的发展，培养个体合理的自主性；②教育能促进个体特征的发展，培养个体的独特性；③教育开发人的创造性，促进人的个体价值的实现。

（2）教育促进个体的社会化，即促进个体接受文化规范，学习其所处社会的行为模式，由一个自然的人转化为社会的人的过程。①教育促进人的观念社会化；②教育促进人的行为和能力社会化；③教育促进人的职业、身份和角色的社会化。

四、论述题

1. 教师的专业素养有哪些？如何培养教师的专业素养？（见 2014 年北京师范大学真题 +2019 年东北师范大学真题）

2. 陶行知的生活教育理论及历史影响。（见 2014 年北京师范大学真题）

3. 创造性发展的影响因素是什么？如何培养学生的创造性？（见 2015 年华东师范大学真题）

西南大学

2010年西南大学333教育综合真题·凯程详解

一、名词解释

1. 教育学（见2011年陕西师范大学真题）

2. 中体西用（见2011年北京师范大学真题）

3. 苏格拉底法（见2011年北京师范大学真题）

4. 发现学习（见2017年华东师范大学真题）

二、简答题

1. 我国当前教育目的的基本精神是什么?（见2012年北京师范大学真题）

2. 中国古代书院教育的重要特点是什么?（见2013年华东师范大学真题）

3. 近代人文主义教育的基本精神主张有哪些?

【答】（1）主要观点：①教育的目标是培养“完整的人”；②主张人本化课程；③学校应该创造自由的心理气氛。

（2）教育目的：培养有世俗学问、身心全面发展的完人，培养具有资产阶级企业品质、开拓精神，懂礼貌的资产家。

（3）教育内容：知识和学科成为主要的教学内容，复兴体育和美育，并且关注自然知识的学习。

（4）教育价值观：树立人的主体地位，强调人的高贵，复兴了古希腊的个人主义价值观。

（5）教育的职能：从训练束缚自己服从上帝到使人更好地欣赏、创造和履行地位所赋予的职责。

三、论述题

1. 指出教学过程中存在的基本关系，并以其中一种关系为例进行简要论述。（见2011年东北师范大学真题+2014年华中师范大学真题，也可选择其他关系进行回答）

2. 影响问题解决的主要因素有哪些？试举例加以说明。（见2017年陕西师范大学真题）

四、综合题

1. 试从学生观、教师观、师生关系观等角度加以阐述。

【答】（1）教师泛指把知识、技能、思想、品德传授给教育对象的教育工作者。在教学过程中，要充分发挥教师的主导地位和学生的主体地位，教师只有充分了解学生才能更好地进行教学，教好学生，对学生实施教育。

（2）学生观。①教师要真正认识到学生是一个客观存在的、有独立意识的人。②教师要正确认识到学生是有个性差异的、独特的人。③学生是学习的主体。④学生是有巨大的发展潜能并处于发展中的人。⑤在教学过程中，教师与学生的位置是会转化的，学生可以是教师，教师也可以是学生，要建立民主平等的师生关系。⑥教师要及时反思自己的教育教学行为，心中要有学生，要增强服务意识。⑦教师要正确地评价学生。

（3）教师观。教师要对自己有信心，更要对学生有信心，要树立现代教师观。教师要成为促进学生发展的指导者、塑造幼儿心灵的工程师、学生学习的支持者、沟通学生与社会的中介者和教育科学的研究者。

（4）师生关系观。师生关系是教师和学生在教育过程中为完成一定的教育任务，以“教”和

“学”为中介而形成的一种特殊的社会关系，是学校中最基本的人际关系。只有建立平等、民主的师生关系，才能实现教学相长。

建立良好师生关系要做到：①转变观念，树立正确的学生观、师生观和人才观。②师生互相尊重与理解。③教师要努力提高自我修养，健全人格。教师的素质是影响师生关系的核心因素。教师的师德修养、知识能力、教育态度、个性品质都会对学生产生深刻的影响。

2. 终身教育思潮的基本观点是什么？联系我国实际加以举例阐述。（见 2015 年北京师范大学真题）

2011 年西南大学 333 教育综合真题·凯程详解

一、名词解释

1. 教育目的（见 2015 年北京师范大学真题）

2. 学制（见 2019 年北京师范大学真题）

3. 榜样法（见 2016 年北京师范大学真题）

4. 课程（见 2019 年北京师范大学真题）

5. 朱子读书法（见 2015 年东北师范大学真题）

6. 道尔顿制（见 2011 年北京师范大学真题）

二、简答题

1. 当前学校管理呈现哪些发展趋势?（见 2020 年华东师范大学真题）

2. 建构主义学习理论的基本观点有哪些?（见 2013 年华东师范大学真题）

3. 书院产生的条件有哪些？它有什么特点？

【答】（1）书院是中国封建社会自唐末以后的一种重要的教育组织形式。它以私人创办和组织为主，将图书的收藏、整理与教学、研究合为一体，是相对独立于官学之外的民间学术研究和教育机构。

（2）书院产生的条件：①社会动荡，官学衰落，士人失学；②我国有源远流长的私学讲学传统；③佛教禅林制度的影响；④印刷术的发展，书籍大量增加。

（3）书院的特点。（见 2013 年华东师范大学真题）

4. 人文主义教育的特征有哪些?（见 2011 年华东师范大学真题）

三、论述题

1. 试论述教育与人的发展关系。（见 2010 年华中师范大学真题）

（阐述时要紧密结合人的发展规律以及影响人发展的因素。）

2. 试论述教学过程的本质。（见 2013 年陕西师范大学真题）

3. 举例说明影响问题解决的主要因素。（见 2017 年陕西师范大学真题）

4. 分析卢梭的自然主义教育理论。（见 2012 年华东师范大学真题）

2012 年西南大学 333 教育综合真题·凯程详解

一、名词解释

1. 狭义的教育

【答】狭义的教育是指专门有组织的教育，主要指学校教育。学校教育是一种狭义的教育，指教育者根据一定社会或阶级的要求，遵循年轻一代身心发展的规律，有目的、有计划、有组织地引导受教育者获得知识技能，陶冶思想品德，发展智力、体力的一种活动，以便把受教育者培养成一定社会和阶级所需要的人。人的身心发展受多种因素的影响和制约，其中学校教育起着主导作用。

2. 学校管理（见2015年北京师范大学真题）

3. 朱子读书法（见2015年东北师范大学真题）

4. 苏格拉底法（见2011年北京师范大学真题）

5. 学习策略（见2015年北京师范大学真题）

6. 心理发展（见2015年华中师范大学真题）

二、简答题

1. 简述教学过程中应该处理好的几种关系。（见2011年东北师范大学真题）

2. 简述班主任工作的基本内容。

【答】（1）了解和研究学生。这是教育学生、做好班主任工作的必要条件。了解学生集体情况是在了解学生个人情况的基础上进行的。

（2）教导学生学好功课。一般来说，教师要注意教导学生的学习目的和态度；还要加强学习纪律教育，指导学生改进学习方法。

（3）组织班会活动。班会的内容和形式应该多样化、有计划，班会的内容还要能吸引学生，能调动全班同学的兴趣。

（4）组织课外活动、校外活动和指导课余生活。这些活动能培养学生的志趣、才能，丰富学生的生活，但要严格要求学生遵守学校制度和纪律，自觉抵制不良思想风气的侵蚀。

（5）组织学生的劳动。班主任在劳动前要做好劳动准备、思想准备和组织准备。在劳动过程中，要进行教育工作。劳动过后，要进行总结工作，并展示班级学生的劳动成果。

（6）通过家访建立家校联系。班主任应该与家长形成教育合力，共同培养学生，这是一个教师与家长互相协作、共同促进学生发展的过程。

（7）协调各方面对学生的要求。只有班主任将来自各方面的要求进行统一，形成教育合力，对学生的教育才会起作用。

（8）评定学生操行。操行评定是学校对学生进行教育的重要方法。给学生写评语时，要实事求是，抓主要问题，有针对性，能反映学生思想品德的发展趋势和全面表现。

（9）做好班主任工作的计划与总结。班主任工作面广、内容多、连续性强，是一项极为复杂的工作。班主任可以在工作的计划与总结中不断提升自己，获取教师职业更大的发展。

3. 简述陶行知的生活教育理论。（见2014年北京师范大学真题）

4. 学校进行心理健康教育的主要途径有哪些?（见2015年华中师范大学真题）

三、论述题

1. 试论述教育的社会功能。（见2014年北京师范大学真题）

2. 试论述如何提高教师素养。（见2020年华东师范大学真题）

3. 评述夸美纽斯的教育适应自然原则。

【答】（1）“教育必须适应自然”是夸美纽斯整个教育理论体系的一条根本的指导性原则，它贯穿于《大教学论》的始终。

（2）主要内容。

①教育适应自然原则的中心思想是教育应当服从“普遍秩序”，即教育必须遵循自然界的普遍规律（客观规律）。这包含两层意思：一是教育工作有规律可循，教育者应当遵循；二是教育者在教育过程中应当探求教育的规律。人类的教育活动必须与自然界的普遍规律相适应。他认为旧学校的根本错误是它违背了“自然”。

②根据人的自然本性和年龄特征进行教育是教育适应自然原则的另一个重要内容。夸美纽斯认为各级学校要根据学生的年龄以及已有的知识循序渐进地教学。

（3）评价。

夸美纽斯虽然没有完全抛弃引证《圣经》的做法，但是在教育研究和教育实践中，他能够引证自然界的普遍规律来说明和论证自己的教育主张，并努力把以往零散的教育经验上升为系统化的教育理论。他的这一做法已经把教育理论研究从神学的束缚中解放出来，迈向科学的道路，实现了教育理论的突破性进展。当然，他引证自然，采用与自然或社会现象类比的方法来论述教育问题，不免存在片面性。

4. 评述建构主义学习理论。（见 2019 年华中师范大学真题）

2013 年西南大学 333 教育综合真题・凯程详解

一、名词解释

1. 课程（见 2019 年北京师范大学真题）

2. 教学（见 2013 年陕西师范大学真题）

3. 苏格拉底教学法（见 2011 年北京师范大学真题）

4. 中世纪大学

【答】中世纪大学是 12 世纪左右兴起的自治的教授和学习中心，一般由一名在某一领域有声望的学者和他的追随者自行组织起来，形成类似于行会的师生团体进行教学和知识交易。它不仅是一种新型的教育组织，更代表了一种新的教育思想和精神。它打破了教会对教育的垄断，有利于教育的普及，现代意义上的大学基本上都直接来源于欧洲中世纪大学。但因当时教会势力过大，它的宗教色彩较为浓厚。

5. 道尔顿制（见 2011 年北京师范大学真题）

6. 恩物（见 2012 年北京师范大学真题）

二、简答题

1. 教师劳动的特点。（见 2015 年东北师范大学真题）

2. 洋务学堂的特点。

【答】洋务学堂是洋务运动的重要组成部分，具有新旧杂糅的特点。

（1）洋务学堂的“新”：

①培养目标：造就各项洋务运动事业需要的人才。

②办学性质：提供专门训练的专科性学校，属于部门办学，直接为本部门的需要而培养人才。

③教学内容：以“西文”与“西艺”为主，课程多包含各自专业相关的科学技术课程，注意学以致用。

④教学方法；按照知识的接受规律由浅入深、循序渐进地安排教学内容，重视理解，理论与实践相结合。

⑤教学组织形式：制订分年课程计划和学制年限，采用班级授课制。

（2）洋务学堂的“旧”：

①缺乏全国性的整体规划和学制系统，学校之间很孤立。

②在“中学为体，西学为用”的总原则下，不放弃学习“四书五经”。

③管理上有封建官僚习气，关键管理环节受洋人挟制，影响学堂的正常办理。

（3）意义。

洋务学堂拉开了中国教育近代化的序幕，它以西方近代科技文化为主要课程，在形式上引入了资本主义因素，初步具备近代教育的特征。它产生之初，并未有意与以科举为核心的旧教育相对抗，但产生之后，逐渐动摇和瓦解了旧教育体系，实际上启动了近代中国教育改革的进程，历史意义重大。

3. 赫尔巴特的教育心理学。（见 2013 年陕西师范大学真题）

4. 需要层次理论。

【答】（1）需要层次理论是人本主义心理学理论在动机领域中的体现，美国心理学家马斯洛是这一理论的提出者和代表人物。

（2）马斯洛认为，人的基本需要有七种，它们由低到高依次排列成一定的层次，即生理的需要、安全的需要、归属与爱的需要、尊重的需要、求知与理解的需要、审美的需要和自我实现的需要。这些需要不仅有高低层次之分，还有先后顺序。前四种属于基本需要，是缺失性需要，缺失性需要一旦被满足，其强度就会降低。后三种需要属于成长性需要，其特点在于永不满足，少数人可以达到自我实现的境界。

（3）需要层次理论说明，在某种程度上学生缺乏学习动机可能是由某种缺失性需要没有充分得到满足而引起的。如家境贫寒，生理的需要不能满足；父母离异，归属与爱的需要不能满足；教师过于严厉，尊重的需要不能满足。这些因素会成为学生学习和自我实现的主要障碍。所以，教师不仅要关心学生的学习，也要关心学生的生活和情感，以排除影响学习的一切干扰因素。

三、论述题

1. 试论教学评价的 CIPP 模式。（见 2020 年东北师范大学真题）

2. 试论教育与人的发展关系。（见 2010 年华中师范大学真题）

3. 陶行知的生活教育思想及对我国当前的教育启示。（见 2014 年北京师范大学真题）

4. 论述创造性培养的措施。（见 2015 年华东师范大学真题）

2014 年西南大学 333 教育综合真题·凯程详解

一、名词解释

1. 学校教育（见 2010 年华中师范大学真题）

2.《学记》（见 2013 年东北师范大学真题）

3. 课程标准（见 2015 年北京师范大学真题）

4. 班级授课制（见 2016 年北京师范大学真题）

5. 教育目的（见 2015 年北京师范大学真题）

6. 教育评价

【答】教育评价是对教育各方面工作质量所做的测量、分析和评定。它以参与教育活动的教师、学生、教学目标、内容、方法、教学设备、时间、场地等因素的有机结合的过程和结果为评价对象，是对教育教学活动的整体功能所做的评价。教育评价有助于提高和改进教学活动，主要包含教学评价、课程评价、学生评价、各项校园活动评价以及学校综合质量评价等。

二、简答题

1. 原始社会的教育有哪些特点？

【答】（1）教育目的一致，教育权利平等；（2）以生活经验为教育内容；（3）教育活动在生产、生活中进行；（4）教育的手段局限于言传身教；（5）男女教育有区别，根源在于分工；（6）教育还没有专门的场所和专职人员。

2. 教师的劳动有哪些特点？（见 2015 年东北师范大学真题）

3. 我国全面发展教育的组成部分及其关系。（见 2010 年东北师范大学真题）

4. 教育有哪些社会功能？（见 2014 年北京师范大学真题）

5. 教育科学研究的基本步骤是什么?

【答】(1)教育科学研究是一种有目的、有计划、有步骤地采用多种方法去认识教育现象及其规律的创造性认识活动。

(2)教育科学研究的基本步骤:①选题;②研究设计;③搜集资料;④整理与分析资料;⑤撰写研究报告;⑥总结与评价。

6. 简述学校管理的发展趋势。(见 2020 年华东师范大学真题)

三、论述题

1. 试论述教育对人的发展的重大作用。(见 2016 年东北师范大学真题)

2. 论述如何处理教师的主导作用和学生主体性二者之间的关系。(见 2010 年北京师范大学真题)

3. 联系实际论述如何处理教书与育人的关系。

【答】教书与育人的关系即智育与德育的关系。

(1)智育是传授学生系统的文化知识和技能,发展他们的智力与非智力因素的教育。智育是全面发展教育的基础,为其他各育提供了认识基础。德育即培养人思想道德的教育,是向学生传授一定社会思想准则、行为规范并使其养成相应思想品德的教育活动,是思想教育、政治教育、道德教育、法制教育、健康心理品质教育等方面的总称。

(2)智育和德育都是全面发展的教育的重要组成部分。其中智育为人的全面发展提供认识基础,德育为人的全面发展提供方向、保证动力。

(3)要坚持"五育"并举。

德育、智育、体育、美育、综合实践活动是我国教育目的规定的全面发展教育的有机组成部分,是对人类在长期教育实践中积累起来的培养人的经验的抽象和概括。"五育"各有自己的特殊任务、内容和方法,对人的发展起着不同的作用,均有相对的独立性,应该根据不同的教育内容或领域的特点实施合乎规律的教育,有重点地完成整体教育目标。同时它们又相互依存、相互渗透、相互促进,把"五育"作为一个统一的整体,才能使受教育者形成合理的素质结构,培养出符合社会要求的全面发展的人才。在实际工作中虽然有所分工,但所有从事教育工作的人,都兼有完成德育、智育、体育、美育、综合实践活动的任务,都应是德育兼智育、美育、体育、综合实践活动能力的教育者。

2015 年西南大学 333 教育综合真题·凯程详解

一、填空题

1. 科学研究渗透到自然和社会的广泛领域;不同学科的相互渗透
2. 教育即生活;教育即生长
3. "学而优则仕";社会人事和文事
4. 社会主义方向;劳动者
5. 教师和学生在教育教学过程中结成的相互关系;人与人之间的关系
6. 以高难度进行教学的原则;以高速度进行教学的原则;使学生理解学习过程的原则;使班上全体学生(包括最差的学生)都得到一般发展的原则
7. 客观测验;主观测验
8. 学校为主体;上级或外部强加的

二、名词解释

1. 终身教育(见 2011 年华东师范大学真题)

2. 社会本位论（见 2011 年华东师范大学真题）

3. 教育实验法

【答】教育实验法是研究者按照研究目的，合理地控制或创设一定的条件，人为地影响研究对象，从而验证假设，探讨教育现象因果关系的一种研究方法，是一种特殊的科学实验活动。教育实验法的特点主要体现在对因果关系的探讨、自变量的操作和对无关变量的合理控制上。

4. 活动课程（见 2013 年东北师范大学真题）

三、简答题

1. 学生身心发展的普遍特征及其教育要求。（见 2010 年华中师范大学真题）

2. 教师职业发展专业化的内涵及要求。

【答】（1）教师职业发展专业化是指教师以自身专业素质包括知识、技能和情意等方面的提高与完善为基础的专业成长、专业成熟过程，是由非专业人员转向专业人员的过程。教师专业发展既有教师队伍的专业发展，也包括教师个体的专业发展。

（2）教师职业发展专业化的要求：

①教师自身要有专业发展的观念和意识，寻求自我专业发展的途径。

②职前培训（师范教育）与在职培训。教师要学习一般理论，建立专业责任感。

③制订生涯发展规划。认识自我及所处时间与空间环境；审视发展机会，确定发展目标；制订行动策略并按目标逐步执行；评价发展计划。

④进行教育研究。这是提高教师自身素质、促进教师专业发展的一条有效途径。

⑤进行经常化、系统化的教学反思。反思是教师专业发展的重要方式。

⑥新教师的入职辅导。入职辅导就是学校为新教师适应环境安排了一个有序的计划，主要由有经验的导师进行现场指导。

⑦在参与课程改革和课程开发中获得专业发展。

3. 简述写一篇学术论文的基本结构。

【答】学术论文是科学研究成果的文字陈述。学术论文的总特点是学术性，具体表现为创新性、科学性和实践性。其基本结构为：（1）标题；（2）内容摘要；（3）前言；（4）正文；（5）结论与讨论；（6）引文注释与参考文献。

四、论述题

1. 论述基础教育课程改革的基本动向。

【答】①以学生发展为本、促进学生全面发展与培养个性相结合。把学生的发展作为课程开发的着眼点和目标，强调学生是能动实践的主体。“为了每位学生的发展”是我国基础教育课程改革的核心理念，也是未来课程改革的基本趋势。这种趋势将使学习者有更多机会主动地参与教学过程，充分激发学习主体的自觉性和主动性。

②稳定并加强基础教育。

③加强道德教育和人文教育，加强课程科学性与人文性的融合。道德教育绝不只是政治思想品德课的责任，不仅要重视正式课程的作用，也要重视非正式课程即隐性课程潜移默化的作用，进而形成学校、社会、家庭三位一体的局面。

④加强课程综合化。综合化课程既是为了避免增设新学科造成学生课业负担的需要，也是学生认识和把握科学知识基础的需要。学生在学习综合化课程中不仅可以初步建立合理的认知结构，而且可以养成综合思维能力，培养自主创新的品质。

⑤课程与现代信息技术相结合，加强课程个性化和多样化。课程个性化实际上就是因材施教的问题。网络信息技术在学校教育中的普遍运用，为课程个性化和教学过程的因材施教提供了技术支持。多样化的课程是我国未来的课程改革所倡导的。多样化是统一性前提下的多样化，它是与特色化、层次性、可选择性结合在一起的。

⑥课程法制化。随着我国法制建设的日益完善，我国基础教育课程教材改革也必然会沿着法制化的轨道健康前进。目前，我国已经制定了一系列关于课程教材建设的政策与法规。

2. 分析“传授一接受”教学和“引导一发现”教学的区别。（见2014年华中师范大学真题）

3. 分析“素质教育倡而不兴，应试教育批而不立”的原因。

【答】素质教育是指一种以提高受教育者诸方面素质为目标的教育模式。应试教育是一种以提升学生应试能力为主要目的且十分看重考试成绩的教育模式，与素质教育相对应，但并非绝对对立。应试教育虽然有弊端，但就我国国情而言，仍比素质教育更具有可行性，原因如下：

（1）应试教育是一种相对公平公正的教育模式。

我国地域辽阔，教育资源分布不均衡。素质教育比拼教师素质、学校硬件等，实际上是比拼教育资源，最终结果是贫困地区更贫困。应试教育虽然存在一些弊端，但是选拔性的考试也能让贫困地区的学生有机会接受良好的高等教育，是相对公平公正的教育模式。

（2）中考、高考目前没有更好的办法来代替。

素质教育要求全面考查学生，需要投入大量的人力资源，且具有很大的主观性。每年中考、高考的报考人数众多，实施素质教育是不现实的。而应试教育只需要调整试卷的难度系数，根据学生的考试成绩筛选符合要求的学生录取即可，不需要大量的专家，试卷也有标准答案，更客观公正，暂时无可替代。

（3）应试教育有利于学生全面系统地学习基础知识。

虽然应试教育死板、枯燥，却显示出教学最基础的特点。以接受的方式学习书本知识，可以让学生更快速、高效地掌握系统的科学文化知识。经过系统知识学习的人不容易被不科学的东西影响。唯有违背科学，不尊重客观事实才是洗脑。

（4）素质教育本身具有一些缺陷性：①对“素质”的界定不够清晰、明确；②素质教育理论基础来源于国外，在一定程度上不符合中国的国情；③缺乏能够较好地实施素质教育的师资；④大多数学校并没有切实执行素质教育改革的一些要求。

综上所述，素质教育与应试教育并不是对立的，都有其合理性，也具有一定的缺陷性，应该把二者结合起来，取其精华，去其糟粕，促使考试制度更加科学化。

（发散型问题，考生可以畅所欲言，能够说明道理即可。）

2016年西南大学333教育综合真题·凯程详解

一、名词解释

1. 教育功能

【答】教育功能是教育活动与教育系统对个体发展和社会发展所产生的各种影响和作用。从不同的角度，可将教育功能划分为不同的类型。从教育作用的对象上划分，可以分为个体发展功能与社会发展功能；从教育作用的方向上划分，可以分为正向功能与负向功能；从教育作用的呈现方式上划分，可以分为显性功能与隐性功能。

2. 美育（见2010年东北师范大学真题）

3. 活动课程（见2013年东北师范大学真题）

4. 教学评价（见2015年北京师范大学真题）

5. 科举制度

【答】科举制度产生于隋朝，发展于唐朝，经过宋、明、清各朝代的发展更加完备，清末废除，共存在了1300年。它是我国封建社会中持续时间最长、影响范围最广的选士制度。科举制度以考试为主，荐举为辅。科举制度产生的前期，刺激了学校教育的发展，为封建国家选拔了有才能的人为官，整个社会形成了热爱学习的风气；但后期导致学校成为科举的附庸，科举的弊端显露无遗。总之，科举制度对封建社会产生了重大影响并在当代仍有研究意义。

二、简答题

1. 我国教育目的的基本精神。（见 2012 年北京师范大学真题）

2. 帮助后进生的方法。

【答】（1）找准原因，对症下药。要使后进生的个别教育工作取得实际效果，就必须调查研究，掌握后进生的性格特点，找准导致他们暂时落后的原因，采取有针对性的措施。

（2）寻找闪光点，增强自信心。自尊心的满足和自信心的树立对于推动后进生的进步至关重要。教师要注意鼓励后进生，及时给予他们中肯的评价和表扬，让他们得到尊重，重拾信心。

（3）以情动人，以理服人。教师要主动亲近后进生，用爱感染他们。要深入浅出地讲道理，结合学生身边的实际情况，使他们感到真实可信，从而树立正确的是非观念。

（4）抓住时机。对后进生的转化教育要善于抓住转变时机。教师要审时度势，当机立断，勇敢冲击。

（5）注意反复，坚持不懈。后进生的个别转化教育是长期性的工作，进步过程也不会都是直线的，教师要有耐心和决心，帮助后进生不断进步。

3. 夸美纽斯的教育思想。

【答】（1）17 世纪捷克伟大的教育改革家和教育理论家夸美纽斯在《大教学论》中系统阐述了他的教育思想。

（2）思想内容。

①教育目的与教育作用。宗教的目的是为人来世生活做好准备；现实的教育目的是培养具有“学问、德行、虔信”的人。教育的作用是改造社会、建设国家以及发展人的天赋。

②教育适应自然原则。一方面，教育应当服从大自然的“普遍秩序”，即客观规律；另一方面，教育要根据人的自然本性和年龄特征进行。

③泛智教育、普及教育。泛智思想要求“把一切事物教给一切人”，并且认为“一切儿童都可以教育成人”。夸美纽斯建立了普及教育理论体系，主张广设泛智学校，由国家普及教育。

④统一学制。为了便于管理全国学校，更好地普及教育，主张建立全国统一学制：婴儿期，进入母育学校；儿童期，进入国语学校；少年期，进入拉丁语学校；青年期，进入大学。

⑤学年制和班级授课制。所有公立学校统一招生时间，同时开学与放假，通过考试同时升级。班级授课制，就是把不同年龄、不同知识水平的儿童，分成不同班级，按班组进行教学。

⑥教学原则。夸美纽斯是首个把教学原则进行归纳总结的人。教学原则主要有直观性、自觉自动性、巩固性、量力性、系统性和循序渐进原则。

⑦德育论。夸美纽斯认为，德育比智育更重要，要求把世俗道德的培养从宗教中分离出来。德育要为国家政治服务，关心国家的文化繁荣。

⑧教育管理思想。夸美纽斯认为，国家应该重视教育，普遍设立学校。他主张国家设置督学，对全国的教育进行监督，以保证全国教育的统一发展。

（3）评价。

①夸美纽斯基于“泛智”思想，第一次提出了统一的学校体系，打破了封建教育的等级限制，在西方教育发展史上是一重大进步，也是夸美纽斯的巨大贡献。

②夸美纽斯普及教育思想、教育适应自然原则的提出，充分地显示了他的民主主义和人道主义教育思想。

③在历史上第一次系统地总结了教学原则，其教学理论包含了大量宝贵的教学经验，在一定程度上反映了教学工作的客观性、规律性，具有普遍的指导意义。

④他论述了教育的作用，试图让所有的人都接受高等教育，制定了学制和班级授课制，编写了教科书，他的很多创举在教育领域都具有开拓意义，尤其在教育理论方面，奠定了近代教育理论的基础。

⑤但是他的思想中也存在着一些缺陷，主要是因为认识和时代的局限性，导致其教育思想中带有严重的宗教性，对科学知识的认识也不够准确。但是，从整体来看，夸美纽斯在世界教育史上建立了丰功伟绩。

4. 皮亚杰的认知理论。（见 2012 年东北师范大学真题）

5. 简述教师在教学活动中的职业角色。（见 2018 年东北师范大学真题）

6. 学校管理的发展趋势。（见 2020 年华东师范大学真题）

三、判断说理题

1. 教育对人的影响不是主要影响。

【答】错误。

影响人身心发展的因素有遗传素质、环境、教育和人的主观能动性。其中，教育对人的身心发展起主导作用。

教育起主导作用的原因有：①教育是一种有目的地培养人的活动，它规定着人的发展方向；②教育，特别是学校教育，给人带来的影响比较全面、系统和深刻；③学校有专门负责从事教育工作的教师；④学校教育是制度化、规范化、规律化、专门化的教育，可以让青少年迅速有效地掌握各方面的专业技能；⑤现代社会的竞争是知识的竞争，学校教育有利于青少年掌握必要的理论知识，是一个人踏上社会所必不可少的；⑥年轻一代接受学校教育，也是优化职业选择的必由之路。

因此，教育对人的影响是主要影响。

2. 恩物是福禄培尔为儿童设计的玩具，其体现了自然教育原则。

【答】正确。

恩物是福禄培尔幼儿教育课程体系中的重要教学用具。其中真正的恩物应当满足三个条件：①既能使儿童理解周围世界，又能表达他们对客观世界的认识；②每种恩物包含前面的恩物，并应预示后继的恩物；③每种恩物本身表现为完整的、有秩序的、统一的观念——整体由部分组成，部分可形成有序的整体。

自然教育原则包括两方面：一是顺应大自然，二是顺应儿童的“自然本身”，即儿童的身心发展规律。

在福禄培尔看来，恩物就是“大自然的缩影”。恩物的教育价值就在于它是帮助儿童认识自然及其内在规律的重要工具。恩物作为自然的象征，能帮助儿童由易到难、由简及繁、循序渐进地认识自然，既与大自然的规律相一致，又符合了儿童的身心发展规律。

因此，恩物体现了自然教育的原则。

3. 学生的学习动机完全依赖于外界的物质奖励。

【答】错误。

根据学习动机影响学生学业成就的不同，奥苏伯尔将学习动机分为认知内驱力、自我提高内驱力、附属内驱力。认知内驱力是在要求理解和掌握知识需要的基础上产生的，指向学习任务本身；自我提高内驱力是个体因自己的学业成就而赢得相应地位的需要，把学业看成赢得地位和自尊的根源；附属内驱力是在个体希望获得他人关心、认可、友谊与支持需要的基础上产生的，其目标是获得他人的赞许和认可。后两者都是外部动机。

外界的物质奖励属于附属内驱力，而学习动机还有认知内驱力和自我提高内驱力。因此，题中的说法是错误的。

4. 教学过程就是教师教授知识的过程。

【答】错误。

教学是由教师的“教”和学生的“学”所组成的双边活动过程。通过教学，学生在教师有计划、有步骤的引导下，积极主动地掌握系统科学文化知识和技能，发展智力、体力，陶冶品德，养成全面发展的个性。

题中的说法仅仅把教学说成是教师传授知识的过程，忽视了教学对发展学生智力的作用和对学生进行德育、体育、美育和综合实践活动的作用，因此是错误的。

四、论述题

1. 为什么说班级授课制是主要的教学形式？

【答】（1）班级授课制是一种集体教学形式，它把一定数量的学生按年龄与知识程度编成固定的班级，根据课表和作息时间表，安排教师有计划地向全班学生集体授课。同一班级的学生的学习内容和进度必须一致。

（2）班级授课制的特点：学生固定、教师固定、时间固定、场所固定、内容固定。

（3）班级授课制具备以下优点，而这些优点是其他教学组织形式所不具备的，所以班级授课制成了最主要的教学组织形式。

①大规模向全体学生教学，教学效率高。

②以课为单位进行教学是比较科学的方式，能提高教学质量，并使学生获得系统的科学知识。

③它能发挥教师系统讲授的优势，有效发挥教师的主导作用。

④有利于发挥班集体的教育作用，培养学生的集体感。

⑤有利于教育的普及与发展。

⑥形成一整套严格制度，如学年、学期、学周制，招生、考试、留级和毕业制度等。

⑦能促进学生的社会化与个性化。

⑧班级授课制是主要的也是基本的教学组织形式，是因为它能解决教学的基本矛盾：个体认识和总体认识之间的矛盾。它是一种经济高效的教学制度和教学组织形式。与此同时，其自身也在不断地改革和完善，不断充实以新的教学组织形式，实现以班级授课制为基础的教学组织形式的多样化。

2. 论述孔子的教育对象、教育内容、教育方法。

【答】孔子是春秋战国时期伟大的思想家、教育家，儒家学派的创始人，也是私学的创始人。孔子是我国教育史上第一位将毕生精力贡献给教育事业的人。

（1）教育对象。孔子认为教育对象应当“有教无类”。“有教无类”的本意是在教育对象上，不分贵族与平民，不分华夏与蛮夷，诸族都可以入学。孔子的“有教无类”的提出是针对奴隶主阶级有教有类而言的，不仅把教育扩展到蛮夷之邦，而且打破了“礼不下庶人”的等级制度，顺应了历史发展的潮流。

（2）教育内容。孔子承袭了西周的传统“六艺”教育，吸收、选择了有用学科，充实了“六艺”的内容，传授的教材即《诗》《书》《礼》《乐》《易》《春秋》。

（3）教学方法。孔子提出了一系列的教学原则和方法，如因材施教、启发诱导、学思行并重、由博返约等。他是中国乃至世界上第一个提出这些思想的人。

综上所述，孔子以自己一生的教育经验积累了丰富的教育思想，为后人留下了宝贵的精神财富。

3. 论述掌握知识和发展智力的关系。（见2012年东北师范大学真题）

2017年西南大学333教育综合真题·凯程详解

一、名词解释

1.《论语》（见2010年东北师范大学真题）

2. 师生关系

【答】师生关系是教学活动中所产生的教师和学生之间的关系，它对实现教学目标有重要影响。这种关系首先表现为：①师生之间的工作关系，是师生为完成一定的教学任务而产生的关系；②师生之间的人际关系，是师生在教学中为满足交往的需要而产生的关系；③师生之间的组织关系，是师生在教学中所处不同位置，履行不同职责而产生的关系；④师生之间的心理关系，是师生在教学中相互感知和理解而产生的关系。

3. 教育评价（见 2014 年西南大学真题）

4. 教育研究

【答】教育研究是以发现或发展科学知识体系为导向，通过对教育现象的解释、预测和控制，以促进一般化原理、原则的发展。教育研究由三个基本要素组成：客观事实、科学理论和方法技术。教育研究的过程分为六个阶段，分别是选题阶段、研究设计阶段、搜集资料阶段、整理与分析资料阶段、撰写研究报告阶段和总结与评价阶段。

二、简答题

1. 现代教育的基本特征是什么?（见 2013 年北京师范大学真题）

2. 我国教育目的的精神实质是什么?（见 2012 年北京师范大学真题）

3. 学校管理的概念及内容是什么?

【答】（1）学校管理是学校管理者在一定的社会历史条件下，通过一定的组织机构和制度，采用一定的方法和手段，带领和引导师生员工，充分发挥学校人、财、物、时间、空间和信息等资源的最佳整体功能，卓有成效地实现学校工作目标的组织活动。学校管理的构成要素包括学校管理者、学校管理对象和学校管理手段。

（2）学校管理的内容：

①教学管理：包括教学思想管理、教学组织管理和教学质量管理。

②教师管理：包括教师的选拔、任用、培养和考评。

③学生管理：包括学生思想品德的管理、学习管理、健康管理、组织管理、课外活动管理等方面。

④总务管理：包括财务管理、生活管理、校产管理和环境管理等方面。

三、论述题

1. 论述学校教育影响人发展的机理。

【答】（1）学校教育的内涵。

学校教育是一种狭义的教育，指教育者根据一定社会或阶级的要求，遵循年轻一代身心发展的规律，有目的、有计划、有组织地引导受教育者获得知识技能，陶冶思想品德，发展智力、体力的一种活动。它能把受教育者培养成一定社会和阶级所需要的人。

（2）学校教育在人的身心发展中的作用。

人的身心发展受多种因素的影响和制约，其中学校教育起着主导作用：①学校教育是一种有目的、有计划、有组织、系统地培养人的活动，它规定着人的发展方向；②学校教育给人带来的影响比较全面、系统和深刻；③学校有专门负责教育工作的教师和管理人员；④学校教育通过传授知识培养人，知识有认识价值、实践价值、思想价值、陶冶价值；⑤学校教育对提高人的现代性有显著作用，学校教育不仅教给人们现代化的知识，更培养了现代人的价值、态度和行为方式。

（3）学校教育主导作用有效发挥的条件。

从学校教育内部来讲：①学校教育要尊重受教育者的主观能动性与身心发展规律。②学校教育需要具有一定的办学条件。这些条件包括：教育的物质条件、教师的素质、教育管理水平及课程设置的合理性等。

从学校教育外部来讲：①家庭教育与学校教育的积极配合程度。②社会发展的稳定性以及社会教育与学校教育的配合程度。③科技、信息对学校教育的改造程度。

2. 论述教师专业发展的内涵及其要求。（见 2015 年西南大学真题）

3. 综合课程的含义、优势与不足。

【答】（1）含义：所谓综合课程，也叫“广域课程”“统合课程”和“合成课程”，是打破传统的学科课程的知识领域，组合相邻领域的学科构成的一门学科，其根本目的是克服学科课程分科过细的特点。

（2）优势：①综合课程坚持课程统一性的观点，符合学生认识世界的特点，有利于学生整体把握客观世界。②有利于促进知识的迁移。③可以弥合知识间的割裂性，培养学生综合分析、解决问题的能力。④综合课程是学生未来就业的需要。⑤综合课程还贴近社会现实和生活实际。

（3）不足：①忽视每门学科自身的逻辑结构。②教材编写困难。怎样把各门学科的知识综合在一起，这是个棘手的问题；通晓各门学科的人才较少，聘请各科优秀的教师合作编写综合课程的教材也难度重重。③师资问题。没有很好的综合课的教师能够驾驭综合课程，培养综合课程师资也是一大困难。

4. 举例说明如何组织和培养学生班集体。（见 2014 年华东师范大学真题）

5. 如何实施中小学校园文化建设？

【答】（1）校园文化建设主要分为三个部分，包括物质文化建设、精神文化建设和制度文化建设。这三个方面建设的全面、协调发展，将为学校树立起完整的文化形象。

（2）表现。

①物质文化：在校园文化建设中，精神文化是目的，物质文化是实现目的的途径和载体，是推进学校文化建设的必要前提。物质文化建设是校园文化建设的重要组成部分和重要的支撑。校园物质文化，属于校园文化的硬件，是看得见、摸得着的东西。校园物质文化的每一个实体，以及各实体之间结构的关系，无不反映了某种教育价值观。

②精神文化：精神文化建设是校园文化建设的核心内容，也是校园文化的最高层次。它主要包括校园历史传统和被全体师生员工认同的共同文化观念、价值观念、生活观念等意识形态，是一个学校本质、个性、精神面貌的集中反映。校园精神文化又被称为“学校精神”，并具体体现在校风、教风、学风、班风和学校人际关系上。

③制度文化：校园制度文化作为校园文化的内在机制，包括学校的传统、仪式和规章制度，是维系学校正常秩序必不可少的保障机制，是校园文化建设的保障系统。“没有规矩，不成方圆”。只有建立起完善的规章制度，规范了师生的行为，才有可能建立起良好的校风，才能保证校园各方面工作和活动的开展与落实。

（3）措施。

①宣传教育，即开展以形势政策、爱国主义主旋律教育为主要内容的各种报告、讲座、媒体宣传等。

②各种文化活动，即开展知识讲座、辩论赛、演讲赛、征文比赛、读书工程、体育节、学术讲座等。

③社会实践，即开展社会调查、社会服务等。

④社团活动，即学生根据兴趣爱好自愿组成社团组织，在学校有关部门的指导下开展活动。

⑤社区文化活动，即以社区为单位组织的各种文化活动，如宿舍文化活动等。

⑥心理咨询，即心理测试等活动。

（4）意义。

①校园文化是一种氛围、一种精神。校园文化是学校发展的灵魂，是凝聚人心、展示学校形象、提高学校文明程度的重要体现。健康、向上、丰富的校园文化对学生的品性形成具有渗透性、持久性和选择性的影响，对于提高学生的人文道德素养、拓宽同学们的视野、培养跨世纪人才具有深远意义。

②校园文化建设可以极大提升学校的文化品位。校园文化作为一种环境教育力量，对学生的健康成长有着巨大的影响。校园文化建设的终极目标就在于创建一种氛围，以陶冶学生的情操，构建健康的人格，全面提高学生素质。

③校园文化是一所学校综合实力的反映。校园文化的核心竞争力主要表现在文化的凝聚力和创造力上，优秀的校园文化能赋予师生独立的人格、独立的精神，激励师生不断反思、不断超越。

四、材料分析题

用教育学原理分析“虎妈米爸”的教育方式及网友关于教育的观点。

【答】(1)“虎妈米爸”的教育方式是不恰当的。主要原因如下：

①从教育目的来看，教育的目的是促进人的全面发展。人的全面发展是指受教育者必须在德、智、体、美诸方面都得到发展，而“虎妈米爸”更重视孩子的学习成绩是否优异，拉琴是否能够得到奖项，并未关注孩子的全面发展。

②从教育规律来看，教育过程要遵循受教育者的身心发展规律，尊重其主观能动性。“虎妈”的威逼利诱和“米爸”让两岁孩子拉琴都是违背教育规律的。两岁的孩子，骨骼还没有发育好，不仅单手拿琴的支撑力量不够，其理解能力等也都不够。

③从教育方法来看，辱骂、诋毁等都不是科学的教育方法。“虎妈”采用辱骂、诋毁等方式来对女儿进行教育，会严重损伤孩子的自尊心、自信心，会降低孩子的自我效能感，不利于孩子的心理健康。

(2)网友A与网友B的观点有一定的合理性，网友C的观点则是不正确的。具体原因如下：

①对于孩子的兴趣爱好，家长应该根据孩子的身体机能以及特定心理来进行谋划。专家一般建议三岁半到四岁开始学习拉琴，最好是四岁，两岁的小米喜欢拉琴，父母可以从小培养，但是两岁的孩子心智不成熟，单手拿琴的支撑力量也不够，练琴也会给孩子带来一定生理上的压力。因此，父母可以从小给孩子营造一种氛围，可以给孩子放一些演奏的视频，在家长的协助下让孩子拉一些简单的音符等，等到孩子各方面发展符合要求了，再进行锻炼，才会收到事半功倍的效果。

②“有痛苦的童年才有成功的成年”这种观点是错误的。童年期是为一生的学习活动奠定基础知识和学习能力的时期，是心理发展的一个重要阶段。如果童年期过得很痛苦，容易造成心理问题，未来难以成为一个身心全面发展的成年人。

2018年西南大学333教育综合真题·凯程详解

一、理论阐述

描述未来教育的基本特征，分析未来教育的产生背景及其启发。

【答】“百年大计，教育为本。”一个国家或民族要想在竞争激烈的社会中占有一席之地，必须大力发展教育事业，将教育事业推向时代的顶端。教育是面对未来的事业，随着互联网信息技术的高速发展，教育教学形式、方法等都发生了巨大变化，未来的教育将会朝着信息化、智能化、多样化发展。

(1)信息技术在教育中应用更广泛。

在教育领域，以互联网、云计算、人工智能等为代表的信息技术在教育领域中的应用越来越广泛，教育业务开始智能化、自动化和数字化。信息技术在教育领域的应用提高了教育的效率，降低了教育投入的成本，取得了更好的教学效果。

(2)教育培养目标转向以能力培养为主。

未来社会所需要的人才和当今社会需要的人才有着极大的不同，面对未来职业的改变，教育领域必须及时调整人才培养目标，由以知识记忆为主转向以能力培养为主，更加注重培养人的批判性思考能力、创造能力、创新精神。

(3)教师的角色和作用发生变化。

随着社会的进步，教师的角色和作用的变化主要体现在两个方面：一是教师角色的分工更加明显；二是教师将主要承担起学生学习规划者和引导者的作用，而不是直接的知识传授。随着信息技术特别是人工智能的广泛应用，混合式学习日渐普及，学习更加以学生为中心，大部分教师的作用将不再是直接传授知识，而是要承担起为学生制订个性化学习方案的角色。

（4）学生的培养更加个性化。

个性化培养是指学校根据每个学生的特点而采取针对性教育培养的人才培养模式。随着技术的进步，特别是互联网、大数据、人工智能和物联网在教育中的应用，为学生的个性化培养提供了技术上和经济上的可能性，有利于发挥学生的最大潜能，激发学生的学习兴趣。

（5）终身学习成为人们的生活方式。

终身学习是一种学习理念，随着人类社会迈入知识社会，社会对人们知识和能力的要求日新月异，学习主要在学校完成的方式已经不能够适应社会发展的需要，技术的进步尤其是信息技术的发展也为人们终身学习提供了可能。学习将伴随人的一生，终身学习将成为人们的日常生活方式。

二、分析应用

概括全面发展教育内容之间的关系并联系实际探讨该关系理论的实践指导意义。（见2010年东北师范大学真题）

三、课程教学

阐述综合课程的内涵及特点并联系中小学教学的实际分析综合课程的利与弊。

【答】（1）综合课程的内涵、优点与缺点。（见2017年西南大学真题）

（2）综合课程问题目前的解决对策：①采用协同教学方式，即几个教师共同承担一门综合课程的讲课任务，但难免带有“拼盘教学”的感觉，没有真正体现综合课程的真谛；②开设综合课程专业来培养综合课程的教师。

四、名著研讨

概括、评价杜威的著作《民主主义与教育》的基本思想。

【答】（1）《民主主义与教育》是美国著名教育家杜威的代表作，与柏拉图的《理想国》和卢梭的《爱弥儿》一起被称为教育史上三个里程碑式的著作。书中全面阐述了杜威的实用主义教育理论，包括“教育即生长”“教育即生活”“教育即经验的持续不断地改造”的教育本质论和杜威的教育目的论、课程与教学论、德育论、反省思维等。

（2）杜威的教育思想。（见2011年北京师范大学真题）

五、实践探讨

评析当前我国中小学教师专业发展的现状，概括影响教师专业发展的因素，提出改善教师专业发展的建议。

【答】（1）我国中小学教师专业发展的现状。

①教师的分布与结构失衡。由于城市教师的工作条件和待遇较好，农村教师的工作条件比较艰苦，所以城市中小学教师的数量较多。

②教师的质量不均衡。例如，我国相当一部分教师尤其是农村中小学教师原有的基础较差；有的教师所学专业并非所教的专业，进而出现所学非所用、所用非所学的状况。

③教师队伍不够稳定，师资流失严重。主要影响因素是教师的物质待遇。

④不少教师还缺乏现代教育的意识和能力。由于受到传统教育思想的影响，又缺乏接触与研习新的教育思想的机遇，许多教师仍持有传统的教育教学观和师生观。

（2）影响教师专业发展的因素：①教师自身寻求发展的心向；②学校环境及校长支持；③社会环境与生存状况。

（3）改善教师专业发展的建议。

①教师自身要有专业发展的观念和意识，主动寻求自我专业发展的途径。②参加职前培训（师

范教育）与在职培训。较有成效的集中教师专业发展的培训模式主要有教师发展学校和校本培训。③制订生涯发展规划：a. 认识自我及所处时间与空间环境；b. 审视发展机会，确定发展目标；c. 制订行动策略并按目标逐步执行；d. 评价发展计划。④进行教育研究。这是提高教师自身素质、促进教师专业发展的一条有效途径。⑤进行经常化、系统化的教学反思。反思是教师专业发展的重要方式。⑥进行新教师的入职辅导。⑦在参与课程改革和课程开发中获得专业发展。

六、管理研究

假如你是一位中小学的校长，为了本校的发展，请阐述你将如何开展“校本教研”的活动。

【答】（1）我们应该本着边学习、边实践、边反思、边改进、边发展的原则，开展“以校为本”的教学研究，努力培养教师教学的科研素质，促进教学科研和学生素质的发展，不断提高教学质量，逐步凸显我校的教学管理特色。

（2）措施。

①建立校本培训制度，提高教师的思想政治和业务素质。

②建立学习交流制度。学校利用周日工作例会，让教师交流学习心得。为了提高学习的有效性，交流的内容由学校教科室根据各阶段安排事先指定，使其有所针对和准备。

③建立协作制度。协作制度主要包括校际协作及同伴互助。校际协作主要是指骨干学校与我校之间的结对帮扶式进行协作。校内以教研组、备课组为互助载体，促进教师与同伴的对话。

④建立青年教师培养制度。学校对青年教师，提出“一年适应、两年胜任、三年挑大梁”的奋斗目标。学校选配业务精、能力强、有敬业精神的骨干教师与青年教师结成师徒对子。

⑤建立备课组集体备课管理制度。组长要做好备课组活动计划，做到备课组活动记录和总结反思。备课组活动要有主题，要精心组织开展、提高备课组的活动质量。

⑥建立学科组建设管理制度。对学科组长进行培训，指导学科组长组织好每月一次的全组教育理论、学科质量、教研等学习交流活动，平时注重发挥学科组长的作用，积极做好工作。

⑦除此之外，还有教学教研常规检查制度、听课制度、总结评比制度、教学反思制度等。

（3）评价。

校本教研，激发了教师的内驱力，营造了良好的学习氛围：教研活动的开展，使教师的日常教学更符合新课程理念，更新了教师的教学观念和方法；教研活动的开展，有效提高教师课堂的教学水平。走符合学校的校本教研之路，开展适合教师实际的校本教研活动，让每位教师都在研究自己的过程中得到发展。

2019 年西南大学 333 教育综合真题 · 凯程详解

一、理论阐述

教育当中学生身心发展主要的共性特征是什么？这些共性特征对学校的教育教学工作提出的要求是什么？（见 2010 年华中师范大学真题）

二、分析综合

何谓立德树人？学校当前在立德树人方面有哪些偏差？你认为应该如何进一步提高学校立德树人工作的成效？

【答】（1）立德，就是坚持德育为先，通过正面教育来引导人、感化人、激励人；树人，就是坚持以人为本，通过合适的教育来塑造人、改变人、发展人。立德树人就是自身树立德业，给后代做榜样，培养人才。

（2）学校当前在立德树人方面的偏差：①对德育工作的意义和价值认识不到位；②缺乏校园文化氛围；③缺乏高水平的师资和管理队伍。

（3）提高学校立德树人工作成效的措施：

①我们要充分认识社会主义核心价值体系对于学校思政和德育工作的重要意义和价值。学校作为青少年学生培养的重要阵地，学校的思政和德育工作是社会主义核心价值体系建设中不可分割的一部分。

②我们要积极营造社会主义核心价值观的校园文化氛围，加强校园文化建设和管理，形成良好的校园文化环境。要充分发挥校园文化的引导作用，建设社会主义核心价值观的校园文化。

③要做好立德树人的工作，最为核心的是在学校培养“德才兼备，以德为先”的高水平的师资和管理队伍，形成以德修身、以德服众、以德领才、以德润才、德才兼备的用人导向。

三、评价应用

何谓教育现代化？如何判断一所学校的现代化水平？如何推进一所学校的现代化建设工作？

【答】（1）教育现代化的核心是人的现代化，特别是人的观念的现代化。其主要表现在现代人的观念的确立，教育发展水平和科学技术应用的广度和深度的不断提高，教育制度的不断创新和教育结构的丰富多样性上。

（2）学校现代化水平的表现：

①观念层面的现代化。适应社会发展的先进教育观念对社会和教育发展起着积极的促进作用，教育观念的现代化就是树立与现代社会发展需要相一致的教育观念，如终身教育观、教育主体观、教育民主观等。教育观念的现代化是实现教育现代化的一个重要前提。

②制度层面的现代化。教育制度现代化是教育现代化的基本内容和重要保障。具体来说，国家要建立高质、高效的教育管理体制；坚持开放、民主的教育管理原则；使用现代管理技术的教育管理手段。

③教育内容的现代化。通过教育内容的调整推进教育现代化是各国教育改革的一个焦点，注重课程的时代性和稳定性、结构性和系统性的统一，加强学科之间的相互渗透，调整必修课和选修课的比例，引进科技发展的新成就、新理论，是教育内容现代化的表现形式。

④教育条件设备的现代化。教育条件设备是反映教育教学水平的一个重要标志。现代科学技术的发展为教育条件设备现代化创造了条件，在教育教学中使用先进教学手段，如幻灯片、投影、录音、录像、闭路电视、计算机多媒体等都是教育现代化的标志。

⑤教师素质的现代化。教育现代化的关键是教师素质的现代化，包括教师的思想观念现代化、职业道德素质现代化、知识构成现代化和教育能力现代化等方面。

（3）推进学校的现代化建设工作需要做到以下几点：

①建设现代学校制度，大力倡导“以人为本”的管理理念，建立健全民主管理制度。

②改进教育条件设备，使用先进的教学手段。

③提高教师素质，培养现代化的教师队伍。

四、课程教学

何谓创新型教学？比较创新型教学与传统型教学的异同。开展创新型教学时需要注意哪些事项？

【答】（1）创新型教学的含义：

创新型教学指教师在教学过程中遵循创造活动的一般规律，引导学生以创造性的态度、运用创造性思维、充分发挥自主力量和身心潜能来吸收和掌握已有文化成果以及探索某些未知问题。

（2）创新型教学与传统型教学的异同：

相同点：都重视基础知识和基本技能的传授，都是为了促进学生的发展。

不同点：①教师角色不同。在创新型教学中，学生占主体地位，教师是课堂情景的设计者；在传统型教学中，教师占主导地位，是信息的唯一提供者。②教育目的不同。传统型教学的目的是传授基本知识与技能；创新型教学虽也重视，但最终目标是促进创新能力的发展。③教学方法不同。传统型教学注重知识的灌输，向学生提供现成的结论；创新型教学引导学生自己去发现、揣摩、探究，自己去获得知识的结论，从而培养分析问题和解决问题的能力。

（3）开展创新型教学时需要注意的事项：

①转变教学理念。教师在教学中既要把知识传授给学生，也要引导学生成为学习的主体，从传统的只是一味地讲授知识的灌输型教学模式转变到与学生一起思考、一起学习的研究型教学模式。

②转变教学方法。教学方法应从以教师为中心的知识传授型向知识传授与探索相结合转变。例如，可以采用启发式的教学方法，让学生成为知识的发现者，启发学生的求知欲，提高学生的创新能力。

③创设良好的课堂氛围。在教学过程中，创设良好的氛围，让学生敢于发表不同的见解，敢于提出一些意料之外又在情理之中的问题，培养学生的独立思考能力与创新能力。

④教师要培养自己的创新意识、创新精神和创新人格。进行创新型教学，关键要有创新型教师。教师要转变教育教学观念；不断学习关于创造性的心理学知识并指导实践；保护学生的好奇心，鼓励独创性与多样性。

五、学校管理

何谓校本管理？你认为当前中小学校本管理存在哪些问题？如何改进校本管理？

【答】（1）校本管理是20世纪80年代后期发端于美国而后影响许多国家和地区的国际性教育管理改革。它强调教育管理权的下移，把中小学作为决策主体，构筑学校与外部及学校内部之间的新型关系。其着眼点在于学校效能的提高。戴维所概括的“校本管理 = 自主 + 共同决策”，反映了校本管理的基本特点。校本管理具有学校自主、共同决策、校长负责的特点。

（2）中小学校校本管理存在的问题：

①学校自主方面。校本管理是以学校自主办学模式取代过去的政府包揽办学模式，学校成为独立办学主体，并以独立的法人资格对学校发展承担责任。我国的现状为：为了方便教育行政部门的计划安排，学校的许多权利都被控制在教育行政部门手中。

②共同决策方面。共同决策主要是指校长、教师、家长、社区人员，有时也包括学生共同参与学校的各项决策。但家长制作风和蔑视教职工的民主权利等现象时有发生。

③校长负责方面。校长负责制主要是校长全面地对学校负责，党组织负责监督，教职工民主参与。但很多时候校长有责无权。

（3）改进校本管理的措施：

①教育行政部门要简政放权。教育行政部门控制的学校内部管理应全部返还给学校，学校必须拥有完整的办学自主权，校长接受教育行政部门的委托，代表国家行使这些权利。基层教育行政部门，其管理工作无论怎样具体，都不能代替校长行使学校内部的管理权。

②倡导集体参与、共同决策。校长与教职工代表、社区人员、家长委员会等形成良好的互动关系，集体参与，共同决策，促进学校的发展。

③完善校长负责制。一是建立科学的校长遴选制度，做到规范化、民主化、公开化，形成优胜劣汰的淘汰机制；二是营造学校改革的宽松环境；三是建立合理的咨询监督机制，防止校长权力滥用的同时为校长出谋划策；四是配套改革，整体推进；五是建立严格的法律保障制度，将改革成果制度化、法治化，提高教育立法和执法水平，维护校园和谐。

六、教育研究

何谓教育研究？阐述教育研究所包括的各个基本步骤的工作要领。

【答】（1）教育研究是一种有目的、有计划、有步骤地采用多种方法去认识教育现象及其规律的创造性认识活动。教育研究由三个基本要素组成：客观事实、科学理论和方法技术。它们同样执行着解释、预测和控制的功能，只是研究对象的特点不同。

（2）教育研究的过程。

①选题阶段。选定课题包括提出问题和确定课题。首先要判断问题本身的理论价值或应用价值；进而考虑研究人员的研究实力和学术兴趣；最后还须考虑资料、仪器、设备等物质条件。

②研究设计阶段。研究计划的设计是整个研究工作中的重要一步。研究设计是否合理完善，不仅直接影响研究的预定目标能否实现，影响研究工作的效率，而且还会影响研究结果的可靠性、科学性。

③搜集资料阶段。为了完成研究课题，必须形成对客观存在的有关事实的科学认识。因此，应运用多种方法来搜集和获取资料。在教育研究中用来搜集资料的主要方法有观察法、问卷调查法、访谈调查法、测验法等。

④整理与分析资料阶段。运用科学的方法对搜集到的资料进行整理，使之系统化、条理化。资料搜集后要进行整理和分析，最关键的问题是形成科学事实，即把分析和研究的结果归纳成几条原理、原则或者对其做出事实判断。

⑤撰写研究报告阶段。对教育研究的总结是指对研究课题的选择，研究设计，研究资料的搜集、整理、分析以及研究结论的形成等全过程进行系统的整理和概括。在此基础上按照规范撰写科研论文或研究报告，以展示科研成果。

⑥总结与评价阶段。总结和评价是研究活动的最后一个环节。评价首先是要对研究成果的学术水平和应用价值进行鉴定，其次是要对研究活动的科学性进行评估。

2020年西南大学333教育综合真题·凯程详解

一、名词解释

1. 教育原则

【答】教育原则是教育规律在教育中的反映。教育原则是第二性的，是人们根据需要制定的教学活动的基本准则，它与科学发展水平、人们的认识能力密切相关。人们的认识、对经验的概括程度、时代要求等不一样，教育原则也就不同。

2. 教育作品法

【答】教育作品法是教育心理学的研究方法之一，又称作品分析法或产品分析法，是指通过分析学生的活动产品，以了解学生的能力倾向、技能、熟练程度、情感状态、知识范围和科学素养发展水平。

3. 劳动技术教育

【答】劳动技术教育是指把劳动教育与工农业生产、社会服务性劳动的技术教育结合起来，培养学生的劳动观点，形成劳动习惯，并使学生初步掌握一定的劳动技术知识和技能的教育，既有利于促进学生德、智、体等方面的全面发展，也为他们将来的就业准备一定的条件。

4. 课程标准（见2015年北京师范大学真题）

二、辨析题

1. 学校教育中学生是主、客体的合一。

【答】正确。从一方面看，在教育过程中，学生是教育的对象，教师是整个教育过程的组织者和领导者，从而决定学生在教育过程中处于客体地位；同时，学生本身所具备的可塑性、依附性和向师性的特点，也说明学生处于客体地位。从另一方面看，学生是处于发展中的人，具有主观能动性。学生在教育过程中的活动是有意识、有目的的活动，学生始终是教育活动中的积极参与者。学生这种主观能动性的特点，作为有自觉性和独立性的人，决定了他们又是自我教育和发展的主体。

2. 学校体育任务就是增强学生体质。

【答】错误。体育是授予学生健康的知识和技能，发展他们的体力，增强他们的体质，培养他们的意志力，使其养成良好的卫生保健习惯的教育。增强学生的体质是学校体育的根本任务，并不是唯一任务。

3. 根据课程设计和课程目标的来源，一般可把课程资源分为校内课程资源、校外课程资源和信息化课程资源。

【答】错误。根据课程设计和课程目标的来源，一般可把课程资源分为社会资源、自然资源、人力资源和文化资源；根据课程的物理特性和呈现方式，课程资源可分为文字资源、实物资源、活动资源和信息化资源。

4. 网络教育因其信息借助于网络传播突破了时间与空间的限制，展现出开放性、全球性和交互性等特点。

【答】正确。网络教育主要是指以多媒体技术为主要媒体，在网上进行跨时空、跨地域，实时或非实时的交互式教学形式。

（1）开放性体现在：①开放的办学理念，其教育对象广泛，有着终身教育的理念，为实现教育公平做出了巨大共享。②开放的教学平台，体现为教学资源、学习方式和教学互动模式的开放性。③开放的管理体系，包括远程、独立的个体管理模式和开放的评价体系。

（2）全球性体现在其可通过网络共享全球范围内的优质资源。

（3）交互性体现在网络教育具有丰富的教学交互手段和突出的教学交互功能，可以为学生与教师之间、学生与学生之间进行教学互动和协作学习提供网络学习交互环境和平台，学生通过教学交互获得需要的教学资源、学习指导和支持服务。

三、简答题

1. 简述教育价值的基本类型。

【答】（1）从同一教育现象或者教育活动的两种不同功用，将教育价值分为教育的内在价值和教育的外在价值，亦称教育的理想价值和教育的工具价值。代表人物是杜威。

观点：杜威从目的和手段的关系说明教育的内在价值和外在价值。当某一教育内容或者要素成为教育的直接目的时，它具有内在价值属性；当它成为实现别的目的的手段、方法或途径时，具有外在价值属性。杜威认为内在价值和外在价值不能截然分开，它们是相对的，同一客体在不同的关系背景中可能具有两种价值属性。

（2）从教育内容中所包含的知识类型进行分类，将教育价值分为知识的价值和训练的价值。代表人物有斯宾塞、巴格莱、怀特海。

观点：知识的价值就是指导行为的作用，而训练的价值是对学生思维的培养和人格的陶冶作用。斯宾塞根据知识价值论将教育活动分为五大类：①直接保全自己的活动；②间接保全自己的活动；③目的在于抚养和教育子女的活动；④与维持正常的社会政治关系有关的活动；⑤在生活中的闲暇时间满足爱好和感情的各种活动。

（3）从哲学基本观点出发对教育价值进行分类：有以哲学基本观点或流派为划分依据的，如唯心主义、实在主义、实用主义等教育价值论；有以教育哲学思想为理论基础，具体讨论某种教育哲学指导下的教育价值观点的，如进步主义、要素主义等。

2. 简述教育的社会性表现。（见 2014 年北京师范大学真题）

3. 简述义务教育的基本特点。

【答】（1）义务教育是根据法律规定，适龄儿童和青少年都必须接受的，国家、社会、家庭必须予以保障的国民教育。其实质是国家依照法律的规定对适龄儿童和青少年实施的一定年限的强迫教育的制度。义务教育又称强迫教育和免费义务教育。

（2）义务教育的特点。

①强制性，又叫义务性。让适龄儿童、少年接受义务教育是学校、家长和社会的义务。义务教

育的国家强制性是义务教育最本质的特征。义务教育不仅是受教育者的权利，而且是国家应尽的义务。

②普及性。根据法律规定，所有适龄儿童、少年都必须完成规定年限的教育，并接受基础知识、基本技能、基本方法和基本态度等方面的教育。这不仅是社会生产力发展的客观要求，而且是现代社会对每一个公民素质的最基本要求。

③免费性。这是指国家对接受义务教育的学生免除全部或者大部分的就学费用。这是世界各国实施义务教育的一个共同特点。

4. 简述现代教师的角色转换。（见2018年东北师范大学真题）

四、论述题

1. 试述教育评价的环节以及存在的问题。

【答】（1）教学评价的概念。

教学评价是指依据一定的客观标准，对教学活动及其结果进行测量、分析和评定的过程，是对教学活动的整体功能所做的评价。

（2）布卢姆根据评价在教学过程中的作用不同，将其分为诊断性评价、形成性评价和总结性评价；根据评价运用的方法不同，分为相对性评价和绝对性评价；根据评价的主体不同，分为教师评价和学生自我评价。

（此问题无标准答案，考生把教学评价的种类与实际教学情况相结合加以阐述即可，以下从教师评价与学生评价存在的问题进行阐述，供考生参考。）

（3）长期以来，由于受“应试教育”的思想影响，导致目前学校教育评价工作中仍存在一些急需解决但又棘手的问题。这主要反映在对学生的评价、对教师的评价两个方面：

①对学生的评价。

a. 在评价目的上，学习成绩成为评价学生的主要依据。学生被迫放弃自己的兴趣爱好，学校则违背青少年的成长规律，丢弃非考试科目，学生的全面发展、个性发展几乎成为空谈。

b. 在评价功能上，主要是教师对学生、教育外部对内部的评价，回避了教育的价值问题，忽视了对学生学习过程的评价，无法评价教育活动中所产生的非预期结果。

c. 在评价主体方面，仍是以他评为主，忽视了学生的自我评价或对学生的自我评价重视不够。

②对教师的评价。

目前学校对教师的评价仍主要停留在教师教学成绩的层面，是一种面向过去的评价，它着眼于教师个人在评价之前或评价之时的工作表现，其实质是一种管理性评价、奖惩性评价或规范性评价。

影响：a. 导致教师在课堂教学中想方设法提高学生的考试成绩和升学率，直接为“应试教育”推波助澜；b. 导致教师仅考虑如何提高学生的考试成绩，对社会的发展变化不敏感，对教育教学改革的热情不高，最后难以适应教育教学改革的要求；c. 这种评价不利于教师之间、教师和领导之间的团结合作，更不利于教师的专业化成长和整个教师职业的专业化发展。

2. 试述现代学生观的内涵。

【答】（1）现代学生观认为学生是积极的主体，是学习的主人，是正在成长着的人，教育的目的就是育人。

（2）现代学生观的内涵。

①把学生当作学生：在传统的教学理念中，对于学生总是有各种各样的要求，但从来不考虑学生的要求，这是将学生看作机器，而不是看作一个人。现代学生观认为教师首先要将学生看作学生，看作一个活生生的人。学生的首要任务是学习科学文化知识以及培养自己的良好的思想道德情操。

②把学生当作朋友：教师要敢于打破“师道尊严”的传统观念，不再强调“学生必须服从教师”，而要坚持把自己放在与学生平等的地位，建立一种民主平等的师生关系。

③把学生当作教育的主体：教育的主体是学生，教育的过程、方法、手段都应紧紧围绕这个主体进行。

五、材料分析题

1. 说出该实验中的自变量和因变量。

【答】该实验中的自变量是数字化教材，因变量是学生的学习成绩。

2. 尝试说出该实验的具体名称和设计方案。

【答】(1)该实验的具体名称是随机分派控制组前后测实验。

(2)设计方案为：

①确定研究问题：数字化教材对学生成绩的影响。

②使用随机抽样的方法，将六个班分为两组，三个班为实验组，三个班为对照组。实验组使用数字化教材，对照组不使用数字化教材。

③选定教育研究方法，使用随机分派控制组前后测设计，对六个班都进行了前测。

格式：

RG_1: O_1　X　O_2

RG_2: O_3　C　O_4

3. 列举该实验设计的优点。

【答】(1)因为是随机分派，可以控制选择、被试缺失等因素。

(2)有控制组，都进行了前后测，便于对照比较，可以控制成熟、练习、统计回归等因素。实验的结果是具有可信度的。

(3)6个班在进行前测的时候，发现他们的成绩是相当的，没有显著的差异，减少了实验的误差。

(4)在统计分析上，要比单组实验设计的统计分析把握性大一些。在教育研究中，常常采用整组比较设计。

(5)教育实验是人为地创造实验条件，可以观测到自然环境中不易观察到的信息，还可以扩大研究范围。

(6)实验法要求用比较严格的程序组织研究，便于重复验证，提高结论的科学性。

4. 什么是简单随机抽样？简述其操作步骤。

【答】(1)简单随机抽样是以随机原则为依据的最基本的抽样方法。每个个体被抽取的概率均等，而且个体之间彼此独立。

(2)常见方法。

①抽签：把总体中的所有单元都编上号，做成签，放到一起充分混合后，每次从中取出一个签，记下号码，然后把抽取的签再放回去，再次混合并抽取，直到抽取到所需要的样本量为止。

②随机数目表抽样法：把总体中每个单元标号，以随机数字表为基础，操作时，首先随机确定一个表上取数的“起点”，然后按表上所示的数号取样。

(3)使用条件：适用于总体异质性不是很大，且样本数较小的情况。

(4)优点：简单易行，可以保证全部标识的代表性，能够确定抽样误差的理论值。

(5)缺点：一是总体数量较人时，将每个个体编号会费力、费时；二是总体异质性较大时，会导致较大的抽样误差。

南京师范大学

2010 年南京师范大学 333 教育综合真题·凯程详解

一、名词解释

1. **课程**（见 2019 年北京师范大学真题）
2. **最近发展区**（见 2011 年北京师范大学真题）
3. **自我提高驱动力**（见 2012 年北京师范大学真题）
4. **终身教育**（见 2011 年华东师范大学真题）
5. **自我效能**（见 2014 年华东师范大学真题）
6. **苏格拉底法**（见 2011 年北京师范大学真题）
7. **赫尔巴特的四段教学法**（2010 年北京师范大学真题）

二、简答题

1. **简述《学记》在教学思想上的贡献。**（见 2011 年东北师范大学真题）
2. **道德教育如何与生活相联系？**

【**答**】（1）在德育途径方面，尽量开拓更多间接的德育途径，如校外劳动、参观学习、保护环境等活动。这样的德育活动要在生活中进行，为了生活而进行，围绕生活内容而进行。

（2）在德育方法方面，主要通过生活中的典型事例来引导学生，树立榜样，重在陶冶。

（3）在德育内容方面，编写教材时，教材中要更多地体现生活中的事情，即教材贴近生活实际。可以运用体谅模式中大量的人际情境故事，或者认知发展模式中的道德两难故事。

（4）在德育原则方面，以生活为教育的中心，让生活来决定教育。并且也让学生在德育中，真正理解充满社会精神的生活内涵，并努力打造这样的新生活。

3. **简述班级授课制及其改革。**（见 2020 年北京师范大学真题）
4. **简述校本课程开发的特征、优势、不足及思考。**

【**答**】（1）校本课程是由学校参照国家课程标准、地方课程框架和本校学生发展兴趣及需要而开发的，旨在体现学校办学特色的课程，是由学生所在学校的教师编制、实施和评价的课程。

（2）特征：①具有鲜明的地方特色，体现学校的办学特点；②校本课程是一个持续的、动态的、逐步完善的过程；③能使教师获得工作的满足感和成就感；④校本课程鼓励教师、学生、家长和社会人士的参与。

（3）优势：①提高学校办学水平，彰显学校办学特色；②提高教师专业水平；③学校之间可以资源共享，促进交流；④能最大限度地体现地方教育特色，促进学生发展，做到因地制宜。

（4）不足：①扩大了学校与学校之间课程的差异，加剧了学校与学校之间教育质量的不平衡；②所耗费的教育资源明显高于实施国家课程的需求；③校本课程往往缺乏长远的、系统的规划，不能真正融入学校的办学特色。

（5）思考：①应加强学校、教师与专家之间的交流，更专业地打造校本课程；②教师在年龄、学历、能力、专业、特长上要多样化，为校本课程的开发增添新的活力和思想；③校本课程开发之前，要建立有效的领导核心力；④校本课程注重系统性和长远性的规划设计，有了规划后方可进一步细化和具体化；⑤强化教师的教育理论素养等。

三、论述题

1. 结合你自己的教育教学实践，谈谈教育与人身心发展的关系。（见 2010 年华中师范大学真题）

2. 皮亚杰的认知发展阶段理论及其对学校教育的启示。

【答】（1）皮亚杰的认知发展理论。（见 2012 年东北师范大学真题）

（2）教育启示：

①提供活动。教师要为学生提供大量的、丰富的活动，这些活动也是真实环境中发生的活动。

②创设最佳的难度。教师创设或提供的教学情境应该是恰好合适的，这种情境既能引起学生的认知不平衡，又不过分超越学生已有的认知水平和知识经验。

③了解儿童如何思考。当学生在学习中出现错误或体会到一种认知冲突时，他们会重新思考自己的理解，也就可能会获得新的理解或知识。因为学生是在与周围人的相互作用中获得知识，检验自己的思维并不断地得到反馈的，具体的经验也提供了思维的素材，教师只有了解儿童的思考方式，才能更好地引导学生的认知发展。

④认识儿童认知发展水平的有限性。教师需要认识各年龄阶段儿童认知发展所达到的水平，在教学过程中就会更主动。

3. 试论述唐代科举制度的作用及其影响。（见 2019 年华中师范大学真题）

4. 评述杜威的实用主义教育理论。（见 2011 年北京师范大学真题）

2011 年南京师范大学 333 教育综合真题 · 凯程详解

一、名词解释

1. 中体西用（见 2011 年北京师范大学真题）

2. 教育（见 2014 年北京师范大学真题）

3. 班级授课制（见 2016 年北京师范大学真题）

4. 道尔顿制（见 2011 年北京师范大学真题）

5. 问题解决

【答】问题解决一般是指形成一个新的答案，超越过去所学规则的简单应用，而产生一个新的解决方案。当常规或自动化的反应不适应当前的情景时，问题解决就发生了。其中原有知识经验和当前问题的组成成分必须重新改组、转换或联合，才能达到既定目标。问题不同于简单的习题，问题解决是由认知成分参与的、有目的的一系列运算。

问题解决主要包括以下三个特征：第一，问题解决具有目的性；第二，问题解决包括一系列的运算；第三，问题解决具有认知性。

6. 学习动机（见 2013 年北京师范大学真题）

二、简答题

1. 论述当代学制改革的趋势。

【答】（1）义务教育年限的延长。义务教育年限延长，以立法形式推行义务教育是现代教育制度的重要标志之一。

（2）普通教育与职业教育的综合化。在普通中学教育中增加职业性课程，为普通中学毕业生做就业准备；在职业技术教育中增加普通教育课程，使学生在未来的职业上具有更强的适应能力。

（3）高等教育的大众化。大众化是我国高等教育的必然选择，深挖高校内部潜能，打破单一办学模式，走多元化、多形式办学道路，是我国高等教育实现从精英到大众化转变的重要途径。

（4）终身教育。终身教育不仅包括学前教育、青少年教育，还包括社会、家庭、学校各方面的教育。终身教育不仅是一个贯穿于一切教育的理念，更是构建未来教育体系的一种制度实践。终身教育要培养自学本领，以便走出校门能够获得新的知识和技能，适应不同的工作要求。

2. 简述“六艺”教育及其对当代教育改革的意义。

【答】（1）“六艺”即夏、商、西周时期教育的六项基本内容：礼、乐、射、御、书、数。其中，礼、乐是“六艺”的中心。

（2）具体内容。

①礼：周礼的教育不仅在于养成礼仪规范，同时还具有深刻的社会政治作用。②乐：包括诗歌、舞蹈和音乐，使强制性的礼转化为人们内在的道德和精神的需求。③射：拉弓射箭的技术。④御：驾驭战车的技能。⑤书：文字读写。⑥数：算法、历法等与数字计算相关的知识。这也是西周小学的主要教学内容。

（3）意义：“六艺”教育经历了夏、商的发展，到西周最为完备，是西周教育的特征和标志。“六艺”既重视思想道德，也重视文化知识；既重视传统文化，也重视实用技能；既重视文事，又重视武备；既要求符合礼仪规范，又要求内心情感修养。总之，“六艺”体现了文武兼备、诸育兼顾的特点，反映了中华文明发展早期的辉煌。

3. 试述卢梭的自然主义教育及其意义。（见2012年华东师范大学真题）

三、论述题

1. 评述19世纪末20世纪初欧美新教育和进步主义教育思潮的共同特征、意义及其局限。

【答】（1）共同特征：

①都把矛头指向了传统教育，批判传统教育观和一些做法；②都要求改革，并且进行了实验；③都对以前的教育著作进行了深入的研究，并在它们之上提出了新的观点；④都有丰富实践经验的教师。

（2）意义：

①新教育成功引起世人对新教育的关注和对传统教育的反思，建立起各国新学校之间的紧密联系，为新教育赢得了国际声誉，为国际交流开辟了道路。

②进步教育运动促进了美国教育现代化的转变，制约了现代美国教育发展的方向和格局，对形成美国学校的特征产生了深远的影响，从根本上改变了美国学校和教室的气氛，促进了美国教育理论研究的发展和教育理论研究的美国化。

③对世界产生了广泛影响，进步主义运动和西欧新教育运动一起，共同构成了西方现代教育的重要开端。

（3）局限：

①新教育收费昂贵，以激进思想的上层社会和高收入阶层的少数学龄儿童为对象，规模一般很小，并独立于国家教育制度之外，不能产生大规模化的教育影响。

②进步教育运动不能与美国的社会变化始终一致，未能较好地适应美国社会发展对教育提出的新要求。

③理论与实践本身有矛盾。过分强调儿童个人的自由，忽视社会和文化对个人发展的决定作用。过分否定学校工作的一些基本规律，导致教学质量的下降。进步教育运动在理论上的分化，导致运动内部的决裂。

④进步教育运动对教师提出过高的要求，使教师难以完成和达到进步教育家所期望的教育效果。

2. 评述陶行知的生活教育理论。（见2014年北京师范大学真题）

3. 论述师生关系的历史转变，并结合自己的经验谈谈你对这一问题的认识。

【答】（1）师生关系的历史转变。

师生关系是指教师和学生在教育教学过程中结成的相互关系，包括彼此所处的地位、作用和相互对待的态度等。

①主体的缺失。中国传统的教育，是以“功利为本”的教育观为主要特征的应试教育。②主体的发现。20世纪末我国教育界就开始对教育教学活动中教师和学生主体地位进行讨论，并且一直持

续到现在。在这场大讨论中，学生作为受教育主体的观点已经成为共识。③交互主体性。当我们把师生关系放在关系思维中理解，就会发现，不论教师还是学生，没有哪一方是纯粹、一贯、单一的“主体”。理想的师生关系应该是“交互主体性”的关系。

（2）新型的师生关系的特点：①尊师爱生，相互配合；②民主平等，和谐亲密；③共享共创，教学相长。

（3）培养良好的师生关系。

①了解和研究学生；②树立正确的学生观；③热爱、尊重学生，公平对待学生；④主动与学生沟通，善于与学生交往；⑤努力提高自我修养，健全人格。

（4）启示。

现实生活中我们可以看到，许多的教师和学生已经处于一种新型的师生关系中。他们相互尊重，共同进步，学生对教师的信任感也越来越强。

4. 结合中学生的时代特点谈谈你对当前基础教育的理解。

【答】（1）基础教育的内涵。

基础教育是面向全体学生的国民素质教育。其根本宗旨是为提高全民族的素质打下扎实的基础，为全体适龄儿童、少年的终身学习和参与社会生活打下良好的基础。

（2）基础教育的意义。

教育发展水平的高低决定着国家的发展及命运，国与国之间的竞争说到底是科技的竞争，是人才的竞争，也是教育的竞争。在十九大报告中也明确提出：“要优先发展基础教育事业”“教育能使社会流动具有有序性”。

（3）兴办基础教育的措施。

①教育强国是中华民族伟大复兴的基础工程，必须把教育事业放在优先位置，加快教育现代化，办好人民满意的教育。

②要全面贯彻党的教育方针，落实立德树人的根本任务，发展素质教育，推进教育公平，培养德、智、体、美全面发展的社会主义建设者和接班人。

③推动城乡义务教育一体化发展，高度重视农村教育和义务教育，办好学前教育、特殊教育和网络教育，普及高中阶段教育，努力让每个孩子都能享有公平而有质量的教育。

④完善职业教育和培训体系，深化产教融合，校企合作。加快一流大学和学科建设，实现高等教育内涵式发展。健全学生资助体系，使绝大多数城乡新增劳动力能接受高中阶段的教育，更多的人能接受高等教育，支持和规范社会力量兴办教育。

⑤加强师德师风建设，培养高素质教师队伍，倡导全社会尊师重教。办好继续教育，加快建设学习型社会，大力提高国民素质。

2012 年南京师范大学 333 教育综合真题·凯程详解

一、名词解释

1. 教学目标

【答】教学目标是教育者在教育教学的过程中，在完成某一阶段（一个教学单元、一节课、一个学期）的教学任务时，希望受教育者达到的要求或产生的变化结果。教学目标是教育目的最具体化的一个层次。

2. 学校教育（见 2010 年华中师范大学真题）

3. “六艺”教育（见 2012 年华东师范大学真题）

4. 苏格拉底法（见 2011 年北京师范大学真题）

5. 道德情感

【答】道德由知（道德认识）、情（道德情感）、意（道德意志）、行（道德行为）组成。其中，道德情感是道德认识转化为道德行为的内在动力，是加深道德认识、形成道德信念、坚定道德意志和巩固道德行为习惯的催化剂。道德情感与品德结构中的知、意、行等因素，各有自己的特点，四者相互联系、相互制约、相互促进，共同推动品德的发展。

二、简答题

1. 简述德育的途径。（见2014年北京师范大学真题）

2. 蔡元培的“五育”并举。（见2016年华东师范大学真题）

3. 人文主义教育的特征。（见2011年华东师范大学真题）

4. 布鲁纳发现学习的步骤。

【答】（1）布鲁纳的发现学习就是学生在学习情境中通过自己的探索来寻找、获得问题答案的学习方式。教学不应当使学生处于被动地接受知识的状态，而应让“学生自己把事物整理就绪，使自己成为发现者”。

（2）发现法的一般步骤：①创设问题情境，提出和明确使学生感兴趣的问题；②激发探究的欲望，提供解决问题的各种假设；③检验假设；④引导学生运用分析思维去验证结论，最终使问题得到解决。在这个过程中，教师要提供资料，让学生亲自发现结论或规律。

三、论述题

1. 论述教育的社会功能。（见2014年北京师范大学真题）

2. 试论述陈鹤琴的“活教育”。（见2015年北京师范大学真题）

3. 杜威的教育思想。（见2011年北京师范大学真题）

4. 结合实际，论述激发学生学习动机的方法。（见2012年华东师范大学真题）

2013年南京师范大学333教育综合真题·凯程详解

一、名词解释

1. 活动课程（见2013年东北师范大学真题）

2. 教学（见2013年陕西师范大学真题）

3. 化性起伪

【答】荀子将教育的作用描述为“化性起伪”。他高度重视教育的作用，认为教育在人的发展中起着“化性起伪”的作用。他指出人人都可以通过“化性起伪”，改变自己的恶性，化恶为善，从而成为君子甚至禹那样的高尚人物。荀子主张的教育作用主要包含两个方面：一是人的主观能动性；二是环境的作用。因而，化性起伪是环境、教育和个体努力的结果。

4. 道尔顿制（见2011年北京师范大学真题）

5. 最近发展区（见2011年北京师范大学真题）

6. 信度与效度

【答】信度和效度都是测量工具的评价指标。信度是指测验所得分数的稳定性和可靠性，是指测量多次，测量的结果都是一致的，而且个人在数次接受同一测验时，获得的分数近似相同。效度是指测量的准确性和有效性，也就是测量的结果与所要达到的目标二者相符合的程度。测量的信度与效度既相互联系又相互制约，具有效度的测量一定具有信度，而具有信度的测量则不一定具有效度。所以不能认为信度高的测量就一定效度高，而毫无信度可言的测量根本谈不上效度。

二、辨析题

1.“教育先行”是20世纪现代社会的新现象，它意味着教育发展必须先于社会的物质发展。

【答】错误。

（1）教育优先发展，即教育先行。教育先行是一种发展战略，即教育发展先于其他行业或者经济发展的现有状态而超前发展。值得注意的是，教育优先发展不是教育过度地超前发展，也不是教育的盲目发展，而是一种适度发展。要依据一个国家经济的发展水平来确定教育投资，过多的教育投资反而会造成浪费。所以，我国采用教育适度优先发展战略，能更好地保证人才兴国和科教兴国。

（2）因此，题目的说法是错误的。

2.在学习方式上，课程改革反对接受学习，主张以自主、合作、探究的方式取代接受学习。

【答】错误。

（1）接受学习是教学的基本方法，在教学过程中有其不可替代的优越性，如有利于教学效率的提高，有利于教学质量的提高。接受学习从另一方面来讲，不利于发展学生的探究能力、合作能力和自主学习能力，所以在教学过程中，我们需要补充其他的教学方法，如小组学习、合作学习、研究性学习等，促进学生的全面发展。如果完全摒弃了接受学习，就会使学生的学习效率下降，无法在短时间内高效地掌握知识，也无法让学生学习到科学、系统的学科知识。因此，接受学习是不可替代的。

（2）因此，题目的说法是错误的。

3.卢梭认为事物的教育和自然的教育都要服从于人为的教育。

【答】错误。

（1）在卢梭看来，人所受的教育，来源不外乎三种：自然的教育、人为的教育、事物的教育。这三方面的教育是相互联系的。如果这三方面的教育是一致的，都趋于同一目的，人就能受到良好的教育。只有以自然的教育为中心，使事物的教育和人为的教育服从于自然的教育，使这三方面教育互相配合并趋于自然的目标，才能使儿童享受到良好的教育。

（2）因此，题目的说法是错误的。

三、简答题

1.简述个人本位论。（见2013年北京师范大学真题）

2.简述价值澄清模式。

【答】（1）价值澄清模式是在路易斯·拉思斯等人的倡导下，于20世纪60年代逐渐成为学校德育实践中的一股重要思潮。

（2）观点：价值观并不是固定的观点或永恒不变的真理，它是建立在个体亲身经历的社会基础经验上的一种指南。教师要利用专门设计的方法，创造一种没有威胁、非强迫的对话环境。

（3）评价：有较强的实践性，提供的多种方法都有可操作性程序，易教易学。这种尊重儿童的主体作用，注重发展儿童道德意识、道德判断和价值观选择能力，注重现实生活以及有很强的可操作性的道德教育模式，也是我国道德教育改革的趋向。

然而，该模式强调每个人都有自己的价值观且都是合理的，会陷入极端的个人相对主义，其结果必然使社会变得混乱甚至出现无政府状态，这是我们必须避免的。

3.简述我国新课程改革的基本理念。

【答】新课程改革的核心理念是“以人为本”和“以学生发展为本”，即一切为了学生的发展。

（1）为了学生的终身发展：为了学生的终身发展是本次课程改革的根本理念。

（2）为了每位学生的发展：基础教育是奠基工程，关系到未来中华民族的整体素质，课程改革要面向全体学生，充分考虑到各地区的差异，增强课程对地方、学校、学生的适应性，使全体学生都能得到充分的发展。

（3）为了学生的全面发展：未来社会需要高素质的、具有广泛适应性的、全面发展的人。

（4）为了学生的个体发展：现行课程体系强调整齐划一、规模效应，忽视学生的个性发展，忽视学生发展的具体性、差异性。新课程追求学生的个性发展，承认学生是发展的、有潜力的、有差异的人，是活泼的、具有独立个性的人。教育要尊重学生的独特性和具体性。

4. 简述要素主义教育思想的基本观点。（见2016年华东师范大学真题）

四、论述题

1. 品德及其构成要素是什么？如何根据品德的要素进行道德教育？

【答】（1）品德作为个体社会行为的内在调节机制，是合乎社会规范要求的稳定的心理特性，是道德行为产生的内因，又称为德性。品德的实质就是人际交往经验结构，根本内容为对人、对事、对己方面的社会规范的遵从经验。

（2）品德的构成要素：

①道德认识又称道德观念，是对道德准则及其执行意义的认识。

②道德情感是伴随道德认识产生的内心体验。

③道德意志是个人自觉地调节行动去克服困难，以实现一定道德目的的活动。

④道德行为是实现道德动机的行为意向及外部表现，是衡量个人品德的重要标志。

（3）道德教育。

在进行德育教育时，必须全面兼顾品德的各个要素，不能简单地让学生记忆各种社会规范，也不能只靠纪律、惩罚等约束儿童的行为，必须将道德认知、道德情感、道德意志和道德行为结合起来。品德发展是这四个因素相互协调、统一的发展，其中道德认识是基础，道德情感是动力，道德意志起调控作用，道德行为是前三者的综合表现，也是个体品德发展水平的主要标志。

2. 请自拟题目，写一篇800字左右的短评，阐述自己的观点，并对上述观点进行评论。

【答】（1）从教育目的的价值取向看材料。

以上的观点阐述了教育目的的两种不同的价值取向，以及教育对社会的作用。在教育目的的价值取向上，争论最多、影响最大、最具根本性的问题，是教育活动究竟应注重满足人的个性发展需要，还是应注重满足社会发展需要。由此，构成了教育目的选择上的两种典型的价值取向，即个人本位论和社会本位论。

①教育的个人本位论。个人本位论者主张教育目的的制定应该依据个人需要。

主要观点：第一，教育目的应当从受教育者的本性出发，充分发展受教育者的个性，增进受教育者的个人价值；第二，教育的目的在于帮助人们充分地实现自身的自然潜能，以便在此基础上建立理想的社会和国家；第三，重视人的价值、个性发展和需要；第四，人的本性在于“自然性”，个人价值高于社会价值。

②教育的社会本位论。社会本位论也称国家本位论，社会本位论者主张教育目的要根据社会需要来确定。

主要观点：第一，教育目的应该从社会需要出发，根据社会需要来确定；第二，教育的最高目的在于使个人成为国家的合格公民；第三，社会价值高于个人价值。

（2）从教育对社会的作用看材料。

一方面教育受到社会政治经济制度、经济发展水平、文化和人口等的影响和制约，另一方面教育也反作用于社会。教育作为社会的子系统，它首先承担培养人的功能，并通过育人功能进而实现其社会功能，保障社会的延续与发展。

教育的社会功能主要体现在推动社会发展变迁和促进社会流动上。教育的社会变迁功能是就教育所培养的社会实践主体在生产、科技、经济、政治和文化等社会生活各个领域发挥的作用而言的，它指向的主要是社会整体的存在、延续、演变和发展。教育的社会流动功能则是就教育所培养的社会实践主体，通过教育的培养和提高以及在此基础上的个人能动性、创造性的弘扬，以实现在职业岗位和社会层次之间的流动和转换而言的，它指向的主要是社会个体的生存与发展境遇的改善。

2014年南京师范大学333教育综合真题·凯程详解

一、名词解释

1. 赫尔巴特的《普通教育学》

【答】德国著名教育家赫尔巴特写的《普通教育学》，是近代第一部系统的教育学著作，它的出现标志着教育学已成为一门独立的学科。赫尔巴特在《普通教育学》中提出了著名的形式阶段理论，即准备、提示、联想、系统与方法，他还提出了教育性教学的观点，形成了对整个世界教育理论与实践产生过影响的赫尔巴特学派。其主要思想可以概括为：教材中心、课堂中心、教师中心。

2. 社会本位论（见2011年华东师范大学真题）

3. 最近发展区（见2011年北京师范大学真题）

4. 有效教学

【答】有效教学，就是在符合时代和个体积极价值建构的前提下，其效率在一定时空内不低于平均水准的教学。在有效教学的理念中，关注学生需求是核心，而关注的心理基础则是尊重，教师尊重学生，是实行新课程改革的重要前提。只有尊重学生，才能切实地关注学生，站在学生的角度看问题。只有使每一个教学环节能够在学生身上发生作用，才能根除课堂教学顽疾，使有效的教学理念在教学过程中得到具体的贯彻落实。

5. 行动研究

【答】教育行动研究是在教育情境中，研究人员和实际工作者联合起来解决某一实际问题或提高教师素质的一种方法，是指通过研究真实的学校教育过程与情境，以提高自己的教育行动质量与教育行动效率为目的的研究模式。它一方面旨在提高教育实践者自身的专业判断能力与对教育问题的洞察力；另一方面也为优化教学实践提供具体策略。教育行动研究的特点是：为教育行动而研究，由教育行动者研究，在教育行动中研究。

二、填空题

1. 传递生产和生活经验的社会需要　2. 政治经济制度
3. 马克思主义关于人的全面发展学说　4. 综合课程
5.《教育部关于全面深化课程改革，落实立德树人根本任务的意见》
6. 形成性评价　7. 道德认知、道德情感、道德行为
8. 单轨制　9. 班级授课制
10. 人本主义学习

三、辨析题

1. 义务教育的特点是强制性、免费性和普及性。

【答】正确。

义务教育是根据法律规定，适龄儿童和青少年都必须接受的，国家、社会、家庭必须予以保障的国民教育。其实质是国家依照法律的规定对适龄儿童和青少年实施的一定年限的强迫教育的制度。义务教育又称强迫教育和免费义务教育。因此，义务教育具有强制性、免费性、普及性的特点。

因此，题目的说法是正确的。

2. 教育影响都是积极正向的。

【答】错误。

根据教育作用的方向，教育的功能可以分为正向功能和负向功能。教育的正向功能是指通过教育促进了个人或社会的发展，如教育有助于提高学生学习的兴趣，有利于促进社会经济发展等；教育的负向功能是指通过教育阻碍了个人或社会的发展，如应试教育的负面影响等。

因此，题目的说法是错误的。

3. 师生关系就是知识的传授关系。

【答】错误。

师生关系是指教师和学生在教育过程中完成一定的教育任务，以“教”和“学”为中介而形成的一种特殊的社会关系，是学校中最基本的人际关系。良好的师生关系不能只包括知识的传授关系，还应包括社会关系、人际关系、心理关系等。如果只注重知识的传授，忽视师生之间的其他关系，则是一种畸形的师生关系，不利于学生的全面发展。

因此，题目的说法是错误的。

4. 教学是用教材教，而不是教教材。

【答】正确。

教材是根据课程计划、课程标准和学生接受能力编写的教学用书。教科书是课程标准的具体化，是学生学习的主要材料，是教师进行教学的主要依据。

但是，教师在课程实施过程中，不能完全按照教材来教，因为每个教师、每个班级的学生都有自己的特点，因此，真正的课程是教师与学生以教材为依据，联合创造的过程。

因此，题目的说法是正确的。

5. 班级是一个“准自治组织”。

【答】正确。

所谓“准自治组织”是指由未成年学生组成的班级并不能完全依靠自己的力量来管理自己，在一定程度上要依靠外部的力量。班级的主要成员是学生，中小学学生是处于发展中的未成年人，因此班级组织是一个“准自治组织”。班级作为一个组织，不完全是学生的自治组织。班主任也是班级的一员，他有指导、帮助学生的职责，在“准自治”中要突出的是“自治”的一面，这种“准自治”是发展式的“准自治”，指导和帮助的最终目的是学生学会自我教育、自我管理，最终走向完全的自治。

因此，题目的说法是正确的。

四、简答题

1. 试述人的身心发展特点及其对教育的要求。（见 2010 年华中师范大学真题）

2. 我国教育目的的基本精神是什么?（见 2012 年北京师范大学真题）

3. 试述课程编制（开发）的基本程序或步骤。（见 2019 年陕西师范大学真题）

4. 试述杜威的教育思想及其现实意义。（见 2011 年北京师范大学真题）

五、材料分析题

（1）这位教师的行为是否合适，为什么？

（2）如果换作是你，你会怎么做？

【答】（1）该教师的行为是不合适的。因为学生都是独立的个体，都有自己的思考和理解，而教师却要求学生必须回答出教师所设想的准确答案，对学生的疑惑没有给予合理的解释和引导，反倒对学生呵斥，导致学生害怕提问、害怕回答问题。长此以往，学生将会逐渐丧失信心。

（2）如果我是该教师，在生 1 提出疑惑后，我会称赞他思考问题的角度新颖且独特，并带领全班同学针对这个问题展开讨论、发表意见，最终解决该生的疑惑。对于生 2 的回答，我会先表扬他回答得很准确，再进一步追问：“父亲的严格体现在哪件事上？这件事你觉得有哪些值得我们学习的地方？”逐渐引导学生得出最终答案。然后再强调说：“好，我们接着思考最开始提的问题，我再来说一下问题是什么，大家这次独自思考之后再举手回答”。这样就不会让同学们因讲错或答错丧失在课堂的主动性，而是让同学们更愿意积极主动地回答问题，增加学生的自信心，易可拉近师生之间的关系。

2015年南京师范大学333教育综合真题·凯程详解

一、选择题

1～5. CCDDC　　6～10.BDABC

二、名词解释

1. 学制（见2019年北京师范大学真题）
2. 课程标准（见2015年北京师范大学真题）
3. 书院（见2017年东北师范大学真题）
4. 美国进步教育运动（见2014年北京师范大学真题）

三、辨析题

1. 教育为社会所制约，具有社会制约性。因而，教育是社会的附属品，没有独立性。

【答】错误。

教育的独立性是一种相对独立性。所谓教育的相对独立性，是指作为社会的一个子系统的教育，它对社会的能动作用具有自身的特点与规律性，它的发展也有其连续性与继承性。其主要表现在：①教育是有目的地培养人的活动，主要通过所培养的人作用于社会；②教育具有自身的活动特点、规律与原理；③教育具有自身发展的传统与连续性。教育的社会功能是教育的相对独立性的依据和主要体现。如果教育没有自己特有的社会功能，便不可能发展成社会的一个重要子系统。

因此，教育相对于社会来讲，是有独立性的。题目的说法是错误的。

2. 教学就是教师传授知识的活动。

【答】错误。

教学是在学校中传授经验的活动，是指在学校教育活动中，以教师传授知识、技能和学生获得知识、技能为基础，教师的教和学生的学相互联系、相互作用的统一活动。教学引导学生掌握科学文化基础知识和基本技能，从德、智、体、美、劳诸方面促进学生身心的发展，所以教学是学生全面发展的有效途径，也是促进社会发展的有力手段。

因此，教学不仅包括传授知识，还包括促进学生技能、品德、能力等多方面的发展；而教学也不是传授知识的唯一手段，讲座、网络学习等手段均可以传授知识。

所以，题目的说法是错误的。

3. 品德教育就是要晓之以理、动之以情、持之以恒、导之以行。

【答】正确。

晓之以理：培养正确的道德认知。动之以情：培养正确的道德情感。在对学生进行道德教育时，一定要富有真情实感，与学生进行情感的交流。持之以恒：培养学生的道德意志，使之逐渐养成良好的行为习惯和高尚的道德品质。导之以行：培养学生的道德行为。

因此，德育就是要促进学生知、情、意、行的协调发展。题目的说法是正确的。

四、简答题

1. **当代学制改革的趋势。**（见2011年南京师范大学真题）
2. **试比较学科课程与活动课程的优缺点。**（见2015年陕西师范大学真题）
3. **简述陶行知的生活教育思想。**（见2014年北京师范大学真题）
4. **简述建构主义的知识观、学习观、学生观和教学观。**（见2013年华东师范大学真题）

五、论述题

1. **试述教学过程的性质。**（见2013年陕西师范大学真题）

2.（1）该班主任运用了什么样的德育方法？

（2）试述运用该德育方法的基本要求。

【答】（1）案例中教师运用了说服教育的德育方法。

说服教育法是通过摆事实、讲道理使受教育者明辨是非、善恶，掌握行为规范标准，提高品德水平的一种方法，是德育的基本方法。说服的形式多种多样，包括讲解、报告、谈话、讨论、参观、访问、阅读书籍和报刊等。

说服是使对方放弃原来的观点和认识，接受新的意见，努力使对方心服口服，有即时或可见性的收效。

（2）基本要求。

①内容有针对性。针对性是提高说服教育实效性的前提和条件。在说服的时候，必须实事求是地从受教育者的思想实际、年龄特点、个性差异以及心理状态等的实际出发，做到有的放矢，切中要害，防止“放空炮”“模式化”“一刀切”。

②情感要充沛。情感在品德形成过程中，起着催化剂的作用。“情通则理达”，要求教育者要善于以自己充沛的热情和坚定的信念去唤起孩子情感上的共鸣，激起思想上的波澜，从而转化为他们内心的信念，达到良好的教育效果。

③态度要民主。说服教育要坚持民主、平等、和蔼、诚恳的待人态度，循循善诱，坦诚相见，不“扣帽子”“揪辫子”“小题大做”，也不讽刺、挖苦、盛气凌人、以权压人，让学生在一种和谐的良好氛围中心悦诚服地接受意见。

④讲究教育时机。说服的成效，往往不取决于花了多少时间、讲了多少道理，而取决于是否善于捕捉教育的时机，拨动学生的心弦，引起他们的情感共鸣，被他们所接受。

2016年南京师范大学333教育综合真题·凯程详解

一、填空题（选项遗失，改为填空）

1. 礼、乐、射、御、书、数　2. 赫尔巴特　3. 教育是一种有意识地培养人的活动

4. 蔡元培　5. 斯宾塞　6. 学校教育活动　7. 苏霍姆林斯基

8. 有计划的正课学习与课外活动、自习相结合，有张有弛，让学生感受到学习的乐趣，使学习成为学生的一种内在需要

9. 孟子　10. 班杜拉

二、名词解释

1. 终身教育（见2011年华东师范大学真题）

2. 道德情感（见2012年南京师范大学真题）

3. “中体西用”（见2011年北京师范大学真题）

4. 最近发展区（见2011年北京师范大学真题）

三、辨析题

1. 人既是社会历史的“剧中人”，又是社会历史的“剧作者”。

【答】正确。

人的身心发展是遗传因素、环境、学校教育和人的主观能动性交互作用的结果。

人是社会历史的“剧中人”，是因为人的身心发展受到遗传因素、环境和学校教育的影响。其中遗传因素是人身心发展的前提条件和物质基础；环境提供了人发展所需的物质和社会条件；学校教育在人的发展中起到了主导作用。

人是社会历史的“剧作者”，是因为人的主观能动性对人的身心发展起到决定性的作用，是人发展的根本动力。人的主观能动性是根据人的活动体现出来的，离开人的能动的活动，遗传素质、环境、学校教育所赋予的一切发展条件，都不可能成为人的发展的现实。

因此，题中的说法是正确的。

2. 在我国新课程改革中，小学的“品德与生活（社会）”“艺术”“科学”，初中的“社会”“科学”等课程都属于综合课程。

【答】正确。

综合课程是与分科课程相对的一类课程，它打破传统的从一门科学中选取特定内容构成课程的做法，而根据一定的目的，从相邻的几门学科中选取内容并将这些内容进行相互融合，构成课程。“社会”是历史、地理综合而成的课程；“科学”是物理、化学、生物综合而成的课程；“艺术”是音乐、美术综合而成的课程。这些课程均属于综合课程中的融合课程。

因此，题中的说法是正确的。

3. 在政府倡导“全民阅读”的背景下，读书指导法具有重要的时代意义。读书指导法是指学生在教师的指导下通过独立的探索，创造性地解决问题，获取知识和发展能力的方法。

【答】正确。

读书指导法是教师指导学生通过阅读教科书、参考书和课外读物获取知识、培养独立阅读能力的教学方法。其特点和标志就是学生基本能够自己阅读教材，大略明白所要学习的内容，但却不一定能够理解得确切、全面、透彻，也不一定能够抓住要领，并且常常会感到学习上有许多困难。同时，他们还没有掌握一套自学的方法和养成自学的习惯。因此，他们还不能独立地进行阅读和学习，需要教师指导和帮助。教学生学会阅读是读书指导法的关键和核心。

因此，题中的说法是正确的。

四、简答题

1. 请简述人的发展的特点和规律性。（见 2010 年华中师范大学真题）

2. 请简述布鲁纳的教育思想。

【答】（1）认知表征理论。

布鲁纳常常把智慧生长与认知生长作为同义语，把它们看作形成表征系统的过程。而表征或表征系统，是人们知觉和认识世界的一套规则。他认为人类经历了三种表征系统的阶段，依次为：动作性表征、映象性表征、符号性表征。

（2）认知结构理论。

布鲁纳认为，对一门学科的学习包含三个差不多同时发生的过程：①新知识的获得。②知识的转换。学习者把信息转换为各种不同的方式，学到更多的知识。③评价。教师在评价中常具有决定性作用。学生不是被动的知识接受者，是积极的信息加工者。

（3）发现学习。

发现学习是一种让学生独立学习，自行发现问题，并掌握科学原理的一种教学方法。发现学习强调学生自己去发现和创造，通过自己独立思考，找出解决问题的方法，形成正确的结论与概念。

3. 请简述循序渐进教学原则的含义和要求。

【答】（1）循序渐进教学原则又叫系统性原则，是指教学依据所传授的学科知识的内在逻辑结构、学生能力发展和知识掌握的顺序，循序渐进地进行。

（2）循序渐进教学原则的基本要求。

①按教材的系统性进行教学；②抓主要矛盾，解决好重点和难点的教学；③教学内容的安排应由浅入深、由易到难、由简到繁；④将系统连贯性与灵活多样性结合起来。

4. 请简述有意义接受学习的内涵和条件。（见 2013 年北京师范大学真题）

五、论述题

1. 试析学生在不同教学模式下掌握知识的基本阶段。（注：这里的“不同教学模式”是指以师生授受知识为特征的教学模式和以学生主动探索知识为特征的教学模式。）

【答】我们常用的教学模式有两种，分别为传递—接受教学模式和问题—探究教学模式。

（1）传递—接受教学模式下学生掌握知识的基本阶段。

①定义：传递—接受教学是指教师主要通过语言传授、演示与示范使学生掌握基础知识、基本技能，并通过知识授受向他们进行思想情趣熏陶的教学，亦称接受学习。

②它包括六个基本阶段：第一，引起求知欲；第二，感知教材；第三，理解教材；第四，巩固知识；第五，运用知识；第六，检查知识、技能、技巧。

③评价：

优点：能充分发挥教师的主导作用；能按学科知识的逻辑系统循序渐进地进行教学；能提高教学的功效。

缺点：压抑学生的主动性；以书本知识为主而易脱离生活实际；容易出现注入式教学和学生死记硬背的现象。

（2）问题—探究教学模式下学生掌握知识的基本阶段。

①定义：问题—探究教学是指在教师引导下，学生主要通过积极参与对问题的分析、探索，主动发现或建构新知，并掌握其方法与程序，培养他们的科研能力、科学态度和品行的教学，亦称探究学习、发现学习。

②它包括三个环节：第一，明确问题；第二，深入探究；第三，得出结论。

③评价：

优点：调动学生的学习主动性；提高学生独立思考、分析问题与解决问题的能力。

缺点：不能充分发挥教师的主导作用；费时过多，学生的独立研究容易产生盲目性。

2. 试论德育过程及其规律。

【答】（1）德育过程是教师引导下学生能动的道德活动过程。

①学生品德的发展是在活动和交往中能动地实现的。

②道德活动是促进外界的德育影响转化为学生自身品德的基础。教师必须设计各种活动，引导学生实现品德内化。

③进行德育要善于组织、指导学生的活动和交往。

（2）德育过程是培养学生知、情、意、行的过程。

学生的品德由知、情、意、行四个因素组成，所以德育过程就是培养知、情、意、行的过程。道德认识是思想品德形成的基础，同时也是道德情感、道德意志的基础；道德情感是道德认识转化为道德行为的内在动力；道德意志既是一种自我控制、自我约束的能力，又是品德形成过程中的动力条件；道德行为是道德认识、道德情感、道德意志的集中体现，是学生思想面貌和道德品质的外在标志。

这四者相互联系、相互制约、相互促进，共同推动品德的发展。德育不但要注意全面培养还要有针对性。知、情、意、行如果发展得不平衡，就会导致各因素之间不协调或者严重脱节。

（3）德育过程是提高学生自我教育能力的过程。

一方面，自我教育能力是德育的一个重要条件；另一方面，学生的自我教育能力又是学生品德发展过程的重要标志。德育要从实际出发，因势利导，有目的地培养学生的自我意识，提高学生的自我期望、自我评价和自我调控能力，形成和发展他们的自我教育能力，以便能够在德育过程中更好地调动学生的积极性，充分发挥他们在培养自身品德中的主体作用。

（4）德育过程是促进学生品德发展的矛盾积极转化的过程。

德育过程的基本矛盾是社会通过教师向学生提出的道德要求与学生已有的品德水平之间的矛盾。德育的过程就是要促进学生品德发展内部矛盾的积极转化。

2017年南京师范大学333教育综合真题·凯程详解

一、名词解释

1. 班级文化

【答】班级文化是作为社会群体的班级所有或部分成员共有的信念、价值观、态度的复合体。班级文化是一个班级的灵魂，是每个班级所特有的。它具有自我调节、自我约束的功能。班级文化涉及与班级有关的各类人群，既包括我们以往比较关注的学生与学生之间的关系、师生之间的关系，也包括我们容易忽略的教师之间以及教师与家长之间的关系。而教师与教师之间是合力的关系，教师与家长之间是互补的关系。

2. 泰勒原理

【答】泰勒认为课程原理是围绕四个基本问题组成和运作的：学校应该达到哪些教育目标？提供哪些教育经验才能实现这些目标？怎样才能有效组织这些教育经验？我们怎样才能确定这些目标正在得到实现？这就明确了课程编制过程的四个步骤：确定目标、选择经验、组织实施、评价结果。

评价：泰勒原理被称为“目标模式”，充分重视了教育目标在课程编制中的作用，有极强的可操作性，对课程理论的发展有很大影响，至今仍在西方课程领域中占有主要地位。但也容易造成机械性、不灵活性。

3. 白板说（见2013年北京师范大学真题）

4. 测验效度

【答】测验效度是测验的准确性和有效性，也就是测验的结果与所要达到的目标二者之间相符合的程度。提高效度的方法有精选试题、提高信度等。效度与信度既相互联系又相互制约，具有效度的测量具有一定的信度，而具有信度的测量则不一定具有效度。

二、辨析题

1. 班级主体是老师，有引导监督作用。

【答】错误。

老师对班集体具有引导监督的作用，但是班级主体并不是老师，而是学生。班级组织是一个有一定人数规模的学生集体，是学校行政根据一定的任务、按照一定的规章制度组织起来的有目标、有计划地执行管理和履行教育职能的正式小群体。班级不仅是学生在校生活的基本组织单位，而且也是促进学生成长的正式组织之一。

因此，题中的说法是错误的。

2. 非指导性教学的核心是学生自主学习。

【答】正确。

罗杰斯提出了“以学生为中心”的非指导性教学的理论与策略。罗杰斯认为教师的作用应该是为学生提供学习资源，提供促进学习的气氛，如何学习由学生自己来决定。

因此，题中的说法是正确的。

3. 不良行为者不良行为抑制，强化静止越长效果越好。

【答】错误。

不良行为的抑制属于负强化，即通过呈现不愉快刺激，使反应发生的概率减少。强化过多、过长，会使行为者对不愉快刺激习以为常，从而不再对不愉快刺激有不愉快情绪，则行为的抑制效果会减弱。

因此，题中的说法是错误的。

三、简答题

1. 简述德育理念。

【答】德育理念的内涵非常丰富，它包括：

（1）正确认识德育过程的规律。德育过程是在教师指导下学生能动的道德活动过程；德育过程是培养学生知、情、意、行的过程；德育过程是促进学生品德发展的矛盾积极转化的过程。

（2）综合运用多种德育原则。例如，集体教育与个别教育相结合的原则、知行统一的原则、正面引导与纪律约束相结合的原则等。

（3）灵活使用多种德育方法。例如，说服教育、情感陶冶、实践锻炼、自我教育等。

（4）拓宽德育途径。直接的德育途径是开设专门的道德课，间接的德育途径包括思想政治课之外的其他各学科教学、课外活动与校外活动、劳动心理咨询和职业指导、校园环境建设等，应使德育贯彻于一切教学活动之中。

（5）促进德育模式的多样化。道德认知发展模式侧重于发展道德认知，体谅模式侧重于发展道德情感，价值澄清模式着眼于价值观教育，应促进其多元化发展。

2. 简述交往谈话的新型师生关系的特征。

【答】交往谈话的过程体现了一种民主平等的师生观，其特征为：

（1）社会关系：民主平等，和谐亲密。教师尊重学生的人格，发扬教学民主，有助于教师发挥创造性和主导作用。

（2）人际关系：尊师爱生，相互配合。师生之间彼此尊重、友爱是建立良好师生关系的感情基础。

（3）教育关系：教学相长，共享共创。在教学过程中教师和学生要相互促进、共同提高。

（4）心理关系：宽容理解。教师能够对学生的不同特点有充分的认识，能够理解学生之间的差异，包容学生的不足和错误。

3. 简述校本课程开发的优劣。（见2010年南京师范大学真题）

2018年南京师范大学333教育综合真题·凯程详解

一、名词解释

1. 教师专业发展

【答】教师专业发展指的是教师以自身专业素质包括知识、技能和情意等方面的提高与完善为基础的专业成长、专业成熟过程，是由非专业人员转向专业人员的过程。教师专业发展既包括教师队伍的专业发展，也包括教师个体的专业发展。

2. 京师同文馆（见2012年北京师范大学真题）

3. 要素教育（见2017年陕西师范大学真题）

4. 认知结构

【答】学习者头脑里的知识结构是他们已有的全部观念的内容和组织。认知结构，简单来说是学生头脑中的知识结构。广义上，认知结构是学生已有的观念的全部内容及其组织；狭义上，它是学生在某一学科的特殊知识领域内的观念的全部内容及其组织。奥苏伯尔提出了三个主要的影响有意义学习和迁移的认知结构变量：观念的可利用性、观念的可辨别性和观念的稳定性与清晰性。

二、辨析题

1. 教育传承文化，但是教育不能创造文化，不能产生新文化。

【答】错误。

教育和文化之间的关系是两方面的。

一方面，体现在文化对教育的制约作用上。其包括：文化知识影响教育的内容和水平；文化模式制约教育环境与教育模式；文化传统制约教育的传统与变革。

另一方面，体现在教育对文化的影响作用上。其包括教育的文化传承功能、文化交流和融合功能、文化选择功能和文化创新功能。其中，教育的文化创新功能即教育可以创造文化，教育不仅直接生产新的文化，包括新的作品、新的思想和新的科学技术，还通过培养创造性人才并把他们输送到社会的各行各业去，使他们直接从事文化创造活动。

因此，题中的说法是错误的。

2. 17—18 世纪，德国中等教育的主要类型是实科中学。

【答】正确。

受经济和科学技术发展的影响，德国实科教育在 18 世纪得以兴起并得到发展。实科中学是一种既具有普通教育性质，又具有职业教育性质的新型学校。18 世纪末到 19 世纪中叶，以实科教学为主的学校纷纷建立。实科中学是德国近代着重讲授自然科学和实用知识的学校。

因此，题中的说法是正确的。

3. 德国教育家康德提出教育性教学原则，他认为教育目的就是要让学生尽可能地获得知识和技能。

【答】错误。

教育性教学原则是由德国教育家、心理学家赫尔巴特提出来的，依据心理学和伦理学的广泛研究，他认为知识与道德有内在联系。人只有认识了道德规范，才能产生符合道德规范的行为。愚蠢的人是不可能有德行的。要进行道德教育必须先有知识，先有一般教育。因而，教育性教学的含义就是教育（道德教育）是通过，而且只有通过教学才能真正产生实际作用，教学是道德教育的基本途径。

因此，题中的说法是错误的。

三、简答题

1. 教育与教学的关系。

【答】（1）教育与教学是整体与部分的关系。

（2）教育包括教学，教学只是学校进行教育的一个基本途径。除教学外，学校还通过课外活动、生产劳动、社会活动等途径对学生进行教育。

（3）另外，教学是学校教育工作的中心，除教学外，还有德育工作、体育工作、后勤工作等。

2. 中华民国临时政府教育部的教育改革内容。

【答】（1）制定教育方针。

蔡元培在 1912 年提出了“五育”并举的教育思想。“五育”包括军国民教育、实利主义教育、公民道德教育、世界观教育和美感教育。“五育”不可偏废，以公民道德教育为根本。在民国初年，将军国民教育、实利主义教育、公民道德教育和美感教育作为中华民国临时政府的教育方针。

（2）颁布学制。

1912 年，教育部在参照日本学制，立足于本国国情的基础上制定了“壬子癸丑学制”，主系列划分为三段四级，设立师范类和实业类学校。壬子癸丑学制仍保持以小学 — 大学教育为骨干，兼重师范教育和实业教育的整体结构，是民国的第一个学制，比较全面地反映了资产阶级的教育要求。

（3）蔡元培改革北大。

确定了“思想自由，兼容并包”的办学方针，作为改造旧大学的指导思想。他聘请教师“以学诣为主”，在破除中国封建社会长期文化专制主义方面起到了积极的作用，为各种新思想在大学讲坛上传播提供了有利条件，使北大成为新文化运动和马克思主义的传播中心、五四运动的策源地。

3. 什么是程序性知识？如何进行程序性知识的教学？

【答】（1）根据知识的不同状态和表述形式，将知识分为陈述性知识与程序性知识。其中，程序性知识主要反映活动的具体过程和操作步骤，说明做什么和怎么做，是一种实践性知识，主要用于实践操作，因此，也被称作操作性知识、策略性知识和方法性知识。例如：如何驾驶一辆汽车。程序性知识的表征方式是产生式结构。产生式的基本原则是“如果条件是 A，那么实施行动 B”。解决一个简单的问题需要一个产生式，解决一个复杂的问题就需要若干个产生式，这些产生式组成产生式系统。所谓产生式系统，就是人所能执行的一组内隐的智力活动。

（2）程序性知识的学习本质就是掌握一个程序，即在长时记忆中形成一个解决问题的产生式系统，以后遇到同样类型的问题，就按这个产生式系统来行动。产生式的提出为程序性知识的教学提供了便于操作的科学依据。

4. 西欧中世纪大学的特征与意义。

【答】（1）最初的中世纪大学是一种自治的教授和学习中心，一般由一名（或数名）在某一领域有声望的学者和他的追随者自行组织起来，形成类似于行会的团体进行教学和知识交易。

（2）中世纪大学的主要办学特色。

①教育目的：中世纪大学的基本目的是进行职业训练，培养社会所需的专业人才。②领导体制："学生大学"与"先生大学"。③学位制度：中世纪大学已有学位制度，学生修完大学课程，经考试合格，可获得"硕士""博士"学位。④课程设置：大学的课程开始并不固定，后趋向统一，应社会需求分文、法、神、医四科。⑤教学方法：讲演和辩论。⑥自治：中世纪大学从最初形成就表现出自治的特点。

（3）中世纪大学的历史意义。

中世纪大学的出现，奠定了现代大学的办学基础，为高等教育发展做出了贡献，具有非常重要的历史意义。

①它树立了学术自由、探求真理的典范。推行学术自由，鼓励学者和学生探求真理，为人类文化的发展做出了巨大贡献。②形成了学术中心，推动了思想和学术的发展。③为后期大学发展提供了许多有意义的办学实践经验。比如学位制度，现代各国高等教育的学位制度虽然存在一些差别，但都是直接源于中世纪大学。

四、论述题

1. 教育与经济、政治的关系。

【答】（1）社会政治经济制度对教育的制约。

①政治经济制度的性质制约着教育的性质：教育发展变革也受制于社会政治经济制度的发展变革。②政治经济制度制约着教育的目的：教育目的直接反映着统治阶级的利益和需要。③政治经济制度制约着教育的领导权：统治阶级利用国家政权的力量，通过审批、调拨经费等办法掌握教育领导权；利用意识形态的优势，通过编写教材、审定教科书等途径决定教育工作的发展方向。④政治经济制度制约着受教育权：受教育权是判断一个国家和社会教育性质的重要标志，谁有受教育的权利，谁有受什么样的学校教育的权利，都是由社会的政治经济制度决定的。⑤政治经济制度制约着教育内容、教育结构和教育管理体制：统治阶级会利用手中的特权来规定学校的课程和内容。教育的管理体制更是直接受制于社会政治经济制度。在阶级社会里，"超阶级"或"超政治"的教育是根本不存在的。

（2）教育对社会政治经济制度有一定的功能。

①教育通过培养人才为社会政治服务；②教育可以促进政治民主化；③通过宣传统治阶级的思想意识，创造一定的社会舆论来为政治服务；④教育通过传播一定的社会政治意识形态，完成年轻一代的政治社会化。

2. 论述师生关系的模式和理想的师生关系。

【答】（1）师生关系的模式。

①学生中心论。"学生中心论"是美国进步主义教育思想家杜威针对赫尔巴特的传统教育理论与思想进行批判而提出的。他把学生视为教育过程的中心，全部的教育教学都要从学生的兴趣、需要出发，教师只能处于辅助地位。但是这种观念往往造成放任式的师生关系，师生人格并不能真正平等，容易滋生个人主义或无政府主义。

②教师中心论。"教师中心论"是由传统教育的集大成者赫尔巴特提出的，他强调教师的权威，教师在教育中处于绝对支配地位，学生绝对服从教师，处于被动地位。这是不平等的专制型师生关系，学生的价值与尊严得不到真正的尊重，个性发展也被严重扭曲。

（2）理想的师生关系。

根据师生之间在教育过程中不同的情感、态度和行为表现，可将师生关系分为三种类型：专制型、放任型和民主型。民主型师生关系是当今社会理想的并正在努力实践的师生关系类型。

3. 论述奥苏伯尔提出的机械学习和有意义学习。（见 2013 年北京师范大学真题）

2019 年南京师范大学 333 教育综合真题·凯程详解

一、选择题

1～5. BCCDA　　6～10. CDCCB

二、名词解释

1. 班级授课制（见 2016 年北京师范大学真题）

2. 稷下学宫（见 2020 年北京师范大学真题）

3. 福建船政学堂

【答】福建船政局是由洋务派左宗棠创办的近代第一个专门制造近代轮船的工厂。学堂把造船与培养人才结合起来，主要培养造船和驾驶人才。学堂有前学堂和后学堂之分，前学堂学习制造技术，后学堂学习驾驶和轮机技术，之后前学堂内添设“绘事院”和“艺圃”。其中艺圃开创我国近代职工在职教育的先声。福建船政学堂是洋务学堂中持续时间最久的一所。它为近代中国海军输送了第一批舰战指挥和驾驶人才，是近代中国海军人才的摇篮。

4. 遗忘原因的同化说

【答】奥苏伯尔根据其同化理论指出，遗忘是知识的组织和认知结构简化的过程。在有意义学习中，新旧知识之间通过相互作用建立起非人为的、实质性的联系，新知识同化到原有的认知结构中，人们长时记忆中储存的是经过转换后较为一般性的观念结构，遗忘的往往是一些被较为高级的观念所替代的低一级的观念，从而减轻了记忆的负担。

三、辨析题

1. “教师专业化”就是通过专业化提高教师的社会地位。

【答】错误。

提高教师地位仅仅指出了教师专业化的其中一个作用，且错把这个作用当作唯一的目的，这是不科学的，也是不全面的。教师专业化有助于教师各方面素质的提升，对师范教育乃至全国教育的质量都有重要影响，且有利于推动教育领域的改革与完善。当然，教师专业化也有可能带来教师社会地位的提升，但这绝不是教师专业化的目的。

因此，说法是错误的。

2. 恩物是福禄培尔创制的一套供儿童使用的教学用品。

【答】正确。

恩物又称福禄培尔恩物，是福禄培尔创造的一套供儿童使用的教学用品，实际上是幼儿园里做游戏和进行作业时的玩具和材料。恩物的教育价值是帮助儿童由易到难、由简到繁、循序渐进地认识自然及其内在规律。

因此，说法是正确的。

3. 昆体良认为教学是一种双边活动。

【答】正确。

昆体良认为“教师的职责是教，学生的职责是证明他们是可教的”。对此，他提出了教和学的方法和原则。

在教的方法中：①反对体罚，提倡教师采用榜样示范法；②教师要善于观察学生，因材施教；③教师要量力而行，根据学生水平、能力而教；④善于运用启发诱导法。

在学的方面：①儿童要快乐学习，学习是一种乐趣；②学习要劳逸结合，保持良好的身体健康和精神健康；③儿童要渗入有游戏的成分的教学中，但不能游戏过度；④主张自主学习，反对强迫。

因此，说法是正确的。

四、简答题

1. 在中小学教学过程中，选择和运用教学方法的依据有哪些？

【答】（1）课题（或单元）与课时的教学目的和任务，学科的任务、内容和教学法特点。

（2）教学过程、教学原则和班级上课的特点。

（3）学生的兴趣、可接受水平，智能的发展状况，学习态度、学风与习惯。

（4）教师本身的条件，包括思想业务水平、实际经验与能力、个性与特长。

（5）学生参与教学过程中的答问、讨论、作业、评析的积极性与水平。

（6）教师与学生双边活动的配合、互动的状况与质量。

（7）班、组活动与个人活动结合的状况，课堂教学与课外作业或课外活动结合的状况与质量。

（8）学校与地方可能提供的条件，包括社会条件、自然环境、物资设备等。

（9）教学的时限，包括规定的课时以及其他可利用的时间，如早自习、晚自习等。

（10）对可能取得的效果的慎重预计与意外状况出现时的应变措施。

2. 请简述当代世界学校教育制度改革与发展的主要趋势。（见 2011 年南京师范大学真题）

3. 简述北宋“三次兴学”的主要内容。

【答】（1）第一次兴学：范仲淹在宋仁宗庆历四年主持的，史称“庆历兴学”。

①令州县立学，保障学校的正常教学秩序；②改革科举考试内容，停帖经和墨义，着重策论和经学；③创建太学，将胡瑗的“苏湖教法”引入太学，创立分科教学和学科的必修、选修制度，体现了对当时教育空疏、流于形式的教育的批判。

（2）第二次兴学：王安石在宋神宗熙宁年间主持的，史称“熙宁兴学”。

①改革太学，创立“三舍法”；②扩建和整顿地方官学；③恢复与创立武学、律学、医学等专门学校，以培养具有一技之长的人才；④编撰《三经新义》，作为统一教材。

（3）第三次兴学：蔡京在宋徽宗崇宁年间主持的，史称“崇宁兴学”。

①全国普遍设立地方学校。至此，形成了遍布全国州县的学校网络，无论在数量上、规模上，还是在分布的范围上，都远远地超过了以往任何一次兴学。②建立县学、州学、太学三级相联系的学制系统；③扩建太学，营建太学之“外学”，作为太学的外舍；④恢复设立医学，创立算学、书学、画学等专科学校；⑤罢科举，改由学校取士。

三次兴学虽然都因为守旧派的阻挠而中断，但是从总体上讲，促进了学校教育的发展。

4. 简述杜威关于教育制度的基本主张。（见 2011 年北京师范大学真题）

五、论述题

1. 根据十九大报告，结合实际谈谈你对“公平而有质量的教育”的看法。

【答】（1）公平的教育。

①含义：指我们可以为任何学生，在任何时间、地点为他们提供所需要的和合理的教育。

②主要表现在：a. 受教育机会均等；b. 平等享受教育资源；c. 教育终结点上平等享受就业与升学的权利。教育公平是教育民主的主要体现。

③在实施公平的教育时要注意：a. 为所有的学生提供相同的教育；b. 为不同的学生提供有差异的教育；c. 要特别优待学习有一定困难的学生。

（2）有质量的教育。

①含义：指依据学生的兴趣与规律，在完成国家的教育目的的基础之上，能够促进学生身心全面和谐发展和个性发展的教育。

②主要表现在：a. 教育的普及；b. 学习内容的广泛；c. 学习方法、途径的多样；d. 学生的全面发展。

③在实施有质量的教育时要注意：a. 尊重学生的兴趣，遵守教育规律，正确看待学生，注重学生的主体性，发挥学生的能动性，让学生能够自主学习；b. 能够基本完成我国的教育目的——德、智、体、美和综合实践活动的全面发展，提高全民素养；c. 要让每个人全面发展、个性发展，学有所获、学有所用。

④衡量标准：通过教育实施，将结果与是否完成国家相应的标准对照，由此判断有质量的教育实现与否。

（3）公平而有质量的教育的实现途径。

①国家要在制度上推动城乡义务教育一体化。

②国家在立法上要充分尊重每个人享受教育的权利。

③国家在管理上要发挥社会监督的职能，发挥社会舆论的正面作用。

④国家在教育经费上要严查经费的落实，严厉打击经费的挪用和滥用。

⑤国家要大力推动和促进当前的新课程改革，提高我国的教育质量。

2. 结合当前实际，谈谈如何激发学生的学习动机。（见 2012 年华东师范大学真题）

2020 年南京师范大学 333 教育综合真题·凯程详解

一、选择题（题目不全）

二、名词解释

1. 终身教育（见 2011 年华东师范大学真题）

2. 生活即教育

【答】生活即教育是陶行知生活教育思想的一部分，是生活教育理论的核心。具体内容包括：第一，生活含有教育的意义。人们积极投入生活中，在生活的矛盾和斗争中向前、向上。第二，实际生活是教育的中心。教育不能脱离生活，教育要通过生活来进行，其方法和内容都要根据生活的需要来确定。第三，生活决定教育，教育改造生活。教育的目的、原则、内容和方法都由生活决定。

3.《儿童的世纪》

【答】《儿童的世纪》是瑞典教育家爱伦·凯的著作，《儿童的世纪》因倡导自由教育而被视为新教育的经典作品。这本书预言“20 世纪将成为儿童的世纪”。这一思想影响重大。

4. 人本主义学习理论

【答】人本主义学习理论强调学生自主学习，自主建构知识意义，强调协作学习。与建构主义不同，它更强调以人的发展为本，即强调学生的自我发展，强调发掘人的创造潜能，强调情感教育。人本主义学习理论主要可以分为五大观点，即潜能观、自我实现观、创造观、情感因素观与师生观。

三、辨析题

1. 学生在教学过程中既是认识的客体，又是认识的主体。（见 2020 年西南大学真题）

2. 骑士教育是一种特殊形式的家庭教育。

【答】正确。骑士教育是西欧中世纪封建社会等级制度的产物，是一种特殊的教育形式，也是中世纪世俗教育的一种主要形式，以培养当时封建制度中骑士阶层的人员为目的。骑士教育是一种特殊的家庭教育形式，无专设的教育机构和教育人员。骑士教育的主要目标是培养英勇善战、忠君敬主的骑士精神和技能。所以，此说法是正确的。

3. 公学是英国的一种公立学校。

【答】错误。公学是17—18世纪在英国发展起来的一种私立教学机构。这种学校是由公众团体集资兴办的，其教学目的是培养一般公职人员，其学生在公开场所接受教育。它比一般的文法学校师资及设施设备条件更好、收费更高，是典型的贵族学校。所以，此说法是错误的。

四、简答题

1. 简述培养良好师生关系的基本策略。（见2019年陕西师范大学真题）

2. 简述影响课程改革的主要因素。

【答】（1）政治因素与课程改革。政治因素对课程改革的影响是多层次的、深刻的，比科技、文化的变革更为直接：①政治因素制约着课程目标的制定；②政治因素制约着课程改革的内容选择；③政治因素制约着课程的编制过程。

（2）经济因素与课程改革。①经济领域劳动力素质提高的要求制约着课程目标；②经济的地区差异性制约着课程改革；③市场经济影响课程改革。

（3）文化因素与课程改革。①文化模式影响课程改革；②文化变迁影响课程改革；③文化多元影响课程改革。

（4）科技革新（科技因素）与课程改革。①科技革新制约着课程改革的目标；②科技革新推动课程结构的改革；③科技革新影响着课程改革的速度。

（5）学生发展（学生因素）与课程改革。①学生身心发展的特征与课程改革；②学生的需要与课程改革；③课程改革的着眼点——最近发展区。

3. 简述1922年“新学制”中对中等教育的改革举措。

【答】中等教育是改制核心，是“新学制”中的精粹。其改革内容包括：①延长中学年限，初中和高中各三年，提高中等教育的程度，克服旧学制中学只有四年而造成基础教育薄弱的缺点，改善中学和大学的衔接关系；②中学分为初中、高中两级，不仅增加了地方办学伸缩余地，也增加了学生的选择余地；③中学实行分科制和选科制，力求使学生有较大的发展余地，适应不同发展水平的学生的需要。

4. 简述文艺复兴时期人文主义教育实践的基本特征。（见2011年华东师范大学真题）

五、论述题

1. 论述在教学过程中应当处理好的几对关系。（见2011年东北师范大学真题）

2. 试述建构主义理论的基本观点并做出评价。

【答】（1）建构主义理论的基本观点。（见2013年华东师范大学真题）

（2）评价：当代建构主义者们往往只是将建构主义与客观主义相对立，认为认识是一个主动解释并建构个体知识表征的过程。但是，建构主义在否定客观主义的同时，还必须防止自己陷入另外一个极端——主观主义、主观经验主义。一些极端建构主义主张，如实体（真实世界）取决于认识者，是人脑的产物，符号过程建构实体，片面地夸大了主观的作用，难免走入主观唯心主义、唯我论、不可知论的泥坑。无外乎有人批评当代的某些建构主义是“披着建构主义羊皮的现代经验主义老狼”。实际上，形形色色的极端建构主义观点以各种面孔出现，对教育实践的指导不仅无益，反而有害，正所谓过犹不及。因此，我们应以辩证的眼光来审视各色建构主义，正确处理学习与教学、学生与教师、参与学习与替代学习、具体与抽象、情境与符号、个体创造和社会传递、主观知识与客观知识、感性经验与理性经验之间的关系。

湖南师范大学

2010年湖南师范大学333教育综合真题·凯程详解

一、名词解释

1. 学习定势

【答】学习定势是一种特殊的心理准备状态，是由先前学习引起的、对以后的学习活动能产生影响的心理准备状态。学习定势对学习具有定向作用。定势既可以成为积极迁移的心理背景，也可以成为消极迁移的心理背景。它的清晰性和稳定性直接关系到新知识学习的效果。

2. 替代强化

【答】替代强化指观察者因看到榜样受强化而接受到的强化。如当教师强化一个助人为乐的学生时，班里其他学生也更愿意表现出帮助他人的行为。替代强化还有一个功能，就是情绪反应的唤起。

3. 文纳特卡计划

【答】文纳特卡计划是美国教育家华虚朋推行的教育实验计划。其主要内容包括：重视使学校的功课适应儿童的个别差异；将个别学习和小组学习结合起来，使个性发展与社会意识培养相联系；课程分为共同知识或技能和创造性、社会性作业。前者按学科进行，以学生自学为主，教师适当进行个别辅导，以考试来检验学习效果；后者分小组开展或施教，无确定的程序，不考试。

评价：文纳特卡计划加强了不同年龄儿童之间的联系，培养了儿童的合作精神。局限性是其影响了学科知识的深入学习，实施比较困难，在20世纪50年代后逐渐衰落。

4.《国防教育法》

【答】进入20世纪50年代以后，随着国际形势的发展，教育质量差成为美国教育被批评的焦点。1957年苏联卫星上天后，改革教育的呼声更为强烈，1958年美国国会颁布了《国防教育法》。其主要内容包括：①加强普通学校的自然科学、数学和现代外语（即“新三艺”）的教学；②加强职业技术教育；③强调“天才教育”；④增拨大量教育经费，作为对各级学校的财政援助。《国防教育法》旨在改变美国教育水平的落后状况，使美国教育能够适应现代科学技术的发展并满足国际竞争的需要。它的颁布有利于美国教育的发展，有利于教育质量的提高，有利于培养科技人才。

5. 有教无类（见2010年北京师范大学真题）

6. 苏湖教法（见2014年北京师范大学真题）

二、简答题

1. 简述影响人发展的基本要素。（见2015年北京师范大学真题）

2. 简述现代教师的基本素养。（见2014年北京师范大学真题）

3. 简述教育目的的层次结构和内容结构。

【答】（1）教育目的的层次结构。

这是指在国家教育总目标的指导下，由各级各类学校的培养目标以及实现这些目标所必需的课程和教学目标构成的教育目标系统，它们由抽象到具体形成了一个完整的目标体系结构。一般来说，这一目标体系由四个层次构成。

①国家或社会所规定的教育目的，即代表国家或社会对受教育者提出的总的要求。

②各级各类学校的培养目标，即在总目标的指导下，依据学校的层次、性质、人才培养的具体质量规格的不同，形成的不同学校的不同培养目标。

③课程目标，即课程方案设置的各个教学科目所规定的应达到的教学要求或标准。

④教学目标，即教师在实施课程计划的过程中，在完成某一阶段（如一节课、一个单元或一个学期）的教学工作时所期望达到的要求或结果。

（2）教育目的的内容结构。

这是指教育目的由哪几个部分构成及其相互之间的关系。教育目的一般由两部分构成。

①“培养什么样的人”：就是提出受教育者在知识、智力、品德、审美、体质诸方面的发展要求，以期受教育者形成某种个性结构。这是教育目的内容结构的核心部分。

②“为谁培养人”：就是指明这种人符合什么社会的需要或为什么阶级的利益服务。

4. 中小学德育工作中存在哪五个方面的问题？

【答】①德育工作中严重的功利主义倾向。德育工作者希望在短时间内看到效果，而没有看到德育是一个长期的过程。

②德育过程中严重的知识主义倾向。重视德育的知识，不重视德育的实践，致使学生知行脱节。道德认识和道德行为不能互相转化。在遇到复杂社会现象需要做道德判断时难以适应。

③德行管理中严重的主观主义倾向。德育缺乏明确的目标、明确的计划，单从个人意志出发、从个人兴趣出发。

④德育研究中严重的经验主义倾向。重视个人的直接经验，却忽视间接经验的学习，不善于把当前的社会实际和学生的思想实际结合起来。

⑤德育评价过程中严重的形式主义倾向。德育评价没有落到实处，没有全面评价的指标体系，评价避重就轻、泛泛而谈、轻描淡写。

上述问题使德育工作日益空泛和形式化。这是与德育在全面发展教育中的重要地位、与德育在整个社会主义精神文明建设中的作用不相称的，对学生身心的健康发展也十分不利。

三、分析论述题

1. 联系实际，谈谈“动机与学习的关系”对教育的启示。

【答】（1）学习动机是激励并维持学生朝向某一目的的学习行为的动力倾向。学习动机与学习兴趣、学习需要、个人价值观、态度、志向水平、外来鼓励、学习后果等，都有密切联系。学习动机是影响学习效果的一个重要因素，但不是唯一因素。

（2）学习动机与学习效果的关系并不是直接的，它们之间往往以学习行为为中介。只有把学习动机、学习行为、学习效果三者放在一起，才能看出学习动机与学习效果之间的关系。

（3）根据耶克斯－多德森定律，学习动机强度与学习效率并不完全成正比。

①学习动机存在一个最佳水平，即在一定范围内，学习效率随学习动机强度的增大而提高，直至达到学习动机最佳强度而获最佳，之后则随学习动机的强度进一步增大而下降。

②动机强度的最佳水平会随学习活动的难易程度而有所变化。一般来说，从事比较容易的学习活动，动机强度的最佳水平点会高些，而从事比较困难的学习活动，动机强度的最佳水平点会低些。

③动机强度的最佳点还会因人而异，进行同样难度的学习活动，对有的学生来说，动机强度的最佳水平点高些更为有利，但对于另一些学生来说，可能最佳水平点低些更为有利。

④学习动机强度与学习效率之间不是一种线性关系，而是一种倒U型曲线关系。中等强度的动机，最有利于任务的完成，一旦动机强度高于这个水平，就会对行为具有阻碍作用。如过分强烈的学习动机往往使学生处于一种紧张的情绪状态下，则会降低学习效果。

2. 卢梭的自然主义教育理论及其影响。（见2012年华东师范大学真题）

3. 简要论述我国学校教育发展的历史过程与值得借鉴的经验教训。

【答】（1）学校教育自产生之日起，它就随着人类社会的发展变化而发展变化。在不同的社会历史阶段中，形成各种历史形态。

（2）我国学校教育发展的历史过程。

①原始社会的学校教育。原始社会的教育水平低，没有形成制度化的教育机构，教育只是在社会生活和生产中进行的，教育内容贫乏，教育方法主要是口耳相传和实践中的模仿。

②古代社会的学校教育。古代社会教育与生产劳动相分离，一部分人可脱离生产专门从事教育。文字的产生促进了知识和经验的积累，也改变了原始的教学形式，学校的产生成为了历史的必然。我国古代文献中所记载的最早的学校类型有成均之学和虞庠之学。

③现代社会的学校教育。当代社会，科学技术成为制约社会发展的重要因素，教育发展程度成为衡量一个国家综合国力的重要标志之一。各国都十分重视教育发展以及人口质量的改善，学校教育体系更加完善。学校教育从某种意义上讲，决定个人社会化的水平和性质，是个体社会化的重要基地。

（3）学校教育发展带给我们的经验教训。

学校教育应以培养全面发展的人为目标。学校教育提倡学术自由，兼容并包，以传递和发展文化为己任。在课程设置上，学校教育还需要注意的是学科课程与经验课程并重，提高学生的实践能力。学校教育的培养目标还应该面向社会和国家，为社会建设培养需要的人才。

4. 阅读下面的材料，根据你所看到的中小学的教学实际情况，结合所学的教学理论，概括出教学实践活动中存在的一个主要问题，分析其中两个方面的主要原因，并提出解决这一问题的思路和对策。

【答】（1）我国中小学教学采用班级授课制，在教学实践活动中对全班学生使用同一种教材，按照同一进度和要求进行教学，不利于照顾学生的个别差异，不利于因材施教，不利于充分发挥学生的独立性和内在潜力，容易使教学产生理论与实践脱节的现象。

（2）主要原因：

①班级授课制只注重集体化、同步化、标准化，没有照顾学生的个别差异和对学生进行个别指导，不利于培养学生的特长和发展他们的个性。

②教学的实践性不足，主要是以教师传授知识为主，学生亲身参与实践与动手机会少。

（3）思路和对策：

①课程设置要合理。

课程设置要与教育培养目标相适应，各门课的教学内容不能太多，所要达到的知识标准不能太高，应该是同一层次的所有学校和全体学生经过正常的教学活动所能达到的。只有这样，才能使广大师生从应试教育下过重的课业负担中解放出来，有时间和精力来开展生动活泼的因材施教活动。

②进行小班化教学。

小班化教学是指在学生人数较少的班级中开展教育教学活动的一种教学组织方式。进行小班教学不仅意味着师生将拥有更大的教室空间和更多的教学设备，而且，更重要的是师生的交流机会增多。对学生而言可以得到教师更多的个别注意和发言机会。对教师而言，方便他们走动，有利于课堂管理和教具、课堂组织形式的灵活使用。他们可以在时间和精力相同的情况下，照顾到学生的个别差异，从而给每个学生更多的关心和个别化辅导。小班化教学还能使课堂气氛更为活跃和民主，最终达到促进每个学生的个性获得更好发展的日的。

2011 年湖南师范大学 333 教育综合真题 · 凯程详解

一、名词解释

1. 学习迁移

【答】学习迁移是一种学习对另一种学习的影响，指已经获得的知识、技能，甚至方法和态度对新知识、新技能的影响。这种影响可能是积极的，也可能是消极的。它广泛地存在于知识、技能、态度和行为规范的学习中。任何一种学习都要受到学习者已有的知识经验、技能、态度等的影响，只要有学习，就有迁移。迁移是学习的继续和巩固，又是提高和深化学习的条件，学习和迁移不可分割。

2. 元认知（见 2011 年北京师范大学真题）

3. 道尔顿制（见 2011 年北京师范大学真题）

4. 四段教学法（见 2010 年北京师范大学真题）

5. 监生历事制

【答】监生历事制是明朝国子监监生的实习制度。"历事"指到监外历练政事，规定国子监生学习到一定年限，分拨于在京各衙门，历练事务，锻炼和考察政务才能。如不合格则送回国子监读书。"监生历事"是中国古代大学里最早的教学实习制度。该制度使学校培养人才与业务部门使用人才直接挂钩，有利于促进学校的教学，提高人才素质。

6. 六艺（见 2012 年华东师范大学真题）

二、简答题

1. 简述现代教师的基本素养。（见 2014 年北京师范大学真题）

2. 教学过程中应当处理好哪些基本关系？（见 2011 年东北师范大学真题）

三、分析论述题

1. 试析奥苏伯尔的有意义学习及其对课堂教学的启示。（见 2019 年东北师范大学真题）

2. 论述夸美纽斯在教育史上的地位。（见 2016 年西南大学真题）

3. 简要比较儒墨两家教育思想的异同。

【答】（1）关于教育的作用。

儒家认为教育是一种统治手段，可收到"德礼为治"的效果；认为教育可以使人性向善的方向发展，这就为"仁政""德治"提供了理论基础。墨家认为对人的教育是一种社会的兴利除弊；在人的发展上反对命定论，重视教育和环境的作用，提出了著名的"素丝说"。

（2）关于教育的目的。

儒家认为教育是为了培养德才兼备的君子，是一种官本位的教育模式，教育为政治服务，为国家培养政治人才。墨家的教育在于培养"贤士"或"兼士"，以备担当治国利民的职责，必须能够"厚乎德行，辩乎言谈，博乎道术"。

（3）关于教育的对象。

儒家秉持"有教无类"的教育思想。而墨家代表着"农与工肆之人"的利益，但墨家倡导的以"兼爱"为核心的教育思想，则说明墨家的教育对象又具有全社会性。

（4）关于教育内容。

先秦儒家教育的内容包括政治道德和文化知识两方面。道德教育在整个儒家教育中居于首要地位，文化知识为道德教育服务。其传授的教材是《诗》《书》《礼》《乐》四种。而墨家以"兼爱""非攻"为教，不仅注重文史知识及逻辑思维能力的培养，还注重实用技术的传习。

（5）关于教学方法。

"学而知之"是儒家进行教学的主导思想，学是求知的途径，也是求知的唯一手段。从学开始，由学而思而行。启发诱导、因材施教、好学与实事求是也是儒家在进行教育时常用的教育方法。

墨家依靠推理的方法，来追求理性知识。关于认识客观事物的方法与检查认识的正确性问题，还提出了有名的三表法，即"有本之者，有原之者，有用之者"。墨家重视思维的发展，注意逻辑概念的启迪。墨翟还特别重视"强说人"的积极教育态度。

（6）关于道德教育。

在儒家的教育中，道德教育居首要地位。道德观念以文化知识为基础，道德教育的过程包括道德认识，形成道德信念，道德行为实践。其主要内容是"礼"和"仁"。其主要原则有：立志、克已、力行、中庸、内省、改过。

墨家把道德修养放在教育工作的第一位，重视劳动，进行道德教育在于言传身教和感化。

（7）总结：从总体上看，先秦儒家是教育、道德、政治三位一体的教育体系，其中教育是基础。道德由学习培养得来，即把伦理教育化；治人属于政治范畴，由教育培养得来，又把政治教育化。其体现了儒家积极入世的美政理想。墨家的品德教育、论辩教育和科学教育重视实践和联系实际，通过实际行动来教人。

4. 请说说你的看法，并论述当前德育应该坚持什么样的原则。

【答】（1）德育原则是指教育者在德育过程中必须遵守的基本要求。德育原则对于德育工作具有直接的具体的指导作用。

（2）德育原则的内容。

①理论和生活相结合原则，指进行德育要以学生的现实生活为基点，联系学生生活，把提高道德思想境界与养成道德行为习惯结合起来，做到心口如一、言行一致。

②疏导原则，指进行德育要循循善诱、以理服人，从提高学生认识入手，调动学生的主动性，使他们积极向上，疏导原则也称为循循善诱原则。

③长善救失原则，指进行德育要调动学生自我教育的积极性，依靠并发扬他们自身的积极因素去克服品德上的消极因素，促进他们的道德成长。

④严格要求与尊重学生相结合原则，指进行德育要将对学生的思想和行为的严格要求与对他们个人的尊重和信赖结合起来，使教育者对学生的影响与要求易于转化为学生的品德。

⑤因材施教原则，指进行德育要从学生品德发展的实际出发，根据他们的年龄特征和个性差异进行不同的教育，使每个学生的品德都能得到最大限度的发展。

⑥在集体中教育原则，是指进行德育有赖于学生的社会交往、共同活动，教育者要注意依靠学生集体，通过社会交往和集体活动进行教育，充分发挥学生集体在教育中的巨大作用。

⑦教育影响的一致性和连续性相结合原则，指进行德育应当有目的、有计划地把来自各方面对学生的教育影响加以组织、调节，使其互相配合、协调一致、前后连贯地进行，以保障学生的品德能按德育的目的发展。

5. 请针对以上内容，结合当今的社会特点，论述教育所应培养的人才的基本要求。

【答】准确把握经济社会发展的阶段性特征和战略目标，积极应对日趋激烈的国际人才竞争，是高等教育人才培养的根本任务。当前，中国经济社会发展的新特征、新变化对高等教育人才培养的规模、类型、层次、规格等都提出了新的要求。

（1）突出创新精神和创新能力的培养。

创新精神和创新能力是人才的核心要素，是时代对人才质量最主要的内涵要求。在未来经济社会发展过程中，一个国家的整体活力和发展潜力将更多地依赖于国家整体的创新实力，依赖于国家经济活动参与者的求知能力和创新能力；建设创新型国家是中国面向未来的重大战略，致力于创新型国家建设是逐步实现国家繁荣富强和人民生活富裕的需要。因而，为适应建设创新型国家的战略要求，高等教育应把创新精神和创新能力的培养贯穿于各类人才的培养当中。

（2）注重终身学习意识和学习能力的培养。

建设学习型社会是促进人的全面发展的需要，也是中国全面建设小康社会的奋斗目标之一。世界科学技术飞速发展，知识信息总量激增，知识更新的周期缩短，使得人的学习不可能“一劳永逸”。学生在校学习时只能获取所需知识的一部分，而更多的知识依赖于以后通过不断学习来获取和更新。适合经济社会发展要求的人才不仅仅是应当“具有什么技能”，更重要的是应当“具有学习能力”。学习型社会要求人才培养不仅要教给学生专而深的知识，培养学生的专业技能和职业能力，更重要的是要使学生树立终身学习的意识，教会他们学习的能力，为学生终身教育、自我发展奠定牢固的基础。因而，重视学习能力的培养是中国经济社会发展对高等教育人才培养的要求。

（3）构建适应经济社会发展要求的高等教育人才培养体系。

培养适应经济社会发展要求的、多样化的人才，是中国高等教育人才培养的根本使命。但从现实状况来看，目前中国高等学校在人才培养理念、专业学科结构、人才培养模式等方面还不能很好地适应高等教育大众化和经济社会发展的新要求，人才培养与经济社会发展需要之间的结构性矛盾比较突出。因而，构建适应经济社会发展要求的人才培养体系，是高等学校人才培养面临的重要任务。

2012年湖南师范大学333教育综合真题·凯程详解

一、名词解释

1. 科举（见2016年西南大学真题）

2. 苏湖教法（见2014年北京师范大学真题）

3. 导生制（贝尔－兰卡斯特制）（见2012年北京师范大学真题）

4. 算法式策略

【答】问题解决策略主要有两种类型：算法式策略和启发式策略。算法式策略指的是把解决问题的所有可能方案都列举出来，逐一尝试，直到选择一种有效方法解决问题，即为了达到某一个目标或解决某一个问题而采取的一步一步的程序。例如，拼图存在一种固定的程序，如果你找到了就能很快地解决问题。

5. 成就动机（见2010年陕西师范大学真题）

二、简答题

1. 简述学校教育在人的发展中的重要作用。（见2016年东北师范大学真题）

2. 简述教学过程的基本性质。（见2013年陕西师范大学真题）

三、分析论述题

1. 简要评述陈鹤琴“活教育”的目的论。（见2015年北京师范大学真题）

2. 夸美纽斯的自然适应性原则。（见2012年西南大学真题）

3. 试析品德学习的过程及其条件。

【答】（1）品德学习的一般过程：从依从到认同再到强化。

①依从。依从包括从众和服从两种。

②认同。认同是在思想、情感、态度和行为上主动接受他人的影响，使自己的态度和行为与他人相接近。认同实质上就是对榜样的模仿，其出发点就是试图与榜样一致。榜样的特点、榜样行为的性质、示范的方式等都影响着认同。

③内化。内化指在思想观点上与他人的思想观点一致，将自己所认同的思想和自己原有的观点、信念融为一体，构成一个完整的价值体系。由于在内化过程中解决了各种价值的矛盾和冲突，当个人按照自己内化了的价值行动时，会感到愉快和满意；而当出现了与自己的价值标准相反的行动时，会感到内疚、不安。

（2）影响品德学习的一般条件。

①外部条件：

a. 家庭教养方式。学生的态度和品德特征与家庭的教养方式有密切关系。若家庭教养方式是民主、信任、容忍的，则有助于儿童的优良态度与品德的形成与发展。若家长对待子女过分严格或放任，则孩子更容易产生不良的、敌对的行为。

b. 社会风气。社会上的良好与不良的风气都有可能影响学生道德信念与道德价值观的形成。

c. 同伴群体。正式的班集体、非正式的小团体等对学生都具有一定的吸引力，他们试图使自己的言行态度与同伴群体保持一致，以得到同伴群体的接纳和认可。

②内部条件：

a. 认知调节。人类具有一种维持平衡和一致性的需要，即力求维持自己的观点、信念的一致，以保持心理平衡。认知失调是态度改变的先决条件。

b. 态度定势。个体由于过去的经验，对所面临的人或事可能会具有某种肯定或否定、趋向或回避、喜好或厌恶等内心倾向性，帮助学生形成对教师、对集体的积极的态度定势或心理准备是使学生接受道德教育的前提。

c. 道德认识水平。态度、品德的形成与改变取决于个体头脑中已有的道德准则和规范的理解水平及掌握程度，取决于已有的道德判断水平。

4. 试论为什么要树立以人为本的教育观。（见 2011 年北京师范大学真题）

5. 有人主张教育回归生活，也有人认为实际生活中鱼龙混杂，教育不应回归生活。结合这些看法，谈谈你对教育与生活问题的看法。

【答】（1）教育和生活的本质区别。

生活是人的意义生命的延续历程，而教育则是贯穿这个历程的特殊引导活动。生活以其实然与应然两重性的互动为主要特征，教育则以其对积极生命意义的引导为终极追求。

（2）生活是实然与应然两重性的否定之否定历程。

人是一种对象性存在，不能脱离他的对象物而存在，人在一种实然状态中生活着。人的生活是有目的、有意识的意义生命的延续。它能够按照自己生命的需要通过对象性活动去超越各种既定的对象性关系，去实现其意义。人的生活既是预成的，又是生成的。

生活的两重性在人的意义生命中获得统一。人的意义生命的本质决定了人总是不满足于实然的生活状态，而不断地创造和追求一种应然的生活。

（3）教育是依附性与超越性的辩证统一。

教育作为引导人追寻积极生命意义的自觉实践，使其最大程度地发挥功能的重要保证就是要合目的、合规律地进行。生活需要的也正是能自觉摆脱依附状态，并具有相对独立的话语系统和运行规律的教育。一方面，它力图适应当下、具体的生活世界的种种合理需要；另一方面，它又更多地表现出对现实生活中传统、守旧限制因素的摆脱和超越。教育规律是一个自成体系的相对独立的发展系统，主要包括自然规律和自身规律。认识和驾驭教育规律，使教育活动合规律地进行是保证教育相对独立性的重要条件。

（4）生活与教育的辩证统一。

①教育源于生活。

生活是教育的源头，是广阔的教育情境。家庭和社会等生活情境也都扮演着重要的教育角色，发挥着教育的功能。家庭、学校和社会这三个方面分别以不同的空间和时间形式占据着人的完整生活，它们共同构成了完整的生活教育情境。生活与教育相互包含，渗透着对方的因素或属性，二者是互相依存、互为条件的。教育中渗透着生活的因素，为生活的发展指明方向。教育是对积极生命意义的引导，它要达到的最高目标必定是通过作用于人的整个生命进程而全面观照人的身心和谐、完善发展。

②生活需要教育。

教育作为培养人的活动，核心是要培养出具有实践意识和实践能力，能改造现存世界的人。在精神上，教育给予人们精神营养；在人生存和生活中，教育是必不可少的。教育能影响人的价值定向和爱的方式的生成。

③生活在教育中更新进步。

社会的延续与发展是生活的实践，人们在社会生活中积累了大量的经验乃至生存的理论。教育面向人们的未来生活，把知识或理论通过人的生活实践的经验有效地转化为人内在的思维方式，使人们的生活在教育的传递中得以更新进步。

2013年湖南师范大学333教育综合真题·凯程详解

一、名词解释

1.《论语》（见2010年东北师范大学真题）

2. 中华职业教育社（见2013年东北师范大学真题）

3. 替代强化（见2010年湖南师范大学真题）

4. 终身教育思潮

【答】终身教育思潮产生于20世纪50年代中期的法国，20世纪60年代后在世界范围内得到广泛传播。主要代表人物是保罗·朗格朗，主要观点有：①终身教育的含义。它包括教育的各个方面、各项内容，从一个人出生的那一刻起一直到生命终结时为止的不间断的发展，也包括了在教育发展过程中的各个阶段之间紧密而有机的内在联系。②终身教育没有固定的内容和方法。③终身教育是未来教育发展的战略。

5. 道尔顿制（见2011年北京师范大学真题）

二、简答题

1. 简述学生掌握知识的基本阶段。（见2016年南京师范大学真题）

2. 试述现代教育的基本特点。（见2013年北京师范大学真题）

三、分析论述题

1. 教学过程中的性质决定教学特点，请论述教学的特点。

【答】（1）教学过程是一种特殊的认识活动。（特殊认识说）

教学过程是教师有目的地引导学生学习人类积累起来的科学文化知识，学生掌握科学文化知识的过程实质上就是能动地认识世界、提升自我的过程。

教学过程作为特殊的认识过程，特殊之处在于：①间接性，教学过程主要以掌握人类长期积累起来的科学文化知识为中介，使学生间接地认识现实世界；②引导性，教学过程中学生的认识活动需要在富有知识的教师引导下进行，而不能独立完成；③简捷性，教学过程走的是一条认识的捷径，是一种科学文化知识的再生过程；④制约性，教学过程要受到人类认识事物的一般规律的制约。

（2）教学过程是以交往为背景和手段的活动。（交往说）

持这一观点的人认为教学是以交往为背景的过程，并以师生交往、沟通、交流为重要手段和方法。交往说超越教师中心论和学生中心论，强调师生平等对话，倡导自由民主、相互理解和关爱的人际关系。

（3）教学过程是一个促进学生身心发展、追寻与实现价值目标的过程。（价值目标说）

教学过程是教师引导学生掌握知识、认识世界、进行交往，以促进学生的身心发展，并追寻与实现价值增值目标的过程。其中，引导学生掌握知识、进行认识及交往是教学的基本与基础的活动；而促进学生的身心发展及其价值目标的实现则是在这个认识及交往活动过程中所要完成的教学任务。

（4）特点：教育以培养全面发展的人为根本目的。

教学由教与学两方面组成，教学是师生双方的共同活动；学生的认识活动是教学中的重要组成部分；教学具有多种形态，是共性与多样性的统一。

2. 运用教育心理学的相关理论知识，谈谈在现实学生教育中应该如何对待奖励。

【答】一般来说，奖励比批评和指责更能有效地激发学生的学习动机，但奖励也不是万能的。外部奖励可能反而削弱内部动机。实际上，奖励的本质比奖励的形式更为重要。对奖励的成功运用取决于奖励时间和方式更恰当。教师要奖励个体的良好成绩和表现，而不是奖励参与活动；奖励是对能力的认可；奖励要针对不感兴趣但需要完成的任务；奖励的内容属于社会性的而非物质性的。

例如，教师要求学生读完100本书，就可以奖励玩具。这个奖励条件破坏了孩子读书的乐趣，让学生成了勉强的阅读者，而且，如果对所读书籍没有制定选择的标准，学生将会选择薄而简单的书以尽快完成任务，这将造成他们对教育的玩世不恭的态度。奖励最好用于完成常规的任务而不是新的任务，用于具体的、有目的的学习任务而不是偶然发现的学习任务，用于更多关注行为速度或者结果质量的任务而不是关注创作性、艺术性的任务，最好把奖励作为促进学生达到行为技能标准的动力。这些技能要求进行大量的练习，而不是作为进行重要研究或演示项目的动力。

同是奖励必须充分考虑学生的个别差异。对于低年级学生，教师评价起的作用更大一些；而对于少年期的学生，通过集体舆论进行评价效果更好。对自信心差的学生，应该给予更多的表扬和鼓励；对于过于自信的学生，则应更多地提出严格要求。成绩差的学生对奖励很敏感，故宜多奖励；成绩好的学生，往往对批评很敏感，故宜适当惩罚。对女生宜个别谈话，切忌当众严厉指责。只有这样，奖励才能起到激发学习动机的作用。

3. 请从教师专业的角度谈谈对这一案例的看法。

【答】本题目中的导师存在偏差，教师多到教学队伍中实践，其实是教师专业化的重要方式，也是必要方式，这样我们的教学才能够更好地成长。

（1）教师专业化发展是提高教育质量的关键。学校教育质量的高低主要由教师来决定。课程的执行者是教师，再好的理念和内容，没有好的教师，课程改革也搞不好。

（2）教师专业化发展是教育改革的原动力。教师自身的理念更新了，能力提高了，就会认识到现行的教育方法的弊端，要改掉它。这时候，教改的原动力就是教师自己。

（3）教师专业化发展是提高学校凝聚力的核心要素。一个学校有没有凝聚力，教师是关键。而教师的力量从教师的发展而来。发展是一种事业感、成就感，是在教育岗位上的职业发展。教师发展是教师自身幸福感的源泉。

（4）教师专业化发展是学生发展的根本保障。中小学教育是为学生终身发展打基础的，一切为了学生的发展。只有通过教师的发展才能促进学生的发展。教师的专业化发展不仅有利于新课程的改革与发展，更有利于教师的成长，有利于学生的发展与社会的进步。教师的专业化发展是一个必然的趋势。

4. 试述 19 世纪末 20 世纪初期欧美教育运动的异同点。

【答】（1）19 世纪末 20 世纪初期资本主义的弊端日益显现，在教育领域也有相关的反映，在欧洲和美国爆发了新教育运动和进步主义教育运动，这两场运动都旨在对传统教育进行批判，强调学生的主体地位，但二者也有所不同。

（2）共同点：

①都把矛头指向了传统教育，批判了传统教育观和他们的一些做法；②都要求改革，并且进行了实验；③都对以前的教育著作进行了深入的研究，并提出新的观点；④都有丰富实践经验的教师。

（3）不同点：

①两种教育运动的具体操作方式不同。新教育运动始于欧洲，主要是在原有的新学校中进行一些教学改革和实验，且这些学校大多建立在乡村或者城市郊区。进步主义教育运动始于美国，其主要是通过建立一些新的学校来进行教学改革和实验。

②两种教育运动的理论基础不同。新教育运动主要以梅伊曼、拉伊的实验教育学以及凯兴斯泰纳的相关理论进行指导。而进步主义教育运动的思想来源于卢梭、裴斯泰洛齐和福禄培尔。理论基础不同也是两场运动非常重要的区别。

③两种教育运动的侧重点不同。相比较新教育运动来说，进步主义教育运动更强调与社会生活的联系，更加贴近生活实际。

④两种教育运动的教育对象不同。新教育运动主要面向上层社会群体，这和欧洲传统的双轨制传统不无关系。进步主义教育运动主要面向普通民众。

5. 谈谈洋务运动中的教育革新。

【答】（1）19 世纪 60—90 年代，洋务派发起了洋务运动，要求向西方学习，维护封建统治。

（2）教育改革的具体措施有：

①兴办学堂。

洋务学堂是洋务运动的重要组成部分，其目的在于培养洋务运动所需要的翻译、外交、工程技术、水陆军事等多方面的专门人才，教学内容以“西文”与“西艺”为主。洋务学堂的举办是随着洋务运动的展开而开始的。其主要类型包括：外国语（“方言”）学堂，如京师同文馆等；军事（“武备”）学堂，如福建船政学堂等；技术实业学堂，如福州电报学堂等。

②派遣留学生。

洋务派先后启动了幼童留美和留欧教育。留美教育最早由容闳提议，主张选择聪慧的幼童，分四批前去美国学习。可惜的是，由于守旧派的阻挠，这批学生大部分没有完成学业便相继回国。留欧教育是以福建船政学堂的学生为主，送往英国、法国、德国留学，学习造船技术和驾驶技术，分三批进行，学成归国。留美与留欧教育的学生都对中国的发展做出了杰出的贡献，尤其是留欧学生在造船、海军军官以及海军教育事业上做出了杰出的贡献。

（3）教育改革的指导思想对中国近代教育的影响。

洋务派以“中体西用”作为洋务教育的指导思想，该思想对中国近代教育的影响是双重的，既有促进作用，又有阻挠影响。主要的促进作用是“中体西用”思想启动了中国近代教育改革的步伐，促进了新式教育的产生，兴办新式学堂，增加了自然科学知识，开展了留美教育等，打破了旧学形式一统天下的传统教育格局。洋务派比较切实地引进西方近代科学、课程及制度，对清末教育改革既有思想层面的启发，又有实践层面的推动。它极大地冲击了传统教育的价值观，为新式教育的进一步推广扫清了障碍。

2014年湖南师范大学333教育综合真题·凯程详解

一、名词解释

1. 中学为体，西学为用（见2011年北京师范大学真题）

2. 附属驱动力

【答】根据学习动机影响学生学业成就的不同，奥苏伯尔将其分为：认知内驱力、自我提高内驱力、附属内驱力。附属内驱力是在个体希望获得他人关心、认可、友谊与支持需要的基础上产生的，其目标是获得他人的赞许和认可。

3. 顺向迁移

【答】迁移是一种学习对另一种学习的影响，指已经获得的知识、技能，甚至方法和态度对新知识、新技能的影响。这种影响可能是积极的，也可能是消极的。从迁移的方向可以分为顺向迁移和逆向迁移，顺向迁移指的是前面的学习对后面的学习的影响。

4.《理想国》（见2010年东北师范大学真题）

5. 三舍法（见2013年北京师范大学真题）

6. 终身教育（见2011年华东师范大学真题）

二、简答题

1. 学校教育产生的条件。

【答】（1）社会生产水平的提高，为学校的产生提供了必要的物质基础。

（2）脑力劳动与体力劳动的分离，为学校产生提供了专门从事教育活动的知识分子。体脑分工，使一部分人脱离直接生产劳动，从事社会管理和文化活动。

（3）文字的产生和知识的记载与整理达到了一定程度。到了奴隶制社会，人类积累了大量的生产劳动经验和社会生活经验，不少已系统化、抽象化，形成了分门别类的知识和学问，客观上要求有专门的学校教育来传授这些知识。

（4）国家机器的产生，需要专门的教育机构来培养官吏和知识分子。社会出现了阶级和国家，占统治地位的奴隶主阶级，为了维护本阶级的利益，需要有各种国家机关和力量。这些专业人员都须经过专门的培养和训练，从而产生了设立专门学校的需要。

2. 普通教育学的任务分为理论建设和实践应用两部分。试说明理论建设的任务（原则和要求）。

【答】教育学作为一门独立学科的存在，除了社会与人的发展提出的要求和研究对象的客观性之外，关键在于普通教育学自身研究的深入与拓展。教育学理论建设的主要任务有：

（1）批判和继承传统的教育理论，立足于现实，构建面向未来的教育学逻辑体系；应对古今中外的重要的教育理论流派进行系统的分析，改造、吸收合理部分并做出新解释和综合。

（2）学习和消化西方教育学理论，构建中国特色的教育理论体系。中西文化既有共同性也有差异性。我们既要看到其中的共同特点，也要尊重各自的特殊性。

（3）学习相邻学科的研究成果和研究方法，建立科学的教育学理论体系。各种相邻学科的横向渗透，是当代教育理论发展的大趋势。借鉴这些研究方法和成果，可以促进教育科学的发展。

（4）总结和升华教育实践经验，为教育理论的发展提供坚实的实践基础。科学的教育学逻辑体系必须是理论与实践相互推进。

三、分析论述题

1. 职业教育的“三大要旨”及对当今职业教育的借鉴意义。

【答】黄炎培是中国近代民主革命家和教育家。在职业教育方面，他提出了“三大要旨”，具有重要的现实意义。

（1）职业教育“三大要旨”的主要内容。该主要内容包括：为个人谋生之准备；为个人服务社会之准备；为国家及世界增进生产力之准备。其中，他将“为个人谋生之准备”放在第一位。黄炎培把“谋生”作为现代职业教育思想的基本出发点。他认为人们只有通过职业教育获得谋生的知识和技能，才能立足于社会，成为促进社会发展的有用人才。而且，通过职业教育使人人爱岗敬业，以职业为荣，社会必然会发达。黄炎培强调职业教育对社会的影响在于通过提高国民的职业素质，使学校培养之才无不可用，社会从业者无不得到良好训练，国无不教之民，民无不乐之生。

（2）职业教育“三大要旨”的现实意义。

黄炎培“三大要旨”的现代职业教育目的理论，是从职业对人与社会的双重意义阐述的。对个人来说，职业教育具有求生存、求发展的意义；对社会来说，职业教育具有利国富民的意义。

①职业教育要实现促进个人发展和推动社会进步的双重目的。黄炎培的职业教育目的观体现了社会本位与个人本位的统一，这一点是我们现在应该继续发扬光大的。

②职业教育要实现学生独立个性与全面发展的统一。黄炎培在他的职业教育目的观上把“谋个性之发展”放在职业教育目的的第一位，这是现代职业教育值得继承和学习的。

③职业教育要实现“谋生与乐生”的结合。职业教育应该把受教育者作为具有完整精神和独立人格的真正的人来对待，不仅仅要关怀他的物质所需，更主要的是通过对其心灵的呵护，提升其探寻生活意义的能力。

2. 要素主义流派的主要观点。（见 2016 年华东师范大学真题）

3. 教学过程的特点及学生掌握知识的基本阶段。

【答】（1）教学过程的特点。

①教学过程是一种特殊的认识活动。（特殊认识说）

教学过程是教师有目的地引导学生学习人类积累起来的科学文化知识，能动地认识世界、提升自我的过程。特殊之处在于：a. 间接性；b. 引导性；c. 简捷性；d. 制约性。

②教学过程是以交往为背景和手段的活动。（交往说）

持这一观点的人认为教学是以交往为背景的过程，并以师生交往、沟通、交流为重要手段和方法。交往说超越教师中心论和学生中心论，强调师生平等对话，倡导自由民主、相互理解和关爱的人际关系。

③教学过程是一个促进学生身心发展、追寻与实现价值目标的过程。（价值目标说）

教学过程是教师引导学生掌握知识、认识世界、进行交往，以促进学生的身心发展，并追寻与实现价值增值目标的过程。

（2）学生掌握知识的基本阶段。

①传递—接受教学指教师主要通过语言传授、演示与示范使学生掌握基础知识、基本技能，并通过知识授受向他们进行思想情趣熏陶的教学，亦称接受学习。它是学生掌握知识的基本阶段。

基本阶段：a. 引起学习动机；b. 感知教材；c. 理解教材；d. 巩固知识；e. 运用知识；f. 检查知识、技能和技巧。

②问题—探究教学是指在教师引导下，学生主要通过积极参与对问题的分析、探索，主动发现或建构新知，并掌握其方法与程序，培养他们的科研能力、科学态度和品行的教学。简而言之，它是一种引导学生通过探究获得真知与个性发展的教学，亦称探究学习、发现学习。它是学生获取知识的基本阶段。

基本阶段：a. 明确问题；b. 深入探究；c. 做出结论。

四、案例分析题

1. 请问从班杜拉的学习理论出发，怎样消除以上案例中的不良影响？

【答】（1）班杜拉观察学习理论对材料的解释：

①班杜拉认为，观察学习是儿童学习的主要形式，品德学习也是通过观察学习完成的。不同的成人及同辈榜样是导致儿童大部分道德行为获得和改变的主要原因。儿童通过观察学习不仅可以缩短学习过程而迅速掌握大量的整合行为模式，而且还可以避免由于直接尝试错误和失败可能带来的损失或挫折。

②儿童道德行为的习得受到观察者内部和外部因素的影响。内部因素主要指观察者的动机或认知水平。外部因素主要指榜样的示范性特征及其后果。在儿童的道德行为形成过程中，观察者本人、环境和行为三者是相互作用的。班杜拉的道德行为理论强调观察学习的重要性，具有重要的现实意义。美国心理学家班杜拉通过一系列实验证明，攻击是观察学习的结果。

③由于儿童模仿性强，是非辨别能力差，因此，儿童很容易模仿其周围的人或影视作品里人物的攻击行为。有资料表明，经常看暴力影视作品的儿童容易出现攻击行为。也就是说，大众传媒的不良影响是产生攻击行为的一个很重要的原因。如果儿童经常观看暴力影视片、武打片，玩暴力电子游戏，会使儿童的攻击性心理得到加强。

（2）改变方法：

①消退法。对儿童的攻击行为，可以采取不加理睬的方法，使他们因得不到强化而逐渐减少。一项在幼儿园中的研究表明，对儿童的攻击行为采取消退法，而对其合作行为进行奖励，可以很快地减少他们的身体攻击和言语攻击，并能增加其亲社会行为。

②暂时隔离法。暂时隔离是为了抑制某种特定行为的发生，而让行为者在一段时间内得不到强化，或远离强化刺激的一种行为干预方法。

③榜样示范法。利用榜样示范法改变儿童的攻击行为有两种做法：a. 将有攻击行为的儿童置于无攻击行为的榜样当中，减少他们的攻击行为；b. 让有攻击行为的儿童观察其他儿童的攻击行为是如何受到禁止或处罚的。

④角色扮演法。当利用角色扮演法改变儿童的攻击行为时，要注意让他们扮演不同的角色。首先，让他们扮演攻击者的角色；其次，让他们说出自己扮演此角色的心理感受；再次，让他们扮演被攻击者的角色；最后，让他们说出自己扮演此角色的心理感受。多次互换角色，能够提高他们自我控制冲动的能力。

2. 试用有关学生成长的教育理论对此案例进行分析。

【答】（1）学生的成长包括生理成长与心理成长。

一般来说，心理发展与教育的相互关系主要表现在：受教育者智能和个性品质的发展两个方面。在案例中我们可以看到，某研究生为摆脱父母的监视去抢劫商店并留下地址，在无人来找后自己主动到警察局自首。我认为这种后果，很大程度上是由心理的原因造成的，不论是因为父母做得太过分而导致这位研究生心理压力过大还是其他一些原因导致了犯罪行为，在一个人的个性发展上，教育的影响是很重要的。受教育者的个性品质的发展过程也和智能发展过程一样主要是在生活条件和教育影响下逐步实现的。

（2）学生品行不良的原因，主要分为主观和客观两个方面。

在案例中主要体现的是客观原因中家庭方面的原因，其主要包括：家庭成员的溺爱迁就；家庭对孩子的要求过高、过严，又缺乏正确的教育方法；家庭成员教育的不一致；家长缺乏表率作用；家庭结构的巨变。不良行为的产生，家长、老师、学生自身都应该进行反省，并采取相应的措施。

（3）作为家长，应该给予孩子恰当的关爱，防止溺爱孩子和过分要求孩子，给予孩子恰当的自由空间。作为老师，在传授知识的同时还应该对学生的情感意志方面进行训练，平常要与学生多多交流，及时了解学生的心理状况。作为学生，我们应该加强道德认识、道德情感、道德意志和道德行为的教育和培养。

2015年湖南师范大学333教育综合真题·凯程详解

一、名词解释

1. 分斋教学（见2014年北京师范大学真题）

2. 生活教育（见2012年北京师范大学真题）

3. 品德

【答】品德，即品质道德，是指个体依据一定的社会道德准则和规范行动，对社会、对他人、对周围事物所表现出来的稳定的思想行为倾向。

4. 美德即知识

【答】（1）苏格拉底认为，知识、智慧和道德具有内在的直接联系。人的行为之善恶，主要取决于他是否掌握有关的知识，只有知道什么是善、什么是恶，人才能趋善避恶。在这个意义上，苏格拉底明确指出，“美德就是知识”。从“智德统一”的观点出发，苏格拉底进而提出“德行可教”的主张。

（2）评价：①这个见解可以说是近代教育性教学原则的雏形；②在苏格拉底所处的时代，他提出“智德统一”的见解，相对于贵族阶级的道德天赋的理论来说，是有着明显的进步意义的；③但“美德即知识”的观念也是不完善的，忽略了道德的其他方面，如情感、行为等。

5. 教学（见2013年陕西师范大学真题）

6. 功能固着

【答】功能固着是指个体在解决问题时往往只看到某种事物的惯常功能，而看不到它的其他功能。这是人们长期以来形成的对某些事物的功能或用途的固定看法。最初看到的功能越重要，就越难看出其他功能。功能固着使人难以发现事物功能的新异之处，因此会阻碍问题的顺利解决。

二、简答题

1. 在现代和学校教育、家庭教育一样，社会教育也发展了起来，社会教育迅速发展起来的原因有哪些？

【答】（1）生产力发展水平的提高促进了社会教育的发展。生产力发展水平决定着教育发展水平，教育发展水平是生产力发展水平的反映。

（2）政治经济制度促进了社会教育的发展。许多国家制定了终身教育法令，一些国家提出了“回归教育”“继续教育”的构想，并且正在实施，在一定程度上促进了社会教育的发展。

（3）文化水平的提高促进了社会教育的发展。文化对教育的制约和影响具有广泛性、基础性、深刻性和持久性的特点。

（4）科学技术水平的提高促进了社会教育的发展。世界上许多国家的开放大学、老年大学、多种形式的业余大学以及利用无线电、电视、电子计算机网络进行的远距离教学，都是实施终身教育的有效形式。

（5）人口质量促进了社会教育的发展。人口素质高，就会普遍地重视教育，从而积极地发展教育。

2. 简述文化对教育的作用。

【答】（1）文化知识影响着教育的内容和水平。文化是教育的基础，教育通过传承和创新文化来培养人，学校教育的任务之一就是传授系统化、概念化的文化知识，反映到课程上，课程本身就是文化知识的载体，也是一种特定的文化形式。文化知识始终是教育的主要资源。

（2）文化模式制约着教育环境与教育模式。首先，文化模式为教育提供了特定的背景。教育促进个人的发展，又必须受到特定文化模式的制约。文化模式对每个人的塑造力量很大。其次，文化模式还从多方面制约教育模式。不同文化模式下的教育管理方式、教育方法等都有很大的差异。

（3）文化传统制约着教育的传统与变革。文化传统越久，对教育传统变革的制约性越大。文化传统影响着学校教育方法，不同的文化传统对待学习和读书的态度不同，反映到教育上，教师的教育方法也不同。例如，中国的传统文化认为“书读百遍，其义自见”，学校教育便把读书视为获得真知的唯一源泉。

三、分析论述题

1. 论述儒家和墨家教育思想的异同。（见2011年湖南师范大学真题）

2. 论述卢梭的自然主义教育理论。（见2012年华东师范大学真题）

3. 制定德育目标的主要依据是什么？我国中小学德育目标的要求主要体现在哪些方面？

【答】（1）制定德育目标的主要依据：①时代与社会发展的需要；②国家的教育方针和教育目的；③民族文化及道德传统；④受教育者思想品德形成、发展的规律及心理特征。

（2）德育目标的要求体现在三个方面：①思想、政治、道德准则或规范方面的目标；②思想品德心理发展的目标；③思想品德能力方面的发展目标。

德育实施的序列应与思想品德形成、发展的序列相结合，因此在思想政治道德准则的教育目标的排列上按照道德—思想—政治的顺序。

道德品质、思想品质、政治品质相互联系、相互渗透，尤其是思想品质应包括政治思想内容，思想品质和政治品质很难严格区分，故在目标的表述上将二者结合起来。

四、材料题

1. 有人认为，高智商会有高创造力，有高创造力的一定是智商高的人。试从创造力和智商的关系来分析此观点。

【答】（1）创造性指根据一定的目的和任务，运用一切已知信息，开展能动的思维活动，产生出某种新颖、独特、具有社会或个人价值的产品的品质。这里的“产品”，当然包括思想的和物质的两个方面，它既可以是一种新概念、新设想、新理论，也可以是一种新技术、新工艺、新产品。创造性也叫创造力，不是单一的能力，而是以创造性思维为核心的多种能力的综合。

（2）创造性与智力的关系：高创造性者，智商不一定很高；高智商者，创造性可高可低；低智商者，创造性一定低；低创造性者，智商可高可低。

2. 结合材料，谈谈教师轮岗制度对教师成长和教育质量提高的影响。

【答】（1）内涵：教师轮岗制度是指各级教育行政部门对所属区域内的教师有计划地进行组织，

在不同学校开展定期或不定期的任教交流，通过推行义务教育阶段教师合理、有序地流动，来达到开阔教师视野、提高教学水平以及优化城市与农村、优质与薄弱学校的教师配置结构的目的，实现教育均衡发展的一种制度设计。

（2）教师轮岗制度对教师成长和教育质量提高的影响。

优点：①开阔教师的眼界，促进交流，扩展思维；②让教师克服厌倦感，找到更合适的舞台；③有利于教师更好地进行教学反思；④为教师提供更多的学习与交流的机会；⑤有利于提高教师适应新环境的能力；⑥有利于实现义务教育资源的均衡配置；⑦教师的校际交流是促进地区教育人才资源均衡、教学质量均衡，实现教育公平的重要手段；⑧有利于改善薄弱学校的教学，也为名校注入新的活力；⑨教师轮岗制度落实得好会提高整体教育质量。

缺点：实施过程中又会遇到很多的困难和问题，在一定程度上也有可能削弱部分学校的教学质量。一旦教师岗位轮流制度缺乏一定的明确性，就会导致利益相关者进行不良的竞争。学校所关注的重点在于义务教育水平的均衡与提高，如果一些比较优秀的教师或者骨干教师参与到轮岗当中，很可能会造成学校师资力量整体水平下滑，影响学校在教育水平方面的发展。基于这种因素的考虑，部分学校容易出于对自身利益的维护，出现名额替代进行轮岗，会严重影响教师轮岗制度的顺利开展及开展目的的完成。

2016年湖南师范大学333教育综合真题·凯程详解

一、名词解释

1. 自我效能感（见2014年华东师范大学真题）

2. 上位学习

【答】上位学习是指新概念或新命题具有广泛的包容范围或较高的概括水平，将一系列已有观念包含于其下而获得意义。如先知道松树、柳树等具体概念，然后学习“树”，知道“树”是各种树木的总括概念。

3. “从做中学”（见2010年北京师范大学真题）

4.《教育漫话》

【答】《教育漫话》是洛克教育思想的代表作，是继夸美纽斯的《大教学论》之后西方又一部教育经典著作。它集中反映了洛克的绅士教育思想体系，比较系统地提出了英国资产阶级培养新人的教育思想，包括教育的作用、目的和途径，还提出了绅士教育的内容与方法——体育、德育、智育锻炼法。

5. “活教育”

【答】陈鹤琴是我国近代学前儿童教育理论与实践的开创者。在总结自己以往教育实践和思想的基础上，他明确提出“活教育”的主张。“活教育”的目的是“做人，做中国人，做现代中国人”。“活教育”教学方法的基本原则是“做中教，做中学，做中求进步”。“活教育”思想是一种有吸收、有改造、有创新的教育思想，汲取了杜威的实用主义教育思想，也考虑了中国的时代背景和国情，对中国现代教育产生了重要影响。

6.《大学》（见2019年华中师范大学真题）

二、简答题

1. 黄炎培职业教育的主要思想及其对现代教育的启示。（见2018年华中师范大学真题）

2. 简述墨家教育思想及其借鉴意义。

【答】（1）“素丝说”与教育作用。①教育的社会作用：墨家主张通过教育建设一个民众平等、互助的“兼爱”社会。②教育对人的作用：墨子的贡献是“素丝说”，比喻有什么样的环境与教育，就造就什么样的人。“素丝说”从人性平等的立场去认识和阐述教育的作用，较孔子的人性观具有明显的进步性。

（2）以“兼士”为教育目标。

（3）以科技知识和思维训练为特色的教育内容突破了儒家“六艺”的范畴，堪称伟大的创造。①科学与技术教育，包括生产和军事科技知识教育及自然科学知识教育。②培养思维能力的教育，还提出“三表法”。

（4）主动、创造的教育方法。①主动。墨子主张“虽不叩必鸣者也”的“强说人”精神，强调教育者的主动和主导。②创造。墨子批评儒家“述而不作”的主张，认为古代的好东西既要继承，更要创新。

（5）实践。墨家主张“志功合一”，

（6）量力。墨子是中国历史上第一个提出量力教育方法的人。这里有两层含义：其一，就学生的精力而言，人不能同时进行几方面的学习；其二，就学生的知识水平而言，应当量力而教。

3. 谈谈你对苏格拉底“知识即美德”的理解。

【答】（1）苏格拉底认为，知识、智慧和道德具有内在的直接联系。人的行为之善恶，主要取决于他是否掌握有关的知识，只有知道什么是善、什么是恶，人才能趋善避恶。在这个意义上，苏格拉底明确指出，“美德就是知识”。从“智德统一”的观点出发，苏格拉底进而提出“德行可教”的主张。

（2）评价：①这个见解可以说是近代教育性教学原则的雏形；②在苏格拉底所处的时代，他提出“智德统一”的见解，相对于贵族阶级的道德天赋的理论来说，是有着明显的进步意义的；③但“美德即知识”的观念也是不完善的，忽略了道德的其他方面，如情感、行为等。

4. 简述裴斯泰洛齐“教育心理学化”理论的主要内容及影响。

【答】（1）在世界教育史上，裴斯泰洛齐是第一个明确提出“教育心理学化”口号的教育家。他确信存在一种人的基本心理规律，教育心理学化就是要找到这种规律，把教育提高到科学的水平，将教育科学建立在人的心理活动规律的基础上。专制主义、经院主义的弊端就在于不符合儿童的本性，用不合适的灌输法进行教学，所以应当根除。

（2）教育心理学化的主要内容。

①教育要适应儿童心理的发展。将教育的目的和教育的理论指导置于儿童本性发展的自然法则的基础上。②使得教学内容的选择和编制适合儿童的学习心理规律，即教学内容心理学化。据此，他提出了要素教育理论。③教学原则和教学方法的心理学化。教学程序和学生的认识过程要相互协调，在教学过程中采取循序渐进的方法。④教育者要适应儿童的心理，调动儿童学习的主动性，让儿童成为他自己的教育者。

（3）影响。

裴斯泰洛齐的教育心理学化思想是建立在其丰富的教学经验的基础上的，对教育科学化的发展产生了深远影响，而且他的理论直接为赫尔巴特提出“教育建立在心理学的基础上”的命题做了准备。此后，心理学普遍应用于教育、教学领域，开启了19世纪遍及欧美的教育心理学化运动，推进了教育科学化进程。

三、分析论述题

1. 试分析错误的观念及其对教学的启示。

【答】（1）我们可以通过检验观念与其对象的关系来确认观念的正确与否。如果某一观念与其对象的对应关系扭曲脆弱，我们就可以确认该观念是错误的。不以客观事实为依据的观念就是错误观念，错误观念一旦形成便不容易改变，而且也会影响个体对其他事物的认识。

（2）影响学生观念形成的因素有：①已有的知识经验；②个人的主观能动性；③被认识客体的正确性；④他人的影响。

（3）教学中防止教师错误观念形成的方法有：①保证其教学内容的科学性；②保证教学语言的正确性；③关注学生知识与思想状况；④善于与学生交流沟通；⑤及时帮助学生改正其错误观念。

（4）错误的观念对教学的启示：

①强调学生是学习的主体，教师要调动学生的学习积极性，实现教师主导作用与学生积极性相结合；②强调学生智力的充分发展，实现系统知识的学习与智力的充分发展相结合；③强调激发学生内在的学习动力，实现内在动力与学习的责任感相结合。

2. 教育学理论建设的任务不是逻辑推理和思辨的科学，应该是怎么样的？如何根据教育学研究原则构建教育学逻辑体系？

【答】（1）教育学理论建设的任务：

①揭示教育规律。提示教育规律即揭示不以人们意志为转移的教育内部诸因素之间、教育与其他事物之间的本质性联系，以及教育发展变化过程的规律性，阐明教育工作的原理、原则、方法与组织形式等问题，为教育工作者提供理论和方法依据。

②注重探讨教育价值观念。由于人们在进行教育活动时，总会自觉或不自觉地把自己对人生意义与社会理想的选择和诉求作为出发点，形成教育价值观念，以引领和规范教育的发展和人的发展，因而在从事教育工作、开展教育活动时，要认真探讨教育的价值问题，选择正确的价值取向，制定合理的教育目的或要求。

③重视探讨教育艺术。教育是教育者与受教育者主体之间的互动。教育者有自己的经历、人生体验、教育风格。受教育者也是活生生的具有个性特征的人。因此，培养人的教育活动是充满灵性、启发探究、自由创造的活动。所以，教育是一种艺术，是最讲究教育方法与睿智，最注重关爱和调动学生内在向上的动力，最具创造性和个性的艺术。

（2）根据教育学研究原则构建教育学逻辑体系应该：

①批判和继承传统的教育理论，立足现实，构建面向未来的教育学逻辑体系。

②学习和消化西方教育学理论，构建有中国特色的教育理论体系。

③学习相邻学科的研究成果和方法，建立科学的教育学理论体系。

④总结和升华教育实践经验，为教育理论的发展，提供坚实的实践基础。

⑤理论联系实际，实事求是。

⑥坚持马克思主义的唯物史观和方法论。

3. 论述学校教育在人的身心发展中的特殊作用。根据教育改革，如何发挥学校教育的特殊作用？

【答】（1）特殊作用：

①教育是一种有目的地培养人的活动，它规定着人的发展方向。

②教育，特别是学校教育对人的影响比较全面、系统和深刻。

③学校有专门负责教育工作的老师，他们对学生的思想、学业、身体是全面关心的，而且有明确的教育目的，熟悉教育内容，懂得教育这个转化活动的规律和方法，能自觉地促进学生按照一定的方向去发展。

④学校教育是制度化、规范化、规律化、专门化的教育，它可以让青少年迅速而有效地掌握各方面专业的技能，比起家庭教育、自学、社会教育的诸多局限性来说，具有无可比拟的优越性。

⑤现代社会的竞争是知识的竞争，而学校是传播和创造知识的主要场所。学校教育有利于青少年掌握必要的理论知识，是一个人踏上社会所必不可少的。

⑥当今的劳动和社会分工，无不是以一个人的能力、技能来分配的，而学校就是专门提供这种人才的场所。因而年轻一代接受学校教育，也是他们优化职业选择的必由之路。

（2）有效发挥的措施：

从学校教育内部来讲：①学校教育要尊重受教育者的主观能动性与身心发展规律；②学校教育的办学条件。这些条件包括教育的物质条件、教师的素质、教育管理水平及其课程设置的合理性等。

从学校教育外部来讲：①家庭教育与学校教育的积极配合程度；②社会发展的稳定性以及社会教育与学校教育的配合程度；③科技、信息对学校教育的改造程度。

4.（1）中国和英国的基础教育都应该注意什么？

（2）这场教学比赛是一般的教学竞赛吗？请评价教学竞赛。

（3）中英教育应如何互相学习？

【答】（1）①注重学生基础知识与基本技能的掌握；②注重学生情感态度与价值观的培养；③尊重学生的主体性和教师的主导作用；④基础性原则；⑤发展性原则；⑥普及性原则。

（2）这不是一般的教学比赛，而是让五名中国教师在英国南部汉普郡的一所中学实施四周中国式教学实验，体现的是中英不同文化背景、不同教学模式的碰撞。这场教学比赛，在一定程度上反映了中英教学的差异，值得中英双方进行反思。但在某种程度上，其教学比赛带有作秀的痕迹，具有片面性。

（3）中国教育应学习英国教育的民主化，尊重学生的主体性和个性，善于发挥学生的创造才能。英国教育应学习中国教育注重学生基础知识与基本技能的掌握，注重学生情感态度与价值观的培养。英国学生宽松的学习氛围、师生间近距离的关系、终日的乐观态度等，都让中国学生羡慕，值得中国中小学思考甚至借鉴。有人把中国教育看作“圈养”模式，把英式教育看作“放养”模式。在“圈养”的模式下，学生们按部就班，纪律性强，学到的知识多，但也被束缚了手脚，尤其是在未来走向社会“单飞”时，难免缺乏综合搏击的能力。英国学生则在“放养”的模式下，自由散漫，我行我素，各项基本功可能都不理想，但很多天性得以保留和释放，从而为未来的“爆发”赢得了可能的空间。如果让家长和老师选择，许多人会认为中国老师责任心强；而如果让学生选，则会选择环境轻松、身心愉悦的英式教育。

可见，中英教育各有千秋，与自身的发展状况、国别国情和文化传统等因素息息相关，二者并非孰优孰劣的关系。取长补短和相互学习借鉴，才是正确的态度。

2017年湖南师范大学333教育综合真题·凯程详解

一、名词解释

1. 庶、富、教

【答】“庶、富、教”是孔子关于教育的社会作用的论述，孔子是我国最早论述教育与经济关系的教育家。孔子认为经济的发展是教育发展的物质基础，提出众多的人口、富足的财富、发达的教育是立国的三个要素，只有在先庶、先富的基础上才能有效地进行教化，发展教育事业，只有把教育搞好了，国家才算是真正治理好了。其跟当今现实中的“教育先行还是教育在后”现状类似。

2.《理想国》（见2010年东北师范大学真题）

3. 元认知（见2011年北京师范大学真题）

4. 顺向迁移（见2014年湖南师范大学真题）

5.“五育”并举（见2011年东北师范大学真题）

6. 道尔顿制（见2011年北京师范大学真题）

二、简答题

1. 简述朱子读书法。（见2016年华东师范大学真题）

2. 人文主义教育的特征。（见2011年华东师范大学真题）

3. 按教育机构划分，教育分为哪几种？

【答】教育机构系统包括两部分：一是教育的施教机构系统；二是教育的管理机构系统。

（1）按教育程度划分，有幼儿教育、初等教育、中等教育、高等教育。

（2）按教育类型划分，有普通教育、专业教育。

（3）按受教育的时间划分，有全日制教育、半日制教育、业余教育等。

（4）按主要教育手段和场所划分，有面授、函授、巡回、广播、电视等教育。

（5）按教育对象的年龄划分，有学龄期教育、成人教育机构。

（6）按主办单位划分，有国家办、地方办、企事业办和私人办的教育机构。

学校教育制度是整个教育制度的主体。教育制度除包括上述的各种学校外，还包括儿童校外教育机构、成人文化教育机构和各级教育行政组织机构等。

4. 根据教育研究对象和任务，为什么必须对教育问题进行研究？

【答】（1）教育学就是关于“教育”的学问，即通过对教育现象和教育问题的研究，揭示教育规律，指导教育实践，探讨教育艺术和教育价值的一门科学。教育学是教育实践的高度概括和科学抽象，是在人类长期的教学实践活动中形成并发展起来的一门科学。它既是理论科学，又是实践科学。

（2）对教育问题进行研究的原因。

教育学的研究任务是揭示教育规律，探讨教育价值观念和教育艺术，指导教育实践。

①教育规律：教育内部诸因素之间、教育与其他事物之间本质的联系，以及教育发展变化的必然趋势。

②教育价值观念：人们在建构和参与教育活动时，会把自己对生活的理解与态度及对人生意义与社会理想的选择和追求作为出发点，形成教育价值观念，引领和规范人的发展和教育。

③教育艺术：教育者有自己的经历、人生体验、教育风格，受教育者在教育活动中有自己的现实基础和主观意愿，教育活动可能是而且也应该是充满灵性、情感、自由创造的活动。

三、分析论述题

1. 结合实际论述教师职业的本质和特点。

【答】（1）教师职业是一种专业性职业。

职业是依据人们参加社会劳动的性质、内容、形式等标准划分的社会劳动者群体，社会学者根据职业的本质特征将其划分为专门职业和普通职业。作为专门职业，具有三个基本特征：一是需要专门技术和特殊智力，在职前必须接受过专门的教育；二是提供专门的社会服务，具有较高的职业道德和社会责任感；三是拥有专业自主权或控制权，如对从业人员聘用、解职的专业权利不受专业外因素控制，表现为专业工作者应获得本专业资格证书，专业内部有不同的职称来标志专业水平差异等。根据学术标准衡量，教师职业是一种专门性职业，它需要经过专门的师范教育，掌握专门的知识和技能，通过培养人才为社会服务。

（2）教师职业是以教书育人为职责的创造性职业。

有目的地培养人才是教师职业区别于社会领域中的其他职业的根本特征。教育人的工作是由多方面力量协调来完成的，教师是通过教书来育人的。所谓教书育人，就是教师通过承担各门课程的教学，向学生传授系统的科学文化知识，引导学生树立科学的世界观、人生观，指导学生主动地、有效地进行学习，营造良好的教学氛围来促进学生健康、快速地成长。教书育人是同一过程的两个方面。教书育人反映了教师职业的本质。尽管“教书育人”的目标、内容、方法可能因时代、社会、教师个体而有差别，但不能改变其作为教师职业区别于其他职业的特殊性质。

（3）教师是需要持续专业化的职业。

由于人类知识激增对课程内容的持久冲击，由于信息化社会对学生广泛而深入的影响，作为以知识传播、生产为主要任务的教师，必须不断学习，及时更新自己的知识结构；必须善于研究，积累自己的教育智慧，才能适应学生发展的时代要求。培养研究型教师是现代师范教育的一个重要任务，培养教师的终身学习能力和研究能力是现代教师成长的重要条件。

2. 晏阳初的“四大教育”和“三大方式”。

【答】（1）晏阳初是我国著名的教育家，晏阳初把中国的所有问题归结为“愚、贫、弱、私”四项。在定县乡村进行的平民教育实验中，针对过去教育与社会脱节、与生活实际相背离的弊端，在强调发挥教育的整体功能时，提出了在农村推行“四大教育”和“三大方式”。

（2）“四大教育”。

①以文艺教育攻愚，培养知识力。从文字教育入手，使人民认识基本文字。首要的工作是除净青年文盲，将农村优秀青年组成同学会，使他们成为农村建设的中坚分子。

②以生计教育攻贫，培养生产力。第一，在农业生产方面，让农民接受最低程度的农业科学知识，提高生产；第二，在农村经济方面，利用合作方式教育农民，组织合作社、自助社等发展农村经济；第三，在农村工作方面，除改良农民手工业外，还提倡其他副业，以充裕其经济生产力。

③以卫生教育攻弱，培养强健力。注重大众卫生和健康，及科学医药的设施，建立医疗保健体系，保证农民有科学的治疗机会。

④以公民教育攻私，培养团结力。使农民有最基本的公民常识、政治道德，以立地方自治的基础，培养公共心与团结力。在这“四大教育”中，公民教育最为根本。

（3）“三大方式”。

①学校式教育。以青少年为主要对象，教材以《公民千字课》为主。学校式教育包括初级平民学校、高级平民学校、生计巡回学校，还有改进小学、传习处、公民服务训练班、幼童园等。

②社会式教育。这是向一般群众及有组织的农民团体实施教育的一种方式。主要通过“平民学校同学会”开展的各项活动进行教育，如成立读书会、演新剧等。

③家庭式教育。组织形式主要有家主会、主妇会、少年会等。教学内容的选择标准侧重在家庭需要与身份特点。每个家庭应对其成员进行道德、卫生习惯、家庭预算、妇女保健、生育节制等教育。

（4）评价。

“四大教育”与“三大方式”是针对定县范围内如何具体实施乡村教育来谈的，但晏阳初没有认识到帝国主义的侵略与封建残余的剥削才是造成中国“愚、贫、弱、私”的原因，否认了社会问题的根源是阶级压迫和剥削。乡村建设作为一种的社会改革运动，实际上是一个不彻底的资本主义运动，结果以失败告终。

3. 试述夸美纽斯对历史的贡献。（见2016年西南大学真题）

4. 试述学习动机对学习效果的影响。（见2010年湖南师范大学真题）

四、材料题

1. 根据材料，你怎么看待红花和绿叶？

【答】（1）在一棵树上，红花与绿叶如影随形，二者密切联系，谁也离不开谁。在教学活动中，每一个孩子也是如此，孩子有其身心发展的阶段性和顺序性，让教育有规律可循。同时，每一个孩子都有其身心发展的个性，其身心发展特点有差异性，兴趣爱好各方面也都有所不同，所以，拥有不同特点的儿童并没有好坏之分。

（2）儿童身心发展尚未完全，具有很强的可塑性，作为儿童成长路上的引导者，我们应该积极引导孩子的兴趣发展，而不是胡乱地给孩子贴上标签，打击孩子的自尊心、自信心。

2. 教师应该如何解决红花和绿叶这个问题？

【答】师生关系是教师各类人际关系中最基本、最重要的关系。在素质教育观下，构建良好的师生关系应当从热爱学生、尊重学生、赏识学生、公平公正地对待学生、严格要求学生五个具体的方面展开。

（1）热爱学生。热爱学生是处理师生关系的基础和根本出发点，教师在具体的教育教学实践中把学生的成长放在第一位，关爱每一位学生，是高尚师德的具体体现。

（2）尊重学生。尊重学生，是教师建立师生之间平等关系的表现。首先，尊重学生就要尊重学生的人格；其次，尊重学生的个别差异；最后，要始终信任学生。

（3）赏识学生。教师要赏识学生，因为低年级学生处于特殊的身心发展阶段，具有明显的向师性，因此，小学教师要认识到贯彻教育的意义和无形的作用，用爱和尊重来回报学生的信任，给予孩子希望和满足。

（4）公平公正地对待学生。公平公正地对待学生是树立正确师生观的核心问题。

（5）严格要求学生。严而有理；严而有度；严而有恒；严而有方。

3. 如何与家长沟通？

【答】（1）建立平等的沟通关系。只有平等才有沟通的可能；只有双方平等才不会落入误区，形成推诿、渎职等状态，才能齐心合力教育好学生。

（2）形成良好的沟通习惯。教师要积极主动地与家长建立联系；教师要树立服务意识；教师要及时地告知学生的思想、学习、生活的动态；教师要认真听取家长的意见和建议，教师要放下“教育权威”的架子，经常向家长征求意见。

（3）尊重家长的人格。在教师与家长关系中，教师起主导作用，但教师和家长在人格上是完全平等的，不存在尊卑之分。因此，教师必须尊重学生家长的人格，特别是尊重社会地位低和所谓“差生”的家长的人格。

（4）教育学生尊重家长。教师不仅要身体力行地尊重学生家长，还要教育学生尊重自己的父母，特别是那些社会地位和文化水平不高的父母。

2018年湖南师范大学333教育综合真题·凯程详解

一、名词解释

1. 恩物（见2012年北京师范大学真题）

2. 实科中学（见2017年华东师范大学真题）

3. 教学做合一

【答】教学做合一是陶行知生活教育思想的基本要求之一。教学做合一既是生活法，也是教育法。第一，要求“在劳力上劳心”。针对传统教育将脑力劳动和体力劳动割裂，造成“田呆子、书呆子”两个极端以及“长不出科学的种子”的现象，陶行知提出了教学做合一。第二，“行是知之始”。第三，要求“有教先学”和“有学有教”。第四，这是对注入式教学法的否定，即要求教育要与实践结合。

4. 学在官府（见2017年华中师范大学真题）

5. 功能固着（见2015年湖南师范大学真题）

6. 概念同化

【答】在知识的建构过程中，学生需要以原有的知识经验为基础来同化新知识。学生对新信息的理解即使源于他们原有的知识和经验，他们也必须通过适当的途径在新信息和原有知识经验之间建立适当的联系，才能获得新信息的意义。这种通过将新知识和原有知识经验相联系，从而获得新知识的意义，并把它纳入原有认知结构而引起认知结构发生量变的过程，叫作知识的同化，即概念同化。

二、简答题

1.《中庸》的学习过程和学习内容。（见2018年陕西师范大学真题+2020年北京师范大学真题）

2. 裴斯泰洛齐的要素教育思想。（见2018年华东师范大学真题）

3. 梁漱溟的乡农学校教学原则和教学内容。

【答】（1）乡农学校的设立：以教育的力量替代行政的力量。乡农学校分村学和乡学两级。乡农学校的组织结构按农村自然村落及其行政级别形成。

（2）组织原则：政教养卫合一，以教统政；学校式教育与社会式教育融合归一。

（3）乡农学校的教育内容：所有教育内容强调服务于乡村建设，密切结合农村生产生活的需要。课程分二大类：一类是各校共有的课程，包括识字、唱歌等普通课程和“精神讲话”；另一类是各校根据自身生活环境需要而设置的课程。

（4）评价。

乡村建设理论和乡村教育思想本质上是一种中国知识分子通过改造中国农村来改良中国社会的理想，是在探索拯救中国的“第三条道路”。但它否认阶级斗争，体现了消极的一面。它的可取之处在于认识到中国问题是农村问题，立足于传统文化来思考中国社会的改造是有识之风，对农村教育有一定的贡献。

4. 1870 年英国《初等教育法》的基本内容。

【答】（1）19 世纪下半期，随着英国工业革命的完成，普及义务教育的问题成为社会关注的主要问题。1870 年，英国政府颁布了《初等教育法》。

（2）法案的主要内容有：①国家对教育有补助权和监督权；②将全国划分为若干个学区，设学校委员会管理地方教育；③对 5～12 岁儿童实施强迫初等教育；④在没有学校的地方，允许私人在一年内设校，过期由地方委员会设立公立学校；⑤学校中世俗科目与宗教科目分离。该法案的颁布，标志着英国国民初等教育制度的正式形成。从此，英国出现了公、私立学校并存的双轨制局面。

三、分析论述题

维果茨基的“最近发展区”在教学中应该如何发挥作用？

【答】（1）“最近发展区”的内涵：

所谓“最近发展区”的思想，就是认为教学必须要考虑儿童已达到的水平并要走在儿童发展的前面。为此，在确定儿童发展水平及其教学时，必须考虑儿童的两种发展水平：一种是儿童现有的发展水平；另一种是儿童在有指导的情况下借助成人的帮助可以达到的解决问题的水平，或借助他人的帮助可以达到的较高水平。这二者之间的差距，就是“最近发展区”。

（2）“最近发展区”在教学中的作用：

①因材施教观。在新型的因材施教观中，“材”不应该是一个单一的、静止不变的概念，而应该是一个动态的、发展的概念。它启发我们不仅要以学生的“实际发展水平”而教，而且要以学生的“潜在发展水平”而教，从而使教学引导学生全面而超前地发展。

②鼓励学生在问题解决中学习。对某一学科知识的掌握是重要的，但是对有效教学来说，通过问题解决鼓励学生学习，以超过他们的现有知识和技能发展水平是最为重要的。在维果茨基看来，学习应当被融入对日常不断产生的矛盾冲突的解决中；而教学则应当为学生提供重新解决问题的机会，鼓励学生在解决问题中学习，成为解决问题的主人。

③重视交往在教学中的作用。在素质教育改革中，学生主体性的凸显，使得交往成为一切有效教学的必需要素。教学中的交往作为背景和手段，日益受到人们的重视。而建构主义教学流派的兴起则改变了现代教学的价值观念，真正把教学看成“一种交往的过程”。

四、案例分析题

1. 家庭教育的含义是什么？家庭教育应如何配合学校教育？

【答】（1）家庭教育是指以家庭为单位，父母或主要监护人在家庭里对子女自觉地、有目的地、有意识地进行的教育活动。家庭教育在培养青少年健全人格方面作用重大，是学校教育无法取代的。

（2）家庭教育应配合学校教育：

①在孩子成长关键期与学校教育配合，做好家庭教育。

我们应该牢牢把握孩子人格与个性形成的关键期，最大限度地引导孩子，使孩子的品质、行为、习惯都基本塑形，才能给孩子以后独立的人生打下一个好基础。

②充分信任老师，尽最大可能配合老师的工作。

学校教育是一个系统工程，学校、老师和家长的协作和配合程度决定着孩子的教育效果。协作程度越高，教育效果越好；协作程度越低，教育效果越差。孩子是信任传递的使者，家长信任老师，孩子得到的信息是积极的，他也会对老师产生信任感，进而提升他对学习的兴趣，老师通过孩子也会对家长产生信任感，这种积极的互动产生的是倍增效应。反之，则是倍减效应。

③让孩子爱上学习，而不是讨厌学习。

要做到这一点，前面的两点是基础。如果家长信任老师、信任学校，和老师保持信息畅通，孩子也会信任老师、信任学校。出于对老师的喜爱而爱上一门课程，爱上学习。每个孩子都是一个独特的个体，没有一种教育方法是可以原样复制的，也没有一种教育模式是可以照搬的。我们父母能做的，就是理解孩子，陪伴孩子，以身作则，给孩子足够的空间发展自己，让他成为独立、自信、乐观、独一无二的自己。为人父母是世界上最难的职业，因为它需要终身学习。

2. 班主任权威是什么？班主任应该如何对待告密的学生？（材料缺失）

【答】（1）班主任权威的内涵：班主任权威就是学生对班主任的一种自愿的服从和支持。学生对权力安排的服从可能有被迫的成分，但是对权威的安排的服从，则属于认同。反对者可能不得不服从权力做出的安排，但是服从不等于认同。权威就被认为是一种正当的权力，也可以说是极具公众影响力的威望。

（2）学生告密，主要分成三类：①出于儿童朴素的道德感，他们要指出那些破坏规则的行为，如考试作弊、逃值日、赖作业；②因为自己的利益被侵犯，如被人欺负、捉弄，作为教师，也是必须介入的；③一种损人利己的心态，出于嫉妒或威胁的动机，告发他人，这种告状，堪称“儿童版告密”，是身为教师要特别注意的。

（3）面对告状行为，班主任应该：

①加强班级生活中的民主建设。当更多的交流得以发生，更多的公共问题得以公开讨论和决策，更多的评价公开进行时，“告密”出现的概率就会大大降低。对于教师来说，需要引导学生理解并不断拓展班级、学校生活中的共同利益，形成师生之间、生生之间真实的民主关系。

②促进学生群体文化生活的丰富。“告密”往往涉及同学之间的利益冲突，而促成学生之间的理解、宽容，矫正不良关系，形成合理的文化生活状态，是教师的责任之一。教师需要借助多元丰富的班级、学校活动，如春秋游、主题活动、各类小队或项目组活动等，促成同学之间如同“兄弟姐妹般情谊”的形成。

③构建更丰富的学生发展平台，促成学生组织的完善。当一个班级里有丰富的学生组织时，当丰富多彩的学生活动得以组织时，当学生的安全需要、归属与爱的需要、尊重的需要乃至于自我实现的需要不断得到满足时，当学生的成长需要不断得到拓展时，学生更容易被引导到积极发展的方向与道路上去。

3. 同样是教育公平的问题，人大附中教授与师范大学教授争论的原因是什么？你认为什么是教育公平？

【答】（1）人大附中教授与师范大学教授争论的原因是对教育公平的理解不同。人大附中教授强调的教育公平是提供相对平等的受教育的机会和条件；师范大学教授认为教育公平就是促进学生个性的发展。

（2）我认为教育公平是教育起点公平、教育过程公平和教育结果公平。具体来说：

①确保人人都享有平等的受教育的权利和义务。

②提供相对平等的受教育的机会和条件。

③教育成功机会和教育效果的相对均等，即每个学生接受同等水平的教育后能达到一个最基本的标准，包括学生的学业成绩上的实质性公平及教育质量公平、目标层面上的平等。其中，“确保人人都有受教育的机会”是前提和基础，“提供相对平等的受教育机会和条件”是进一步的要求，也是“教育成功机会”和“教育效果相对均等”的前提。而通常，这三个层次被概括为：起点公平、过程公平和结果公平。

此外，对教育公平的正确认识还包括教育公平的发展有一定的相对性和追求教育公平、效率是统一的这两个方面。

4. 北京市政府发布不允许在幼儿园里教儿童拼音和汉字，也不允许教儿童20以上的加减乘除。请你评价其做法。

【答】我认为这种做法是正确的。

（1）幼儿教育应该尊重幼儿身心成长的规律。

幼儿教育小学化不利于幼儿的身心成长，会增加幼儿的负担。幼儿园阶段应该着重培养幼儿行为习惯与生活自理能力，让幼儿健康快乐成长。

（2）幼儿教育小学化会破坏幼儿的想象力和创造力。

幼儿时期是一个人天性最活泼的时期，这个时期的创造力和想象力也是无限的，这是在以后的人生岁月中都难以企及的。如果这时候给孩子强加灌输应试教育的所谓知识，让孩子学习单调的写字、算数等，只会泯灭幼儿活泼好动的天性，不仅剥夺了他的快乐，也会让他失去探索、创造的机会，如果本身是天才，也会被扼杀在摇篮中。

（3）幼儿教育小学化会危害幼儿的身体健康。

幼儿期机体和神经系统都还比较弱，强制幼儿长时间的集中注意力，大脑容易疲劳，会造成神经系统的伤害，而长期规范地坐着学习也不利于孩子肌肉、骨骼的发育，会导致幼儿近视、驼背、消瘦等身体上的不良症状，这对身体健康是不利的。

（4）幼儿教育小学化忽视了儿童的全面发展。

过多地向幼儿灌输应试教育的知识，而忽略了多智能的全面开发，如音乐欣赏能力、人际交往能力、自我评价能力、空间想象能力、自然观察能力等，这些都是一个健全的社会人所需要的，甚至是终身受益的，简单的应试教育知识只会让孩子丧失更多的潜力。

（开放性试题，言之有理即可。）

2019年湖南师范大学333教育综合真题·凯程详解

一、名词解释

1. 监生历事制度（见2011年湖南师范大学真题）

2. 中世纪大学（见2013年西南大学真题）

3. 化农民和农民化

【答】“化农民”与“农民化”是晏阳初进行乡村建设实验的目标和途径。晏阳初认为改造中国就要从改造农村开始。晏阳初提出“农民科学化，科学简单化”的平民教育目标，并认为欲“化农民”须先“农民化”。所谓“农民化”指知识分子与村民一起劳动和生活，当时人们称为“博士下乡”。所谓“化农民”指实实在在进行乡村改造，教化农民。

4. 绅士教育（见2012年华东师范大学真题）

5. 上位学习（见2016年湖南师范大学真题）

6. 成就动机（见2010年陕西师范大学真题）

二、简答题

1.《学记》的教学原则。

【答】《学记》是世界上最早专门论述教育、教学问题的著作，其中教学原则包括“预、时、逊、摩”“长善救失”“启发诱导”“藏息相辅”。

（1）预防性原则：要求事先预计学生可能会出现的种种不良倾向，预先采取防治措施。

（2）及时施教原则：教育应该按照学生的年龄特征和心理状况安排适当的教学内容。

（3）循序渐进原则：学习内容要有先后顺序，要求教师要根据知识本身的难易程度和逻辑结构来施教。

（4）学习观摩原则：在学习过程中，同学之间要相互切磋研究，共同提高，既要专心学习，又要融入集体。

（5）长善救失原则：教师应了解不同学生的不同心理倾向，帮助他们发扬优点、克服缺点。

（6）启发诱导原则：教师引导学生，但又不牵着学生的鼻子走；督促勉励，又不勉强、压抑；打开学生的思路，但又不提供现成的答案。

（7）藏息相辅原则：既有有计划的正课学习，又有课外活动和自习，有张有弛，让学生感到学习的乐趣，劳逸结合。

（8）教学相长原则：本意并非教与学的相互促进，仅指教这一方以教为学，后人引申为在教学过程中教师与学生双方相互促进，共同提高。

2. 杜威的教育目的观。（见 2016 年北京师范大学真题）

3. 斯宾塞的生活准备说。（见 2018 年北京师范大学真题）

4. 蔡元培改革北大的内容。（见 2013 年北京师范大学真题）

三、分析论述题

1. 班集体是什么？如何培养班集体？（见 2014 年华东师范大学真题）

2. 试述人的发展的规律，并就此论述如何进行教育。（见 2010 年华中师范大学真题）

3.（1）该材料中老师贯彻了什么德育原则？

（2）试述该德育原则的实施要求

【答】（1）体现了长善救失的德育原则。

长善救失原则是指进行德育要调动学生自我教育的积极性，依靠和发扬他们自身的积极因素去克服品德上的消极因素，促进他们的道德成长。材料中的小强身上的正义是自身的积极因素，但是却不该用打架这种消极的方式来解决问题。教师先肯定了这一正义行为，又帮助他克服了身上的缺点，向积极的方向转化。

（2）贯彻这一原则要坚持以下几个基本要求：

①一分为二地看待学生，不能只看到他们的缺点而忽略了学生身上的优点。

②发扬积极因素，克服消极因素。肯定学生身上的正面行为，帮助他们克服缺点。

③引导学生自觉评价自己，进行自我教育。

4. 学习策略教学过程中，应遵循的要求与原则有哪些？

【答】学习策略是判断不同学习者差异的重要指标，让学生学会学习的重要方法之一就是对学生进行有效的学习策略训练。在学习策略的训练指导中，教师应遵循以下基本原则和要求。

（1）主体性原则及要求。

主体性原则是指学习策略训练中应该发挥和促进学生的主体作用。在学习策略训练中，要提高学生的主体参与性，不仅要向学生阐明学习策略的目的和原理，更要给他们充分运用学习策略的机会，并指导其分析和反思策略使用的过程与效果，以帮助其进行有效的监控。

（2）内化性原则及要求。

内化性原则是指在学习策略的学习过程中，学生能够不断实践各种学习策略，逐步将其内化成自己的学习能力，从而能够在新的情境中加以灵活应用。内化过程需要学生将所学的新策略与头脑中已有的相关策略知识整合在一起，形成新的认识和能力。

（3）特定性原则及要求。

特定性原则是指学习策略一定要与学习目标及学生的特点相适应。教师要针对学生的年龄、已有的知识水平以及学习动机的类型，帮助学生选择适合的学习策略。同时，还要考虑学习策略的层次，必须给学生大量的各种各样的策略，不仅要有一般的策略，还要有非常具体的策略。

（4）生成性原则及要求。

生成性原则是指在学习过程中要利用学习策略对学习材料重新进行加工，产生新的东西。该原则要求学习者进行高度的心理加工，即学习者应该利用学习策略对学习材料进行生成性加工，而不是简单利用别人已有的知识经验。要想使一种学习策略有效，进行这种内化的心理加工是必不可少的。

（5）有效监控原则及要求。

有效监控原则是指学生应该把注意力集中在学习结果和学习过程的关系上，监控自己使用每种学习策略所产生的学习结果，以便确定所选策略是否有效。经过这样的监控实践，学生就能够灵活把握何时、何地以及如何使用某种策略，甚至在这些策略运作时能将它描述出来。

（6）个人效能感原则及要求。

个人效能感原则是指学生在执行某一任务时对自己胜任能力的判断及自信程度，它是影响学习策略选择的一个重要的动机因素。教师应该给学生创造机会，让学生在完成任务时体会到较高的个人效能感。在学习策略训练中也应该包括动机训练，即让学生相信策略的运用能够提高完成任务的效率。

2020年湖南师范大学333教育综合真题·凯程详解

一、名词解释

1.《劝学篇》

【答】张之洞在《劝学篇》中集中阐述了“中体西用”的思想。《劝学篇》分内篇和外篇，“内篇务本，以正人心；外篇务通，以开风气”。通篇主旨归于“中学为体，西学为用”。“旧学为体，新学为用，不使偏废。”“中学”着重强调的是人的品行的修养，具有德育的功能，“中学”治身心，“西学”应世事。如此一来，“西学”是“中学”的补充。“中学为体，西学为用”的思想，对教育的影响是深远的，涉及教育领域的各个方面。

2. 六艺（见2012年华东师范大学真题）

3. 苏格拉底法（见2011年北京师范大学真题）

4.《国家处在危险之中：教育改革势在必行》（见2013年北京师范大学真题）

5. 资源管理策略

【答】资源管理策略是辅助学生管理可用环境和资源的策略。它有助于学生适应环境和调节环境以适应自己的需要，对学生的学习动机具有重要的作用。主要包括时间管理策略、努力管理策略和学业求助策略等。

6. 错误概念

【答】错误概念不是由于理解偏差或遗忘而造成的，它常常与儿童的日常直觉经验联系在一起，根植于一个与科学理论不相容的认知体系。有时，儿童的错误概念恰巧是以前科学界主张过的观点，如“大地是扁平的”“太阳围着地球转”“重的物体会更快地落地”等。

二、简答题

1. 孔子的教学原则。（见2013年东北师范大学真题）

2. 我国二十世纪二三十年代的教育思潮。（见2020年华中师范大学真题）

3. 夸美纽斯的泛智理论。

【答】泛智思想是夸美纽斯教育体系的指导原则之一，也是其教育理论的核心，是他从事教育实践和研究教育理论的出发点和归宿点。所谓泛智，就是“把一切事物教给人类”。它包括两个方面的内容：一是教育内容泛智化，掌握对于人类来说必需的一切知识；二是教育对象普及化，他要求学校向全体人民敞开大门，不论贫富贵贱，一切男女都应该进学校。泛智学校实行班级授课制、学年制，编写统一的教材，是面向所有人的学校。夸美纽斯还论述了普及教育的可能性。他认为应从儿童的身心特点出发进行教育，所有儿童都具备接受普及教育的心理素质。因此，普及教育具有可能性。

4.《1944 年教育法》。

【答】“二战”期间，“人人受中等教育”的观念深入人心，英国政府颁布了由英国教育委员会主席巴特勒提出的《1944 年教育法》。

（1）主要内容：

①加强国家对教育的控制和领导，设立教育部，统一领导全国的教育。

②加强地方教育行政管理权限，设立由初等教育、中等教育和继续教育组成的公共教育系统。

③实施 5～15 岁的义务教育，同时地方教育当局应向义务教育超龄者提供全日制教育和业余教育。

④法案还提出了宗教教育、师范教育和高等教育改革等要求。

（2）影响和意义：

①《1944 年教育法》是英国现代教育制度发展史上一个极其重要的法令，建立了初等、中等和继续教育相互衔接的公共教育制度，基本形成了现代英国国民教育制度。

②进一步确立和完善了中央与地方在教育行政管理体制上合作伙伴的关系。一方面完善了地方教育管理体制，另一方面也加强了国家对教育的控制。

③向所有学生提供免费的中等教育。该法案颁布后，基本实现了普及 10 年义务教育的发展目标。

总之，该法案对英国战后教育发展的基本方针和政策产生了重要的影响。

三、分析论述题

1. 试论述人的发展的特点及其对教育的启示。（见 2010 年华中师范大学真题）

2. 试论述直接经验和间接经验的关系。（见 2014 年华中师范大学真题）

3. 教师和人工智能的关系。

【答】（1）人工智能对教育的改革。

人工智能的发展促进了教学的改革，逐步实现了教学内容的呈现方式、学生学习方式、教师教学方式和师生互动方式的变革。利用信息技术可以突破传统的课堂束缚，有利于营造开放的课堂教学环境，实现情境创设，把学生的主动性、创造性充分地调动出来，实现培养创新精神和实践能力的目标。但是我们在获取便利的同时还应看到它带来的挑战：

①父母对子女的教育需要承担更大的责任。人工智能教育技术意味着父母要承担更多的角色，孩子在新的工具和平台上浏览时，父母需要承担教练、管理人和监护人的角色。

②人工智能引入课堂，教师与学生面对面的机会减少，学生就会失去了解教师非学术成果的机会。因为教师除了学术领域的成果外，还会指导学生，如提高学生解决问题的能力和批判性思维的能力等。

③会加速社会的不平等现象。如今的教育制度侧重标准化，能减少学生之间的成就差异。而人工智能辅导系统可以根据不同孩子的需要量身定制课程，这样会造成一些学生的进步速度比其他学生快。

④使学生人际交往能力变差。运用人工智能，学生不用去学校也可以学习，这就间接使得学生与学生之间的交流变少，不利于学生的身心发展。

（2）人工智能不能取代教师。

人工智能进入教育领域，毫无疑问会进一步提高教师的教学水平和学生的学习效率，但是人工智能教育技术很难复制教师的行为模型，所以不能完全取代教师，这是由教师教学的优越性决定的。教师职业具有特殊性、导向性、示范性、崇高性和不可替代性等特点。例如，教师在面对学生进行讲授时，通过肢体语言和面部表情等和学生进行人性化交流，然后根据学生接受的情况随时对教学内容、方法及时做出相应的调整，帮助学生加深对所学知识的认识，有利于教师对课堂情况的把握，又有利于调动学生学习的积极性。

（3）教师要紧跟时代变化，将教学与人工智能有机结合起来。

①教师可以充分运用多媒体、平板电脑、手机微信等多种方式，把所要讲授的课堂内容直观形象地表现出来。既增加了学习的趣味性，也贴近了学生的实际。

②教学模式从固定教学向线上线下混合型转变，采取课堂授课和网络课堂有机结合的方式进行。教学模式不再是“先教后学”，学生可以不受时空限制进行自主学习，主动通过网络预习课程，提前掌握、了解知识点。

4.（1）试分析其原因。

对于年纪小的孩子，应该多给予物质性的奖励，同时还要注意奖励的方式、时机等。随着儿童年龄的增长，应逐渐向精神性的奖励过渡。如果一直用物质性的奖励激励学生，不仅不会激发学生学习的动机，反而会损伤他们学习的持久性以及兴趣。

材料中两组同学对所要完成的任务兴趣都很高，当对其中一组实施奖励时，学生没有继续学习，这是因为学生的学习动机发生了变化，由原来的“为兴趣而学”变成了“为完成任务而学”，极强的内部动机变成了外部动机，导致学生学习兴趣下降；而另一组即使没有奖励仍然继续学习，这是因为他们对学习有浓烈的兴趣，有无奖励对他们的作用不大。所以，在教学过程中当学生的学习动机非常强烈时，可以适当给予精神奖励，没有必要马上给予物质奖励。

（2）谈谈在教学中如何运用奖励。（见2013年湖南师范大学真题）

华南师范大学

2011年华南师范大学333教育综合真题·凯程详解

一、名词解释

1. 广义的教育

【答】凡是有目的地增进人的知识技能，影响人的思想品德，增强人的体质的活动，不论是有组织的还是无组织的，系统的还是零碎的，都是教育。它包括人们在家庭中、学校里、亲友间、社会上所受到的各种有目的的影响。每个人的发展普遍受到广义的教育的影响。

2. 教学（见2013年陕西师范大学真题）

3. 经典条件反射

【答】经典条件反射（又称巴甫洛夫条件反射），是指一个刺激和另一个带有奖赏或惩罚的无条件刺激多次联结，可使个体学会在单独呈现该刺激时，也能引发类似无条件反应的条件反应。经典条件反射最著名的例子是巴甫洛夫的狗的唾液条件反射。经典条件反射具有获得、消退、恢复、泛化四个特征。以经典条件反射理论为基础的行为治疗方法主要包括厌恶疗法和系统脱敏法。

4. 多元智力理论

【答】加德纳提出了多元智力理论。该理论认为在人类的心理能力中，至少应该包括以下八种不同的智力，即言语智力、数理智力、空间智力、音乐智力、体能智力、社交智力、内省智力、自然智力。这八种智力在人体身上的不同组合使每个人的智力都有独特的表现方式和特点。加德纳智力理论的创新在于突破了传统的智力范畴，在世界范围内对教育理论和教育实践都有极大的影响力。

5. 教育制度（见 2012 年华东师范大学真题）

6. 校长负责制

【答】校长负责制是指校长受上级政府主管部门的委托，在党支部和教职工代表大会的监督下，对学校进行全面领导和负责的制度。在这一领导体制中，校长是学校行政系统的最高决策者和指挥者，是学校的法人代表，他对外代表学校，对内全面领导和管理学校的教育、教学、科研和行政工作。

7. 教育的社会流动功能

【答】教育的社会流动功能是指社会成员通过教育的培养筛选和提高，能够在不同的社会区域、社会层次、职业岗位、科层组织之间的转换、调整和变化，以充分发挥其个性特长，展现其智慧才能，实现其人生抱负。按照其流向可分为横向流动功能与纵向流动功能。它指向的主要是社会个体的生存和发展境遇的改善。在社会流动过程中，人对自身的生存方式和自我实现方式做出自由选择，即有意识地使环境变化与社会改革为个人生存和发展的理想服务。

二、简答题

1. 我国教育目的的基本精神。（见 2012 年北京师范大学真题）

2. 孔子“有教无类”思想的价值。

【答】（1）孔子对教育对象的基本主张是“有教无类”。其本意是在教育对象上，不分贫富贵贱与种族，人人都可以入学接受教育。孔子躬亲实践“有教无类”的办学方针，广收弟子。“自行束脩以上，吾未尝无诲焉”最能表现孔子的收徒思想，即只要学生有学习的意愿，奉送十条干肉，行师生见面礼，就可以成为他的弟子。

（2）孔子“有教无类”的思想是针对奴隶主阶级垄断学校教育而言的，它打破了“礼不下庶人”的等级制度，把受教育的对象扩大到平民，满足了平民入学受教育的愿望，有利于进一步促进文化下移，对战国时期文化学术的繁荣和百家争鸣的出现起到了促进作用，这是历史性的进步。

3. 教学过程中有哪些原则？（见 2018 年东北师范大学真题）

4. 斯巴达教育的特点。

【答】（1）特点：①教育由国家控制；②教育具有阶级性；③教育目的是培养英勇果敢、保家卫国的战士；④教育内容只重视军事体育，不重视文化科学知识的学习；⑤教育方法是野蛮训练和鞭笞；⑥重视女子教育。

（2）评价：斯巴达人只重视军事体育训练，不重视文化知识的学习，生活方式狭隘，除了军事作战，不知其他，这种教育很片面，忽视了个人的发展。

三、论述题

1. 教育的社会流动功能及其意义。（见 2010 年北京师范大学真题）

2. “中体西用”的历史意义和局限性。（见 2014 年华东师范大学真题）

3. 杜威教育思想的影响。（见 2011 年北京师范大学真题）

4. 如何培养和激发学习动机？（见 2012 年华东师范大学真题）

2012 年华南师范大学 333 教育综合真题 · 凯程详解

一、名词解释

1. 学校管理（见 2015 年北京师范大学真题）

2. 学校教育（见 2010 年华中师范大学真题）

3. 心理发展（见 2015 年华中师范大学真题）

4. 人的发展

【答】人的发展有广义和狭义之分。广义的人的发展是指个人从胚胎到死亡的变化过程，其发展持续人的一生。狭义的人的发展则是指个人从出生到成人的变化过程，主要是指儿童的发展。儿童的发展过程可分为三个方面：一是生理发展；二是心理发展；三是社会发展。人的发展的特点是未完成性和能动性，并呈现出自身的一些规律，如顺序性、阶段性、差异性和不平衡性。

5. 课程（见2019年北京师范大学真题）

6. 学习动机（见2013年北京师范大学真题）

二、简答题

1. 教师劳动的特点。（见2015年东北师范大学真题）

2. 简述教育的社会制约性。

【答】（1）生产力对教育的制约。

①生产力的发展水平制约着人才培养的规格；②生产力的发展水平制约着教育事业发展的速度、规模和教育结构；③生产力的发展水平制约着课程的设置和教育内容的沿革；④生产力的发展促进了教学组织形式、教育教学手段和方法的沿革。

（2）政治经济制度对教育的制约。

①政治经济制度的性质制约着教育的性质；②政治经济制度制约着教育的目的；③政治经济制度制约着教育的领导权；④政治经济制度制约着受教育权；⑤政治经济制度制约着教育内容、教育结构和教育管理体制。

（3）文化对教育的制约。

文化对教育的制约具有广泛性、基础性、深刻性和持久性的特点。

①文化知识制约教育的内容和水平；②文化模式制约教育背景和教育模式；③文化传统制约教育的传统和变革。

3. 简述人文主义教育的特征。（见2011年华东师范大学真题）

4. 简述科举制度的影响。（见2019年华中师范大学真题）

三、论述题

1. 中国古代书院的特点。（见2017年华中师范大学真题）

2. 赫尔巴特的道德教育理论。

【答】（1）在赫尔巴特看来，教育目的可以分为两部分，即“可能的目的”与“必要的目的”。

①“可能的目的”是指培养和发展儿童多方面的能力和兴趣，使人的各种能力得到和谐发展，以便将来选择职业。

②“必要的目的”是指教育所要达到的最高和最为基本的目的，即道德。

（2）教育性教学原则。

①内涵：知识与道德有直接和内在的联系，教育（即道德教育）是通过而且只有通过教学才能产生实际作用，教学是道德教育的基本途径。

②具体方法：第一，要求教学的目的与整个教育的目的保持一致；第二，为实现这个目的，教学要培养“多方面的兴趣”，“多方面的兴趣”具有一种道德的力量。

③评价：在这个问题上，赫尔巴特的突出贡献在于运用其心理学的研究成果，具体阐明了教育与教学之间的内在的本质联系，使道德教育获得了坚实的基础。但是他把教学完全从属于教育，把教育和教学完全等同起来，具有机械论的倾向。

（3）道德教育（儿童管理和训育）。

赫尔巴特的道德教育包括儿童管理和训育两方面，儿童管理是要防止恶行，训育是要形成美德。赫尔巴特认为教育过程应有一定的顺序，包括管理、教学、训育三个阶段。

①管理的目的：在儿童心里“创造一种秩序”，为以后的教学与训育创造必要的条件，因此，管

理应在进行知识和道德教育之前进行。儿童管理的方法有：惩罚性威胁；监督；惩罚；安排紧凑而内容丰富的活动，使儿童无空闲做坏事。

②训育是指有目的地进行培养，其目的在于形成性格的道德力量。其可分四个阶段：道德判断、道德热情、道德决定和道德自制。道德判断是道德的基础，这种道德判断必须转化成“同勇气与智慧相协调的道德热情”，才能把“道德化为性格”。道德决定是指用“道德的眼睛”对事物、环境等进行观察和理解，并依此行动。道德自制是对自我的认识。

③训育的方法有：维持的训育；起决定作用的训育；调节的训育；抑制的训育；道德的训育；提醒的训育。

3. 学生品德不良的成因分析。

【答】（1）品德不良是指学生经常违反道德要求或犯有较为严重的道德过错。最初表现为一般的过错行为，如果不及时加以矫正，就会沉积为严重的道德过错，从而酿成不良品德，甚至走上违法道路。

（2）原因。

客观原因：①家庭方面的原因。现在家庭教育环境中存在四个比较突出的问题。a. 养而不教，重养轻教；b. 宠严失度，方法不当；c. 要求不一致，相互抵消；d. 家长生活作风不良，给孩子带来潜移默化的影响。②学校方面的原因。a. 只抓升学率，忽视对学生思想品德的教育；b. 有的教师对学生不能一视同仁，对学习成绩差的学生采用的教育方法简单粗暴；c. 少数教职工的不良品德直接对学生的品德产生不良影响。③社会方面的原因。随着学生年龄的增长，他们越来越广泛地接触社会的各个方面，社会对他们的影响也越来越大。

主观原因：①缺乏正确的道德观念和法制观念淡薄。不良品德的形成与学生道德认识上的错误或无知有密切的关系。有的学生分不清是非善恶，甚至以是为非，以非为是。②缺乏道德情感或情感异常。品德不良的学生缺乏道德情感，他们往往爱憎不分，好恶颠倒。③明显的意志薄弱与畸形的意志发展。意志薄弱的学生难以抵挡不良诱惑，更易发生品德不良现象。④养成了不良的行为习惯。行为不良并且经常性发生以至于形成不良习惯，更容易导致品德不良。⑤青少年学生的内部心理矛盾。正在成长中的青少年，他们内部心理因素的发展是不平衡的，往往会产生各种心理矛盾，如果得不到适当解决，就可能产生品德方面的问题。

（3）纠正。

①纠正过程：不良品德的纠正要经历一个由量变到质变的过程。该过程可以划分为三个阶段：a. 醒悟阶段；b. 转变阶段；c. 自新阶段。

②纠正措施：a. 培养深厚的师生感情，消除其疑惧心理和对抗情绪；b. 培养正确的道德观念，提高明辨是非的能力；c. 保护和利用学生的自尊心，培养集体荣誉感；d. 锻炼同不良诱因做斗争的意志力，巩固新的行为习惯；e. 针对学生的个别差异，采取灵活多样的教育措施。

4. 如何推进“依法治校”的工作？

【答】（1）充分认识全面推进依法治校的重要性和紧迫性。

作为战斗在教育前线的工作者，要高度重视依法治校工作的重要性和紧迫性，增强责任感和使命感，积极推进依法治校工作。

（2）制定和完善学校章程和各项管理制度。

学校要从本校办学层次、办学类型出发，要依法处理好政府与学校的关系。健全校长负责制，进一步完善教职工代表大会制度，实行校务公开制度，接受社区家长的监督，实现依法治校工作的规范化、制度化。

（3）提高教师素质。

第一，学校要选用具有教师资格的教师；第二，要对教师进行多种形式的思想政治业务培训。

（4）依法治校工作要与青少年学生的法制教育结合起来。

学校应坚持育人为本的思想，把法制教育融入教学课程中，开展形式多样的、学生易接受的法制活动，营造良好的法制教育环境，使学生在潜移默化中感受法制精神，增强法律意识。

（5）做好安全防范工作。

要牢固树立“安全第一”的意识，建立完善的安全管理制度，加强对学校教育、生活、活动的安全检查，落实各项安全防范措施，积极维护校园的安全和秩序，预防和减少学生伤害的事故，保证学生的人身和财产安全，建立应对突发事件的工作预案，增强预防和妥善处理事故的能力，健全学生安全和伤害事故的应急处理机制和报告制度。

（6）加强对推进依法治校工作的领导。

学校要转变观念，明确依法治校的基本原则，制定推进依法治校的工作规划和目标，明确校内职能机构、工作岗位的职责和任务，形成各司其职、各负其责，全方位推进依法治校的工作格局。教育行政部门要切实加强领导，改进工作作风，提高依法行政水平，形成推进依法治校工作的合力。

2013年华南师范大学333教育综合真题·凯程详解

一、名词解释

1. 受教育者

【答】受教育者是教育的三大要素之一。教育的三大要素包括教育者、受教育者和教育中介系统。教育者是主导性的因素，受教育者是主体性的因素。受教育者是指在各种教育活动中从事学习活动的人，既包括学校中学习的儿童、青少年，也包括各种形式的成人教育中的学生。受教育者是教育的对象，是学习的主体，也是构成教育活动的基本要素，缺少了这一要素，就无法构成教育活动。

2. 教学方法

【答】教学方法是为完成教学任务而采用的方法。它包括教师教的方法和学生学的方法，是教师引导学生掌握知识技能、获得身心发展而共同活动的方法。中小学常用的教学方法有：讲授法、谈话法、读书指导法、练习法、讨论法等。

3. 道德教育（见2016年东北师范大学真题）

4. 学习策略（见2015年北京师范大学真题）

5. 心理健康（见2013年北京师范大学真题）

6. 教育目的（见2015年北京师范大学真题）

二、简答题

1. 简述现代教育的特点。（见2013年北京师范大学真题）

2. 简述长善救失原则及其要求。

【答】（1）长善救失原则是指进行德育要调动学生自我教育的积极性，依靠并发扬他们自身的积极因素去克服他们品德上的消极因素，促进他们的道德成长。

（2）贯彻长善救失原则的基本要求是：①“一分为二”地看待学生；②发扬积极因素，克服消极因素；③引导学生自觉评价自己，进行自我教育。

（3）长善救失的教学原则对今天的教育教学具有十分重要的意义，它是一条重要的教学原则，有利于教师更好地了解学生，促进学生的全面发展。

3. 简述蔡元培的教育独立思想。（见2013年北京师范大学真题）

4. 简述基督教教育的特点。

【答】基督教教育是西欧中世纪时期教育的主要形式。其特点有：

（1）教育目的宗教化：主要是为了培养教会人才，扩大教会势力，巩固封建统治。

（2）教育内容神学化：主要课程是神学和“七艺”。神学包括《圣经》、祈祷文、教会的礼仪等。“七艺”是从古希腊的教育内容演变而来的，经基督教改造，为神学服务。

（3）教育方法原始、机械、烦琐。为了维护教会、神学的绝对权威，教会学校强迫学生绝对地服从《圣经》和教师，纪律严格，体罚盛行。

总的来说，基督教教育在培养僧侣和其他为教会服务人员的同时，向群众宣传宗教，使劳动群众服从教会和封建统治。因此，西方教育发展中的一个重要主题是教会和学校的分类，即教育的世俗化和国家化。但是，在中世纪早期，在世俗学校普遍消亡、文化衰落的情况下，教会教育在保持、传播古代文化，发展封建文化方面，客观上起了一定的作用。

三、论述题

1. 论述我国基础教育课程改革的目标。（见 2014 年陕西师范大学真题）

2. 论述陶行知的“生活教育”理论体系。（见 2014 年北京师范大学真题）

3. 论述《国家处在危险之中：教育改革势在必行》的改革建议。

【答】（1）20 世纪 80 年代初期，美国中小学教育质量问题成为社会关注的中心。1983 年，美国中小学教育质量调查委员会提出《国家处在危险之中：教育改革势在必行》的报告。这个报告也是美国战后第三次课程改革的开端，旨在提高教育质量。

（2）内容：①建议加强中学五门“新基础课”的教学，中学必须开设数学、英语、自然科学、社会科学、计算机课程；②提高教育标准和要求；③通过加强课堂管理等措施，有效利用在校的学习时间；④改进教师的培养，提高教师的专业训练标准、地位和待遇；⑤各级政府加强对教育改革的领导和实施。

（3）影响：

①恢复和确立了学术性学科在中学课程结构中的主体地位。

②加强了课程结构的统一性，对所有学生提出了严格的统一要求。

③增强了公众对教育的信心，重新激发了公众对教育的关注和资助。

④但是，该运动又引发了一些新的问题。例如，因过分强调标准化的测试成绩，导致忽视学生个性的培养；因教学要求过于统一，导致缺乏灵活性；因过于强调提高教育标准和要求，使潜在的辍学人数迅速增加。

4. 论述人格和行为的性别差异。

【答】人格和行为的性别差异表现为：

（1）兴趣的性别差异。男性多指向于物，即所谓的“物体定向”。女性多指向人，一般对人与人之间的关系很注意、很敏感。

（2）自信心的性别差异。一般认为，女性的自信心低于男性。在成败归因上，女性更多地把自己的成功归因于运气，把失败归因于自己的能力。男性更多地把成功归因于自己的能力，把失败归因于任务难。

（3）行为的性别差异。从 2～5 岁开始，男孩在社会性游戏中就表现出比女孩更强的身体侵犯性和言语侵犯性。男性的行为常易受情感支配，缺乏自制力而具有冲动性。

由于每个儿童所接受的环境和教育影响不同，男女心理发展的总体性差异不一定在每一个个体身上都表现出来，因此，提供良好的环境条件和施行科学的、正确的教育，可以使男女两性在心理发展中充分发挥各自的优势，克服劣势，促进人的全面发展。因此，教师只有充分考虑到这种性别差异，才能选择适当的教育教学方式，在实际教育教学过程中“扬长避短”，使学生得到最优发展。

2014 年华南师范大学 333 教育综合真题 · 凯程详解

一、名词解释

1. 设计教学法（见 2015 年华东师范大学真题）

2. 人的全面发展

【答】人的全面发展最根本的是指人的劳动能力的全面发展，即人的智力和体力的充分、统一的发展。同时，也包括人的才能、志趣和道德品质的多方面发展。科学素质是人的全面发展的内在要求。总的来说，人的全面发展就是指人的劳动能力，即人的体力和智力的全面、和谐、充分的发展，还包括人的道德的发展。

3. 教育制度（见 2012 年华东师范大学真题）

4. 贝尔－兰卡斯特制（见 2012 年北京师范大学真题）

5. 心理健康（见 2013 年北京师范大学真题）

6. 社会规范学习

【答】社会规范学习是个体接受社会规范，内化社会价值，将规范所确定的外在于主体的行为要求转化为主体内在的行为需要，从而构建主体内部的社会行为调节机制的过程，即社会规范的内化过程。社会规范学习具有情感性、约束性、延迟性等特点。

二、简答题

1. 简述德育的教育影响一致性和连贯性原则及要求。（见 2010 年北京师范大学真题）

2. 简述"朱子读书法"的主要内容。（见 2016 年华东师范大学真题）

3. 简述奥苏伯尔关于有意义学习的实质和条件的主要观点。（见 2013 年北京师范大学真题）

4. 简述创造性的心理结构。（见 2015 年华东师范大学真题）

三、论述题

1. 试述教育的相对独立性原理的基本内容，并在此基础上对"教育的发展应先于经济的发展"（"教育先行"）的观点进行分析。

【答】（1）教育的相对独立性。

一方面，教育为适应社会的生存与发展而产生、发展，受社会发展的制约，对社会具有依存性；另一方面，教育又是一种主体性的实践活动，在能动地反作用于社会发展的过程中，具有主体自身的价值取向与行为选择，由此实现着教育的社会功能，并表现出自身的相对独立性。所谓教育的相对独立性，是指作为社会子系统的教育，它对社会的能动作用具有自身的特点与规律性，它的发展也有连续性与继承性。

主要表现为：①教育是有目的地培养人的活动，主要通过培养的人作用于社会。②教育具有自身的活动特点、规律与原理。③教育具有自身发展的传统性与连续性。

（2）教育先行。

教育具有滞后性，即教育对经济、政治、文化、科技等的作用要经过一个较长的时期才能体现出来。这种作用强大，所以各国看重教育，要求教育优先发展。教育先行是一种发展战略，即教育发展先于其他行业或者经济发展的现有状态而发展。

（3）原因：教育在我国社会主义现代化建设中具有基础性、先导性、全局性意义。落实科学发展观，实现科教兴国战略和人才强国战略，就必然要求把教育摆在优先发展的战略地位。

①基础性，实质上是指人的素质在社会主义现代化建设中的基础性作用。为了开发我国的人口资源，使我国由人口大国转化为人才强国，优先发展教育是一个必然的战略性举措。

②先导性，是指教育的发展对社会主义现代化建设具有引领作用。我国正处于现代化、工业化的进程之中，同时又面临知识时代的到来。知识不仅是力量，而且成了第一力量、第一资源、第一产业、第一财富、第一权力乃至第一霸权。这对我国既是挑战，也是机遇。我国要调整产业结构，转变经济增长方式，提高经济增长的质量和效益，使经济社会可持续发展，其关键在于知识创新，掌握核心技术。这在相当大的程度上要依靠教育来传播最新的知识技术，培养创新型人才。

③全局性，是指教育的发展关乎社会主义现代化建设的方方面面。我们不难看出，教育使人的价值得到提升，对我国社会结构的良性演变，对城乡差距、地区差距以及贫富差距的缩小和社会公

平的拓展，对人与人、人与自然紧张关系的协调，对和谐社会的建设和完善，都会起到独特的积极作用。我们应当全面发挥教育的功能，促进人的全面发展和社会的全面进步。

（4）教育优先发展不是教育过度地超前发展，也不是教育的盲目发展，而是一种适度发展。要依据一个国家经济的发展水平来确定教育投资，过多的教育投资反而会造成浪费，所以，我国采用教育的适度优先发展战略能更好地保证人才兴国和科教兴国。

2. 试述学校教育的特征及其在人的身心发展中的作用。（见 2016 年东北师范大学真题）

3. 试比较杜威与赫尔巴特的教学过程理论。（见 2016 年陕西师范大学真题）

4. 试述科举制的影响。（见 2019 年华中师范大学真题）

2015 年华南师范大学 333 教育综合真题·凯程详解

一、名词解释

1. 广义的教育（见 2011 年华南师范大学真题）

2. 德育

【答】德育的概念有广义和狭义之分。广义的德育包括“政治教育”“思想教育”“道德教育”和“法律教育”等，是指教育者根据一定社会的要求和学生身心的发展规律，有目的、有计划、有组织地在受教育者身上培养所期望的政治素质、思想素质、道德素质和法律素质的教育过程，促使他们成为合格的社会成员。狭义的德育专指“道德教育”。

3. 教育目的（见 2015 年北京师范大学真题）

4. 学校管理（见 2015 年北京师范大学真题）

5. 心理发展（见 2015 年华中师范大学真题）

6. 品德不良

【答】品德不良是指学生经常违反道德要求或犯有较为严重的道德过错。最初表现为一般的过错行为，如果不及时加以矫正，就会沉积为严重的道德过错，从而酿成不良品德，甚至走上违法道路。

二、简答题

1. 简述教育在我国社会主义建设中的地位和作用。

【答】（1）科学发展观是指导我国各项事业发展的世界观和方法论的集中体现，内涵极为丰富，对以培养人为特点的教育来说，具有特殊的重要意义。

（2）树立以人为本的教育观。

树立以人为本的教育观，意味着肯定教育的根本主旨在于促进人的全面发展，树立以人为本的教育观，肯定人是自我教育、自我发展的主体。教育的艺术和教育的实效，在很大程度上取决于启发、培养、引导、激励和发挥人的自我教育、自我发展的能动性。

（3）把教育摆在优先发展的战略地位。

教育在我国社会主义现代化建设中具有基础性、先导性、全局性意义。落实科学发展观，实施科教兴国和人才兴国战略，就必然要求把教育摆在优先发展的战略地位。

①教育的基础性，实质上是人的素质在社会主义现代化建设中的基础性作用。教育对人的个性素质全面发展的促进，既是个人为人立世的基础，也是社会稳定和发展的基础。

②教育的先导性，是指教育的发展对社会主义现代化建设具有引领作用，社会主义建设要依靠教育来传播最新知识技术，培养创新型人才。

③教育的全局性，是指教育的发展关乎社会主义现代化建设的方方面面，我们应当全面发挥教育的功能，促进人的全面发展和社会的全面进步。

2. 简述教学工作的基本环节。（见 2020 年华东师范大学真题）

3. 孔子教育思想的历史影响。（见 2012 年北京师范大学真题）
4. 简述卢梭的自然教育理论。（见 2012 年华东师范大学真题）

三、论述题

1. 培养和提高教师素养的主要途径。（见 2020 年华东师范大学真题）
2. 张之洞“中体西用”思想的历史作用和局限性。（见 2014 年华东师范大学真题）
3. 基督教教育的特点。（见 2013 年华南师范大学真题）
4. 影响学习动机的因素。（见 2010 年华中师范大学真题）

2016 年华南师范大学 333 教育综合真题·凯程详解

一、名词解释

1. 广义的教育（见 2011 年华南师范大学真题）
2. 学习动机（见 2013 年北京师范大学真题）
3. 德育（见 2015 年华南师范大学真题）
4. 教学（见 2013 年陕西师范大学真题）
5. 教育目的（见 2015 年北京师范大学真题）
6. 知识

【答】知识的定义有狭义与广义之分。狭义的知识是指能储存在语言文字符号或言语活动中的信息或意义，如各门学科的事实、概念、公式、定理等，不包括技能和策略等调控经验。广义的知识是指个体通过与环境相互作用后获得的一切信息及其组织，它将心智技能和认知策略也包含其中，泛指人们所获得的经验。

二、简答题

1. 现代教育的特点。（见 2013 年北京师范大学真题）
2. 科举制的影响。（见 2019 年华中师范大学真题）
3. 班主任的素质要求。（见 2015 年华东师范大学真题）
4. 洛克的白板说。

【答】白板说是洛克教育思想的核心概念之一。洛克是一位唯物论者，他反对天赋观念，认为思想及观念是客观物体在人类感官上发生作用的结果。洛克把儿童比作一块白板，认为知识完全是经验的产物。“我们的一切知识都是建立在经验上的，而且最后是源于经验的。”

洛克把经验分为内在经验和外在经验。外在经验是就外面的对象对人类感官的作用而言的，并将其称之为“感觉”。内在经验，洛克称之为“反省”。反省是关于心灵本身的活动。洛克把反省看作与感觉并存的认识来源。

三、论述题

1. 教学过程中要处理的几种关系。（见 2011 年东北师范大学真题）
2. 杜威思想的影响。（见 2011 年北京师范大学真题）
3. 陶行知的生活教育体系。（见 2014 年北京师范大学真题）
4. 心理健康教育的目标与内容。

【答】（1）心理健康教育的目标。

心理健康教育的总目标是：提高全体学生的心理素质，充分激发他们的潜能，培养学生乐观、向上的心理品质，促进学生人格的健全发展。

心理健康教育的具体目标：①使学生不断正确认识自我，增强调控自我、承受挫折、适应环境的能力。②培养学生健全的人格和良好的个性心理品质。③对少数有心理困扰或心理障碍的学生，给予科学、有效的心理咨询和辅导，使他们尽快摆脱障碍，调节自我，提高心理健康水平，增强自我教育能力。

（2）心理健康教育的内容。

心理健康教育的主要内容包括：普及心理健康基本知识，树立心理健康意识，了解心理调节方法，认识心理异常现象，以及初步掌握心理保健常识。其重点是学会学习、人际交往、升学择业以及生活和社会适应等方面的常识。

中小学心理健康教育，必须从不同地区的实际和学生身心发展特点出发，做到循序渐进，设置分阶段的具体教育内容。

①小学低年级的心理健康教育内容主要包括：帮助学生适应新的环境、新的集体、新的学习生活与感受学习知识的喜悦；乐于同老师、同学交往，在谦让、友善的交往中体验友情。

②小学中、高年级的心理健康教育内容主要包括：帮助学生在学习生活中品尝解决困难的快乐，调整学习心态，提高学习兴趣与自信心，正确对待自己的学习成绩，克服厌学心理，体验学习成功的喜悦，培养积极面对毕业升学的进取态度；培养集体意识，在班级活动中，善于与更多的同学交往，形成开朗、合群、乐学、自立的健康人格，培养自主参与活动的能力。

③初中阶段的心理健康教育内容主要包括：帮学生适应中学的学习环境和学习要求，培养正确的学习观念，发展学习能力，改善学习方法；把握升学选择的方向；了解自己，学会克服青春期的烦恼，逐步学会调节和控制自己的情绪，抑制自己的冲动行为；加强自我认识，客观地评价自己，积极与同学、老师和家长进行有效的沟通；逐步适应生活和社会的各种变化，培养承受挫折的能力。

④高中阶段的心理健康教育内容主要包括：帮助学生培养适应学习环境的能力，发展创造性思维，充分激发学生学习的潜能，获得情感体验；在了解自己的能力、特长、兴趣和社会就业条件的基础上，确立自己的职业志向，进行职业方向的选择和准备；正确认识自己人际关系的状况，正确对待和异性伙伴的交往，建立对他人的积极情感的反应和体验；提高承受挫折和应对挫折的能力，形成良好的意志品质。

2017年华南师范大学333教育综合真题·凯程详解

一、名词解释

1. 狭义的教育（见2012年西南大学真题）

2. 知识（见2016年华南师范大学真题）

3. 教科书

【答】教科书是课程的实施文本之一。教科书是根据课程计划、课程标准和学生接受能力编写的教学用书。教科书是课程标准的具体化，是学生学习的主要材料，是教师进行教学的主要依据。

4. 学习动机（见2013年北京师范大学真题）

5. 教育目的（见2015年北京师范大学真题）

6. 德育（见2015年华南师范大学真题）

二、简答题

1. 影响人的发展的基本因素。（见2015年北京师范大学真题）

2. 孔子的教学方法。（见2013年东北师范大学真题）

3. 卢梭的自然教育理论。（见2012年华东师范大学真题）

4. 教师劳动的特点。（见2015年东北师范大学真题）

三、论述题

1. 马克思和恩格斯的教育思想。

【答】（1）马克思主义关于人的全面发展的科学含义。

①人的全面发展是指人的劳动能力的全面发展。人的全面发展，就其最基本的意义而言，是指人能够适应不同的劳动需求。没有劳动，社会和个人都不可能存在，更谈不上发展。

②人的全面发展是指人的智力和体力的全面发展。马克思分析了资本主义劳动分工中，劳动者智力与体力相分离的片面发展。全面发展的人应是体力与智力劳动相结合，体力与智力上能够协调发展的人。

③人的全面发展是指人的先天和后天的各种才能、志趣、道德和审美能力的充分发展，即人的个性的自由发展。马克思认为人的个性领域的发展是“真正自由的王国”，个人从事自由活动的时间不断扩大，人的个性因此得到自由发展。

（2）马克思主义关于人的全面发展学说的基本思想。

①人的发展是与社会的发展相一致的。人的发展是由整个社会的发展所决定的。

②旧式劳动分工造成人的片面发展。马克思和恩格斯在全面研究人类社会发展历史的基础上指出了个人片面发展的根本原因在于分工。分工是社会的进步，但随着社会分工的日趋精细，人的片面发展的程度也日益加深，劳动成了一种毫无内容的机械运动。

③大工业机器生产要求人的全面发展，并为人的全面发展提供了物质基础。现代大工业生产不仅提出了个人全面发展的必要性，而且也提供了可能性。首先，大工业生产依靠的是先进的科学技术，使劳动者通过学习掌握生产过程的基本原理和基本技能，了解整个生产系统成为可能；其次，大工业的发展，使劳动生产率提高，缩短了劳动时间、减轻了劳动强度，使劳动者有可能学习技术、文化来发展自己的兴趣和特长。

④实现全面发展的人的根本途径是教育与生产劳动相结合。一个全面发展的人的基本特征是体力和智力都得到充分自由的发展，是体力劳动和脑力劳动相结合。实现的唯一方法是实行教育与生产劳动相结合。教育与生产劳动相结合，不是机械的教育与劳动的相加，它的内涵包括理论与实践的结合、学与用的结合、知识分子与劳动人民的结合等。

2. 品德不良的成因和纠正。（见2012年华南师范大学真题）

3. 教学工作的基本环节。（见2020年华东师范大学真题）

4. 蔡元培的教育实践和教育思想。（见2011年北京师范大学真题+2013年北京师范大学真题）

2018年华南师范大学333教育综合真题·凯程详解

一、名词解释

1. 广义的教育（见2011年华南师范大学真题）
2. 教学（见2013年陕西师范大学真题）
3. 德育（见2015年华南师范大学真题）
4. 学校管理（见2015年北京师范大学真题）
5. 心理发展（见2015年华中师范大学真题）
6. 品德不良（见2015年华南师范大学真题）

二、简答题

1. 简述生产力对教育的制约。

【答】生产力的发展水平决定着教育发展水平，教育的发展水平是对生产力发展水平的反映。

（1）生产力的发展水平制约着人才培养规格。

（2）生产力的发展水平制约着教育事业发展的速度、规模和教育结构。

（3）生产力的发展水平制约着课程的设置和教育内容的沿革。

（4）生产力的发展促进了教学组织形式、教育教学手段和教学方法的沿革。

2. 简述教师的义务。

【答】（1）履行教学职责的义务；（2）对学生进行有益教育的义务；（3）关心、爱护、尊重学生，促进学生全面发展的义务；（4）保护学生合法权益，促进学生健康成长的义务；（5）遵守法律法规和职业道德的义务；（6）不断提高自身思想政治觉悟和教育教学水平的义务。

3. 简述科举制度的影响。（见 2019 年华中师范大学真题）

4. 简述苏格拉底的教育思想。

【答】（1）苏格拉底是古希腊著名的哲学家、教育家，在西方哲学史上开辟了从自然哲学向伦理哲学转变的新阶段。他在教育对象上实行有教无类，吸引了许多学生，因而得到很多有学问的人的欣赏和尊重，影响了很多人，是西方教育史上有长远影响的第一位教育家。

（2）苏格拉底的思想。

①教育的意义：教育的目的应当是培养治国人才。

②智慧即德行：苏格拉底提出了“智慧即德行”，指出道德不是天生的，正确的行为基于正确的判断，所以教人道德就是教人智慧，也就是说德行是可教的。他还提出“自制是德行的基础”“守法就是正义”“身教重于言传”等重要的道德教育观点，并且以身作则，自己就是高尚道德的典范。

③苏格拉底法。（见 2013 年东北师范大学真题）

三、论述题

1. 论述班主任工作的主要内容。（见 2012 年西南大学真题）

2. 论述中体西用思想的历史作用和局限性。（见 2014 年华东师范大学真题）

3. 论述杜威的教育思想。（见 2011 年北京师范大学真题）

4. 论述影响学习动机的因素。（见 2010 年华中师范大学真题）

2019 年华南师范大学 333 教育综合真题 · 凯程详解

一、名词解释

1. 学校教育制度（见 2019 年北京师范大学真题）

2. 课程（见 2019 年北京师范大学真题）

3. 教学评价（见 2015 年北京师范大学真题）

4. 校长负责制（见 2016 年北京师范大学真题）

5. 创造性

【答】关于创造性的内涵，目前说法不一。综合各种观点，创造性是指根据一定的目的和任务，运用一切已知信息，开展能动的思维活动，产生出某种新颖、独特、具有社会价值或个人价值的产品的品质。创造性的基本结构是：创造性认知品质、创造性人格品质、创造性适应品质。

6. 自我效能感（见 2014 年华东师范大学真题）

二、简答题

1. 简述我国教育目的的精神。（见 2012 年北京师范大学真题）

2. 简述教师的素养。（见 2015 年华东师范大学真题）

3. 简述法家的教育思想。

【答】法家的代表人物从最初的魏国人李悝到完全与儒家对立的商鞅，之后韩非完成了法家理论的系统化工作。

（1）教育目的：实现兵农合一，既保障国家的经济力量，又保障国家的军事力量。

（2）教育作用："人性利己说"。法家主张绝对的"性恶论"，由此提倡法律教育。

（3）教育内容：禁诗书与"以法为教"。

（4）教育方法：禁私学与"以吏为师"。

总之，法家教育思想具有独断主义和功利主义的特点，提倡耕战，轻视文化，降低了社会的文化水平，这是法家文化致命的缺陷，法家的灭亡与此关系重大。

4. 简述明治维新教育改革。

【答】（1）改革的指导思想是"文明开化"和"和魂洋才"。

（2）改革的主要内容。

①建立中央集权式的教育管理体制。在中央设立文部省，主管全国的文化教育事业。1872年，颁布《学制令》，在确立教育领导体制的基础上，建立全国的学校教育体制，规定全国实行中央集权式的大学区制。

②普及初等义务教育。

③中学分为寻常中学和高等中学两类，分别承担就业和升学的任务。

④努力发展高等教育，建立东京大学，后改成东京帝国大学。明治政府不惜重金从西方国家聘请技术专家和教师来日本工作，并派留学生出国留学。

⑤建立完善的师范教育制度，发展职业教育。

（3）评价：总的来说，日本通过改革，使得封建教育向近代资本主义教育转变，建立并完善了学制，普及了初等义务教育，发展了中等和高等教育，提高了日本国民文化水平，为日本的发展做出了贡献。

三、论述题

1. 论述教育的社会流动功能及重要意义。（见2010年北京师范大学真题）

2. 论述梁漱溟的乡村教育建设理论。

【答】（1）乡村教育是梁漱溟乡村建设理论的重要组成部分。所谓乡村建设，是一种力图在保存既有社会的基础上，通过乡村教育的方法，由乡村建设引发社会工商业发展，以实现经济改造和社会改造的手段。

（2）梁漱溟的乡村教育建设理论。

①中国问题的症结：文化的失调。

②如何解决中国的问题：乡村建设。乡村建设是乡村被破坏而激起的乡村自救运动，是重建我国民族和社会的新组织构造的运动。

③乡村建设与乡村教育。乡村建设与乡村教育是一个问题的两个方面。乡村建设以乡村教育为方法，而乡村教育以乡村建设为目标。

④乡村教育的实施：

a. 乡农学校的设立：乡农学校分村学和乡学两级。乡农学校的组织结构按农村自然村落及其行政级别形成。组织原则是政、教、养、卫合一，以教统政；学校式教育与社会式教育融合归一。

b. 乡农学校的教育内容：强调服务于乡村建设，密切适合农村生产、生活的需要。课程分两大类：一类是各校共有的课程，包括识字、唱歌等普通课程和"精神讲话"；另一类是各校根据自身生活环境需要而设置的课程。

（3）评价。

乡村建设理论和乡村教育思想本质上是中国知识分子通过改造中国农村来改良中国社会的理想，是在探索拯救中国的"第三条道路"。但乡村教育理论否认阶级斗争，体现了其消极的一面。可取之处在于认识到中国问题是农村问题，立足于文化传统来思考中国社会的改造是有识之风，对农村有一定的贡献。

3. 论述现代人文主义教育思潮。

【答】（1）现代人文主义教育家的思想集中体现在现代人文主义教育思潮中。现代人文主义教育思潮是20世纪70年代后在美国盛行的以人本主义心理学为理论基础的一种现代教育思潮。该学派试图通过挖掘人类理智与情感诸方面的整体潜力来确立人的价值。代表人物是马斯洛、罗杰斯。

（2）人文主义教育的基本观点：

①强调教育的目标是培养完整的人。教育目的就是人的自我实现、完美人性的形成，以及人的潜能的充分发展。这种人是具有整体性、动态性和创造性人格特征的自我实现的人。

②主张课程人本化。他们提出“一体化”课程，主张课程内容应建立在学生需要、生长的自然模式和个性特征的基础上，体现出思维、情感和行动之间的相互渗透和相互作用。

③学校应该创造自由的心理气氛。在学校中影响学校气氛的因素有三个：教师和管理者；人与人之间的关系；学习过程，应提倡以人为中心的教学、非指导性教学、自由学习、自我学习。

（3）评价：

①积极：注重人的整体发展，强调认知和情感在教育过程中的作用，主张学校应形成最佳的学习气氛，充分发挥和实现人的各种潜能，给教育理论带来观念上的革新。

②不足：立足于人性的发展，过分强调个人的价值观和个人的自我实现，简单把个体的潜能实现与个体的社会价值画上等号，从而忽视了社会环境和学校教育对个体发展的影响。

4. 论述社会规范学习的心理过程。（见2014年北京师范大学真题）

2020年华南师范大学333教育综合真题·凯程详解

一、名词解释

1. 教育者

【答】教育者指参与教育活动、与受教育者在教学或教导上互动，对受教育者全面发展产生影响的专业人员，主要指教师。教育者是教育活动的领导者、设计者、实施者和组织者，是整个教育活动的主导者。教育者有计划、有目的地用系统的文化知识来促进学生德、智、体、美全面发展，使他们成为社会需要的人。所以，教育者是教育活动的一个基本要素，是教育活动中不可或缺的要素。

2. 科教兴国

【答】科教兴国是指全面落实科学技术是第一生产力的思想，坚持教育为本，把科技和教育摆在经济、社会发展的重要位置，增强国家的科技实力及其向现实生产力转化的能力，提高全民族的科技文化素质，把经济建设转移到依靠科技进步和提高劳动者素质的轨道上来，加速实现国家的繁荣强盛。

3. 活动课程（见2013年东北师范大学真题）

4. 班级授课制（见2016年北京师范大学真题）

5. 有意义学习（见2014年华东师范大学真题）

6. 记忆

【答】记忆是人脑对经验过事物的识记、保持、再现或再认，它是进行思维、想象等高级心理活动的基础。记忆的基本过程是由识记、保持、回忆或再认三个环节组成的。

二、简答题

1.“五育”之间的相互关系。

【答】体育、智育、德育、美育和综合实践活动有各自的地位和作用。

（1）全面发展的五个组成部分各有自己的特点、规律和功能，是相对独立、缺一不可的，不能互相替代，每一部分的社会价值和满足个体发展的价值都是不同的。

（2）它们又是相互联系、互为目的和手段的，在实践中，共同组成统一的教育过程。

德育对其他各育起着保证方向和保证动力的作用；智育为其他各育提供了认识基础；体育是实施其他各育的基础保证；美育与综合实践活动是德育、智育、体育的具体运用与实施。要坚持“五育”并举，处理好它们之间的关系，使其相辅相成，发挥教育的整体功能。也就是说，随时都要注意引导学生在体育、智育、德育、美育、综合实践活动诸方面都得到发展，防止和克服重此轻彼、顾此失彼的片面性，要坚持全面发展的教育质量观。

2. 教师主导作用和学生主动性的关系。（见 2010 年北京师范大学真题）

3. 梁启超的教育思想。（见 2015 年华中师范大学真题）

4.《国防教育法》。（见 2014 年华东师范大学真题）

三、论述题

1. 培养和提高教师素养的主要途径。（见 2020 年华东师范大学真题）

2. 朱子读书法的内容和意义。（见 2016 年华东师范大学真题）

3. 苏格拉底法的内容和意义。

【答】（1）苏格拉底法的内容。（见 2013 年东北师范大学真题）

（2）意义。

由于社会历史条件的局限，启发式教学法中所蕴含的教育教学规律并没有得到完全阐发，甚至人们对此还有许多误解，在长期的教学实践中也更多采用的是填鸭式的注入教学法。因此苏格拉底对启发式教学法的探索和实践在今天仍具有一定的意义，给我们的教学以很多的启示。

①建立真正平等和谐的师生关系。教学中教师要像苏格拉底那样以真诚坦率的态度面对学生，尊重学生的人格、情感和意见，并确立学生在教学过程中的主体地位，让学生自始至终主动地参与教学过程，真正成为学习的主人。

②创设问题情境，注重通过问题解决的过程发展学生的思维能力。教学中教师应当注意创设问题情境，让学生了解和参与问题解决的过程，而不是一开始就不留余地地将答案告诉学生。同时在教学中教师要随时捕捉学生在问题解决时出现的思维障碍和萌发的灵感，并适时地开导、启发，唯有如此，才能防止学生思维的僵化、呆滞，有效地促进学生思维能力的发展。

③精讲巧练，举一反三。在教学过程中，教师对自己的讲授内容、方法等要精心设计，突出重点和难点，使自己的讲授成为学生思考、解决问题的模板，并鼓励学生质疑问难，追根究底。

④根据实际需要，采用灵活的教学方式、方法。启发式教学法是选择和应用教学方法的指导思想，它可通过多种教学方式、方法来进行，如讲授法、练习法、演示法、实验法、实习法、讨论法、谈话法等。这些方法虽然各有特定的运用要求、特定的作用，但如果教师能根据自己所处的具体情况而灵活变通，运用得当，都可以起到启发学生思维、促进学生发展的作用。

4. 科尔伯格的道德发展阶段理论。（见 2013 年华东师范大学真题）

首都师范大学

2010年首都师范大学333教育综合真题·凯程详解

一、名词解释

1. 教育（见2014年北京师范大学真题）

2. 苏格拉底方法（见2011年北京师范大学真题）

3. 心理发展（见2015年华中师范大学真题）

4.1922年“新学制”（见2010年北京师范大学真题）

5.《1944年教育法》（见2020年湖南师范大学真题）

【答】“二战”期间，“人人受中等教育”的观念深入人心，英国政府颁布了由英国教育委员会主席巴特勒提出的《1944年教育法》，又称《巴特勒教育法》。

主要内容有：①加强国家对教育的控制和领导，设立教育部，统一领导全国的教育。②加强地方教育行政管理权限，设立由初等教育、中等教育和继续教育组成的公共教育系统。③实施5～15岁的义务教育，同时地方教育当局应向义务教育超龄者提供全日制教育和业余教育。④法案还提出了宗教教育、师范教育和高等教育改革等要求。

二、简答题

1. 试述创造性的心理结构及培养途径。（见2015年华东师范大学真题）

2. 试述教学的任务和过程。

【答】（1）教学的任务。（见2013年北京师范大学真题）

（2）教学的过程。

①引起求知欲。学生学习的积极性及其活动，产生于对知识的需要与追求。

②感知教材。学生理解书本知识的过程，是一个感性认识和理性认识相结合的过程。

③理解教材。引导学生把所感知的材料同书本知识联系起来，进行思维加工，把握事物的本质和规律。

④巩固知识。巩固知识既应作为理解教材之后的一个必要的阶段，又是教学过程始终应注意的一个因素。

⑤运用知识。在教学过程中，学生运用知识，掌握技能、技巧，主要通过教学性实践，大多采取反复练习的方法来实现。

⑥检查知识、技能和技巧。学生对知识、技能与技巧的掌握情况，只有通过检查才能确定。

3. 试述新课程改革的基本内容与特点。

【答】（1）中华人民共和国成立后，我国共进行了八次基础教育课程改革。除了1966—1976年间的一次课程改革，中华人民共和国前六次课程改革均有所成就，但依然存在教育观念滞后、课程内容偏难、课程结构单一、课程评价一元化等诸多弊端。因此，2001年我国正式启动了新一轮基础教育课程改革——第八次基础教育课程改革，称为新课程改革。

（2）新课程改革的基本内容：①明确区分义务教育与非义务教育，建立合理的课程结构，更新课程内容；②突出学生的发展，科学制定课程标准；③加强新时期学生思想品德教育的针对性和实效性；④以创新精神和实践能力的培养为重点，建立新的教学方式，促进学习方式变革；⑤建立促进学生发展、教师发展的评价体系；⑥制定国家、地方、学校三级课程管理政策，提高课程适应性，满足不同地方、学校和学生的需要。

（3）新课程改革的特点：①注重课程的发展功能；②实现课程设置的整合性；③关注实施过程与科学评价；④进一步加大课程管理的弹性化

4. 试述德育的内容与过程。

【答】（1）德育的内容：基本文明习惯和行为规范教育、基础道德品质教育、爱国主义教育、集体主义教育、民主法制教育和理想信念教育等。在德育内容中，起主导作用的是社会主义核心价值观，即2012年的党的十八大提出的“倡导富强、民主、文明、和谐，倡导自由、平等、公正、法治，倡导爱国、敬业、诚信、友善，积极培育和践行社会主义核心价值观”。我们应当把社会主义核心价值观融入国民教育和精神文明建设之中，应当让社会主义核心价值观成为学校德育内容的“主旋律”，并强调将德育内容与学生的实际生活联系起来。

（2）德育的过程。（见2016年南京师范大学真题）

三、论述题

1. 试论述教师素养的构成、教师专业发展的过程及途径。

【答】（1）教师素养的构成。（见2015年华东师范大学真题）

（2）教师专业发展，又称教师专业成长，是指教师在整个专业生涯中，依托专业组织、专门的培养制度和管理制度，通过持续的专业教育，习得教育教学专业技能，形成专业理想、专业道德和专业能力，从而实现专业自主的过程。它包括教师群体的专业发展和教师个体的专业发展。

（3）教师专业发展的途径。（见2020年华东师范大学真题）

2. 试评述孔子的教育实践与思想。（见2012年北京师范大学真题）

3. 试评述建构主义学习理论。（见2013年华东师范大学真题）

4. 试评述杜威的教育实践与思想。

【答】（1）杜威的教育实践。

1896年杜威创办“芝加哥大学实验学校”，对教育问题进行实验研究，这对杜威教育理论的形成影响甚大。芝加哥大学实验学校的实验先后进行了八年。1904年，杜威辞职，学校关闭。杜威实验学校的目的在于检验杜威根据哲学与心理学原理提出的教育学假设。这些假设包括五个方面：①如何使儿童的家庭生活与学校教育密切联系；②如何使儿童在学校中学到的知识与经验相互联系；③如何激发儿童的动机和兴趣；④如何使教材与儿童的活动联系起来；⑤如何处理发展个性与社会合作的关系。基于以上假设，杜威实验学校的基本原则是：①注重教育的社会性；②注重活动；③采用社会性作业课程；④注重应用科学方法。

杜威实验学校的基本方法是活动，活动的具体表现形式则是作业。杜威认为，作业具有多方面的优越性。首先，使学校有可能与生活相联系，学生通过生活学习，使学校成为儿童生活的地方。其次，使经验的智力方面与实践方面保持平衡，内在活动和外在活动保持统一。最后，激发了儿童真正具有教育意义的兴趣。

杜威实验学校在进步主义教育运动中占有重要地位，其原则、课程和方法在此后产生了广泛而深刻的影响。通过杜威学校的实验，进步主义形成了一套完整而系统的指导思想，也就是杜威的教育理论。对杜威教育理论的贡献，可以说是杜威实验学校最为重大的意义。

（2）杜威的教育思想。（见2011年北京师范大学真题）

2011 年首都师范大学 333 教育综合真题 · 凯程详解

一、名词解释

1. 义务教育（见 2012 年东北师范大学真题）

2. 国家课程

【答】国家课程指的是由国家统一开发和管理、通过国家行政力量在全国范围内推行的课程。它具有合法性、权威性和强制性，也具有多样性。它体现了国家的意志，是专门为未来公民接受基础教育之后所要达到的共同素质而开发的课程。国家课程体现在官方课程文件中，如课程标准、教学大纲、教科书等。国家课程由政府组织专家学者统一开发，在全国范围内实施，对一个国家的基础教育质量起着举足轻重的作用。

3. 最近发展区（见 2011 年北京师范大学真题）

4. 学习策略（见 2015 年北京师范大学真题）

5. 真实验设计

【答】真实验设计是教育实验的一种方法，其人为实验性最强，能够随机分派被试，在实验过程中能严格地控制自变量、因变量和无关变量，力求内部效度最高，能够真实准确地反映因果关系，但是实验控制往往过于严格，影响了外在效度。真实验的实验格式主要有随机分派控制组前后测实验和随机分派控制组后测实验。

6. 测验

【答】测验主要以笔试方式进行，是考核、测定学生成绩的基本方法。它适用于对学生学习科学文化知识的成绩的评定。但是测验法难以测定学生的智力、能力和行为技能的水平。测验的质量指标有信度、效度、难度和区分度。我们在设计测验的试卷时要注意保证试卷的信度和效度。

二、简答题

1. 简述赫尔巴特在世界教育学史上的学术贡献。（见 2015 年北京师范大学真题）

2. 简述教育研究范式的发展历程。

【答】（1）教育研究范式是某一专业或学科中共同的信念，这种信念决定了他们共同的基本观点、基本理论、基本方法以及共同的理论模式和解决问题的框架，从而形成了该学科的一种共同的传统，并为该学科的发展规定了方向。

（2）教育研究范式的三个阶段是：哲学思辨阶段、科学实证阶段和人文的研究范式阶段。

3. 如何理解教育行动研究？

【答】（1）教育行动研究是在教育情境中，教育实践工作的参与者与教育理论研究的工作者结合起来解决某一实际问题或提高教师素质的一种方法，是指通过研究真实的学校教育过程与情境，以提高自己的教育行动质量与教育行动效率为目的的研究模式。

（2）作用。

它一方面旨在提高教育实践者自身的专业判断能力与对教育问题的洞察力，另一方面为优化教学实践提供具体策略。这种研究的特点是为教育行动而研究、由教育行动者研究和在教育行动中研究。

（3）意义。

①具有很强的适应性和灵活性；②评价的持续性和反馈的及时性；③较强的实践性与参与性；④有助于提高教师的专业化水平；⑤能够指导教育实践的改进。

4. 简述教师个体专业发展的基本内涵。

【答】（1）教师专业发展指的是教师以自身专业素质包括知识、技能和情意等方面的提高与完善为基础的专业成长、专业成熟过程，是教师由非专业人员转向专业人员的过程。教师专业发展包括教师队伍的专业发展和教师个体的专业发展。

（2）教师队伍专业化发展的途径主要由国家负责。国家通过加强和改革师范教育，为教师的发展提供在职培训，建立健全各项管理教师的制度和法规，建立教师入职资格制度等方面加强教师专业化。

（3）教师个体也要有专业化的意识。教师应该有专业发展的观念和意识，寻求自我专业发展的途径。如参加职前培训（师范教育）与在职培训、校本培训、进入教师发展学校学习、制订生涯发展规划、进行教育研究等。

三、论述题

1. 试论学生评价的类型及其教育作用。

【答】（1）学生评价是根据一定的标准，通过使用一定的技术和方法，以学生为评价对象所进行的价值判断。它是教育评价的基础和重点，也是学校教育评价的核心。

（2）学生评价的分类：

依据布卢姆的学生评价在教学活动中的不同作用，分为诊断性评价、形成性评价和终结性评价。

①诊断性评价旨在对学生已经形成的知识、能力、情感等发展情况做出合理的评价。

②形成性评价通过及时的反馈信息来调控教学过程，激励学生学习。

③终结性评价是在一个大的学习阶段、一个学期或者一门课程结束时对学生学习结果的评价，也称总结性评价。

依据评价的价值标准的不同，分为相对性评价和绝对性评价。

①相对性评价：依据学生个人的成绩在该班学生成绩序列中或常模中所处的位置来评价和决定成绩优劣。

②绝对性评价：依据教学目标和教材编制试题来测量学生的学业成绩，判断其是否达到了教学目标的要求。

（3）学生评价的教育作用：

①对学校来说，可以记载和积累学生学习情况的资料，定期向家长报告他们子女的成绩，并作为学生升、留级和能否毕业的依据。

②对教师来说，可以及时了解学生的学习情况，获得教学效果的反馈信息，分析自己教学的优缺点，更好地提高教学水平。

③对学生来说，可以及时得到学习效果的反馈信息，明确自己学习中的长处与不足，从中受到激励与警示，扬长避短。

④对学校领导来说，可以了解每个教师、每个班的教学情况，便于及时发现问题与总结经验，改进教学。

⑤对家长来说，可以了解子女的学习情况及其变化，便于配合学校进行教育。

2. 试论我国现代学制的演变。

【答】（1）中华人民共和国成立前：我国学制的建立是从清末开始的。“壬寅学制”和“癸卯学制”是中国最早的学制。北洋政府于1922年颁布了“壬戌学制”，即通称的“六三三”制，这一学制是近代中国学制发展史的里程碑。

（2）中华人民共和国成立后：1951年，中共中央人民政府国务院颁布了《关于改革学制的决定》，1958年，发布了《关于教育工作的指示》，此时的教育重在职业教育、工农教育、“三个结合”“六个并举”和“两条腿走路”。

（3）1985年以后，我国的学制改革继续发展，主要有1985年颁布的《中共中央关于教育体制改革的决定》，这一文件重在普及九年义务教育和发展职业教育。1993年发布的《中国教育改革和发展纲要》，重在“两基”“两全”“两重”。1999年颁布了《中共中央国务院关于深化教育改革，全面推进素质教育的决定》。2001年颁布了《国务院关于深化基础教育改革与发展的决定》。

（4）如今，我国选择了适应国情的分支型学制，未来将逐步过渡到单轨学制。

3. 试论科尔伯格的道德发展阶段理论及其教育应用。（见2013年华东师范大学真题）

4. 试论确立教育目的的价值取向时需要考虑的主要问题。

【答】（1）人们对教育目的的价值取向，历来有不同的见解和主张。

就个人的发展来说，有人强调知识的积累，有人强调智能的培养，有人强调知识的完善，有人强调美感的陶冶，有人强调智、德、体和谐发展；就社会需要来说，有的人注意政治效益，有的人注意经济效益，有的人注意文化效益，有的人从长计议，有的人急功近利。

就个人发展与社会需要的关系来说，有的人认为教育目的应从促进个性发展出发，有的人认为应从满足社会需要出发，等等。其中，争论最多、影响最大的也是最根本性的问题，即教育目的究竟是注重个人个性的发展还是注重社会需要，是强调个人本位还是强调社会本位。我们应当辩证地认识这一问题。

（2）教育是发展人的一种特殊手段，教育目的直接指向个体的发展，但个体的发展又离不开社会。离开人自身的发展，教育就无从反映和促进社会的发展，教育本身也就不会存在。离开社会历史的发展，就谈不上个体的发展。或者说，个体的发展要受到社会发展的制约，要服从社会发展的需要。

（3）人的自我价值与人的社会价值是统一的，前者只有通过后者才能表现出来。马克思曾指出："每个人是手段，同时又是目的，而且只有成为手段才能达到自己的目的，只有把自己当作自我目的才能成为手段。"人只有成为人民群众和人类社会的手段才具有自我存在的价值；人只有有了自我存在的价值才能成为人民群众和人类社会的手段。

（4）人既需要社会化，又需要个性化；既必然社会化，又必然个性化。同一社会的人都生活在相同的社会生活条件下，有着共同的社会生活规范，但不同个体又有独特的社会背景、生活经历和主客体关系。从这个意义上说，个人的成长既是社会化的过程，又是个性化的过程。或者说个体的社会化同时也就是他的个性化。真正现实的人，都是作为社会的人与作为个性的人的统一，都是作为受社会制约、规范的人与作为受个体需要、追求驱动的人的统一。

2012 年首都师范大学 333 教育综合真题 · 凯程详解

一、名词解释

1. 教师期待效应

【答】教师期望效应又叫"皮格马利翁效应"，也叫"罗森塔尔效应"。罗森塔尔教授等人通过实验发现教师期望效应是一种激发个人的心理潜力、提高学习效果的暗示手段。它运用了暗示在心理态度的建立与习惯的养成方面的作用。

2. 社会规范学习（见 2014 年华南师范大学真题）

二、简答题

1. 简述教学设计的基本内容与方法。

【答】完整的教学设计应该包括下列内容及相关方法。

（1）教学目标设计。科学合理地确定教学目标，是进行教学设计时必须正确处理的首要问题。在目标的选定上应确立综合发展的要求，自觉坚持教学目标多元化、具体化的原则。

（2）教学起点设计。任何一种教学设计的基本前提都是为了学习者的学习，因此，对学习者进行分析在教学设计中非常重要。

（3）教学内容设计。教学内容的设计过程也就是教学设计者认真钻研课程标准和教科书，从中选择、组织教学内容的过程。

（4）教学方法和媒体设计。在教法上，既要考虑如何教给学习者已经概括了的社会基本经验，又要考虑教给学习者有效地获得这些经验的方法。设计者需要综合考虑几方面的因素：学习情境的特征、媒体的物质属性、学习本身的特色、学习者的实际。

（5）教学评价设计。主要功能是验证教学是否达到目标。教学评价另一个同样重要的功能是教学功能。学习者通过教学评价来审视自己，对后续的学习活动做出相应的调整。

（6）教学结构设计，也叫作教学过程设计。教学结构是为了完成一定的教学目标，在时间和空间上各种因素的“排列”和“组合”。这需要设计者对教学做出整体的安排。

各程序并不是直线式的，而是彼此相互联系、相互制约的，组成的一个有机的教学系统。

2. 奥苏伯尔关于学习性质与特点分类的基本观点。

【答】奥苏伯尔着重讨论了认知领域知识的学习。他根据两个维度，对认知领域的学习进行了分类。一个维度是学习进行的方式，即是接受还是发现，另一个维度是学习材料与学习者原有知识的关系，即是机械的还是有意义的。这两个维度互不依赖，彼此独立。并且，每一个维度都存在许多过渡形式。如接受学习可以分为机械的接受学习和有意义的接受学习；发现学习也可以分为机械的发现学习和有意义的发现学习。

3. 教育研究的基本过程。（见 2019 年西南大学真题）

4. 当代教师素养的构成。（见 2015 年华东师范大学真题）

三、论述题

1. 学习动机的培养与激发。（见 2012 年华东师范大学真题）

2. 教育行动研究的特点与意义。

【答】（1）教育行动研究的特点。

①为教育行动而研究。这是教育行动研究的目的（与传统研究“为理论建构而研究”的研究目的相对应），主要体现在三个方面：一是解决教育行动中的实际问题。二是提高教育行动的效率，即将教育教学实践中所存在的问题发展为课题，设计出解决方案，并逐个实施，达到解决问题、提高教育教学质量的目的。研究目的具有实用性，问题的解决具有及时性。三是提高教师的教育行动能力与素养。

②由教育行动者研究。它指出了教育行动研究的主体主要是教师，而不是外来的专家学者。教育行动研究要求一线教育人员即教育实践工作者要参与研究，对自己从事的实际工作进行反省，在反思中提高理论水平和实践能力。

③在教育行动中研究。这是教育行动研究的情境，一方面要求研究关注研究情境的特殊性；另一方面要证明行动的过程是努力提高行动效率、改善行动质量、提高自我行动能力的过程。

（2）教育行动研究的意义。（见 2011 年首都师范大学真题）

3. 学生评价理论与实践的当代走向。

【答】（1）加强学生评价的理论研究。

学生评价理论能鉴别出最重要的评价因素，为系统地、相互联系地开展评价工作提供基本的准则，并通过有关的评价观点、经验性信息整合为一整套的思维框架。毫不夸张地说，丰富发达的评价理论必将有力地推动评价实践的发展。

（2）教学评价要立足于学生的发展。

教学评价是促进学生发展的有效手段。评价不是为了揭示学生在群体中的位置，而是为了让学生展示个性、追求卓越、谋求发展。评价的实质是“创造适合于儿童的教育”。

（3）评价指标的多元化。

把课程与教学评价对象扩大为包括课程开发过程的评价、教师组织实施的评价、学生才能的评价、学业成绩的评价、课程决策与管理成效的评价等方面。使学生学业成绩的评价，不只是注重知识和对知识的机械记诵，或只重结果，而是全面关注学生的态度、能力、创新意识，关注学习的过程。

（4）重视量化评价方法和质性评价方法的结合。

量化评价方法科学、客观，并在一定程度上促进了我国现代课程评价体系的建立，但不能测量一些难以量化的、丰富的内容，如鉴赏力、创造力等。质性评价方法较好地弥补了量化评价方法的不足，是对量化评价方法的一种反思批判和革新。从根本上讲，质性评价方法是为了更逼真地反映教育现实。

（5）教学评价功能的转变。

教学评价从重视鉴定质量、区别优劣、选拔淘汰转向重视诊断、反馈、激励、改进，即强调教学评价的教育性功能，强调通过评价促进学生的主动、全面和可持续发展。

总之，教学评价是在不断发展和完善，不断向综合性、多元性、发展性方向发展，是辩证的、多样综合的过程。

4. 教育的个人功能与社会功能的关系。

【答】教育的个体功能与社会功能是两种不同性质的功能。

（1）教育的个体功能就是教育对个体发展的影响和作用。教育的个体功能是在教育活动的内部发生的，也叫作教育的本体功能或固有功能。

（2）教育的社会功能是教育的本体功能在社会结构中的衍生，是教育的衍生功能，也叫作工具功能，即教育对社会生产、科技、经济、政治与文化等社会生活各个领域发挥着重要作用。

（3）教育的个体功能和社会功能的关系是辩证统一的。一方面，要看到教育的个体功能是社会功能衍生的前提和基础，如果教育都谈不上促进人的发展，那么个体也不会对社会做出贡献，就更谈不上教育对社会的功能了；另一方面，教育的社会功能对教育的个体功能的发挥起着制约作用。当社会动荡不安时，如十年“文革”，教育会受到破坏，使人的发展处于绝对不利的局面。因此，教育的个体功能的发挥依赖教育的社会功能的正常发挥。

2013 年首都师范大学 333 教育综合真题・凯程详解

一、名词解释

1. 实验教育学

【答】实验教育学是 19 世纪末 20 世纪初兴起的用自然科学的实验法研究儿童发展及其与教育关系的理论。主要代表人物有德国教育学家和心理学家梅伊曼、拉伊等。

主要观点有：①认为以赫尔巴特为代表的用思辨的方法建立起来的旧教育学缺乏科学性，与实际严重脱节，不能很好地解决教育实践中的问题；②强调实验教育学是以实验的方法为基础的新的独立科学，教育实验与心理实验是有差别的，心理实验是在实验室进行的，教育实验则是在教学实践和学校环境中进行的；③认为实验教育学必须借助相关学科，采用实验、统计、比较的方法探索研究。

2. 课程标准（见 2015 年北京师范大学真题）

3. 诊断性评价

【答】诊断性评价是布卢姆根据评价在教学过程中的作用不同提出的，在学期开始或一个单元教学开始时，为了解学生的学习准备状况、现有知识水平以及影响学习的因素而进行的评价。它通过各种摸底考试，了解学生学习困难之所在，弄清学生已有的知识和能力发展情况，学习上的特点、优点和不足之处。其目的是更好地组织后续的新授课的教学内容和改进教学方法，以便对症下药、因材施教。

4. 有意义学习（见 2014 年华东师范大学真题）

5. 标准参照测验

【答】标准参照测验又称准则参照测验，是一种精心编制的，在一定的行为领域内按照具体的行为标准水平对被试的测验结果做出直接解释的测验。它为人们提供了有关被试是否达到某种行为标准水平或要求的信息，是一种以经典测验理论为基础的、与常模参照测验相对的一种测验类型。如英语四六级考试等。

6. 终身教育（见2011年华东师范大学真题）

二、简答题

1. 简述教学设计的基本特征。

【答】（1）教学设计是对整个教学系统的规划，是教师教学准备工作的组成部分，是在分析学习者的特点、教学目标、学习内容、学习条件以及教学系统组成部分特点的基础上统筹全局，提出教学具体方案，包括一节课进行过程中的教学结构、教学方法、教学方式、知识来源与板书设计等。

（2）教学设计的特点有：指导性、统整性、操作性、预演性、突显性、易控性、创造性。

2. 简述班级组织的特点。

【答】（1）班级是学校的细胞，既是学校教导工作的基本单位，也是学生学习、活动的基层集体。只有把一个班的学生很好地组织起来进行教学和教育活动，才能使这个班的学生在德、智、体、美等方面得到发展。

（2）班级组织的特点：①班集体不但是教育的对象，而且具有巨大的教育力量。②班集体是促进学生个性发展的一个重要因素。③班集体能培养学生的自我教育能力。

3. 简述实验研究的特点。

【答】（1）教育实验研究是研究者按照研究目的，合理地控制或创设一定的条件，人为地影响研究对象，从而验证假设、探讨教育现象因果关系的一种研究方法。

（2）特点：

①因果关系的探讨。与历史研究、调查研究和相关研究相比较，实验研究可以系统变化条件，观察因这些条件所引起的相应变化，从而揭示事物发展过程中各种变量间的因果关系。

②自变量的操纵。教育实验研究是为了变革现实、探索和创新，是要索取，而不是消极等待研究现象的自然发生。因此，必须主动操纵自变量的变化，否则，就不能称其为教育实验。

③合理控制无关变量。这是指在实验中应该保持恒定的变量。

4. 简述当代建构主义的学习观。（见2013年华东师范大学真题）

三、论述题

1. 论述质性研究对教育的实践意义与影响。

【答】（1）质性研究是以研究者本人作为研究工具，在自然情境下，采用多种资料收集方法（访谈、观察、实物分析），对研究现象进行深入的整体性探究，从原始资料中形成结论和理论，通过与研究对象互动，对其行为和意义建构获得解释性理解的一种活动。

质性研究方法发展的最初阶段始于对以价值中立和大样本收集数据为特征的定量研究方法及研究策略的批判，质性研究与定量研究在具体的认识论、研究设计、研究质量评价和研究领域等方面都存在着明显差异。

近年来，人们逐步发现定量研究和质性研究具有各自的优势和特点，这表现在以下方面：定量研究方法适合从宏观层面对研究对象进行大规模的调查和预测；而质性研究比较适合从微观层面对个别事物进行细致、动态的描述和分析。

（2）意义与影响：

①可以将两种研究方法有效结合或多元混合使用；②可以在研究的不同阶段分别采用质性研究和定量研究等不同方法，如可以用质性研究发展研究假设，而用定量研究来检验假设；③质性研究的数据也可以通过编码等不同形式转化为定量数据。

2. 论述中学生的学校生活对其成长的作用。

【答】（1）学校生活是社会生活的一个重要组成部分，是由教师的教学活动和学生在学校的一切行为的总和共同构成的。学校生活的特点决定了其对学生的成长具有深远的影响，学生在发展过程中可能适应学校生活或者厌恶学校生活。

（2）学校生活对学生成长的影响。

①有利影响。

学生通过学校生活教育，成长为合格的社会公民，具有高尚的品德和较高的专业素养，是学校生活教育对其有利影响的最佳体现，具体来说表现在以下几个方面。

a. 有利于培养学生集体主义的良好品质。一方面，在集体中学习易于培养学生集体合作的学习生活观念；另一方面，学校不仅是学生学习的场所，更是学生发展兴趣特长的基地，对学生集体主义良好品质的培养具有重要作用。

b. 有利于学生的全面发展。学校教育是有计划、有目的、系统地对学生施加影响的过程，教育目的是培养德、智、体、美、劳全面发展，有社会主义觉悟的建设者和接班人。

c. 有利于学生个性的全面张扬。学校是专门将人类丰富的生活经验和生产经验传递给学生的场所，为学生的发展提供了良好的基础，并以其包容性使得学生的个性得到张扬。

②不利影响。

学生是有个性特征、有思想的个体，因此，我们不能像生产物品那样进行标准生产。学校生活的特点就必然带有不利于学生发展的因素，具体表现在以下几个方面。

a. 学校生活的长期性使学生易产生厌倦心理。学校生活伴随学生的大部分时光，这种生活具有很强的纪律约束性，加之学生课业负担的不断加重，社会多元文化对其的影响等，使得处于不成熟阶段的学生很难长久地待在学校里安静地读书。

b. 学校生活的纪律约束性易使学生产生叛逆心理。学校教育是以制度保证其实施的教育。这种约束性还具有长期性和处罚性，在一定程度上限制了部分学生个性的张扬，故易产生极强的叛逆心理。

c. 学校生活的集体性易使学生迷失自我，产生攀比、自卑等心理。学校是一个公众场合，里面的学生因性格不同、家庭背景条件的差异，会有各种形式的生活习惯，再加上社会文化对校园文化的冲击，学生之间容易产生各种问题进而影响其学习和健康成长。

3. 论述皮亚杰的道德认知发展理论对学前教育与课程的启示。

【答】（1）皮亚杰的认知发展理论。

①皮亚杰的认知发展理论认为，儿童是主动的，儿童的行为是先天的遗传结构与外界环境相互作用的结果。儿童正是在先天遗传结构或图式的基础上，经过不断的同化、顺应和平衡，形成新的认知结构，促进智力的发展。

②皮亚杰认为影响儿童智力发展的因素有四个：成熟、经验、社会互动、平衡作用。认知发展乃是认知结构不断组织与再组织的过程，这种过程是渐进的、阶段性的，不同的发展阶段有不同的特点。

③皮亚杰将儿童认知或智力发展分为四个阶段：感觉运动阶段（0～2 岁）、前运算阶段（2～7 岁）、具体运算阶段（7～11 岁）、形式运算阶段（11～16 岁）。

（2）启示：

①教育的目的在于发展学生的认知结构，培养学生的创造力和批判力。

教育的首要目的是培养儿童的创造能力和发明兴趣，而不在于只训练重复既有事情的人。第二个目的就是要培养儿童的批评性，使其具有求证的能力，而不只是接受知识。

②课程设计应依据儿童认知发展阶段的特点。

皮亚杰研究结果表明，儿童智力发展是分阶段的，不同的年龄阶段表现出不同的心理特点。如 2～7 岁为前运算阶段，这个阶段的儿童发展了符号表征功能，能够进行简单的直接推理，理解简单的因果关系，产生了同一性特征，但自我中心现象还比较严重等。为 2～7 岁儿童设计课程，就必须考虑儿童心理发展的这种特点，使不同的阶段都能顺利地过渡，除此之外，还应注意以下几点：

第一，课程内容不应明显超出儿童的认知发展阶段。第二，课程应具有衔接性，前一阶段应为后一阶段奠定基础，后一阶段应是前一阶段的继续。第三，设计课程应本着循序渐进的原则，由具体到抽象。

③课程组织与实施时应注意的方面。

第一，多创设可供幼儿活动的物质环境。第二，充分利用图画、图表等工具辅助阅读，激发幼儿学习的兴趣。第三，重视语言教学的功能。

④重视游戏和活动，促进幼儿智力发展。

⑤培养幼儿互助、合作、互尊等品德，发展幼儿的社会性。

⑥正确运用认知冲突原理，强调自我调节的平衡作用，发展幼儿的自我调节能力。

⑦课程设计应依据儿童认知发展阶段的特点。

4. 试论教师的专业及教师专业发展的现实。（见2015年西南大学真题）

2014年首都师范大学333教育综合真题·凯程详解

一、名词解释

1. 学校教育制度（见2019年北京师范大学真题）

2. 隐性教育功能

【答】从教育作用的方向上划分，教育功能可以分为显性教育功能与隐性教育功能。隐性教育功能是伴随显性教育功能所出现的非预期的且具有较大隐藏性的功能。这种结果既非事先筹划，也很难被察觉到。二者的区分是相对的，一旦隐性的潜在功能被有意识地开发、利用，就转变为显性教育功能。

3. 国家课程（见2011年首都师范大学真题）

4. 教学（见2013年陕西师范大学真题）

5. 学习动机（见2013年北京师范大学真题）

6. 常模参照测验

【答】常模参照测验是用常模来解释个人测验分数的一种测验。它是以团体的心理水平来衡量个体的心理水平，目的在于将受测者的表现与该团体中其他受测者相比较，从而确定每个受测者的心理水平在总体中的相对位置。测验项目要求具有适当的难度和一定的区分度。常使用的常模参照表有百分等级量表、标准分数量表、T量表、比率智商量表、离差智商量表等。

二、简答题

1. 简述杜威实用主义教育学的基本观点。

【答】实用主义教育学兴起于19世纪末20世纪初的美国，是在批判脱离儿童生活的、以教师传授书本知识为主的传统教育基础上形成的。代表人物主要是美国教育家杜威，他的代表作为《民主主义与教育》。实用教育学的基本观点是：

（1）教育即生活，教育即生长，教育即经验的连续不断地改组或改造。

（2）学校即社会。

（3）从做中学，重视儿童的独立探索和经验。

（4）以儿童为中心去组织学校生活。

实用主义教育学对以赫尔巴特为代表的传统教育学派进行了深刻的批判，对20世纪整个世界的教育理论和教育实践都产生了深远的影响。自此以后，西方教育学便出现了以赫尔巴特为代表的传统教育学派和以杜威为代表的现代教育学派的对立局面。

2. 简述教师个体专业性发展的基本内容。（见2011年首都师范大学真题）

3. 简述元认知与学习策略的关系。

【答】（1）元认知。在学习的信息加工系统中，存在着一个对信息流动的执行控制过程，它监视和指导着认知活动的进行，负责评估学习中的问题，确定用什么学习策略来解决问题，评价所选策略的效果，并且改变策略以提高学习效果。这种执行控制功能的基础就是元认知。元认知是对认知的认知，具体地说，是个体关于自己认知过程的知识以及调节这些知识过程的能力。

（2）学习策略。学习策略是指在学习过程中，学习者为了达到有效学习的目的而采用的规则、方法、技巧及其调控方法的总和，它能够根据学习情境中的各种变量、变量间的关系及其变化，对学习活动和学习方法的选择与使用进行调控。

（3）元认知与学校策略的关系。根据信息加工过程的模式，学习策略涉及信息流程中所有环节所使用的方法和技术，如注意、复述、精细加工、组织等过程，以及对它们的计划、监视和调节等控制过程。其中，复述、精细加工和组织是直接对信息进行的加工，属于认知策略；对信息加工的控制过程则控制着信息的流程，监控和指导认知过程的进行，属于元认知策略，包括计划策略、监察策略（注意策略）和调节策略。认知策略和元认知策略的执行过程是在工作记忆中进行的，而学习策略本身作为元认知知识的一部分是存储在长时记忆中的。

4. 简述教育行动研究的基本特征。

【答】（1）教育行动研究是在教育情境中，研究人员和实际工作者结合起来解决某一实际问题或提高教师素质的一种方法，一方面旨在提高教育实践者自身的专业判断能力与教育问题的洞察力；另一方面也为优化教学实践提供具体策略。

（2）教育行动研究的特点。

①为教育行动而研究。这是教育行动研究的目的，是与传统研究“为理论建构而研究”的研究目的相对应的。

②由教育行动者研究。它指出了教育行动研究的主体主要是教师，而不是外来的专家学者。教育行动研究要求一线教育人员即教育行动者要参与研究，对自己从事的实际工作进行反思，在反思中提高理论水平和实践能力。

③在教育行动中研究。这是教育行动研究的情境，一方面要求研究关注研究情境的特殊性；另一方面要证明行动的过程是努力提高行动效率，改善行动质量，提高自我行动能力的过程。

三、论述题

1. 试论学校教育对学生人文精神的培养。

【答】（1）所谓人文精神，是以对人自身的关注为内在规定，以人类共同的生存和发展利益为最高准则的一种价值取向，是人类有史以来不断形成、积淀、丰富的精神文化的总和。人文精神通过人文素质、人文素养显现出来，而人文素质和人文素养的提高滋润着人文精神的完善。随着内在气质、性格、价值观念、个性的积淀和形成，人文素质、人文素养逐渐升华为人文精神。

（2）培养人文精神的作用：①是实施素质教育的需要；②是新课程改革深化的需要；③是学生终身、全面发展的需要。

（3）措施：

①培养科学精神。科学精神是人文精神的一个重要组成部分。人类在认识自然、协调与自然关系的过程中所表现出来的探索、研究精神，实事求是的态度，百折不挠的坚强意志，为真理献身的勇气等，都是人文精神的具体表现。培养学生科学精神的目的，并不仅仅局限在物质生产和社会生活中“解决问题”。

科学精神所体现出来的客观性，可以矫正我们的态度和行为，克服偏见，使人们在客观事实的基础上共同追求真理；科学精神不承认任何终极性的结论，这是人类得以发展的内源性动力，这同教条主义和形而上学的思想方法是背道而驰的；就人和社会生活而言，科学精神蕴含的相对性和辩证思想可以培养人的民主思想。所以，科学精神是培养学生个性的各个方面和涉足学生个性发展各种需要的具有决定意义的因素。

②增强社会责任感。在增强学生社会责任感方面，爱国主义精神的培养无疑是至关重要的。知识经济的全球化并不能消除国家之间的差异，更不能消除国家之间在政治、经济、文化等社会生活各个领域内的矛盾和斗争，这是一个铁的事实。在信息社会，未来的一代不仅要捍卫国家的领土、领海、领空，而且还要抵制西方的文化霸权，捍卫并拓展国家的信息疆域。这同样是关系到国家、民族兴衰存亡的大事。

2. 试论移情的内涵及作用。

【答】（1）内涵。移情是精神分析的一个用语。来访者的移情是指在以催眠疗法和自由联想法为主体的精神分析过程中，来访者对分析者产生的一种强烈的情感，是来访者将自己过去对生活中某些重要人物的情感投射到咨询者身上的过程。

（2）作用。关于移情目标的阐述，人会对那些在孩提时代最先在心理给予他们爱的人的感情进行移情，包括正向转移和负向转移。正向转移的目标会选择那些能带给他们和最开始爱的人一样的行为或感受的人（所谓的物以类聚，人以群分）。正向转移是先发生的，负向转移是后来才发生的。当被给予正向感情的人，被动受到伤害或主动伤害移情者时，负向移情才会开始，而且还会泛化并且选择更多类似的目标，也就是所谓的爱得多，恨得更多。这里还存在一种情况，就是内向转移，即当负向转移也受挫时，感情会移向自己。

3. 试论访谈法的适用情形。

【答】（1）访谈法是指以口头形式，根据被询问者的答复收集客观的、不带偏见的事实材料，以准确地说明样本所要代表的总体的一种方式。尤其是在研究比较复杂的问题时，需要向不同类型的人了解不同类型的材料。

（2）适用范围：访谈法收集信息资料是通过研究者与被调查对象面对面直接交谈而实现的，具有较好的灵活性和适应性。访谈法广泛适用于教育调查、求职、咨询等，既有事实的调查，也有意见的征询，更多用于个性、个别化研究。

4. 试论教师的职业形象及其实现。

【答】（1）教师的职业形象是教师群体或个体在其职业生活中的形象，是其精神风貌、生存状态和行为方式的整体反映。它既是社会对教师职业及其日常行为的一种总体性评价与概括性认识，也是教师群体内部或个体自身对其职业所持有的价值认识与情感认同。教师的职业形象是通过其内在精神和外显事物显现出来的，其内在精神包括职业的精神风貌、工作态度、敬业精神、创新精神等；外显事物表现为教师节日、教师组织、教师着装等。教师个人的形象包括对学生的态度、对工作的态度、道德水平、教学水平、人际水平等。

（2）教师职业形象的实现。

①教师的道德形象。

教师的职业道德是教师从事教育教学活动时的基本行为规范，是教师自己对职业行为的自觉要求。它是以敬业精神为基础、以协调师生关系为主要内容的道德规范。自古以来，教师的道德形象被视为教师最基本的形象。

②教师的文化形象。

教师是以文化为中介来与学生发生关联，对学生产生实质影响，以实现对社会的文化功能。文化不仅提供了教师形象确立的源泉、材料，并且使教师的形象设计与塑造具备自己的个性。教师的文化形象是教师形象的核心。

③教师的人格形象。

人格是一个人的整体心理面貌，教师的人格形象是教师在教育教学活动中的心理特征的整体体现，具体包括教师对学生的态度，教师的性格、气质、兴趣等。教师的工作对象是活生生的、复杂多样的人，其劳动是复杂的、富有挑战性的，因此教师必须具有良好的个性心理品质。

（3）总之，教师的职业形象应是道德形象、文化形象与人格形象三者统一的整体，教师的形象建设是一个不断设计与改造的过程，需要全社会对教师职业的地位、功能、条件进行科学认识，需要教师职业内部不断建立起自己的规范，更需要教师个体自觉地建构。

2015年首都师范大学333教育综合真题·凯程详解

一、名词解释

1. 教育（见2014年北京师范大学真题）

2. 价值性教育目的

【答】价值性教育目的指具有价值判断意义的教育目的，即含有一定价值观实现要求的教育目的，表示人才培养所具有的某种价值取向，是指导教育活动最根本的价值内核。教育目的的价值取向包括社会本位论和个人本位论。一个国家在制定教育目的时，要认识到社会需要与个人发展的辩证关系，从而把两种理论辩证地统一起来，二者的统一在价值取向上最终要落在人的发展上。

3. 智育

【答】智育是全面发展教育的重要组成部分和基础。智育是传授给学生系统的文化知识和技能，发展他们的智力与非智力因素的教育。智育为其他各育提供了认识基础。在教学中，我们要处理好智育与其他各育的关系，既不放松智育，也不能只局限于智育。

4. 班级组织

【答】班级是学校的细胞，既是学校教导工作的基本单位，也是学生学习、活动的基层集体。

班主任是班级教育的组织者。班主任对一个班的学生工作负全部责任，组织学生的活动，协调各方面对学生的要求，从而对一个班集体的发展起主导作用。班级组织的培养方法主要有：（1）确定集体的目标，目标是集体的发展方向和动力；（2）健全组织、培养干部以形成集体核心；（3）有计划地开展集体活动；（4）培养正确的舆论和良好的班风。

5. 隐性知识

【答】根据知识是否容易被传递，我们把知识分为显性知识和隐性知识。隐性知识指难以言传、只能意会的内隐经验类知识，如观念。

6. 操作定义

【答】操作定义是指用具体的、可操作的方法或程序来界定变量，使变量成为可观察、可测量、可检验的项目。从本质上说，下操作定义就是描述怎样或用什么办法测量变量。

其特点是：（1）可观测、可重复、可直接操作；（2）能把变量转化成数字化形式，凡是能计数或计算的内容都是可直接观测的；（3）操作定义的指标成分应分解到能直接观测为止；（4）操作定义所提示的测量或操作必须可行；（5）用多种方法形成操作定义，既可以从操作入手，也可以从测量入手。

二、简答题

1. 实验教育学的基本观点。（见2019年北京师范大学真题）

2. 学生评价的功能。

【答】（1）学生评价是根据一定的标准，通过使用一定的技术和方法，以学生为评价对象所进行的价值判断。它是教育评价的基础和重点，也是学校教育评价的核心。

（2）学生评价的功能有：①准确诊断学生发展情况；②促进学生发展；③对学生的发展起导向作用；④方便学生的管理。

3. 创造性思维的特点。

【答】创造性思维是指用超常规方法，重新组织已有的知识经验，产生新方案和新成果的心理过程，是创造性认知品质的核心。其主要特征有：流畅性、变通性、独特性、综合性、突发性。现在多数研究者认为，创造性思维是一个复合体，它是由多种思维有机组成、协同作用的。第一，创造性思维是发散思维与聚合思维的统一；第二，创造性思维是逻辑思维与非逻辑思维的统一。

4. 质性研究中的情境分析。

【答】所谓质性研究，就是以研究者本人为研究工具，在自然情境下采用多种资料收集方法对社会现象进行整体性探究，使用归纳法分析资料并形成理论，通过与研究对象互动对其行为和意义建构获得解释性理解的一种活动。情境分析是研究的一种方法，是将资料置于研究现象所处的自然情境中，按照事件发生的时间顺序对有关事件和人物进行描述性分析。

三、论述题

1. 试论校本课程的开发。（见2010年南京师范大学真题）

2. 奥苏伯尔接受学习的特点和性质。

【答】（1）奥苏伯尔的接受学习：接受学习是教师通过直接呈现要传授的知识及其意义，学生通过新旧知识之间的相互作用来获得新知识。与布鲁纳所倡导的发现学习的观点相反，奥苏伯尔认为，学生的学习主要表现为接受学习，是通过教师的传授来接受事物意义的过程，它是一种有意义的接受，而且完全可以是有意义的学习。

（2）有意义的接受学习：在接受学习中，教师所呈现的新知识大多数是现成的、已有定论的、科学的基础知识，包括一些抽象的概念、命题、规则等，学生主要通过利用和这些新知识有关的、认知结构中已经具有的旧知识去同化它们，通过同化（或称相互作用）去理解新知识的意义。

（3）在奥苏伯尔看来，无论是接受学习还是发现学习，都有可能是机械的，也都有可能是有意义的，那种认为接受学习必然是机械的，发现学习必然是有意义的观点是毫无根据的。如果教师教法得当，并不一定会导致机械的接受学习。任何学习，只要符合有意义学习的条件，就是有意义学习。此外，有意义学习和机械学习也不是绝对的，而是处在一个连续体的两端，学校的许多学习，经常是处在这两端之间的某一个点上。

3. 问卷形成中测验题目的设计原则。

【答】（1）正面肯定提问。不要用假设句，更不要用反问句、否定句或双重否定句。

（2）问题的内容要符合该课题的研究目的和假设的需要，所列项目对研究目的具有较好的覆盖面，答案能较全面地反映所要研究问题的主要方面，且不交叉、不重叠。

（3）问题的数量要适度。防止因题量太多而使作答者产生厌倦情绪，或因题量太少，不能得到有关研究的基本事实材料而影响研究结论。

（4）问题的文字表达要简明扼要、易懂、易回答。结构上，一个问题只含一个疑问，问题的语言一般不用假设或推测用语，用语应明确具体。总之，每题只能包括一个清晰而明确的问题，切忌一题多问和模糊不清。

（5）问题的排列顺序要分类清楚、层次分明、合乎逻辑。在封闭式问卷中，划分水平程度的答案，或由低到高，或由高到低，要随机排列，以免使作答者产生定势而不认真作答。

（6）客观严谨。提问时不应该用倾向性或引导性的口气，避免询问有关社会禁忌和个人隐私的问题，也不宜问敏感或刺激性的问题。

（7）明确问题范围。要弄清楚是用于小范围的典型调查还是大范围的统计调查；究竟是了解人们思想态度的意向性问题，还是主要了解过程方面的事实材料性问题。

（8）应避免问题中隐含的心理因素而导致的负面影响。第一，问题不应具有暗示倾向性；第二，问题不要涉及太过敏感的个人隐私而使填答者不愿直接回答，措辞要有礼貌。

4. 教育的个体谋生和享用功能。

【答】教育的个体谋生和享用功能属于教育的个体正向功能。

（1）个体谋生功能。

教育在传递知识经验的同时，也使人获得了谋生的本领。无论是过去还是现在，人们之所以接受教育，总是有意或无意地基于个体生存与发展的现实需要，教育事实上成为个体生存与发展的基本要求，成为生存与发展的基本手段和途径。以大学生为例，高等教育为学生提供了一个更宽广的平台、一个更精细的学术分类，为的就是让学生学有所长，在将来的工作中能运用自己的专业知识谋生。教育传授“何以为生”的本领，教学生“学会生存”。

（2）个体享用功能。

教育为我们提供了精神的粮食，是幸福的源泉，它是现代人生活的一部分，是人性成长的追求。教育从根本上说就是培养人们感受幸福、追求幸福、创造幸福的能力。幸福是完善人性的展示和表现，这种人性融智慧、情感、道德于一体，教育通过使受教育者的人格得到提升和完善，使他们体验到精神上的幸福。心理学人本主义代表马斯洛提出的需要层次理论为我们建立了一个人性需要层次的金字塔，位于塔顶的正是自我实现的需要，也就是说，当人通过教育来得到自我完善，从而实现自我时，人的需要便得到了极大限度的满足。

2016 年首都师范大学 333 教育综合真题·凯程详解

一、名词解释

1. 制度化教育

【答】根据教育系统的自身形式化程度，可以将教育形态分为非制度化教育和制度化教育两种类型。制度化教育是从非制度化教育中演化而来的，是指由专门的教育人员、机构及其运行制度所构成的教育形态。制度化教育是人类教育的高级形态。它的出现是人类教育文明的一大进步，也极大地推动了人类总体文明的进步。今天所谈论的种种“教育”和“教育改革”，基本上指的是这种制度化教育。

2. 测验（见 2011 年首都师范大学真题）

3. 学习动机（见 2013 年北京师范大学真题）

4. 教学设计

【答】教学设计是在分析学习者的特点、教学目标、学习内容、学习条件以及教学系统组成部分特点的基础上统筹全局，提出教学的具体方案，包括一节课进行过程中的教学结构、教学方法、教学方式、知识来源与板书设计等。

教学设计包括：（1）教学目标设计；（2）教学起点设计；（3）教学内容设计；（4）教学方法和媒体设计；（5）教学评价设计；（6）教学结构设计，也叫作教学过程设计。

5. 师生关系（见 2017 年西南大学真题）

6. 显性教育功能

【答】从教育作用的呈现方式划分，可以将教育功能划分为显性功能和隐性功能。教育的显性功能是依照教育目的、任务和价值，教育在实际运行中所表现出的与之相符合的结果。如促进人的全面和谐发展、促进社会的进步等，就是显性教育功能的表现。

二、简答题

1. 教师职业的基本特征。

【答】教师职业是一个专业性职业，具有三个基本特征：①需要专门技术和特殊智力，在职前必须接受专门的教育；②提供专门的社会服务，并具有较高职业道德和社会责任感；③拥有专业自主权或控制权，如对从业人员聘用、解职的专业权利不受专业外因素控制，表现为专业工作者应获得本专业资格证书，专业内部由不同的职称来标志专业水平差异等。根据学术标准衡量，教师职业是一种专门性职业，它需要经过专门的师范教育训练，掌握专门的知识和技能，通过培养人才为社会服务。

教师职业是以教书育人为职责的创造性职业，有目的地培养人才是教育区别于其他社会领域的根本特征。所谓教书育人，就是教师通过承担各门课程的教学，向学生传授系统的科学文化知识，引导学生树立科学的世界观、人生观，指导学生主动、有效地进行学习，营造良好的教学氛围来促进学生健康、快速地成长。

2. 访谈法的基本特征。

【答】（1）访谈法指研究者通过与研究对象进行面对面的交谈，以口头问答的形式搜集资料的一种调查研究方法。

（2）访谈法的特征。

①灵活性强。访谈员可以根据访谈过程中的具体情况灵活控制问题的选排、重复或解释。

②能够使用比较复杂的访谈提纲。可以利用一些问卷或访谈提纲了解一些比较复杂的问题。

③能够获得直接、可靠的信息和资料。

④不受书面语言文字的限制，减少理解上的障碍。

⑤容易进行深入调查。访谈者可以根据需要就某个问题补充询问或追问，使之对资料的掌握更全面深入。

3. 皮亚杰的道德认知发展理论。（见2012年东北师范大学真题）

三、论述题

1. 论述解释型教育实验研究。

【答】（1）解释型教育实验研究提出的原因。

实验研究对教育的发展有很大的促进作用，但是在我们真实的教育情境中很难进行教育实验研究，因为进行教育实验研究必须严格控制无关变量的影响，但无关变量的严格控制又可能破坏教育的真实环境，使我们的研究远离教育的意义。但是进行教育实验研究的目的不在于对实验的控制，而是使实验结果得到合理的解释，并得到推广。因此就有人提出解释型实验研究的方式：使实验能够比较有效地在真实的教育环境中得到实现，并且不会使真实的教育环境被改变，同时又能够合理地解释实验结果。

（2）对解释型教育实验研究的理解。

①实质：是以真实情境的详细描述替代难以实现或改变真实教育环境的实验控制，并以此作为一种等效控制方式来获得解释力，保证实验效度。

②方法论态度：建立控制结构与意义理解的联系。

③原则：在不损害教育意义和真实教育环境的条件下保持实验研究的原貌，以质性研究为基础。

④基本思路：以质性研究的整体的意义理解为前提，整合实验研究规范。

⑤特点：以质性方式对研究的问题、实验假设、实验操作、因变量的预测、被试在实验前后及实验操作过程中的表现、各种无关变量及其影响和控制均做出详细的描述，以质性描述真实呈现实验研究的全过程，使实验结果得到合理的解释，保证实验的效度。

（3）解释型教育实验的基本构成。

①提出研究问题和实验假设。②选择被试。③确定研究变量：自变量、因变量、无关变量。④进行实验。⑤得出研究结果。⑥分析结果，得出研究结论。

（4）注意：对研究问题与实验假设的要求与实验研究中对研究问题和假设描述的要求是一致的，要符合实验研究的表述规范。被试的选择也要符合我们的抽样原则，要考虑实验的效度等相关因素。解释型教育实验研究对无关变量的控制，并不是采用我们在实验研究那里所学的几种控制无关变量的方式，而是对实验的整个过程进行详细的描述，最后给予合理解释。

2. 论述教育学的价值。

【答】（1）反思日常教育经验。

一方面，教育的习俗认识不仅大量地存在于家庭生活中，而且也存在于学校教育生活中。另一方面，由于现代教育科学的发展和普及，教育理论知识也走出了大学的“象牙塔”，对学校、家庭以及社会日常教育生活产生越来越大的影响。

（2）科学解释教育问题。

①教育学是以教育问题为逻辑起点和对象的，教育学研究的主要任务就是对教育问题提供超越日常习俗认识和传统理论认识的新解释。提出、界定和明确教育问题，是教育科学认识的基本功。

②教育学作为对教育问题的科学解释，必须使用专门的语言、概念或符号，而不能使用日常的语言、概念或符号。

③教育学作为对教育问题的科学解释，其解释是有理论视角、根据或预设的，而不是直接建立在感性经验与判断基础上的，因而是一种理性的解释。

（3）沟通教育理论与实践。

①启发教育实践工作者的教育自觉，使他们不断地领悟教育的真谛。

②获得大量的教育理论知识，扩展教育工作的理论视野。

③养成正确的教育态度，培植坚定的教育信念。

④提高教育实践工作者的自我反思和发展能力。

3. 书本知识的学习对学生生活经验的意义。

【答】（1）什么是知识。学校教育中，这种知识主要指的是书本知识。

（2）什么知识最有价值。

①科学知识的价值在人的成长中的意义正在逐渐降低。一方面，游离于人的生活之外，记住了大量的标准知识，却不能获得生活的意义。另一方面，科学知识培养出来的人已经远远不能满足现代社会对人的需求。但学校系统地向学生传递书本知识无疑是具有重大意义的，向年轻一代传授知识和技能是基础教育必须承担的一项不可推卸的职责。

②人类的情感、价值、精神的力量、道德的意义同样也需要在学校里得到培养。

③总之，无论是从如何促进学生更好地发展，还是从人类生存和国家发展的需要而言，那种以传授知识为己任的学校教育都必须加以改革。因此，学校教育的宗旨也必须实现由“教书”向“育人”的转变。

（3）生活经验。

在教学过程中，学生始终处于被动的地位。学校教育忽视了对学生日常生活经验的注意。学生的生活经验一直很少成为传统课程研究的关注中心，但是学生的日常生活以及生活经验均为一种重要的教育经验。这是一种有别于课程、学校文化影响的特殊教育经验。它透过整个教育、教学过程的人际互动，以及自我教育的过程得以传递。

（4）终身学习与学会学习。

终身学习与学会学习不仅关系到受教育者个人未来的发展、成长乃至生存，而且也关系到国家和民族的前途和命运。而现代信息科学技术的发展，极大地丰富了人们获取知识与信息的资源、途径和手段。如何有效地获得、辨别、评价、选择和使用这些唾手可得的资料和信息，乃是社会各界，尤其是教育工作者必须解决的一个重要问题。这些现实使基础教育及教师面临着新的、严峻的挑战。在教育教学的全部过程中，学校教育与教师工作的一个极其重要的任务就是使学生“学会学习”。

四、材料分析题

1. 对《守则》内容进行总结与评价并分析其意义。

【答】（1）采取押韵的形式，叙述语气平和友善，少了居高临下的行政式语句，更加贴近学生。

（2）重理解，如体现时代特征，紧跟社会热点，涉及并强调了一些当今比较常见的青少年问题和社会关心的话题。例如，第二条“爱学习”中增加了“积极发表见解，乐于科学探索，养成阅读习惯”，第三条“爱劳动”中增加了“热心志愿服务”等。而“讲诚信”内容则从旧版的第九条提前至第六条，且明确要求“保持言行一致，不说谎不作弊，借东西及时还，做到知错就改”，体现了建设诚信社会的重要性。

（3）重实际，更为科学可行。对中小学生没有“高大全”式的理想化要求，适合中小学生身心发展的特点，有助于学生在日常生活和学习中遵照执行。

2. 对其中一条做深刻分析，谈谈若你是一名中学老师，该如何引导学生做到这一条。

【答】以“爱党、爱国、爱人民”为例。

（1）将精神贯穿于课堂教学之中。可以将精神潜移默化地渗透在课堂教学中，比如对传统文化的渗透，让学生体会到博大精深的中华文明，从而使其对祖国的骄傲和自豪感油然而生。

（2）采取多种教学手段。比如让学生观看红色影片、纪录片，并在观影后交流感受。

（3）举行多种教学活动。比如爱国经典著作的朗诵、角色表演等。

（4）对不良行为及时矫正。如果学生出现不尊重党、国家或人民的行为，应该及时制止。但是不能严厉批评，而是应该对学生进行深入的调查，分析其行为背后的真正原因，有针对性地进行教学。

（5）组织学生参观身边的历史遗迹，使学生了解历史遗迹背后的故事，并交流感受。

2017年首都师范大学333教育综合真题·凯程详解

一、名词解释

1. 教育目的（见2015年北京师范大学真题）

2. 义务教育（见2012年东北师范大学真题）

3. 教学策略

【答】教学策略指建立在一定理论基础上，为实现某种教学目的而制定的教学实施总体方案。在现代，指在一定教学观的指导下，教师根据一定情境，为合理处理教学中各因素关系并组织、调控教学活动而进行的谋划。

4. 教师的专业素质

【答】教师的专业素质包括教育理论、教育能力、教育研究素养。教育理论素养主要指教师对教育科学基本理论知识的掌握，能恰当地应用教育学、心理学的基本概念、范畴、原理处理教育教学中的各种问题；教育能力素养主要指保证教师顺利完成教育教学任务的基本操作能力；教育研究素养主要指教师运用一定的研究方法，探索教育领域的规律和解决问题的能力。

5. 测量

【答】测量是按照一定的规则为事物的属性、特征赋值。赋值、对象和规则是测量的三要素。测量的对象是事物的某种属性或特征；测量的实质是赋值或者分配数据；测量的规则是赋值的依据。测量工具统称为量表。教育研究中的主要测量方式包括问卷测量和观察测量。

6. 品德（见2015年湖南师范大学真题）

二、简答题

1. 简述教学设计的依据。

【答】（1）课程与教学的具体目标和内容；（2）学生的需要和特点以及学生的已有经验；（3）教师的教学经验；（4）现代教育技术等教学条件；（5）教学的其他需要和特点。

2. 简述在文献索引中研读文献的基本思路。

【答】（1）关注研究知识与个人知识的不同价值。

研究知识体现在专业研究人员所看重的专业文献当中，即成为某一领域内专家共同认可的学术成果。这些成果反映了该领域内不同研究者的学术贡献，是累积而成的。个人知识是某一个体依据自己的好恶和判断形成的对某一领域内问题的基本看法。二者分别满足不同的目的，具有不同的标准。

（2）寻找文献资料的核心部分。

在阅读文献的时候，应重点关注研究人员对研究成果与研究结论的论述，还要注意研究者的研究设计思路及其研究方法的运用。

3. 简述创造性思维的特点。（见2015年首都师范大学真题）

三、论述题

1. 结合实际谈谈日常教育经验的局限，并举例说明如何超越其局限。

【答】(1) 局限性。

①在教学原则上，容易厚此薄彼，教师一般只遵循直观性原则、巩固性原则等一些传统教学原则；②在教学内容上，缺乏与实际生活相结合的知识；③在教学方法上，以讲授法为主，方法过于单一；④在教学组织形式上，长期以班级授课制为主，缺乏创新；⑤在教学评价上，过于重视评价的甄别与选拔功能，以分数论英雄；⑥在德育上，德育途径与方法匮乏，德育地位不高；⑦在师生观上，过于强调教师权威，导致专制型的师生关系。

(2) 如何超越。

①在教学原则上，重视理论联系实际原则、因材施教原则、启发性原则等新型的科学原则，促进教学原则多元化以提高教学质量；②在教学内容上，加强课程内容与学生生活、现代社会和现代技术发展的联系，关注学生的兴趣与经验，精选终身学习必备的基础知识和技能；③在教学方法上，在讲授法的基础上，综合运用讨论法、实验法、实习法等新型教学方法，以保持学生的积极主动性；④在教学组织形式上，在把班级授课制作为基本教学组织形式的同时，采用综合分组教学等其他教学组织形式以弥补班级授课制的不足；⑤在教学评价上，将终结性评价与诊断性评价、形成性评价相结合，渗透发展性评价的理念；⑥在德育上，提高德育的地位，开拓德育途径尤其是间接德育途径，把德育渗透到学科教学当中；⑦在师生观上，尊重学生的主体地位，形成新型的师生观，即师生是民主平等的关系。

2. 请结合一个具体案例说明主题班会的教育价值。

【答】主题班会是班级教育活动的形式之一，是班主任根据教育、教学要求和班级学生的实际情况确立主题、围绕主题开展的一项班会活动。通过主题班会来澄清是非、提高认识、开展教育，对促进学生的成长和树立人生观都起着重要的作用，是学生的必修课。以“劳动教育”主题班会为例说明主题班会的教育价值。

(1) 在教学内容方面，不再局限于书本知识，扩充了教育内容，使教育内容与日常生活、实践日益结合。可以邀请同学们谈谈对“劳动”的认识，丰富劳动教育的内容，使同学们把劳动教育与日常生活密切联系起来

(2) 在教学方法方面，是讲授教学的有力补充，为讨论法等新型教学方法创造了条件。同学们可以自由地发表自己对劳动教育的观点和看法。

(3) 在师生观方面，主题班会加强了师生交流，有利于形成民主平等的师生观。教师抛出话题，学生积极讨论，教师适时进行引导与总结，实现了教师主导、学生主体地位。

(4) 在德育方面，运用有效、间接的德育途径，促进了德育方法的多元化，如陶冶、实践等。在讨论的过程中，有些不喜欢劳动的学生听到身边伙伴的劳动事迹以及对劳动的新认识，会有所改变。

(5) 在教师方面，加强教师尤其是班主任的领导力，这也是其自我教育的重要方式，有利于促进其自我提高。在班会活动中，教师类似于主持人的角色，要抛出话题，当学生跑偏时，班主任要及时把话题拉回来，还要维持课堂教学秩序，促进了班主任领导力的提高。

(6) 在班级管理方面，主题班会有利于构建“开放、多维、有序”的班级活动体系，营造健康向上、丰富活跃的班级文化环境，从而加强班级管理。班会活动中，学生是有序的自由，可以各抒己见，从不同的角度去分析问题，丰富班级文化，增强班级凝聚力。

综上所述，主题班会作为一种新型的教学和活动形式，对学生、教师乃至对班级管理都具有不可替代的价值。

四、材料分析题

1. 在“互联网＋教育”的思维下，国内近些年出现了大量的互联网教育课程，试分析这类课程对未成年人的影响。

【答】(1) 积极影响。

①拓宽了未成年人的视野，可以使其了解到许多书本之外的知识；②提高了学生搜集信息与处理信息的能力，锻炼了未成年人从海量信息中提取并处理有用信息的能力；③加强了未成年人与世界的联系，使未成年人可以通过社交软件迅速认识世界各地的人们。

（2）消极影响。

①对未成年人生理造成不良影响，如视力下降，容易失眠等；②对未成年人心理造成不良影响，如网络上的不良信息会误导未成年人形成错误的价值观；③使未成年人上网成瘾，从而影响学生的学习成绩，甚至使其走上违法犯罪的道路。

2. 置身于互联网时代，谈谈自己作为未来教师的应对之策。

【答】①在教育环境方面，要建立家校联系，家长与学校要共同监督学生，避免学生因为不良的网络习惯而误入歧途；②在教学内容方面，增强课程内容的时代感，增添与网络学习有关的教学内容；③在教学媒体方面，灵活运用网络技术，利用学生对网络的兴趣来激发学生学习的积极主动性；④在德育方面，进行道德教育时，要渗透网络成瘾及其他网络不良习惯的危害，从而防微杜渐。

2018年首都师范大学333教育综合真题·凯程详解

一、名词解释

1. 学习（见2013年陕西师范大学真题）

2. 教育要素

【答】教育要素是指构成教育活动的成分和决定教育发展的内在条件。就教育实践活动而言，其构成要素有:（1）教育者，是指能够在一定社会背景下促进个体社会化和社会个性化活动的人。（2）受教育者，是指参与教育活动、与教育者在教学与教导上互动，以期自身在语言、知识、智慧、学业、品德、审美和体魄等方面获得发展的人，主要是学生。（3）教育影响，即教育活动中教育者作用于受教育者的全部信息，既包括信息的内容，也包括信息选择、传递和反馈的形式，是形式与内容的统一。从内容上说，教育影响主要就是教育内容、教学材料或教科书；从形式上说，教育影响主要就是教育手段、教学方法、教育组织形式。

3. 无关变量

【答】无关变量泛指除自变量以外一切可能影响因变量变化，因而对研究可能起干扰作用的因素。在教育实验中，为了探索因果关系，证实确实是自变量X导致因变量Y的变化，就必须排除其他无关因素的影响。

二、简答题

1. 简述皮亚杰的认知阶段论。（见2012年东北师范大学真题）

2. 简述观察法的特征。

【答】教育观察是一种科学观察，研究者通过感官和辅助仪器，有目的、有计划地对教育领域的某一现象及其变化过程进行全面、细致深入的观察，从而获得比较客观的教育材料、教育规律。它具有以下特点：

（1）观察的目的性：观察是根据研究课题的需要，为解决某一问题而进行的。观察前必须明确观察的目的，确定观察的范围、形式、方法。

（2）观察的客观性：教育观察是在自然状态下进行的，研究人员不干预研究对象的活动，不改变对象的自然条件和发展过程。

（3）有翔实的观察记录：在教育观察的过程中，研究人员要通过描述记录法、取样记录法、行为核对表等对观察到的事实或现象进行翔实的记录，以备研究、分析。

（4）观察的能动性：作为研究手段的教育观察是按事先制定的提纲和程序进行的，同时规定了观察的时间和内容，是从大量教育现象中选择典型对象和典型条件，力求全面地把握研究对象的各种属性并以科学理论去分析、判断和理解观察结果，因此同样具有能动性。

三、论述题

1. 结合一个具体案例，论述良好的师生关系有助于提升学生学习兴趣与学习成绩。

【答】（1）现实生活中，很多学生对教师充满戒备，要取得学生的信任和尊重，作为教师，首先要“目中有人”和“心中有人”，充分尊重学生的人格，充分尊重学生作为一个社会人所应有的权利、尊严，师生之间要相互沟通理解，从而达到彼此尊重、信任。

（2）良好师生关系的标准：

①社会关系：民主平等，和谐亲密。师生之间无论在政治上还是在人格上都是平等的。教师尊重学生的人格，发扬教学民主，有助于教师发挥创造性和主导作用。民主平等是建立良好师生关系的基本要求。

②人际关系：尊师爱生，相互配合。师生之间彼此尊重、相互友爱，教学才会配合默契，这是建立良好师生关系的感情基础。

③教育关系：教学相长，共享共创。指在教育教学过程中教师和学生相互促进、共同提高。

④心理关系：宽容理解。指教师能够对学生的不同特点有充分的认识，能够理解学生之间的差异，宽容学生的不足和错误。

（3）启示：良好的师生关系能够提高学生的兴趣和学业成绩。如教师在上课时坚持学生的主体性地位，就会更好地发挥主导性作用，引导学生更好地掌握知识，从而提高学生的学习动机，激发学生的学习兴趣，形成良性循环。

2. 论述同辈群体生活对学生成长的影响。

【答】（1）同辈群体又称同龄群体，是由一些年龄、兴趣、爱好、态度、价值观、社会地位等方面较为接近的人所组成的一种非正式初级群体。同辈群体在青少年中普遍存在，他们交往频繁，时常聚集，彼此间有着很大的影响。同辈群体是一个人成长发展的一个重要的环境因素，尤其是在青少年时期，同辈群体的影响日趋重要，甚至有可能超过父母和教师的影响。青少年从家庭逐步走向社会，首先面对的就是如何进入同辈群体，并在群体生活中实现某种社会需要。

（2）同辈群体环境对青少年成长发展的积极影响。

①满足青少年情感交流的需求和促进情感的发展成熟。

同辈群体间相互的理解与支持、关心与尊重，可满足青少年交往的需要、归属的需要及尊重的需要，从而避免了这些正常需要得不到满足而带来的消极不良的情感，从而促进青少年的身心健康发展。另外，同辈群体是一种特殊的情绪接触形式，意识到自己是哪一个团体的成员，体验到团队精神和同伴间的相互帮助，不仅有助于青少年脱离成年人而自立，而且会使他产生极为重要的情绪安定感。青少年能否得到同伴、同学的尊重和爱戴，对他的自尊心发育具有决定性的意义。

②同辈群体也可促进青少年的学习和兴趣爱好的发展。

同辈群体的成员不仅在生活上、感情上相互支持，学习上也互相帮助、互相启发，有时彼此间还开展竞赛，这都有利于他们学习成绩的提高。在兴趣爱好上，共同的兴趣爱好不仅使他们有了更多的共同语言，同时在一起的切磋和探讨也进一步促进了他们兴趣爱好的发展。

③同辈群体是青少年获得生活经验和社会信息的主要来源。

与师生间的交往相比，同辈群体成员间的交往更直接、更经常、更亲切。他们无话不谈，彼此从对方获得大量的生活知识经验和社会信息，而这种信息获得的渠道要比从书本上获得来得更直接、随意，留下的印象也更深。因此，从同辈群体中获得的信息成为学校教育、书本知识的重要补充。

3. 根据当代中学生发展的特征，论述如果你是一名教师，你将如何教育现在的中学生。

【答】（1）当代中学生的特征。

①生理特点：中学生处于第二青春发育期，身体产生巨大变化。

②心理特点：a. 生理上的变化会使学生心理上也产生巨大变化，如男女生之间的羞涩情感、亲近

同辈群体等；b. 部分中学生存在叛逆情绪，喜欢寻求自身独立性、自主性。

③时代特点：a. 电子产品的普及使得大部分中学生对手机等产品有依赖性；b. 科技的迅猛发展使得学生更容易接受新鲜事物，思维的开放性更强。

④认知特点：皮亚杰的认知发展阶段理论说明，中学生已经具有不依赖具体事物的抽象思维，能够进行高级运算。

（2）如何教育中学生。

①提高自身教学水平，让学生对教师产生钦佩情感。②和学生友好、平等地交流，不要压抑、命令和胁迫。③学生出现问题时，采取循循善诱、渗透式的教育方式，杜绝单纯说教。④积极让自身和学生产生共情，了解学生的身体、心理特点。

四、材料分析题

1. 在人工智能兴起的背景下，有网友提出这样的质疑：既然人工智能都能做高考数学题，不仅速度快，而且准确率高，那么其实我们就没必要再让中小学生学习语文、英语、数学等其他各门学科了。针对网友这一观点，请做出你的评价和分析。

【答】我们仍有必要继续学习。

再高明的人工智能也是人类智慧的创造品，人要想驾驭人工智能、发展人工智能，就需要更多优秀的人才，而这类人才必须经过不断地学习才能实现。人工智能使得学习者可以在任何时间、任何地点通过多种渠道进行学习，获取知识不再局限于学校教育阶段。此外，人工智能使得认知不仅发生在头脑中，还发生在人与智能工具的交互过程中。人工智能改变了以往学习主体之间、学习主体与环境之间的交互作用，改变了学习生态。无论如何，人工智能都是为了学生更好地学习，而不是不用学习。

2. 还有网友指出：随着人工智能时代的到来，教师的工作将会被取代。针对网友这一观点，请做出你的评价与分析。

【答】人工智能不能取代教师。

人工智能可以教学、讲题，但是师生之间的关系不仅局限于知识的传授，良好师生关系的建立还需要教师与学生之间的情感交流，这一点人工智能还无法做到。师者，传道授业解惑也，未来人工智能不会完全替代教师，但是在人工智能时代，教师的角色会发生比较大的变化。如一些比较重复的劳动，像知识的传递，技能的训练，这些是能够被人工智能取代的。教师角色的变化使他们可以把精力、才华放在更重要的地方，就是育人的部分，也就是传道的部分。未来人类教师核心价值更多是在育人。就目前的技术而言，人工智能还没有达到可以不断创新的地步，在许多行业从事的也只是机械性的工作。虽然人工智能教育有取代教师的可能性，但是它背后还是需要模仿人类的智力行为，在人类智慧的基础上建立各种模型。

2019年首都师范大学333教育综合真题·凯程详解

一、名词解释

1. 教材

【答】教材是根据课程计划、课程标准和学生的接受能力编写的教学用书。教材是课程标准的具体化，是学生学习的主要材料，是教师进行教学的主要依据。

教材的编制原则：具有思想性和科学性；内容具有基础性；在保证科学性的前提下适应我国的发展现状；兼顾学科的逻辑顺序和学生的心理顺序；各年级教材要有衔接性。

2. 程序性知识（见2018年华东师范大学真题）

3. 发现学习（见2017年华东师范大学真题）

4. 实验研究

【答】教育实验研究是研究者按照研究目的，合理地控制或创设一定的条件，人为地影响研究对象，从而验证假设、探讨教育现象因果关系的一种研究方法。它包含三对基本要素：自变量和因变量、实验组和控制组、前测和后测。其特点是：对因果关系进行探讨、对自变量进行操作、合理控制无关变量。

优点：人为地创造实验条件，程序严格，便于重复验证，提高结果的科学性；对变量加以严格控制，实验结论精确可靠；可以极大地发挥研究者的主动性。

缺点：与真实的教育活动相差太远；由实验人员和实验过程带来的负效应；实验不可避免地存在样本不足和被试选择误差等局限性。

5. 访谈

【答】访谈是教育调查研究中经常使用的方法之一，是指研究者通过与研究对象交谈，收集所需要的客观的、不带偏见的材料的方法。使用访谈法首先要选择访谈对象，其次要准备访谈提纲和访谈计划，最后进入正式访谈，并进行记录。

评价：灵活性强；能够使用比较复杂的访谈提纲获得更丰富和深入的调查。但样本小，费时费力，效率低；标准化程度低，难以统计；调查过程容易产生偏差；不匿名，影响客观性。

6. 校本课程（见 2010 年陕西师范大学真题）

二、简答题

1. 请结合实际，阐述学习动机的内涵及其与学习效果的关系。（见 2010 年湖南师范大学真题）

2. 论述信息技术及其教育特征。

【答】（1）信息化是人类社会进步发展到一定阶段时所产生的一个新阶段，是在计算机技术、数字化技术和生物工程技术等先进技术基础上产生的，其主要特征有：虚拟性、全球性、交互性、开放性。

（2）信息化技术对教育的影响：①扩大和方便了人们的交流；②有利于发展教育和培训；③对教学方法、教学过程和教学资源等产生影响；④人们获取信息和处理信息的能力对每个人的未来发展产生十分重要的影响。

（3）在信息化社会下教育的特征：

①教育政策制定上：国家立法或颁布政策将信息教育课程列入正式课程，强调注重教育信息资源的开发和利用。

②教育理念上：培养具有现代化意识的人和具有较高信息素养的人。

③人才培养上：a. 具有较强的自主学习能力；b. 具有多方面的知识和较强的综合能力；c. 具有合作共事能力。

3. 阐述教育行动研究的程序。

【答】（1）教育行动研究是在教育情境中，教育实践工作的参与者与教育理论研究的工作者结合起来解决某一实际问题或提高教师素质的一种方法，是指通过研究真实的学校教育的过程与情境，以提高自己的教育行动质量与教育行动效率为目的的研究模式。其旨在提高教育实践者自身的专业判断能力与教育问题的洞察力；也为优化教学实践提供具体策略。

（2）其研究过程：

①计划：发现问题、寻找方案、制订计划（灵活开放）。

②行动：思考之后的行动、与一线工作者一起行动、根据实际情况不断调整行动。

③观察：观察方式、观察内容。

④反思：整理和描述、评价和解释、写出研究报告（研究日志、教育叙事、教育案例、教学课例）。

三、论述题

1. 论述现代教学观的转变。

【答】教学观变革表现在以下几个方面：

（1）从重视教师向重视学生转变：传统的教学观以教师为中心，以教师教为主导，现代教学观转向以学生为本，重视学生的主体性，体现在课堂上就是由满堂灌的教学到合作学习、发现学习等。

（2）从重视教法向重视学法转变：曾经的教法主要为讲授法，如今提倡的学法为创设情境，使师生对话与交流，重视学生的经验与体验。教师更加注重让多种教学方法有机配合，把学生的学放在第一位。

（3）从重视传授知识向重视建构知识、培养能力转变：提倡知识的主动建构、知识的双向互动、多方面能力的发展，而不仅仅是死记硬背。

（4）从重视认知向重视发展转变：传统的教育注重知识的获得与增长，现在更加主张多元智力理论，逻辑、空间、音乐、人际等各方面智能都要全面发展，以满足我国培养全面发展的人的教育目的的基本精神。

（5）从重视结果向重视过程与方法转变：传统教育以应试教育为主，只重视考试的分数，而忽略了学生的成长与进步，今天的教学观更加注重学生在学习过程与方法上的提升。

（6）从重视继承向重视创新转变：曾经的教学观念是继承前人已有的知识经验，将这些经验进行传播和学习，如今更加注重培养具有创新精神和实践能力的社会主义建设者和接班人。

（7）创造具有人文关怀、回归生活、具有生命活力的课堂：以前的课堂教师只是承担课程实施者和知识传授者的单一角色，今天的课堂更加强调人文性、生活性和生命力。

综上所述，如今教学中提倡的小组合作学习、探究学习、项目式学习等都是新式教学理念下的教学方法和教学组织形式。

2. 请结合马克思主义关于人的全面发展学说，谈谈我国教育目的中各育的关系。

【答】（1）马克思主义关于人的全面发展学说的内容十分丰富，其基本含义是人的体力、智力能充分自由地发展运用，以适应不同生产劳动和社会实践的需求，同时人的道德品质和美的情操高度发展；诸方面的发展，在一个人的身上就是充分、自由、和谐、统一的发展。

（2）这一学说的基本观点。

①“物质生产的发展”是“整个社会生活和现实历史的基础”。

②分工导致人的发展片面化，私有制则加剧了这种变化。

③大工业生产和科学技术的进步是人的全面发展的物质基础。

④共产主义社会使人的全面发展得以实现。

（3）对教育目的各育的影响。

①我国现阶段的教育目的是：“培养学生的创新精神和实践能力，造就‘有理想，有道德，有文化，有纪律’的德、智、体、美等方面全面发展的社会主义事业的建设者和接班人。”

②马克思主义关于人的全面发展的科学含义指出：首先，人的全面发展是指人的劳动能力的全面发展；其次，人的全面发展是指个人智力和体力的全面发展；最后，人的全面发展是人的先天和后天的各种才能、志趣、道德和审美能力的充分发展，即人的个性的自由发展。

③由马克思主义关于人的全面发展学说的科学含义可以得出教育目的中德育、智育、体育、美育以及劳动的发展，是真正的全面、充分的发展，它是我国制定教育目的的重要来源和理论基础。

3. 如何培养我国学生的良好品德？

【答】（1）外部因素：

①家庭环境：可以分为客观和主观两个方面。客观因素上：家庭结构对孩子品德有一定的影响，和睦的夫妻关系对子女的品德发展有促进作用。主观因素上：a. 家长要给孩子做好榜样；b. 家长要有良好的养育态度，对子女寄予积极期望；c. 家长要树立和善的家庭作风，营造和睦的家庭气氛。

②学校集体：a. 教师和学生要共同培养良好的班集体，维护良好的道德风尚；b. 学校要开展道德活动、学科教学、团队活动、课外或校外活动等；c. 其他因素包括教师要具备正确的领导方式，创造积极的校园文化，建设好的班风和校风等。

③社会环境：社会环境对学生品德影响很大。a. 国家要制定相关法律法规，颁布政策方针等，例

如，社会主义核心价值观的教育；b. 政府要营造良好的社会风气；c. 媒体要多多树立社会榜样供学生学习。

（2）内部因素：

品德的构成要素是知、情、意、行，可以从这几个方面来培养学生的品德。

①道德认知：a. 教师运用言语说服的方式；b. 课堂上组织小组进行道德讨论；c. 给学生进行道德概念分析等。

②道德情感：a. 丰富学生的道德观念，让这种观念与一定的情绪体验相联系；b. 重视美育，比如通过艺术、文艺进行熏陶；c. 运用榜样事例引起共鸣；d. 培养学生如何调控情绪。

③道德意志：a. 培养自主性；b. 培养学生的“三心”；c. 开展锻炼学生意志的相关道德活动。

④道德行为：a. 增强道德意志，抵制诱惑；b. 促进学生道德行为习惯的养成；c. 注重榜样的选择。

（关于案例，考生可自由发挥，言之有理即可。）

四、材料分析题

1. 请对当前我国中小学家校合作中存在的问题及其原因进行分析。

【答】现有的家校联合存在的问题是：以家长会为主，方式单一，效果甚微。

产生的原因：从教师方面看，教师受工作时间的限制，无法经常通过家访和学生家长沟通，教师也有自己的家庭生活，家校联合要占据教师工作之外的空闲时间。从家长方面看，家长同样忙于工作，时间有限；有些家长怯于和老师沟通，不主动；家长对家校合作的不重视也是主要原因，认为只要自己的孩子成绩好就行。

2. 如何改进家校共育模式，提升中小学德育的实效性？

【答】①利用新媒体，加强常规教育教学中教师与家长的沟通。学校利用网络平台，建立微信、QQ 群等，家长和教师可以自由交流，提高家校工作的可行性。

②教师是关键，以理念为先导，提升教师、家长的认识，德育管理部门是重要的组织者。长期的教育实践表明，家庭教育的不足会对学生产生巨大的负面影响，教师也对家庭教育重要性认识不足。a. 首先我们要转变观念，先改变教师，再改变家长；b. 可以在每年的班主任和青年教师培训中，把如何进行家校合作列入培训内容；c. 学校的德育管理部门要定期组织对教师的培训，还可以成立家长委员会进行座谈活动等。

③努力营造师生和家长心灵互通的和谐氛围。在家校合作中倡导“三边互动”，即教师和学生，父母和子女，家长和教师之间都有不断的对话。a. 召开有效的家长会和家长委员会例会；b. 设立家长开放日。

④社会是实现家庭、学校合作的重要平台。a. 把学校德育纳入社区大系统，建立全社会参与监督管理的机制，形成共管共育之势；b. 优化社会环境，发动社会支持，参与社会教育；c. 搞好青少年校外教育，充分发挥基地设施的作用；d. 通过各种形式的教育活动，推进社区精神文明建设，从而推动社会精神文明建设。

2020 年首都师范大学 333 教育综合真题 · 凯程详解

一、名词解释

1. 活动课程（见 2013 年东北师范大学真题）

2. 混合研究

【答】顾名思义，“混合研究”就是在一项研究中综合使用多种不同的研究方法的研究方法。从使用范围来看，混合研究方法适用于比较复杂的研究问题和对研究结论的可靠性要求比较高的情况；从使用标准来看，混合研究中的研究方法必须相容而又不相互交叉。

3. 建构主义

【答】建构主义更加关注学习者如何以原有的经验、心理结构和信念为基础来建构知识。它强调学习的主动性、社会性和情境性，对学习和教学提出了许多新的见解。它认为学生不是空着脑袋走进教室的，是自己知识的主动建构者，知识并不是现成的答案，强调激发学生的积极性，培养学生解决问题的能力和创造性。

二、简答题

1. 为什么说教师是专业性职业？（见2017年湖南师范大学真题）

2. 访谈法的提问环节应当使用什么样的技巧和策略？

【答】（1）为保证研究结果客观、可靠，访谈的内容、顺序应按照访谈提纲进行；（2）访谈者发问的语气、方式应保持中立；（3）在访谈过程中，要使访谈在轻松、愉悦、友好的气氛中进行；（4）在访谈过程中，不要打断或中止访谈对象的话，以免引起受访者的不良情绪；（5）对访谈对象的回答不要流露出惊讶、赞成、批评等语气和态度，尽量保持不做是非判断的态度；（6）访谈者要保持倾听的注意力；（7）交谈中所提问题要简单明了，易于回答；（8）要善于洞察被访者的心理变化；（9）访谈的时间要恰当；（10）要严守保密性原则，对于被访者的顾虑，可通过对交谈内容保密的承诺来消除；（11）当访谈对象的回答不符合研究要求的情况时，要采取重复提问等方式，弄清问题症结所在。

3. 熟练的技能和习惯有什么样的相同点和不同点？

【答】熟练的技能与习惯既有区别又有联系。

（1）相同点：二者都是自动化了的系统。

（2）不同点：①习惯是实现某种行动的需要，熟练的技能则无所谓需要；②熟练的技能是在有目的、有计划的练习中形成的，而习惯却可以在无意中，通过简单重复养成；③熟练的技能有高级和低级之分，但无好坏之分，而习惯可以根据对个人和社会的意义进行好坏的区分。

三、论述题

1. 试论述标准化测验的优点和缺点。

【答】（1）作为一种重要的测验类型，标准化测验具有明显的优势。①有效性：能保证测试准确地反映测试目的的特质。②可靠性：能保证测试对象在参加其他相同目标的测试（如测量相同的知识和技能）的结果是相同的。③高效性：可以在最短的时间里对一个学生的能力做出评价和判断，并得出符合标准的结果。④经济性：节约了成本。

（2）当然，标准化测验也不可避免地存在劣势和问题。①测验内容局限于低水平的知识、孤立的内容与技能；②测验仅测出结果，没有考虑学习者的思维与问题解决技能；③测验不能测量出学习者在真实的世界中应用理解的能力。

（3）尽管随着标准化测验的发展，其使用的选择题对理解力、鉴赏力、解决问题的能力和批判性思维等技能的评估产生了重要的甚至是戏剧性的进步，我们仍然得承认深思熟虑的手写答案和论文能够展示那些无法通过选择题就能有效地衡量的素质。

2. 请举例说明教育的正向社会功能表现在哪些方面。

【答】（1）教育的经济功能。

①教育是使可能的劳动力转化为现实的劳动力的基本途径；②现代教育是使知识形态的生产力转化为直接的生产力的一种重要途径；③教育是提高劳动者素质和生产率的重要因素。

（2）教育的政治功能。

①教育通过传播一定社会的政治意识形态，完成年轻一代的政治社会化；②教育通过造就政治管理人才，促进政治体制的变革与完善；③教育通过提高全民文化素质，推动国家的民主政治建设；④教育还是形成社会舆论、影响政治时局的重要力量。

（3）教育的文化功能。

①教育的文化传承功能（传递、保存）；②教育的文化融合功能（传播、交流与丰富）；③教育的文化选择功能（选择、提升）；④教育的文化创新功能（创造、更新）。

（4）教育的生态功能。

①树立建设生态文明的理念；②普及生态文明知识，提高民族素质；③引导建设生态文明的社会活动。

举例：学习社会主义核心价值观，能够促进个体正确人生观、价值观、世界观的形成。

3. 结合你的研究经历，说明教育研究有哪些步骤。（见2019年西南大学真题）

四、材料分析题

1. 在新时代，我国劳动教育面临着什么样的危机和问题？

【答】（1）没有树立劳动教育的价值目标导向。学校、家长还有学生都没有这一意识，加上受到“劳心者治人，劳力者治于人”“学而优则仕”等传统观念影响，大家都想做劳心者，不想做劳力者，对于劳动在一个人的成长过程中的价值和意义认识不足，客观上忽视了劳动教育。

（2）应试教育挤占了劳动教育的空间。现在的孩子学习负担过重，应试教育压得他们喘不过气，虽然一再强调体育、美育，包括劳动教育的重要性，但是大家还是追求分数，唯分数论，把智育放在最重要、最优先的位置。

（3）家长对孩子的教育目标存在错误定位。家长更看重的是孩子的考试成绩和排名，而不是孩子的全面成长。家长会认为劳动耽误孩子的学习时间，所以不让孩子参加劳动，还有些家长从内心就不愿意让孩子干体力活、手工活，生怕孩子将来胸无大志。

（4）没有把劳动教育作为青少年成长必须要经历的过程。劳动应该是人生存的一种基本手段，应该像读书一样成为一种基本的生活习惯，但是现在的学校教育并没有做到。

（5）没有相应的评价导向体系。没有建立起一个科学的评价体系，学生的劳动情况不能对其升学、就业等各方面产生实质性的影响，因此阻碍了劳动教育的深入开展。

2. 应当采取什么样的措施，使社会、学校和家庭形成合力促进劳动教育的发展？

【答】（1）在课程建设上，把劳动教育作为必修课纳入中小学的课程方案，从法律上给予保障。在其他学科课程中也应该渗透劳动教育的理念，并且这种设计要使小学、中学、大学贯通起来，进行系统化的设计。

（2）在课程设置上，要明确课内外劳动时间，因为劳动教育不能仅在课堂上讲，更要让学生有劳动实践的经历。

（3）学校应营造尊重劳动者的文化环境，加强校园文化建设，培养学生优秀的劳动品质。

（4）完善相应的评价方式，应强调对劳动经历的写实记录，把学生的劳动经历实事求是地记录下来，在此基础上对学生做出评价，并把评价的结果与升学等挂钩。

（5）家长要转变心态，鼓励孩子进行劳动，让孩子参与一定量的家务，体验劳动的快乐。

（6）只有社会、学校和家庭形成合力，才能使劳动教育真正普及，真正让儿童德、智、体、美、劳全面健康地发展。

上海师范大学

2011年上海师范大学333教育综合真题·凯程详解

一、名词解释

1. 稷下学宫（见2020年北京师范大学真题）

2. 最近发展区（见2011年北京师范大学真题）

3. 苏格拉底法（见2011年北京师范大学真题）
4. 教育目的（见2015年北京师范大学真题）
5. 智力多元理论（见2011年华南师范大学真题）

二、简答题

1. 人文主义教育特征和历史影响。（见2019年华中师范大学真题）
2. 影响个体发展的因素有哪些?（见2015年北京师范大学真题）
3. 简述教学过程中直接经验和间接经验的关系。（见2014年华中师范大学真题）
4. 教师专业发展的内涵。（见2011年首都师范大学真题）
5. 斯巴达教育的特点。（见2011年华南师范大学真题）

三、论述题

1. 简述成败归因理论。（见2011年东北师范大学真题）
2. 论述杜威的教育思想。（见2011年北京师范大学真题）

2012年上海师范大学333教育综合真题·凯程详解

一、名词解释

1. 教育目的（见2015年北京师范大学真题）
2. 教学（见2013年陕西师范大学真题）
3. 京师大学堂（见2013年北京师范大学真题）
4. 苏格拉底方法（见2011年北京师范大学真题）
5. “五育”方针（见2011年东北师范大学真题）
6. 德育过程（见2014年华东师范大学真题）

二、简答题

1. 教学评价的原则。（见2011年陕西师范大学真题）
2. 董仲舒的三大文教政策。（见2010年陕西师范大学真题）
3. 洛克的绅士教育思想。

【答】（1）洛克是英国著名的实科教育和绅士教育的倡导者，他在教育代表作《教育漫话》中所阐述的绅士教育的主张对西方近代教育和社会发展产生了重要影响。

（2）绅士教育的内容。

绅士教育的内容是德、智、体“三育”并举，以道德教育为中心。

①关于德育，他把德行放在比知识更重要的位置。道德教育要重视早期教育，重视理性领导和榜样作用，不主张体罚。

②关于智育，学问的内容必须是实际有用的广泛知识。

③关于体育，强调体育的重要性，他强调生活各方面都要吃苦耐劳。

（3）评价：洛克的教育思想以其世俗化、功利性为显著特点，他的思想在实践中和理论上都对英国以及西欧教育的现代化做出了贡献。但他的教育思想局限于绅士教育，而缺乏民主性。

4. 问题的性质及问题的分类。

【答】（1）所谓问题，就是个体不能用已有的知识经验直接加以处理并因此而感到疑难的情境。

（2）任何问题都有三个基本成分：一是初始状态；二是目标状态；三是存在的限制或障碍。现实中的问题多种多样，研究者倾向于将问题分为两类：有结构的问题和无结构的问题。有结构的问题是指已知条件和要达到的目标都非常明确，个体按一定的思维方式即可获得答案的问题；无结构的问题的已知条件与要达到的目标都比较含糊，问题情境不明确，各种影响因素不确定，也不容易找出解答线索。

三、论述题

1. 结合课程改革探讨教师专业素养的问题。（见 2019 年东北师范大学真题）

2. 评述陶行知的生活教育思想体系。（见 2014 年北京师范大学真题）

3. 论述赫尔巴特的教育思想，分析其优点和局限性。（见 2015 年北京师范大学真题）

4. 结合韦纳的三个维度，对考试成功和考试失败进行归因分析。

【答】（1）韦纳在前人的基础上，对行为结果的归因进行了系统探讨，发现人们倾向于将活动成败的原因归结为六个因素：能力高低、努力程度、任务难度、运气好坏、身心状态、外界环境等。他把这六个因素分为三个维度，即内部归因和外部归因、稳定归因和非稳定归因、可控归因和不可控归因。依据这三个维度，把成就行为归因于能力、努力、任务难度、运气这四个有代表性的因素。

（2）学生最终将成败归因为何种因素，受以下几种变量的影响：

①他人操作的有关信息，即个体根据别人行为结果的有关信息来解释自己行为结果的原因。如班上大部分人得高分，则易产生外部归因（老师判卷松）；少数人得高分，则产生内部归因（能力强、刻苦）。

②先前的观念，即个体以往的经验或行为结果的历史。如果努力做事后来成功了，则归因为稳定因素；经过努力还是失败了，则归因为不稳定因素，如运气不佳。

③自我知觉，即个体对自己能力的看法。自认为有能力者，易将成功归因为能力，将失败归因为老师的不公、偏见。

④此外，还有教师或权威人物对学生行为的期待、奖惩和归因，学生的性格类型、教育训练等，都是可以影响学生的归因。

（3）韦纳的归因理论认为，一个人解释自己行为结果的原因会反过来激发他的动机，影响他的行为、期待和情感反应。例如：把成功归结为内部原因，会使学生感到满意和自豪；归结为外部原因，会使学生产生惊奇和感激的心情。把失败归于内部原因，会使学生产生内疚和无助感；归于外部原因，会使学生气愤和产生敌意。把成功归因于稳定因素，会提高学习的积极性；归因于不稳定因素，学习的积极性可能提高也可能降低。把失败归因于稳定因素，会降低学生学习的积极性；归因于不稳定因素，则可能提高学生学习的积极性。

2013 年上海师范大学 333 教育综合真题 · 凯程详解

一、名词解释

1. 元认知（见 2011 年北京师范大学真题）

2. 苏格拉底法（见 2011 年北京师范大学真题）

3. 教育制度（见 2012 年华东师范大学真题）

4. 教育性教学

【答】赫尔巴特重视教学的作用，并提出了一个非常重要的原则，即教育性教学原则。教育性教学原则的含义：教育（道德教育）是通过而且只有通过教学才能真正产生实际作用，教学是道德教育的基本途径。

5. 德育过程（见 2014 年华东师范大学真题）

二、简答题

1. 简述教师劳动的特点。（见 2015 年东北师范大学真题）

2. 简述自然主义。（见2012年华东师范大学真题）

3. 简述《学记》的主要内容。（见2014年东北师范大学真题）

4. 问题的种类和举例。

【答】按照问题的组织程度把问题分为结构良好问题与结构不良问题。结构良好问题是指那些具有明确的初始状态、目标状态以及解决方法的问题，如从北京出发乘火车去大连，最好的路线应该怎么走；结构不良问题是指那些没有明确的结构或解决途径的问题，如让学生考察北京市教师的待遇状况。

三、论述题

1. 赫尔巴特的教育思想。（见2015年北京师范大学真题）

2. 试论述蔡元培的“五育”并举的教育方针。（见2016年华东师范大学真题）

3. 比较分析陈述性知识和程序性知识的异同。（见2010年陕西师范大学真题）

2014年上海师范大学333教育综合真题·凯程详解

一、名词解释

1. 课程标准（见2015年北京师范大学真题）

2. 教育目的（见2015年北京师范大学真题）

3. 学校管理（见2015年北京师范大学真题）

4. 多元智力理论（见2011年华南师范大学真题）

5. 骑士教育（见2010年华东师范大学真题）

6. 京师同文馆（见2012年北京师范大学真题）

二、简答题

1. 科尔伯格的道德发展理论。（见2013年华东师范大学真题）

2. 教育怎样体现社会流动功能?（见2010年北京师范大学真题）

3. 教师的专业素养。（见2014年北京师范大学真题）

4. 百日维新的改革。（见2014年陕西师范大学真题）

三、论述题

1. 卢梭的自然教育理论。（见2012年华东师范大学真题）

2. 科举制及其影响。（见2019年华中师范大学真题）

3. 陈述性知识和程序性知识的比较。（见2010年陕西师范大学真题）

4. 举例说明“理论联系实际”的教育原则。

【答】理论联系实际原则，是指教学要以学习基础知识为主导，从理论与实际的联系上去理解知识，注意运用知识去分析问题和解决问题，达到学以致用。要求如下：

（1）切实加强基础知识、基本理论的教学。

教学中的理论联系实际原则，一定要以理论为主导，掌握理论是联系实际的前提。教学中要不要联系实际、联系什么实际、如何联系实际，都要根据学习理论的需要来确定。我们既要防止教育单纯从书本到书本、从概念到概念的教条主义教学，也要防止把教学融于生活，仅仅从做中学等庸俗做法。

（2）根据学科的具体特点和学生的特点来正确、恰当地联系实际。

联系实际的内容十分广泛，包括学生的生活实际和经验，学生的思想实际、社会发展实际、科学上的最新成就等。联系实际常用的方式有三种：一是教师讲解过程中的举例和演示；二是教学实践活动；三是社会实践活动。例如，在讲“正确对待理想与现实”这课时，可以先让同学讲一下自己的理想，就会发现很多学生所谓的理想都是关于学习、事业的近期目标，还没有形成完整的人生观、世界观、价值观。因此，教师在教学时，要结合学生所说到的理想进行针对性的教有，形成他们对理想的正确认识。

（3）补充必要的乡土教材。

补充乡土教材是使学校教学与社会生活息息相通的重要措施。我国幅员辽阔，在自然条件、经济和文化发展等方面都有很大差异，每个地方都有它特有的历史文化、物产资源、风土人情。因此，在使用统一的教材时，必须适当补充乡土教材，能联系本地实际加以应用，还能培养学生热爱家乡的观念与情感，树立为本地经济建设做贡献的思想。

2015 年上海师范大学 333 教育综合真题 · 凯程详解

一、名词解释

1. 学校管理目标

【答】学校管理目标是指学校管理主体对管理活动的要求和期望，也就是通过管理活动所要达到的状态、标准和结果。学校管理目标在学校管理活动中占据重要地位，它既是学校管理活动的指南，也是衡量学校管理工作好坏的标尺。它有下述作用：①导向作用；②激励作用；③调控作用；④评价作用。

2. 教育评价（见 2014 年西南大学真题）

3. 课程方案（见 2013 年华东师范大学真题）

4. 德育（见 2015 年华南师范大学真题）

5. 稷下学宫（见 2020 年北京师范大学真题）

6. “三艺”

【答】“三艺”是指“七艺”教育中的“前三艺”，即文法、修辞学、辩证法。“三艺”是古希腊的智者先确定下来的。普罗塔哥拉及智者派教师充当了传授辩术的角色，他们周游各城市以游学的方式给贵族青年传授“三艺”，培养了一批演说家和辩论人才。

二、简答题

1. 掌握知识与发展智力的关系。（见 2012 年东北师范大学真题）

2. 教育如何体现其文化功能？（见 2016 年北京师范大学真题）

3. 卢梭的自然教育思想理论。（见 2012 年华东师范大学真题）

4. 维果茨基“最近发展区”的概念。（见 2018 年湖南师范大学真题）

三、论述题

1. 结合实际分析教师角色冲突及其解决办法。

【答】由于个人在社会不同群体中所处的地位不同，往往需要同时扮演若干角色。当这些角色对个人的期待发生矛盾、难以取得一致时，就会出现角色冲突。

（1）教师职业常见的角色冲突主要有以下几种：

①社会“楷模”与“普通人”角色的冲突。②“令人羡慕”的职业与教师地位低下实况的冲突。③教育者与研究者角色的冲突。④教师角色与家庭角色的冲突。

（2）解决办法：

为调适这些冲突，使教师保持心理平衡与协调，应从主客观两个方面着手：

①主观上，首先，要树立自尊、自信、自律、自强的自我意识；其次，教师要根据实际情况的

需要，善于处理多种角色的矛盾冲突，做到有主有辅、有急有缓、统筹兼顾；最后，要善于控制自己的思想、情绪，意志坚定地完成所承担的任务。

②客观上，首先，必须进一步切实提高教师的社会地位与经济待遇，改善教师的生活和工作条件，努力解决教师的实际困难；其次，应努力创造条件，给教师提供进修与发展的机会，并给予教师公正、客观、科学的评价，认可并肯定教师的劳动，满足教师的成就感；最后，加强对教师的思想教育，增强其责任感与使命感。

2. 张之洞“中体西用”教育思想的历史作用与局限性。（见2014年华东师范大学真题）

3. 赫尔巴特教学思想的教育贡献及其局限性。（见2015年北京师范大学真题）

4. 分析比较流体智力与晶体智力及其对教育的启示。

【答】（1）流体智力与晶体智力。

美国心理学家卡特尔等人在二十世纪六七十年代，根据智力的不同功能，将智力划分为两种：流体智力和晶体智力。

流体智力是指人不依赖于文化和知识背景学习新事物的能力，即与基本心理过程有关的智力，受先天遗传因素影响较大，会随年龄的老化而减退，如注意力、知识整合力、思维的敏捷性等。晶体智力则是指人后天习得的能力，与文化知识、经验的积累有关，并且不随着年龄的老化而减退，如知识的广度、判断力、常识等。

从时间上看，流体智力在人的成年期达到高峰后，就会随着年龄的增长而逐步衰退，而晶体智力自成年后不但不减退，反而会上升。

（2）对教育的启示。

通过教育发展学生多方面的能力，扩充晶体智力。

（建议回答角度：需要从人的发展特点和教育的相互关系这个角度回答它们对教育工作的启发，从而延伸到我国现有教育工作的改善方向，适当扩展即可。）

2016年上海师范大学333教育综合真题·凯程详解

一、名词解释

1. 负强化（见2019华中师范大学真题）

2. 学校教育制度（见2019年北京师范大学真题）

3. 稷下学宫（见2020年北京师范大学真题）

4. 课程设计

【答】课程设计是以一定的课程观为指导，制定课程标准、选择和组织课程内容、预设学习活动方式的活动，是对课程目标、教育经验和预设学习活动方式的具体化过程。课程设计的过程中要注重课程目标的设计和课程内容的设计。

5. 苏格拉底法（见2011年北京师范大学真题）

6. 德育过程（见2014年华东师范大学真题）

二、简答题

1. 简述卢梭的主要教育思想。（见2012年华东师范大学真题）

2. 教师的劳动有哪些价值?

【答】教师劳动对社会、个人的发展都有重要的价值。

（1）教师劳动的社会价值。

从宏观上看，教师劳动的社会价值表现在教师对延续和发展人类社会的巨大贡献上。教师的工作联系着人类的过去、现在和未来。从微观上看，教师的劳动关系到每一个人的发展和幸福。在现代社会，一个人的发展状况如何、前途如何，在很大程度上取决于他所受的教育，取决于教师的劳动。

（2）教师劳动的个人价值。

教师劳动的个人价值在于这种劳动能够创造巨大的社会价值。因为，个人价值的大小主要取决于他对社会的贡献。教师劳动比一般劳动更具有自我实现的价值。教师的劳动是培养人，具有特殊的复杂性和创造性。教师在自己的劳动中能够充分发挥个人的才智，促进个人自身的完善和发展，满足个人的较高层次的需求。教师劳动还能享受到一般劳动所享受不到的乐趣。

（3）正确认识和评价教师的劳动。

教师的劳动虽然有着巨大的社会价值和独特的个人价值，但它又具有自身的特点：a. 教师劳动的价值具有模糊性；b. 教师劳动的价值具有明显的滞后性；c. 教师劳动的价值具有隐蔽性。正因为教师劳动的价值具有模糊性、滞后性和隐蔽性的特点，所以很难为人们充分认识，教师的实际社会地位低下也就不难理解了。

"国将兴，必贵师而重傅。"任何一个有远见的政治家，都必须重视教育，尊重教师；任何一个国家欲在世界民族之林立于不败之地，都必须重视教育、尊重教师。我们要致力于把教师职业真正发展为太阳底下最崇高、最优越的职业。

3. 简述教育的生态功能。（见 2020 年华东师范大学真题）

4. 简述"最近发展区"的教育意义。（见 2018 年湖南师范大学真题）

三、论述题

1. 评述杜威实用主义教育的主要思想。（见 2011 年北京师范大学真题）

2. 评述蔡元培的"五育"并举教育思想。（见 2016 年华东师范大学真题）

3. 结合实例论述传递—接受学习的主要过程。（见 2016 年南京师范大学真题）

4. 评述建构主义。（见 2013 年华东师范大学真题）

2017 年上海师范大学 333 教育综合真题·凯程详解

一、名词解释

1. 课程标准（见 2015 年北京师范大学真题）

2. 教学方法（见 2013 年华南师范大学真题）

3. 苏格拉底法（见 2011 年北京师范大学真题）

4. 学校管理目标（见 2015 年上海师范大学真题）

5. 稷下学宫（见 2020 年北京师范大学真题）

6. 教育制度（见 2012 年华东师范大学真题）

二、简答题

1. 举例说明教师主导性与学生主体性的关系。（见 2010 年北京师范大学真题）

2. 简述教师的专业素养。（见 2014 年北京师范大学真题）

3. 列举中国古代最著名的五大书院。

【答】中国古代最著名的五大书院分别是白鹿洞书院、东林书院、诂经精舍、学海堂和漳南书院。

（1）白鹿洞书院。

南宋时期朱熹修复白鹿洞书院，自由讲学是书院的基本精神。其中最著名的是《白鹿洞书院揭示》，它使学规成为书院教学的总方针。此外在经费制度、管理方面都做了规定，说明南宋后期书院已经制度化。

（2）东林书院。

东林书院是明朝名声、影响最大的书院，形成著名的东林学派。基本思想是推行程朱，反对王学，制定《东林会约》，完善讲会制度。学术与政治相结合，密切关注社会政治。

（3）诂经精舍和学海堂。

诂经精舍和学海堂是清朝后期学术巨子阮元创办的，书院特点是“以励品学，非以弋功名”。各用所长，因材施教，教学和研究紧密结合，刊刻师生研究成果。

（4）漳南书院。

漳南书院是清代著名教育家颜元主持的一所讲求实学的书院。颜元在书院中设“文事”“武备”“经史”“艺能”“理学”“帖括”等六斋，实行分高教学，各斋教以不同的内容。书院各斋有长，各科有领，均由学生担任。书院主要教学“六德”“大行”和“大艺”。在教学中，颜元与弟子读书、讲论、歌诗，讨论兵农钱谷，说古论今，学习自然科学知识，并教给学生军事体育技能。

4. 简述教育影响的一致性与连贯性原则。（见2010年北京师范大学真题）

三、论述题

1. 论述先行组织者及其在学习中的运用。

【答】（1）先行组织者：奥苏伯尔提出了“先行组织者”的教学策略，即先于学习任务本身呈现的一种引导性材料。它的抽象、概括和综合水平高于学习任务，并且与认知结构中原有的观念和新的学习任务相关联，其目的在于为新的学习任务和旧知识之间搭建一座桥梁，为新的学习任务提供观念上的固着点，增加新旧知识之间的可辨别性，以促进学习的迁移。“组织者”不仅可以是先行的，也可以放在学习材料之后呈现。先行组织者主要包括陈述性组织者和比较性组织者两种。前者的目的在于为新的学习提供最适当的类属者；后者是比较新材料和认知结构中相类似的材料，目的在于增强新旧知识的可辨别性。

（2）先行组织者在学习中的运用。例如，学生将要学习“地形”方面的新材料，陈述性组织者就设计为：“地形是由各种各样特殊形状的大小陆地构成的总和”。其中，“陆地”是学生已经掌握了的上位概念，抽象和概括性高于新概念“地形”，而“地形”又高于将要学习的正式材料“山脉”“高原”“平原”等。学生事先学习这个组织者之后，便将这些高度抽象概括化的概念移植进认知结构中。再例如，学生学习了“动作技能”的有关材料后，再学习“智力技能”这个新材料，有可能混淆这两个概念，这时我们应该设计一个比较性组织者，可以设计为：“智力技能和动作技能一样，练习越多就越熟练”。不同的是前者为内化动作，后者为外显动作。

2. 论述赫尔巴特的教育思想及其历史作用与局限性。（见2015年北京师范大学真题）

3. 论述建构主义中的教学观、学生观及知识观。（见2013年华东师范大学真题）

4. 论述张之洞“中体西用”的教育思想及其历史局限。（见2014年华东师范大学真题）

2018年上海师范大学333教育综合真题·凯程详解

一、名词解释

1. 教学过程

【答】教学过程是一种特殊的认识过程，也是一个促进学生身心发展的过程。教学过程是教师有目的地引导学生学习人类积累起来的科学文化知识，学生掌握科学文化知识的过程，实质上就是能动地认识世界、提高自我的过程。

2. 德育过程（见2014年华东师范大学真题）

3. 教育制度（见2012年华东师范大学真题）

4. **苏格拉底教学法**（见 2011 年北京师范大学真题）

5. **京师同文馆**（见 2012 年北京师范大学真题）

6. **卢梭自然主义**（见 2013 年陕西师范大学真题）

二、简答题

1. **简述学校心理健康教育的途径。**（见 2015 年华中师范大学真题）

2. **简述班级授课制的优缺点。**（见 2020 年北京师范大学真题）

3. **简述遗传素质在人的发展中的作用。**

【答】遗传素质在人的身心发展中的作用：（1）遗传素质是人的身心发展的物质基础和生理前提，为人的身心发展提供了可能性；（2）遗传素质的成熟程度制约着人的身心发展过程及其年龄阶段；（3）遗传素质的差异性对人的身心发展有一定的影响作用；（4）遗传素质具有可塑性。

4. **简述卢梭的自然教育理论。**（见 2012 年华东师范大学真题）

三、论述题

1. **评述蔡元培“五育”并举的教育思想。**（见 2016 年华东师范大学真题）

2. **结合实例说明和评价班主任工作的内容和方法。**（见 2012 年西南大学真题）

3. **结合实例说明学习动机的实质及其在学生学习中的重要作用。**

【答】（1）学习动机的实质：学习动机是学习活动的驱动力量，学习动机的性质、指向和水平不仅影响学习活动的积极性，而且制约学习活动的方向。学习动机是引起和维持个体进行学习活动，并使活动朝向一定的学习目标，以满足某种学习需要的内部心理状态，它的主要内容包括知识价值观、学习兴趣、学习效能感和成败归因。

（2）在学习中的作用：

①定向作用。学习动机以学习目的为出发点，是推动学生为达到一定的学习目的而努力学习的动力。

②激发和维持作用。学习动机能增强学习的努力程度，使学生积极、主动、持之以恒地学习。

③调节作用。学习动机影响学习效果，学习动机调节学习行为的强度、时间和方向。

4. **评述赫尔巴特的教学理论。**（见 2017 年陕西师范大学真题）

2019 年上海师范大学 333 教育综合真题·凯程详解

一、名词解释

1. **教育制度**（见 2012 年华东师范大学真题）

2. **学校管理**（见 2015 年北京师范大学真题）

3. **教学资源**

【答】教学资源是为教学的有效开展提供的素材等各种可被利用的条件，通常包括教材、案例、影视、图片、课件等，也包括教师资源、教具、基础设施等。从广义上来讲，教学资源可以指在教学过程中被教学者利用的一切要素，包括支撑教学的、为教学服务的人、财、物、信息等。从狭义上来讲，教学资源（学习资源）主要包括教学材料、教学环境及教学后援系统。

4. **京师同文馆**（见 2012 年北京师范大学真题）

5. **骑士教育**（见 2010 年华东师范大学真题）

6. **《爱弥儿》**

【答】《爱弥儿》是 18 世纪法国教育家卢梭的代表作，它提出了自然主义教育思想。自然教育的核心是“归于自然”，即教育必须遵循自然，顺应人的自然本性。人所受的教育包括自然的教育、人为的教育和事物的教育，事物的教育和人为的教育要服从于自然的教育。其目的是培养“自然人”，即完全自由成长、身心调和发达、能自食其力、不受传统束缚、能够适应社会生活的一代新人。其方法原则是：正确看待儿童；给儿童以充分的自由；符合儿童发展的年龄特征。其实施阶段包括：婴儿期（0～2岁），进行体育；儿童期（2～12岁），进行感官教育和身体发育；青年期（12～15岁），进行智育和劳动教育；青春期（15～20岁），进行道德教育。

二、简答题

1. 简述环境在教学中的作用。

【答】（1）教学环境对优化教学活动过程的作用。

①优美的教学环境能够使学生在紧张和有序的学习活动中享受求知的快乐。

②生动活泼、积极主动、平等和谐的课堂教学气氛具有较强的感染力。

③在教学活动中，教学环境中精神环境或价值环境的创设，能促使师生之间情感方面的信息交流，成为教学活动中不容忽视的要素之一。

（2）教学环境对提高教学活动效率的作用。

①和谐积极的教学环境可以端正学生的学习动机，激发学生的学习兴趣，提高教学活动的效率。

②富有个性的教学情景的创设，有助于照顾学生的个性差异，拓宽学生的知识面，扩展学生的视野，调节学生的心境，增强学生的动手能力和创新意识，挖掘学生的个性特点，从而使每个学生的人格都能获得全面和谐发展。

③在教学环境创设中，启发式教学活动能使学生透彻地理解知识、灵活地运用知识。在一定的教学情景中组织和开展各项教学工作，以体现教学活动中师生民主平等的教学思想。

④良好的教学环境可以陶冶学生的情操，净化他们的心灵，指导和纠正学生的道德行为习惯。

2. 社会心理化的过程。

【答】依从、认同、内化（信奉）是社会规范学习过程中的三种最典型的水平。

（1）依从作为社会规范的一种接受水平，一般指主体对他人或团体提出的行为要求的依据或必要性缺乏认识，甚至有抵触情绪，仍遵照执行的一种遵从现象。具有盲目性、被动性、工具性、情境性的特点。它是整个社会规范学习过程的开端。

（2）认同一般指行为主体在认识、情感、行为上与规范趋于一致，从而产生自愿对规范的遵从现象，主要包括偶像认同和价值认同。这一水平具有自觉性、稳定性、主动性，是社会规范学习及品德形成的关键阶段，也是确立自觉遵从态度的开端。

（3）内化（信奉）是一种高级接受水平，是社会规范学习的最高阶段。表现为主体的规范行为和动机是以规范本身的价值信念为基础的，其规范行为被有社会规范的价值信念所驱使。其特点有：高度自觉性；信奉行为的高度主动性；信奉行为的坚定性。从遵从的态度机制的确立来看，遵从态度的内在机制已完备。

3. 蔡元培“五育”并举的思想。（见2016年华东师范大学真题）

4. 卢梭的自然教育。（见2012年华东师范大学真题）

三、论述题

1. 教师主导与学生主体的关系。（见2010年北京师范大学真题）

2. 如何培养一个班集体？（见2014年华东师范大学真题）

3. 举例并解释上位学习、下位学习和并列学习。

【答】按照新旧知识发生联系的方式，奥苏伯尔提出有意义学习的三种同化模式：

（1）下位学习——也叫类属学习，将概括程度或包容范围较低的新概念或命题，归属到认知结构中原有的概括程度或包容范围较高的适当概念或命题之下，从而获得新概念或新命题的意义。

（2）上位学习——新概念或新命题具有广泛的包容范围或较高的概括水平，将一系列已有观念包含于其下而获得意义。如先知道松树、柳树等具体概念，然后学习“树”，知道“树”是各种树木的总括概念。

（3）组合学习——也叫并列学习，新旧知识既无上位关系，又无下位关系，这时发生的学习就是并列学习。如先学习“松树”的概念，再学习“柳树”的概念。

4. 赫尔巴特的教学思想、意义及局限性。（见2015年北京师范大学真题）

2020年上海师范大学333教育综合真题·凯程详解

一、名词解释

1. 课程标准（见2015年北京师范大学真题）

2. 教育的社会流动功能（见2011年华南师范大学真题）

3. 元认知（见2011年北京师范大学真题）

4. 苏格拉底法（见2011年北京师范大学真题）

5. 绅士教育（见2012年华东师范大学真题）

二、简答题

1. 请简述教师劳动的特点。（见2015年东北师范大学真题）

2. 简述学生学习的特点。

【答】（1）接受学习是学习的主要形式；（2）学习过程是主动构建过程；（3）学习内容的间接性；（4）学习的连续性；（5）学习目标的全面性；（6）学习过程的互动性。

3. 简述陈鹤琴“活教育”的思想。（见2015年北京师范大学真题）

4. 简述裴斯泰洛齐要素教育的基本主张。（见2018年华东师范大学真题）

三、论述题

1. 结合现实举例阐述榜样教育的含义、选择及运用要求。

【答】（1）含义：榜样示范法是以他人的高尚品德、模范行为和卓越成就来影响学生品德的方法。

（2）选择：青少年学生的模仿性强，可塑性大，爱效仿父母、师长，向先进同学看齐，尤其喜欢崇拜伟人、英雄、学者。榜样把道德观念和行为规范具体化、形象化、动态化，具有极大的感染力。在良好的环境里，榜样能给学生以正确方向和巨大动力。但在缺乏正确舆论的地方，榜样的作用则将受到干扰及影响。榜样多种多样，既有好的榜样，也有不好的榜样。教师应向学生提供好榜样，主要有：历史伟人，现实的英雄模范，优秀教师、家长，优秀学生。

（3）运用榜样示范法要注意以下几点要求。

①榜样必须是真实可信的。选好榜样是学习的前提。从古至今，人们都习惯拔高榜样，甚至编造一些美德故事来美化榜样，这是不可取的。尤其当学生有了自己的判断能力之后，这样只会令人反感，适得其反。

②激起学生对榜样的积极情感。学生是通过模仿榜样的言行举止来习得其中的道德价值和行为方式的，这种模仿的倾向有赖于学生对榜样的积极情感，没有这种积极情感，模仿的行为是不会产生的。因此，需要引导学生深入了解榜样，包括榜样的身世、奋斗的经历、卓越的成就，尤其是那些感人至深之处，使他们在心灵深处对榜样产生惊叹、爱慕、敬佩之情。

③给不同年龄段的学生树立不同的榜样。中小学时期长达12年，跨度大，学生的道德发展也经过了多个不同阶段，就要为学生树立不同的榜样。比如，小学低年级的学生，处于道德发展的他律阶段，模仿性较强，应该多树立师长一类的榜样；到了少年期，他们崇拜英雄人物、文艺明星、体育明星，应该多树立正面、积极的偶像性榜样；高中学生志向高远，可为他们树立历史伟人与当代

名人的榜样。

④要注重教师自身的示范作用。德育的教育效果，在很大程度上取决于教师本人的以身作则。尤其是低年级学生，视教师为说一不二的权威，这就更需要教师加强自身的修养，要求学生做到的，教师自己一定要先做到。

2. 结合实例说明直观性教学原则的含义与实施要求。（见 2018 年华中师范大学真题）

3. 举例说明如何在教学中为迁移而教，促进知识的正迁移。（见 2014 年北京师范大学真题）

4. 论述蔡元培“五育”并举的内容及历史影响。（见 2016 年华东师范大学真题）

浙江师范大学

2010 年浙江师范大学 333 教育综合真题 · 凯程详解

一、名词解释

1. 个人本位论

【答】个人本位论的代表人物有卢梭、裴斯泰洛齐等，个人本位论者主张教育目的的制定应该依据个人需要。主要观点：第一，教育目的应当从受教育者的本性出发，而不是从社会出发；第二，重视人的价值、个性发展和需要；第三，教育的目的在于帮助人们充分地实现他们的自然潜能；第四，人的本性在于“自然性”，个人价值高于社会价值，个人本位论倡导人的自由与个性，提升人的价值与地位，这也是对人性的一种解放。但是将个人的利益凌驾于社会利益和国家利益之上，最终会毁坏教育的社会基础或前提。

2. 教学策略（见 2017 年首都师范大学真题）

3. 监生历事制度（见 2011 年湖南师范大学真题）

4. 中体西用（见 2011 年北京师范大学真题）

5. 苏格拉底法（见 2011 年北京师范大学真题）

6. 骑士教育（见 2010 年华东师范大学真题）

二、简答题

1. 教育的要素及相互关系。（见 2015 年北京师范大学真题）

2. 在人的发展中，哪四个方面的因素是最重要的？每个方面的基本内容是什么？（见 2015 年北京师范大学真题）

3. 什么是学校教育制度？有哪些类型？

【答】（1）学校教育制度：简称学制，是指一个国家各级各类学校的系统及其管理规则，它规定着各级各类学校的性质、任务、入学条件、修业年限以及它们之间衔接与分工的关系，是现代教育制度的核心内容。

（2）现代学校教育制度主要有三种类型：

①双轨学制。18、19 世纪的西欧，由古代演变而来的带有等级特权痕迹的学术性现代学校和新产生的供劳动人民子女入学的群众性现代学校，都同样得到了比较全面的发展，于是就形成了欧洲现代教育的双轨学制。一轨自上而下，其结构是大学、中学；另一轨自下而上，其结构是小学及其

之后的职业学校。这两轨之间既不相通，也不相接。

②单轨学制。单轨学制最先产生于美国。19 世纪，由于产业革命，在短时间内发展起来的群众性小学和中学将等级特权淹没，从而形成美国单轨学制。美国单轨学制的结构是：小学、中学，而后可以升入大学。美国学制的特点是一个系列，多种分段。

③分支型学制。十月革命后，苏联形成了既有单轨学制特点又有双轨学制特点的苏联型学制。这种学制一开始并不分轨，而且职业学校的毕业生也有权进入对口的高等院校。但它和美国单轨学制又不同，因为它进入中学阶段又开始分支，这就是苏联的分支型学制。

4. 自我效能论。

【答】（1）自我效能感：自我效能感由班杜拉最先提出，指人们对自己是否能够成功地进行某一成就行为的主观判断。即人对自己行为能力的推测。当人确信自己有能力进行某一活动时，他就会产生高度的自我效能感，并会去进行那一活动。人们在获得了相应的知识、技能后，自我效能感就成了行为的决定因素。

（2）影响自我效能感的因素为：①直接经验；②替代性经验；③言语说服；④情绪唤醒。

自我效能感理论克服了传统心理学重行轻欲、重知轻情的倾向，把人的需要、认知、情感结合起来研究人的动机，具有极大的科学价值。但仍然没有形成一个比较完整的、统一的理论框架。

三、论述题

1. 根据学科课程的课程性质和课程特点，谈谈中小学设置学科课程的合理性。

【答】（1）性质：学科课程指根据各级各类学校培养目标和学生的发展水平，分门别类地从各学科中选择知识，并按照学科的逻辑组织学科内容的课程。各科目都有特定的内容、一定的学习时数、一定的学习期限和各自的逻辑系统。

（2）特点：学科课程具有结构性、系统性、简约性等特点。

（3）优缺点。优点：学科课程提高了教学效率，这种课程按照严谨的知识结构进行组织，非常有助于学生学习和巩固基础知识；学科课程最能体现知识的系统性；学科课程能够突出教师的引导性和价值性，易于教师教学，也易于进行评价。缺点：容易造成学科的分离；不利于联系学生的生活实际和社会实践；不重视学生的兴趣和需要，限制了学生的主体性。

（4）合理性：学科课程中是每门学科知识体系的科学安排，易于使各级学校的相同或相近学科领域的知识连接起来，使它们成为一个体系，如初中的物理、高中的物理直至大学的物理，实际上是一个逐步递进的连续系列。学科课程易于保证所授知识与技能的完整性、连续性和严密性。同时，学科课程也给教师的教学带来方便，教师具备学科专业知识和借助课本往往就不难完成教学任务。因此，学科课程在古今中外的教育发展中一直居于显要地位。

2. 论述孔子的教育实践与教育思想。（见 2012 年北京师范大学真题）

3. 评述杜威的教育思想。（见 2011 年北京师范大学真题）

4. 建构主义关于学习的基本观点。（见 2013 年华东师范大学真题）

2011 年浙江师范大学 333 教育综合真题 · 凯程详解

一、名词解释

1. 城市学校（见 2014 年华东师范大学真题）

2. 知识（见 2016 年华南师范大学真题）

3. 苏格拉底教学法（见 2011 年北京师范大学真题）

4. 监生历事制度（见 2011 年湖南师范大学真题）

5. 有教无类（见 2010 年北京师范大学真题）

6. 学习动机（见 2013 年北京师范大学真题）

二、简答题

1. 简述独尊儒术。

【答】（1）“罢黜百家，独尊儒术。”汉武帝在董仲舒的建议下，下令国家政策和文化教育皆以儒术为本，儒学成为统一的指导思想。以儒家经典为教育内容，用严格的师法代替自由讲学，书本知识在教学中占主要地位，长句古训代替了现实问题的探讨，这便是“独尊儒术”政策对教育的重大影响。

（2）兴办太学。兴太学以养士，这是落实“独尊儒术”教育政策的重要步骤。汉武帝下令为五经博士设弟子，标志着太学正式成立，以经学教育为内容的中国封建教育制度正式确立。

2. 简述我国的教育目的。（见 2012 年北京师范大学真题）

3. 简述陶行知的生活教育理论对现行教育体系的意义。（见 2014 年北京师范大学真题）

4. 简述你对学校管理的认识。

【答】（1）含义：学校管理是管理者通过一定的组织形式和工作方式实现学校教育目标的活动。它有以下显著特性：学校管理以育人为中心，具有教育性；学校管理的目的在于促进学生发展，具有服务性；学校管理在特定的文化环境中进行，具有文化性；学校管理是对校内外各种资源的有效整合，具有创造性。

（2）学校管理的构成要素：学校管理者；学校管理对象；学校管理手段。

（3）学校管理的内容：

①教学管理：包括教学思想管理、教学组织管理和教学质量管理。

②教师管理：包括教师的选拔、任用、培养和考评。

③学生管理：包括学生思想品德的管理、学习管理、健康管理、组织管理、课外活动管理等方面。

④总务管理：包括财务管理、生活管理、校产管理和环境管理等方面。

（4）发展趋势：学校管理法治化；学校管理人性化；学校管理校本化；学校管理信息化。

三、论述题

1. 请结合实际，谈谈你对教师师德的认识。（见 2012 年陕西师范大学真题）

2. 请结合实际，针对课堂教学改革中存在的某一个问题谈谈你的建议。

【答】（1）课堂教学改革的问题。

①教师的教学观念问题。大多数教师仍然把工作重心放在知识的传授和讲解上，和传统的课堂还没有本质上的区别。

②预习过程中的问题。对学生的预习重视不够，流于形式。

③课堂教学的监控问题。学校没有对教师工作细节做明确要求，对课堂管理比较宏观。

④反馈过程中的问题。及时性不足，教学目标达成度低下。

⑤学习评价问题。以学习结果为评价依据，评价方式单一，学生间评价没有应有的作用。

（2）建议。

①注重过程评价。将终结性评价与过程性评价相结合，注重过程性评价。不能只以分数作为评价学生的唯一标准，而应该把评价实施在教学过程的每一个环节中。

②评价内容多元化。不仅应该包括学科知识还应包含实践能力和创新精神等各方面素质。

③注重学生自评。学习评价不仅仅是对学生学习过程的检测，更重要的是让学生学会评价和监控自己的学习过程，让学生对其他学生进行点评，发现别人的优缺点，从而反思自身的问题，真正发挥学生的主体地位。

④评价目的发展化。课堂教学应该将评价作为学生攀登的台阶，作为学生发展的平台，即给学生成就与自信，视学生的不足是其发展中的正常现象，是其成长的基础。这样才能让学生更好地在评价中成长。在评价学生时，教师要尊重每一个学生的愿望，让每一次评价都成为学生前进的动力。

总之，课堂教学应注重学习评价过程，超越目标取向的评价，走向过程取向和主体取向的评价，尊重学生的主体价值，运用多元价值标准，真正发挥学习评价的激励、纠正、导向、指导、深化等方面的作用，促进学生的发展。

3. 请谈谈你对学生创造性的培养的认识。（见2011年北京师范大学真题）

4. 请论述对我国教育改革具有启示意义的相关外国教育思想。（列举三个以上相关思想内容，可以结合卢梭、杜威、苏霍姆林斯基等人的思想进行论述）

【答】对我国当前教育改革具有启示意义的相关外国教育思想包括布鲁纳的结构主义教育思想、美国行为主义教育思想、杜威"从做中学"的教育思想、终身教育思想、现代人文主义教育思潮、永恒主义、要素主义、改造主义教育等。

（1）布鲁纳的结构主义教育思想。

布鲁纳是美国结构主义教育理论的代表人物，其主要观点包括：

①要让学生学习学科知识的基本结构。知识总是有结构的，学生掌握了知识的基本原理，通过学习的迁移，便能用基本的知识和普遍的观念来不断扩大和加深知识。

②教学要促进认知能力的发展。布鲁纳把教学任务的重点放在发展学生智力上。教学过程必须依据儿童各年龄阶段的思维结构的特点进行，使教学过程本身就是促进儿童智力发展的过程。

③注重对儿童的早期教育。

④发现法是主要的学习方法。尽可能引导学生自己去发现，通过这种方法加强学生的探究能力是教育过程的核心。

（2）杜威的"从做中学"教育思想。

"从做中学"是杜威全部教学理论的基本原则，是对传统教育的教学进行全面否定的一个中心论据。其主要观点包括：

①以经验为基础。杜威以其经验论为基础，要求从做中学、从经验中学，要求以活动性、经验性的主动作业来取代传统书本式教材的统治地位。既能满足儿童的心理需要，又能满足社会性的需要。

②教材心理化。把直接经验和间接经验统一起来，认为必须以儿童个人的直接经验为起点，并强调对直接经验加以组织、抽象和概括。

（3）终身教育思想。

终身教育是一种旨在强调终身学习、教育整体化、教育民主化和教育革新，建立学习化社会的国际教育思潮。它于20世纪60年代在国际上流行，主要理论包括以下几点：

①终身教育是现代社会的需要。它是贯穿人的一生以及人的发展各个阶段的持续不断的过程，教育和训练的过程并不随学校学习的结束而结束。

②终身教育没有固定的内容和方法。

③终身教育是未来教育发展的战略。未来的教育就其整体和自我更新的能力来看将取决于终身教育。终身教育对于实现教育机会均等和建立学习化社会有着积极的意义，各个国家应该根据自己国家的具体情况来提出其终身教育的模式。

2012年浙江师范大学333教育综合真题·凯程详解

一、名词解释

1. 社会性发展（见2015年北京师范大学真题）

2. 学习的实质

【答】学习是指个体在特定情境下由于练习或反复经验而产生的行为或行为潜能比较持久的变化。学习有以下特点：第一，学习的发生是由经验引起的。第二，只有当个体在经验的作用下发生了行为上的变化，才能认为学习发生了。第三，只有当行为的变化是由于练习或反复经验所导致的，才能视为学习。第四，学习是一个广泛的概念，它不仅是人类普遍具有的，而且在动物中也存在。

3. 学习策略（见 2015 年北京师范大学真题）

4. 社会规范学习（见 2014 年华南师范大学真题）

5. 科举制度（见 2016 年西南大学真题）

6. 公学（见 2017 年东北师范大学真题）

二、简答题

1. 教育的基本要素有哪些？它们在教育活动中发挥怎样的作用？（见 2015 年北京师范大学真题）

2. 教育的文化功能。（见 2016 年北京师范大学真题）

3. 夸美纽斯教育思想的主要观点。（见 2016 年西南大学真题）

4. 列举五种现代欧美教育思潮。

【答】（1）改造主义教育。

改造主义教育以社会改造作为教育的主要目的，既批判继承了实用主义教育，又吸收了要素主义、永恒主义教育的一些思想。所以，改造主义无疑是具有折中主义性质的思想。

（2）要素主义教育。

1938 年，“要素主义者促进美国教育委员会”的成立是要素主义教育形成的标志。主要代表人物是美国教育家巴格莱、科南特和里科弗。要素主义教育从产生起就是一个有组织和有纲领的运动，主要针对美国教育实际中存在的问题和弊病，寻求解决问题和克服弊病的出路。

（3）永恒主义教育。

永恒主义教育是一种强调理性训练以及人的理性和教育基本原则的永恒性的教育思潮。代表人物有美国的赫钦斯、阿德勒，英国的利文斯通和法国的阿兰等。它强调人的理性，强调阅读经典名著，有突出的复古主义倾向。在教育实践领域影响不大。

（4）终身教育思潮。

终身教育思潮于 20 世纪 60 年代在国际上流行，主要代表人物是保罗·朗格朗，终身教育是教育领域中正在进行的一场广泛而深刻的革命，很多国家将终身教育作为教育改革和发展的战略重点。

（5）现代人文主义教育思潮。

现代人文主义教育试图通过挖掘人类理智与情感诸方面的整体潜力来确立人的价值，代表人物是美国的马斯洛、罗杰斯。主张学校应形成最佳的学习气氛，充分发挥和实现人的各种潜能。

三、论述题

1. 结合实际，谈谈在教育过程中如何处理直接经验和间接经验的关系。（见 2014 年华中师范大学真题）

2. 请你针对我国当前学校道德教育中存在的某个问题，谈谈你的看法。

【答】道德教育是教育者按照一定社会或阶级的要求，有目的、有计划、系统地对受教育者施加思想、政治和道德影响，通过受教育者积极的认识、体验、身体力行，以形成他们的品德和自我修养能力的教育活动。对学生进行道德教育是学校的一项重要工作。当前学校的道德教育中存在一些问题，这些问题也是导致社会上一些极端事件频繁发生的根源之一。现就其中“德育内容和方法简单”这个问题进行论述：

（1）存在的问题：德育内容和方法简单。这主要体现在以下两个方面：

①教育内容单一，缺乏全面性。

a. 在观念规范方面，不仅缺少现代人才品德规范，而且还缺乏普通社会公民层次的观念规范和中华民族的传统美德观念规范；b. 在行为规范方面，缺少全面养成行为规范的训练；c. 目前我国的道德教育尚未从单一的政治教育转变为政治理论、思想修养、伦理道德、民主意识、公民意识、文明行为、生活方式和健康心理的全面养成教育上来。

②教育方法简单，缺乏人文关怀。

a. 长期以来，我国学校道德教育的方法主要采用讲授法，教师极少与学生进行思想及情感上的沟通，极少了解学生在知、情、意、行各方面的变化。b. 教学内容枯燥乏味，教学手段缺乏新意，不能引起学生的兴趣和共鸣，也就不能将教育要求转化为学生的信念和行为品质。这也是导致道德教育时效性差的一个重要原因。

（2）解决措施。

①改变德育内容单一化倾向。

a. 德育内容应包含中华民族优秀文化与道德，在德育内容上应改变德育教育政治化的倾向；b. 把德育从单一的政治教育转变为政治理论、思想修养、伦理道德等多方面的教育，继承和发扬本民族道德教育的精华，丰富道德教育内容。

②改进德育方法。

a. 在德育教学中应注重人文关怀。学生的学习需要情感的支撑，因此教师对学生应有充分的爱心和尊重，了解和理解学生，创造出一种民主的德育氛围。b. 在德育教学中，教师要注重双向沟通。德育的目的不仅仅是使学生获得正确的观念，更重要的是使学生形成良好的道德行为习惯。因此，教师必须注重教与学的双向沟通，采取平等对话的教学方式。

3. 加德纳的多元智力理论及其教育含义。（见 2019 年华东师范大学真题）

4. 论述洋务教育改革。（见 2013 年湖南师范大学真题）

2013 年浙江师范大学 333 教育综合真题・凯程详解

一、名词解释

1. 学在官府（见 2017 年华中师范大学真题）

2. 监生历事制度（见 2011 年湖南师范大学真题）

3. 观察学习（见 2019 年北京师范大学真题）

4. 苏格拉底方法（见 2011 年北京师范大学真题）

5. 知识（见 2016 年华南师范大学真题）

6. 城市学校（见 2014 年华东师范大学真题）

二、简答题

1. 汉初三大文教政策。（见 2010 年陕西师范大学真题）

2. 新文化运动时期的教育思潮和运动。（见 2020 年华中师范大学真题）

3. 现代教育发展的基本趋势。

【答】（1）培养全面发展的个人正由理想走向现实。（2）教育与生产劳动相结合成为现代教育的规律之一。（3）教育民主化向纵深发展。（4）人文教育与科学教育携手并进。（5）教育普及制度化，教育形式多样化。（6）终身教育成为现代教育中一个富有生命力和感召力的教育理念。（7）实现教育现代化是各国教育的共同追求。

4. 教育目的的基本精神。（见 2012 年北京师范大学真题）

三、论述题

1. 论述杜威的思想。（见 2011 年北京师范大学真题）

2. 联系实际谈谈创造性的培养。（见 2011 年北京师范大学真题）

3. 结合实际，谈谈在教学过程中如何处理好直接经验和间接经验的关系。（见 2014 年华中师范大学真题）

4. 谈谈人的发展规律及教育如何适应人的发展规律。（见 2010 年华中师范大学真题）

2014年浙江师范大学333教育综合真题·凯程详解

一、名词解释

1. 先行组织者（见2010年北京师范大学真题）
2. 自我效能感（见2014年华东师范大学真题）
3. “六艺”教育（见2012年华东师范大学真题）
4.《颜氏家训》（见2019年北京师范大学真题）
5. 智者派（见2018年东北师范大学真题）
6. 公立学校运动

【答】从19世纪20年代起，贺拉斯·曼推动了美国公立学校运动。公立学校运动主要是指依靠公共税收维持，由公共教育机关管理，面向所有公众的、免费的义务教育运动。公立学校运动的主要特点:（1）建立地方税收制度，兴办公立小学;（2）颁布义务教育法，实行强迫入学;（3）采用免费教育的手段促进普及义务教育运动的开展。

二、简答题

1. 朱子读书法的含义。（见2016年华东师范大学真题）
2. 简述蔡元培“五育”并举的思想。（见2016年华东师范大学真题）
3. 现代教育的发展趋势。（见2013年浙江师范大学真题）
4. 教师劳动的特点。（见2015年东北师范大学真题）

三、论述题

1. 裴斯泰洛齐的教育思想。（见2020年东北师范大学真题）
2. 结合教学实际论述如何培养学生解决问题的能力。（见2010年华中师范大学真题）
3. 论述教育在人的发展中的作用。（见2016年东北师范大学真题）
4. 论述教学过程的性质。（见2013年陕西师范大学真题）

2015年浙江师范大学333教育综合真题·凯程详解

一、名词解释

1. 元认知策略（见2011年北京师范大学真题）
2. 中体西用（见2011年北京师范大学真题）
3. 学在官府（见2017年华中师范大学真题）
4. 创造力

【答】创造力是个体利用一定内外条件，产生新颖独特、有社会和个人价值产品的能力与相应的人格特征的心理品质。这种心理品质不是单一的而是综合的，不是线形的而是多维的，它包括与创造活动密切联系的认知品质、人格品质和适应性品质。创造力表现在创造活动（过程）之中，其结果以“产品”为标志，其水平以“产品的价值”为标准。

5. 苏格拉底教学法（见2011年北京师范大学真题）
6. 泛爱学校

【答】泛爱学校是在夸美纽斯和法国启蒙学者的教育观影响下出现的新式学校。泛爱学校的创始人是巴西多，泛爱学校采用“适应自然”的教学方式，教学中注重直观教学，学生常在游戏、表演、诵读、交谈和心算等活动中学习。学习的内容也十分广泛，本族语和实科知识占有重要地位，还有外语、体育、音乐、舞蹈和农业劳动、手工劳动等。巴西多还为泛爱学校编写了包括多种基础科学知识的《初级读本》。

二、简答题

1.“独尊儒术”的文教政策。（见 2011 年浙江师范大学真题）

2. 蔡元培教育实践的具体内容及教育思想。（见 2011 年北京师范大学真题 +2013 年北京师范大学真题）

3. 学校管理的主要方面。（见 2017 年西南大学真题）

4. 教学的不同组织形式及内涵。

【答】（1）教学组织形式的内涵：教学组织形式是根据一定的教学思想、教学目的和教学内容，以及教学主客观条件组织安排教学活动的方式。

（2）教学的不同组织形式：在教学史上先后出现的影响较大的教学组织形式有个别教学制、班级授课制、分组教学制、道尔顿制和特朗普制等。其中教学的基本组织形式是班级授课制。班级授课制是一种集体教学形式，它把一定数量的学生按年龄与受教育程度编成固定的班级，根据周课表和作息时间表，安排教师有计划地向全班学生集体上课。同一班级的学生学习内容和进度必须一致。此外，还有辅助的教学组织形式，如参观、讲座等。

三、论述题

1. 杜威的思想及其对我国学校教育改革的启示。

【答】（1）杜威的思想。（见 2011 年北京师范大学真题）

（2）结合我国当前的教育改革，杜威的思想给了我们很大的启示。

①教育改革中要重视教育与生活的紧密联系。当前，我国教育现状是儿童学习负担太重，大部分学生只知道埋头苦读，却很少参与社会生活，导致很多学生高分低能。同时，家长为了让孩子考出好成绩，把孩子关在书房里，很少参与家务劳动，很少了解现实生活，很少动手，结果严重限制了儿童的发展，反而也使学生的厌学情绪与日俱增。杜威早已在理论中强调，学习者在学习间接经验的同时，也要重视直接经验，学习必须“从做中学”，必须把教育与生活紧密联系起来，才有利于儿童的健康成长。如今，我们的课程设置在类型和内容上，都要想办法让学校生活和儿童生活、校内外生活相吻合。

②教育目的不能只要求儿童为遥不可及的未来做准备，而是要让儿童积极地适应当前的生活。教育的内容既要充分考虑和照顾儿童当下的生活，还要让儿童在教育中感受快乐，愿意去探索新知。

③重视儿童的兴趣和需要，了解儿童的生活特点。当我们设置的学校生活和教育内容符合儿童的生活世界时，儿童就愿意学习，千万不可以当儿童是小大人，所以，了解儿童和研究儿童是进行教育改革的一个基础。

④杜威倡导的教育改革由于过分注重以学生为中心，忽视了教师的主导性，忽视了知识的逻辑性和系统性，导致教育质量严重下滑。在我国的教育改革中必须避免这种极端的做法，以免产生严重的后果。我国的教育改革既要汲取前人的理论精华，站在巨人的肩膀上，还要寻找合理的切合点。

2. 学习动机的培养和激发策略。（见 2012 年华东师范大学真题）

3. 教育的社会功能。（见 2014 年北京师范大学真题）

4. 教师劳动的特点和价值。（见 2015 年东北师范大学真题 +2016 年上海师范大学真题）

2016 年浙江师范大学 333 教育综合真题・凯程详解

一、名词解释

1. 学习动机（见 2013 年北京师范大学真题）

2. 流体智力（见 2012 年东北师范大学真题）

3. 经学教育

【答】汉武帝“罢黜百家，表章六经”之后，儒学取得定于一尊的地位，带来了儒家经学教育与研究的繁荣局面，出现了众多传授儒学的经师。主要有两大学术流派：今文经学和古文经学。汉朝经学教育中多采用章句的形式教学。章句之学体现了不同经师的学术风格，所谓师法、家法正是体现在不同的章句之学之中。

4. 苏湖教法（见 2014 年北京师范大学真题）

5. 实科中学（见 2017 年华东师范大学真题）

6. 初级学院运动

【答】初级学院运动是指 19 世纪后半期美国为解决中等中学与大学的衔接问题而进行的教育改革。初级学院运动的产生和发展，是美国高等教育大众化和民主化进程的产物，适应美国社会政治、经济和文化发展的需要，成为美国高等教育的重要组成部分。“二战”后，美国初级学院得到了更大的发展，并影响到其他发达国家，有力地推动了高等教育的普及和进展。

二、简答题

1.《学记》的教学思想。（见 2014 年东北师范大学真题）

2.“五育”并举的方针。（见 2016 年华东师范大学真题）

3. 教师劳动的特点。（见 2015 年东北师范大学真题）

4. 我国教育目的的精神。（见 2012 年北京师范大学真题）

三、论述题

1. 夸美纽斯的教学思想及其对后世理论的影响。（见 2016 年西南大学真题）

2. 皮亚杰的认知发展阶段理论及影响认知发展的因素。

【答】皮亚杰的认知发展阶段理论。（见 2012 年东北师范大学真题）

影响认知发展的因素：皮亚杰认为，影响个体发展的因素有成熟、练习与习得经验、社会性经验、平衡化。

（1）成熟：指机体的成长，为认知发展提供生理基础。

（2）练习与习得经验：指个体对物体施加动作过程中的练习和习得的经验。

（3）社会性经验：指社会环境中人与人的相互作用和社会文化的传递，主要涉及教育、学习和语言等方面。

（4）平衡化：指个体与环境相互作用过程中的自我调节，是智力发展的内在动力。

3. 论述教师的素养。（见 2014 年北京师范大学真题）

4. 论述教学过程的性质。（见 2013 年陕西师范大学真题）

2017 年浙江师范大学 333 教育综合真题·凯程详解

一、名词解释

1. 自我效能感（见 2014 年华东师范大学真题）

2. 陈述性知识

【答】根据知识的不同状态和表述形式，知识分为陈述性知识与程序性知识。陈述性知识主要反映事物的状态、内容及事物发展变化的原因，主要指是什么、怎么样，也称描述性知识，一般可以用口头或书面语言进行清楚明白的表述。

3. 苏格拉底法（见 2011 年北京师范大学真题）

4. 学在官府（见 2017 年华中师范大学真题）

5. 监生历事制度（见 2011 年湖南师范大学真题）

6. 进步主义教育运动（见 2014 年北京师范大学真题）

二、简答题

1. 简述《学记》的教学思想。（见 2011 年东北师范大学真题）

2. 简述世界各国课程改革的趋势。

【答】当代世界各国的课程改革，尽管各有特色，但都存在着一些共同的发展趋势：

（1）重视课程内容的现代化、综合化。各国的课程改革都注意删除陈旧内容，增添反映现代科技成果的新内容，为适应当代科学综合化趋势加强的需要，许多国家开设了综合性课程。

（2）重视基础学科知识的结构化。把各门学科中的基本概念、定理和原理等基本结构教授给学生，保证在减轻学生负担的同时，使学生掌握基本知识和基本技能。

（3）重视能力的培养。为适应培养新型人才的要求，当代各发达国家在课程内容组织过程中，都把培养学生研究、探讨和创造态度与能力作为一项重要原则。

（4）重视个别差异。各国的课程设置都有较大弹性，既有共同形式和内容，也有个别化的形式和内容，以适应不同学生的需要和发挥教师的创造性，有利于教师对学生进行个别指导。

3. 教学的任务。（见 2013 年北京师范大学真题）

4. 简述中体西用的历史作用和缺陷。（见 2014 年华东师范大学真题）

三、论述题

1. 论述杜威的教育思想，并且思考其能否作为我国的课程改革的理论基础。

【答】（1）杜威的教育思想。（见 2011 年北京师范大学真题）

（2）结合我国当前的教育改革，杜威的思想给了我们很大的启示。任何理论都不能直接嫁接，都需要进行一个本土化的过程，杜威的部分理论可以作为我国课程改革的基础之一，但是要辩证地对待，取其精华，去其糟粕，在中国化基础上进行参考。教育改革中要重视教育与生活的紧密联系。当前，我国教育的现状是儿童学习负担太重，大部分学生只知道埋头苦读，却很少参与社会生活，导致很多学生高分低能。同时，家长为了让孩子考出好成绩，把孩子关在书房里，很少参与家务劳动，很少了解现实生活，很少动手，结果严重限制了儿童的发展，反而也使学生的厌学情绪与日俱增。杜威早已在理论中强调，学习者在学习间接经验的同时，也要重视直接经验，学习必须“从做中学”，必须把教育与生活紧密联系，才有利于儿童的健康成长。如今，我们的课程设置在类型和内容上，都要想办法让学校生活和儿童生活、校内外生活相吻合。当然，杜威倡导的教育改革由于过分注重以学生为中心，忽视了教师的主导性，忽视了知识的逻辑性和系统性，导致教育质量严重下滑。在我国的教育改革中必须避免这样极端的做法，以免产生严重后果。我国的教育改革既要汲取前人的理论精华，站在巨人的肩膀上，还要寻找合理的切合点。

2. 学生品德不良的纠正机制。（见 2012 年华南师范大学真题）

3. 联系实际，论述教师的素养。（见 2014 年北京师范大学真题）

4. 联系实际，论述人的发展的规律性以及如何实现人的发展。（见 2010 年华中师范人学真题）

2018 年浙江师范大学 333 教育综合真题・凯程详解

一、名词解释

1. “三纲领八条目”

【答】《大学》是《礼记》中的一篇，“四书”之首，是儒家学者论述大学教育的一篇论文，着重阐明“大学之道”，主要内容是“三纲领八条目”。“三纲领”是“大学之道，在明明德，在亲民，在止于至善”，这是儒家对大学教育目的和为学做人目标的纲领性表述。“八条目”即“格物、致知、诚意、正心、修身、齐家、治国、平天下”，这是实现“三纲领”的具体步骤。

2. 全人生指导

【答】指导青年树立正确的人生观是杨贤江青年教育思想的核心。他提出通过对人类有所贡献来促进人生幸福的人生目的。所谓“全人生的指导”，就是对青年进行全面关心、教育和引导，即不仅关心他们的文化知识学习，同时对他们生活中各种实际问题给予正确的指点和疏导，使之在德、智、体诸方面都得以健康成长，成为一个“完成的人”，以适应社会改进之所用。

3. 昆西教学法

【答】昆西教学法指美国进步教育运动的先驱帕克在昆西学校和芝加哥库克师范学校进行的教育改革实验所采取的新的教育方法和措施。其主要特征有：（1）强调儿童应处于学校教育的中心；（2）重视学校的社会功能；（3）他将学习的内容与儿童的日常生活相联系，并围绕一个核心安排相互联系的科目；（4）强调培养儿童自我探索和创造的精神。

4. 泛爱学校（见 2015 年浙江师范大学真题）

5. 问题解决（见 2011 年南京师范大学真题）

6. 学校心理素质教育

【答】学校素质教育就是培养和提高学生素质的教育。学校素质教育分为三个层次：身体素质教育、心理素质教育和社会素质教育。心理素质教育是学校素质教育面临的新任务，旨在帮助学生解决生活、学习和交往中出现的心理问题，促进心理健康。

二、简答题

1. 简述班级授课制的优点。（见 2020 年北京师范大学真题）

2. 简述世界各国的课程改革趋势。（见 2017 年浙江师范大学真题）

3. 简述孟轲的性善论对教育的作用。

【答】孟子从社会和个人两个角度论述了教育的作用。孟子的“性善论”可归纳为以下几个方面：

（1）“性善论”说明了人性是人类所独有的、区别于动物的本质属性。

（2）人性本质上的平等性。人皆可以为“尧舜”，从人性论上肯定了每个人发展的可能性。

（3）孟子肯定人性本善，“人性”表现为“四心”，即恻隐之心、羞恶之心、恭敬之心、是非之心。“四心”是仁、义、礼、智的基础，又称为“四端”。“恻隐之心”是最基本的，是人类发展“仁”的基础。

（4）教育对个人的作用：扩充“善端”。一方面，教育要“存心养性”；另一方面，“求放心”。要寻求失落、放任的心灵，把丧失的“善端”找回来，发扬光大，成为道德上的完人。

（5）教育对社会的作用：教育是“行仁政，得民心”的最有效手段。

4. 简述严复的“体用一致”的文化教育观。

【答】在确立中国未来文化教育发展的基本原则上，严复批判“中体西用”思想，他主张“体用一致”的文化教育观，主要包括：

（1）严复肯定了西方文化的先进性和优越性，认为洋务派所学的西学不过是抄袭西方资本主义的皮毛，真正的西学包括西方民主、政体、科学等。他倡导对西方的自然科学和社会政治学说进行一体学习，此时他的“体用一致”思想有“全盘西化”和西学自成体用的倾向。

（2）后来严复改变了以前“全盘西化”的倾向，提出了要构建一种融会中西、兼备体用的新文化体系的设想。认为本民族文化中经淘汰、选择保留下来的文化精华代表了民族的特色，也是吸纳西学、孕育新文化体系的母体。

（3）从“体用一致”等观点出发，严复设想各阶段的教学内容和方法应该是：小学阶段以十分之九的时间学习“中学”，教学法应“减其记诵之功，益以讲解之业”；中学阶段“西学”占十分之七的时间，“中学”占十分之三的时间，主要教授“西学”，并且一切功课皆用洋文授课；高等学堂先经预科后进入专业学习，只设“西学”教习，不设“中学”教习。

“体用一致”的文化教育观具有较强的系统性，并初具理论形态。

三、论述题

1. 联系实际，试述教师的素养。（见2014年北京师范大学真题）

2. 试述教育在人的发展过程中的重要作用。（见2016年东北师范大学真题）

3. 试述苏霍姆林斯基的个性全面和谐发展教育观。（见2016年北京师范大学真题）

4. 结合态度形成与改变的条件，试述形成与改变态度的方法。

【答】（1）态度形成与改变的条件。

态度教学不同于认知教学、技能教学。态度教学既可以使学生形成新的态度，也可以使学生改变已有的态度。影响态度形成与改变的条件可分为主观条件和客观条件。

①主观条件：a. 对态度对象的认识。b. 认知失调，假设人类需要维持自己的观念或信念的一致，从而获得心理平衡。如果处于认知失调状态，个体就会努力改变自己的观点或信念来求得新的平衡，因此，认知失调就成为进行态度教学的必要条件。c. 有形成或改变态度的意向。d. 对教育者的信任度。学生对教育者的信任度是关键。

②客观条件：a. 所传递信息的可信度。b. 榜样人物的选择。c. 外部强化，可分为直接强化和间接强化两种。

（2）态度形成与改变的方法。

教师可以综合运用一些方法来帮助学生形成或改变某种态度。通常可应用的方法有提供榜样法、说服性沟通法、角色扮演法等。

①提供榜样法。在学校情境中，教师应根据学生心目中有关榜样的特点，按照班杜拉的社会学习理论来选择榜样、设计榜样、示范榜样行为，以及运用有关的奖惩，引导学生学习某种合乎要求的态度。

②说服性沟通法。有效的说服技巧主要有以下几种：选择证据；情理服人；逐渐缩小态度差距。

③角色扮演法。角色扮演常会在改变个体原有态度方面产生奇效。关于角色扮演的研究也指出，人们在角色扮演中所花费的力气越大，改变态度的效果就越好。在态度教学中，让学生尝试扮演不同的角色，会产生神奇的效果。

2019年浙江师范大学333教育综合真题·凯程详解

一、名词解释

1. “尊德性”与“道问学”

【答】“尊德性”与“道问学”出自《中庸》,《中庸》是《礼记》中的一篇，“四书”之一，是儒家思孟学派的作品。它主要阐述了先秦儒家的人生哲学和修养问题，提出了“中庸之道”。指出人们可以从两条途径得到完善：（1）发掘人的内在天性，进而达到对外部世界的体认，这就是“自诚明，谓之性”，或者“尊德性”。（2）通过向外部世界的求知，以达到人的内在本性的发扬，这就是“自明诚，谓之教”，或者“道问学”。人无非是通过向外求知以完善本性和向内省察以助于求知来完善自身的。

2. 小先生制

【答】“小先生制”是陶行知受学生的启发而提出的方法。为了解决普及教育中师资缺乏、经费匮乏，女子教育困难等问题提出的。即“即知即传”，人人将自己所识的字和所学的文化随时随地地教给别人，儿童是这一过程的主要承担者，陶行知认为小孩也能做大事，“小先生”不仅教别人识字、学文化，还教别人做“小先生”，由此知识不断得到推广。“小先生制”是贫穷国家普及教育最重要的钥匙。

3. 快乐之家

【答】维多里诺是文艺复兴时期影响较大的人文主义教育家，他创办的宫廷学校——“快乐之家”，成为当时欧洲最好的宫廷学校和欧洲大陆人文学校的范例，被认为是人文主义学校的发源地。维多里诺的主要贡献包括以下几方面：倡导“自由教育”，培养全人；开设以古典语文为中心、内容十分广泛的人文主义课程；发展了新的教学方法体系；强调尊重儿童的身心特征和个性差别，提倡启发学生的学习兴趣和主动性；主张发展儿童的个性和特长，反对惩戒，禁止体罚。

4. 贝尔－兰卡斯特制（见2012年北京师范大学真题）

5. 内隐学习

【答】内隐学习是在不知不觉中获得某种知识，学习了某种规则，学习的效果可以通过某种测试表现出来，但是意识层面却无法觉知也不能外显地把这种规则说出来。它主要应用和体现在语言类、动作类和书法类的学习中。优点是只要给学习者不断“暴露”学习材料，那么它就会产生外显学习不具备的神奇效果，缺点是有实验证明内隐学习所获得的规则仅仅是基于统计、基于相同情况多次呈现而造成的。

6. 成就动机（见2010年陕西师范大学真题）

二、简答题

1. 简述宋朝书院的教育特点。（见2017年华中师范大学真题）

2. 简述革命根据地教育的基本经验。（见2020年华中师范大学真题）

3. 简述我国教育目的的理论基础。

【答】马克思主义关于人的全面发展学说是我国教育目的的理论基础。

（1）马克思主义关于人的全面发展的科学含义。

首先，人的全面发展是指人的劳动能力的全面发展。

其次，人的全面发展是指个人智力和体力的全面发展。

最后，人的全面发展是人的先天和后天的各种才能、志趣、道德和审美能力的充分发展，即人的个性的自由发展。

（2）马克思主义关于人的全面发展学说在教育学上的重要意义。

①确立了科学的人的发展观。全面发展学说把人的发展历史归结为生产方式发展的历史，确定了“人怎样表现自己的生活，他们自己也就怎样”的科学发展观，从而在人的发展问题上提供了一种全新的方法论的指导。

②指明了人的全面发展的历史必然。全面发展学说所揭示的人的发展方向，是一种建立在生产发展普遍规律基础之上的自然历史过程。

③为我国教育目的的制定奠定了理论基础。

4. 简述教师劳动的价值。（见2016年上海师范大学真题）

三、论述题

1. 论述卢梭的自然教育理论及其影响。（见2012年华东师范大学真题）

2. 结合实际，谈谈教育的社会功能。（见2014年北京师范大学真题）

3. 结合实际，谈谈对德育过程的认识。（见2019年北京师范大学真题）

4. 结合儿童友谊发展的五阶段理论，论述同伴关系的发展及其配演策略。

【答】（1）儿童友谊发展的五阶段理论。

阶段1（3～7岁）：尚不稳定的友谊。朋友只是一个玩伴，友谊就是一起玩。儿童还没有形成友谊的概念。

阶段2（4～9岁）：单向帮助关系。这个阶段的儿童，要求朋友能够服从自己的愿望，如果顺从自己就是朋友，否则就不是朋友。

阶段3（6～12岁）：双向帮助关系。这个阶段的儿童能相互帮助，但还不能共患难，儿童对友谊的交互性有一定的了解，但带有明显的功利性。

阶段4（9～15岁）：亲密的共享。儿童发展了友谊的观念，认为朋友之间可以分享，相互信任和忠诚，能同甘共苦。

阶段5（12岁以后）：友谊发展成熟。随着年龄的增长，儿童对朋友的选择性逐渐增强，由于选择朋友更加严格，所以，建立起来的朋友关系，持续时间都比较长。

（2）同伴关系是儿童在交往过程中发展起来的一种儿童之间，特别是同龄人之间的人际关系，存在于整个人类社会；同伴关系在儿童生活中，尤其是在儿童个性与社会性发展中起着成人无法取代的独特作用，是不容忽视的环境因素之一。

①转变教育观念和重心。从以往只注重语言和逻辑培养到多元智能观的转变，培养儿童人际交往能力。

②提高亲子交往和师生互动的质量。高质量的亲子互动有助于儿童的同伴关系发展。

③为儿童创造交往的机会。让儿童走出家门，多与周围人接触，逐渐在实践中学会协调自己与他人的关系。

④帮助儿童获得有效的交往技能和策略。家长和教师有必要教给儿童一些交往策略，如轮流、商量、交换、加入活动等。

⑤家校合作为儿童创造良好的生态环境。家长和教师都应打消顾虑，平等交流，为儿童的发展创造更为和谐的生态环境。

2020年浙江师范大学333教育综合真题·凯程详解

一、简答题

1. 人的发展的规律。（见2010年华中师范大学真题）

2. 隋唐学校教育制度的特点。

【答】（1）建立中央和地方分级管理的教育行政体制；（2）形成完备的教育管理制度；（3）增添教育内容，扩大知识范围；（4）教育等级制明显；（5）学校类型多样化；（6）学校分布面广，意味着教育普及程度高；（7）重视医学教育；（8）教育、研究、行政机构三者合为一体。

3. 美国《国防教育法》的内容。（见2014年华东师范大学真题）

4. 亲社会行为习得的途径。

【答】（1）移情反应的条件化。亲社会行为使助人者感到愉快或减轻了移情的痛苦，因而强化了亲社会行为。

（2）直接训练。操作学习理论认为，在不期待即时报酬的条件下表现出亲社会行为是由于先前的奖赏已经使其得到内部强化。如成人的奖赏和教诲产生的积极情感经过一段时间逐渐与得到奖赏的亲社会行为相联系，亲社会行为成为二级强化物。

（3）观察学习。班杜拉认为对儿童亲社会行为影响最大的是社会榜样。

二、论述题

1. 赫尔巴特的课程与教学论。（见2011年华东师范大学真题+2015年北京师范大学真题）

2. 蔡元培的教育实践与教育思想。（见2011年北京师范大学真题+2013年北京师范大学真题）

3. 学习策略的教学训练因素及途径。

【答】（1）影响学习策略教学训练的因素。

策略的学习和训练包括教与学两个方面，因此策略教学的影响也相应地来源于这两个方面。

①学生因素。学习策略的掌握和运用很大程度上取决于学习者自身。来自学习者的因素主要有年龄特征、原有的知识背景、学习动机、学习归因方式、自我效能感等。

②教师因素。教师也是影响学习者掌握和运用学习策略的重要因素，主要包括教师运用学习策略的水平、策略教学经验和策略教学方法。

（2）学习策略的教学训练途径。

①课程式教学训练模式。

这就是所谓的学习策略的课程化。它通过开设专门的学习课程，讲授教与学的策略的有关常识，包括教与学的模式、方法、手段等。这种策略训练的基础在于学习策略本身具有一定的概括性和抽象性，它能够从具体的学习内容和情境中脱离出来，形成独立于具体认知任务和学习任务的策略，如适合任何课程学习的复述策略、精细加工策略、组织策略等。

②学科渗透式教学训练模式。

它是指将学习策略的训练与特定学科的学习内容相结合，在具体学科知识的学习过程中传授学科学习的方法与技巧。学科渗透式教学训练模式可以贯穿整个教学活动，它要求教师在教学前就应该具有教与学的策略观，以教学策略为指导，进行备课、讲课、评课等。

③交叉学习式教学训练模式。

这种模式往往是先独立地教授学习策略，包括学习策略的意义、适用范围、条件及具体操作程序等。简短的教学之后，将它与具体的学科内容结合起来，根据具体学习情境的差异，要求并帮助学生把所学的策略运用于具体的学习活动中。如这类训练可能会减缓教学进度等。

4. 论述教学过程的环节。（见2010年首都师范大学真题）

三、材料分析题

结合班主任的工作方法和原理，谈谈你的看法。

【答】班主任工作内容和方法。（见2012年西南大学真题）

班主任工作任重而道远，需要持之以恒。我们只要有一颗博大的爱心，真正做好学生的引路人，就无愧于我们的职业——人类灵魂的工程师。让我们共同编织一条爱的河流，让那涓涓细流流入每个学生的心田。

杭州师范大学

2010年杭州师范大学333教育综合真题·凯程详解

一、名词解释

1. 班级授课制（见2016年北京师范大学真题）

2. 学制（见2019年北京师范大学真题）

3. 教育目的（见2015年北京师范大学真题）

4. 学科课程（见2017年华东师范大学真题）

5. 德育（见2016年东北师范大学真题）

6. 高原现象

【答】练习到一定阶段往往出现进步暂时停顿的现象，称为高原现象。它产生高原现象主要有两个原因:（1）当练习达到一定水平时，继续进步需要改变现有的活动结构和完成活动的方式方法。（2）经过较长时间的练习，学生的练习兴趣有所下降，甚至产生厌倦情绪等原因而导致练习成绩出现暂时停顿的现象。克服的关键是教师要帮助学生寻找原因，严格要求学生，改善练习方法和练习环境，利用学生对进步的憧憬，增强他们努力的信心和学习的兴趣。

二、简答题

1. 简述我国科举制度的主要特点及其对教育的影响。

【答】（1）科举制度的主要特点。

科举制度产生于隋朝，发展于唐朝，是我国封建社会中持续时间最长、影响范围最广的选士制度。科举制度是隋代的一大创举，经唐、宋、明、清各朝代的发展逐渐完备，到清末 1905 年废除，共存在了 1300 年，对封建社会产生了重大的影响。隋朝进士科的设置，标志着科举制度的正式产生。科举制度主要有以下特点：

①设立科目，分科举人。

②严格考校，择优录取。

③士人自由报名，不论出身、地位、家业，不必由官员举荐。唐代参加科举考试的考生主要有两个来源：一是生徒；二是乡贡。

④有严格的考试程序：乡试 — 尚书省礼部举办的省试 — 吏部试。

⑤有固定的考试内容：帖经、墨义、口试、策问、诗赋。

（2）科举制度对教育的影响。（见 2019 年华中师范大学真题）

2. 简述文艺复兴时期人文主义教育的主要特征及其对教育的贡献。（见 2019 年华中师范大学真题）

3. 简述启发性教学原则的含义及贯彻这一原则的基本要求。（见 2012 年北京师范大学真题）

4. 简述马斯洛的需要层次理论。（见 2013 年西南大学真题）

三、论述题

1. 试述陶行知的生活教育理论。（见 2014 年北京师范大学真题）

2. 评述杜威的儿童中心论的主要观点。

【答】（1）杜威倡导儿童中心主义，认为“教育就是生长；在它自身以外，没有别的目的”。他反对脱离儿童的本能、需要、兴趣、经验而对教育和儿童的发展过程强加外在的目的。他认为这是对儿童的生长过程和教育过程的外部强制，是对儿童个性的粗暴干涉。

（2）杜威提倡一种新的儿童发展观和教育观。杜威针对当时的教育无视儿童天性，消极地对待儿童，不考虑儿童的需要和兴趣的现象，提出了“教育即生长”的观念，要求一切教育和教学要适合儿童的心理发展水平和兴趣、需要，并通过教育引起儿童内在的变化和发展。杜威认为虽然要尊重儿童但也要反对放纵儿童。

（3）杜威认为，学校生活应成为儿童生活和社会生活的契合点，从而使教育既合乎儿童需要亦合乎社会需要，实质上是要改造不合时宜的学校教育和学校生活，使之更富活力、更有乐趣、更具实效、更有益于儿童的发展和社会的改造。

（4）杜威要求从做中学、从经验中学，要求以活动性、经验性的主动作业来取代传统书本式教材的统治地位。这些活动既能满足儿童的心理需要，又能满足社会性的需要，还能使儿童对事物的认识具有统 性、完整性。其中，杜威并没有把个人的直接经验与人类的间接经验对立起来，而是看到了个人直接经验的局限性，强调使儿童最终获取较系统的知识的同时又能在学习过程中顾及儿童的心理水平。

3. 结合实际，谈谈如何利用注意的规律组织课堂教学。

【答】（1）根据注意的外部表现了解学生的听课状态。

（2）运用无意注意的规律组织教学。

①创造良好的教学环境；②注重讲演、板书技巧和教具的使用；③注重教学内容的组织和教学形式的多样化。

（3）运用有意注意的规律组织教学。

①经常进行学习目的的教育，目的越明确，注意就越容易集中；②合理地组织教学活动，采取具体措施促使学生保持有意注意，如课堂提问；③着重培养学生的间接兴趣和坚强的意志品质；④运用多种教学手段。

（4）运用两种注意相互转换的规律组织教学。

①在教学中教师应充分利用两种注意转换的规律来组织教学。如在一堂课中，上课之初教师通过组织教学活动把学生的注意转移到本节课上来，以形成有意注意；在讲授新的教学内容时，教师设法让学生对教学内容产生无意注意；当讲授重点、难点时，充分调动学生的学习热情，使他们维持有意注意；期间，教师要改变教学方式，使学生适当放松一下，使学生由有意注意转为无意注意；在课要结束时，教师要提出明确的要求，使学生保持有意注意，然后布置作业。

②教师应有意识地培养学生的有意后注意，提高学生的学习效率。

4. 请联系实际谈谈在教师专业化要求的背景下，教师应具备怎样的职业素质。（见2014年北京师范大学真题）

2011年杭州师范大学333教育综合真题·凯程详解

一、名词解释

1. 学校教育（见2010年华中师范大学真题）

2. 社会本位论（见2011年华东师范大学真题）

3. 苏格拉底法（见2011年北京师范大学真题）

4. 贝尔－兰卡斯特制（见2012年北京师范大学真题）

5. 教学做合一（见2018年湖南师范大学真题）

6.《学记》（见2013年东北师范大学真题）

二、简答题

1. 简述教育的相对独立性。（见2010年华中师范大学真题）

2. 影响问题解决的主要因素有哪些?（见2017年陕西师范大学真题）

3. 简述书院教育的特点。（见2013年华东师范大学真题）

4. 简要评述孔子的道德教育思想。（见2012年东北师范大学真题）

三、论述题

1. 如何正确理解掌握知识与发展智力的关系?（见2012年东北师范大学真题）

2. 自古而来，对教师的角色有许多隐喻，如“教师是蜡烛，燃烧自己、照亮别人”“教师是人类灵魂的工程师，塑造着学生的精神世界”等。请从“蜡烛论”和“工程师论”中任选一种教师角色的隐喻分析其蕴含的意义。

【答】首先，我认为“教师是蜡烛，燃烧自己、照亮别人”这一句话，有积极意义的一面，它强调的是教师的一种奉献精神。教师要对学生的成长负责，处处关心着学生。这是做教师的一种崇高品德。它的价值取向是，教师要像“蜡烛”一样，为了学生的成长而贡献毕生精力。

但是，我认为“教师是蜡烛，燃烧自己、照亮别人”这一句话，也有消极意义的一面，它过分地强调了教师的奉献精神，而忽视了教师自身的成长和专业成就。比如说，目前教师队伍中存在的职业倦怠现象，就是这种消极情绪的反映。

意义：在新课程理念下教师角色的定位，应该是既要坚持强调教师的这种奉献精神和爱心责任心，全心全意把学生教育好、管理好、服务好，又要密切关注广大教师的专业成长，给教师不断创设自我发展和自我追求的成长机会及平台，让教师感到工作虽然比较辛苦，但是自己也在不断成长，精神上有满足感。

3. 试述建构主义学习理论的基本观点。（见 2013 年华东师范大学真题）

4. 论述赫尔巴特的教育性教学理论。

【答】（1）“教育性教学”是指通过教学来进行教育的原则。在西方教育史上，赫尔巴特第一次明确、系统地提出并论证了“教育性教学”的思想，把教学作为道德教育最基本的途径和手段。赫尔巴特认为，知识和道德有着直接和内在的联系。所以道德教育只有通过教学才能产生实际的作用，教学是道德教育的基本途径。不存在无教学的教育，也不存在无教育的教学。在他看来，教学如果没有进行道德教育，只是一种没有目的的手段，道德教育如果没有教学，就是一种失去了手段的目的。因而，要通过教学传授知识，形成各种道德观念，并在此基础上使学生养成各种品德。教学的目的要与整个教育目的保持一致，教学的最高目的在于养成德行。为了这个目的，教学要培养多方面兴趣，改变个性。多方面兴趣也因此具有道德的力量。

（2）在赫尔巴特以前，教育家们通常是把道德教育和教学分开进行研究的，教育和教学通常被规定了各自不同的任务和目的。在这个问题上，赫尔巴特的突出贡献在于运用其心理学的研究成果，具体阐明了教学和教育之间存在的内在的本质联系，使道德教育获得了坚实的基础，其思想有其合理性。但是，他把教学完全从属于教育，把教育和教学完全等同起来，具有机械论的倾向。因为除了教学之外，道德教育还有其他多种途径，尤其是道德实践。

（3）我国目前的学校德育常常用思想教育课、政治教育课等直接的道德教育途径进行一切德育。长期以来，我国的学校德育将活动性、实践性、情境性很强的道德教育，变成了机械的、僵化的知识教育，课堂上教道德知识，课后学生背道德知识，最后考道德知识，其结果自然常常是培养出来有较高道德知识的人，而不一定是真正具有美德品质的人。其实，孔子早就提出，道德评价不仅要“听其言”，而且要“观其行”。可见，我国目前大部分的学校德育是不合理的，不能满足真正的德育要求和目标。所以，从我国目前道德教育实施的情况来看，要科学、合理地认识和运用“教育性教学理论”。

2012 年杭州师范大学 333 教育综合真题・凯程详解

一、名词解释

1. 教学（见 2013 年陕西师范大学真题）

2. 学校管理（见 2015 年北京师范大学真题）

3. 有教无类（见 2010 年北京师范大学真题）

4. “五育”并举（见 2011 年东北师范大学真题）

5.《大教学论》

【答】夸美纽斯所著的《大教学论》的问世标志着教育学开始成为独立的学科。在《大教学论》中，夸美纽斯提出了班级授课制与学年制，教育适应自然原则，统一学制思想，以及德育论和教育管理思想。其教学理论包含了大量宝贵的教学经验，在一定程度上反映了教学工作的客观性、规律性，具有普遍的指导意义，奠定了近代教育理论的基础。但是他的思想中也存在着一些缺陷，主要是认识和时代的局限性。

6. 终身教育（见 2011 年华东师范大学真题）

二、简答题

1. 简述教师劳动的特点。（见 2015 年东北师范大学真题）

2. 简述加德纳的多元智力理论。（见 2019 年华东师范大学真题）

3. 简述陶行知生活教育理论中的“社会即学校”思想。（见 2014 年北京师范大学真题）

4. 简述新文化运动影响下的教育思潮。（见 2020 年华中师范大学真题）

三、论述题

1. 试论述教育与社会生产力、社会经济发展的相互关系。

【答】（1）社会发展对教育的制约。①社会生产力对教育的制约：生产力制约着教育的规模和速度；生产力制约着人才培养的规格；生产力制约着教育的结构；生产力制约着教育的内容和手段。②社会政治对教育的制约：政治制约着教育的领导权；政治制约着受教育的权利和机会；政治制约着教育目的的性质和思想道德教育的内容。③社会文化对教育的制约：重功利轻发展的教育价值观对教育的影响；重共性轻个性的教育价值观对教育的影响；重服从轻自主的教育价值观对教育的影响；重认同轻创造的教育价值观对教育的影响。

（2）教育在社会发展中的作用。①教育的经济功能：教育是劳动力再生产的基本手段；教育是科学知识再生产的重要手段。②教育的政治功能：教育能够促进年轻一代的政治社会化；教育能够促进政治民主；教育能够制造政治上需要的舆论和思潮。③教育的文化功能：教育能够传承文化；教育能够改造文化；教育能够创造更新文化。

2. 如何理解德育过程是培养学生知、情、意、行的过程?（见 2015 年北京师范大学真题）

3. 人本主义教育心理学的理论和实践具有什么贡献与局限性?

【答】人本主义心理学以马斯洛、罗杰斯为代表，人本学派强调人的尊严、价值、创造力和自我实现。最大的贡献是看到了人的心理与人的本质的一致性，主张心理学必须从人的本性出发研究人的心理。代表人物是马斯洛和罗杰斯。

马斯洛的主要观点：有七种基本需要，即生理的需要、安全的需要、归属与爱的需要、尊重的需要、求知与理解的需要、审美的需要和自我实现的需要，前四种属于缺失性需要，后三种属于成长性需要。罗杰斯的主要观点：在心理治疗实践和心理学理论研究中发展出人格的自我理论，并倡导了“患者中心疗法”的心理治疗方法，认为人类有“自我实现”的动机。

（1）主要贡献：

①把人的本性与价值提到心理学研究对象的首位；②突出人的动机系统与高级需要的重要作用；③提出实验客观范式与经验主观范式统合的新构想，突出了开放研究、整体分析和多学科式跨学科研究方法的重要意义。

（2）意义：

①相信儿童的潜能——自然人性论：人本主义心理学提出了基于自然的人性论，认为有机体均有一定的内在倾向，有助于以维持和增强机体的方式来发展自我潜能，强调人的基本需要均由人的潜能决定。

②注重儿童的需要——实现“各自”的自我。

③儿童共同成长——知情统一的教学观，罗杰斯认为，生活是一个使个体不断成长并达到完美的进程，这个进程是实现倾向、指向于个体的成长。

（3）局限性：

①缺乏明确的目标，抽象概念较多，缺乏实际的操作性。

②缺乏周详的设计，过于强调自由、开放，而忽视控制性的教学设计，使得教师缺乏明确的教学指导。

③缺乏评价的依据，虽然更加注重情感教育，但在这方面评价标准的制定还不成熟，所以难以将认知与情感的因素区别开来并加以评价。

④理念缺乏共识，当学生的价值观与社会规范发生矛盾时，教师难以选择是遵从社会规范还是尊重学生的意愿。

4. 试论述卢梭的自然主义教育观。（见 2012 年华东师范大学真题）

2013 年杭州师范大学 333 教育综合真题·凯程详解

一、名词解释

1.《学记》（见 2013 年东北师范大学真题）

2. 学校教育制度（见 2019 年北京师范大学真题）

3. 复式教学

【答】复式教学是把两个年级以上的学生编在一个教室里，由一位教师在同一课堂内分别对不同年级的学生进行教学的组织形式。主要特点是直接教学和学生自学或做作业交替进行。

4. 情感陶冶法

【答】情感陶冶法是德育的方法之一，是通过创设良好的情境，对学生进行潜移默化的熏陶和感染，使其在耳濡目染中受到感化的方法。它包括人格感化、环境陶冶和艺术陶冶。运用情感陶冶要注意以下几点要求：①创设良好的情境；②与启发引导相结合；③引导学生参与情境的创设。

5. 教学评价（见 2015 年北京师范大学真题）

6. 教师专业发展（见 2011 年华东师范大学真题）

二、简答题

1. 简要评述教育的社会流动功能。（见 2010 年北京师范大学真题）

2. 简述教师期望效应（皮革马利翁效应）及其对教育的启示。

【答】（1）教师期望效应又叫“皮格马利翁效应”，也叫“罗森塔尔效应”。罗森塔尔教授等人通过实验发现教师期望效应是一种激发个人的心理潜力、提高学习效果的暗示手段。它运用了暗示在心理态度的建立与习惯的养成方面的作用。

（2）对教育的启示：

①教师应该尽量以开放、灵活的态度看待儿童的发展。

教师在儿童的早期教育阶段，应该相信学生具有发展的潜力，尽量以开放的态度看待儿童的发展变化，灵活地调整自己对儿童原有的看法与期望，以达到促进儿童全面健康发展的目的。

②教师应对所有儿童持积极期望。

以往的研究成果已经表明，教师对儿童持有积极的期望可以促进其发展，相反，教师的消极期望则会对儿童产生阻碍，特别是对处于弱势地位的儿童。因此，在儿童早期教育阶段，教师更应尽量避免对儿童进行优差等级的区分，减少区别对待行为，应对所有儿童持符合其个人实际的积极期望，创设公平合理的学习环境。可以利用罗森塔尔的四因素理论模型，创设一个温和的社会情感氛围，帮助儿童解决更多问题，给予其更多帮助。

3. 简述孔子的人性观及其教育意义。

【答】孔子对于人性的观点是：“性相近，习相远”。“性”指先天素质，“习”指后天习染，包括教育与社会环境的影响。他认为人们的先天素质是很接近的，但是人们之所以在成长中有了千差万别，是后天“习染”的结果。这一观点肯定了人不论等级贵贱，生来在天赋素质上是平等的，这就说明教育是一种特殊的环境，承认教育的必要性和关键性。从“习相远”的观点出发，孔子强调人的一生都要受教育，还要重视居住环境的选择和社会交往的选择。“性相近，习相远”的思想是孔子人性论的组成部分，是人人有可能受教育和应该受教育的理论依据，具有一定的科学性。

4. 简述 20 世纪 60—70 年代的现代人文主义教育思想。（见 2019 年华南师范大学真题）

三、论述题

1. 学科课程、活动课程、综合课程各有哪些特点？谈谈当前我国教育实践中学科课程、活动课程、综合课程方面的现状。

【答】（1）学科课程的特点。

学科课程也叫分科课程，是指以分门别类的学科知识体系为基础的课程。分科课程强调各门课程各自的逻辑体系，教学以各个学科知识为中心分科进行，分科课程重视每门学科的知识体系的科学安排，有助于教学科目的设计与管理，也易于教师的教学，同时更有利于学生简捷有效地获取系统的知识，形成一定的知识体系。因此，分科课程在古今中外的教育发展中一直居于显要位置。

（2）活动课程的特点。

活动课程以杜威为代表，他反对以书本、教师和教室为中心的传统教育，主张以儿童的兴趣或需要为基础、根据心理逻辑顺序而编排课程。活动课程的特点是具有生活性、实用性、开放性（因为学生的需要和兴趣没有边界，所以课程也没有边界，是开放的）等特点。各种形式的活动作业是居于课程中心地位的，通过活动把学生校内外的生活联系在一起。活动课程可以是课堂教学的一部分，也可以是课堂教学的一种补充。活动课程种类繁多，如探索学习、实地考察、社会实践、社会服务、户外教育、消费教育、健康教育等。目前，我国新课改中也开始了对活动课程的探索。但是活动课程夸大了儿童个人的经验，忽视了知识本身的逻辑顺序，影响了系统的知识学习，导致教育质量低下。

（3）综合课程的特点。

综合课程也叫统整课程，是指突破了学科界限，体现某类知识体系之间内在联系的课程。综合课程体现了这样一种课程取向：它有意识地运用两种或两种以上学科的知识观和方法论去考察和探究一个中心主题或问题。综合课程克服了由于学科细分所导致的知识零散问题，可以解决学校课程拥挤的现象，使课程中分裂了的知识有机地联系起来。

（4）我国基础教育课程的现状。

我国新一轮基础教育课程改革整体设置九年义务教育课程。

①小学阶段以综合课程为主。小学低年级开设品德与生活、语文、数学、体育、艺术（音乐、美术）等课程；小学中高年级开设品德与社会、语文、数学、科学、外语、综合实践活动、体育、艺术（音乐、美术）等课程。

②初中阶段设置分科与综合相结合的课程。主要包括思想品德、语文、数学、外语、科学（物理、化学、生物）、历史与社会（历史、地理）、体育与健康、艺术（音乐、美术）以及综合实践活动。积极倡导各地选择综合课程。学校应努力创造条件开设选修课程。在义务教育阶段的语文、艺术、美术课中要加强写字教学。

③高中以分科课程为主。高中阶段在开设必修课程时，设置丰富多彩的选修课，开设技术类课程，积极试行学分制管理。课程设置注重基础性、时代性和选择性。

④从小学至高中设置综合实践活动并作为必修课程。综合实践活动课程是新的基础教育课程体系中设置的必修课程，自小学三年级开始设置，每周平均 3 课时。《基础教育课程改革纲要（试行）》中规定：从小学至高中设置综合实践活动并作为必修课程，其内容主要包括信息技术教育、研究性学习、社区服务与社会实践以及劳动与技术教育。

2. 评述布鲁纳的认知—发现学习理论。

【答】（1）认知学习观。第一，布鲁纳认为学习的实质是学习者主动地形成认知结构，即学习者不是被动地接受知识，而是主动地获取知识，通过把新获得的知识和已有的认知结构联系起来，积极地建构起知识体系。第二，学习包含三个几乎同时发生的过程：新知识的获得、知识的转换和评价，即学生在获得新知识以后，运用各种方法将其变成另外的形式以适合新任务并获得更多的知识，最后对知识的转换进行检查。

（2）结构教学观。第一，教学的目的是理解学科的基本结构。知识结构是某一学科的基本概念，它不仅包括掌握一般原理，而且还包括学习的态度和方法。学生只有掌握了知识结构，才能很好地掌握整个学科，记忆学科知识，促进知识迁移，并促进学生智力和创造力的发展。第二，为了让学生学习和掌握学科的基本结构，布鲁纳提出了四条基本的教学原则：动机原则 —— 内部动机是维持学生学习活动的基本动力；结构原则 —— 教师可以用动作、图像和符号三种形式来呈现知识结构，但必须采用最佳的知识结构进行教学；程序原则 —— 教学就是通过一系列有条不紊的步骤来陈述知识结构；强化原则 —— 教师要适时地给予学生反馈，强化学生的学习。

（3）提倡发现学习方法。布鲁纳认为掌握学科知识的最好方法就是发现学习法。学生在教学过程中是一个积极的探究者，他们在教师提供的学习情境中独立探究，主动思考并获得知识。

3. 试论述斯宾塞的教育科学化思想。

【答】斯宾塞是 19 世纪英国著名的哲学家、社会学家和教育家。他反对英国学校古典主义教育，是科学教育的主要代表人物。他的代表著作是《教育论》。

（1）教育目的与课程。

斯宾塞认为，教育的目的是为“完满生活做准备”。

他在《什么知识最有价值》一文中指出，要满足每种生活的需要，实现教育目的，就必须向学生传授最有价值的知识，并明确提出科学知识最有价值的卓越见解。就此制定了以科学知识为核心的学校课程体系，推动了英国初等教育、中等教育和高等教育的以科学知识为核心的课程改革。

根据生活准备说和知识价值论，斯宾塞提出学校应开设以下五种类型的课程。

第一类是生物学和解剖学，它是直接保全自己的知识，是合理的教育中最重要的一部分。

第二类是逻辑学、数学、力学、化学、天文学、地质学、生物学和社会学，这是间接保全自己的知识，是使文明生活成为可能的一切过程能够正确进行的基础。

第三类是生理学、心理学和教育学，这是履行父母责任必需的知识。

第四类是历史，它有利于人们调节自己的行为，履行公民的职责。

第五类是文学、艺术等，它是满足人们闲暇休息和娱乐的知识。

（2）教学原则与方法。

①教学应符合儿童心智发展的自然顺序；②儿童所受的教育必须在方式和安排上同历史上人类的教育相一致；③教学的每个部分都应该从实验到推理；④引导儿童自己进行探讨和推论；⑤注重学生的学习兴趣；⑥重视实物教学。

与传统教育采用的照本宣科、死记硬背、无视学生的身心规律和学习主动性的教学方法相比，斯宾塞重视心理规律、兴趣、实验等，这无疑是历史的进步。这种教学方法被进步主义教育家普遍采用，在今天也有借鉴意义。

4. 试分析我国 1922 年“新学制”的标准、特点、意义以及对当前教育改革的启示。（见 2014 年东北师范大学真题 +2015 年陕西师范大学真题）

2014 年杭州师范大学 333 教育综合真题 · 凯程详解

一、名词解释

1. 产婆术（见 2011 年北京师范大学真题）

2. 教育目的（见 2015 年北京师范大学真题）

3. 课程标准（见 2015 年北京师范大学真题）

4. 学校教育制度（见 2019 年北京师范大学真题）

5. 教学模式

【答】教学模式指在一定教学思想或教学理论的指导下建立起来的较为稳定的教学活动结构框架和活动程序。教学模式既是教学理论的具体化，又是教学经验的一种系统概括。

6. 教育机智

【答】教育机智是指教师在教育教学活动中对新的、意外的情况正确而迅速地做出判断并巧妙地加以解决的能力。这其中也体现了教师劳动的灵活性。

二、简答题

1. 简述知、情、意、行的相互关系。（见2015年北京师范大学真题）

2. 当前中小学开展心理健康教育的基本途径有哪些?（见2015年华中师范大学真题）

3. 简述美国1958年的《国防教育法》并给予简要评价。（见2014年华东师范大学真题）

4. 简要评述我国革命根据地教育的基本经验。（见2020年华中师范大学真题）

三、论述题

1. 有人说，“讲授法就是注入式教学，发现法就是启发式教学”。请运用教学的有关原理评析这一观点。

【答】这种说法是片面的。

（1）讲授法是指教师将知识作为定论以系统性的方式传授给学生的过程。发现法是指学生用自己的头脑主动获取知识的一切形式。

（2）讲授法是我国教育理论和实践中的传统教学方法。作为一种传统的教学方法，因其简便、高效的特点，一直是我国中小学教师常用的、主要的教学方法。讲授法在教育实践中的久盛不衰不仅与其自身的特点有关，还与我国的国情以及我国的教育传统有关。我国是一个人口大国，班级授课制以及师资缺乏的问题长期存在，在此情况下，讲授法因其快速、方便而成为教师有效传达教学信息的首选。

（3）客观地讲，讲授法和发现法实际上不矛盾。发现法强调学生用自己的头脑亲自去获取知识，讲授法强调原有的认知结构和同化作用。事实上，学生发现新知识，并不是建立在空中楼阁之上，而是利用认知结构中原有的适当知识作为基础。学生同化新知识，也不是被动接受教师所传授的知识，而是通过自己的头脑积极、主动地反应才得以实现的。应该说，发现法和讲授法虽强调的侧重点不同，但都重视学生认知结构的作用，重视学生认知结构的构建。

因此，我们在日常教学中，应该以讲授法为主，在讲授的过程中注重引导学生主动探究。同时也要增加活动课程，让学生有机会去发现、去创造。

2. 试述建构主义学习理论的基本观点以及对教学的启示。

【答】（1）建构主义学习理论。

建构主义学习理论在知识观、学生观、学习观等方面提出了许多新观点，对于传统的课程和教学理论提出了巨大挑战，其主要观点包括：

①知识观。知识并不是对现实世界的准确表征，它只是一种解释、一种假设，并不是问题的最终答案。不同学习者对同一问题会有不同的理解，理解只能由个体基于自己的经验背景建构起来，它取决于特定情境下的学习历程。

②学生观。学生并不是空着脑袋走进教室的，他们在日常的生活、学习中，已经形成了丰富的经验。所以，教学不能无视学生的这些经验，而是要把学生现有的知识经验作为新知识的生长点，引导学生从原有的知识经验中，生长出新的知识经验。

③教学观。学习不是知识由教师向学生的传递，而是学生建构自己知识的过程。学生不是被动的信息吸收者，而是意义的主动建构者，这种建构不可能由其他人代替。

④学习观。学习者的知识建构过程具有三个重要的特征：学习的主动建构性、学习的社会互动性、学习的情境性。建构主义者的思想是突破性的。

（2）对我国当前教学的启示。

建构主义者强调学习过程中学习者的主动性、建构性；对于学习者做了初级与高级学习的区分，批评传统教学中把初级学习的教学策略不合理地推及到高级学习中；提出合作学习、情境性教学等，对深化当前的教育教学改革具有深远意义。

但是，传统教学重视知识的确定性和普遍性，注重分析和抽象，这在学习的初级阶段是必要且具有合理性的。全盘否定它，同样会以偏概全，而且以特殊代替一般的错误会引起教学的混乱。

3. 试述杜威和赫尔巴特的教学思想，并比较二者的异同。（见 2016 年陕西师范大学真题）

4. 试述中国古代教育家的道德修养方法，并谈谈对今天德育改革的启示。

【答】（1）古代道德修养方法：

①立志。古人讲道德，首先讲立志。所谓“立志”，就是要确立宏大、坚定的志向，明确自身的责任和奋斗目标。孟子提出“尚志”。齐国王子垫问孟子：“士何事？”孟子曰：“尚志。”又问：“何谓尚志？”孟子曰：“仁义而已矣”“居仁由义，大人之事备矣”。

②明理。即明白道理。孔子曾对子路说：“好仁不好学，其蔽也愚；好知不好学，其蔽也荡；好信不好学，其蔽也贼；好直不好学，其蔽也绞；好勇不好学，其蔽也乱；好刚不好学，其蔽也狂。”

③克己。孔子最早提出“克己内省”。“克己”是指严格要求自己，约束和克制自己的言行，使之合乎一定的道德规范。

④强志。墨子提出“强志达智”。他说：“志不强者智不达。”

⑤慎染。孔子很注重指导学生交朋友和择友。他提倡“乐多贤友”“友其士之仁者”，即选择“贤”和“仁”者为友，以达“以友辅仁”的目的。

⑥力行。孔子对道德实践是非常重视的，他主张“敏于事而慎于言”。

（2）对今天德育改革的启示：

①从德育地位方面：要重视德育的地位。

②从德育目的方面：我们今天对于人才的选拔也不能仅仅以学识为主，应该重视人才的综合素质。

③从德育内容方面：孔子的德育思想以“仁”“礼”为主。它们同样是我们当今社会中应推崇的核心价值理念。

④从德育方法方面：古代德育强调持志、克己、中庸、力行、内省、改过等。我们在对学生进行德育时也需要采取多种德育途径和方法，使学生的知、情、意、行均衡发展。

2015 年杭州师范大学 333 教育综合真题 · 凯程详解

一、名词解释

1. 学校教育（见 2010 年华中师范大学真题）

2. 教育目的的个人本位论（见 2010 年浙江师范大学真题）

3. 德育（见 2016 年东北师范大学真题）

4. 校本课程（见 2010 年陕西师范大学真题）

5. 最近发展区（见 2011 年北京师范大学真题）

6. 教学评价（见 2015 年北京师范大学真题）

二、简答题

1. 如何理解教育的相对独立性？认识教育的相对独立性有何意义？

【答】（1）教育的相对独立性。（见 2010 年华中师范大学真题）

（2）意义：

我们说教育的相对独立性，但不是说绝对独立性，“超经济”“超文化”“超政治”的教育是不存在的。如果错误地认为教育有绝对独立性，那么将会丧失教育发展的社会基础和动力。

此外，教育具有滞后性，即教育对经济、政治、文化、科技等的作用不是立竿见影的，总是要经过一个较长的时间才能体现出它的功效，这就是蔡元培所说的“教育是求远功的”。这种长效性作用强大，所以各国都看重教育，要求教育优先发展。

2. 简述班杜拉的观察学习理论及其教育应用。（见2016年东北师范大学真题）

3. 简析颜元的“习行”教学法。

【答】明末清初教育家颜元在漳南书院教学中重视“习行”的教学法。一方面，同他朴素的唯物主义认识论有密切关系，他认为“理”存在于客观事物之中，只有接触事物，躬行实践，才能获得真正有用的知识。另一方面，他重视“习行”教学法的直接原因是为了反对理学家静坐读书、空谈心性的教学方法。

颜元所说的“习行”，虽然讲的是个人行动，忽视了“知”对“行”的指导作用，看轻了理论思维的重要性。但他强调接触实际，重视练习，从躬亲实践中获得知识，这可以说是中国古代教学法发展史上一次手足解放的运动。“习行”反对脱离实际的、注入式的、背诵教条的教学方法，也可以说是教学法理论和实践上的一次重大革新。这在当时以读书为穷理功夫，讲说著述为穷理事业，脱离实际的“文墨世界”中，无疑具有进步意义。我们在日常教学中也要重视“习行”的作用，鼓励学生在实践中学习，并学以致用。比如在学习方程时，要让同学们用方程解决一些实际生活中的问题等。

4. 简析帕克赫斯特的道尔顿制。

【答】道尔顿制是美国进步主义教育家帕克赫斯特所创立的。它是针对班级授课制的弊端而提出的一种个别教学制度，又称“道尔顿计划”。

（1）主要特点：

①学校废除课堂教学、课程表和年级制，代之“公约”或“合同式”的学习。

②教室改为作业室或实验室，按学科的性质陈列参考用书和实验仪器，供学生学习之用。各作业室配一名教师负责指导学生。

③用“表格法”来了解学生进度，既增强学生学习的动力，也可使学生的管理简单化。

④该制度有两个原则：自由、合作。要使儿童自由学习，允许他们根据自己的需要安排学习，培养独立工作的能力。

⑤强调师生之间、学生之间的合作，以培养学生的社会意识。

（2）优点：重视学生自学和独立作业，在良好的条件下，有利于调动学生学习的主动性，培养他们的学习能力和创造才能。

（3）缺点：大多数学生尚不具备独立学习和独立作业的能力，如果没有教师的讲解，往往会浪费时间，学不到系统知识，且要求的良好的教学设施与条件一般不具备。

三、论述题

1. 如何理解教师职业是一种需要人文精神的专业性职业？其专业性表现在哪里？其人文精神又表现在哪里？

【答】（1）专业性。

教师职业的专业性体现在教师劳动的特点上。教师劳动的特点主要有：

①复杂性。首先，教师的劳动是一个双向交互的过程。其次，教师的劳动过程是一种以知识信息的传递和转化为主要形式的过程。最后，教师的劳动任务是多方面的。

②创造性。教师劳动的这种独特的创造性，是由教育对象的特殊性和复杂性决定的。

③示范性。教育是培养人的活动，这一本质特点决定了教师的劳动必须带有强烈的示范性。教师的劳动之所以具有示范性，还在于模仿是青少年学生的一个重要学习方式。

④专业性。专业性突出表现在教师对育人的崇高敬业精神和道德修养以及对教育教学专门化知识和技能的掌握和教育活动的自主权上。而这一点在我国现阶段并未得到真正的贯彻落实。

教师职业的专业性还体现在教师的素养上。体现教师职业专业性的素养有：

①深厚的文化素养。教师要对自己所教专业知识融会贯通，能从整体上系统把握，这样才能深入浅出，高瞻远瞩，达到运用自如的境界。

②专门的教育素养。a. 教育理论素养；b. 教育能力素养，具体包括课程开发能力、良好的语言表达能力、组织管理能力、引导与创新能力；c. 教育研究素养。

（2）人文精神。

教师职业的人文精神也体现在教师的素养上。体现教师职业人文精神的素养有：

①高尚的师德。a.教师要热爱教育事业，富有献身精神和人文精神。b.热爱学生，诲人不倦。c.热爱集体，团结协作。d.严于律己，为人师表。

②健康的心理素质。教师的心理健康问题不仅会直接影响到教育工作的成败，而且会影响到学生的心理健康水平。因此，教师应该具备健康的心理素质。健康的心理素质体现在心理活动的方方面面，概括起来主要指教师要有轻松愉快的心境、昂扬振奋的精神、乐观幽默的情绪以及坚忍不拔的毅力等。

2.接受学习和发现学习各有何特点？应当怎样处理二者的关系？（见2014年华中师范大学真题）

3.试述蔡元培关于“养成共和国民健全之人格”的思想，分析它对民国初年的教育方针制定及对学制改革的影响。

【答】（1）“养成共和国民健全之人格”的思想包括：①私德为立身之本，公德为服务社会国家之本。②人生所必需的知识技能。③强健活泼的体格。④优美和乐的感情。

这一思想主要强调了：①教育要促进个人德、智、体、美的全面发展。②教育要注重公民道德的培养，为国家服务。③注重儿童的兴趣需要和个性发展，体现了实用主义教育的思想。

（2）对民国时期的教育方针制定的影响：

蔡元培在1912年发表的《对于教育方针的意见》中，从“养成共和国民健全之人格”的观点出发，提出了“五育”并举的教育思想。“五育”包括军国民教育、实利主义教育、公民道德教育、世界观教育和美感教育。蔡元培强调“五育”不可偏废，前三者偏于现象世界之观念，隶属于政治教育；后二者以追求实体世界之观念为目的，为超越政治之教育。军国民教育为体育，实利主义教育为智育，公民道德教育为德育，美感教育可以辅助德育，世界观教育将德、智、体合而为一，是教育的最高境界。“五育”中也有重点，即必须以公民道德教育为根本。在民国初年，将军国民教育、实利主义教育、公民道德教育和美感教育作为中华民国临时政府的教育方针。

（3）对民国时期的学制改革的影响：

壬子癸丑学制：在课程上，取消“忠君、尊孔”的课程，增加自然科学课程和生产技能的训练，改进教学方法，反对体罚，使教育与儿童实际联系更为紧密，适合儿童身心发展特点。

壬戌学制：①从学制的七项标准看：七项标准中，强调了教育要适应社会进化需要、谋个性之发展、注意生活教育，与陶行知的思想具有一致性。②从学制的内容上看：a.学制采用美国的“六三三”学制，基本上是依据我国青少年的身心发展特点来划分的，这在中国近代学制发展史上是第一次。b.重视职业教育，考虑到了我国民族工业发展对教育的要求。c.课程的设置上，学习国语、算术、公民、自然、园艺、音乐、体育等课程，设置必修课和选修课，力求促进学生个性的全面发展。

4.试论述夸美纽斯在西方教育史上的贡献。（见2016年西南大学真题）

2016年杭州师范大学333教育综合真题·凯程详解

一、名词解释

1.《民主主义与教育》

【答】《民主主义与教育》是美国著名教育家杜威的代表作，与柏拉图的《理想国》和卢梭的《爱弥儿》一起被称为教育史上三个里程碑式的著作。书中全面阐述了杜威的实用主义教育理论，包括“教育即生长”“教育即生活”“教育即经验的持续不断地改造”的教育本质论和杜威的教育目的论、课程与教学论、德育论、反省思维理论等。

2. 班级授课制（见2016年北京师范大学真题）

3. 美育（见2010年东北师范大学真题）

4. 隐性课程（见2018年北京师范大学真题）

5. 教师专业发展（见2011年华东师范大学真题）

6. 思维定势

【答】定势是指由先前的活动所形成的并影响后继活动的一种心理准备状态。它在思维活动中表现为一种易于以习惯的方式解决问题的倾向，即思维定势。思维定势在问题解决中既有积极作用，也有消极影响。当问题情境不变时，思维定势对问题的解决有积极的作用，有利于问题的解决；当问题情境发生了变化，思维定势对问题的解决有消极影响，不利于问题的解决。

二、简答题

1. 宋元时期蒙学教材的种类、特点与影响。

【答】（1）宋元时期蒙学教材的种类、特点。（见2016年东北师范大学真题）

（2）宋元时期蒙学教材的影响。

①宋元时期的蒙学教材开始分类按专题编写，使蒙学教材在内容和形式上呈现多样化。

②一些著名学者，如朱熹、吕祖谦、王应麟等亲自编撰蒙学教材，对提高蒙学教材的质量起了重要作用。

③蒙学教材注意儿童的心理特点，采用韵语形式，文字简练，通俗易懂，并力求将识字教育、基本知识教育和伦理道德教育有机地结合起来，这些经验是值得我们认真研究的。

2. 简述德育过程中的“平行教育影响原则”思想。

【答】马卡连柯是苏联早期著名的教育理论家和实践家，他强调集体和集体教育。马卡连柯教育理论的重要组成部分是集体教育，其核心思想是“通过集体，在集体中，为了集体”，即教育工作的对象是集体，教育的主要方式是集体教育。换句话说，集体既是教育的主体，也是教育的客体。集体教育原则又叫“平行教育影响”原则，意思是教师对集体和集体中的每一个成员的影响是同时的，教师和整个班集体对每个成员的影响是同时的。

马卡连柯认为，集体与个人二者关系密切，教育个人和教育集体既可以同时作为教育目的，又可以同时作为教育对象。他说：“每当我们给个人一种影响的时候，这种影响同时也是给集体的一种影响。相反地，每当我们涉及集体的时候，同时也应成为对于组成集体的每一个个人的教育。”马卡连柯后来用“平行教育影响”来概括他的上述思想，强调教育个人与教育集体的活动应同时进行，每一项针对集体开展的活动应收到既教育集体又教育个人的效果。

3. 简述英国的《1944年教育法》。（见2020年湖南师范大学真题）

4. 斯腾伯格成功智力理论。

【答】（1）所谓成功智力就是为了完成个人的，以及自己群体的或者文化的目标而去适应环境、改变环境和选择环境。智力是适应、选择和塑造环境背景所需的心理能力。

（2）成功智力具有三种基本成分：分析性智力、创造性智力、实践性智力。人生取得成功不仅需要具备这三种能力，更需要在三种能力间取得平衡。

（3）强调智力不应仅仅涉及学业，更应指向真实世界的成功。

三、论述题

1. 在欧美教育思想“六三三”制的影响下，分析我国教育制度改革的经验与不足，说说其对我国现在教育改革的启示。（见2014年东北师范大学真题+2015年陕西师范大学真题）

2. 马克思恩格斯关于人的全面发展学说以及劳动与教育相结合的意义。（见2017年华南师范大学真题）

3. 在新课程改革下，教师应该树立什么样的课程观？

【答】教师的课程观是指教师对课程的各种认识和看法的总称，包括对课程的概念、课程的编制、课程的实施、课程的评价等各个方面的认识。新课程改革下，教师的课程观体现在以下几个方面。

（1）课程的功能方面，认为课程的功能是让学生形成积极主动的学习态度，使学生在获得基础知识与基本技能的过程中同时学会学习并形成正确的价值观的过程。

（2）课程的结构方面，认为应设置九年一贯的课程门类和课时比例，并且设置综合课程，以体现课程结构的均衡性、综合性和选择性。

（3）课程的内容方面，认为课程的内容应与学生生活，以及现代社会的科技发展相联系，关注学生的学习兴趣和经验。

（4）课程实施方面，倡导学生主动参与、乐于探究、勤于动手，培养学生搜集和处理信息的能力、获取新知识的能力、分析和解决问题的能力，以及交流与合作的能力。

（5）课程评价方面，认为不应过分强调其甄别与选拔功能，应发挥评价促进学生发展、教师能力提高和改进教学实践的功能。

（6）课程管理方面，认为应增强课程对地方、学校及学生的适应性，应实行国家、地方、学校的三级课程管理。

4. 元认知是什么？举例说明元认知的运用对学习策略的促进作用。（见2014年华东师范大学真题）

2017年杭州师范大学333教育综合真题·凯程详解

一、名词解释

1. 班级授课制（见2016年北京师范大学真题）

2.《爱弥儿》（见2019年上海师范大学真题）

3. 综合课程（见2012年华东师范大学真题）

4. 教育目的（见2015年北京师范大学真题）

5. 学习定势（见2010年湖南师范大学真题）

6. 形式教育论与实质教育论

【答】（1）形式教育论的代表人物主要有英国教育家洛克、瑞士教育家裴斯泰洛齐。形式教育论认为，教学的主要任务在于通过开设希腊文、拉丁文、逻辑、文法和数学等学科发展学生的智力，至于学科内容的实用意义则是无关紧要的，形式教育以官能心理学为基础。

（2）实质教育论的主要代表人物有德国教育家赫尔巴特、英国教育家斯宾塞。实质教育论认为，教学的主要任务在于传授给学生对生活有用的知识，至于学生的智力则无需进行特别的培养和训练，实质教育以联想主义心理学为基础。

二、简答题

1. 如何正确看待学校教育中的惩罚问题？

【答】一方面，惩罚有一定的积极意义，它可以在一定程度上抑制学生的不良行为。另一方面，我们也要看到惩罚的消极意义。

（1）对学生而言，惩罚不仅会带来生理伤害，更会带来心理创伤，会伤害学生的自尊心，甚至使其对学习和生活失去兴趣和信心。

（2）对教师而言，常用惩罚的教师容易形成错误的师生观，认为自己有绝对权威，对学生有“生杀大权”，从而忽略了学生在学习过程中的主体地位。

（3）对学校而言，一个惩罚盛行的校园势必会受到舆论的讨伐，失去社会的信任，造成学校的教育质量和信誉低下。

2. 简述启发性教学原则。（见2012年北京师范大学真题）

3. 简述古希腊雅典教育的特点。

【答】（1）在教育目的上，主张培养身心和谐发展的公民。

（2）在教育方法上，提倡温和、民主。

（3）在教育体制上，婴儿出生后由父亲决定是否养育。7岁以前在家里受教育，重视游戏和玩具的教育作用。7岁以后，男孩开始接受学校教育。7～12岁进入文法学校和弦琴学校。8岁开始接受军事训练。20岁通过一定的仪式成为公民。

4. 简要分析《白鹿洞书院揭示》以及书院教育宗旨。（见2013年华东师范大学真题）

三、论述题

1. 教师劳动的特殊性表现在哪些方面？教师劳动的特殊性会对教师提出什么样的要求？

【答】（1）教师劳动的特殊性主要表现在以下四个方面。

①复杂性。首先，劳动对象是具有各种独特品质的社会成员。其次，教师的劳动是一种以知识信息的传递为主要形式的过程。最后，教师劳动的根本任务是教书育人。

②劳动手段的创造性和灵活性。这由教育对象的复杂性和特殊性决定。首先，表现在教师对教育、教学方法和原则的运用上。其次，表现在教师对教材内容的处理和加工上。最后，创造性还表现在教育机智上。

③劳动整体的示范性。教育是培养人的活动这一本质特点决定了教师的劳动必须带有强烈的示范性。

④劳动过程的长期性和长效性。第一，人才培养的周期长，见效慢。第二，教师对学生的影响不会随着学生学业的结束而消失，而是会在学生长期的实践中更趋于完善和成熟，同时，这种影响也是深远的、长效的。

（2）要求。教师劳动的特殊性，要求教师必须具备一定的专业素质。教师专业素质是教师作为专业人员应该具备的多方面的专业要求，是顺利进行教育活动的前提，也是教师胜任工作的基本条件。

①先进、科学的教育理念。

②合理的专业知识。主要包括：a. 本体性知识，即特定学科及相关知识；b. 条件性知识；c. 实践性知识，即课堂情景知识，体现教师个人的教学技巧、教育智慧和教学风格。

③复合型的专业能力。主要包括处理教学内容的能力、设计教育教学活动的能力、良好的表达能力、教学研究能力等。

④崇高的专业道德。主要包括爱岗敬业、甘为人梯、热爱学生、诲人不倦、以身作则等。

⑤强健的身体素质。主要包括健康的体魄、旺盛的精力、有节律的生活方式等。

⑥健康的心理素质。包括认真负责的教学态度、积极丰富的教学情感、坚韧不拔的教学意志。

此外，教师劳动的特殊性还要求教师应该建立民主平等的师生观。

2. 创造性与智力并非简单的线性关系，阐述二者的种种关系，并结合实际谈谈如何培养学生的创造性。

【答】创造性是指根据一定的目的和任务，运用一切已知信息，开展能动的思维活动，产生某种新颖、独特、具有社会或个人价值的产品的一种能力品质。它包括创造性认知品质、创造性人格品质和创造性适应品质。

（1）关系。

①智力是创造力的必要条件，而不是充分条件。高智力者，创造力可高可低；低智力者，创造力一定低。反过来看，高创造力者，智力较高；低创造力者，智力可高可低。

②智力是创造力的一个重要影响因素，但不是唯一的决定因素，创造力还受到知识、人格特征、动机等因素的影响。

（2）培养学生的创造性。（见2011年北京师范大学真题）

3. 试论述赫尔巴特教育学思想的心理学基础。（见2013年陕西师范大学真题）

4. 试论述陈鹤琴的儿童教育思想。（见2015年北京师范大学真题）

2018年杭州师范大学333教育综合真题·凯程详解

一、名词解释

1.《论语》（见2010年东北师范大学真题）

2. 义务教育（见2012年东北师范大学真题）

3. 教学方法（见2013年华南师范大学真题）

4. 特朗普制

【答】特朗普制是美国学者特朗普提出的一种新的教学组织形式。他把大班、小班和个人三种教学形式结合起来。大班进行上课，就是把两个以上的平行班合在一起上大课。小班进行研究，就是每个小班大约20人，由教师带领进行研究和讨论大班授课的材料。同时还有个别教学，由学生独立写作业，部分作业指定，部分作业自选。在时间分配上，大班教学占40%，小班研究占20%，个别教学占40%。特朗普制力图在教学组织形式中结合学生自学和大班授课的优势。目前，很多学校在实验这种方法。

5. 学制（见2019年北京师范大学真题）

6. 教育行动研究（见2014年南京师范大学真题）

二、简答题

1. 简述你对校园欺凌的看法。

【答】校园欺凌，不能只是一个"开过分了的玩笑"。目前可以说，事件的有效预防，事件发生时的及时、妥善处理，事件发生后的惩戒和科学教育，都还缺乏有效的措施。

（1）校园欺凌的影响因素。①个人因素：年龄、不良嗜好、学业成绩、性格。②家庭因素：家庭收入、父母受教育程度。③学校因素：学校的管理规范程度、学校的法制教育效果、教师的法治素养、学校的文化建设、学校的硬件建设等都与学校的欺凌事件发生率有关。例如，国外有研究证明，一所寄宿制学校如果晚间照明好，学校发生欺凌事件的概率就会明显降低。④社会因素：网络、影视、动漫等；学生的社会不公平待遇。

（2）校园欺凌防治的对策与建议。①建立完备的法律规范。②完善三级工作体系。第一，预防体系：法制教育、心理健康教育、沟通协助教育。第二，应对体系：建立报告与举报渠道；应急预案，及时制止，避免事情扩大；强制通报。第三，善后体系：心理辅导室；跟踪指导。③矫正问题学生。"以教代刑"的教育措施，即以合理的教育替代刑事处罚，绝不能不了了之。

2. 美国恢复基础教育运动。

【答】20世纪70年代，由于公众对公立学校教育质量普遍不满，美国掀起"返回基础"教育运动。主要是针对中小学校出现的知识教学和基本技能训练薄弱的问题而言的。"返回基础"教育运动曾在美国教育界引起一场激烈的争论。提倡者和赞同者甚至把这场运动视为拯救美国基础教育的"灵丹妙药"，但也有许多人严厉地指责。这场运动从实质上讲是恢复传统教育。

3. 陶行知的儿童创造教育思想。

【答】儿童创造教育思想即"小先生制"。"小先生制"是陶行知受学生的启发而提出的方法。为了解决普及教育中师资缺乏、经费匮乏、女子教育困难等问题，又因为儿童是中国实现普及教育的重要力量，所以提出"小先生制"，即"即知即传"，人人将自己所识的字和所学的文化随时随地地教给别人，儿童是这一过程的主要承担者，陶行知认为小孩也能做大事，"小先生"不仅教别人识字、学文化，还教别人做"小先生"，由此知识不断得到推广。"小先生制"是贫穷国家普及教育最重要的钥匙。

4. 维果茨基的“最近发展区”带给我们的教育启示。

【答】“最近发展区”是维果茨基在说明教学和发展的关系时提出来的，他认为“儿童的教学可定义为人为的发展”。所谓“最近发展区”，就是认为教学必须要考虑儿童已达到的水平并要走在儿童发展的前面。为此，在确定儿童发展水平及其教学时，必须考虑儿童的两种发展水平：一种是儿童现有的发展水平；另一种是儿童在有指导的情况下借助成人的帮助可以达到的解决问题的水平，或是借助于他人的启发帮助可以达到的较高水平。这二者之间的差距，即儿童的现有水平与经过他人帮助可以达到的较高水平之间的差距，就是“最近发展区”。从这个意义上，维果茨基认为教学“创造着”学生的发展。他主张教学应当走在儿童现有发展水平的前面，教学可以带动发展。

根据“最近发展区”的思想，教学的作用表现在两个方面，它一方面决定着儿童发展的内容、水平、速度等，另一方面也创造着最近发展区。如果从教学内容到教学方法上都不仅考虑到儿童现有的发展水平，而且能根据儿童的最近发展区给儿童提出更高的发展要求，这会更有利于儿童的发展。

三、论述题

1. 中国古代教育家的教师观及其“尊师重道”的思想。

【答】（1）孔子的教师观。教师应该做到学而不厌，诲人不倦。强调教师要尽职尽责，热爱学生，还要以身作则，教学相长。

（2）荀子的教师观。

①荀子特别推崇教师的地位和作用，竭力倡导尊师。学生必须无条件地服从教师，教师在教学过程中处于绝对的主导地位。

②荀子把教师提高到与“天、地、君、亲”同等的地位。教师的作用是与国家的前途命运相连的。

③荀子认为当教师应具备四个条件：一要有尊严，使人敬服；二要有崇高的威信和丰富的经验；三要具备传授知识的能力；四要能体会“礼法”的精微道理，且能加以阐发。

（3）《学记》中的教师观。

教学相长原则：本意并非教与学的相互促进，仅指教这一方以教为学，后人引申为在教学过程中教师与学生双方相互促进，共同提高。

（4）韩愈的教师观。

《师说》是唐代教育家韩愈论述师道的文章，其中主要讲了教师的意义、任务、为师的标准、师生关系。

①教师的意义：尊师即卫道，“道”是封建道德的最高境界。韩愈竭力倡导重振师道。师与道是密切结合，不可分离的。

②教师的任务：传道、授业、解惑。这里的传道是最主要的内容。

③以“道”为求师的标准。韩愈提出教师要以“道”和“业”为标准来衡量。“是故弟子不必不如师，师不必贤于弟子。闻道有先后，术业有专攻，如是而已。”也就是说，师生的关系是相对的，在一定条件下可以互相转化。只要闻道在先，术业有专长者，皆可以为人师表。

④建立合理的师生关系。韩愈强调师生关系在道和业面前是一种平等关系，师生关系可以互相转化，这是对维护教师绝对权威的师道尊严思想的一种否定。这种含有辩证法因素和民主平等的师生观，极大地丰富了我国古代的教育理论，有重要的历史意义。

综上所述，古代教育家的教师观已经逐步向民主的方向不断发展。

2. 卢梭的儿童教育观。（见 2012 年华东师范大学真题）

3. 科尔伯格道德发展阶段论。（见 2013 年华东师范大学真题）

4. 论述课程和教师的关系，以及开发校本课程需要教师具有怎样的教师素养。

【答】（1）课程和教师的关系：

教师是课程改革中主要课程的研究者、设计者、实施者和评价者。课程改革最终体现在教师的教育教学实践中，任何教育改革，没有教师的积极参与和支持是不可能取得成功的。在传统的教学中，教学与课程是彼此分离的。教师被排斥于课程之外，教师的任务只是教学，是按照教科书、教学参考资料去教；课程游离于教学之外，教学内容和教学进度是由教学计划规定的。因此，在课程改革中，应该充分体现出教师在课程中的作用，让教师参与具体课程的设计和评价，使课程更能适应实践教学。就我们高等数学课程而言，课程内容大致相同，但对于不同的专业，侧重点就要有所不同，只有这样，高等数学这门课程才更能发挥它作为基础课程的作用。同时，对于课程的改革，应及时地进行普及，这就需要对教师进行新课程培训。教师对与新课程相关的知识、技能和理念应急需“充电”。所以，要通过各种途径、采取各种办法切实加强在职教师的培训。

（2）开发校本课程教师应具备的素养：

①全新的课程开发意识。

校本课程开发注重课程的个性与开放性、多样性、灵活性，尤其是注重受教育者的个性发展。校本课程的出现，使教育基本要求的统一性与人才的多样性有机结合，国家课程、地方课程、校本课程结合，相互补充，实现课程的“最原始愿望”。教师正确的课程意识，是开发校本课程中教师不可缺少的思想装备。

②卓越的课程开发能力。

课程开发能力是指课程开发者对课程的参与、实施、评价与创造的能力，这是课程意识观的外化与表现，最终在校本课程开发中起决定性作用。作为教师，要深刻认识和领悟课程资源开发与利用对于新一轮课程改革以及提高教育教学质量的重大意义，要不断探索课程资源开发与利用的有效方式方法。没有新的课程设计理念，就没有地方课程的开发；同样，空有课程设计理念，没有课程开发的能力，校本课程开发仍然无法进行。提高教师的课程开发能力，已经成为当前校本课程开发的最基础、最紧迫的工作。

2019年杭州师范大学333教育综合真题·凯程详解

一、名词解释

1. 终身教育（见2011年华东师范大学真题）

2. 认知风格

【答】认知风格一般被认为是个体组织和加工信息时所习惯的独特方式，是学习风格的组成部分，具有个体差异性和相对稳定性。与学习风格相比，认知风格具有更多的先天成分，与智力不相关或相关不显著。在认知风格的所有要素中，场独立型与场依存型是认知风格的核心。

3. 全面发展教育

【答】全面发展教育是指教育者根据社会的政治经济需要和人的身心发展的规律和特点，有目的、有计划、有组织地对受教育者实施的旨在促进人的素质结构全面、和谐、充分发展的系统教育。全面发展的教育由德育、智育、体育、美育、综合实践活动等部分组成。

4. 儿童中心论

【答】儿童中心论的出发点是儿童。主张按照儿童的需要、兴趣、能力及经验来设计课程，提倡活动课程、经验课程。强调课程的主要目的是顺应和满足儿童自然发展的需要，应根据儿童的心理发展特点和心理发展要求来确定课程；强调从儿童的直接经验出发，按个体经验发展的逻辑来组织课程，强调儿童通过活动来获得知识经验。儿童中心论能够满足儿童的需要，却在一定程度上忽视了知识本身的系统性。

5. 课程资源

【答】课程资源是指课程要素来源以及实施课程的必要而直接的条件。课程资源的结构包括校内课程资源和校外课程资源。校内课程资源，除了教科书以外，还有教师、学生，师生本身不同的经历、生活经验和不同的简历、学习方式、教学策略都是非常宝贵的、非常直接的课程资源，校内各种专用教室和校内各种活动也是重要的课程资源。校外课程资源，主要包括校外图书馆、科技馆、博物馆、网络资源、乡土资源、家庭资源等。

6. 教育现代化（见2020年北京师范大学真题）

二、简答题

1. 信息技术对教育的影响。

【答】（1）信息技术改变着人们关于知识的观念。

（2）信息技术改变着人们关于学习和教育的观念。

（3）信息技术的日益成熟和普及为实现教育的个性化、民主化和自主化提供了平台。

2. 尝试错误学习理论对教学的启示。

【答】在教学中，教师应该允许学生犯错误，并鼓励学生从错误中进行学习，这样获得的知识学生才会终生不忘。在实际的教学过程中，教师应努力使学生的学习得到自我满意的积极结果，防止无所获或得到消极结果。同时，应注意在学习过程中加强合理的练习，并注意在学习结束后不时地进行练习。任何学习都应该在学生有准备的状态下进行，而不能经常搞“突然袭击”。

3. 孔子的“学而优则仕”思想及其历史影响。

【答】从平民中培养德才兼备的从政君子，这条培养人才的路线可概括为“学而优则仕”。这句话是子夏说的，但是也代表了孔子的教育观点。

（1）含义：学习是通向做官的途径，培养官员是教育最主要的目的，“学而优则仕”与“任人唯贤”的路线配合一致，把读书和做官紧密联系在一起，成为封建统治者维护统治和笼络人才的手段。

（2）意义：它反映了封建制度兴起时的社会需要，成为知识分子学习的动力，为封建官僚制度的建立提供了准备条件，适应了当时社会发展的要求，直到现在依然有实际意义。

4. 简述要素主义教育思想的主要观点。（见2016年华东师范大学真题）

三、论述题

1. 从教育词源分析入手谈中西教育的差异。

【答】（1）在我国，一般认为“教育”一词最早见于《孟子·尽心上》中的“得天下英才而教育之，三乐也”。但由于20世纪前，人们很少把这两个字合起来作为一个词使用，所以这里的“教育”主要指“教”或“育”。按东汉许慎所著《说文解字》的解释，即“教，上所施，下所效也”“育，养子使作善也”。在我国古代思想家的教育论说中，与“教”相伴出现的字多为“学”。这与古代的“教”主要指“教学生学有关的知识”，“学”主要指“儿童在房子里学习有关的知识”，“教”与“学”只是从不同角度描述同一种活动有关系。

（2）在现代英语中，教育是“education”；在法语中，教育是“éducation”；在德语中，教育是“erziehung”，三词都来源于拉丁文“educare”。“educare”是名词，它是从动词“eduěre”转换来的。“educěre”是由前缀“e”与词根“ducěre”合成的。前缀“e”有“出”的意思，词根“ducěre”有“引导”的意思，合起来即为“引出”。意思是借助一定的办法，把潜藏于儿童内心的东西（知识、智慧等）引导出来。

（3）中西教育的差异。

我国的教育主要是教师通过传授式的方式教给学生知识与技能，教师是传授者；西方的教育主要是教师引导学生掌握知识与技能，教师是引导者。

2. 联系实际谈谈促进迁移的有效教学策略。（见2014年北京师范大学真题）

3. 论述蔡元培对近代中国教育发展的贡献。（见2013年北京师范大学真题）

4. 评述洛克的绅士教育思想。（见2012年上海师范大学真题）

2020年杭州师范大学333教育综合真题·凯程详解

一、名词解释

1. 产婆术（见2011年北京师范大学真题）

2. 虚拟教学

【答】虚拟教学是利用虚拟现实技术把教学过程做成动画的形式，但是比动画多了更多的互动性和真实性，可以达到完全模拟的程度。

3. 教师专业发展（见2011年华东师范大学真题）

4. 教育方针

【答】教育方针是国家或政党根据一定的政治、经济发展的总路线、总任务规定的教育工作的发展思路和发展方向。教育方针是教育工作的总方向和根本指针，是教育政策的总概括。我国的教育方针为：坚持教育为社会主义现代化建设服务、为人民服务，把立德树人作为教育的根本任务，全面实施素质教育，推进教育公平，培养德、智、体、美、劳全面发展的社会主义建设者和接班人，加快推进教育现代化、建设教育强国，努力办好人民满意的教育。（结合党的十八大、十九大、中国教育大会对教育方针的重要要点表述汇集而成。）

5. 练习的高原时期（见2010年杭州师范大学真题）

6. 学校教育制度（见2019年北京师范大学真题）

二、简答题

1. 简述《费里法案》。

【答】19世纪70年代，法国基本完成了工业革命，国民教育引起了人们的重视，普及初等教育成为教育发展的重点。1881年和1882年，法国教育部长费里两次颁布有关义务教育的法令，合称《费里法案》。

（1）内容：该法案不但确立了国民教育义务、免费、世俗化三大原则，而且还把这些原则的贯彻实施，予以具体化。

①儿童6～13岁为法定义务教育阶段，接受家庭教育的儿童须自第三年起每年到学校接受一次考试检查，对不送儿童入校学习的家长则予以罚款。

②免除公立幼儿园及初等学校的学杂费，免除师范学校的学费膳食与住宿费用。

③废除教会监督学校及牧师担任教师的特权，取消公立学校的宗教课，改设道德与公民教育课。

（2）意义:《费里法案》的颁布与实施，为这一时期初等教育的发展提供了必要的法律保障，指明了进一步努力的方向，标志着法国初等教育步入一个新的历史发展阶段。

2. 晏阳初的乡村教育思想。（见2017年湖南师范大学真题）

3. 态度与品德的关系。

【答】态度是个体对特定对象（人、观念、情感或者事件等）所持有的稳定的心理倾向。这种心理倾向蕴含着个体的主观评价以及由此产生的行为倾向性。品德即道德品质，是指个体依据一定的社会道德准则和规范行动时，对社会、对他人、对周围事物所表现出来的稳定的心理特征或倾向。

相同点：二者的实质是相同的；二者的结构也是一致的，都是由认知、情感和行为三个方面构成。

态度和品德这两个概念也有区别。第一，所涉及的范围不同。态度涉及的范围较大，只有涉及道德规范的那部分稳定的态度才能称为品德。第二，价值的内化程度不同。价值内化的各级水平实际上也就是态度变化的水平，但只有价值观念经过组织且已成为个人性格的一部分时的稳定态度才能被称之为品德。

总之，态度和品德有一定的区别，但又有着密切的联系，二者属于同质的问题。

4. 基础性课程与拓展性课程的关系。

【答】（1）基础性课程主要培养学生终身发展和适应未来社会所需的共同基础；拓展性课程主要满足学生的个性化学习需求，开发和培育学生的潜能和特长，培养学生的自我认知和自我选择能力。

（2）拓展性课程和基础性课程在课程价值、课程目标、课程实施方式等方面具有相通性。二者都涉及三级课程的所有学科和学习领域，都反映学校的办学理念，彰显办学特色。二者都不是专业或职业教育，而属于启蒙教育范畴。二者的实施目的都指向发展学生的核心素养。拓展性课程开发应基于基础性课程的目标和要求，课程内容是对基础性课程的延伸、补充、拓展和整合。

（3）义务教育基本特性是基础性、全面性和公平性，学校课程设置不能过于随意和松散。拓展性课程的开设与开发除了考虑教师特长、课程资源和学生兴趣，更重要的是关注课程对实现本校育人目标的贡献和价值。

三、论述题

1. 论述新课程中“自主、合作、探究”的学习方式。

【答】（1）含义。

①自主学习：指学习者在学习活动中具有主体意识和自主意识，不断激发自己的学习激情或积极性，发挥自我能动性和创造性的一种学习方式。自立、自为、自律是自主学习的三种支柱。

②合作学习：指促进学生在异质小组中彼此互助，共同完成学习任务，并以小组总体表现为奖励依据的教学理论和策略体系。这种学习方式有利于激发学生的学习动机，有利于经验的分享和知识的生成，有利于学生之间的互动，有利于合作和尊重的人际关系的生长，有利于增强信心和提高能力。合作学习应该注意引导学生积极的相互协作，强调个人责任制，在合作中培养学生的社会能力。

③研究性学习（也是一种探究性学习）：指学生在教师的指导下，从学习生活和社会生活中选择和确定研究专题，用类似科学研究的方式，主动地获取知识并应用知识去解决问题的学习活动。研究性学习是指学习者以问题解决为主要内容，以发展研究能力为主要目的的一种新型学习方式。它有三种组织形式：个人独立研究、小组合作研究和个人研究与集体讨论相结合。学习程序是：进入问题情境阶段—实践体验阶段—表达、交流阶段。

（2）研究性学习的目标与意义主要体现在：帮助学生获得参与和探索的经验；帮助学生培养发现、探索和解决问题的能力；帮助学生形成合作与分享的意识；有利于培养学生科学的态度和道德；有利于培养学生对社会、自然的责任感；有利于培养学生搜集、处理信息和综合运用知识的能力。

2. 分析论述“讲授法会造成机械性学习”的观点。

【答】这种观点是错误的。

一种学习是机械的还是有意义的，主要取决于学习材料的性质和学习是如何进行的，也就是说，有意义学习的产生既受客观条件（学习材料的性质）的影响，也受主观条件（学习者自身因素）的影响。

（1）从客观条件看，有意义学习的材料本身必须能够与学生认知结构中的有关知识建立实质性和非人为的联系。也就是说：①材料必须具有逻辑意义，是学生可以理解的；②材料应该是在学生学习能力范围之内的，符合学生的心理年龄特征和知识水平，是学生可以理解的。

（2）从主观条件看，主要包括三点：①学习者要有有意义学习的意向或倾向，简单地说，学生必须通过理解新旧知识之间的相互作用获得这些知识，而不是死记硬背；②学习者认知结构中必须具有适当的知识基础；③学习者必须积极主动地使具有潜在意义的新知识与认知结构中有关的旧知识发生相互作用，从而加强对新知识的理解，使认知结构或旧知识得到改善，使新知识获得实际意义。这种相互作用越是充分，越有利于掌握新知识，使新知识获得实际的意义，也就是使其具有个人的心理意义，从而把外在的知识变成学生自己的知识。

而具有启发性的讲授法是一种蕴含着人的高级心理变化的教学方法，需要学生积极的思维活动才能使教学活动得以继续进行。因此，该教学方法适合复杂的人类认知情境，对蕴含复杂情境的创新精神和实践能力的培养应具有一定的作用。

因此，只有机械的讲授法才会造成机械性的学习，而有意义的讲授法则会让学生更好地理解知识，掌握知识。

3. 论述赫尔巴特的道德教育理论。（见 2012 年华南师范大学真题）

4. 论述 1922 年“新学制”。（见 2014 年东北师范大学真题）

山东师范大学

2010 年山东师范大学 333 教育综合真题 · 凯程详解

一、名词解释

1. 教育目的（见 2015 年北京师范大学真题）

2. 教学（见 2013 年陕西师范大学真题）

3. 教育制度（见 2012 年华东师范大学真题）

4. 学校管理（见 2015 年北京师范大学真题）

5. 最近发展区（见 2011 年北京师范大学真题）

6. 精细加工策略（见 2016 年东北师范大学真题）

二、简答题

1. 简要回答《大学》中“三纲领”“八条目”的内容及其含义。（见 2016 年陕西师范大学真题）

2. 简述人文主义教育的主要特征。（见 2011 年华东师范大学真题）

3. 简述问题解决的过程。

【答】（1）发现问题阶段。这是问题解决中最困难也是最富有挑战性的环节，需要解题者的创造性和坚持性。只有真正意识到问题的存在，才可能出现一系列问题解决行为。

（2）理解和表征问题阶段。这一阶段包括识别问题的相关信息，理解问题中信息的含义，表征问题，并进行归类。

（3）选择恰当策略的阶段。这一阶段就是运用一定的问题解决策略来解决问题。问题解决策略主要有两种类型：算法式策略和启发式策略。

（4）应用策略阶段。当表征某个问题并选好某种解决方案后，下一步就要执行计划、尝试解答。

（5）评价结果阶段。当选择并完成某个解决方案后，应对结果进行评价，以确定对问题的分析是否正确、选择的策略是否合适、问题是否得到解决等。

4. 简要分析罗杰斯的学习理论。（见 2017 年华中师范大学真题）

三、论述题

1. 有人认为“近墨者黑”，有人认为“近墨者未必黑”。请联系相关理论和个体实践谈谈你对这一问题的看法。

【答】这个观点肯定了环境在人的发展中的作用。

（1）环境是人的发展的外部条件。环境提供人发展的所需的物质和社会条件，构成人发展的巨大动力，影响人发展的价值方向，影响人的发展内容，对人的发展具有广义的教育作用。

（2）环境的给定性与主体的选择性。环境的给定性指由自然、历史，由前人、他人为儿童个体所创设的环境，是客观的、先在的、给定的。人具有能动性，可以去选择环境、适应环境，还可以去创造环境。

（3）环境对人的发展的作用离不开人对环境的能动活动。二者的相互作用蕴含着人的多种多样的发展可能性。

但是我们不能过分地夸大环境的作用。人的发展除了环境以外还受遗传、教育、个体的主观能动性等因素的影响。

（1）遗传是指人从上代继承下来的外在的和内隐的生理解剖上的特点，这些遗传的生理特点也叫作遗传素质。遗传素质在人的身心发展中的作用表现在：

①遗传素质是人的身心发展的物质基础和生理前提，为人的身心发展提供了可能性；②遗传素质的成熟程度制约着人的身心发展过程及其年龄阶段；③遗传素质的差异性对人的身心发展有一定的影响作用；④遗传素质具有可塑性。

（2）个体的主观能动性主要指个体在后天生活中形成的，其核心是人生态度和价值理想。个体的主观能动性在人的身心发展中的作用主要表现在：

①个体的主观能动性在个体发展中起着最终的决定作用；②个体的主观能动性制约着环境影响的内化与主体的自我建构；③个体通过能动的活动选择，建构着自我的发展。

（3）学校教育在人的发展中起到主导作用。

①学校教育按社会对个体的基本要求，对个体发展的方向与方面做出社会规范；②学校教育具有加速个体发展的特殊功能，即个体个性化；③学校教育，尤其是中小学的基础教育对个体发展的影响不仅具有即时的价值，而且具有延时的价值；④学校教育具有开发个体特殊才能和发展个性的功能。

所以，“近墨者未必黑”也是有一定的道理的，我们需要辩证地看待这个问题。

2. 中国当前的教育不公平主要表现在哪几个方面？请你选择某一方面并分析其产生的原因，尝试提出解决的对策。

【答】（1）当前我国教育不公平的表现：

①城乡之间的教育不公平；②区域之间的教育不公平；③性别之间的教育不公平；④学校之间的教育不公平；⑤不同群体之间的教育不公平。

（2）区域之间的教育不公平的原因：

①改革开放以来，由于我国的经济发展采取的是差异性政策，东部地区率先发展起来，中部和西部地区相对落后的经济和文化条件制约了当地教育的发展。

②教育政策的不公。重点学校制度加剧了教育领域内部资源配置的失衡，入学机会不公。各省之间采取分省定额划线录取办法，录取分数高低不一。

③校长和教师素质的影响。多数高校毕业生优先选择去大城市，导致农村基层地区教育不公平现象很普遍。

（3）对策：

①树立公平正义的教育理念，增强政府科学决策能力。现阶段教育政策价值取向则应坚持“效率优先，兼顾公平”，同时，各级政府要加大改革力度，通过一系列的政策、法规来调整地区、城乡、阶层之间的收入，逐渐缩小贫富差距，为教育公平创造良好的客观环境。

②加大教育投入力度，实现教育的均衡发展。政府应以法律法规形式确定教育投入的总量和比例，要在发达地区和欠发达地区之间找到教育公平与效率的均衡点。要大力发展民办教育，缓解政府财力不足。

③建立有效完善的教育补偿机制。要做好制度建设，建立补偿机制，使不公平减少到最低。

④注重教育、廉洁自律，消除教育特权、腐败根源。要从机制上、从制度上把关，通过相关的法律来规范招生中的行为，真正做好规范化、公平、公正。

⑤完善教育立法，加快制度创新。

⑥合理进行资源配置，努力提高教师素质，促进教育过程公平。

3. 试论述陶行知“生活教育”理论的主要内容。（见2014年北京师范大学真题）

4. 试论述杜威的教育本质论。（见2018年东北师范大学真题）

2011年山东师范大学333教育综合真题·凯程详解

一、名词解释

1. 教育目的（见2015年北京师范大学真题）

2. 教育的社会变迁功能

【答】教育的社会变迁功能是指教育通过开发人的潜能、提高人的素质、促进人的社会化、引导人的社会实践，不仅使人能适应社会的发展，而且能够推动社会的改革与发展。教育的社会变迁功能表现在社会生活的各个领域，如教育的经济功能、政治功能、文化功能、生态功能等。

3. 学校管理（见2015年北京师范大学真题）

4. 教学（见2013年陕西师范大学真题）

5.《理想国》（见2010年东北师范大学真题）

二、简答题

1. 简述先秦时期的私学兴起及意义。

【答】（1）私学兴起的原因。

①生产力的发展。春秋时期，封建私有制逐渐代替了井田制，促进了奴隶制的解体。

②官学衰落，学术下移。世袭制导致贵族不重视教育；王权衰落致学校荒废；战争动乱。

③“士”阶层的出现。

（2）私学兴起的意义。

①私学打破了“学在官府”的教育垄断局面，使政教分设、官师分离，教师成为独立的职业，教育成为独立的活动。

②私学更新了教育内容和方式。私学不局限于“六艺”，而是培养各类人才。教学场所不固定，人才培养与学术研究相结合。

③私学扩大了教育对象，使学校向平民开放，进一步促进了“学术下移”。

④私学促进了“百家争鸣”。各家各派在教育理论和教育经验方面有辉煌的成就。

⑤私学讲求自由原则，主要表现为自由讲学、自由就学、自由办学、自由竞争，发展教育事业，开辟教育史新纪元。

2. 简述杜威关于教育本质的认识。（见2018年东北师范大学真题）

3. 简述夸美纽斯在教育史上的贡献。（见2016年西南大学真题）

4. 简述清末的四次留学。

【答】（1）幼童留美：最早提出的是容闳。拟计划4年选送12～16岁的幼童共120名赴美留学，在国外学习英语、自然科学知识，也学习儒家经典。由于诸多矛盾，中途夭折，但它开启了中国留学教育的先河，为近代留学积累了宝贵的经验，培养了一批新型的知识分子。

（2）派遣留欧：始于船政大臣沈葆桢的建议，并以船政学堂的学生为主。主要学习造船和航海技术。留欧学生成为近代中国第一代海军的重要将领；推动中国近代军舰制造技术发展，为中国海军教育事业做贡献；在外交、实业等领域均有建树，是中国近代第一代实业人才。

（3）留日高潮：甲午中日战争的刺激，使中国士大夫开始认识到要学习日本，将日本作为派遣留学生的首选国，废除科举后，士人为寻求新的出路，涌向日本，形成留日高峰。留日学生充实了新式学堂师资，壮大了人才的队伍，传播了资产阶级思想，形成了资产阶级革命派群体，促成了辛亥革命的爆发，对中国近代社会的变革产生了重大影响。

（4）“庚款兴学”与留美教育：美国决定从1909年开始，将中国“庚子赔款”中的一部分以先赔后退的方式退还给中国，并和中国政府达成默契，将这笔钱用来发展留美教育，史称“庚款兴学”。通过这次兴学，美国的确把中国的留学潮引向了美国，中国留学生的流向从此发生了变化。

5. 简述教育的经济功能。（见2019年华东师范大学真题）

6. 简述晏阳初关于“四大教育”的思想。（见2017年湖南师范大学真题）

三、论述题

1. 依据你所掌握的教育理论和自身的教育实践，谈谈我们新一轮基础教育改革对教师提出了哪些新的要求。（见2015年西南大学真题）

2. 论述影响问题解决的因素，以及教学实际中问题解决能力的培养。（见2017年陕西师范大学真题+2010年华中师范大学真题）

2012年山东师范大学333教育综合真题·凯程详解

一、名词解释

1. 课程（见2019年北京师范大学真题）

2. “三纲领八条目”（见2018年浙江师范大学真题）

3. 苏格拉底方法（见2011年北京师范大学真题）

4. 修道院学校

【答】修道院学校是中世纪最典型的教会教育机构，由一开始训练教会成员转为传授知识。修道院最初只接受志在侍奉上帝、对准备充当神职人员的人进行教育，早期的修道院主要强调宗教信仰的培养，教育内容不过是简单的读、写、算，以后课程逐渐加多加深，“七艺”（文法、修辞学、辩证法、算术、几何、天文、音乐）成为主要课程体系。

5. 德育（见2015年华南师范大学真题）

二、简答题

1. 简要叙述稷下学宫的性质与特点。（见2020年东北师范大学真题）

2. 简述教育的政治功能。（见2012年北京师范大学真题）

3. 简述裴斯泰洛齐的“教育心理学化”理论。（见2016年湖南师范大学真题）

4. 简要分析影响自我效能感形成的因素。（见2017年东北师范大学真题）

5. 简述陶行知生活教育的主要内容。（见2014年北京师范大学真题）

6. 简述皮亚杰认知发展阶段理论。（见2012年东北师范大学真题）

三、论述题

1. 中国当前的教育不公平主要表现在哪几个方面？请您选择某一方面并分析其产生的原因，尝试提出解决的对策。（见2010年山东师范大学真题）

2. 什么是教育的社会制约性和相对独立性？怎样协调二者的关系？

【答】（1）教育的社会制约性。

教育的社会制约性是指教育作为社会大系统中一个重要的子系统，其目的、制度、内容与方式，以及发展的规模与速度，无一不受到一定社会的生产力发展水平、经济政治制度与科学文化等因素的影响和制约。

（2）教育的相对独立性。

教育的相对独立性是指作为社会一个子系统的教育，它对社会的能动作用具有自身的特点和规律，它的发展也有其连续性和继承性。这主要表现为：教育是培育人的活动，主要通过所培育的人作用于社会；教育具有自身的活动特点、规律与原理；教育具有自身发展的传统与连续性。

（3）二者关系的协调。

①关注教育的相对独立性。

由于教育具有相对独立性，在分析研究教育问题时，不能单就生产力的发展水平、经济与科技发展水平、政治制度与文化要求来考察教育，还应当重视教育的相对独立性，注重发挥教育特有的社会功能，注意遵循教育自身的规律性和发展的连续性。

②不能把教育的相对独立性理解为绝对独立性。

教育归根到底是由生产力的发展水平和政治经济制度的性质决定的，是受民族文化的发展状况与需求制约的，教育的社会制约性仍是其根本的特性。如果把教育的相对独立性当作绝对的独立性，就会使教育走向“超经济”“超政治”“超文化”的错误道路，丧失教育发展的社会基础和动力。

③在重视教育的社会制约性的基础上尊重教育的独立性。

教育是一定社会中的教育，社会制约性是其根本特性，而教育又具有自身的特点和规律，具有相对独立性。因此，应在重视教育社会制约性的基础上，尊重教育的相对独立性，使教育适应社会的需要，符合自身的规律，健康、合理地发展。

总之，教育要与这一时代的生产力发展水平、政治经济制度状况和民族文化发展状况相适应，同时又要尊重教育的相对独立性，做到二者的辩证统一。

2013 年山东师范大学 333 教育综合真题·凯程详解

一、名词解释

1. 中体西用（见 2011 年北京师范大学真题）

2. 朱子读书法（见 2015 年东北师范大学真题）

3. 京师同文馆（见 2012 年北京师范大学真题）

4. 导生制（见 2012 年北京师范大学真题）

5. 学习风格（见 2019 年华东师范大学真题）

二、简答题

1. 北宋的三次兴学及其结果。

【答】（1）庆历兴学。范仲淹于庆历四年主持，主要措施：①令州县立学，规定应科举者，需在州县学读书三百日方准应试；②改革科举考试内容，罢帖经墨义，着重策论和经学；③创建太学，诏令下湖州取胡瑗之“苏湖教法”为太学改革的模式。

“庆历兴学”由于范仲淹被排挤出朝廷而告失败，但它对于北宋教育事业的发展起了促进作用，且其余波一直荡漾不息。

（2）熙宁兴学。王安石于熙宁年间主持，主要措施：①改革太学，创立“三舍法”；②整顿地方学校；③颁定《三经新义》；④设置专门学校；⑤改革科举制度。

王安石变法推行教育改革，发展官学，使宋代教育为之一振。虽然第二次兴学又以失败告终，但对北宋教育制度的形成及宋代中后期教育，产生了深刻影响。

（3）崇宁兴学。蔡京于崇宁年间主持，主要措施有五个方面：①全国普遍设立地方学校；②建立县学、州学、太学三级相关的学制系统；③新建辟雍，发展太学；④恢复设立医学，创立算学、书学、画学等专科学校；⑤罢科举，改由学校取士。

北宋的三次兴学运动，虽然前两次均未能取得预期的效果，但都不同程度地将宋朝教育事业向前推进了一大步。崇宁兴学对宋朝教育事业发展所起的促进作用，更是超过了前两次。因此，这三次兴学运动是宋朝“兴文教”政策最直接，也是最重要的体现。

2. 学生的学习特点。

【答】（1）学生的学习过程是掌握间接经验的过程，学生可以从学习现有的经验、理论、结论开始，同时补充感性经验。虽然学生的学习也要求个人有一定的经验基础，但学生的实践活动主要表现在他们的目的性上，而且从总体上来说，间接经验的学习形式是主要的，学生的学习不可能事事从直接经验开始。在教学组织和教学方法上，特别要求教师能把学校学习与实际生活和学生的原有经验相联系。

（2）学生的学习是在有计划、有目的和有组织的情况下进行的。学生的学习必须在有限的时间内完成，并达到社会的要求，因此需要在教师的指导下实现。由于教师既掌握所教知识的内在联系，又了解学生学习过程的特点，因此，能够保证在较短时间内，采用特殊有效的方法，帮助学生学会学习，完成掌握前人经验和建构自己的认知结构的学习过程。

（3）学生的学习具有一定程度的被动性。学生的学习是一个主动建构的过程。但他们的学习又不是为了适应当前的环境，而是为了适应将来的环境。当学生意识不到他当前的学习与将来的生活实践的关系时，就不愿为学习付出努力。因此教师要注意用各种方法来培养和激发学生的学习动机，提高其学习的主动性和积极性。

3. 人文主义教育的主要特征。（见2011年华东师范大学真题）

4. 要素主义教育学派的理论。（见2016年华东师范大学真题）

5. 教学过程的性质。（见2013年陕西师范大学真题）

6. 问题解决的含义及心理过程。

【答】（1）一般是指形成一个新的答案，超越过去所学规则的简单应用，而产生一个新的解决方案。当常规或自动化的反应不适应当前的情景时，问题解决就发生了。其中原有知识经验和当前问题的组成成分必须重新改组、转换或联合，才能达到既定目标。问题不同于简单的习题，问题解决是由认知成分参与的、有目的的一系列运算。

问题解决主要包括以下三个特征：第一，问题解决具有目的性；第二，问题解决包括一系列的运算；第三，问题解决具有认知性。

（2）问题解决的心理过程。（见2010年山东师范大学真题）

三、论述题

1. 结合实际谈谈教师应具备哪些素质。应该怎样培养？

【答】（1）教师应具备的素质。（见2014年北京师范大学真题）

（2）培养途径包括：

①加强和改革师范教育。a. 必须采取有效的政策性措施，鼓励和吸引大批优秀学生报考师范院校。b. 要改革现行的师范教育，紧密联系时代对教师的新要求，使未来教师能获得与之相适应的专业教育。c. 要让师范生形成正确的教育理念，加强职业能力的训练，以胜任教师的职责。

②实施教师资格考查制度。教师资格制度包括三层含义：a. 教师资格制度是国家实行的一种职业资格制度；b. 教师资格制度是法律规定的，必须依法实施；c. 教师资格是教师的职业许可。

③加强对在职教师的培训。a. 必须制订计划，通过有效的途径，专门向新教师提供系统的帮助，使他们尽快适应新环境，顺利地担当起一个教师应尽的职责。b. 关心新教师的成长，比如通过实践学习、教学反思、校本培训、校外支援和交流合作等形式，使他们不断得到提高与完善。

2. 评价教育目的价值取向中的个人本位论和社会本位论。（见2010年北京师范大学真题）

2014年山东师范大学333教育综合真题·凯程详解

一、名词解释

1. 综合实践活动

【答】综合实践活动是指在教师的引导下，密切联系学生自身生活和社会实际，让学生自主进行综合实践活动（包括研究性学习、社区服务、社会实践、劳动技术和信息技术等活动），积累解决实际问题的经验，提高综合应用知识于实践的能力教育。

2. 学园（见2015年华中师范大学真题）

3. 骑士教育（见2010年华东师范大学真题）

4. 潜伏学习

【答】潜伏学习又称隐匿学习，是指一种无明显的强化，其结果在一定时间后通过作业才显示出来的学习过程。潜伏学习的特点有:（1）学习的结果不太明显，是“潜伏”的;（2）潜伏学习是在没有强化的条件下发生的，一旦受到强化，具备了操作的动机，这种结果就会明显地通过操作而表现出来。

二、辨析题

1. 人的身心发展的不平衡要求教育要循序渐进。

【答】错误。依据人的身心发展的顺序性，要求教育必须遵循量力性原则，循序渐进地促进青少年的发展。依据人的身心发展的阶段性与不均衡性，要求教育工作者必须重视研究不同时期个体的成熟状况及其特征，了解成熟期，抓住关键期，不失时机地采取有效的教育措施，积极促进青少年身心健康地发展。

2. 学习可以引起个体的行为发生变化，因此，一个人行为发生了变化可以判定发生了学习。

【答】错误。学习是由于经验所引起的行为或思维的比较持久的变化。

（1）学习的发生是由经验引起的。（2）只有当个体在经验的作用下发生了行为上的变化，才能认为学习发生了。（3）只有当行为的变化是由于练习或反复经验所导致的，才能视为学习。（4）学习是一个广泛的概念，它不仅是人类普遍具有的，而且在动物中也存在。

3. 促进学生的全面发展与培养学生的个性发展是相对立的。

【答】错误。培养受教育者的独立个性，就是要使受教育者的个性自由发展，增强受教育者的主体意识，使其形成开拓精神和创造才能，提高受教育者的个人价值。全面发展与独立个性二者并不互相排斥。所谓“全面发展”，说的是受教育者必须在德、智、体、美诸方面都得到发展，不可或缺，即个性的全面发展；所谓“独立个性”，说的是德、智、体、美等素质在受教育者个体身上的特殊组合，不可一律化，即全面发展的个性。二者是辩证统一的关系。全面发展的过程，必然是个人的个性形成过程。

4. 卡特尔认为，流体智力是在实践中获得的，因此人的一生流体智力都是在生长的。

【答】错误。流体智力是指人不依赖于文化和知识背景学习新事物的能力，指与基本心理过程有关的智力，受先天遗传因素影响较大，会随年龄的老化而衰退，如注意力、知识整合力、思维的敏捷性等。晶体智力则是指人后天习得的能力，与文化知识、经验的积累有关，并且不随着年龄的老化而衰退，如知识的广度、判断力、常识等。从时间上看，流体智力在人的成年期达到高峰后，就会随着年龄的增长而逐步衰退，而晶体智力自成年后不但不衰退，反而会上升。

三、简答题

1. 政治经济制度对教育的影响。（见2018年南京师范大学真题）

2. 教师劳动的特点。（见2015年东北师范大学真题）

3. 清朝末期的教育改革。

【答】（1）“壬寅学制”和“癸卯学制”的颁布。

①壬寅学制：这是中国近代第一个以中央政府的名义制定的全国性学制系统，学制划分为三段七级，规划为义务教育性质。它虽然正式公布，但是没有实行。

②癸卯学制：《奏定学堂章程》是我国近代由中央政府颁布并首次得到施行的全国性法定学制系统。从纵向方面把整个学程分为三段七级，横向方面除直系各学堂外，另有师范教育及实业教育两个系统。

（2）废科举，兴学堂。

废除原因：考试步骤烦琐，形式主义严重。科举制导致新式学校也成了科举的附庸，败坏、毒害风气。废除过程：①改革科举内容；②递减科举中额；③停止科举。

（3）建立教育行政体制。中央：成立学部，作为统辖全国教育的中央教育行政机关。地方：各省设提学使司。

（4）制定教育宗旨。“忠君、尊孔、尚公、尚武、尚实”这个宗旨体现了“中体西用”的思想，是中国近代第一次正式宣布的教育宗旨。

（5）留日高潮与“庚款兴学”。

①留日高潮：甲午中日战争的刺激，以及科举的废除导致士人为寻求新的出路而涌向日本。留日学生充实了新式学堂师资，壮大了人才的队伍，传播了资产阶级思想，形成了资产阶级革命派群体，促成了辛亥革命的爆发，对中国近代社会的变革产生了重大影响。

②“庚款兴学”：美国从1909年开始，将中国“庚子赔款”中的一部分以先赔后退的方式退还给中国，并和中国政府达成默契，将这笔钱用来发展留美教育，史称“庚款兴学”。通过这次兴学，美国的确把中国的留学潮引向了美国，中国留学生的流向从此发生了变化。

4.《国防教育法》的主要内容及意义。（见2014年华东师范大学真题）

5. 改造主义流派的主要观点。

【答】改造主义流派代表人物有康茨和拉格、布拉梅尔德。主要内容是：

（1）教育应该以“改造社会”为目标。

（2）教育要重视培养“社会一致”的精神。“社会一致”指不分阶级的人与人之间的合作关系，即通过共同协商而消除阶级分歧的一致意见，并在行动上一致。

（3）强调行为科学对整个教育工作的指导意义。

（4）教学上应该以社会问题为中心。主张课程应以人文社会学科为主，教学应以问题为重，重视学科之间的联系。如四年制学院的课程围绕经济、政治、文化和心理四个领域中的有关问题展开。

（5）教师应进行民主的、劝说的教育。

评价：改造主义以社会改造作为教育的主要目的，既批判继承了实用主义教育，又吸收了要素主义、永恒主义教育的一些思想。所以，改造主义无疑是具有折中主义性质的思想。由于它停留在空泛的理论上，而没有提出切实可行的方案，在美国教育实践中的影响不大，20世纪60年代后受到冷落和批评。

6. 维果茨基的理论中，低级心理机能向高级心理机能的转化主要表现在哪几个方面?

【答】维果茨基认为，心理发展是个体的心理自出生到成年，在环境与教育的影响下，在低级心理机能的基础上，逐渐向高级心理机能转化的过程。由低级心理机能向高级心理机能的发展有四个主要的表现：

（1）随意机能的不断发展。随意性指心理活动的主动性、有意性，儿童心理活动的随意性越强，心理水平越高。

（2）抽象—概括机能的提高。随着儿童词汇、语言的发展，以及知识经验的增长，各种心理机能的概括性和间接性得到发展，最终形成最高级的意识系统。

（3）各种心理机能之间的关系不断变化、重组，形成间接的、以符号系统为中介的心理结构。儿童心理结构越复杂、越间接、越简缩，心理水平越高。

（4）心理活动的个性化。个性的形成是高级心理机能发展的重要标志，个性特点对其他机能的发展具有重要作用。

对于儿童心理发展的原因，维果茨基强调了三点。首先，心理机能的发展起源于社会文化历史的发展，受社会规律的制约；其次，从个体发展来看，儿童在与成人交往过程中通过掌握高级心理机能的工具——语言、符号系统，在低级心理机能的基础上形成了各种新质的心理机能；最后，高级心理机能是外部活动不断内化的结果。

四、论述题

1. 在教学过程中，如何正确处理直接经验和间接经验的关系？（见 2014 年华中师范大学真题）

2. 孟子和荀子的教育思想的异同。

【答】（1）共同点。

①在教育作用问题上，二者都重视教育在社会发展和个人成长中的作用。

孟子认为教育对个人的作用是扩充善端或求放心，启发人们恢复天赋的善良本性。教育的社会作用则是“行仁政”“得民心”。

荀子也高度重视教育的作用。教育作用是“化性起伪”。主要包含两个方面：一方面是人的主观能动性；另一方面是环境的作用。“化性起伪”是环境、教育和个体努力的共同结果。

②在教育目的和教育内容上，都认为培养统治人才是教育的最高目标，强调道德教育。

孟子认为办教育的目的在于“明人伦”。“父子有亲，君臣有义，夫妇有别，长幼有序，朋友有信。”“明人伦”的教育目的决定了他的教育内容是以伦理道德教育为主体。以伦理道德为基本教育内容，以“孝悌”为伦理道德基础。荀子要求教育培养推行理法的“贤能之士”。荀子整理“六经”为教育内容，与孟子“孝悌”的教育内容更是一脉相承。

（2）不同之处。

①人性论上的分歧。

孟子肯定“性善论”，认为人人都先天具有仁、义、礼、智四个“善端”，人人皆可为尧舜。但是，仅有这些“善端”是不够的，必须加以扩充，使之达到完善的境地，就可以成为圣人。

荀子主张“性恶论”，认为与生俱来的本能是“性”，而后天习得者为“伪”。他认为人的本性是恶的，而人的善德是后天习得的。这一点较孟子具有更多的唯物主义色彩。

②教学思想上的差异。

孟子主张“内发”，而荀子更倾向于“外铄”。在学与思的关系上，孟子比较强调“思”，主张深造自得，专心致志；而荀子更提倡“学”。

③教学过程上的差异。

孟子将其视为“存养”“内省”“自得”的过程，把它看成发扬人善性的过程，唯心主义的倾向较重；而荀子把教学过程看成闻见、知、行三个环节，更可贵的是他强调学是要落到实践上，充分反映其唯物主义的思想，具有较多的客观性。

以上就是孟子与荀子二者在教育思想上的相同点与分歧之处的分析，应该说，二者都有值得我们吸收、发扬的可贵之处，对于他们各自的缺陷，我们应该取长补短，借鉴吸收。

2015 年山东师范大学 333 教育综合真题·凯程详解

一、名词解释

1. 个人本位论（见 2010 年浙江师范大学真题）

2. 三舍法（见 2013 年北京师范大学真题）

3. 学在官府（见 2017 年华中师范大学真题）

4. 智者（见2018年东北师范大学真题）

二、辨析题

1. “近朱者赤，近墨者黑”，所以说明环境在人的身心发展中起决定作用。

【答】错误。一个人发展到什么程度，都与他所处的环境有关，“近朱者赤，近墨者黑”就是这个道理。这个观点肯定了环境在人的发展中的作用。环境泛指个体存在于其中，在个体的活动交往中，与个体相互作用并影响个体发展的外部世界。环境在人的身心发展中的作用：（1）环境是人的发展的外部条件，为个体的发展提供了可能性和限制；（2）环境对个体身心发展的影响既取决于环境的给定性，又取决于主体的选择性；（3）我们不能过分地夸大环境的作用，环境虽然重要，但不是决定人发展的根本因素

2. 教师劳动具有专业性。

【答】正确。教师劳动具有专业性的特点。

当今，国内外教育普遍认为教师是履行教育教学职责的专业人员，这从根本上肯定了教师劳动的专业性。（1）教师工作的领域主要是针对培养学生的教育教学领域。（2）教师需要专业化的教育学、心理学以及学科专业知识来培养学生。（3）教师需要专门的教学技能来授课和培养学生。（4）教师对教育工作要具有充分的情怀，才能做好这份工作。所以我们说教师的劳动具有专业性。

3. 法家的绝对“性恶论”否定了教育的价值。

【答】错误。“性恶论”是荀子最先提出的，法家发展了荀子人性恶的理论，提出了“人性利己说”，韩非认为人的本性都是“为己”“利己”的，这是一种绝对的“性恶论”。基于这样的人性说，法家在教育上提倡法律教育，认为没有必要运用道德教育，但也重视教育的社会作用。

4. 经典性条件反射和操作性条件反射没有实质性的区别。

【答】错误。它们有实质性的区别：

（1）就条件反射的实质来看，经典性条件反射的顺序是“无条件刺激”在“反映”之前；而操作性条件反射相反，“反应”在前，“无条件刺激”在后。

（2）从个体反应性质来看，经典性条件反射中条件反射和无条件反射极其相似；但操作性条件反射中却截然相反。

（3）从条件反射来看，经典性条件反射中条件是诱发性行为，是被动的，是反应性行为；操作性条件反射中条件则属于自发性行为，是主动的，是操作性行为。

（4）经典性条件反射中动物往往是被动接受刺激；而在形成操作性条件反射过程中，动物是自由活动的，通过自身的主动操作来达到目的。

三、简答题

1. 现代教育的特征。（见2013年北京师范大学真题）

2. 学科课程的特点。

【答】学科课程指根据各级各类学校培养目标和学生的发展水平，分门别类地从各学科中选择知识，并按照学科的逻辑组织学科内容的课程。各科目都有特定的内容、一定的学习时数、一定的学习期限和各自的逻辑系统。学科课程具有结构性、系统性、简约性等特点。

（1）依据知识的门类分科设置；（2）它是将人类活动经验加以抽象、概括、分类整理的结果；（3）它往往是相对独立的、自成体系的；（4）它通常按特定知识领域内在的逻辑体系来加以组织；（5）逻辑性、系统性和简约性是学科课程最大的特点。

3. 汉代“独尊儒术”的文教政策。（见2011年浙江师范大学真题）

4.《巴特勒教育法》。（见2020年湖南师范大学真题）

5. 奥苏伯尔的认知同化理论。

【答】当学生把教学内容与自己的认知结构联系起来时，有意义学习便发生了。学习者接受知识的心理过程就是概念同化过程。具体表现为：首先，在认知结构中找到能同化新知识的有关观念，

这些观念能够对新知识起到挂钩（固定点）的作用；其次，找到新知识与起固定点作用的观念间的相同点；最后，找到新旧知识的不同点，使新概念与原有概念之间有清晰的区别，并在积极的思维活动中融会贯通，使知识不断系统化，即有意义学习就是新知识与学生认知结构中已有观念发生相互作用，这种作用的结果导致新旧知识的意义的同化。

按照新旧知识发生联系的方式，奥苏伯尔提出有意义学习的三种同化模式：

（1）下位学习——也叫类属学习，将概括程度或包容范围较低的新概念或命题，归属到认知结构中原有的概括程度或包容范围较高的适当概念或命题之下，从而获得新概念或新命题的意义。

（2）上位学习——新概念或新命题具有广泛的包容范围或较高的概括水平，将一系列已有观念包含于其下而获得意义。如先知道松树、柳树等具体概念，然后学习“树”，知道“树”是各种树木的总括概念。

（3）组合学习——也叫并列学习，新旧知识既无上位关系，又无下位关系，这时发生的学习就是并列学习。如先学习“松树”的概念，再学习“柳树”的概念。

6. 简述规范学习的心理过程。（见 2014 年北京师范大学真题）

四、论述题

1. 如何理解教学中的掌握知识与发展智力的关系？（见 2012 年东北师范大学真题）

2. 对卢梭的自然主义教育进行述评。（见 2012 年华东师范大学真题）

2016 年山东师范大学 333 教育综合真题·凯程详解

一、名词解释

1. 活动课程（见 2013 年东北师范大学真题）

2. 致良知（见 2017 年华东师范大学真题）

3. 大学区制

【答】1806 年，法兰西第一帝国时期，拿破仑颁布了《关于创办帝国大学及其全体成员的专门职责的法令》等，设立帝国大学为政府管理全国教育的机构，并实行大学区制，划分全国为 27 个大学区，每一个学区设总长一人，并设由 10 人组成的学区评议会，负责管理大学区内的各级学校。区内设大学一所，中小学若干所。

4. 自我效能感（见 2014 年华东师范大学真题）

二、辨析题

1. 教育目的是人制定的，所以是主观的。

【答】错误。一般来说，教育目的总是由人提出来的，它在形式上是主观的；但人们提出的教育目的却有其现实的社会根源，它的内容是客观的。人们提出形形色色的教育目的，不管他们承认不承认，实际上都是社会对其成员质量规格的客观需求在他们意识中的反映，是他们所处时代的产物。教育目的受一定的生产力和生产关系及以此为基础的政治观点与制度的制约。教育目的的制定要考虑受教育者的身心特点，但它不影响教育目的的性质和方向。

2. 教师在教学过程中担任多种角色。

【答】正确。教师的“角色丛”是指与教师特定的社会职业和地位相关的所有角色的集合。仅就教师与学生的关系而言，教师就要扮演丰富多彩的多重角色：（1）“家长代理人”和“朋友、知己者”的角色；（2）“传道、授业、解惑者”的角色；（3）“管理者”的角色；（4）“心理调节者”的角色；（5）“研究者”的角色。

3. 新教育运动是19世纪末20世纪初兴起于美国的教育革新运动。

【答】错误。“新教育运动”亦称“新学校运动”，这场教育改革运动于19世纪末20世纪初在欧洲兴起，主要内容是在教育目的、内容、方法上建立与旧式的传统学校完全不同的新学校，是以建立不同于传统学校的新学校作为新教育的“实验室”为特征。

新教育运动始于19世纪80年代的英国，后扩展到欧洲其他国家，如德国、法国、瑞士、比利时、荷兰和奥地利等国。早期代表人物有英国教育家雷迪、德国教育家利茨、法国教育家德莫林等。20世纪的代表人物有爱伦·凯、德可乐利、罗素、怀特海和沛西·能等。

4. 场独立型的人适合学习人文知识，场依存型的人适合学习数理知识。

【答】错误。场独立型、场依存型与学生的学习有着密切的关系。研究表明，场独立型学生一般偏爱自然科学，且成绩较好，二者呈显著正相关，他们的学习动机往往以内在动机为主。场依存型学生一般较偏爱社会科学，他们的学习更多地依赖外在反馈。场独立型学生善于运用分析的知觉方式，而场依存型学生则偏爱非分析的、笼统的或整体的知觉方式，他们难以从复杂的情境中区分事物的若干要素或组成部分。

另外，场独立型与场依存型学生对教学方法也有不同偏好。场独立型学生易于给无结构的材料提供结构，比较易于适应结构不严密的教学方法。反之，场依存型学生喜欢有严密结构的教学，因为他们需要教师提供外来结构，需要教师的明确指导与讲解。

三、简答题

1. 教育的政治功能。（见2012年北京师范大学真题）

2. 教学的任务。（见2013年北京师范大学真题）

3. 九品中正制。

【答】九品中正制是魏晋南北朝时期重要的选官制度，是魏文帝曹丕制定的，此制至西晋渐趋完备，南北朝时又有所变化。它上承两汉察举制，下启隋唐之科举，在中国古代政治制度史上占有十分重要的地位，乃中国封建社会三大选官制度之一。

（1）其主要内容为：在各州设中正，以家世、道德、才能评议人物，评议结果上交司徒府复核批准，然后送吏部作为选官的根据。三年调整一次，但中正对所评议人物也可随时予以升品或降品。

（2）评价：九品中正制创立之初，家世、道德、才能三者并重。但随着发展门阀世族完全把持了官吏选拔之权。到西晋时终于形成了“上品无寒门，下品无士族”的局面。九品中正制不仅成为维护和巩固门阀统治的重要工具，而且本身就是构成门阀制度的重要组成部分。到了隋代，随着门阀制度的衰落，此制终被废除。

4. 基督教教育的特点。（见2013年华南师范大学真题）

5. 严复的“三育论”。

【答】严复是中国近代从德、智、体三要素出发构建教育目标模式的第一人，他在《原强》（又称《国富论》）中首次阐发了他的“三育论”，认为中国要改变积贫积弱的现状，就必须从提高国民这三方面素质着手，“鼓民力”“开民智”“新民德”才可谓是真国民。

“鼓民力”，就是提倡体育，包括禁吸鸦片和女子缠足等陋习，使国民具有强健的身体。

“开民智”，就是要全面开发人民的智慧，提高人民的文化教育水平，但实际牵涉对传统教育体制、教育内容、学风和教学方法的改革，其核心是改革科举制度、废除八股取士和训诂辞章之学，讲求西学。

“新民德”，就是要改变传统德育内容，用西方的民主、自由、平等取代封建伦理道德，培养人民忠爱国家的观念意识，改变人民的奴隶地位。严复认为“新民德”最难。

评价：严复提出的德、智、体三育兼备的教育目标体系，无论结构要素，还是各育的内容，都基本上确立了中国教育目标体系的近代化模式。

6. 明治维新的教育改革。（见2019年华南师范大学真题）

四、论述题

1. **论述教师主导与学生主动性的关系。**（见2010年北京师范大学真题）

2. **联系实际说明促进学习迁移的措施。**（见2014年北京师范大学真题）

2017年山东师范大学333教育综合真题·凯程详解

一、名词解释

1. **教学评价**（见2015年北京师范大学真题）

2. **上位学习**

【答】按照新旧知识发生联系的方式，奥苏伯尔提出有意义学习的三种不同同化模式：下位学习、上位学习和并列学习。上位学习是指新概念、新命题具有较广的包容面或较高的概括水平，将一系列已有观念包含于其下而获得意义。如先知道松树、柳树等具体概念，然后学习“树”，知道“树”是各种树木的总括概念。

3. **成就动机**（见2010年陕西师范大学真题）

4. **教育准备说**

【答】斯宾塞在《什么知识最有价值》中，论述教育目的就是“为人未来的完满生活做准备”，即教育准备生活说。

斯宾塞论述了什么是“完满的生活”，并据此确定了课程：直接保全自己的活动；获得生活必需品而间接保全自己的活动；目的在于抚养教育子女的活动；与维持正常社会政治关系有关的活动；在生活中的闲暇时间满足爱好和感情的各种活动。

5. **苏湖教法**（见2014年北京师范大学真题）

6. **平民教育思潮**

【答】平民教育思潮倡导平民教育，是新文化运动中的民主思潮在教育领域里的反映和重要组成部分。其主张是批判传统的贵族主义等级教育，破除千百年来封建统治者独占教育的局面，使普通平民百姓享有受教育的权利，获得知识，改变生存状况。

该思潮使平民受到了一定程度的文化知识教育，扩大了教育对象，在一定范围内普及了教育，但在城市收效不大。

二、辨析题

1. **课程内容即教材内容。**

【答】错误。（1）课程是一个发展的概念，它是以实现各级各类学校教育目标而规定的学科及它的目的、内容、范围与进程的总和，包括为学生全面发展而营造的全部教学内容。（2）教材是根据课程计划、课程标准和学生接受能力编写的教学用书。教科书是课程标准的具体化，是学生学习的主要材料，是教师进行教学的主要依据。（3）因此，课程内容不等于教材内容。课程内容是教材内容编制的依据，教材内容是课程内容的具体化反映。

2. **智力水平高的人创造力也高。**

【答】错误。创造力高的人，一般智力较高。但是高智力者，创造力可高可低；低智力者，创造力一定低。也就是说，智力是创造力的必要条件而不是充分条件。智力是创造力的一个影响因素，但不是唯一的因素，创造力还受到知识、人格特征、动机等因素的影响。所以，智力高的人创造力不一定也高。

3. **蔡元培在改革北大时提出的指导思想“思想自由，兼容并包”指所有的思想无所不包。**

【答】错误。蔡元培提出的兼容并包并不等同于无所不包。蔡元培认为：“无论为何种学派，苟其言之成理，持之有故，尚不达自然淘汰之命运者，虽彼此相反，而悉听其自由发展。”这句话既反映了兼容并包的内涵，又暗示了兼容并包的条件——言之成理，持之有故，不达自然淘汰之命运。因此言之无理，持之无故，已达自然淘汰之命运的思想观点在北京大学也是不被接受的。

因此，“思想自由，兼容并包”并不是无所不包。

三、简答题

1. 教师角色冲突的主要表现。

【答】（1）社会“楷模”与“普通人”的角色冲突。社会对教师的期望值很高，希望教师是道德的楷模，很多年轻教师认为自己是社会的普通一员，认为教师无须正襟危坐，一板一眼。

（2）“令人羡慕”的职业与教师地位低下的实况冲突。教师虽然是个“令人羡慕”的职业，但教师的社会地位仍然低下，经济上捉襟见肘。这使许多教师的心理及生活处于尖锐的矛盾冲突之中。

（3）教育者与研究者的角色冲突。人们普遍认为教师就应该教书育人，研究是专家的事情，但要想教育好学生，需要研究学生。很多教师也没有意识到自身可以进行教育研究，他们往往埋头苦干，缺乏思考，无暇顾及研究。

（4）教师角色与家庭角色的冲突。教师在学校工作艰辛，下班后还要继续工作，有时教师照顾了其他人的子女，却往往忽略了自己的子女，为此引起家庭矛盾，从而陷入苦恼之中。

2. 文化对教育的制约与影响。

【答】（1）文化知识影响着教育的内容和水平。文化是教育的基础，教育通过传承和创新文化来培养人，学校教育的任务之一就是传授系统化、概念化的文化知识，反映到课程上，课程本身就是文化知识的载体，也是一种特定的文化形式。文化知识始终是教育的主要资源。

（2）文化模式制约着教育环境与教育模式。首先，文化模式为教育提供了特定的背景。教育促进个人的发展，又必须受到特定文化模式的制约。文化模式对每个人的塑造力量很大。其次，文化模式还从多方面制约教育模式。不同文化模式下的教育管理方式、教育方法等都有很大的差异。

（3）文化传统制约着教育的传统与变革。文化传统越久，对教育传统变革的制约性越大。文化传统影响着学校教育方法，不同的文化传统对待学习和读书的态度不同，反映到教育上，教师教育方法的方式也不同。例如，中国的传统文化认为“书读百遍，其义自见”，学校教育便把读书视为获得真知的唯一源泉。

3. 课程目标有哪几种基本表述方式？

【答】完整的课程目标体系包括三类：结果性目标、体验性目标与表现性目标。

（1）结果性目标的表述方式：所谓结果性目标，即明确告诉人们学生的学习结果是什么。对课程设计所采用的行为动词，要求具体明确、可观测、可量化。这种指向结果性的课程目标，主要应用于“知识”领域。

（2）体验性目标的表述方式：所谓体验性目标，即描述学生自己的心理感受、情绪体验应达成的标准。它在设计中所采用的行为动词往往是历时性、过程性的。这种指向体验性的课程目标主要应用于各种“过程”领域。

（3）表现性目标的表述方式：所谓表现性目标，即明确安排学生各种各样的个性化的发展机会和发展程度。它在课程设计中所采用的行为动词通常是与学生表现什么有关或者结果是开放性的。这种指向表现性的课程目标，主要适用于各种“制作”领域。

4. 有意义学习的条件。（见2013年北京师范大学真题）

5. 简述夸美纽斯的教育内容。（见2016年西南大学真题）

四、论述题

1. 根据下面的材料，说明教育对人的发展作用。（见2016年东北师范大学真题）

2. 苏格拉底法述评。（见2020年华南师范大学真题）

2018年山东师范大学333教育综合真题·凯程详解

一、名词解释

1. 教育中介系统

【答】教育中介系统是构成教育的三个基本要素之一。教育中介系统是为了实现教育目的所采取的办法，包括教育内容和教育活动方式。教育内容是教育者用来作用于受教育者的影响物，它是根据教育目的，经过选择和加工的影响物。教育活动方式是教育者和受教育者在教育活动中所采用的教和学的方式和方法。

2. 正迁移

【答】从迁移的影响效果方面看，迁移的发生并非总是积极的影响，它既可以是积极的，也可以是消极的。积极的影响通常被称为正迁移，消极的影响被称为负迁移。如阅读理解的学习有助于写作能力的提高，就是一种正迁移。教学中要积极利用知识的正迁移。

3. 庚款兴学

【答】清末新政时期，留日高峰使美国决定将中国“庚子赔款”中的一部分以先赔后退的方式退还给中国，并和中国政府达成默契，将这笔钱用来发展留美教育，史称“庚款兴学”或称“退款兴学”。这一举动被相关国家效仿，但通过这次兴学，美国的确把中国留学潮引向美国。

4. 课程内容

【答】课程内容是根据课程目标从人类的经验体系中选择出来，并按照一定的逻辑序列组织编排而成的知识体系和经验体系。选择课程内容时，要注重选择两方面的知识，即间接经验和直接经验。组织课程内容时，要充分考虑直线式和螺旋式、横向组织和纵向组织，以及学生的心理逻辑和知识逻辑。

5. 认知风格（见2019年杭州师范大学真题）

6. 社会本位论（见2011年华东师范大学真题）

二、辨析题

1. 在学习中发展的速度不总是直线的说明人有阶段性。

【答】错误。人的身心发展具有阶段性是指不同的年龄阶段表现出不同的特征，前后相邻的阶段是有规律地更替的，在前一阶段内准备了向后一阶段的过渡，每一发展阶段经历着一定的时间。在每个阶段心理的发展表现出一般的、典型的、本质的特征。人的身心发展具有差异性是指由于遗传、环境及教育等因素的不同，即使在同一年龄阶段，不同个体之间身心发展也存在着个别差异性，这种差异主要表现在两个方面：一是不同个体身心发展的速度不同；二是不同个体身心发展的程度也可能不同。比如有的早慧，有的大器晚成。因此，人的发展速度不同，说明人的发展具有差异性，不是阶段性。

2. 法国教育体系是中央集权。

【答】错误。法国是教育体制高度集权的国家，实行帝国大学与大学区制。其特点是：第一，教育管理权力高度集中。拿破仑在巴黎设立帝国大学，作为全国教育行政的最高权力部门；第二，全国的教育实行学区化管理；第三，开办任何学校教育机构必须得到国家的批准；第四，一切公立学校的教师都是国家的官吏。因此，法国教育体制是中央集权制，不是地方分权式。

3. 负迁移就是惩罚。

【答】错误。负强化是指当某种刺激在有机体环境中消失或减少时，反应概率增加。这种刺激也称是消极强化。惩罚是指当有机体做出某种反应后，呈现一个厌恶刺激，以消除或抑制此类反应的过程。可见，惩罚与负强化不同之处在于负强化是通过厌恶刺激的排除，使良好反应在将来发生的概率增加，而惩罚是通过厌恶刺激的呈现来降低不良反应在将来发生的概率。比如，某学生因为打架被学校留校察看，这里的“留校察看”是一种惩罚，目的是抑制学生打架这种不好的行为表现。

此学生在留校察看期间意识到错误，当学校的这个处分撤销后，他再也没有打过架，这里的“撤销处罚”就是对学生受到惩罚之后的行为表现表示肯定或赞扬，就是一种负强化。应该说，负强化是通过消除惩罚来鼓励积极行为的过程。因此，题中的说法是错误的。

三、简答题

1. 直接经验与间接经验的关系。（见2014年华中师范大学真题）

2. 中世纪大学的意义。（见2018年南京师范大学真题）

3. 影响问题解决的因素。（见2017年陕西师范大学真题）

4. 永恒主义教育的原则。

【答】永恒主义教育是在20世纪30年代形成的一种提倡复古的教育理论。代表人物有美国的赫钦斯、阿德勒，英国的利文斯通和法国的阿兰。

具体内容:（1）教育的性质永恒不变;（2）教育的目的是要引出我们人类天性中共同的要素，对人施以人性的教育，达到人性的自我实现、人的进步和完善;（3）永恒的古典学科应该在学校课程中占中心地位;（4）提倡通过教学进行学习。

对当代世界教育实践的影响:（1）重视古典学科的教育内容;（2）重视教师教学的重要性;（3）重视人性本身，在教育实践中，提倡人性化的教育，最终达到人性的自我实现和完善。

作为一种教育哲学思想的永恒主义教育，在教育理论上有一定影响，但在教育实践中的影响范围不大，主要局限于大学和上层知识界中的少数人。永恒主义教育思潮遭到了许多人的批判，他们的思想和做法脱离了现实社会。

5. 察举制与九品中正制的异同。

【答】（1）察举制。

察举制在汉武帝时期得以确立，它是先经考察举荐、再经考试、最后根据考试成绩优劣选拔人才的制度，是对太学养士选才的补充。其实是保障了读书做官、以儒术取士的落实，被称为科举制度的先导。

（2）九品中正制。

它是魏晋时期的选士制度。按门第授予官职，只授予“士族”，限制庶族。但是这种做法挫伤了人们的求学积极性。

（3）相同点。均为选士制度。

（4）不同点。①公平性：察举制不问出身，而九品中正制限制庶族。②影响：察举制提高了人们的求学积极性，九品中正制挫伤了人们的求学积极性。③考试制度：察举制设立考试，有“孝廉”等科目，九品中正制不设考试科目。

6. 理论联系实际的原则。（见2014年上海师范大学真题）

四、论述题

1. 教师的素质。（见2012年陕西师范大学真题）

2. 王守仁的儿童教育思想。（见2016年北京师范大学真题）

2019年山东师范大学333教育综合真题·凯程详解

一、名词解释

1. 教育规律

【答】教育学的研究任务是揭示教育规律，探讨教育价值观念和教育艺术，指导教育实践。教育规律指教育内部诸因素之间、教育与其他事物之间本质的联系，以及教育发展变化的必然趋势。

2. 教学策略（见 2017 年首都师范大学真题）

3. 六艺（见 2012 年华东师范大学真题）

4. 鸿都门学（见 2011 年北京师范大学真题）

5. 品德不良（见 2015 年华南师范大学真题）

6. 智者派（见 2018 年东北师范大学真题）

二、辨析题

1. 所有接受学习都是机械的。

【答】错误。接受学习是教师通过直接呈现已有知识、经验的方式传授知识及其意义，学生通过新旧知识之间的相互作用来获得新知识的过程。在奥苏伯尔看来，不管是接受学习还是发现学习，都有可能是机械的，也都有可能是有意义的，那种认为接受学习必然是机械的、发现学习必然是有意义的观点是毫无根据的。如果教师教法得当，并不一定会导致机械的接受学习，任何学习，只要符合有意义学习的条件，就是有意义学习；此外，有意义学习和机械学习也不是绝对的，而是处在一个连续体的两端，学校的许多学习经常是处在这两端之间的某一个点上。

2. 教师专业性最突出的特征是教师资格证。

【答】错误。教师专业能力是教师综合素质的最突出的外在表现，又是评价教师专业性的核心因素，是教师专业性最突出的特征。教师资格证只是确认了教师职业的专业地位。

3. 朱熹关于小学教育的目的是培养“圣贤坯璞”。

【答】正确。朱熹认为小学的教育任务是培养“圣贤坯璞”，是打基础的阶段，必须抓紧、抓好。教育内容上，以“学事”为主，知识力求浅近、具体，从具体的行为训练着手，使学生懂得基本的伦理道德规范，形成良好的生活习惯，学到初步的文化知识技能，教育与生长发育融为一体，在实践中得到锻炼。在教育方法上，一来主张先入为主，及早施教；二来要求形象生动，激发兴趣；三来首创以《须知》《学则》的形式来培养儿童的道德行为习惯。

三、简答题

1. 孔子的德育内容及方法。（见 2012 年东北师范大学真题）

2. 简述《费里教育法》。（见 2020 年杭州师范大学真题）

3. 学习知识与发展智力的关系。（见 2012 年东北师范大学真题）

4. 简述加里培林关于智力技能的发展阶段。

【答】加里培林将心智动作的形成分成五个阶段：

（1）活动定向阶段。这是一个准备阶段，在从事某种活动之前需要先了解做什么和怎样做，从而在头脑中形成对活动本身和活动结果的表象，进行对活动本身和活动结果的定向。

（2）物质活动或物质化活动阶段。物质活动是运用实物的教学，而物质化活动则是物质活动的一种变形，是指利用实物的模象而进行的活动。

（3）出声的外部言语动作阶段。这一阶段是指学生的学习活动已不直接依赖实物或模象而借助自己出声的外部言语形式来进行的阶段。

（4）无声的外部言语活动。这一阶段是出声的言语活动向内部言语活动转化的开始，是不出声的外部言语活动。

（5）内部言语活动阶段。这是智力活动完成的最后阶段。

加里培林关于智力活动按阶段形成的理论，对于进一步探索智力活动和心智技能形成的规律还是很有价值的，对于当前我国学校实施的素质教育具有一定的参考意义。

5. 启发式教学原则的要求。（见 2012 年北京师范大学真题）

6. 环境对人的发展的作用。

【答】环境泛指个体存在于其中，在个体的活动交往中，与个体相互作用并影响个体发展的外部世界。环境包括自然环境和社会环境两个方面，社会环境对人的发展的影响作用比自然环境大。

环境在人的身心发展中的作用:（1）环境是人的发展的外部条件，为个体的发展提供了可能性和限制;（2）环境对个体身心发展的影响既取决于环境的给定性，又取决于主体的选择性;（3）我们不能过分地夸大环境的作用，环境虽然重要，但不是决定人发展的根本因素。

四、论述题

1. 试论述个别教学、班级授课制、分组教学的优缺点。

【答】（1）个别教学是教师面对个别或少数学生进行教学的一种教学组织形式。在个别教学中，每位学生所学的内容和进度可以有所不同，教师对每位学生教的方法和要求也有所区别，所以每位学生学习的成效各不一样，甚至差距极大。

因此，个别教学最显著的优点在于：教师能够根据每位学生的特点，包括天赋、接受能力和努力程度，加强教学的针对性，比较充分地发展每个学生的潜能、特长和个性。

（2）班级授课制是一种集体教学形式，它把一定数量的学生按年龄与知识程度编成固定的班级，根据周课表和作息时间表，安排教师有计划地给全班学生集体上课。同一班级的学生学习内容和进度必须一致。今天，我国的教学仍以班级授课制为基本组织形式。

班级授课制的优点：①有利于促进教育普及和提高教学效率；②形成严格的制度保证教学制度化、规范化，有利于提高教学质量；③使学生获得系统的科学知识；④充分发挥教师的主导作用；⑤有利于促进学生的社会化和个性化。

班级授课制的缺点：①难以照顾学生的个别差异与个性发展；②学生的主体地位或独立性受到一定的限制；③实践性不强，容易脱离实际；④学生的探索性、创造性不易发挥，主要接受现成的知识结果。

（3）分组教学是指按学生的能力或学习成绩把他们分为水平不同的组进行教学。分组教学的类型主要有能力分组和作业分组。能力分组，是根据学生的能力发展水平来分组教学，各组课程相同，学习年限则各不相同；作业分组，是根据学生的特点和意愿来分组教学，各组学习年限相同，课程则各有不同。

分组教学还可以分为内部分组与外部分组两种形式。内部分组是在传统的按年龄编班的前提下，根据学生能力或学习成绩发展变化情况来分组教学；外部分组则打破传统的年龄编班，按学生的能力或学习成绩的差别来分组教学。

2. 论述洪堡的教育改革。

【答】（1）初等教育。

初等教育的目的是发展学生的理性，陶冶学生的道德情操，培养学生的宗教情感，为进一步的学习做准备。为此采取了以下措施：

①在学科内容上，减少了宗教神学课，增设了实用知识的学科。

②在教学方法上，废除体罚和死记硬背，采用实物直观教学。

③改进师资培训工作，一方面从瑞士邀请席勒到普鲁士办师范学校；另一方面派遣教师到瑞士向裴斯泰洛齐本人学习，德国的师范教育因受到裴斯泰洛齐的影响有了较大的发展。

而这一改革对今天德国教育的发展亦有深远影响，教师具有很高的专业素养，且与同阶级相比，德国教师的工薪待遇与社会地位都处于世界的前列。

（2）中等教育。

在中等教育改革上，1810年，洪堡编制了教学计划，削减了古典学科的内容，以拉丁文、希腊文、德文和数学为主课，重视历史、地理和自然科学的教学，此外还规定只有通过国家考试成绩合格的才给予中学教师的称号。

洪堡的改革使文科中学的办学方向、课程内容、教学方法乃至教师的质量都有了较大的起色。改革改变了文科中学教师只能由神学家、牧师担任的现象，打破了文科中学对僧侣依赖的局面。

（3）高等教育。

在高等教育方面，洪堡提出学术自由的原则、教学与科研相结合的原则。洪堡认为，大学不是一般的职业养成所，而是要造就胸襟开阔、目光远大、领导世界新潮流的人才；大学要特别重视人文科学，应将大学办成培养人道主义精神的基地；教学和科研结合为一体，学术自由是神圣的办学原则等。他认为，传授高深知识是大学的基础，但这种知识不是实用的、专门化的知识，而是一种“纯科学的知识”，即一种脱离社会需要，超越社会现实的理念性知识。

2020 年山东师范大学 333 教育综合真题·凯程详解

一、名词解释

1. 双轨制（见 2017 年北京师范大学真题）

2. 先行组织者（见 2010 年北京师范大学真题）

3.《大学》（见 2019 年华中师范大学真题）

4.《爱弥儿》（见 2019 年上海师范大学真题）

5. 进步教育主义理论（见 2014 年北京师范大学真题）

6. 逆向迁移

【答】迁移是指已经获得的知识、动作技能、情感和态度等与新的学习之间的相互影响。根据迁移方向的不同可以分为顺向迁移与逆向迁移。其中逆向迁移是指后继学习对先前学习的影响，如发展心理学和教育心理学的学习对先前普通心理学的理解产生影响。无论是顺向迁移还是逆向迁移，其产生的影响都有正负现象。

二、辨析题

1. 学校管理没有育人功能。

【答】错误。学校管理是管理者通过一定的组织形式和工作方式以实现学校教育目标的活动。它具有教育性、服务性、文化性与创造性等显著特性。现代学校管理既要法治化，又要人性化，即依法治校和以德治校并重。人性化管理是指学校管理工作要关注人的情感、满足人的需要、崇尚人的价值、开发人的潜能、尊重人的主体地位和人格。要转变管理观念，改变管理方式，贯彻管理即育人、管理即服务的思想。所以学校管理有育人功能。

2. 组织策略和计划策略同属于认知策略。

【答】错误。认知策略包括注意策略、复述策略、精细加工策略和编码组织策略。计划策略属于元认知策略，不属于认知策略。

3. 公学就是公立学校。

【答】错误。（见 2020 年南京师范大学真题）

三、简答题

1. 教育目的的社会本位论。

【答】社会本位论也称国家本位论，其主要代表人物有柏拉图、凯兴斯泰纳、涂尔干、赫尔巴特、孔德等。社会本位论者主张教育目的要根据社会需要来确定。

主要观点：（1）教育目的的制定应该由社会的需要来决定，无关人的潜能和个性的需要；（2）个人的一切发展有赖于社会，社会价值高于个人价值；（3）教育的最高目的在于使个人成为国家的合格公民，具有起码的政治品格、生产能力和社会生活素质；（4）教育的效果以社会功能的发挥程度来衡量。

评价：

（1）积极方面：社会本位论将对教育目的的考察角度从宗教神学转移到国家和社会事业上来，这是一个很大的进步。这种视角的转换在近代有助于教育与教会的分离，在当代有助于动员国家和社会资源来发展教育事业。

（2）不足之处：忽视了个体的价值，否认了个体在社会和国家生活中的积极能动作用，完全将受教育者当成等待被加工的“原料”，违背了教育的人道主义原则。

2. 直观性原则。（见 2015 年华中师范大学真题）

3. 孔子的教学方法。（见 2013 年东北师范大学真题）

4. 要素主义理论。（见 2016 年华东师范大学真题）

5. 简述归因理论及对学习动力培养的作用。

【答】韦纳在对行为结果的归因进行了系统探讨，发现人们倾向于将活动成败的原因归结为六个因素：能力高低、努力程度、任务难度、运气好坏、身心状态、外界环境。他把这六个因素归为三个维度，即内部归因和外部归因；稳定归因和非稳定归因；可控归因和不可控归因。归结为不同的原因会带来相应的心理变化，表现为对下一次成就结果的期待与情感的变化，进而影响以后的成就行为。

（1）个体对自己的行为及其结果有寻找原因的倾向，个体解释自己行为结果时的归因是复杂而多维度的，不同的归因方式会影响个体今后的学习动机。

（2）成败归因的内外源维度影响个体对成败的情绪体验；成败归因的稳定性维度影响个体对未来成败的预期；成败归因的可控性维度影响个体今后努力学习的行为。

（3）在教学实际中，学生往往将学业失败归因为能力不足，从而产生习得无助感，造成学习动机降低。教师在归因训练过程中，对于那些学业失败的学生，应引导其将失败的原因归结为努力不足；同时，也应对学生的努力给予反馈，让他们感受到自己努力的收获、体验到自己努力的有效性。

6. 教师角色。

【答】教师角色指社会对教师职能和地位的期望和要求。它规定了教师在教育情境中所应该表现的心理和行为方式。角色主要包括知识的传播者和创造者、学习的促进者、教学的设计者、家长的代言人、社会规范的象征者以及人际关系的协调者等。

在当前时代，对教师的角色有了新的要求：

（1）在教学过程中更多地履行多样化的职能，更多地承担组织教学的责任。

（2）从一味强调知识的传授转向着重组织学生的学习，并最大限度地开发社区内部的新的知识资源。

（3）注重学习的个性化，改进师生关系。

（4）实现教师之间更为广泛的合作，改进教师与教师的关系。

（5）更广泛地利用现代教育技术，掌握必需的知识与技能。

（6）更密切地与家长和其他社区成员合作，更经常地参与社区生活。

（7）更广泛地参加校内服务和课外活动。

（8）削弱加之于孩子们身上，特别是大龄孩子及其家长身上的传统权威。教师角色出现转换，不仅意味着学校教育功能的某些变化，而且对教师素养的要求以及相应的师资培训问题也提出了更高的要求。

四、论述题

1. 试述德育原则中的理论与实际相结合的原则。（见 2013 年北京师范大学真题）

2. 试述蔡元培改造北京大学的实践。（见 2011 年北京师范大学真题）

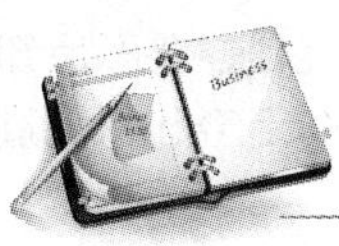

西北师范大学

2010年西北师范大学333教育综合真题·凯程详解

一、名词解释

1. 班级

【答】班级是学校的基本单位，也是学校行政管理的最基层组织。班级是学校为实现一定的教育目的，将年龄相同、文化程度大体相同的学生按一定的人数规模建立起来的教育组织。班级不仅是学生接受知识教育的资源，也是学生社会化以及进行自我教育的资源。

2. 研究法

【答】研究法是学生在教师的指导下通过独立的探索，创造性地解决问题，获取知识和发展能力的方法。研究法的基本要求有：（1）正确选定研究课题；（2）提供必要的条件；（3）让学生独立思考与探索；（4）循序渐进、因材施教。

3. 勤工俭学运动

【答】勤工俭学运动始于辛亥革命前后，最初是以教育救国和实业救国为主要要求，以工读结合为手段的教育运动，后来逐渐转变为寻求革命救国道路，以马克思主义为指导的新民主主义文化运动和革命运动。留法勤工俭学运动对西方教育思想的引进、对留学教育事业的发展、对中国现代多方面专业人才的培养，都产生了积极影响。

4. 学习策略（见2015年北京师范大学真题）

5. 监生历事制度（见2011年湖南师范大学真题）

6.《国防教育法》（见2010年湖南师范大学真题）

二、简答题

1. 教育对生产力发展的作用表现在哪些方面？

【答】教育对生产力发展的作用即教育的经济功能。（见2019年华东师范大学真题）

2. 环境在人身心发展中的作用是什么？（见2019年山东师范大学真题）

3. 百日维新中教育改革的主要措施是什么？（见2014年上海师范大学真题）

三、论述题

1. 为什么教育在人的身心发展中起着重要作用？

【答】（1）教育是一种有目的地培养人的社会活动。

人的发展有两种不同的状态，主要的区别在于发展的目的性。教育作为一种有目的地培养人的社会活动，就是在一定的教育目的的引领下，通过人的主体选择把人的发展中所蕴含的某一种或几种符合教育目的的可能因素在人的现实的发展过程中呈现出来，改变人在自然状态下自发的发展过程，以期形成教育目的所规定的理想品质。

（2）教育主要通过文化知识的传递来培养人。

文化知识蕴含着有利于人的发展的多方面价值。

①知识的认识价值。人们常说认识是思维对信息的加工、建构、重组，知识就是这些信息的重要形态。学生认识的发展依赖于对知识资料、资源的思维加工，由不知转化为已知，由旧知通向新知，在头脑里构思和想象现实中尚不存在的东西。

②知识的能力价值。知识是心理操作与行为操作的认识结晶。学生学习知识的过程，要经历知识的展开过程和知识的发现过程，对知识进行心理操作和行为操作。这种操作方式的定型和积淀过程，就是学生心理的认识能力和行为操作技能的形成过程。

③知识的陶冶价值。知识蕴含着科学精神和人文精神，科学精神引导人尊重事实，实事求是，追求真理。人文精神引导人追问人生意义，追求人的价值、尊严、自由、权益和社会平等。经过科学精神和人文精神的陶冶，才能真正形成人生智慧，具有人生理想，担当起社会责任。

④知识的实践价值。知识具有社会实践的有用性或有效性。学生通过学习获取知识，认识事物特性，也就获得了通过社会实践改造事物的可能性。对学生来说，大体上是一个将外在知识转化为内在素质，又由内在素质外显为社会实践的过程。人们常说学习的目的在于运用，其实在很大程度上就是强调知识的实践价值。

（3）教育对人的发展的作用越来越大。

与古代社会相比，现代社会对人的发展和教育提出了越来越高的要求，教育对人的发展的作用也越来越大，这在人的现代化发展方面表现得尤为明显。我国正在进行社会主义现代化建设，人的现代化是社会现代化的重要基础和前提条件。我们应当自觉地优先发展教育，高度重视并充分发挥教育对人的现代化的促进作用。

2. 论述黄炎培的职业教育理论。（见 2018 年华中师范大学真题）

3. 试论述杜威的“从做中学”。（见 2014 年东北师范大学真题 +2011 年浙江师范大学真题）

4. 试论述马斯洛的需要层次理论。（见 2013 年西南大学真题）

2011 年西北师范大学 333 教育综合真题·凯程详解

一、名词解释

1. 教育学（见 2011 年陕西师范大学真题）

2. 课程标准（2015 年北京师范大学真题）

3. 研究教学法

【答】研究教学法是通过研究进行教学的方法，分为个案研究法、调查研究法、行动研究法、实验研究法和质的研究法。其中个案研究法和行动研究法最为常用。个案研究法是当今教育研究中运用广泛的定性研究方法，也是描述性研究和实地调查的一种具体方法。行动研究法是指实际工作者（如教师）基于解决实际问题的需要，与专家、学者及本单位的成员共同合作，将实际问题作为研究的主题，进行系统研究，以解决实际问题的一种研究方法。

4. 德育（见 2015 年华南师范大学真题）

5. “六艺”教育（见 2012 年华东师范大学真题）

6. “七艺”教育（见 2016 年华东师范大学真题）

二、简答题

1. 简述我国教育目的的基本要求（精神）。（见 2012 年北京师范大学真题）

2. 简述教学过程中直接经验与间接经验的关系。（见 2014 年华中师范大学真题）

3. 简述“百日维新”中的教育改革措施。（见 2014 年上海师范大学真题）

4. 行为主义的教育理论。

【答】（1）桑代克的联结—试误说。

桑代克“联结—试误说”的主要内容有：①学习的实质。桑代克把动物和人类的学习过程定义为刺激与反应（S—R）之间的联结，认为知识和技能的获得必须经过“尝试—错误—再尝试”这样一个过程。②一定的联结需要通过试误而建立，并遵循一定的规律，不需要以观念为中介。为此，他提出了学习的三大定律：准备律、练习律、效果律。

（2）巴甫洛夫的经典性条件反射说。

所谓经典性条件反射，就是一种刺激替代过程，即由一个新的中性刺激（称为条件刺激）替代了原先自然引发反应的无条件刺激。由于条件刺激引发的反应，就称为条件反应。经典性条件作用的主要规律有：①习得、强化、消退；②泛化；③分化（辨别）；④高级条件作用；⑤两个信号系统理论。

（3）斯金纳的操作性条件反射说。

通过研究，斯金纳认为，学习实质上是一种反应概率的变化，而强化是增强反应概率的手段。他认为人和动物的行为有两类：应答性行为和操作性行为。应答性行为是由特定刺激引起的，是不随意的反射性行为，又称引发反应，如风吹眨眼。操作性行为则不与特定刺激相联系，是有机体自发做出的随意反应，又称为自发反应，如婴儿喃喃自语。操作性条件的规律包括：①强化，包括正强化和负强化；②逃避条件作用与回避条件作用；③惩罚、消退与维持；④程序教学；⑤行为矫正。

三、论述题

1. 论述教师应具备的素养。（见 2015 年华东师范大学真题）

2. 论述《学记》中的主要教学原则。（见 2019 年湖南师范大学真题）

3. 结构主义教育的代表人物及主要思想。（见 2013 年华东师范大学真题）

4. 试论述自我效能感理论及其对学习活动的意义。

【答】（1）自我效能感定义及影响因素。（见 2017 年东北师范大学真题）

（2）自我效能感理论对学习活动的意义：①决定人们对活动的选择及对该活动的坚持性；②影响人们在困难面前的态度；③影响新行为的获得和习得行为的表现；④影响活动时的情绪。

2012 年西北师范大学 333 教育综合真题·凯程详解

一、名词解释

1. 教育目的（见 2015 年北京师范大学真题）

2. 发现法（见 2017 年华东师范大学真题）

3. 课程（见 2019 年北京师范大学真题）

4. 骑士教育（见 2010 年华东师范大学真题）

5. 教师专业发展（见 2011 年华东师范大学真题）

6. 朱子读书法（见 2015 年东北师范大学真题）

二、简答题

1. 简述马斯洛的需要层次理论。（见 2013 年西南大学真题）

2. 简述教育的文化功能。（见 2016 年北京师范大学真题）

3. 简述学校教育制度确立的依据。（见 2015 年陕西师范大学真题）

4. 简述“百日维新”中的教育改革措施。（见 2014 年上海师范大学真题）

三、论述题

1. 有研究根据教师的领导方式将教师分为强制专断型、仁慈专断型、放任自流型和民主型。假如你是一名教师，你会选择哪种领导方式对待学生，为什么？

【答】我会选择民主型的领导方式对待学生。

（1）良好师生关系的标准。（见 2018 年首都师范大学真题）

（2）民主型师生关系符合良好师生关系的标准。

民主型师生关系是当今社会理想的并正在努力实践的师生关系类型。学生信任教师，教师尊重学生，这样的教师会充分地调动学生们的学习积极性，不搞一言堂，学生在教师面前也没有太大的压力和反感情绪，班级的任何活动，也会得到学生们的响应和支持。师生关系如朋友一般融洽，能建立这种师生关系的教师，一般在做学生的思想工作和心理疏导方面，也很有一套，能得到众多学生的理解、信服、配合。民主型师生关系模式对学生的发展最有利，学生成绩是比较稳定的，容易使学生形成良好的人格特征，新课程理念倡导的师生关系应当为民主型师生关系模式。

2. 论述贺拉斯·曼的教育思想。

【**答**】贺拉斯·曼是19世纪上半叶美国著名的教育实践家，是美国公立学校运动的主要领导者，被誉为美国“公立教育之父”。他积极推动公立学校运动，强调普及教育的重要性。

（1）论教育作用与目的。

①教育是维持现存社会安定的重要工具；②教育是使人民摆脱贫穷的重要手段；③用建立免费学校的办法实施普及教育是共和政府继续存在的必不可少的保证。

（2）论普及教育。

①造就良好公民。主张实施普及的、免费的和世俗的国民教育，提倡大力发展由公众管理和支持的公立学校，强调儿童应上一样的学校，要建立一个免费的学校系统。从道德培养、智育、体育、政治常识教育、宗教教育等方面来实施公民教育。

②贺拉斯·曼认为，智育是创造财富的重要条件。文字的学习是获取知识的基础与前提，智育是消除贫困和确保丰裕的一种手段。

③道德培养。贺拉斯·曼认为普及教育的最重要的是养成公民良好的道德品质。道德教育的任务主要是使人能分辨善恶，与人为善，从而形成良好的人际关系。应抓住早期儿童性格的可逆潜能，熟悉儿童倔强任性和乖顺易教的特点，利用最有利的机会对儿童进行教育。

④体育。贺拉斯·曼认为个人身体的好坏关系到自己是否幸福，个人身体的衰弱就是对社会财富的一种损害，所以每个合格的公民都必须有健康的身体。

⑤政治教育。贺拉斯·曼认为，缺乏与责任相应的知识会给任何一个部门带来灾难。共和国的公民——统治者、被统治者都应该具有政治知识。

⑥宗教教育。贺拉斯·曼认为宗教知识不可缺少，应该对儿童灌输以《圣经》为基础的一切基督教道德。但是他反对政府、教会干涉、压制或强迫宗教信仰。

（3）论师范教育。

贺拉斯·曼认为师范教育是提高公立学校教育质量的重要手段。他提倡设立“师范学校”培训未来教师。他指出师范教育是一种新的进步的方法，它的发展能推动各项事业的全面进步。

3.《学记》中的主要教学原则有哪些？试对其进行简述。（见2019年湖南师范大学真题）

4. 说明建构主义的基本观点及其对教育改革的意义。

【**答**】（1）建构主义的基本观点。（见2013年华东师范大学真题）

（2）对教育改革的意义。

社会建构主义学习理论启示后人在教学中重视情境的作用，并以“情境”为核心推出很多教学模式，对教学应用有很大帮助。

①情境性教学：强调与实际情境相类似的教学，强调以事例、问题为基础。学生完成真实的任务，加深对知识的理解和应用。

②支架式教学：起初助学者为学习者提供某种外部支持，随着活动的进行，逐步减少外部支持，直到最后完全由学生独立完成任务为止。

③抛锚式教学：将学习活动与某种有意义的情境挂钩，让学生在真实的情境中进行学习。

④合作学习：这是一种教学策略，同一小组的学生通过合作共事，共同完成小组的学习目标。

2013年西北师范大学333教育综合真题·凯程详解

一、名词解释

1. 学校教育制度（见2019年北京师范大学真题）

2. 谈话教学法（见2017年华中师范大学真题）

3. 课程标准（见2015年北京师范大学真题）

4. 教师专业发展（见2011年华东师范大学真题）

5.《白鹿洞书院揭示》

【答】白鹿洞书院在江西庐山，原为唐后期李渤、李涉兄弟隐居读书处。南宋时期朱熹修复，征集图书，筹措经费，并任洞主，亲自掌教并制定《白鹿洞书院揭示》，也叫《白鹿洞书院学规》《白鹿洞书院教条》。《白鹿洞书院揭示》作为书院的学规和教育宗旨，其内容为：(1)"父子有亲，君臣有义，夫妇有别，长幼有序，朋友有信"为教育目的。(2)"博学之，审问之，慎思之，明辨之，笃行之"为治学顺序。(3)"言忠信，行笃敬，惩忿窒欲，迁善改过"为修身之要。(4)"正其义不谋其利，明其道不计其功"为处事之要。(5)"己所不欲，勿施于人，行有不得，反求诸己"为接物之要。

6."六艺"教育（见2012年华东师范大学真题）

7. 骑士教育（见2010年华东师范大学真题）

二、简答题

1. 简述教师劳动的特点。（见2015年东北师范大学真题）

2. 简述全面发展教育各组成部分的关系。（见2010年东北师范大学真题）

3. 简述观察学习理论并评论。（见2016年东北师范大学真题）

4. 隋唐时产生的科举制度的积极意义是什么?（见2019年华中师范大学真题）

5. 举例说明洋务学堂的类型。

【答】从19世纪60至90年代，洋务派创办的洋务学堂约三十余所，它们是随着洋务运动的展开而逐渐开办的，大致上可以分为外国语（"方言"）学堂、军事（"武备"）学堂和技术实业学堂三类。

（1）外国语（"方言"）学堂：京师同文馆、上海广方言馆、广州同文馆、新疆俄文馆、台湾西学馆、珲春俄文馆、湖北自强学堂。

（2）军事（"武备"）学堂：福建船政学堂、上海江南制造局操炮学堂、广东实学馆及广东水陆师学堂、天津武备学堂、山东威海卫水师学堂、江南水师学堂。

（3）技术实业学堂：福州电报学堂、天津电报学堂、上海电报学堂、天津西医学堂、湖北矿务局工程学院、山海关铁路学堂、南京储才学堂。

以上洋务学堂中，京师同文馆是开端，福州船政学堂是办得最有成效的一所。

三、论述题

1. 有人认为教学的目标是传授知识，有人认为教学的目标是发展学生的智力，谈谈你关于这一问题的看法。

【答】教学过程既要重视知识的传授，又要重视智力的发展，并将二者辩证地统一于教学活动中。（见2012年东北师范大学真题）

2. 影响道德品质的因素有哪些？学校应该采取哪些方式培养学生的道德品质?

【答】（1）影响道德品质的外部因素。

①家庭环境。

客观因素：a. 家庭结构和主要社会关系；b. 家长职业类型与文化程度。

主观因素：a. 家长品德；b. 家长对子女的教养态度及期望；c. 家长作风和家庭气氛。

②学校集体。

a. 班集体的影响。班集体信念对集体成员的品德形成起作用；班集体情感对集体成员道德情感有很大的影响；班集体的坚定的意志行为不仅直接增强了集体成员形成良好品德的决心，而且提高了他们形成良好品德克服困难的自觉性，并使集体成员统一行动，保持和维护良好的道德风尚，自觉约束自己的行为；班集体的行为习惯水平对集体成员的品德形成有影响。

b. 学校德育的影响。它主要是通过三条途径实现的：学科教学；全校、年级、班级或团队活动；课外和校外活动。

c. 学校集体中其他因素的影响。如教师的领导方式；集体舆论；校风班风。

d. 校园文化的影响。

③社会文化。

社会文化对人格和品德形成的影响，明显地表现为以下三个方面：

a. 社会文化是人类创造出来的，是人类适应环境和改造环境的工具，人们在创造自己文化的同时，也就塑造出了自己的人格的品德。

b. 人类积累的文化遗产又成为塑造新的人格和品德的依据和范式，并力图用这种文化遗产塑造新生的一代。

c. 新一代的成长是在吸收文化遗产和自己的创造活动中成长的，他们对社会文化有着各自的选择，这就是造成新的人格和各自不同的品德的原因。

（2）影响道德品质的内部因素。

①道德认识。②个性品质。③适应能力：a. 自我教育能力；b. 社会性工作能力。

（3）培养学生的道德品质。

①进行有效的说服；②树立良好的榜样，促进更多学生模仿；③利用群体的约定来制约部分个体学生的不良行为；④赏罚分明；⑤进行价值辨析。

3. 论述贺拉斯·曼的教育思想。（见 2012 年西北师范大学真题）

2014 年西北师范大学 333 教育综合真题·凯程详解

一、名词解释

1. 学校教育制度（见 2019 年北京师范大学真题）

2. 课程标准（见 2015 年北京师范大学真题）

3. 有效教学（见 2014 年南京师范大学真题）

4. 隐性教学

【答】隐性教学可以包括正式课程以外的任何一种或全部的能够影响人的教育活动，如学生间的交往、师生间的交往、班级的管理方式，以及教风、学风。它能通过心理的无意识层面使学生得到教育，获得一些非预期的教育性经验，并引导学生综合发展自己的知、情、意、行等，达到完善自身的目的。

5. 学习策略（见 2015 年北京师范大学真题）

6. 泛智教育（见 2010 年陕西师范大学真题）

7. 要素教育（见 2017 年陕西师范大学真题）

8. 创造性（见 2019 年华南师范大学真题）

二、简答题

1. 列举教育学独立时期的10位代表人物及其著作。

【答】(1)1632年，捷克著名教育家夸美纽斯写了《大教学论》。这是近代最早的一部教育学著作。(2)1762年，法国启蒙思想家卢梭出版《爱弥儿》，系统地阐述了他的自然主义教育思想。(3)赫尔巴特于1806年出版了《普通教育学》。它标志着教育学已经成为一门独立的学科。(4)美国学者培根于1623年发表的《论科学的价值和发展》，结合他对科学的分类，首次把教育学作为一门独立的学科提了出来。(5)斯宾塞的《教育论》。(6)洛克的《教育漫话》。(7)裴斯泰洛齐的《林哈德与葛笃德》。(8)陶行知的《中国教育改造》。(9)杜威的《民族主义与教育》。(10)德国教育学家特普拉担任哈勒大学教育学教授，这是德国也是世界上第一位教育学教授。1780年他出版了《教育学研究》一书，是西方历史上第一本以“教育学”命名的专著，标志着作为学科的教育学基本形成。

2. 学校教育在个体发展中有什么特殊的价值？实现这些价值需要什么条件？(见2017年西南大学真题)

3. 百日维新中教育改革的主要措施。(见2014年上海师范大学真题)

4. 美国《国防教育法》的主要内容。(见2014年华东师范大学真题)

5. 简述《中小学心理健康教育指导纲要(2012年修订)》规定的心理健康教育的总目标。(见2016年华南师范大学真题)

6. 教育与认知发展的关系。

【答】关于教育与认知发展的关系，维果茨基认为教学必须要考虑儿童已经达到的水平，并要走在儿童发展的前面。教师在教学时，必须考虑儿童的两种发展水平：一是儿童现有的发展水平，由已经完成的发展程序的结果而形成，表现为儿童能够独立完成智力任务。二是儿童在有指导的情况下借助成人的帮助可以达到的解决问题的水平。

这二者之间存在差距，即儿童的现有水平与经过他人帮助可以达到的较高水平之间的差距，就是“最近发展区”。教育活动应该建立在儿童的第二种水平之上，应立足于不断将其“最近发展区”转化为现有的发展水平，使全部教育和工作走在学生发展的前面。

总之，维果茨基认为，通过有目的、系统的教学可以促进儿童的认知发展。

三、论述题

1. 十八大政策提到“单独生二胎”，请谈谈人口和教育的关系是什么。

【答】(1)教育与人口数量。

人口数量影响教育发展的规模、结构和质量。人口数量决定着教育需求的大小，因此也就决定着教育事业的可能规模。人口的增长必然要求扩大教育的规模。由于人口的增长方式不是匀速而是波浪式推进的，所以人口的波峰与波谷的反复出现对学制和学校内部结构也产生很大的影响。同样，教育也会影响人口的数量。当国家整体的教育水平发生改变时，具体到个人身上，必然产生受教育水平高低导致其个人观念上的改变。

(2)教育与人口质量。

人口质量是指人口的身体素质、文化修养和道德水平。前者是人口质量的物质要素，后二者构成人口质量的精神要素。人口质量对教育质量的直接影响是指人口已有的水平对教育质量的总影响。间接影响是指年长一代的人口质量影响新一代的人口质量，从而影响以新一代为对象的学校教育质量。反过来，国家的教育水平必然通过个人受教育水平的高低来体现，而个人受教育水平的高低集中反映在人口的素质上，包括物质的与非物质的，而从宏观上讲就是人口的质量。

(3)教育与人口构成。

①人口的年龄构成标志着需要受各级教育的实际人数。人口的年龄结构会影响各级各类学校在教育结构中的比例。

②人口的性别结构不同，也会给教育带来一定的影响。

③人口的阶级构成会对受教育在权利的享有上产生影响。

④人口的地域分布制约学校的布局，人口分布是指在一定区域内的人口增长状况和实居地的人口密度。

“单独生二胎”政策会使得人口数量、质量和构成都发生变化，我们必须正确处理教育与人口的关系，只有从人口上处理好与教育的关系才能保障实现教育的三个“面向”。

2. 蔡元培北大改革的措施及评价。（见2011年北京师范大学真题+2013年北京师范大学真题）

3. 日本明治维新时期的教育改革措施。（见2019年华南师范大学真题）

2015年西北师范大学333教育综合真题·凯程详解

一、名词解释

1. 课程标准（见2015年北京师范大学真题）

2. 德育（见2015年华南师范大学真题）

3. 分斋教学法（见2014年北京师范大学真题）

4. 生活教育理论（见2012年北京师范大学真题）

5.（贝尔－兰卡斯特制）导生制（见2012年北京师范大学真题）

6. 恩物（见2012年北京师范大学真题）

7. 元认知（见2010年华中师范大学真题）

8. 品德（见2015年湖南师范大学真题）

二、简答题

1. 中小学常用的教学方法有哪些？（见2018年北京师范大学真题）

2. 学校管理的发展趋势是什么？（见2020年华东师范大学真题）

3.《学记》中的教育教学原则及其含义。（见2019年湖南师范大学真题）

4. 简要陈述颜元学校改革的思想。（见2018年华东师范大学真题）

5. 文艺复兴时期人文主义教育的基本特点。（见2011年华东师范大学真题）

6. 简述夸美纽斯在教育史上的贡献和地位。（见2016年西南大学真题）

7. 联系实际，谈谈教师如何激发学生的学习动机。（见2012年华东师范大学真题）

8. 简述“中小学心理健康指导纲要（2012修订）”提出的学校开展心理健康教育的途径。（见2015年华中师范大学真题）

三、论述题

1. 依据以下资料说说一名合格教师应该具备什么样的专业素养。

【答】（1）教师的专业素养是教师作为专业人员应该具备的多方面的专业要求，是顺利进行教育活动的前提，也是教师胜任工作的基本条件。教师的专业素养不仅具有多样性、时代性特征，而且具有结构性特征。一名合格的教师要有：

①高尚的师德。a. 热爱教育事业，富有献身精神和人文精神。b. 热爱学生，诲人不倦。c. 热爱集体，团结协作。d. 严于律己，为人师表。

②宽厚的文化素养。教师的主要任务是通过向学生传授科学文化知识，培养其能力，促进学生生动活泼地发展。教师要能够对自己所教专业融会贯通，能从整体上系统把握，这样才能深入浅出、高瞻远瞩，达到运用自如的境界。同时，教师还应有比较深厚的文化修养。

③专门的教育素养。

a. 教育理论素养。主要指教师对教育科学基本理论知识的掌握，能恰当地运用教育学、心理学的基本概念、范畴、原理处理教育教学中的各种问题。

b. 教育能力素养。主要指保证教师顺利完成教育教学任务的基本操作能力。具体包括以下几种能力：课程开发能力、良好的语言表达能力、组织管理能力、引导与创新能力。

c. 教育研究素养。主要指教师运用一定的研究方法，探索教育领域的规律和解决问题的能力。

④健康的心理素质。健康的心理素质体现在心理活动的方方面面，概括起来主要指教师要有轻松愉快的心境、昂扬振奋的精神、乐观幽默的情绪以及坚忍不拔的毅力等。

（2）材料中的教师公然向学生索要礼物，并对学生进行辱骂，违反了教师职业道德。教师职业道德，又称“教师道德”或“师德”，是教师在从事教育劳动中所遵循的行为准则和必备的道德品质。它是社会职业道德的有机组成部分，是教师行业特殊的道德要求。它从道义上规定了教师在教育劳动过程中以什么样的思想、感情、态度和作风去待人接物，处理问题，做好工作，为社会尽职尽责。它是教师行业的特殊道德要求，是调整教师与教师、教师与学生、教师与学校领导、教师与学生家长以及教师与社会其他方面关系的行为准则，是一般社会道德在教师职业中的特殊体现。爱与责任是师德的核心与灵魂。当前教师职业道德的时代特征主要有爱国守法、爱岗敬业、教书育人、关爱学生、为人师表、终身学习。

2. 请论述教育对人的发展起什么作用，为什么?（见2016年东北师范大学真题）

2016年西北师范大学333教育综合真题·凯程详解

一、名词解释

1. 素丝说

【答】墨子的贡献是“素丝说”，他以染丝为例，“染于苍则苍，染于黄则黄，所入者变，其色亦变”，来说明人性在教育下的改变和形成。墨子认为，人性不是先天所生成的，生来的人性不过如同待染的素丝，下什么色的染缸，就成什么样的颜色，以此来比喻有什么样的环境与教育，就造就什么样的人。墨子的“素丝说”从人性平等的立场去认识和阐述教育作用，较孔子的人性观有了进步。

2. 班级授课制（见2016年北京师范大学真题）

3. 最近发展区（见2011年北京师范大学真题）

4. 自我效能感（见2014年华东师范大学真题）

5. 快乐之家（见2019年浙江师范大学真题）

6. 六等黜陟法

【答】清朝实施的一项地方官学对学生定级考试的制度，即“六等黜陟法”。该法有相应的奖惩措施。学生考试成绩被分为六等：一等补廪膳生，二等补增广生，三等无奖无罚，四等罚责，五等降级，六等除名。“六等黜陟法”对学生进行动态管理，其等级不是固定的，而是根据学生的学业成绩来升降，其等级与学业成绩紧密挂钩，有利于调动学生学习的积极性，提高学校教育质量。

7. 义务教育（见2012年东北师范大学真题）

8. 公学（见2017年东北师范大学真题）

二、简答题

1. 简述洛克的体育教育思想。

【答】（1）洛克是英国著名的实科教育和绅士教育的倡导者。洛克认为一国之中绅士教育是最应该注意的。洛克注重的绅士教育，就是培养既具有封建贵族遗风，又具有新兴资产阶级特点的新式人才的教育。他主张把社会中上层家庭的子弟培养成为身体强健、举止优雅、有德行、智慧和实际才干的事业家。

（2）《教育漫话》中把体育作为第一个问题加以论述。关于体育，洛克首先强调体育的重要性，认为人们要能工作、要有幸福，必须先有健康；针对当时贵族子弟娇生惯养的风气，他强调生活各方面都要吃苦耐劳。洛克希望每个绅士的身体必须适应一个事业家在对外开拓活动中可能遇到的艰苦环境。他认为身体强健的主要标准是能吃苦耐劳，而学会吃苦耐劳则须从小逐步养成习惯，不要间断。洛克关于体育的见解内容十分丰富，其新颖与系统，在西方教育史上没有先例。

2. 简述斯宾塞的科学教育思想。（见2013年杭州师范大学真题）

3. 简述1922年“新学制”的特点。（见2014年东北师范大学真题）

4. 资源管理策略。

【答】资源管理策略是辅助学生管理可用环境和资源的策略。它有助于学生适应环境和调节环境以适应自己的需要，对学生的学习动机起着重要作用。主要有以下策略：

（1）时间管理策略，指学习者通过一定的方法合理安排时间，有效利用学习资源。主要包括：①统筹安排学习时间；②高效利用最佳时间；③灵活利用零碎时间。

（2）努力管理策略，指学习者归因于努力，通过调整心境、自我谈话、坚持不懈、自我强化等方式，激发学习积极性的策略。目的是使学习者能够更有效地将精力用在学习上。主要包括：情绪管理、动机控制、环境管理以及自我强化等策略。

（3）学业求助策略，就是在学习中善于寻求老师、同学的帮助，或者通过小组中同学间的合作与讨论来促进自己的学习，加深对学习内容的理解和记忆。主要包括：①工具利用策略；②社会性人力资源的利用策略。

（4）环境管理策略，指善于选择安静、干扰较小的地点学习，充分利用学习情境的相似性等。

5. 简述现代教育的发展趋势。（见2013年浙江师范大学真题）

6. 简述“熙宁兴学”。

【答】“熙宁兴学”由王安石在宋神宗熙宁年间主持，主要内容如下。

（1）改革太学，创立“三舍法”。“三舍法”是将太学分为外舍、内舍和上舍，学生依据成绩依次升舍的制度。

（2）恢复和发展州县地方官学。一是设置学官全权负责管理当地教育，地方当局不得随意干预学校事务；二是朝廷为地方学校拨充学田，从而在物质条件上为州县学校的维持提供了保障。

（3）恢复与创立武学、律学、医学等专科学校，培养具有一技之长的人才。

（4）编撰《三经新义》，作为统一教材。为了统一经学，熙宁六年设经义局，王安石亲自修撰《诗》《书》《礼》“三经”，通称《三经新义》，并由朝廷正式颁行，成为官方考试、讲经所依据的标准教材。

“熙宁兴学”因王安石被逐出朝廷而夭折，但它将北宋的教育事业推进了一大步，并对后来的兴学运动产生了深刻影响。

7. 影响知识理解的因素。（见2015年北京师范大学真题）

三、论述题

1. 论述中小学班主任工作的主要内容及班集体建设。（见2012年西南大学真题+2014年华东师范大学真题）

2. 为什么要坚持教师的主导作用和学生的积极性相结合?（见2010年北京师范大学真题）

2017年西北师范大学333教育综合真题·凯程详解

一、名词解释

1. 教育目的（见2015年北京师范大学真题）

2. 公学（见2017年东北师范大学真题）

3. **分支型学制**（见 2013 年华东师范大学真题）

4. **要素教育**（见 2017 年陕西师范大学真题）

5. **罗森塔尔效应**（见 2012 年首都师范大学真题）

二、简答题

1. **教师劳动的特点。**（见 2015 年东北师范大学真题）

2. **德育的途径。**（见 2014 年北京师范大学真题）

3. **晏阳初的农村教育实验。**（见 2020 年杭州师范大学真题）

4. **国民政府时期的教育方针。**

【答】1937 年，抗日战争爆发后，国民政府提出“战时须作平时看”的教育方针，颁布了“一切仍以维持正常教育”为主旨的《总动员时督导教育工作办法纲领》，一方面采取了一些战时的教育应急措施，另一方面强调维持正常的教育和管理秩序。

这一方针政策是一项并不短视的重要决策，它既顾及了教育为抗战服务的近期任务，也考虑到教育为战后国家建设重建和发展服务的远期目标。

5. **教育对人的主导作用。**（见 2016 年东北师范大学真题）

6. **促进知识迁移的措施。**（见 2014 年北京师范大学真题）

7. **简述学习动机和学习效率的关系。**（见 2010 年湖南师范大学真题）

三、论述题

1. **（1）论述教育对经济的影响。**（见 2017 年华中师范大学真题）

（2）论述经济对教育的影响。（见 2017 年华中师范大学真题）

2. **比较斯巴达教育和雅典教育的特点。**（见 2019 年东北师范大学真题）

2018 年西北师范大学 333 教育综合真题 · 凯程详解

一、名词解释

1. **综合实践活动**（见 2014 年山东师范大学真题）

2. **学校教育制度**（见 2019 年北京师范大学真题）

3. **学校德育**

【答】学校德育是根据一定社会的思想政治观点、道德行为规范和学生的身心发展规律，有目的、有计划地塑造儿童与青少年心灵的教育活动。它主要是通过三条途径实现的：①学科教学；②全校、年级、班级或团队活动；③课外和校外活动。

4. **五段教学法**

【答】五段教学法是指德国教育家戚勒和莱因基于赫尔巴特的形式教学阶段而提出的教学理论。戚勒将赫尔巴特形式教学阶段的第一阶段——“明了”发展为“分析”“综合”，从而形成分析、综合、联想、系统和方法五段，在初等学校推行。继而莱因又将赫尔巴特的“明了”发展为“预备”和“提示”，并将赫尔巴特所称的“联想”改为“联合”，“系统”改为“总结”，“方法”改为“应用”，构成预备、提示、联合、总结和应用五段教学法。

5. **普雷马克原理**

【答】普雷马克原理是指利用频率较高的活动来强化频率较低的活动，促进低频活动的发生。由于祖母对付孙子常用这种方法，所以又被称为祖母原则，即“先吃了你的蔬菜，然后你就可以吃甜点”，就是先让孩子做一些不太喜欢做的事情，然后“柳暗花明”，就可以做自己喜欢的事情了。但要注意，对一个学生有效的强化物可能对另一个学生不适合。如果过度使用强化物，强化物可能失去原有的效力。

6. 稷下学宫（见2020年北京师范大学真题）

二、简答题

1. 影响知识理解的因素。（见2015年北京师范大学真题）

2. 简述学科课程与活动课程的关系。（见2015年陕西师范大学真题）

3. 王阳明的“致良知”及其意义。

【答】（1）“致良知”的含义。

王阳明从他的主观唯心主义出发，提出了“学以去其昏蔽”的思想，他认为万事万物都靠心的认识而存在。万事万物都不在心外，而在心中。所以他不承认有客观存在的“理”，认为“心即理”。他又继承和发展了孟子的“良知”学说，认为“良知即是天理”，是“心之本体”。“良知”不仅是宇宙的造化者，也是伦理道德观念。

（2）“致良知”的意义。

作为伦理道德观念的“良知”与生俱来，不能自学，不教自会，它是人人所具有的，不分圣愚，而且不会泯灭。但是“良知”在与外物的接触中，由于受物欲的引诱，会受昏蔽。所以，教育的作用在于除掉物欲对“良知”的昏蔽，去“明其心”。这就是说教育是“致良知”或者“学以去其昏蔽”的过程。王守仁认为人人都有“良知”的思想，说明人人都有受教育的天赋条件，都会自觉去恶为善，强调人的主观能动性。

4. 简述支架式教学与最近发展区的关系。

【答】（1）支架式教学应当为学习者建构对知识的理解提供一种概念框架。

这种框架中的概念是为发展学习者对问题的进一步理解所需要的，为此，事先要把复杂的学习任务加以分解，以便于把学习者的理解逐步引向深入。这种教学思想来源于“最近发展区”理论。儿童独立解决问题时的实际发展水平和教师指导下解决问题时的潜在发展水平之间的差距，叫作最近发展区。

可见儿童的第一个发展水平与第二个发展水平之间的状态是由教学决定的，教学可以创造最近发展区。教学绝不应消极地适应儿童智力发展的已有水平，而应当走在发展的前面，把儿童的智力从一个水平引导到另一个新的更高的水平上。

（2）建构主义者正是从维果茨基的思想出发，借用建筑行业中使用的“脚手架”作为上述概念框架的形象化比喻。

其实质是利用上述概念框架作为学习过程中的脚手架。如上所述，这种框架中的概念是为发展学生对问题的进一步理解所需要的，该框架应按照学生智力的“最近发展区”来建立，因而可通过“支架作用”不停顿地把学生的智力从一个水平提升到另一个新的更高水平，做到使教学走在发展的前面。

在运用支架式教学时，要保证提供的支架一直使学生处于其最近发展区之内，在学生能力有所发展的时候，随着学生认知发展的变化而进行调整。

同时，为了实现有效教学，教学支架既不能太难，也不能太容易。教师常在学生学习有一定挑战性的内容时使用教学支架。

5. 简述乌申斯基的民族性教育及对中国的意义。

【答】（1）乌申斯基的民族性教育。

乌申斯基在其教育活动和教育理论中都重视民族性原则，教育的民族性思想是乌申斯基最具特色的教育思想之一。他的民族性原则是指一个国家有一个国家的具体情况，一个民族有一个民族的传统。而这些特点和传统，是在长期生活过程中形成的，它随着民族历史文化遗产的传递而传递，随着民族的发展而发展。乌申斯基将民族性理解为每个民族由其历史、地理和自然条件所形成的特点，主张以教育的民族性原则为教育学体系的基础，指出教育的民族性原则的特征是具有本民族特色，不盲目抄袭（但不排斥借鉴）别国的教育制度，将祖国语言置于教学的基础，教育权应还之于民等。

（2）乌申斯基的民族性教育对中国的意义。

我国的教育也应该具有本民族特色，不盲目抄袭（但不排斥借鉴）别国的教育制度，对外来文化进行甄别、选择和改造，以适应本土文化。

三、论述题

（1）结合材料分析王老师所教的班级为什么会出现这种现象。试分析其原因。

（2）作为班主任，如何才能达到好的教育效果？

【答】（1）材料中的王老师要求学生不扔垃圾，自己却没有做到。王老师没有以身作则，没有为学生树立好榜样。“榜样的力量是无穷的”，榜样可以为学生提供范例，作为班主任，应该给学生树立一个好的榜样。班主任与学生接触的时间最长，是学生能看见的好榜样。因此，要管理好学生，一个好的办法就是凡事躬行，如果要求学生做到什么，班主任首先做到什么。

（2）作为班主任应当：

①班主任的心地一定要善良，用高尚的师德影响学生。古人云：“桃李无言，下自成蹊。”当我们时时、事事、处处为学生真正着想的时候，学生在无形之中，自然会明白班主任是一个什么样的老师。有人说：“诚挚的心灵，是学生情感的钥匙，高尚的师德，是学生心灵的明镜。”我们要真心诚意地为学生着想。时间久了，一个不断地提升自我修养的老师，是真正能令学生爱戴敬仰的。因为这样的老师会从内心深处真正地爱每一个学生。反之，如果一个老师心术不正，动机不良，甚至人格与心理都不健全，是没有人喜欢的，更不用说接近老师或者是听话了。

②凡事躬行，可以很好地拉近与学生之间的距离。一个学校制定一些规章制度，是为了学生向良好的方向成长。如果硬性要求学生做什么不做什么，这种说教是起不到太大作用的。如果只是做一个监督者，不管什么事情，班主任只是动嘴说说，抬手指指画画，那么，学生就会视这样的老师如同监工一样，冷冰冰的，没有亲切的感觉。同时，为了学生有好的行为习惯，班主任还应该在礼仪、谈吐、外表、衣着等方面，做出表率与示范，这样学生肯定会形成好的行为习惯。如果老师以身作则，学生就会模仿，并下定决心去做好，同时还能感到老师平易近人，和蔼可亲，从而使师生关系融洽，增强老师的威信，正所谓“喊破嗓子，不如做出样子”。

2019年西北师范大学333教育综合真题·凯程详解

一、名词解释

1. 终身教育（见2011年华东师范大学真题）

2. 教学策略（见2017年首都师范大学真题）

3. “三舍法”（见2013年北京师范大学真题）

4. 八股文

【答】八股文，是明清科举考试的一种文体，也称制义、制艺、时文、八比文。八股文就“四书五经”取题，不允许自由发挥，而句子的长短、字的繁简、声调高低等也都要相对成文，字数也有限制。文体有固定格式，由破题、承题、起讲、入题、起股、中股、后股、束股八部分组成，造成了科举制度与学校教育的僵化。

5. 乌托邦

【答】乌托邦是文艺复兴时期英国空想社会主义思想家托马斯·莫尔描述的理想社会。乌托邦实行生产资料公有，人人参加劳动，有劳有得，实行民主政治，公职人员通过选举产生，重大问题通过讨论决定。莫尔在书中批判了封建社会和资本主义社会的罪恶，第一次设想了共产主义蓝图。但没有指出实现这种理想社会的阶级力量和途径。《乌托邦》一书对后人影响较大，“乌托邦”一词也就成了空想的代名词。

6. 客体永恒性

【答】客体永恒性，即当某一客体从儿童视野中消失时，儿童知道该客体并非不存在，儿童大约在9到12个月时获得客体永恒性，在此之前，儿童往往认为不在眼前的事物就不存在了，并不再去寻找。客体永恒性是后期认知活动的基础。

7. 学习迁移（见2011年湖南师范大学真题）

二、简答题

1. 教育的独立性主要体现在哪些方面?（见2010年华中师范大学真题）

2. 简述教育的启发性原则及其要求。（见2012年北京师范大学真题）

3. 简述教学过程中常见的教学评价种类。

【答】（1）布卢姆根据评价在教学过程中的作用，分为诊断性评价、形成性评价和总结性评价。

①诊断性评价：在学习任务开始前，为了解学生现有知识水平以及影响学习的因素而进行的评价，是为了更好地组织后续的新授课的教学内容和改进教学方法，以便因材施教。

②形成性评价：在教学过程中为了改进和完善教学活动而进行的对学生学习过程及结果的评价，目的是促进学生的学习和发展，以改进教学过程，提高质量，不强调成绩的评定。

③总结性评价：是在一个大的学习阶段结束时对学生学习结果的评价，是一种正规的、制度化的考查、考试及其成绩的全面评定，也称终结性评价。其目的是给学生评定成绩。

（2）根据评价所运用的方法和标准不同，可分为相对性评价和绝对性评价。

①相对性评价：是用常模参照性测验对学生成绩进行的评定，它依据学生成绩在该班学生成绩序列中或常模中所处的位置来评价和决定他的成绩优劣，也称常模参照性评价。

②绝对性评价：是用目标参照性测验对学生成绩进行评定，依据教学目标和教材编制试题来测量学生的学业成绩，判断是否达到了教学目标的要求，而不以评定学生之间的差别为目的，也称目标参照性评价。

（3）根据评价的主体不同，可分为教师评价和学生自我评价。

①教师评价：主要是指任课教师与班主任对学生的学习状况与成果进行的评价。

②学生自我评价：指在教师的引导下学生对自己做的作业、试卷等学习成果进行的评价。

4. 裴斯泰洛齐的要素教育思想。（见2018年华东师范大学真题）

5. 卢梭“自然教育”思想。（见2012年华东师范大学真题）

6. 动机归因的方式有哪些？教师如何教育学生进行正确归因?（见2020年华中师范大学真题）

7. 简述奥苏伯尔的有意义学习及其条件。（见2013年北京师范大学真题）

8. 简述稷下学宫的性质与影响。（见2020年东北师范大学真题）

三、论述题

1. 试述教学过程中掌握知识与发展智力的关系。（见2012年东北师范大学真题）

2. 试述王守仁的儿童教育思想的内容及其意义。（见2016年北京师范大学真题）

2020年西北师范大学333教育综合真题·凯程详解

一、名词解释

1. 终身教育（见2011年华东师范大学真题）

2.《巴特勒教育法》（见2010年首都师范大学真题）

3.“三纲领八条目”（见2018年浙江师范大学真题）

4. 程序性知识（见 2018 年华东师范大学真题）

5. 校本培训

【答】校本培训是中外教育专家和学校所崇尚的有效在职培训方法，这种培训是由学校发起并组织实施，旨在提高教师的教育教学能力，使教师得到专业发展的一种方式。简而言之，校本培训就是为了学校，在学校中，基于学校的培训。

6. 发现学习（见 2017 年华东师范大学真题）

7. 长善救失原则

【答】长善救失原则是指进行德育要调动学生自我教育的积极性，依靠并发扬他们自身的积极因素去克服品德上的消极因素，促进他们的道德成长。基本要求：（1）“一分为二”地看待学生；（2）发扬积极因素，克服消极因素；（3）引导学生自觉评价自己，进行自我教育。

8. 深造自得

【答】孟子认为学习必须经过自己主动自觉地学习和钻研，有自己的收获和见解，才能形成稳固而深刻的智慧，遇事则能左右逢源，挥洒自如。基本要求是要有正确的办法，深入学习和钻研，尤其主张独立思考和独自见解，不轻信盲从，读书不拘于文字表层意思，而应通过思考，体会深层意蕴，由感性学习上升到理性思维。孟子强调理性思维。

二、简答题

1. 简述《国防教育法》。（见 2014 年华东师范大学真题）

2. 前运算阶段儿童思维发展的特点。（见 2012 年东北师范大学真题）

3. 韩愈《师说》中的教育思想。（见 2018 年北京师范大学真题）

4. 杜威的“教育即生长”与斯宾塞的“教育是为未来生活做准备”存在不同，你认为哪个正确？你认为教育与生活的关系是怎样的？（开放性试题，见 2012 年、2018 年北京师范大学真题）

5. 简述教学过程的性质。（见 2013 年陕西师范大学真题）

6. 自我效能感及其影响因素。（见 2017 年东北师范大学真题）

7.《学记》的教育教学原则。（见 2019 年湖南师范大学真题）

三、材料分析题

（1）材料中老师的做法对吗？你认为应该怎么做？

【答】不对。老师应该跟梦辰单独聊天、进行家访，进一步了解她上课迷迷糊糊的原因是什么，要及时安慰她，鼓励她，尽可能地帮助她解决问题。而不是当众嘲笑她，这只会适得其反，不但没解决问题，还有可能令梦辰对学习产生消极态度，不利于教育教学的进行。

（2）教育教学过程中，教师应该怎样和学生交往？（见 2017 年南京师范大学真题 +2019 年陕西师范大学真题）

四、论述题

述评赫尔巴特的教育思想。（见 2015 年北京师范大学真题）

天津师范大学

2010年天津师范大学333教育综合真题·凯程详解

一、名词解释

1. 教育目的（见2015年北京师范大学真题）

2. 课程（见2019年北京师范大学真题）

3. 守恒

【答】守恒由皮亚杰提出，指具体运算阶段儿童能理解一组材料或别的刺激物在其量的方面，不受自身表现形式的影响或不因它的转换而发生改变的现象。儿童认识到，关键的量的特征是不会因情境的人为改变而发生变化的。皮亚杰认为，这种观念的获得是由于儿童出现了可逆的心理运算。虽然这一观念的获得可认为是单一的认知运算（可逆性）在起作用，但皮亚杰也指出，儿童对这一原理的各种运用还需要不同的经验。

4. 成就动机（见2010年陕西师范大学真题）

5. 苏格拉底方法（见2011年北京师范大学真题）

6.《1988年教育改革法》

【答】《1988年教育改革法》被看作自《巴特勒教育法》以来，英国教育史上又一次里程碑式的教育改革法案，强化了中央集权式的教育管理体制。该法案主张实施全国统一课程，确定在5～16岁的义务教育阶段开设三类课程（核心课程、基础课程和附加课程）；建立与课程相联系的考试制度，规定在义务教育阶段，学生要参加四次考试；改革学校管理体制，实施“摆脱选择”政策；规定建立一种新型的城市技术学校；加强对高等教育的控制等。

二、简答题

1. 简述人的身心发展的一般规律。（见2010年华中师范大学真题）

2. 简述人文主义教育的特征。（见2011年华东师范大学真题）

3. 简述美国公立学校运动的主要内容。

【答】贺拉斯·曼被誉为“美国公立学校之父”。公立学校运动，是指广泛建立由公共税收维持、公共行政机关监督、向所有儿童免费开放的初等学校制度的运动，主要包括以下方面：

（1）建立以州为主的教育领导体制。州政府对公立学校的监督和组织成为公立学校运动的主要组成部分，从而保证了教育领导部门的专业化，推动了公共教育的制度化。

（2）确立征收教育税制度。以贺拉斯·曼为代表的教育改革家主张通过征收公共教育税来兴办公立初等学校。

（3）促进师范教育的兴起。马萨诸塞州在贺拉斯·曼的领导下建立了美国历史上第一所师范学校。谢尔顿发起了“奥斯威哥运动”，使公立师范学校迅速发展起来。

（4）加快学校内部教学改革。在公立学校运动中，导生制学校受到青睐，而且从19世纪40年代开始，北部大多数城市小学进行了教育改革，提高了公立学校的可信度。

4. 简述宋朝历史上三次著名的兴学运动。（见2013年山东师范大学真题）

三、论述题

1. 试论述掌握知识与发展智力的关系。（见2012年东北师范大学真题）

2. 联系实际分析学校管理的发展趋势。（见2020年华东师范大学真题）

3. 分析论述蔡元培的大学教育思想和对北大的改革。（见2011年北京师范大学真题+2013年北京师范大学真题）

4. 举例说明加里培林的智慧技能按阶段形成的理论。（见2019年山东师范大学真题）

2011年天津师范大学333教育综合真题·凯程详解

一、名词解释

1. 京师同文馆（见2012年北京师范大学真题）

2. 朱子读书法（见2015年东北师范大学真题）

3. 道尔顿制（见2011年北京师范大学真题）

4. 教育心理学化

【答】在西方教育史上，裴斯泰洛齐是第一个明确提出“教育心理学化”口号的教育家。他认为教育心理学化就是要找到人的基本心理规律，把教育提高到科学的水平，教育科学应该建立在人的心理活动规律的基础上。教育心理学化的具体要求是：教育目的心理学化；教学内容心理学化；教学原则和教学方法的心理学化；教育者要适应儿童的心理，让儿童成为他自己的教育者。

5. 最近发展区（见2011年北京师范大学真题）

6. 成功智力理论

【答】所谓成功智力，就是为了完成个人的以及自己群体的或者文化的目标而去适应环境、改变环境和选择环境，即智力是适应、选择和塑造环境背景所需的心理能力。成功智力具有三种基本成分：分析性智力、创造性智力、实践性智力。人生取得成功不仅需要具备这三种能力，更需要在三种能力间取得平衡。强调智力不应仅仅涉及学业，更应指向真实世界的成功。

二、简答题

1. 掌握知识与发展智力的关系。（见2012年东北师范大学真题）

2. 课程内容设计怎样进行德育?（见2014年北京师范大学真题）

3. 教师应具备的素养。（见2015年华东师范大学真题）

三、论述题

1. 教育与政治制度的关系。

【答】（1）政治制度对教育的制约。

①政治制度的性质决定着教育的性质。

②政治制度决定着教育的领导权。

③政治制度决定着受教育的权利和机会。

④政治制度决定着教育宗旨和教育目的的性质。

⑤政治制度制约着部分教育内容、教育结构和教育管理体制。

（2）教育对政治有一定的功能。

①教育通过培养人才为社会政治服务。

②教育可以促进政治民主化。教育通过传播科学文化思想，提高人的民主观念，使公众具有民主意识。教育是使政治走向民主化的助推器。教育民主化是政治民主化的重要组成部分。

③通过宣传统治阶级的思想意识，创造一定的社会舆论来为政治服务。

④教育通过传播一定的社会政治意识形态，完成年轻一代的政治社会化。政治社会化是指引导人们接受一定社会的政治意识形态，形成适应于一定社会政治制度的政治态度和政治认同感，以及

积极参与政治、监督政治的政治习惯与能力的过程。这一过程是确保把他们培养成国家公民的过程，对年轻一代尤为重要，政治社会化主要是通过教育进行。

2. 赫尔巴特的课程理论。（见2011年华东师范大学真题）

3. 陶行知的生活教育理论。（见2014年北京师范大学真题）

4. 如何培养和激发学生的学习动机?（见2012年华东师范大学真题）

2012年天津师范大学333教育综合真题·凯程详解

一、名词解释

1. 范例教学模式

【答】范例教学模式由德国教育家瓦·根舍因、克拉夫基等创立，是运用精选的知识经验以及事实范例作为教学内容，使学生掌握一般的、具有普遍意义的知识，它能使学生所学的知识迁移到别的地方，形成独立的主动学习能力和独立判断能力。操作程序为：范例性地阐明“个”的阶段；范例性地阐明“类”的阶段；范例性地理解规律性的阶段；范例性地掌握关于世界的经验和生活经验的阶段。

2. 因材施教原则（见2010年东北师范大学真题）

3. 自我效能感（见2014年华东师范大学真题）

4. 学习策略（见2015年北京师范大学真题）

5. 科举制度（见2016年西南大学真题）

6. 苏格拉底

【答】苏格拉底是古希腊著名的哲学家、教育家，在西方哲学史上开辟了从自然哲学向伦理哲学转变的新阶段。他的一生以探讨伦理哲学和从事公众教育为乐，从不收取学费，在教育对象上，做到有教无类，吸引了许多学生，提出了著名的“产婆术”“知识即美德”“把一切知识教给一切人”等教育见解，是西方思想史上第一位有深远影响的教育家。

二、简答题

1. 浅析课程实施的概念及其运行结构。

【答】（1）课程实施的概念。

课程实施是指把课程计划付诸实践的过程，它是达到预期的课程目标的基本途径。课程实施是落实课程改革、实施学校培养目标的重要措施。

（2）课程实施的运行结构。

①安排课程表。课程表的安排应遵循以下几条原则：a. 整体性原则；b. 迁移性原则；c. 生理适宜原则。②分析教学任务。③研究学生的学习特点。④选择并确定教学模式。⑤规划教学单元和课。⑥组织教学活动。⑦评价教学活动的过程与结果。

2. 简述陶行知的“生活教育”思想。（见2014年北京师范大学真题）

3. 简述赫尔巴特的教学阶段论。（见2017年东北师范大学真题）

4. 简述杜威教学方法的五个阶段。

【答】杜威非常重视反省思维，即对某个经验情境中的问题进行反复的、严肃的、持续不断的思考，其功能在于求得一个新情境，把困难解决、疑虑排除。反省思维教学法有五个步骤：（1）要有一个真实的经验的情境；（2）在这个情境内部产生一个真实的问题；（3）提出解决问题的种种假设；（4）推断哪个假设能解决这个困难；（5）验证这个假设。以上五个步骤顺序不固定，可合并。

三、论述题

1. 如何看待普通中小学的性质与任务？

【答】（1）普通中小学的性质：普通中小学教育的性质是基础教育。

（2）普通中小学的任务：培养全体学生的基本素质，为学生学习做人和进一步接受专业（职业）教育打好基础，为提高民族素质打好基础。我国中小学全面发展的教育由德育、智育、体育、美育、综合实践活动等部分组成。五个组成部分各有自己的特点、规律和功能，是相对独立、缺一不可的，不能互相替代。它们又是相互联系的，互为目的和手段，在实践中，共同组成统一的教育过程。德育对其他部分起着保证方向和保证动力的作用；智育为其他部分提供了认识基础；体育是实施其他部分的机体保证；美育与综合实践活动是德育、智育、体育的具体运用与实施。要坚持“五育”并举，处理好它们的关系，使其相辅相成，发挥教育的整体功能。

2. 如何理解教师专业发展的内涵及发展途径？（见2015年西南大学真题＋2020年华东师范大学真题）

3. 说明班杜拉的观察学习过程及其对教学工作的启示。（见2016年东北师范大学真题）

4. 论述蔡元培“五育”并举的教育方针。（见2016年华东师范大学真题）

2013年天津师范大学333教育综合真题·凯程详解

一、名词解释

1. 教学模式（见2014年杭州师范大学真题）

2. 课程标准（见2015年北京师范大学真题）

3. 元认知策略（见2011年北京师范大学真题）

4. 技能（见2011年华中师范大学真题）

5.《学记》（见2013年东北师范大学真题）

6. 教育性教学原则

【答】赫尔巴特重视教学的作用，并提出了教育性教学原则。教育性教学的含义就是：教育（道德教育）通过，而且只有通过教学才能真正产生实际作用，教学是道德教育的基本途径。首先，要求教学的目的与整个道德教育的最高目的保持一致，即养成德行；其次，为实现这个目的，要设立一个近的目标，即培养“多方面的兴趣”。赫尔巴特运用心理学的研究成果具体阐明了教育和教学之间的本质联系，使德育获得了坚实的基础。

二、简答题

1. 简述教育与文化的关系。

【答】（1）文化对教育的制约与影响具有广泛性、基础性、深刻性和持久性的特点。

①文化知识制约教育的内容和水平。②文化模式制约教育背景和教育模式。③文化传统制约教育的传统和变革。

（2）教育的文化功能。

①教育的文化传承功能（传递、保存）。②教育的文化融合功能（传播、交流与丰富）。③教育的文化选择功能（选择、提升）。④教育的文化创新功能（创造、更新）。

2. 简述建立良好师生关系的途径与方法。（见2019年陕西师范大学真题）

3. 简述书院教育的特点。（见2013年华东师范大学真题）

4. 简述美国“八年研究”主要涉及的问题。

【答】1930年美国进步教育协会成立“大学和中学关系委员会”。该委员会制定了一项为期八年的大规模的高中教育改革实验研究计划，即“八年研究”计划，主要涉及以下问题：

（1）关于教育目的。在一个民主社会中，中学教育的目的除升学外，还应有其他的目的，即实现个人的发展，为走向社会做准备。

（2）关于教育管理。大学与中学委员会下设专门的咨询机构，负责课程设计、教育评估以及实验研究人员的培训。

（3）关于课程、方法的选择。设计新的课程和新的教学方法。如：按单元组织课程；在教学方法上，强调学生的思考及学生与教师之间的合作等。

（4）关于评估工作。实验指导委员会下设的一个评估委员会设计了两百多种用于各种过程和目的的标准测验，并提出了一整套新量表以及评估的理论。

"八年研究"通过对高中教育和高等教育关系的实验，研究了高中教育发展中过去没有涉及的许多问题，推动了美国教育改革向纵深发展。

三、论述题

1. 如何看待班级授课制？（见 2014 年北京师范大学真题）

2. 论述陈鹤琴"活教育"思想体系。（见 2015 年北京师范大学真题）

3. 评述结构主义教育及其影响。（见 2013 年华东师范大学真题）

4. 如何提高学生解决问题的能力？（见 2010 年华中师范大学真题）

2014 年天津师范大学 333 教育综合真题·凯程详解

一、名词解释

1. 京师同文馆（见 2012 年北京师范大学真题）

2. 朱子读书法（见 2015 年东北师范大学真题）

3. 道尔顿制（见 2011 年北京师范大学真题）

4. 教育心理学化（见 2011 年天津师范大学真题）

5. 最近发展区（见 2011 年北京师范大学真题）

6. 成功智力理论（见 2011 年天津师范大学真题）

二、简答题

1. 简述教育与政治制度的关系。（见 2011 年天津师范大学真题）

2. 简述课程内容的设计。

【答】课程内容是根据课程目标从人类的经验体系中选择出来，并按照一定的逻辑序列组织编排而成的知识体系和经验体系。

（1）课程内容的选择。

①间接经验选择的依据是科学理论知识内在的逻辑结构。

②直接经验选择的依据是学生的现实社会生活需要和学生社会性发展的要求。

（2）课程内容的组织。

泰勒明确提出了课程内容编排和组织的连续性、顺序性、整合性三条逻辑规则。课程内容组织除这些逻辑规定外，还应处理好以下逻辑组织形式的关系：①直线式与螺旋式；②纵向组织与横向组织；③逻辑顺序与心理顺序。

3. 简述掌握知识和发展智力的关系。（见 2012 年东北师范大学真题）

4. 德育的途径与方法。（见 2014 年北京师范大学真题）

三、论述题

1. 论述教师应具备的基本素养。（见 2015 年华东师范大学真题）

2. 论述陶行知“生活教育”的理论体系。（见 2014 年北京师范大学真题）
3. 评述赫尔巴特的课程理论。（见 2011 年华东师范大学真题）
4. 论述学习动机的培养与激发。（见 2012 年华东师范大学真题）

2015 年天津师范大学 333 教育综合真题·凯程详解

一、名词解释

1.《颜氏家训》（见 2019 年北京师范大学真题）
2. 绅士教育（见 2012 年华东师范大学真题）
3. 学习策略（见 2015 年北京师范大学真题）
4. 有意义学习（见 2014 年华东师范大学真题）
5. 学校教育制度（见 2019 年北京师范大学真题）
6. 德育过程（见 2014 年华东师范大学真题）

二、简答题

1. 简述孔子的教学思想。（见 2012 年北京师范大学真题）
2. 简述泰勒的课程原理理论。（见 2012 年华东师范大学真题）
3. 简述教学过程的实质。（见 2013 年陕西师范大学真题）
4. 简述教师的权利和义务。

【答】（1）教师的权利。

①公民权利：人身权利；人格权利；女教师的特殊权等。

②职业权利：教育教学权；进修培训权；管理学生权；民主管理权；科学研究权；获得报酬待遇权。

（2）教师的义务。

①公民义务：维护国家统一和民族团结；遵纪守法、遵守社会公德；维护国家安全、荣誉、利益；保卫祖国的义务；依法纳税。

②职业义务：履行教学职责的义务；对学生进行有益教育的义务；关心、爱护、尊重学生，促进学生全面发展的义务；保护学生合法权益，促进学生健康成长的义务；守法和遵守职业道德的义务；不断提高自身思想政治觉悟和教育教学水平的义务。

三、论述题

1. 论述蔡元培教育思想与实践。（见 2011 年北京师范大学真题 +2013 年北京师范大学真题）
2. 论述环境、教育、遗传在人的身心发展中的作用。（见 2015 年北京师范大学真题）
3. 论述创造性及培养措施。（见 2011 年北京师范大学真题）
4. 杜威有关教育本质的教育理论。（见 2018 年东北师范大学真题）

2016 年天津师范大学 333 教育综合真题·凯程详解

一、名词解释

1. 互联网 + 教育

【答】“互联网 + 教育”即智慧教育，是教育信息化的一个重要表现，指在教育领域（教育管理、教育教学和教育科研）全面深入地运用现代信息技术来促进教育改革与发展的过程。其技术特点是数字化、网络化、智能化和多媒体化，基本特征是开放、共享、交互、协作。以教育信息化促进教育现代化，用信息技术改变传统模式。

2. 恩物（见2012年北京师范大学真题）

3. 昆西教学法（见2018年浙江师范大学真题）

4. 孔子“六经”

【答】孔子继承发展了“六艺”教育，创设了新学科，充实了教学的内容，编订了《诗》《书》《礼》《易》《乐》《春秋》，被称为“六经”，后被奉为儒家经典。“六经”代表了先秦时期的一切文化知识领域，如文化、历史、哲学、政治、经济、文学、教育等，作为历史材料，其价值无可比拟，对中华民族有着深远影响。在西汉时期，随着社会的变迁、思想的演进、诠释的不同，“六经”的地位越来越高，对封建社会的影响越来越大。

5. 课程设计（见2016年上海师范大学真题）

6. 苏湖教学法（见2014年北京师范大学真题）

二、简答题

1. 简述认知发展与教学的辩证关系。

【答】（1）认知发展制约教学的内容和方法。皮亚杰的认知发展阶段论强调儿童的认知发展水平对学习的制约性，认为它不仅制约着学习内容的深浅，还制约着学习方法的选择。

（2）教学促进学生的认知发展。教学方法适当和内容恰当，系统的学校教学就能够起到加速认知发展的作用。因此，在教学中一方面，依据儿童的心理发展水平进行教学；另一方面，应通过精心组织的教学内容与方法促进儿童认知的发展。

（3）最近发展区是指儿童在有指导的情况下，借助成人的帮助所能达到的解决问题的水平与独自解决问题所能达到的水平之间的差异，实际上是两个邻近发展阶段间的过渡状态。该理论指出教育者不应只看到儿童已经达到的水平，更应该看到仍处于形成的状态和正在发展的过程。

2. 简述德育过程的特点。（见2019年北京师范大学真题）

3. 简述卢梭的自然教育理论。（见2012年华东师范大学真题）

4. 简述教学的基本环节。（见2020年华东师范大学真题）

5. 简述教师劳动的特点。（见2015年东北师范大学真题）

三、论述题

1. 教育的社会变迁功能。（见2014年北京师范大学真题）

2. 促进知识应用与迁移的措施。（见2014年北京师范大学真题）

3. 比较陶行知和杜威的教育思想理论。

【答】杜威是美国民主主义教育家，陶行知是我国著名的教育家，受杜威思想的影响创立了生活教育理论。这两种教育思想的异同主要表现在以下几个方面：

（1）相同点：

二者都重视教育与生活、学校与社会、理论与实际的紧密联系，重视学生的主体性，重视学生的做在学生成长中的作用，要求教育中做与学合一。

（2）不同点：

①杜威的“教育即生活”与陶行知的“生活即教育”。a. 对“生活”的理解不同。杜威的生活是体现社会精神的学校生活和儿童生活；陶行知强调人们的实际生活。b. 对“教育”的理解不同。杜威强调学校教育；陶行知强调社会意义上的教育。

②杜威的“学校即社会”和陶行知的“社会即学校”。a. 杜威强调学校本身就是一个小型社会；陶行知强调社会本身就是一所学校。b. 杜威重视维护民主社会，陶行知重视学校对社会的改造功能。

③教育作用和目的观不同。杜威强调“教育即生长”，教育只有一个内在的目的，即促进个体的生长发展，重视教育的个体作用；陶行知强调的是教育服务于民族解放和独立的作用，重视教育的社会作用。

④儿童观不同。杜威过分重视儿童中心论，忽视了教师的作用和必要的学校管理；陶行知主张教育儿童全身心的解放，重视全面发展。

⑤教育内容和方法观点的主张不同。a. 教育内容：杜威重视学生直接经验的获得，但忽视系统知识的学习；陶行知提倡知、行统一观，间接经验和直接经验都得到了重视。b. 教育方法：杜威强调“从做中学”；陶行知主张“教学做合一”。

2017年天津师范大学333教育综合真题·凯程详解

一、名词解释

1. 学校教育（见2010年华中师范大学真题）

2. 产婆术（见2011年北京师范大学真题）

3. 活动课程（见2013年东北师范大学真题）

4. 程序教学

【答】程序教学是以课本或教学机器的形式向学生呈现程序化的教材，使学生按规定的程序自学教材内容。其中要遵行四大原则：(1) 小步子原则；(2) 积极反应原则；(3) 及时强化（反馈）原则；(4) 自定步调原则。具体操作方法：把一门课程的教学总目标分为许多小步骤，学习者每完成一步都会及时得到强化，然后进入下一步骤的学习；在学习过程中，学生可以自定步调，自主进行反应，逐步达到总目标。

5. 稷下学宫（见2020年北京师范大学真题）

6. 观察学习（见2019年北京师范大学真题）

二、简答题

1. 简述“三纲领八条目”。（见2016年陕西师范大学真题）

2. 德育的基本原则。

【答】德育原则是指教育者在德育过程中必须遵守的基本要求。德育原则对于德育工作具有直接的、具体的指导作用，德育原则有以下：

(1) 理论和生活相结合原则；(2) 疏导原则；(3) 长善救失原则；(4) 严格要求与尊重学生相结合原则；(5) 因材施教原则；(6) 在集体中教育原则；(7) 教育影响的一致性和连续性相结合原则。

3. 杜威的五步教学法。（见2012年天津师范大学真题）

4. 文艺复兴时期人文主义教育的特征。（见2011年华东师范大学真题）

三、论述题

1. 赞科夫的发展性教学原则。（见2017年北京师范大学真题）

2. 如何提高学生的问题解决能力？（见2010年华中师范大学真题）

3. 教师角色冲突及解决方法。（见2015年上海师范大学真题）

4. 教育如何适应个体身心发展？（见2010年华中师范大学真题）

2018年天津师范大学333教育综合真题·凯程详解

一、名词解释

1. 课程标准（见2015年北京师范大学真题）

2. 德育原则

【答】德育原则指教育者在德育过程中必须遵守的基本要求。德育原则对于德育工作具有直接的、具体的指导作用。常用的德育原则有理论与实际相结合原则、疏导原则、长善救失原则、因材施教原则等。

3. 结构主义教育

【答】20世纪60年代，布鲁纳把儿童认知结构发展理论应用到教学和课程改革上，创立了结构主义教育理论。具体观点是:（1）强调教育和教学应重视学生的智能发展;（2）注重教授各门学科的基本结构;（3）主张学科基础的早期学习;（4）提倡发现学习法;（5）教师是结构教学中的主要辅助者。

4. 学习策略（见2015年北京师范大学真题）

5. 多元智能理论（见2011年华南师范大学真题）

6. 创造性（见2019年华南师范大学真题）

7. 智力多因素论

【答】智力的多因素论认为人的智力是由两种或者两种以上的因素构成的。智力多因素理论有很多，其中主要有斯皮尔曼的二因素论、瑟斯顿的群因素论、卡特尔的流体智力和晶体智力理论、吉尔福特的智力三维结构理论、加德纳的多元智力理论和斯腾伯格的成功智力理论。这些理论中有像斯皮尔曼认为智力由两个因素组成，即普遍因素和首要因素，还有像多元智力理论这样认为人的智力可以分为很多种。虽然每种理论具体的说法不一样，但是多因素论已经突破了单因素论的局限性，从而能够更为具体地研究智力的特点与构成。

二、简答题

1. 教育的生态功能。（见2020年华东师范大学真题）

2. 我国教育目的的基本精神。（见2012年北京师范大学真题）

3. 王守仁的儿童教育思想。（见2016年北京师范大学真题）

4. 新时代教师的基本素养。（见2014年北京师范大学真题）

三、论述题

1. 选择教育方法的依据。

【答】（1）课题（或单元）与课时、教学目的和任务以及该学科内容的教学方法特点。

（2）教学过程、教学原则和班级上课的特点。

（3）学生的兴趣、可接受水平、智力的发展状况、学习态度、学风与学习习惯。

（4）教师本身的条件，包括思想业务水平、实际经验与能力、个性与特长。

（5）教师与学生活动的配合、互动，教师主导性与学生主动性的动态平衡。

（6）讲与练，学与用，班级、小组与个人活动，课堂教学与课外作业等方面的结合。

（7）教学过程中的交往、沟通、合作与竞争。

（8）学校与地方可能提供的条件，包括社会条件、自然环境、物资设备等。

（9）教学的时限，包括规定的课时，以及其他可利用的时间，如早自习、晚自习等。

（10）对可能取得效果的慎重预计与考量。

2. 孔子的教育内容和教学方法。（见2012年北京师范大学真题）

3. 赫尔巴特的教育思想。（见2015年北京师范大学真题）

4. 皮亚杰的认知发展阶段理论及其对教育的启示。

【答】（1）皮亚杰的认知发展阶段理论。（见 2012 年东北师范大学真题）

（2）对教育的启示：

①提供活动。教师要为学生提供大量的、丰富的、在真实环境中发生的活动。

②创设最佳的难度。教师创设或提供的教学情境应该是恰好合适的，这种情境既能引起学生的认知不平衡，又不过分超越学生已有的认知水平和知识经验。

③了解儿童如何思考。学生在与周围人的相互作用中获得知识，检验自己的思维并不断地得到反馈。教师只有了解儿童的思考方式，才能更好地引导学生的认知发展。

④认识儿童认知发展水平的有限性。教师需要认识各年龄阶段儿童认知发展所达到的水平，在教学过程中就会更主动。

⑤让儿童多参与社会活动。皮亚杰特别强调社会活动对儿童认知发展的作用。

2019 年天津师范大学 333 教育综合真题·凯程详解

一、名词解释

1. 课程（见 2019 年北京师范大学真题）

2. 教育目的（见 2015 年北京师范大学真题）

3. 产婆术（见 2011 年北京师范大学真题）

4. 心智技能（见 2016 年北京师范大学真题）

5. 循序渐进原则

【答】循序渐进原则又叫系统性原则，是指教学依据所传授的学科知识的内在逻辑结构、学生能力发展和掌握知识的顺序，循序渐进地进行。基本要求是：（1）按教材的系统性进行教学。（2）抓主要矛盾，解决好重点和难点的教学。（3）教学内容的安排应由浅入深、由易到难、由简到繁。（4）将系统连贯性与灵活多样性结合起来。

6. 学习动机（见 2013 年北京师范大学真题）

二、简答题

1. 教学方法选择的依据。（见 2018 年天津师范大学真题）

2. 科尔伯格的道德理论。（见 2013 年华东师范大学真题）

3. 中小学德育的培养途径。（见 2014 年北京师范大学真题）

4.《学记》中的教育教学原则。（见 2019 年湖南师范大学真题）

三、论述题

1. 教师的职业道德素养。（见 2014 年北京师范大学真题）

2. 建构主义学习理论。（见 2013 年华东师范大学真题）

3. 杜威的教育本质论与教育目的论。（见 2018 年东北师范大学真题 +2016 年北京师范大学真题）

4. 个体能动性在人身心发展中的作用。（见 2017 年华中师范大学真题）

2020 年天津师范大学 333 教育综合真题·凯程详解

一、名词解释

（今年未考名词解释）

二、简答题

1. 简述教育的质的规定性。

【答】教育的质的规定性，即教育是一种有目的地培养人的社会活动，这是教育区别于其他现象的基本特征，是教育所具有的本质属性。具体来说：

（1）教育是一种社会现象，产生于社会生活的需要，而归根结底产生于生产劳动。

（2）教育是一种有目的地培养人的社会活动，它的目的在于影响和促进人的发展。是否有目的地培养人，是教育活动与其他社会活动的本质区别，也是教育的本质特征。

（3）教育是人类社会特有的现象。

（4）教育是人类社会特有的一种有意识的活动。

（5）教育是人类社会特有的传递经验的形式。

（6）教育是有意识地以影响人的身心发展为目标的社会活动。

（7）教育是人类社会的一种永恒的历史现象，具有永恒性和历史性。

2. 简述班主任的基本素养。（见 2015 年华东师范大学真题）

3. 简述裴斯泰洛齐的教育心理学化。（见 2016 年湖南师范大学真题）

4. 简述蒙学教材的分类及特点。（见 2016 年东北师范大学真题）

5. 简述创造性的含义及培养。（见 2011 年北京师范大学真题）

三、论述题

1. 分析论述学生学习知识的两种方式。（见 2010 年陕西师范大学真题）

2. 论述德育的过程。（见 2016 年南京师范大学真题）

3. 论述苏霍姆林斯基的教育理论。（见 2016 年北京师范大学真题）

4. 论述陶行知的生活教育理论。（见 2014 年北京师范大学真题）

5. 论述激发和培养学生的学习动机。（见 2012 年华东师范大学真题）

曲阜师范大学

2010 年曲阜师范大学 333 教育综合真题·凯程详解

一、简答题

1. 为什么说学校教育在人的身心发展中起主导作用？（见 2010 年西北师范大学真题）

2. 简述文化对教育的影响和制约作用。（见 2015 年湖南师范大学真题）

3. 简述教师专业化的内涵。（见 2015 年西南大学真题）

4. 1958 年美国《国防教育法》的基本内容和意义是什么？（见 2014 年华东师范大学真题）

5. 简述裴斯泰洛齐的要素教育论。（见 2018 年华东师范大学真题）

二、论述题

1. 试论述教育的优先发展战略。（见 2014 年华南师范大学真题）

2. 评述陶行知的“生活教育”理论。（见2014年北京师范大学真题）

3. 有人说：“现在是建构主义学习时代了，结构主义学习理论落后了。”试评析此观点。

【答】我认为此观点是错误的。

（1）建构主义认为，世界是客观的，但对于世界的解释和赋予意义是由个体自己决定的。建构主义更加关注学习者如何以原有的经验、心理结构和信念为基础来建构知识。它强调学习的主动性、社会性和情境性。建构主义学习理论的基本观点有：①知识观。知识是一种关于各种现象的较为可靠的解释和假设，并且处在不断的发展中。②学生观。学生是以自己的经验背景或自己的经验来建构对事物的理解。③学习观。学习是学习者主动建构内部心理表征的过程。

（2）结构主义以布鲁纳为代表，主要观点有：①强调教育和教学应重视学生的智能发展；②注重教授各门学科的基本结构；③主张学科基础的早期学习；④提倡“发现学习法”；⑤认为教师是结构教学中的主要辅助者。

（3）学习学科知识的基本结构有如下好处：有助于理解这门学科；有助于把学习内容迁移到其他情景中去；有助于学生记忆具体细节的知识；如果给学生适当的学习经验和对结构的合理陈述，即便是年幼儿童也可以学习高级的知识，从而缩小高级知识与初级知识之间的差距。

结构主义也提倡发现教学法，学生不是被动地接受知识，而是积极主动地在教师创造的学习情境中发现知识。发现法强调学习过程、直觉思维、内在动机和信息提取。

（4）评价：建构主义与结构主义都有其可取之处，不管在任何时代，都要根据学生的身心发展特点以及学生原有认知基础、思维方式、性格特点等因材施教。因此，结构主义并没有在这个时代落后于建构主义。

2011年曲阜师范大学333教育综合真题·凯程详解

一、名词解释

1. 教育（见2014年北京师范大学真题）

2. 教育目的（见2015年北京师范大学真题）

3. 学校教育制度（见2019年北京师范大学真题）

4. 监生历事制度（见2011年湖南师范大学真题）

5. 设计教学法（见2015年华东师范大学真题）

6. 学习策略（见2015年北京师范大学真题）

二、简答题

1. 影响人发展的基本因素是什么?（见2015年北京师范大学真题）

2. 简述教师劳动的特点。（见2015年东北师范大学真题）

3. 简述苏格拉底方法。（见2013年东北师范大学真题）

4. 简述建构主义的理论取向。

【答】建构主义本身并不是一种学习理论流派，而是一种理论思潮，目前正处在发展阶段，尚未达成一致意见，存在不同取向。对教育实践具有一定影响的主要有以下四种理论：

（1）激进建构主义：是在皮亚杰思想基础上发展起来的建构主义，以冯·格拉塞斯菲尔德和斯特菲为代表。有两条基本原则：①知识是由认知主体积极建构的；②认识的功能是适应自己的经验世界，帮助自己的经验世界。

（2）信息加工建构主义：代表人物有斯皮诺等，强调外部信息与已有信息之间存在双向的、反复的相互作用。信息加工建构主义也称为“温和的建构主义”。其代表有：斯皮诺等人的认知灵活性理论。

（3）社会建构主义：以维果茨基的理论为基础，以鲍尔斯菲尔德和库伯为代表，认为世界是客观的，但对于世界的解释和赋予意义是由个体自己决定的，关注学习者如何以原有的经验、心理结构和信念为基础来建构知识。它强调学习的主动性、社会性和情境性。

（4）社会文化取向建构主义：受维果茨基的影响，把学习看成建构的过程，关注学习的社会性，认为心理活动是与一定的文化、历史和风俗习惯背景密切联系的，提倡师徒式的教学。

三、论述题

1. 论述世界各国课程改革发展的趋势。（见 2017 年浙江师范大学真题）

2. 论述科举制的历史影响。（见 2019 年华中师范大学真题）

3. 论述结构主义教育思想的主要内容。（见 2013 年华东师范大学真题）

4. 结合实际，谈谈学生创造性的培养措施有哪些。（见 2011 年北京师范大学真题）

2012 年曲阜师范大学 333 教育综合真题·凯程详解

论述题

1. 试述教育与文化的关系。（见 2013 年天津师范大学真题）

2. 试述教育研究中定量研究与定性研究的特点。

【答】由于方法论上的不同取向，导致了在实际应用中定量方法与定性方法存在明显的差别。这主要体现在以下几个方面：

（1）研究者的角色定位：定量研究者力求客观，脱离资料分析；定性研究者则是对资料进行分析。对后者而言，没有研究者的积极参与，资料就不存在。

（2）研究设计：定量研究中的设计与假设在研究开始前就已确定；定性研究中的计划则随着研究的进行而不断发展，并可加以调整和修改。

（3）研究环境：定量研究运用实验方法，尽可能地控制变数；定性研究则在实地和自然环境中进行，力求了解事物在常态下的发展变化，并不控制外在变数。

（4）测量工具：定量研究中，测量工具相对独立于研究者之外，事实上研究者不一定亲自从事资料筹集工作。而在定性研究中，研究者本身就是测量工具，任何人都代替不了他。

（5）理论建构：定量研究的目的在于检验理论的正确性，最终结果是支持或者反对假设。而定性研究的理论则是研究过程的一部分，是资料分析的结果。

3. 试述全纳教育的观念与主要议题。

【答】（1）全纳教育。

全纳教育作为一种教育思潮，兴起于 20 世纪 90 年代。全纳教育是在国际教育民主化浪潮中，尤其是在国际组织的大力推动下兴起和发展的，其中有三次国际性教育大会发挥了直接作用。

（2）观点与主要议题。

联合国教科文组织将全纳教育定义为：全纳教育是通过增加学习、文化与社区参与，减少教育系统内外的排斥，关注并满足所有学习者多样化需求的过程。全纳教育以覆盖所有适龄儿童为共识，以正规系统负责教育所有儿童为信念，它涉及教育内容、教育途径、教育结构与教育战略的变革与调整。全纳涉及在正式与非正式的教育环境中为多样化的学习需要做出适当的回应。全纳教育不是一个如何让部分学生融入主流的小问题，它是考察如何改革教育系统和其他学习环境以适应学习者多样性的一种方法，其目的是使教师和学生都能接纳多样性并视之为机会，视之为学习环境的丰富，而不是问题。

4. 论述要素主义的核心内容及其在当代的意义。（见 2016 年华东师范大学真题）

2013 年曲阜师范大学 333 教育综合真题 · 凯程详解

一、名词解释

1. **教育制度**（见 2012 年华东师范大学真题）
2. **说服教育**（见 2017 年东北师范大学真题）
3. **元认知**（见 2010 年华中师范大学真题）
4. **学习策略**（见 2015 年北京师范大学真题）
5. **学科课程**（见 2017 年华东师范大学真题）

二、简答题

1. **马克思主义全面发展教育的主要内容。**（见 2017 年华南师范大学真题）
2. **简述创造性的基本结构。**

【答】创造性是由多种心理因素构成的复合体，主要包括创造性认知品质、人格品质和适应品质三个子系统。

（1）创造性认知品质：指创造性心理结构中与认知加工有关的部分，它是创造性心理活动的核心。创造性认知品质主要包括创造性想象、创造性思维、创造性认知策略三个方面。

（2）创造性人格品质：指有创造性的人所具有的个性特点。创造性人格品质包括创造性动力特征、创造性情意特征、创造性人格特征等。

（3）创造性适应品质：指个体在其创造性认知品质和创造性人格品质的基础上，通过对社会生活环境的交互作用，表现出对外在社会环境进行创造性的操作应对，对内在创造过程进行调适的创造性行为倾向，具体表现为创造的行为习惯、创造策略和创造技法的掌握运用等。

3. **简述赫尔巴特的教学阶段理论。**（见 2017 年东北师范大学真题）
4. **简述人本主义的教学意义。**（见 2017 年华中师范大学真题）

三、论述题

1. **论述孔子的教学方法及现代意义。**（见 2013 年东北师范大学真题）
2. **论述班级授课制。**（见 2014 年北京师范大学真题）
3. **论述杜威实用主义教育思想的主要内容。**（见 2011 年北京师范大学真题）

2014 年曲阜师范大学 333 教育综合真题 · 凯程详解

一、名词解释

1. **教育**（见 2014 年北京师范大学真题）
2. **课程**（见 2019 年北京师范大学真题）
3. **“四书五经”**

【答】“四书五经”是“四书”和“五经”的合称，是中国儒家经典书籍，是南宋以后儒学的基本科目，儒生学子的必读之书。“四书”指《论语》《孟子》《大学》《中庸》，而“五经”是《诗》《书》《礼》《易》《春秋》。

4. **1922 年“新学制”**（见 2010 年北京师范大学真题）
5. **学习动机**（见 2013 年北京师范大学真题）
6. **学习策略**（见 2015 年北京师范大学真题）

二、简答题

1. 教师的素养有哪些?（见 2015 年华东师范大学真题）

2. 简述学校心理健康教育的基本途径。（见 2015 年华中师范大学真题）

3. 简述福禄培尔的教育思想的主要内容。

【答】福禄培尔是德国著名教育家，幼儿园的创立者和近代学前教育理论的奠基人，被称为“幼儿教育之父”，主要著作有《人的教育》。

（1）万物有神论：是福禄培尔思想的基础，具有宗教的色彩。他认为世界万物统一在上帝的精神之中，教育的目的就是通过认识自然、认识人性而逐渐认识上帝。

（2）顺应自然的原则：教育要顺应儿童的天性，即生理和心理特点。但是，福禄培尔并没有绝对否认强制性、干预性的教育。他的教育顺应自然思想是建立在性善论的基础上的。

（3）幼儿园：幼儿园教育是家庭教育的补充，是完善教育必不可少的条件。幼儿园既是幼儿教育机构，又是幼儿师资培训机构、幼儿教育宣传机构和幼儿教育研究机构。

（4）恩物与作业：福禄培尔建立了一个以活动和游戏为主要特征的幼儿园课程体系。其包括：游戏和歌谣、恩物、作业、运动、自然研究等。其中重要的是恩物和作业。

4. 简述建构主义学习理论的主要内容。（见 2013 年华东师范大学真题）

三、论述题

1. 论述教育对人的发展的重要作用。（见 2016 年东北师范大学真题）

2. 论述教学过程的性质。（见 2013 年陕西师范大学真题）

3. 论述孟子的教育思想。（见 2015 年北京师范大学真题）

4. 论述夸美纽斯的教育思想。（见 2016 年西南大学真题）

2015 年曲阜师范大学 333 教育综合真题 · 凯程详解

一、名词解释

1. 教育目的（见 2015 年北京师范大学真题）

2. 教学方法（见 2013 年华南师范大学真题）

3. 学习动机（见 2013 年北京师范大学真题）

4. 学习策略（见 2015 年北京师范大学真题）

5. 知识（见 2016 年华南师范大学真题）

6. 技能（见 2011 年华中师范大学真题）

二、简答题

1. 简述教育学的研究对象和研究任务。（见 2017 年湖南师范大学真题）

2. 简述福禄培尔的教育思想的主要内容。（见 2014 年曲阜师范大学真题）

3. 影响问题解决的因素有哪些?（见 2017 年陕西师范大学真题）

4. 简述蔡元培的教育思想的主要内容。（见 2013 年北京师范大学真题）

三、论述题

1. 论述教育对人的发展的重大作用。（见 2016 年东北师范大学真题）

2. 论述教师劳动的特点。（见 2015 年东北师范大学真题）

3. 论述孔子的教育思想。（见 2012 年北京师范大学真题）

4. 论述夸美纽斯的教育思想。（见 2016 年西南大学真题）

2016年曲阜师范大学333教育综合真题·凯程详解

一、名词解释

1. 教育目的（见2015年北京师范大学真题）

2. 教育制度（见2012年华东师范大学真题）

3. 自我效能感（见2014年华东师范大学真题）

4. 短时记忆

【答】根据记忆的结构，可把记忆区分为瞬时记忆、短时记忆和长时记忆。短时记忆也叫工作记忆，是指个人当时注意着的信息，为现实进行加工、操作服务的记忆过程。它具有记忆容量有限、储存时间短、对信息进行有意识加工的特点，还具有语音听觉、视觉形象、语义等多重编码的特点。

5. 书院（见2017年东北师范大学真题）

6. 自然后果法

【答】自然后果法是法国启蒙思想家和教育家卢梭所倡导的道德教育方法。他提出在教育方法上，应该用"自然后果法"，即让儿童经受由自己的过失而招致的后果，从而自己纠正错误行为。这种自然后果法有其积极合理的方面，但并不是在任何情况下都是适用的。

二、简答题

1. 简述教育的相对独立性。（见2010年华中师范大学真题）

2. 简述奥苏伯尔有意义学习的实质和条件。（见2013年北京师范大学真题）

3. 简述皮亚杰认知发展的实质及阶段。

【答】（1）认知发展的实质：皮亚杰用图式、同化、顺应、平衡四个概念来解释认知发展的过程。

①图式是指儿童对环境进行适应的认知结构，图式的发展水平是人的认知发展水平的重要标志。

②同化是指个体利用已有的图式把新的刺激纳入已有的认知结构中去的认知过程。同化是图式发生量变的过程，它不能引起图式的质变，但影响图式的生长。

③顺应是儿童通过改变已有的图式或形成新图式来适应新刺激的认知过程。顺应是图式发生质变的过程，通过顺应，儿童的认知能力达到新的水平。

④平衡指同化和顺应之间的"均衡"。个体心理发展是个体通过同化和顺应环境而达到平衡的过程，并在平衡与不平衡的交替中不断建构和完善其认知结构，实现认知发展。

皮亚杰认为，有机体的认知发展过程就是不断地与环境进行同化和顺应进而达到平衡的过程。

（2）认知发展的阶段。（见2012年东北师范大学真题）

4. 简述孔子"性相近，习相远"的教育思想。（见2013年杭州师范大学真题）

三、论述题

1. 论述人的未完成性与教育的关系。

【答】教育作为有目的地培养人的社会活动，与人的发展有着密切的联系，在人的发展过程中起着重大作用。

（1）教育是一种有目的地培养人的社会活动。

教育是有目的地培养人的社会活动，这是教育的质的规定性。

（2）教育主要通过文化知识的传递来培养人。

①知识的认识价值：学生掌握知识的广度和深度，制约着他对事物和世界认识的广度和深度。学生掌握知识，还意味着掌握认识的资料和资源。

②知识的能力价值：学生学习知识，不仅要掌握知识的内容，而且要掌握知识的形式；不仅要获得对事物的认识，而且要养成从心理上和行为上操作事物的方法和能力；不仅要学会善于传承文

化知识、技能，而且要养成探究、发现与创新知识的意向。

③知识的陶冶价值：知识蕴含着科学精神和人文精神，学生经历科学精神和人文精神的陶冶，才能真正形成人生的智慧。

④知识的实践价值：知识具有对社会实践的有用性或有效性。学生通过学习获取知识，认识事物特性，也就获得了通过社会实践改造事物的可能性。

（3）教育对人的发展的作用越来越大。

在社会发展的不同阶段，教育对人的发展所起的作用并不是完全相同的。与古代社会相比，现代社会对人的发展和教育提出了越来越高的要求，教育对人的发展的作用也越来越大。我国正在进行社会主义现代化建设，人的现代化是社会现代化的重要基础和前提条件。我们应当自觉地优先发展教育，高度重视并充分发挥教育对人的现代化的促进作用。

2. 论述教师的基本素养。（见 2014 年北京师范大学真题）

3. 论述“新学制”的特点与评价。（见 2014 年东北师范大学真题）

4. 评述赫尔巴特的教育性教学原则。（见 2011 年杭州师范大学真题）

2017 年曲阜师范大学 333 教育综合真题·凯程详解

一、名词解释

1. 个体发展（见 2019 年华中师范大学真题）

2. 学校教育制度（见 2019 年北京师范大学真题）

3. 元认知（见 2010 年华中师范大学真题）

4. 道尔顿制（见 2011 年北京师范大学真题）

5. 学习（见 2013 年陕西师范大学真题）

6. 赫尔巴特的教育性教学原则（见 2013 年天津师范大学真题）

二、简答题

1. 孔子“有教无类”的主张。（见 2011 年华南师范大学真题）

2. 杜威的教育本质思想。（见 2018 年东北师范大学真题）

3. 心理健康的标准。（见 2014 年华中师范大学真题）

4. 教学中应该处理的几对关系。（见 2011 年东北师范大学真题）

三、论述题

1. 现代教师应具备怎样的专业素养?（见 2014 年北京师范大学真题）

2. 影响我国课程改革的主要因素有哪些?（见 2020 年南京师范大学真题）

3. 评述陶行知的生活教育理论。（见 2014 年北京师范大学真题）

4. 论述教育中如何培养学生的问题解决能力。（见 2010 年华中师范大学真题）

2018 年曲阜师范大学 333 教育综合真题·凯程详解

一、名词解释

1. 教育（见 2014 年北京师范大学真题）

2. 品德（见 2015 年湖南师范大学真题）

3. 教学（见 2013 年陕西师范大学真题）
4. 学习动机（见 2013 年北京师范大学真题）
5. 学习策略（见 2015 年北京师范大学真题）
6. 学习（见 2013 年陕西师范大学真题）

二、简答题

1. 简述夸美纽斯的教育思想。（见 2016 年西南大学真题）
2. 简述影响问题解决的因素。（见 2017 年陕西师范大学真题）
3. 简述蔡元培的教育思想和教育实践。（见 2011 年北京师范大学真题 +2013 年北京师范大学真题）
4. 简述教师劳动的特点。（见 2015 年东北师范大学真题）

三、论述题

1. 试述德育过程的规律。（见 2019 年北京师范大学真题）
2. 试述教育对人的作用。（见 2016 年东北师范大学真题）
3. 试述孔子的教育思想。（见 2012 年北京师范大学真题）
4. 试述杜威的教育思想。（见 2011 年北京师范大学真题）

2019 年曲阜师范大学 333 教育综合真题 · 凯程详解

一、名词解释

1. 地方课程

【答】地方课程是指地方各级教育主管部门根据国家课程政策，以国家课程标准为基础，在一定的教育思想和课程观念的指导下，根据地方经济、政治、文化的发展水平及其对人才的特殊要求，充分利用地方课程资源而开发、设计、实施的课程。它是不同地方对国家课程的补充，反映了地方和社区对学生素质发展的基本要求，具有鲜明的地域色彩，地方课程服务于地方，立足于地方，归属于地方。

2. 苏格拉底法（见 2011 年北京师范大学真题）
3. 先行组织者（见 2010 年北京师范大学真题）
4. 精细加工策略（见 2016 年东北师范大学真题）
5. 设计教学法（见 2015 年华东师范大学真题）
6. 教学评价（见 2015 年北京师范大学真题）

二、简答题

1. 癸卯学制的内容及意义。（见 2017 年北京师范大学真题）
2. 环境对人的发展的作用。（见 2019 年山东师范大学真题）
3. 个人本位教育目的论。（见 2013 年北京师范大学真题）
4. 中小学德育的途径。（见 2014 年北京师范大学真题）

三、论述题

1. 教师的责任与义务。（见 2015 年天津师范大学真题）
2. 评析卢梭的教育思想。（见 2012 年华东师范大学真题）
3. 评析《学记》的教育管理教育原则。（见 2019 年湖南师范大学真题）
4. 皮亚杰的认知发展阶段理论。（见 2012 年东北师范大学真题）

2020 年曲阜师范大学 333 教育综合真题 · 凯程详解

一、名词解释

1. 陶冶法（见 2011 年华中师范大学真题）

2. 活教育（见 2010 年华东师范大学真题）

3. 白板说（见 2013 年北京师范大学真题）

二、简答题

1. 马克思关于人的全面发展学说。（见 2017 年华南师范大学真题）

2. 影响学习动机的因素。（见 2010 年华中师范大学真题）

3. 教师的基本素养。（见 2014 年北京师范大学真题）

4. 我国现代教育制度的发展趋势。

【答】（1）基本普及学前教育。随着我国义务教育和高中阶段教育的逐渐普及，我国的学前教育也将普及。

（2）均衡发展义务教育。目前我国正倡导实行“公平而有质量的教育”，促进义务教育均衡发展已成为我国现阶段教育改革和发展的重大任务。

（3）努力普及高中阶段教育。在普及九年义务教育后，普及高中阶段教育就成为教育发展的重要趋势。同时也要注重职业教育与普通教育综合化。

（4）大力发展高等教育。我国高等教育处于大众化阶段。高等教育具有多层次、多类型、向在职人员开放的特点。

（5）终身教育体系的建构。终身教育思想于 20 世纪 60 年代在国际上流行，后成为指导未来教育的时代理念。

三、论述题

1. 赫尔巴特的教学阶段论。（见 2017 年东北师范大学真题）

2. 朱子读书法的内容和对现代的意义。（见 2016 年华东师范大学真题）

3. 攻击行为产生的原因和解决办法。

【答】攻击行为是一种经常有意地伤害和挑衅他人的行为，对儿童、青少年的人格和品德的发展有着消极的影响，严重的甚至会导致儿童、青少年走向犯罪道路。

（1）攻击行为产生的原因。

①遗传因素：有些攻击性强的儿童可能存在某些微小的基因缺陷。

②家庭因素：有些家长惯用暴力惩罚的方式来教育孩子，结果孩子也表现出攻击行为。

③环境因素：美国心理学家班杜拉通过一系列实验证明，攻击是观察学习的结果。

（2）攻击行为的改变方法。

①消退法。对儿童的攻击行为，采取不加理睬的方法，使他们因得不到强化而逐渐减少。

②暂时隔离法。暂时隔离是为了抑制某种特定行为的发生，而让行为者在一段时间内得不到强化，或远离强化刺激的一种行为干预方法。

③榜样示范法。第一，将有攻击行为的儿童置于无攻击行为的榜样当中，减少他们的攻击行为；第二，让有攻击行为的儿童观察其他儿童的攻击行为是如何受到禁止或处罚的。

④角色扮演法。利用角色扮演法改变儿童的攻击行为时，要注意让他们扮演不同的角色。首先，让他们扮演攻击者的角色；其次，让他们说出自己扮演此角色的心理感受；再次，让他们扮演被攻击者的角色；最后，让他们说出自己扮演此角色的心理感受。多次互换角色，能够提高他们自我控制冲动的能力。

辽宁师范大学

2010 年辽宁师范大学 333 教育综合真题 · 凯程详解

一、名词解释

1. **课程标准**（见 2015 年北京师范大学真题）
2. **班级授课制**（见 2016 年北京师范大学真题）
3. **苏格拉底法**（见 2011 年北京师范大学真题）
4. **导生制**（见 2012 年北京师范大学真题）
5. **创造性**（见 2019 年华南师范大学真题）
6. **图式**

【答】图式是指儿童对环境进行适应的认知结构。儿童最初的图式是遗传所带来的一些本能反射行为，如吸吮反射。儿童在与环境的相互作用中，不仅表现为知识的增加，而且表现为认知结构的完善。图式的发展水平是人的认知发展水平的重要标志。

二、简答题

1. **什么是教育目的？我国教育目的的基本精神是什么？**（见 2012 年北京师范大学真题）
2. **简述《学记》关于教育教学原则的思想。**（见 2019 年湖南师范大学真题）
3. **简述培养和激发学习动机的措施。**（见 2012 年华东师范大学真题）
4. **如何矫正品德不良的学生？**（见 2012 年华南师范大学真题）

三、论述题

1. **举例说明学生的身心发展规律有哪些？教育应怎样适应？**（见 2010 年华中师范大学真题）
2. **评论蔡元培的大学教育思想和对北京大学的改革。**（见 2011 年北京师范大学真题 +2013 年北京师范大学真题）
3. **这段话体现了德育过程的哪一规律？并进行分析。**

【答】苏霍姆林斯基的这段话体现了德育过程自我教育的规律。（见 2012 年北京师范大学真题）

4. **这是《学校与社会·明日之学校》中的话，试以这段话为例评述杜威的课程与教学思想。**（见 2013 年东北师范大学真题 +2014 年东北师范大学真题）

2011 年辽宁师范大学 333 教育综合真题 · 凯程详解

一、名词解释

1. **价值澄清法**

【答】价值澄清的理论假设是人们处于充满相互冲突的价值观的社会中，这些价值观深刻影响着人们的身心发展，而现实社会中根本就没有一套公认的道德原则或价值观。根据这一假设，价值澄清学派认为，教师不能把价值观直接教给学生，而只能通过分析评价等方法，帮助学生形成适合本人的价值观体系。所以，价值澄清可被定义为利用问题和活动来教学生评价的过程，而且可以帮助他们熟练地把评价过程应用到他们生活中价值丰富的领域。

2. 多元文化教育

【答】多元文化教育一般是指在多民族国家当中，为保障持有各种各样民族文化背景的人特别是少数民族和移民等的子女，能享有平等的受教育机会并使他们独有的民族文化及特点受到应有的尊重而实施的教育。它始于20世纪60—70年代的欧洲大陆国家。主要解决异文化人群的平等教育问题，以期实现各种文化在和平中共同存在，不因文化各异的碰撞引发不必要的民族纠纷和冲突。

3. 有教无类（见2018年北京师范大学真题）

4. 癸卯学制（见2018年东北师范大学真题）

5.《国防教育法》（见2010年湖南师范大学真题）

6. 教育性教学（见2013年天津师范大学真题）

二、简答题

1. 什么是个性？教育促进人的个性发展主要表现在哪些方面？

【答】人的个性就是在一个人身上经常而稳定地表现出来的个性心理特征和品质倾向的综合。一般包括两个部分：（1）个性心理特征，即气质、性格、能力；（2）个性品质倾向，即需要、动机、兴趣、态度、理想、信念等。

教育促进人的个性发展主要表现在以下方面：（1）教育通过学生学习知识，促进学生认知的发展；（2）教育用班级荣誉、校纪班规、社会实践活动，培养学生独立的人格，使学生个性和谐完整；（3）教育注重学以致用，使学生学会创造。

2. 简述朱子读书法。（见2016年华东师范大学真题）

3. 陶行知“生活教育理论”的基本内涵，并分析其历史价值和现实意义。（见2014年北京师范大学真题）

4. 影响问题解决的因素有哪些？如何培养学生解决问题的能力？（见2017年陕西师范大学真题+2010年华中师范大学真题）

三、论述题

1. 现代教育有哪些基本特征？在这些特征中，你能看出当前中国教育有哪些亟待改革和发展的方面？试提出解决的对策。

【答】现代教育的基本特征。（见2013年北京师范大学真题）

（本题后两问属于开放式问题，故无标准答案，考生结合实际教育现象加以论述即可。如终身教育可参考2015年北京师范大学真题。）

2. 什么是教学评价？教学评价有哪些类型？分析我国目前教学评价中存在的问题。（见2020年西南大学真题）

3. 请结合这段话评述卢梭的自然教育理论，并谈谈对目前教育改革的启示。（见2012年华东师范大学真题）

4. 人们通常不会把学生在写字时能熟练控制自己的手部运动，称为动作技能的学习。

（1）请你对何时才会出现动作技能的学习做出确认。

（2）并就动作技能获得的阶段及其影响因素逐一做描述。

【答】（1）技能总是在人们完成某种操作或动作中表现出来的。动作技能形成的标志是达到熟练操作。熟练操作具有以下一些主要特征。

①意识调控减弱，动作自动化。在技能形成的初期，人们完成每一个技能动作，都要受到意识的调节与控制。随着技能的形成，意识对动作的控制逐渐减弱，整个技能或技能中的大多数动作逐渐成为一个自动化的动作系统。

②能利用细微的线索。任何动作都受情境中的线索指导。指导动作的线索可分为三类：基本线索；有助于调节反应的线索；无关的线索。随着练习的增多，学习者能觉察到自己动作的细微差别，能运用细微的线索，使动作日趋完善。

③动觉反馈作用加强。在动作技能中，反馈可分成外反馈与内反馈两种。随着技能的形成，动觉反馈在动作技能的调节中便起着越来越重要的作用。

④形成运动程序的记忆图式。技能是由一系列动作构成的，技能动作的协调化运动程序表现在两个方面：a. 连续性的统一协调，这是动作在执行时间上的协调。b. 同时性的统一协调，这是动作在空间上的协调。许多技能，既需连续性的统一协调，又需同时性的统一协调，从而构成一个协调化的运动程序的记忆图式。形成运动程序的记忆图式是完成技能的重要条件。

⑤在不利条件下能维持正常操作水平。表现出同样操作水平的人，其熟练程度可能不同，检验谁是最熟练的操作者的最好方法是看谁在条件变化时能保持正常的操作水平。

（2）操作技能的形成过程。

操作技能的形成过程是通过领悟和联系逐步掌握某种动作操作程序的过程。复杂操作技能的形成一般要经历四个主要阶段。在每一个阶段，学习者学习的重点及表现的特征不同。

①认知阶段（知觉阶段）。这是操作技能形成的开始阶段。传授者主要是讲解和示范。学习者主要是理解学习任务，形成目标表象和目标期望。准确的认知可以有效地调节实际的操作活动，缺乏认知的操作活动经常是盲目尝试，且效率低下。不应忽视该环节在操作技能形成过程中的作用。

②分解阶段。传授者将整套动作分为若干个动作，学习者做初步尝试，逐个学习，把组成新运动技能的动作所构成的整体逐一分解，试图发现它们是如何构成的，最好尝试性完成所学新技能中的各个动作。学习者的注意力只能集中在个别动作上，不能统观全局和注重动作的细节。

③联系定位阶段。这是操作技能的巩固阶段。这一阶段重点是使适当的刺激与反应形成联系固定下来，整套动作连为整体，变成固定程序式的反应系统。整合是操作技能形成过程中的关键环节，它是从模仿到熟练的一个过渡阶段，也为熟练的活动方式的形成打下基础。

④自动化阶段。操作的熟练是指所形成的动作方式对各种变化的条件具有高度的适应性，动作的执行达到高度的完善化和自动化。操作的熟练是操作技能形成中的一个重要阶段，也是由操作技能转化为能力的关键环节，各种技术能力的形成都是以操作的熟练为基础的。

2012 年辽宁师范大学 333 教育综合真题 · 凯程详解

一、名词解释

1. 学校教育制度（见 2019 年北京师范大学真题）

2. 启发性原则

【答】启发性原则反映了学生的认识规律。教师在教学过程要对学生进行启发，而不是告诉学生现成的答案。这有利于调动学生学习的主动性，促使学生在教师的引导下积极思考，自觉地掌握科学知识并提高他们分析问题和解决问题的能力。基本要求有：（1）调动学生学习的主动性；（2）善于提问激疑，引导教学步步深入，启发学生独立思考，发展学生的逻辑思维能力；（3）注重通过在解决实际问题中启发学生获取知识；（4）发扬教学民主。

3. 壬戌学制（见 2010 年北京师范大学真题）

4. 苏湖教法（见 2014 年北京师范大学真题）

5. 发现学习（见 2017 年华东师范大学真题）

6. 学习策略（见 2015 年北京师范大学真题）

二、简答题

1. 简述教育的社会功能。（见 2014 年北京师范大学真题）

2. 简述教学模式的基本特点。

【答】教学模式是指在某一教学思想和教学原理的指导下，为实现教学目标而形成相对稳定的规范化教学程序和操作体系。教学模式的特点：（1）简约性；（2）针对性；（3）操作性；（4）中介性；（5）稳定性；（6）完整性。

3. 简述我国基础教育课程改革的六大具体目标。（见 2014 年陕西师范大学真题）

4. 简述斯宾塞的课程论思想。

【答】斯宾塞把人类的活动分为五个部分，与之相对应的课程也分为五类：（1）生理学和解剖学，是直接保全自己的知识，是合理的教育中最重要的一部分。（2）逻辑学、数学、力学、化学、天文学、地质学、生物学和社会科学，是间接保全自己的知识，是使文明生活成为可能的一切过程能够正确进行的基础。（3）生理学、心理学和教育学，是履行父母责任必需的知识。人们养育子女之后才可能有国家，家庭福利是社会福利的基础。（4）历史学，实际上是一门描述性的社会学，有利于人们调节自己的行为，履行公民的职责。（5）文学、艺术等，是满足人们闲暇时休息和娱乐的知识。

三、论述题

1. 论述德育过程的基本规律。（见 2019 年北京师范大学真题）

2. 论述孔子的道德教育思想观点，并举出反映其思想的四条至理名言。

【答】（1）道德教育内容。

"仁"与"礼"是孔子道德教育的主要内容，"礼"为道德规范，是人必须接受的外在社会行为规范，"仁"是最高道德准则，是对生命及其价值的珍视和关爱，即"仁者，爱人也"。"仁"的实行最重要的两项是"孝"与"忠"。"礼"与"仁"的关系是形式与内容的关系，有了"仁"的精神，"礼"才能真正充实。"仁"被孔子作为最高的道德准则，是其学说的中心思想。

（2）道德修养的方法。

①立志："三军可夺帅也，匹夫不可夺志也。"志向的确立和坚持，取决于个人的信仰和自觉努力。孔子教育学生要坚持自己的志向，不能过多地计较物质生活，要为社会尽义务。

②克己：在处理人际关系时，孔子主张重在严格要求自己，约束和克制自己的言行，使之合乎道德规范，即"君子求诸己，小人求诸人"。

③力行："言必信，行必果。"孔子提倡言行一致，重视行，即重视道德实践。

④中庸："中庸者，不偏不倚，无过不及，而平常之理也。"孔子认为待人处事都要中庸，防止发生偏向，一切行为都要中道而行，做得恰到好处。正如子曰："过犹不及。"

⑤内省：内省是日常修养方法之一。"见贤思齐焉，不见贤而内自省也。"内省就是对日常所做的事自觉进行反思。

⑥改过："君子之过也，如日月之食焉：过也，人皆见之；更也，人皆仰之。""人非圣贤，孰能无过？"孔子认为人要敢于正视自己的错误，勇于改正。

3. 阐述夸美纽斯教育思想体系的构成，并分析其历史贡献。（见 2016 年西南大学真题）

4. 论述建构主义的知识观、教学观、学生观，并谈谈对教育的影响。（见 2013 年华东师范大学真题）

2013 年辽宁师范大学 333 教育综合真题·凯程详解

一、名词解释

1. 教育制度（见 2019 年北京师范大学真题）

2. 教学评价（见 2015 年北京师范大学真题）

3. 贝尔－兰卡斯特制（见 2012 年北京师范大学真题）

4. 白板说（见 2013 年北京师范大学真题）

5. 学习动机（见 2013 年北京师范大学真题）

6. 元认知策略（见 2011 年北京师范大学真题）

二、简答题

1. 现代教育有哪些基本特征?（见 2013 年北京师范大学真题）

2. 简述隋唐时期科举制对社会和教育发展的影响。（见 2019 年华中师范大学真题）

3. 何谓创造力？其培养模式有哪些?（见 2011 年北京师范大学真题）

4. 简述自我效能感理论。（见 2010 年浙江师范大学真题）

三、论述题

1. 论述德育过程的知、情、意、行统一规律。（见 2015 年北京师范大学真题）

2. 评述陶行知生活教育理论的基本内容及现实启示。（见 2014 年北京师范大学真题）

3. 论述杜威的教育思想及现实意义。（见 2011 年北京师范大学真题）

4. 就以下案例谈谈你对教师教学观与学生观的看法。

【答】案例一中的教师没有树立正确的教学观与学生观。案例二中的教师把学生看作一个发展的人，是正确的学生观，允许学生在教室中犯错，让学生勇于表达，树立了正确的教学观。

学生观是指对学生正确的认识态度和看法。正确的学生观主要包括：学生是有独立意识的人；学生是有个性差异、独特性的人；学生是学习的主体；学生是有巨大的发展潜能并处于发展中的人；在教学过程中，教师与学生的位置是可以相互转化的，学生可以是教师，教师也可以是学生，师生之间要建立民主平等的师生关系；教师要及时反思自己的教育教学行为（心中有学生，增强服务意识）；教师要正确地评价学生。案例一中的教师没有看到学生的发展潜能，直接对学生进行终结性评价，也没有反思自己的教学方法是否适合该生。案例二中的教师把学生看作一个发展的个体，允许学生出错，有正确的教学观及学生观。

2014 年辽宁师范大学 333 教育综合真题・凯程详解

一、名词解释

1. 课程标准（2015 年北京师范大学真题）

2. 学校管理人性化

【答】学校管理人性化是指学校管理工作要关注人的情感，满足人的需要，崇尚人的价值，开发人的潜能，尊重人的主体人格和地位。实行人性化管理，要做好以下工作：一切从人的实际出发；在分配工作任务时，要考虑人的个体差异；强调人的内在价值；构建充满尊重、理解和信任的人际环境；加强校园文化建设，充分发挥校园文化的管理和育人功能；转变管理观念，改变管理方式，贯彻“管理即育人，管理即服务”的思想。

3. 稷下学宫（见 2020 年北京师范大学真题）

4.《学记》（见 2013 年东北师范大学真题）

5.《莫雷尔法案》（见 2010 年华东师范大学真题）

二、简答题

1. 简述孔子的“有教无类”及其现实意义。（见 2011 年华南师范大学真题）

2. 简述北宋的三次兴学。（见 2013 年山东师范大学真题）

3. 简述建构主义学习理论。（见 2013 年华东师范大学真题）

4. 简述严格要求与尊重学生相结合的原则。（见 2018 年华东师范大学真题）

三、论述题

1. 有的教师没有学过教育学，却培养了一代又一代的学生。孔子没有学过教育学，却为万世师表。用教育学原理分析以上观点。

【答】（1）有些教师认为没有教育理论，一样有教育实践，这是忽略了理论与实践之间的密切联系。历史经验告诉我们，没有实践依据的理论是空洞的理论，没有指导的实践是盲目的实践，教育工作者应该在正确理论的指导下进行实践，这样才能避免盲目摸索，更有效地实现教育目的。

（2）教育理论对于每一个教育工作者的意义十分重大。从理论功能上讲，掌握教育原理有助于解释教育实践，指导教育实践，推动教育改革；从实践意义上讲，掌握教育原理有助于树立科学的教育观，提高教育质量，总结经验，探索规律，还可以为学习其他相关学科提供坚实的理论根基。缺少理论的指导，教育实践就难以取得成效。

（3）孔子是一个实践经验非常丰富的教师。他不仅拥有经验，而且有丰富的教育理论。"不愤不启，不悱不发""学而时习""温故知新""学而不思则罔，思而不学则殆"等，都是孔子总结教学经验而提出来的教学理论。这些理论反过来直接指导了教育教学实践。因此，真正重视教育实践的人，是不应也不会轻视教育理论的。

2. 重视发展智力的重要性以及掌握知识与发展智力的关系。（见 2012 年东北师范大学真题）

3. 卢梭自然教育理论及其现实意义。（见 2012 年华东师范大学真题）

4. 有的学生努力学习却往往事倍功半，用教育心理学分析此观点。

【答】学习事倍功半是因为学生没有掌握有效的学习策略。学习策略是指学习者为了提高学习的效果和效率，有目的、有意识地制定有关学习过程的复杂的方案。学习策略包括认知策略、元认知策略和资源管理策略三种。

（1）认知策略。①注意策略指的是诸如注意的广阔性训练、稳定性训练，注意分配训练和注意转换训练等。通过这些训练，提高学生集中注意的能力，优化他们的注意品质。②精细加工，就是通过把所学的信息和已有的知识联系起来，以此来增加新信息的意义。通常精细加工就是我们所称的记忆方法、记忆术。③复述策略是在工作记忆中为了保持信息而对信息进行反复重复的过程。常用的复述策略有：排除干扰；抑制和促进；首位和近位效应等。④编码和组织是学习和记忆新信息的重要手段，其方法是将学习材料分成一些小的单元，并把这些小的单元置于适当的类别之中，从而使每项信息和其他信息联系在一起。

（2）元认知策略大致可分为以下三种：①计划策略包括设置学习目标，浏览阅读材料，产生待回答的问题，以及分析如何完成学习任务。②监控策略包括阅读时对注意加以跟踪、对材料进行自我提问，考试时监视自己的速度和时间。③调节策略与监控策略有关。调节策略能帮助学生矫正他们的学习行为，使他们弥补理解上的不足。

（3）资源管理策略。①时间管理策略包括：统筹安排学习时间；高效利用最佳时间；灵活利用零碎时间。②努力管理策略包括：激发内在动机；树立为了掌握而学习的信念；选择有挑战性的任务；调节成败的标准；正确认识成败的原因；自我奖励。③学业求助策略包括：工具利用策略；社会性人力资源的利用策略。

因此，要在多种策略上下功夫才能真正做到事半功倍。

2015 年辽宁师范大学 333 教育综合真题·凯程详解

一、名词解释

1. 教育的社会流动功能（见 2011 年华南师范大学真题）

2. 教育制度（见 2019 年北京师范大学真题）

3. **课程设计**（见 2016 年上海师范大学真题）

4. **学校德育**（见 2018 年西北师范大学真题）

5. **自我效能感**（见 2014 年华东师范大学真题）

6. **最近发展区**（见 2011 年北京师范大学真题）

二、简答题

1. **教学评价的原则和方法。**

【答】教学评价是依据一定的客观标准，对教学活动及其结果进行测量、分析和评定的过程。

（1）教学评价的原则：①客观性原则；②发展性原则；③指导性原则；④计划性原则。

（2）教学评价的方法。

①观察法。观察法是直接认知被评价者行为的最好方法。它适用于在教学中评价那些不易量化的行为表现和技能性的成绩。

②测验法。测验法主要以笔试进行，是考核、测定学生成绩的基本方法。它适用于对学生学习文化科学知识的成绩的评定。

③调查法。调查法是了解学生的学习情况，为进行学生成绩评定搜集资料的一种方法。

④自我评价法。它可以帮助学生更好地理解教学目标，正确地评价自己，从而自觉改进学习。自我评价方法常用的有运用标准答案，运用核对表以及运用录音机、录像机等。

2. **教师职业常见的角色冲突及其解决方法。**（见 2015 年上海师范大学真题）

3. **夸美纽斯关于班级授课制的设想。**（见 2014 年北京师范大学真题）

4. **晏阳初的“四大教育”和“三大方式”。**（见 2017 年湖南师范大学真题）

三、论述题

1. **现代学校管理的发展趋势。**（见 2020 年华东师范大学真题）

2. **朱子读书法及其现实意义。**（见 2016 年华东师范大学真题）

3. **创造性人格特质及创造性的培养措施。**（见 2015 年华东师范大学真题 +2011 年北京师范大学真题）

2016 年辽宁师范大学 333 教育综合真题 · 凯程详解

一、名词解释

1. **教育制度**（见 2019 年北京师范大学真题）

2. **学校管理**（见 2015 年北京师范大学真题）

3. **最近发展区**（见 2011 年北京师范大学真题）

4. **发现学习**（见 2017 年华东师范大学真题）

5. **朱子读书法**（见 2015 年东北师范大学真题）

6. **癸卯学制**（见 2018 年东北师范大学真题）

二、简答题

1. **科学性与思想性统 的选择。**

【答】（1）充分利用已有经验，形成知识结构的体系。扎实的专业知识、良好的知识结构是有效解决特定领域问题的最重要条件之一。

（2）分析问题的构成，把握问题解决规律。在分析和理解有关问题的已知条件、解题条件以及存在问题的基础上，形成对有关问题的整体认识。

（3）开展研究性学习，发挥学生的主动性。学生在教师指导下，以类似于科研的方式，主动选择学习，并对社会生活中的某些问题加以研究，从而获取知识，增长见识，发展能力。

（4）教授问题解决策略，灵活变换问题。教师应该教给学生全面完整的知识，注重知识的融会贯通，注意具体问题和抽象模式的灵活转换，还应教给学生解决问题的思维策略。

（5）允许学生大胆猜想，鼓励实践验证。培养学生的探究意识，鼓励学生进行猜想。但须让学生明白猜想并非正确答案，只有经过实践检验、求证，才能成为科学的答案。

2. 学习动力的强化理论。

【答】学习动机的强化理论是由联结主义学习理论家提出来的，他们不仅用强化来解释学习的发生，而且用它来解释动机的产生。

（1）原理：人的某种学习行为倾向完全取决于先前的这种学习行为与刺激因强化而建立起来的稳固联系，强化可以使人在学习过程中增加重复的某种反应可能性的力量。

（2）观点：联结学习理论的核心是刺激与反应之间的联结，而不断的强化则可以使这种联结得到加强和巩固。

（3）应用：在引导学生展开学习活动时，需要有效地增加正强化和合理地利用负强化，以此激发学生的学习动机，改善他们的学习行为及其结果。采取各种外部手段，如奖赏、评分、竞赛等，都可以激发学生的学习动机。

（4）局限性：这种理论过分强调引起学生行为的外部力量（外部强化），忽视甚至否定了人的期望、信念、自觉性与主动性（自我强化）以及其他想法，因而这一学习理论有较大的局限性。

3. 赫尔巴特的教育性教学原则。（见 2011 年杭州师范大学真题）

4. 问题解决能力的培养。（见 2010 年华中师范大学真题）

三、论述题

1. 孔子的教育思想。（见 2012 年北京师范大学真题）

2. 结合实例谈谈教师劳动的价值。（见 2016 年上海师范大学真题）

3. 评述卢梭的自然教育理论，谈谈对现代教育改革趋势的影响。

【答】（1）卢梭的自然教育理论。（见 2012 年华东师范大学真题）

（2）对现代教育改革趋势的影响：①遵循儿童的自然天性，实行自由教育。卢梭提倡尊重儿童的自由，给儿童充分自由活动的时间和机会，让他们能以自己所持的观点和方法去看、去想、去感受一切事物。②教育要以开发学生的天性禀赋为目的。教师的作用不只是传授知识，更多的是引导学生认识人生、养成品格、获取幸福。③教育要注意人的年龄特征。按照儿童的身心发育水平、接受能力和自然进程进行教育。针对不同年龄的人，教育应该具有不同的特点。

4. 德育过程是提高自我教育能力的过程。（见 2012 年北京师范大学真题）

2017 年辽宁师范大学 333 教育综合真题·凯程详解

一、名词解释

1. 课程设计（见 2016 年上海师范大学真题）

2. 最近发展区（见 2011 年北京师范大学真题）

3. 学校管理（见 2015 年北京师范大学真题）

4. 教学评价（见 2015 年北京师范大学真题）

5. 教育制度（见 2019 年北京师范大学真题）

6. 社会规范内化

【答】社会规范内化是规范的一种高级接受水平或高度遵从的态度，是品德形成的最高阶段。社会规范的内化表现为主体的规范行为的动机是以规范本身的价值信念为基础的，其规范行为是由社会规范的价值信念所驱动的。社会规范的内化行为是一种高水平的接受和遵从态度，因而具有较高的自觉性、主动性、坚定性。

二、简答题

1. 中世纪大学的特点。（见 2018 年南京师范大学真题）

2. 清末新政中的教育措施。

【答】（1）学制的建立。1902 年，在张百熙的主持下拟定了一系列学制系统文件，统称《钦定学堂章程》，因该年为壬寅年，又称壬寅学制。1904 年 1 月，清政府公布了由张百熙、荣庆、张之洞主持重新拟定的一系列学制系统文件，统称《奏定学堂章程》，因公布时在癸卯年，又称癸卯学制。

（2）废科举，兴学堂。光绪帝于 1905 年 9 月 2 日宣布废科举，这宣告了自隋代实行了 1300 年之久的科举考试制度终结。

（3）改革教育行政体制，厘订教育宗旨。

（4）留学教育勃兴。首先是 1906 年前后形成了规模盛大的留日高潮，其次是 1908 年美国实行“退款兴学”政策后，留美潮流逐渐兴起。

3. 活动课程的特点。（见 2010 年北京师范大学真题）

4. 学校德育的基本原则。（见 2017 年天津师范大学真题）

三、论述题

1. 书院的特点及现实意义。（见 2013 年华东师范大学真题）

2. 卢梭的自然教育思想及影响。（见 2012 年华东师范大学真题）

3. 影响问题解决的因素和培养方法。（见 2017 年陕西师范大学真题 +2010 年华中师范大学真题）

4. 教育的社会流动功能及对人的影响。（见 2010 年北京师范大学真题）

2018 年辽宁师范大学 333 教育综合真题 · 凯程详解

一、名词解释

1. 学校管理体制

【答】学校管理体制也称学校教育体制。教育实施机构与一定的规范相结合，就构成了学校教育体制。在教育体制中，学校教育体制是整个教育体制得以构成和运行的基础，它是教育管理体制直接运行的对象。

2. 相对性评价

【答】相对性评价是用常模参照性测验对学生成绩进行的评定。它依据学生个人的成绩在该班学生成绩序列中或常模中所处的位置来评价和决定他的成绩优劣，而不考虑他是否达到教学目标的要求，故相对性评价也称常模参照性评价。

3. 昆西教学法（见 2018 年浙江师范大学真题）

4.《莫雷尔法案》（见 2010 年北京师范大学真题）

5. 创造性思维

【答】创造性思维是指用超常规方法，重新组织已有的知识经验，产生新方案和新成果的心理过程，是创造性认知品质的核心。其主要特征有：流畅性、变通性、独特性、综合性、突发性。现在多数研究者认为，创造性思维是一个复合体，它是由多种思维有机组成、协同作用的。第一，创造性思维是发散思维与聚合思维的统一；第二，创造性思维是逻辑思维与非逻辑思维的统一。

6. 资源管理策略（见 2020 年湖南师范大学真题）

二、简答题

1. 教育的社会流动功能和现实意义。（见2010年北京师范大学真题）

2. 教育目的的结构层次。（见2010年湖南师范大学真题）

3. 自我教育能力的内容和作用。

【答】（1）自我教育能力的内容。

自我教育大致是由四个环节组成的动态结构与过程——在自我认识的基础上提出自我要求；在自我要求的目标引导下不断通过实践过程中的自我监控、调节，力争达到一定的预期效果；用自己认可的价值观对自己进行评价，通过评价形成新的自我肯定；在新的基础上又开始了新的自我教育循环上升、不断超越的过程。

（2）作用。

自我教育能力在德育过程中的作用：①自我教育能力是德育的一个重要条件，只有注意培养与提高学生的这种能力，学生品德内部矛盾才能转化，德育才能进行得更顺利、更有效；②学生的自我教育能力又是学生品德发展过程的重要标志。

4. 请简述唐代学校管理制度。

【答】唐代学校管理制度最重要的是以下六项。

（1）入学制度。中央官学实行等级入学制度，凡申请入国子监的学生，对年龄有一定限制。

（2）学礼制度。束脩之礼、国学释奠礼、贡士谒见及使者观礼，这些定期性的礼仪活动使学生受到崇儒尊师、登科从政的教育，受到一定的思想熏陶。

（3）教学制度。各种类型的学校教学内容具有具体性和专业性，如国子学、太学、四门学主要学习儒家经典，律学以学习唐律令为专业，它们都规定了各门课程的修业时限。

（4）考核制度。主要有旬试、月试、季试、岁试和毕业试。

（5）督责与惩戒制度。国子监主簿负责执行学规，督促学生勤学，保证国子监的教学和生活秩序。

（6）休假制度。常规的休假有旬假、田假和授衣假，反映了农业社会的人性关怀。

三、论述题

1. 请论述教育对人的重大作用。（见2016年东北师范大学真题）

2. 述评杨贤江的马克思主义教育理论。

【答】杨贤江是中国最早的马克思主义教育理论家和青年教育家，撰有第一部运用历史唯物主义分析世界教育历史的著作《教育史ABC》，第一部运用马克思主义论述教育原理的专著《新教育大纲》，翻译了《家庭、私有制和国家的起源》。

（1）论教育本质。

①教育起源于实际生活的需要。②教育是社会的上层建筑之一。③未来社会的教育将是“社会所需要的劳动领域之一”，未来社会教育与劳动相结合，教育的普及将促成真正平等的教育。④教育由经济、政治决定，对经济和政治也有影响。

（2）“全人生指导”与青年教育。

①对青年问题的分析：青年问题不仅关系到个体的身心发展，也是社会问题最集中最尖锐的反映。产生青年问题的原因：一是青年期是身心发生显著变化的时期，身心的急剧变化导致诸多身心问题；二是社会动荡剧变更易导致青年问题。

②全人生的指导：指导青年树立正确的人生观是杨贤江青年教育思想的核心。他提出通过对人类有所贡献来促进人生幸福的人生目的。a.所谓“全人生的指导”，就是对青年进行全面关心、教育和引导。b.主张青年要干预政治，投身革命。c.强调青年必须学习，学习是青年的权利与义务。d.对青年生活提出了指导性意见。完满的青年生活是多方面的，主要包括：健康生活（体育生活）；劳动生活（职业生活）；公民生活（社会生活）；文化生活（学艺生活）。具有正确生活态度的青年所应有的特征是：活动性、奋斗性、多趣性、认真性。e.宗旨：要有强健的体魄和精神，要有工作的知

识和技能，要有服务人群的理想和才干，要有丰富的风尚和习惯。

杨贤江的“全人生指导”思想的核心是教育青年树立正确的人生观，并引导他们走上革命道路。“全人生指导”最重要的原则是提倡自动自律，培养青年的主动精神，让青年做自己的主人，教育只是居于指导地位，不应包办和强制。其思想对青年的影响很深远。

3. 昆体良的教育思想。

【答】昆体良是古罗马帝国时期著名的修辞学家和教育家，他对古罗马的教育实际情况进行了总结，写出了《雄辩术原理》一书。昆体良的教育思想主要有以下几点。

（1）关于教育目的。他提出教育应培养善良而精于雄辩术的人，认为德行是雄辩家的首要品质。

（2）在人的发展和教育过程中，他认为学校教育要优于家庭教育。学校教育可以激励学生的学习；可以为儿童提供多方面的知识；还可以养成儿童适应公共生活、参加社会活动的能力。

（3）关于学前教育，他提出许多重要的观点。如注意幼儿道德教育，重视儿童说话能力训练，认为幼年期的学习是在为青年期的学习打好基础。

（4）关于教育、教学方法的见解。他主张教育者要认真了解学生的天赋、倾向和才能，根据学生特点，因材施教。①在教学上，昆体良最早提出了班级授课制的思想，他认为分班教学不仅可能而且必要；②在课程的设置上，他认为专业教育应当建立在广博的知识学习的基础上，为此，他提出了包括文法、修辞学、音乐、几何、天文学、辩证法等在内的学科计划；③在教学方法上，他强调要经常利用提问法激发学生的学习兴趣，另外还要注意学生的休息，使学习和休息交替进行。

（5）关于教师问题，他强调教师应以德才兼备、宽严相济、因材施教、以身作则等高标准来要求自己。

4. 根据中外学者的研究阐述人的品德发展的实质。

【答】（1）品德的含义。

品德作为个体社会行为的内在调节机制，是合乎社会规范要求的稳定的心理特性，是使得行为产生的内因，又称为德性。品德的实质就是人际交往经验结构，根本内容为对人、对事、对己方面的社会规范的遵从经验。它是与道德有关的概念，其心理结构包括道德认知、道德情感、道德意志和道德行为。

（2）品德发展的实质。

品德是在人际交往经验获得的过程中形成和发展起来的。通过接受社会规范，执行社会规范，并从行为结果的反馈中强化个体对规范的必要性认识，获得执行规范行为的体验，确立自觉执行规范的动机，从而使品德得以形成和发展。这就是品德发展的实质。

①品德发展是社会道德内化为个人品德的过程。

品德发展过程就是把外在的社会道德规范内化为个体内在的道德行为观念，进而依据个人的道德价值取向，表现出稳定的道德规范行为的过程。

②品德发展是在内部矛盾的推动下内外因共同作用的结果。

一般认为，品德发展过程的基本矛盾是指教育者依据社会道德向儿童提出的道德要求与儿童道德发展现状之间的矛盾，这一矛盾推动了儿童品德的发展。

③品德发展是知、情、意、行协调发展的过程。

品德包含道德认识、道德情感、道德意志和道德行为四个基本心理特征。品德发展是这四个因素相互协调、统一的发展，其中道德认识是基础，道德情感是动力，道德意志起调控作用，道德行为是前三者的综合表现，也是个体品德发展水平的主要标志。

2019年辽宁师范大学333教育综合真题·凯程详解

一、名词解释

1. 教育目的（见2015年北京师范大学真题）
2. 课程标准（见2015年北京师范大学真题）
3. 学校管理（见2015年北京师范大学真题）
4. 教学评价（见2015年北京师范大学真题）
5. 发现学习（见2017年华东师范大学真题）
6. 创造性思维（见2018年辽宁师范大学真题）

二、简答题

1. 简述教育的政治功能。（见2012年北京师范大学真题）
2. 简述直接经验和间接经验的关系。（见2014年华中师范大学真题）
3. 简述朱子读书法。（见2016年华东师范大学真题）
4. 简述卢梭的自然教育思想。（见2012年华东师范大学真题）

三、论述题

1. 论述德育为什么能够培养学生的知、情、意、行。（见2015年北京师范大学真题）

2. 论述陶行知的生活理论教育的基本内涵，并分析其历史价值和现实意义。（见2014年北京师范大学真题）

3. 论述夸美纽斯的教育思想体系，并分析其历史贡献。（见2016年西南大学真题）

4. 谈一谈建构主义的知识观、学习观、学生观，并分析其对教育的影响。

【答】（1）建构主义的知识观、学习观、学生观。（见2013年华东师范大学真题）

（2）对教育的影响。

建构主义者强调学习过程中学习者的主动性、建构性；对于学习者做初级学习与高级学习的区分，批评传统教学中把初级学习的教学策略不合理地推及到高级学习中；提出合作学习、情境性教学等，对深化当前的教育教学改革具有深远意义。但是，传统教学重视知识的确定性和普遍性，注重分析和抽象，这在学习的初级阶段时必要且具有合理性的。全盘否定它，同样会犯以偏概全，而且以特殊代替一般的错误，会引起教学的混乱。

2020年辽宁师范大学333教育综合真题·凯程详解

一、名词解释

1. 课程设计（见2016年上海师范大学真题）
2. 学校管理体制（见2018年辽宁师范大学真题）
3. 相对性评价（见2018年辽宁师范大学真题）
4. 启发性原则（见2012年辽宁师范大学真题）
5. 角色扮演法

【答】角色扮演法指模拟现实社会中的某些情景，让儿童扮演其中的角色，尝试从该角色的立场上分析问题，处理问题，体验情感，并通过及时的反馈和教师指导，了解别人的需求和感受，从而更好地掌握与角色相适应的行为及规范。

6. 学习策略（见2015年北京师范大学真题）

二、简答题

1. 学生品德不良行为的矫正。（见 2012 年华南师范大学真题）

2. 如何培养问题解决能力？（见 2010 年华中师范大学真题）

3. 杜威的教育思维和教学理论。（见 2011 年北京师范大学真题）

4. 孔子的教学原则及影响。（见 2013 年东北师范大学真题）

三、论述题

1. 结合实际论述学校德育如何促进学生知、情、意、行的发展。（见 2015 年北京师范大学真题）

2. 试论述 1922 年“新学制”的产生背景、内容及对现代教育的影响。（见 2014 年东北师范大学真题）

3. 什么是人的发展？有什么规律？教育对人的发展有什么作用？

【答】（1）人的发展。

“人的发展”一般有两种释义。一种是将它看成人类的发展或进化的过程。另一种则将它看成人类个体的成长变化过程。个体发展也有广义和狭义之分。广义的个体发展是指个人从胚胎到死亡的变化过程，其发展持续人的一生。狭义的个体发展则是指个人从出生到成人的变化过程。

人的发展是整体性的发展，大体可以分为三个层面：一是生理发展，包括机体的正常发育，体质的不断增强，神经、运动、生殖等系统的生理功能的逐步完善；二是心理发展，包括感觉、知觉、注意、记忆、思维、想象、言语等认知的发展，需要、兴趣、情感、意志等意向的形成，能力、气质、性格等个性的完善；三是社会性发展，包括社会经验和文化知识的掌握，社会关系和行为规范的习得，使人不断社会化、提高社会性，发展成为具有社会意识、人生态度和实践能力的现实的社会个体，能够适应并促进社会发展的人。人的发展的三个方面，既有一定的相对独立性，又密切地联系在一起，相互制约、相辅相成，有机地促进人的体、智、德、美及实践能力的全面发展。

（2）人的发展的规律以及教育对人的发展的作用。（见 2010 年华中师范大学真题）

4. 赫尔巴特的教学理论及对当代教育的影响。（见 2015 年北京师范大学真题）

哈尔滨师范大学

2010 年哈尔滨师范大学 333 教育综合真题·凯程详解

一、名词解释

1. 教育目的（见 2015 年北京师范大学真题）

2. 义务教育（见 2012 年东北师范大学真题）

3. 教育制度（见 2019 年北京师范大学真题）

4. 学校管理（见 2015 年北京师范大学真题）

5. 课程目标

【答】课程目标就是课程本身要实现的具体目标和意图。它规定了某一教育阶段的学生通过课程学习以后，在发展德、智、体等方面期望实现的程度。它是确定课程内容、教学目标和教学方法的基础。课程目标是指导整个课程编制过程最为关键的准则。

6. 新教育运动（见2019年华东师范大学真题）

二、简答题

1. 简述教育的功能。（见2014年北京师范大学真题）
2. 简述问题解决的过程。（见2010年山东师范大学真题）
3. 简要分析罗杰斯的学习理论。（见2017年华中师范大学真题）
4. 简述教师专业化的内涵。（见2015年西南大学真题）

三、论述题

1. 有人认为“近墨者黑”，有人认为“近墨者未必黑”。请联系相关理论和个体实践谈谈你对这个问题的看法。（见2010年山东师范大学真题）

2. 中国当前的教育不公平主要表现在哪几个方面？请你选择某一方面并分析其产生的原因，尝试提出解决的对策。（见2010年山东师范大学真题）

3. 试述陶行知“生活教育”理论的主要内容。（见2014年北京师范大学真题）

4. 试述评杜威的教育本质论。（见2018年东北师范大学真题）

2011年哈尔滨师范大学333教育综合真题·凯程详解

一、名词解释

1. 学校教育（见2010年华中师范大学真题）

2. 美育（见2010年东北师范大学真题）

3. 遗传素质

【答】遗传是指人从上代继承下来的外在的和内隐的生理解剖上的特点，如机体的结构、形态、感官和神经系统的特点等。这些遗传的生理特点也叫作遗传素质。遗传素质是人的身心发展的物质基础和生理前提，为人的身心发展提供了可能性。遗传素质的成熟程度制约着人的身心发展过程及其年龄阶段；遗传素质的差异性对人的身心发展有一定的影响作用；遗传素质具有可塑性。

4. 因材施教（见2010年东北师范大学真题）

5. 课的结构

【答】课的结构是指一堂课的基本组成部分，各部分间的相互联系与相互作用，以及安排的顺序与时间分配等。课的类型不同，其结构就不同。同一类型的课，由于学生年龄特点与运用的教学方法不同，其结构也有所差异。一般来说，课的结构包括：（1）组织教学；（2）复习过渡；（3）讲授新教材；（4）巩固新教材；（5）布置课外作业。

6. 实习作业法

【答】实习作业法是学生在教师的指导下进行一定的实践活动，以培养学生专业操作能力的方法。运用实习作业法的要求有：（1）做好实习作业的准备；（2）做好实习作业的动员；（3）做好实习作业过程中的指导；（4）做好实习作业的总结。

二、简答题

1. 建构主义理论的基本观点。（见2013年华东师范大学真题）
2. 教师如何上好一堂课？（见2010年华中师范大学真题）
3. 百日维新中教育改革的内容。（见2014年陕西师范大学真题）
4. 智者派的教育实践与教育改革的主张。

【答】“智者”又称诡辩家或智术之师，是指一些以收费传授辩论术和其他知识，并以此为职业的巡回教师。智者学派的代表人物包括：普罗塔哥拉（人是万物的尺度）、高尔吉亚、普罗狄克斯。

（1）智者派的教育实践。

智者的教育活动也具有高等教育性质，而且开始了集体讲学，目的是教人学会从事政治活动的本领，即训练公民和政治家。辩证法、修辞学、文法（“三艺”）成为智者们主要的教学科目，自然科学也被纳入智者的教学科目和研究范围。

（2）智者派的思想特征。

智者派共同的思想特征有：相对主义、个人主义、感觉主义和怀疑主义。在智者看来，一切知识、真理和道德都是相对的，都有赖于具体的感知者。没有客观真理，只有主观意见。

智者作为西方最早的职业教师，对古希腊教育实践和教育思想的发展，做出了重大贡献，其思想具有朴素的人文主义价值取向，对此后的教育具有重要的价值。

三、论述题

1. 试论述促进知识迁移的措施。（见 2014 年北京师范大学真题）

2. 结合实际谈谈德育在工作中如何实施严格要求与学生相结合的原则。（见 2018 年华东师范大学真题）

3.《学记》中“豫、时、孙、摩”的教学原则。

【答】（1）预防性原则。“禁于未发之谓豫”，要求事先预计到学生可能会出现的种种不良倾向，预先采取防治措施。

（2）及时施教原则。“当其可之谓时”“时过而后学，则勤苦而难成”，教育应该按照学生的年龄特征和心理状况安排适当的教学内容。

（3）循序渐进原则。“不陵节而施之谓孙”，学习内容要有先后顺序，要求教师根据知识本身的难易程度和逻辑结构来施教。

（4）学习观摩原则。“相观而善之谓摩”，在学习过程中，同学之间要相互切磋研究，共同提高，既要专心学习，又要融入集体。

4. 近代科学革命兴起的根源。

【答】（1）科学革命是基督教兴起以来最重要的事件，也是西方文明得以在现代世界占据文化主导地位的根本原因。这个时期确立了现代科学的很多技术、重要信条和世界观。近代欧洲科学革命的兴起，不仅是对科学的一次深刻的探索，更是对人们认识自然的理性思考的一次冲击。现代科学的开始，包括哥白尼、伽利略、开普勒、牛顿的重大发现，为我们更深入地看待自然开启了一扇大门。

（2）古希腊的理性自然观认为，万物都是遵循数学模型的。古希腊、罗马的哲学家凭着对自然现象的观察和思考总结出论断，如泰勒斯的学说：万物的根源是水。但是他们的方法凭天才的臆测、思维与辩论，称之为思辨哲学。到了中世纪，经院哲学统治着欧洲。科学、哲学沦为神学的奴婢。到 15、16 世纪，哥白尼、伽利略等人坚持不屈地向教会做斗争，挣脱了侍奉上帝的桎梏，对自然现象的观察、测量和实验的风气逐渐形成了。而在他们的基础上，牛顿又提出了自己完善的科学理论体系，为近代欧洲科学革命画上了圆满的句号。可见，近代欧洲科学革命是踩在众多科学巨匠的肩上举步维艰地登上了历史舞台。

2012 年哈尔滨师范大学 333 教育综合真题·凯程详解

一、名词解释

1. 教育学（见 2011 年陕西师范大学真题）

2. 教学（见 2013 年陕西师范大学真题）

3. 课程（见 2019 年北京师范大学真题）

4. 德育（见2015年华南师范大学真题）

5. 教育目的（见2015年北京师范大学真题）

6. 学校教育制度（见2019年北京师范大学真题）

二、简答题

1. 简述教学过程中应当处理好的几种关系。（见2011年东北师范大学真题）

2. 简述孔子的道德教育思想。（见2012年东北师范大学真题）

3. 简述古希腊教育的传播对古罗马教育的影响。

【答】古希腊是西方文明和教育的摇篮，古希腊教育（特别是雅典教育）在世界教育史中占有非常重要的地位。以人的身心和谐发展为目的的自由教育理想，以及由此组织起来的多样化教育制度，是古希腊教育对世界教育发展的重要贡献。

古罗马教育的特性是注重实际和功用，强调实践和技术而不注重思辨。这种特性与古希腊教育的特性在一定程度上形成了对比，已成为西方教育中实用与自由教育冲突的来源之一。

但是古罗马教育受古希腊影响开始建立学校，促进了学校的发展。

4. 简述学习策略教学的条件。

【答】（1）学生的自身条件。

①学生的动机状况。②学生的智能水平。③学生的学习策略的发展水平（梅耶的研究）：早期阶段，大致在学前期；过渡阶段，大致在小学时期；成熟阶段，大致在初中和高中时期。

（2）教学条件。

①要根据学生掌握学习策略的过程规律进行训练。②要以元认知学习策略为中心组织策略训练。③要制定一套学习策略操作技术。④要结合学科教学进行实例训练。⑤要做到学习策略练习的一致与变化统一。

三、论述题

1. 联系实际论述教育应如何适应年轻一代身心发展的客观规律。（见2010年华中师范大学真题）

2. 试论卢梭的自然主义教育观。（见2012年华东师范大学真题）

3. 试述蔡元培的完全人格教育思想。

【答】1912年初，蔡元培发表了《对于教育方针之意见》一文，提出军国民教育、实利主义教育、公民道德教育、世界观教育和美感教育“五育”并举的教育思想。

军国民教育主张将军事引入学校和社会教育中，让学生和民众受到一定的军事教育和训练，强调学生生活的军事化，特别是体育的军事化等。实利主义教育，密切加强教育与国民经济的关系，加强职业技能的训练，使教育能发挥提高国家经济能力和改善人民生活水平的作用。公民道德教育提倡自由、平等、博爱。与中国传统伦理道德特别是儒家伦理的一些基本范畴一样，其内涵和自由、平等、博爱的精神也是相通的。世界观教育为蔡元培所独创，是教育的最高境界。美感教育与世界观教育紧密联系。蔡元培认为“五育”不可偏废，其中军国民教育、实利主义教育、公民道德教育偏于现象世界之观念，为隶属于政治之教育，世界观教育和美感教育以追求实体世界之观念为目的，为超越政治之教育。

蔡元培认为“五育”中，军国民教育为体育，实利主义教育为智育，公民道德教育为德育，美感教育可以辅助德育，世界观教育将德、智、体三育合而为一，是教育的最高境界。

4. 试述皮亚杰认知发展阶段理论及其对教学的启示。（见2012年东北师范大学真题+2018年天津师范大学真题）

2013 年哈尔滨师范大学 333 教育综合真题·凯程详解

一、名词解释

1. 教育（见 2014 年北京师范大学真题）

2. 教学方法（见 2013 年华南师范大学真题）

3. 陶冶（见 2011 年华中师范大学真题）

4. 课程标准（见 2015 年北京师范大学真题）

5. 体育（见 2013 年华中师范大学真题）

6. 教学原则

【答】教学原则是有效进行教学必须遵循的基本要求和原理。它既指导教师的教，也指导学生的学，应贯穿于教学过程的各个方面和始终。我国中小学常用的教学原则主要有：科学性与思想性统一原则、理论联系实际原则、直观性原则、启发性原则等。

二、简答题

1. 教师劳动的特点。（见 2015 年东北师范大学真题）

2.《颜氏家训》的家庭教育思想。

【答】颜之推写出了我国封建社会第一部系统完整的家庭教科书——《颜氏家训》，向我们展示了一幅封建士族教育腐败的漫画。

（1）重视儿童教育。

颜之推非常重视儿童教育，尤其是儿童的早期教育。他主张及早对幼儿进行教育，而且越早越好。重视儿童早期教育的原因有：一是儿童年幼，心理纯净，各种思想还没有形成，可塑性大，容易受教育和环境的影响；二是儿童年幼，受外界干扰少，精神专注，记忆力好。

（2）教育的原则与方法。

第一，尽量早教；第二，严与慈相结合；第三，对所有子女给予相同的爱与教育标准，不要偏宠；第四，重视通用语言，不应强调方言；第五，注重道德教育，以“孝悌”与“立志”为主要内容；第六，主张可以体罚孩子，严格的教育才能使子女成器。

（3）教育内容：言语教育、道德教育和立志教育。

3. 斯巴达的教育特点。（见 2011 年华南师范大学真题）

4. 创造性的影响因素和培养措施。（见 2015 年华东师范大学真题 +2011 年北京师范大学真题）

三、论述题

1. 举例论述榜样法。

【答】榜样法是德育的方法之一，是以他人的高尚思想、模范行为和卓越成就来影响学生品德的方法。运用榜样法的要求有：选好学习的榜样，激起学生对榜样的敬慕之情；引导学生用榜样来调节行为、提高自身修养。

榜样对个体的影响是巨大的。学校所能提供的榜样一般来自教材和教师。就教材而言，有关教材的内容提供今人、古人的生活方式，或有意或无意地表达了作者的态度以及前人所推崇的态度。就教师而言，学生所仰慕、模仿的教师通常是品德高尚、知识渊博、兴趣广泛、授课得法、关心学生的教师。例如，教师要求学生讲礼貌，在教育教学过程中，教师要以身作则，文明用语，给学生树立一个良好的榜样。

在学校情境中，教师应根据学生心目中有关榜样的特点，按照班杜拉的社会学习理论来选择榜样、设计榜样、示范榜样行为，以及运用有关的奖惩，引导学生培养某种合乎要求的态度。

2. 黄炎培的职业教育思想。（见 2018 年华中师范大学真题）

3. 班杜拉的社会学习理论。

【答】(1) 社会认知论。

班杜拉认为，儿童通过观察他们生活中重要人物的行为而习得社会行为。这些观察以心理表象或其他符号的形式储存在大脑中，来帮助他们模仿行为。

(2) 交互作用论。

学习不但受到外部环境的影响，而且受到认知的调节和自我调节。班杜拉的学习理论强调人的行为是内部因素和外部环境相互作用的产物，坚持了多因素相互作用共同决定行为的观点。

(3) 观察学习论。

班杜拉认为，人类的学习有两种形式：一种是直接学习，另一种是间接学习。观察学习包括四个阶段：注意过程、保持过程、复制过程和动机过程。注意过程影响观察者对榜样行为的探索和知觉过程，决定观察者的观察内容。保持过程使观察者将示范行为以某种形式储存在头脑中，以便今后可以指导操作。复制过程是观察者以内部表征为指导，将榜样行为再现出来。动机过程决定个体复现榜样行为的具体内容，即决定哪一种经由观察习得的行为得以表现。

(4) 自我效能论。

自我效能论是指个人对影响其生活的事件能够施加控制的信念。自我效能感与人的行为和动机之间有着密切的关系，这是因为人们对自己能力的判断影响着其对自己将来行为的期待。

4. 斯宾塞的教育科学化。(见2013年杭州师范大学真题)

2014年哈尔滨师范大学333教育综合真题·凯程详解

一、名词解释

1. 狭义的教育(见2014年北京师范大学真题)

2. 课程(见2019年北京师范大学真题)

3. 德育(见2015年华南师范大学真题)

4. 教科书(见2017年华南师范大学真题)

5. 教学手段

【答】教学手段是指为完成教学任务，配合某种教学方法而采用的器具、资料与设施。

6. 讨论法

【答】讨论法是学生在教师指导下为解决特定问题而进行探讨，以辨明是非、获取知识、锻炼思维和独立思考能力的方法。运用讨论法的要求有：(1) 讨论的问题要有吸引力；(2) 在讨论中善于启发诱导；(3) 做好讨论总结。

二、简答题

1. 学校教育对人的身心发展的作用。(见2016年东北师范大学真题)

2. 布鲁纳的发现学习理论。(见2013年杭州师范大学真题)

3. 卢梭的自然主义教育。(见2012年华东师范大学真题)

4. 抗战时期国民政府“战时须作平时看”的政策说明什么？

【答】抗日战争爆发后，国民政府提出了“战时须作平时看”的教育方针，颁布了以“一切维护正常教育”为主旨的《总动员时督导教育工作办法纲领》。一方面采取了一些战时的教育应急措施；另一方面强调维护正常的教育和管理秩序。还提出了战时教育的九大方针和十七项要求，具体规定了教育实施原则。“战时须作平时看”的教育方针不是一项短视的重要决策，它既顾及了教育为抗战服务的近期任务，也考虑了教育为战后国家建设和发展的远期目标，使得教育事业在艰苦卓绝的战争环境中仍能有所发展。

内容：（1）战争期间，学校课程、学制、秩序和教育经费都要以平时为准；（2）为了适应抗战的需要和符合战时的环境，需要对教材进行适当修改，推行战时教材，为抗战培养人才；（3）进一步加强思想政治教育和传统文化教育，教育学术坚定三民主义信仰。

三、论述题

1. 教师应具备的基本素养。（见2014年北京师范大学真题）

2. 皮亚杰的儿童认知发展理论。（见2012年东北师范大学真题）

3. 论述第斯多惠的教育观。

【答】第斯多惠是19世纪德国著名的资产阶级民主主义教育家。

（1）第斯多惠的教育思想。

①论影响人的发展的因素。第斯多惠认为有三个因素影响着人的发展，包括天性或天资、教育和自由自主。在天资、教育和自由自主三者的关系中，他首先非常重视自主学习，提出人必须主动掌握知识、占有知识。其次，又强调教育必须遵循人的天资，教师不能过早或过晚激发天资。

②论教育目的。第斯多惠从人生观的角度论述教育目的，认为教育目的与人类的目的是一致的。教育的最高目标或最终目的就是激发学生的主动性，培养独立性，使人达到自我完善。

③教学论。在形式教学和实质教学的问题上，他认为形式教学和实质教学是相辅相成的，不能把二者截然分开。但形式教学和实质教学之间是有主次之分的，相比之下，形式目的应该在教学中占首位，是最后的目的。

他还提出了一系列相互联系的教学原则，主要有遵循自然原则、遵循文化原则、连续性与彻底性原则以及直观教学原则。

④论教师。他十分重视教师的地位和作用，竭力提倡形成尊师重教的社会风尚，并对教师提出了一些要求，包括自我教育、有崇高的责任感、有良好的素养和教学技能等。自我教育要求教师首先要进行自我修养，不断进行自我培养、自我完善。教师要有崇高的责任感，教师要恪尽职守。此外，教师还要具备高尚的情操和有效的教学技能技巧。

（2）第斯多惠教育思想的历史意义。

第斯多惠是德国“近代学校”的维护者和近代教育学的理论代表。他的思想在政治上有鲜明的时代进步意义。他努力把他的思想运用到教师的培训中去，推动了德国师范教育的发展。他所提倡的教学原则和方法，对我们今天的教学工作仍然具有指导意义。

4. 论述张之洞“中学为体，西学为用”的教育思想及其对制定“癸卯学制”的影响。

【答】（1）张之洞“中学为体，西学为用”的教育思想。（见2014年华东师范大学真题）

（2）“中学为体，西学为用”的教育思想对制定“癸卯学制”的影响。

①洋务运动的过程实质上是一场对西方文明文化成果的移植过程，洋务派提出典型的方案就是“中学为体”，在“中学”的主导下肯定“西学”的辅助作用和器用价值。

②洋务运动时期，封建传统教育仍然处在中国教育的主体地位。洋务派提出的“中体西用”在不危及“中体”的前提下侧重强调西学，这既是洋务派的文化教育观，也是洋务派应对守旧派的策略。其促进了资本主义文化在中国的传播，给僵化的封建教育体制打开了缺口，改变了单一的传统教育结构。

③癸卯学制是中国近代第一个正式施行的学制，它的指导思想是“中学为体，西学为用”，在课程设置上，特别注重读经，具有浓厚的封建性，排除了对女子的教育。但是它毕竟是中国废除科举以后的第一个正式实行的新式学制，对旧中国学校教育影响比较大。

2015年哈尔滨师范大学333教育综合真题·凯程详解

一、名词解释

1. 广义的教育（见2011年华南师范大学真题）
2. 课程（见2019年北京师范大学真题）
3. 智育（见2011年华中师范大学真题）
4. 班级授课制（见2016年北京师范大学真题）
5. 教学模式（见2014年杭州师范大学真题）
6. 谈话法（见2017年华中师范大学真题）

二、简答题

1. 人的身心发展的重要特点及对教育的制约作用。（见2010年华中师范大学真题）

2. 简述学生学习的特点。（见2020年上海师范大学真题）

3. 我国古代的教学组织形式及古代东方古国的教育方法和教育原则。

【答】（1）教学组织形式。

我国古代基本采用个别教学的教学组织形式。个别教学是指教师分别对个别学生进行传授与指导的教学组织形式。教师向学生传授知识，布置、检查和批改作业都是个别进行的。

（2）教育方法。

①因材施教；②启发诱导；③学思行结合；④闻见知行。

（3）教育原则。

①行有余力，则以学文；②文行忠信同时并举；③有志者，事竟成；④家齐而后国治；⑤近朱者赤，近墨者黑；⑥言教为后，身教为先；⑦士虽有学，而行为本焉；⑧因人制宜，循序渐进。

4. 简述稷下学宫在中国教育史上的影响。

【答】（1）稷下学宫促进了战国时期思想学术的发展。它是各派思想的聚集地，各家学者云集于此，争鸣于此，极大地促进了思想学术的繁荣。

（2）稷下学宫显示了中国古代知识分子的独立性和创造精神。当时的学者敢于藐视王公大人，能在学术和政治领域上发表观点，无所顾忌，最大限度地发挥了知识分子阶层作为整体的独立性和创造精神，创造出辉煌的稷下时代和战国文化。

（3）稷下学宫创造了一个出色的教育典范。它所独创的官方举办、私家主持的办学形式，集讲学、著述、育才与咨政议政为一体的职能模式，自由讲学和自由听讲的教学方式，学术自由和鼓励争鸣的办学方针，尊重、优待知识分子的政策。这些都显示了它的成功之处。

三、论述题

1. 教育和各种社会现象的关系。

【答】（1）教育的社会制约性。

①生产力对教育发展的影响和制约：a. 生产力制约着人才培养的规格；b. 生产力制约着教育事业发展的速度、规模和教育结构；c. 生产力制约着课程的设置和教育内容的沿革；d. 生产力制约着教学组织形式、教育教学手段和方法的沿革。

②政治经济制度对教育发展的影响与制约：政治经济制度的性质制约着教育的性质、教育目的、教育的领导权、受教育权、教育内容、教育结构和教育管理体制。

③文化对教育发展的影响与制约：a. 文化知识制约教育的内容和水平；b. 文化模式制约教育背景和教育模式；c. 文化传统制约教育的传统和变革。

④科学技术对教育发展的影响和制约：a. 科学技术影响教育者的教育观念，提高其教育能力；b. 科学技术影响教育对象；c. 科学技术渗透到教育影响的所有环节之中。

⑤人口对教育发展的影响和制约：a. 人口数量和自然增长率影响着教育的规模和速度，也影响着教育发展的质量；b. 人口结构制约着教育结构；c. 人口的地域分布制约着学校布局和办学形式，影响着教育的效果和发展速度；d. 人口质量影响教育质量。

（2）教育的社会功能。

①教育的经济功能：a. 教育是使可能的劳动力转化为现实的劳动力的基本途径；b. 现代教育是生产科学技术、促进经济发展的重要途径；c. 教育是提高劳动者素质和生产率的重要因素；d. 教育能够产生经济效益，是经济发展的新的增长点。

②教育的政治功能：a. 教育通过传播一定社会的政治意识形态，完成年轻一代的政治社会化；b. 教育通过造就政治管理人才，促进政治体制的变革与完善；c. 教育通过提高全民文化素质，推动国家的民主政治建设；d. 教育是形成社会舆论、影响政治时局的重要力量。

③教育的文化功能：a. 文化传承功能（传递、保存）；b. 文化融合功能（传播、交流与丰富）；c. 文化选择功能（选择、提升）；d. 文化创新功能（创造、更新）。

④教育的科技功能：a. 教育是科学知识再生产的重要手段；b. 教育是直接生产科学技术的重要手段。

⑤教育的人口功能：a. 教育是提高人口素质的重要手段；b. 教育是控制人口增长的重要因素；c. 教育影响人口的迁移；d. 教育可以使人口结构趋于合理。

2. 如何培养学生的创造性?（见 2011 年北京师范大学真题）

3. 论述苏格拉底的教学方法及对当代教育的启示。（见 2013 年东北师范大学真题 +2020 年华南师范大学真题）

4. 清末书院的改革。

【答】书院产生于唐末五代，元代以后，书院日益官学化，发展到清末已历时千年之久。清代书院大致有四个类型，第一类以讲求义理之学为主，第二类以博习经史辞章为主，第三类是以学习制艺为主，第四类以学习经也致用之学为主。上述四类书院中，第一、三类设置最普遍，尤以第三类为甚，但一般学术地位不高，第四类书院反映了当时书院发展的新趋势，但社会影响并不很大，第二类书院虽然数量不多，但学术影响较大，对清朝文化学术的发展起了积极作用。到了清末，书院和学堂一样，空疏腐化。

清末书院已经不适应当时社会的需要，到了非改革不可的阶段。1884 年，郑观应在《盛世危言》中提出书院改革的建议，大致有三个阶段：一是整顿和改良旧书院；二是另建新型书院；三是改书院为学堂。

1896 年 6 月，李端棻认为把原有的书院改为学堂，发展学校，是最省费用、最简便的方法。戊戌变法期间，维新派把书院改为学堂。1901 年，清廷推行“新政”，又重申改书院为学堂的命令。

2016 年哈尔滨师范大学 333 教育综合真题・凯程详解

一、名词解释

1. 广义的教育（见 2011 年华南师范大学真题）

2. 教育目的（见 2015 年北京师范大学真题）

3. 教师（见 2016 年东北师范大学真题）

4. 课程标准（见 2015 年北京师范大学真题）

5. 学生

【答】学生也称受教育者，是教育活动的另一主体。没有学生，教育活动无从谈起，教师也不能称之为教师。学生是在国家法律认可的各级各类学校或其他教育机构中接受教育的有学籍的人。简而言之，学生就是在教师的指导下从事学习的人，主要指在校的儿童和青少年。

6. 演示法

【答】演示法是教师向学生展示各种直观教具、实物，或让学生观察教师的示范实验，或让学生观看幻灯片、电影、录像等，从而使学生认识事物、获得知识或巩固知识的方法。运用演示法的要求有：①做好演示前的准备；②让学生明确演示的目的和要求；③讲究演示的方法。

二、简答题

1. 简述班级授课制的主要特征。

【答】（1）含义。

班级授课制是一种集体教学形式，它把一定数量的学生按年龄与知识程度编成固定的班级，根据周课表和作息时间表，安排教师有计划地给全班学生集体上课，同一班级的学生学习内容和进度必须一致。今天，我国的教学仍以班级授课制为基本组织形式。

（2）主要特征。

①学生固定。同一个班的学生年龄和学习程度大致相同，并且人数固定。

②内容固定。全班学习的内容与进度一致，采用多科并进、交错授课的方法。

③时间固定。规定每一课在固定的单位时间内进行，这一单位时间称为“课时”。

④教师固定。学校按照教师的专长和工作能力分配教学任务。

⑤场所固定。各班教室相对固定，学生座位也是相对固定的。

2. 简述学习的复述策略。

【答】复述策略是在工作记忆中为了保持信息而对信息进行反复重复，以便将注意力维持在学习材料之上的策略。长时记忆中也会用到复述策略。常用的复述策略有：

（1）排除干扰。（2）抑制和促进。前后所学的信息之间存在相互影响。（3）首位效应和近位效应。（4）及时复习。（5）集中复习和分散复习。（6）部分学习和整体学习。（7）自问自答或尝试背诵。（8）过度学习。（9）自动化。自动化主要是通过操练和练习获得的。（10）亲自参与学习。（11）情境相似性和情绪生理状态的影响。（12）心向、态度和兴趣的影响。这一点就是指对自己感兴趣的事记得牢，不感兴趣的事记得不牢。

3. 简述文艺复兴时期的人文主义特征。（见2011年华东师范大学真题）

4. 简述书院讲学、研究及组织结构特点。

【答】书院是我国古代一种重要的教育组织形式。它的名称始于唐代。书院作为一种教学机关，是从北宋开始的。宋代书院有私办、官办、私办公助等多种形式。书院的讲学多力求通义理，而不是参加科举，因而在教学上形成与官学不同的显著特点。

（1）书院既是教学机构，又是学术研究机构；（2）书院的培养目标，首先要求士子学做人，它追求学生人格的完善，强调道德与学问并进；（3）书院实行开放的教学；（4）书院教学以学生读书钻研为主，注重培养学生的自学能力；（5）书院内师生关系比较融洽；（6）书院实行山长负责制，经费来源多样化；（7）实行讲会制度，提倡百家争鸣。

以上这些特点成为书院的优良传统，它对书院的教学工作、学术研究都起了积极作用，它对今日的学校教育仍有启迪作用。

三、论述题

1. 影响人的发展诸因素及其作用。（见2015年北京师范大学真题）

2. 阅读材料并结合实际论述如何进一步激发学生的学习动机。（材料缺失）（见2012年华东师范大学真题）

3. 论述夸美纽斯的教育思想及对当今教育实践的作用。（见2016年西南大学真题）

4. 论述蔡元培“思想自由，兼容并包”的大学办学思想及其实践。（见2011年北京师范大学真题）

2017 年哈尔滨师范大学 333 教育综合真题·凯程详解

一、名词解释

1. 教育学（见 2011 年陕西师范大学真题）

2. 教育（见 2014 年北京师范大学真题）

3. 教育手段

【答】教育手段是指教育者为达到一定教育目的所采用的活动方式和方法的总称。主要指各种教育工具、教育方法和教育组织形式等。随着现代科学技术的发展，现代教育技术在教育领域中得到广泛运用，教育手段也不断丰富和发展，并使教育方法和组织形式发生革命性变化。

4. 学校管理（见 2015 年北京师范大学真题）

5. 教学组织形式

【答】教学组织形式指为了完成特定的教学任务，教师和学生按照一定的要求组合起来进行活动的结构。教学组织形式随着社会的发展总是在不断地改进和发展，包括个别教学制、班级授课制、分组教学制。

6. 说服法（见 2017 年东北师范大学真题）

二、简答题

1. 柏拉图的教育思想。

【答】柏拉图在《理想国》中精心设计了一个他心目中理想的国家，并为这个理想国家的实现提出了完整的教育计划。其中的内容有：

（1）教育目的。理想国中教育的最高目标是培养哲学家兼政治家——哲学王，教育的最终目的是促使“灵魂转向”，实际就是看问题的立脚点和世界观的转变。

（2）教育作用。柏拉图非常重视教育的作用。他认为理想国的建立和维持主要通过教育来实施，要通过教育来培养合格的人才，培养执政者、军人、工农商。教育应该由国家来集中管理，取消私人办学，对全体公民实施强迫教育。

（3）教育内容。柏拉图充分肯定教育塑造人的作用，系统论述了教育与政治、教育与智力发展的关系。他强调男女平等，提出了广泛的教育内容（算术、几何、天文、音乐），并将其和智者的“三艺”合称为“七艺”。另外，他还提出了各门学科的作用。

（4）教育阶段。柏拉图较早提出了理智、情感、心灵、意志等心理活动的概念范畴，确立了后人的思考范围；同时他重视身心和谐发展。他把哲学王的培养过程分为三个阶段：①学前教育。②普通教育。③高等教育。

（5）论男女平等的教育。柏拉图认为女子应当和男子受同样的教育，从事同样的职业。

2. 教学工作的基本环节。（见 2020 年华东师范大学真题）

3. 维果茨基的心理发展标志。（见 2014 年山东师范大学真题）

4.《国防教育法》。（见 2014 年东北师范大学真题）

三、论述题

1. 问题解决措施。（见 2010 年华东师范大学真题）

2. 孔子的教师观。（见 2018 年华中师范大学真题）

3. 荀子关于教师作用与地位的思想。

【答】在先秦儒家诸子中，荀子最为提倡尊师，并表达了与孔孟颇为不同的见解。

（1）教师的作用和地位：荀子将教师视为治国之本，把国家兴亡与教师的关系作为一条规律总结出来，把教师的地位提高到与天地、祖宗并列的地位。

（2）师生关系：他在强调尊师的同时，片面强调学生对教师的无条件服从，主张“师云亦云”，教师在教学过程中处于绝对的主导地位。

（3）教师是如此尊贵和重要，自然不是人人都可以做教师的，符合以下要求者可谓教师：①有尊严和威信；②有丰富的经验和崇高的信仰；③能循序渐进，诵说不凌不乱；④见解精深而表述合理。这些观点对后世中国封建社会师道尊严的形成有很大影响。

4. 用德育过程的规律分析我国德育的现状。

【答】（1）德育过程的规律。（见 2019 年北京师范大学真题）

（2）我国德育的现状。

①德育目标过于政治化、理想化，阶段目标不明确。我国的德育主要以满足政治需求为主，而忽视道德对个人的影响。学生的成长阶段不同，接触社会程度不同，心理承受能力不同，用统一的目标要求学生是不现实的，起不到德育真正的效果。

②德育内容脱离实际。我国的德育主要通过“两课”，给学生灌输“三观”、爱国主义、社会主义和集体主义教育，“三德”教育。这些德育内容早被学生所熟悉，到了高校，这些理论老生常谈，引发学生的抵抗心理。再者，在教学上重视学习的结果而不是学习的过程，学生为了达到良好的考试成绩，只能死记硬背。

③良好的德育环境还未成熟。放眼当下高校，教师的道德素养参差不齐，新形势下，受社会各种思潮的冲击，部分教师育人观念淡漠、奉献精神淡化、缺乏敬业精神和责任感。甚至有部分教师的行为不符合教师的身份，部分教师对社会问题的研究不够深入或者缺少自己的主见，无法结合德育的理论分析社会上出现的新情况、新问题。

2018 年哈尔滨师范大学 333 教育综合真题 · 凯程详解

一、名词解释

1. 教育学（见 2011 年陕西师范大学真题）

2. 教育目的（见 2015 年北京师范大学真题）

3. 学制（见 2019 年北京师范大学真题）

4. 德育（见 2015 年华南师范大学真题）

5. 教师（见 2016 年东北师范大学真题）

6. 锻炼法

【答】锻炼法是指有目的地组织学生进行一定的实践活动以培养他们的良好品德的方法，包括练习、执行、委托任务和组织活动等。基本要求：（1）调动学生的主动性；（2）教师给予适当的指导；（3）坚持严格要求学生；（4）及时检查并长期坚持。

二、简答题

1. 德育途径。（见 2014 年北京师范大学真题）

2. 儿童友谊发展的阶段。（见 2019 年浙江师范大学真题）

3. 进步主义教育运动的特征。

【答】19 世纪末到 20 世纪 50 年代的美国兴起了进步教育运动，1944 年，美国的进步教育运动进入衰落阶段。进步教育运动的特征有：

（1）民主性。进步主义教育运动强调以儿童为中心，要求发展儿童的主动性和创造性。进步主义教育理论反对传统教育中教师所具有的那种专断性的主导作用。在进步主义教育家们看来，教师的“权威”只能体现在他的经验和学识上。强调“儿童中心”论，反对教师的权威，不仅适应了美国社会转型的历史要求，也培养了学生的民主意识，使进步主义教育运动呈现出鲜明的民主性特点。

（2）多元性。进步主义教育运动的多元性是美国工业化发展的必然产物。进步主义教育运动的多元性也意味着运动中教育改革与实验形式的多元性，表现为指导思想的多元性，理论基础的多元性，不同文化背景与思想来源的进步主义教育家以及运动形式的多元性等。

（3）实用性。美国教育的实用性起源于殖民地时代，进步主义教育运动在发展过程中也继承并发扬了这一特点。进步主义教育的理论家主张通过“解决问题”进行学习，而不是灌输教材。进步主义教育的理论家主张“从做中学”。进步主义教育运动的实用性还体现在其目的上，也就是说，要努力使教育适应美国社会对教育改革的要求，教育要为社会发展服务。正是在这一点上，进步主义教育运动的实用性特点表现得极其明显。

4. 宋代书院的特点。（见2013年华东师范大学真题）

三、论述题

1. 教育的社会制约性。（见2012年华南师范大学真题）

2. 结合程序性知识的获得和迁移理论进行分析。

【答】（1）程序性知识的获得：根据知识的不同状态和表述形式，将知识分为陈述性知识与程序性知识。其中，程序性知识主要反映活动的具体过程和操作步骤，说明做什么和怎么做，是一种实践性知识，主要用于实践操作，因此，也被称作操作性知识、策略性知识和方法性知识。例如：如何驾驶一辆汽车。程序性知识的表征方式是产生式结构。

现代认知心理学运用产生式理论来解释程序性知识获得的心理机制。产生式由条件和行动两部分组成，产生式的基本原则是“如果条件是A，那么实施行动B”，即当一个产生式的条件得到满足时，则执行该产生式规定的某个行动。解决一个简单的问题需要一个产生式，解决一个复杂的问题就需要若干个产生式，这些产生式组成产生式系统。所谓产生式系统，就是人所能执行的一组内隐的智力活动。

程序性知识的学习本质就是掌握一个程序，即在长时记忆中形成一个解决问题的产生式系统，以后遇到同样类型的问题，就按这个产生式系统来行动。产生式的提出为程序性知识的教学提供了便于操作的科学依据。

（2）迁移理论。（见2014年北京师范大学真题）

3. 古罗马的百科全书派教学活动的特点。

【答】百科全书派的核心是以狄德罗为首的唯物论者，他们反对封建特权制度和天主教会，向往合理的社会，认为迷信、成见、愚昧无知是人类的大敌。主张一切制度和观念要在理性的审判庭上受到批判和衡量。他们推崇机械工艺，孕育了资产阶级务实谋利的精神。

4. 唐代教育制度的特点。

【答】（1）建立中央和地方分级管理的教育行政体制。中央设立国子监，加强对教育的领导，采用两种教育管理模式。一是中央和地方分级管理，二是统一管理与对口管理并举，以统一管理为主。

（2）形成完备的教育管理制度。各学校从入学到毕业都有制度化的规定。唐代开始，明文规定入学之始学生行束脩之礼；按照专业与课程的难易程度规定修业年限，形成旬考、岁考、毕业考试这三种形式的考试；唐代还规定了假期制度，有长假和短假两种，短假是旬假（十天一休），长假分为田假（五月份放假一个月）和授衣假（九月份放假一个月）。

（3）增添教育内容，扩大知识范围。学校的主要学习内容仍是儒经，此外还有各种专科性知识。但不论学什么知识，其范围和程度都远远超过了前代。

（4）教育等级制明显。教育的等级性是封建社会阶级关系的体现，唐朝政府明文规定各级各类学校招生的身份标准，将教育的等级性以法令的形式加以制度化。

（5）学校类型多样化。隋唐时期，形成了以经学为主、专科性学校为辅的隋唐教育体系，学校类型多、数量多、涉及面广，远甚于前代。

（6）学校分布面广，意味着教育普及程度高。隋唐时有中央官学，还广设地方学校，甚至在乡、里也鼓励人们兴办学校；还有私学与家学，尤其是唐朝依据州县面积和人口数量而设学，使学校的分布在制度上有了规定和保证。

（7）重视医学教育。唐代在中央和地方都设有医学，尤其是地方上的医学校，说明唐代已经有了丰富的医学知识和较高的医疗水平，具备了普遍设立医学校的条件，这在当时是走在世界前列的。

（8）教育、研究、行政机构三者合为一体。唐代很多教育机构或行政机构担负多种职能，如弘文馆和崇文馆既整理、校正图书，又教授学生；太医署兼有行政机构、教育机构、研究机构的性质。行政机构中派生出教育和研究的功能，是唐朝教育的一大特色。

2019年哈尔滨师范大学333教育综合真题·凯程详解

一、名词解释

1. 教育学（见2011年陕西师范大学真题）

2. 课程（见2019年北京师范大学真题）

3. 教育内容

【答】教育内容是教育者基于一定社会的生产力和科学文化技术发展水平，向学习者传授的知识和技术，灌输的思想和观点，培养的习惯和行为的总和。教育内容在学校教育中的具体表现形式是课程标准和教科书。

4. 班级授课制（见2016年北京师范大学真题）

5. 榜样法（见2016年北京师范大学真题）

6. 教学方法（见2013年华南师范大学真题）

二、简答题

1. 古代教育的特点。

【答】奴隶社会和封建社会的教育被称作古代教育。其主要特征表现为：

第一，阶级性和等级性；第二，教育与生产劳动相分离；第三，学校成了统治阶级培养统治人才的场所；第四，学校的教学内容主要是古典人文科学和治人之术；第五，象征性；第六，在西方还具有鲜明的宗教性；第七，无系统性；第八，无理论性；第九，道统性；第十，刻板性与保守性。

2. 皮亚杰的认知发展因素。（见2016年浙江师范大学真题）

3. 德国的实科中学。

【答】受经济和科学技术发展的影响，德国实科教育在18世纪得以兴起并得到发展。实科中学是一种既具有普通教育性质，又具有职业教育性质的新型学校。18世纪末到19世纪中叶，以实科教学为主的学校纷纷建立。实科中学是近代德国着重讲授自然科学和实用知识的学校。

4. 稷下学宫的办学特点。（见2020年东北师范大学真题）

三、论述题

1. 教育的社会变迁功能及启示。

【答】（1）教育的社会变迁功能。（见2014年北京师范大学真题）

（2）启示：教育的社会变迁功能随着社会的发展而变化，到了现代社会，单纯的经济发展并不能为人类带来幸福感。人们要求高科技与人文关怀并行，人与自然和谐发展，社会全面进步，其核心在于人的合理生存与人的全面发展。因此社会的进步越来越要求我们充分认识和全面发挥教育的多种社会变迁功能。我们要重视教育对政治、经济、文化、科技、人口的影响，也要努力提高社会生产力，建设和谐社会，发展科技，提高人口质量，更好地促进教育的发展。

2. 建构主义。（见2013年华东师范大学真题）

3. 马丁·路德的义务教育思潮。

【答】宗教改革起源于德国，发起者是威登堡大学神学教授马丁·路德。主要观点有：

（1）教育作用：教育既有使人虔信上帝的宗教性，又有维护国家安全、兴旺和发展人的世俗性的目的。兴办教育不仅有利于教会，还有利于国家。

（2）教育原则：①国家掌握教育权，建立包含初等、中等、高等教育在内的国家教育体系；②国家推广普及义务教育（后来他为了培养教会和国家未来的领袖，把注意力转移到中等和高等教育上）。

（3）教育内容：以《圣经》为主要科目，也学习读写算、历史、音乐和体育等。

（4）教学方法：以直观的教学方法满足儿童的求知欲和活动兴趣，主张废除体罚。

（5）教育实践：路德的教育思想由其追随者付诸实践，他们致力于建立新的学校教育体系，创建和完善新教学校。具体有梅兰克顿的《萨克森学习计划》、斯图谟的古典文科中学实践、布根哈根的初等学校的创建。路德关于普及初等教育的设想在16、17世纪的德国新教各派得到了初步的实践，并得以具体化。

4. 孔子教育内容的特点。

【答】（1）偏重社会人事。他的教材都属于社会历史、政治伦理方面的文化知识，注重的是现实的人事，而不是崇拜神灵。他虽不是无神论者，但对鬼神持存疑态度。他不谈“怪、力、乱、神”，不宣传宗教迷信思想，不把宗教内容列为教学科目。这种明智的态度成为中国古代非宗教性教育传统的开端。

（2）偏重文事。他虽要求从政人才文武兼备，但在教学内容的安排上仍是偏重文事，有关军事知识技能的教学居于次要地位。孔子偏重文事源于他的教学目的，即培养政治管理人才，也源于当时科学技术发展的水平。再说，孔子毕竟不是无所不知的全才、天才。所以，我们要求孔子教授学生自然科学知识不免有些苛刻。

（3）轻视科技与生产劳动。他所要培养的是从政人才，不是从事农工的劳动者，他不强调掌握自然知识和科学技术，他既没有手工业技术可传授，也没有农业技术可传授。他认为，社会分工有君子之事，有小人之事，“君子谋道不谋食”，君子与小人职责不同，君子不必参与小人的物质生产劳动，所以他从根本上反对弟子学习生产劳动技术。樊迟要学种田、种菜，他当面拒绝。

（4）重视思想品德。他教育学生要勤奋、吃苦耐劳、谦虚谨慎、少说多做、勤俭爱民、廉洁公道、正直无私、诚实守信、深谋远虑、孝顺父母、尊重师长。这些内容在《论语》中随处可见，对当今教育事业仍有重要的现实意义。他教育学生做官要端正品行。他说：“政者，正也。子帅以正，孰敢不正？”“其身正，不令而行；其身不正，虽令不从。”“苟正其身矣，于从政乎何有？不能正其身，如正人何？”

2020年哈尔滨师范大学333教育综合真题·凯程详解

一、名词解释

1. 教育学（见2011年陕西师范大学真题）

2. 课程（见2019年北京师范大学真题）

3. 德育（见2015年华南师范大学真题）

4. 班级授课制（见2016年北京师范大学真题）

5. 教学手段（见2014年哈尔滨师范大学真题）

6. 陶冶法（见2011年华中师范大学真题）

二、简答题

1. 教师的素养。（见2015年华东师范大学真题）

2. 科尔伯格的道德发展阶段理论。（见2013年华东师范大学真题）

3. 昆体良的教育思想。（见 2018 年辽宁师范大学真题）

4. 陈鹤琴的教育目的论。（见 2015 年北京师范大学真题）

三、论述题

1. 结合中小学实际，论述启发性教学原则。（见 2012 年北京师范大学真题）

2. 蔡元培的教育方针的内涵及影响。（见 2016 年华东师范大学真题）

3. 教育心理学化运动。

【答】教育心理学化运动是 18 世纪初在欧洲兴起的一场旨在将教育建立在心理学基础上的教育思想革新运动。主要代表人物包括洛克、裴斯泰洛齐、赫尔巴特等。

（1）发展阶段。

①裴斯泰洛齐首次提出教育心理学化的概念，开启了教育心理学化的思潮。他主张将教育理论研究建立在儿童本性发展的自然法则之上，这里的儿童本性其实就是指儿童的心理发展。他按照教育心理学化的思想，又提出了要素教育论和初等教育教学的实践方法。

②赫尔巴特为教育心理学化奠定了理论基础，从而使教育心理学化思想系统化。赫尔巴特提出统觉的概念，遵循儿童心理发展的规律，培养儿童多方面的兴趣，并按照儿童兴趣的分类和阶段提出了相应的课程论和教学论。

③福禄培尔将心理学应用于幼儿教育中，使教育心理学化思潮进一步深化。他提出儿童心理发展具有“自动性”。

（2）评价。

①教育心理学化思潮的主旨包含两个方面：一是让一切教育教学活动必须真切地尊重儿童的心理发展特点和规律进行，以达到最有效的教育效果，促进人的完美发展；二是主张将教育学建立在心理学的基础上，使教育学成为真正全面反映教育规律的科学。

②教育心理学化思潮促进了教育理论的科学化，推动了教育过程与方法的研究，宣告了单纯的以思辨和经验提炼的教育研究时代的终结。

③教育心理学化思潮推动了心理学和教育学的结合，使其成为未来训练教师的必修课，提高了教师培训的质量。

4. 加德纳的多元智力理论。（见 2019 年华东师范大学真题）

江苏师范大学

2010 年江苏师范大学 333 教育综合真题·凯程详解

一、名词解释

1. 教育学（见 2011 年陕西师范大学真题）

2. 教学评价（见 2015 年北京师范大学真题）

3. 有教无类（见 2010 年北京师范大学真题）

4. 学在官府（见 2017 年华中师范大学真题）

5. 骑士教育（见 2010 年华东师范大学真题）

6. 加德纳的多元智能理论（见 2019 年华东师范大学真题）

二、简答题

1. 简析班级授课制的优势与局限。（见2020年北京师范大学真题）

2. 简析《学记》中的“道而弗牵，强而弗抑，开而弗达”的思想。

【答】“道而弗牵，强而弗抑，开而弗达”，是指教师引导学生，但又不牵着学生的鼻子走；督促、勉励学生，但又不勉强、压抑学生；打开学生的思路，但又不提供现成的答案。反映的原则是启发性原则，其要求是：（1）调动学生学习的主动性。（2）启发学生独立思考或者提问激疑，引导教学步步深入。（3）让学生动手，培养学生独立解决问题的能力。（4）引导学生反思学习过程。（5）发扬教学民主。

3. 简述孔子学思结合的教育思想。

【答】“学而知之”是孔子进行教学的主导思想，学是求知的途径，也是唯一手段。孔子强调要在学习的基础上深入思考，把学习与思考结合起来，他精辟地论述了学与思的关系——“学而不思则罔，思而不学则殆”。如果读书只是记诵不去思考，就不能抓住事物的要领，茫然不知所措；如果只思考，不读书吸收实际知识，就不能解决问题，容易倦怠。学习与思考不宜偏废，应当结合起来，学是思的基础，思有助于深入认识，这种见解符合人的认识规律，初步揭示了学习与思考的辩证关系。孔子还强调学习知识要“学以致用”，学是手段，不是目的，行才是终极目的，行比学更重要。由学而思进而行，是孔子探索的学习过程，也是教育过程，与人的一般认识过程基本符合。

4. 简述建构主义学习理论的基本观点。（见2013年华东师范大学真题）

三、论述题

1. 怎样认识义务教育的先导性、全局性、基础性地位？

【答】义务教育是依据法律规定，适龄儿童和青少年必须接受，国家、学校、家庭和社会必须予以保证的国民教育。义务教育是世界各国现代化进程中或迟或早都要经历的一个过程，是教育普及化的一种普遍形式，具有强制性、免费性、公共性、义务性和基础性等特征。

义务教育对个人的影响和作用：小学教育和初中三年的教育结构是符合我国国情的，是适龄青少年最先接触到的正规性的、具有启蒙性质的教育，义务教育不仅能让学生掌握基本的知识技能，还对学生的道德认知、性格，甚至人格的发展都会产生巨大的影响，为其以后的发展奠定基础。

义务教育对后续教育以及社会的影响和作用：义务教育阶段的学习为后续阶段的教育奠定了基础并具有一定的导向作用。这一时期的知识覆盖面比较广泛，具有全局性的视角，为以后培养专业性人才和综合性人才都提供了保障。

综上，义务教育有着先导性、全局性和基础性地位。

2. 分析间接经验与直接经验的关系。（见2014年华中师范大学真题）

3. 试论杜威的教育本质观。（见2018年东北师范大学真题）

4. 学生品德不良的成因分析及其矫正策略。（见2012年华南师范大学真题）

2011年江苏师范大学333教育综合真题·凯程详解

一、名词解释

1. 教育制度（见2012年华东师范大学真题）

2. 教育策略

【答】教育策略广义上既包括教的策略又包括学的策略，而狭义上则专指教的策略，属于教学设计的有机组成部分，即在特定教学情境中为完成教学目标和适应学生认知需要而制定的教学程序计划和采取的教学实施措施。

3.《学记》（见2013年东北师范大学真题）

4. 中学为体，西学为用（见 2011 年北京师范大学真题）

5. 苏格拉底教学法（见 2011 年北京师范大学真题）

6. 洛克的绅士教育（见 2012 年华东师范大学真题）

二、简答题

1. 简析教育是一种社会现象。

【答】教育是一种培养人的社会活动。广义上凡是增进人们的知识和技能、影响人们的观念的活动都具有教育作用；狭义的教育主要指学校教育。教育是一种社会现象，其具体分析如下：

（1）教育是人类所特有的有意识的活动。

教育是人类所特有的社会现象，与其他动物对下一代的爱护、照顾存在着本质的区别。这是因为动物对下一代的爱护、照顾只是一种本能的活动。

（2）教育是人类社会所特有的传递经验的形式。

通过教育来进行经验的传递是人类社会所特有的。其他动物在种系的发展过程中对于怎样适应周围的环境更有利于自身的生存，也有一种信息的储存和传递。

（3）教育起源于人类的生产劳动。

人类社会与动物界的本质区别在于劳动，而教育就是在劳动中产生的。

2. 简析荀况的教师观。

【答】（1）关于教师的地位，荀子在中国教育史上首次把教师与天、地、君、亲并提，并把能否做到尊师重道提到关系国家兴衰的高度加以论述。

（2）关于教师的作用：一是人性本恶，需要教师帮助学生“化性起伪”；二是实现礼法兼治的社会，离不开教师正礼的作用。

（3）关于教师从业标准，荀子提出了严格的要求。教师具备以下基本条件：有尊严，使人肃然起敬；有崇高的威信和丰富的教学经验；表达问题清楚，逻辑性强，语言精练；能体会礼法的精微之处并进行恰当地阐发。

（4）关于师生关系，荀子有更加精辟的见解。荀子继承了孔子教学相长的思想。“青取之于蓝而胜于蓝”，强调师生之间应该建立朋友式的民主平等、尊师重教、教学相长的新型师生关系。

3. 简述科举考试制度对学校教育的影响。

【答】科举考试制度对学校教育的影响是十分深刻的。隋唐以前荐举做官，隋唐以后，若想做官必须经过科举的选拔，才能取得接受吏部考试的资格，经吏部考试及格者才能授官。所以学校的培养目标和教学内容都围绕科举而进行。宋朝统治者只重视科举选拔人才而忽视了兴建学校培养人才，把人才的培养和选拔完全割裂。

（1）学校成为科举的预备机关或附庸，学校的培养目标就是准备参加科举。

（2）科举考试的内容必然成为学校教学内容。

（3）对学习观和教育观的形成影响深远，“官本位”思想根深蒂固。

（4）科举本身就是一种应试教育。科举考试就像一根灵通的指挥棒，科举考什么，士人就学什么，不考什么就不学什么。这种应试教育的最大弊病是束缚了人们的聪明才智。科举不考体能，许多士人不重体育锻炼，身体弱不禁风，英年早逝。

4. 简述人本主义学习理论的基本观点。（见 2017 年华中师范大学真题）

三、论述题

1. 试论教学过程的性质。（见 2013 年陕西师范大学真题）

2. 联系实际，分析教育影响的一致性和连贯性原则的意义及实施要求。（见 2010 年北京师范大学真题）

3. 论述终身教育思想及其对当今学习型社会建设的意义。

【答】（1）终身教育思想。（见 2015 年北京师范大学真题）

（2）什么是学习型社会。

学习型社会是美国学者罗伯特·哈钦斯首次提出的。联合国教科文组织的著名报告《学会生存——教育世界的今天和明天》特别强调终身教育和学习型社会两个概念，把学习型社会作为未来社会形态的构想和追求目标。从此，终身教育和学习型社会的理念成为许多国家、地区、社会团体推进和实施教育改革和发展的指导原则，成为社会发展和社会进步追求的一个重要目标。

（3）如何建设学习型社会。

①充分发挥教育的功能：建立比较完善的现代国民教育体系，是建立学习型社会的题中应有之义。②做到让学习成为一种生活习惯和生活方式：a. 活到老，学到老，终身学习；b. 充分发挥网络的作用。③国家也要为人们的学习提供物质条件和手段，推动教育信息化和构建终身教育体系，使每个公民随时随地地接受教育。

（4）建设学习型社会的意义。

建设学习型社会是我国全面建设小康社会的重要战略目标，具有重要的理论和实践意义：①学习型社会是社会发展形态层次上更高级的社会形态。②学习型社会是与体制创新相适应的社会体系。③学习型社会是21世纪人们新生活的家园。④各类学习型组织是学习型社会的基石。⑤学习型组织是更适应先进生产力发展的组织模式。

4. 影响创造力发展的主要因素分析与开发培养策略设计。

【答】（1）创造力，是人类特有的一种综合性本领，是由知识、智力、能力及优良的个性品质等复杂多因素综合优化构成的。创造力是指产生新思想，发现和创造新事物的能力。它是成功地完成某种创造性活动所必需的心理品质。影响创造力发展的主要因素：

①家庭因素：家庭环境、父母对待孩子的态度和教养方法等。

②学校教养因素：教师的个性和行为会影响学生创造力的发展，各种有关创造力的训练项目、课程和活动也能促进学生创造力的发展。

③社会文化因素：社会文化因素与人的创造力也有着相当大的关系。

以人生全程发展的观点来说，影响创造力发展的主要有六个要素：智力的早熟、儿童期的创伤、家庭背景、教育与特殊训练、出生顺序、角色模范与人生导师。

（2）创造力开发培养策略。（见2011年北京师范大学真题）

2012年江苏师范大学333教育综合真题·凯程详解

一、名词解释

1. 教育目的（见2015年北京师范大学真题）

2. 教学原则（见2013年哈尔滨师范大学真题）

3. 稷下学宫（见2020年北京师范大学真题）

4. 学而优则仕（见2012年东北师范大学真题）

5. 夸美纽斯

【答】夸美纽斯是捷克近代著名的教育理论家和改革家，其思想代表着近代独立形态的教育学的开端，主要著作有《大教学论》，是教育史上第一位系统地总结教学原则的教育家。他的教育思想中具有明显的民主主义、人文主义色彩。他在继承前人经验的基础上，提出了系统的教育思想。他论述了教育的作用；呼吁开展普及教育，试图使所有人都能接受普及教育；详细制定了学年制度和班级授课制度；提出各级学校要进行课程设置，编写了许多教科书；系统地阐述了教育的基本原则和方法等。

6. 美国的《国防教育法》（见2010年湖南师范大学真题）

二、简答题

1. 简析教师劳动的特点。（见2015年东北师范大学真题）

2. 简析荀况的“闻见知行”的学习观。

【答】战国时期荀子提出了关于教学过程或学习过程的几个环节。荀子认为，学习当始于“闻”，完成于“行”。他提出：“君子之学也，入乎耳，箸乎心，布乎四体，形乎动静。”他又说：“不闻不若闻之，闻之不若见之，见之不若知之，知之不若行之，学至于行而止矣，行之，明也。”这段话表明了学习过程中阶段与过程的统一，也表达了学习的初级阶段必然向高级阶段发展，而学习的高级阶段又必然依赖于初级阶段的思想。荀子认为，闻见、知、行，每个阶段都有充分的意义，它们构成了一个完整的学习过程。

3. 简述陶行知的生活教育思想。（见2014年北京师范大学真题）

4. 简述加涅的信息加工学习理论。（见2020年华中师范大学真题）

三、论述题

1. 试论教育与人的发展的关系。（见2010年华中师范大学真题）

2. 推进教育公平是《国家中长期教育改革与发展规划纲要（2010—2020年）》提出的重大任务之一。谈谈你对教育公平的理解和实施策略的构想。

【答】（1）对教育公平的理解。（见2019年东北师范大学真题）

（2）实施策略的构想：

①生产和创造更多的教育资源。

教育不公平主要体现在资源的分配不公平，而资源不足是教育资源分配不公的主要原因。培养更多高素质教师，加大教育投入，促进教育均衡发展等，这些都是个人无法做到的，但是生产和创造更多的教育资源这件事，人人可做。而且在网络时代，可以利用网络做得更好。

②找到更好的方法分享和传输教育资源。

在信息时代，依赖于互联网技术的发展，我们数千年的教育理想开始转变为现实。据统计，MOOC（慕课）让哈佛的教师一年教授的学生就超过自己过去40年教授的学生数量，使世界上热爱学习的人有更多机会接触到世界一流大学一流教授的优质课程。双师课堂教学模式不仅为二、三、四线的孩子们提供了一线优质的教育资源，同时也为当地教师的教学水平带来了潜移默化的提高。通过这种形式，进一步实现了教育公平。同时，也借助互联网的方式把更先进的教育理念、知识持续传递给二、三、四、五线城市。

3. 试论卢梭的自然主义教育思想。（见2012年华东师范大学真题）

4. 试论影响问题解决的因素与问题解决能力的培养。（见2017年陕西师范大学真题+2010年华中师范大学真题）

2013年江苏师范大学333教育综合真题·凯程详解

一、名词解释

1. 德育原则（见2018年天津师范大学真题）

2. 学校管理（见2015年北京师范大学真题）

3. 性相近，习相远

【答】“性”指先天素质；“习”指后天习染，包括教育与社会环境的影响。孔子认为人们的先天素质是很接近的，但是人们之所以在成长中有了千差万别，是后天“习染”的结果。这一观点肯定了人不论等级贵贱，生来在天赋素质上是平等的，这就说明教育是一种特殊的环境，要承认教育的必要性和关键性。从“习相远”的观点出发，孔子强调人的一生都要受教育，还要重视居住环境的选择和社会交往的选择。“性相近，习相远”的思想是孔子人性论的组成部分，是人人有可能受教育和应该受教育的理论依据，具有一定的科学性。

4. 陶行知的“教学做合一”（见2018年湖南师范大学真题）

5. 认知策略

【答】认知策略是学习者加工信息的一些方法和技术，其基本功能有两个方面：一是对信息进行有效的加工与整理；二是对信息进行分门别类的系统储存。

6. 社会建构主义

【答】社会建构主义是以维果茨基的理论为基础，以鲍尔斯菲尔德和库伯为代表的建构主义。他们认为，世界是客观存在的，对每个认识世界的个体来说是共通的。知识是在人类社会范围里建构起来的，又在不断地被改造，以尽可能与世界本来的面目一致，尽管永远达不到一致。另外，他们也认为学习是个体建构自己的知识和理解的过程，但他们更关心这一建构过程的社会性的一面。此外，他们还将知识分为自上而下和自下而上两种。

二、简答题

1. 简析综合实践活动课程的基本特征。

【答】（1）综合性：综合实践活动课程与其他学科课程区别最大的特点就是综合性。综合性是在综合实践活动中由学生所面对的完整的生活世界决定的。它不仅表现在内容上，而且表现在学生能力、课程目标、学习活动方式、活动空间各个方面。

（2）实践性：综合实践活动以学生的现实生活和社会实践为基础开发与利用课程资源，以活动为主要形式，强调学生的亲身体验，而非在学科知识的逻辑序列中建构课程和实施课程。

（3）开放性：综合实践活动面向每个学生的个性发展，尊重每个学生发展的特殊需要，其课程目标、课程内容、活动方式都有开放性特点。

（4）生成性：综合实践活动的课程价值就在于学生在活动过程中不断地形成良好的行为意识、情感、态度和价值观，并不断地建构自我的整个精神世界，发展实践能力。学生参与综合实践活动的过程，就是学生自我生成的过程。

（5）自主性：在综合实践活动中，学生是实践的主体，是自我发展的主体。指导教师只对学生进行必要的指导，不包揽学生的活动。

2. 简析王守仁的道德教育观。

【答】（1）王守仁十分重视教育对人的发展所起的重要作用，提出了“学以去其昏蔽”的思想。他是用“心学”的观点来阐明这一思想的。

（2）“理”存在于“心”中，“心即理”。“良知即是天理”即“心之本体”。“良知”不仅是宇宙的造化者，也是伦理道德观念。“良知”与生俱来，不学自能，不教自会。它为人人所具有，不分圣愚，而且不会泯灭。

（3）“良知”在与外物接触中，由于受物欲的引诱，会受昏蔽。教育的作用就在于去除物欲对“良知”的昏蔽。“学以去其昏蔽”的目的是激发本心所具有的“良知”。

（4）在王守仁看来，教育的作用就在于实现“存天理、灭人欲”的根本任务。基于此，他认为用功求学受教育，并不是为了增加什么新内容，而是为了日减“人欲”。

3. 简析蔡元培的教育独立思想。（见2013年北京师范大学真题）

4. 简析斯宾塞的教育科学化思想。（见2013年杭州师范大学真题）

三、论述题

1. 试论知识的价值。（见2018年华中师范大学真题）

2. 试述怎样才能有效发挥学校教育在个体发展中的作用。（见2014西北师范大学真题）

3. 试述1957年“人造卫星事件”与西方教育改革的关系。

【答】（1）1957年，苏联卫星上天之后，美国朝野为之震惊，开始反思自身的教育问题，并将教育提高到保卫国家的国防高度，要求对教育进行改革。在此背景下，1958年颁布了《国防教育法》。法案的主要内容如下：①加强普通学校的自然科学、数学和现代外语（即“新三艺”）的教学；②加强职业技术教育；③强调“天才教育”；④增拨大量教育经费，设立国防研究奖学金。

1964年，国会又通过《国防教育法修正案》。《国防教育法》认识到教育在国际竞争中的重要性，教育与国家的安危和前途命运息息相关。该法的颁布有利于美国教育的发展，有利于教育质量的提高，有利于培养科技人才。

（2）1959年，联邦德国受苏联卫星上天的冲击，继美国《国防教育法》之后，做出一个重要反响，即公布实施《改组和统一公立普通学校教育的总纲计划》，简称《总纲计划》。《总纲计划》主要探讨如何改进普通初等教育和中等教育。内容如下：

①在初等教育上，建议所有儿童均应接受四年制的基础学校教育，然后再接受两年的促进阶段教育。②在中等教育上，建议设置三种中学，即主要学校、实科学校和高级中学，分别培养不同层次的人才。

《总纲计划》既保留了德国传统的等级性，又适应了战后德国社会劳动分工对学校培养人才规格和档次的不同要求。这一计划标志着联邦德国全面教育改革的开始。

4. 分析导致中小学生品德不良的原因及其矫正策略。（见2012年华南师范大学真题）

2014年江苏师范大学333教育综合真题·凯程详解

一、名词解释

1. 疏导原则

【答】疏导原则是指进行德育要循循善诱、以理服人，从提高学生认识入手，调动学生主动性，使他们积极向上。疏导原则也称为循循善诱原则。贯彻疏导原则的基本要求如下：（1）讲明道理、疏通思想；（2）因势利导、循循善诱；（3）以表扬、激励为主，坚持正面教育。

2. 相对性评价（见2018年辽宁师范大学真题）

3. 有教无类（见2010年北京师范大学真题）

4. 陶行知的“教学做合一”（见2018年湖南师范大学真题）

5. 最近发展区（见2011年北京师范大学真题）

6. 流体智力（见2012年东北师范大学真题）

二、简答题

1. 简述苏格拉底的教育作用观。（见2018年华南师范大学真题）

2. 简述文艺复兴时期人文主义的“全人”理想。

【答】人文主义教育复兴了古典的培养身心全面和谐发展的完人的教育理想，要求培养资产阶级绅士。

（1）弗吉里奥是第一个表达文艺复兴教育思想的人。在《论绅士风度与自由学科》一文中，他全面概括了人文主义教育的目的和方法。

（2）维多里诺创办了“快乐之家”宫廷学校，培养身心和谐发展的人，即“受过良好教育的完全公民”。他倡导“自由教育”，培养全人。

（3）伊拉斯谟被称为“欧洲的导师”。主要教育思想有：人性有潜在的能力，可经过后天教育充分地、完美地实现；家庭、国家、教会都要重视教育，主张国家和教会应重视教师培养；强调古典文化的教育价值，反对形式主义，要求因材施教，尊重儿童，反对体罚和羞辱。

（4）莫尔提出了空想社会主义的教育思想，主张实行公共教育制度，即普及教育。所有儿童都要受到良好的初等教育，男女享有平等的教育权利。

（5）蒙田认为教育目的是培养一种“全新的绅士”，反对经院哲学的学究。

3. 简述杜威的五步探究教学法。（见 2012 年天津师范大学真题）

4. 简析直接经验和间接经验的关系。（见 2014 年华中师范大学真题）

三、论述题

1. 个人本位论。（见 2013 年北京师范大学真题）

2.《国家中长期教育改革和发展规划纲要（2010—2020 年）》提出“倡导教育家办学”。请运用教育学原理，阐述你对该政策的理解。

【答】（1）“教育家办学”符合教育专业化的规律，符合教育发展的原则。教育要符合受教育者的身心发展规律。因为办学是专业化行为，教育有着自身的发展规律。“教育家办学”的核心是建设教育强国必须按照教育规律办事，尊重教育管理的专业特性。“教育家办学”为校长专业化发展指明了前进方向。对于提高办学水平，办真正的教育，培养全面发展的高素质人才具有重要意义。

（2）凡是对受教育者在知识、技能、思想、品德等方面起到教育影响作用的人，都可称为教育者。教育者是社会人与教育者的统一，必须具有明确的教育观念，能够体察社会发展对受教育者发展的需要，了解受教育者发展的规律及受教育者对自身成长的希望，热爱教育事业和受教育者，并注重积累和创新从事教育活动的经验，促进受教育者个性素质的全面发展。

（3）教师的素养之一就是高尚的师德，热爱教育事业，富有献身精神和人文精神；热爱学生，诲人不倦；热爱集体，团结协作；严于律己，为人师表。教育家要有卓越的追求，对教育有着毕生的追求，充满热情，有强烈的使命感和责任感，以高度的事业心和进取心投入到教育事业中去，不断超越，用大爱来诠释教育的全部。

（4）教师的教育理论素养主要指教师对教育科学基本理论知识的掌握，能恰当处理教育教学中的各种问题，总结、概括自己的教育教学经验并使之升华，能清晰、准确地表达自己的教育思想和教学设想。教育家要有战略思想，熟悉国家的政策方针，把握办学方向，高瞻远瞩，有先进办学理念，敏锐地洞悉教育的发展趋势，站在教育改革的前沿，有革新精神。

（5）教师的教育能力素养主要指保证教师顺利完成教育教学任务的基本操作能力。这要求教师善于从事各种教育、教学活动，成为教育方面的“临床专家”，解决教育教学中的各种问题。具体包括以下几种能力：①课程开发能力；②良好的语言表达能力；③组织管理能力；④引导与创新能力。

3. 试述问题解决的基本过程。（见 2010 年山东师范大学真题）

4. 论述科举考试制度对学校教育的影响。（见 2011 年江苏师范大学真题）

2015 年江苏师范大学 333 教育综合真题 · 凯程详解

一、名词解释

1. 启发性原则（见 2012 年辽宁师范大学真题）

2. 人的发展的整体性

【答】教育面对的是一个个活生生的、整体的人，他们既具有生物性和社会性，还表现出个体的独特性。不从整体上把握教育对象的特征，就无法教育人。事实上，人的生理、心理和社会性等方面的发展是密切地联系在一起的，并在人的发展过程中相互作用，使人的发展表现出明显的整体性。人的发展的整体性要求教育要把学生看作复杂的整体，促进学生在体、智、德、美等方面全面和谐地发展，把学生培养成为完整和完善的人。

3. 素丝说（见 2016 年西北师范大学真题）

4. 实验教育学（见 2013 年首都师范大学真题）

5. 夸美纽斯（见 2012 年江苏师范大学真题）

6. 同化（见2016年东北师范大学真题）

二、简答题

1. 简述洋务学堂。（见2013年西南大学真题+2013年西北师范大学真题）

2. 简述朱子读书法及其意义。（见2016年华东师范大学真题）

3. 简述泰勒原理。（见2012年华东师范大学真题）

4. 皮亚杰的认知发展阶段论及其对教育的启示。（见2012年东北师范大学真题+2010年南京师范大学真题）

三、论述题

1. 分析论述我国中小学生课业负担过重的表现和原因。

【答】（1）表现。中小学生课业负担过重的问题以各种不同的形态存在于我国中小学教育的过程中，主要表现为：作业多，耗时长；考试多，压力大；教辅多，书包重；培训多，休息少；身心弱，承受力差。

（2）原因：①家长望子成龙的迫切愿望。②教师压力向学生的传导。③社会对大众教育观念的错误引导。④依法治教的精神未落到实处。

（3）积极促进教育制度的转变，完善教育评价标准。

首先，我们应当促进素质教育核心内容的完善，使得学校和社会对学生的人文关怀、心理素养的培养、情绪调整等进入教育过程中，贯穿学生的整个学习生活；其次，社会应当引导学校、家长和学生形成正确的价值观念，不唯分数论。我们应当尽快促进教育模式由应试教育向素质教育的转变，将把我们的学生培养成全面健康发展的人才作为工作目标。

2. 分析论述教师劳动的特点及其对教师素质的要求。（见2015年东北师范大学真题+2014年北京师范大学真题）

3. 杜威的教育本质论和教育目的论以及对我国的教育启示。（见2011年北京师范大学真题）

4. 论述韦纳的成败归因理论以及教师如何对获得成功的学生进行归因。

【答】（1）韦纳的成败归因理论。（见2019年北京师范大学真题）

（2）引导学生正确归因。

不同的归因对学生学习动机和积极性起不同的作用。正确的归因有利于激发学生的学习动机，提高学习积极性，指导学生“对因下药”，提高学习效率，同时还可以维持学生心理平衡。为此，作为教育工作者应该指导学生对自己的学习行为和学习结果进行正确的归因。

当学生学习取得成功时，可把其归功于“自己的努力”这一不稳定的但可控的因素，这样会启发自己今后想进一步取得成功还必须继续努力；还可归因于自己的能力强，从而使自己产生一定的满意感，增强成功学习的信心，但应该注意不能过分肯定这一点，因为此归因属于内部的、稳定的、不可控的因素，易产生自负、骄傲情绪。除此之外，还要考虑取得成功是不是由于任务容易或这次运气好。因为这些都属于外部因素且不可控，从而提醒自己不要骄傲自满，而要更加努力，使自己的潜力充分发挥出来。

2016年江苏师范大学333教育综合真题·凯程详解

一、名词解释

1. 课程计划

【答】课程计划分为实际课程与虚拟课程。所谓实际课程就是实际操作的计划安排，例如，安排好今天要学习的课本章节，上午要学习哪些内容，下午要学习哪些内容；所谓虚拟课程就是把将要做的任务安排记在头脑里，不一定要立即实行。

2. 学校教育（见 2010 年华中师范大学真题）

3. 最近发展区（见 2011 年北京师范大学真题）

4. 元认知（见 2010 年华中师范大学真题）

5. 学校制度

【答】学校制度是指能够适应向知识社会转轨及知识社会形成以后的社会发展需要，以完善的学校法人制度和新型的政校关系为基础，以现代教育观为指导，学校依法民主、自主管理，能够促进学生、教职工、学校、学校所在社区的协调和可持续发展的一套完整的制度体系。

6. 学习动机（见 2013 年北京师范大学真题）

二、简答题

1. 布鲁纳的发现学习的步骤。（见 2012 年南京师范大学真题）

2. 简述遗传素质的含义及其在个体身心发展中的作用。（见 2011 年陕西师范大学真题）

3. 简述人文主义教育的特征。（见 2011 年华东师范大学真题）

4. 简述科举制度的影响。（见 2019 年华中师范大学真题）

三、论述题

1. 试述私学产生的原因及其对教育发展的贡献。（见 2011 年山东师范大学真题）

2. 论述杜威对教育本质的认识，并解析其儿童观。

【答】（1）杜威的教育本质观。（见 2018 年东北师范大学真题）

（2）儿童观：杜威认为学校生活应与儿童自己的生活相契合，满足儿童的需求和兴趣。尊重儿童身心发展特点是使儿童充分生长和发展的重要条件，而儿童的充分生长和发展亦有助于社会目的的达成。然而杜威并不仅仅把儿童个体的充分生长视为达成社会目的的一个手段和工具，他认为儿童充分生长本身便是民主主义的要求，含有丰富的价值意义。

3. 论述启发性教学原则及其在教学中运用的基本要求。（见 2012 年北京师范大学真题）

4. 论述教学过程的特点。（见 2014 年湖南师范大学真题）

2017 年江苏师范大学 333 教育综合真题·凯程详解

一、名词解释

1. 教师劳动的复杂性

【答】教师劳动的复杂性主要表现在：首先，教师的劳动不是一个单向灌输的过程，而是一个双向运动的过程。其次，教师的劳动过程是一种以知识信息的传递和转化为主要形式的过程，这是一个复杂的脑力劳动过程。最后，教师的劳动任务是多方面的。

2. 教育目的的层次结构

【答】教育目的层次结构是指在国家教育总目标的指导下，由各级各类学校的培养目标以及实现这些目标所必需的课程和教学目标构成的教育目标系统，它们由抽象到具体形成了一个完整的目标体系结构。一般来说，这一目标体系由四个层次构成：（1）国家或社会所规定的教育目的；（2）各级各类学校的培养目标；（3）课程目标；（4）教学目标。

3. 美德即知识（见 2015 年湖南师范大学真题）

4. 自然后果律

【答】自然后果律是法国启蒙思想家和教育家卢梭所倡导的道德教育方法。他提出在教育方法上，应该用“自然后果法”，即让儿童经受由自己的过失而招致的后果，从而自己纠正错误行为。这种自然后果法有其积极合理的方面，但并不是在任何情况下都是适用的。

5. 心理过程

【答】心理过程是指在客观事物的作用下，心理活动在一定时间内发生、发展的过程。通常包括认知过程、情绪情感过程和意志过程三个方面。认知过程指人以感知、记忆、思维等形式反映客观事物的性质和联系的过程；情绪情感过程是人对客观事物的某种态度的体验；意志过程是人有意识地克服各种困难以达到一定目标的过程。三者有各自发生发展的过程，但并非完全独立，而是统一心理过程中的不同方面。

6. 观察学习（见2019年北京师范大学真题）

二、简答题

1. 教育的政治功能。（见2012年北京师范大学真题）

2. 与儒家相比较，墨家教育方法的特点有哪些?

【答】墨子和墨家的教育方法表现出鲜明的学派特色，而与儒家有较大不同。

（1）主动。墨子不赞成儒家“叩则鸣，不叩则不鸣”的方法，主张“虽不叩必鸣者也”的“强说人”精神。墨子强调教育者的主动和主导，但又忽视了启发式的方法，忽视了学习必须具备知识和心理上的准备。

（2）创造。孔丘曾自述是“述而不作，信而好古”，这表明孔丘的特点是“述”，而非“作”。墨翟批评儒家的“述而不作”，主张“古之善者则述之，今之善者则作之，欲善之益多也”。墨翟学于儒而能自成一家，墨家的科学和逻辑学，都是这种创造精神的结果。

（3）实践。儒家所强调的行主要是指道德实践，而且十分强调思想动机问题，要求慎其独处，或者以为一心一意于善，善就来了。墨翟则提出“合其志功而观焉”。墨家更着眼于“功”或效果，讲效果也就是讲实践。墨家重行，是出于实现兼爱天下的社会理想。墨家对行的理解与儒家有很大差别，其内涵广泛得多，也有价值得多。

（4）量力。墨翟是中国教育史上首先明确提出“量力”这一教育方法的，他十分注意施教时考虑学生的力之所能及。

3. 终身教育思想。（见2015年北京师范大学真题）

4. 需要层次理论。（见2013年西南大学真题）

三、论述题

1. 结合事例，论述严格要求与尊重信任相结合的原则。

【答】严格要求与尊重信任相结合原则是指尊重学生与进行必要的指导、监督相结合，信任、爱护学生与对其错误和缺点进行严肃批评相结合。贯彻本原则要求：

（1）在尊重信任学生时，坚持严格要求，防止无原则的迁就和放任；在严格要求学生时，相信他们的力量和能力。

（2）根据学生年龄特征和原有道德水平提出合理、明确、具体、适度的要求。

（3）有统一的要求，同时尊重学生的个别差异，不强求一致。（事例略，言之有理即可）

2. 论述多元智力理论及其现实启示。（见2019年华东师范大学真题）

3. 孔子对教师素质的要求及其当代意义。（见2018年华中师范大学真题）

4. 我国基础课程改革对教学过程的要求。

【答】（1）教师要正确认识教学过程。教学过程是教师有目的地引导学生学习人类积累起来的科学文化知识的过程。实质上就是学生能动地认识世界、提高自我的过程。教师要遵循以下规律：首先，要明确学生是能动的生命体、学习主体，教学应激发学生的主动性、创造性；其次，要遵循“从生动的直观到抽象的思维，并从抽象的思维到实践”这个认识真理、认识客观实在的辩证的途径；最后，要重视认识是个体的经验改造和建构的过程，也是与群体交互作用的过程。

（2）教师要转变教学观。从重视教师的教向重视学生的学转变；从重视知识传授向重视能力培养转变；从重视教法向重视学法转变；从重视认知向重视发展转变；从重视继承向重视创新转变。

（3）在课程改革方面要做到：

①提升课程改革的理念水平和理论品位。

②在课程政策上，要实现国家课程、地方课程与校本课程的整合。

③在课程内容上，要实现学科知识与个人知识的内在整合。

④在课程结构上，要更新课程种类，恰当分析必修课程与选修课程的关系，努力实现课程的综合化。

⑤在课程实施上，要超越忠实取向，走向相互适应取向和课程创生取向。

⑥在课程评价上，要超越目标取向的评价，走向过程取向和主体取向的评价。

2018 年江苏师范大学 333 教育综合真题·凯程详解

一、名词解释

1. 探究教学

【答】探究教学是指在教师的引导下，学生主动参与到发现问题、寻找答案的过程中，以培养学生探究兴趣和解决问题能力的一种教学活动。探究教学的实质就是按照提出科学结论和检验科学结论的结构方式去揭示科学结论。探究教学的程序包括：发现问题 — 收集资料 — 处理与解释资料 — 问题解决。探究教学有利于科学概念的形成，有利于培养学生的探究能力，掌握科学的思维方法。它的产生背景包括社会背景和思想渊源两个方面。

2. 陶冶（见 2011 年华中师范大学真题）

3. 有意义学习（见 2014 年华东师范大学真题）

4. 学习动机（见 2013 年北京师范大学真题）

5. 六等黜陟法（见 2016 年西北师范大学真题）

6. 绅士教育（见 2012 年华东师范大学真题）

二、简答题

1. 如何上好一堂课?（见 2010 年华中师范大学真题）

2. 简述孔子“有教无类”的思想。（见 2011 年华南师范大学真题）

3. 简述杜威的教育无目的论。（见 2016 年北京师范大学真题）

4. 朱子读书法。（见 2016 年华东师范大学真题）

三、论述题

1. 自古以来，对教师的角色有许多隐喻，如“教师是蜡烛，燃烧自己、照亮别人”“教师是人类灵魂的工程师，塑造着学生的精神世界”等。请从“蜡烛论”和“工程师论”中任选一种教师角色的隐喻分析其蕴含的意义。

【答】一直以来，“园丁”“蜡烛”“灵魂的工程师”等教师隐喻在日常生活中，被人们广为使用，在塑造教师形象方面发挥着重要作用。然而，近年来，随着教育改革的推进，许多研究者对这些传统教师隐喻进行了反思乃至批判，认为这些隐喻所倡导的教师形象和精神已很难适应当前的社会要求，因此，需要实现教师角色的转变。无疑，对“教师是研究者”“教师是专家”等隐喻的提倡反映了时代对教师职业的呼唤，具有重要的现实意义。然而，在提倡新的教师形象隐喻的同时，到底应该如何看待传统教师隐喻是我们必须要思考的问题。

教师是“春蚕”“蜡烛”。“春蚕到死丝方尽，蜡炬成灰泪始干”是中国的传统文化赋予教师这样的理想人格，它成为教师道德规范的结晶。教师的蜡烛隐喻表达了教师对学生的深厚情感，也体现了教师不但有照亮他人之奉献精神，而且有“一息尚存，志不少懈”的精神。它肯定了教师工作的艰辛，教师无私的奉献与给予。但是这种隐喻将教师无限拔高而且带有将教师抽象为“圣人”的倾向，因为教师在奉献自己的同时，也执着自己的追求，享受着教师职业的幸福。对于蜡烛隐喻，一个普遍的观点认为“燃烧了自己，照亮了别人”。这种解释具有一种伟大而悲壮的色调。有教师指出，蜡烛论中的“教师被认为似乎只能是自身生命的销蚀，知识的耗尽，教师可持续发展的底蕴和功力往往被忽视，教师仅仅满足做一个教书匠”，忽视了教师的持续学习与成长；淡漠了教师的内在尊严与教师劳动的欢乐。

2. 我国新基础教育课程改革中的“六大目标”是什么？如何在课堂中落实？

【答】（1）“六大目标”。（见2014年陕西师范大学真题）

（2）“如何在课堂中落实”方面请考生结合自己的实际经验作答。

3. 论述赫尔巴特的“教育性教学”在实际教育中的应用。（见2011年杭州师范大学真题）

4. 怎样提高学生解决问题的能力？

【答】（1）问题解决能力培养与学科知识教学有机结合，形成知识结构体系。

①要丰富学生的观念性知识。②要提出很多种变式，促进知识的概括。③要重视知识间的联系，建立网络化结构。

（2）问题的难度要适当，注重对结构不良问题的训练。

①教师要求学生完成的问题必须要有一定的难度，问题应该是要求学生通过对已有知识、方法进行重新组合后能够解决的。②学生在学科领域中遇到的问题大多属于结构良好的问题，而在现实中可能遇到的问题，绝大多数情况下都是结构不良问题。

（3）分析问题的构成，帮助学生正确地表征问题。

①问题解决需要一个过程，掌握问题解决的基本程序有利于问题解决。②在教学中教给学生一些通用的问题解决的方法和思维策略，会有效提高他们问题解决的能力。

（4）强调一般思维方法和具体问题解决技能相结合，帮助学生养成分析问题和策略性思维的习惯。

（5）加强对学生解决问题态度的训练，培养和激发学生主动提出问题和解决问题的内在动机。

一要注意加强态度的训练。二要注意培养学生解题的自信心。三是要求学生严谨地思考问题。在课堂教学中要鼓励学生提问，尽量减少观念上的限制，在班级上形成一种自由探索的气氛。同时教师也需要多给学生提供一些解决结构不良问题的机会，以便更好地激发他们的内在动机。

2019年江苏师范大学333教育综合真题·凯程详解

一、名词解释

1. 鸿都门学（见2011年北京师范大学真题）

2. 壬戌学制（见2010年北京师范大学真题）

3. 自然主义教育思想（见2013年陕西师范大学真题）

4. 顿悟说

【答】人在遇到问题时，会重组问题情境的当前结构，以弥补问题的缺口，达到新的完形，从而联想到一种可行的解决方案。其突出特点是顿悟。

5. 文纳特卡制（见2010年湖南师范大学真题）

6. 课程方案（见2013年华东师范大学真题）

二、简答题

1. 简述德育过程的疏导原则及其要求。（见2011年北京师范大学真题）

2. 简述陶行知的生活教育思想。（见2014年北京师范大学真题）

3. 自然主义教育思想。（见2016年东北师范大学真题）

4. 科尔伯格的道德认知理论。（见2013年华东师范大学真题）

三、论述题

1. 新时期教育的生态功能。（见2020年华东师范大学真题）

2. 我国古代著名教育家墨子认为："染于苍则苍，染于黄则黄，所入者变，其色亦变。"请指出这种思想所代表的教育观念，并进行评述。

【答】（1）素丝说。

墨子以染丝为例来说明人性在教育下的改变和形成。墨子认为，人性不是先天所成，生来的人性不过如同待染的素丝，下什么色的染缸，就成什么样的颜色，比喻有什么样的环境与教育，就造就什么样的人。墨子的"素丝说"从人性平等的立场去认识和阐述教育作用，较孔子的人性观具有明显的进步性。

（2）环境决定论。

墨子认为真正在儿童的发展中起着绝对影响作用的力量，是儿童的生活环境和后天所获得的教育引导。环境决定论虽然否定遗传生物因素在儿童发展中的决定性作用，但仍认为儿童的发展是受某种外在于儿童主观控制的某种因果关系的制约。"严师出高徒""棍棒底下出孝子"等谚语就是环境决定论对人们的教育方式选择产生潜移默化影响的结果。环境决定论在肯定了儿童发展的可塑性的同时，也将儿童个体在发展过程中的地位牢牢地固定在失去自主性的被塑造地位上。

（3）评析。

墨子认为人处在什么样的环境下就会成为什么样的人，此观点忽略了人的主观能动性对个体发展的决定影响。环境和教育是影响人身心发展的外部因素，其中学校教育对人的身心发展起主导作用，对人的身心发展具有重要的影响。个体在与环境的相互作用中所表现出来的个体主观能动性，是促进个体从潜在可能状态转向现实状态的决定性因素。

3. 杜威的教育无目的论。（见2016年北京师范大学真题）

4. 论述课程和教学的辩证关系。

【答】课程与教学之间既有联系又有区别。

（1）区别。

从静态的角度理解课程时，可以说课程是目标，是学科或教材，是计划。这时，课程与教学既有本质上的区别，又有实践上的联系。课程作为目标、学科（教材）、计划，体现着教育目的的要求，反映人类文明的成果，代表着社会各阶层的利益与需求，并且最终必然体现为物质形态的文件和材料。它是预期的，先于教学实践而有所规划。教学作为课程实施的有效途径，是一种动态的活动过程。因此，从这一点来看二者是不同的。

（2）联系。

①相互制约：教学活动一旦展开便与课程发生了联系。教师必然以各种课程为中介，与学生进行互动与沟通，从而促进学生的发展。教学目标的确定源于课程目标；教学方法的设计也必然因教学内容和学生情况的不同而产生差异，不同教育阶段、不同学科的内容不同，方法也应该不同；教学评价也必然要参照课程中的教育目的和目标来进行。而课程实践在选择、确定目标、编排内容时也必须考虑教学实践的规律和可操作性。因此课程编制的过程也是对教学的规划过程；课程的评价也必然将重点放在教学实践中实际运行的课程上，从而与教学评价密切相关。

②相互融合：其一，教学作为课程开发过程。教学的传统内涵是，教学基于教育心理学原理有效传递内容的过程，是忠实地实施既定课程计划的过程；教学的重心是有效传递内容，而不是变革内容，教学研究也因而成为关于内容传递的工效学。"学会教学"的核心问题是学会如何在复杂的

教学情境中与学生共同创生课程。其二，课程作为教学事件。当“体验课程”取代“制度课程”而处于教育的核心时，课程不再仅仅是书面文件（教科书、教学指南等），而是教师与学生在教育情境中不断生成的活生生的经验。从这个意义上说，课程是动态的过程，是不断变化的课堂教学事件。

2020年江苏师范大学333教育综合真题·凯程详解

一、名词解释

1. 教育的社会流动功能（见2011年华南师范大学真题）

2. 读书指导法

【答】读书指导法是教师指导学生通过阅读教科书、参考书以获取知识或巩固知识的方法。运用读书指导法的要求：（1）提出明确的目的、要求和思考题；（2）教给学生读书的方法；（3）善于在读书中发现问题与解决问题；（4）适当组织学生交流读书心得。

3. 小先生制（见2019年浙江师范大学真题）

4. 致良知（见2017年华东师范大学真题）

5. 自我效能感（见2014年华东师范大学真题）

6. 社会规范学习（见2014年华南师范大学真题）

二、简答题

1. 简述个体能动性对个体发展的作用。（见2017年华中师范大学真题）

2. 简述书院教育的特点。（见2013年华东师范大学真题）

3. 简述陈鹤琴的活教育“目的论”。（见2015年北京师范大学真题）

4. 简述杜威的教育本质论。（见2018年东北师范大学真题）

三、论述题

1. 简述分科课程和综合课程的关系以及基础教育课程改革的趋势。

【答】（1）分科课程是以学科逻辑为中心编排的课程，重视教材的逻辑组织，学习材料清楚，易于学生学习。综合课程克服了分科课程的封闭性，把若干门教材组织在一门学科中综合而成，注重知识的融合，有利于学生整体把握世界，开阔视野，有利于课程的内在联系。

（2）基础教育课程改革的发展趋势。

①以学生发展为本，促进学生全面发展与培养个性相结合。注重全体学生全面发展与个体差异相统一，把学生的发展作为课程开发的着眼点和目标，强调学生是能动实践的主体。“为了每位学生的发展”是我国基础教育课程改革的核心理念，也是未来课程改革的基本趋势。

②稳定并加强基础教育。基础教育课程十分注重加强课程与社会、生活和自然的联系，增加学生的实践性学习环节，改变理论脱离实际的现状，培养学生的动手能力和创新精神。因此，我国中小学课程改革不仅要巩固现有的教育基础，培养学生的基础性学习，还要进一步加深基础教育，促进学生的发展性学习和创造性学习。

③加强道德教育和人文教育，加强课程科学性与人文性的融合。道德教育绝不只是政治思想品德课的责任，而是各科教学和活动都应承担的责任。不仅要重视正式课程的作用，也要重视非正式课程即隐性课程潜移默化的作用，进而形成学校、社会、家庭三位一体的局面。

④加强课程综合化。综合化课程既是为了避免增设新学科造成学生课业负担的需要，也是学生认识和把握科学知识基础的需要。学生在学习综合化课程中不仅可以初步建立合理的认知结构，而且可以养成综合思维能力，培养自主创新的品质。

⑤课程与现代信息技术相结合，加强课程个性化和多样化。网络信息技术在学校教育中的普遍运用，为课程个性化和教学过程的因材施教提供了技术支持。多样化是统一性前提下的多样化，它是与特色化、层次性、可选择性结合在一起的。

⑥课程法制化。随着我国法制建设的日益完善，我国基础教育课程教材改革也必然会沿着法制化的轨道健康前进。目前，我国已经制定了一系列关于课程教材建设的政策与法规。

2. 有人说："教学有法，教无定法。"谈谈你的理解。

【答】（1）教学有法：抓住教育规律，关注教法。

教学有法，指的是教学活动是有着一定的规律可循的，有着一定的法则和模式，有着一定的基本方法。

例如，我们强调的学生的间接经验与直接经验相结合、掌握知识与发展智力相统一等，都是我们在教学中要注重的基本方法和基本规律。良好的教学方法，可以发挥教学智慧，不妥的方法可能达不到预期的教学效果。

（2）教无定法：教学方法必须机动灵活。

教无定法意味着关注情景体验，教学生活化。教无定法，指的是教学的模式、方法、技能等不是机械的、教条的，而是灵活多变的，富有个性、充满灵性的。也就是我们的教育教学活动必须根据教学内涵、学校条件、教师特点，更重要的是根据学情来合理地使用、选择适用于学生的方法。不同的学情、环境、条件等，使得我们在差不多相同的教学内容方面所确定的教学目标不一定相同，对于科学知识、技能方法、情感态度等具体目标的考虑也会有很多区别。由此引起的教学方法和策略必定不尽相同。因此要贵在得法：围绕方法渗透，教学方法科学化。贵在得法是我们教育教学活动的灵魂。贵在得法指的是教师将各种教学方法、手段、技巧等恰如其分、灵活巧妙地应用于具体的教学情景中。

例如，数学课堂的引入既可以运用与生活实际相类比的方法，也可以运用数学史小故事、小定理的方法。这些方法的适当选择和运用符合学生的生理和心理发展规律，可促进学生的健康持续发展。科学的学习方法是指能使人快乐地学习，轻松地学习，能突出重点、化难为易地学习，能提高学习效率的学习方法。

（3）教学有法是走向教无定法的前提，教无定法是对教学有法的升华。

从无法到有法，这是进步，从有法到无定法，这是突破，从无定法到创新法，贵在得法，这是飞跃。变无法为有法，需要我们付出艰苦的劳动，使有法为无定法，需要我们抛洒辛勤的汗水。化有定法为新法，更需要我们呕心沥血、鞠躬尽瘁，至此方能达到循法而不拘泥于定法。

3. 简述清朝洋务运动和日本明治维新实践指导思想和具体实施的差别。

【答】（1）实践指导思想的差别。

1868 年，倒幕派建立资产阶级联合执政的明治政府，为抵御外患、富国强兵，实施了一系列改革，史称"明治维新"，其指导思想是"文明开化"和"和魂洋才"。洋务运动时期虽然名义上有清政府的各项政令及总理衙门的管理，但实际上只是李鸿章等人在地方上的各自为政，兴办"洋务"，以扩大自己的势力，但力量分散，难以对清政府的统治构成威胁。改革中，政治领导集团并没有彻底的决心和勇气，在改革上处于两难境地，一方面在内忧外患的情况下必须改革，另一方面又必须巩固原有的体制，以至于难以形成坚强的领导核心。

（2）具体实施的差别。

① 1871 年，明治政府在中央设立文部省，主管全国的文化教育事业；1872 年颁布《学制令》，在确立教育领导体制的基础上，建立全国的学校教育体制，规定全国实行中央集权式的大学区制。此时洋务运动在政治上则毫无建树，根本没有触动封建专制制度，尤为重要的是政府的腐败日趋严重。

② 1879 年颁布的《教育令》，将普及初等教育的年限缩短为 4 年。1886 年颁布的《小学令》，又根据国力承受水平把初等教育受教育年限规定为 8 年，分两段实施，前 4 年为寻常小学阶段，实施义

务教育；后4年为高等小学阶段，实行收费制。而洋务派虽然也很重视教育改革，设立了外国语学堂、军事学堂和技术学堂等30多所学校，但是始终没有统一的学制来对教育进行管理，没有触及封建专制及其相关联的封建教育制度，改革流于形式，新式学堂没有得到发展。

总的来说，日本通过改革使得封建教育向近代资本主义教育转变。但明治维新自上而下进行，带有很大的不彻底性，使得日本近代资本主义教育的发展从一开始就带有浓厚的封建主义和军国主义的色彩。中国的洋务运动则是一场封建地主阶级的自救运动。

4.（1）用学习动机的理论分析材料。

【答】学习动机是激励并维持学生朝向某一目的的学习行为的动力倾向。学习动机与学习兴趣、学习需要、个人价值观、态度、志向水平、外来鼓励、学习后果等都有密切联系。张海学习成绩不好的原因是多方面的，从学习动机理论来分析，张海的家庭没有为他提供一个支持，所处的外界条件不好，他自己又不做基础题，追求高难度的题。因而他成绩不好是内外因素共同造成的。家庭因素是外部的、不稳定的、不可控的因素，任务难度是外部的、稳定的、不可控的因素，努力程度是内部的、不稳定的、可控的因素。根据韦纳的成败归因理论，张海把不做作业的原因归结于不可控的外部因素，久而久之，会使张海学习积极性降低，对自己越来越没有信心，会有无奈的情绪，也很容易成为“坏学生”。张海若想提高学习成绩，应该努力学习，降低任务难度，做一些基础题。

（2）如何培养学习动机？（见2012年华东师范大学真题）

江西师范大学

2010年江西师范大学333教育综合真题·凯程详解

一、名词解释

1. **教育目的**（见2015年北京师范大学真题）
2. **学校教育制度**（见2019年北京师范大学真题）
3. **课程标准**（见2015年北京师范大学真题）
4. **教学评价**（见2015年北京师范大学真题）
5. **心理健康**（见2013年北京师范大学真题）
6. **创造力**（见2015年浙江师范大学真题）

二、简答题

1. **教师应当具备怎样的素养？**（见2014年北京师范大学真题）
2. **如何认识教学过程中教师的主导作用与学生的主动性的关系？**（见2010年北京师范大学真题）
3. **简述中国古代科举制度的影响。**（见2019年华中师范大学真题）
4. **文艺复兴时期人文主义教育有哪些特征？**（见2011年华东师范大学真题）

三、论述题

1. **结合实际论述班主任培养班集体的方法。**（见2014年华东师范大学真题）
2. **阐述陶行知的“生活教育”。**（见2014年北京师范大学真题）

3. 论述自然主义教育理论及其影响。（见 2012 年华东师范大学真题）
4. 论述问题解决能力的培养措施。（见 2010 年华中师范大学真题）

2011 年江西师范大学 333 教育综合真题 · 凯程详解

一、名词解释

1. 教育（狭义）（见 2014 年北京师范大学真题）
2. 教育目的（见 2015 年北京师范大学真题）
3. 班级授课制（见 2016 年北京师范大学真题）
4. 教学（见 2013 年陕西师范大学真题）
5. 京师同文馆（见 2012 年北京师范大学真题）
6. 昆体良

【答】昆体良是古罗马著名的教育家、演说家，其代表作《雄辩术原理》是西方最早专门论述教学问题的著作。昆体良充分肯定教育的巨大作用，认为教育应当以人的自然本性为基础，教育者应当尊重受教育者的个性差异和年龄差异。

二、简答题

1. 教育学的产生与发展分为哪几个阶段？

【答】（1）教育学的萌芽阶段。

这一时期的特点：①总结和概括出不少符合教育发展的客观规律和人的认识规律，散落在哲学和政治著作中；②教育学思想没有从哲学体系中分化出来，缺乏科学理论分析，构不成完整的理论体系；③关于教育的论述停留在描述经验的层次上。

（2）教育学的独立形态阶段。

这一时期的特点：①研究对象上，教育问题成为一个专门的研究领域；②使用概念和范畴上，有了专门的教育概念；③研究方法上，有了教育学专门的研究方法；④研究结果上，有了专门的教育学著作；⑤组织机构上，有了专门的教育研究机构。

（3）教育学发展的多样化阶段。20 世纪是教育学迅速成长和发展的时期，在赫尔巴特创立的教育理论基础之上，教育学的发展日益多元化，出现了许多新的教育理论和教育学流派，产生了一些重要的教育学著作。如实验教育学、文化教育学（精神科学教育学）、实用主义教育学、马克思主义教育学等。

（4）教育学的理论深化阶段。20 世纪 50 年代以来，由于科学技术的迅猛发展，人力资源的开发和运用成为提高生产效率和发展经济的主要因素，这引起了世界范围内新的教育改革，并促进了教育学的发展。如布卢姆的教育目标分类学、布鲁纳的知识结构说、赞科夫促进一般发展的教育思想、巴班斯基关于教学过程最优化的教育思想等。

2. 教师劳动有哪些特点？（见 2015 年东北师范大学真题）
3. 简述加德纳的多元智力理论。（见 2019 年华东师范大学真题）
4. 简述《学记》中的教育思想。（见 2011 年东北师范大学真题）

三、论述题

1. 论述影响人的发展的基本因素。（见 2015 年北京师范大学真题）
2. 论述陶行知的生活教育思想体系。（见 2014 年北京师范大学真题）
3. 评述赫尔巴特的教育理论。（见 2015 年北京师范大学真题）

2012年江西师范大学333教育综合真题·凯程详解

一、名词解释

1. 学校教育（见2010年华中师范大学真题）

2. 教育目的（见2015年北京师范大学真题）

3. 课程（见2019年北京师范大学真题）

4. 人的发展

【答】人的发展在教育心理学上主要讨论的是个体发展问题。个体发展也有广义和狭义之分，广义的个体发展是指个体从胚胎到死亡的变化过程，其发展持续人的一生。狭义的个体发展则是个体从出生到成人的变化过程，主要是指儿童的发展过程。

5. 学习动机（见2013年北京师范大学真题）

6. 学习策略（见2015年北京师范大学真题）

二、简答题

1. 简述我国教育目的的精神。（见2012年北京师范大学真题）

2. 试比较社会本位论和个人本位论两种不同的教育价值取向。（见2010年北京师范大学真题）

3. 简述陶行知“生活教育”的主要观点。（见2014年北京师范大学真题）

4. 简述斯宾塞的主要教育思想。

【答】斯宾塞是19世纪英国著名的哲学家、社会学家和教育家，代表作是《教育论》。他的主要教育思想如下：

（1）生活准备说：斯宾塞提出了“什么知识最有价值”这一问题。并将评价知识价值的标准定义为对生活生产和个人发展的作用，知识对生活的作用越大则价值越大。根据这个标准，斯宾塞确定了教育的目的是“为完满生活做准备”。

（2）知识价值说：他认为科学的知识最有价值。我们应该力求把我们的时间拿去做最有意义的事情。最重要的问题不在于某些知识有无价值，而在于它的比较价值。

（3）科学教育论：以科学知识为中心，重视个人和社会生活，极大地推动了科学教育的发展，但同时也带有明显的时代局限性，如他的课程论带有个人主义、功利主义的色彩。

（4）课程论：将人类的活动分为五个部分。①直接有助于自我保全的活动；②获得生活必需品从而间接有助于自我保全的活动；③目的在于抚养和教育子女的活动；④与维持正常的社会和政治关系有关的活动；⑤把生活中的闲暇时间用于满足爱好和感情的各种活动。

三、论述题

1. 运用“人的发展的基本影响因素”原理分析现实生活中的“坏学生”是如何被制造的。

【答】（1）遗传在人的发展中的作用。

遗传是指人从上代继承下来的外在的和内隐的生理解剖上的特点，如机体的结构、形态、感官和神经系统的特点等。这些遗传的生理特点也叫遗传素质，是人的身心发展的物质基础和前提条件。遗传素质在人的身心发展中的作用：①遗传素质是人的身心发展的物质基础和前提条件，为人的身心发展提供了可能性。②遗传素质的发展过程制约着人的身心发展过程及其阶段。③遗传素质的差异性对人的身心发展有一定的影响作用。④遗传素质具有可塑性。⑤遗传素质在个体发展的不同阶段作用的大小不同，随着个体不断地发展，遗传素质的作用日益减弱。每个学生优势智能不同，有的语言智能、逻辑一数学智能等处于劣势，考不了较高的分数，就被定义为“坏学生”。

（2）环境在人的发展中的作用。

环境是指围绕在人们周围并对人的发展自发地产生影响的外部世界。它包括自然环境和社会环境两个方面。自然环境对人的发展具有一定的影响和作用，但是人是一切社会关系的总和，是社会动物，因此对人的发展具有主要影响意义的还是社会环境。环境在人的身心发展中的作用：①环境是人的发展的外部条件。②环境的给定性与主体的选择性。③环境对人的发展的作用离不开人对环境的能动活动。有些学生家庭环境不好，父母教养方式比较暴力，孩子有样学样，就比较容易欺凌其他同学，慢慢就成为“坏学生”，有些学生认识了一些行为习惯不好的朋友，受其影响，也会成为“坏学生”。

（3）个体的能动性在人的发展中的作用：①个体的能动性是在人的活动中产生和表现出来的。个体的活动、个体的社会实践是个体发展的决定性因素。②个体的能动性是人的发展的内在动力。人是社会历史活动的主体，而且是自身发展的主体，人在自身发展过程中也会表现出人所特有的能动性。遗传、环境、学校教育等外部因素会影响学生的发展，但是最终起决定作用的还是个体能动性，“坏学生”内心不够坚定，很容易受外部不良因素影响。

（4）学校教育主导作用有效发挥的条件：①受教育者的主观能动性与身心发展规律。②教育自身状况。③家庭环境的因素。④社会发展状况。有些教师不能针对学生的特点进行因材施教，看不到学生的优点；有的学生会自暴自弃，慢慢就变成教师眼中的“坏学生”。

2. 结合教学实际，评述奥苏伯尔“有意义接受说”。

【答】奥苏伯尔根据学习进行的方式，把学习分为接受学习和发现学习，又根据学习材料和学习者原有认知结构的关系把学习分为机械学习和有意义学习，并认为学生的学习主要是有意义的接受学习。

有意义学习的实质和条件：

（1）有意义学习的实质。

所谓有意义学习就是在所代表的新知识和学生认知结构中已有的适当观念之间建立起非人为的和实质性的联系。例如，要想使学生掌握等腰三角形的概念，学生的认知结构中必须具有和等腰三角形有关的三角形方面的知识。

（2）有意义学习的条件。

客观条件：①材料必须具有逻辑意义，是学生可以在心理上理解的；②材料应该是在学生学习能力范围之内的，符合学生的心理年龄特征和知识水平。

主观条件：①学习者要有有意义学习的意向或倾向性；②学习者认知结构中必须具有适当的知识基础；③学习者必须积极主动地使具有潜在意义的新知识与认知结构中有关的旧知识发生相互作用。

接受学习的界定及评价：

（1）奥苏伯尔认为学生的学习主要为接受学习，是通过教师的传授来接受事物意义的过程，是一种有意义的学习。

（2）对接受学习的评价。

接受学习是学习者掌握间接经验的主要途径，可以帮助学生获得大量的、系统的知识，便于储存和巩固，强调原有的认知结构和同化作用。但奥苏伯尔的接受学习的含义是模糊的，他未能弄清接受学习的本质，对其评价也有夸大之处。

3. 评价杜威的教育观。（见 2011 年北京师范大学真题）

4. 论述孟轲和荀况的人性论和教育观，分别说明其对现实教育的影响。

【答】孟轲的教育思想：

（1）“性善论”与教育作用。孟子从社会和个人两个方面论述了教育的作用：①孟子认为人人都具有恻隐之心、羞恶之心、恭敬之心、是非之心，即四个“善端”。②教育对个人的作用：扩充善性。仅有这些“善端”是不够的，必须加以扩充，使之达到完善的境地，就可以成为圣人。③教育对社会的作用：通过教育来扩充人性，进而达到国泰民安。

（2）“明人伦”与教育目的。孟子认为办教育的目的在于“明人伦”，教育就是通过实现“明人伦”来为政治服务的。

（3）“深造自得”的教育思想。孟子认为知识的学习并非从外而来，必须经过自己主动自觉地学习和钻研，有自己的收获和见解才能形成稳固而深刻的智慧。

荀况的教育思想：

（1）“性恶论”与教育作用：①“性伪之分”。与生俱来的本能是“性”，人的本性是恶的，因为人的本能中不存在道德和理智。②“性伪之合”。“性”与“伪”是有区别甚至是对立的，但是二者也是相互联系与统一的。只有二者结合才能实现对人的改造。③教育的作用是“化性起伪”。

（2）论教师。荀子把国家兴亡与教师的关系作为一条规律总结起来，把教师的地位提高到与天地、祖宗并列的地位。荀子认为教师应符合以下要求：①有威信和尊严；②要有丰富的经验和崇高的信仰；③能循序渐进，诵说不凌不乱；④见解精深而表述合理。

2013年江西师范大学333教育综合真题·凯程详解

一、名词解释

1. 德育（广义）

【答】德育的概念有广义和狭义之分，广义的德育是指教育者根据一定社会的要求和受教育者身心发展的规律，有目的、有计划、有组织地在受教育者身上培养所期望的政治素质、思想素质、道德素质、法律素质等，以促使他们成为合格的社会成员的过程。其包括政治教育、思想教育、道德教育和法律教育。

2. 教学（见2013年陕西师范大学真题）

3. 学科中心课程论

【答】学科中心课程论是指根据学校培养目标和科学发展，分门别类地从各门科学中选择适合学生年龄特征与发展水平的知识所组成的教学科目的教学理论。其中知识是课程的核心，学科专家在课程开发中起重要作用。

4. 元认知（见2010年华中师范大学真题）

5. 学制（见2019年北京师范大学真题）

6. 多元智能理论（见2011年华南师范大学真题）

二、简答题

1. 请说明教学过程中应处理好的几种关系。（见2011年东北师范大学真题）

2. 结合当前课程改革实际，谈谈课程实施的主要影响因素。

【答】（1）课程自身的特点：清晰、复杂和难易程度。

（2）学校内部因素，如学校教育改革的基础、学校教育理念、学校文化等都会影响课程的实施，其中校长和教师起决定作用。

（3）学校外部因素，如政府等权力机构对课程改革的理解与支持等对课程实施也会产生很大影响，这种支持表现在财政上、物质上和政策上；来自外部（家长、社区）的评价也会对课程本身的操作产生很大的影响。

3. 简述蔡元培的教育思想与实践。（见2013年北京师范大学真题）

4. 试析柏拉图的教育思想。（见2017年哈尔滨师范大学真题）

三、论述题

1. 假设你是乌鸦的老师，请设想你可以运用哪些教学方法可以让乌鸦喝到水。

【答】中小学常用的教学方法有：讲授法、谈话法、读书指导法、练习法、演示法、实验法、实习作业法、讨论法、研究法。假设我是乌鸦的老师，我会运用讲授法让乌鸦喝到水。

讲授法是教师通过语言系统连贯地向学生传授知识的方法，它可分为讲述、讲解、讲演。运用讲授法的要求：（1）讲授的内容要有高度的科学性、思想性和系统性；（2）讲授条理要清晰、层次要分明；（3）注意启发性；（4）讲授语言要准确简练、生动形象，有艺术性；（5）要讲究讲授的策略和方式。

乌鸦喝不到水的原因为：瓶口太小，瓶子里的水太浅，而他的嘴巴又过大。所以想喝水可以先让瓶子里的水上升，比如投石头进去；也可以让嘴巴变小，比如利用一根吸管。

2. 结合当前中国的教育现实评析卢梭的自然教育观。（见2012年华东师范大学真题）

3. 评述建构主义学习理论的基本观点。（见 2013 年华东师范大学真题）

4. 简要评述孔子的教育实践与教育思想。（见 2012 年北京师范大学真题）

2014 年江西师范大学 333 教育综合真题·凯程详解

一、名词解释

1. 教学（见 2013 年陕西师范大学真题）

2. 社会本位论（见 2011 年华东师范大学真题）

3. 潜在课程（见 2018 年北京师范大学真题）

4. 班级管理

【答】班级管理是一个动态的过程，它是教师根据一定的目的，采用一定的手段措施，带领全班学生，对班级中的各种资源进行计划、组织、协调和控制，以实现教育目标的组织活动过程。其根本目的是实现教育目标，使学生得到充分的、全面的发展。教师的管理与学生的管理合起来构成班级管理。

5.《学记》（见 2013 年东北师范大学真题）

6. 稷下学宫（见 2020 年北京师范大学真题）

二、简答题

1. 影响知识理解的因素。（见 2015 年北京师范大学真题）

2. 素质教育的含义。（见 2010 年东北师范大学真题）

3. 当代教师应具备什么样的职业道德素养?（见 2018 年北京师范大学真题）

4. 进步教育运动的发展过程。

【答】进步教育运动的发展大致经历了四个阶段：兴起、成型、转折、衰落。

（1）兴起：19 世纪末，帕克创造了昆西教学法，被杜威称作“进步教育之父”。早期的进步教育家都关心通过学校改变社会，强调个性发展，重视儿童的兴趣与能力，试图把学习和劳动，把抽象的和实用的以及个性的和社会的等因素结合起来。

（2）成型：第一次世界大战后，1919 年，科布发起成立进步教育发展协会，该协会后来改称美国进步教育协会，提出了进步教育的七原则；1924 年，协会创办《进步教育》杂志。

（3）转折：1929 年的大萧条严重影响美国进步教育运动的发展。一方面，它使进步教育运动发生转向，此前强调儿童中心，此后强调学校的社会职能，此外，教育中心从初等教育转向中等教育；另一方面，大萧条加剧了进步教育的分裂，改造主义正是其分裂的产物。

（4）衰落：1944 年，美国的进步教育运动进入衰落阶段，进步教育协会更名为“美国教育联谊会”，成为欧洲新教育联谊会的一个分会。1955 年，协会解散。1957 年，《进步教育》杂志停办，标志着美国教育史上一个时代的结束。

三、论述题

1. 结合实际，阐明启发性教学原则的含义和贯彻要求。（见 2012 年北京师范大学真题）

2. 评析陶行知的生活教育理论。（见 2014 年北京师范大学真题）

3. 试述建构主义的学习理论。（见 2013 年华东师范大学真题）

4. 论述蒙台梭利的幼儿教育思想及其对当前学前教育的指导意义。

【答】蒙台梭利出生于意大利，是 20 世纪杰出的幼儿教育家，也是西方教育史上与福禄培尔齐名的幼儿教育家。

（1）论幼儿的发展。蒙台梭利重视环境对儿童的影响，强调创造一种适合儿童身心发展的环境是进行自由教育的必要条件。她重视儿童心理的发展，认为儿童的心理发展存在四个显著的特点：其一，具有独特的心理胚胎期；其二，儿童发展是在工作中实现的；其三，发展具有敏感期；其四，发展具有阶段性。她认为教育的基本任务是使每个儿童的潜能在一个有准备的环境里得到自由的发展，使之成为一个自由独立的人。

（2）论自由、纪律与工作。蒙台梭利认为，真正科学的教育之基本原则是给儿童以自由，即允许儿童按其本性个别地、自发地表现。同时，儿童也是要守纪律的。在她看来，真正的纪律对于儿童来说必须是主动的，只能建立在自由活动的基础上，工作可起中介作用，将教育中根本对立的两个概念——“自由”与“纪律”有机地联系起来。

（3）幼儿教育的内容：①感官教育；②初步的知识教育，即读、写、算的练习；③实际生活练习。

蒙台梭利强调生物目的和社会目的的统一，将教师、儿童和有准备的环境三个要素结合起来。

评价：蒙台梭利继承和改造了裴斯泰洛齐和福禄培尔等教育家的思想，应用当时的医学、生理学、实验心理学知识，结合自己的实验，形成了自己的教育理论和方法体系。她的方法强调儿童有选择活动的自由，相信儿童有自我教育和自我约束的能力，重视儿童早期智力的发展。所有这些都是对当时盛行的传统教育的有力挑战，推动了20世纪初蓬勃兴起的新教育运动。

2015年江西师范大学333教育综合真题·凯程详解

一、名词解释

1. 道尔顿制（见2011年北京师范大学真题）
2. 班级授课制（见2016年北京师范大学真题）
3. 活动课程（见2013年东北师范大学真题）
4. 学校教育制度（见2019年北京师范大学真题）
5. 朱子读书法（见2015年东北师范大学真题）
6. 教育目的（见2015年北京师范大学真题）

二、简答题

1. 陶行知的生活教育理论。（见2014年北京师范大学真题）
2. 教育行动研究的一般过程。（见2019年首都师范大学真题）
3. 如何培养学生的问题解决能力?（见2010年华中师范大学真题）
4. 德育过程的规律。（见2019年北京师范大学真题）
5. 联系实际谈谈对教师专业技能和素养的认识。

【答】（1）教师的专业技能包括：①教学认知能力；②教学操作能力；③教学监控能力；④教育教学研究能力。教师的专业素养包括教师的专业技能。

（2）教师的专业素养。（见2014年北京师范大学真题）

三、论述题

1. 影响人发展的因素及对人的具体作用。（见2015年北京师范大学真题）
2. 论述学习动机的培养和激发。（见2012年华东师范大学真题）
3. 论述杜威的教育思想。（见2011年北京师范大学真题）

2016年江西师范大学333教育综合真题·凯程详解

一、名词解释

1. 教育目的（见2015年北京师范大学真题）

2. 教育行动研究（见2014年南京师范大学真题）

3. 认知发展阶段

【答】皮亚杰把人的认知发展分为四个阶段。其中感知运动阶段主要通过探索感知与运动之间的关系来获得工作经验，语言和表象尚未完全形成，这一阶段儿童思维具有客体永恒性；前运算阶段的儿童思维具有刻板性，尚未获得物体守恒的概念；具体运算阶段的儿童可以进行逻辑思维和群集运算；形式运算阶段的儿童已经完全具备假设——演绎思维、抽象思维和系统思维。

4. 班级授课制（见2016年北京师范大学真题）

二、简答题

1. 建构主义观点。（见2013年华东师范大学真题）

2. 活教育观点。（见2015年北京师范大学真题）

3. 简述教育心理学化。

【答】（1）裴斯泰洛齐的教育心理学化思想。（见2016年湖南师范大学真题）

（2）赫尔巴特的教育心理学化思想。（见2013年陕西师范大学真题）

4. 列举五种提高教育实验效度的方法。

【答】实验内在效度的高低取决于对无关变量控制的程度。提高教育实验效度主要是通过随机设置控制组、设计控制、统计控制等多种方法控制无关变量。

（1）使用设计组加以平衡。一个实验具体涉及两个组（实验组和控制组）或几个组，使得各个组的平均数及变异量尽可能接近相等。

（2）用随机、匹配或者让被试兼作自己的控制组以控制被试变量。

（3）设计控制。设计控制是通过组内设计（分配自变量的顺序）、效果平衡（采用实验组与控制组随机取样、随机分组，使无关变量平衡）以及拉丁方法，使被试变量在实验中产生的影响通过设计抵消。

（4）统计处理控制。统计控制是通过协方差分析，将实验组与控制组的数个变量测量出来，使用统计的方法，把他们的最初差异予以排除。

（5）恒定法。有些无法排除的无关变量，可以采取使这些变量在研究过程中保持恒常不变的方法，即所有的被试都接受相同的无关变量，把变量变为常量。

三、论述题

（1）案例中卢老师在发现和确定研究问题的过程中使用了哪些研究方法？

（2）针对卢老师的困惑，请为她选择一种研究方式，并从研究目的、研究过程、研究主体三个方面阐述作出这种选择的理由。

【答】（1）卢老师在发现和确定研究问题的过程中使用了观察法和访谈法。

（2）选择之一：教育行动研究。

理由如下：①在研究目的方面，教育实验研究侧重于因果关系或相关关系的探究，对理论研究更为适合；而对于卢老师要探索新的教学策略这一实践性强的研究目的来说，以改进实践为基本取向的教育行动研究更为适合。②在研究过程方面，教育实验要求严格的变量控制，难度高；而教育行动研究在实际情境中进行，无需严格的变量控制，对卢老师而言，相对简便易行。③在研究主体方面，教育实验中研究者与行动者的角色通常是分离的；而教育行动研究更强调行动者成为研究者，这对卢老师的专业发展更有好处。

选择之二：教育实验研究。

理由如下：①在研究目的方面，教育行动研究追求教育实践的改进；而教育实验研究更侧重于因果关系的探究，更有利于卢老师确证“扩展课外阅读”与“外来务工人员子女语文学习成绩”之间的因果关系。②在研究过程方面，教育行动的代表性均不强；而教育实验研究要求对变量做适度控制，研究过程的规范性强，研究结果的普适性高，更有利于卢老师研究成果的推广应用。③在研究主体方面，教育行动研究强调教师自己成为研究主体，受教师自身教育理论素养和研究视野的局限，研究有可能流于肤浅和零碎；而选择教育实验研究，卢老师的研究可以在学校科研顾问的指导下进行，这更有利于研究结果在理论上的概括和卢老师教育理论水平的提高。

2017年江西师范大学333教育综合真题·凯程详解

一、名词解释

1. 学校教育（见2010年华中师范大学真题）
2. 稷下学宫（见2020年北京师范大学真题）
3. 活动课程（见2013年东北师范大学真题）
4. 骑士教育（见2010年华东师范大学真题）
5. 学习迁移（见2011年湖南师范大学真题）
6. 学习动机（见2013年北京师范大学真题）

二、简答题

1. 教育的相对独立性。（见2010年华中师范大学真题）

2. 学校管理的基本环节及其联系。

【答】（1）基本环节：

①计划：对学校工作目标的全面设计和统筹规划。它是学校管理过程的起始环节，在管理活动中起着指明方向、规划进程、统一步调、提高效率的作用。

②实施：将计划付诸行动，使学校的人、财、物、时间、空间、信息等资源产生最大的实际效益与社会价值。学校管理者要做好组织、指导、协调和激励工作。

③检查：对计划的执行情况进行考核，其目的在于发现问题和解决问题，检查具有监督、考评和激励的作用。

④总结：就是对学校管理过程的计划、实施、检查工作进行分析、评价等反思性活动。

（2）相互关系：学校管理过程的四个环节是互相联系、互相制约、循序渐进、首尾相连的有机整体。计划统筹管理全过程；实施是计划的执行；检查是对组织实施的监督与检验；总结则是对计划、实施、检查的总体分析、评价以及改进建议。各环节之间，都存在反馈回路，以便对工作产生反思、提高和促进作用。

3. 王守仁的儿童教育思想及其意义。（见2016年北京师范大学真题）

4. 夸美纽斯的泛智思想及其现实意义。（见2020年湖南师范大学真题）

三、论述题

1. 论述德育过程是教师引导下学生能动的活动过程。

【答】（1）学生对环境影响的主动吸收。

学生在积极吸收社会和教育影响的活动中，不完全是被动的教育客体，是能能动地选择环境的主体，是教育影响的主体。外界的影响，只有通过自己的理解、选择、吸取与践行，才能内化为他们自己的观点立场，成长为他们的品德习性。

（2）教师对学生的积极教导。

教师的教导使学生品德健全，是学生发展的必不可少的指针和动力。教师有目的地组织引导学生积极参与丰富多彩的各种群体活动，是德育最有效的方式。

（3）外部活动与内部活动相互促进。

学生思想道德的形成，包含两种活动：一是学生的学习、研讨、劳动等外显的实践活动；二是学生在思想认识、情感、意志上展开的内隐心理活动。外显活动是可以直接观察的，内隐活动却不易察觉。而这两种活动是相互连接、相互促进的。所以，在德育过程中，我们一方面要组织好各种外显活动，来引导和激发学生的内隐心理活动。另一方面，学生的内隐心理活动一旦发动起来，又会表现出巨大的能动力量，将进一步推动学生思想品德的发展与提升。

2. 分析杜威关于教育本质的思想及其现实意义。（见 2018 年东北师范大学真题）

3. 运用记忆的规律分析教学实际中出现的“错一罚十”现象。

【答】（1）“错一罚十”的做法固然不可取，但也透着教师的无奈。记忆规律先上坡再下坡，开始记得快忘得也快，只有不断地巩固忘得才慢，直至完全记住，所以我们强调日复习、周复习、月复习。

（2）记忆规律包括以下几个方面：

①时间律：每次信息的重复输入，其维持记忆的时间是各不相同的。

②数量律：当需要记忆的材料数量偏大时，会给记忆带来困难。

③联系律：对新信息的记忆，通过各种形式的联想，形成新、旧知识之间有机联系的系统，是有利于知识储存的。

④转化律：记忆是一个不断巩固的过程，由瞬时记忆到短时记忆再到长时记忆有一个转化过程。

⑤强化律：强烈的、新的刺激能激起兴趣，使人感受突出，会使记忆强化。

教师采取“错一罚十”的做法大多只是让学生改掉做作业不认真的毛病，同时起到复习巩固的效果。但是它却容易使学生丧失学习兴趣、记忆的信心和主动性，对进一步学习产生一些心理障碍。因此，面对学生的种种缺点我们不该一味地训斥、惩罚他们，而应该耐心地教育他们，跟他们聊天，了解他们的内心世界，“对症下药”。我们要充分运用记忆的有关规律，组织好学生的学习。科学记忆方法的掌握和应用是提高记忆效果的重要途径之一。根据遗忘规律，科学安排复习可以进行有效记忆。心理学家艾宾浩斯经过实验研究表明，遗忘具有先快后慢的规律，那么根据这一规律，我们要及时地复习；要采取多样化的方式进行复习；要合理安排和分配复习时间；复习内容要系统化等，这样才能有效地组织复习。此外，提高记忆效果，还必须保持良好的精神状态。例如，注意力集中，保持充沛的精力，保持舒畅、愉快的心情，这些都是必要的，否则精神状态不佳，情绪不好将大大降低记忆的效果。

4. 你如何理解“好孩子”和“坏孩子”？这个材料对你有什么启示？

【答】美国哈佛大学心理学家加德纳提出的多元智能理论认为，人的智能是多元的，每个人都在不同程度上拥有着八种基本智能，只不过，不同个体的优势智能是存在差别的。所以说不存在什么“差等生”“坏孩子”，只存在有差异的学生，学生都是可教育的。

所谓“差等生”就是指那些不能达到基本教育要求，德、智、体全面发展水平较差或发展不平衡的学生。学生都是可教育的，没有哪个学生天生就是不想学好的，没有不可教的孩子。教育的力量是巨大的。

从这个故事中我们得到的启示：

（1）树立正确的学生观，关注学生全面和谐发展和个性发展，承认学生智能的差异性。平等公正地对待他们，尊重、理解、信任他们，使他们主动接受教育。

（2）正确评价学生，不能因为学生在某方面的智能差或很差，就认为学生是差生，很愚蠢。应该学会欣赏他们，一分为二地看待他们，找出教育的切入点，发现、引导、培育学生的优势智能。

（3）针对不同的学生，我们可以灵活采用多元化的教学方法。

2018年江西师范大学333教育综合真题·凯程详解

一、名词解释

1. 师生关系（见2017年西南大学真题）
2. 教师专业化（见2011年华东师范大学真题）
3. 有意义学习（见2014年华东师范大学真题）
4. 发现学习（见2017年华东师范大学真题）
5. 班级授课制（见2016年北京师范大学真题）
6. 支架式教学

【答】支架式教学是指教师或者其他助学者通过和学习者共同完成某项学习任务，为学习者提供某种外部支持，以帮助他们完成自己无法独立完成的学习任务，随着活动的进行，逐步减少外部支持，直到最后完全由学生独立完成任务为止。支架式教学包括预热、探索和独立探索三个环节。

二、简答题

1. 教育现代化的基本内涵。

【答】教育现代化是一个国家教育适应现代社会发展要求所达到的一种较高水平状态，是传统教育在现代社会中的转化，是包括教育思想、教育制度、教育内容、教育方法在内的教育整体转换运动。其核心是人的现代化。

教育现代化具体表现为：教育观的现代化；教育目标的现代化；教育结构的现代化；教育内容的现代化；教学手段和方法的现代化；教育理论和教育研究方法的现代化。

总之，教育现代化是一个有着诸多层面，内涵丰富，从低级向高级，从不完善走向完善的动态的、不断发展变化的过程。教育现代化的核心是实现人的现代化，特别是人的观念的现代化。

2. 昆西教学法。

【答】昆西教学法指美国进步教育运动的先驱者帕克在昆西学校和芝加哥库克师范学校进行教育改革实验所采取的新的教育方法和措施。其主要特征有以下几点：

（1）强调儿童应处于学校教育的中心地位。认为儿童具有内在的能力，能自发地从事学习和工作。教师必须了解儿童和他的本性，提供相应的条件，满足其要求和需要。

（2）重视学校的社会功能。强调学校应成为理想的家庭、完善的社区和民主政治雏形，在促进民主制度的发展方面发挥巨大作用。

（3）主张学校课程应尽可能与实践活动相联系。帕克认为这样做不仅可以唤起儿童学习的意愿，使他们专心致志，而且能摒弃以往抽象的、无意义的形式训练，并把各门学科统一起来，使学生获得整体的知识。因此，他围绕一个核心安排相互联系的科目，将学习的内容与儿童的日常生活相联系。

（4）强调培养儿童自我探索和创造的精神。帕克去世后，他的主要弟子之一库克将他的思想与杜威的思想融为一体并付诸实践，从而进一步发展了昆西教学法。

3. 教学中应处理好的几种关系。（见2011年东北师范大学真题）
4. 朱子读书法。（见2016年华东师范大学真题）

三、论述题

1. 马克思关于人的全面发展说。（见2017年华南师范大学真题）
2. 结合教学实例谈谈如何激发学生的内部动机。（见2012年华东师范大学真题）
3. 试评述中国教育史上两位教育家的教育思想。（见2014年山东师范大学真题）

4. 试述马卡连柯的教育思想。

【答】马卡连柯是苏联早期著名的教育理论家和实践家，其主要著作有《塔上旗》和《教育诗篇》等。

（1）集体和集体教育。马卡连柯集体教育的核心思想是“通过集体、在集体中、为了集体”，即教育工作的对象是集体，教育的主要方式是集体教育，换句话说，集体既是教育的主体，也是教育的客体。集体教育原则又叫作“平行教育影响”原则，意思是教师对集体和集体中的每一个成员的影响是同时的，教师和整个集体对每个成员的影响是同时的。

（2）纪律和纪律教育。纪律首先是教育的结果，当纪律形成以后才成为教育的手段。他主张实施纪律教育时要将严格要求与尊重相结合。具体方法包括诱导、督促、惩罚，但不许体罚。

（3）劳动和劳动教育。劳动教育的目的是发展儿童的体力、智力和培养他们从事生产劳动的技能、技巧，尤其是要使学生在道德上和精神上得到良好的发展。与当时苏联流行的看法不同的是，马卡连柯认为生产劳动与学校教学之间不需要任何的一致性，不能机械结合。

没有集体就不能进行集体教育和纪律教育，也无法组织劳动和进行劳动教育；没有劳动，不进行劳动教育，集体也就无法建立，真正的纪律教育也就不能顺利进行。

2019年江西师范大学333教育综合真题·凯程详解

一、名词解释

1. 课程（见2019年北京师范大学真题）

2. 学制（见2019年北京师范大学真题）

3. 苏格拉底法（见2011年北京师范大学真题）

4. 学习策略（见2015年北京师范大学真题）

5. “六艺”教育（见2012年华东师范大学真题）

6. 上位学习（见2016年湖南师范大学真题）

二、简答题

1. 简述班集体的培养措施。（见2014年华东师范大学真题）

2. 简述综合实践活动的性质。（见2013年江苏师范大学真题）

3. 简述孟子的教育思想及影响。（见2015年北京师范大学真题+2015年山西师范大学真题）

4. 简述影响人身心发展的基本因素。（见2015年北京师范大学真题）

三、论述题

1. 论述卢梭的自然主义教育思想及影响。（见2012年华东师范大学真题）

2. 论述陶行知的生活教育思想及当代价值。（见2014年北京师范大学真题）

3. 论述创造性的培养措施，并结合教学实践举例。（见2011年北京师范大学真题）

4. 新课改主张启发式教学。有的老师认为讲授法是注入式教学，应尽量减少讲授法在课堂中的使用。请评述这种观点。

【答】这种观点是片面的、错误的。

（1）讲授法是我国教育理论和教育实践中的传统教学方法。

作为一种传统的教学方法，因其简便、高效的特点，一直是我国中小学教师常用的、主要的教学方法。当然，讲授法在教育实践中的久盛不衰不仅与其自身的特点有关，还与我国的国情以及我国的教育传统有关。我国是一个人口大国，班级授课制以及师资缺乏的问题长期存在，在此情况下，讲授法因其快速、方便而成为教师有效传达教学信息的首选。

（2）具有启发性的讲授法适合新课改教育实践的需求。

新课程更加强调复杂学习情境的建构，强调学生的学习是在复杂情境中发生的。学生创新精神与实践能力都需要经过人类复杂的学习才能实现。具有启发性的讲授法虽然貌似简单和方便，却是一种蕴含着人的高级心理变化的教学方法，需要学生积极的思维活动才能使教学活动得以继续进行。因此，该教学方法适合复杂的人类认知情境，对蕴含复杂情境的创新精神和实践能力的培养应具有一定的作用。因此，具有启发性的讲授法适合新课改教育实践的需求。

（3）讲授法具有深厚的历史传统。

虽然从心理学基础来讲，具有启发性的讲授法适合新课改的要求，但是人们对讲授法的认识却是有历史联系的。每个时代、每个阶段，人们对讲授法的认识度不同，为了更深刻地把握讲授法在新课改背景下的意蕴，还需追溯讲授法发展的历史。讲授法有着深厚的历史传统，正是沿着这些历史传统的脉络，讲授法才得以持续成长，拥有新的时代内涵和功能，并在新时代中发挥作用，但是今天的讲授法一直有着昨日讲授法的时代烙印，因此，对其历史传统的认识有助于人们对讲授法的当代意蕴有更深的了解。

2020年江西师范大学333教育综合真题·凯程详解

一、名词解释

1. 学在官府（见2017年华中师范大学真题）

2. 德育过程（见2014年华东师范大学真题）

3. 教学（见2013年陕西师范大学真题）

4. 宫廷学校

【答】宫廷学校是一种设在国王或贵族宫廷中，主要培养王公贵族后代的教育机构，是欧洲主要的世俗教育形式。西欧最著名的宫廷学校是由阿尔琴管理的法兰克王宫的宫廷学校。宫廷学校主要学习“七艺”、拉丁语、希腊语。宫廷学校也有浓厚的宗教色彩，主要采用教会学校盛行的问答法。宫廷学校主要培养封建统治阶级所需要的官吏。

5. 元认知（见2010年华中师范大学真题）

6. 最近发展区（见2011年北京师范大学真题）

二、简答题

1. 蔡元培的教育独立思想。（见2013年北京师范大学真题）

2. 班级授课制的优点。（见2020年北京师范大学真题）

3. 学校管理的发展趋势。（见2020年华东师范大学真题）

4. 教师劳动的特点。（见2015年东北师范大学真题）

三、论述题

1. 赫尔巴特的教育思想及影响。（见2015年北京师范大学真题）

2. 问题解决措施并结合实例进行分析。

【答】（1）问题解决的措施。（见2010年山东师范大学真题）

（2）实例。

①算法式。

算法是指为达到某一个目标或解决某个问题而采取的一步一步的程序。例如，要解决这样的问题：1+2+3+4+5+……+10000=？如果用连加的算法，虽也能获得最终答案，但是非常烦琐。

②启发式。

启发式就是指根据目标的指引，试图不断地将问题状态转换成与目标状态相近的状态，只试探那些对成功趋向目标状态有价值的操作，也就是使用一般的策略试图解决问题。

a. 手段—目的分析法。手段—目的分析法是指将目标划分成许多子目标，将问题划分成许多子问题后，寻找解决每一个子问题的手段。例如，写一篇 20 页的论文对于某些学生而言是十分头痛的问题，但如果将这个任务划分成几个子任务，如选题、查找信息资料等，他们就可能表现得好一些。

b. 逆向反推法。逆向反推法是在寻求解答时从问题目标状态开始逐步倒推到初始状态。例如，如果 3 周之内要让编辑部收到文章，那么作者就必须在某一天发邮件提交稿件，在某一天修改好文本，在某一天打完草稿等。

c. 爬山法。爬山法的基本思想是设立一个目标，然后，选取与起始点邻近的未被访问的任一节点，向目标方向运动，逐步逼近目标。例如，医生在给慢性病人用药时常常用这种方法来确定药的剂量。

d. 类比思维法。当面对某种问题情境时，个体可以运用类比思维法，先寻求与此有些相似的情境的解答。如当人们第一次发明潜艇后，工程师们就要想办法让战舰确定潜艇隐藏在海下的方位，于是开始研究蝙蝠导航机制，发明了声呐，并将其运用于潜艇的定位。

3. 陈鹤琴的活教育思想。（见 2015 年北京师范大学真题）

4. 培养班主任的素质。

【答】（1）教师劳动的特点。（见 2015 年东北师范大学真题）

（2）班主任素质的要求。（见 2015 年华东师范大学真题）

广西师范大学

2010 年广西师范大学 333 教育综合真题·凯程详解

一、名词解释

1. 教育活动的基本要素

【答】教育活动的基本要素包括教育者、受教育者（或称学习者）和教育影响。

2. 教育目的的价值取向

【答】所谓教育目的的价值取向，是指教育目的的提出者或从事教育活动的主体依据自身的需要对教育价值做出选择时所持有的一种倾向。在教育目的的价值取向上，争论最多、影响最大、最具根本性的问题，是教育活动究竟是应注重满足人的个性发展需要，还是应注重满足社会发展需要。由此，构成了教育目的选择上的两种典型的价值取向，即个人本位论和社会本位论。

3. 特朗普制（见 2018 年杭州师范大学真题）

4. 动机

【答】动机指促使人从事某种活动的念头，在心理学上一般被认为涉及行为的发端、方向、强度和持续性。动机为名词，在作为动词时则多称作“激励”。在组织行为学中，激励主要是指激发人的动机的心理过程。激发和鼓励，使人们产生一种内在驱动力，是使之朝着所期望的目标前进的过程。

5. 气质

【答】气质，中国哲学术语，指人的生理、心理等素质，是相当稳定的个性特点。它也指人的风度、模样。气质最早由宋朝理学家张载提出，用来指称人类先天的不同禀赋。这是宋明理学很重要的探讨课题，他认为，因为人类的天生禀赋（气）不同，使得人类在出生时有不同的个性，但是这些不同的个性都可能因为后天的修养与阅读而有所改变（变化气质）。

二、简答题

1. 怎样理解教学过程是一种特殊的认识过程?

【答】教学过程是一个包括认识和实践两个方面的活动过程，是一个认识与实践统一的过程。

（1）学生的认识对象具有特殊性。人们认识世界的过程是向尚未发现的客观真理进行探索的过程。在教学过程中，学生认识的对象主要体现在一定的教学内容中，不是直接去发现人们未知的东西，而是接受前人已经总结出来的各门学科知识，以学习间接经验为主。这样，学生就有可能在最短的时间内去掌握前人经过漫长的岁月才能获得的知识。

（2）学生的认识条件具有特殊性。教学活动和人们向未知世界探索的活动不同。教学过程中学生的认识活动是在教师指导下进行的。教师把学校的一切有利条件、合适的教学内容、科学的教学方法组成适合学生一定发展阶段和水平的某种教学模式，从而引导学生完成学习任务。这样，使学生避免或减少认识上的失误，少走弯路。

（3）学生的认识任务具有特殊性。教学过程中学生的认识活动，不仅要掌握知识、技能，而且还要发展智力，形成科学的世界观和共产主义道德品质。因此，教学过程是一个培养人的过程，这一点和科学家探索真理以及人们一般认识事物的过程是不同的。

2. 简述学科课程论的基本观点。

【答】（1）含义：学科课程指根据各级各类学校培养目标和学生的发展水平，分门别类地从各学科中选择知识，并按照学科的逻辑组织学科内容的课程。各科目都有特定的内容、一定的学习时数、一定的学习期限和各自的逻辑系统。学科课程具有结构性、系统性、简约性等特点。

（2）优点：①学科课程提高了教学效率，这种课程按照严谨的知识结构进行组织，非常有助于学生学习和巩固基础知识；②学科课程最能体现知识的系统性；③学科课程能够突出教师的引导性和价值性，易于教师教学，也易于进行评价。

（3）缺点：①学科课程不重视学科之间的相互联系，造成和加深了学科的分离；②不利于联系学生的生活实际和社会实践；③不重视学生的兴趣和需要，限制了学生的主体性。

3. 说明学生掌握知识的基本阶段。（见 2016 年南京师范大学真题）

4. 教师如何激发学生的内在学习动机?（见 2012 年华东师范大学真题）

三、论述题

1. 简述人本主义学习观及其对教学改革的意义。（见 2017 年华中师范大学真题）

2. 联系实际谈谈如何培养学生问题解决的能力。（见 2010 年华中师范大学真题）

2011 年广西师范大学 333 教育综合真题·凯程详解

一、名词解释

1. 教学过程

【答】教学过程是指教学活动的展开过程，是教师根据一定的社会要求和学生身心发展的特点，借助一定的教学条件，指导学生主要通过认识教学内容从而认识客观世界，并在此基础之上发展自身的过程。教学过程也是学生在教师指导下进行的学习实践活动。教师是教学过程中的基本要素之一。

2. 课程标准（见2015年北京师范大学真题）

3. 苏格拉底法（见2011年北京师范大学真题）

4. 发现学习（见2017年华东师范大学真题）

5. 心智技能（见2016年北京师范大学真题）

6.《学记》（见2013年东北师范大学真题）

二、简答题

1. 简述教师的基本素养。（见2014年北京师范大学真题）

2. 简述陶行知的生活教育思想。（见2014年北京师范大学真题）

3. 简述卢梭的自然教育理论。（见2012年华东师范大学真题）

4. 简述马斯洛的需要层次理论。（见2013年西南大学真题）

三、论述题

1. 试述教育的社会流动功能及其意义。（见2010年北京师范大学真题）

2. 试述文艺复兴时期人文主义教育的特征。（见2011年华东师范大学真题）

3. 试述加德纳的多元智力理论及其启示。（见2019年华东师范大学真题）

4. 试述掌握知识与发展智力的关系。（见2012年东北师范大学真题）

2012年广西师范大学333教育综合真题·凯程详解

一、名词解释

1. 教育的负向功能

【答】教育的负向功能是指教育这一系统和文化活动在作用于社会和人（环境）时，在其对人和社会的发展起促进作用即产生正功能时，它对社会和人（环境）产生的消极作用。所谓消极作用是指教育在作用于社会和人时，所产生的与主观期望结果不一致，非参与者所明确知晓的后果。教育对社会和人（环境）的消极作用及对社会和个人（环境）的积极作用是同时发生、相伴产生的。

2. 培养目标（见2016年东北师范大学真题）

3. 教学设计（见2016年首都师范大学真题）

4. 课程内容（见2018年山东师范大学真题）

5. 有意义学习（见2014年华东师范大学真题）

6. 陈述性知识（见2017年浙江师范大学真题）

二、简答题

1. 在信息时代，如何认识学校教育的主导作用？

【答】（1）学校教育是社会环境中的一个重要组成部分，它是一个特殊的环境，是按照人的身心发展这种特殊需要而组织起来的环境。与遗传素质、环境（家庭和儿童生活周围的社会环境）相比，教育在青少年儿童的身心发展中起主导作用。

（2）学校教育在人的身心发展中起主导作用的原因包括：

学校教育是一种有目的、有计划、有组织、系统地进行培养人的活动；学校教育工作是由受过专门训练和培养的教师或教育工作者来进行的；学校教育可以把遗传素质提供的可能性、自发的环境影响以及个人主观努力纳入正规教育轨道，以促进青少年儿童的发展。

2. 如何理解发展智力与掌握知识的关系?（见 2012 年东北师范大学真题）

3. 加德纳的多元智力发展理论。（见 2019 年华东师范大学真题）

4. 建构主义理论的核心观点。（见 2013 年华东师范大学真题）

三、论述题

1. 论述分科课程与综合课程的关系及其对我国基础教育课程改革的启示。（见 2020 年江苏师范大学真题）

2. 论述创造性思维的培养方法。（见 2011 年北京师范大学真题）

2013 年广西师范大学 333 教育综合真题・凯程详解

一、名词解释

1. 教学目标（见 2012 年南京师范大学真题）

2. 教学模式（见 2014 年杭州师范大学真题）

3. 课程标准（见 2015 年北京师范大学真题）

4. 发展思维

【答】发展思维是指人类个体出生后的成长过程中思维的发生和发展。它是儿童心理学的重要研究课题。它不但对哲学认识的研究具有重大的理论意义，而且对社会实践特别是教育实践具有重大的现实意义。迄今为止，人们虽然明了思维发展中的某些问题，但还有很多事实和规律属于未知的王国。有关思维发展的研究，一般可按年龄分为几个主要的阶段。

5. 高原现象（见 2010 年杭州师范大学真题）

二、简答题

1. 简述教学过程的基本环节。

【答】从教学的主要方面看，备课、上课、课外作业的布置和批改、课外辅导和学业考评构成教学工作的基本环节。

（1）备课：备课是上好课的先决条件。教师要备好课，就必须做好以下工作：第一，认真钻研教材；第二，深入了解学生；第三，合理选择教学方法。

（2）上课：上课是教学的中心环节，提高教学质量的关键是上好课。一节好课的标准是：目的明确、内容正确、方法恰当、组织有效、积极性高、表达清晰。

（3）课外作业的布置与批改：布置课外作业对于学生巩固知识、锻炼能力具有重要作用。

（4）课外辅导：课外辅导是适应学生个别差异，实行因材施教的一个重要措施。它是上课的一种补充形式，但不是上课的继续。课外辅导可以分为个别辅导和集体辅导两种形式。

（5）学业考评：学业考评可通过书面考试、口试、实验操作考试等多种形式来实施。

2. 简述教育的文化功能。（见 2016 年北京师范大学真题）

3. 说明智力因素和非智力因素的关系。（见 2016 年北京师范大学真题）

4. 简述反馈的作用。

【答】反馈作用由一个功能系统来完成。反馈就是把系统的输出返回送到系统的输入，以减少外界因素对系统输出的影响。反馈有正负之分，正反馈是输出强化输入，负反馈是输出控制输入，并调整过度行为，矫正最佳值的偏差。因此，反馈是一种调整输出使其接近平衡状态的方法。反馈作用在学术文献中的解释是：反馈作用是指测试对教学所产生的影响。反馈作用有积极和消极之分。能对教学有良好的指导意义，对学生的学习起督促和促进作用的是积极的反馈。

三、论述题

1. 论述我国基础教育课程改革的目标。(见 2014 年陕西师范大学真题)

2. 分析影响能力形成的原因和条件。

【答】能力的形成与发展受多种因素的影响，既包括先天素质，也包括后天因素。

(1)先天素质的影响。先天素质是人们与生俱来的解剖生理特点，它包括感觉器官、运动器官以及神经系统和脑的特点。它是能力形成和发展的自然前提和物质基础，但并不能由此而得出能力(主要指智力)由遗传决定的结论。第一，先天素质本身就不完全是通过遗传获得的，有些是因胎儿期受母体环境的各种变异的影响，这些危害是先天因素造成的而非遗传因素。第二，先天素质只能为能力提供形成与发展的可能性，并不能预定或决定能力的发展方向。第三，同样的先天素质可能发展多种不同的能力，而良好的先天素质由于没有受到良好的培养和训练，能力也不可能得到应有的发展。

(2)环境、教育对能力形成与发展的影响。

①产前环境及营养状况的影响。胎儿生活在母体的环境中，这种环境对胎儿的生长发育及出生后智力的发展，都有重要的影响。

②早期环境的作用。在儿童成长的整个过程中，智力的发展速度是不均衡的，往往先快后慢。

③教育条件的影响。一个人能朝什么方向发展，发展水平的高低、速度的快慢，主要取决于后天的教育条件。

(3)实践活动的影响。实践活动是人与客观现实相互作用的过程，是人所特有的积极主动的运动形式。前面提到的素质和环境、教育是能力形成的重要因素，但这些因素只有在实践活动中才能影响能力的形成与发展，因此可以说实践活动是能力形成与发展的必要条件。

(4)其他个性因素的影响。环境和教育是能力形成与发展的外部条件，外因必须通过内因起作用。一个人要想发展能力，除必须积极地投入到实践中去之外，还要充分发挥自身的主观能动性——积极的个性心理特征，即理想、兴趣及勤奋和不怕困难的意志力。

2014 年广西师范大学 333 教育综合真题·凯程详解

一、简答题

1. 简述人本主义教学理论。(见 2017 年华中师范大学真题)

2. 简述皮亚杰的认知发展阶段理论。(见 2012 年东北师范大学真题)

3. 简述多元智力理论的教育意义。(见 2019 年华东师范大学真题)

4. 简述生活教育理论的基本内容。(见 2014 年北京师范大学真题)

二、论述题

1. 分析基础教育课程改革面临的瓶颈及其对策。

【答】瓶颈：

(1)观念问题：由于传统教学理念和教学模式根深蒂固，形成了一种难以扭转的巨大惯性，使新课改的效果大打折扣。

(2)师资问题：不少教师面对新的教学内容，失去了已有的教学参考书，不少人不知所措，不懂得如何备课、如何教学，必然会影响新课程的实施。

(3)培训问题：由于小学教师队伍比较庞大，集中培训有一定的难度，也没有经费，无法做到全员系统地培训。因此，能真正地理解新课程，掌握新教材的教师为数不多。

(4)课程问题：我国各地之间差异较大。教材内容要想适应各地的学生需求，难度极大。

(5)设备问题：没有相应设备，要想改变课堂教学方式，激活课堂教学存在一定的难度。

（6）管理问题：课程实施时必须健全与之相适应的管理机制。

（7）评价问题：考试评价与课改的要求不统一，是当前严重制约课改深入的主要“瓶颈”。

解决策略：

（1）课改离不开多元文化的互动。（2）合理的课程结构是课改的核心。（3）健全教师评价体系是课改的保证。（4）改变学生的学习方式。（5）减轻学生作业是提高学习质量的前提。

总而言之，基础教育课程的改革是社会发展的需要，教育在人类和社会发展中将起着越来越大的作用。优先发展教育，高度重视教育的改革与发展，将成为社会发展的重要特征。21 世纪教育应更加注重质量和人才素质的培养，注重人才个性的发展，充分发挥教师的教育能力。

2. 评述杜威的教育本质观。（见 2018 年东北师范大学真题）

2015 年广西师范大学 333 教育综合真题 · 凯程详解

一、简答题

1. 教育的生态功能。（见 2020 年华东师范大学真题）

2. 教育目的的“个人本位论”。（见 2013 年北京师范大学真题）

3. 陶行知的生活教育理论。（见 2014 年北京师范大学真题）

4. 苏格拉底的“产婆术”。（见 2013 年东北师范大学真题）

5. 奥苏伯尔的有意义学习理论。（见 2013 年北京师范大学真题）

二、论述题

1. 联系实际教学，阐述学生学习动机的培养。（见 2012 年华东师范大学真题）

2. 联系实际教学，论述问题解决能力的培养。（见 2010 年华中师范大学真题）

2016 年广西师范大学 333 教育综合真题 · 凯程详解

一、名词解释

1. 教育的社会流动功能

【答】教育的社会流动功能是指社会成员通过教育的培养筛选和提高，能够在不同的社会区域、社会层次、职业岗位、科层组织之间的转换调整和变化，以充分发挥其个性特长，展现其智慧才能，实现其人生抱负。按其流向可分为横向流动功能与纵向流动功能。

2. “六艺”（见 2012 年华东师范大学真题）

3. 遗传

【答】遗传一般是指亲子之间以及子代个体之间性状存在相似性，表明性状可以从亲代传递给子代，这种现象称为遗传。但在遗传学上，遗传是指遗传物质从上代传给后代的现象。目前已知地球上现存的生命主要是以 DNA 作为遗传物质。遗传对于优生优育是非常重要的因素之一，除了遗传之外，决定生物特征的因素还有环境，以及环境与遗传的交互作用。

二、简答题

1. 智力因素与非智力因素的关系。（见 2013 年广西师范大学真题）

2. 夸美纽斯的教育思想。（见 2016 年西南大学真题）

3. 布鲁纳的认知—发现说。

【答】（1）学习的实质在于主动地形成认知结构。布鲁纳反对行为主义学习观，主张认知学习观。他认为，学习的本质不是被动地形成刺激—反应的联结，而是使学生主动地形成认知结构。学习者不是被动地接受知识，而是主动地获取知识。不论是认识一种样式，掌握一个概念，解决一个问题，还是发明一个科学理论，对学生来说都是一个主动的过程。学习者通过把新获得的信息和已有的认知结构联系起来，进而积极地构建他的知识体系。

（2）学习包括获得、转化和评价三个过程。布鲁纳认为，学习一门学科，包括三个几乎同时发生的过程。这三个过程是：①新知识的获得；②知识的转化；③知识的评价。布鲁纳认为，学习任何一门学科的最终目的是构建学生良好的认知结构。因此，教师应明确所要构建的学生的认知结构包含的要素，采取有效措施帮助学生通过获得、转化、评价去掌握新知识，从而使学科的知识结构转变为学生的认知结构，使书本的知识转化为学生自己的知识。

4. 建构主义。（见 2013 年华东师范大学真题）

三、论述题

1. 个人本位论。（见 2010 年北京师范大学真题）

2. 人格差异与教育。

【答】心理学研究人格差异，就是为了在教育和心理治疗方面为教师提供心理依据。培养学生良好的人格，是学校教育义不容辞的责任。人格差异研究对教育的借鉴意义主要表现在：

（1）教师应具有学校心理学的知识，以培养学生完整健康的人格。

（2）在活动中培养良好的人格。

（3）在集体中形成良好的人格。

（4）提高学生的自我教育能力。要培养学生形成良好的人格，学生自身的作用是必不可少的。提高学生的自我教育能力，主要包括四个方面的内容：①提高学生认知水平及道德判断推理能力；②自我体验的深化；③自我控制的监督；④进行主体内省。

3. 陈鹤琴的活教育。（见 2015 年北京师范大学真题）

2017 年广西师范大学 333 教育综合真题·凯程详解

一、简答题

1. 夸美纽斯的教育思想。（见 2016 年西南大学真题）

2. 黄炎培的职业教育。（见 2018 年华中师范大学真题）

3. 文化对教育的影响。（见 2017 年山东师范大学真题）

4. 教育的生态功能。（见 2020 年华东师范大学真题）

5. 影响知识理解的因素。（见 2015 年北京师范大学真题）

二、论述题

1. 论述教育的本质特点。

【答】（1）教育是培养人的活动。

这一本质属性贯穿于一切教育之中。从古至今，以至未来，只要有培养人的职能的活动存在，就可称之为“教育”，如果失去了培养人的职能，那么也就不称为“教育”了。教育的质的规定性在于它是根据一定社会的要求培养人的活动。

（2）教育是教育者促使受教育者身心发展的过程。

①人生下来就带来了人在进化、在历史进程中沉淀下来的历史烙印。人的生理素质为人类所特有，教育的重要内容之一，就是“引发”人的生理的、心理的素质得以发展，使人的原始的、丰富的素质呈现出来。这可以称为人的本质的“外化”。

②人不仅是自然的实体，还是社会的实体。人总是在一定的文化环境中生活，人所处的环境中的文化，给人的心理以潜移默化的影响。这种影响完全是一种不自觉的过程，即“文化无意识”的作用，广义的教育，实际就是“文化内化”的过程。

③人在其现实性上，又是社会关系的总和。人总是具体的人，而不是抽象的人。教育的特定职能，就是按照社会要求造就一定社会所要求的人。教育过程就是教师凭借一定的手段，将特定的内容转化于受教育者的主体之中的过程，教育过程以动态的形式表现出来，而结果则以静的形态存在于受教育者的主体内部，教育对象化了，而对象被加工了。教育者的教育，结果就是培养社会所需要的社会成员。

2. 认知方式的差异及其教育含义。

【答】认知过程指学生借以获得信息、做出计划和解决问题的心理过程。这个过程存在着个体之间的认知方式和认知能力等方面的个别差异。

（1）认知方式的差异。认知方式又称认知风格，是个体在知觉、思维、记忆和解决问题等认知活动中加工和组织信息时所显示出来的独特而稳定的风格。学生间认知方式的差异主要表现在场独立型与场依存型、冲动型与沉思型、辐合型与发散型等方面。

（2）智力差异。由于智力是个体先天禀赋和后天环境相互作用的结果，个体智力的发展存在明显的差异，包括个体差异和群体差异。

（3）认知差异的教育含义。教师应该帮助学生了解自己的认知方式，教师也要明确地适应认知方式的两类教学策略：一是匹配策略，即采用与学习风格一致的教学策略；二是失配策略，即采取学生缺乏的认知风格进行教学，这是一种弥补性的教学。学生认知风格的多样性，要求教师改变单一的教学方式，采用各种教学法。

2018年广西师范大学333教育综合真题·凯程详解

一、名词解释

1. 微课

【答】微课是指以视频为主要载体，记录教师在课堂内外教育教学过程中围绕某个知识点（重点、难点、疑点）或教学环节而开展的精彩的教与学活动的全过程。

2. 教学效能感

【答】教学效能感是指教师对自己影响学生学习行为和学习成绩能力的直观判断。这种判断，会影响教师对学生的期待、对学生的指导等行为，从而影响教师的工作效率。

3. 讲授法（见2010年华中师范大学真题）

二、简答题

1. 简述影响学生发展的因素。（见2015年北京师范大学真题）

2. 简述朱子读书法。（见2016年华东师范大学真题）

3. 简述斯宾塞的科学教育思想。（见2013年杭州师范大学真题）

4. 简述教师权威的构成和来源。

【答】教师权威是教师权力的一种特殊形式，它通过命令来安排或联合其他行动者的行动。这些命令之所以有效，是因为被命令者认为这些命令是合法化的。教师权威实质上是“合法性权力”，而权力是借助赏罚能力而使他人服从的。教师权威主要体现在师生关系中教师对学生的影响力，这种影响力必定是学生积极认可、内心信服的。

教师权威按其来源，可分为三种：(1)身份与地位权威。教师是社会文化的继承者，具有优良的人格特质，其思想言行为学生表率，其身份与地位为社会所尊重。(2)法定权威。教师可以依据学校规章制度，对学生的学习和言行提出要求，对不遵从指示或规章的学生，予以处分。(3)专业权威。优秀教师高度的专业知识、技能和教学能力及其在教学方面的优良表现，是赢得学生信赖的保证。

三、论述题

1. 根据记忆遗忘规律论述促进记忆和保持知识的方法。

【答】(1)记忆遗忘规律。(见2017年江西师范大学真题)

(2)促进记忆和保持知识的方法：

①明确记忆要求，增强知识巩固的自觉性。②深度加工材料。认知心理学研究表明，如果人们在获得信息时对它进行深度加工，那么这些信息的保持效果就可得到提高，并有利于信息的提取和回忆。③有效运用记忆术。记忆术是运用联想的方法对无意义的材料赋予某些人为意义，以促进知识保持的策略。④进行组块化编码。所谓组块，是指在信息编码过程中，利用储存在长时记忆系统中的知识经验对进入到短时记忆系统中的信息加以组织，使之成为人所熟悉的有意义的较大单位的过程。⑤适当过度学习。所谓过度学习，是指在学习达到刚好成诵以后的附加学习。过度学习并不意味着复习次数越多越好，一般认为学习的熟练程度达到150%时，记忆效果最好。⑥合理进行复习。a. 及时复习；b. 分散复习；c. 反复阅读与背诵结合。

2. 根据法律法规和教育理论，分析未成年人保护应遵循的原则。

【答】根据我国《未成年人保护法》第4条的规定，保护未成年人的工作，应当遵循下列原则。

(1)保障未成年人的合法权益的原则。

它是我国未成年人保护工作的目的。合法权益，简单地说，就是公民实际享有的、符合法律规定的权利和利益。规定公民合法权益的法律很多，如《宪法》《民法》《诉讼法》《婚姻法》等。保障未成年人的合法权益，要求国家、社会和家庭共同行动，防治侵害未成年人合法权益的行为的发生，并救济、恢复已经被侵害的权益。

(2)尊重未成年人的人格尊严的原则。

人格是人能作为权利、义务主体的资格，是人身权的基本内容。侵犯未成年人的人格尊严，对他们的心理和身体造成的伤害十分严重，尊重未成年人的人格尊严，尤其重要。

(3)适应未成年人身心发展的特点的原则。

它包括两个方面，即未成年人的身体发展特点和心理发展特点。未成年人的身心健康和顺利发展，对未成年人的一生都非常重要。因此，未成年人保护工作要研究这些特点，遵循这些特点。

(4)教育与保护相结合的原则。

教育就是通过一定手段，将知识技能等传授给未成年人，它是未成年人学习、掌握知识的重要途径。未成年人具有很大的可塑性，教育可将他们培养成为全面发展的合格的社会主义事业的接班人。同时，也将对未成年人起到保护作用，大大地增强未成年人抵御外界侵害的能力，实现自我保护。但是，教育只是未成年人的自我完善，不能等于或者代替未成年人保护工作。因此，绝不能放松对未成年人的保护工作，要把对未成年人的教育和保护结合起来。

2019 年广西师范大学 333 教育综合真题·凯程详解

一、名词解释

1. 德育（见 2015 年华南师范大学真题）

2. 教师期待效应（见 2012 年首都师范大学真题）

3. “三纲领八条目”（见 2018 年浙江师范大学真题）

二、简答题

1. 我国中小学的教学原则。（见 2018 年东北师范大学真题）

2. 孔子的教学思想。（见 2012 年北京师范大学真题）

3. 皮亚杰的认知发展理论。（见 2012 年东北师范大学真题）

4. 赫尔巴特的教学思想。（见 2015 年北京师范大学真题）

5. 陶行知教学思想和杜威教学思想的比较。（见 2016 年天津师范大学真题）

三、论述题

1. 教育学的产生和发展。（见 2011 年江西师范大学真题）

2. 蔡元培的教育思想和实践对中国近代教育的贡献和影响。（见 2013 年北京师范大学真题）

2020 年广西师范大学 333 教育综合真题·凯程详解

一、名词解释

1. 有教无类（见 2010 年北京师范大学真题）

2. 教学环境

【答】教学环境包括物质环境和社会环境两个方面。在教育心理学看来，教学环境不仅是课堂管理研究的主要范畴，也是学习过程研究和教学设计研究所不能忽视的重要内容。

3. 同化（见 2016 年东北师范大学真题）

4. 图式（见 2010 年辽宁师范大学真题）

二、简答题

1. 宋代书院在教学和管理方面的特点。（见 2017 年华中师范大学真题）

2. 自然主义教育理论。（见 2012 年华东师范大学真题）

3. 教育起源的几种理论。

【答】（1）神话起源说。

宗教认为教育是由人格化的福（上帝或天）创造的，教育体现神或上天的意志，使人皈依于神或顺从于天。这种观点是根本错误的，是非科学的。

（2）生物起源说。

勒图尔诺、沛西·能认为教育起源于动物界的生物本能。它的根本错误在于没有把握人类教育的目的性和社会性，没能区分出人类的教育行为与动物类养育行为的差异。

（3）心理起源说。

孟禄认为教育起源于日常生活中儿童对成人的无意识模仿。这种观点也是错误的，虽然它将动物排除在外了，但是它认为的“无意识模仿”仍然是先天的，不是后天的，是本能的。

（4）劳动起源说。

米丁斯基、凯洛夫等人认为教育起源于劳动过程中社会生产需要和人的发展需要的辩证统一。马克思主义者认为劳动起源说是正确的起源学说。

4. 美国《国防教育法》的主要内容。（见 2014 年华东师范大学真题）

5. 心智技能与运动技能的关系。

【答】运动技能又叫操作技能、动作技能，是通过学习而形成的合乎法则的操作活动方式。它是指由一系列的外部动作以合理的程序组成的操作活动方式，如骑车、体操、书写等。

心智技能也称智力技能、智慧技能，是指借助于内部言语在人脑中进行的认知活动方式，如默读、心算、写作等。

联系：①操作技能一般是心智技能形成的最初依据和外部体现的标志，心智技能的形成常常是在外部操作技能的基础上，逐步脱离外部动作而借助内部言语实现的；②心智技能往往又是外部操作技能的调节者和必要组成部分，复杂的操作技能往往包含认知成分，需要学习者智力活动的参与，手脑并用才能完成；③二者相辅相成、相互制约、相互促进。

三、论述题

1. 结合实际论述教育的社会功能。（见 2014 年北京师范大学真题）

2. 教育心理学化运动的形成、发展与影响。（见 2020 年哈尔滨师范大学真题）

四川师范大学

2010 年四川师范大学 333 教育综合真题 · 凯程详解

一、名词解释

1. 人的发展（见 2019 年华中师范大学真题）

2. 学校教育制度（见 2019 年北京师范大学真题）

3. 课程（见 2019 年北京师范大学真题）

4. 骑士教育（见 2010 年华东师范大学真题）

5. 二舍法（见 2013 年北京师范大学真题）

6. 耶克斯－多德森定律

【答】依据耶克斯－多德森定律，各种活动都存在一个最佳的动机水平，动机不足或过分强烈，都会使工作效率下降。动机的最佳水平随任务性质的不同而不同，在比较容易的任务中，工作效率随动机的提高而上升。随着任务难度增加，动机的最佳水平有逐渐下降的趋势，也就是说，在难度较大的任务中，较低的动机水平有利于任务的完成。

二、简答题

1. 简述斯宾塞的知识价值论。（见 2012 年江西师范大学真题）

2. 简述晏阳初的“四大教育”与“三大方式”。（见 2017 年湖南师范大学真题）

3. 简述罗杰斯的自由学习原则。（见 2010 年东北师范大学真题）

4. 简述韦纳的归因理论及其在教学中的应用。（见 2019 年北京师范大学真题）

三、论述题

1. 论述教育的社会制约性。（见 2012 年华南师范大学真题）

2. 在教学过程中应当处理好哪些关系？并联系实际加以论述。（见 2011 年东北师范大学真题）

3. 试述道家、墨家、法家教育作用观的异同。

【答】（1）道家、墨家、法家的教育作用观：

①道家。

道家主张培养能够体会自然的"圣人"，以自然天道为教育内容，要求人们完全听任自然，对传统文化持反对态度，强调"绝学无忧"，主张没有教育就是最好的教育。

②墨家。

教育的社会作用：墨家主张通过教育建设一个民众平等、互助的"兼爱"社会。

教育对人的作用：墨子的贡献是"素丝说"。他以染丝为例，认为"染于苍则苍，染于黄则黄，所入者变，其色亦变"，比喻有什么样的环境与教育，就造就什么样的人。墨子的"素丝说"从人性平等的立场去认识和阐述教育的作用，较孔子的人性观具有明显的进步性。

③法家。

法家发展了荀子人性恶的理论，提出了"人性利己说"。韩非认为人的本性都是"为己""利己"的，是一种绝对的"性恶论"。基于这样的人性说，法家在教育上提倡法律教育，法家认为没有必要运用道德教育。无论是正面的引导还是负面的惩罚，都要依靠法律教育，而不是温情的道德说教。

（2）相同点：都承认教育对人的作用。

（3）不同点：道家主张没有教育就是最好的教育，让人自由发展；墨家认为要提供适宜的环境给人以良好的教育；法家则提倡法律教育。

4. 述评杜威的实用主义教育思想。（见 2011 年北京师范大学真题）

2011 年四川师范大学 333 教育综合真题·凯程详解

一、名词解释

1. 儿童中心论（见 2019 年杭州师范大学真题）

2. 形成性评价（见 2013 年华中师范大学真题）

3. 学习动机（见 2013 年北京师范大学真题）

4. 知识（见 2016 年华南师范大学真题）

5. 监生历事制度（见 2011 年湖南师范大学真题）

6. 分斋教学法（见 2014 年北京师范大学真题）

二、简答题

1. 简述柏拉图的教育思想。（见 2017 年哈尔滨师范大学真题）

2. 中世纪早期世俗教育的主要形式。（见 2018 年华东师范大学真题）

3. 评析美国公立学校运动的产生及其历史意义。（见 2010 年天津师范大学真题）

4. 简述现代学校教育制度的发展趋势。（见 2013 年北京师范大学真题）

三、论述题

1. 试论教育的文化功能。（见 2016 年北京师范大学真题）

2. 试述教育对人类地位提升的促进作用。

【答】教育使得人的价值得到越来越充分的体现，人的个性发展的空间越来越大，人的地位得以提升。

（1）教育对人的价值的发现。

所谓人的价值，是指人在世界中的地位得到肯定，人的作用得到发挥，人的尊严得到保证。

教育有责任不断提高人们对自身价值的认识，提高人们对人与人、人与社会、人与自然关系的认识，充分认识到人的生命价值、人的主体地位、人的个体的独特尊严。

（2）教育对人的潜力的发掘。

潜能是人区别于动物的重要标志。任何人都有潜能，人的潜能的充分发掘，必须通过教育、通过学习才能实现。教育者必须具备的一个重要观点是，当具备了某种条件时，人的潜能会得到超常的发挥。充分认识学生的潜能存在的事实及价值，尽可能地使学生的潜能得到发展，是教育工作者应该努力追求的目标。

（3）教育对人的力量的发挥。

人的力量是人的身体力量与精神力量的综合。但人的根本力量，在于人具有精神力量。人的身体力量的发展有多种途径，教育也是其中的一个重要方面，但人的精神力量的发展只有通过教育才能实现。教育不仅需要分别培养和发展人的身体之力和精神之力，而且要力图使人的身心发展得到充分的、和谐的发展。

（4）教育对人的个性的发展。

个性亦称人格，指个体稳定的心理特征，它具有整体性与独特性。个性又是人的共同性与差别性在每个个体身上的具体统一。发展个性，是要在人的共同性的基础上，充分把人的差别性表现出来，从而使每个人都具有自主性和独特性，实现生命的个体价值与社会价值。发展个性是教育的理想，进行个性教育是教育的本质和真谛。

3. 试论述品德培养的主要策略。（见 2019 年首都师范大学真题）

4. 请问此段话出自哪位教育家？并分析其教育主张。

【答】此段话出自《学记》，是先秦时期儒家教育和教学活动的理论总结，其作者一般认为是思孟学派中孟子的学生乐正克。

（1）教育作用与教育目的。

教育对社会的作用和目的：实现良好政治的最佳途径是“化民成俗”，具体表现为“建国君民，教学为先”，兴办学校，推行教育，教化人民群众遵守社会秩序，养成良好风俗。

教育对个人的作用和目的：“玉不琢，不成器；人不学，不知道”。

（2）教育制度与学校管理。

①学制与学年：在学制方面，《学记》以托古改制的方法提出建立从中央到地方的学制系统，这种按行政建制设学的思想对后世兴学影响很大。在学年方面，《学记》把大学教育定为两段、五级、九年。第一、三、五、七学年毕，共四级，为第一段，七年完成，谓之“小成”；第九学年毕为第二段，考试合格后，谓之“大成”。这是古代年级制的萌芽。

②视学与考试：在视学方面，开学之日，天子亲率百官参加开学典礼，祭祀“先圣先师”，定期视察学官，体现国家对教育的重视。在考试方面，每隔一年考查一次，考查内容包括学业成绩和道德品行，不同年级要求不同。整个考试制度体现出循序渐进、德智并重的特点。

（3）教育教学的原则。

教育教学的原则可归纳为：“豫、时、孙、摩”“长善救失”“启发诱导”“藏息相辅”“教学相长”。

（4）教学方法。

①讲解法：“约而达”“微而臧”“罕譬而喻”。②问答法：教师提问先易后难，遵循问题的内在逻辑。③练习法：练习要有规范，并应逐步进行。

《学记》为中国教育理论的发展树立了典范，其历史意义和理论价值十分重大。它的出现，标志着中国古代教育思想专门化的形成，是中国教育理论发展的良好开端。

2012年四川师范大学333教育综合真题·凯程详解

一、名词解释

1. 三舍法（见2013年北京师范大学真题）

2. 苏格拉底法（见2011年北京师范大学真题）

3. 白板说（见2013年北京师范大学真题）

4. 心理发展（见2015年华中师范大学真题）

5. 原型启发

【答】原型启发是指根据事物的本质特征而产生新的设想和创意，是一种创新思维方法，生活中所接触的每个事物的属性和特征在头脑中可形成“原型”。在问题解决过程中，问题解决者在“原型”中获得一些原理的启发，使其结合当前问题的有关知识，形成解决方案，从而创造性地解决问题。原型启发理论有助于人们更清楚地认识创造性的思维过程，从而为创造性思维的培养提供理论基础。

6. 自我效能感（见2014年华东师范大学真题）

二、简答题

1. 简述墨家的教育实践与教育思想。（见2016年湖南师范大学真题）

2. 简述梁漱溟的乡村建设理论。（见2019年华南师范大学真题）

3. 简述维果茨基的文化历史发展理论。（见2010年北京师范大学真题）

4. 简述影响知识理解的因素。（见2015年北京师范大学真题）

三、论述题

1. 试论文化对教育的影响和制约。（见2017年山东师范大学真题）

2. 试论杜威的教育思想。（见2011年北京师范大学真题）

3. 结合实际论述现代德育过程的特点。（见2019年北京师范大学真题）

4. 结合实际论述教学过程中应当处理好的几种关系。（见2011年东北师范大学真题）

2013年四川师范大学333教育综合真题·凯程详解

一、名词解释

1. 教育（见2014年北京师范大学真题）

2. 合作学习

【答】合作学习是指学生为了完成共同的任务，有明确责任分工的互助性学习。合作学习鼓励学生把集体的利益和个人的利益结合起来工作，在完成共同任务的过程中实现自己的理想。合作学习包括问题式合作学习、表演式合作学习、讨论式合作学习、论文式合作学习、学科式合作学习等方式。合作学习可以改善课堂内的社会心理气氛，大幅度提高学生的学业成绩，促进学生良好认知品质的形成。它是一种富有创意和实效的教学理论与策略。

3. 教学相长

【答】教学相长是指教和学两方面互相影响和促进。教学是教与学的交往、互动，师生双方相互交流、相互沟通、相互启发、相互补充。在这个过程中教师与学生彼此间进行情感交流，从而达到共识、共享、共进，实现教学相长与共同发展。学因教而日进，教因学而益深。通过教学过程，教师和学生双方相互促进，共同提高。

4. 苏格拉底法（见 2011 年北京师范大学真题）

5. 多元智力（见 2011 年华南师范大学真题）

6. 学习动机（见 2013 年北京师范大学真题）

二、简答题

1. 简述孔丘的教学思想。（见 2012 年北京师范大学真题）

2. 简述历史上关于教育起源的代表性观点。（见 2020 年广西师范大学真题）

3. 简述影响创造性的主要因素。（见 2011 年江苏师范大学真题）

4. 简述建构主义学习理论的基本观点。（见 2013 年华东师范大学真题）

三、论述题

1. 试述教育的社会制约性。（见 2012 年华南师范大学真题）

2. 试述当前我国基础教育课程改革的具体目标。（见 2014 年陕西师范大学真题）

3. 在教学过程中应当处理好哪些关系？并联系实际加以论述。（见 2011 年东北师范大学真题）

4. 试述陶行知生活教育理论的基本内容及其与杜威的理论的关系。（见 2016 年天津师范大学真题）

2014 年四川师范大学 333 教育综合真题 · 凯程详解

一、名词解释

1. 课程（见 2019 年北京师范大学真题）

2. 班级授课制（见 2016 年北京师范大学真题）

3. 苏格拉底法（见 2011 年北京师范大学真题）

4. 有教无类（见 2010 年北京师范大学真题）

5. 最近发展区（见 2011 年北京师范大学真题）

6. 知识（见 2016 年华南师范大学真题）

二、简答题

1. 简述陶行知的“生活教育”理论。（见 2014 年北京师范大学真题）

2. 简述皮亚杰的认知发展阶段理论。（见 2012 年东北师范大学真题）

3. 简述桑代克的学习定律。

【答】桑代克认为在学习过程中存在着三个主要的学习规律，即准备律、练习律、效果律。

（1）准备律。准备律指学习者在学习开始时的预备定势，当某一刺激与某一反应准备联结时，如果给予联结，就引起学习者的满意，反之就会引起烦恼。准备律是反应者的一种内部心理状态。

（2）练习律。练习律是指一个学会了的刺激 — 反应之间的联结，练习和使用越多，就越来越得到加强，反之会变弱。桑代克之后修改了这条定律，指出单纯的重复练习，不如对这个反应的结果给以奖赏取得的效果更大些。

（3）效果律。效果律强调个体对反应结果的感受将决定个体学习的效果。如果一个动作跟随着情境中一个满意的变化，在类似的情境中这个动作重复的可能性将增加。后来他发现惩罚并不一定削弱联结，其效果并非与奖励相对，于是他取消了效果律中的消极部分。

4. 简述卢梭的自然教育理论及其影响。（见2012年华东师范大学真题）

三、论述题

1. 为什么教育对人的发展有重大作用？（见2016年东北师范大学真题）

2. 试述现代教育制度改革的趋势。（见2011年南京师范大学真题）

3. 结合实际试述基本教学组织形式以及辅助组织形式。

【答】教学组织形式是指为完成特定的教学任务，教师和学生按一定要求组合起来进行活动的结构。教学组织形式有多种，基本的教学组织形式为班级授课制。

（1）基本教学组织形式。（见2014年北京师范大学真题）

（2）辅助教学组织形式。

现代教学除了采用班级上课外，还要采用多种辅助的教学组织形式，以巩固、加深和补充课堂教学之不足。这些教学的辅助形式主要有作业、参观、讲座、辅导等。

①作业：作业又称课外作业或家庭作业。从内容上看，课外作业与课堂教学联系密切，是对课堂知识技能的复习、巩固和运用。但从教学形式上看，课外作业作为一种学生的独立作业，它是教学的辅助形式。

②参观：参观是指根据一定的教学目的组织学生到一定场所，通过对实际的事物进行观察、询问，以获取知识的教学活动形式。

③讲座：讲座是由教师或请有关的专家不定期地向学生讲授与学科有关的科学趣闻或新的发展，以扩大他们知识的一种教学活动形式。它的内容不局限在课程标准的范围之内。

④辅导：辅导是指教师根据学生的需要，给予引导、启示的一种教学活动形式。辅导可分为个别辅导、小组辅导、集体辅导。辅导的应用范围很广，是一种重要的教学辅助形式。

4. 试述西方教学理论在中国的传播。

【答】新文化运动开始，西方教学理论在中国逐渐传播，促进了中国的教育改革。

（1）赫尔巴特的教学法的传播。

输入最早的西方教学理论是赫尔巴特的教学法。赫尔巴特的“四段教学法”以学生的心理过程为依据，强调教师的主导作用，注重课堂教学形式的组织和规范化。这较之传统私塾的个别教学和死记硬背优越，尤其是给教师以很大的便利，一时之间得到普遍应用。

（2）进步主义教育思想的传播。

20世纪初兴起了进步主义教育运动，形成了“以儿童为中心”“以活动为中心”的关注学生兴趣和个性发展的教学思想和教学方式。新文化运动所掀起的思想解放潮流，加速了中国教育界对进步主义教育思想与方法的引进。“五四”时期的中国教育是以反封建、反传统为主旨的，实用主义教育思潮恰好为中国批判封建传统教育提供了有力的理论武器。

（3）杜威、孟禄、麦柯尔和推士等学者来华讲学。

1919年杜威来华讲学，掀起了中国教育界宣传、介绍并运用实用主义教育理论的高潮。1921年，孟禄来华，做了《平民主义在教育上的应用》的讲演。1922年，麦柯尔和推士来华，指导编制心理与教育测验，并指导学校搞实验。1927年，克伯屈应中华教育改进社之邀来华，讲演“设计教学法”，并参观晓庄师范学校附小的实验，出版了《克伯屈讲演集》。

（4）道尔顿制的传播。

道尔顿制主张废除班级授课制，指导每个学生各自学习不同的教材，以发展其个性。1922年，道尔顿制被介绍到中国。同年10月，舒新城率先在上海吴淞公学中学部试验。一些教育家纷纷著文、著书大力宣传，一些学校也纷纷仿行。而道尔顿制试验难以为继的原因颇为复杂，主要是理论本身的缺陷和师资、设备等方面的困难。20世纪20年代后期，试验逐渐停止。

2015年四川师范大学333教育综合真题·凯程详解

一、名词解释

1. 知识（见2016年华南师范大学真题）
2. 苏格拉底法（见2011年北京师范大学真题）
3. 学习策略（见2015年北京师范大学真题）
4. 教学相长（见2013年四川师范大学真题）
5. 班级授课制（见2016年北京师范大学真题）
6. 中体西用（见2011年北京师范大学真题）

二、简答题

1. 终身教育思潮。（见2015年北京师范大学真题）
2. 维果茨基的最近发展区理论。（见2018年湖南师范大学真题）
3. 建构主义的观点。（见2013年华东师范大学真题）
4. 教育对人发展的重要作用。（见2016年东北师范大学真题）

三、论述题

1. 孔子的教学方法。（见2013年东北师范大学真题）
2. 政治经济制度对教育的制约。（见2018年南京师范大学真题）
3. 教学的基本组织形式和辅助组织形式。（见2014年北京师范大学真题+2014年四川师范大学真题）
4. 陶行知和杜威在教育观和学校观上的比较。（见2016年天津师范大学真题）

2016年四川师范大学333教育综合真题·凯程详解

一、名词解释

1. 教育（见2014年北京师范大学真题）
2. 教学（见2013年陕西师范大学真题）
3. “六艺”（见2012年华东师范大学真题）
4. 白板说（见2013年北京师范大学真题）
5. 学习动机（见2013年北京师范大学真题）
6. 问题解决（见2011年南京师范大学真题）

二、简答题

1. 孔子的教学思想。（见2012年北京师范大学真题）
2. 陶行知的教育体系。（见2014年北京师范大学真题）
3. 建构主义教学理论的基本观点。（见2013年华东师范大学真题）

4. 简述科尔伯格的道德发展阶段理论。（见 2013 年华东师范大学真题）

三、论述题

1. 教育的社会制约性。（见 2012 年华南师范大学真题）
2. 杜威的教育思想。（见 2011 年北京师范大学真题）
3. 培养和提高教师素养的主要途径。（见 2020 年华东师范大学真题）
4. 教学过程应该处理好哪几种关系?（见 2011 年东北师范大学真题）

2017 年四川师范大学 333 教育综合真题·凯程详解

一、名词解释

1. 教育目的的价值取向（见 2010 年广西师范大学真题）
2. 现代学校教育制度（见 2019 年北京师范大学真题）
3.《大教学论》（见 2012 年杭州师范大学真题）
4. "三纲领八条目"（见 2018 年浙江师范大学真题）
5. 元认知（见 2010 年华中师范大学真题）
6. 发现学习（见 2017 年华东师范大学真题）

二、简答题

1. 教育的相对独立性的表现。（见 2010 年华中师范大学真题）
2. 埃里克森的心理社会发展理论。（见 2020 年北京师范大学真题）
3. 简述德育过程的特点以及在现实中如何提高学生的德育素质。（见 2016 年南京师范大学真题）
4. 学习动机和学习效果的关系。

【答】（1）一般情况下，二者的关系是一致的；学习者个性不同，学习任务的难度不同，学习动机与学习效果的关系不同；学习动机与学习效果的关系是双向的。

（2）学习动机是影响学习行为、提高学习效果的一个重要因素，但却不是决定学习活动的唯一条件。在学习中，激发学习动机固然是重要的，但应当把改善各种主客观条件以提高学习行为水平作为重点来抓。只有抓住了这个关键，才能保持正向一致和正向不一致，消除负向一致与负向不一致。

（3）学习动机与学习效果的关系不是直接的，而是以学习行为为中介的。通常，学习动机作用和学习效果是统一的。而学习行为除了受学习动机的调节和控制，还要受学习基础、教师指导、学习方法、学习习惯、智力水平、个性特点、健康状况等一系列主客观因素的制约。因此，只有把学习动机、学习行为、学习效果三者放在一起加以考察，才能看出学习动机与学习效果之间既一致又不一致的关系。

三、论述题

1. 蔡元培的"循思想自由原则，取兼容并包主义"的办学方针。（见 2011 年北京师范大学真题）
2. 教师素养的要求。（见 2014 年北京师范大学真题）
3. 比较孔子和苏格拉底的启发式教学。

【答】孔子和苏格拉底是东西方文明发展史上两位伟大的思想家和教育家，他们所提出的启发式教学法，存在着许多相同和不同之处。

相同之处：（1）主要采用问答的方式进行教学。（2）重视营造和谐民主的教学气氛。（3）重视激发学生的学习主动性。（4）注重启发学生思考，发展其思维能力。

不同之处：

（1）在对学生进行思维训练时，孔子重直观，苏格拉底重抽象。孔子在教学中以经验性的类比推理方式去把握对象事物及其联系，其思维带有一定的直观、感性的特点。苏格拉底通过严密的逻辑论证去解释及把握对象及其联系，强调通过概括和抽象形成明确的概念。

（2）在教学的侧重点上，孔子强调“学”，苏格拉底侧重“思”。孔子认为思要以学为基础，否则只能陷入冥思苦想。因此他强调在博学的基础上去发挥思考的能力。而苏格拉底认为教育的目的不在于把真理直接告诉学生，而是启发学生自己去思索、发现真理。

（3）在对学生进行启发教学时，孔子采取的方式灵活多样，苏格拉底则形式单一。教学中，孔子能根据学生的个性特点因材施教。相比之下，苏格拉底惯用的问答法的一个明显缺陷是千篇一律、机械呆板。

（4）孔子呈被动、苏格拉底取主动的姿态进行教学。孔子消极待他人“求学”，而不积极主动地施教于人。苏格拉底则不然，是主动积极地“往教”“不叩必鸣”，并在教学中巧施妙计，使学生就范，老老实实地承认自己无知，心甘情愿地接受苏格拉底的教诲。

4. 论述杜威的教育本质观，并对其进行评价。（见2018年东北师范大学真题）

2018年四川师范大学333教育综合真题·凯程详解

一、名词解释

1.《学记》（见2013年东北师范大学真题）

2. 苏湖教学法（见2014年北京师范大学真题）

3. 教育目的（见2015年北京师范大学真题）

4. 心理发展（见2015年华中师范大学真题）

5. 教学评价（见2015年北京师范大学真题）

6. 骑士教育（见2010年华东师范大学真题）

二、简答题

1. 教育的社会流动性功能及意义。（见2010年北京师范大学真题）

2. 影响问题解决的因素。（见2017年陕西师范大学真题）

3. 学校管理的趋势。（见2020年华东师范大学真题）

4. 人文教育的基本特征。（见2011年华东师范大学真题）

三、论述题

1. 教学原则并选择其中一个举例论述。（见2018年东北师范大学真题）

2.“中体西用”的局限和作用。（见2014年华东师范大学真题）

3. 赫尔巴特和杜威的教学阶段。（见2016年陕西师范大学真题）

4. 学习动机的激发与培养。（见2012年华东师范大学真题）

2019年四川师范大学333教育综合真题·凯程详解

一、名词解释

1. 教育制度（见2012年华东师范大学真题）

2. 课程标准（见2015年北京师范大学真题）
3. 苏格拉底法（见2011年北京师范大学真题）
4. 三舍法（见2013年北京师范大学真题）
5.《国防教育法》（见2010年湖南师范大学真题）
6. 有教无类（见2010年北京师范大学真题）

二、简答题

1. 我国教育目的的基本精神。（见2012年北京师范大学真题）
2. 品德形成的因素。（见2013年西北师范大学真题）
3. 陈鹤琴的活教育。（见2015年北京师范大学真题）
4. 科举制的影响。（见2019年华中师范大学真题）

三、论述题

1. 文化对教育的制约和影响。

【答】（1）文化知识制约着教育的内容和水平，是教育的基础。教育的本质是以文化育人，即通过传承和创新文化来培养人才，文化知识是教育的主要资源。

（2）文化模式制约着教育环境与教育模式。每个人都置身于一定的文化模式之中，教育促进个人的发展，必须受到特定的文化模式的制约。随着社会科技的发展，文化通过各种途径对人们产生的影响越来越广，它们的作用也越来越为人们所重视，特别是对青少年的影响或教育作用更是不可低估。

（3）文化传统制约着教育的传统与变革。一定的文化传统形成特定的社会文化模式，形成特定文化领域中人们所共同遵守的规范。学校是社会的子系统，它所培养的人是服务于社会的，因而学校教育就一定要反映当时社会的文化规范，以便能培养出符合社会文化发展要求的人才。文化传统越悠久，对教育传统变革的制约性越大。

2. 卢梭的自然教育理论及影响。（见2012年华东师范大学真题）
3. 建构主义的学习理论的观点及启示。（见2014年杭州师范大学真题）

2020年四川师范大学333教育综合真题·凯程详解

一、名词解释

1. 义务教育（见2012年东北师范大学真题）
2. 活动课程（见2013年东北师范大学真题）
3. 九品中正制

【答】九品中正制是魏晋南北朝时期重要的选官制度，是魏文帝曹丕制定的，此制至西晋渐趋完备，南北朝时又有所变化。它上承两汉察举制，下启隋唐之科举，在中国古代政治制度史上占有十分重要的地位，乃中国封建社会三大选官制度之一。

4. 要素教育论（见2017年陕西师范大学真题）
5. 设计教学法（见2015年华东师范大学真题）
6. 京师同文馆（见2012年北京师范大学真题）

二、简答题

1. 简述教育的政治功能。（见2012年北京师范大学真题）
2. 简述问题解决能力的培养措施。（见2010年华中师范大学真题）

3. 简述陶行知生活教育的主要内容。（见2014年北京师范大学真题）

4. 简述书院教育的特点。（见2013年华东师范大学真题）

三、论述题

1. 试论述需要层次理论以及对中小学教师工作的启示。

【答】（1）需要层次理论。（见2013年西南大学真题）

（2）启示：①在某种程度上，学生缺乏学习动机可能是由于某种缺失性需要没有充分得到满足而引起的。如家境贫寒，生理的需要不能得到满足；父母离异，归属与爱的需要不能得到满足；教师过于严厉，尊重的需要不能得到满足。这些因素会成为学生学习和自我实现的主要障碍。所以，教师不仅要关心学生的学习，也应该关心学生的生活和情感，以排除影响学习的一切干扰因素。②学校里最重要的缺失性需要是爱与自尊。③引导学生追求成长性需要。

2. 试论述教学过程的性质特点。（见2013年陕西师范大学真题）

3. 试论述西方教育史上教育与生产劳动相结合的主张。

【答】（1）三大空想社会主义者。

三大空想社会主义者都提出了教育要与生产劳动相结合的主张，这一主张对马克思、恩格斯也产生了很大启示。但三大空想社会主义者未揭示教育与生产劳动相结合的客观规律。

（2）裴斯泰洛齐。

裴斯泰洛齐是西方教育史上第一位将这一思想付诸实践的教育家，并在自己的实践活动中，推动和发展了这一思想。在新庄"贫儿之家"时期初步实验，在斯坦兹孤儿院时期进行了实践。他的思想主要反映资本主义生产和手工业时代对教育和生产劳动之间的关系的新要求，在一定程度上看到了教育与生产劳动相结合对人的和谐发展和社会改造的重要意义。

由于时代限制，未能真正找到教育与生产劳动相结合的内在联系，也就无法做出纯粹的历史意义总结。但他把教育与生产劳动相结合，并在理论基础上加以发展，在教育史上做出了重要贡献。

（3）马克思、恩格斯。

马克思、恩格斯批判地继承了历史上有价值的教育思想遗产，特别是对19世纪的空想社会主义教育思想的改造和变革。他们从对教育同社会生产和社会关系之关系的考察中，揭示了教育的本质及其职能；从实践的观点阐明了遗传因素、环境、教育和革命实践对人的发展以及教育对社会发展的作用；从对现代生产、现代科学与现代教育的内在联系以及人类社会未来发展的分析中，论证了人的全面发展以及教育与生产劳动相结合的必然性和必要性。马克思、恩格斯的重要贡献在于他们科学地论述了现代生产和现代教育的内在联系。

（4）克鲁普斯卡娅。

克鲁普斯卡娅是俄国第一位马克思主义教育家，她一直主张将劳动教育视为学校教育的重要组成部分，强调教育与生产劳动相结合。

4. 试论述教师劳动的特点和价值。（见2015年东北师范大学真题+2016年上海师范大学真题）

安徽师范大学

2010年安徽师范大学333教育综合真题·凯程详解

一、名词解释

1. 实验教育学（见2013年首都师范大学真题）

2. 学校教育（见2010年华中师范大学真题）

3. 媒介素养

【答】媒介素养的基本内涵包括认识大众传媒、参与大众传媒和使用大众传媒三个有机组成部分。所谓媒介素养就是人们对不同媒介的特质、功能的认知能力，对媒介传播信息的解读、批判能力，以及运用传媒及其信息为个人生存发展和社会进步服务的能力。

4. 教育目的（见2015年北京师范大学真题）

5. 学生非正式群体

【答】学生非正式群体是学生自发形成或组织起来的群体。它包括因志趣相同、感情融洽，或因邻居、亲友、老同学等关系以及其他需要而形成的学生群体。其特点是：（1）自愿结合，自发形成，容易变化；（2）有共同需要；（3）强者领头，活动频繁，有活力；（4）没有明确的目的与活动计划；（5）具有不稳定性；（6）有积极的一面，也有消极的一面。但是，教育者应该公正、热情地对待非正式群体，真诚地帮助他们、尊重他们，引导他们向积极的方向发展。

二、简答题

1. 现代型学校的特质主要表现在哪些方面？

【答】（1）价值提升。现代型学校追求为社会更新性发展、为个人终身发展服务的存在价值，使教育成为人类社会更新性的再生系统。从以传递知识为本转向以培养人的主动发展的意识能力为本，是现代型学校价值提升的核心构成。

（2）重心下移。主要体现在三大方面：首先是教育对象与目标方面的重心下移；其次是教学内容方面的重心下移；最后还包括管理重心的下移。

（3）结构开放。这是现代型学校的又一特质。除了表现为整个学制的开放性和弹性化以外，在学校结构层面上，主要表现为两个向度的开放，一个是向外的，包括对网络、媒体的开放，另一个是向内的，在管理上向师生的开放和教育、教学活动中向学生发展的可能世界开放。

（4）过程互动。过程中的互动呈现多元、多层、多向、多群的状态。教学与教育过程中的创生和师生创造力由潜在向现实的转化，也在这样积极、有目的的互动过程中实现。

（5）动力内化。发展动力的转换是最深层次的转换。动力内化意味着学校形成自己内在的发展需求、动机和动力机制。

2. 当代学生观的更新体现在哪些方面？

【答】（1）以人为本的理念。

在“以人为本”的教育理念下，教育实践自然就是“以学生为本”。教育首先要考虑到学生发展的需要；要遵循学生的身心发展规律及认知发展规律；在教学过程中要保障学生的主体地位。

（2）尊重学生的理念。

尊重学生的理念主要包括以下几点：尊重教育规律、尊重爱的教育、受教育的自尊。

（3）重视学生发展性的教育理念。

学生是发展中的人，同时又是具有巨大发展潜能的个体。教育之所以能够进行就是因为学生具有可教育性。教师应看到学生的未完成性，给学生创造发展的环境和机会。

（4）依法治教的理念。

相关教育法规的出台使我国的教育逐渐进入了法制化的轨道。不论是教师还是家长，每一个人都必须遵守法律规定，依法施教。依法施教也是教育现代化的要求。

（5）自我教育的理念。

自我教育是指在教育者的启发和引导下，受教育者对自己的品德表现进行自我认识、自我监督、自我克制和自我改正，就是要让学生学会反思，形成自我教育的意识和方法。

3. 简述教学与信息技术的关系。

【答】（1）信息时代带来了知识的激增，客观上要求课程从以传授知识为主转为以培养学习与应用能力为主。知识增长与更新速度的加快，一方面要求教师将新知识加入课程中，另一方面又不能增加学生的负担。

（2）信息技术对社会生活形态的深刻变革，要求课程与教学培养信息社会的文化基础——信息能力。

（3）信息时代对人们的观点、思维方式、知识结构、行为方式都将打上“信息”的烙印，在客观上要求课程的组织形式、实施方式和手段都要符合信息应用的要求。

（4）信息技术为课程的设计和实施提供了十分便利的手段，使实施个性化的课程成为可能。

（5）信息技术在教学改革中的工具性作用。计算机技术、网络通信技术、人工智能技术与虚拟现实技术等新技术的应用，对当前的教育改革、创新人才的培养有重要的作用。

4. 如何创建富有生命气息的班级文化？

【答】（1）良好的班级制度文化的创设。良好的班级制度文化的创设需要激发起学生的自我教育、自我管理能力。在创设班级工作计划时可以让学生参与计划的制订。这样学生既是参与制订者，也是执行者和维护者，才会以积极的态度去执行。

（2）良好的班级物质文化的创设。班级的物质文化建设单位是指教室环境建设。教室是学生学习、生活、交际的主要场所，是教师授业、育人的阵地，是师生情感交流的地方。良好的班级物质文化具有潜移默化的育人功能，可以激发性情、陶冶情操，给人以启迪教育。

（3）良好的班级精神文化的建设。班级的精神文化是班级文化的核心和灵魂。它主要是指班级成员认同的价值观念、价值判断、价值取向、道德标准、行为方式等。良好的班级精神文化可以让学生树立正确的三观，养成良好的行为习惯。

（4）良好的班级心理文化的建设，是班级文化建设的核心内容和深层结构要素。它包括价值观、道德观、行为方式、人际关系、集体舆论以及各种认同意识。在建设班级的心理文化的时候尤其要注意帮助学生建立起良好的价值取向和良好的自信心。

5. 怎样发挥学校对家庭教育的指导与促进作用？

【答】（1）加强学校教育与家庭教育的双向协调。要发挥家庭教育在学校德育中的重要作用，首先必须加强家、校的双向协调。利用家长座谈会等方式使家长在思想上真正与学校取得共知，积极配合学校开展工作。同时还发挥学生自身的作用，通过学生与家长的交流，让家长把对子女的爱融入学校的德育工作中。

（2）重视和加强对家庭教育的个体指导。发挥家庭教育在学校德育中的重要作用，还必须重视和加强对家庭教育的个体指导。同时，要注意具体问题具体分析，把群体指导和个别指导结合起来，从而使学校教育的主导作用和家庭教育的补充作用充分地发挥出来。

（3）帮助家长树立正确的教育观。首先，要理智地对孩子施爱；其次，要重视培养孩子良好的行为习惯；最后，要帮助家长树立正确的人才观念。

6. 新型教师的基础性素养主要包括哪些方面？（见 2014 年北京师范大学真题）

三、论述题

1. 结合自身实际，谈谈学习教育对教师专业成长的价值。（见2015年西南大学真题）

2. 试述当代中国学校教育价值取向更新的基本走向。

【答】（1）当代中国学校教育价值取向研究，是面向学校教育整体的研究。

它所面对的是学校教育整体的价值选择与实现，因此我们试图以整体的眼光看待学校教育，而不是在某些具体的领域内或维度上展开。因此，我们要从学校教育整体出发，探讨其价值取向，并具体化为学校教育目标系统。

（2）当代中国学校教育价值取向研究，是面向学校教育自我的研究。

这是以一种"学校教育自我"的立场来思考，建立一种以自我为基础的价值取向选择机制，而不是站在学校教育之外发布命令，是试图立足在教师、学校教育管理者的位置上的。他们是直接参与、生成真实的"学校教育"的人，是以学校教育为基点，对各种外界需求、各种新潮进行有意识的判断与选择，从而建构学校教育自己的价值取向。

（3）在研究的时空背景下，关注的是当代中国背景下的学校教育价值取向。

当代中国学校教育价值取向研究，是面向中国本土的研究。它要研究的是当代问题，因而更加关注中国学校教育的历史、中国的文化、中国未来的走向这一"特殊"的丰富性。

3. 结合教学实际，论述你对教学评价改革的看法。

【答】（1）传统教学评价的缺点：

①传统教学评价以其单一片面的价值取向，排斥了除知识以外的其他一切人类价值；传统教学评价片面强调和追求量化，所有难以量化的内容都被排斥在评价范围之外。

②传统教学评价用某种僵硬的外在的所谓客观尺度来衡量个性各异的人，这种评价直接忽视了学生的个性。

③传统教学评价的强制性和贬损性，造成了对学生人格的践踏，并导致强烈的师生冲突和对抗现象，从而给学生带来焦虑、抵触情绪和消极情感。

④传统教学评价由教师独揽，学生只是被动的评价客体，没有评价的主动权和积极性。

⑤传统教学评价注重实施终结性评价，这种评价是在教学结束后进行的，它孤立于教学整体的有机联系之外，使得师生不能及时内控和调节教学与学习过程，评价效果也大打折扣。

（2）现代教学评价的改革大致有以下几点趋势：

①在评价的指导思想和根本目的上，现代教学评价致力于促进学生个性的全面发展和弘扬学生人格的主动精神，主张让学生成为教学评价的积极参与者，让学生在自我评价中发展自身的评价能力。

②在评价的功能上，现代教学评价注重发挥评价的教育功能。现代教学评价越来越重视评价的诊断、反馈、改进、激励、强化等教育功能，其目的是创造适合学生发展的教育教学。

③在评价的类型上，现代教学评价注重实施形成性评价。形成性评价的参与使教学过程能够按照教学目的的方向有效地运转并且自我调整和纠正，从而使教学评价真正具有了教育教学的本性，成为一种真正的教育教学活动。

④在评价方法上，现代教学评价注重采用绝对评价法。近年来，传统的选拔教育观受到发展教育观的批判和否定。与这种发展教育观相适应，教学评价不再是为了把学生按照考试分数进行分等级或分类，而是为了获得和处理用以确定学生水平和教学有效性的证据的方法。

四、案例分析题

试用相关教育理论评析案例中"无人监考"活动的教育思想、教学方法及其育人效果。（案例缺失）

【答】（1）无人监考体现了存在主义教育思想与人本主义教育思想。

①存在主义是一种把人的存在（个人主观的自我意识）当作其基础和出发点的哲学。基本论点是萨特的"存在先于本质"。主要观点为：a. 教育的本质和目的在于使学生实现自我生成。教育的具体目标是发展个人的意识，包括自我认识、自我责任感。教师相信学生是有诚信意识的。b. 强调品

格教育的重要性。无人监考也是对学生的一次诚信教育。c. 提倡学生自由选择道德标准。无人监考，学生可以自由选择道德标准，并对自己的选择进行负责。d. 主张个别教育的方法。e. 师生之间应该建立信任的关系。教师是学生自我实现的影响者和激励者。

②人本主义教育试图通过挖掘人类理智与情感诸多方面的整体潜力来确立人的价值。代表人物是美国的马斯洛、罗杰斯。现代人本主义教育思潮理论的主要观点为：强调教育的目标是培养自我实现的人；主张课程人本化；学校应该创造自由的心理气氛。在学习过程中应提倡以人为中心的教学、非指导性教学、自由学习、自我学习。

③无人监考用一种全新的教育理念去看待学生，尊重信任学生，有意识地培养学生自己控制、自我管理的能力，帮助其树立正确的价值观念，增强责任感，从而从思想上改变学生对于考试的畏惧感，正确对待考试与分数的问题，从根本上改善学校的考风。

（2）无人监考是一种正在摸索、有待改良、可以考虑推广的考试形式。无人监考虽说没有教师在明处监考，但也是一种有组织、有约束的新型考试形式，依赖的是学生的自我教育。

（3）无人监考过程中培养了学生们的自制力与自我约束力，以及诚信的优秀品质，促进了当前考风建设的良性发展。

2011 年安徽师范大学 333 教育综合真题 · 凯程详解

一、名词解释

1.《大教学论》（见 2012 年杭州师范大学真题）

2. 内发论

【答】关于影响人的身心发展的动因是源于内还是源于外，主要有两种理论，即内发论和外铄论。内发论强调人的身心发展的力量主要源于人自身的内在需要，身心发展的顺序也是由身心成熟机制所决定的。可见，内发论过分强调人的发展是由人的内在因素起决定作用，而忽视了外部因素和人的能动性。

3. 高等教育大众化

【答】高等教育大众化被用来描述一个国家、地区所有适龄青年接受高等教育的普及程度。其源于 1973 年美国著名的教育社会学家马丁 · 特罗提出的关于工业化国家发展的三个阶段学说。该学说将高等教育的毛入学率即在校生与适龄人口之比作为指标，认为当毛入学率低于 15% 时，高等教育属精英教育阶段；当毛入学率大于 15% 而小于 50% 的时候，高等教育属于大众化阶段；而毛入学率大于 50% 则意味着高等教育进入普及化阶段。

4. 癸卯学制（见 2018 年东北师范大学真题）

5. 个人本位论（见 2010 年浙江师范大学真题）

6. 义务教育（见 2012 年东北师范大学真题）

二、简答题

1. 简述学校教育在人的身心发展中的作用。（见 2016 年东北师范大学真题）

2. 简述“六艺”教育的内容和特征。（见 2011 年南京师范大学真题）

3. 试比较欧洲的新教育运动和美国的进步教育运动。（见 2013 年湖南师范大学真题）

4. 学生品德不良产生的原因及其矫正措施。（见 2012 年华南师范大学真题）

三、论述题

1. 论述教师专业发展的内涵及途径。（见 2015 年西南大学真题）

2. 评述赫尔巴特的教学阶段理论。（见 2017 年东北师范大学真题）

3. 评述陶行知的生活教育理论。（见 2014 年北京师范大学真题）

4. 结合我国基础教育课程改革，谈谈建构主义学习理论的知识观、学生观、学习观对教学实践的作用。（见 2014 年陕西师范大学真题 +2013 年华东师范大学真题）

2012 年安徽师范大学 333 教育综合真题 · 凯程详解

一、名词解释

1. 教育（见 2014 年北京师范大学真题）
2. 教育目的（见 2015 年北京师范大学真题）
3. 学校教育制度（见 2019 年北京师范大学真题）
4. 教学组织形式（见 2017 年哈尔滨师范大学真题）
5. 道尔顿制（见 2011 年北京师范大学真题）
6. 学习策略（见 2015 年北京师范大学真题）

二、简答题

1. 简述掌握知识与发展智力的关系。（见 2012 年东北师范大学真题）

2. 在对学生进行思想品德教育时，如何贯彻“严格要求与尊重学生相结合”的原则？（见 2018 年华东师范大学真题）

3. 当代学校管理的发展趋势是什么？（见 2020 年华东师范大学真题）

4. 杜威关于教育的本质与目的的基本观点是什么？（见 2011 年北京师范大学真题）

5. 我国古代书院教育的特点是什么？（见 2013 年华东师范大学真题）

6. 简述终身教育思潮的基本观点。（见 2015 年北京师范大学真题）

三、论述题

1. 联系社会实际论述教育社会流动功能的含义及其在当代的教育意义。（见 2010 年北京师范大学真题）

2. 论述陶行知的“生活教育”思想体系。（见 2014 年北京师范大学真题）

3. 联系教学实际论述学习动机的培养与激发。（见 2012 年华东师范大学真题）

2013 年安徽师范大学 333 教育综合真题 · 凯程详解

一、名词解释

1. 美育（见 2010 年东北师范大学真题）
2. 学校管理目标（见 2015 年上海师范大学真题）
3. 要素主义（见 2017 年华东师范大学真题）
4. 课程标准（见 2015 年北京师范大学真题）
5. 教学模式（见 2014 年杭州师范大学真题）
6. 最近发展区（见 2011 年北京师范大学真题）

二、简答题

1. 简述杜威关于教育本质与目的的理论。（见 2011 年北京师范大学真题）

2. 共产党领导下的革命根据地教育的基本经验包括哪些方面?(见 2020 年华中师范大学真题)

3. 简述卢梭的自然教育理论及其影响。(见 2012 年华东师范大学真题)

4. 为什么说德育过程是培养学生知、情、意、行的过程?(见 2015 年北京师范大学真题)

5. 世界各国课程改革的趋势是什么?(见 2017 年浙江师范大学真题)

6. 简述社会规范学习的心理过程。(见 2014 年北京师范大学真题)

三、论述题

1. 论述黄炎培的职业教育思想及其当代教育价值。(见 2018 年华中师范大学真题)

2. 论述在基础教育改革中如何体现“以人为本”这一理念。

【答】“以人为本”作为学校教育的最高价值取向,突出教育教学中人的地位和作用,强调尊重人、理解人、关心人,最大限度地挖掘、发展学生的潜能,把不断满足人的有效需求,促进人的全面发展,作为学校教育教学的出发点与归宿。

(1)在教育观念上,学校要突出对学生的人文关怀。

现代教育注重素质教育,把人的全面发展作为现代教育的培养目标。学校在环境设置、教学设施、课程设置、文化建设、师生关系等方面应处处体现出以学生为本的价值取向,让学生在一个文明、积极、健康的有益身心发展的氛围中成长。

(2)在教育过程中要通过发掘学生潜能、提高学生的潜质达成教育的目标。

整个教育的过程不能简单地理解为传授知识、培养能力的过程,而必须是全面发展学生的身心潜质,以适应社会发展对人的综合要求——注重人性、尊重差异。我们的教育工作者应走进千差万别的人的世界,为每一个学生提供发展的多元途径,要让每一个学生都有自己的发展空间。

(3)以人为本的教育新理念要求教育者必须坚持以可持续发展战略的思想指导教育实践。

现代教育的核心是不断提升人的自身建设水准。我们培养全面发展的人,不仅仅是要发展学生的学科能力,也要培育人的现代文明意识、对社会的责任意识,以及人与自然的协调意识等。

3. 论述班杜拉的观察学习理论及其教育应用。(见 2016 年东北师范大学真题)

2014 年安徽师范大学 333 教育综合真题·凯程详解

一、名词解释

1. 课程目标(见 2010 年哈尔滨师范大学真题)

2. 陶冶教育(见 2011 年华中师范大学真题)

3. 永恒主义

【答】永恒主义教育也称新古典主义教育,是现代欧美国家一种强调理性训练以及人的理性和教育基本原则的永恒性的教育思潮。代表人物有美国的赫钦斯、阿德勒,英国的利文斯通和法国的阿兰等。具体内容有:教育的性质永恒不变;教育的目的是培养永恒的理性;永恒的古典学科应该在学校课程中占有中心地位;提倡通过教师的教学进行学习。永恒主义教育强调人的理性,强调阅读经典名著,有明显的复古主义倾向。

4. 工读主义教育思潮

【答】工读主义基本内涵有:以工兼学、勤工俭学、工人求学、学生做工、工学结合、工学并进,培养朴素工作和艰苦求学的精神,以求消弭体脑差别。其大致可分为以下四种思想和实践:(1)倡导工学主义,将工和学并立,做工的人一定要读书,读书的人一定要做工。(2)将工读视为实现新组织、新生活、新社会的有效手段。(3)知识分子与工农结合的思想。(4)工读是解决青年失学问题的好方法。将工读看作纯粹的经济问题,不承认其改造社会的功能。

5. 骑士教育（见 2010 年华东师范大学真题）

6. 道尔顿制（见 2011 年北京师范大学真题）

二、简答题

1. 简要说明解决问题分哪几个阶段。（见 2010 年山东师范大学真题）

2. 简述教育的生态功能。（见 2020 年华东师范大学真题）

3. 我国教师必须承担的责任和义务是什么?（见 2015 年天津师范大学真题）

4. 孔子关于道德教育理论的基本观点是什么?（见 2012 年东北师范大学真题）

5. 简述新民主主义教育方针的形成过程及其内涵。

【答】（1）苏维埃文化教育总方针。1934 年，毛泽东明确地表述了苏区教育的根本方针："在于以共产主义的精神来教育广大的劳苦民众，在于使文化教育为革命战争与阶级斗争服务，在于使教育与劳动联系起来，在于使广大中国民众都成为享受文明幸福的人。"

（2）抗日战争时期中国共产党的教育方针政策。在中国共产党的领导下，各抗日民主根据地，依据党的"一切为着前线，一切为着打倒日本侵略者和解放中国人民"的总方针，执行了中共中央制定的一系列教育方针政策，如实行抗战教育政策，提倡国防教育方针等。

（3）"民族的、科学的、大众的"文化教育方针。1940 年，毛泽东在《新民主主义论》中确定了新民主主义革命时期教育的总方针，即"民族的、科学的、大众的"文化和教育。这既是文化的方针，也是教育的方针。这一方针区别了新旧文化、新旧民主主义，也说明了新民主主义文化和社会主义文化的联系和区别。

6. 如何贯彻启发性教学原则?（见 2012 年北京师范大学真题）

三、论述题

1. 论述杜威教育思想的主要观点及其影响。（见 2011 年北京师范大学真题）

2. 联系教学实际论述认知建构主义学习理论与应用。（见 2014 年杭州师范大学真题）

3. 结合基础教育实际论述加强社会主义核心价值体系教育的意义及其举措。

【答】社会主义核心价值体系基本内容包括马克思主义指导思想、中国特色社会主义共同理想、以爱国主义为核心的民族精神和以改革创新为核心的时代精神、社会主义荣辱观。

（1）马克思主义是整个社会主义核心价值观及其思想体系的指导思想和理论基础。

（2）中国特色社会主义共同理想，确立了社会主义核心价值观的正确政治方向。中国特色社会主义共同理想，是建立在马克思主义指导思想基础上的，是与未来的共产主义最高理想联系在一起的，它给人们指出了美好的奋斗目标。

（3）以爱国主义为核心的民族精神和以改革创新为核心的时代精神，是社会主义核心价值和精神动力之所在。社会主义核心价值观，对于广大人民群众来说，是建设中国特色社会主义的一种强大精神动力。而这个精神动力就集中表现为以爱国主义为核心的民族精神和以改革创新为核心的时代精神。实质上这是一种勇敢进取、不断改革的创新精神。它的实质就是解放思想。

（4）社会主义荣辱观，是社会主义核心价值观的伦理道德基础。以"八荣八耻"为主要内容的社会主义荣辱观对社会主义道德规范做了明确规定，为新时期人们言行的道德选择提供了基本的价值标准是建立在社会主义伦理道德基础上的，所以，作为价值体系主要组成部分的社会主义荣辱观，是整个社会主义核心价值观和伦理道德的基础。同时，社会主义荣辱观以中华民族传统美德为基础，反映了人类文明发展的有价值成果，彰显了社会主义时代的优秀革命道德。这几个方面的整合，使社会主义核心价值观具有了更强烈的道德感染力。

2015年安徽师范大学333教育综合真题·凯程详解

一、名词解释

1. 教育目的（狭义）（见2015年北京师范大学真题）

2. 长善救失原则（见2020年西北师范大学真题）

3. 活动课程（见2013年东北师范大学真题）

4. 生活教育（见2012年北京师范大学真题）

5. 癸卯学制（见2018年东北师范大学真题）

6. 教学模式（见2014年杭州师范大学真题）

二、简答题

1. 简述蔡元培关于教育方针的基本理论。（见2013年北京师范大学真题+2016年华东师范大学真题）

2. 问题解决能力的培养措施有哪些?（见2010年华中师范大学真题）

3. 为什么要把教育摆在优先发展的战略地位?（见2010年西北师范大学真题）

4. 简述朱熹的“朱子读书法”。（见2016年华东师范大学真题）

5. 洛克的道德教育方法主要包括哪些内容?

【答】（1）洛克指出，人并非生来就是道德的或不道德的，道德观念及道德习惯的形成完全是经验和教育的结果。他提出了自己世俗的道德标准——“有利”。

（2）洛克的德育论有两条主线。第一，训练儿童以理性克制欲望。所谓的“理性”是指资产阶级事业家应当奉行的行为规范。克制欲望的目的是尽量减少人身上动物的本能的支配，避免贪图一时的享乐，以便将来谋取更大的个人利益和个人幸福。第二，通过教育训练培养良好习惯。洛克要求通过教育及练习去培养儿童必需的、良好的性格习惯，而且务必尽早进行。此外，洛克还对德育提出了具体的意见。

①反对溺爱、放纵子女。洛克认为，父母爱护子女，这是他们的责任，无可厚非，但是不能连子女的过失也放纵不管。

②慎用体罚、训斥。洛克主张对儿童加以认真管束，并不意味着要对儿童过分严厉乃至滥用刑罚。体罚只能使儿童遭受皮肉之苦，并不能消除他们不正确的思想。另外，洛克认为呵斥、责骂的效果也是不好的，可能会降低父母的威信，减少子女对父母的尊敬。但是洛克并不主张完全取消体罚，如果儿童故意和父母作对就应该遭受惩罚，在通过鞭挞制服儿童、树立父母威信以后，应当采取严肃而又不乏和蔼的态度，并永远保持下去。

③正确运用奖励。洛克反对物质诱惑，反对拿金钱、糖果或其他物质作为动力去鼓励儿童学习或鼓励儿童从事其他他们应当做的事情，他提倡称赞奖励的办法。洛克也将此方法运用到对待儿童的过失上，认为孩子们行为不端，父母不要体罚，可给以冷冰的脸色。

④培养良好的行为举止。洛克注意要求培养儿童的人道观念，他特别提到反对儿童虐待弱小动物。他要求儿童诚实，反对教儿童撒谎，还要求培养他们具有良好的教养，无论在谁面前都要做到落落大方、温文尔雅、谦卑得体。

总的来说，洛克的德育理论建立在唯物主义经验论的基础上，其方法有许多可借鉴之处，但他所谓德行的阶段意图是不容忽视的，并往往含有资产阶级伪善的成分。

6. 简述教师角色的冲突及其解决措施。（见2015年上海师范大学真题）

三、论述题

1. 试述夸美纽斯的学校改革思想及其对近代教育的影响。（见2016年西南大学真题+2012年西南大学真题）

2. 联系教育实际论述人格发展理论及其教育含义。

【答】（1）埃里克森把发展看作一个经过一系列阶段的过程，每一阶段都有其特殊的目标、任务和冲突。各个阶段又互相依存。埃里克森把人的心理发展分为八个阶段：信任对怀疑（0～1.5岁）；自主对羞怯（1.5～3岁）；主动感对内疚感（3～6、7岁）；勤奋感对自卑感（6、7～12岁）；角色同一性对角色混乱（12～18岁）；友爱亲密对孤独（18～30岁）；繁殖对停滞（30～60岁）；完美无憾对悲观绝望（60岁以后）。

（2）美国发展心理学家科尔伯格把道德判断分为三个水平，每个水平又各包括两个阶段。于是，他提出了“三水平六阶段”的品德发展理论。

①前习俗水平（0～9岁）。第一阶段：惩罚和服从的道德定向阶段。第二阶段：朴素的享乐主义定向阶段。

②习俗水平（9～15岁）。第三阶段：人际和谐的定向阶段，又称为“好孩子”定向阶段。第四阶段：权威和维持社会现有秩序的定向阶段。

③后习俗水平（15岁以后）。第五阶段：社会契约和法律的定向阶段。第六阶段：普遍的道德原则和良心定向阶段。

例如，在埃里克森提出的勤奋感对自卑感阶段，儿童开始进入学校，对学业产生勤奋感，并对集体生活感到愉快；而学校里的学业或人际困难会导致自卑感。这个阶段会产生两类结果，积极结果是能够因完成工作而自豪，学会处理知识和为人处世的能力。消极结果是不适合感和自卑感，不能完成工作，缺乏基本能力。这一阶段，教师在学业和人际交往上应多鼓励儿童。这一危机是否解决好，往往是以后学业是否颓废的关键。教师对学生的评价，对儿童自我概念的活动有重要影响。

（3）人格发展理论的教育含义：①充分揭示了人格发展所具有的特征，体现了全程发展观，并充分揭示了社会性和道德的形成和发展是相互促进的。②充分揭示了人格发展中不同阶段所面临的主要矛盾的不同，教育教学要帮助学生解决好每个阶段的主要问题，以促进儿童人格的健全发展。

3. 结合我国目前教育发展与改革实际，论述依法治教的意义及其途径。

【答】意义：

（1）依法治教是依法治国方略在学校的具体落实。学校实行依法治教是落实依法治国的重要体现。首先，依法治教是学校管理方式走向法治化的重要标志。其次，依法治教有利于规范办学行为。最后，依法治教可以营造良好的学校氛围，维护学校及师生的合法权益。

（2）依法治教是市场经济条件下进一步推进教育改革与发展的需要。我国市场经济体制的逐步建立与完善，使教育领域的社会关系与管理范畴发生了重大变化。学校与教育行政部门正在由单纯的隶属关系，转为自主权与行政权相互协调、相互制约的关系；学校之间，学校与教师、学生以及其他社会组织之间，正在不断产生大量的民事关系和新型的权利义务关系。

（3）依法治教是实现按教育规律进行规范办学的保证。对于教育规律，我们是可以认识、运用的，但无法创造和改变。必须把符合教育规律的要求制定成教育法规，以法律的手段进行贯彻执行则更为有效。

途径：

（1）依法管理学校：①树立法治意识，正确处理几个关系。第一，要提高认识，破除旧的“人治观”。第二，要正确处理法治与德治的关系。第三，要处理好法治方式与其他教育方式的关系。②教师要履行义务，依法执教。教师在享受权利的同时还要承担义务，二者是不可分割的。教师在履行义务的同时，还要认真执行教育法规。

（2）依法管理学生：①正确认识中小学生的身份和法律地位。②尊重学生享有的权利和履行的义务。③坚持依法管理学生。学校实行依法管理学生，要注意抓好三点：首先，要构建科学合理的法制教育体系。其次，学生管理的各项工作要依法进行。最后，学校领导和教师要不断提高法律素质。

2016 年安徽师范大学 333 教育综合真题 · 凯程详解

一、名词解释

1. 实验教育学（见 2013 年首都师范大学真题）

2. 潜在课程（见 2018 年北京师范大学真题）

3. 有意义学习（见 2014 年华东师范大学真题）

4. 元认知策略（见 2011 年北京师范大学真题）

5. 苏格拉底法（见 2011 年北京师范大学真题）

6. 生活准备说

【答】斯宾塞提出了“什么知识最有价值”这一问题，并将评价知识价值的标准定义为对生活、生产和个人发展的作用，知识对生活的作用越大则价值越大。根据这个标准，斯宾塞确定了教育的目的是为“完满生活做准备”，反对古典主义不实用的知识和教育。

二、简答题

1. 教学活动中如何处理智力活动和非智力活动的关系？（见 2016 年北京师范大学真题）

2. 简述德育与其他各育的关系。（见 2010 年东北师范大学真题）

3. 学校管理过程包括哪些基本环节？（见 2017 年江西师范大学真题）

4. 卢梭自然教育理论的基本观点是什么？有何积极意义？（见 2012 年华东师范大学真题）

5. 简述我国隋唐时期教育制度的特点。（见 2020 年浙江师范大学真题）

6. 简述张之洞的“中体西用”教育思想。（见 2014 年华东师范大学真题）

三、论述题

1. 美国教育家杜威提出“做中学”的教育信条，我国教育家陶行知倡导“教学做合一”的主张。请你在分析两种观点的基础上，结合实际论述它们对我国基础教育改革的理论价值和实际意义。

【答】（1）两种观点的分析。（见 2016 年天津师范大学真题）

（2）对我国基础教育改革的理论价值和实际意义：

①理论价值。

杜威的“做中学”以及陶行知“教学做合一”的主张对我国的课程改革产生了影响。我国在课程内容方面，树立了内容生活观。改变传统课程内容“繁、难、偏、旧”和只注重书本知识的现状，加强课程内容与学生生活、现代社会和现代技术发展的联系，关注学生的学习兴趣和经验，精选终身学习必备的基础知识和技能。

杜威的“做中学”以及陶行知“教学做合一”的主张对我国全面发展教育产生了影响。实现人的全面发展的根本途径是教育与生产劳动相结合，因此要从做中学、教学做合一。

②实际意义。

我国课程加强了与实际生活的联系。许多中小学开设了活动性、经验性的课程，比如园艺、烹饪、围棋、跳舞、绘画、唱歌、阅读等课程。这些课程既能满足儿童的心理需要，又能满足社会性的需要，还能使儿童对事物的认识具有统一性、完整性。

我国重视学生的全面发展。不仅积极促进学生的德、智、体、美发展，还重视学生的综合实践活动。在教师引导下，密切联系学生自身生活和社会实际，让学生自主进行综合实践活动，包括研究性学习、社会实践、社区服务、劳动技术和信息技术等活动，积累解决问题的经验，提高综合应用知识的能力。

2. 运用多元智力理论论述学习方式的多样性。（见 2019 年华东师范大学真题）

3. 运用教育社会功能理论论述教育在我国全面建成小康社会进程中的作用。（见 2014 年北京师范大学真题）

2017年安徽师范大学333教育综合真题·凯程详解

一、名词解释

1. 教育制度（见2012年华东师范大学真题）

2. 校本管理

【答】校本管理是指学校在教育方针与法规的指引下，可以根据自己的实际情况和需要来自主确定发展目标和方向，自主进行学校的教育教学和管理工作。简而言之，就是以学校为本位的管理，学校拥有更多的办学自主权，承担更多的责任，改革学校内部管理体制，促进民主决策。实施校本管理应做好以下工作:（1）教育行政部门要简政放权。（2）倡导集体参与、共同决策。（3）开展校本研究，提高学校管理者的决策能力。

3. 程序性知识（见2018年华东师范大学真题）

4. 观察学习（见2019年北京师范大学真题）

5. 自然教育（见2013年陕西师范大学真题）

6. 公学（见2017年东北师范大学真题）

二、简答题

1. 教育应如何适应学生的身心发展规律?（见2010年华中师范大学真题）

2. 在教学评价中，如何处理好教师评价与学生自评的关系?

【答】（1）教学评价的主体应以教师为主。在教学实践中，教师既是教学决策的参与者，又是教学实践的执行者。他们了解教学各个环节和细节上的问题，同时，对教学的价值体察也最深。教师相对其他人员来说，最能提出改进教学的切合实际的建设性提议。因此，教师必须是教学评价主体的核心。

（2）学生也应是教学评价主体的重要组成部分。学生的自我评价有助于学生思维能力和表达能力的提高。在评价自我时，学生要对自己的学习进行分析、比较，或者是与他人比较，或者是自我比较，得出的结果无论是否有主观性，均可促进学生思考；之后，还要将比较、分析的结果用恰当的语言表达出来，促进学生表达能力的提高。

3. 简述学校美育过程中应遵循的基本原则。

【答】（1）美育的含义。（见2010年东北师范大学真题）

（2）美育过程中的基本原则。

首先，美育的一切审美对象必须要求思想性与艺术性的统一。

其次，美育的途径应贯彻课内外相结合的原则，充分发挥课堂教学中一切美育因素，提高学生审美、欣赏美的能力，陶冶学生美的情操，培养学生实践美的技能，养成行为中体验美的习惯。

最后，美育与任何教育一样，要适合学生的年龄特征，要贯彻因材施教的原则。

4. 韩愈的《师说》提出了哪些主要的教育观点?（见2018年北京师范大学真题）

三、论述题

1. 试述终身教育思想的提出对学习型社会的意义。（见2015年北京师范大学真题+2011年江苏师范大学真题）

2. 结合实际论述自我效能感及其培养途径。（见2017年东北师范大学真题）

3. 试论革命根据地教育经验的现代价值。

（1）革命根据地教育经验。（见2020年华中师范大学真题）

（2）革命根据地教育经验的现代价值。

首先，教育与生产劳动相结合。教育要紧密联系生产和生活实际，进行劳动习惯和观点、劳动知识和技能的教育，促进学生劳动能力的发展。

其次，开展多种形式的办学途径。公办教育与民办教育都是重要的组织机构，要促进民办教育的发展。

最后，促进教学制度和方式的改革。教学内容紧密联系实际，注重自主、合作、探究学习。

四、案例分析题

在案例中苏霍姆林斯基面对这位摘花的小女孩不但没有粗暴地批评，而且另摘了两朵花送给她，为什么？如果是你，你会怎么做？请运用有关教育理论进行分析。

【答】苏霍姆林斯基用心去了解女孩行为背后的原因，理解她的孝心，并奖励她。如果是我，我会先问小女孩为什么摘花并根据她的行为称赞她。

（1）材料体现了因材施教原则。

苏霍姆林斯基看到小女孩摘花并没有马上进行批评，而是认真询问了原因，并根据小女孩的回答奖励了她一朵花，做到了因材施教。

（2）材料体现了疏导原则。

苏霍姆林斯基看到女孩摘花之后，了解了背后深层次的原因，他也看到了女孩的羞愧，送了小女孩花，因势利导，对小女孩的爱心进行表扬。

（3）材料体现了理论与实际相结合原则。

苏霍姆林斯基把理论与实际相结合，肯定小女孩的爱心，切实提高小女孩的思想水平。

2018年安徽师范大学333教育综合真题·凯程详解

一、名词解释

1. **课程标准**（见2015年北京师范大学真题）
2. **发现法**（见2017年华东师范大学真题）
3. **最近发展区**（见2011年北京师范大学真题）
4. **先行组织者**（见2010年北京师范大学真题）
5. **“七艺”**（见2016年华东师范大学真题）
6. **要素主义教育**（见2017年华东师范大学真题）

二、简答题

1. **简述教学是德育的基本途径。**（见2014年北京师范大学真题）
2. **陈述性知识和程序性知识的区别和联系。**（见2010年陕西师范大学真题）
3. **王守仁的儿童教育思想的主张有哪些?**（见2016年北京师范大学真题）
4. **斯宾塞的智育论。**

【答】（1）教学必须适合儿童心智演化的自然过程。

斯宾塞认为，应该反对古典教育的传统教学方法，同时采用建立在儿童心智演化的自然过程基础上的新的教学方法。他指出，儿童心智演化有一个自然过程，干扰它就会发生损害，所以我们必须遵循它的规律，而不能把人为的形式强加于它。

（2）适合儿童心智演化的自然过程的教学法原理。

在教学必须适合心智演化的自然过程的前提下，斯宾塞提出了七条教学方法原理：①从简单到复杂；②从不准确到准确；③从具体到抽象；④儿童的教育在方式和安排上必须同历史上人类的教育相一致；⑤从实验到推理；⑥引导儿童自己去进行探讨和推论；⑦教学过程要贯彻兴趣性原则，让学生能够在兴趣的导航下，愉快地接受知识。

此外，“智育”还论述了“自然教学”“实物教学”和“学生独立练习”等方面的内容。

三、论述题

1. 我国教育目的的基本精神。（见2012年北京师范大学真题）

2. 社会规范学习心理过程的三个阶段。（见2014年北京师范大学真题）

3. 五四新文化运动对国人教育观念转变的影响。（见2012年华东师范大学真题）

四、案例分析题

请回答你对这个问题有什么看法，用教育学的理论进行分析。

【答】（1）现代教育对经济发展的影响。

首先，经济对现代教育具有制约性：①生产力的发展水平制约着人才培养的规格和教育结构。②生产力的发展水平制约着教育事业发展的速度和规模。③生产力的发展水平制约着课程的设置和教育内容的沿革。④生产力的发展制约着教学组织形式、教育教学手段和方法的沿革。

其次，现代教育具有一定的经济功能：①教育是使可能的劳动力转化为现实的劳动力的基本途径。②现代教育是使知识形态的生产力转化为直接生产力的一种重要途径。③教育是提高劳动者素质和生产率的重要因素。④教育是科学知识再生产的重要手段。⑤教育是生产新的科学知识的重要手段。

（2）教育具有相对独立性。

一方面，教育为适应社会的生存与发展而产生、发展，受社会发展的制约，对社会具有依存性；另一方面，教育又是一种主体性的实践活动，在能动地反作用于社会发展的过程中，具有主体自身的价值取向与行为选择，由此实现着教育的社会功能，并表现出自身的相对独立性。主要表现为下述方面：①教育是有目的地培养人的活动，主要通过培养的人作用于社会。②教育具有自身的活动特点、规律与原理。③教育具有自身发展的传统与连续性。

（3）教育先行。

教育先行是一种发展战略，即教育发展先于其他行业或者经济发展的现有状态而超前发展。教育在我国社会主义现代化建设中具有基础性、先导性、全局性意义。落实科学发展观，实现科教兴国战略和人才强国战略，就必然要求把教育摆在优先发展的战略地位。教育优先发展不是教育过度地超前发展，也不是教育的盲目发展，而是一种适度发展。要依据一个国家经济的发展水平来确定教育投资，过多的教育投资反而会造成浪费，所以，我国采用教育的适度优先发展战略，它能更好地保证人才兴国和科教兴国。

2019年安徽师范大学333教育综合真题·凯程详解

一、名词解释

1. 双轨制（见2017年北京师范大学真题）

2. 锻炼法（见2018年哈尔滨师范大学真题）

3. 下位学习

【答】下位学习也叫类属学习，将概括程度或包容范围较低的新概念或命题，归属到认知结构中原有的概括程度或包容范围较高的适当概念或命题之下，从而获得新概念或新命题的意义。如先知道水果的总括概念，然后学习“苹果”“梨子”等具体概念。

4. 藏息相辅的教学原则

【答】“藏焉修焉，息焉游焉”“时教必有正业，退息必有居学”。教学既要有有计划的正课学习，又要有课外活动和自习，有张有弛，让学生感到学习的乐趣，劳逸结合。

5. 精细加工策略（见2016年东北师范大学真题）

6. 教育无目的

【答】基于教育即生长、教育即生活、教育即经验的改造三大理论，杜威提出教育内在目的论，也叫作教育无目的论。他反对外在的、固定的、终极的教育目的；他所说的“教育的过程，在它自身之外没有目的”，实质上是对脱离儿童而由成人决定的、外在的、终极性的教育目的的纠正。

二、简答题

1. 简述教学过程的几种关系。（见 2011 年东北师范大学真题）

2. 简述颜之推的儿童教育思想。（见 2013 年哈尔滨师范大学真题）

3. 影响知识理解的因素。（见 2015 年北京师范大学真题）

4. 简述永恒主义教育思潮。（见 2010 年华东师范大学真题）

三、论述题

1. 马克思主义关于人的全面发展学说的主要内容及现实意义。（见 2017 年华南师范大学真题）

2. 加涅的学习过程阶段以及信息加工理论对课堂教学的启示。（见 2020 年华中师范大学真题）

3. 陈鹤琴教育思想的启示及其现实价值。（见 2017 年东北师范大学真题 +2015 年北京师范大学真题）

四、案例分析题

结合材料与现实，谈谈你对当前世界基础教育课程改革发展新趋势的认识。

【答】（1）世界基础教育课程改革对学生的素质提出了新的要求，学生应该具有以下知识、能力和情感态度：

①文化基础。

文化是人存在的根和魂。文化基础，重在强调能习得人文、科学等各领域的知识和技能，掌握和运用人类优秀智慧的成果，涵养内在精神，追求真善美的统一，发展成为有宽厚文化基础、有更高精神追求的人。

人文底蕴：人文积淀、人文情怀、审美情趣。科学精神：理性思维、批判质疑、勇于探究。

②自主发展。

自主性是人作为主体的根本属性。自主发展，重在强调能有效管理自己的学习和生活，认识和发现自我价值，发掘自身潜力，有效应对复杂多变的环境，成就出彩人生，发展成为有明确人生方向、有生活品质的人。

学会学习：乐学善学、勤于反思、信息意识。健康生活：珍爱生命、健全人格、自我管理。

③社会参与。

社会性是人的本质属性。社会参与，重在强调能处理好自我与社会的关系，养成现代公民所必须遵守和履行的道德准则和行为规范，增强社会责任感，提升创新精神和实践能力，促进个人价值实现，推动社会发展进步，发展成为有理想信念、敢于担当的人。

责任担当：社会责任、国家认同、国际理解。实践创新：劳动意识、问题解决、技术运用。

（2）世界教育课程改革发展的趋势。（见 2017 年浙江师范大学真题）

2020 年安徽师范大学 333 教育综合真题 · 凯程详解

一、名词解释

1. 特殊迁移

【答】特殊迁移是指某一领域或课题的学习直接对另一领域或课题的学习所产生的影响。

2. 认知内驱力

【答】根据学习动机影响学生学业成就的不同，奥苏伯尔将其分为认知内驱力、自我提高内驱力、附属内驱力。认知内驱力是在要求理解和掌握知识需要的基础上产生的，指向学习任务本身，是一种内部动机。

3. 形成性评价（见2013年华中师范大学真题）

4. 掌握学习

【答】掌握学习是指向不同能力水平的学生提供最佳的教学和给予足够的学习时间而使绝大多数学生达到掌握的程度。

5. 长善救失原则（见2020年西北师范大学真题）

6. 教育的相对独立性

【答】教育的相对独立性是指作为社会一个子系统的教育，它对社会的能动作用具有自身的特点：规律性、连续性和继承性。一方面，教育对社会具有依存性；另一方面，教育又是一种主体性的实践活动，能动地反作用于社会发展的过程中。

教育的相对独立性的主要表现：①教育是培养人的活动，主要通过所培养的人作用于社会；②教育具有自身的活动特点、规律与原理；③教育具有自身发展的传统与连续性。

二、简答题

1. 情境陶冶法的内涵及要求。

【答】情境陶冶法是德育方法的一种。情境陶冶法是指通过创设良好的教育情境，潜移默化地培养学生品德的方法。其利用暗示原理，让学生通过无意识的心理活动来接受某种影响。它既不向学生传授系统的道德知识，也不对学生提出明确的要求，而是寓教育于情境之中，通过按教育要求预先设置的情境来感化与熏陶学生；既没有强制性的措施，也难有立竿见影之效，但对学生有潜移默化的效果，给学生品德发展以深远的影响。主要有人格感化、环境陶冶、艺术陶冶。基本要求：①创设良好的情境；②与启发引导相结合；③引导学生参与情境的创设。

2. 存在主义教育思想的主要观点。（见2010年安徽师范大学真题）

3. 蔡元培的“五育”并举。（见2016年华东师范大学真题）

4. 促进迁移的教学原则。（见2014年北京师范大学真题）

三、论述题

1. 论述教育的社会功能及其有效发挥的条件。（见2014年北京师范大学真题）

2. 试论述马卡连柯的劳动教育思想及其当代意义。

【答】马卡连柯认为劳动不仅是劳动教育必不可少的措施，而且是全部教育总体中不可缺少的手段。劳动教育的目的是发展儿童的体力、智力和培养他们从事生产劳动的技能技巧，尤其是要使学生得到道德和精神上良好的发展。与当时苏联流行的看法不同的是，马卡连柯认为生产劳动与学校教学之间不需要任何的一致性，不能机械结合。没有集体就不能进行集体教育和纪律教育，也无法组织劳动和进行劳动教育；没有劳动，不进行劳动教育，集体也就无法建立，真正的纪律教育也不能顺利进行。

意义：（1）劳动教育能使儿童了解劳动的必要性，树立正确的劳动观。在参与劳动的过程中，儿童会养成劳动的习惯，产生对劳动的兴趣，会把劳动当作表现其人格和才能的主要形式，形成劳动最光荣的价值观，养成儿童热爱劳动的情绪情感。

（2）劳动不仅可以促进儿童的健康发展，提高儿童的劳动能力，还可形成和谐的人际关系。劳动可以使儿童手脑并用，锻炼身体的同时也促进智力的发展。在劳动的过程中，儿童能感受到我能帮助别人，但也需要别人的帮助，形成初步合作的意识，发展和谐的人际关系。

（3）劳动教育最大的价值体现在儿童道德和精神的发展上。儿童在劳动的过程中，通过为自己或者为他人的服务，或是体验参与他人劳动的境况，有助于儿童获得自我存在的价值，培养责任感，增强自信心，从而进行自我肯定、自我发展。对儿童开展适宜的劳动教育，还能培养儿童珍惜劳动成果，养成勤俭节约的良好品质。

3. 试论述颜元的“实学”“真学”和“习行”的内容及启示。

【答】为了培养“实才实德之士”，颜元提出了“真学”“实学”的教育内容，以及“实文”“实行”“实体”“实用”的教学原则。

（1）“实学”的教育内容。

颜元“实学”的教育内容：以“六艺”为中心的“三事”“六府”“三物”。“三事”指正德、利用、厚生；“六府”指金、木、水、火、土、谷；“三物”指六德、六行、六艺。“六德”为知、仁、圣、义、忠、和；“六行”为孝、友、睦、姻、任、恤；“六艺”为礼、乐、射、御、书、数。这“三事”“六府”“三物”就是颜元所谓的“实学”。

（2）晚年，颜元曾按自己的教育思想规划漳南书院，陈设“六斋”，实行“分斋教学”，并规定了各斋的具体教育内容，这是对“真学”“实学”内容最明确也是最有力的说明。漳南书院的“六斋”为文事斋、武备斋、经史斋、艺能斋、理学斋、帖括斋。

（3）“习行”的教学方法。

第一，“习行”就是强调在教学过程中要联系实际，坚持观察、练习和躬行实践；第二，反对传统的“静坐”“闭门读书”和空谈义理；第三，颜元并非排斥通过读和讲来学习知识，只是反对通过静坐读书来获取知识，主张将读书、讲学与“习行”相结合；第四，“习行”也是培养“经世致用”人才的主要途径和教学方法；第五，颜元强调“习行”的依据是其符合学习规律，有利于道德修养，有利于身体健康。

启示：颜元将中国古代关于教育内容的理论推到一个崭新的发展阶段，这是颜元对中国古代教育理论的重要贡献，值得人们重视。颜元注重实践的教育思想对今天的教育仍有很强的借鉴意义。

四、材料分析题

谈谈你对研学旅行的认识和理解。（可从内涵、类型、价值和实施等方面来论述）

【答】（1）内涵：

研学旅行是由学校根据区域特色、学生年龄特点和各学科教学内容需要，组织学生通过集体旅行、集中食宿的方式走出校园，在与平常不同的生活中拓宽视野、丰富知识，加深与自然和文化的亲近感，增加对集体生活方式和社会公共道德的体验。

（2）分类：

①研学旅行组织上实施的主体主要有学校、旅行社或社会文化机构、国家专门成立的研学旅行管理机构等。②从研学旅行活动的实验和正式实施后所开展的诸种活动来看，其活动内容主要有历史文化类、红色革命类、科技活动类、职业体验类、军事训练类、亲近自然类。③以研学旅行活动开展的范围为分类依据，可以分为家乡、县、市、省、全国和世界。

（3）价值：

在中小学素质教育过程中，研学旅行已然成了一个重要环节，其知行结合的创新型教育方式，有益于提升新时代中小学生的文化素养，丰富中小学生的文化生活，让素质教育变得可视化，促进中小学生形成正确的人生观、价值观和世界观。

（4）研学旅行的实施策略：

①正确认识研学旅行活动的性质和作用。②教师转变角色，辩证地处理好研学旅行活动中的各种关系。③确定研学旅行的目标，创造性地设计研学内容与方法。④在管理与运行机制上，协同合作，保障安全有效地开展研学旅行活动。

福建师范大学

2010 年福建师范大学 333 教育综合真题 · 凯程详解

一、名词解释

1. 教育制度（见 2012 年华东师范大学真题）
2. 学校德育（见 2018 年西北师范大学真题）
3. “五育”并举（见 2011 年东北师范大学真题）
4. 教学做合一（见 2018 年湖南师范大学真题）
5. 角色扮演法（见 2020 年辽宁师范大学真题）
6. 形式训练说（见 2020 年华东师范大学真题）

二、简答题

1. 简述教育的社会流动功能的含义及其在当代的意义。（见 2010 年北京师范大学真题）
2. 实施教学评价应该遵循哪些基本原则?（见 2011 年陕西师范大学真题）
3. 简述产婆术。（见 2013 年东北师范大学真题）
4. 在现代社会变迁中，教师角色体现出哪些发展趋势?（见 2015 年华东师范大学真题）

三、论述题

1. 试述新一轮基础教育课程改革的具体要求，并说明课程改革的发展趋势。（见 2017 年东北师范大学真题 +2015 年西南大学真题）
2. 评述北宋的三次兴学。（见 2019 年南京师范大学真题）
3. 评述赫尔巴特的课程理论。（见 2011 年华东师范大学真题）
4. 试述马斯洛需要层次理论的主要内容，并分析其教育的启示意义。（见 2013 年西南大学真题 +2020 年四川师范大学真题）

2011 年福建师范大学 333 教育综合真题 · 凯程详解

一、名词解释

1. 教育的社会流动功能（见 2011 年华南师范大学真题）
2. 课程标准（见 2015 年北京师范大学真题）
3. 贝尔 – 兰卡斯特制（见 2012 年北京师范大学真题）
4. 昆西教学法（见 2018 年浙江师范大学真题）
5.《颜氏家训》（见 2019 年北京师范大学真题）
6. 中体西用（见 2011 年北京师范大学真题）

二、简答题

1. 简析现代教育的发展趋势和特点。（见 2013 年北京师范大学真题）

2. **简析自我教育能力的构成要素及其在德育过程中的作用。**（见2012年北京师范大学真题）

3. **什么是课程内容？课程内容的组织应处理好哪些逻辑组织形式的关系？**（见2014年华东师范大学真题）

4. **简述奥苏伯尔有意义学习的实质与条件。**（见2013年北京师范大学真题）

三、论述题

1. **请结合你的教育经历，试从一个教师的劳动特点，谈谈做一名班主任的素质要求。**（见2015年东北师范大学真题+2015年华东师范大学真题）

2. **试析裴斯泰洛齐的“教育心理学化”思想。**（见2016年湖南师范大学真题）

3. **评述1922年“新学制”（壬戌学制）。**（见2014年东北师范大学真题）

4. **评述在教育实践中如何培养学生的创造性。**（见2011年北京师范大学真题）

2012年福建师范大学333教育综合真题·凯程详解

一、名词解释

1. **学习策略**（见2015年北京师范大学真题）

2. **角色扮演法**（见2020年辽宁师范大学真题）

3. **智者派**（见2018年东北师范大学真题）

4. **壬戌学制**（见2010年北京师范大学真题）

5. **性善论**

【答】孟子的“性善论”可归纳为以下几个方面：“性善论”说明了人性是人类所独有的区别于动物的本质属性。人性在本质上具有平等性。孟子肯定人性本善，“人性”表现为“四心”，即恻隐之心、羞恶之心、恭敬之心、是非之心。教育对个人的作用：教育是扩充“善端”的过程。一方面，教育要“存心养性”，把人天赋的善端发扬光大。另一方面，孟子提出“求放心”。教育对社会的作用：教育是“行仁政，得民心”的最有效手段。

6. **要素教育论**（见2017年陕西师范大学真题）

二、简答题

1. **简述人的身心发展的规律及意义。**（见2010年华中师范大学真题）

2. **课程内容的逻辑规定及课程内容组织编排时要处理好的逻辑组织形式关系。**（见2014年华东师范大学真题）

3. **现代学校教育的发展特点。**

【答】现代学校教育有生产性、科学性、公共性、国际性、终身性、革命性等基本特征。

（1）教育的生产性：现代学校教育不仅培养政治上需要的人才，也培养生产劳动者。

（2）教育的科学性：现代学校教育的核心是科学教育，教育的内容和方法都是科学的。

（3）教育的公共性：现代学校教育的公共性也指教育的公平性，即在提高大众素质的基础上培养精英，培育精英。

（4）教育的国际性：现代学校教育从态度、知识、情感、技能等方面培养受教育者，使其从小就为一个国际化的时代做准备，使教育成为促进国际理解与合作的工具，让学生和教师的国际间流动更为频繁，跨国校际关系越来越密切。

（5）教育的终身性：现代学校教育贯穿于人的一生，改革着眼于创造一个适合终身学习的机会，打通正规教育与业余教育、学校教育与继续教育的界限。

（6）教育的革命性：现代教育的革命性源于现代生产与生活以科学技术为基础，由于科学技术的本性是不断创新的，因而教育也处于不断的革新之中。

4. 教学中的讨论法及其应用要求。（见 2018 年华东师范大学真题）

三、论述题

1. 联系我国的中小学教育现状，论述现代中小学教育制度改革的要求。

【答】（1）基本普及学前教育。现代学前教育的发展十分迅速。随着我国义务教育和高中阶段教育的逐渐普及，我国的学前教育也将普及。

（2）均衡发展义务教育。义务教育具有强制性、免费性和普及性的特点。目前，我国实现了免费的普及义务教育，但也存在着发展不平衡的问题，促进义务教育均衡发展已成为我国现阶段教育改革和发展的重大任务。目前我国正倡导实行“公平而有质量的教育”。

（3）努力普及高中阶段教育。①在普及九年义务教育后，普及高中阶段教育就成为教育发展的重要趋势。为了适应青少年的升学和就业的选择，并满足社会的需要，高中阶段的学制应该多样化，应有普通高中、职业高中、中等专业学校和技术学校等不同类型的学校供学生选择。②职业教育与普通教育综合化。普通教育是以升学为主要目标，职业教育是以就业为主要目标，单纯的职业技术教育已不能适应社会的要求。职业教育普通化和普通教育职业化，使普通教育和职业教育朝着综合统一的方向发展。

（4）大力发展高等教育。我国高等教育处于大众化阶段。高等教育不仅要办本科的教育，还要有大专、硕士研究生、博士研究生多个层次。除了综合性大学之外，还应有多种专门大学和院系。高等教育向在职人员开放。

（5）终身教育体系的建构。①终身教育给予教育全新的诠释，主张教育应该贯穿人的一生，彻底改变了过去将人的一生截然划分为学习期和工作期两个阶段的观念。②终身教育促进了教育社会化和学习型社会的建立。③终身教育引发了教育内容和师生关系的革新。④终身教育的多元化价值标准为学习者指出了一条自我发展、自我完善的崭新之路。⑤终身教育的发展是必将实现的教育平等的制度基础。

2. 阐述教学中培养学生问题解决能力的方法。（见 2010 年华中师范大学真题）

3. 论述中世纪大学的特征及意义。（见 2018 年南京师范大学真题）

4. 福建船政学堂及其意义。

【答】（1）福建船政学堂。

福建船政学堂又称“求是堂艺局”或“福州船政学堂”，是福建船政局的组成部分。福建船政局也叫“马尾船政局”或“福州船政局”，由左宗棠在 1866 年奏请创办，是近代第一个也是洋务运动时期最大的专门制造近代轮船的工厂。左宗棠一开始就把造船与培养人才结合起来，在《详议创设船政章程折》里确定学校的名称为“求是堂艺局”。

学堂的宗旨是“习学洋技”，主要培养造船和驾驶人才。学堂有前学堂和后学堂之分，前学堂学习制造技术，又称造船学堂，目标是培养能够设计制造各种船用零件并能进行整船设计的人才；后学堂学习驾驶和轮机技术，一般邀请英、法的教习。1868 年，前学堂内添设“绘事院”和“艺圃”。“绘事院”的目标是培养生产用图纸的制作人才；“艺圃”实际上是在职培训学校，通过工读结合的形式有计划地培养生产和技术骨干，这开创了我国近代职工在职教育的先声。总之，学堂既培养军事人才，也培养军工技术人才。

1872 年前后，福建船政学堂达到兴盛期。1913 年从船政局中析出，改组为三个独立的学校：前学堂改组为福州制造学校；后学堂改组为福州海军学校，直属民国政府海军部；“艺圃”改组为艺术学校。

（2）意义。

福建船政学堂从开办到改组，历时约半个世纪，是洋务学堂中持续时间最久的一所。它在我国近代海军事业的发展中占有重要地位，为近代中国海军输送了第一批舰战指挥和驾驶人才，也为近代中国船舰制造业的发展写下了光辉的一页，是近代中国海军人才的摇篮。

2013 年福建师范大学 333 教育综合真题·凯程详解

一、名词解释

1. **朱子读书法**（见 2015 年东北师范大学真题）

2. **全人生指导**（见 2018 年浙江师范大学真题）

3. **先行组织者**（见 2010 年北京师范大学真题）

4. **形式训练说**（见 2020 年华东师范大学真题）

5. **助产术（产婆术）**（见 2011 年北京师范大学真题）

6. **导生制**（见 2012 年北京师范大学真题）

二、简答题

1. **人的身心发展的规律。**（见 2010 年华中师范大学真题）

2. **学生管理的内容和要求。**

【答】（1）学生管理的内容。学生管理是一个细致、复杂而又多层面的工作，其内容主要包括学生的思想品德管理、学习管理、健康管理、组织管理、课外活动管理等方面。

（2）学生管理的要求。①遵照国家的法律法规要求，对学生依法进行管理。②依据学生的身心发展特点，对学生进行科学管理。③发挥学生的主动性，引导学生进行自我管理。

3. **简述学校教育制度的概念及我国现行学校教育制度改革的方向。**（见 2010 年浙江师范大学真题 +2011 年南京师范大学真题）

4. **教学评价的种类。**（见 2019 年西北师范大学真题）

三、论述题

1. **论述学校德育的特征，举例说明教师如何运用"奖惩"这一德育方法。**

【答】特征：（1）德育旨在培养学生的道德信念和人生观，帮助学生形成良好的道德行为习惯，主要属于伦理领域。

（2）德育要解决的矛盾主要不是求真，不是学生对事物的知与不知，以回答"世界是什么"的问题；而是求善、知善、行善，以回答"世界应该是什么"的问题。

（3）品德是个性素质结构的重要因素，在个性素质结构中起着价值定向的作用。

奖惩的运用：奖惩是对学生的思想和行为做出评价，包括表扬、奖励和批评、处分两个方面。表扬、奖励是对学生的良好思想、行为做出肯定评价，以引导和促进其品德积极发展的方法。批评、处分是对学生不良思想、行为做出否定评价，以帮助他们改正缺点与错误的方法。基本要求：①公平公正、正确适度、合情合理；②发扬民主，获得群众支持；③注重宣传与教育。

2. **中世纪大学的特点和意义。**（见 2018 年南京师范大学真题）

3. **论述清末新政时期的"庚款兴学"。**

【答】留日高峰的形成，格外引起美国朝野的注目。他们认为这将不利于美国在华的长远利益。因此美国决定从 1909 年开始，将中国"庚子赔款"中的一部分以先赔后退的方式退还给中国，并和中国政府达成默契，将这笔钱用来发展留美教育，史称"庚款兴学"或"退款兴学"。这一举动被相关国家效仿。

为了实施庚款留美计划，中国政府专门拟定了《遣派留美学生办法大纲》，规定在华盛顿设立"游美学生监督处"作为管理中国留美学生的机构，在北京设立"游美学务处"。游美学务处在直接派遣留美学生的同时，又着手筹建留美预备学校——清华学堂。清华学堂对提高中国留美学生的层次和系统引入"西学"起到了重要作用，民国成立后改称为清华学校。

通过这次兴学，美国的确把中国的留学潮引向了美国，中国留学生的流向从此发生了变化。

4. **论述需要层次理论及对教育的意义。**（见 2013 年西南大学真题 +2020 年四川师范大学真题）

2014年福建师范大学333教育综合真题·凯程详解

一、名词解释

1. “三纲领八条目”（见2018年浙江师范大学真题）

2. 苏湖教法（见2014年北京师范大学真题）

3. 骑士教育（见2010年华东师范大学真题）

4.《巴尔福法案》

【答】1902年，为了公平分配教育补助金和加强对地方教育的管理，英国颁布了《巴尔福教育法》。主要内容有：设立地方教育当局，以保证满足初等教育的要求，享有设立中等学校的权力，并为中等学校和师范学校提供资金；地方教育当局还应负责对私立学校和教会学校提供资助和控制。该法案首次强调初等教育和中等教育的衔接，并把中等教育纳入地方教育部门管理，为建立统一的国家公共教育制度奠定了基础。

5. 自我效能感（见2014年华东师范大学真题）

6. 移情

【答】移情是对事物进行判断和决策之前，将自己置于他人的位置，考虑他人的心理反应，理解他人的态度和情感体验。移情是自我与道德行为之间重要的中介变量，是助人、安慰、合作、分享等亲社会行为的动机基础。个体移情能力受抚养人态度、个体过去经验、个体敏感性以及社会认知等多种因素的影响，也可以通过训练提高。

二、简答题

1. 班级授课制的优缺点。（见2014年北京师范大学真题）

2. 学生在教学中接受学习的基本阶段。（见2016年南京师范大学真题）

3. 简述知识对人的发展的价值。（见2018年华中师范大学真题）

4. 长善救失德育原则的内涵和要求。（见2019年湖南师范大学真题）

三、论述题

1. 论述现代教师角色发展的趋势。（见2015年华东师范大学真题）

2. 论述五四运动中的平民教育思潮和科学教育思潮。（见2020年华中师范大学真题）

3. 论述杜威的“做中学”理论。（见2014年东北师范大学真题+2011年浙江师范大学真题）

4. 分析影响问题解决的主要因素。（见2017年陕西师范大学真题）

2015年福建师范大学333教育综合真题·凯程详解

一、名词解释

1. 遗传素质（见2011年哈尔滨师范大学真题）

2. 教育的社会流动功能（见2011年华南师范大学真题）

3. 课程方案（见2013年华东师范大学真题）

4. 发展性原则（见2019年华中师范大学真题）

5. 学校德育（见2018年西北师范大学真题）

6. 校本管理（见2017年安徽师范大学真题）

二、简答题

1. 简述教学评价的原则。（见2011年陕西师范大学真题）

2. 简述严复教育救国的“三育论”。（见 2016 年山东师范大学真题）

3. 自我效能感的定义及其影响因素。（见 2017 年东北师范大学真题）

4. 卢梭的自然教育论及其影响。（见 2012 年华东师范大学真题）

三、论述题

1. 论述教学的意义和任务。

【答】教学是由教师的教和学生的学共同组成的一种双边互动的教育活动。通过教学，学生在教师有计划、有步骤的积极引导下，积极主动地掌握系统的科学文化知识和技能，发展智力、体力，陶冶品德，全面发展个性。

（1）教学的意义：①教学是传承文化、传播系统知识、促进学生全面发展的最有效的形式。②教学是学校教育的主要工作，也是进行全面发展教育、实现培养目标的基本途径。

（2）教学的任务。（见 2013 年北京师范大学真题）

2. 论述唐代官学的教育管理制度。

【答】（1）中央官学。

唐代中央官学包括儒学与专门学校两类。国子监管理的“六学一馆”成了中央官学的主干，由国子监管理。唐代中央官学较为发达，种类繁多、人数众多、等级森严、内容丰富，远远超过以往任何一个朝代。

（2）地方官学。

唐代的地方官学也有比较完备的制度。唐代实行州县二级制，类型有三种——经学、医学、崇玄学，但主要还是学习儒家经典。地方学校归地方政府之行政长官长史负责，包括主持考试。州县的学生大多是庶民子弟，学生毕业后，可升入中央四门学，或者直接参加科举考试，或者做地方官吏。可以说中国封建社会的地方官学制度到唐代已得到充分的实施。

（3）唐代官学教育管理制度最重要的是以下六项：①入学制度。唐代中央官学实行等级入学制度，凡申请入国子监的学生，对年龄都有一定限制。②学礼制度。束脩之礼、国学释奠礼、贡士谒见及使者观礼，这些定期性的礼仪活动使学生受到崇儒尊师、登科从政的教育，以及一定的思想熏陶。③教学制度。各种类型的学校教学内容具有具体性和专业性。④考核制度。主要有旬试、月试、季试、岁试和毕业试。⑤督责与惩戒制度。国子监主簿负责执行学规，督促学生勤学，保证国子监的教学和生活秩序。⑥休假制度。常规的休假有旬假、田假和授衣假，反映了农业社会的人性关怀。

3. 结合教学实践谈谈如何培养学生的创造性。（见 2011 年北京师范大学真题）

4. 进步主义教育运动的产生、发展及影响。

【答】（1）进步主义教育运动的发展过程。（见 2014 年江西师范大学真题）

（2）影响：进步主义教育运动反思了传统教育，主张教育要以儿童为中心，尊重儿童的兴趣和需要、个性与自由，对美国乃至世界的教育产生了深远的影响。但是进步主义教育的一些弊端正是导致它衰落的原因：运动不能与美国社会变化始终保持一致；理论与实践之间的矛盾；过分强调儿童、忽视社会；指导思想多元化；过分否定教育规律；改造主义和保守主义的抨击加速其衰落。

2016 年福建师范大学 333 教育综合真题 · 凯程详解

一、名词解释

1. 狭义的教育（见 2012 年西南大学真题）

2. 教育的社会流动功能（见 2011 年华南师范大学真题）

3. 综合实践活动（见 2014 年山东师范大学真题）

4. 学校教育制度（见 2019 年北京师范大学真题）

5. 课程标准（见 2015 年北京师范大学真题）

6. 形成性评价（见 2013 年华中师范大学真题）

二、简答题

1. 简述启发性教学原则的内容及要求。（见 2012 年北京师范大学真题）

2. 简述东林书院的讲会制度。

【答】东林书院原为北宋理学家杨时讲学之所，也叫龟山书院，后由明朝顾宪成、顾允成等复创，是明朝名声最大、影响最大的书院。

顾宪成以朱熹的《白鹿洞书院揭示》作为范本，制定《东林会约》，形成了一套完备的讲会制度。在《东林会约》的“会约仪式”中，要求定期举行学术会讲，讲学内容主要为“四书”，讲授结束后相互讨论，还会相互以歌诗唱和。此外，对于讲会组织的一些内容，如通知、稽查、茶点、午餐等都做了细致的规定。所有这一切都说明，东林书院的讲会已经制度化了。

官学中没有讲会制度，书院通过“讲会”，把书院的讲学活动扩展为地区性的学术活动。许多学派的著名学者往往不远千里，准时赴会。在会上，或发挥本学派学说的精义以扩大影响，或辨析不同学派主张的异同以取长补短。这就促进了学术的交流，推动了学术的发展。讲会制度使书院名声大振，但也招来忌者，最终遭到以魏忠贤为首的阉党的迫害，书院被禁毁。

3. 人文主义情感取向的道德理论。

【答】人文主义情感取向的道德理论就是麦克费尔的体谅模式。

（1）理论假设：①与人友好相处是人类的基本需要，帮助学生满足这种需要是教育的重要职责。②道德教育重在引导学生学会关心、学会体谅，并从中获得快乐。③鼓励处于社会试验期的青少年试验各种不同的角色和身份，促进学生成熟的人际意识和社会行为的发展。④教育即学会关心。麦克费尔特别强调：要营造相互关心、相互体谅的课堂气氛；教师在关心人、体谅人上起表率作用。

（2）实践操作部分：实践操作部分是通过《生命线丛书》来实施的。这套教材是实施体谅模式的支柱，该教材由三部分组成，循序渐进地向学生呈现越来越复杂的人际与社会情境。

（3）体谅模式的贡献：从实证研究出发，建立起关心他人，发展利他主义观念的理论基点，带有鲜明的人本主义色彩。同时，该模式为学校道德教学提供的《生命线丛书》对我国目前道德教育教材存在的内容枯燥、形式单一，学生无兴趣的现状，是一个好的启示。

4. 简述美国 1958 年《国防教育法》的主要内容。（见 2014 年华东师范大学真题）

三、论述题

1. 试述我国中小学班主任的素质要求。（见 2015 年华东师范大学真题）

2. 评述民国初年的教育方针及其历史意义。

【答】民国初年的教育方针是“五育”并举的教育方针，它的具体内容和历史意义如下。

（1）内容：在民国初年，将军国民教育、实利主义教育、公民道德教育和美感教育作为中华民国临时政府的教育方针。这一方针来自蔡元培的“五育”并举的内容。蔡元培在 1912 年发表的《对于教育方针之意见》中，从“养成共和国民健全之人格”的观点出发，提出了“五育”并举的教育思想。“五育”包括军国民教育、实利主义教育、公民道德教育、世界观教育和美感教育。蔡元培强调“五育”不可偏废，前三者偏于现象世界之观念，隶属于政治教育；后二者以追求实体世界之观念为目的，为超越政治之教育。军国民教育为体育，实利主义教育为智育，公民道德教育为德育，美感教育可以辅助德育，世界观教育将德、智、体合而为一，是教育的最高境界。“五育”中也有重点，即必须以公民道德教育为根本。

（2）意义：蔡元培认为，“五育”是相互联系的一个整体，其中，以公民道德教育为中坚，世界观教育及美育是完成道德的手段，而军国民教育及实利主义，则必以道德为根本。总之，“五育”并举的教育，就是德、智、体、美和谐发展的教育。应该说，这是符合当时历史发展的要求的，是对封建教育及半殖民地半封建教育宗旨的否定，在教育思想史上也是一个巨大的进步。从人才培养看，这几方面的教育，也符合人的全面发展的教育规律。

3. 试述马斯洛需要层次理论的主要内容及其教育启示。（见 2013 年西南大学真题 +2020 年四川师范大学真题）

4. 试述欧洲文艺复兴人文主义教育的特征和影响。（见 2019 年华中师范大学真题）

2017 年福建师范大学 333 教育综合真题 · 凯程详解

一、名词解释

1. “六艺” 教育（见 2012 年华东师范大学真题）

2. 大学院

【答】大学院是 1927 年蔡元培为变“教育官僚化”为“教育学术化”而在教育行政体制上进行的改革。其基本含义是以大学院为全国最高学术和教育行政机构，全国划分为若干大学区，区内设国立大学一所，设校长一人总理大学区内一切学术与教育行政事务。

3. 新教育运动（见 2019 年华东师范大学真题）

4. 自我效能感（见 2014 年华东师范大学真题）

5. 角色扮演法（见 2020 年辽宁师范大学真题）

6.《国防教育法》（见 2010 年湖南师范大学真题）

二、简答题

1. 环境对人的发展的作用。（见 2010 年山东师范大学真题）

2. 教育的政治作用。（见 2012 年北京师范大学真题）

3. 教育制度的特点。

【答】教育制度既有与其他社会制度相类似的性质，又有其自身的特点。

（1）客观性：教育制度作为一种制度化的东西，不是本来就有的，而是一定时代的人们根据自己的需要制定的。

（2）规范性：任何教育制度都是制定者根据自己的需要制定的，具有一定的规范性。这种规范性，主要表现在入学条件即受教育权的限定和各级各类学校培养目标的确定上。

（3）历史性：教育制度的具体内容是随着社会的变化而变化的，在不同的社会历史时期和不同的文化背景下，会有不同的特点。

（4）强制性：教育制度作为教育机构系统的制度，是先于个体而存在的。它独立于个体之外，对个体的行为具有一定的强制作用。

4. 教师劳动的示范性。

【答】（1）教师分析教材、演示教材的过程具有示范性。教师是否注意运用劳动手段的示范性，以及示范性手段运用得如何，都直接影响着教学的效果。当代电子化教学手段在课堂教学中的广泛运用，更使教师劳动的示范性锦上添花。

（2）教育教学活动中的各种实践活动，也具有很强的示范性。教学中的各种实验，其过程就是教师演示并指导学生参加实验的过程，每一个环节、每一个步骤，都离不开教师的示范与讲解。

教师的劳动是一种示范性劳动，是通过教师自身的形之于言与行的德识才学，展示教育内容的本质，把知识、技能、社会行为规范转化为学生的知识、才能、品行的。学生无所不在，消息无所不通，教师言行上的任何不检点，都会影响到教师的威信，影响到教师教育教学的效果。在教育教学工作中，教师必须以身作则，注意自己的仪表教态、言行举止，处处、时时、事事为学生做出表率。

三、论述题

1. 教学原则中循序渐进的含义及基本要求。（见2016年南京师范大学真题）

2. 夸美纽斯的教育适应自然原则及对我国基础教育的启示。（见2012年西南大学真题）

3. 影响问题解决的因素。（见2017年陕西师范大学真题）

4. 论述幼童留美的历史影响。

【答】（1）幼童留美始于1872年，最早提出该建议的是容闳。1871年，曾国藩、李鸿章等在容闳“教育计划”的基础上，上奏《选派幼童赴美肄业办理章程折》，拟选送12～16岁的幼童，每年30名，计划4年共120名赴美留学，15年后每年回华30名幼童。1872年8月11日，第一期30名幼童经上海预备学校培训后，在监督陈兰彬带领下赴美（容闳已先期赴美做准备工作）。1873年6月、1874年11月、1875年10月，第二、三、四期各30名幼童也按计划出发。留美幼童在国外不仅学习英语、自然科学知识，也不忘记学习儒家经典。然而由于诸多矛盾，这些幼童并没有按计划完成学业，而是在1881年下半年分三批被撤回。

虽然这次活动中途夭折，但是它开启了中国留学教育的先河，为近代留学积累了宝贵的经验。这批留美青年接触了西方资产阶级文明，学到了近代自然科学和生产技术知识，成为一批新型的知识分子。

（2）历史影响：留美幼童们对近代中国产生了积极的影响。留美幼童们建立了中国近代的电报网、铁路网及警察制度等，为后来这些方面的发展打下了基础。不仅如此，他们还向全世界展示了中国人的聪明才智、不畏强权、成熟稳重、温和有礼。由于有他们在外留学的刻苦学习、面对列强的不卑不亢和对祖国的热爱，清政府才得以在科学技术方面对西方依赖度逐渐减少。在外交方面，外国人再也不能像18世纪面对无知的满人那样，主宰一切。清政府得以处于较主动地位，避免了更多国家主权的丧失。留美幼童们回国后对中国所产生的影响，不仅让中国逐渐发展起来，也让许许多多的中国人走出国门，去学习西方的科学技术和政治制度。“留美幼童”对近代中国的影响深远。

2018年福建师范大学333教育综合真题·凯程详解

一、名词解释

1. 素丝说（见2016年西北师范大学真题）

2. 熙宁兴学

【答】熙宁兴学是北宋期间的第二次兴学，由王安石在宋神宗熙宁年间主持。改革措施如下：第一，改革太学，创立“三舍法”。第二，扩建和整顿地方官学。第三，恢复与创立武学、律学和医学等专门学校，以培养具有一技之长的人才。第四，编撰《三经新义》，作为统一教材。

3.《国防教育法》（见2010年湖南师范大学真题）

4. 昆西教学法（见2018年浙江师范大学真题）

5. 自我效能感（见2014年华东师范大学真题）

6. 最近发展区（见2011年北京师范大学真题）

二、简答题

1. 评述现代教育的特点。（见2013年北京师范大学真题）

2. 我国教育目的的基本精神。（见2012年北京师范大学真题）

3. 长善救失原则及基本要求。（见2013年华南师范大学真题）

4. 教学目标设计的基本方式。

【答】（1）教学目标应定位在学生预期的学习成果上。

（2）教学目标的设计，必须具有完整性、合理性和可行性。

（3）教学目标的陈述要尽量可操作化。

教学目标的设计是我们日常教学所必不可少但又经常忽视的一个环节，掌握一定的思路和方法，这对于我们教学效果的提升会起到很大的作用。

课堂教学目标设计对于课堂教学活动具有十分重要的意义。它规定着教学活动的方向，是教学活动展开的依据；同时，也是评价学生学习的重要标准。教学目标所具有的这些功能，决定了教学目标的设计必须要有一定的思路和方法。

三、论述题

1. 结合实际评述我国教师劳动的价值。（见 2016 年上海师范大学真题）

2. 评述裴斯泰洛齐的要素教育论。（见 2018 年华东师范大学真题）

3. 新文化运动影响下的科学教育发展。

【答】科学教育思潮在新文化运动期间盛极一时，以任鸿隽为代表的中国科学社和《科学》杂志倡导科学教育，主张将科学内容与方法渗透到各项社会事业中。该思潮认为科学教育的基本内涵是：（1）“物质上之知识”的传授；（2）应用科学方法于教育研究和对人的科学精神、科学态度的训练，以后者为重。

教育的科学化趋势主要表现在两个方面：（1）科学的教育化。提倡学校中的科学教育，即按照教育原理和科学方法进行教育，培养学生科学的知识技能和态度，即科学的教育化趋势。（2）教育的科学化。提倡以科学的方法研究教育，包括儿童心理和教育心理的研究、各种心理和教育统计与测量的试验及量表的编制应用。

科学教育思潮对中国教育的促进作用表现在：（1）以科学的方法研究教育蔚然成风，教育及心理测量、智力测验、教育统计、学务调查在二十世纪二三十年代的中国教育界成为十分流行的研究手段；（2）各种新教学方法的试验广泛开展，道尔顿制、设计教学法、蒙台梭利教学法、自学辅导法等，为人们耳熟能详；（3）高校开始设置培养教育学科专门人才的学科和专业。

4. 结合实际分析影响解决问题的主要因素。（见 2017 年陕西师范大学真题）

2019 年福建师范大学 333 教育综合真题·凯程详解

一、名词解释

1. 个体发展（见 2019 年华中师范大学真题）

2. 绝对性评价

【答】绝对性评价是用目标参照性测验对学生成绩进行的评定。它依据教学目标和教材编制试题来测量学生的学业成绩，判断其是否达到了教学目标的要求，而不以评定学生之间的差别为目的。故绝对性评价也称目标参照性评价。

3. 以吏为师（见 2017 年华东师范大学真题）

4. “五育”并举（见 2011 年东北师范大学真题）

5.《理想国》（见 2010 年东北师范大学真题）

6. 五步探究教学法

【答】杜威非常重视反省思维，即对某个经验情境中的问题进行反复的、严肃的、持续不断的思考，其功能在于求得一个新情境，把困难解决、疑虑排除。反省思维教学法也称五步探究教学法，具体步骤如下：（1）要有一个真实的经验的情境；（2）在这个情境内部产生一个真实的问题；（3）提出解决问题的种种假设；（4）推断哪个假设能解决这个困难；（5）验证这个假设。这五个步骤顺序不固定，可合并。

二、简答题

1. 元认知策略的种类。（见 2019 年华中师范大学真题）

2. 知识对人的发展的价值。（见 2018 年华中师范大学真题）

3. 教学评价的意义。

【答】（1）对学校来说，可以记载和积累学生学习情况的资料，定期向家长报告他们子女的成绩，并作为学生升、留级和能否毕业的依据。

（2）对教师来说，可以及时了解学生的学习情况，获得教学效果的反馈信息，分析自己教学的优缺点，更好地提高教学水平。

（3）对学生来说，可以及时得到学习效果的反馈信息，明确自己学习中的长处与不足，从中受到激励与警示，扬长避短。

（4）对学校领导来说，可以了解每个教师、每个班的教学情况，便于及时发现问题与总结经验，改进教学。

（5）对家长来说，可以了解子女的学习情况及其变化，便于配合学校进行教育。

4. 疏导原则及要求。（见 2011 年北京师范大学真题）

三、论述题

1. 唐朝私学的演变。

【答】（1）隋唐私学发展兴盛。原因是：第一，唐朝明文鼓励私人办学；第二，在太平年代，人们渴求文化；第三，科举考试刺激了私学的发展；第四，私学本身灵活多样，富有活力；第五，隋唐经济的繁荣，是民间私学发展的基础。

（2）隋唐私学的特点。私学一方面承担起儿童启蒙识字基础教育的任务，另一方面承担了比官学更广泛的民族文化传承的任务，各家各派、各种专业的知识，都有人来教授。隋唐私学的特点是层次多重、办学灵活、机构简单、形式多样、内容丰富、覆盖面广、有很强的自由性和自治性，是唐朝教育制度中不可或缺的组成部分。它为唐代文化教育事业的繁荣做出了贡献。

（3）隋唐私学的分类。私学在教学程度上分为初级私学和高级私学。

初级私学主要进行启蒙识字教育和一般的生活、伦理常识教育，而且没有成文的规定。高级私学以有一定文化基础的青年为教育对象，要求其进一步接受专业教育。

高级私学以教师为中心，自由设置。开办私学的人主要是学有专长又具有一定学术素养的人。这种高级私学到了唐朝后期，逐渐发展成了书院的萌芽。其中，书院产生于唐，发展于五代，繁荣和完善于宋代。唐代的书院是由私人读书、藏书的场所，演变为讲学教徒的场所而产生的，既有藏书又有教学活动，是名副其实的书院。

唐代官学的发达与完备并没有妨碍私学的发展，官学与私学相互补充，共同构成了唐代的封建教育体系。

2. 班级授课制的优缺点。（见 2020 年北京师范大学真题）

3. 加德纳多元智力理论及教育启示。（见 2019 年华东师范大学真题）

4. 评述现代人文主义教育思想。（见 2019 年华南师范大学真题）

2020 年福建师范大学 333 教育综合真题 · 凯程详解

一、名词解释

1. 课程方案（见 2013 年华东师范大学真题）

2. 诊断性评价（见 2013 年首都师范大学真题）

3. 性恶论

【答】性恶论由荀子提出，他认为人性是恶的，若让人们顺着自然的趋向去做，结果只有争夺、暴乱，只有靠礼制的束缚，让人养成守礼的习惯，才能摆脱“恶”。“性恶论”是荀子教育思想的理论基础，他指出凡是人都可以通过“化性起伪”改变自己的恶性，化恶为善，成为高尚人物。

4. 稷下学宫（见 2020 年北京师范大学真题）

5. 导生制（见 2012 年北京师范大学真题）

6.《莫雷尔法案》（见 2010 年华东师范大学真题）

二、简答题

1. 奥苏伯尔有意义学习的实质和条件。（见 2013 年北京师范大学真题）

2. 个人本位论及其主要观点。（见 2013 年北京师范大学真题）

3. 智者学派的观点。（见 2011 年哈尔滨师范大学真题）

4. 斯宾塞的课程论。（见 2012 年辽宁师范大学真题）

三、论述题

1. 教育的社会流动功能和当代意义。（见 2010 年北京师范大学真题）

2. 德育过程是提高自我教育能力的过程。（见 2012 年北京师范大学真题）

3. 五四新文化运动时期西方教学理论在中国的传播。（见 2014 年四川师范大学真题）

4. 学生不良行为的原因和如何矫正。（见 2012 年华南师范大学真题）

河南师范大学

2010 年河南师范大学 333 教育综合真题・凯程详解

一、名词解释

1. 学校教育（见 2010 年华中师范大学真题）

2. 活动课程（见 2013 年东北师范大学真题）

3. 学在官府（见 2017 年华中师范大学真题）

4. 小先生制（见 2019 年浙江师范大学真题）

5. 苏格拉底方法（见 2011 年北京师范大学真题）

6. 新教育运动（见 2019 年华东师范大学真题）

二、简答题

1. 教育的经济功能有哪些?（见 2019 年华东师范大学真题）

2. 简述孔子对教育所做的主要贡献。（见 2012 年北京师范大学真题）

3. 简述蔡元培“思想自由，兼容并包”的办学方针。（见 2011 年北京师范大学真题）

4. 学生学习的特点有哪些?

【答】(1) 学生的学习过程是掌握间接经验的过程。

学生的学习可以从学习现有的经验、理论、结论开始，同时补充以感性经验。学生的实践活动主要表现在他们的目的性上，而且从总体上来说，间接经验的学习形式是主要的，学生的学习不可能事事从直接经验开始。在教学组织和教学方法上，特别要求教师能把学校学习与实际生活和学生的原有经验相联系。

（2）学生的学习是在有计划、有目的和有组织的情况下进行的。

学生的学习必须在有限的时间内完成，并达到社会的要求，因此需要在教师的指导下实现。由于教师既掌握所教知识的内在联系，又了解学生学习过程的特点，因此，能够保证在较短时间内，采用特殊有效的方法，帮助学生学会学习，完成掌握前人经验和建构自己的认知结构的学习过程。

（3）学生的学习具有一定程度的被动性。

学生的学习是一个主动建构的过程，但他们的学习又不是为了适应当前的环境，而是为了适应将来的环境。当学生意识不到他当前的学习与将来的生活实践的关系时，就不愿为学习付出努力。因此教师要注意用各种方法来培养和激发学生的学习动机，提高其学习的主动性和积极性。

三、论述题

1. 结合实际，阐述教师劳动的特点。（见2015年东北师范大学真题）

2. 试述教学过程的性质。（见2013年陕西师范大学真题）

3. 试论裴斯泰洛齐的“教育心理学化”思想及其现实意义。（见2016年湖南师范大学真题）

4. 试述创造性的培养措施。（见2015年华东师范大学真题）

2011年河南师范大学333教育综合真题·凯程详解

一、名词解释

1. 受教育者（见2013年华南师范大学真题）

2. 学校教育制度（见2019年北京师范大学真题）

3. 有教无类（见2010年北京师范大学真题）

4. 苏湖教法（见2014年北京师范大学真题）

5. 五步探究教学法（见2019年福建师范大学真题）

二、简答题

1. 教育的功能有哪些?（见2014年北京师范大学真题）

2. 赫尔巴特的教育心理学化思想有哪些?（见2013年陕西师范大学真题）

3. 综合中学运动的特征有哪些?

【答】综合中学是一种非选拔性的学校，它为全体儿童设立，来自各个社会阶层的学生都在一起受教育。综合中学的宗旨是消除中等教育的阶级差别，促进教育机会均等和社会融合。因此，综合中学运动具有以下一些特征。

（1）广泛性。①综合中学运动本身的广泛性；②综合中学运动所面对的教育对象的广泛性；③综合中学运动所带来的影响的广泛性。

（2）综合性。综合中学运动试图建立一种能进行全面教育的教育机构。综合性体现在教育机构外部排列或内部构成，以及教育内容和课程编排上。这一运动体现了一种全面、综合、优化选择的特性。

（3）平等性。综合中学运动总体而言是试图通过消除中等教育机构之间的地位差别，以及建立新的平等的教育机构，达到教育平等的目的。

（4）科学性。综合中学运动是建立在心理学、社会学和经济学等学科的科学研究结果之上的。

（5）民主性。综合中学运动体现了民主社会发展的特性，也是教育民主化的重要表现。通过综合中学运动，不仅使教育体系自身实现了民主，也促进了社会的民主化。

（6）社会功利性。综合中学运动的一个重要目的是解决传统教育制度与社会经济发展所需人才之间的矛盾，从而促进国家和社会的发展。因此，形成一种能最大限度地培养大量既有教育素养又有技术才能的劳动力的教育组织形式，改变各国制约经济发展的教育体制就成为解决这一问题的重要途径。同时，这种中等教育形式能帮助形成各社会阶层之间的和谐，有利于建立一种更统一和谐的社会体制，维持社会的稳定和统治。从这些角度来看，该运动具有明显的社会功利性色彩。

4. 加里培林的心智技能形成阶段有哪些?（见2019年山东师范大学真题）

三、论述题

1. 结合实际，阐述教师主导作用与学生主动性的关系。（见2010年北京师范大学真题）

2. 试论述班集体的教育功能。

【答】（1）班集体不但是教育的对象，而且具有巨大的教育力量。

班主任开展工作必须先注意培养班集体。因为班集体一旦形成，它便成为教育的主体，具有巨大的教育力量。

（2）班集体是促进学生个性发展的一个重要因素。

在班集体的各种活动中，一方面，每个学生通过自己的经历和感受，积累集体生活的经验，掌握丰富的道德规范，养成社会主义思想品德并且更加社会化；另一方面，每个学生都能找到适合自己的活动、工作和角色，不断发展自己特有的志趣与爱好并且更加个性化。

（3）班集体能培养学生的自我教育能力。

班集体是学生自己的集体，有它的组织机构，需要学生学会自己管理自己、自己教育自己，尤其需要学生自主地开展各种工作与活动。这无疑能有效锻炼和提高学生的自我教育能力。

3. 试论陶行知的生活教育理论及其现实意义。（见2014年北京师范大学真题）

4. 试述影响问题解决的因素。（见2017年陕西师范大学真题）

2012年河南师范大学333教育综合真题·凯程详解

一、名词解释

1. 德育（见2016年东北师范大学真题）

2. 学校教育制度（见2019年北京师范大学真题）

3. 鸿都门学（见2011年北京师范大学真题）

4. 癸卯学制（见2018年东北师范大学真题）

5. 文雅教育

【答】文雅教育也称自由教育，是亚里士多德在认为职业与教学分为自由与偏狭的思想上提出的适合自由民的教育。文雅教育反对教育具有功利性，主张以提高一般文化素养为目的，以自由发展理论为目标，探索高深的、纯理论知识的、高尚的教育，符合人的身心发展，对后世产生了重要的影响。但它又对知识带有偏见，将其分为高尚与卑贱，同时由于适合自由民，使其具有明显的阶级性，只为少数贵族所享有，不利于教育的普及。

6. 新教育运动（见2019年华东师范大学真题）

二、简答题

1. 我国教育目的的基本精神是什么?（见2012年北京师范大学真题）

2. 简述夸美纽斯在教育史上的主要贡献。（见2016年西南大学真题）

3. 杜威的“五步探究教学法”。（见2012年天津师范大学真题）

4. 影响自我效能感的因素有哪些?（见2017年东北师范大学真题）

三、论述题

1. 试述现代教育的特点。（见2013年北京师范大学真题）
2. 试述教育的生态功能。（见2020年华东师范大学真题）
3. 论述蔡元培的大学教育思想及现实意义。（见2013年北京师范大学真题）
4. 试述品德不良纠正和教育的措施。（见2012年华南师范大学真题）

2013年河南师范大学333教育综合真题·凯程详解

一、名词解释

1. 教育的社会流动功能（见2011年华南师范大学真题）
2. 长善救失原则（见2020年西北师范大学真题）
3. 稷下学宫（见2020年北京师范大学真题）
4. “新学制”的标准

【答】1923年6月确定并刊布了《中小学课程标准纲要》。新的课程纲要规定：小学取消修身课本，增加公民、卫生课，将手工改为公共艺术，图画改为形象艺术；又将初小的卫生、历史、公民、地理合并为社会科；设自然园艺科；将国文改为国语，体操改为体育。小学上课以分钟记时间。初级中学课程设社会、言文、算学、自然、艺术、体育6科。高级中学分普通科和职业科。

5. 智者（见2018年东北师范大学真题）
6. 《国防教育法》（见2010年湖南师范大学真题）

二、简答题

1. 社会本位论的主要观点有哪些?（见2020年山东师范大学真题）
2. 简述孔子关于教师的主张。（见2018年华中师范大学真题）
3. 简述陈鹤琴的活教育体系。（见2015年北京师范大学真题）
4. 认知发展的一般规律有哪些?

【答】认知是个体在认识事物过程中所表现出的感知觉、记忆、思维、言语和注意等活动。认知发展是指儿童在心理上表征世界、思考世界的方式的发展。

认知发展一般遵循以下规律：

（1）认知活动从简单、具体不断向复杂、抽象发展。儿童最初只有非常简单的、具体的反射活动。随着年龄的增长，认知活动越来越复杂、越来越抽象。

（2）认知活动从无意向有意发展。儿童最初的认知活动是不自觉的、无意识的，以后逐渐向有意识的心理活动方向发展，出现有意注意、有意记忆等。

（3）认知活动从笼统向分化发展。儿童最初的认知活动是笼统而不分化的，发展的趋势是从混沌到分化和明确。

（4）认知活动具有顺序性、阶段性、差异性、连续性等特征。

三、论述题

1. 结合实际论述生产力对教育的制约作用。（见2018年华南师范大学真题）
2. 班级授课制的优点有哪些?（见2020年北京师范大学真题）
3. 试论斯宾塞的主要教育思想及其影响。（见2012年江西师范大学真题）
4. 试述学业求助策略教学的措施。

【答】学业求助策略就是指学习者在学习中遇到困难时，向他人请求帮助的行为。它是一种社会支持管理策略。按照求助者目的可以将学业求助分为两类：执行性求助（他人“替”自己解决困难）和工具性求助（他人提供思路和工具）。

学业求助策略还可以细分为两方面，一个是对工具的求助，另一个是对人的求助。

（1）工具利用策略。

学习工具是学习中必不可少的学习资源，学会有效利用学习工具对学生来说是非常重要的。具体包括参考资料、工具书、图书馆、广播电视、电脑网络等。

①参考资料的利用。选用参考资料时，要注意所选资料宜精不宜杂；与自己的学习内容相吻合。

②工具书的利用。选择工具书时，要注意选择最新版本和有权威性的出版社的书或作者群。

③图书馆的利用。进入图书馆，首先要学会根据图书目录查阅所需要的书籍。

④广播电视的利用。广播电视不仅可供人娱乐，也能增长人的知识，开阔人的视野。

⑤电脑网络的使用。电脑的使用不仅可增长有关电脑科技方面的知识、电脑操作技能，而且，也同样有助于各课程的学习。它可用作教学工具和学习工具，如可选择一些电脑辅助教学软件来自学、预习、复习课堂知识；也可利用电脑中的一些工具软件获取和处理信息、解决问题以及表达自己的思想等。

（2）社会性人力资源的利用策略。

学习总是需要与人交流的，老师和同学是学习中最重要的社会性人力资源，必须善于利用。

2014 年河南师范大学 333 教育综合真题・凯程详解

一、名词解释

1. **课程**（见 2019 年北京师范大学真题）

2. **德育过程**（见 2014 年华东师范大学真题）

3. **《大学》**（见 2019 年华中师范大学真题）

4. **科举制**（见 2016 年西南大学真题）

5. **学习化社会**

【答】（1）学习化社会是近年来国际社会刚刚出现的概念，早在 1972 年，富尔向教科文组织提交的报告《学会生存——教育世界的今天和明天》中就已经提出终身教育的思想，但那时的概念和现在的大不一样。

（2）学习化社会的三个根本特征是：①更加强调了学习的终身性；②提出了学习的全民性；③突出了学习的主动性。

（3）学习化社会的基本特点：①学习和受教育的平等性；②时空的开放性；③内容的生活性；④目标定位的发展性；⑤实现过程的理想性；⑥学习的主体性。

6. **设计教学法**（见 2015 年华东师范大学真题）

二、简答题

1. **个体发展的规律性表现在哪些方面？**（见 2010 年华中师范大学真题）

2. **斯宾塞的“教育预备说”。**（见 2018 年北京师范大学真题）

3. **杜威的教育本质观。**（见 2018 年东北师范大学真题）

4. **人格发展的一般规律有哪些？**（见 2013 年华中师范大学真题）

三、论述题

1. **结合实际说明教学的意义。**（见 2015 年福建师范大学真题）

2. **结合实际说明班主任应该具备哪些素质。**（见 2015 年华东师范大学真题）

3. 蔡元培的主要教育主张。（见2013年北京师范大学真题）

4. 试述心智技能的培养方法。（见2016年华中师范大学真题）

2015年河南师范大学333教育综合真题·凯程详解

一、名词解释

1. 终身教育（见2011年华东师范大学真题）

2. 教学组织形式（见2017年哈尔滨师范大学真题）

3. "三纲领八条目"（见2018年浙江师范大学真题）

4. 东林书院

【答】东林书院是明朝名声、影响最大的书院，形成著名的东林学派。东林书院的特点有：（1）东林书院的基本思想是推行程朱，反对王学。（2）制定《东林会约》，完善讲会制度。（3）学术与政治相结合，密切关注社会政治。东林书院不仅是一个重要的文化学术中心，也是一个政治活动中心，在中国古代书院发展史上，有特殊地位。讲会制度使书院名声大振，但也招来忌者，最终遭到以魏忠贤为首的阉党的迫害，书院被禁毁。

5.《费里教育法》

【答】1881年和1882年，法国教育部长费里两次颁布有关义务教育的法令，合称《费里法案》。该法案不但确立了国民教育义务、免费、世俗化三大原则，而且还把这些原则的贯彻实施，予以具体化：（1）儿童6～13岁为法定义务教育阶段，接受家庭教育的儿童须自第三年起每年到学校接受一次考试检查，对不送儿童入校学习的家长则予以罚款。（2）免除公立幼儿园及初等学校的学杂费，免除师范学校的学费与膳食、住宿费用。（3）废除教会监督学校及牧师担任教师的特权，取消公立学校的宗教课，改设道德与公民教育课。

6. 结构主义教育（见2018年天津师范大学真题）

二、简答题

1. 简述古代教育的特点。（见2019年哈尔滨师范大学真题）

2. 简述孔子的教学思想。（见2012年北京师范大学真题）

3. 简述黄炎培的职业教育思想。（见2018年华中师范大学真题）

4. 自我效能感的功能有哪些？

【答】自我效能感指人们在进行某一活动之前，对自己是否能够成功地进行某一成就行为的主观判断。这一概念是由班杜拉最早提出的。

自我效能感具有下述功能：（1）决定人们对活动的选择及对该活动的坚持性；（2）影响人们在困难面前的态度；（3）影响新行为的获得和习得行为的表现；（4）影响活动时的情绪。

三、论述题

1. 结合实际说明社会变迁中教师角色发展的趋势。（见2015年华东师范大学真题）

2. 结合实际说明教育对人的发展的作用。（见2016年东北师范大学真题）

3. 试论卢梭的年龄分期及其教育。（见2012年华东师范大学真题）

4. 试述有效问题解决者的特征。

【答】大量研究显示，不同个体在解决问题的效率上存在着极大差异。国外学者认为，专家（有效问题解决者）之所以能够高效率地解决问题，是因为他们具备以下七个显著特征。

（1）在擅长的领域表现突出。专家一般在解决自己擅长领域的问题时表现较为出色，而不是所有的领域。

（2）以较大的单元加工信息。专家之所以能更有效地组织信息，是因为他们能将信息转换成为更大的、可以利用的单元。

（3）能迅速处理有意义的信息。这是因为专家往往能更有效地搜索和表征问题。

（4）能在短时记忆和长时记忆中保持大量信息。专家在解决问题时，观念和行动的产生都是高度自动化的。

（5）能以深层方式表征问题。专家通常将他们的注意力放在问题的基本结构上，而不是问题的表面特征上。

（6）愿意花费时间分析问题。在许多研究中人们都发现，专家花费了更多的时间来确认和表征问题，而一旦理解问题，在选择解题策略时耗时甚少。

（7）能很好地监视自己的操作。专家在解决问题之前可能产生其他假设，在解题过程中会迅速抛弃不恰当的解决方法。

这些特征总体上可归纳为一个观点：要想使学生有效地解决问题，必须使他们拥有丰富的、组织良好的专门领域知识。在解决具体问题时，它同一般问题解决策略是互为补充、共同作用的，专门知识促进了解题策略的使用；而关于一般问题解决策略的知识又使学生能够更有效地运用专门知识。只有明确了这一点，才能更好地培养学生的问题解决能力。

2016 年河南师范大学 333 教育综合真题・凯程详解

一、名词解释

1. 教育学（见 2011 年陕西师范大学真题）

2. 教育目的（见 2015 年北京师范大学真题）

3.1912 年的教育方针（见 2011 年东北师范大学真题）

4.《学记》（见 2013 年东北师范大学真题）

5. 自然后果律（见 2017 年江苏师范大学真题）

6.《教育基本法》

【答】第二次世界大战后，为了改革教育，日本颁布了《教育基本法》和《学校教育法》。

《教育基本法》的主要内容有：（1）确定教育必须以陶冶人格为目标，培养和平国家及社会的建设者；（2）全体国民接受九年义务教育；（3）尊重学术自由；（4）培养有理智的国民，不搞党派宣传；（5）国立、公立学校禁止宗教教育；（6）教育机会均等，男女同校；（7）尊重教师，提高教师的地位；（8）家庭教育和社会教育应得到鼓励和发展。

二、简答题

1. 教育的经济功能。（见 2019 年华东师范大学真题）

2. 晏阳初的“四大教育”和“三大方式”。（见 2017 年湖南师范大学真题）

3. 古代书院教育的特点。（见 2017 年华中师范大学真题）

4. 有意义学习的条件。（见 2013 年北京师范大学真题）

三、论述题

1. 问题解决能力的培养措施。（见 2010 年华中师范大学真题）

2. 结合实际，谈谈德育过程就是教师指导下学生能动的学习过程。（见 2015 年华中师范大学真题）

3. 杜威的课程论及意义。（见 2013 年东北师范大学真题）

4. 列举从古代到现代对教育的三种不同的解释及对教育本质的论述。

【答】（1）陶行知受裴斯泰洛齐的启发和杜威教育思想的影响，提出了生活教育理论，其内涵是：从定义上说，生活教育就是给生活以教育，用生活来教育，为生活向前向上的需要而教育。从生活和教育的关系上说，是生活决定教育。从效力上说，教育要通过生活才能产生力量而成为真正的教育。实际上，生活教育理论就包含三个意思：生活即教育，社会即学校，教学做合一。

（2）裴斯泰洛齐提出要素教育，其基本思想是：①教育过程要从一些最简单的、为儿童所能接受的要素开始，再逐渐转到日益复杂的要素，促进儿童各种天赋能力和力量的全面和谐发展。②他认为在关于事物的对象的各种知识中都存在一些最简单的因素，人如果能够掌握它们，就能认识它们所处的周围世界。③学生掌握知识也有最简单的要素，教师如果掌握了它，就可以提高教学效果，促使学生全面和谐发展。为此，他主张对儿童的教学工作要从最简单的要素开始，然后逐渐扩大加深。

（3）苏霍姆林斯基提出个性全面和谐发展的教育理论，他从马克思关于人的全面发展理论出发，创造性地将全面发展、和谐发展、个性发展融合起来，提出个性全面和谐发展的教育思想，并将其作为学校教育的理想和目标。在他看来，所谓个性全面和谐发展，意味着人在品行上以及同他人相互关系上的道德纯洁，意味着体魄的完美，审美需求和趣味的丰富及社会和个人兴趣的多样。

综上所述，可以看出教育质的规定性，即教育的本质：①教育是一种社会现象，产生于社会生活的需要，且归根结底产生于生产劳动；②教育是一种有目的地培养人的社会活动，是否有目的地培养人，是教育活动与其他社会活动的本质区别，也是教育的本质特征；③教育是人类社会特有的现象。

2017年河南师范大学333教育综合真题·凯程详解

一、名词解释

1. **教育制度**（见2012年华东师范大学真题）
2. **班级授课制**（见2016年北京师范大学真题）
3. **有教无类**（见2010年北京师范大学真题）
4. **《劝学篇》**（见2020年湖南师范大学真题）
5. **骑士教育**（见2010年华东师范大学真题）
6. **昆西教学法**（见2018年浙江师范大学真题）

二、简答题

1. 教育学的产生和发展经历了哪几个阶段？并列举出每阶段的一本代表性著作。

【答】（1）教育学的萌芽阶段。

近代之前，人们对教育的认识活动主要停留在经验和习俗的水平，我们称这一时期为“前教育学时期”，也叫作教育学的萌芽阶段。《学记》是世界上最早出现的专门论述教育教学问题的著作。

（2）教育学的独立阶段。

在17世纪以后的资本主义社会里，教育学逐渐成为一门独立的学科。1623年，英国学者培根的《论科学的价值和发展》出版，这本书首次提出把教育学作为一门独立的学科。

（3）教育学的发展多样化阶段。

20世纪是教育学迅速成长和发展的时期，在赫尔巴特创立的教育理论基础之上，教育学的发展日益走向多元化，产生了一些重要的教育学著作。如斯宾塞的《教育论》。

（4）教育学的理论深化阶段。

20世纪50年代以来，由于科学技术的迅猛发展，引起了世界范围内新的教育改革，并促进了教育学的发展。这一阶段的代表著作有布鲁纳的《教育过程》。

2. 简述裴斯泰洛齐的教育心理学化理论的具体内容。（见2016年湖南师范大学真题）

3. 简述要素主义的主要教育观点。（见 2018 年华东师范大学真题）

4. 影响问题解决的因素有哪些？（见 2017 年陕西师范大学真题）

三、论述题

1. 结合实际说明德育过程是提高学生自我教育能力的过程。（见 2012 年北京师范大学真题）

2. 结合实际论述班集体有什么教育功能。（见 2011 年河南师范大学真题）

3. 试析壬戌学制的特点及意义。（见 2014 年东北师范大学真题）

4. 如何针对认知方式的差异进行教育？（见 2017 年广西师范大学真题）

2018 年河南师范大学 333 教育综合真题 · 凯程详解

一、名词解释

1. 学制（见 2019 年北京师范大学真题）

2. 教学评价（见 2015 年北京师范大学真题）

3. “四书五经”（见 2014 年曲阜师范大学真题）

4. 癸卯学制（见 2018 年东北师范大学真题）

5. “七艺”（见 2016 年华东师范大学真题）

6. 恩物（见 2012 年北京师范大学真题）

二、简答题

1. 简述教育的生态功能。（见 2020 年华东师范大学真题）

2. 简述孔子的教育思想。（见 2012 年北京师范大学真题）

3. 蔡元培的大学教育主张。（见 2011 年北京师范大学真题）

4. 青少年心理健康教育的途径。（见 2015 年华中师范大学真题）

三、论述题

1. 结合实际论述我国教育目的的基本精神。（见 2012 年北京师范大学真题）

2. 结合十九大精神谈谈如何建设师德师风。

【答】（1）热爱教育事业，富有奉献精神和人文精神。热爱教育事业，是搞好教育工作的基本前提。许多优秀教师之所以能在教育工作中做出卓越的成绩，首先是因为他们热爱教育事业，愿意为下一代的成长贡献自己的毕生精力。另外，教师还应具备基本的人文精神，要关怀学生的生存和发展、人生价值的实现，要关怀民族、人类的现实生存境遇和未来发展前景。

（2）热爱学生，诲人不倦。热爱教育事业具体体现在热爱学生上。爱学生是教师的天职，是教育好学生的重要条件。教师只有热爱学生，才能教育好学生。

（3）热爱集体，团结协作。教师的劳动既具有个体性，又具有集体性。教师与教师之间，教师与其他为教育服务的工作人员之间应该相互尊重、团结协作，热爱、尊重并依靠教师集体，最大效度地发挥集体的教育力量。

（4）严于律己，为人师表。教师劳动具有示范性，因此教师必须以身作则，严于律己。凡是要求学生做到的，教师都要首先做到；凡是要求学生不能做的，教师都能首先自律。

党的十九大中，习总书记指出“人才培养，关键在教师”，教师队伍素质直接决定着学校办学能力和水平。报告还指出，加强师德师风建设，培养高素质教师队伍，倡导全社会尊师重教，所以教师要牢固树立“四个意识”，坚定跟党走，加强奉献教育，弘扬爱岗敬业、无私奉献、以身作则、严于律己、为人师表、教书育人的优良传统，自觉地把人民利益放在首位，以敬业奉献为自己的生活准则。

3. 论述赫尔巴特的教学形式阶段理论，并对其做简要评价。

【答】(1) 定义：赫尔巴特提出的教学形式阶段实际上就是课堂教学的完整过程，是一个包括教学方法、教学形式等在内的规范化的教学程序。

(2) 赫尔巴特指出，任何教学活动都必须是井然有序的，都要经历以下四个阶段：

①明了（或清晰）。当一个表象由自身的力量突出在感官前，兴趣活动对它产生注意，这时，学生处于静止的专心活动，教师通过运用直观教具和讲解的方法，进行明确的提示，使学生获得清晰的表象，以做好观念联合，即学习新知识的准备。

②联合（或联想）。由于新表象的产生并进入意识，激起原有观念的活动，因而产生新旧观念的联合，但又尚未出现最后的结果。这时，兴趣活动处于获得新观念前的期待阶段。教师的主要任务是与学生进行无拘束的谈话，运用分析的教学方法。

③系统。新旧观念最初形成的联系并不是十分有序的，因而需要对前一阶段由专心活动得到的结果进行审思，兴趣活动正处于要求阶段。这时，需要采用综合的教学方法，使新旧观念间的联合系统化，从而获得新的概念。

④方法。新旧观念间的联合形成后需要进一步巩固和强化，这就要求学生自己进行活动，通过练习巩固新习得的知识。

(3) 评价：在严格按照心理过程规律的基础上，对教学过程中的一切因素和活动进行高度的抽象，以建立一种明确的和规范化的教学模式。从这个意义上讲，教学形式阶段理论不仅反映了人类对教学过程和教学活动本质认识的发展，而且具有广泛的实践意义。但在另一方面，教学形式阶段理论所固有的机械论倾向，也使它不断受到来自各方面的批评。

4. 论述学习动力的需要层次理论及对教育的启示和意义。(见2013年西南大学真题+2020年四川师范大学真题)

2019年河南师范大学333教育综合真题·凯程详解

一、名词解释

1. 教育目的(见2015年北京师范大学真题)

2. 教学(见2013年陕西师范大学真题)

3. 京师同文馆(见2012年北京师范大学真题)

4. 苏湖教法(见2014年北京师范大学真题)

5.《爱弥儿》(见2019年上海师范大学真题)

6.《国防教育法》(见2010年湖南师范大学真题)

二、简答题

1. 简述教育的文化功能。(见2016年北京师范大学真题)

2. 简述杜威的五步教学法。(见2012年天津师范大学真题)

3. 简述进步教育运动及其实验。

【答】(1) 进步教育运动的发展历程。

进步教育运动兴起于19世纪末，帕克创造了“昆西教学法”。1944年，美国的进步教育运动进入衰落阶段。1955年，协会解散。1957年，《进步教育》杂志停办，标志着美国教育史上一个时代的结束。

(2) 进步教育实验。

①昆西教学法。昆西教学法的创始人是美国进步教育运动的先驱——帕克。

②有机教育学校。约翰逊创办了费尔霍普学校，该校以“有机教育学校”而闻名。

③葛雷制。沃特的葛雷制亦称“双校制”“二部制”或“分团学制”。

④道尔顿制。道尔顿制是针对班级授课制的弊端而提出的一种个别教学制度，又称“道尔顿计划”。

⑤文纳特卡计划。文纳特卡计划是美国教育家华虚朋推行的教育实验计划。

⑥设计教学法。美国教育家克伯屈是“设计教学法之父”，他认为培养品格是最终目的，强调有目的的活动是教学法的核心，儿童自动、自发地学习是设计教学法的本质。

4. 简述加里培林的心智技能形成阶段。（见2019年山东师范大学真题）

三、论述题

1. 列举古今中外三种对教育的不同解释及其对教育本质的论述。（见2016年河南师范大学真题）

2. 结合国务院关于加强教师队伍建设的意见，谈谈如何加强师德师风建设。（见2018年河南师范大学真题）

3. 论述陈鹤琴的活教育思想。（见2015年北京师范大学真题）

4. 论述个体认知发展规律及如何运用这些规律进行教学。

【答】（1）个体在认识事物过程中所表现出的感知、记忆、思维、想象、言语和注意等心理活动都属于认知的范畴，认知发展指个体在心理上表征世界、思考世界的方式的发展。

（2）认知发展的规律主要有：①认知活动从简单、具体向复杂、抽象发展。②认知活动从无意识向有意识发展。③认知活动从笼统向分化发展。④认知活动具有顺序性、阶段性、差异性、连续性等。

（3）认知发展规律与教学。

人的认知活动各个方面的发展是多层次、不同步的，认知发展要经历一个由浅入深、多阶段和多水平的过程，教育工作者必须按照认知发展的规律来进行教育。目前，心理学界已经研究出很多社会普遍认可的关于认知发展的理论，如皮亚杰的认知发展阶段理论、维果茨基的文化历史发展理论等。这些理论揭示了认知发展的规律与特点，也要求教育要顺应认知发展的规律与特点，这样才能取得最佳教育效果。

2020年河南师范大学333教育综合真题·凯程详解

一、名词解释

1. 终身教育（见2011年华东师范大学真题）

2.《福斯特法案》（见2011年东北师范大学真题）

3. 四段教学法（见2010年北京师范大学真题）

4. 中国人民抗日军事政治大学

【答】中国人民抗日军事政治大学简称“抗大”，是在中国共产党和毛泽东直接领导和关心下创建和发展起来的一所培养抗日军政干部的学校，是抗日根据地干部学校的典型。“抗大”的前身是西北抗日红军大学，校址在延安，从1936年建校开始，先后办了8期，有12所分校。抗战胜利后，总校干部赴东北组建东北军政大学。“抗大”的教育方针是“坚定不移的政治方向，艰苦奋斗的工作作风，加上机动灵活的战略战术，便一定能够驱逐日本帝国主义，建立自由解放的新中国”。

5. 活动课程（见2013年东北师范大学真题）

6. 稷下学宫（见2020年北京师范大学真题）

二、简答题

1. 简述孔子关于教师的思想。（见 2018 年华中师范大学真题）

2. 简述陶行知的生活教育体系。（见 2014 年北京师范大学真题）

3. 简述学习动机的内部影响因素。

【答】（1）学生的自身需要与目标结构。由于每个人在需要的强度和水平上不尽相同，反映在学习上的动机的强度和水平也就有很大的差异。学生树立的目标不同，所形成的目标结构不同也会影响学生的动机和学习。

（2）成熟和年龄特点。年幼儿童的动机主要是生理性动机。随着年龄的增长，社会性动机及其作用也日益增长。年龄较小的儿童对生理安全过分关注，而中学生对社会影响，如教师、家长的期望等比较关注。

（3）学生的性格特征和个别差异。学生本人的兴趣爱好、好奇心、意志品质都影响着学习动机的形成。

（4）学生的志向水平和价值观。学生的人生观、世界观、价值观所直接反映的理想情况或志向水平影响着学习动机和目标结构的形成。

（5）学生的焦虑程度。学生的焦虑水平不仅影响着学习的动机，更会影响学生的成绩。

4. 简述如何培养班集体。（见 2014 年华东师范大学真题）

三、论述题

1. 试论述教育的政治功能。（见 2012 年北京师范大学真题）

2. 试论述品德不良的内部因素。（见 2012 年华南师范大学真题）

3. 试论述如何上好一节好课。（见 2010 年华中师范大学真题）

4. 夸美纽斯的教育原则并结合实际论述其在中小学课堂教学中的影响。

【答】（1）自然适应性原则。这一原则贯穿夸美纽斯的整个教学思想之中，尤其是教学方法之中。自然适应性原则体现在教育上，则要依据人的自然本性，即儿童的天性和年龄特征，按学生的能力顺序进行教学。比如先感知后理解；先记忆后练习等。

（2）直观性原则。在夸美纽斯的教学理论中，直观性原则居于首要地位。他认为直观性的教学可以保证教学来得容易，进行得迅速而彻底。他为教师们定下了一条教学上的“金科玉律”——“在可能的范围以内，一切事物都应该尽量地放到感觉的跟前”。

（3）自觉性和积极性原则。夸美纽斯认为学习的首要条件是自觉地学习，是对学习的热情和喜爱，是学习的不可抑制的欲望。因此他主张在教学过程中应首先把学生的学习热情和欲望激发起来。他认为：“孩子们求学的欲望，是由父母、由教师、由学校、由所教的科目、由教授的方法、由国家的权威激发出来的。”

（4）系统性与循序渐进性原则。他主张学生在学校中应该学习周全而有系统的知识，为了实现这个目的，应先从教学要有系统性的计划做起。

（5）巩固性原则。要求学生牢固地掌握所学习的教材。首先，要把学习的基础打好。其次，要记住已领悟的教材。最后，他认为练习是巩固性教学所必不可缺的因素。

（6）量力性和因材施教的原则。教学应根据学生的年龄及其能力来进行。教学的科目及其内容的排列应根据学生的年龄及其理解。他指出：“一切应学的科目都应加以排列，使其适合学生的年龄，凡是超过了他们的理解的东西，就不要给他们去学习。”同时在教学中应该考虑到学生的接受能力而不使他们负担过重。

在实际教学中，教师为让学生巩固所学知识，经常用到巩固性原则。如上课时可先提问之前学过的内容，或抽查背诵、默写之前的知识等。

重庆师范大学

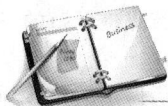

2010年重庆师范大学333教育综合真题·凯程详解

一、名词解释

1. 教育目的（见2015年北京师范大学真题）

2. 教学策略（见2017年首都师范大学真题）

3. 班级组织（见2015年首都师范大学真题）

4. 学习动机（见2013年北京师范大学真题）

二、判断正误

1. 对	2. 错	3. 对	4. 错	5. 对
6. 对	7. 对	8. 对	9. 错	10. 对
11. 错	12. 对	13. 对	14. 错	15. 对
16. 对	17. 错	18. 错	19. 对	20. 对

三、简答题

1. 简述教育的社会功能。（见2014年北京师范大学真题）

2. 简述我国现行学制的改革趋势。（见2011年南京师范大学真题）

3. 简述特殊儿童的主要类型及特征。

【答】（1）特殊儿童是指在生理上、心理上及智能上异于普通儿童，具有特殊的教育需要的儿童。其特殊需要包括：特殊的教育场所、特殊的教育方法、特殊的教学手段和受过特殊教育训练的教育者等。

（2）不同国家或地区在不同时期从不同角度进行的分类。从医学或心理诊断角度，可按异常或残疾的种类划分，如分为天才儿童、智力落后儿童、聋童、盲童、行为障碍儿童等；从残疾程度的角度，可再对每一类儿童分为极重度、重度、中度、轻度或边缘；从残疾时间的角度，可分为遗传性、先天性和后天性；从智力落后儿童受教育的可能性角度，可分为可教育的、可训练的和需要监护的；还可以从致残原因、受教育方式等角度来划分。有些国家不对特殊儿童按残疾种类分类，仅称为有特殊教育需要的儿童；也有的为了教育方便仅按程度而不考虑残疾种类划分，把轻度学习障碍、情绪障碍等残疾儿童划为一类进行教育。

4. 简述言语信息学习的过程和条件。

【答】（1）言语信息学习的过程：言语信息学习是指学生掌握的是以言语信息传递（通过言语交往或印刷物的形式）的内容或者学生的学习结果是以言语信息表达出来的。言语信息学习的过程：首先，最简单的是名称或命名，即了解、知道学习对象的名称或称呼；其次，是用简单的命题来表达某一事实；最后，由相互关联的事实、命题等构成知识体系。

（2）言语信息学习的条件：这 类的学习通常是有组织的，学习者得到的不仅是个别的事实，而且是根据一定的教学目标给予许多有意义的知识。使信息的学习和意义的学习结合在一起，构成系统的知识。

5. 简述培养学生良好态度与品德的方法。

【答】（1）进行有效的说服。有效的说服是提高道德认知的途径。主要有以下几种：有效地利用正反论据；发挥情感的作用，不仅要以理服人，更要以情动人；考虑原有态度的特点。

（2）树立良好的榜样，促进更多学生模仿。这是加强道德行为的途径。榜样的特点、示范的形式及榜样示范行为的性质和后果都会影响到观察学习的效果。

（3）利用群体的约定来制约部分个体学生的不良行为。教师可以利用集体讨论后做出的集体约定来改变学生的态度。

（4）给予适当的奖励和惩罚。奖励和惩罚作为外部调控手段，不仅影响着认知、技能和策略的学习，而且对个体道德的形成也起到一定的作用。

（5）进行价值辨析。价值辨析是指引导个体利用理性思维和情绪体验来检查自己的行为模式，努力去发现自身的价值观并指导自己的道德行为。

四、论述题

1. 试述理想师生关系的基本特征及其构建策略。

【答】师生关系是教师和学生在教育过程中为完成一定的教育任务，以“教”和“学”为中介而形成的一种特殊的社会关系，是学校中最基本的人际关系。

（1）理想师生关系的特点。（见2017年南京师范大学真题）

（2）建立良好师生关系的策略。（见2019年陕西师范大学真题）

2. 试述社会改造主义课程论流派的观点，并做简要述评。

【答】社会改造主义课程论的主要代表人物有布拉梅尔德、弗莱雷等。

该课程流派的主要观点包括：（1）社会改造是课程的核心；（2）学校课程应以建造新的社会秩序为方向，应该把学生看作社会的一员；（3）课程知识应该有助于学生的社会反思，课程的价值既不能根据学科知识本身的逻辑来判断，也不能根据学生的兴趣、需要来判断，而应该有助于学生的社会反思，唤醒学生的社会意识、社会责任和社会使命；（4）社会问题而非知识问题才是课程的核心问题；（5）吸引不同的社会群体参与到课程开发中来。

社会改造主义树立了一种新的课程观念，开辟了课程研究的新方向，认为课程要把重点放在当代社会的问题、社会的主要功能、学生关心的社会现象，以及社会改造和社会活动计划等方面。课程不应该帮助学生去适应社会，而是要建立一种新的社会秩序和社会文化。学生应尽可能多地参与到社会中去，因为社会是学生寻求解决方法的实验室。

评价：重视课程与社会的联系，有利于为社会需要服务；缺乏系统的知识学习，夸大了教育的作用。

3. 试述加涅的学生素质观及其教育意义。

【答】（1）加涅的学生素质观：

①学生的先天素质，从信息输入来看，如人的视敏度（视力）有个别差异。这种差异是天生的，影响学习的感知过程。

②学生在发展中形成的素质有两种：能力和人格特质。学生的行为除了受特殊学习情境和经验的影响外，还受到更具一般意义的“能力”的影响。它是内在的个体特征，不能被直接观察，只能通过测验间接推测。

③学生后天习得的素质，包括智慧技能、认知策略、语言信息、态度和动作技能。

（2）教育意义：

①教学应该“避免超越人类潜质”，对于学生的先天素质，教学不仅不能改变它们，而且要想使学生取得良好的学习成绩，教师在教学中应避免超越它的限制。

②教育应该适应学生在发展中形成的素质和习得素质的个体差异，素质教育的全体性特点要求每一个学生的素质都能得到发展，这就要求教学应考虑学生的个体差异，真正做到因材施教。

③素质教育是对学生习得的五类素质的教育。学生的先天素质不能被教学所改变，教学应避免超越它们；至于发展中形成的两类素质，由于具有相对的稳定性，教学只能适应它们。

因此，素质教育实际上主要是对学生的五种习得素质的教育。a. 根据习得素质形成的规律进行教学。当代知识分类学习论已经阐明，每类习得的素质有自己独特的学习过程和内外条件，因此，我们应针对不同类型的素质进行教学设计，以全面提高课堂教学效率。b. 智慧技能的教学是素质教育的重点。当代心理学家发现，学生习得的五类素质的学习都以原有智慧技能为基础，智慧技能的教学是为五类习得素质的全面发展打下了一个坚实的基础。因此，智慧技能的教学是中小学素质教育的重点。

2011 年重庆师范大学 333 教育综合真题 · 凯程详解

一、名词解释

1. **教学**（见 2013 年陕西师范大学真题）
2. **结构主义教育**（见 2018 年天津师范大学真题）
3. **《学记》**（见 2013 年东北师范大学真题）
4. **要素教育**（见 2017 年陕西师范大学真题）
5. **学习策略**（见 2015 年北京师范大学真题）
6. **问题解决**（见 2011 年南京师范大学真题）

二、简答题

1. **简述世界各国课程改革发展的趋势。**（见 2017 年浙江师范大学真题）
2. **简述杜威的教育本质观和教育目的论思想。**（见 2011 年北京师范大学真题）
3. **简述晏阳初平民教育思想及乡村教育实验。**（见 2017 年湖南师范大学真题）
4. **简述人文主义教育的特征和贡献。**（见 2019 年华中师范大学真题）

三、论述题

1. **试析黄炎培的职业教育思想及启示。**（见 2018 年华中师范大学真题）
2. **试析罗杰斯的人本主义学习理论及对教学的启示。**（见 2017 年华中师范大学真题）
3. **依据德育过程包含的基本规律，分析我国中小学德育中存在的主要问题及相应的工作要求。**

【答】（1）德育过程的基本规律。（见 2019 年北京师范大学真题）

（2）德育过程中存在的问题。（见 2010 年湖南师范大学真题）

（3）德育过程的工作要求。

①教师在德育过程中应该遵循德育原则的基本要求。现阶段我国学校的德育原则主要有：理论和生活相结合原则，疏导原则，长善救失原则，严格要求与尊重学生相结合原则，因材施教原则，在集体中进行教育原则，教育影响一致性和连贯性原则等。

②德育的途径和方法在德育过程中有着极为重要的作用。常有这种情况发生，教师对学生所讲的德育内容是正确的，但收不到良好的效果，其原因与德育不得法有关。为了有效地完成德育任务，教师有必要研习和掌握德育的主要途径和方法。

4. **联系实际分析教育活动中一个优秀教师应具备的职业素质和扮演的多元角色。**（见 2019 年北京师范大学真题 +2013 年华东师范大学真题）

2012 年重庆师范大学 333 教育综合真题 · 凯程详解

一、单项选择题

1～5. BBCCC　　6～10. DBDCA　　11～15. DBCBA　　16～20. CDADB

二、名词解释

1. 后现代主义课程论

【答】后现代主义课程论的基本观点有三点：一是采用后现代主义提出的新视角和方法来考察一系列课程问题。二是批判传统课程体系的封闭性，认为泰勒的课程模式是现代主义封闭体系的产物和典型。三是认为后现代课程标准具有丰富性、循环性、关联性和严密性。

2. 图式（见2010年辽宁师范大学真题）

3. 顺向迁移（见2014年湖南师范大学真题）

4. 新托马斯主义教育

【答】新托马斯主义教育在基本精神和主要理念上与永恒主义比较一致，西方哲学者将其视为永恒主义宗教派，而将赫钦斯代表的教育思想视为永恒主义世俗派。两派之间最大的区别在于是否承认宗教意义上的上帝或神的存在。新托马斯主义教育认为，教育应该以宗教为基础，要求通过设立以宗教原则为灵魂的课程，将宗教教育作为学校课程的核心。主张各级各类学校都应进行宗教训练，以培养“真正的基督教徒”和“有用的公民”，认为教育应属于教会，从而确立教会的权威领导地位。

5. 昆体良（见2011年江西师范大学真题）

三、简答题

1. 简述学生的权利。

【答】我国现行《教育法》对各级各类学校学生的基本权利所做的规定，可以概括为五个方面：

（1）学生有参与教育教学计划安排的各种活动和使用教育教学设施、设备、图书资料的权利。

（2）学生有按照国家规定获得奖学金、贷学金或助学金的权利。

（3）学生有在学业成绩和品行上获得公正评价和在完成规定的学业后获得相应的学业证书、学位证书的权利。

（4）学生有对学校给予的处分不服向有关部门提出申诉，对学校、教师侵犯其人身权、财产权等合法权益提出申诉或者依法提出诉讼的权利。

（5）学生享有法律、法规规定的其他权利。

2. 简述课程评价的功能。

【答】（1）既重视学生在评价中的个性化反应方式，又倡导让学生在评价中学会合作。（2）以质性评价整合与取代量化评价。（3）强调评价问题的真实性与情境性。（4）评价不仅重视学生解决问题的结论，而且重视得出结论的过程。

3. 简述合作学习的基本观点。

【答】合作学习在改善课堂内的社会心理气氛，大面积提高学生的学业成绩，促进学生形成良好非认知品质等方面实效显著，被人们誉为“近十几年来最重要和最成功的教学改革”。

（1）互动观。合作学习的互动观主要突出以下几个方面的内容：定位教学活动是一种复合活动；突出生生主动的潜在意义；强调师师互动的前导地位。

（2）目标观。合作学习是一种目标导向活动。合作学习在突出达成情感领域的教学目标的同时，也非常重视其他各类教学目标的达成。

（3）师生观。为了解决学生与所学知识之间的矛盾，才产生了教师与学生、教师与教学内容等的矛盾，它们是从属性的矛盾，是次要矛盾。

（4）形式观。合作学习采用了班级授课与小组活动相结合的教学组织方式，这主要是社会劳动生产方式的某些变化所使然。

（5）情境观。组织学生学习的情境有竞争性的情境、个体性的情境、合作性的情境。

（6）评价观。合作学习的评价观与传统教学也有很大不同。

4. 简述人文主义教育的一般特征。（见2011年华东师范大学真题）

5. 简述陶行知的生活教育理论。（见2014年北京师范大学真题）

四、材料分析题

1. 试用有关教育理论分析以下现象。

【答】材料表明我国城市独生子女缺少劳动教育，没能做到全面发展。

全面发展教育是指教育者根据社会的政治经济需要和人的身心发展的规律和特点，有目的、有计划、有组织地对受教育者实施的旨在促进人的素质结构全面、和谐、充分发展的系统教育。全面发展的教育由德育、智育、体育、美育、综合实践活动等部分组成。全面发展的五个组成部分各有各的特点、规律和功能，是相对独立、缺一不可的，不能互相替代。每部分的社会价值和满足个体发展的价值都是不同的，我们应该主张"五育"并举，组成完整的统一体。

它们又是相互联系的，互为目的和手段，在实践中，共同组成统一的教育过程。德育对其他部分起着保证方向和保证动力的作用；智育为其他部分提供了认识基础；体育是实施其他部分的机体保证；美育与综合实践活动是德育、智育、体育的具体运用与实施。要坚持"五育"并举，处理好它们的关系，使其相辅相成，发挥教育的整体功能。也就是说，随时都要注意引导学生在德、智、体、美、劳诸方面都得到发展，防止和克服重此轻彼、顾此失彼的片面性，坚持全面发展的教育质量观。

2. 阅读下述材料，指出做此表述的教育家是谁？阐明的核心观点是什么？并对案例中反映出的观点进行评析。

【答】（1）材料中的话语出自杜威的《民主主义与教育》，是杜威的教育思想。

（2）杜威的教育思想。（见 2011 年北京师范大学真题）

五、论述题

1. 试述维果茨基的认知发展理论及其对教育教学工作的启示。

【答】维果茨基是苏联著名的心理学家、社会文化历史学派的创始人之一。维果茨基的理论因强调社会文化在认知发展中的作用，所以被称为文化历史发展理论。

（1）文化历史发展理论。

维果茨基从种系和个体发展的角度分析了心理发展的实质，并由此来说明人的高级心理机能的社会历史发展历程。他提出，人的高级心理是随意的心理过程，不是先天就有的，而要受人类文化历史所制约。高级心理包括认知能力。

维果茨基详细阐述了高级心理机能的社会起源的观点：①两种工具的理论。维果茨基认为，人有两种工具，一种是物质工具（原始人使用的石刀、石斧，现代人使用的机器），另一种是精神工具（主要指人类特有的语言、符号等）。②两种心理机能。一是靠生物进化获得的低级心理机能，二是文化历史发展的结果。

（2）心理发展的本质。

维果茨基认为，心理发展是指一个人的心理（从出生到成年）在环境与教育的影响下，在低级心理机能的基础上，逐渐向高级心理机能转化的过程。维果茨基提出，心理机能由低级向高级发展的标志有五个方面：①心理活动的随意机能，指心理活动是随意的、主动的，是由主体按照预定目的而自觉引起的。②心理活动的抽象—概括机能，是指心理活动的反映水平是概括的、抽象的。③高级心理结构的形成。④心理活动的社会文化历史制约性，指心理活动是社会文化历史发展的产物，实际受社会规律制约。⑤心理活动的个性化。个性的形成是高级心理机能发展的重要标志。

（3）对教育教学的启示。

①学习者是自主积极的"学徒式学习者"。②学生的学习是受文化历史的背景影响的。③在维果茨基的理论基础上，后人提出了支架式教学、情境教学和合作学习等教学模式。④教学是一个相互作用的动力系统。

总之，维果茨基关于心理的发展理论，可以归纳为一句话：教育不等于发展，也不受限于发展，在一定范围内教育可以促进发展。

2. 试析孔子的教师思想及启示。（见 2018 年华中师范大学真题）

2013年重庆师范大学333教育综合真题·凯程详解

一、名词解释

1. 课程标准（见2015年北京师范大学真题）
2. 班级授课制（见2016年北京师范大学真题）
3. “四书五经”（见2014年曲阜师范大学真题）
4. 要素主义教育（见2017年华东师范大学真题）
5. 自我效能感（见2014年华东师范大学真题）
6. 内驱力

【答】内驱力是个体因自己的胜任能力或工作能力而赢得相应地位的需要。内驱力就是把成就看作赢得地位与自尊心的根源，它是一种外部动机。

二、简答题

1. 简述我国教育目的的基本精神。（见2012年北京师范大学真题）
2. 简述教师的权利和义务。（见2015年天津师范大学真题）
3. 简述《大学》中的“三纲领八条目”。（见2016年陕西师范大学真题）
4. 简述学习动机的培养。（见2012年华东师范大学真题）

三、材料分析题

1. 请分析西方古希腊教育思想与中国孔子教育思想的主要分歧，以及对各自社会和教育发展的历史影响。

【答】古希腊教育包括古雅典和古斯巴达的教育，此外，还包括了智者派、苏格拉底、柏拉图、亚里士多德等著名教育学家的教育思想。古雅典的教育目的是培养有文化修养和多种才能的政治家和商人，注重身心的和谐发展。古斯巴达的教育目的是培养忠于统治阶级的强悍军人，强调军事体育训练和政治道德灌输。智者派的教育目的就是培养人们从事政治活动、处理个人和社会事务的能力。苏格拉底认为教育的作用就是发展人的才能，使人道德高尚，教育的目的是造就道德高尚、才能卓越的治国人才。柏拉图提出理想国的最高教育目标是培养哲学家兼政治家，即哲学王。而亚里士多德提出了自由教育，反对教育具有功利性，主张以提高一般文化素养为目的，以自由发展理论为目标的教育。

孔子在教学中有三个特点：①注重人格教育；②注重国情教育；③孔子的教学是宽口径的基础教育和专业教育、职业教育相结合。

古希腊教育对人的发展的重要性，从希腊三哲的论述中都能体现出来。古希腊的教育思想都是建立在实践的基础上，不论是苏格拉底的问答法，还是柏拉图的教育始于出生前的思想，还是亚里士多德循序渐进的教育模式，都对今天的教育有重要的指导意义和借鉴作用。孔子的教育思想为中国古代教育奠定了理论基础。他创办私学，改变学在官府的局面，成为百家争鸣的先驱，实行有教无类的方针，提倡学而优则仕，编撰了“六经”，首倡启发式教学，实施因材施教，重视教师的作用和道德教育。孔子的教育思想是中华民族珍贵的教育遗产。同时，对世界文化、教育、学术的发展产生了深远的影响。

2. 阅读以下材料，指出做此表述的思想家是谁？阐明的核心观点是什么？并论述此教育家对西方教育发展的历史影响。

【答】（1）这些思想出自卢梭的《爱弥儿》。

（2）核心观点：①自然教育的目的——培养自由、平等、独立的自然人。卢梭从其激进的社会政治观出发，认为教育的目的应该是培养忠于祖国，能履行职责的公民。②自然教育的作用——保持和发展人的自然本性。卢梭认为，人的自然本性是善良的、纯洁的，人生来爱自由，具有自爱心和同情心。一切错误和罪恶都是不良社会环境影响的结果。③自然教育的基本原理——顺应儿童身心自然发展的规律。卢梭旗帜鲜明地反对封建教育对儿童身心发展的束缚，要求教育要“遵循自然，跟着它给你画出的道路前进”，即“按照孩子的成长和人心的自然发展而进行教育”，使儿童的本能、天性得到发展，使儿童合乎自然地成长为一个知道如何做人的人。教育的任务就是促进儿童“内在的自然发展”。

（3）历史影响：卢梭的自然教育思想对许多著名的教育家都产生过巨大的影响，如巴西多、康德、裴斯泰洛齐和杜威等都从不同方面受到卢梭的启发。作为一部教育著作，《爱弥儿》的主要特点和贡献在于冲破封建教育的樊篱，倡导尊重儿童的教育。卢梭的自然教育思想的核心是要求摆脱封建教育对儿童身心发展的摧残和束缚，要求教育要遵循儿童身心发展的规律，代表了近代西方教育发展的主要趋势。但《爱弥儿》对儿童天性的描述过于理想化；过分强调儿童在活动中的自然成长，而忽视了人类文化传统在教育中的作用；过高地估计儿童的直接经验，而忽视学习系统的书本知识。这种从一个极端走向另一个极端的做法也是不可取的。

四、论述题

1. 试述建构主义学习理论及其对现实教育发展的影响。（见 2019 年华中师范大学真题）

2. 试论述我国第八次新课改的具体目标和基本理念。

【答】第八次基础教育课程改革的具体目标：

（1）改变课程过于注重知识传授的倾向，强调形成积极主动的学习态度，使获得基础知识与基本技能的过程同时成为学会学习和形成正确价值观的过程。

（2）改变课程结构过于强调学科本位、科目过多和缺乏整合的现状。整体设置九年一贯的学科门类和课时比例，设置综合课程，以适应不同地区和学生发展的需求，体现课程的均衡性、综合性和选择性。

（3）改变课程内容繁、难、偏、旧和过于注重书本知识的现状。加强课程内容与学生生活以及现代社会科技发展的联系，关注学生的学习兴趣和经验，精选终身学习必备的基础知识和技能。

（4）改变课程实施过程中过于强调接受学习、死记硬背、机械训练的现状，指导学生使其主动参与、乐于探究、勤于动手，培养学生搜集和处理信息的能力、获取新知识的能力、分析和解决问题的能力以及交流与合作的能力。

（5）改变课程评价过分强调甄别与选拔的功能，发挥评价促进学生发展、教师提高和改进教学实践的功能。

（6）改变课程管理过于集中的状况，实行国家、地方、学校三级课程管理，增强课程对地方、学校和学生的适应性。

第八次基础教育课程改革的基本理念是：倡导教师启发引导下学生主动参与的知识生产方式和自主学习方式；增强课程内容的生活化、综合性。

2014 年重庆师范大学 333 教育综合真题 · 凯程详解

一、单项选择题

1～5. BBCAB　6～10. BDACA　11～15. BABDB　16～20. BCCAD

二、辨析题

1. 教师的基本权利只有教育教学权。

【答】错误。教师的基本权利不仅只有教育教学权，还有很多其他权利。教师享有下列权利：进行教育教学活动，开展教育教学改革和实验；从事科学研究、学术交流，参加专业的学术团体，在学术活动中充分发表意见；指导学生的学习和发展，评定学生的品行和学业成绩；按时获取工资报酬，享受国家规定的福利待遇以及寒暑假期的带薪休假；对学校教育教学、管理工作和教育行政部门的工作提出意见和建议，通过教职工代表大会或者其他形式，参与学校的民主管理；参加进修或者其他方式的培训。

2. 蔡元培倡导的“教育独立”思想，指的是教育经费的独立。

【答】错误。蔡元培倡导的“教育独立”思想，不仅仅指教育经费的独立。教育独立的内涵应该包括：教育经费独立，要求政府划出某项固定收入，专作教育经费，不能移用；教育行政独立，要求各省设立专管教育的司，不能附设于政府部门之下，由懂得教育的人充任，教育总长不能因政局而变动；教育思想独立，要执行一定的方针；教育内容独立，能自由编辑、自由出版、自由采用教科书；教育脱离宗教独立。

3. 操作性条件反射和经典性条件反射的建立过程根本不同。

【答】错误。尽管经典性条件反射和操作性条件反射都属于行为主义者解释学习发生的基本现象，但二者的建立过程则完全相对。在建立巴甫洛夫的经典条件反射的过程中，无条件刺激（如食物）有时又称为强化刺激，往往需伴随着条件刺激（如铃声）而出现，或与其同时出现；在建立斯金纳的操作条件反射中，强化刺激（如食物）则需伴随着反应出现。

4. 稷下学宫与之前的官学和同时代的私学相比都显得独具特色。

【答】正确。稷下学宫是战国时期齐国的一所著名学府，也是诸子百家学术争鸣的中心场所。虽为齐国官办，但它实际上又是由许多私学组成的，是一所私学联合体，更是养士之风的一个缩影。其性质可归纳为：稷下学宫是一所由官家举办、私家主持的特殊学校；稷下学宫是一所集讲学、著述、育才活动为一体并兼有咨议作用的高等学府。其办学特色有：学术自由；“不治而议论”；教师来去自由、待遇优厚；学生自由听讲、学无常师；制定了《弟子职》，作为学生守则，加强学生管理。

稷下学宫促成了诸子百家的发展、融合和分化；创造了一个出色的教育典范；显示了中国古代士人的独立性和创造精神；给后人留下了许多的思考。

三、简答题

1. 简述人的身心发展特点及其对教育的制约作用。（见2010年华中师范大学真题）

2. 班级授课制的特点有哪些？

【答】（1）含义：班级授课制是一种集体教学形式，它把一定数量的学生按年龄与知识程度编成固定的班级，根据周课表和作息时间表，安排教师有计划地给全班学生集体上课。同一班级的学生学习内容和进度必须一致。今天，我国的教学仍以班级授课制为基本组织形式。

（2）主要特征：

①学生固定。同一个班的学生年龄和学习程度大致相同，并且人数固定。

②内容固定。全班学习的内容与进度一致，采用多科并进、交错授课的方法。

③时间固定。规定每一课在固定的单位时间内进行，这一单位时间称为“课时”。

④教师固定。学校按照教师的专长和工作能力分配教学任务。

⑤场所固定。各班教室相对固定，学生座位也是相对固定的。

3. 简述张之洞“中学为体，西学为用”的教育思想。（见2014年华东师范大学真题）

4. 简述赫尔巴特的教学形式阶段论所包含的四个阶段及基本含义。（见2017年东北师范大学真题）

四、论述题

1. 结合近年教育部颁布的《教师专业标准》和实际，论述作为教师应该具备的基本素质。（见2019年北京师范大学真题）

2. 试阐释四种学习动机理论，并结合实际分析如何在该理论的指导下激发学生的学习动机。（见2010年东北师范大学真题+2012年华东师范大学真题）

2015年重庆师范大学333教育综合真题·凯程详解

一、名词解释

1. 学校教育制度（见2019年北京师范大学真题）

2. 综合课程（见2012年华东师范大学真题）

3. 生活教育理论（见2012年北京师范大学真题）

4. 赞科夫的发展性教学理论

【答】赞科夫是苏联著名的心理学家和教育家。赞科夫的教学理论主要处理的是教育与人的发展关系问题。他通过多年的实验形成了自己的发展性教学理论，强调教学要着眼于使学生获得一般发展，有力地破除了把掌握知识混同于发展的陈旧的观念，突出了教学的发展功能。

5. 规范学习（见2014年华南师范大学真题）

6. 问题解决（见2011年南京师范大学真题）

二、简答题

1. 人的全面发展与"五育"并举。

【答】（1）人的全面发展。

"全面发展"，是指个体必须在德、智、体、美、劳诸方面得到发展，不可或缺，即个性的全面发展。上述教育的五个组成部分，既各有特点、规律和功能，是相对独立、缺一不可的；同时，又相互联系、相互制约、相互渗透，在实践中组成统一的教育过程。坚持"五育"并举，处理好它们的关系，使其相辅相成，发挥教育的整体功能。

（2）"五育"并举。

"五育"并举由教育思想家蔡元培提出，他把教育分为"隶属于政治者"与"超轶乎政治者"两类。隶属于政治的有军国民教育、实利主义教育和道德教育三者；超轶乎政治的则是世界观教育和美育。他认为，五种教育均不可偏废。蔡元培的教育思想体系，是以军国民教育、实利主义教育为急务，以道德教育为中心，以世界观教育为终极目的，以美育为桥梁。

2. 发现学习是有意义的学习，接受学习是机械学习。（辨析题）

【答】错误。接受学习未必就是机械的，它可以而且也应该是有意义的学习；发现学习也未必是有意义的，它同样可能是机械的，如果教师讲授教学得法，并不一定会导致学生机械接受学习；同样，发现学习也并不一定是保证学生有意义学习的灵丹妙药。如果学生只是机械地记住解决问题的典型步骤，而对自己正在做什么，为什么这样做却毫无意识，他们也可能得到正确答案，但这并不比机械学习或机械记忆更有意义。

奥苏伯尔的认知接受学习论和布鲁纳的认知发现学习论，实际上并不矛盾。布鲁纳的发现法强调学生通过积极的思考去亲自获得知识，奥苏伯尔的接受学习强调充分利用学生原有的认知结构的同化作用。事实上，学生发现新知识，不是凭空臆造的，而是利用认知结构中原有的适当知识作为基础。学生同化新知识，也不是消极被动地接受教师所传授的知识，而是通过自己头脑的积极主动地发现才实现的。应该说，虽然发现学习和接受学习强调的侧重点不同，但都特别重视学生认知结构的作用，重视学生认知结构的构建。

3. 科举制度与中国学校教育的关系。（见2010年北京师范大学真题）

4. 在基础教育中，思维与能力的训练优于基础知识和基本技能的学习。（辨析题）

【答】错误。在基础教育中，思维与能力的训练不会优于基础知识和基本技能的学习。基础知识和基本技能的学习是最基本的，缺少这方面的学习就无法进行思维与能力的训练。（从这个方面回答，言之有理即可。）

5. 进步主义教育与新教育运动的不同。

【答】（1）进步主义教育是作为进步主义运动的一部分发端的。进步主义运动是19世纪末在美国兴起的广泛的社会改良运动，旨在反对工业社会的政治经济弊病。进步主义者们力求同时改革教育和社会事务。进步主义教育理论的“实验室”主要是美国的公立学校。相对欧洲的“新学校”来说，进步学校更关心普通民众的教育，更强调教育与社会生活的联系，更重视从做中学，更注意学校的民主化问题。

（2）新教育运动亦称“新学校运动”。1889年，英国教育家雷迪在英格兰的德比郡创办阿博茨霍尔姆乡村寄宿学校，标志着新教育运动的开端。与美国的进步主义教育相比，欧洲的新教育运动更注重精英教育而非大众教育；新教育运动更强调自由教育；新教育运动的理论基础更缺乏统一性。

三、论述题

1. 从教师专业发展的角度，结合自身教育经历，分析教师职业道德的重要性及其养成途径。

【答】（1）重要性：

教师是履行教育教学职责的专业人员，承担教书育人，培养社会主义事业建设者和接班人，提高民族素质的使命。教师职业的专业性在于它的伦理性、道德性、人文性及人道性等本质规定。教师职业道德是指教师在从事教育劳动的过程中形成的比较稳定的道德教育观念、行为规范和道德品质的总和，它是调节教师与他人、教师与集体及社会相互关系的行为准则。加强教师（尤其是青年教师）的职业道德修养是关系到我国教育质量乃至我国现代化建设进程的一个重要问题。

（2）养成途径：

第一，教师要培养良好的敬业精神。第二，教师要以科学发展观的理念来支撑和引领自身职业道德的培养。第三，教师要努力提高自身修养。第四，磨炼教师职业道德意志与坚定教师职业道德信念，是教师履行职业道德行为的有力保证。第五，教师要培养对教育事业的热烈情感。第六，参加社会实践，在实践中进行教师道德修养，是加强教师修养的有效办法。第七，教师在加强个人自我修养时，一定坚持运用内省与慎独相结合的方法。

2. 结合中小学（或幼儿）相关学习（或学科）领域，分析学生创造性的培养。（见2015年华东师范大学真题）

3. 结合我国社会发展需要，试论述基础教育对终身教育发展趋势的应对与变革。

【答】终身教育是被作为未来教育战略的一种教育思想。终身教育，即人们在一生各阶段当中所受各种教育的总和，是人所受不同类型教育的统一综合。它包括教育体系的各个阶段和各种方式，既有学校教育，又有社会教育；既有正规教育，也有非正规教育。主张在每一个人需要的时刻以最好的方式提供必要的知识和技能。终身教育思想成为很多国家教育改革的指导方针。终身教育，并不是指一个具体的实体，而是泛指某种思想或原则，或者说是指某种一系列的关系与研究方法。概括而言，就是指人的一生的教育与个人及社会生活全体的教育的总和。

基础教育要朝着终身教育的方向发展，使人学会学习，终身学习。终身是现代社会的需要，是未来教育发展的战略。教育的整个未来是与建立并实施终身教育制度联系在一起的。对于实现教育机会均等和建立学习化社会，这无疑是具有积极意义的。尽管各个国家应该根据自己国家的具体情况来提出其终身教育的模式，但是，必须使教育成为生活的工具，成为使人成功地履行其生活职责的工具。按照终身教育的设想，从学校毕业将不再被看作教育的终结，而是新的教育的开始。

2016年重庆师范大学333教育综合真题·凯程详解

一、填空题（选项缺失，改为填空）

1. 马克思主义关于人的全面发展学说　　2. 夸美纽斯　　3. 贺拉斯·曼

4. 骑士学校　　5.《大教学论》　　6. 陈鹤琴

7. 赫尔巴特出版了《普通教育学》　　8. 韩非　　9. 癸卯学制

二、辨析题

1. 动物界也存在教育。

【答】错误。动物界不存在教育。我们所说的教育，泛指一切有目的地影响人的身心发展的社会实践活动，是人类特有的社会活动。其他物种由于没有意识、思想，当然就没有基于意识和思想的社会活动，当然也就没有教育现象。至于动物的生存本领，那只是动物的遗传性本能，不属于社会现象，因而不属于教育活动。

2. 美国的《国防教育法》遵循了儿童的身心发展特点。

【答】错误。《国防教育法》是作为改革美国教育、加快人才培养的紧急措施推出的，不是强调尊重儿童身心特点。1957 年，苏联卫星上天后，美国朝野极为震惊，改革教育的呼声高涨。1958 年，美国颁布了《国防教育法》，主要内容有：加强普通学校的自然科学、数学和现代外语（“新三艺”）的教学；加强职业技术教育；加强“天才教育”；增拨大量经费。法案冠以“国防”二字足以说明美国对此的重视，认识到教育在国际竞争中的重要性，教育与国家的安危和国家的前途命运息息相关。该法案的颁布有利于美国教育的发展，有利于教育质量的提高，有利于培养科技人才。

3. 建构主义的核心教学模式是程序教学。

【答】错误。建构主义教学理论倡导的教学模式不是程序教学。它强调知识的动态性，强调学生主动学习，知识不是通过教师传授得到的，而是学习者在一定的情景即社会文化背景下，借助其他人的帮助，通过意义建构的方式而获得的。

4. 稷下学宫具有同时代私学与官学不具有的特点。

【答】正确。（见 2014 年重庆师范大学真题）

三、简答题

1. 良好师生关系的构建策略。（见 2019 年陕西师范大学真题）

2. 奥苏伯尔有意义学习的条件和实质。（见 2013 年北京师范大学真题）

3. 陶行知的生活教育。（见 2014 年北京师范大学真题）

4. 简述校本课程、隐性课程、综合课程和活动课程的含义。

【答】（1）校本课程是以学校为课程编制主体，自主开发与实施的一种课程，是相对于国家课程和地方课程而言的一种课程。

（2）隐性课程是指学校政策及课程计划中未明确规定的、非正式的、无意识的学校学习经验，与显性课程相对。它具有非预期性、潜在性、多样性、不易觉察性等特征。

（3）综合课程又称广域课程、统合课程或合成课程，其根本目的是克服学科课程分科过细的缺点。比较容易贴近社会现实和实际生活，通过把多种学科的相关内容融合在一起，构成新的课程。

（4）活动课程是与学科课程相对立的，打破学科逻辑系统的界限，是以学生的兴趣、需要、经验、能力为基础，通过引导学生自己组织的有目的的活动系列而编制的课程。亦称经验课程或儿童中心课程。

四、论述题

1. 论述教师专业发展的内涵以及如何发展。（见 2015 年西南大学真题 +2011 年首都师范大学真题）

2. 如何激发学生的学习动机？（见 2012 年华东师范大学真题）

2017年重庆师范大学333教育综合真题·凯程详解

一、名词解释

1.“五育”并举的教育方针（见2011年东北师范大学真题）

2. 自我效能感（见2014年华东师范大学真题）

3. 教学目的

【答】教学目的指教学领域里为实现教育目的而提出的一种概括性的、总体的要求，制约着各个教育阶段、各科教学发展趋势和总方向，对整个教学活动起着统贯全局的作用，反映的是教学主体的需要。

4. 教学设计（见2016年首都师范大学真题）

5. 新教育运动（见2019年华东师范大学真题）

6. 课程标准（见2015年北京师范大学真题）

二、简答题

1. 人文主义教育。（见2011年华东师范大学真题）

2. 进步主义教育。（见2015年重庆师范大学真题）

3.1922年“新学制”。（见2014年东北师范大学真题）

4. 当代教学观念发展的趋势。（见2019年首都师范大学真题）

5. 学习策略的教学条件。（见2012年哈尔滨师范大学真题）

6. 影响教师威信形成的主观条件。

【答】影响教师威信的主观因素是多方面的，它对教师威信的形成起着根本性的作用。主要包括以下四方面：

（1）崇高的思想、良好的道德品质、渊博的知识、高超的教育和教学艺术是教师获得威信的基本条件。

（2）在与学生长期交往中能适当满足学生的需要，对教师威信的形成具有重大影响。

（3）教师的仪表、生活、作风和习惯对获得威信有重要影响。

（4）教师给学生的第一印象，对教师威信形成有一定影响。

总之，教师的威信只能依靠教师个人的学识才智、育人成果、社会贡献而获得，重在通过教育实践活动进行自我培养和提高。任何威信都有人际心理关系的内容。教师建立和提高自己的威信，有助于疏通与学生的心理关系，建立融洽和谐的人际关系。

三、论述题

1. 构建良好师生关系的基本策略。（见2019年陕西师范大学真题）

2. 影响创造力培养的因素。（见2011年江苏师范大学真题）

3. 黄炎培职业教育理论的观点及启示。（见2018年华中师范大学真题）

2018年重庆师范大学333教育综合真题·凯程详解

一、简答题

1. 理想师生关系的基本特征。（见2017年南京师范大学真题）

2. 科举考试制度对学校教育的影响。（见2010年北京师范大学真题）

3. 陶行知的生活教育理论。（见2014年北京师范大学真题）

4. 进步主义教育理论的基本特征。（见 2018 年哈尔滨师范大学真题）

5. 保罗·朗格朗的终身教育思想。（见 2015 年北京师范大学真题）

6. 影响创造力发展的主要因素。（见 2011 年江苏师范大学真题）

二、辨析题（题目不全，故仅解释考查的相关知识点）

1. 教育目的选择的个人本位价值和社会本位价值。

【答】（1）个人本位价值：人的价值高于社会的价值，把人作为教育目的的根本所在。其核心思想是：重视人的价值、个性发展及其需要，把人的个性发展及需要的满足视为教育的价值所在；认为教育目的的根本在于使人的本性、本能得到自然发展，使其需要得到满足；主张应根据人的本性发展和自身完善这种“天然的需要”来选择、确立教育目的。

（2）社会本位价值：把满足社会的需要视为教育的根本价值。其核心思想是：社会是人们赖以生存发展的基础，教育是培养人的社会活动，教育培养的效果只能以其社会功能的好坏来加以衡量，离开社会需要，教育就不能满足社会的需求。因此，主张教育目的应从社会需要出发，根据社会需要来确定。

（3）应以动态发展的、层次对等的方式来正确看待和认识教育目的选择中人与社会的关系问题：就一个社会整体教育目的而言，在价值取向上要把满足人的需求和满足社会需求结合起来，把重视人的价值和重视社会的价值结合起来；就教育的实际运行过程而言，把满足社会需要和满足人的需要结合起来，予以动态的、发展的把握；要认识到社会需要与个人发展的辩证关系，从而把两种理论辩证地统一起来，二者的统一在价值取向上最终要落在人的发展上。

2. 个性培养和全面发展。

【答】（1）个性培养：个性是指个体的稳定的心理特征。即：个性是在遗传、环境成熟度和学习等因素的作用下，个体在需求、生活习惯、性格、能力、兴趣、价值观念等方面表现出的稳定的心理特征，不同的个体在个性的某些方面（如需求、能力等）有发展水平高低的差异。

（2）全面发展：是对含有各方面素质培养功能的整体教育的一种概括，是对为使受教育者多方面得到发展而实施培养的教育活动的总称，是由多种相互联系而又各具特点的教育所组成。关于全面发展教育的基本构成，常多以德育、智育、体育、美育作为全面发展教育的构成主体。

（3）全面发展是个性发展的基础；个性发展是全面发展的核心；全面发展和个性发展是相辅相成的；人的全面发展其实质是追求基本素质的全面发展，个性发展是在基本素质全面发展的基础上爱好特长的和谐发展。个性发展应符合人类基本价值准则，个性发展不等于背离集体，不等于个人主义；全面发展不等于平均发展，不等于不要个性。在教育实践中，应当在基本素质全面发展的基础上发展个性，同时以个性的和谐发展推动人的全面发展。

3. 认知策略和智慧技能。

【答】（1）认知策略。认知是指人脑对信息的加工过程，如对信息的编码、转换、储存。认知策略则是如何对信息进行认知加工，及学习者用来调节自己内部注意、记忆、思维等过程的技能，其功能在于使学习者不断反省自己的认知活动，调控对概念和规则的使用。

（2）智慧技能。智慧技能也称心智技能，借助于内部言语在头脑中进行的智力活动方式，其中抽象思维因素占据着最主要的地位，并按其内容和概括化程度，区分为一般智慧技能和特殊智慧技能。加涅等西方心理学家认为，智慧技能是将习得的知觉模式、概念、规则运用于实际情境，从而顺利完成任务的能力。按其复杂程度，可将智慧技能分为五个层次：辨别、具体概念、定义概念、规则、高级规则。

4. 心理发展中的遗传和环境。

【答】（1）遗传：是指人从上代继承下来的外在的和内隐的生理解剖上的特点，是人的身心发展的物质基础和前提条件。遗传素质的发展过程制约着人的身心发展过程及其阶段；遗传素质的差异性对人的身心发展有一定的影响作用；遗传素质具有可塑性。

（2）环境：是指围绕在人们周围，对人的发展自发地产生影响的外部世界，包括自然环境和社会环境。环境是人心理发展的外部客观条件；环境对人的身心发展的作用离不开人对环境的能动活动。

（3）遗传对人的身心发展有重要作用，但也不能因为遗产素质为人的身心发展提供物质基础和可能性，就无限夸大遗传的作用；环境的作用可能是积极的也可能是消极的，但不应过分夸大环境的作用；人的身心发展除了受先天遗传因素的影响，还受后天环境、教育、个体能动性等多方面因素的影响。

三、论述题

培养学生的核心素养的必要性和可行性。

【答】（1）“核心素养”指学生应具备的适应终身发展和社会发展需要的必备品格和关键能力，突出强调个人修养、社会关爱、家国情怀，更加注重自主发展、合作参与、创新实践。

（2）必要性：党的十八大和十八届三中全会提出要将“立德树人”的要求落到实处。2014年教育部研制印发《关于全面深化课程改革，落实立德树人根本任务的意见》，提出“教育部将组织研究提出各学段学生发展核心素养体系，明确学生应具备的适应终身发展和社会发展需要的必备品格和关键能力”。核心素养的提出，将会进一步落实立德树人的根本目标，改变教育领域内依然大量存在的“唯分数论”的现象。近年来，素质教育在取得显著成绩的同时，仍存在课程教材的系统性、适应性不强，课程体系评价标准不明确，高校、中小学课程目标有机衔接不够，部分学科内容交叉重复等问题。要解决这些问题，需要以核心素养为纲，通过各部门协同配合，从整体上推动各教育环节深层次的改革。明确核心素养，一方面可通过引领和促进教师的专业发展，改变当前存在的“知识本位”现象，另一方面可帮助学生明确未来的发展方向，激励学生朝这一目标不断努力。

（3）可行性：①核心素养观念深入人心。②国外对核心素养的研究为我国核心素养的研究提供了经验。③核心素养符合学生的身心发展规律要求。④国家投入了大量的人力、物力、财力进行核心素养研究，师资培养。

2019年重庆师范大学333教育综合真题·凯程详解

一、名词解释

1. 生物起源论

【答】教育的生物起源说是教育学史上第一个正式提出的有关教育起源的学说，也是较早地把教育的起源问题作为一个学术问题提出来的学说。它看到了人类教育与其他动物类似行为之间的相似性，这是一个巨大的进步，标志着在教育的起源问题上开始从神话解释转向科学解释。但是，该学说也存在一个根本的错误：把教育的起源归于动物的本能行为，没能把人类教育行为与动物类教育行为区别开来，因而也没能把握人类教育的目的性和社会性。

2. 教育目的的个人本位论（见2010年浙江师范大学真题）

3. 自我效能感（见2014年华东师范大学真题）

4. 卢梭的自然主义教育（见2013年陕西师范大学真题）

5. 最近发展区（见2011年北京师范大学真题）

二、辨析题

1. 蔡元培的教育独立就是教育独立于政治经济。

【答】错误。蔡元培的教育独立是指：教育经费独立；教育学术和内容独立；教育行政独立；教育脱离宗教而独立。

2. 要素主义注重阅读经典著作。

【答】错误。要素主义把人类文化遗产的共同要素作为学校教育的核心；永恒主义教育强调阅读经典名著。

要素主义教育理论的主要观点为：（1）把人类文化遗产的共同要素作为学校教育的核心。（2）教学过程是一个训练智慧的过程。强调传统的心智训练，传授整个人生的知识。（3）强调学生在学习上必须努力和专心。（4）强调教师在教育和教学中的核心地位。

永恒主义教育理论的主要观点为：（1）教育的性质永恒不变。（2）教育的目的是要引出我们人类天性中共同的要素，即培养永恒的理性。（3）永恒的古典学科应该在学校课程中占有中心地位。古典名著是培养理性的途径。（4）提倡通过教师的教学进行学习。

3. 隐性课程就是校本课程，校本课程就是隐性课程。

【答】错误。校本课程是以学校为课程编制主体，自主开发与实施的一种课程，是相对于国家课程和地方课程而言的一种课程。

隐性课程是指学校政策及课程计划中未明确规定的、非正式的、无意识的学校学习经验，与显性课程相对。它是指学生在学校情境中无意识地获得经验、价值观、理想等意识形态内容和文化影响。也可以说是学校情境中以间接的、内隐的方式呈现的课程。它具有非预期性、潜在性、多样性、不易觉察性。

三、简答题

1. 陶行知的生活教育理论。（见 2014 年北京师范大学真题）

2. 稷下学宫的性质和特点。（见 2020 年东北师范大学真题）

3. 教师的专业发展途径。（见 2020 年华东师范大学真题）

4. 美国的《国防教育法》。（见 2014 年华东师范大学真题）

四、材料分析题

1. 用归因理论分析材料中同学们的行为表现，并且对如何提升小张的动力水平提出建议。

【答】（1）小林将失败归因为能力不足，小杨将失败归因为努力不足，小张将成功归因为运气。

（2）正确阐述归因理论。对行为成败原因的分析可归纳为以下六个因素：能力、努力、任务难度、运气、身心状态、外界环境。韦纳将以上六个因素按各因素的性质，分别纳入三个维度之内：控制点（因素源）、稳定性和控制性。

（3）对成功和失败的解释会对以后的行为产生重大的影响。如果把考试失败归因为缺乏能力，那么以后的考试还会期望失败。最好将成败归因为内部的、可以控制的、不稳定的因素，如努力。因此小张要学会正确地归因。

2. 用建构主义的知识观、学习观、教学观来分析材料中教师的教学安排。（见 2013 年华东师范大学真题）

2020 年重庆师范大学 333 教育综合真题・凯程详解

一、名词解释

1. 教育目的（见 2015 年北京师范大学真题）

2. 行动研究（见 2014 年南京师范大学真题）

3. 自我效能感（见 2014 年华东师范大学真题）

4. 稷下学宫（见 2020 年北京师范大学真题）

二、辨析题

1. 动物也有教育。（见 2016 年重庆师范大学真题）

2. 陶行知开展“活教育”实验，提出“生活教育理论”。

【答】错误。陶行知开展的是“生活教育”实验，提出“生活教育理论”；陈鹤琴开展了“活教育”实验，提出“活教育”思想体系。

3. 课程是指学校开设的学科的总称。

【答】错误。课程不仅包括学校开设的各门学科，还包括隐性课程（如学校的校风、办学理念、师生人际关系等）及活动性课程（如社会实践、实地考察、户外教育等）。

三、简答题

1. 美国进步主义教育。（见 2015 年重庆师范大学真题）

2. 教育目的的精神实质。（见 2012 年北京师范大学真题）

3. 简述孔子行之有效的教学方法。（见 2013 年东北师范大学真题）

4. 简述品德培育的方法及其建构。（见 2010 年重庆师范大学真题）

四、论述题

1. 良好师生关系的特点和建构策略。（见 2017 年南京师范大学真题 +2019 年陕西师范大学真题）

2. 知识的价值。（见 2018 年华中师范大学真题）

3. 人们对知识的认识。

【答】人们对知识的认识主要包括知识的含义、类型、获得机制，影响知识理解的因素，迁移以及促进迁移的措施。

（1）知识的含义。

广义的知识：指个体通过与环境相互作用后获得的一切信息及其加工和组织。心智技能和认知策略也包含其中，泛指人们所获得的经验。

狭义的知识：指能储存在语言文字符号或言语活动中的信息或意义，如各门学科的事实、概念、公式、定理等，不包括技能和策略等调控经验。知识也是经过主观构建的信息，个体在加工知识时，会带有主观色彩。知识一方面存储在个体的头脑中，成为个体知识或主观知识，另一方面又可以通过文字符号表达出来。

（2）知识的类型。

根据知识的不同反映深度，分为感性知识与理性知识；根据知识的不同抽象程度，分为具体知识与抽象知识；根据不同状态和表述形式，分为陈述性知识与程序性知识；布卢姆关于知识的分类为具体的知识、方式方法的知识和普遍原理的知识；根据知识的不同来源，分为直接经验知识和间接经验知识；根据知识是否容易传递，分为显性知识和隐性知识；根据知识及其应用的复杂多变程度，分为结构良好领域的知识和结构不良领域的知识。

（3）知识的获得机制。

奥苏伯尔进一步发展了皮亚杰的思想，认为同化有三种方式：上位学习、下位学习和并列学习。他指出同化是一个促使知识从一般到个别、从上位到下位逐渐分化和横向联系的相互作用过程。程序性知识获得的机制是产生式。

（4）影响知识理解的因素。（见 2015 年北京师范大学真题）

（5）迁移及促进知识迁移的措施。（见 2014 年北京师范大学真题）

4. 根据建构主义谈谈随着时代的发展人们应该如何对待知识以及在教学时应怎样做。（见 2019 年华中师范大学真题）

云南师范大学

2010年云南师范大学333教育综合真题·凯程详解

教育学原理

一、名词解释

1. **个人本位论**（见2010年浙江师范大学真题）
2. **非正式群体**（见2010年安徽师范大学真题）

二、简答题

1. **简要分析教师专业发展。**（见2015年西南大学真题）
2. **简述我国基础教育公平中的主要问题。**（见2010年山东师范大学真题）

三、论述题

试论信息化时代的学校教育改革。

【**答**】信息化时代的学校教育改革其实就是学校教育信息化，而学校教育信息化的概念是在20世纪90年代伴随着"信息高速公路"的兴建而提出来的。教育信息化具有数字化、多媒体化、网络化和智能化等特征。数字化使得教育信息技术系统的设备简单、性能可靠和标准统一。多媒体化使得信媒设备一体化、信息表征多元化、复杂现象虚拟化。网络化使得信息资源可共享、活动时空少限制、人际合作易实现。智能化使得系统能够做到教学行为人性化、人机通讯自然化、繁杂任务代理化。我们把学校教育信息化看作一个追求信息化教育的过程。信息化教育具有以下显著特点：

（1）教材多媒体化：教材多媒体化就是利用多媒体，特别是超媒体技术，建立教学内容的结构化、动态化、形象化表示。已经有越来越多的教材和工具书实现多媒体化，它们不但包含文字和图形，还能呈现声音、动画、录像以及模拟的三维景象。

（2）资源全球化：利用网络，可以使全世界的教育资源连成一个信息海洋，供广大教育用户共享。对于我国教育来说，面临的一大问题是网络上中文信息资源严重不足。开发网络教育资源，不但是教育部门的任务，也是社会各部门以及知识者的义务。

（3）教学个性化：利用人工智能技术构建的智能导师系统能够根据学生的不同个性特点和需求进行教学和提供帮助。

（4）学习自主化：由于以学生为主体的教育思想日益得到认同，利用信息技术支持自主学习成为必然发展趋向。事实上，超文本或超媒体之类的电子教材已经为自主学习提供了极其便利的条件。

（5）活动合作化：通过合作方式进行学习活动也是当前国际教育的发展方向。信息技术在支持合作学习方面可以起重要作用，其形式包括：通过计算机合作；在计算机面前合作；与计算机合作。

（6）管理自动化：利用计算机管理教学过程的系统叫作计算机管理教学系统。其包括计算机化测试与评分、学习问题诊断、学习任务分配等功能，如建立学生电子档案。

（7）环境虚拟化：教育环境虚拟化意味着教学活动可以在很大程度上脱离物理空间、时间的限制，这是电子网络化教育的重要特征。现代已经涌现出一系列虚拟化的教育环境，包括虚拟教室、虚拟实验室、虚拟校园、虚拟学社、虚拟图书馆等，由此带来的必然是虚拟教育。

中外教育史

一、名词解释

1.《理想国》（见2010年东北师范大学真题）

2. 泛智教育（见2010年陕西师范大学真题）

3. 癸卯学制（见2018年东北师范大学真题）

4. 晏阳初

【答】晏阳初是我国著名的教育家，世界平民教育与乡村改造运动的倡导者。他主持了中华平民教育促进总会所进行的河北定县乡村教育实验。晏阳初把中国农村存在的问题归结为“愚、贫、弱、私”，并针对此提出了“四大教育”“三大方式”。“四大教育”分别是文艺教育攻愚，生计教育攻贫，卫生教育攻弱，公民教育攻私；“三大方式”分别是学校式教育、社会式教育和家庭式教育。虽然改革最终失败，但也为农民带来了一定的实惠，是中国教育史上的创新。

二、简答题

1. 人文主义教育的主要特征。（见2011年华东师范大学真题）

2. 张之洞“中体西用”教育思想的影响。（见2014年华东师范大学真题）

三、论述题

论述杜威实用主义的教育思想及其影响。（见2011年北京师范大学真题）

教育心理学

一、简答题

简述麦基奇等提出的学习策略分类。（见2018年东北师范大学真题）

二、论述题

结合实际分析影响问题解决的主要因素，并谈谈如何培养学生问题解决的能力。（见2017年陕西师范大学真题+2010年华中师范大学真题）

2011年云南师范大学333教育综合真题·凯程详解

一、名词解释

1. 察举制

【答】察举制在汉武帝时期得以确立，它是先经考察举荐，再经考试，最后根据考试成绩优劣选拔人才的制度，是对太学养士选才的补充。其实质是保障了读书做官、以儒术取士的落实，被称为科举制度的先导。

2. 朱子读书法（见2015年东北师范大学真题）

3. 昆体良（见2011年江西师范大学真题）

4.《爱弥儿》（见2019年上海师范大学真题）

5. 形成性评价（见2013年华中师范大学真题）

6. 价值澄清模式

【答】价值澄清模式由美国德育专家路易斯·拉思斯等人提出，20世纪60年代逐渐成为学校德育实践中的一股重要思潮，并作为一个独立的理论流派诞生。这种模式着眼于价值观教育，试图帮助人们减少价值混乱并通过评价过程促进统一的价值观的形成。

二、简答题

1. 简要分析知识对人的发展的多方面价值。（见 2018 年华中师范大学真题）

2. 简要评述活动课程。（见 2010 年北京师范大学真题）

3. 唐代学校教育制度的特点。（见 2020 年浙江师范大学真题）

4. 陶行知生活教育的思想。（见 2014 年北京师范大学真题）

5. 举例说明什么是下位学习（类属学习）。（见 2019 年上海师范大学真题）

6. 举例说明常用的精细加工策略。（见 2011 年华东师范大学真题）

三、论述题

1. 论述多元文化与当代教育变革的关系。

【答】多元文化是进入 21 世纪以来世界文化发展进程中的一个特征，多元文化对教育的冲击是非常明显和深刻的。一方面，多元文化无孔不入地渗透到教育过程中，另一方面教育又无时不在地以不同程度的方式反映、作用于多元文化。多元文化对教育的影响体现在以下方面：

（1）多元文化促进了教育观念和思维方式的变革，有助于确立平等、接纳和宽容的态度和价值观。

（2）多元文化加快了教育民主化的进程，使人们关注处境不利的弱势群体的受教育权利，促进教育公平。

（3）多元文化推动了教育模式的多元化，表现为教育目标的多元、课程内容的多元、教育方法与手段的多元以及办学形式的多样化。

（4）多元文化促进了多元文化教育的发展。多元文化教育旨在保证弱势儿童享有平等教育的机会，促进多元文化社会中人们对不同文化的理解，促进不同文化群体间的平等与尊重。具体包括：倡导教育公平、尊重学生主体性和自主性、促进教育机会均等。

2. 论述终身教育思想及其意义。

【答】（1）终身教育思想。（见 2015 年北京师范大学真题）

（2）终身教育思想自 20 世纪 60 年代兴起之后，在教育领域中引发的一场广泛而深刻的革命。终身教育已经成为建设学习型社会的象征。《终身教育引论》曾被翻译为多国文字广为流传，20 世纪 70 年代之后，许多国家把终身教育作为教育改革和发展的重点。任何国家都认识到经济的发展迫使人们必须要实践终身学习的理念，这是一种"活到老、学到老"的思想，促使人们一生不断地学习与进行知识更新，才能适应社会的发展，增强个体生活的幸福感。终身教育对于一个国家而言是提高全民族进步的重要理念，对提升全体国民的文化素质和能力有着重要的贡献。所以，现代社会里很多国家开展的老年大学、成人教育以及各种社会教育强调自学、建立学习型社会等，都是实践终身教育理念的有效方式，终身教育理念正在被世界各国积极实践着。

2012 年云南师范大学 333 教育综合真题 · 凯程详解

一、名词解释

1. 社会本位（见 2011 年华东师范大学真题）

2. 双轨制（见 2017 年北京师范大学真题）

3. 学园（见 2015 年华中师范大学真题）

4.《爱弥儿》（见 2019 年上海师范大学真题）

5. 有教无类（见 2010 年北京师范大学真题）

6. 京师同文馆（见 2012 年北京师范大学真题）

二、简答题

1. 简要分析人的发展及其基本特征。

【答】人的发展的含义包括广义和狭义，广义的人的发展是指个体从胚胎到死亡的变化过程。狭义的人的发展是指个体从出生到成人的变化过程，包括生理和心理两个方面。人的发展有未完成性和能动性。

（1）未完成性。人是未完成的动物，人的未完成性与人的非特定性密切相关。人的发展的未完成性、未成熟性，蕴含着人的发展的不确定性、可选择性、开放性和可塑性，蕴藏着巨大的生命活力和发展的可能性，预示着人的需教育性和人的可教育性。

（2）能动性。人在发展的过程中会表现出人特有的能动性，这种能动性具体表现在人的能动、自主、自觉和自我塑造等方面。人在发展过程中表现出的能动性，也是人的教育与人改造自然的实践活动和动物训练等活动之间最根本的区别。

2. 简要评论布鲁纳的教学过程思想。

【答】布鲁纳是美国的认知心理学家，他主张学习的目的在于发现学习的方式，使学科的基本结构转变为学生头脑中的认知结构。从认知心理学的观点出发，对学生的学习、动机以及教学等方面进行了全面阐述。

（1）布鲁纳认为，建构良好的认知结构常常需要经过获得、转化和评价三个过程。具体包括知识的接收、知识的转化、知识的评价。学习活动首先是新知识的获得过程，不管新旧知识的关系如何，新知识的获得都会使已有知识进一步提高。

（2）布鲁纳认为，学习任何一门学科的最终目的是建构学生良好的认知结构。教师要明确所要建构的学生的认知结构包含的要素，采取有效的措施帮助学生通过获得、转化、评价来掌握新知识，从而使学科知识结构转变成学生的认知结构，使书本的知识转化成学生的知识。

3. 简述文艺复兴时期人文主义教育思想的主要特征及其对后世的影响。（见 2019 年华中师范大学真题）

4. 简述福勒和布朗提出的教师成长阶段的主要内容。

【答】关于教师的成长的三个阶段理论如下：

（1）处于关注生存阶段的往往是新教师，他们非常关注自己的生存适应性。最担心的问题是“学生喜欢我吗”等，因而可能会把大量的时间都花在如何搞好与学生个人关系上，想方设法控制学生，而不是更多地考虑如何让学生获得学习上的进步。

（2）处于关注情境阶段的教师关心的是如何教好每一堂课的内容，以及班级大小、时间压力和备课材料是否充分等与教学情境有关的问题，如“内容是否充分得当”“如何呈现教学信息”“如何掌握教学时间”等。传统教学评价集中关注这一阶段，一般来说，老教师比新教师更关注此阶段。

（3）当教师顺利地适应了前两个阶段后，成长的下一个目标便是关注学生。教师将考虑学生的个别差异，认识到不同发展水平的学生有不同的需要。根据学生的差异采取不同的教学方式，促进学生的发展。

三、论述题

1. 结合课堂教学案例，说明掌握知识与发展智力的关系。（见 2012 年东北师范大学真题）

2. 试论布鲁纳结构课程观及其对我国基础教育课程改革的启示。

【答】（1）布鲁纳结构课程观：

①布鲁纳根据结构心理学理论，在他的《教育过程》《教学论探讨》和《教育的适合性》等著作中，阐述了以“知识结构”“学校结构”为核心思想的课程理论。

②他说：“不论我们选教什么学科，务必使学生理解学科的基本结构。”所谓学科的结构就是学科的基本原理，是事物之间的基本关系在学科内部的体现。

③他说：“学习结构就是学习事物是怎样关联的。”布鲁纳认为学科的结构是十分重要的，掌握了学科结构就可以更好地理解学科；掌握了概念，就可以理解许多特殊现象；掌握了原理，就可以随

时再现事物的细节，就可以举一反三，就可以使知识迁移等。他主张按学科结构来编制课程。

（2）对我国基础教育课程改革的启示：

布鲁纳结构主义课程论的意义在于突出了知识结构在学生掌握知识及运用知识上的重要性，提出的课程有积极的意义。但由于学科结构较难确定以及所编写的新教材提高了理论难度，学生不易掌握，改革并未成功。教师要明确所要建构的学生的认知结构包含的要素，采取有效的措施帮助学生通过获得、转化、评价来掌握新知识，从而使学科的知识结构转变成学生的认知结构，使书本的知识转化成学生的知识。

3. 试述科尔伯格的道德发展阶段理论。（见 2013 年华东师范大学真题）

4. 试评述陈鹤琴教育思想的特点及奉献。（见 2015 年北京师范大学真题）

2013 年云南师范大学 333 教育综合真题·凯程详解

一、名词解释

1. 教育的内在价值

【答】教育有外在价值和内在价值之分。在审视和判断教育的价值时，应强调教育的内在价值。教育的内在价值是为了知识、能力、真理而学习。教育育人的实质就是使人掌握知识、发展能力和形成良好的思想品质，成为德、智、体全面发展的人。这是教育内在价值的根本。

2. 直线式课程

【答】直线式课程就是把一门课程的内容组织成一条逻辑上前后联系的直线，前后内容基本不重复。即课程内容直线前进，前面安排过的内容在后面不再呈现。对于理论性较强、学生不易理解的知识，螺旋式较适合；而对一些理论性相对较低的学科知识或操作性较强的内容，则直线式较适合。

3.《教育漫话》（见 2016 年湖南师范大学真题）

4. 习明纳（seminar）

【答】德国大学最早发明习明纳，是一种专题讨论式的教学方式。习明纳是在教授指导下，由高年级学生和优秀学生组成研究小组，定期集中在一起，共同探索新的知识领域。通过对习明纳特点及其影响的初步探讨，揭示了它对我国教育的启示意义，以期引起人们对其注意，并通过研究、借鉴，更好地服务于我国的高等教育改革。

5. "六艺"（见 2012 年华东师范大学真题）

6. 科学教育思潮

【答】科学教育思潮与新文化运动呼应，逐渐形成以传播科学知识、科学思想和开展科学实验为追求的科学教育运动。其主要表现为：在学校中提倡科学教育，尤重依照科学原理和方法进行教育并养成学生的科学技能和态度；提倡以科学方法研究儿童、研究教育，开展教育科学实验，促成教育的科学化观念。

二、简答题

1. 简要分析信息时代对中小学生素质的要求。

【答】信息素养主要包含以下四个方面：

（1）信息意识。即人的信息敏感程度，是人们对自然界和社会的各种现象、行为、理论观点等能从信息角度去理解、感受和评价。这是信息技术教育中最重要的一点。

（2）信息知识。既是信息科学技术的理论基础，又是学习信息技术的基本要求。它不仅体现着自身所具有的信息知识的丰富程度，而且还制约着他们对信息知识的进一步掌握。

（3）信息能力，是信息素养的核心。包括信息系统的基本操作能力，信息的采集、传输、加工处理和应用的能力，以及对信息系统与信息进行评价的能力等。

（4）信息道德。要让学生学会对媒体信息进行判断和选择，自觉地选择对学习、生活有用的内容，自觉抵制不健康的内容，不组织、不参与非法活动。

信息素养的四个要素是一个不可分割的统一整体。意识是先导，知识是基础，能力是核心，道德是保证。中小学生作为祖国的未来，提高他们的信息素养，是教育的基本要求。

2. 简述教育的相对独立性。（见2010年华中师范大学真题）

3. 简述夸美纽斯的教学原则及其意义。（见2020年河南师范大学真题）

4. 简述杨贤江“全人生指导”的教育思想。（见2018年辽宁师范大学真题）

5. 举例说明什么是概念学习。

【答】（1）定义：概念学习就是学习把具有共同属性的事物集合在一起并冠以一个名称，把不具有此类属性的事物排除出去。

（2）影响概念学习的因素主要有：概念的定义性特征，原型，讲授概念的方式，概念间的联系，以及学生在年龄、性别、智力、动机、情绪、经验、语言能力和使用学习策略上的个体差异等自身的因素。

（3）概念具有逻辑的和心理的意义。从逻辑上讲，概念是指在某一领域中因具有共同特征而被组织在一起的特定事物。例如，“三角形”这一概念是指与其他几何图形明显不同的一类客体。学生一旦掌握了某一概念的关键属性，即区分某一类别与其他类别的一组特征，就能确定他所见到的东西是否属于这一概念。学生在概念学习中的主要问题，是要找出他所面对的一类物体的关键属性。显然，学生所发现的关键属性，与作为概念的定义的关键属性，可能会有相当大的差异。例如，认为“会飞的都是鸟”。

三、论述题

1. 结合实际论述在课堂教学中如何运用理论联系实际的原则。（见2014年上海师范大学真题）

2. 环境教育的内涵是什么？试论在我国中小学生开展环境教育的意义。

【答】环境教育是以人类与环境的关系为核心，以解决环境问题和实现可持续发展为目的，以提高人们的环境意识和有效参与能力、普及环境保护知识与技能、培养环境保护人才为任务，以教育为手段而展开的一种社会实践活动过程。环境教育的意义有：

（1）引导学生认识世界是普遍联系和相互依存的。个人、家庭、社区以及国家相互之间，人类与生态环境的各组成要素之间，全球生态环境与区域生态环境之间不是孤立的，而是相互作用的。因此认识和尊重自然规律，处理好人与人、人与自然的关系是必不可少的。

（2）引导学生珍视生物多样性，关注不同文化对环境的影响。生物多样性是自然生态环境的活力和潜能的重要表征，与文化多样性之间具有相互依存、相互促进的关系。保持生物多样性与尊重文化多样性是实现可持续发展的重要前提。

（3）引导学生理解可持续发展的内涵。可持续发展强调人类在精神和物质方面的协调发展，要求不同国家和地区在资源利用和环境管理上，在满足当代人的需求的同时保护好作为人类后代及其他生命生存和发展基础的资源与环境。

（4）引导学生主动参与解决环境问题，培养学生的环境责任感。引导学生参与解决身边的环境问题是培养学生环境责任感的重要途径。在这一过程中，学生获得对环境的敏感性和关于环境的知识，同时认识环境问题的复杂性，能培养其解决环境问题的能力和责任感。

3. 结合实际分析华莱士提出的创建过程的“四阶段论”。

【答】美国心理学家华莱士于1926年出版了《思想的艺术》，他通过对许多创造发明家的自述经验的研究，提出了创造性思维过程的四个阶段：准备、酝酿、启发和检验。

（1）准备阶段。这是提出课题、搜集各种材料、进行思考的过程，也就是有意识地努力的时期。要想从事创造活动，首先要提出有价值的问题。接着，思维者有意识地收集资料、挑选信息或同时进行一些初步的反复试验，认识课题的特点，通过反复思考和尝试来努力解决问题。

（2）酝酿阶段。假如直接的解决不能立即得到，酝酿阶段随即来临。酝酿在其性质和持续时间上变化很大，在这个时期里，思维者不再蓄意解决问题，或者说已经暂时“放弃”；从现象上看是有意识的努力一度中断的时期。但在这个时期，据华莱士讲，“无意识的大脑活动”仍在继续，即大脑的潜在意识仍在不知不觉地对收集到的材料进行着筛选和重组。

（3）启发阶段。这一阶段又称顿悟期或灵感期。这种“顿悟”，并不是本人有意识地努力得来的，主要并不是由语言表达出来的，而是通过视觉上的幻象表达出来的。如阿基米德终于寻到了希腊王向他提出的检验王冠含金量问题的解答时，他从浴盆里跳出来，狂喜地在大街上边跑边喊，向世界大声宣告：“我已经找到它了！我已经找到它了！”

（4）检验阶段。并非所有的问题解决都会以这种突然的强烈的经验而告终，这种经验也可能是和问题的错误解决伴随产生的。所以，这种灵感的成果还必须经历一个仔细琢磨、具体加工和验证的过程。这是对整个创造过程的反思，以使创造成果建立在科学的理论基础之上，并物化为能被他人所理解和接受的形式。这个阶段又是在意识的支配下进行的。

2014年云南师范大学333教育综合真题·凯程详解

一、名词解释

1. 环境的给定性

【答】简单来说，环境教育就是以人类与环境的关系为核心而进行的一种教育活动。环境问题是由于人口增长、现代科技和现代生产力迅猛发展所产生的问题。因此，人类对生存环境恶化的担忧导致了环境教育的应运而生，其原始的动机还是来自人类对自身生命的关爱和珍惜。环境的给定性指的是由自然、历史，由前人、他人为儿童个体所创设的环境，它对于儿童来说是客观的、先在的、给定的。

2.《四书集注》

【答】《四书集注》又称《四书章句集注》是集《大学》《中庸》《论语》《孟子》于一体的巨作，是宋代朱熹所著的一部儒家理学的名著，是封建社会最重要的经典著作。《四书集注》是科举考试的标准答案和各级学校必读的教材，其地位甚至高于“五经”，影响中国封建社会后期的教育长达数百年。

3. 双轨制（见2017年北京师范大学真题）

4. 人力资本

【答】人力资本理论是舒尔茨和贝克尔提出的，它的核心是提高人口数量，教育投资是人力投资的一个主要部分，教育是提高人力资本最基本的手段。

二、简答题

1. 简析教学的三种水平。

【答】教学是教与学的行为，包括知识的获得、知识的应用和教学评价。教与学的水平包括记忆水平、解释性理解水平和探究性理解水平，具体如下：

（1）记忆水平的教学，目的在于识别或记住事实材料，不求理解，机械模仿，以教师得出结论为主，反复训练学生的记忆功能。这一水平的教学目标有记忆和模仿。

（2）解释性理解水平的教学指的是教师变换各种角度对知识进行讲授和解释，设计各种例题和变式，使学生领会知识，并加以应用。这一水平的教学目标有说明性解释和封闭性转换。

（3）探究性理解水平的教学指的是有目的地引起新问题情境的认知冲突，教师与学生共同参与，解决问题。这一水平的教学目标有探究性理解和开放性转换。

以上三种层次的目标是相辅相成的，后一层次的目标常常是在前一层次目标的基础上发展的，它应包含前一层次的目标。三者的结合可以促使教师的教和学生的学统一起来，以保证教与学能协同有效地进行。

2. 简要述评泰勒的课程观。（见 2012 年华东师范大学真题）

3. 简述洋务学堂的特点。（见 2013 年西南大学真题）

4. 简述斯宾塞科学教育思想的主要观点及其影响。（见 2013 年杭州师范大学真题）

5. 举例说明什么是表征学习（符号学习）。

【答】表征学习是奥苏伯尔区分的有意义言语学习的一种形式，指学习单个符号或一组符号的意义，或者说，学习它们代表什么。表征学习的主要内容是词汇学习。在任何言语中单词可以代表物理世界、社会世界和观念世界的对象、情境、概念或其他符号，这种代表是约定俗成的。对于新生一代来说，某个词代表什么，他们最初是完全无知的，他们必须学会这些单词代表什么。

例如“蚂蚁”这个符号，对儿童是完全无意义的。在儿童多次同蚂蚁打交道的过程中，儿童的长辈或其他年长儿童多次指着蚂蚁说“蚂蚁”，儿童逐渐学会用“蚂蚁”（语音）代表他们实际见到的蚂蚁。我们说“蚂蚁”这个声音符号对某个儿童来说获得了意义，也就是说，“蚂蚁”这个声音符号引起的认知内容和实际的蚂蚁所引起的认知内容是大致相同的，同为蚂蚁的表象。

三、论述题

1. 结合案例论述如何有效地运用榜样的方法培养学生品德。

【答】现实生活中人们越来越重视学生品德的培养。德育有广义和狭义之分，广义的德育指所有有目的、有计划地对社会成员在政治、思想与道德等方面施加影响的活动，包括社会德育、社区德育、学校德育和家庭德育等方面。狭义的德育专指学校德育。学校德育是指教育者按照一定的社会或阶级要求，有目的、有计划、系统地对受教育者施加思想、政治和道德等方面的影响，并通过受教育者积极地认识、体验与践行，以使其形成一定社会与阶级所需要的品德的教育活动，即教育者有目的地培养受教育者品德的活动。

培养学生品德的方法有很多种，如说服法、榜样法、锻炼法、自我教育法、陶冶法和奖惩法。其中榜样法是以他人的高尚思想、模范行为和卓越成就来影响学生品德的方法。榜样的观点是班杜拉在观察学习理论中提出来的。班杜拉认为，人类大多数的行为都是通过观察习得的，人们通过观察他人的行为，可以获得榜样行为的符号性特征，并可以以此引导观察者在今后做出与之相似的行为。

在运用榜样方法时，要注意以下要求：（1）选好学习的榜样。（2）激起学生对榜样的敬慕之情。（3）引导学生用榜样来调节行为，提高修养。（结合实际举出例子即可）

2. 论述蔡元培的大学教育思想及在中国近现代教育史上的地位。（见 2013 年北京师范大学真题）

3. 论述儿童研究运动的实质及其对我国基础教育改革的启示。

【答】19 世纪 80 年代至 20 世纪 20 年代在欧美兴起的儿童研究运动建立在实证主义、生物进化论、实验心理学和其他相关自然科学发展的基础上，强调以儿童为对象开展身体、智力、情感、态度、兴趣等各方面研究，科学地解释儿童的心理及教育等问题，揭示儿童成长过程中的某些规律。它促成了儿童学的诞生和儿童心理学的发展。它促进了对儿童的了解，提升了儿童的地位，并通过推动教育科学化和心理学化，为儿童教育奠定了坚实的理论和实践基础，对现代教育的发展做出了重要贡献。其代表人物有德国心理学家普莱尔、美国心理学家霍尔、法国心理学家比奈和西蒙等。

儿童研究运动的内容主要有：儿童的身体发育和健康，儿童的情感、态度和兴趣，儿童的智力发展，对儿童行为发展的探索。

（提示：开放性试题，言之有理即可。）

4. 举例说明问题解决策略中的启发式策略。

【答】所谓启发式，是指凭借个体已有的经验，采用较少的操作来解决问题的方法。主要有手段—目的分析法、爬山法、逆向反推法等。

（1）手段—目的分析法是把问题划分为一系列的子目标，并通过逐个解决子目标，最终达到问题解决。例如，对某些学生而言，写一篇20页的论文是很头疼的事情，但如果将该任务划分为几个子任务，如选题、阅读资料、组织资料、编写提纲、分段写作等，他们就可能表现得好一些。

（2）爬山法是手段—目的分析法的一种变式，以渐进的步子向目标状态靠近，是一种向前的工作方式。例如，医生在给慢性病人用药时常常用这种方法来确定药的剂量。

（3）逆向反推法是从目标状态出发，考虑如何达到初始状态的问题解决方法。例如，如果一周之内要从北京寄一份合同到上海，那么必须在某一天从邮局寄出，在某一天打印好合同，在某一天起草合同。

2015年云南师范大学333教育综合真题·凯程详解

一、名词解释

1. 螺旋式课程

【答】所谓螺旋式课程就是以与儿童思维方式相符的形式将学科结构置于课程的中心地位，随着学生年级的提升，不断拓广加深学科的基本结构，使之在课程中呈螺旋式上升的态势。如某门学科在基础教育阶段不只安排一次，但几次安排均依照基本结构进行，层层提升并层层深化，形成螺旋式发展格局。

2. 学校教育制度（见2019年北京师范大学真题）

3. 癸卯学制（见2018年东北师范大学真题）

4. 全人生指导（见2018年浙江师范大学真题）

二、简答题

1. 简要述评杜威的教学过程思想。

【答】杜威提倡把教师讲授的教学方式改革为师生共同活动的教学方式，书本降到次要位置，活动和经验是主要的。杜威推崇“从做中学”这种在经验情境中训练思维的方法。

（1）杜威重视学校对学生优良思维的培养，他认为学校所做的一切都是为了培养学生的思维，认为凡是“有意义的经验”总是在思维的活动中进行的。于是，形成了反省思维教学法。所谓反省思维，指对某个经验情境中的问题进行反复的、严肃的、持续不断的思考，其功能在于求得一个新情境，把困难解决、疑虑排除。

（2）教学过程有五个步骤：①要有一个真实的经验的情境；②在这个情境内部产生一个真实的问题；③提出解决问题的种种假设；④推断哪个假设能解决这个困难；⑤验证这个假设。这五个步骤顺序不固定，可合并。

评价：杜威强调在教学中要重视学生的主动性和创造性，使学生主动地活动，积极地思维，并注意学生的兴趣与需要，这是很有见地的，为“发现法”的教学方法奠定了基础。但是，杜威忽视了系统知识的传授，降低了知识的地位，过于重视活动，泛化了问题意识，简化了认知的途径，影响了教育质量。

2. 简述个体能动性在人的发展中的作用。（见2017年华中师范大学真题）

3. 简述梁漱溟乡村建设与乡村教育理论。（见2019年华南师范大学真题）

4. 简述蔡元培“五育”并举的教育方针。（见2016年华东师范大学真题）

5. 举例说明什么是诱因。

【答】诱因是驱使有机体产生一定行为的外部因素。与它相对应的概念是内驱力。内驱力和诱因都是形成动机的因素。存在于机体内部的动机因素是内驱力，存在于机体外部的动机因素是诱因。诱因按其性质可分为两类：个体因趋向或取得它而得到满足时，这种诱因称为正诱因（如食物）；个体因逃离或躲避它而得到满足时，这种诱因称为负诱因（如电击）。

三、论述题

1. 论述卢梭的教育思想及其影响。（见2012年华东师范大学真题）

2. 结合案例，论述在课堂教学中如何合理地运用发展性原则。

【答】答题要点：（1）发展性原则是什么。（2）发展性原则运用在哪些方面：教学目标、教学过程、教学方法、教学评价等方面。（尝试按这种思路去写，此处略。）

3. 试论加涅提出的九大教学事件。

【答】加涅基于"为学习设计教学"的核心提出了"九大教学事件"，是学习的外部条件，但对教学工作来说，是心理学的基础，是适用于各门学科和各级各类学校学生学习的。

（1）引起注意。引起注意是有效教学的首要事件，它是学习主动性、积极性的重要标志。引起注意除使用刺激变化、引起兴趣等方法外，更主要的是利用新旧知识的同化和顺应机智，激发思维，唤起选择性知觉。教师在做到这一点的时候，要注意联系学生的实际。

（2）告知目标。教学使用告知目标的策略，其功能是激起学习者对新知识、新技能的期望，产生学习的内部动机。

（3）刺激回忆先前习得性能。加涅指出，许多新的学习归根结底是观念的联合。学习时，这些习得的性能如果成为学习事件的一部分，就必须具有高度可进入性。

（4）呈现刺激材料。当学习者做好准备时，教师可以向学生呈现教材。呈现方式取决于材料的内容。无论哪种情况，最有效的是具有突出特征的刺激。

（5）提供学习指导。这个教学事件是促进语义编码，即使所学的东西进入长时记忆。因为学习结果的不同，其学习指导也各不相同。对于低级的学习活动，可采用复述策略；对于高级的学习活动，需要采用精细加工策略和组织策略。

（6）引发行为表现。这项教学事件的目的是促使学习者做出反应活动，以此来验证期望的学习过程是否发生，学习的结果是否达成。在多数情况下，教师接下来会呈现新的例子，以确保该规则能被应用到新的情境中。

（7）提供反馈。在学习者做出反应、表现出行为后，应及时让学习者知道学习结果，这就是提供反馈。这种反馈既要自我提供也需要外部提供。及时反馈是教师工作的一个细节，使学生能够及时检查自己。

（8）评价作业。评价在学生的学习中，具有非常重要的地位，教师一定要做好评价。要想让学生主动地做一件事情，首先就是要不断评价使他获得成功。

（9）促进记忆与迁移。增进记忆的策略有很多，如采用有意义的方式习得材料，建立起材料的关系网络；要注意间时复习；有效促进迁移，最好的方法就是把所学知识运用到新的情境之中，从而促进更高层次的学习。因此教师为迁移而提出的问题，应该在把握学生的先决能力是否具备的同时还要使这些能力提高到工作记忆中来，用实例促进横向迁移。

2016年云南师范大学333教育综合真题·凯程详解

一、名词解释

1. 学校德育（见2018年西北师范大学真题）

2. 学校管理（见2015年北京师范大学真题）

3. 马礼逊学校

【答】马礼逊学校是开办在中国本土的比较正式的最早的教会学校，是一所专门针对华人开办的学校，开创了教会在华办学的先河，培养了中国第一批留美学生。它开设了丰富的西学课程，开阔了学生的知识视野，为他们形成近代社会观念打下了基础。

4. 经世致用

【答】经世致用是指学问必须有益于国事。由明清之际思想家王夫之、黄宗羲等提出。他们认为学习、征引古人的文章和行事，应以治事、救世为急务，反对理学家不切实际的空虚之学，对后人影响很大。

5. 欧洲新教育运动（见 2019 年华东师范大学真题）

6.《爱弥儿》（见 2019 年上海师范大学真题）

二、简答题

1. 简要述评夸美纽斯的教学过程思想。

【答】（1）夸美纽斯生活在欧洲从中世纪的封建制度向近代资本主义制度过渡的年代。他反映时代变革的要求，锐意教育改革，反对统治阶级垄断的精英教育，反对天主教推行的宗教教育，不满教学的杂然无序和低效。他主张人人需要教育，一切男女儿童不分贫富贵贱都应该进入学校学习，应受到包括科学、艺术、语文、德行等方面周全的、泛智的教育。夸美纽斯认为教学应当成为"把一切事物交给一切人类的全部艺术"。

（2）夸美纽斯推进学年制度、分科教学和班级授课，"要使每年、每月、每周、每日，甚至每小时都有一定的工作，因为这样就会使计划好的一切工作易于完成"。夸美纽斯认为"秩序是把一切事物教给一切人们的教学艺术的主导原则"，因而教学艺术的根本指导原则就是模仿和遵循自然秩序。据此，他在教学上提出了许多原则，均以自然秩序，尤其是以树木、鸟儿的成长顺序为学习模仿的对象。虽然内容繁多，但其原则都遵循三个步骤：模仿、偏差、纠正。夸美纽斯认为一切事物的认识都是从感官开始的，因而提出了实物教学和直观教学，更重视事物的真实性质和起源，他还重视循序渐进、量力而教、因材施教以及练习，他强调从实践学习的方法与原则，对以后的教学有很大影响。

2. 简要分析教育的政治功能。（见 2012 年北京师范大学真题）

3. 简析教育目的的层次结构及其相互关系。

【答】（1）教育目的的层次结构。（见 2010 年湖南师范大学真题）

（2）教学目标与教育目的、培养目标的关系是具体与抽象的关系，它们彼此相关，但相互不能取代。目的与目标根本不同，目标是可以测量的，目的不能测量。

4. 简述中国古代选士和取士制度的沿革。

【答】（1）两汉时期，察举取士。汉武帝时期始设孝廉一科，察举制正式成为完备的选士制度。它开创了以儒学取士的局面，促进了教育的发展，是科举制的先导。

（2）魏晋南北朝时期采取只按照门第取士的九品中正制。

（3）隋唐时期创立科举制，科举制是采用分科考试，以成绩来选拔人才的选士制度。

（4）宋朝科举制度进一步发展，改革科举制度，提高科举制度的地位，扩大考试规模，改革内容和方法，设立了糊名制和誊录制度。

（5）元朝时期，不重文化，属于文化中落时期，开创了以"四书"试士的先例。

（6）明清时期是科举制度由鼎盛走向衰落的时期。明朝重视科举，采用八股取士，标志着科举制开始走向僵化和衰落，学校也开始沦为科举的附庸；清朝时期，弊病丛生，徇私舞弊现象严重，选士和取士制度更加僵化。

（7）清末时期，维新派改革，废八股，改设经济特科，选实学实政之人。科举制于新政时期正式废除。

5. 简要分析新文化运动影响下国家主义教育思潮的主要内涵。（见 2020 年华中师范大学真题）

6. 举例说明什么是定势。

【答】（1）含义与作用：定势是指重复先前的操作所引起的某种心理准备状态，它影响解决问题时的倾向性。定势使人们以某种习惯的方式对刺激情境做出反应，在解决问题时具有一种倾向习性，并影响问题是否顺利解决。定势有时可以促进问题的解决，但从总体上来看是消极的，它使问题解决的思维活动变得呆板，妨碍创造性的发挥，创造性往往要求打破定势。

（2）举例：定势其中一种情况就是功能固着。多数物体都具有特定的功能，如小刀是用来切东西的，火柴盒是用来装火柴的。这种功能固着往往阻碍问题解决。例如，给你一盒火柴，几个图钉，一只小蜡烛，让你把点燃的蜡烛放到墙上。人们通常只想到火柴盒是装火柴用的，所以很难解决这个问题。其实把火柴倒出来，把点燃的蜡烛放到火柴盒里，再钉到墙上就可解决了。

三、论述题

1. 结合案例，论述如何在美育教育实践中有效运用活动性原则。

【答】这类题很容易出在论述题中，基本思路是：（1）美育是什么，活动性原则是什么。（2）教育实践都是做什么。（3）美育都是怎么进行教育实践的。（4）教育实践中都是如何运用活动性原则的。（举例说明）（5）自己的看法。（言之有理即可）

2. 论述杜威实用主义教育思想的主要观点。（见2011年北京师范大学真题）

3. 结合实际分析学习策略中的精细加工策略。

【答】所谓精细加工策略，指通过把新学的信息和已有的知识联系起来，并以此来增加新信息的意义，也就是说运用已有的图式和知识使信息合理化。其具体策略主要有以下几种。

（1）简单知识的精细加工策略：

对于简单的知识，精细加工策略是非常有效的。其中记忆术是一种常用的有效策略。比较流行的精细加工策略有如下几种：①位置记忆法；②首字联词法；③限定词法；④关键词法；⑤视觉想象；⑥寻找信息间的内在联系，利用信息的多余性。

（2）复杂知识的精细加工策略：

①做笔记。从信息加工的角度来看，做笔记有助于对材料进行编码，同时还具有外部存储的功能，主要包括做笔记摘抄、评注、加标题、写段落概括语，以及结构提纲等活动。

②联系生活实际。在学习过程中，教师不仅要帮助学生理解所学知识的意义，更要让学生感受到这些知识的价值，教会学生如何利用这些所学的知识，并迁移到课堂之外的环境中去。

③利用背景知识。在对复杂信息进行加工时，背景知识有助于把新旧知识联系起来，从而有助于加深对新知识的理解，因此起着非常重要的作用。

④主动应用。能够应用于实践中的知识，往往更容易被记忆。

⑤有意记忆。我们不要孤立地去记东西，要找出事物之间的联系，这样即使所选信息部分遗忘了，也可以通过信息之间的联系推出来。

⑥提问策略。

2017年云南师范大学333教育综合真题·凯程详解

一、名词解释

1. 晓庄师范

【答】晓庄师范是陶行知为了实践自己的乡村教育思想和改造乡村的主张而创办的一所乡村师范学校。1927年春，陶行知等人在南京和平门外晓庄创办了南京市实验乡村师范学校，后改名为晓庄学校。晓庄学校不是传统意义上的教育单位，而是作为“改造农村生活的中心”，承担起改造农村的任务。

2. 学习动机（见2013年北京师范大学真题）

3. 课程内容（见2018年山东师范大学真题）

4. 教育制度（见2012年华东师范大学真题）

5. 不悱不发

【答】“不悱不发”出自《论语》。“不愤不启，不悱不发，举一隅不以三隅反，则不复也。”这是孔子论述启发式教学的重要名言，对后世的影响非常深远。“悱”是心里想说而说不出来的意思。“发”是启发的意思。“不悱不发”指不到学生想说而说不出来时，不去启发他。这是孔子的教学方法。

6. 性恶论（见 2020 年福建师范大学真题）

二、简答题

1. 品德发展的一般规律。（见 2019 年北京师范大学真题）

2. 陈鹤琴活教育的主要观点。（见 2015 年北京师范大学真题）

3. 荀子性恶论的观点。

【答】荀子提出“性恶论”，在中国教育史上开创了与教育“内省说”完全相反的教育“外铄论”。主要内容如下：

（1）“性伪之分”。荀子认为后天习得者叫“伪”，“伪”泛指一切通过努力而使人发生的变化。人的善德是后天习得的。

（2）“性伪之合”。“性”与“伪”通过后天的学习结合在一起，才能实现对人的改造。“仁、义、礼、法”可以被认识，任何人都可以习得善，通过“化性起伪”实现“性伪之合”。

（3）教育的作用是“化性起伪”。“性恶论”是荀子教育思想的理论基础，他指出凡人都可以通过“化性起伪”改变自己的恶性，化恶为善，成为高尚人物。

荀子也重视教育的社会作用，认为教育能够统一思想、统一行动，促使国富民强。荀子关于教育作用的论述，在先秦诸子中较为全面、理论化。

4. 教育性教学。（见 2011 年杭州师范大学真题）

5. 下位学习。（见 2019 年上海师范大学真题）

三、论述题

1. 结合实例，如何理解“教学有法，教无定法”?（见 2020 年江苏师范大学真题）

2. 马卡连柯的集体主义教育思想的主要观点和现实意义。

【答】（1）马卡连柯的集体主义教育思想的主要观点。（见 2010 年陕西师范大学真题）

（2）对当下我国学生集体教育的现实意义。

①要坚持以人为本的教育理念。我们要相信每一个学生都有追求自我实现的积极品质，贯彻“尊重”与“要求”相统一的原则，注意学生个性的差异，通过因材施教促进他们的全面发展。同时要关注特殊群体，从心理教育和制度建设两方面着手，帮助其解决遇到的问题，走出所处的困境。

②必须重视班集体的建设。在建设一个优秀的班集体过程中，一方面是要平衡“个体”与“集体”的关系，发挥班主任的引导作用；另一方面还要加强纪律教育，组织性和纪律性是维持和巩固集体的基本条件，纪律教育必须要有相应的惩罚制度和策略。最后应注重在班集体中营造积极正确的良好风气，通过正确舆论的引导促进班集体的良性发展。

总之，各学校要充分发挥各自的优良传统和学生社团在培育集体观念的重要作用。

3. 结合实例论述组织策略。

【答】组织策略是一种生成策略。组织是学习和记忆新信息的重要手段，其方法是将学习材料分成一些小的单元，并把这些小的单元置于适当的类别之中，从而使每项信息和其他信息联系在一起。组织策略主要有以下两种。

（1）归类策略。归类是把材料分成小单元，再把这些单元归到适当的类别里。主要用于对概念、语词、规则等知识的归类整理。

例如，要外出购买的东西很多，如盐、葡萄、蒜、苹果、胡萝卜、橘子、胡椒、豌豆、辣椒粉、姜，可以将它们归在“水果”“蔬菜”和“佐料”的概念下，再分门别类地记忆。研究表明，某一领域的专家的特征之一，就是善于利用归类策略进行知识的记忆和提取。

（2）纲要策略。纲要策略是掌握学习材料纲目的方法，主要用于对学习材料结构的把握。它不仅能够减轻短时记忆的负担，有助于阅读和记忆，而且还有助于提高解决问题的能力。纲要策略有主题纲要法和符号纲要法两种。

例如，试读这段话："广场比街道更理想，跑动比走路更好，最好每个人都有很大的空间。虽然鸟类不会靠近它，给它带来损坏，但雨水是它的大敌，因此不能选择雨天。"这段话我们读了以后，显然很难明白它说的是什么。如果我们知道它说的是"放风筝"，那么这段话立刻就可以理解了。"放风筝"这个词组在这里起到了提纲挈领的作用，促进了理解。

2018年云南师范大学333教育综合真题·凯程详解

一、名词解释

1. 稷下学宫（见2020年北京师范大学真题）

2. 课程设计（见2016年上海师范大学真题）

3. 泛智教育（见2010年陕西师范大学真题）

4. 迁移（见2011年湖南师范大学真题）

5. 情境陶冶法（见2013年杭州师范大学真题）

6. 正强化

【答】正强化也称积极强化，指当有机体做出某种反应，并得到了正强化物（能够满足行为者需要的刺激物），那么这一反应在今后发生的频率就会增加。在日常生活中，人们常在自觉或不自觉地运用正强化塑造他人。例如，教师对上课守纪律的学生进行表扬，家长对考试成绩好的孩子给予奖励，公司老板为努力工作的雇员增加薪水等。

二、简答题

1. 举例说明在教学中如何更好地发挥启发式教学原则。

【答】启发式教学原则，是指在教学中教师要激发学生的学习主动性，引导他们经过积极思考与探究自觉地掌握科学知识，学会分析问题和解决问题，树立求真意识和人文情怀。要求如下：

（1）调动学生学习的主动性。这是启发的首要问题。教师要善于运用发人深思的提问，激起学生的求知欲和积极性，全神贯注地投入学习。（可列举熟悉的例子，下同）

（2）善于提问激疑，引导教学步步深入。优秀的教师在教学中均善于提问激疑，使学生茅塞顿开，思想活跃起来。

（3）注重通过解决实际问题，启发学生获取知识。启发教学往往是教师通过组织和引导学生自行解决实际问题，这也是启发教学的重要途径。

（4）引导学生反思学习过程。教学要引导学生反思学习过程，了解学习过程的程序和方法，寻找形成障碍与缺点的原因并加以克服，使学生找到适合自己的学习方式。

（5）发扬教学民主。要创造和谐、民主、平等、坦率、活跃的课堂教学氛围，这是启发教学的重要条件。这样可使学生感到放松，聪明才智得以发挥。

2. 陶行知的生活教育思想。（见2014年北京师范大学真题）

3. 近代人文主义思想的观点。（见2011年华东师范大学真题）

三、论述题

1. 保罗·朗格朗终身教育的思想和观点以及引发的教育改革。（见2015年北京师范大学真题+2011年云南师范大学真题）

2. 皮亚杰的认知四阶段理论。（见 2012 年东北师范大学真题）

3. 教师如何扮演好多种职业角色？（见 2018 年东北师范大学真题）

2019 年云南师范大学 333 教育综合真题 · 凯程详解

一、名词解释

1. 教学原则（见 2013 年哈尔滨师范大学真题）

2. 西周“六艺”（见 2012 年华东师范大学真题）

3. 学园（见 2015 年华中师范大学真题）

4. 小先生制（见 2019 年浙江师范大学真题）

5. 监控策略

【答】监控策略是在认知活动的实际过程中，根据认知目标及时评价、反馈自己认知活动的结果与不足，正确估计自己达到认知目标的程度和水平。主要包括：自我记录、自我提问、领会监控（如变化阅读的速度，重读较难的段落，中止判断，猜测）、集中注意（如提前注意学习目标，重点标示，增加材料的情绪性，使用独特的刺激，告知重要性）等。还包括阅读时对注意加以跟踪、对材料进行自我提问、考试时监视自己的速度和时间。

二、简答题

1. 新人文主义教育的特征。（见 2019 年华南师范大学真题）

2. 朱子读书法的基本内容。（见 2016 年华东师范大学真题）

3. 校本管理的内涵及工作要点。（见 2019 西南大学真题）

4. 简述活动课程的基本特征。（见 2010 年北京师范大学真题）

5. 举例说明什么是变化速率强化程序。

【答】（1）含义：变化速率强化程序是以个体的反应为基础，规定一个标准次数（或强化与不强化的比率），但在实施强化时，以该标准为平均数，强化次数可以灵活掌握，这样可以收到最好的效果。

（2）举例：在斯金纳的动物实验中，鸽子的反应快到每秒啄 5 次，并且能够保持好几个小时。在现实生活中，推销员就是这种强化程序的例子。有时对于潜在的客户，他们仅仅登门拜访一次就能做成一笔买卖；有时，他们可能要数次甚至很多次才能谈成一笔交易。再比如，赌徒容易赌博上瘾且不容易戒除，就是因为不确定哪次会好运连连、一夜暴富，即使输得血本无归，也会期盼下一次能够扭转乾坤。

三、论述题

1. 论述博比特《课程》中的核心观点以及对西方课程理论的影响。

【答】（1）博比特《课程》中的核心观点：

①教育的本质是为成人生活做准备，是促进儿童的活动与经验发展的过程，教育即生产。

②课程的本质是儿童及青年为准备完美的成人生活而从事的一系列活动及由此取得的相应的经验。

③学校教育的课程目标应着眼于社会生活中无法自然获得，而必须由学校教育才能获得的经验，需要对这两种经验进行比较分析，获得课程目标。

④课程开发的方法 —— 活动分析，就是把人的活动分析为具体的、特定的行为单元的过程与方法。

⑤课程开发包括人类经验的分析、具体活动或具体工作的分析、课程目标的获得、课程目标的

选择、教育计划的制订。

（2）对西方课程理论的影响：

①博比特的理论对当时流行的古典课程和官能心理学造成了强烈冲击，实现了美国课程的现代转型。

②为泰勒原理的提出奠定了坚实基础，从而对日后的课程理论产生了深远影响。

2. 论述要素主义教育思潮的主要观点及其贡献和价值。

【答】（1）要素主义教育思潮的主要观点。（见2016年华东师范大学真题）

（2）要素主义教育思潮的贡献和价值：要素主义教育从产生起就是一个有组织和有纲领的运动，主要针对美国教育实际中存在的问题和弊病，寻求解决问题和克服弊病的出路。它的一些教育主张和观点被采纳为国家的教育政策。

3. 论述罗杰斯的自由学习的原则。（见2010年东北师范大学真题）

2020年云南师范大学333教育综合真题·凯程详解

一、名词解释

1. 校本培训（见2020年西北师范大学真题）

2. 学科课程（见2017年华东师范大学真题）

3. 博雅教育

【答】博雅教育起源于古希腊，是西方文化中最早的教育学说，是一种旨在解放思想、避免专门化和“准备生存”的教育。这种教育的目标不是培养未来的专家、技师、教授，而是培养能够自由地对新的变化的境遇独立做出正确判断的人。对于受教育者，它具有一种塑造心智的价值，一种与功利的或职业的考虑无关的价值。

4. 最近发展区（见2011年北京师范大学真题）

5. 化性起伪（见2013年南京师范大学真题）

二、简答题

1. 班主任的工作任务。（见2012年西南大学真题）

2. 简述蔡元培“五育”并举的思想。（见2016年华东师范大学真题）

3. 简述教学质量管理的内容及要求。

【答】（1）教学质量管理是学校管理者依据一定的质量标准，运用科学的手段和方法，对学校的教学过程及其结果进行全面监控、检验和评估的活动，其目的是提高教和学的质量。

（2）教学质量管理的基本内容：制定科学的教学质量标准、对教学质量进行检查和分析、对教学质量进行控制。

（3）教学质量管理的基本要求：坚持全面教学质量管理、坚持全过程教学质量管理、坚持全员教学质量管理、坚持全因素教学质量管理。

4. 加涅信息加工的八阶段。（见2020年华中师范大学真题）

5. 进步主义教育运动的特征。（见2018年哈尔滨师范大学真题）

三、论述题

1. 论述探究性教学的基本过程需要注意的问题，并举出例子。

【答】探究性教学，实际上是以认知目标、技能目标、情感目标为依据，以问题为中心，教师引导学生围绕问题主动展开探索，并发挥师生、生生之间的合作关系，展开讨论，逐步得出科学的结论，并适度地加以灵活运用。实施探究性教学应把握以下三个原则：

（1）探究要“因材施教”。

这里的“材”可以从学生和探究的主题内容两个方面加以理解。从学生方面讲，不同地区、不同学校、不同生源的学生，知识基础有一定的差异。教师在设计探究教学方案时应充分考虑这一差异。

（2）探究要适时、适度。

教师一定要认识到，虽然一节课可能完成一个主题的探究，但不是每一个主题都能在一节课内探究出结果。有时教师可以让学生带着未解决的问题在课外完成探究，将探究性教学转变成研究性学习。在教学前，教师应充分考虑在什么时间探究、用多少时间探究、探究到什么程度等，理性、冷静地设计自己的教学方案，灵活机动地实施探究性教学。

（3）探究要把握好过程的发动、调控和评价。

具体要注意：①问题情景的创设；②探究方法的指导；③探究主题背景（依据）的渗透；④探究过程的调控；⑤探究过程的拓展。

（4）举例：以讲授《草船借箭》一课为例，为学生分好异质性小组，提出合适的课题，让学生自行选择任务，鼓励学生积极讨论发言等。这就是一节好的探究性教学课。

2. 苏格拉底“助产术”的内涵及在实践中的应用。

【答】“苏格拉底方法”，又称“问答法”“产婆术”。苏格拉底在哲学研究和讲学中，形成了由讥讽、助产术、归纳和定义四个步骤组成的独特的方法，称为“苏格拉底方法”。其中助产术就是帮助对方依靠自己得到问题的答案。

（1）“助产术”教学方法遵循了以下几项基本原则：

①适时提出问题。当对话者对某一问题或现象欲知而未知，思维处于困惑时，苏格拉底往往能在适当的时候提出话题，使对话者不感到唐突，非常自然。

②设问准确。苏格拉底在与谁进行谈话，谈论什么话题，都有明确的出发点和针对性，有自己所要达到的教育目标和要求。

③教育内容具有层次性。苏格拉底在表明自己的观点和思想时非常注重教育内容的“层次性”，往往是一步一步、由表及里、由浅入深地推进，循序渐进地启发学生，逐步接触到问题的核心和达到最后的答案。

（2）“助产术”在实践中的应用：

①“助产术”有利于建立民主、平等、和谐的师生关系。在实施教学管理的过程中，要把学生当成完成工作任务的合作者，注意发挥教师和学生两个方面的主观能动性。这样更容易调动学生的积极性，提高管理效率。

②“助产术”有利于开发学生的潜能，调动学生的主动性和积极性，应善于培养和使用学生干部。学生干部与学生们朝夕相处，更了解大家的思想动态和内心诉求，所以要精心培养和大胆使用他们，使之成为学校与学生之间的桥梁和纽带，促进教育教学工作的开展。

③“助产术”有利于及时了解学生生活和诉求。教师要有“以学生为本”的观念，用一颗慈爱之心呵护学生，做他们的贴心人和好朋友，要善于分析学生的心理和需求，了解他们的所思所想，帮助他们排忧解难，鼓励学生更好地参与到现实的学习和生活中。

3. 联系实际分析什么是学习动机以及激发学习动机的方法。（见 2010 年湖南师范大学真题 +2012 年华东师范大学真题）

山西师范大学

2010年山西师范大学333教育综合真题·凯程详解

一、名词解释

1. 学制（见2019年北京师范大学真题）
2. 课程标准（见2015年北京师范大学真题）
3. 课程设计（见2016年上海师范大学真题）
4. 教学组织形式（见2017年哈尔滨师范大学真题）
5. 教学策略（见2017年首都师范大学真题）
6. 教学评价（见2015年北京师范大学真题）

二、简答题

1. 简述新一轮基础教育课程改革的具体目标。（见2014年陕西师范大学真题）

2. 我国各级学校课程设置的特点。

【答】（1）小学阶段以综合课程为主，初中阶段设置分科与综合相结合的课程，高中阶段以分科课程为主。

（2）从小学至高中设置综合实践活动课，并作为必修课程，其内容主要包括：信息技术教育、研究性学习、社区服务与社会实践以及劳动与技术教育。

（3）农村中学课程要为当地社会经济发展服务。

（4）在课程标准方面，也提出了一些适应我国当前国情的新要求。

3. 简述陶行知的生活教育思想。（见2014年北京师范大学真题）

4. 简述夸美纽斯的“泛智教育”思想。（见2020年湖南师范大学真题）

5. 简述建构主义学习理论的基本观点。（见2013年华东师范大学真题）

三、论述题

1. 管仲说：“仓廪实而知礼节，衣食足而知荣辱。”试用马斯洛的需要层次理论加以分析。

【答】马斯洛需要层次理论是行为科学的理论之一，将人类需求像阶梯一样从低到高按层次分为七种，分别是：生理的需要、安全的需要、归属与爱的需要、尊重的需要、求知与理解的需要、审美的需要和自我实现的需要。这些需要不仅有高低层次之分，还有先后顺序。前四种属于基本需要，是缺失性需要，缺失性需要一旦被满足，其强度就会降低。后三种需要属于成长性需要，其特点在于永不满足，少数人可以达到自我实现的境界。

“仓廪实而知礼节，衣食足而知荣辱”释义为：百姓的粮仓充足，丰衣足食，才能顾及礼仪，重视荣誉和耻辱。其中“仓廪实”和“衣食足”都是生理的需要。通俗理解为假如一个人同时缺乏食物、安全、爱和尊重，通常对食物的需求是最强烈的，其他需要则显得不那么重要。此时人的意识几乎全被饥饿所占据，所有能量都被用来获取食物。在这种极端的情况下，人生的全部意义就是吃，其他什么都不重要。只有当人从生理需要的控制下解放出来时，才可能出现更高级的、社会化程度更高的需要，如安全的需要。

2. 谈谈你对教学过程中几种基本关系的理解。（见2011年东北师范大学真题）

3. 评析赫尔巴特的教学形式阶段理论。（见2018年河南师范大学真题）

2011年山西师范大学333教育综合真题·凯程详解

一、名词解释

1. 教学监控能力

【答】教学监控能力是指教师为了保证教学的成功，达到预期的教学目标，在教学的全过程中将教学活动本身作为意识的对象，不断地对其进行积极主动的计划、检查、评价、反馈、控制和调节的能力。它是教师的反省思维或思维的批判性在其教育教学活动中的具体体现。

2. 学习策略（见2015年北京师范大学真题）

3. 行动研究方法（见2014年南京师范大学真题）

4. 白板说（见2013年北京师范大学真题）

5. 设计教学法（见2015年华东师范大学真题）

6. 教育目的（见2015年北京师范大学真题）

二、简答题

1. 简述陶行知的“生活教育”思想。（见2014年北京师范大学真题）

2. 简述韩愈在其《师说》中所论述的师道观。（见2018年北京师范大学真题）

3. 促进学习迁移的教学原则有哪些？

【答】（1）理解基本原理，促进原理或法则的迁移。（2）总结学习经验，运用学习方法。（3）创设与应用情境相似的学习情境。（4）牢固掌握基本知识，促进新旧知识的结合。

4. 简述荀子关于教学的思想。

【答】荀子，名况，战国末期赵国人，先秦最后一位儒家大师。研究荀子的教育思想最可靠的材料，是现存的《荀子》一书。荀子也是整个春秋战国时期教学思想的理论总结者。他的教学思想主要有：

（1）“性恶论”与教育作用。“性恶论”是荀子教育思想的理论基础，他指出凡是人都可以通过“化性起伪”，改变自己的恶性，化恶为善，成为高尚人物。荀子也重视教育的社会作用，认为教育能够统一思想、统一行动，促使国富民强。

（2）教育应当以“大儒”为培养目标。荀子把当时的儒者分为三个层次：俗儒、雅儒、大儒。大儒是最理想的一类人才。

（3）以“六经”为教育内容。荀子重视以儒家经典为内容的文化知识传播，他虽以“六经”（《诗》《书》《礼》《乐》《易》《春秋》）为教育内容，但却以《礼》为重点。

（4）“闻见知行”结合的教学方法。“不闻不若闻之，闻之不若见之，见之不若知之，知之不若行之，学至于行而止矣。”这句话表明了学习过程中阶段与过程的统一，以及学习的初级阶段必然向高级阶段发展的规律。

（5）论教师。荀子将教师视为治国之本，把国家兴亡与教师的关系作为一条规律总结出来，把教师的地位提高到与天地、祖宗并列的地位。在师生关系上他在强调尊师的同时，片面强调学生对教师的无条件服从，主张“师云亦云”，教师在教学过程中处于绝对的主导地位。他认为符合以下要求者可为教师：①有尊严和威信；②有丰富的经验和崇高的信仰；③能循序渐进，诵说不凌不乱；④见解精深而表述合理。这些观点对后世中国封建社会师道尊严的形成有很大的影响。

5. 简述矫正学生不良品德的措施及其心理学依据。

【答】教师要对有不良品德倾向的学生有正确的认识，要看到他们的可塑性很大，在有利的条件下是可以改变的。

（1）消除对立情绪，恢复正常的人际关系。师生间关系的好转，互相信任，才能有效地矫正学生不良的道德行为。这是矫正不良品德工作中首要的心理学问题。

（2）培养他们的自尊心和集体荣誉感。自尊心是个人要求得到社会和集体尊重的感情。集体荣誉感同时也是人们克服个人缺点和错误的巨大动力。

（3）形成正确的是非观点，增强是非感。要增强品德不良学生的道德认知。

（4）增强与诱因做斗争的力量，巩固新的行为习惯。创造一定的条件，使正确的行为和动机得到不断巩固，使错误的行为习惯不断得到克服。

（5）正确把握学生心理发展的年龄特征和个别差异。正确把握这种年龄特征与个别差异可以帮助我们正确认识学生不良品德的性质，并采取适当的教育方法。

（6）正确运用奖励与惩罚。奖励与惩罚是矫正学生不良品德的强化手段，如果运用得当可以帮助他们较快地转变。

总之，矫正学生不良品德的心理学依据是多种多样的。但关键在于教师对学生的深厚感情和教育机智。教师应当及时发现问题，掌握情况，根据特点，耐心教育。

三、论述题

1. 利用班杜拉的观察学习理论，阐述在课堂中应如何应用观察学习。（见2016年东北师范大学真题）

2. 请评述裴斯泰洛齐的教育心理学化思想。（见2016年湖南师范大学真题）

3. 以下是美国教育家杜威关于“教育”的论述，请你做出分析。

【答】（1）唯一的真正的教育是通过对儿童能力的刺激而来的。这种刺激是儿童自己感觉到所在的社会情境的各种要求引起的。这些要求刺激他，使他以集体的一个成员去行动，使他从自己行动和感情的原有的狭隘范围里显现出来；而且使他从自己所属的集体的利益来设想自己。通过别人对他自己的各种活动所做的反应，他便知道这些活动用社会语言来说是什么意义。这些活动所具有的价值又反映到社会语言中去。

（2）这个教育过程有两个方面：一个是心理学的，另一个是社会学的。它们是平列并重的，哪一方面也不能偏废。心理的和社会的两个方面是有机地联系着的，而且不能把教育看作二者之间的折中或者其中之一凌驾于另一个之上而成的。

（3）总之，受教育的个人是社会的个人，而社会便是许多个人的有机结合。因此，教育必须从心理学上探索儿童的能量、兴趣和习惯开始。它的每个方面，都必须参照这些考虑加以掌握。这些能量、兴趣和习惯必须不断地加以阐明，我们必须明白它们的意义是什么。必须用和它们相当的社会的事物的用语来加以解释，用他们在社会事务中能做些什么的用语来加以解释。

4. 联系实际论述德育过程是提高学生自我教育能力的过程。（见2012年北京师范大学真题）

2012年山西师范大学333教育综合真题·凯程详解

一、名词解释

1. 教育制度（见2012年华东师范大学真题）

2. 教育内容（见2019年哈尔滨师范大学真题）

3. 教育目的（见2015年北京师范大学真题）

4. 教学监控能力（见2011年山西师范大学真题）

5. 亲社会行为

【答】亲社会行为指有益于他人和社会的行为，包括助人行为、安慰、分享、合作等。个体亲社会行为发展的过程，就是他们道德认识水平提高、道德情感丰富的过程。

6. 学习动机（见2013年北京师范大学真题）

7. 德育原则（见2018年天津师范大学真题）

8. 班主任工作的基本任务

【答】班主任是学生全面成长的守护者，是对学生产生全面影响的教育因素，是班级的领导者。班主任工作对班集体和学生品德的发展都具有重要影响。班主任工作的基本任务包括了解和研究学生、教导学生学好功课、组织班会活动、组织学生的劳动、评定学生操行、做好班主任工作的计划与总结等。

二、简答题

1. 简述教学物理环境心理学的主要内容。

【答】教学物理环境是指教学赖以进行的一切物质条件所构成的整体，它是教学活动的物质基础。如校园布局、学校建筑、教学设施、教学场所、噪音，以及教室的色彩、光线、温度等均属教学物理环境。教学物理环境是一种人为的环境。它对教学活动有着重要的影响。

（1）教学物理环境的创设必须适合人的生理、心理需要，注重科学性。教学场所的空间、通风、采光、造型设计、色彩运用等与人的生理、心理活动有紧密的联系。如教室内空气新鲜能使人大脑清醒，心情愉快，从而提高教学效率；教室内温度过高，易使学生烦躁不安，增加冲突行为等。因此，教学物理环境的创设必须符合学生发展的规律，科学合理。

（2）教学物理环境的创设要注重提供丰富多样的适宜刺激，激活学生的智力活动。提供丰富多样的、适宜的环境刺激可促进学生的智力活动发展。创设教学物理环境尤其要注意提供丰富多样的教学物资设备，充分运用现代化的教学手段。

（3）教学物理环境的设计不仅要充分满足教学活动的物质要求，注重实用性，而且还要注重其对学生心理的愉悦性，使学生得以保持积极的学习态度。具有心理愉悦功能的教学物理环境可以引起学生积极的学习心态，从而保持智力活动的最佳水平。

2. 简述学习策略的结构。

【答】学习策略由两种相互作用的成分组成：一种是基本策略，直接用于学生的认知活动；另一种是辅助性策略，用来维持合适的心理学习状态，如情绪调控策略。迈克卡等人把学习策略分为认知策略、元认知策略和资源管理策略。

（1）认知策略是学习者信息加工的方法和技术，包括：①注意策略，如设置教学目标、标记重点等；②复述策略，如重复、抄写、画线、做记录等；③精细加工策略，如想象、口述、总结、类比、答疑等；④编码组织策略，如组块、选择要点、列提纲、画地图等。

（2）元认知策略是指学生对自己学习过程的有效监控，包括：①计划策略，如设置目标、浏览、设疑等；②监视策略，如自我检查、集中注意、监视领会等；③调节策略，如调整阅读速度、重新阅读、复查等。

（3）资源管理策略是辅助学生管理可用环境和资源的策略，包括：①时间管理策略，如建立时间表、确立切合实际的目标等；②努力管理策略，如归因于努力、调整心境等；③学业求助策略，如寻求教师帮助、获得个别指导等。

3. 简述赞科夫的教育思想。（见 2011 年华中师范大学真题 +2017 年北京师范大学真题）

4. 简述陈鹤琴的“活教育”思想。（见 2015 年北京师范大学真题）

三、论述题

1. 试论述教育与人的发展的关系。（见 2010 年华中师范大学真题）

2. 结合实际论述教师应如何完善自我。（见 2014 年华东师范大学真题）

2013 年山西师范大学 333 教育综合真题 · 凯程详解

一、名词解释

1. 教育理论

【答】教育理论是通过一系列教育概念、教育判断或命题，借助一定的推理形式构成的关于教育问题的系统性的陈述。教育理论具有以下三个基本的规定性：第一，教育理论是由教育概念、教育命题和一定的推理方式构成的。第二，教育理论是对教育现象或教育事实的抽象概括。第三，教育理论具有系统性。

2. 学制（见 2019 年北京师范大学真题）

3. 教育目的（见 2015 年北京师范大学真题）

4. 学习策略（见 2015 年北京师范大学真题）

5. 道尔顿制（见 2011 年北京师范大学真题）

6. 课程方案（见 2013 年华东师范大学真题）

二、简答题

1. 简述教育的社会功能。（见 2014 年北京师范大学真题）

2. 简述教育的独立性。（见 2010 年华中师范大学真题）

3. 简述多元智力理论。（见 2019 年华东师范大学真题）

4. 简述活教育思想。（见 2015 年北京师范大学真题）

三、论述题

1. 赫尔巴特的阶段教学论。（见 2018 年河南师范大学真题）

2. 分析教师的职业特点、角色以及职业素养。

【答】（1）教师的职业特点：

①复杂性。教师的劳动是一个双向运动的过程，也是一种以知识信息的传递和转化为主要形式的过程；教师劳动促使每一个学生身心各方面都得到和谐统一的发展。

②劳动手段的创造性和灵活性。教师劳动这种独特的创造性，是由教育对象的特殊性和复杂性决定的，体现在教育方法的运用、教育内容的处理以及教育机智这三方面上。

③劳动整体的示范性。教师劳动与其他劳动的一个最大的不同点就在于通过示范的方式去直接影响劳动对象。示范性还体现在“模仿”是青少年学生的一个重要学习方式。

④劳动过程的长期性和长效性。教师的劳动不是一种短期见效的行为，而是一种具有长期性和长效性特点的特殊劳动过程。

⑤教师劳动的专业性。国内外都很重视教师工作的专业性问题，各国均有教师准入制度、教师专业工作要求，突出教师育人的特殊性和专业化。

（2）教师角色：

①教书育人的角色。这是教师最基本与最突出的角色。教师是知识和技能的传授者。教师在传授知识的同时还必须向学生进行思想品德方面的教育，塑造学生的个性。

②学生团体的领导角色。由于教师的地位、知识、年龄等，人们普遍认为教师就是学生集体的领导者。民主型教师的领导作风效果最佳。

③家长的代理人角色。教师在扮演家长代理人的角色时有优于父母的地方，这就是教师既扮演了父母温暖与关怀的角色，又扮演了一般父母所不具备的严格要求的角色。

④心理工作者的角色。教师在教育教学过程中应随时随地帮助学生讲究心理卫生，保持心理健康。当好这一角色，教师既要指导学生健康地生活，也要治疗学生的心理创伤。

（3）教师职业素养的构成。（见 2019 年北京师范大学真题）

3. 马斯洛的需要层次理论。（见 2013 年西南大学真题）

2014 年山西师范大学 333 教育综合真题 · 凯程详解

一、名词解释

1. 美育（见 2010 年东北师范大学真题）

2. 形成性评价（见 2013 年华中师范大学真题）

3. 教育结构

【答】教育结构通常指包括基础教育、职业技术教育、高等教育、成人教育在内的各种不同类型和层次的学校组合和比例构成。

4. 教学监控能力（见 2011 年山西师范大学真题）

5. 反思

【答】反思是指对自己所作所为或人生经历的总结，并从中找出取得成功的经验和失败的教训。

6. 自我效能感（见 2014 年华东师范大学真题）

二、简答题

1. 简述我国课程编制的原则。

【答】（1）符合社会主义的教育目的和各级各类学校的培养目标。（2）适合各年龄阶段学生身心发展的特点。（3）适合教学的认识规律。（4）要有统一性、相对的完整性和一定的灵活性。

2. 教师劳动创造性的含义及表现。

【答】（1）含义：教师在教育教学过程中的创造性劳动，具体指的是在教育教学的过程中教师善于针对学生的特点和当时的情境迅速而准确地做出判断，机智地采取相应的教育措施，并能预测该措施的教育效果。教师劳动的这种独特的创造性，是由教育对象的特殊性和复杂性决定的。

（2）表现：①教师劳动的创造性的最重要特征之一是他的工作对象——学生经常是变化的，永远是新的，今天同昨天就不一样。教师劳动的创造性，还表现在教育过程中，教师对各种突发情况所做的及时反应，妥善处理的应变能力，即教育机智。②教师要创造性地开展教育教学工作，必须经历艰苦的劳动和长期的积累，包括加强自身素质的锻炼和提高，深入地亲近与了解学生，熟能生巧地、机智地开展工作，才能使自己的教育活动呈现出创造性。

3. 简述荀子关于教学的思想。（见 2011 年山西师范大学真题）

4. 简述促进学习迁移的教学原则。（见 2011 年山西师范大学真题）

5. 简述维果茨基的教育思想对当前学科教学的影响。

【答】（1）教学的含义：广义的教学指儿童通过活动和交往掌握精神生产的手段，带有自发的性质；狭义的教学是指有目的、有计划地进行的一种交际形式，它创造着儿童的心理发展。

（2）最近发展区：儿童的现有水平与经过他人帮助可以达到的较高水平之间的差距。教学的作用表现在两个方面：一方面可以决定着儿童发展的内容、水平、速度等；另一方面也在创造着最近发展区。

（3）教学要走在发展的前面。根据最近发展区的理论，维果茨基认为教学可以“创造”学生的发展，教学必须要考虑儿童已达到的水平并要走在儿童发展的前面。

（4）学习存在最佳期，儿童学习任何内容时，都存在最佳年龄。

（5）认知发展的“内化”学说。内化是外部实际动作向内部心智动作的转化，内化的过程不仅通过教学来实现，还可以通过日常生活、游戏和劳动来实现。

总之，维果茨基的教育发展问题，可以归纳为一句话，即教育不等于发展，但不受限于发展，在一定范围内可以促进发展。

6. 简述当代教育心理学的研究趋势。

【答】（1）在研究内容和研究领域方面，向纵深发展。（2）在研究方法上，呈现多元趋势。（3）在学科体系上，由庞杂零散逐步走向系统和完善。（4）在研究视角上，向综合化和跨学科发展。（5）在学习观上，重视学习者的主体性，突出学习过程中的主动加工、高级思维和探究性活动，越来越重视学习者的社会文化互动。（6）强调研究的国际化和本土化。

三、论述题

1. 分析论述保罗·朗格朗的终身教育思想。（见 2015 年北京师范大学真题）

2. 请运用知识和发展智力的关系原理，谈谈在实际课堂教学过程中应如何进行知识教学。（见2012年东北师范大学真题）

3. 你认为在现实社会、家庭环境和学校教育中，要培养学生的创造性应创造哪些必要的条件？（见2011年北京师范大学真题）

2015年山西师范大学333教育综合真题·凯程详解

一、名词解释

1. 修养（见2015年华中师范大学真题）

2. 精细加工策略（见2016年东北师范大学真题）

二、简答题

1. 简述教学过程中的教学原则。（见2018年东北师范大学真题）

2. 简述教学评价的基本要求。（见2011年陕西师范大学真题）

三、论述题

1. 论述孟子教学思想及对现代教育改革的影响。

【答】孟子是儒家代表人物之一，与孔子的孙子子思将儒家学派发展分化为“思孟学派”，后被封建统治者看作儒学正统，称为“孔孟之道”。孟子的教育主要有：

（1）“性善论”与教育作用。孟子从社会和个人两个角度论述了教育的作用。

①“性善论”。孟子认为人生来就拥有“善端”，提出“人人皆可为尧舜”，体现了人性本质上的平等性。人们的道德境界、智能程度受后天个人主观努力程度的影响而不同。孟子从人性论上肯定了每个人发展的可能性。

②教育对个人的作用是扩充善性。“善端”必须加以扩充，使之达到完善，就可成为圣人。受外界环境的影响，“善端”受到破坏，就会成为小人、恶人。因此，“善”的习得依靠教育，教育的作用有两方面：一是“存心养性”，即把人天赋的“善端”加以保持、培养、扩充、发展；二是“求放心”，即寻求失落、放任的心灵，恢复善良本性，找回丧失的“善端”。

③教育对社会的作用是经过教育来扩充人性，进而达到国泰民安。

（2）“明人伦”与教育目的。孟子认为办教育的目的在于“明人伦”，教育就是通过实现“明人伦”来为政治服务的。

（3）理想人格与修养学说。孟子对中国传统文化的重要贡献还在于他提出“大丈夫”的理想人格，丰富了中国人的精神境界。培养“大丈夫”的理想人格的途径有：持志养气、动心忍性、存心养性和反求诸己。

（4）“深造自得”的教学思想。孟子认为知识的学习并非从外而来，必须经过自己主动自觉地学习和钻研，有自己的收获和见解，才能形成稳固而深刻的智慧，遇事则能左右逢源，挥洒自如。想达到深造自得的基本要求是要有正确的办法，深入学习和钻研，尤其主张独立思考和独自见解，不轻信、不盲从，要求读书不拘于文字表层的意思，而应通过思考，去体会深层意蕴，总之，学习特别重要的是由感性学习上升到理性思维，孟子强调理性思维。

（5）孟子教学思想对现代教育改革的启示：①深入学习和钻研，独立思考和独自见解，不轻信、不盲从；②读书不拘于文字表层的意思，而应通过思考去体会深层意蕴；③学习特别重要的是由感性学习上升到理性思维。

2. 论述人本主义与认知派有意义学习的思想。

【答】（1）奥苏伯尔的有意义学习。（见2013年北京师范大学真题）

（2）罗杰斯的有意义学习。罗杰斯的有意义学习不仅仅是一种增长知识的学习，而且是一种与每个人各部分经验都融合在一起的学习，是一种使个体的行为、态度、个性，以及在未来选择行动方针时发生重大变化的学习。

（3）罗杰斯的有意义学习具有四个特点：

①全神贯注。即整个人（包括情感和认知两部分）都参与到学习活动中。

②自发自动。学习是自发的，探索和求知是学习者内在的愿望。

③全面发展。它会使学生的行为、态度、人格等获得全面发展。

④自我评价。学生自己最清楚这种学习是否满足自己的需要。

（4）罗杰斯有意义学习与奥苏伯尔有意义学习的不同。罗杰斯关注的是学习内容与个人之间的关系，而奥苏伯尔则强调新旧知识之间的联系，它只涉及理智，而不涉及个人意义。因此，按照罗杰斯的观点，奥苏伯尔的有意义学习只是一种“在颈部以上发生的学习”，并不是罗杰斯所指的有意义学习。

3. 论述建构主义学习理论的核心思想及其在教学中的应用。（见 2014 年杭州师范大学真题）

4. 论述如何在教学中培养学生问题解决的能力。（见 2010 年华中师范大学真题）

2016 年山西师范大学 333 教育综合真题・凯程详解

一、名词解释

1. 问题发现学习法（见 2017 年华东师范大学真题）

2. 德育（见 2016 年东北师范大学真题）

3. 新教育运动（见 2019 年华东师范大学真题）

4. 酝酿效应

【答】当一个人长期致力于某一问题的解决而又百思不得其解的时候，如果他对这个问题的思考暂时停下来去做别的事情，几小时、几天或几周之后，他可能会忽然想到解决的办法，这就是酝酿效应。

5. 心理发展的年龄特征

【答】心理发展的年龄特征是指心理在一定年龄阶段中那些一般的、典型的、本质的特征。在一定条件下，心理发展的年龄特征既是相对稳定的，同时又是可以随着社会生活和教育条件等文化背景的改变而有一定程度的可变性的。

6. 行动研究主义（见 2014 年南京师范大学真题）

二、简答题

1. 简述教师语言表达能力的特征。

【答】（1）准确简明和富有示范性。教师传授知识，具有严格的科学性；应注意自身语言的规范性和示范性，用值得学习仿效的准确简洁的语言最大限度地提高教育教学工作的效能。

（2）通俗生动和富有幽默感。教师能把某些概括性强的语言表述得明确、具体、通俗些，让学生一听就懂；尽量用直观性强的语言，同时，语言要幽默。

（3）富有条理性和层次感。思维具有连贯性。表达思想的语言自然要求条理清楚、逻辑严密。学生接受能力不同，教师语言表达也应有所不同，要体现出教师语言的层次感。

2. 简述课程设计的原则。

【答】（1）整体化原则：在课程设计中，必须有一个整体的思路和规划，对时间、内容、总体目标都要有全面的规划，课与课之间应当是联系在一起的，而不是各自游离。

（2）阶段性原则：对整体化的目标，应当阶段化，使得目标更加的明确，更具有可操作性。

（3）个性化原则：课程设计应当考虑学生的知识基础、兴趣爱好等不同的实际情况，为不同类型的学生设计不同的学习方法，让学生掌握主动性。

3. 简述新文化运动前后的实用主义。（见2014年首都师范大学真题）

4. 简述影响知识理解的因素。（见2015年北京师范大学真题）

三、论述题

1. 分析论述教师指导与学生主动性的关系。（见2010年北京师范大学真题）

2. 结合实例说明教师应如何培养学生独立思考与逻辑思维能力。

【答】（1）培养学生独立思考能力：

①激发学生学习兴趣。好奇心和学习兴趣使学生产生了极大的行为动机，使学生有施展才能的机会，发挥学生独立思考的能力，发展他们学习的主动性。如让学生独立完成一个手工作业，可以选择自己感兴趣的领域，这样学生就会更容易独立思考完成。

②启迪学生思维。教师在教学的过程中，不应该只把知识原原本本地标示出来，而应启迪学生的思维，锻炼学生独立思考问题的能力。

③提供丰富的工具教程。该课程的主要目的在于提高认知功能低下的学生对新事物进行独立思考的能力，为他们提供独立学习和问题解决所必需的工具、自信心和动机。如教师可以教会学生使用资料库、网页浏览等工具。

④教给学生解题思路，而不是答案。提倡进行解题思路总结，真正做到举一反三，促使学生独立思考。教给学生解题思路，使学生学会类推，无形中发展学生独立思考的能力。

（2）培养学生逻辑思维能力：

①几何学有助于训练逻辑思维的发展。

②局部改变法，要求学生改变事物的局部结构或属性。

③棋盘法，要求学生使用方格式棋盘，做纵横交错的组合性思考。

④检核表法，要求核对事物的各种属性是否有任何改变的可能，并考虑如何改变。

⑤认同法，要求学生提出类似问题的已知解决办法。同时，还要注意加强直觉和灵感等非逻辑思维的培养。

3. 分析论述皮亚杰的认知理论。（见2012年东北师范大学真题）

4. 论述教师成长与发展的途径。（见2020年华东师范大学真题）

2017年山西师范大学333教育综合真题·凯程详解

一、名词解释

1. 精细加工策略（见2016年东北师范大学真题）

2. 认知结构（见2018年南京师范大学真题）

3. 教育目的的价值取向（见2010年广西师范大学真题）

4. 教学设计（见2016年首都师范大学真题）

5. 教师专业发展（见2011年华东师范大学真题）

二、简答题

1. 简述《学记》。（见2011年东北师范大学真题）

2. 简述教师发展和培养的途径。（见2020年华东师范大学真题）

3. 班主任为什么要进行个别教育？

【答】（1）进行个别教育的原因：集体教育与个别教育是紧密联系的。班主任对个别学生进行教育，也是为了更好地培养集体。个别教育的重心不是面向集体，而是直接面向个人，不仅只对后进生做个别教育，也要对一般生和优秀生做个别教育。

（2）班主任的个别教育工作包含三个方面：①促进每个学生个性的全面发展；②做好后进生的思想转变工作；③做好偶发事件中的个别教育。

4. 要素主义教育思想的基本观点。（见 2016 年华东师范大学真题）

三、论述题

1. 试述维果茨基的认知发展理论及其对教学的影响。（见 2012 年重庆师范大学真题）

2. 试述人文主义教育的主要特征。（见 2011 年华东师范大学真题）

3. 试述如何激发学生的学习动机。（见 2012 年华东师范大学真题）

4. 对比分析桑代克和巴甫洛夫的观点。

【答】（1）桑代克最初研究学习问题是从各种动物实验开始的，其中最著名的就是饿猫打开迷笼的实验。箱内有某种开门的设施：一圈金属绳、一个把柄或一个旋钮。猫碰巧抓到这种开门设施，门便开启，猫得以逃出并能吃到箱子附近放置的鱼。第二次、第三次……一次比一次熟练，一次比一次更快地打开门，正确的反应被逐渐巩固，最终形成了稳定的刺激—反应联结。因此，桑代克认为学习即联结，学习即试误。桑代克的联结—试误说的主要内容有：①学习的实质在于形成一定的联结。②一定的联结需要通过试误而建立，并遵循一定的规律，不需要以观念为中介。为此，他提出了学习的三大定律：准备律、练习律、效果律。

（2）巴甫洛夫在研究消化现象时，观察了狗的唾液分泌，即对食物的一种反应特征。他的实验方法是：把食物显示给狗，并测量其唾液分泌。在这个过程中，他发现如果随同食物反复给一个中性刺激，即一个并不自动引起唾液分泌的刺激，如铃响，狗就会逐渐“学会”在只有铃响但没有食物的情况下分泌唾液。一个原是中性的刺激，与一个原来就能引起某种反应的刺激相结合，会使动物学会对那个中性刺激做出反应，这就是经典性条件反射的基本内容。

（3）桑代克提出的尝试—错误学习理论，认为学习的实质是通过“尝试”在一定的情景与特定的反应之间建立某种联结。巴甫洛夫认为“所有的学习都是联系的形成，而联系的形成就是思想、思维、知识”。他所说的联系就是指暂时的神经联系。巴甫洛夫利用条件反射的方法对人和动物的高级神经活动做了许多推测，发现了人和动物学习的最基本的机制。

四、分析题

1. 文艺复兴与大学变革的关系。

【答】中世纪后期（11—14 世纪）西欧的大学多数受教会控制，大学日趋保守，几乎拒绝一切新知识，严重滞后于时代发展的要求。14 世纪初，随着文艺复兴的兴起，在人文主义的冲击下，西欧各国大学先后发生了相应的变革。文艺复兴对大学的变革影响如下：

（1）课程内容发生变化。中世纪大学占垄断地位的经院主义课程受到了冲击，具有人文主义色彩的新课程在大学课程中的比例不断增加。

（2）教育职能发生变化。通过进行古典主义的教育，大学一直致力于寻求一种核心的普通教育，从而把许多专业化的课程统一起来，并从整体上服务于人类的需要。

（3）教育价值观发生变化。重新发现人，重新确立了人的地位，强调人性的高贵，复兴了古希腊的个人主义价值观。

（4）教育目的发生变化。形成了全面和谐发展的完人的教育观念，教学目标从中世纪培养教士转向文艺复兴培养绅士。

（5）道德教育观发生变化。人道主义、乐观、积极向上、热爱自由、追求平等和合理的享乐等新的道德观在人文主义的学校中开始取代天主教会的道德观。

（6）兴起了自然主义教育思想。文艺复兴，将科学从千余年沦为神学“婢女”的地位中解放出来，促成了近代科学的诞生，为大学最终引入自然科学和确立科学研究的职能创造了条件。

（7）推动了教育世俗化的历史进程。人文主义新学科冲破了经院主义神学和哲学独霸大学讲堂的局面，虽然影响主要局限于大学文学院，但正是大学文学院领导了欧洲大学的近代化运动，带动了整个大学的变革，后来哥廷根大学、柏林大学的改革都是从文学院（哲学院）开始突破的。

2. 终身教育思潮对教育改革的影响。（见 2015 年北京师范大学真题）

2018 年山西师范大学 333 教育综合真题·凯程详解

一、名词解释

1. 教育（见 2014 年北京师范大学真题）
2. 课程（见 2019 年北京师范大学真题）
3. 苏格拉底法（见 2011 年北京师范大学真题）
4. 中体西用（见 2011 年北京师范大学真题）
5. 学习策略（见 2015 年北京师范大学真题）
6. 自我效能感（见 2014 年华东师范大学真题）

二、简答题

1. 教师的基本素养。（见 2014 年北京师范大学真题）
2. 教育的社会功能。（见 2014 年北京师范大学真题）
3. 班杜拉的观察学习法。（见 2016 年东北师范大学真题）
4. 蔡元培的教育思想及教育实践。（见 2011 年北京师范大学真题 +2013 年北京师范大学真题）
5. 陶行知的生活教育理论。（见 2014 年北京师范大学真题）
6. 卢梭的自然主义教育。（见 2012 年华东师范大学真题）

三、论述题

1. 十九大强调要优先发展教育，论述为什么要把教育放在优先发展的地位。（见 2014 年华南师范大学真题）
2. 论述奥苏伯尔的有意义学习。（见 2013 年北京师范大学真题）
3. 皮亚杰的认知理论及对教育的启示。（见 2018 年天津师范大学真题）

2019 年山西师范大学 333 教育综合真题·凯程详解

一、名词解释

1. 讲授法（见 2010 年华中师范大学真题）
2. 教育制度（见 2012 年华东师范大学真题）
3. 理论联系实际

【答】理论与实际相联系，是学习的主要方法，也是教学工作中必须坚持的原则。理论联系实际原则，是指教学要以学习基础知识为主导，从理论与实际的联系上去理解知识，注意运用知识去分析问题和解决问题，达到学懂会用、学以致用。

4.《学记》（见 2013 年东北师范大学真题）
5. 要素主义（见 2017 年华东师范大学真题）
6. 苏霍姆林斯基

【答】苏霍姆林斯基是“二战”后苏联最有影响力的教育家，曾担任帕夫雷什中学的校长，在这里积累了许多的教育教学经验，形成了独具特色的教学思想体系，其中最著名的是个性全面和谐发展的教育理论。

7. 认知内驱力（见 2020 年安徽师范大学真题）

二、简答题

1. 教师的主导性与学生的主体性的关系。（见 2010 年北京师范大学真题）

2. 维果茨基的心理理论。（见 2010 年北京师范大学真题）

3. 杜威的教育目的论。（见 2016 年北京师范大学真题）

4. 培养学生问题解决的能力。（见 2010 年华中师范大学真题）

三、论述题

1. 根据当前的教育现象，分析教育该如何回归生活。（见 2012 年湖南师范大学真题）

2. 陈鹤琴的教育理论及其影响。（见 2015 年北京师范大学真题 +2017 年东北师范大学真题）

3. 人本主义理论及其贡献。（见 2017 年华中师范大学真题）

2020 年山西师范大学 333 教育综合真题・凯程详解

一、名词解释

1. 癸卯学制（见 2018 年东北师范大学真题）

2. 赫尔巴特

【答】赫尔巴特是 19 世纪德国哲学家、心理学家、教育家，被誉为“现代教育学之父”。他提出把教育学建成一门独立学科，并在伦理学和心理学的基础上建立了完整的教育理论体系，其教育代表著作有《普通教育学》《教育学讲授纲要》。赫尔巴特是西方历史上第一位把心理学作为独立学科进行研究的教育家。

3. 教学设计（见 2016 年首都师范大学真题）

4. 人的全面发展（见 2014 年华南师范大学真题）

5. 辐合思维

【答】辐合思维指人们根据已知的信息，利用熟悉的规则解决问题，或者从给予的信息中，产生逻辑的结论，又称求同思维。当问题只有一个正确答案，或只有一个最好的解决方案时，才会发生辐合思维。例如，利用公式解题，按照说明书把购买的电子产品的各种性能调试出来，都是辐合思维。

6. 共同要素说

【答】该理论认为一种学习情境到另一种学习情境的迁移，是由于这两种学习情境存在相同的成分，即桑代克和伍德沃斯的共同要素说，其实质就是两次学习在刺激—反应联结上具有共同点。

7. 功能固着（见 2015 年湖南师范大学真题）

8. 教师职业形象

【答】教师职业形象是教师群体或个体在其职业生活中的形象，是其精神风貌、生存状态和行为方式的整体反映。它既是社会对教师职业及其日常行为的一种总体性评价与概括性认识，也是教师群体内部或个体自身对其职业所持有的价值认识与情感认同。教师的职业形象的内在精神包括职业的精神风貌、工作态度、敬业精神、创新精神等；外显事物表现为教师节日、教师组织、教师着装等。

二、简答题

1. 宋元时期蒙学教育的基本经验。

【答】（1）在教育宗旨上，强调严格要求，打好基础。蒙学教育是基础教育，在私塾教育中，十分强调对儿童进行严格的基本训练，培养其良好的生活、学习习惯。

（2）在培养学习行为上，重视用《须知》《学则》的形式培养儿童的行为习惯。

（3）在学习动机上，注意根据儿童的心理特点，因势利导，激发他们的学习兴趣。

（4）在教学内容上，文化知识与伦理道德并重。按照教授内容类型，大致可分为识字类、历史知识类、介绍生活常识类、为诗作文类和讲授伦理道德类。

（5）在教学方法上，识记与领悟并重。熟读并会背诵是最低要求，然后由塾师逐句讲解，采取“点化”和启发的方式，注重学生自学，将识记与领悟完美结合。

（6）在教学组织形式上，采取个别教学。私塾一般十几到二十人，学生的入学年龄不同，知识水平、认识能力也不同，针对不同的学生采取不同的方法，教授不同的内容。

2. 黄炎培的职业教育思想。（见 2018 年华中师范大学真题）

3. 卢梭的自然主义教育理论。（见 2012 年华东师范大学真题）

4. 激进建构主义教育思潮的基本观点。

【答】（1）简介：该主义是在皮亚杰思想的基础上发展起来的建构主义，以冯·格拉塞斯菲尔德和斯特菲为典型代表。

（2）激进建构主义有两条基本原则：①知识不是通过感觉或交流而被个体被动接受的，而是由认知主体积极建构的；②认识的功能是适应自己的经验世界，帮助自己的经验世界，而不只是对某一客观存在的现实的发现。

（3）激进建构主义认为，应该用“生存力”来代替“真理”一词，只要某种知识能帮助我们解决具体问题，或能提供关于经验世界的一致性解释，那它就是适应的，就是有“生存力”的，不要去追求经验与客体的一致。所有的知识都是在个体与经验世界的对话中建构起来的，而这要以个体的认知过程为基础。但这种建构主义主要关注个体与其物理环境的相互作用，对学习的社会性重视不够。

5. 注意的品质。

【答】注意的品质包括：注意的广度、注意的稳定性、注意的分配和注意的转移。

（1）注意的广度又称注意的范围，是指一个人在同一时间内能够清楚地把握注意对象的数量。扩大注意广度，可以提高工作和学习的效率。

（2）注意的稳定性也称为注意的持久性，是指注意在同一对象或活动上所保持时间的长短。但衡量注意稳定性，不能只看时间的长短，还要看这段时间内的活动效率。

（3）注意的分配是指在同一时间内把注意指向不同的对象和活动。注意的分配要求同时进行的几种活动至少有一种应是高度熟练的以及同时进行的几种活动必须有内在联系。

（4）注意的转移是指根据活动任务的要求，主动地把注意从一个对象转移到另一个对象。影响因素有：①对原活动的注意集中程度；②新注意对象的吸引力；③明确的信号提示。

6. 布鲁纳的认知发现学说。（见 2016 年广西师范大学真题）

7. 韦纳的成败归因理论，并结合实际分析。（见 2019 年北京师范大学真题 +2011 年东北师范大学真题）

三、论述题

1. 运用教育和生活的关系，论述目前学校教育实践中存在的缺陷。

【答】（1）教育和生活的关系：当今社会越来越注重教育，教育是提高人们品格素质的一种直接有效的途径。人的一生中很长一个阶段是在接受教育。杜威从生活来看教育，提出“教育即生活”，认为教育是生活的过程，教育的本质就是生活。教育的内容要与儿童自己的生活相吻合，这样才能满足儿童的需要和兴趣。陶行知也提出“生活即教育”，认为实际生活是教育的中心，生活与教育是同一个过程，教育不能脱离生活，要通过生活来教育。综上所述，我们可以看出二人都重视教育与生活的紧密联系，他们希望教育中体现生活，生活中体现教育。在当今社会，我们更要加强教育和生活的联系，实施素质教育，让学生不仅从书本中获得知识，更要在社会实践活动中获取知识。

（2）目前学校教育实践中存在的缺陷为教育与生活相脱离。

①原因：a. 课程目标上，过于注重知识传授；b. 课程结构上，过于注重学科本位，科目过多和缺乏整合；c. 课程内容上，表现为“繁、难、偏、旧”，过于注重书本知识；d. 课程实施上，强调接受学习、死记硬背和机械训练；e. 课程评价上，过于强调甄别与选拔的功能；f. 课程管理上，课程管理权限过于集中，多为国家统一课程。

②解决方法：a. 课程目标上，培养德、智、体、美全面发展的人，在生活中培育道德、发展智力、锻炼体能、鉴赏美丽；b. 课程结构上，优化课程结构，增加与生活实际相关的体验性课程的比重；c. 课程内容上，加强课程内容与学生生活、现代社会和现代技术发展的联系，关注学生的学习兴趣和经验，精选终身学习必备的基础知识和技能；d. 课程实施上，倡导学生主动参与、勤于动手，培养学生在生活中收集和处理信息的能力、获取新知识的能力、分析和解决问题的能力及交流与合作的能力；e. 课程评价上，促进评价指标多元化，把与生活相关的能力或知识列入评价指标，课程评价要从终结性评价转变为与发展性评价、形成性评价相结合；f. 课程管理上，实行国家、地方和学校三级管理，增强课程对地方、学校及学生的适应性，地方课程、校本课程更有利于联系生活实际。

2. 结合实际分析学生品德的一般发展过程。

【答】品德作为个体社会行为的内在调节机制，是合乎社会规范要求的稳定的心理特性，是行为产生的内因，又称为德性。其心理结构包括道德认知、道德情感、道德意志和道德行为。品德发展是指通过接受社会规范，执行社会规范，并从行为结果的反馈中强化个体对规范的必要性认识，确立自觉执行规范的动机，从而使品德得以形成和发展。

（1）品德的形成过程经历了从外到内的转化过程，它是社会规范的接受和内化过程。这种过程大致经历了以下三个阶段。

①依从。依从是指个体表面上接受规范，按照规范的要求行动，但缺乏对规范的必要性或根据性的认识，甚至有抵触情绪。依从阶段的学生行为具有盲目性、被动性、不稳定性。依从包括从众和服从。从众是指主体对于某种行为要求的依据或必要性缺乏认识与体验，而跟随他人行动的现象。服从是指主体对于某种行为本身的必要性缺乏认识甚至有抵触时，由于某种权威的命令或现实的压力，仍然遵从这种行为要求的现象。

②认同。认同是个体在思想、情感、态度和行为上主动接受他人的影响，使自己的态度和行为与他人相接近的现象。认同实质上是对榜样的模仿，其出发点是试图与榜样一致。与依从相比，认同更深入一层，它不受外界压力的控制。认同阶段的学生行为具有一定的自觉性、主动性和稳定性。

③内化。内化是指个体在思想观点上与他人思想观点一致，将自己所认同的思想和自己原有的观点、信念融为一体，构成一个完整的价值体系。在内化阶段，个体行为具有高度的自觉性、主动性和坚定性。表现为“富贵不能淫，贫贱不能移，威武不能屈”。

（2）品德发展的一般规律。

①品德发展是社会道德内化为个人品德的过程。它的过程就是把外在的社会道德规范内化为个体内在的道德行为观念，进而依据个人道德价值取向，表现出稳定的道德规范行为的过程。

②品德发展是在内部矛盾的推动下，内外因共同作用的结果。一般认为，品德发展过程的基本矛盾是指教育者依据社会道德向儿童提出的道德要求与儿童道德发展现状之间的矛盾，正是这一矛盾推动了儿童品德的发展。

③品德发展是知、情、意、行协调发展的过程。品德包含道德认识、道德情感、道德意志和道德行为四个基本心理特征。品德发展是这四个因素相互协调、统一的发展，其中道德认识是基础，

道德情感是动力，道德意识起调控作用，道德行为是前三者的综合表现，也是个体品德发展水平的主要标志。

3. 皮亚杰的认知发展阶段理论及认知发展机制。（见 2012 年东北师范大学真题）

内蒙古师范大学

2010 年内蒙古师范大学 333 教育综合真题·凯程详解

一、名词解释

1. 教育目的（见 2015 年北京师范大学真题）
2. 学校教育制度（见 2019 年北京师范大学真题）
3. 教学（见 2013 年陕西师范大学真题）
4. 榜样示范法（见 2016 年北京师范大学真题）
5. 苏格拉底法（见 2011 年北京师范大学真题）
6.《大教学论》（见 2012 年杭州师范大学真题）

二、简答题

1. 我国基础教育课程改革的三维目标。

【答】在新课程改革的背景下，三维目标旨在改变过于注重知识传授的倾向，强调形成积极主动的学习态度，使学生在获得基础知识和基本技能的同时学会学习和形成正确的价值观。

（1）知识与技能：知识主要包括人类生存所不可或缺的核心知识和学科基本知识；基本能力包括获取、收集、处理、运用信息的能力，创新精神和实践能力，终身学习的能力。

（2）过程与方法：包括人类生存不可或缺的过程与方法。过程指应答性学习环境和交往、体验。方法包括基本的学习方式，如合作学习、探究学习等，和具体的学习方式。

（3）情感态度与价值观：不仅指学习兴趣、学习责任，更重要的是乐观的生活态度、求实的科学态度、宽容的人生态度。

三维目标的提出，既强调知识与技能的掌握，又倡导对知识思想文化内涵的理解，引导学生情感态度与价值观的形成，让知识贴近实际，走进生活，还学科以本来面目。

2. 教师劳动的特点。（见 2015 年东北师范大学真题）

3. 简要分析学生学习的特点。（见 2010 年河南师范大学真题）

4. 简要回答陶行知的生活教育理论。（见 2014 年北京师范大学真题）

三、论述题

1. 试述创造性的培养措施。（见 2015 年华东师范大学真题）
2. 联系实际论述德育过程是培养学生知、情、意、行的过程。（见 2015 年北京师范大学真题）
3. 试论述孔子和韩愈的教师观。（见 2018 年华中师范大学真题 +2018 年北京师范大学真题）
4. 试论述杜威教育本质论的主要内容及影响。（见 2018 年东北师范大学真题）

2011年内蒙古师范大学333教育综合真题·凯程详解

一、名词解释

1. **教育学**（见2011年陕西师范大学真题）
2. **课程标准**（见2015年北京师范大学真题）
3. **教学评价**（见2015年北京师范大学真题）
4. **德育过程**（见2014年华东师范大学真题）
5. **《大教学论》**（见2012年杭州师范大学真题）
6. **绅士教育**（见2012年华东师范大学真题）

二、简答题

1. **全面发展教育的组成部分。**（见2010年东北师范大学真题）
2. **教学过程应处理好的几种关系。**（见2011年东北师范大学真题）
3. **迈克卡等人关于学习策略和内容的基本主张。**（见2012年山西师范大学真题）
4. **蔡元培“五育”并举的教育方针。**（见2016年华东师范大学真题）

三、论述题

1. **试分析影响问题解决的主要因素。**（见2017年陕西师范大学真题）
2. **试述新一轮基础教育课程改革的具体目标。**（见2014年陕西师范大学真题）
3. **论述《学记》教育教学的原则和方法。**

【答】《学记》是《礼记》中的一篇，是世界上最早的论述专门教育教学问题的论著，被认为是“教育学的雏形”。它是先秦时期儒家教育和教学活动的理论总结，主要论述教育的具体实施，偏重于说明教学过程的各种关系。

（1）教育教学的原则。

①预防性原则：“禁于未发之谓豫”，要求事先预计到学生可能会出现的种种不良倾向，预先采取防治措施。

②及时施教原则：“当其可之谓时”“时过而后学，则勤苦而难成”，教育应该按照学生的年龄特征和心理状况安排适当的教学内容。

③循序渐进原则：“不陵节而施之谓孙”，指学习内容要有先后顺序，要求教师根据知识本身的难易程度和逻辑结构来施教。

④学习观摩原则：“相观而善之谓摩”，在学习过程中，同学之间要相互切磋研究，共同提高，既要专心学习，又能融入集体。

⑤长善救失原则：教师应了解不同学生的不同心理倾向，帮助他们发扬优点，克服缺点。

⑥启发诱导原则：“道而弗牵，强而弗抑，开而弗达”，教师引导学生，但又不牵着学生的鼻子走；督促勉励，又不勉强、压抑；打开学生的思路，但又不提供现成的答案。

⑦藏息相辅原则：“时教必有正业，退息必有居学”，既要有有计划的正课学习，又有课外活动和自习，有张有弛，让学生感到学习的乐趣，劳逸结合。

⑧教学相长原则：教学过程中教师与学生双方相互促进，共同提高。

（2）教育教学的方法。

①讲解法：讲解应当语言简约而意思通达，义理微妙而说得精善，举少量典型的例证而使道理明白易晓。

②问答法：教师的提问应先易后难，循着问题的内在逻辑；而答问则应随其所问，有针对性地作答，恰如其分，适可而止，无过犹不及。

③练习法：根据学习的内容来安排必要的练习，练习需要有规范，并且应逐步地进行。

4. **试述《国防教育法》的内容及影响。**（见2014年华东师范大学真题）

2012年内蒙古师范大学333教育综合真题·凯程详解

一、名词解释

1. 课程标准（见2015年北京师范大学真题）
2. 教学（见2013年陕西师范大学真题）
3. 教育目的（见2015年北京师范大学真题）
4. 性善论（见2012年福建师范大学真题）
5. 道德教育（见2016年东北师范大学真题）
6. 知识表征（见2012年北京师范大学真题）
7. 道尔顿制（见2011年北京师范大学真题）
8. 自我效能感（见2014年华东师范大学真题）
9. 精细加工策略（见2016年东北师范大学真题）

二、简答题

1. 制定教育目的的依据。

【答】（1）特定的社会政治经济文化背景；（2）人的身心发展特点的需要；（3）人们的教育理想；（4）我国确立教育目的的理论依据是马克思关于人的全面发展学说。

2. 教育、教学、智育之间的关系。（见2016年东北师范大学真题）

3. 简述社会本位论与个体本位论。（见2010年北京师范大学真题）

4. 埃里克森的心理社会发展理论及其对教育的启示。（见2020年北京师范大学真题）

5. 简述认知结构迁移理论的基本观点。

【答】（1）简介：认知结构迁移理论是奥苏伯尔于1963年在有意义言语学习理论的基础上提出来的。

（2）基本观点：这一理论认为，一切有意义的学习都是在原有认知结构的基础上产生的，不受原有认知结构影响的有意义学习是不存在的。一切有意义的学习必然包括迁移。迁移是以认知结构为中介进行的，先前学习所获得的新经验，通过影响原有认知结构的有关特征影响新学习。认知结构迁移理论指出，学生学习新知识时，认知结构可利用性高、可辨别性大、稳定性强，就能促进对新知识学习的迁移。"为迁移而教"实际上是塑造学生良好认知结构的问题。在教学中，可以通过改革教材内容和教材呈现方式改进学生的原有认知结构变量以达到迁移的目的。

6. 影响学习动机的因素。（见2010年华中师范大学真题）

三、论述题

1. 德育过程是培养学生知、情、意、行的过程。（见2015年北京师范大学真题）
2. 如何培养创造性思维?（见2011年北京师范大学真题）

2013年内蒙古师范大学333教育综合真题·凯程详解

一、名词解释

1. 教育制度（见2012年华东师范大学真题）
2. 教学目的（见2017年重庆师范大学真题）
3. 教学原则（见2013年哈尔滨师范大学真题）
4. "六艺"（见2012年华东师范大学真题）

5. 陶行知

【答】陶行知是中国杰出的人民教育家、思想家，伟大的民主主义战士，爱国者，中国人民救国会和中国民主同盟的主要领导人之一。先后创办晓庄学校、生活教育社、山海工学团、育才学校和社会大学。提出了“生活即教育”“社会即学校”“教学做合一”三大主张。生活教育理论是陶行知教育思想的理论核心。

6. 产婆术（见2011年北京师范大学真题）

7. 导生制（见2012年北京师范大学真题）

8.《国防教育法》（见2010年湖南师范大学真题）

二、简答题

1. 文化对教育的影响与制约。（见2017年山东师范大学真题）

2. 教育的政治功能。（见2012年北京师范大学真题）

3. 贯彻因材施教德育原则的基本要求。

【答】（1）了解学生的发展基础和现状，从学生的实际出发进行教学。（2）善于把集体教学与个别教学相联系。（3）正确对待个别差异，针对学生个性特点有区别地进行教学。

4. 有意义学习及其条件。（见2013年北京师范大学真题）

5. 教学与发展的关系及理论基础。

【答】（1）概念：在论述教学与发展的关系时，维果茨基提出一个重要的概念——最近发展区，即“实际的发展水平与潜在的发展水平之间的差距”。前者指学生现有的身心成熟程度，后者指在成人的指导下或与更有能力的同伴合作时，能够获得的新的解决问题的能力。

（2）教学与发展的关系：最近发展区为学生提供了发展的可能性，教和学的相互作用刺激了人的发展，社会和教育对发展起到主导作用。所以，教学应该考虑儿童现有的发展水平，而且教学要走在儿童现有发展水平的前面，教学可以带动发展。

（3）教学的作用表现在两个方面：一方面，教学决定着儿童发展的内容、速度和水平等；另一方面，教学也创造着最近发展区。儿童的两种水平之间的差距是动态的，它决定着教学如何帮助儿童掌握知识并促进其内化。

6. 培养学生创造性的原则。

【答】（1）协同性原则。人们在教育思想上要树立大教育的观念，要充分认识到教育与学习是一项广泛的社会活动。不仅教师的言行举止会对受教育者产生影响，家庭中的父母以及社会上的各类人和事，都可能对受教育者的人格发展产生不同程度的影响。

（2）主体性原则。世界上没有两片完全相同的树叶，每个人的人格都反映了他自身独特的与他人有所区别的人格特点。

（3）活动性原则。人是作为社会的人，每一个人都会在学习过程中、在生产劳动中、在各种社会活动中、在与他人的交往过程中表现出人格的社会属性。因此，进行个体的人格塑造要设法利用个体周围的社会力量，去培养个体的创造性人格特点。

（4）自我教育和终身教育原则。人格教育特别强调培养受教育者自尊、自爱的精神和积极乐观的生活态度。因此，创造性人格的培养也必须坚持自我教育和终身教育的原则。

（5）早期教育原则。早期的智力开发、情感培养和意志训练等将对人格的形成和发展产生潜移默化的深刻影响。

三、论述题

1. 美育对教育的价值。

【答】美育是指培养学生健康的审美观，发展他们感受美、鉴赏美、表现美、创造美的能力，培养他们的高尚情操和文明素质的教育。美育在人的全面发展的教育中占有重要的地位，它能积极地推动学生在德、智、体诸方面得到发展。

（1）可以提高学生思想，培养学生高尚的道德情操。审美教育本身就含有德育的内容，审美教育首要任务就是帮助学生树立正确的审美观点和审美思想。学校中的美育，要善于运用艺术作品和生活中的美好事物教育学生，以提高他们的思想认识，形成他们的道德品质，学生在美好的事物中体验美，而美好的情感正是高尚道德的基础。

（2）可以丰富学生知识，发展学生智力。美育可以帮助学生认识现实，认识历史，扩展学生的视野，丰富学生的知识，同时可以发展学生的观察力、想象力，丰富学生的形象思维，培养他们的创造能力。艺术是人们认识世界的一条重要途径，可以帮助人更深刻地探究和更完善地了解各种生活现象，唤起人的新的感情。

（3）可以增进人们的身心健康，提高体育运动的质量。美育可以协调身体的发展，使体态匀称，形成有力的、熟练的、敏捷的、健美的动作。人体健美象征着生命的活力，在一定意义上说体育是健与美的有机结合，有利于增进人的身心健康。

（4）可以鼓舞学生热爱劳动、热爱劳动人民，并进行创造性的劳动。美育可以陶冶人的情操，鼓舞学生热爱劳动、热爱劳动人民，是社会主义精神文明建设的重要内容。它对树立新的社会风尚，对推进社会主义各项事业的健康发展，都有积极的作用。

2. 举例说明结构不良问题的解决过程。

【答】结构不良问题的解决过程与结构良好问题的解决过程有明显的差别，它的解决过程更主要的是一种“设计”过程，而不是在一定的逻辑结构中进行的系统的“解法搜寻”。乔纳森把结构不良问题的解决过程总结为以下环节：

（1）厘清问题及其情境限制。①在解决结构不良问题时，解决者常常首先要确定问题是否真的存在。②问题解决者要查明问题的实质。③在厘清问题时，问题解决者需要反思自己原有的知识经验。

（2）澄清、明确各种可能的角度、立场和利害关系。在解决结构不良问题时，问题解决者还需要进一步考虑问题中的多种可能性。从多个角度、不同立场来看这一问题，在此基础上再把各个侧面、各个角度结合起来，看哪种理解方式最有意义，最有利于问题的解决。

（3）提出可能解决的办法。在确定了各种不同立场和理解方式之后，解决者就可以分别从这些立场和理解方式出发，看有哪些相应的解决方法。

（4）评价各种方法的有效性。结构不良问题通常没有唯一的标准答案，因此这种问题的解决实际上是要寻找一种在各种方案中最为可取的解决方案。解决者要为自己确定的解法提供证据，用有力的、充分的理由来支持自己的判断。

（5）对问题表征和解法的反思监控。所有问题解决都需要元认知监控，包括对解决过程的计划、对理解状况的监察、对解法的评价等。在解决结构不良问题的过程中，由于问题更为开放，更为复杂，监控过程就显得尤为重要。

（6）实施、监察解决方案。在实际实施解决方案的过程中，问题解决者需要认真监察问题解决的效果，看它能否达到所期望的目标，能否满足不同方面的要求，能否在给定的条件（如时间、经费、人力等）下解决问题，以及是否还有更有效、更便捷的解决方案等。

（7）调整解决方案。问题解决往往都不是一次性完成的，针对问题解决结果的反馈信息，解决者常常需要调整解决方案，或者改变解决问题的方式和思路。认为问题解决方法有效后，解决者还需要反思解决问题的思路，以从中获得问题解决的启示。

2014年内蒙古师范大学333教育综合真题·凯程详解

一、名词解释

1. 课程（见2019年北京师范大学真题）

2. 学制（见 2019 年北京师范大学真题）

3. 课外活动

【答】课外活动是培养全面发展人才的不可缺少的途径，是课堂教学的必要补充，是丰富学生精神生活的重要组成部分。课外活动又可以分为校内活动和校外活动，二者的区别在于组织指导的不同。校内活动是由学校领导，教师组织指导的活动；校外活动是由校外教育机关组织指导的活动。

4. 电化教学

【答】电化教学是指在教育教学过程中，运用投影、幻灯片、录音、录像、广播、电影、电视、计算机等现代教育技术，传递教育信息，并对这一过程进行设计、研究和管理的一种教育形式。它是促进学校教育教学改革、提高教育教学质量的有效途径和方法，是实现教育现代化的重要内容。

5. 教育目的（见 2015 年北京师范大学真题）

6.《教育漫话》（见 2016 湖南师范大学真题）

7.《三字经》

【答】《三字经》是中国的传统启蒙教材，《三字经》取材典范，包括中国传统文化的文学、历史、哲学、天文地理、人伦义理、忠孝节义等，而核心思想又包括了"仁、义、诚、敬、孝"。在格式上，三字一句朗朗上口，因其文通俗、顺口、易记等特点，使其与《百家姓》《千字文》并称为中国传统蒙学三大读物，合称"三百千"。

8. 有教无类（见 2010 年北京师范大学真题）

9.《民主主义与教育》（见 2016 年杭州师范大学真题）

10. 程序性知识（见 2018 年华东师范大学真题）

11. 创造力（见 2015 年浙江师范大学真题）

12. 迁移（见 2011 年湖南师范大学真题）

13. 上位学习（见 2016 年湖南师范大学真题）

二、简答题

1. 教育的基本要素。（见 2015 年北京师范大学真题）

2. 德育的实现途径。（见 2014 年北京师范大学真题）

3. 问题发现教学。

【答】（1）含义："发现教学"是指在教师的启发诱导下，学生通过对一些事实和问题的独立探究，积极思考，自行发现并掌握相应的原理和结论的一种教学方法。使"发现教学"形成理论并做出新发展的，是美国著名的认知学派心理学家、教育家布鲁纳。

（2）实质：布鲁纳认为，学习的本质不是被动地形成刺激 — 反应的联结，而是使学生主动地形成认知结构，学习者不是被动地接受知识，而是主动地获取知识，不论是认识一种样式、掌握一个概念、解决一个问题，还是发明一个科学理论，对学生来说都是一个主动的过程。学习者通过把新获得的信息和已有的认知结构联系起来，进而积极地构成他的知识体系。

（3）过程：布鲁纳认为，"学习一门学科，看来包括三个几乎同时发生的过程"。这三个过程是：①新知识的获得；②知识的转化；③知识的评价。布鲁纳认为，学习任何一门学科的最终目的是构建学生良好的认知结构。因此，教师应明确学生所要建构的认知结构包含的要素，采取有效措施帮助学生通过获得、转化、评价去掌握新知识，从而使学科的知识结构转变为学生的认知结构，使书本的知识转化为学生自己的知识。

4. 孔子的教学思想。（见 2012 年北京师范大学真题）

5. 卢梭的自然主义教育思想。（见 2012 年华东师范大学真题）

6. 简述自我调节理论。

【答】（1）简介：自我调节理论是由观察学习理论中的自我强化概念衍生出来的。自我调节包括自我观察、自我判断和自我反应三个基本过程。自我调节理论是班杜拉社会学习理论最重要的转折点，表现了人的认知对行为的多种影响。

（2）基本观点：班杜拉认为，各种社会示范对儿童道德标准的建立和整个社会进程产生重要的影响，而人一旦社会化，就不再依靠外在的奖励或惩罚，而是靠自己内部标准来调节自己的行为。

（3）自我调节的作用：自我调节是儿童道德行为发展的一项重要指标，是儿童调节自己道德行为的内在动机，是他们通过积极思考不断加强道德认识的过程，也是学生对道德原理、道德规范的自我体验并使之内化为自己的道德信念的过程。所以，在道德教育中应重视儿童的自我调节能力的培养，提高儿童自我控制、自我调节、自我管理和自我教育的水平。

7. 简述如何加强学习策略的应用。

【答】（1）教师在学习策略的指导训练中要遵循主体性原则、内化性原则、特定性原则、生成性原则、有效监控原则、个人效能感原则。（2）教师要善于选择适合的学习策略。（3）善于不断寻求新的学习策略。（4）能将学习策略明确地、有意识地教给学生。（5）能提高学生掌握学习策略的意识水平。

8. 简述科尔伯格的道德发展观。（见2013年华东师范大学真题）

三、论述题

1. 影响人的发展的诸要素及其作用。（见2015年北京师范大学真题）

2. 唐朝科举制度对学校教育制度的影响。（见2010年北京师范大学真题）

3. 试述科学心理观。

【答】（1）关于人的心理的实质有不同的观点：

①唯心主义心理观认为心理是非物质的、至高无上的灵魂活动，是产生宇宙万物的本源。其中客观唯心主义认为世界上一切事物都是由存在于世界之外的“绝对观念”或“宇宙精神”决定的，都是这种看不见、摸不着的“绝对观念”的产物；主观唯心主义认为人心是世界上万物的主宰，客观事物都是由个人的感觉、思维，即心理决定的，是心理的产物。

②唯物主义心理观认为世界是物质的，物质是客观存在的，它决定着心理、精神，而心理、精神是由物质派生的，它不能离开物质而存在。

（2）科学心理观点：

①心理的实质：心理是脑的机能，任何心理活动都产生于脑，即心理活动是脑的高级机能的表现。巴甫洛夫认为，大脑皮质最基本的活动是信号活动，从本质上可将条件刺激区分为两大类，一类是现实的具体的刺激，如声、光、电、味等刺激，称为第一信号；另一类是抽象刺激，即语言文字，称为第二信号。对第一信号发生反应的机能系统，叫第一信号系统，是动物和人共有的。对第二信号发生反应的机能系统，叫第二信号系统，是人类所特有的。第二信号系统的活动，是和人类的语言机能密切联系的神经活动，是在个体发育过程中逐渐形成的，是在第一信号系统或非条件反射的基础上建立起来的。

②心理是对客观现实的反映，即所有心理活动的内容都来源于外界环境。

③心理是外界事物在脑中的主观能动的反映。

4. 联系实际论述科学发展观。

【答】科学发展观，第一要务是发展，核心是以人为本，基本要求是全面协调可持续发展，根本方法是统筹兼顾。科学发展观是指导我国各项事业发展的世界观和方法论的集中体现，内涵极为丰富，对以培养人为特点的教育来说，具有特殊的重要意义。

（1）树立以人为本的教育观。

树立以人为本的教育观，意味着肯定教育的根本主旨在于促进人的全面发展，在生产力发展的基础上尽可能地满足大多数人的文化需要，尽可能地让每个人有公平的受教育机会，尽可能地开发每个人的发展潜能，为社会主义现代化建功立业。树立以人为本的教育观，还意味着肯定人是自我教育、自我发展的主体。教育的艺术和教育的实效，在很大程度上取决于启发、培养、引导、激励和发挥人的自我教育、自我发展的能动性。

（2）把教育摆在优先发展的战略地位。

教育在我国社会主义现代化建设中具有基础性、先导性、全局性意义。落实科学发展观，实施科教兴国和人才兴国战略，就必然要求把教育摆在优先发展的战略地位。

①所谓教育的基础性，实质上是人的素质在社会主义现代化建设中的基础性作用。教育对人的个性素质全面发展的促进，既是个人为人立世的基础，也是社会稳定和发展的基础。

②所谓教育的先导性，是指教育的发展对社会主义现代化建设具有引领作用，社会主义建设要依靠教育来传播最新知识技术，培养创新型人才。

③所谓教育的全局性，是指教育的发展关乎社会主义现代化建设的方方面面，对社会主义现代化建设具有全局性的影响。我们应当全面发挥教育的功能，促进人的全面发展和社会的全面进步。

（开放性试题，围绕科学发展观自由发挥，言之有理即可。）

2015 年内蒙古师范大学 333 教育综合真题·凯程详解

一、名词解释

1. 教育制度（见 2012 年华东师范大学真题）

2. 教学策略（见 2017 年首都师范大学真题）

3. 课程设计（见 2016 年上海师范大学真题）

4.《学记》（见 2013 年东北师范大学真题）

5.《大教学论》（见 2012 年杭州师范大学真题）

6.《爱弥儿》（见 2019 年上海师范大学真题）

二、简答题

1. 简述教学的任务。（见 2013 年北京师范大学真题）

2. 教师劳动的特点。（见 2015 年东北师范大学真题）

3. 孔子关于德育的原则与方法。（见 2012 年东北师范大学真题）

4. 杜威的教育本质观。（见 2018 年东北师范大学真题）

三、论述题

1. 如何正确认识教育的相对独立性？（见 2010 年华中师范大学真题）

2. 分析书院产生的原因及宋朝书院的特点。（见 2011 年西南大学真题 +2017 年华中师范大学真题）

3. 简述建构主义学习理论的基本观点及其主要内容。（见 2013 年华东师范大学真题）

4. 阐述自我效能感理论的主要内容。（见 2010 年浙江师范大学真题）

5. 阐述问题解决的基本过程。（见 2010 年山东师范大学真题）

6. 什么是创造性思维？其主要特征有哪些？

【答】（1）创造性思维就是指发散性思维。这种思维方式在遇到问题时，能从多角度、多侧面、多层次、多结构去思考，既不受现有知识的限制，也不受传统方法的束缚。其思维路线是开放性、扩散性的。创造性思维是在一般思维基础上发展起来的有创见的思维，是人类思维的最高形式，是以新的方式解决问题的思维活动。它解决问题的方法不是单一的，而是在多种方案、多种途径中去探索、选择。创造性思维具有流畅性、变通性、独特性、综合性、突发性等特点。

（2）创造性思维的主要特征：①创造性思维具有独特性，它贵在创新，具有独到之处，在前人的基础上有新的见解、发现和突破，从而具有一定范围内的首创性、开拓性。②创造性思维具有极大的变通性。它无现成的思维方法、程序可循，人可以自由地发挥想象力。③创造性思维具有艺术性和非拟化的特点。它的对象多属“自在之物”，而不是“为我之物”。

（3）创造性思维具有十分重要的作用和意义。首先，创造性思维可以不断增加人类知识的总量；

其次，创造性思维可以不断提高人类的认识能力；再次，创造性思维可以为实践活动开辟新的局面；最后，创造性思维的成功，又可以反馈激励人们去进一步进行创造性思维。

7. 请阐述科尔伯格道德发展阶段理论的主要内容。（见 2013 年华东师范大学真题）

2016 年内蒙古师范大学 333 教育综合真题 · 凯程详解

一、名词解释

1. 教育目的（见 2015 年北京师范大学真题）

2. 学制（见 2019 年北京师范大学真题）

3. 教育原则（见 2020 年西南大学真题）

4. 美育（见 2010 年东北师范大学真题）

5. 道尔顿制（见 2011 年北京师范大学真题）

6.《新教育大纲》

【答】《新教育大纲》是第一部运用马克思主义论述教育原理的专著，由马克思主义教育理论家杨贤江所著。

二、简答题

1. 教育的基本要素。（见 2015 年北京师范大学真题）

2. 人的主观能动性对教育的作用。

【答】（1）个体的主观能动性在个体发展中起着最终的决定作用。学校、环境和遗传素质只是为个体提供了发展条件，这些条件能否发挥作用以及能在多大程度上发挥作用，最终完全取决于个体自己。

（2）个体的主观能动性制约着环境影响的内化与主体的自我建构。人在同环境的相互作用中，改造着环境，也在改造环境的过程中提升了个人的能力与素质，这是主体的自我建构过程。可见，每个学生发展的特点和成就，主要取决于他的态度和能动性的发挥状况。

（3）个体通过能动的活动选择，建构着自我的发展。人在发展中，自我意识和自我控制能力逐渐发展，个体能够逐渐有目的地、自觉地影响自己的发展。

3. 孟子的德育原则。

【答】孟子对中国传统文化的重要贡献还在于他提出了“大丈夫”的理想人格，丰富了中国古代的精神境界。

（1）孟子对“大丈夫”的理想人格的描绘：①“富贵不能淫，贫贱不能移，威武不能屈，此之谓大丈夫。”②“大丈夫”有高尚的气节。他们绝不向权势低头，绝不无原则地顺从。③“大丈夫”有崇高的精神境界——“浩然之气”。“浩然之气”可以理解为受信念指导的情感和意志相混合的一种心理状态或精神境界，是对自己行为的正义性的自觉。

（2）培养“大丈夫”理想人格的途径。

①持志养气。指树立并坚持崇高的志向。一个人有了志向与追求，就会有相应的“气”——精神状态。养气，一是靠坚定的志向，二是靠平时的善言善行来积累道义。

②动心忍性。就是指意志锻炼，尤其是在逆境中的磨炼。

③存心养性。存养的障碍来自人的耳目之欲。要扩充“善端”，就要寡欲，发挥理性的作用。

④反求诸己。当你的行动未得到对方的回应时，就应当首先反躬自问，从自己身上找原因，对自己提出更高的要求，然后对别人做得更好。凡事必须严于律己，时时反省。

4. 陶行知的生活教育理论。（见 2014 年北京师范大学真题）

5. 心理发展的一般规律。

【答】（1）人的心理发展具有连续性。（2）人的心理发展具有顺序性。（3）人的心理发展既有共同性，又有特殊性。（4）心理的各组成成分的发展速度有所不同，其各自发展到成熟阶段所需的时间以及发展的高峰期所出现的年龄阶段也不尽相同。（5）人的心理发展具有阶段性。

6. 加德纳的多元智力理论。（见 2019 年华东师范大学真题）

7. 有意义学习的内容及条件。（见 2013 年北京师范大学真题）

8. 学习动机的作用。

【答】（1）定向作用。（2）激发作用。（3）调节作用。（4）维持作用。

三、论述题

1. 如何把握好教师的主导作用和学生的主动性的关系？（见 2010 年北京师范大学真题）

2. 卢梭的自然主义教育的评述。（见 2012 年华东师范大学真题）

3. 皮亚杰的认知发展阶段理论的内容和特点。（见 2012 年东北师范大学真题）

2017 年内蒙古师范大学 333 教育综合真题·凯程详解

一、名词解释

1. 外铄论（见 2017 年东北师范大学真题）

2. 教育（见 2014 年北京师范大学真题）

3. 价值澄清模式（见 2011 年云南师范大学真题）

4. 文化教育学

【答】文化教育学产生于 19 世纪的德国，又称精神科学教育学。其代表人物有狄尔泰、斯普朗格、利特等。文化教育学的基本观点为：①人是一种文化的存在，人类历史是一种文化的历史；②教育过程是一种历史文化过程；③教育研究必须采用精神科学或文化科学的方法；④教育的目的就是培养完整的人格；⑤培养完整的人格的主要途径就是“陶冶”与“唤醒”，建构和谐的师生关系。

5. 元认知策略（见 2011 年北京师范大学真题）

6. CIPP 模式

【答】CIPP 模式由斯塔夫比姆提出，即背景评价、输入评价、过程评价和结果评价。CIPP 模式主要围绕着为决策者提供信息进行评价。这种评价可以使研究者用一种比较客观的眼光来看待评价对象，尽可能地全面描述、分析研究对象的特征，从而为教育决策者提供更有效的信息。

二、简答题

1. 建构主义教育理论。（见 2013 年华东师范大学真题）

2. 品德不良的纠正与教育策略。（见 2012 年华南师范大学真题）

3. 颜之推的家庭教育思想。（见 2013 年哈尔滨师范大学真题）

4. 教学设计的方法。（见 2012 年首都师范大学真题）

5. 赫尔巴特的道德教育理论。（见 2012 年华南师范大学真题）

6. 实验教育学。（见 2013 年首都师范大学真题）

7. 人格差异的教育策略。

【答】（1）在教学活动中根据学生的人格差异，因人施教。内向人格的人其心理活动是指向于自己内心世界的，心理活动很少展现于外。相反，外向人格的人其心理活动是指向于外的，总爱把内心世界展露于外。

（2）在学习动机上，外向学生偏爱社会动机，内向学生注重内在动机。在学习习惯上，外向学生虽然头脑比较灵活，但比较浮躁，不扎实；内向学生往往能严格要求自己，其意志的坚韧性较强。

在学习方式上，外向学生比较喜欢探索性、归纳性、大步骤的讲授方式；内向学生偏好支持性、演绎性、小步骤的传授方式。

（3）根据不同的人格特质，因势利导。

（4）人格差异的教育意义。培养学生良好的健全人格，是学校教育义不容辞的责任。人格差异研究对教育的借鉴意义主要表现在：①教师应具有学校心理学的知识，以培养学生具有完整健康的人格。②在活动中培养良好的人格。③在集体中形成良好的人格。④提高学生的自我教育能力，提高学生认知水平及道德判断推理能力。

8. 德可乐利学校及教学思想。

【答】比利时教育家德可乐利于1907年在布鲁塞尔市郊创办“生活学校”（亦称“隐修学校”）。他的教学思想如下：

（1）主张学校要加强与生活的联系，为儿童的发展提供合适的、有刺激的环境。他强调应在生活中进行为生活预备的教育，并组织适合儿童发展倾向的环境，提供适当的刺激。将班级分解为能力小组，施行主动的、个别化的适合儿童需要和兴趣的学校课程。

（2）提出以兴趣为中心的课程论思想。将兴趣作为教学的基础，课程论思想以“兴趣中心”为其重要特征，提出学校需要注意培养儿童的自制力、创造力和合作能力，主张课程应以儿童的需要为根据，在食、宿、防御和工作四个范围内组织教学过程。

（3）根据儿童的发展特点和教育要求，创办了“德可乐利教学法”。他把教学过程分为三个阶段：观察、联想和表达。其中表达是最重要的一个步骤。德可乐利的教学方法增加了许多有用的知识与技能，大大激发了学生的学习和生活热情。他的方法也具有一定的普遍性，得到了比利时政府的重视，被引入国立学校，同时也受到其他国家的重视。

9. 赞科夫的发展性教学。（见2011年华中师范大学真题）

三、论述题

1. 当前国外课程改革的趋势。（见2017年浙江师范大学真题）

2. 陶行知的生活教育理论。（见2014年北京师范大学真题）

2018年内蒙古师范大学333教育综合真题·凯程详解

一、名词解释

1. 课程方案（见2013年华东师范大学真题）

2. 骑士教育（见2010年华东师范大学真题）

3. 形成性评价（见2013年华中师范大学真题）

4. 设计教学法（见2015年华东师范大学真题）

5. 观察学习理论（见2019年北京师范大学真题）

6. 最近发展区（见2011年北京师范大学真题）

二、简答题

1. 简述教育的社会流动功能和意义。（见2010年北京师范大学真题）

2. 环境在人的发展中的作用。（见2019年山东师范大学真题）

3. 癸卯学制的内容及意义。（见2017年北京师范大学真题）

4. 如何贯彻教育影响的一致性和连续性原则?（见2010年北京师范大学真题）

三、论述题

1. 论述教师的权利和义务。（见2015年天津师范大学真题）

2. 论述杜威的实用主义理论。（见 2014 年首都师范大学真题）

3. 论述皮亚杰的认知发展阶段理论。（见 2012 年东北师范大学真题）

4. 论述《学记》的教育制度和教育管理。（见 2011 年东北师范大学真题）

2019 年内蒙古师范大学 333 教育综合真题·凯程详解

一、名词解释

1. 教育制度（见 2012 年华东师范大学真题）

2. 教育原则（见 2020 年西南大学真题）

3.《学记》（见 2013 年东北师范大学真题）

4. 道德情感（见 2012 年南京师范大学真题）

5. 学习动机（见 2013 年北京师范大学真题）

6. 自我效能感（见 2014 年华东师范大学真题）

7. 陈述性知识学习（见 2017 年浙江师范大学真题）

8. 认知策略（见 2013 年江苏师范大学真题）

9. 专家型教师

【答】在专业知识方面，专家型教师运用知识比新手更有水平；在其专长的领域，能在较短的时间内完成更多的工作；在处理突发的问题时，专家型教师更能找到新颖和适当的方法去解决问题。

二、简答题

1. 我国基础教育教学的主要任务是什么？

【答】我国基础教育的教学任务有以下几个相互联系的方面：

（1）掌握科学文化基础知识、基本技能和技巧。教学的基础性任务是引导学生能动地学习、运用和掌握科学文化基础知识和基本技能。

（2）发展体力、智力、能力和创造才能。发展学生的体力、智力、能力和创造才能是培养全面而自由发展新人的要求。

（3）培养正确价值观、情感与态度。学生个人的价值观、情感与态度，构成他个人的灵魂、个性的核心，对于上面所说的实践能力和创造才能来说，起着定向、动力、组织、调节与引导的作用。

总之，学生个体素质的发展，既有德、智、美、体、综合实践能力等不同维度，又具有整体性；教学诸任务的完成过程，既可分解，又相互关联。所以，每门学科的教学都要兼顾所有教学任务，但又要承担起本学科应当承担的特有的任务。

2. 学校德育的主要途径。（见 2014 年北京师范大学真题）

3. 董仲舒的三大文教政策。（见 2010 年陕西师范大学真题）

4. 文艺复兴时期人文主义教育的主要特征。（见 2011 年华东师范大学真题）

5. 夸美纽斯制定的学年制和班级授课制的内容。

【答】（1）为了改变当时学校教学活动缺乏统一安排的无序状况，夸美纽斯在《泛智学校》中制定了学年制度。所谓学年制，就是所有学校各个年级在一年之中只招一次学生，秋季始业，同时开学，同时放假。学年结束时，同年级学生通过考试同时升级。这样便于同一年级的学生统一学习进度。此外，学校工作应按年、按月、按日、按时安排妥切。

（2）班级授课制的内容。（见 2014 年北京师范大学真题）

6. 分析实验法在教育心理学的有效性。

【答】①实验法可以人为地创造实验条件，可以观测到自然环境中不易观察到的信息，还可以扩大研究范围。

②实验法要求用比较严格的程序组织研究，便于重复验证，提高结论的科学性。

③实验法要求预设实验条件，明确区分变量并加以控制，对测量的事物明确规定操作定义，使研究者便于测量，这样使得测试结果往往更能说明问题，更加可靠精确。

④实验法可以较大限度地发挥研究者的主动性，以取得比较可靠的研究结果。

7. 心理发展观中主动发展观的内容。

【答】（1）个体的发展是多种因素共同作用的结果。（2）个体的实践活动（包括生理活动、心理活动和社会实践活动）是个体发展的动力，起决定作用。（3）人在自身发展的过程中具有能动性。

8. 认知策略的促进条件。

【答】（1）内部条件是：①学习者要有丰富的知识背景。②有反省认知发展水平，即对自己的认知活动有自我意识与自我体验，能在学习中体验到策略的适当应用与不适当应用的条件。③动机水平，学习者的动机决定他们选择什么策略，并决定使用这些策略的效果。

（2）外部条件是：①在训练方法上，策略学习应和教材内容相结合为宜，策略训练不能离开专门领域的知识与特殊策略的学习。②变式与练习，在练习中提供多种变化的情境使认知策略得以迁移、灵活运用。③有一套可以操作的训练技术。认知策略是个体对自己的内在调控活动，从外部难以直接观察到，但在个体的认知行为中仍会有所反映，所以如果把认知策略转化为一套具体可操作的技术来控制学习者的认知行为，那就可以培养学习者良好的认知或学习习惯，改变其不良的认知行为，从而培养他们良好的认知策略。

三、论述题

1. 在教学过程中如何处理教师的主导作用和学生的主动性的关系?（见 2010 年北京师范大学真题）

2. 孔子教育论思想的主要内容。（见 2012 年北京师范大学真题）

2020 年内蒙古师范大学 333 教育综合真题·凯程详解

教育学原理与中外教育史

一、名词解释

1. 课程实施

【答】课程实施是指把课程计划付诸实践的过程，它是达到预期课程目标的基本途径。

2. 美育（见 2010 年东北师范大学真题）

3. 教育目的（见 2015 年北京师范大学真题）

二、简答题

1. 教育的文化功能。（见 2016 年北京师范大学真题）

2. 智育的基本任务。

【答】（1）向学生传授系统的科学文化知识，为学生各方面发展奠定良好的知识基础；（2）培养训练学生，使其形成基本技能；（3）培养和发展学生的智力才能，增强学生各个方面的能力；（4）培养学生良好的学习品质和热爱科学的精神。

3. 隋唐时期的文教政策与汉代的三大文教政策。

【答】（1）隋唐的文教政策可以归纳为“重振儒术，兼容佛道”。同时，根据政治的需要和统治者主观的爱好，不断调整三者的关系，以达到巩固统治的目的。

①崇儒兴学思想的确立和措施。提高孔子和儒生的地位；推崇儒学，统一经学。

②对佛教、道教的提倡和利用。佛教在隋唐时期走上了中国化的发展道路。隋代大兴佛教；唐代注意平衡儒、佛、道三者的关系，但不过分尊崇佛教。

③儒、佛、道融合的趋势。儒、佛、道相互斗争、相互融合，不仅开阔了人们的视野，提高了人们的思维水平，而且共同形成了隋唐时期光辉灿烂的文化。

④文教政策对教育的影响。在教育制度上，隋唐封建教育的核心是经学教育体系；在教学的形式和方法上，各成体系，为书院的产生奠定了基础；在教育思想上，隋唐的教育思想也具有儒、佛、道杂糅的特点。

（2）汉初三大政策。（见 2010 年陕西师范大学真题）

4. 卢梭的教育适应自然的内涵。（见 2012 年华东师范大学真题）

5. 夸美纽斯的班级授课制的主要内容。（见 2014 年北京师范大学真题）

三、论述题

1. 论述现代教师应具备的专业素养。（见 2014 年北京师范大学真题）

2. 陶行知“生活即教育”的内涵。（见 2014 年北京师范大学真题）

教育心理学

一、简答题

1. 有意义学习及其条件。（见 2013 年北京师范大学真题）

2. 建构主义关于学习的基本观点。（见 2013 年华东师范大学真题）

3. 如何激发学生的学习动机?（见 2012 年华东师范大学真题）

二、论述题

论述加涅的学习理论。（见 2020 年华中师范大学真题）

贵州师范大学

2013 年贵州师范大学 333 教育综合真题·凯程详解

一、名词解释

1. 学制（见 2019 年北京师范大学真题）

2. 学校管理（见 2015 年北京师范大学真题）

3. 导生制（见 2012 年北京师范大学真题）

4.《学记》（见 2013 年东北师范大学真题）

5. 技能（见 2011 年华中师范大学真题）

6. 教育心理学

【答】教育心理学是一门应用心理学的科学研究方法，是揭示教与学相互作用过程中基本心理规律的科学，研究内容主要包括学习心理、教学心理、学生心理和教师心理四个方面。

二、简答题

1. 简述中国古代书院的特点。（见 2017 年华中师范大学真题）

2. 简述王守仁有关儿童教育的思想。（见2016年北京师范大学真题）

3. 古风时代斯巴达教育与雅典教育的不同之处。（见2019年东北师范大学真题）

4. 列举杜威的教育思想。（见2011年北京师范大学真题）

三、论述题

1. 请结合教育知识，分别分析下面三个片段的肯定之处与不足之处，以及体现了什么样的教育原理。并结合教师的作用分析教师应如何教学，与学生保持什么样的关系。

【答】（1）第一个片段指明了教师在教学中扮演重要角色。教师是学生学习的引导者和帮助者，强调了教师的重要性。但是这种观点夸大了教师对学生学习产生的作用。“灵魂的工程师”并不单单指的是教师，而应该指的是整个教育系统，整个教育系统的各个因素都是学生灵魂的塑造者。第二个片段肯定了教师高尚的品德和专业素养，赞美了教师对教育事业的奉献，但体现了一种不健康的师生关系，不利于良好教育环境的形成。第三个片段呈现了教师应有的知识观，体现了对教师知识水平的要求。这三个片段体现的是教师在教学过程中的重要作用，呈现了不同的师生关系。

（2）教师和学生关系的模式。

①学生中心论。“学生中心论”是美国进步主义教育思想家杜威针对赫尔巴特的传统教育理论与思想的批判而提出的。他把学生视为教育过程的中心，全部的教育教学都要从学生的兴趣、需要出发，教师只能处于辅助地位。但是这种观念往往造成放任式的师生关系，师生人格并不能真正平等，容易滋生个人主义或无政府主义。

②教师中心论。“教师中心论”是由传统教育的集大成者赫尔巴特提出的。他强调教师的权威，教师在教育中处于绝对支配地位，学生绝对服从教师，处于被动地位。这是不平等的专制型师生关系，学生的价值与尊严得不到真正的尊重，个性发展也被严重地扭曲。

（3）理想的师生关系。

根据师生之间在教育过程中不同的情感、态度和行为表现，可将师生关系分为三种类型：专制型、放任型和民主型。民主型师生关系是当今社会倡导的并正在努力实践的师生关系类型。

（4）新型师生关系的建立。（见2019年陕西师范大学真题）

2. 结合相关知识谈谈你对教学及教学过程的认识。

【答】（1）教学过程是一种特殊的认识过程。教学过程是学习和运用知识的认识活动，是在相关的认识与交往活动基础上进行的，师生为传承知识而相互作用的认识活动是教学活动区别于其他活动的最突出、最基本的特点。其特殊性在于：间接性，即学生主要以掌握人类长期积累下来的科学文化知识为中介，间接地认识现实世界；引导性，需要在富有知识的教师的引导下进行认识，而不能独立完成；简捷性，走的是一条认识的捷径，是一种科学文化知识的再生产过程。

（2）教学过程必须以交往为背景和手段。有目的地进行教学必须以交往为背景，以沟通、交流为重要手段和方法。教师在教学中应当注意师生之间的平等对话、思想情趣的坦诚沟通，以便激起师生在认识与情感上的共鸣、智慧与志趣的共享，从而在学生的个性发展上培养和形成教育者所期望的品质。

（3）教学过程也是一个促进学生身心发展、追寻与实现价值目标的过程。引导学生通过掌握知识，进行认识及交往的活动，是教学的基本活动；而促进学生身心发展及其价值目标的实现则是在这个认识及交往活动过程中所要完成的教学任务。教学过程应有积极的价值追寻，让学生的思想情感深受启示、熏陶与教益。

3. 结合成败归因理论和自我效能感来分析学生形成品德不良行为的原因，以及如何纠正学生的不良行为。

【答】（1）品德不良行为的成因。

①成败归因理论认为，影响学生进行归因的维度有：是否可控，内在还是外在，以及是否稳定。根据这三个维度，可以将影响归因的因素分为以下六个：能力、努力程度、工作难度、运气、身心状况和外界环境。学生品德不良行为的产生一部分源于学生对自身行为造成的影响做出的不正确归

因。产生品德不良行为的学生，更易于将成功归因于工作难度、运气等外在的、不稳定的且不可控的因素，这就导致学生的自我效能感水平降低，怀疑自身进步成功的可能性，从而逐渐形成品德不良行为。

②基于不正确的归因，学生自我效能感水平会降低。班杜拉将自我效能感定义为人们对自身能否成功胜任完成某项任务做出的知觉判断。自我效能感水平低的学生会对自己能否进行品德良好行为产生怀疑，从而做出品德不良行为，再经由反馈，增强了不愉快刺激使得学生自我效能水平持续降低，陷入一种恶性循环。

（2）学生品德不良行为的矫正。（见 2012 年华南师范大学真题）

4. 请论述建构主义学习理论的相关观点。（见 2013 年华东师范大学真题）

2014 年贵州师范大学 333 教育综合真题·凯程详解

一、名词解释

1. 教学（见 2013 年陕西师范大学真题）

2. 学校管理（见 2015 年北京师范大学真题）

3. 学习动机（见 2013 年北京师范大学真题）

4. 稷下学宫（见 2020 年北京师范大学真题）

5. 白板说（见 2013 年北京师范大学真题）

6. 苏格拉底法（见 2011 年北京师范大学真题）

二、简答题

1. 简述影响人的发展的基本因素。（见 2015 年北京师范大学真题）

2. 简述陈鹤琴和王守仁的儿童教育思想。（见 2015 年北京师范大学真题 +2016 年北京师范大学真题）

3. 简述北宋的三次兴学。（见 2014 年辽宁师范大学真题）

4. 简述科尔伯格的道德发展阶段理论。（见 2013 年华东师范大学真题）

三、论述题

1. 结合教育知识，分析判断下面这两段话正确与否，并给予理由。

【答】（1）材料一的观点是正确的。教师以民主而不是以专制的方式管理学生，鼓励学生表达不同的意见，允许学生在自行探索中发现知识，那么这种教育方式有利于学生创造性的培养。创造性的培养需要教师具有创新教育的理念，营造创造性的环境，进行民主式的教育和管理，培养学生的创造性人格，保护学生的好奇心，鼓励学生表达自己的观点，解除对错误的恐惧心理，鼓励独创性与多样性。

（2）材料二的观点是错误的。汉语拼音的学习产生的影响属于负迁移现象是错误的。从迁移的影响效果看，迁移可以分为正迁移与负迁移。正迁移是一种学习对另一种学习的积极影响；负迁移是一种学习对另一种学习的消极影响。一般情况下，汉语拼音的学习对学习汉字有积极的影响，是正迁移，但对英语单词的学习有消极的影响，是负迁移。汉语拼音的学习产生的影响有积极的也有消极的，故有正迁移也有负迁移。

2. 教师怎么样才能上好一堂课？如何对教师授课的质量进行评价？

【答】（1）上好一堂课的要求。（见 2010 年华中师范大学真题）

（2）第一，教师的业务水平评价。包括教师对教材内容的熟悉程度，教师对重点、难点掌握的准确程度，教学的科学性与思想性，教师组织课堂讨论、选用编写教材、选习题及试题的水平等方面。

第二，教师的教学方法评价。如突出重点、分散难点的讲授方法是否恰当，是否结合学生实际，能否调动学生的积极性，是否达到教学大纲的要求及能否妥善组织各个教学环节，承前启后及启发式教学方式运用得如何，能否因材施教，表达与板书是否清楚与有条理等。

第三，教师的教学态度评价。如是否认真备课，是否执行教学计划，能否不断改进教学、更新教学内容，能否既教书又育人等。

3. 论述赫尔巴特的教育思想。（见 2015 年北京师范大学真题）

4. 请结合师生关系的作用以及新型师生关系的特点对材料加以分析。

【答】（1）师生关系的作用：

①良好的师生关系是教育教学活动顺利进行的重要条件。材料中张老师刚开始对学生要求十分严格，学生对他敬而远之，后来张老师改变了自己的态度，师生关系改善，学生们学习也更认真了。

②师生关系是衡量教师和学生学校生活质量的重要指标。专制的师生关系会培养学生的依从性、专制的品质，民主的师生关系会培养学生的民主素质。师生关系改善之后，学生也有话对张老师说了。

③师生关系是一种重要的课程资源和校园文化。良好的师生关系是提高教学质量的宝贵的人文资源。张老师开始居高临下，师生间相互割裂和封闭，缺乏必要的沟通和交流，师生关系疏远和淡漠，张老师反思之后，与学生真诚地沟通，教学平等民主，建立起和谐、融洽的师生关系，无形中也影响了学生的性格，提高了学生学习的积极性。

（2）新型师生关系的特点：

①尊师爱生，相互配合。得到学生尊重是教师最大的需要和满足。材料中张老师开始对学生过于严格，以致学生对他敬而远之，转变对学生的态度之后，学生学习更认真了，也愿意和他讲话，他也有了自我成就感。

②民主平等，和谐亲密。师生关系的民主平等体现了师生在教育过程中相互尊重人格和权利、相互开放、平等对话、相互理解、相互接纳等关系。张老师能理解学生，发挥非权力性影响力，善于倾听不同意见，也要求学生正确地表达自己的思想和行为，学会合作和共同学习。民主平等、共同参与的结果是师生的融洽、协调。和谐亲密体现了师生间的人际亲和力、心理融洽度。

③共享共创，教学相长。共创就是教师和学生在相互适应的基础上，相互启发，使师生的认识不断深化，共同生活的质量不断跃进。共享共创体现了师生关系的动态性和创造性，是师生关系的最高层次。张老师通过和学生谈心，改变自己，也改变了学生。教师和学生相互促进、共同发展，最终的结果是学生的道德、思想、智慧、兴趣、人格等的全面生成，教师专业的自我成熟。

2015 年贵州师范大学 333 教育综合真题 · 凯程详解

一、名词解释

1. 学校教育制度（见 2019 年北京师范大学真题）

2. 教学（见 2013 年陕西师范大学真题）

3. 德育原则（见 2018 年天津师范大学真题）

4.《大学》中的“三纲领”（见 2016 年陕西师范大学真题）

5. 苏格拉底教学法（见 2011 年北京师范大学真题）

6. 反思（见 2014 年山西师范大学真题）

二、简答题

1.《学记》中的教育原则有哪些?（见 2019 年湖南师范大学真题）

2. 请简述陶行知“生活即教育”的教育理念。（见 2014 年北京师范大学真题）

3. 请简述《国防教育法》的相关立法执行情况。（见 2014 年华东师范大学真题）

4. 请简述杜威“做中学”的教育理念。（见 2014 年东北师范大学真题 +2011 年浙江师范大学真题）

三、论述题

1. 请结合材料谈谈课堂提问应该如何把握正确方向。

【答】苏霍姆林斯基说：“问题是激起求知欲的刺激剂。”就课堂提问而言，关键是提问的时机要成熟，要找出提出问题的恰当时机；提问及时有利于学生对问题的理解，能开发学生智力，激发学生快速思考的能力。

例如，在导入新课的教学中，对新讲授的内容具有启发作用的旧知识，宜在讲课前提问，以引导学生复习、回忆，从而与待讲的知识接轨，这样做可以使新旧知识衔接，促使学生从整体上领会和把握知识结构。在把握提问时机的同时要注意调动全体学生的积极性，因为在任何一个班集体中，学生的学习水平和学习能力都存在差异，总是有少数学生对问题的理解能力强，反应快，善于发表自己的见解，他们往往在老师提出问题后就能立即举手回答，答案也较正确。因此老师对他们的关注较多，也乐于对他们提问，而大部分学生要么反应较慢，要么不愿回答或者不善于表达而长期被老师忽视。这样的课堂提问就成了少数学生与老师的对话，绝大多数学生成了“局外人”“旁听生”而被冷落。

因此，教师要在教学目标范围内设计不同层次、不同难度的问题，使不同水平和不同能力的学生都有问题可答；对于不愿回答问题的学生设法调动其积极性；对于不善于表达的学生给予锻炼的机会，从而把每个学生都吸引到教学活动中来，调动全体学生的积极性。

2. 请结合材料谈一谈如何构建和谐的师生关系。

【答】（1）遵守现行的教育法规是构建和谐的师生关系的保证。“万物皆有法，有法天下和”。现代社会是一个法制社会，无论是谁，都要按照法律的要求来办。

（2）树立新型的师生观是建立和谐的师生关系的关键。新型的师生观是相对于旧的师生观而言的，传统的师生观提倡“师道尊严”，教师是绝对的“权威”，至高的“主宰”，教师的话句句是“真理”，学生对教师只能听而不问、信而不疑。

（3）加强教师与学生的交往，是建立和谐的师生关系的前提。教师只有深入到学生中去，和学生交往才能了解学生，只有了解了学生的家庭背景、个性差异、兴趣爱好、心理发展变化等特点，教师才有与学生相处的基础，才能有针对性地开展学生的工作。

（4）教师树立自身的威信为构建和谐的师生关系创造有利的条件。构建和谐的师生关系取决于师生双方的共同努力，但起主导作用的是教师。

3.（1）李南这名新教师出现这样的问题原因是什么？并加以分析。

（2）请向李南提出在教学和课堂管理方面的建议和方法。

【答】（1）李南老师没有树立正确的教师观、教学观与学生观。

①李南老师对教师职业有所误解，教师承担着教学育人的责任，不仅仅有备课、上课等教学任务，还有培养学生思想品德、发展学生良好人格等育人的工作。

②李南老师没有树立正确的教学观，没有把学生放在主体的地位。教师要根据学生的实际情况进行引导，发挥教师主导和学生主体的作用，共同促进学生进步。

③李南老师没有把学生看作发展中的人，只看到了他们的缺点，却没有看到学生有无限的发展潜力。教师要采取合理的教育教学方式，引导学生向积极的方向发展。

（2）其一，要确定一个好的班长和班委成员。这里不是指学习好的学生，而是要聪明、大胆、敢说敢做的学生，加上你的指导和帮助，可以基本保证班级大体平稳。

其二，永远不要让学生知道你下一步要干什么。不要去做让学生都满意的班主任，有这一想法就错了，而是要做自己心里无愧的班主任。

其三，对问题学生没必要太严格，要给他们一个缓冲的时间，商定一个底线，让他们去坚持，不要斤斤计较，要适当宽容。

其四，要让学生明确自己的目标，严格要求自己，而不去计较他人。

4. 请论述中小学教学的原则。（见2018年东北师范大学真题）

2016年贵州师范大学333教育综合真题·凯程详解

一、名词解释

1. 学在官府（见2017年华中师范大学真题）

2. 最近发展区（见2011年北京师范大学真题）

3. 学习动机（见2013年北京师范大学真题）

4. 宫廷教育

【答】宫廷教育是人文主义教育的形式之一，是针对贵族子弟的教育。宫廷教育的目的主要是培养上层人物如君主、侍臣、绅士等。

5. 班级授课制（见2016年北京师范大学真题）

6. 教育目的（见2015年北京师范大学真题）

二、简答题

1. 教育与文化的关系。（见2013年天津师范大学真题）

2. 科举制度对古代封建制度的影响。

【答】（1）科举原来的目的是为政府从民间提拔人才。相对于世袭、举荐等选才制度，科举考试无疑是一种公平、公开及公正的方法，它改善了用人制度。最初日本、韩国、越南均有效法中国举行科举，渐渐形成后来为欧美各国仿效的文官制度，故有人称科举是中国文明的第五大发明。今天的考试制度在一定程度上仍是科举制度的延续。

（2）从宋代开始，科举便做到了不论出身、贫富皆可参加。这样不但大大拓宽了政府选拔人才的基础，而且让处于社会中下阶层的知识分子，有机会通过科考向社会上层流动。可以说，科举是一种笼络、控制读书人的有效方法，以巩固其统治。

（3）科举为中国历朝发掘、培养了大量人才。一千三百年间科举产生的进士接近十万，举人、秀才数以百万。明朝英宗之后的惯例更是“非进士不进翰林，非翰林不入内阁”，科举成为高级官员必经之路。科举对于知识的普及和民间的读书风气，亦起了相当的推动作用。而且由于这些读书人都是相同制度下的产物，学习的亦是相同的“圣贤书”，故亦间接维持了中国各地文化及思想的统一和向心力。

（4）科举所造成的恶劣影响主要在其考核的内容与考试形式上。明代开始，大部分读书人为应科考，思想渐渐被狭隘的“四书五经”、迂腐的八股文所束缚。科举制度为政府发掘人才的同时，亦埋没了民间在其他各方面的杰出人物。清政府为了奴化汉人，更是严格束缚科举考试内容，对科场舞弊的处分虽然特别严厉，但由于科举制本身的弊病，舞弊越演越烈，科举制最终被废除。就算在科举被废除以后，它仍然在中国的社会中留下不少痕迹。时至今日科举的一些习惯仍然可以在高考中看见。例如分省取录、将考卷写有考生身份信息的卷头装订起来，从而杜绝判卷人员和考生串通作弊、称高考最高分者为状元等，俱是科举残留的痕迹。

3. 蔡元培的“五育”教育。（见2016年华东师范大学真题）

4. 赫尔巴特的四段教学法。（见2017年东北师范大学真题）

三、论述题

1. 方仲永五岁能作诗，但十二三岁时不如以前，二十岁和众人一样，用相关教育理论进行评论。

【答】方仲永最后泯然众人的原因不止客观方面，也有主观方面，概括起来有三个方面。（1）邑人："宾客其父，或以钱币乞之。"（2）父亲："父利其然也，日扳仲永环谒于邑人，不使学。"（3）仲永：自己亦不主动学习，不提高自己。一个人是否能成才，与天资有关，更与后天所受的教育以及自身的学习有关。主要原因是：没有主动接受后天学习。关于这个说法的原文是："卒之为众人，则其受于人者不至也。"还有一个原因是：方仲永的父亲只贪图眼前的利益，目光短浅，并没有让方仲永接受后天教育。关于这个说法的原文是："父利其然也，日扳仲永环谒于邑人，不使学。"人的才能有赖于后天的教育，即使天赋很高的人，如果不加以教育和培养，也会变成平庸无能的人。所以后天教育对一个人是否成才至关重要。

2. 一位教师用一条活鱼来引导《鱼》一课，播放关于解剖鱼的相关视频使学生了解鱼的知识。该教师用了什么教学原则？该如何运用此原则？

【答】（1）该教师运用了直观性原则。直观性原则是指在教学中通过引导学生观察所学事物或图像，聆听教师用语言对所学对象的形象描绘，形成有关事物具体而清晰的表象，以便理解所学知识。通过各种形式的感知，丰富学生的直接经验和感性认识，使学生获得生动的表象，从而比较全面、深刻地掌握知识。直观手段种类繁多，一般分为三大类：实物直观、模象直观、语言直观。该教师综合使用了实物直观和模象直观，增加了学生对鱼的直观了解，有助于将感性认识转化为理论知识。

（2）基本要求：①正确选择直观教具和现代化教学手段。选择直观教具时应该考虑学生已有的知识水平，应根据所授内容和教具的契合程度以及实际教学条件等因素进行合理选择。②直观要与讲解相结合。使用直观教具的目的是帮助学生更容易理解知识，形成理论认识，所以不应仅仅呈现直观教具，而应该配合理论的讲解。③防止直观的不当与滥用。呈现直观教具或使学生获得感性认识不是教学的最终目的，所以应该避免为了直观而直观。④重视运用语言直观。语言直观存在于教学的方方面面，更具有灵活性，正确运用语言直观能使课堂内容通俗易懂，学生易于理解和接受。

3. 如何看待教师"错一罚十、漏一补十"的做法？运用相关记忆规律分析此做法。（见 2017 年江西师范大学真题）

4. 用现代学生观分析该教师的行为。（见 2020 年西南大学真题）

2017 年贵州师范大学 333 教育综合真题 · 凯程详解

一、名词解释

1. 学校教育（见 2010 年华中师范大学真题）

2. 教育目的（见 2015 年北京师范大学真题）

3. "六艺"教育（见 2012 年华东师范大学真题）

4. 骑士教育（见 2010 年华东师范大学真题）

5. 学习策略（见 2015 年北京师范大学真题）

6. 最近发展区（见 2011 年北京师范大学真题）

二、简答题

1. 教育的相对独立性。（见 2010 年华中师范大学真题）

2. 孔子教育思想的贡献。（见 2012 年北京师范大学真题）

3. 现代教育对教师素养的要求。（见 2014 年北京师范大学真题）

4. 夸美纽斯的泛智教育思想。（见 2020 年湖南师范大学真题）

三、论述题

1. 杜威关于教育本质论及其现实的意义。（见 2018 年东北师范大学真题）

2. 新一轮的课程改革对教师的要求。

【答】课程改革是教育改革的核心，而教师则是课程改革的核心。基础教育课程改革能否在农村顺利实施和全面推进，关键在于教师的素质能否适应要求。当前我国基础教育课程改革对教师的教育观念、专业素养、教学能力等均提出了新的要求。新的要求主要表现在：

（1）教师要有明确的教育理念。观念是行为的先导，观念对人的行为具有持久的影响。教师的工作都是在一定的教学信念、教育理念和教育哲学的影响、指导、支配下进行的。新一轮基础教育课程改革体现了新的教育思想和教育观念。这就要求教师也要了解、熟悉、掌握这些教育理念。

（2）教师要有正确的角色行为。教师的角色是多样的，教师的任务是多重的，其作用是多元的，教师决不单单是知识的传授者。教师既是学生学习的组织者、帮助者、支持者，也是学生学习的咨询者、服务者和评价者。

（3）教师要有明确的课程意识和一定的课程开发能力。长期以来，由于我国基础教育课程权力相对集中，地方、学校和教师很少有课程的决策权力。因而大多数教师都缺乏课程意识，教材是教学的主要依据，教师很少对教学内容进行进一步的加工、创造。教师在教学过程中要充分发挥组织者、创造者的作用，要根据学生的特点和需要、教学情景、课程标准、课程资源等，创造性地进行教学。

（4）教师要有科学的评价观。基础教育课程改革着眼于建立促进学生全面发展的评价体系。要求学校、教师以及社会不仅要关注学生的学业成绩，而且还要发现和发展学生多方面的潜能。要求教师要了解学生发展中的需求，帮助学生认识自我，建立自信。特别提出要发挥评价的教育功能，促进学生在原有水平上的发展。

（5）教师要有持续的自我发展能力。教师职业要求教师要根据学生的发展变化和社会的发展变化不断调整、不断适应、不断提高。教师要引领学生的发展，促进学生的发展。而学生和社会都在不断变化和发展。

（6）教师要有一定的组织、协调、咨询和辅导能力。教师的工作是一个塑造生命的过程，课堂则是一个复杂的组织。新课程要求教师不单单是知识的传递者，而更多的是组织者、协调者。无论是课堂教学还是社区服务，无论是学科课程还是研究性学习，无论是师生之间还是教师与教师之间，都要通过组织协调进行，而不再是强迫、命令。特别是课堂教学、研究性学习等，教师的组织协调是关键因素。

3. 分析二者的回答，你更喜欢谁的回答？用思维的原理进行分析。

【答】小方的思维属于常规性思维，小明的思维属于创造性思维。相对于小方的回答，我更喜欢小明的回答。

常规性思维是指人们根据已有的知识经验，按现成的方案和程序直接解决问题。创造性思维的本质是发散性思维。遇到问题时，这种思维方式能从多角度、多侧面、多层次、多结构去思考，去寻找答案，既不受现有知识的限制，也不受传统方法的束缚，有积极的求异性、敏锐的洞察力、创造性的想象、活跃的灵感和新颖的表述等。

4. 如果你是周老师，你会怎么做？

【答】如果我是周老师，我会和同学们建立良好的关系，也就是要在每个学生心中树立良好的形象，具体来说有以下几种做法。

（1）老师的心地一定要善良，用高尚的师德影响学生。古人云："桃李无言，下自成蹊。"当我们时时、事事、处处真正为学生着想的时候，学生在无形之中，自然会明白班主任是一个什么样的老师。有人说："诚挚的心灵，是学生情感的钥匙；高尚的师德，是学生心灵的明镜。"我们要真心诚意地为学生着想。时间久了，一个不断地提升自我修养的老师，是真正能令学生爱戴敬仰的。因为这样的老师会从内心深处真正地爱每一个学生。反之，如果一个老师心术不正，动机不良，甚至人格与心理都不健全，是没有人喜欢这样的老师的，更不用说要学生接近老师或者是听话了。

（2）凡事躬行，可以很好地拉近与学生之间的距离。一个学校制定一些规章制度，是为了学生向良好的方向成长。在我们这个时代，由于社会的复杂，各种思潮的冲击，如果硬性要求学生做什么不做什么，这种说教是起不到太大作用的。“榜样的力量是无穷的”，榜样可以为学生提供范例。作为班主任，应该给学生树立一个好的榜样。班主任与学生接触的时间最长，是学生能看见的好榜样。

因此，要管理好学生，一个好的办法就是凡事躬行，与学生打成一片，如果要求学生做到什么，班主任就应该首先做到什么。比如说，可以与学生一起读书，与学生一起参加体育活动，与学生一起整理班务卫生，开会时与学生坐在一起听会，跑操时站在队伍后面一起跑，而不是在前台闲逛、闲聊，也不是躲在远处偷偷监视。劳动时亲自动手，而不是只做“甩手掌柜”。如果只是做一个监督者，不管什么事情，班主任只是动嘴说说，抬手指指画画，那么学生就会视这样的老师如同监工一样，冷冰冰的，没有亲切的感觉。同时，为了学生有好的行为习惯，班主任还应该在礼仪、谈吐、外表、衣着等方面，做出表率与示范，这样学生肯定会形成好的行为习惯。如果老师以身作则，学生就会模仿，并下定决心去做好，同时还能感到老师平易近人，和蔼可亲，从而使师生关系融洽，增强老师的威信，正所谓“喊破嗓子，不如做出样子”。

（3）给学生物质上的鼓励，培养学生的成就感。年轻班主任不妨经常准备一些糖果之类的零食，如果学生做了一些有利于班级，有利于同学，有利于自己学习的事情，就奖励他们。糖果不是值钱的东西，甚至在家中学生也不喜欢吃。但是班主任奖励他就不同了，糖果是肯定与荣誉的象征，再普通的糖果学生也会吃得津津有味，学生会记忆很深。对于身体健康情况不好的学生，班主任一定要认真关照，经常关心询问，对于不方便的地方，提供帮助。这样其他学生也会学会关爱同学，增强班级向心力。

2018年贵州师范大学333教育综合真题·凯程详解

一、名词解释

1. **教育**（见2014年北京师范大学真题）
2. **课程**（见2019年北京师范大学真题）
3. **有教无类**（见2010年北京师范大学真题）
4. **认知策略**（见2013年江苏师范大学真题）
5. **产婆术**（见2011年北京师范大学真题）
6. **问题解决**（见2011年南京师范大学真题）

二、简答题

1. **简述杜威的教育思想。**（见2011年北京师范大学真题）
2. **简述启发性教学原则的基本要求。**（见2012年北京师范大学真题）
3. **简述马克思主义关于人的全面发展的学说。**（见2017年华南师范大学真题）
4. **简述马斯洛的需要层次理论。**（见2013年西南大学真题）

三、论述题

1. **上述材料体现了什么德育原则？怎样处理？**

【答】（1）该教师违反了严格要求和尊重学生相结合及因材施教的德育原则。

（2）严格要求与尊重学生相结合原则是指进行德育时要将对学生的思想和行为的严格要求与对他们个人的尊重和信赖结合起来，使教育者对学生的影响与要求易于转化为学生的品德。贯彻这一原则的基本要求为：①爱护、尊重和信任学生；②严格要求学生。

因材施教原则是指进行德育时要从学生品德发展的实际出发，根据他们的年龄特征和个性差异进行不同的教育，使每个学生的品德都能得到最优的发展。贯彻因材施教原则的基本要求为：①深入了解学生的个性特点和内心世界；②根据学生的个性特点有的放矢地进行教育；③根据学生的年龄特征有计划地进行教育。

2. 上述材料中老师在班级管理上体现了什么样的管理观念？有什么启示？

【答】（1）班主任在班级管理上体现了民主、以学生为本的管理观念。传统的教学视课堂教学为个体活动的复合体，而不是一种群体的共同活动，只注意对学生灌输某些知识技能和引导学生个体的一般发展。材料中的班主任把班会看成师生、生生交往和对话的平台，更把班会看成一种集体的教学力量，尊重学生，让学生自主地去表演。

（2）启示：①丰富班级管理角色。在班级管理中增加管理岗位，使更多的学生在集体中承担责任、服务于群体，不仅能增强班级凝聚力和学生集体的自我管理能力，而且能激发学生个体的积极性，锻炼学生的管理能力，从管理者的角色中学会自我管理。班主任让小松当导演，小松能带领全班同学表演课本剧。

②构建“开放、多维、有序”的班级活动体系。班级建设必须构建一个由自主性的课堂教学活动、选择性的课外活动、创造性的社会实践活动有机组合的开放、多维、有序的共同活动体系，从而为每一个成员提供发现、尝试、锻炼和表现自己天赋和才能的自由时间和空间。班主任在班级日常活动中，应注意唤醒学生的自主意识，主动地参加到班级的日常活动中去。

3. 论述陶行知教育思想及其对当前学校教育的启示。（见2014年北京师范大学真题）

4. 班杜拉观察学习理论及其现实意义。（见2016年东北师范大学真题）

2019年贵州师范大学333教育综合真题·凯程详解

一、名词解释

1. 教育目的（见2015年北京师范大学真题）

2. 课程（见2019年北京师范大学真题）

3. 壬寅学制

【答】1902年，在管学大臣张百熙的主持下拟定了一系列学制系统文件，统称《钦定学堂章程》，又称“壬寅学制”。这是中国近代第一个以中央政府的名义制定的全国性学制系统，学制划分为三段七级，蒙学堂和寻常小学堂共7年，规划为义务教育性质。它虽然正式公布，但是并没有实行。

4. 绅士教育（见2012年华东师范大学真题）

5. 元认知策略（见2011年北京师范大学真题）

6. 因材施教（见2010年东北师范大学真题）

二、简答题

1. “五育”并举。（见2016年华东师范大学真题）

2. 颜之推的教育思想。（见2013年哈尔滨师范大学真题）

3. 夸美纽斯的教育思想。（见2016年西南大学真题）

4. 学校教育在人的发展中的作用。（见2016年东北师范大学真题）

三、论述题

1. 建设师德师风的重要性。

【答】（1）振兴民族的希望在于创新教育，振兴创新教育在于教师。党和国家把无限的厚望寄托在教师身上。在全面实施素质教育的过程中，对教师提出了更高的要求。教师不但要教学生学好文化科学知识，而且要教学生怎样做人；不但对学生当前负责，而且要对学生的一生负责。这就要教师有高超的教育艺术和诲人不倦的教育精神，而良好的师德师风是激励教师学政治、钻业务、全面提高自身创新能力素质的内在动力。

（2）教师素养的品德要求即教师职业道德，又称“教师道德”或“师德”，是教师在从事教育劳动中所遵循的行为准则和必备的道德品质。它是社会职业道德的有机组成部分，是教师行业特殊的道德要求。它从道义上规定了教师在教育劳动过程中以什么样的思想、感情、态度和作风去待人接物，处理问题，做好工作，为社会尽职尽责。当前教师职业道德的时代特征主要有爱国守法、爱岗敬业、教书育人、关爱学生、为人师表、终身学习。其中爱与责任是师德的核心与灵魂。

（3）党的十九大中，习总书记指出“人才培养，关键在教师”，教师队伍素质直接决定着学校办学能力和水平。首先，加强师德师风建设，是教师发展事业的需要。其次，加强师德师风建设，是学生健康成长的需要。最后，加强师德师风建设，是推进社会文明的需要。因此，广大教师要不断加强师德修养，自觉增强职业荣誉感、历史使命感和社会责任感，以培育优秀人才、发展先进文化和推进社会进步为己任，站在时代的前列，树立高尚的道德情操和精神追求，甘为人梯，身体力行，敬业、精业、乐业，努力做受学生爱戴、让人民满意的教师。

2. 卢梭的自然主义教育。（见 2012 年华东师范大学真题）

3. 如何培养学生的学习动机?（见 2012 年华东师范大学真题）

4. 启发式教学及其要求。（见 2018 年云南师范大学真题）

2020 年贵州师范大学 333 教育综合真题·凯程详解

一、名词解释

1. 稷下学宫（见 2020 年北京师范大学真题）

2. 学习动力（见 2013 年北京师范大学真题）

3. 产婆术（见 2011 年北京师范大学真题）

4. 班级授课制（见 2016 年北京师范大学真题）

二、简答题

1. 教育对政治的影响。（见 2012 年北京师范大学真题）

2. 影响遗忘的因素。

【答】（1）记忆痕迹衰退说。完形心理学家提出人们在学习时神经活动引起大脑产生某种变化，留下各种记忆痕迹，它们会随着时间逐渐衰退。只有不断地练习，记忆痕迹才能保持。

（2）材料间的干扰说。这一理论认为，遗忘的发生是由于人们在某时期所学习的材料或所获得的信息之间会发生相互影响，正是这种影响造成了遗忘的发生。

（3）检索困难说。现代信息加工心理学认为，人们所获得的信息是以某种编码形式永久地储存在长时记忆中的，人们一时无法回忆起所需要的信息是因为难以找到其提取的线索。

（4）知识同化说。奥苏伯尔根据其同化理论指出，遗忘是知识的组织和认知结构简化的过程。遗忘的往往是一些被较为高级的观念所替代的低一级的观念，从而减轻了记忆的负担。

（5）动机性遗忘说。这一理论认为，遗忘是因为我们不想记，而将一些记忆推出意识之外，因为它们太有损于自我。遗忘不是保持的消失而是记忆被压抑。由此也被称为压抑理论。

总之，遗忘的原因是多方面的，上述每一种理论都能解释遗忘发生的部分原因，但又不能解释所有的遗忘现象，需要进行多角度、多侧面、综合性的思考与解释。

3. 夸美纽斯的教育思想。（见 2016 年西南大学真题）

三、论述题

1. 科举制的利弊及对高考的启示。（见2019年华中师范大学真题）

2. 教育惩戒的意义。

【答】教育惩戒的主要目的在于教育，其教育意义主要体现在学生、学校和社会三方面。

（1）教育惩戒有利于促进学生身心发展。学生的成长过程是一个由“他律”走向“自律”的过程。作为发展尚未成熟的学生，首先必须接受外在的由教师代表社会所给予的强制规范的影响，这是一个促使个体社会化的过程。一方面，要对学生遵守规范的行为予以表扬，促进良好行为的发生、保持和发展；另一方面，也要对学生违反规定的行为予以惩戒，杜绝不良行为的产生与恶化。此外，惩戒教育作为学生不良行为的警戒灯与矫正器，不仅有利于学生形成社会认可的行为规范，更重要的是，有助于培养学生法律观念与责任意识。

（2）教育惩戒有利于完善学校教育制度，实现教育活动规范化。教师惩戒权的行使具有维护学校秩序的作用。学校作为专门培养人的教育组织机构，各项工作都应该井然有序地开展，这就需要一定的纪律来维护。教师惩戒权的存在是为了维护学校正常的教育教学秩序，保障学校活动的有序进行，消除那些违规行为对学校正常活动的不良影响。这有利于形成正确的舆论环境，树立良好的校园风气，有效地抵制学生中的歪风邪气，维护学校纪律和各项规章制度，进一步完善学校教育制度，使得师生的权利义务、职责地位及其互动关系明确化，创造制度化、规模化的现代教育体制。

（3）教师惩戒权对于社会的和谐稳定有一定的促进作用。现实生活中，每个人都有可能获得成功与赞赏，遭遇失败与惩戒。生活世界的这两种情况投射在学校教育中，就表现为赏识教育与惩戒教育并存。学校是社会的缩影。在学校阶段，恰当的惩戒手段可以使学生知法守法，因违“法”而被“究”，体验法律的严肃性及违法的痛苦，促使养成良好的遵纪守法习惯，从而预防犯罪。这对于学生走出学校，步入社会，降低整个社会的违法犯罪率，促进社会的和谐稳定发展是有利的。另外，通过教育惩戒能够提高人的心理承受能力，从而减少社会自杀率。

3.（1）请说说如何界定教育惩戒。

（2）中小学教师如何进行教育惩戒？

【答】（1）教育惩戒，是指教师和学校在教育教学过程和管理中基于教育目的与需要，对违规违纪、言行失范的学生进行制止、管束或者以特定方式予以纠正，使学生引以为戒，认识和改正错误的职务行为。教育惩戒是教师履行教育教学职责的必要手段和法定职权。

（2）中小学教师实施教育惩戒，应当遵循以下原则：

①育人为本。应当基于关爱学生的宗旨、符合育人规律，达到教育学生遵守规则、增强自律、改过向上的目的。

②合法合规。应当以事先公布的规则为依据，尊重学生基本权利和人格尊严，遵循法治原则，程序正当、客观公正。

③过罚适当。应当根据学生的性别、年龄、个性特点、身心特征、认知水平、一贯表现、过错性质、悔过态度等，选择适当的惩戒措施，实现最佳教育效果。

④保障安全。应当事先了解学生行为动机、判断行为性质，并注意方式、场所和环境的安全，防范可能出现的风险。

沈阳师范大学

2010年沈阳师范大学333教育综合真题·凯程详解

一、名词解释

1. 教育目的（见2015年北京师范大学真题）
2. 学校教育制度（见2019年北京师范大学真题）
3. 教学（见2013年陕西师范大学真题）
4. 榜样示范法（见2016年北京师范大学真题）
5. 苏格拉底法（见2011年北京师范大学真题）
6.《大教学论》（见2012年杭州师范大学真题）

二、简答题

1. 我国基础教育新课程改革的三维目标。（见2010年内蒙古师范大学真题）
2. 简述教师劳动的特点。（见2015年东北师范大学真题）
3. 阐述陶行知的“生活教育”理论。（见2014年北京师范大学真题）

三、论述题

1. 试论创造性的培养措施。（见2015年华东师范大学真题）
2. 联系实际论述德育过程是培养学生知、情、意、行的过程。（见2015年北京师范大学真题）
3. 试论述孔子和韩愈的教师观。（见2018年华中师范大学真题+2018年北京师范大学真题）
4. 试论述杜威教育本质论的主要内容及影响。（见2018年东北师范大学真题）

2011年沈阳师范大学333教育综合真题·凯程详解

一、名词解释

1. 教育学（见2011年陕西师范大学真题）
2. 课程标准（见2015年北京师范大学真题）
3. 教学评价（见2015年北京师范大学真题）
4. 德育过程（见2014年华东师范大学真题）
5.《大教学论》（见2012年杭州师范大学真题）
6. 绅士教育（见2012年华东师范大学真题）

二、简答题

1. 简述全面发展教育的组成部分。（见2010年东北师范大学真题）
2. 简述教学过程中应处理好的几种关系。（见2011年东北师范大学真题）
3. 简述迈克卡等人关于学习策略的结构和内容的基本主张。（见2012年山西师范大学真题）
4. 简述蔡元培“五育”并举的教育方针。（见2016年华东师范大学真题）

三、论述题

1. 试分析影响问题解决的主要因素。（见 2017 年陕西师范大学真题）
2. 试述新一轮基础教育课程改革的具体目标。（见 2014 年陕西师范大学真题）
3. 论述《学记》教育教学的原则和方法。（见 2011 年东北师范大学真题）
4. 论述《国防教育法》的内容及影响。（见 2014 年华东师范大学真题）

2012 年沈阳师范大学 333 教育综合真题 · 凯程详解

一、名词解释

1. 德育原则（见 2018 年天津师范大学真题）
2. 生活准备说（见 2016 年安徽师范大学真题）
3. 学习（见 2013 年陕西师范大学真题）
4. 建构主义学习观（见 2012 年陕西师范大学真题）
5. 全面发展教育（见 2019 年杭州师范大学真题）
6. 学校管理（见 2015 年北京师范大学真题）

二、简答题

1. 简述“朱子读书法”。（见 2016 年华东师范大学真题）
2. 简述人的身心发展规律对教育的要求。（见 2010 年华中师范大学真题）
3. 简述课程目标设计的基本方式。（见 2017 年山东师范大学真题）
4. 简述中小学德育的基本途径。（见 2014 年北京师范大学真题）

三、论述题

1. 试论陈鹤琴“活教育”的思想体系。（见 2015 年北京师范大学真题）
2. 述评科尔伯格的道德发展阶段理论。（见 2013 年华东师范大学真题）
3. 论述夸美纽斯建立统一学制系统的内容及影响。

【答】（1）内容：按照儿童身心发展的自然规律，夸美纽斯提出建立统一的学制系统，以落实其泛智教育主张。夸美纽斯把人的学习期以 6 年为一阶段，划分为婴儿期（0～6 岁）、儿童期（6～12 岁）、少年期（12～18 岁）和青年期（18～24 岁）四个阶段，与之相应的是母育学校、国语学校、拉丁语学校和大学四级学制系统。各级学校均按照适应自然的原则，采用班级授课制和学年制开展工作，分别开设不同的课程来教育和培养儿童。如母育学校要在各个家庭实施，注重体育、自然与思维的研究；国语学校要在每个城镇和乡村开设，招收一切儿童，注重国语的读写以及算术等；拉丁语学校在较大的城市设立，招收较有理想的学生，主要学习“七艺”；大学在每个王国或省部设立，提供哲学、医学、法学、神学的训练，培养未来的教师和学者。

（2）影响：夸美纽斯的学制系统，总结了古希腊以来西方教育家们对于学校教育设置的基本构想，为宗教改革以来形成的国民教育理念的实践提供了具体而详尽的指导，也使得科学革命以来出现的实在论教育学说获得了实践制度的支持。

4. 试论班主任应具备的素质要求。（见 2015 年华东师范大学真题）

2013 年沈阳师范大学 333 教育综合真题·凯程详解

一、名词解释

1. 学校教育制度（见 2019 年北京师范大学真题）
2. 课程设计（见 2016 年上海师范大学真题）
3. 教学原则（见 2013 年哈尔滨师范大学真题）
4. 学校管理（见 2015 年北京师范大学真题）
5.《理想国》（见 2010 年东北师范大学真题）
6. 绅士教育（见 2012 年华东师范大学真题）

二、简答题

1. 简述教学工作的基本环节。（见 2020 年华东师范大学真题）
2. 简述德育的主要方法。（见 2020 年陕西师范大学真题）
3. 当代教育心理学研究的基本趋势是什么？

【答】（1）在研究取向上，从行为范式、认知范式向情景范式转变。

（2）在研究内容上，强调教与学并重，认知与非认知并举，传统领域与新领域互补。

（3）在研究思路上，强调认知观和人本观的统一，分析观和整体观的结合。

（4）在研究方法上，注重分析与综合、量性与质性、现代与生态、人文与科学的结合。

4. 简述孔子的教学方法论。（见 2013 年东北师范大学真题）

三、论述题

1. 论述教育的社会变迁功能。（见 2014 年北京师范大学真题）
2. 评述加里培林的心智技能按阶段形成理论。（见 2019 年山东师范大学真题）
3. 论述赫尔巴特的教学形式阶段理论。（见 2017 年东北师范大学真题）
4. 试论陶行知的“生活教育”理论体系。（见 2014 年北京师范大学真题）

2014 年沈阳师范大学 333 教育综合真题·凯程详解

一、名词解释

1. 个体发展（见 2019 年华中师范大学真题）
2. 中学为体，西学为用（见 2011 年北京师范大学真题）
3. 教育中介系统（见 2018 年山东师范大学真题）
4. 有教无类（见 2010 年北京师范大学真题）
5. 教育目的的价值取向（见 2010 年广西师范大学真题）
6. 课程标准（见 2015 年北京师范大学真题）

二、简答题

1. 简述人格发展的一般规律。（见 2013 年华中师范大学真题）
2. 简述人文主义教育的主要特征。（见 2011 年华东师范大学真题）
3. 简述学校管理的发展趋势。（见 2020 年华东师范大学真题）
4. 简述启发性教学原则。（见 2012 年北京师范大学真题）

三、论述题

1. 论述马斯洛学习动机的需要层次理论。（见2013年西南大学真题）
2. 论述杜威关于教育本质的主要观点。（见2018年东北师范大学真题）
3. 论述蔡元培“五育”并举的教育方针。（见2016年华东师范大学真题）
4. 联系实际论述德育过程是培养学生知、情、意、行的过程。（见2015年北京师范大学真题）

2015年沈阳师范大学333教育综合真题·凯程详解

一、名词解释

1. 教育学（见2011年陕西师范大学真题）
2. 教育目的的个人本位论（见2010年浙江师范大学真题）
3. 教学评价（见2015年北京师范大学真题）
4. 德育过程（见2014年华东师范大学真题）
5. “六艺”教育（见2012年华东师范大学真题）
6. “教学做合一”（见2018年湖南师范大学真题）

二、简答题

1. 简述社会经济政治制度对教育的制约。（见2018年南京师范大学真题）
2. 简述循序渐进的原则。（见2016年南京师范大学真题）
3. 简述《理想国》的教育思想。（见2017年哈尔滨师范大学真题）
4. 简述观察学习的含义。

【答】班杜拉认为，人类的学习有两种形式：一种是直接学习；另一种是间接学习。观察学习是一种间接学习的形式。观察学习主要包括四个阶段：注意过程、保持过程、复制过程和动机过程。

（1）注意过程影响观察者对榜样行为的探索和知觉过程，决定观察者的观察内容。

（2）保持过程使观察者将示范行为以某种形式储存在头脑中以便今后可以指导操作。

（3）复制过程（动作再现过程）是观察者以内部表征为指导，将榜样行为再现（模仿）出来。

（4）动机过程决定个体复现榜样行为的具体内容，换言之，决定哪一种经由观察习得的行为得以表现。

三、论述题

1. 联系实际论述教学过程中的掌握知识和发展智力的关系。（见2012年东北师范大学真题）
2. 试论《学记》的教育教学原则与方法。（见2019年湖南师范大学真题）
3. 试论赫尔巴特的教学阶段理论和意义。（见2017年东北师范大学真题）
4. 举例说明迁移及其分类。

【答】迁移是指已经获得的知识、动作技能、情感和态度等与新的学习之间的相互影响。

（1）根据迁移性质的不同分为正迁移与负迁移。

①概念。正迁移：也叫“助长性迁移”，是指一种学习对另一种学习起到积极促进作用。负迁移：是指两种学习之间相互干扰、阻碍。

②举例。学习数学有利于学习物理，学习珠算有利于学习心算，属于正迁移。地方方言对学习普通话具有消极影响，属于负迁移。

（2）根据迁移方向的不同分为顺向迁移与逆向迁移。

①概念。顺向迁移：是指先前的学习对后来学习的影响。逆向迁移：是指后继学习对先前学习的影响。无论是顺向迁移或是逆向迁移，其产生的影响都有正负现象。

②举例。在物理中学习了“平衡”这一概念，就会对以后学习化学平衡、生态平衡、经济平衡产生影响，这是顺向迁移；学习对数有利于理解指数，属于逆向迁移。

（3）加涅根据原有知识在新情境中应用的难度和结果划分为水平迁移与垂直迁移。

①概念。水平迁移：也称横向迁移，是指处于同一概括水平的经验之间的相互影响。纵向迁移：也称垂直迁移，是指处于不同概括水平的经验之间的相互影响。

②举例。学习从钝角迁移到锐角、平角属于水平迁移；对植物、动物等概念的理解影响着对生物这一概念的掌握属于垂直迁移。

（4）布鲁纳根据迁移范围的大小划分为一般迁移与特殊迁移。

①概念。一般迁移：是原理原则态度的迁移。具体迁移：是把从一种学习中习得的具体的、特殊的经验直接迁移到另一种学习中去。

②举例。我们在解决所有问题时都会按自己的方式和自己的态度来，属于一般迁移；在某道证明题中我们学到了反证，然后在其他的证明题中我们都会想是否也可以反证，属于具体迁移。

（5）同化性迁移、顺应性迁移与重组性迁移。

①同化性迁移：在学习的过程中，学习者的原有认知结构没有发生改变，直接将原有的认知经验应用到本质特征相同的一类事物中去。

②顺应性迁移：在学习的过程中，学习者需调整原有的经验或对新旧经验加以概括，形成一种能包容新旧经验的更高一级的认知结构，才能适应外界的变化。

③重组性迁移：在学习的过程中，学习者需要重新组合原有认知系统中某些构成要素或成分，调整各成分间的关系或建立新的联系，从而应用于新情境。

（6）低路迁移和高路迁移——所罗门、帕金斯。

①低路迁移：是指经过充分练习的技能自动迁移，不需要反省性思维。

②高路迁移：是指有意识地将先前习得的抽象知识应用于新的情境。

2016年沈阳师范大学333教育综合真题·凯程详解

一、名词解释

1. **教育者**（见2020年华南师范大学真题）

2. **分科课程**（见2017年华东师范大学真题）

3. **《国防教育法》**（见2010年湖南师范大学真题）

4. **苏格拉底法**（见2011年北京师范大学真题）

5. **教学方案**

【答】教学方案是教师对单元教学过程的计划安排，是教师实施教学的依据。

6. **教育的社会变迁功能**（见2011年山东师范大学真题）

二、简答题

1. **试述人的发展规律。**（见2010年华中师范大学真题）

2. **简述陶行知的生活教育思想。**（见2014年北京师范大学真题）

3. **简述学习动机需要层次理论。**（见2013年西南大学真题）

4. **简述集体教育原则。**（见2011年华东师范大学真题）

三、论述题

1. **结合实际论述教师指导学生的德育过程。**（见2015年华中师范大学真题）

2. **论述杜威的教育思维和教学方法。**（见2011年北京师范大学真题）

3. 试论孔子的道德教育论。（见 2012 年东北师范大学真题）
4. 试论影响问题解决的因素。（见 2017 年陕西师范大学真题）

2017 年沈阳师范大学 333 教育综合真题 · 凯程详解

一、名词解释

1. 启发性教学原则（见 2012 年辽宁师范大学真题）
2. 科举制（见 2016 年西南大学真题）
3. 学校教育（见 2010 年华中师范大学真题）
4. 白板说（见 2013 年北京师范大学真题）
5. 自我效能感（见 2014 年华东师范大学真题）
6. 校本教育

【答】校本教育是指以学校为单位，面向教师的学习方式，内容以学校的需求和教学方针为中心，目的是提高教师的业务水平和教育教学能力。此外，校本课程是一种新的课程领域，是基于学生的直接体验，密切联系学生自身生活和社会生活，体验对知识综合运用的课程。它的基本学习方式是探究学习。

二、简答题

1. 简述教育的基本要素和相互关系。（见 2015 年北京师范大学真题）
2. 简述《师说》的内容。（见 2018 年北京师范大学真题）
3. 简述昆体良的教育思想。（见 2018 年辽宁师范大学真题）
4. 简述促进知识迁移的措施。（见 2014 年北京师范大学真题）

三、论述题

1. 论述人的身心发展的规律性，结合实际说说在教学中的运用。（见 2010 年华中师范大学真题）
2. 杜威的教育本质并联系实际说明对今天的影响。（见 2018 年东北师范大学真题）
3. 论述孔子的教学思想并进行评价。（见 2013 年东北师范大学真题）
4. 试述培养创造者的措施。（见 2011 年北京师范大学真题）

2018 年沈阳师范大学 333 教育综合真题 · 凯程详解

一、名词解释

1. 教育（见 2014 年北京师范大学真题）
2. 课程（见 2019 年北京师范大学真题）
3. 长善救失（见 2020 年西北师范大学真题）
4. 因材施教（见 2010 年东北师范大学真题）
5. 卢梭的自然教育原则（见 2013 年陕西师范大学真题）
6. 有意义的学习（见 2014 年华东师范大学真题）

二、简答题

1. 简述教育的要素及其相互关系。（见 2015 年北京师范大学真题）

2. 简述荀子的性恶论。（见2017年云南师范大学真题）

3. 简述班级授课制及其优缺点。（见2020年北京师范大学真题）

4. 简述学习动机如何影响学习效果。

【答】尽管学习效果的好与差受多种主观与客观因素的影响，诸如学习者的先天素质、学习基础、学习态度、学习方法、学习习惯、智力水平、人格特点、健康状况，以及学习环境和课外指导等，然而学习动机始终是取得好的学习效果的直接动力。

（1）学习动机与学习效果之间存在着同一性，也存在着矛盾性。同一性反映着学习动机与学习效果之间的必然性。比如学习动机好，学习效果好；学习动机不好，学习效果也不好。而矛盾性则反映着学习动机与学习效果之间的偶然性。比如学习动机好，学习效果不好；学习动机不好，学习效果好。如学习动机是为了取得好成绩，把别的同学都压下去，唯我独尊，这种学习动机显然是不正确的，但也能产生强大的动力，取得好的成绩。

（2）学习动机与学习效果之间存在着矛盾性和偶然性，因而在错误动机的支配下取得的好成绩是不会长久的。学习动机与学习效果的关系是以学习行为为中介变量的，有良好的学习动机，没有良好的学习行为和学习习惯，亦不可能取得好的学习效果。

因而，小学生学习心理辅导，不仅要重视学习动机的辅导，也要重视学习行为和学习习惯的辅导。

三、论述题

1. 人的发展规律性表现在哪些方面？结合实际，谈谈学校教育工作如何按规律进行。（见2010年华中师范大学真题）

2. 试述孔子"性相近，习相远"的教育思想。（见2013年江苏师范大学真题）

3. 苏霍姆林斯基关于个性的全面和谐发展教育观的主要内容是什么？有何现实意义？

【答】（1）苏霍姆林斯基关于个性的全面和谐发展教育观的主要内容。（见2016年北京师范大学真题）

（2）苏霍姆林斯基关于个性的全面和谐发展教育观的现实意义。

苏霍姆林斯基的理论研究是与教育、教学实践密切结合的，并且他注意总结历史经验并得到了比较正确的结论。对辩证唯物主义方法论和马克思列宁主义教育原理的深入掌握和运用，是使他在教育研究和实践中取得辉煌成就的重要保证。他被誉为"教育思想泰斗"。

4. 分析人本主义教学观的基本观点，根据这些教学观提出的教学模式是什么？阐述这种教学模式的特征。

【答】（1）人本主义教学观的基本观点。

①在教育目的方面，强调发展人性，注重创造潜能的激发，引导认知与经验的结合，注重人的理性与情感的均衡发展，使学习者肯定自己，进而促进自我实现。

②在教育方法上，重视自由创造、经验的学习、主动探索与角色扮演。

③在课程设计方面，重视以人与社会的幸福为学习内容，注重师生共同设计、解决问题并从行动中加以学习。

④在教学思想和实践上，主张以自我发展为导向，一切教育措施应适合学生的需要，帮助学生发展。

（2）根据这些教学观提出的教学模式是非指导性的教学模式。

（3）非指导性的教学模式特征。

①带有"较多的不明示性、间接性、非命令性"等特征。在非指导性教学中，对讨论负有主要责任的是学生，教师只是做一些非指导性应答以引导或维持讨论。非指导性应答通常是一些简短的答话，这些话不是解释、评价或给予忠告，而是对理解加以反映、澄清、接受和证明，目的在于形成一种气氛，让学生愿意展开他们正在表达的观念。

②非指导性教学的学习评价主要是学生的自我评价。这种自我评价使学生更能为自己的学习负

起责任，从而更加主动、有效、持久地学习。罗杰斯指出：“当个人意识到那种标准对他很重要，他力图达到那些目标和实现那些目标时，他才真正知道应承担对他自己和他的各方面所负起的责任。”

2019年沈阳师范大学333教育综合真题·凯程详解

一、名词解释

1. 学校教育制度（见2019年北京师范大学真题）

2. 课程标准（见2015年北京师范大学真题）

3. 学校管理的过程

【答】学校管理的过程包括以下四个环节。①计划：对学校工作目标的全面设计和统筹规划。它是学校管理过程的起始环节，在管理活动中起着指明方向、规划进程、统一步调、提高效率的作用。②实施：将计划付诸行动，使学校的人、财、物、时间、空间、信息等资源产生最大的实际效益与社会价值。学校管理者要做好组织、指导、协调和激励工作。③检查：对计划的执行情况进行考核，其目的在于发现问题和解决问题，检查具有监督、考评和激励的作用。④总结：就是对学校管理过程的计划、实施、检查工作进行分析、评价等反思性活动。

4. 孟轲的性善论（见2012年福建师范大学真题）

5.《莫雷尔法案》（见2010年华东师范大学真题）

6. 创造性（见2019年华南师范大学真题）

二、简答题

1. 如何处理教学过程中的几对关系？（见2011年东北师范大学真题）

2. 简述建构主义的学生观。（见2013年华东师范大学真题）

3. 杜威的从做中学的思想和课程论。（见2014年东北师范大学真题+2011年浙江师范大学真题）

4. 孔子的学思行教学原则。（见2010年江苏师范大学真题）

三、论述题

1. 在社会变迁的过程中教师角色转变的趋势有哪些方面？这意味着什么？联系实际生活，教师要如何面对这种趋势？

【答】（1）社会变迁中教师角色转变的趋势：

第一，在教学过程中更多地履行多样化的职能，更多地承担组织教学的责任。

第二，从一味强调知识的传授转向着重组织学生的学习。

第三，注重学习的个性化，改进师生关系。

第四，实现教师之间更为广泛的合作，改进教师与教师之间的关系。

第五，更广泛地利用现代教育技术，掌握必需的知识与技能。

第六，更密切地与家长和其他社区成员合作，经常参与社区生活。

第七，更广泛地参加校内服务和课外活动。

第八，削弱加之于孩子们，特别是大龄孩子及其家长身上的传统权威。

（2）教师角色的这些转换，不仅意味着学校教育功能的某些变化，而且对教师的素养以及相应的师资培训问题也提出了更高的要求。

（3）如何面对这种趋势：

客观上：①必须进一步切实提高教师的社会地位与经济待遇，改善教师的生活和工作条件，努力解决教师的实际困难；②努力创造条件，给教师提供进修、提高与发展的机会，并给予教师公正、客观、科学的评价，认可并肯定教师的劳动，满足教师的成就感；③加强对教师的思想教育，增强其责任感与使命感等。

主观上：教师的自身努力是关键因素。①教师要树立自尊、自信、自律、自强的自我意识。②教师要根据实际情况的需要，从许多角色中挣脱出来，把时间和精力用到那些对其更有价值的角色上。③教师应学会处理冲突的艺术，控制自己的情绪和行为，做到心胸开阔、意志坚定，切实有效地完成教师角色的任务。

2. 谈谈马克思、恩格斯关于人的全面发展与实际相结合的教育思想。（见 2017 年华南师范大学真题）

3. 陶行知的生活教育理念。（见 2014 年北京师范大学真题）

4. 科温顿的自我价值理论，结合实际，谈谈对我们的教育活动有什么启示。

【答】（1）自我价值理论：这一理论立足于学生的自尊，从实际的角度来解释学生的动机问题。

该理论认为，人天生就有维护自尊和自我价值感的需要。当一个人的自尊和自我价值感受到威胁时，他就需要采取各种措施来维护、保持自我的价值感和能力感，学习同样有这种需要。自我价值理论的基本观点：①自我价值感是个人追求成功的内在动力，个体为了体现自己能干，喜欢找高难度的任务挑战；②个人把成功看作能力的展现，而不是努力的结果；③成功难以追求，则以逃避失败来维持自我价值；④学生对能力与努力的归因随年龄而改变，当年龄渐大后，他们开始意识到努力的重要性，不再偏执于把一切成就归为能力。自我价值理论将动机划分为四种类型，相应地也将学生划分为四种类型：①高驱低避型；②低驱高避型；③高驱高避型；④低驱低避型。

（2）自我价值理论对教育活动的启示。

自我价值理论的意义在于把指导学生认识学习目的、培养学生学习动机视为学校教育最重要的目的。自我价值理论对教育过程中的很多现象具有独特的解释能力，如对学生努力的态度，学习动机随年龄的增长而降低，对任务的选择、目标的选择、考试的抱怨等都能进行合理的解释。这种理论把人的学习动机视为对成功的追求和个人能力的炫耀，只看到一部分学生缺乏理性的价值取向，并存在忽视自身努力、轻视教师作用的倾向。但现实中并不是所有学生都这样，所以该理论的普遍性、代表性不强。

2020 年沈阳师范大学 333 教育综合真题 · 凯程详解

一、名词解释

1. 教育规律（见 2019 年山东师范大学真题）

2. 学科课程（见 2017 年华东师范大学真题）

3. 班级授课制（见 2016 年北京师范大学真题）

4. 孔子的“有教无类”（见 2010 年北京师范大学真题）

5. 亚里士多德的自由教育

【答】自由教育是亚里士多德总结的古希腊教育传统。它是指对自由公民所施行的，强调通过自由技艺的学习进行非功利的思辨和求知，从而免除无知愚昧，获得各种能力全面完美的发展以及身心和谐自由状态的教育。其教学内容为不受任何功利目的影响的自由知识，包括音乐、文法、修辞学、几何、算术、天文、逻辑（辩证法），也称为自由学科（“七艺”）。自由教育成为西方经典的教育模式之一，对西方教育传统的形成具有重要作用。

6. 问题解决（见 2011 年南京师范大学真题）

二、简答题

1. 人的发展有何特点？（见 2010 年华中师范大学真题）

2. 书院的教育特点。（见 2013 年华东师范大学真题）

3. 美国的“返回基础”教育运动的内容。

【答】20世纪70年代，由于公众对公立学校的教育质量普遍感到不满，美国掀起了“返回基础”教育运动，主要是针对中小学校出现的知识教学和基本技能训练薄弱的问题而言的。

（1）内容：①小学阶段，强调阅读、写作和算术教学，学校教育应将精力集中于这些方面的基本技能训练上；②中学阶段，主要应把精力集中于英语、自然科学、数学和历史的教学上；③教师要在学校教育的一切阶段起主导作用，“不得有任何学生自主的活动”；④教学方法包括练习、背诵、日常家庭作业以及经常性测验等；⑤经过考试证明学生确已掌握所要求的基本技能和知识后，方可升级或毕业，取消只凭学满课程所要求的时间就予以毕业或升级的做法；⑥取消选修课，增加必修课；⑦严明纪律等。

（2）评价：“返回基础”教育运动曾在美国教育界引起一场激烈的争论。提倡者和赞同者甚至把这场运动视为拯救美国基础教育的“灵丹妙药”，但也有许多人严厉地指责它。这场运动从实质上讲是恢复传统教育。

4. 影响学生学习动机的外部条件。（见2010年华中师范大学真题）

三、论述题

1. 论述社会变迁中教师角色发展的趋势。（见2013年华东师范大学真题）

2. 蔡元培“五育”并举的教育方针。（见2016年华东师范大学真题）

3. 结合实际论述裴斯泰洛齐的“教育与生产劳动相结合”的内容及现实意义。（见2020年东北师范大学真题+2018年东北师范大学真题）

4. 什么是生成性学习模式？根据这种观点谈谈教师如何促进学生的学习。

【答】（1）生成性学习的最初提出者是维特罗克，它属于结构主义的一种教学方法。生成性学习，就是要训练学生对他们所阅读的东西产生一个类比或表象，如图形、图像、表格或图解等，以加强其深层理解。生成性教学是指在弹性预设的前提下，在教学的展开过程中由教师和学生根据不同的教学情境自主构建教学活动的过程。

（2）基本观点：该模式认为，学习是一个主动的过程，学习者积极参与其中并非被动地接受信息，而是主动地建构自己对信息的解释，并从中做出推论。“他可能不理解教师讲解的语句，但他肯定理解自己加工生成的语句。”维特罗克认为学习的生成就是学习者原有的认知结构、储存在长时记忆中的事件和脑的信息加工策略，与从环境中接受到的感觉信息（即新的知识）相互作用，并主动选择信息和建构信息的过程。生成性学习理论从心理学角度确认了学生所拥有的主体作用及与环境的相互作用，重视新知、已有长时记忆内容与信息之间的相互联系和作用，并承认教师的指导作用。

（3）如何实施：教师是教学的主导，教学的每一个环节都需要教师去调控，当生成性学习的良机出现的时候，教师一定不能轻易放过，要善于捕捉。对生成性学习时机的正确捕捉，能使一堂课收到意想不到的教学效果，而且有利于学生自信心的建立和学生学习方法的指导。因此，教师在教学过程中应做到以下几点：①备课一定要充分；②课堂上要保持良好的精神状态；③注意捕捉学生的信息并做出恰当的反馈；④评价时注意保护学生的自尊心和求知欲；⑤评价时能和学生平等地交流；⑥注意调动学生群体，做出全面评价；⑦课余注意提高自身素质。

中央民族大学

2011 年中央民族大学 333 教育综合真题 · 凯程详解

一、名词解释

1. **课程标准**（见 2015 年北京师范大学真题）

2. **最近发展区**（见 2011 年北京师范大学真题）

3. **“六艺”**（见 2012 年华东师范大学真题）

4. **恩物**（见 2012 年北京师范大学真题）

5. **因材施教原则**（见 2010 年东北师范大学真题）

二、简答题

1. **简述学校教育在人的发展中的作用。**（见 2016 年东北师范大学真题）

2. **教师专业化的内涵。**

【答】（1）教师专业发展是指教师在整个职业生涯中，通过专门训练和终身学习，逐步习得教育专业的知识与技能，并在教育专业实践中不断提高自身的从教素质，从而成为教育专业工作者的专业成长过程。既指教师个体的专业化也指教师群体的专业化。

（2）教师专业发展依赖于教育实践，并且遵循一个多阶段的连续的过程。美国学者凯兹概括并提出了教师发展分为求生期、强化期、求新期和成熟期四个阶段。国内学者叶澜把它分为“非关注”“虚拟关注”“生存关注”“任务关注”“自我更新关注”五个阶段。

（3）教师的专业性发展的最终目标是成为一个比较成熟的教育专业人员，即以能够促进学生的全面发展为个人追求目的，具有独立自主地从事教育与教学的专业知识与技能，有较强的启发性和创造性，具有从多个角度观察、分析问题和解决问题的能力等。

3. **简述问题解决的基本过程。**（见 2010 年山东师范大学真题）

三、论述题

1. **论述教育的社会功能。**（见 2014 年北京师范大学真题）

2. **论述《师说》的教师观。**（见 2018 年北京师范大学真题）

3. **论述杜威的教育思想。**（见 2011 年北京师范大学真题）

4. **结合中国的教育改革，谈谈当今很多教育不公平的事件，举例说明它们出现的原因和解决措施。**

【答】（1）教育不公平现象的主要表现：

①教育公共投入严重不足。教育经费是一种具有长期公益性的投入，各国通常是通过一定的法规，明文规定国民生产总值的一定比例用于教育投资。我国公共教育经费的投入比例低于发展中国家的平均水平，甚至比一些贫穷国家还要低。如：2015 年，我国教育经费占国内生产总值的比例只有 4.26%，而发达国家平均达到 5.1%，我国与之相比，仍有巨大差距。

②城乡之间、地区之间存在明显的差距问题。由于我国城乡二元经济结构一直没有变革，导致城乡、地区之间的经济发展严重不平等，必然导致城乡之间教育发展的不平衡。首先，教育经费与设备配置的差异导致教育条件的不公平。其次，师资力量与教学水平的差异导致教育过程的不公平。再次，城乡学校的教育条件与教学水平的差距导致教育结果的不公平。最后，教育投入的差距深刻影响教育的公平。

③农民工子女受教育需要妥善解决的问题。一是留守儿童教育问题。留守儿童长期得不到父母的照料、监管和关爱，他们在生活、学习品德与心理上都会出现不同程度的问题，需要及时解决。二是农民工子女上学难问题。农民工子女往往受到不公平的对待，甚至失去上学机会。不妥善解决，会影响社会主义现代化建设，而且影响社会的和谐与稳定。

④优质教育资源短缺引发的教育机会不公平问题。一方面是受社会、经济、传统等影响，优质教育资源短缺；另一方面是随着教育普及和社会发展的需要，人们对优质教育资源的需求越来越强烈。优质教育资源的分配与学生家庭经济社会背景和父母的社会阶层之间存在显著关联。高学历、高收入和从事优势职业者的子女多集中在优质小学和中学学习，也占有更多的优质高等教育机会。

（2）解决措施：

①普及和巩固义务教育。义务教育是我国教育事业的重中之重，而难点在农村。要巩固和完善近年来建立的义务教育经费保障体制，教育公共投入应继续向农村义务教育倾斜，由国家全面负责农村义务教育经费。

②大力发展中等职业教育。有利于拓宽就业渠道，有利于推进我国产业结构的调整和经济增长方式的转变。为此，要调动各方面办学的积极性，充实教师队伍，调整专业设置；拓宽中职毕业生的就业渠道，实行优质优酬，并有继续深造的机会。

③大力提高高等教育质量。高等教育在整个教育发展中处于龙头地位，既是数以万计的专门人才的“培养所”，又是技术创新、知识创新、观念创新的“发源地”。首先，要明确学校定位并办出特色。其次，要大力培养和提高教师队伍素质。再次，要培养学生的践行能力和创新能力。最后，要用不同的尺子评估不同类型的学校。

④加大对农村经济的投入，改革对农村教育资源的配置，义务教育经费应该统筹管理。

⑤改革不合理的制度。在义务教育并非均衡发展的情况下，推出的禁择校令，只能治标不能治本。而在高等教育入学机会上，则应在关注地区教育发展不平衡、体现个人平等的基础上，进行高考录取制度综合改革。

⑥监督国家专项的教育经费的合理分配和用途，加强国家行政执行能力。

⑦补助乡村家庭中的教育经费，或者帮助乡村贫困家庭的子女解决入学问题。

⑧对农民工子女投入更多的关注和关爱，必须出台相关政策，要求城市各校无条件地接受农民工子弟，并在教育教学的过程中对在校学生无差别对待。

2012年中央民族大学333教育综合真题·凯程详解

一、名词解释

1. **“五育”并举**（见2011年东北师范大学真题）
2. **学校教育**（见2010年华中师范大学真题）
3. **“六艺”教育**（见2012年华东师范大学真题）
4. **产婆术**（见2011年北京师范大学真题）
5. **学习动机**（见2013年北京师范大学真题）

二、简答题

1. **简述德育途径。**（见2014年北京师范大学真题）
2. **简述蔡元培的“五育”并举。**（见2016年华东师范大学真题）
3. **简述裴斯泰洛齐的教育思想。**（见2020年东北师范大学真题）

三、论述题

1. 论述教育的社会功能。（见 2014 年北京师范大学真题）

2. 论述《学记》的贡献。（见 2011 年东北师范大学真题）

3. 论述加里培林的阶段形成理论。（见 2019 年山东师范大学真题）

4. 结合实际论述激发学习动机的方法。（见 2012 年华东师范大学真题）

5. 论述教育的社会制约性和独立性以及二者的关系。

【答】教育并不是孤立于社会发展的，教育受到政治、经济、文化等各方面的影响和制约。

（1）教育受到社会各方面的制约叫作教育的社会制约性，主要表现在受生产力、政治经济制度和文化的制约。

（2）教育的独立性是一种相对独立性。所谓教育的相对独立性，是指作为社会的一个子系统，它对社会的能动作用具有自身的特点与规律性，它的发展也有其连续性与继承性。主要表现为下述方面：①教育是有目的地培养人的活动，主要通过所培养的人作用于社会。②教育具有自身的活动特点、规律与原理。③教育具有自身发展的传统与连续性。教育的社会功能是教育的相对独立性的依据和主要体现。如果教育没有自己特有的社会功能，便不可能发展成为社会的一个重要的子系统，形成教育的相对独立性。

（3）教育的社会制约性并不能说明教育不具有独立性，但是这种独立性又是相对的，不是绝对的。教育与社会的联系并非只是直接的、简单的吻合，而是需要通过一定的转化机制，在发展时间上二者不完全同步，存在时间差。尽管生产力和政治经济制度对教育有制约作用，同时，教育对生产力和政治经济制度有促进作用。但从历史上看，教育与生产力和政治经济制度的变革并非完全同步。如教育相对独立于生产力的发展水平，有两种情况：一种情况是在一定时期内，由于人们的思想意识落后于较为先进的生产力，教育的思想、内容、手段、方法等也落后于生产力的发展；另一种情况是在生产力处于较低的水平下，由于文化交流、社会转型或受传统的影响，教育的思想、内容，甚至方法也可能超越生产力发展的水平。还有，教育相对独立于政治经济制度。教育相对独立于政治经济制度也有两种情况：一种情况是教育的发展落后于政治经济制度的发展；另一种情况是教育的发展超过政治经济制度的发展。

2013 年中央民族大学 333 教育综合真题 · 凯程详解

一、名词解释

1. 学校教育（见 2010 年华中师范大学真题）

2. 教育目的（见 2015 年北京师范大学真题）

3. 分组教学（见 2011 年华中师范大学真题）

4. 讲授法（见 2010 年华中师范大学真题）

5. 最近发展区（见 2011 年北京师范大学真题）

二、简答题

1. 奥苏伯尔的关于学习的性质和分类。

【答】（1）奥苏伯尔的关于学习的性质：奥苏贝尔是美国当代著名的心理学家。他主张学生的学习应当是有意义的学习。他认为有意义学习就是将符号所代表的新知识与学生认知结构中已有的适当观念建立非人为的和实质性的联系。实质性的联系指新旧知识之间的联系是非字面的，是新的符号或符号代表的观念与学习者认知结构中已有的表象和已经有意义的符号、概念或命题的联系。非人为的联系指这种联系不是任意的或人为强加的，是新知识和原有的认知结构中的有关观念建立的某种合理的或逻辑基础上的联系。有意义学习的条件外部条件为学习材料本身的性质，内部条件为学习者自身的因素。

（2）奥苏伯尔关于学习的分类：奥苏伯尔着重谈的是认知领域知识的学习。他根据两个维度，对认知领域的学习进行了分类。一个维度是学习进行的方式，是接受还是发现，另一个维度是学习材料与学习者原有知识的关系，即机械的和有意义的。这两个维度互不依赖，彼此独立。并且，每一个维度都存在许多过渡形式。如接受学习可以分为机械的接受学习和有意义的接受学习；发现学习也可以分为机械的发现学习和有意义的发现学习。

2. 教育研究的一般过程。（见2019年西南大学真题）

3. 列举五种欧美现代教育思潮。（见2012年浙江师范大学真题）

三、论述题

1. 人的发展特点及其教育学意义。（见2010年华中师范大学真题）

2. 陶行知的生活教育理论。（见2014年北京师范大学真题）

3. 赞科夫的发展性教学理论。（见2017年北京师范大学真题）

4. 联系实际论述问题解决能力的培养。（见2010年华中师范大学真题）

5. 论述杜威的教育思想。（见2011年北京师范大学真题）

2014年中央民族大学333教育综合真题·凯程详解

一、名词解释

1. 学校教育（见2010年华中师范大学真题）

2. 心理发展（见2015年华中师范大学真题）

3. 人的发展（见2012年华南师范大学真题）

4. 教师资格证制度

【答】教师资格是国家对准备进入教师队伍、从事教育教学工作的人员的基本要求。教师资格证制度包括三层含义：第一，教师资格证制度是国家实行的一种职业资格制度。教师资格是国家对专门从事教育教学工作人员的基本要求，是公民获得教师职位、从事教师工作的前提条件。第二，实行教师资格证制度是法律规定的，必须依法实施。第三，教师资格是教师职业许可，自实行教师资格制度之日起，凡是从事教育教学工作的教师，必须具有依法取得的相应的教师资格，没有相应教师资格的人员不能聘为教师。

5. 产婆术（见2011年北京师范大学真题）

6. 学习的高原现象（见2010年杭州师范大学真题）

二、简答题

1. 简述教育的社会制约性。（见2012年华南师范大学真题）

2. 简述蔡元培的教育思想。（见2013年北京师范大学真题）

3. 简述科举制度的影响。（见2019年华中师范大学真题）

三、论述题

1. 孔子的教育思想。（见2012年北京师范大学真题）

2. 赫尔巴特的道德教育理论。（见2012年华南师范大学真题）

3. 学生品德不良成因的分析。（见2012年华南师范大学真题）

4. 论述陈鹤琴的活教育思想。（见2015年北京师范大学真题）

5. 如何推进依法治校?（见2012年华南师范大学真题）

2015年中央民族大学333教育综合真题·凯程详解

一、名词解释

1. 德育（见2015年华南师范大学真题）
2. 活动课程（见2013年东北师范大学真题）
3. 元认知（见2011年北京师范大学真题）
4. “六艺”（见2012年华东师范大学真题）
5. 《国防教育法》（见2010年湖南师范大学真题）
6. 先行组织者（见2010年北京师范大学真题）

二、简答题

1. 简述建构主义教学观。（见2013年华东师范大学真题）
2. 简述1922年“新学制”。（见2014年东北师范大学真题）
3. 苏霍姆林斯基的教育理论。（见2016年北京师范大学真题）
4. 掌握知识与发展智力的关系。（见2012年东北师范大学真题）

三、论述题

1. 教学过程中的教育方法有哪些？

【答】我国中小学常用的教学方法有：讲授法、谈话法、讨论法、读书指导法、演示法、练习法、实验法、实习作业法、研究法。

（1）讲授法：是教师通过语言系统连贯地向学生传授科学文化知识、思想理念，并促进他们的智能与品德发展的方法。其可分为讲述、讲解、讲演、讲读。运用讲授法的基本要求是：①精炼讲授内容。②注重讲授的策略与方式。③讲究语言艺术。

（2）谈话法：是教师按一定的教学要求向学生提出问题让学生回答，通过问答、对话的形式来引导学生思考、探究，获取或巩固知识，促进智能发展的方法。运用谈话法的基本要求是：①要准备好谈话计划。②要善问。③要善于启发诱导。④做好归纳与小结。

（3）讨论法：是学生在教师指导下为解决某个问题而进行探讨、评析，以辨明是非获取真知。学生通过讨论、争辩，能提高学生的思辨能力和教育质量。讨论法的要求是：①讨论的问题要有吸引力。②要善于在讨论中对学生启发、引导。③做好讨论小结。

（4）读书指导法：是教师指导学生通过阅读教科书、参考书以获得知识或巩固知识的方法。运用读书指导法的基本要求是：①提出明确的目的、要求和思考题。②教给学生读书的方法。③善于在读书中发现问题与解决问题。④适当组织学生交流读书心得。

（5）演示法：是教师通过展示实物、直观教具或实验使学生认识事物、获得知识或巩固知识的方法。演示法的基本要求是：①演示之前要做好准备。②使学生明确演示的目的、要求与过程，让学生主动投入观察与思考。③讲究演示的方法。

（6）练习法：是学生在教师指导下运用知识去反复完成一定的操作、作业与习题，以加深理解和形成技能技巧的方法。练习是教学的一种基本方法。练习需要：①提高练习的自觉性。②循序渐进、逐步提高。③严格要求。

（7）实验法：是在教师指导下运用一定的仪器设备进行独立作业，观察事物的特性，探求其发展和变化规律，以获得知识和技能的方法。运用实验法需要：①做好实验前的准备。②明确实验目的、要求与做法。③注意实验过程中的指导。④做好实验小结。

（8）实习作业法：是学生在教师的指导下进行一定的实际活动，以培养学生实际操作能力的方法。实习作业法需要：①做好实习作业的准备。②做好实习作业的动员。③做好实习作业过程中的指导。④做好实习作业的总结。

（9）研究法：是学生在教师的指导下通过独立的探索，创造性地解决问题，获取知识和发展科研能力的方法。运用研究法的基本要求是：①正确选定研究课题。②提供必要的条件。③让学生独立思考与探索。④循序渐进、因材施教。研究法有利于打破课堂和教科书的束缚，使教学与现实需要联系起来，有利于扩大学生的视野，激发学生的求知欲望。

2. 论述科举制的历史发展和影响。（见2019年华中师范大学真题）

3. 创造性的培养。（见2011年北京师范大学真题）

4. 张之洞“中体西用”思想的历史性及局限性。（见2014年华东师范大学真题）

2016年中央民族大学333教育综合真题·凯程详解

一、名词解释

1. 学习的迁移（见2011年湖南师范大学真题）

2. 有教无类（见2010年北京师范大学真题）

3. 公学（见2017年东北师范大学真题）

4. “五育”并举（见2011年东北师范大学真题）

5. 京师同文馆（见2012年北京师范大学真题）

6. 义务教育（见2012年东北师范大学真题）

二、简答题

1. 简述疏导原则。（见2011年北京师范大学真题）

2. 简述书院的特点。（见2017年华中师范大学真题）

3. 简述奥苏伯尔的认知同化理论。（见2015年山东师范大学真题）

4. 列举五种欧美现代教育思潮。（见2012年浙江师范大学真题）

三、论述题

1. 论述1922年“新学制”。（见2014年东北师范大学真题）

2. 论述赞科夫的发展性教学。（见2017年北京师范大学真题）

3. 如何提高学生的学习积极能动性?（见2012年华东师范大学真题）

4. 教师的素养及角色发展趋势。

【答】（1）教师的素养：教师是年轻一代的教育者，是教育事业的主要依靠力量，教师的素养如何直接关系到我国年轻一代成长的质量，关系到教育事业乃至社会主义建设事业的兴衰成败。依据我国社会主义现代化建设的要求和教师劳动职业的需要，教师应具备以下素养。（见2014年北京师范大学真题）

（2）角色发展趋势。（见2015年华东师范大学真题）

2017年中央民族大学333教育综合真题·凯程详解

一、名词解释

1. 常模参照测验（见2014年首都师范大学真题）

2. “六艺”（见2012年华东师范大学真题）

3.《学记》(见2013年东北师范大学真题)

4. 智者(见2018年东北师范大学真题)

5. 多元智力理论(见2011年华南师范大学真题)

6. 同化(见2016年东北师范大学真题)

二、简答题

1. 简述班主任工作的内容。(见2012年西南大学真题)

2. 简述中小学常用的教学方法。(见2015年中央民族大学真题)

3. 评述夸美纽斯的班级授课制。(见2014年北京师范大学真题)

4. 简述布鲁纳的认知发现说。(见2016年广西师范大学真题)

三、论述题

1. 有人说“近墨者黑”，也有人说“近墨者未必黑”。请运用相关理论并结合个体经历谈谈你的看法。(见2010年山东师范大学真题)

2. 乡村教育的实施。

【答】1931年，梁漱溟在山东邹平开办了山东乡村建设研究院，专门研究乡村建设问题，培养乡村建设人员，规划和指导实验区的乡农教育。

(1)乡农学校的设立。

①1933年，山东省政府将邹平、菏泽划为县政建设实验区，县长由乡村建设研究院提名，省政府任命，实验区两县的行政机构与研究院事实上合一，而整个行政系统与各级教育机构合一，希望以教育的力量替代行政的力量。实验区将全县划分为若干个区，各区成立乡农学校校董会，开办乡农学校。乡农学校由学长、学董、教员、学众组成。

②乡农学校分村学和乡学两级。从教育程度上分，文盲和半文盲入村学，识字的成年农民入乡学；从行政功能上分，村学是乡学的基础组织，乡学是村学的上层机构。乡农学校的组织结构，按农村自然村落及其行政级别形成。

(2)组织原则是:“政教养卫合一”“以教统政”；学校式的教育与社会式教育“融合归一”，在乡农学校中成立儿童部、成人部、妇女部和高级部。

(3)乡农学校的教育内容。

所有教育内容强调服务于乡村建设，密切适合农村生产、生活的需要。课程分为两大类:

一类是各校共有的课程，包括识字、唱歌等普通课程和“精神讲话”。所谓“精神讲话”是指在教员指导下启发民众的思想，做切实的“精神陶炼”功夫，步骤是先用旧道德巩固他们的自信力，再用新知识、新道理改变从前不适用的旧习惯，以适应现在的新世界。

另一类是各校根据自身生活环境需要而设置的课程，如产棉地区学习植棉技术。

(4)评价梁漱溟的教育思想。

乡村建设理论和乡村教育思想，本质上是中国知识分子通过改造中国农村来改良中国社会的理想，是在探索拯救中国的“第三条道路”。但它否认阶级斗争，体现了消极的一面。可取之处在于认识到中国问题是农村问题，立足于文化传统来思考中国社会的改造是有识之风，对农村有一定的贡献。

3. 论述苏霍姆林斯基的教育思想。(见2016年北京师范大学真题)

4. 论述激发学习动机的途径与方法。(见2012年华东师范大学真题)

2018 年中央民族大学 333 教育综合真题·凯程详解

一、名词解释

1. 榜样法（见 2016 年北京师范大学真题）

2. 分组教学（见 2011 年华中师范大学真题）

3. 修辞学校

【答】修辞学校（相当于高等学校）是罗马共和后期的学校，这类学校招收 16～20 岁的男性，主要进行演说、雄辩的训练，以培养未来的政治家。在当时，从事政治活动，需要以演说争取群众。因此，有无演说、雄辩才能，是衡量一个罗马人有无教养的重要标志。

4. 生计教育（见 2015 年华东师范大学真题）

5. 自我效能感（见 2014 年华东师范大学真题）

6. 程序性知识（见 2018 年华东师范大学真题）

二、简答题

1. 简述教育的相对独立性及其主要表现。（见 2010 年华中师范大学真题）

2. 简述学制制定的依据。（见 2010 年陕西师范大学真题）

3. 简述教师专业发展的主要内容。（见 2011 年中央民族大学真题）

4. 简述洋务学堂的特点。（见 2013 年西南大学真题）

三、论述题

1. 加德纳的多元智能理论及其意义。（见 2019 年华东师范大学真题）

2. 试述永恒主义教育理论及其对当代世界教育实践的影响。（见 2010 年华东师范大学真题）

3. 论述颜之推的家庭教育思想。（见 2013 年哈尔滨师范大学真题）

4. 分析分科课程、活动课程、综合课程的特点，以及我国基础教育课程设置的现状。（见 2013 年杭州师范大学真题）

2019 年中央民族大学 333 教育综合真题·凯程详解

一、名词解释

1. 诊断性评价（见 2013 年首都师范大学真题）

2. 教师专业化（见 2011 年华东师范大学真题）

3.《学记》（见 2013 年东北师范大学真题）

4. 三舍法（见 2013 年北京师范大学真题）

5. 鸿都门学（见 2011 年北京师范大学真题）

6. 要素教育（见 2017 年陕西师范大学真题）

二、简答题

1. 简述教育的社会功能。（见 2014 年北京师范大学真题）

2. 简述活动课程的特点。（见 2010 年北京师范大学真题）

3. 简述师生关系的特征。

【答】师生关系是指教师和学生在教育、教学活动中结成的相互关系，包括彼此所处的地位、作用和相互对待的态度等。

师生关系的特征有：（1）教育性。师生关系是教师和学生为实现教育目标，直接促进学生发展的目的而建立的一种特殊的社会关系和人际关系。（2）多样性。师生关系可以分为社会关系、教育关系和心理关系等多种关系。（3）多层次性。社会关系、教育关系和心理关系等的内部又可以细分为多个层次，使师生关系构成一个多层次的关系体。（4）稳定性。师生关系一经建立，就会维持一段时间，甚至终身。（5）弥散性。以教育关系为基础的师生关系，可以影响到生活的各个方面。

4. 简述罗杰斯的学生观和教学观。（见 2017 年华中师范大学真题）

三、论述题

1. 论述教育评价的 CIPP 模式。（见 2020 年东北师范大学真题）
2. 试述终身主义教育思潮。（见 2015 年北京师范大学真题）
3. 论述归因理论及其教育价值。（见 2019 年北京师范大学真题）
4. 论述洋务运动的教育改革。（见 2013 年湖南师范大学真题）

2020 年中央民族大学 333 教育综合真题 · 凯程详解

一、名词解释

1. 有教无类（见 2010 年北京师范大学真题）
2. 活动课程（见 2013 年东北师范大学真题）
3.《颜氏家训》（见 2019 年北京师范大学真题）
4. 洛克的“白板说”（见 2013 年北京师范大学真题）
5. 思维定势（见 2016 年杭州师范大学真题）
6. 贝尔－兰卡斯特制（见 2012 年北京师范大学真题）

二、简答题

1. 奥苏伯尔有意义学习的实质和条件。（见 2013 年北京师范大学真题）
2. 昆体良的教育思想。（见 2018 年辽宁师范大学真题）
3. 西周教育的特点。

【答】（1）学在官府：奴隶社会的经济、政治条件决定了当时只有官学而没有私学，官学机构与政治机构联系在一起，没有分离、独立，历史上称这种现象为“学在官府”。形成这种局面的客观原因是：惟官有学，而民无学；惟官有器，而民无器；惟官有书，而民无书。

（2）国学与乡学：国学由中央政府办理，设在天子、诸侯的王都内，是专为贵族子弟设立的教育机构；乡学是设在王都郊外六乡行政区内的学校，入学对象是一般奴隶主和部分庶民子弟。

（3）大学与小学：大学教学以礼、乐为重，射、御次之，天子所设的大学叫辟雍，诸侯所设的大学叫泮宫；小学的学习内容是关于奴隶主贵族道德行为准则和社会生活知识技能的基本训练。

（4）家庭教育：家庭教育的内容有基本的生活技能与习惯教育、初步的礼仪规则、初级的“数”的观念。孩子从 7 岁起进行男女有别的教育，有明显的计划性。

（5）教育内容：“六艺”。西周时期教育的六项基本内容是：礼、乐、射、御、书、数。其中，礼、乐是“六艺”的中心。

4. 简述教师素养。（见 2015 年华东师范大学真题）

三、论述题

1. 杜威和赫尔巴特教学过程的比较。（见 2016 年陕西师范大学真题）
2. 学习动机的影响因素。（见 2010 年华中师范大学真题）
3. 唐代科举制的作用和影响。（见 2019 年华中师范大学真题）
4. 德育过程中知、情、意、行的关系。（见 2015 年北京师范大学真题）

苏州大学

2010年苏州大学333教育综合真题·凯程详解

一、名词解释

1. 人的发展（见2012年华南师范大学真题）
2. 教育的社会流动功能（见2011年华南师范大学真题）
3. 终身教育（见2011年华东师范大学真题）
4. 元认知（见2011年北京师范大学真题）
5. 骑士教育（见2010年华东师范大学真题）
6. 有教无类（见2010年北京师范大学真题）

二、简答题

1. 教师角色的冲突有哪些？如何解决？（见2015年上海师范大学真题）
2. 比较孟子与荀子的人性观及他们对教育作用的认识。（见2014年山东师范大学真题）
3. 学生认知的差异有哪些表现？为此，教学应注意哪些方面？（见2017年广西师范大学真题）
4. 简述卢梭的自然教育思想。（见2012年华东师范大学真题）

三、论述题

1. 教育的相对独立性表现在哪些方面？并就此谈谈你对教育与社会发展的关系的认识。（见2010年华中师范大学真题+2012年杭州师范大学真题）

2. 试论隋唐科举制与学校教育的关系，并分析其在历史上的影响。（见2010年北京师范大学真题+2019年华中师范大学真题）

3. 论述皮亚杰的道德认知发展理论，并联系实际加以评价。（见2012年东北师范大学真题+2010年南京师范大学真题）

4. 论述文艺复兴时期人文主义教育的主要特征、影响及其贡献。（见2019年华中师范大学真题）

2011年苏州大学333教育综合真题·凯程详解

一、名词解释

1. 狭义的课程

【答】课程有广义和狭义之分。狭义的课程指一门学科，如语文、数学、外语等。所谓学科是指根据一定的教学目标，从某一门科学中选择出基本事实、基本概念、基本原理，并按照一定的逻辑—心理顺序重新组织构成的新的知识体系。学科主要是与科学相对应的一个概念，是根据教学需要重新组成的与原有科学相对应的新的知识体系。可以说，学科是课程的知识来源，教学科目则是对该学科的称谓。

2. 终身教育（见2011年华东师范大学真题）
3. 鸿都门学（见2011年北京师范大学真题）

4. **元认知**（见 2011 年北京师范大学真题）

5. **白板说**（见 2013 年北京师范大学真题）

6. **教育的社会流动功能**（见 2011 年华南师范大学真题）

二、简答题

1. **教师个体专业性发展的内涵包括哪些方面?**（见 2011 年首都师范大学真题）

2. **简述梁启超“新民”的教育目的观。**

【答】梁启超的教育目的是培养“新民”。这种“新民”是具有资产阶级政治信仰、思想观念、道德修养和适应资本主义社会生活的知识技能的新国民。这里的“新民”品质明显侧重德育方面，反映了梁启超想沿着“政学”、精神文明、品德这条路线，尽快培养具有资产阶级意识的维新人才，普遍转变人民的思想观念，推动政治改革的迫切愿望。

3. **简述杜威的道德教育思想。**

【答】杜威认为道德教育的任务是协调个人与社会的关系，他提出了新个人主义：①新个人主义强调人与人之间的合作关系，而不是无情的竞争，落实到教育上，杜威则特别强调培养儿童的合作精神，要求学校为一个真正的合作社会造就公民；②新个人主义重视理智的作用。

（1）德育目的：培养时代的新人，这种人不会因追逐个人私利而不顾公利，也不会因头脑僵化、固守成规而对变动不居的社会熟视无睹。

（2）德育途径：杜威认为道德教育应在社会中进行，要求学校、教材、教法皆渗透社会精神，将学校的现实生活、教材和教法称为“学校德育之三位一体”。

（3）德育方法：杜威将道德教育的原理分为社会方面和心理方面，社会方面指社会性的情境、社会性的内容和社会性的目的；心理方面是指道德教育必须建立在学生本能冲动、道德认识、道德情感的基础之上。社会方面主要是关于德育的目的和内容，心理方面主要是关于道德教育的方法和精神。前者决定做什么，后者决定怎么做。在方法方面，他重视德育的问题情境的创设和学生的感情反应。所有这些思想，对改进当今的德育工作，十分有借鉴意义。

4. **简述建构主义的学习观。**（见 2013 年华东师范大学真题）

三、论述题

1. **结合现实分析全面发展教育各组成部分的相互关系。**（见 2010 年东北师范大学真题）

2. **论述陶行知“生活即教育”的思想内涵，并联系实际分析其现实意义。**（见 2014 年北京师范大学真题）

3. **在外国近现代教育史上，你喜欢哪一位教育家？并就此阐释喜欢的原因。**（此为开放性试题，自由作答即可，此处略）

4. **联系当前实际，阐述学生品德不良的成因及其教育策略。**（见 2012 年华南师范大学真题）

2012 年苏州大学 333 教育综合真题 · 凯程详解

一、名词解释

1. **教育**（见 2014 年北京师范大学真题）

2. **教学**（见 2013 年陕西师范大学真题）

3. **学制**（见 2019 年北京师范大学真题）

4. **太学**

【答】汉武帝下令为五经博士设弟子，标志着太学正式成立，也标志着以经学教育为主要内容的中国封建教育制度的正式确立。到东汉时，太学盛极一时。汉代太学是中国教育史上第一所有完备规制、史实详尽可查的学校。自始创到清末，历代的最高学府多被称为太学。利用学校教育来强化官方的意识形态，也始于汉代的太学。东汉太学生为了反抗黑暗的宦官政治所发动的政治运动，掀开了中国学生运动史上的第一页。

5. 恩物（见2012年北京师范大学真题）

6. 学习策略（见2015年北京师范大学真题）

二、简答题

1. 教育目的与教育方针的主要区别。

【答】（1）广义的教育目的是指教育培养人的质量规格，亦指教育要达到的预期结果，反映教育在人的培养规格标准、努力方向和社会倾向性等方面的要求。狭义的教育目的一般指国家对培养的人才要达到什么样的质量和规格的总要求，是各级各类学校都必须遵守的总要求。

（2）教育方针是国家或政党根据一定时期政治、经济发展的总路线、总任务规定的教育工作的发展思路和发展方向。教育方针一般由三部分组成：①教育的性质和方向；②教育的目的；③实现教育目的的根本途径和方法。

（3）联系：教育目的和教育方针都含有“为谁培养人”的规定，都体现了国家对教育的基本要求，可以说二者在性质上具有内在的一致性。

（4）区别：①教育方针包含了教育目的，教育目的是教育方针的核心和基本内容。教育目的一般包括“为谁培养人”和“培养什么样的人”的问题。而教育方针除此之外，还含有“怎样培养人”的问题和教育事业发展的基本原则。②教育方针与教育目的也是手段和目的的关系。教育方针是为实现一定时期的教育目的而规定的教育工作的总方向。

2. 学校管理校本化的基本含义和意义。

【答】（1）含义：学校管理校本化是指学校在教育方针与法规的指引下，可以根据自己的实际情况和需要来自主确定发展目标和方向，自主进行学校的教育教学和管理工作。简言之，就是以学校为本位的管理。与传统的学校管理相比，校本化管理自身具有很多优点。

（2）意义：传统的学校管理是一种“自上而下”的外控式管理，它强调等级制度、权威和集权，学校只能严格执行上级的指令。然而，在社会发展速度越来越快，人们对学校教育期望不断提高的情况下，这种权力高度集中的外控式学校管理很难适应形势发展。于是，一种以学校为本位的校本管理便应运而生，很快被人们所接受。由于权力下放，学校拥有了自主决策空间，可以根据自身实际情况来决定资源分配、课程设置、教材选择，进行人事决策等，从而优化了学校教育，提高了教育质量，给学校发展带来了新的生机与活力。

3.《学记》中“道而弗牵，强而弗抑，开而弗达”的基本含义。（见2010年江苏师范大学真题）

三、论述题

1. 评述孔子“有教无类”的思想。（见2011年华南师范大学真题）

2. 试述永恒主义教育思想的基本内容及其对现代教育的启示。（见2010年华东师范大学真题）

3. 试述教师专业发展的内涵、意义及主要途径。（见2011年首都师范大学真题+2020年华东师范大学真题）

4. 举例说明你是如何激发学生的学习动机的。（见2012年华东师范大学真题）

2013年苏州大学333教育综合真题·凯程详解

一、名词解释

1. 教育家

【答】教育家是指通过亲力亲为的教育实践创造出重大教育业绩，对一定时期、一定范围的教育思想和实践产生重要影响的优秀教育工作者，是一个用于描述高层次杰出教育人才的概念。教育家从个人贡献领域可分为教育思想家、教育理论家、教育实践家等。我国著名教育家古代有孔子、孟子、荀子、朱熹、王守仁、王夫之等；近代有郑观应、梁启超等；现代有蔡元培、陶行知、徐特立等。古希腊的著名教育家有苏格拉底、柏拉图、亚里士多德等；近代西方的著名教育家有杜威、苏霍姆林斯基等。

2. 双轨制（见 2017 年北京师范大学真题）

3. 稷下学宫（见 2020 年北京师范大学真题）

4.《爱弥儿》（见 2019 年上海师范大学真题）

5. 恩物（见 2012 年北京师范大学真题）

6. 倒摄抑制

【答】倒摄抑制是指前后所学的信息之间存在相互影响。这种影响有些是消极的，称为抑制。当先学的信息和新信息混在一起时，先前所学的信息就会遗失，这种现象叫作倒摄抑制。

7. 心智技能（见 2016 年北京师范大学真题）

8. 皮格马利翁效应（见 2012 年首都师范大学真题）

二、简答题

1. 简述欧洲文艺复兴时期人文主义教育的基本特征。（见 2019 年华中师范大学真题）

2. 简述德育过程的基本特征。（见 2019 年北京师范大学真题）

3. 简述夸美纽斯的教育思想的基本主张。（见 2016 年西南大学真题）

4. 简述建构主义学习理论的基本观点。（见 2014 年杭州师范大学真题）

5. 简述创造性的心理结构及其培养措施。（见 2015 年华东师范大学真题）

三、论述题

1. 论述教学过程的性质，并结合实际，论述进行教学应处理的一些关系。（见 2013 年陕西师范大学真题 +2011 年东北师范大学真题）

2. 根据教育对社会的发展作用，论述孔子“庶、富、教”的思想。

【答】（1）促进经济发展的功能：

①教育能提高劳动者的素质，促进经济发展，使教育创造更高的经济价值；教育能够提高劳动者的劳动效率；教育通过陶冶劳动者的思想和道德，增强主人翁意识。

②教育是生产科学技术的主要手段。基础教育通过传播、传递科学技术，提高国民科技素质，为科学技术的发展提供社会基础。

③教育是科学技术再生产的主要手段。首先，教育能够实现科学技术的再生产；其次，通过教育实现的科学知识再生产是一种扩大的再生产，为更多人所掌握；最后，教育所进行的科学知识再生产也是一种高效率的再生产。

（2）促进社会政治发展的功能：

①教育具有维护社会稳定的作用。首先，教育具有促进个体政治社会化的作用；其次，教育具有培养各种政治人才的作用。

②教育具有促进社会政治变革的作用。首先，教育的普及化、民主化与社会政治变革相辅相成；其次，教育通过传播先进的思想、弘扬优良的道德促进社会政治的变革；最后，教育具有促进政治民主化的作用。

③教育促进文化延续和发展的功能：具体包含保存与传递文化的功能、传播与交流文化的功能、筛选与净化文化的功能，以及更新与创造文化的功能。

（3）孔子是我国最早论述教育与经济关系的教育家。孔子阐述了他的“庶、富、教”的施政大纲，他认为经济的发展是教育发展的物质基础，只有在先庶、先富的基础上才能有效地进行教化，发展教育事业。孔子主张通过文化教育工作把社会的政治思想、伦理道德传播到民众当中，这样就会对政治产生重大影响。

2014年苏州大学333教育综合真题·凯程详解

一、名词解释

1.《颜氏家训》（见2019年北京师范大学真题）
2.“七艺”（见2016年华东师范大学真题）
3.《莫雷尔法案》（见2010年华东师范大学真题）
4.教育目的（见2015年北京师范大学真题）
5.学习策略（见2015年北京师范大学真题）
6.校长负责制（见2016年北京师范大学真题）

二、简答题

1.简述朱熹的道德教育方法。（见2011年陕西师范大学真题）
2.简述永恒主义教育思想。（见2010年华东师范大学真题）
3.简述建构主义学习观的基本观点。（见2013年华东师范大学真题）
4.简述德育过程的性质。（见2019年北京师范大学真题）

三、论述题

1.试述蔡元培在北京大学的改革措施及其影响。（见2013年北京师范大学真题）
2.论述马克思关于人的全面发展的教育思想。（见2017年华南师范大学真题）
3.评述我国新课程改革的基本理念。（见2013年南京师范大学真题）
4.结合实际谈谈如何维护教师的心理健康。

【答】身为教师，自身的心理健康状况如何，不仅影响着自己的生活质量，而且也关系着学生的健康成长，因此教师一定要维护好自己的心理健康，可以从以下几个方面入手。

（1）情绪控制。

情绪控制指个体对自身情绪状态的积极主动的影响，这里主要讲教师在学生面前应控制自己的消极情绪，不把挫折感带进教室，更不要发泄在学生身上。情绪控制的方法可以从两个方面入手：从认识上分析造成不良情绪的原因，看自己的反应是否合理、是否适度；从情绪本身方面控制可能发生的冲动行为，采用合理或间接手段适当疏导。例如，自己提醒自己在情绪激动时不要批评学生，等待自己能心平气和地冷静处理问题时再批评学生，防止过激言行。

（2）合理宣泄。

如果不良情绪积蓄过多，得不到适当的宣泄，容易造成身心的紧张状态。若这种紧张持续时间过长或强度过高，还可能造成身心疾病。因此，教师也应该选择在合适的时候，以合理的方式宣泄自己的情绪。

（3）从其他地方寻求满足感。

如果教师觉得在学校中无法获得心理上的成就感和满足感，可以培养一项有创造性的爱好。个体能够随这些爱好的深入而体验到满足。另外，教师应努力建立一个幸福和谐的家庭。美满的家庭能促进个体健康人格的形成与发展，能在个体遇到困难时给予鼓励和帮助。

（4）积极参与继续教育。

现代社会飞速发展，新的知识层出不穷，教师应不断接受继续教育，学习新的知识就成为必然之举。教师只有不断提高自身的综合素质，不断学习和掌握新的知识，掌握新的教学方法才能寻求新的发展。教师不断地接受新知识，开阔自己的视野，也能使自己站在更高的角度看问题，更少地体验到焦虑和挫折，对维护心理健康有重要意义。

（5）坚持锻炼。

身体健康能促进心理健康，因此，坚持体育锻炼，增强体质，预防生理疾病也是维护心理健康的好方法。不过，教师在体育锻炼时应注意量的问题，不要适得其反，因疲劳而影响了正常的工作和学习。

2015 年苏州大学 333 教育综合真题 · 凯程详解

一、名词解释

1. **班级授课制**（见 2016 年北京师范大学真题）
2. **学制**（见 2019 年北京师范大学真题）
3. **课程**（见 2019 年北京师范大学真题）
4. **中世纪大学**（见 2013 年西南大学真题）
5. **教学模式**（见 2014 年杭州师范大学真题）
6. **癸卯学制**（见 2018 年东北师范大学真题）

二、简答题

1. **简述教育对人的发展的作用。**（见 2016 年东北师范大学真题）
2. **罗杰斯的人本主义教学观。**（见 2017 年华中师范大学真题）
3. **简述英国《1944 年教育法》。**（见 2020 年湖南师范大学真题）
4. **简述教学过程的性质。**（见 2013 年陕西师范大学真题）

三、论述题

1. **论述洋务学堂的特点、兴起的背景及在近代教育中的作用。**

【答】（1）洋务学堂的特点。

①新特点：

a. 培养目标：造就各项洋务运动事业需要的人才。

b. 办学性质：专科性学校，属于部门办学，直接为本部门的需要培养人才。

c. 教学内容：以学习“西文”与“西艺”为主，课程多包含与各自专业相关的科学技术课程，注重学以致用。

d. 教学方法：按照知识的接受规律由浅入深、循序渐进地安排教学内容，重视理解，理论与实践相结合。

e. 教学组织形式：制定分年课程计划和学制年限，采用班级授课制。

②洋务学堂因根植于半殖民地半封建社会的土壤，具有新旧杂糅的特点：

a. 缺乏全国性的整体规划和学制系统，学校之间很孤立。

b. 在“中学为体，西学为用”的总原则下，不放弃对“四书五经”的学习。

c. 管理上有封建官僚习气，关键管理环节受洋人挟制，影响学堂正常办理。

（2）洋务学堂的背景。

洋务学堂是洋务运动的重要组成部分，其目的在于培养洋务运动所需要的翻译、外交、工程技术、水陆军事等多方面的专门人才，教学内容以“西文”与“西艺”为主。洋务学堂的举办是随着洋务运动的展开而开始的。

（3）洋务学堂在近代教育中的作用。

洋务学堂拉开了中国教育近代化的序幕。它以西方近代科技文化作为主要课程，在形式上引入了资本主义因素，初步具备近代教育的特征。其产生之初，并未有意与以科举为核心的旧教育相对抗，但产生之后，逐渐动摇和瓦解了旧教育体系，实际上启动了近代中国教育改革的进程，历史意义重大。

2. **论述卢梭自然主义教育思想的内容及影响。**（见 2012 年华东师范大学真题）

3. 结合教育的社会流动功能，试分析现阶段我国教育的公平问题。（见2010年北京师范大学真题+2010年山东师范大学真题）

4. 结合自身实际，谈谈如何培养和发展学生的创造性思维能力。（见2015年华东师范大学真题）

2016年苏州大学333教育综合真题·凯程详解

一、名词解释

1. 义务教育（见2012年东北师范大学真题）

2. 庚款兴学（见2018年山东师范大学真题）

3. 最近发展区（见2011年北京师范大学真题）

4. 终结性评价

【答】终结性评价是在一个大的学习阶段、一个学期或者一门课程结束时对学生学习结果的评价，也称总结性评价。主要方法有期中测试、期末测试等量的评价方式。

5. 发现学习（见2017年华东师范大学真题）

6. 要素主义教育（见2017年华东师范大学真题）

二、简答题

1. 简述教师劳动的特点。（见2015年东北师范大学真题）

2. 简述欧洲人文主义教育的特征和贡献。（见2019年华中师范大学真题）

3. 简述黄炎培的职业教育思想。（见2018年华中师范大学真题）

4. 简述精细加工策略的主要内容。（见2011年华东师范大学真题）

三、论述题

1. 论述柏拉图的教育思想。（见2017年哈尔滨师范大学真题）

2. 论述董仲舒的教育思想。

【答】董仲舒是西汉最著名的儒家学者，有“汉代孔子”之称。董仲舒学识渊博，遍通“五经”，他的著作中，《春秋繁露》和《对贤良策》影响最大。

（1）《对贤良策》与三大文教政策。

董仲舒在《对贤良策》中，向汉武帝提出三大文教政策建议：第一，罢黜百家，独尊儒术，统一思想；第二，兴太学以养士；第三，重视选举，任贤使能。董仲舒的三大建议都被汉武帝采纳，成为汉代三大文教政策，并确定了整个封建社会遵从儒术的文化与教育局面。

（2）论人性与教育作用。

人性学说是董仲舒论述教育作用的理论依据。①人性中有“仁气”和“贪气”。②董仲舒又将人性和善区别开来。③董仲舒提出了“性三品说”，将人性分为“圣人之性”“中民之性”与“斗筲之性”。教育只对上、中等人起作用。

（3）论道德教育。

①德育的作用：德教是立政之本。道德教育是董仲舒教育思想的核心。董仲舒虽主张教化与刑罚并重，但强调以道德教化为本、为主。

②教育内容：以“三纲五常”为核心的道德教育内容。董仲舒强调“三纲五常”。所谓“三纲”指“君为臣纲，父为子纲，夫为妻纲”；“五常”是仁、义、礼、智、信。

③德育的原则和方法：

第一，确立“重义轻利”的人生理想。“正其义不谋其利，明其道不计其功”是这一原则的总概括。第二，“以仁安人，以义正我”。第三，“必仁且智”。第四，“强勉行道”。

3. 论述学科结构课程的主要观点。（见 2013 年华东师范大学真题）

4. 论述学校管理的发展趋势。（见 2020 年华东师范大学真题）

2017 年苏州大学 333 教育综合真题·凯程详解

一、名词解释

1. 稷下学宫（见 2020 年北京师范大学真题）
2. 学习动机（见 2013 年北京师范大学真题）
3. 学制（见 2019 年北京师范大学真题）
4. 绅士教育（见 2012 年华东师范大学真题）
5. 进步主义教育（见 2014 年北京师范大学真题）
6.《国防教育法》（见 2010 年湖南师范大学真题）

二、简答题

1. 19 世纪末 20 世纪初期的教育思潮和教育实验。（见 2011 年南京师范大学真题 +2015 年重庆师范大学真题）
2. 简述埃里克森的心理社会发展理论。（见 2020 年北京师范大学真题）
3. 简述《大学》的“三纲领八条目”。（见 2016 年陕西师范大学真题）
4. 简述科尔伯格的道德发展阶段理论。（见 2013 年华东师范大学真题）

三、论述题

1. 请结合实际论述教育对社会的功能。（见 2014 年北京师范大学真题）
2. 为什么教育对人的发展起主导作用？试分析教育起主导作用的条件。（见 2017 年西南大学真题）
3. 试述《学记》的教育思想。（见 2011 年东北师范大学真题）
4. 试述并评价主要的学习理论。

【答】学习理论主要包括：学习的联结理论、学习的认知理论、学习的建构主义理论、学习的人本主义理论。（列举几个即可）

（1）行为主义。（见 2011 年西北师范大学真题）

（2）结构主义（认知派）包括：布鲁纳（见 2013 年华东师范大学真题）；奥苏伯尔（见 2013 年北京师范大学真题）；加涅（见 2020 年华中师范大学真题）。

（3）学习的建构主义理论。（见 2013 年华东师范大学真题）

（4）学习的人本理论。（见 2017 年华中师范大学真题）

2018 年苏州大学 333 教育综合真题·凯程详解

一、名词解释

1. 学习动机（见 2013 年北京师范大学真题）
2. 教学模式（见 2014 年杭州师范大学真题）
3. 朱子读书法（见 2015 年东北师范大学真题）
4. 发现学习（见 2017 年华东师范大学真题）

5. 义务教育（见2012年东北师范大学真题）

6. 进步主义教育（见2014年北京师范大学真题）

二、简答题

1. 简述教育起源的主要观点。（见2020年广西师范大学真题）

2. 简述经验主义课程论的代表人物和主要观点。

【答】（1）经验主义课程又称学生中心主义课程，其主要代表人物有杜威、罗杰斯等。

（2）经验主义课程论的主要观点包括了以下几个方面：

①学生是课程的核心；②学校课程应以学生的兴趣或生活为基础；③学校教学应以活动和问题反思为核心；④学生在课程开发中起重要作用。

（3）评价：经验主义课程看到了学科中心主义的不足，看到了学生在学习中的作用，对于现代课程的改造起到了重要的理论指导作用。但是，由于它过分注重经验，强调心理逻辑，重视实用性，以至于对知识的系统性，学科自身的逻辑性、学术性照顾不够，具有浓厚的实用主义和自然主义色彩。

3. 简述社会本位论的主要观点。（见2020年山东师范大学真题）

4. 简述影响人的身心发展的主要因素。（见2015年北京师范大学真题）

5. 简述布鲁纳认知结构教学论的基本原则。（见2016年南京师范大学真题）

三、论述题

1. 教学中应该遵循哪些原则？选择一个你喜欢的进行举例论证。（见2018年东北师范大学真题）

2. 结合人的全面发展的思想，论述中国学生核心素质的构成要素。

【答】（1）人的全面发展的思想。（见2010年东北师范大学真题）

（2）核心素养的构成包括三大方面、六大要素、十八个基本点。

①文化基础。人文底蕴：人文积淀、人文情怀、审美情趣。科学精神：理性思维、批判质疑、勇于探究。

②自主发展。学会学习：乐学善学、勤于反思、信息意识。健康生活：珍爱生命、健全人格、自我管理。

③社会参与。责任担当：社会责任、国家认同、国际理解。实践创新：劳动意识、问题解决、技术运用。

四、材料分析题

1. 自选角度结合教育原理进行分析。

【答】（1）学生观是指对学生正确的认识态度和看法。材料中的教师没有树立正确的学生观，主要表现在：

①没有把学生看作有独立意识的人。材料中的教师把学生放在附属地位，自己直接判断并质疑学生的成绩。

②学生是有巨大发展潜能并处于发展中的人。材料中的教师没有看到学生的发展潜能，看不到学生的努力，没有用发展的眼光去看待学生。

③师生之间没有建立民主平等的师生关系。材料中的教师轻视后进生，对后进生不管不顾，在后进生取得进步时怀疑他。

④没有及时反思自己的教育教学行为。材料中的教师心中没有后进生，服务意识不强，看到后进生进步之后也没有反思之前对待后进生的态度，反而变本加厉地怀疑他。

⑤没有正确地评价学生。材料中的教师在后进生进步时，不仅没有及时予以表扬，反而怀疑他的成绩，在全班人面前质疑他，没有看到学生背后付出的努力，也没有考虑到学生的自尊心。

（2）该教师要转变自己对待后进生的态度：

①没有真正的“差生”，只有差异生。有的学生学习成绩不好，但是其他方面很优秀，“差生”

是人为的标签。

②不能歧视“差生”，只要考试存在就有“差生”，而且这些“差生”更需要老师的帮助。如果教师能够对他们施以援手，学习上帮助他们，师生关系上平等地对待他们，相信后进生也会慢慢有所进步。

2. 根据材料谈谈你对教学回归儿童生活世界的理解。

【答】案例一和案例二都体现了儿童的课程内容是来源于生活的，儿童的身心发展特点决定了儿童教育必须寓于生活之中。杜威与陶行知都曾探讨过教育与生活的关系，他们的教育思想对教学回归儿童生活世界有以下启发：

（1）杜威的教育思想对教学回归儿童生活世界的启示：

①从做中学。杜威认为教育应该与学生的实际生活相联系，学校应与社会相联系，促进儿童的生长，因此他提出了“学校即社会”，并提出了“从做中学”的原则。杜威要求从做中学，从经验中学，要求以活动性、经验性的主动作业来取代传统书本式教材的统治地位。这种活动性、经验性课程的范围很广，包括园艺、烹饪、缝纫、书写等形式。这些活动既能满足儿童的心理需要，又能满足社会性的需要，还能使儿童对事物的认识具有统一性和完整性。

②教材心理学化。杜威批判传统课程，认为在智育方面极度贫乏，教材中充斥着呆板而枯燥无味的东西，于是提出了教材心理学化。儿童获取的知识应当符合儿童的心理水平，在课程中占中心地位的应是各种形式的活动作业，让儿童从做中学。

（2）陶行知的生活教育理论对教学回归儿童生活世界的启示：

①陶行知的生活教育理论以“生活”为中心、为基础，以生活和教育的辩证关系为基本矛盾展开。这种教育要培养的是实际动手能力强、自觉追求真理、喜欢探索的人。生活教育理论提醒我们将教育与实践相结合，将书本知识与社会活动相结合，提高学生的行动能力。

②生活教育理论强调民主平等的师生观。学生和教师之间以“做”为中介，达到教与学合一，师与生合一。在教育教学活动中，教师与学生的关系不是固定不变的，而是随活动的展开而发生转换的。

③生活中随处存在可学习的东西，要拓宽我们的课程资源。教科书不应是唯一的课程资源，教学要给予学生充分的自主空间和活动空间。在教育教学活动中，要尊重学生的主体地位，让学生做学习与活动的主人，探索个性的学习方法。

2019年苏州大学333教育综合真题·凯程详解

一、填空题

1. 桑代克	2. 同化；顺应	3. 书；数	4. 巴甫洛夫
5. 1902；工寅	6.《学记》	7. 西周	
8. 过程与方法；情感态度与价值观		9. 桑代克；沛西·能	10. 杜威

二、名词解释

1. 道尔顿制（见2011年北京师范大学真题）

2. 三舍法（见2013年北京师范大学真题）

3. 先行组织者（见2010年北京师范大学真题）

4. “五育”并举（见2011年东北师范大学真题）

三、简答题

1. 夸美纽斯的教学原则。（见2016年西南大学真题）

2. 孔子的教师观。（见 2018 年华中师范大学真题）

3. 科尔伯格的道德发展阶段论。（见 2013 年华东师范大学真题）

4. 人的身心发展的特点。（见 2010 年华中师范大学真题）

5. 教育生物源说的观点。（见 2020 年广西师范大学真题）

四、论述题

1. 赫尔巴特的教学形式四阶段理论。（见 2017 年东北师范大学真题）

2. 教育的个体功能和社会功能的关系。（见 2012 年首都师范大学真题）

五、材料分析题

用教育理论评述材料，并对良好师生关系的建立提出建议。（见 2019 年陕西师范大学真题）

2020 年苏州大学 333 教育综合真题·凯程详解

一、填空题

1. 实验	2. 杨贤江	3. 加德纳	4. 哲学家	5. 明人伦
6. 文法	7. 具体运算	8. 效果律	9. 程序性知识	10. 动作技能目标

二、名词解释

1. 教师的期望效应（见 2012 年首都师范大学真题）

2. 中体西用（见 2011 年北京师范大学真题）

3. 活动课程（见 2013 年东北师范大学真题）

4. 教育功能（见 2016 年西南大学真题）

5. 元认知（见 2011 年北京师范大学真题）

6. 同化（见 2016 年东北师范大学真题）

三、简答题

1. 简述现阶段教育体制的发展趋势。（见 2011 年南京师范大学真题）

2. 简述 1958 年美国《国防教育法》的主要内容。（见 2014 年华东师范大学真题）

3. 列举《学记》中的教学原则。（见 2019 年湖南师范大学真题）

4. 列举几个有代表性的德育模式。（至少 4 个）

【答】德育模式有：体谅模式（见 2016 年福建师范大学真题）、社会学习模式（见 2012 年华东师范大学真题）、道德认知发展模式、社会行动模式、集体教育模式。

（1）道德认知发展模式。

道德认知发展模式的代表人物是瑞士的皮亚杰和美国的科尔伯格。皮亚杰将道德发展分为他律和自律两个阶段；科尔伯格把儿童的道德发展划分为三水平六阶段。主要方法：团体公正法和道德两难故事。该模式启示我们应该先了解儿童的道德发展水平，才能使德育具有实效性和针对性。

（2）社会行动模式。

社会行动模式的主要倡导者是纽曼。道德教育社会行动模式，整合了道德认知、情感和行动等多个方面，并且将它们同公民投身社会变革联系起来。它的核心概念是“环境能力”，即影响环境的能力。纽曼认为德育不应该强调教育活动本身，而应注意培养学生改变环境的能力，用实际行动改变外在环境，达到理想目的。

（3）集体教育模式。

集体教育模式由苏联著名教育家马卡连柯提出。他认为，教育工作的基本对象是集体，教育的任务就是培养集体主义者。教育工作的主要方式就是集体教育。马卡连柯关于集体教育的思想可以简单概括为“在集体中、通过集体、为了集体”的教育体系。①集体教育模式的前提是尊重与信任。②教育原则是集体教育和前景教育。③教育的手段和方法是劳动教育、纪律、合理奖励与惩罚。

5. 简述“泰勒原理”的四个基本内容。（见2012年华东师范大学真题）

四、论述题

1. 试论述陶行知的生活教育理论。（见2014年北京师范大学真题）

2. 试论述卢梭的自然教育阶段及任务。（见2012年华东师范大学真题）

五、材料分析题

1. 利用教育学和心理学知识给予建议。

【答】小明把考试不理想的原因归结于“自己很笨”，这是一种把失败原因归结于内在的、稳定的、不可控的因素。小明把失败归于内部原因，会产生内疚和无助感，把失败归因于稳定的因素，学习的积极性会降低。提高小明的学习成绩的方法有以下几个方面：

（1）教师与父母注意小明的归因倾向，引导小明积极正确地归因。

①帮助小明了解自己的优点和缺点，并为他制定切实可行的目标。

②改变小明的归因倾向，帮助小明将失败归因于缺乏努力，而不是缺乏能力，使小明明白“只要付出努力便会成功”的道理。

③教小明学会按时完成学习计划，并对小明的每一个学习行为给予及时的反馈。

（2）教师教给学生学习策略。

学习策略是指学习者为了提高学习的效果和效率，有目的、有意识地制定的有关学习过程的复杂方案。学习策略由两种相互作用的成分组成：一种是基本策略，直接用于学生的认知活动；另一种是辅助性策略，用来维持合适的学习心理状态，如情绪调控策略。教师要教授小明学习策略，促使小明更好地学习。

（3）父母要多鼓励小明。

小明本身是很努力的学生，遇到失败，自我效能感会降低很多。如果这个时候父母不是批评，而是去鼓励他，告诉他失败与努力程度是密不可分的，但有时候也会受运气等成分影响，并不是因为他笨，从而引起和增强小明的自我效能感，有利于培养小明的学习动机。

2. 结合事例，说明影响人的身心发展的因素。

【答】案例1中方仲永由于先天遗传因素的影响，很小的时候就可以“指物为诗”，但是后天没有接受教育，自身能动性不强，长大后和普通人并无差别，“泯然众人矣”。案例2中达尔文虽然从小学习成绩一般、贪玩，但是他对大自然有浓厚的兴趣，在自然环境和教授指导的情况下主动探索自然，最后写成了《物种起源》。从以上两个案例我们可以看出，虽然遗传因素对人的身心发展有一定的影响作用，但是后天的教育和环境的影响作用也很重要，同时还要有自身的能动性。因此，一个人的身心发展是综合因素共同作用实现的。（“影响因素”见2015年北京师范大学真题）